# TEOLOGIA
# DO
# ANTIGO TESTAMENTO

**Editores responsáveis**
Rico Silva
Prof. Dr. Paulo Cappelletti
Prof. Dr. Waldecir Gonzaga (PUC-Rio, Brasil)

## CONSELHO EDITORIAL

Prof. Dr. Abimar Oliveira de Moraes (PUC-Rio, Brasil)
Prof. Dr. Adelson Araújo dos Santos (Gregoriana, Roma, Itália)
Profa. Dra. Andreia Serrato (PUC-PR, Brasil)
Profa. Dra. Aparecida Maria de Vasconcelos (FAJE, Brasil)
Prof. Dr. Carlos Ignacio Man Ging Villanueva (PUCE, Equador)
Profa. Dra. Edith Gonzáles Bernal (PU Javeriana, Bogotá, Colômbia)
Profa. Dra. Eileen Fit Gerald (UC de Cochabamba, Bolívia)
Prof. Dr. Erico João Hammes (PUC-RS, Brasil)
Prof. Dr. Fernando Soler (PUC-Chile, Santiago)
Profa. Dra. Francilaide Queiroz de Ronsi (PUC-Rio, Brasil)
Prof. Dr. Francisco Nieto Rentería (UP, México)
Prof. Dr. Gabino Uríbarri (UP Comillas, Espanha)
Prof. Dr. Gilles Routhier (U. Laval, Quebéc, Canadá)
Profa. Dra. Gizela Isolde Waechter Streck (EST, Brasil)
Dr. Júlio Paulo Tavares Zabatiero (FTSA, Brasil)
Profa. Dra. Maria Isabel Pereira Varanda (UCP, Portugal)
Profa. Dra. Maria Teresa de Freitas Cardoso (PUC-Rio, Brasil)
Profa. Dra. Sandra Duarte de Souza (UMESP, Brasil)
Prof. Dr. Valmor da Silva (PUC-GO, Brasil)
Profa. Dra. Vilma Stegall de Tommaso (PUC-SP, Brasil)
Prof. Dr. Waldecir Gonzaga (PUC-Rio, Brasil)
Profa. Dra. Gleyds Silva Domingues (FABAPAR)

# WALTER BRUEGGEMANN

# TEOLOGIA

# DO

# ANTIGO TESTAMENTO

TESTEMUNHO, DISPUTA E DEFESA

2022

© Fortress Press
© Editora Academia Cristã

**Título original**
Theology of Old Testament: Testimony, Dispute, Advocacy

**Tradução**
Jonathan Luís Hack

**Revisão e editoração gráfica**
Wolf BooK

**Supervisão Editorial**
Rico Silva
Paulo Cappelletti

**Capa**
William Alvs

Dados Internacionais de Catalogação na Publicação (CIP)
(Câmara Brasileira do Livro, SP, Brasil)

---

Brueggmann, Walter.
Teologia do Antigo Testamento / Walter Brueggemann; tradução Jonathan Luis Hack. – Santo André (SP): Academia Cristã; São Paulo: Paulus, 2014.

Título original: Theology of Old Testament: testimony, dispute, advocacy.
ISBN 978-85-98481-77-7

1. Bíblia – A.T. - Teologia. 2. Teologia – Antigo Testamento
I. Título.

CDD-230.0411

---

Índice para catálogo sistemático
1. Bíblia – A.T. - Teologia – 221
2. Teologia – Antigo Testamento – 230.0411

Proibida a reprodução total ou parcial desta obra, por qualquer forma ou meio eletrônico e mecânico, inclusive através de processos xerográficos, sem permissão expressa da editora (Lei no 9.610 de 19.2.1998).

Todos os direitos reservados à

ACADEMIA
CRISTÃ
🕮 Rua José do Passo Bruques, 181 - Jardim Avelino
03227-070 - São Paulo, SP - Brasil
☎ (11) 3297-5730
✉ editorial@editoraacademiacrista.com.br
🌐 www.editoraacademiacrista.com.br

PAULUS
🕮 Rua Francisco Cruz, 229
04117-091 - São Paulo - SP
☎ (11) 5087-3700
✉ editorial@paulus.com.br
🌐 www.paulus.com.br

# ÍNDICE

*Prefácio à 2ª edição (2005)* ............................................................... *xix*
*Prefácio à 1ª edição (1997)* ............................................................... *xiii*
Abreviaturas

**1. Primeira retrospectiva: do início ao fim de um período produtivo** ........... **21**
Primórdios na Reforma ....................................................................... 21
A empreitada crítica ........................................................................... 28
A recuperação da interpretação teológica ......................................... 40
O final de um período gerativo .......................................................... 77

**2. Segunda retrospectiva: a situação contemporânea** ............................ **103**
A situação interpretativa pós-moderna ............................................. 103
Iniciativas centristas .......................................................................... 141
Esforços marginais ............................................................................ 152
Quatro questões insistentes ............................................................... 158

**PARTE I: O TESTEMUNHO CENTRAL DE ISRAEL** ...................... **173**

**3. A prática do testemunho de Israel** .......................................................... **175**
O testemunho e a metáfora do julgamento ........................................ 180
O formato normativo do discurso de Israel ....................................... 182
O conteúdo normativo do discurso de Israel ..................................... 188
Resumo ............................................................................................. 210

**4. Testemunho em sentenças verbais** ........................................................ **213**
Javé, o Deus que cria ......................................................................... 213
Javé, o Deus que faz promessas ........................................................ 238
Javé, o Deus que liberta .................................................................... 250
Javé, o Deus que ordena ................................................................... 260
Javé, o Deus que guia ....................................................................... 285
Um panorama do testemunho verbal ................................................ 290

**5. Adjetivos: as marcas características de Javé** ...................................... **301**
Generalizando adjetivos a partir de sentenças verbais específicas ... 301
Êxodo 34,6-7: um credo de adjetivos ............................................... 303
Usos representativos da fórmula adjetival ........................................ 307
Quatro conclusões provisórias .......................................................... 314

**6. Substantivos: Javé é constante** ............................................................... **321**
O testemunho das metáforas ............................................................. 322
Metáforas de governo ....................................................................... 327
Metáforas de sustento ....................................................................... 347
Panorama do testemunho dos substantivos ...................................... 360

**7. Javé plenamente revelado** ...................................................................... **369**

A representação disjuntiva de Javé ............................................................. 370
Reações à representação disjuntiva de Javé .................................................. 379
A densidade dos substantivos de sustento ..................................................... 381
Uma resolução aproximada na justiça ........................................................... 388
Observações sumárias .................................................................................... 413

## PARTE II: O TESTEMUNHO CONTRÁRIO DE ISRAEL .......................... 425

### 8. Reexaminando o testemunho central de Israel ................................... 427
Obscuridade, ambiguidade e negatividade .................................................... 428
As questões de Israel a Javé ........................................................................... 429
O contexto do reexame .................................................................................. 436

### 9. O caráter oculto de Javé ........................................................................ 447
O governo oculto de Javé ............................................................................... 447
O governo de Javé: personificação e providência ......................................... 458
Resumo ........................................................................................................... 477

### 10. A ambiguidade e o caráter de Javé ...................................................... 479
Javé é abusivo? ............................................................................................... 479
Javé se contradiz? .......................................................................................... 483
Javé é indigno de confiança? ......................................................................... 488

### 11. Javé e a negatividade ............................................................................ 497
Sanções da aliança ......................................................................................... 497
A teodiceia no Antigo Testamento ................................................................ 511

### 12. Preservando a tensão ............................................................................ 531

## PARTE III: O TESTEMUNHO ESPONTÂNEO DE ISRAEL ........................ 537

### 13. O testemunho espontâneo de Israel .................................................... 539
Possíveis motivos para o testemunho espontâneo ........................................ 539
Os parceiros de Javé ....................................................................................... 541

### 14. Israel como parceiro de Javé ............................................................... 547
O amor original de Javé por Israel ................................................................ 548
A obrigação de Israel quanto à aliança ......................................................... 552
O Israel recalcitrante e disperso .................................................................... 572
Javé se volta novamente para Israel .............................................................. 580
Israel reunificado em obediência ................................................................... 583
A vida narrativa de Israel em quatro textos .................................................. 589
Israel e, posteriormente, a Igreja ................................................................... 591

### 15. O ser humano como parceiro de Javé ................................................. 593
A noção de pessoa na aliança ........................................................................ 594
Um ser humano equiparável à soberania e misericórdia de Javé ................ 598
Traços característicos da natureza humana em aliança ................................ 605
A existência na aliança como uma natureza humana alternativa ................ 638

A natureza humana segundo a aliança em dois textos .................. 640

**16. As nações como parceiras de Javé** ............................................. **647**
O amplo horizonte do governo de Javé ...................................... 647
As nações frente a Israel ............................................................ 651
Javé e as superpotências ............................................................ 659
A possibilidade de um poder legítimo no mundo de Javé ......... 678

**17. A criação como parceira de Javé** ................................................ **691**
Um mundo abençoado e fértil .................................................... 691
A criação em perigo ................................................................... 698
O mundo além da anulação ........................................................ 709
A criação sob o comando de Javé .............................................. 716

**18. O drama da parceria com Javé** .................................................... **719**
Padrões recorrentes nos parceiros .............................................. 719
A articulação de Israel sobre Javé .............................................. 723
Materiais para uma metanarrativa .............................................. 726

## PARTE IV: O TESTEMUNHO CONCRETO DE ISRAEL ................ 735

**19. Mediando a pessoa de Javé** ........................................................... **737**
A presença não mediada de Javé ................................................ 738
Mediações da presença de Javé .................................................. 743

**20. A Torá como mediadora** ................................................................ **751**
Moisés como doador da Torá ..................................................... 751
A dinâmica interpretativa da Torá .............................................. 757
A prática dinâmica da Torá ........................................................ 772
A interpretação na tradição cristã ............................................... 772

**21. O rei como mediador** ..................................................................... **779**
As exigências práticas da realeza ............................................... 780
Problemas interpretativos na monarquia .................................... 781
"Os dois reis" .............................................................................. 783
A realeza e a Torá ....................................................................... 791
A realeza e o exílio ..................................................................... 795
A realeza e a esperança ............................................................... 797

**22. O profeta como mediador** ............................................................. **805**
Oradores estranhos e originais ................................................... 805
Discurso pleno de autoridade ..................................................... 812
O processo de canonização ........................................................ 819
Ética e escatologia ...................................................................... 831

**23. O culto como mediador** ................................................................. **839**
Problemas criados por estereótipos críticos e teológicos ........... 840
Sião: a oferta de presença de Jerusalém ..................................... 844
A autorização mosaica da presença ............................................ 854

Duas trajetórias similares de Jerusalém ........................................................ 864
A presença como dom e problema ............................................................. 871

**24. O sábio como mediador ................................................................ *877***
O consenso acadêmico ................................................................. 878
Contexto e situação social da sabedoria ........................................................ 879
Distorções disponíveis ................................................................. 884
A mediação na normalidade da vida ............................................................. 888
Trajetórias derivadas da sabedoria ............................................................. 889

**25. Modos de mediação e vida com Javé ................................................................ *897***
Os dons de Javé a Israel ................................................................. 897
Circunstâncias da vida real ................................................................. 899
Iniciativas humanas sujeitas à perversão ............................................................. 901
A disponibilização de Javé ................................................................. 903
A prática comunitária encarnada ............................................................. 904
A mediação como discurso institucional ........................................................ 905
Discurso performativo ................................................................. 908

## PARTE V: PERSPECTIVAS PARA A INTERPRETAÇÃO TEOLÓGICA .... 909

**26. A interpretação em um contexto pluralista ................................................................ *911***
Desestabilização: da interpretação hegemônica para o pluralismo ............. 911
A teologia do A. T. em relação ao pluralismo ............................................................. 919

**27. O poder constitutivo do testemunho de Israel ................................................................ *929***

**28. Algumas questões gerais ................................................................ *937***
A teologia do A. T. em relação à crítica histórica ........................................................ 937
A teologia do A. T. em relação ao N. T. e à teologia da Igreja ..................... 941
A teologia do A. T. em relação à tradição e comunidade judaica................. 947
A teologia do A. T. e o problema da justiça ............................................................. 949

**29. Em busca do verdadeiro discurso ................................................................ *959***
Quatro questões permanentes ............................................................. 961
O estilo de vida da comunidade de interpretação ........................................................ 961
A linguagem da fé de Israel ................................................................. 962
Reconhecer Javé demanda uma reorganização de tudo o mais ................... 964

***Anexos ................................................................ 969***
Anexo 1 ................................................................. 971
Anexo 2 ................................................................. 971
Anexo 3 ................................................................. 972

***Índice dos textos bíblicos ................................................................ 973***

***Índice de autores ................................................................ 985***

# Prefácio à 2ª edição (2005)

Desde sua publicação em 1997, meu livro *Teologia do Antigo Testamento* tem sido acolhido de diversas formas. Em geral, foi bem recebido por aqueles que prezam pelas questões interpretativas em um contexto que mudou bastante e rapidamente, para além das certezas das antigas avenidas. É claro que eu articularia algumas coisas de modo diferente se fosse reescrevê-lo. Contudo, penso que o padrão principal de testemunho dialógico e multivocal continua exatamente na direção certa.

Agora é evidente para mim que alguns pontos de ênfase em meu argumento teriam sido melhor foco para meu trabalho; porém, o que eu queria afirmar está tudo lá, de qualquer forma. Esses pontos de ênfase principais incluem:

**1.** Um apelo primário ao *testemunho*, que consiste na verdade que se origina "de baixo". Logo após eu ter publicado o livro, REBECCA CHOPP apresentou um notável ensaio sobre "teoria" e "testemunho" como modos epistemológicos rivais; o argumento dela na direção do "testemunho" concorda exatamente com minha própria proposta. Quanto mais o nosso conhecimento de fé é democratizado, mais o testemunho "de baixo" se torna uma fonte de fidelidade. Obviamente, os produtores desses textos bíblicos compreendiam isso.

**2.** O esquema de *testemunho* e *testemunho contrário* me parece estar exatamente correto, um ponto desenvolvido no estudo dos Salmos por CARLEEN MANDOLFO. Tal construção do texto, é claro, é contrária a algumas chamadas "perspectivas canônicas", que continuam a ver os textos como um todo inteiriço. Nem o próprio texto, nem a nossa leitura dele, em minha opinião, permitem tal inteireza sem interrupções quando o modo primário de articulação é polêmico e permeado de antagonismos. Sem dúvida, esse é um ponto de disputa sobre o qual continuaremos a pelejar.

**3.** Meu trabalho sobre os "parceiros" de Javé é de grande importância, penso eu, e ainda não recebeu a devida atenção. Suspeito que os leitores críticos, em sua maioria, não labutaram com o argumento o suficiente para perceber essa dimensão em minha apresentação. Especificamente, creio que "a pessoa humana como parceira" é um recurso importante para a teologia pastoral atual; e "as nações como parceiras" são recursos cruciais para recuperarmos uma voz fundamentada biblicamente no meio do crescente imperialismo militar do governo dos Estados Unidos. Essas extrapolações do caráter de Deus são decisivamente significativas para o Antigo Testamento, e certamente propõem questões difíceis para aqueles que defendem o texto como um todo inteiriço.

**4.** A questão da leitura judaico-cristã, em acordo e em tensão, tem se desenvolvido de uma forma rápida e de um modo bem recebido. Meu próprio aprendizado nessa dimensão continua a necessitar de muito mais trabalho a ser feito.

Além da crítica ao meu livro de uma perspectiva chamada "canônica", as reações mais desdenhosas – às vezes estridentemente desdenhosas – ao meu livro vieram de posições modernistas que claramente não têm mais espaço no meio acadêmico. Especificamente, a reivindicação da "história" fica cada vez mais problemática; simplesmente reivindicar "historicidade" aos berros na verdade não resulta em argumento algum. Assim, meu foco na retórica continua a deixar as questões históricas de fora, mas não a negá-las. Na conversa hermenêutica atual, os defensores das antigas reivindicações históricas fariam bem em considerar uma vez mais o modo como argumentei.

À parte dessas categorias, contudo, estou feliz pela ampla recepção positiva e o uso do meu livro. É claro que meu argumento não é a última palavra, mas é uma tentativa de reagir a questões atuais de fé. Penso que essas não se enquadram bem, nem de forma convincente, na "leitura canônica" reducionista ou nas fatigantes insistências quanto à "historicidade". Com relação a essas questões, temos muito a aprender com nossos parceiros de leitura judeus.

Essa nova edição é um bom momento para eu agradecer uma sucessão quase "apostólica" de editores na Fortress Press que cuidaram do meu trabalho, incluindo ROLAND SIEBOLDT, NORMAN HJELM, HAL RAST, MARSHALL JOHNSON, JOHN HOLLER, MICHAEL WEST e K. C. HANSON, ao lado dos seus colegas cujos nomes nem sempre são visíveis a nós. Além disso, sou grato aos leitores – professores, alunos, pastores – que continuam a se envolver com meu trabalho. E sou grato à minha valorosa aluna REBECCA

GAUDINO, pelo seu cuidadoso trabalho no suplemento em CD-ROM para a edição impressa. Como tem se tornado comum para mim, o trabalho de TIA FOLEY e TIM SIMPSON pairam aqui como sempre em meus esforços. Os efeitos do meu livro, *mutatis mutandis*, não são diferentes do modo como concluí meu estudo da fé de Israel: "E o parecer do júri flui vagarosamente – aqui e ali, agora e depois".

WALTER BRUEGGEMANN
*Seminário Teológico Columbia*

## Prefácio à 1ª edição (1997)

A teologia do Antigo Testamento foi dominada no século XX pelo trabalho magistral de WALTHER EICHRODT e, ainda mais, pelo poderoso modelo de GERHARD VON RAD. Qualquer trabalho subsequente no campo, como o presente esforço, possui um enorme débito para com essas contribuições e procede não apenas na sombra delas, mas também com apelo contínuo à sua influência. Não é possível nem desejável começar do zero; todo trabalho subsequente é, consequentemente, um esforço de revisão e subversão, não devendo se desviar muito, nem rápido demais dessas versões dominantes da disciplina.

É igualmente claro, entretanto, que não se pode, no final do século XX, simplesmente reiterar e reproduzir esses modelos outrora governantes de exposição teológica. Desde a publicação de EICHRODT na década de 30 e de VON RAD na de 50, muita coisa mudou tanto no trabalho interpretativo quanto no contexto interpretativo. Além disso, essas mudanças requerem e permitem um esforço em busca de uma nova e audaz interpretação alternativa. Assim, por exemplo, a interpretação teológica do Antigo Testamento em meados do século XX foi capaz de apelar e se basear nos "resultados certeiros" do consenso crítico acadêmico. É justo dizer que muito do antigo consenso crítico, no qual a exposição teológica confiantemente se moveu em meados do século passado, agora está perturbado, se não em desarranjo. Uma exposição teológica nova deve encontrar seu espaço cuidadosa e provisoriamente em meio a essa enorme instabilidade. É meu juízo, entretanto, que essa instabilidade não é primariamente um problema, mas um importante dado a ser levado em conta em novos e audazes esforços em busca de uma teologia do Antigo Testamento. Faz parte da natureza da interpretação teológica do Antigo Testamento o fato de não termos permissão para ter certezas como pensávamos ter no passado sobre tais questões críticas. Essa instabilidade é em parte um resultado da chamada situação epistemológica pós-moderna. Sob essa realidade, todavia, a instabilidade é um reflexo da natureza do próprio texto do Antigo Testamento e, falando teologicamente, de um Personagem instável que se situa no centro do texto. Portanto, a instabilidade não é simplesmente epistemológica ou cultural; mas, no final das contas, é teológica. Essa percepção, agora tão claramente disponível para nós, fornece um contexto para a interpretação no fim do século XX que é muito diferente do contexto no qual EICHRODT e VON RAD determinaram os modelos dominantes do trabalho ao longo do século XX.

A manifestação prática dessa instabilidade, que deve ser honrada, mas não resolvida, é um pluralismo multifacetado que recentemente se tornou insistente na disciplina dos estudos do Antigo Testamento. Esse pluralismo pode ser reconhecido como: **(a)** *um pluralismo de afirmações de fé* e articulações de Javé no próprio texto, um pluralismo que VON RAD começou a ver em seu rompimento com o desenvolvimentismo unilateral e que RAINER ALBERTZ explicou mais completamente; **(b)** *um pluralismo de métodos* que deslocou a duradoura hegemonia das abordagens histórico-críticas; e **(c)** *um pluralismo de comunidades interpretativas*, cada uma das quais agora deve ser vista como sendo ricamente contextual em suas práticas epistemológicas e em seus interesses socioeconômicos e políticos, uma prática contextual que agora admite que até mesmo a chamada crítica histórica objetiva está situada, na verdade, em práticas epistemológicas específicas e interesses socioeconômicos e políticos específicos. Não existe retorno, em nenhum desses níveis, à antiga hegemonia – nenhum retorno a uma única articulação de fé coerente no texto (ainda que as abordagens canônicas possam insistir nisso), nenhum retorno a métodos críticos consensuais e sua hegemonia, e nenhum retorno a uma comunidade de interpretação dominante que se imagina imune à modelagem e a interesses contextuais ideológicos.

Diante dessa nova situação interpretativa, é evidente que os assuntos devem ser conduzidos diferentemente dos modelos dominantes disponibilizados por EICHRODT e VON RAD. Inicialmente, eu concluí que é impossível elaborar uma declaração coerente a respeito da substância ou de temas teológicos no Antigo Testamento, a menos que tal substância ou temas sejam modelados tão ampla e inclusivamente que se tornam inúteis. Alternativamente, propus que a coerência exigida por uma teologia de Antigo Testamento, de um modo que esperançosamente evite reducionismos prematuros, deve focar não em assuntos essenciais ou temáticos, mas nos *processos, procedimentos e potenciais interacionais* da comunidade presente ao texto. Foi por essa razão que enfatizei a metáfora e imagem de um julgamento no tribunal, a fim de considerar a essência teológica do Antigo Testamento como uma série de reivindicações sobre Javé, o Deus de Israel. Todas essas reivindicações compartilham uma característica comum, mas também evidenciam considerável variação, competição e conflito. Dessa forma, eu proponho, em um contexto interpretativo que atenda ao pluralismo em todas as dimensões do processo interpretativo, que tal interação constitui a prática da revelação e incorpora as reivindicações da verdade nesse texto. Esse foco nos modos processual e interativo de asserção e contra-asserção não permite apenas uma *pluralidade de vozes*, as quais juntas constituem e constroem a essência teológica da teologia do Antigo Testamento. Esse foco também permite profundo conflito e disputa, através dos quais Israel chega às suas reivindicações de verdade. Essas reivindicações, alcançadas mediante incessante empenho e mantidas ao longo do caminho até o fim com vigor e coragem, evidenciam um risco prático radical para a comunidade interpretativa.

Essa preocupação com os modos processuais e interativos de julgamento me levou aos três termos de meu subtítulo (primeiramente sugeridos a mim por NORMAN GOTTWALD):

> ***Testemunho:*** O caráter e o modo da reivindicação teológica no Antigo Testamento podem ser considerados como testemunho – como asserção que espera assentimento, está aberta a revisão e deve construir seu caminho entre asserções contrárias. O ponto de partida para a reflexão sobre o Deus de Israel está no discurso de Israel, um discurso que é continuamente reavaliado quanto à sua validade e persuasão. Isto significa que esse discurso não apela, em primeira instância, nem à história – em qualquer sentido positivista – nem a quaisquer reivindicações ontológicas clássicas. Tudo se origina do próprio discurso, julgado de várias maneiras como válido e persuasivo.

> ***Disputa:*** Como em qualquer tribunal onde um caso sério está sendo considerado, ofertas de verdade conflitantes e competitivas são apresentadas. De fato, na falta de versões conflitantes e competitivas da verdade, o caso no tribunal é mera formalidade. Todavia, quando a verdade está em questão e sob risco, muitas testemunhas se apresentam, são vigorosamente examinadas e de tal julgamento sob disputa decorre um veredito, uma versão reconhecida da realidade e uma versão aceita da verdade.

> ***Defesa:*** O papel do testemunho é advogar uma apresentação da verdade e uma versão da realidade que está em disputa

com outras apresentações e versões. As testemunhas de Javé no Antigo Testamento advogam uma verdade e uma realidade na qual Javé se situa como o Personagem principal e proeminente. Dentro da defesa de Israel de uma verdade centrada em Javé e de uma realidade governada por Javé, disputas subordinadas ocorrem mesmo entre israelitas. Porém, vistas como um todo, por mais que difiram entre si, essas testemunhas advogam uma versão *javista* da realidade que está fortemente em conflito com outras versões da realidade e outras apresentações da verdade, as quais foram moldadas sem referência a Javé e que resolutamente propõem uma realidade e verdade livres de Javé.

Eu acredito que esse processo de testemunho, disputa e defesa reflete fielmente tanto o processo de discurso (e pensamento) teológico no Antigo Testamento quanto às questões envolvidas nas reivindicações de verdade e modos de realidade que são dados no Antigo Testamento. Logo, esse processo resulta em alegações substantivas, mas de modos que acredito serem congruentes com a realidade do pluralismo **(a)** no texto, **(b)** nos métodos de interpretação e **(c)** nas comunidades interpretativas. Esse processo de testemunho, disputa e defesa é, em meu juízo, equivalente aos turbulentos acordos que marcam a fé de Israel como reivindicações da verdade.

A finalização deste livro demanda uma expressão de uma imensa gratidão algo extravagante a muitos que fizeram diferença na minha reflexão a longo termo, da qual deriva este estudo. Este projeto foi possibilitado pelo apoio generoso da Sociedade Teológica Luce, da Associação de Faculdades Teológicas e por um generoso sabático do Seminário Teológico Columbia.

Além disso, expresso primeiramente minha gratidão às várias gerações de estudantes nos seminários teológicos Eden e Columbia que observaram e esperaram de forma responsiva enquanto eu encontrava meu caminho para estas formulações. Esses estudantes, além disso, são secundados em sua presença responsiva por uma multidão de outros estudantes – incluindo pastores – com os quais estudei em uma variedade de encontros *ad hoc*.

Em segundo lugar, expresso três débitos duradouros e de longo termo relativos ao trabalho que fui capaz de realizar aqui. M. Douglas Meeks, ao longo do tempo, muito me ensinou sobre pensar teologicamente com energia e coragem. Gail R. O'Day (secundando meu professor James Muilenburg) me ensinou muito sobre a leitura detalhada do texto e sobre o caráter crucial da retórica para a fé bíblica. Gerald P. Jenkins permaneceu comigo ao longo de algumas situações difíceis para me ajudar a localizar a liberdade necessária para assumir os riscos deste estudo. Meu próprio trabalho seguiu direções minhas, além desses ímpetos, mas não além da minha gratidão permanente.

Em terceiro, como em muito da minha escrita, menciono dois "suspeitos usuais" dos quais dependo agradecidamente. Sou grato, como sempre, a MARSHALL JOHNSON da Fortress Press pela sua disposição de assumir esta publicação e de examiná-la com cuidado, e aos seus colegas habilidosos e fiéis na Fortress, para com os quais meu débito é considerável. É quase impossível expressar adequadamente minha apreciação pelo modo em que minha secretária, TEMPIE ALEXANDER, torna possível meu trabalho. Em geral ela se encarrega de inúmeros detalhes de uma maneira que mantém meu trabalho ordenado e me dá liberdade para focalizar nas tarefas mais apropriadas. Mais especificamente, ela tem trabalhado pacientemente – e sem parar – em rascunhos deste manuscrito, dando mais atenção do que eu a alguns detalhes, até mesmo aprendendo a marcar apropriadamente as ocasionais palavras hebraicas.

Em quarto, o trabalho neste estudo em particular foi muito apoiado e corrigido por dois leitores que dedicaram cuidadosa atenção tanto aos meus argumentos quanto à minha articulação deles. TOD LINAFELT se envolveu em todos os estágios deste manuscrito, ajudando-me muito a editar, organizar e aprofundar minha apresentação. PATRICK D. MILLER me deu conselhos sábios e prudentes e muito encorajamento, apoiando meu trabalho como geralmente faz, mas também me ajudando a moldar, corrigir e clarificar pontos importantes. Este manuscrito está melhor devido ao trabalho de LINAFELT e MILLER. Além do mais, agradeço a TIM SIMPSON, que preparou generosamente os índices.

Finalmente, fico feliz em dedicar este livro a MARY MILLER BRUEGGEMANN, com agradecimento e afeição. MARY tem permanecido comigo, ao meu lado e por mim durante todo o longo e incipiente trabalho de gestação e também ao longo das demandas de planejamento, escrita e editoração. Ela compartilha comigo os custos e alegrias da fé aqui explicadas, e por isso sou grato.

# Abreviaturas

| | |
|---|---|
| *AB* | *Anchor Bible* |
| *ABD* | D. N. FREEDMAN *(org.). Anchor Bible Dictionary* |
| *AnBib* | *Analecta Biblica* |
| *BA* | *Biblical Archaeologist* |
| *BASOR* | *Bulletin of the American Schools of Oriental Research* |
| *BDB* | F. Brown; S. R. Driver; C. A. Briggs. *Hebrew and English Lexicon of the Old Testament* |
| *BETL* | *Bibliotheca ephemeridum theologicarum lovaniensium* |
| *BHT* | *Beiträge zur historischen Theologie* |
| *Bib* | *Biblica* |
| *BJRL* | *Bulletin of the* JOHN *Rylands University Library of Manchester* |
| *BJS* | *Brown Judaic Studies* |
| *BTB* | *Biblical Theology Bulletin* |
| *BWANT* | *Beiträge zur Wissenschaft vom Alten und Neuen Testament* |
| *BZAW* | *Beihefte zur ZAW* |
| *CBQ* | *Catholic Biblical Quarterly* |
| *CBQMS* | *Catholic Biblical Quarterly – Monograph Series* |
| *ConBOT* | *Coniectanea biblica, Old Testament* |
| *EvT* | *Evangelische Theologie* |
| *FRLANT* | *Forschungen zur Religion und Literatur des Alten und Neuen Testaments* |
| *HAR* | *Hebrew Annual Review* |
| *HBT* | *Horizons in Biblical Theology* |
| *HSM* | *Harvard Semitic Monographs* |
| *HSS* | *Harvard Semitic Studies* |
| *HTR* | *Harvard Theological Review* |
| *IB* | *Interpreter's Bible* |
| *IDB* | G. A. Buttrick (org.), *Interpreter's Dictionary of the Bible* |
| *IDBSup* | *Supplementary volume to IDB* |
| *Int* | *Interpretation* |
| *IRT* | *Issues in Religion and Theology* |
| *JAAR* | *Journal of the American Academy of Religion* |
| *JAOS* | *Journal of the American Oriental Society* |
| *JBL* | *Journal of Biblical Literature* |
| *JNES* | *Journal of Near Eastern Studies* |
| *JR* | *Journal of Religion* |
| *JSOT* | *Journal for the Study of the Old Testament* |
| *JSOTSup* | *Journal for the Study of the Old Testament Supplement Series* |
| *JTS* | *Journal of Theological Studies* |

| | |
|---|---|
| KD | *Kerygma und Dogma* |
| LCC | *Library of Christian Classics* |
| NFT | *New Frontiers in Theology* |
| NKZ | *Neue kirchliche Zeitschrift* |
| OBT | *Overtures to Biblical Theology* |
| OTL | *Old Testament Library* |
| SBLDS | *SBL Dissertation Series* |
| SBLSS | *SBL Semeia Studies* |
| SBT | *Studies in Biblical Theology* |
| SJLA | *Studies in Judaism in Late Antiquity* |
| SJT | *Scottish Journal of Theology* |
| ST | *Studia theologica* |
| StABH | *Studies in American Biblical Hermeneutics* |
| ThB | *Theologische Bucherei* |
| ThStud | *Theologische Studien* |
| TLZ | *Theologische Literaturzeitung* |
| TS | *Theological Studies* |
| TToday | *Theology Today* |
| USQR | *Union Seminary Quarterly Review* |
| VT | *Vetus Testamentum* |
| VTSup | *Vetus Testamentum, Supplements* |
| WBC | *Word Biblical Commentary* |
| WMANT | *Wissenschaftliche Monographien zum Alten und Neuen Testament* |
| WW | *Word and World* |
| ZAW | *Zeitschrift für die alttestamentliche Wissenschaft* |
| ZTK | *Zeitschrift für Theologie und Kirche* |

## Capítulo Um

### 1. Primeira retrospectiva: do início ao fim de um período produtivo

O ingresso no estudo da teologia do Antigo Testamento, como em qualquer disciplina, se dá pela tomada de consciência das questões governantes da disciplina.[1] Nenhum estudo inteligível começa *do zero*, mas deve estar situado nas conversas contínuas do passado e do presente. O estudo do Antigo Testamento recebe suas questões formativas e governantes de duas fontes. Primeiro, a disciplina tem uma longa história na Igreja e na academia, e os ganhos e cicatrizes dessa história continuam a exercer forte influência nas discussões atuais. Segundo, a disciplina continua a ser praticada por acadêmicos contemporâneos que, de várias maneiras e graus, são atentos e responsivos às novas questões que surgem a partir dos contextos, problemas e possibilidades contemporâneos. Avanços na disciplina somente podem ser feitos ao se levar em conta, de forma séria e crítica, tanto a longa história das questões formadoras quanto as novas questões que surgem dos contextos contemporâneos. A identificação dessas questões é realmente um assunto arriscado e, em certa medida, uma articulação subjetiva. Mesmo assim, devo começar com uma tentativa de identificar, em sequência, os dois grupos de questões com os quais devemos nos preocupar.

#### Primórdios na Reforma

Não é óbvio em que ponto deve começar uma consideração sobre a história acadêmica da teologia do Antigo Testamento.[2] Para nossos propó-

---

[1] Não ignoro a natureza problemática da expressão *Antigo Testamento*. Uso o termo com cautela, mas o faço mesmo assim porque escrevo e exponho como intérprete cristão. Ao mesmo tempo ficará claro, no que se segue, que estou plenamente ciente da destrutividade implícita em toda forma de substituição e me preocupo com ela. No atual estado conturbado da discussão, parece sábio evitar neologismos deselegantes. Eu o faço com um apropriado e bem reconhecido desconforto. Sobre essa questão, veja ROGER BROOKS e JOHN J. COLLINS (orgs.), *Hebrew Bible or Old Testament? Studying the Bible in Judaism and Christianity* (Notre Dame: University of Notre Dame, 1990).

[2] Foram publicadas várias importantes recensões da história da disciplina. Entre as mais úteis, a meu ver, temos: HANS FREI, *The Eclipse of Biblical Narrative: A Study of Eighteenth and Nineteenth Century Hermeneutics* (New Haven: Yale University, 1974); JOHN H. HAYES e FREDERICK C. PRUSSNEr, *Old Testament Theology: Its History and Development* (Londres: SCM,1985); EMIL G. KRAELING, *The Old Testament* (Lon-

sitos, podemos começar com a Reforma Protestante do século XVI. Esse ponto de partida pode ser considerado legítimo por várias razões. Primeiro, a teologia do Antigo Testamento, em sua forma moderna, tem sido até pouco tempo quase que exclusivamente uma iniciativa do cristianismo protestante – até muito recentemente, do cristianismo protestante alemão. Segundo, a Reforma em si mesma pode ser entendida como um esforço para emancipar a realidade evangélica da Bíblia das insistências redutivas da interpretação eclesiástica e esse texto, mais ou menos emancipado da interpretação da Igreja, se tornou o assunto e a problemática da teologia do Antigo Testamento.[3] A extensão ou conveniência de tal emancipação continua a ser um assunto de importante disputa. Terceiro, na esteira da Reforma do século XVI, embora não simplesmente como sua consequência, uma mudança sísmica ocorreu no conteúdo epistemológico do intelecto europeu no qual a presente disciplina foi formada. Essa mudança representou o abandono da dominação longamente reinante da epistemologia medieval cristã em troca daquela a que, subsequentemente, denominamos de epistemologia "moderna". Por todas essas razões, podemos considerar a Reforma do século XVI como nosso ponto de partida.

A Reforma se deu como uma resposta à "verdade evangélica da Bíblia", sem referência primária ou definidora às suposições e controles dogmáticos da interpretação estabelecida pela Igreja. É bem conhecida a percepção principal de MARTINHO LUTERO a respeito da graça de Deus à parte da administração eclesiástica de um sistema sacramental e à parte da expectativa da Igreja de uma compensação religiosa e moral quanto aos sacramentos.[4] LUTERO foi primeiramente um intérprete bíblico. Sua grande

---

dres: Lutterworth, 1955); HANS-JOACHIM KRAUS, *Geschichte der historich-kritischen Erforschung des Alten Testaments* (Neukirchen-Vluyn: Neukirchener Verlag, 1969); H. GRAF REVENTLOW. *The Authority of the Bible and the Rise of the Modern World* (Londres: SCM, 1984); e JOHN ROGERSON, *Old Testament Criticism in the Nineteenth Century* (Londres: SPCK, 1984).

[3] Recensões históricas da teologia do Antigo Testamento, por boas razões, normalmente começam com a Reforma. Veja por exemplo, FREI, *The Eclipse of Biblical Narrative*; HAYES and PRUSSNER, *Old Testament Theology*, pp. 8-15; e Reventlow, *The Authority of the Bible*, pp. 9-87.

[4] O princípio de LUTERO de *sola Scriptura* não pode ser considerado isoladamente, mas faz par com sua afirmação da *sola gratia* e *sola Christi*. É instrutivo que KRAUS, *Geschichte der historisch-kritischen Erforschung*, pp. 6-24, comece sua recensão da pesquisa histórico-crítica com *sola Scriptura*.

e revolucionária percepção, embora a serviço de sua luta teológica pessoal e dependente dela, surgiu de seu estudo atencioso e acadêmico da Escritura. L*UTERO* afirma que a *"substância evangélica" da fé bíblica não é e não pode ser contida na leitura habitual, costumeira e reducionista da teologia da Igreja, a qual transformou Deus em mera parte de um sistema de salvação administrado pela Igreja.* A ênfase teológica de L*UTERO* e suas ramificações políticas são amplamente reconhecidas; para nosso propósito, todavia, é importante perceber o ponto interpretativo-hermenêutico crucial a L*UTERO*: a Bíblia é uma voz de revelação que não deve ser confundida com qualquer categoria humana de interpretação, nem obstruída ou contida em categorias que tornem essa voz mais coerente, domesticada ou agradável. Esse reconhecimento da realidade livre e libertadora da revelação – estranha e desimpedida como ela é – surge lado a lado com a coragem desafiante e enérgica de L*UTERO* em identificar essa peculiar afirmação geradora de fé e alimentada pela fé. Isso foi, além da obra do Espírito de Deus, um ato teológico de interpretação e imaginação. A coragem intelectual e interpretativa de L*UTERO* colocou o trabalho da teologia bíblica em uma direção totalmente nova.

A força política da Reforma (até onde a Reforma podia causar uma revolução cultural e política) é complexa e não pode ser reduzida a uma única causa ou explicação. A despeito de todos os interesses políticos e caprichos interpretativos que vieram a ser associados com a Reforma, entretanto, é possível afirmar que seus principais advogados compartilhavam da paixão primária de L*UTERO*: a Escritura tem sua própria voz e deve ser ouvida em sua própria radicalidade liberta. Essa "voz da Bíblia" fala sua verdade e faz reivindicações em suas próprias categorias, as quais são em geral estranhas e desconfortáveis. A substância dessa verdade é Deus, o Criador do céu e da terra, o Deus conhecido decisiva e unicamente em Jesus de Nazaré. A Bíblia dá testemunho primal a esse Deus e o revela, sem qualquer acomodação intelectual ou epistemológica a outras categorias, incluindo as da Igreja Católica, de onde procediam os reformadores. A Bíblia deve ser compreendida "como Escritura" na comunidade que se reúne em resposta à declaração de que nela Deus é decisivamente revelado.[5] Portanto, a Bíblia é uma revelação e o estudo da Escritura é uma tentativa

---

[5] Na discussão contemporânea foi B*REVARD* S. C*HILDS*, mais que outros, quem insistiu e ajudou a recuperar o entendimento canônico, teológico, da Bíblia como Escritura. Ver C*HILDS*, *Introduction to the Old Testament as Scripture* (Filadélfia: Fortress, 1979), pp. 69-83 e *passim*.

de receber, entender e explicar essa revelação – na esperança de receber, entender e explicar essa revelação em toda sua peculiaridade, sem reducionismo, domesticação ou embaraço.[6]

Por motivos que irão se tornar claros depois, é importante notar que a *Institutas* de João Calvino, a codificação mais formidável e influente da leitura da Bíblia pela Reforma, não foi apresentada como uma teologia sistemática criada para competir ou se opor aos antigos sistemas medievais.[7] Ela foi apresentada, na verdade, como um guia para a leitura da Escritura em termos evangélicos. Ou seja, Calvino não escreveu para que os fiéis fossem ler "algo fora da Bíblia" em um sistema coerente (como as *Institutas* frequentemente são consideradas); mas sim, para que os fiéis pudessem ler "a Bíblia" e entender suas reivindicações evangélicas. Calvino demonstra que essas são pertinentes e decisivas a todos os aspectos da vida, tanto pessoais quanto públicos.

O efeito prático da Reforma, no que tange à Bíblia, é deixar a Bíblia ter a sua própria voz, sem se importar com as categorias estabelecidas pela interpretação eclesiástica nem ter débito para com alguma delas. Nesse sentido, a Reforma foi realmente um ato de emancipação interpretativa. Lutero e aqueles que vieram depois dele na Reforma forçosamente estabeleceram categorias e critérios de leitura que são inegociáveis. Eles enfatizam com grande paixão, entretanto, que seus modos evangélicos de leitura da Bíblia não são impostos, mas na verdade surgem da substância

---

[6] Afirmo que a Bíblia é entendida como revelação; contudo, é importante e difícil especificar o que se quer dizer com o termo *revelação*. O termo pode se referir ao desvelamento inescrutável do mistério de Deus, mas facilmente desliza para a suposição escolástica de que a revelação é um rígido pacote de proposições. A dificuldade está no seguinte: compreender a revelação como inescrutável desvelamento do mistério de Deus não significa que a revelação não tenha conteúdo. Porém, fixar essa substância em um pacote administrável é ignorar o caráter do texto que retrata Deus de um modo artístico, elusivo, marcante e intencional. Quanto à qualidade e ao caráter extraordinário e inescrutável das ocasiões de avaliação (que então se tornam "textos de redescrição"), ver Paul Ricoeur, "The Bible and the Imagination", *Figuring the Sacred: Religion, Narrative, and Imagination* (org. Mark I. Wallace; Mineápolis: Fortress, 1995), pp. 144-149.

[7] Assim, João Calvino, *Institutes of the Christian Religion* (LCC 20; Filadélfia: Westminster, 1960), p. 7, pôde dizer em seu prefácio: "Posso, ao menos, prometer que ela pode ser uma chave para abrir o caminho, a todos os filhos de Deus, para uma boa e correta compreensão da Escritura Sagrada". Calvino oferece "direção e orientação para se saber o que se deve procurar na Escritura".

do próprio texto bíblico. Como veremos, essa prática de formular categorias de interpretação que parecem ser dadas é uma questão ainda corrente na teologia do Antigo Testamento.

*Interpretação bíblica pós-Reforma*

O período pós-Reforma da interpretação bíblica pode ser resumido em dois pontos. Primeiro, a Reforma fez surgir no catolicismo o que veio a ser chamado de Contrarreforma. O Concílio de Trento resistiu aos esforços da Reforma de libertar a interpretação bíblica da autoridade interpretativa da Igreja (a qual os Reformadores consideravam como causa decisiva da leitura distorcida). A formulação tridentina sobre a autoridade é que a verdade cristã se fundamenta em duas fontes: Escritura e tradição.[8] "Tradição" indica a substância acumulada dos ensinos da Igreja, assegurando, assim, que a Bíblia seja ouvida e entendida nas categorias da fé da Igreja Católica, as mesmas categorias que LUTERO entendeu serem os meios pelos quais a reivindicação evangélica do texto foi silenciada, negada ou distorcida.

Quando a polêmica de Trento é entendida em seu contexto, fica evidente que Trento estava correto em sua formulação. Contudo, naquela situação polêmica, o cristianismo da Reforma não podia aceitar a reivindicação como era praticada pela Igreja Católica. *É verdade que, independentemente disto, a Escritura não pode ser entendida à parte do papel contínuo da tradição comunitária.*[9] Nem mesmo os principais reformadores pensavam que a Escritura podia ficar isolada de uma comunidade continu-

---

[8] Em contraste com os problemas dos grupos da Reforma, a luta católica se refere a como relacionar a Bíblia com a autoridade interpretativa do magistério da Igreja. Ao comentar sobre o Concílio de Trento (opondo-se a E. LESSING), KARL BARTH, em *Church Dogmatics I/1, The Doctrine of the Word of God* (Edimburgo: T. & T. Clark, 1936), p. 118, afirma: "Eles concordam quanto ao seu resultado: a relativa independência que deram à Igreja atual comparada com o cânon da Sagrada Escritura, ou seja, a relativa desvalorização do cânon mencionado". A encíclica *Divino Afflante Spiritu*, que se seguiu à *Providentissimus Deus*, se encontra entre os marcos principais da emancipação católica quanto à autoridade da Escritura.

[9] É claro que não existe exegese sem pressuposições. As pressuposições que governam a exegese, quer escondidas ou reconhecidas, se originam da comunidade na qual a interpretação é feita e para a qual ela se destina. Portanto, na prática, a autoridade da Escritura está intimamente ligada às demandas da comunidade interpretativa, uma realidade não aceita facilmente no protestantismo. Essa percepção não está muito longe da fórmula tridentina de "Escritura e tradição", se a tradição for entendida como a lente da interpretação. Tal lente está presente nas tradições da Reforma, pois não é reduzida pelo lema da s*ola Scriptura*.

amente interpretativa com suas hipóteses interpretativas já declaradas. Em meio à polêmica do século XVI, entretanto, tal reconhecimento comum era impensável. Somente agora a reaproximação quanto a esse ponto crucial se tornou uma opção disponível no diálogo ecumênico.

Segundo, no contexto da Reforma do século XVI e diante da polêmica tridentina em ambos os lados, é comum falar do endurecimento da interpretação bíblica protestante. Tal interpretação, nas gerações após a irrupção da Reforma propriamente dita, se distanciou da noção emancipatória radical da Bíblia afirmada por LUTERO e seus aliados e a amenizou. Embora gerações posteriores de intérpretes da Reforma tenham continuado a reiterar os lemas da Reforma inicial quanto à *sola Scriptura* – ou seja, Escritura separada da autoridade interpretativa da Igreja – na verdade esses lemas, nas versões luterana e calvinista, foram rapidamente situados em sistemas fixos de ortodoxia que se rivalizavam com a formulação fechada de Trento em suas certezas e falta de porosidade. Na obra de teólogos como MARTIN CHEMNITZ, MATTHIAS FLACIUS e FRANCIS TURRETIN, a Bíblia veio a ser colocada em sistemas protestantes de fé que mantinham a forma da radicalidade da Reforma, mas que fixavam a substância de interpretação de uma maneira que ameaçava e comprometia seriamente a "liberdade do evangelho".[10]

A comunidade contínua de intérpretes, no seu todo, considerou excessiva a "estranheza" da Bíblia, e fez o que era possível para diminuir essa estranheza. Portanto, é desaconselhável para os nossos propósitos defender demais o entendimento da Bíblia pela Reforma, a menos que ao mesmo tempo reconheçamos que a estranheza da Bíblia, em seus próprios termos, tenha sido um desafio maior do que a instituição da Igreja podia tolerar. Esse "estabelecimento" um tanto ríspido das questões da Reforma, tanto na reação católica quanto na protestante, nos traz um problema principal da teologia do Antigo Testamento: a difícil relação entre a Bíblia e a teologia da Igreja; em outras palavras, entre o texto e a comunidade de leitura.[11] É claro que a ampla noção de "regra da fé", termo usado tanto

---

[10] Veja KRAELING, *The Old Testament since the Reformation*, p. 38. O grande problema para um teólogo protestante é como escapar da lógica da afirmação católica de que a Igreja é a fonte mais próxima da autoridade canônica da Escritura.

[11] Por "comunidade de leitura" eu me refiro à Igreja. O termo *Igreja* indica uma insistência teológica, enquanto o termo genérico *comunidade de leitura* reconhece que a Igreja não é, em si mesma, uma comunidade privilegiada com relação à Bíblia, mas, como qualquer outra comunidade de leitura, não é neutra, nem inocente; portanto, lê com algum interesse em jogo. Veja STEPHEN E. FOWL e L. GREGORY JONES, *Reading in*

para a própria Bíblia quanto para as regras de interpretação da Igreja, pretende unir a interpretação da Igreja e a Bíblia; ou, talvez, até mesmo esconder a tensão que pertence ao nosso trabalho erudito na teologia do Antigo Testamento.[12] É igualmente claro, entretanto, que nenhuma formulação, por mais cuidadosa que seja, pode esconder completamente a profunda problemática da relação da Bíblia com a fé da Igreja. A própria Reforma, especialmente na obra de LUTERO, foi um memorável momento de emancipação – pode-se chamá-lo de uma farra epistemológica – que, contudo, não podia se sustentar. Compromissos foram rapidamente estabelecidos, talvez inevitavelmente, para fazer da Bíblia algo institucionalmente útil e palatável.

Assim, emergiu uma luta pelo controle da interpretação entre **(a)** os *ortodoxos*, que procuravam alistar a Bíblia em defesa das doutrinas da Reforma; **(b)** os *racionalistas*, que aderiram aos novos modelos de aprendizado autônomo que eventualmente se configuraram no deísmo;[13] e **(c)** os *pietistas*, que resistiam tanto à ortodoxia endurecida quanto ao racionalismo autônomo.[14] Se essas lutas interpretativas forem levadas a sério e entendidas como esforços que, conquanto mal direcionados, eram atos de boa fé na compreensão de seus praticantes, podemos perceber que havia problemas extremamente importantes e difíceis em análise e disputa. É claro, resumindo, que as abordagens da ortodoxia, do racionalismo e do pietismo colocavam questões muito diferentes à Bíblia, nascidas de preocupações diferentes oriundas de posições sociais também muito diferentes. Portanto, não nos surpreende que essas perspectivas interpretativas tenham chegado a leituras muito diferentes do texto. O que pode nos parecer um questionamento por demais meticuloso era, na verdade, um questionamento muito mais amplo sobre poder e confiança em um mundo reconhecidamente em profundo risco.

É claro que esses partidos no conflito sobre interpretação represen-

---

*Communion: Scripture and Ethics in Christian Life* (Grand Rapids: Eerdmans, 1991).

[12] Veja a discussão da "regra de fé" por BREVARD S. CHILDS, *Biblical Theology of the Old and New Testaments* (Mineápolis: Fortress, 1992), pp. 55-79. CHILDS foi incapaz de escapar do problema de que a "regra de fé" é reconhecida como operacional no processo canônico, mas não é produto da comunidade de leitura.

[13] Ver REVENTLOW, *The Authority of the Bible*, sobre a ascensão e influência do deísmo.

[14] HAYES e PRUSSNER, *Old Testament Theology*, pp. 36-41, exploram de maneira útil a relação triádica entre pietismo, ortodoxia e racionalismo.

tam e encarnam tendências contínuas da interpretação. Portanto, os que agora chamamos de racionalistas continuam seu trabalho na sua "corporação", com a intenção de que sua pesquisa "objetiva" não seja impedida pela limitação fideísta. Os "ortodoxos" continuam a ser aqueles que chegam ao texto por meio das categorias dos credos e suposições da Igreja. Embora nossas questões principais recaiam sobre a disputa entre racionalistas e ortodoxos, a tradição pietista continua a operar em um nível interpretativo mais popular, não desejando ser envolvida nas sutilezas dos outros dois partidos. Essas velhas disputas ainda estão conosco, e os riscos continuam a ser considerados elevados.

Como consequência de tal interpretação fervorosamente disputada, as Igrejas da Reforma, o primeiro habitat natural da teologia bíblica, não estavam preparadas hermeneuticamente para o grande desafio da modernidade que enfrentaram em seguida. Os ventos da mudança (talvez propelidos por Deus?) que colocaram em movimento a Reforma não pararam ali. Eles continuaram a se mover na direção de desafios ainda maiores na tarefa de interpretação da Bíblia.

## A empreitada crítica

É importante manter em foco o fato de que a obra de Lutero e a revolução da vida religiosa na Europa foram imediatamente seguidas por um segundo movimento, muito diferente, que foi o predecessor do Iluminismo europeu. O estudante da teologia do Antigo Testamento não precisa conhecer profundamente a emergência do pensamento "moderno", mas é necessário entender que uma profunda mudança de sensibilidade emergiu no período pós-Reforma.[15] Lutero morreu em 1546. René Descartes nasceu em 1596 e publicou sua obra principal entre 1637 e 1650. John Locke, sua contraparte inglesa (após Francis Bacon), nasceu em 1632, enquanto Descartes ainda vivia, e publicou seu trabalho decisivo não mais que 50 anos após Descartes. A relação entre a Reforma e o surgimento da modernidade (essa última normalmente associada a Descartes e Locke) é realmente complexa. Não é necessário, para nossos propósitos, considerar

---

[15] Veja James Kugel, "The Bible in the University", *The Hebrew Bible and Its Interpreters* (org. Willian Henry Propp et al.; Winona Lake: Eisenbrauns, 1990), pp. 143-165, sobre a sensibilidade alterada no contexto contemporâneo da interpretação bíblica. A "sensibilidade alterada", sobre a qual Kugel escreve, faz referência às mudanças no começo do período moderno.

em detalhes essa questão multifacetada.¹⁶ É suficiente reconhecermos que o nascimento da modernidade se deu imediatamente após o emergir da Reforma e desfrutou dos benefícios de alguns aspectos dela.

A Reforma, com sua ênfase em emancipar a interpretação do controle da hierarquia eclesiástica, pode ter sido um prelúdio à modernidade de uma forma importante. De qualquer maneira, o nascimento da modernidade ofereceu à intelectualidade europeia – e, portanto, à Igreja – uma noção da verdade e um cenário de como a verdade pode ser alcançada, avaliada e transmitida que eram diferentes da convicção e prática da Igreja medieval. A decisão das Igrejas da Reforma de propagar e dar testemunho sobre uma Bíblia evangélica desacorrentada foi rapidamente absorvida pelo clima interpretativo da modernidade. Além disso, o emergente clima cultural e intelectual que veio a dominar a Europa é de importância decisiva para entender as questões contemporâneas enfrentadas pela teologia do Antigo Testamento.

Para o nosso trabalho, é essencial estar familiarizado em termos gerais com o extenso desafio estabelecido pelo Iluminismo: **(a)** à peculiaridade epistemológica defendida pela Reforma; **(b)** às declarações defensivas do catolicismo pós-tridentino; e **(c)** ao protestantismo reducionista do período posterior aos grandes reformadores. Apesar da urgência e da vitalidade da Reforma, Trento e a emergência paralela do escolasticismo protestante deixaram a Bíblia, na aurora da modernidade, ainda profundamente imersa na autoridade e interpretação da Igreja e delas dependente. O poder do racionalismo, manifestado na capacidade de articular a fé em formulações logicamente coerentes, ainda estava em voga após o tempo dos reformadores primários. A ortodoxia protestante, tanto no luteranismo quanto no calvinismo, produziu um rígido esquema de reflexão teológica que seguia estreitamente os contornos das afirmações dogmáticas da Igreja. Ou seja, a grande percepção evangélica dos reformadores se enrijeceu em um esquema cognitivo que manteve a forma da fé evangélica, mas estava cada vez mais distante da substância e do poder emancipatório que a originaram.

---

¹⁶ KRAUS, *Geschichte der historisch-kritischen Erfoschung*, pp. 3-4, considera a ligação da Reforma com a subsequente empreitada crítica como um problema peculiarmente agudo: "Was ist aus dem reformatorische Bekenntnis *sola scriptura* unter dem Anwaschsen der historisches Kritik geworden?" [em tradução livre: "Como fica a *sola scriptura* da confissão da Reforma diante do crescimento da crítica histórica?"].

## Três tendências na modernidade

O contínuo poder da síntese da Igreja medieval, com seu incólume apelo à revelação e às manobras defensivas da ortodoxia, foi desafiado às vésperas do século XVII pela emergência da modernidade.[17] A complexidade dessa transformação intelectual e política na Europa impede qualquer descrição simples, mas a emergência da modernidade pode ser identificada rapidamente como tendo três tendências.

Primeiro, é impossível superestimar a importância do *surgimento da ciência*, que é comumente associada à obra de FRANCIS BACON e seu dito: "conhecimento é poder".[18] O surgimento do pensamento científico foi impulsionado pela recente percepção de que o agente humano estava desimpedido em sua capacidade de pesquisar, conhecer e controlar. (Uma consequência do crescimento da ciência foi a exploração do globo, agora objeto de pesquisa, e a prática da colonização, pela qual o poder europeu se tornou o poder mundial). A emergência do agente humano como conhecedor alcançou fruição no trabalho de GALILEU e de COPÉRNICO. Isso tornou a velha síntese do conhecimento sob a autoridade da Igreja em uma impossibilidade epistemológica. Portanto, as mudanças epistemológicas motivadas pelas perspectivas científicas foram de imensa importância.[19]

Segundo, os *avanços filosóficos* na Europa são comumente identificados como tendo seu início em DESCARTES e seu programa de racionalismo, o qual culminou no trabalho de IMMANUEL KANT e GEORG WILHELM FRIEDRICH HEGEL. Foi realização de DESCARTES providenciar uma epistemologia alternativa àquela que apelava para a autoridade interpretativa

---

[17] Para um breve sumário do problema que a "modernidade" traz ao estudo da Escritura, veja WALTER BRUEGGEMANN, *Texts under Negotiation: The Bible and Postmodern Imagination* (Mineápolis: Fortress, 1993). Achei especialmente útil Stephen Toulmin, *Cosmopolis: The Hidden Agenda of Modernity* (Nova York: Free, 1990); PAUL HAZARD, *The European Mind, 1680-1715: The Critical Years* (Nova York: Fordham University, 1990); e SUSAN BORDO, *The Flight to Objectivity: Essays in Cartesianism and Culture* (Albany: SUNY, 1987).

[18] BRIAN WREN, *What Language Shall I Borrow? God-Talk in Worship: A Male Response to Feminist Theology* (Londres: SCM, 1989), tece comentários úteis sobre o impacto do arsenal metafórico de BACON sobre a consciência moderna.

[19] Veja ARTHUR KOESTLER, *The Sleep-Walkers: A history of Man's Changing Vision of the Universe* (Nova York: Viking, Penguin, 1990); e RICHARD J. BLACKWELL, *Galileo, Bellarmine, and the Bible: Including a Translation of Foscarini's Letter on the Motion of the Earth* (Notre Dame: University of Notre Dame, 1991).

da Igreja e sua reivindicação de revelação. Essa epistemologia alternativa enfatiza o agente humano como questionador desimpedido e irrestrito e como conhecedor que pode, pela razão objetiva, alcançar o conhecimento do que é verdadeiro e confiável. Um novo ambiente epistemológico estava se formando; ele intencionalmente fugia de todo apelo à tradição (incluindo a da Igreja) e da localização do conhecimento em contextos concretos. Assim, o programa cartesiano é comumente associado com razão, objetividade, autonomia e, finalmente, com o positivismo. Esse movimento acreditava que o que é cognoscível pode ser conhecido exaustivamente pelo pensamento humano.

O racionalismo de DESCARTES teve seu paralelo, na filosofia britânica, no empirismo de JOHN LOCKE.[20] Tal apelo à experiência de vida humana é muito diferente do racionalismo do continente. LOCKE celebra a disponibilidade do conhecimento para o conhecedor individual, bastando que tal conhecedor preste atenção ao mundo ao seu redor. Conquanto seja bem diferente, esse empirismo compartilha com seu parceiro, o racionalismo, a paixão de que o conhecimento genuíno deve evitar o apelo ao contexto e à tradição. A autoridade convencional da Igreja como árbitro da verdade é vista como um grande impedimento ao verdadeiro conhecimento. O empirismo mantém que a Bíblia, enquanto "revelação sobrenatural", precisa ser retirada do centro e avaliada em termos de sua concordância com os ganhos do "conhecimento emancipado". Esse conhecimento autônomo partilha um pouco do ímpeto emancipatório da Reforma, mas o levou a direções muito diferentes.

Paralelamente a tais esforços científicos e filosóficos, KLAUS SCHOLDER desenvolveu recentemente um importante argumento a respeito das *dimensões políticas da epistemologia do Iluminismo*.[21] SCHOLDER propõe que foi a divisão teológica da Europa ente Roma e a Reforma, alcançada de maneira sangrenta por meio da Guerra dos Trinta Anos (que ocorreu durante a época de DESCARTES), que trouxe um fim à reivindicação universal da teologia cristã na Europa. Mesmo que alguém quisesse acreditar no ensino estabelecido da Igreja como verdadeiro, o problema é que agora havia mais de um ensino estabelecido por mais de uma Igreja. Obviamente, esses ensinamentos se diferenciavam, discordavam entre si e contradiziam um

---

[20] Veja REVENTLOW, *The Authority of the Bible*, pp. 243-285; e Rogerson, *Old Testament Criticism*.

[21] KLAUS SCHOLDER, *The Birth of Modern Critical Theology: Origins and Problems of Biblical Criticism in the Seventeenth Century* (Filadélfia: Trinity, 1990).

ao outro de maneiras importantes. No panorama europeu da interpretação teológica, não havia nenhum árbitro inocente ou objetivo entre tais alegações autorizadas e competitivas. No clima do século XVII, não é surpresa que a *razão* tenha emergido como o árbitro confiável; ou seja, o que é confiável é a capacidade humana de raciocinar e formular juízos.[22] Assim, o apelo à razão foi em parte uma necessidade política, visto que os eclesiásticos que reivindicavam a verdade se tornaram em advogados, e não mais árbitros como outrora. A razão, entendida então de uma maneira inocente, passa a ser o teste pelo qual a revelação deve ser avaliada. É impossível superestimar a importância da emancipação da razão dos fundamentos da revelação que há muito eram aceitos como normativos.

Paul Hazard provê um bom comentário sobre o que aconteceu na mente europeia no período de 35 anos (1680-1716) em que novos modos e suposições interpretativas surgiram com a chegada do empirismo e do racionalismo. Ele descreve como a vida intelectual europeia alcançou, em uma geração, uma nova sensibilidade que não mais aceitava a dominação interpretativa da Igreja nem seu apelo à autoridade da tradição. Para nossos propósitos é suficiente reconhecer, como Hazard mostra, que um "novo espírito" se tornou dominante, uma "nova consciência", contra a qual o antigo apelo à revelação lutou uma batalha defensiva e progressivamente sem esperança.[23]

### Surgimento da crítica histórica

Um estudante da teologia do Antigo Testamento não irá valorizar o que ocorre e o que é exigido no surgimento da crítica histórica, a menos que isso seja percebido como parte dessa grande mudança de sensibilidade para longe da autoridade e da tradição, rumo à confiança na pesquisa objetiva e desapegada.[24] O surgimento da ciência significou que a Bíblia veio a ocupar uma posição não privilegiada de interpretação. Em vez de a Bíblia funcionar como um tribunal de apelo para solucionar as grandes questões do conhecimento (como havia sido, em certo sentido, em um tempo ante-

---

[22] Reventlow, *The Authority of the Bible*, traça o caminho pelo qual a capacidade liberada do indivíduo emerge do estudo humanista.

[23] Hazard, *The European Mind*, pp. 198-236 e *passim*.

[24] Hayes e Prussner, *Old Testament Theology*, pp. 27-34, apresentam uma valiosa consideração de Spinoza, o qual reconheceu a incompatibilidade entre razão e Bíblia. O que era considerado razão era, em substância, uma "volta ao sujeito", como em Immanuel Kant.

rior), a própria Bíblia se tornou o material avaliado e medido e, em alguns casos, considerado incompleto.

A ascensão da crítica pode ser entendida positivamente como um aspecto derivado da emergência da modernidade e, negativamente, como um esforço de arrancar a Bíblia, ainda muito valorizada e respeitada, das categorias reducionistas da interpretação da Igreja. Devido ao "novo espírito", a interpretação da Igreja era vista como uma atividade de censura que impedia a Bíblia de ser considerada em seus próprios termos e a forçava a se conformar a categorias e afirmações estabelecidas. A causa e os detalhes específicos da ascensão da crítica histórica têm sido frequentemente bem descritos. Para nossos propósitos, é relevante reconhecer a nova importância do acadêmico individual e da corporação acadêmica, independente da égide da Igreja.

Como parte da transição da síntese medieval para a prática da modernidade, a interpretação bíblica se tornou um caso de teste para a tensão entre a autoridade da Igreja e a autoridade do acadêmico emancipado e científico. Reconhecia-se nesse "novo esporte" que os textos da Bíblia não eram dados absolutos, mas emergiram no processo da vida de Israel, seja oralmente ou em formulação escrita. Ou seja, os textos bíblicos foram gerados por meio do esforço humano, fé humana, paixão humana e idiossincrasia humana. A atividade acadêmica central do século XVII em diante foi tentar localizar e entender essa iniciativa humana. Portanto, formou-se uma tradição acadêmica, com crescente consenso entre os críticos, a respeito de quais textos são mais antigos – e como foram transmitidos e alterados nessa transmissão – e quais são mais confiáveis, exatos e sofisticados. Ou seja, a crítica histórica, na prática do espírito da época, começou a fazer diferenciações entre os textos e a classificá-los de conformidade com vários critérios acadêmicos. O efeito prático desse empreendimento foi relativizar as reivindicações de revelação do texto, tratando-o como qualquer outro livro. Isto levou o texto bíblico a se tornar subserviente, pelo menos metodologicamente, às reivindicações racionais da elite interpretativa.

Quando nos movemos para o século XIX, especialmente sob a influência de HEGEL, testemunhamos a ascensão da história. Ela gera alguma tensão com o antigo racionalismo vigente nos séculos XVIII e XIX e, em alguns sentidos, apela para um tipo de empirismo lockeano.[25] No século

---

[25] A emergência da ciência ameaçou poderosamente a autoridade teológica da Igreja, mas foi o posterior surgimento da história que gerou os problemas mais agudos para a teologia do Antigo Testamento. ROGERSON, *Old Testament Criticism*, p. 17, nota

XIX, a "história" se tornou o modo dominante de conhecimento, de maneira que se pensava que tudo tinha uma história, uma carreira de desenvolvimento.

A história, enquanto categoria de interpretação teológica, não é uma inovação do século XIX. A teologia federalista (da aliança) dos séculos XVI e XVII, relembrando as perspectivas dramáticas de Irineu, já fizera esforços para conectar o drama histórico e o texto bíblico sob a rubrica da história da salvação. Ou seja, a sequência de experiências narradas no texto como "eventos reais" foi considerada como a arena na qual o Deus da Bíblia é decisivamente conhecido e visto em ação. É importante reconhecer, entretanto, que a respeitada e antiga noção de história da salvação é matéria bem diferente do que os acadêmicos do Iluminismo entendiam como história. Essa distinção, como veremos, tem assombrado e exasperado a empreitada da teologia do Antigo Testamento ao longo de todo o século XX. Destarte, a crítica tem procurado ligar o texto à experiência (evento), mas definiu experiência de uma maneira tal que tornou a interpretação excessivamente problemática.

No final do século XVII e no começo do século XIX, a história já tinha dimensões e significados muito diferentes dos entendimentos anteriores. Primeiro, a história adquiriu uma característica positivista, considerando os eventos como completamente decifráveis e excluindo qualquer densidade inescrutável. Essa mudança exigiu que os eventos tivessem um significado simples, discernível e inequívoco, do qual foi eliminado todo mistério. Segundo, no século XIX passou a ser crucial a ideia de história como desenvolvimento, percebendo-se os eventos como progressivamente alinhados em sequência. Eventos sem densidade inescrutável, mas com sequenciamento progressivo, não deixam qualquer tarefa para a teologia. E, assim, a história poderia se tornar – e, de fato, se tornou – uma realidade autônoma, sem referência a nenhum significado maior ou codificado.

A ênfase no desenvolvimentismo evolucionista colocou o trabalho interpretativo em profunda tensão com quem procurava na Bíblia declarações absolutas da fé. Portanto, em geral, podemos dizer que as categorias

---

a mudança do século XVIII para o XIX, e as novas questões que agora deveriam ser enfrentadas. Especificamente, Wilhelm Martin Leberecht De Wette se ocupou de questões sobre a consciência histórica, de modo que se reconheceu um abismo entre o relato do Antigo Testamento e os "fatos da história". OWEN CHADWICK, *The Secularization of the European Mind in the Nineteenth Century* (Cambridge: Cambridge University, 1975), p. 163, nota a aguda oposição do "conhecimento no século XVII *versus* o conhecimento no século XIX".

intelectuais dos séculos XVII e XVIII eram as da ciência *racional*, que procurava estabelecer o que é verdade "fundamentada"; e que no século XIX novos problemas foram colocados em termos de desenvolvimento *histórico*, afastando-se de uma realidade fixa para uma realidade em desenvolvimento. O que ficou como matriz para a interpretação teológica foi a tensão entre o *absolutismo* do século XVIII e o desenvolvimentismo do século XIX, uma tensão que continuou na querela sobre o modernismo no começo do século XX.[26] Essa tensão ainda existe na Igreja hoje, sob os infelizes rótulos de liberais (progressistas) e conservadores (absolutistas). *É de grande importância, para o estudante de teologia do Antigo Testamento, notar que em cada período da disciplina, as questões, métodos e possibilidades nas quais o estudo é realizado se originam do ambiente social e intelectual no qual o trabalho deve ser feito.*

Assim, dada a emergência da *ciência* baconiana, do *racionalismo* cartesiano, do *empirismo* lockeano e, eventualmente, da *história* hegeliana, provavelmente não foi possível o estudo das Escrituras resistir ser moldado como o foi em cada circunstância particular. Isso não ocorreu porque os acadêmicos daquele ambiente eram obrigados a pensar nesses termos, nem porque deliberadamente decidiram agir assim; simplesmente essas eram as categorias disponíveis para acadêmicos como filhos do seu tempo e cidadãos de um mundo social e intelectual. Por isso, em minha opinião, não há porque acusar o mundo acadêmico de traição ou lamentar o que aconteceu. A erudição teológica, se quiser ser relevante, deve assumir os problemas dados em seu tempo e espaço. Dessa forma, com o novo espírito da época dos séculos XVII e XVIII, era poderosa a tentação de assumir modos "científicos" de crítica; no século XIX, o compromisso com os modos "históricos" de análise era inescapável. Ao percebermos os modos como o ambiente cultural e o contexto moldam a erudição e a interpretação, é importante reconhecermos que nós, não menos que nossos predecessores, somos filhos do nosso tempo e espaço e devemos lidar com as questões como nos são apresentadas. Nesta obra, veremos que a interpretação no final do século XX, de maneira muito diferente das dos séculos

---

[26] Veja HAYES e PRUSSNER, *Old Testament Theology*, p. 13, sobre o problema do absolutismo. JACK B. ROGERS e DONALD K. MCKIM, *The Authority and Interpretation of the Bible: An Historical Approach* (São Francisco: Harper and Row, 1979), sugerem especificamente como essa problemática afetou a prática teológica dos EUA. Para uma crítica conservadora a ROGERS e MCKIM, veja JOHN D. WOODBRIDGE, *Biblical Authority: A Critique of the Rogers/McKim Proposal* (Grand Rapids: Zondervan, 1982).

XVII, XVIII e XIX, deve viver e trabalhar em um contexto interpretativo que prioriza pluralismo e julgamento entre reivindicações retóricas e ideológicas que competem entre si. Nenhum intérprete acadêmico pode se recusar a levar em conta os modelos dados no contexto, apesar de que é igualmente claro que cada intérprete acadêmico tem algum espaço de manobra na determinação de como tratar essas questões e os moldes nos quais elas se apresentam.

Portanto, a ascensão da crítica que resultou na síntese de Wellhausen é um produto da ascensão da modernidade.[27] Depois de Hegel, ficou claro que tudo tem uma história, pois esse foi o período de Charles Darwin e da crescente alegação, embora disputada, de que a raça humana tem uma longa história de desenvolvimento do simples para o complexo.[28] (Nossa própria versão elegante dessa convicção sobre o desenvolvimentismo é a ideia de que tudo – da fé ao sexo, a felizes casamentos e a grandes fortunas – acontece em estágios, com seus próprios passos daqui para acolá). Sendo assim, também no estudo da Bíblia devemos lidar com o conceito de desenvolvimento. Tudo tem desenvolvimento histórico: a Bíblia, Israel e até mesmo Deus. A síntese wellhausiana que governou a erudição do Antigo Testamento reflete o espírito da época. Nessa síntese, foi possível aos acadêmicos concordarem a respeito dos documentos inicial (JE), mediano **(D)** e final (P) que, por sua vez, refletiam a religião de Israel: primitiva, monoteísmo ético e "legalismo degenerado".[29] O desenvolvimento reflete a história dos documentos, a de Israel, a da religião de Israel e a do Deus de Israel (entendida como história da *compreensão* de Deus por Israel).[30]

---

[27] É impossível superestimar a importância de Julius Wellhausen para nosso estudo, tanto pelo que ele fez como pelo que veio a representar. Sobre a contínua importância desse trabalho, veja *Julius Wellhausen and His Prolegomena to the History de Israel* (org. Douglas A Knight; *Semeia* 25 [1983]).

[28] Conforme o livro *Sobre a origem das espécies*, de Charles Darwin. Sobre o ambiente no qual Darwin trabalhou e sua percepção do perigo de sua conclusão, veja Adrian Desmond e James Moore, *Darwin* (Londres: Michael Joseph, 1991). É consenso atual que Wellhausen não foi influenciado diretamente por Hegel. Mesmo assim, é claro que um senso da dinâmica histórica, vista como progressiva e evolucionária, formou uma grade epistemológica para o tempo e espaço de Wellhausen.

[29] A conclusão que o judaísmo posterior era "degenerado" foi, é claro, um julgamento cristão pejorativo. Wellhausen conectou sua "história dos documentos" com uma teoria desenvolvimentista da religião de Israel.

[30] Que isso é "um entendimento de Deus" e não "Deus" é importante. Esse tipo de

Conquanto, o desenvolvimentismo do século XIX seja muito diferente do racionalismo e empirismo do século XVIII, está em continuidade com eles ao praticar *uma epistemologia do conhecedor humano como intérprete desimpedido e objetivo, concebido como um leitor apartidário e não subjetivo dos dados*. Somos, assim, persistentemente chocados pela "inocência" dos intérpretes que se recusavam a aceitar a densidade retórica do texto.[31]

Consequentemente, a longa varredura do período moderno se reflete no domínio da crítica histórica. Para nossos propósitos, é importante notar especificamente dois pontos de referência. Primeiro, uma famosa palestra de J. P. GABLER, em 1787, em uma tentativa de distinguir a interpretação teológica do Antigo Testamento do programa dogmático da Igreja, identificou a interpretação do Antigo Testamento como uma tarefa histórica.[32] Os acadêmicos se consideravam como historiadores engajados em uma tarefa reconstrutiva. Segundo, a consequência dessa autocompreensão foi rejeitar qualquer sentido "normativo" do texto bíblico em assuntos teológicos e éticos que apele à autoridade interpretativa da Igreja. A abordagem defendida por GABLER, que refletia o espírito da época com seu conhecimento objetivo, livre e emancipado, procurava de fato estabelecer o que

---

crítica faz uma necessária distinção entre afirmação e realidade, presumidamente porque não era possível, em um contexto iluminista, considerar o testemunho do texto como "realístico". A epistemologia do Iluminismo é, em princípio, um projeto de distanciamento.

[31] O Iluminismo, por princípio, resistia a qualquer noção de densidade no texto. FRIEDRICH NIETZSCHE, FYODOR DOSTOYEVSKY e SIGMUND FREUD - "mestres da suspeita" que rejeitavam as alegações positivistas do Iluminismo - foram os que atentaram à densidade do texto. Portanto, a crítica histórica de tipo notavelmente fino (como refletida em muitos comentários) é, de fato, uma prática determinada da epistemologia do Iluminismo.

[32] A palestra de GABLER foi traduzida para o inglês, de forma condensada, por JOHN H. SANDYS-WUNSCH e LAURENCE ELDREDGE, "J. P. GABLER and the Distinction between Biblical and Dogmatic Theology: Translation, Commentary, and Discussion of His Originality", *SJT* 33 (1980), pp. 133-158. Veja, mais recentemente, a abrangente revisão do trabalho de GABLER por ROLF P KNIERIM, "On GABLER", *The Task of Old Testament Theology: Substance, Method and Cases* (Grand Rapids: Eerdmans, 1995), pp. 495-556. Sobre a obra de GABLER, veja especialmente o julgamento crítico de BEN C. OLLENBURGER, "Biblical Theology: Situating the Discipline", *Understanding the Word: Essays in Honor of BERNHARD W. ANDERSON* (org. JAMES T. BUTLER *et al.*; JSOTSup 37; Sheffield: JSOT, 1985), pp. 37-62. Note que os primeiros comentários de HAYES e PRUSSNER, *Old Testament Theology*, pp. 2-5, são a respeito da obra fundacional de GABLER.

era normativo. Ele o fez, entretanto, não com base na autoridade e interpretação estabelecida pela Igreja, mas mediante um apelo à razão emancipada que podia produzir normas "universais". O estudo do Antigo Testamento, então, se tornou um estudo de textos situados em diferentes contextos (e gêneros literários); instâncias de práticas religiosas e organização política; movimentos sociais e encontros contextualizados; intercâmbios com as influências ambientais, empréstimos delas e resistências a elas. Tal trabalho era feito, entretanto, como uma tentativa de alcançar normas universais que evitassem quaisquer das particularidades da fé bíblica que pudessem ser um obstáculo às alegações da razão. A erudição moderna, refletindo a epistemologia do Iluminismo, deve evitar qualquer declaração tradicionalmente normativa – qualquer noção de que uma alegação de fé do texto bíblico pudesse continuar a ter autoridade para uma comunidade específica de interpretação. Como consequência dessa propensão acadêmica, por um período muito longo – o da alta crítica histórica emancipada – nenhum esforço maior na teologia do Antigo Testamento procurou articular as declarações normativas da fé bíblica enquanto tais. Todas essas possíveis declarações estavam firmemente subordinadas às reivindicações mais amplas da razão.

O efeito prático dessa erudição foi que ela realmente livrou a interpretação bíblica da autoridade da Igreja. De uma forma estranha, a crítica acadêmica continuou o esforço de Lutero e dos reformadores em providenciar espaço para o texto como distinto da interpretação da Igreja. O resultado não reconhecido, porém, é que o Antigo Testamento foi amplamente apropriado pela meta-história do Iluminismo – uma meta-história que evitou o ocultamento, a densidade e a inescrutabilidade do texto. O *resultado teológico* foi que muito do que é crucial no testemunho do antigo Israel foi desconsiderado. O *resultado literário* foi que muito do que é interessante e atraente na literatura foi "resolvido" ao se recortar o texto em fontes e camadas; texto que o talento artístico da Bíblia intencionou colocar além de tão fácil decodificação.

Os ganhos da crítica histórica são imensos, e nenhum leitor informado pode proceder sem prestar atenção aos mesmos.[33] *O que não tem*

---

[33] Walter Wink, *The Bible in Human Transformation* (Filadélfia: Fortress, 1973), pronunciou notoriamente que a crítica histórica estava "falida"; o veredicto de Wink foi importante, embora um tanto sensacionalista. Aqui eu não digo "falida", mas "inadequada". Essa incapacidade só se torna aparente quando a comunidade interpretativa por si mesma se situa fora (ou além?) da meta-história do Iluminismo. A crise interpre-

*sido observado é que tal erudição não é tão inocente quanto se imaginou ser.* Logo, o programa cartesiano, inteiramente adotado por muitos dos acadêmicos bíblicos, não é tão inocente, objetivo ou descontextualizado quanto se declara, pois essa erudição facilitou o acordo com certos modos de poder que ela não conseguiu desafiar.[34] Como HANS-GEORG GADAMER disse, o Iluminismo tem um "preconceito contra o preconceito".[35] Ele não pode tolerar alegações e afirmações intelectuais ou teológicas que vão contra o seu estreito objetivismo, o que por si só é uma reconhecida alegação intelectual e teológica. Em princípio, por sua vigilância contra a autoridade, a metanarrativa da modernidade impossibilitou a teologia do Antigo Testamento como empreitada normativa. A emancipação da Bíblia da em sua autoridade dogmática, recebeu seu maior ímpeto na Reforma e, foi perdida na prática da crítica reducionista. É justo dizer que, no final do século XIX, o Antigo Testamento havia deixado de ser uma parte da Escritura com qualquer autoridade para a Igreja. Na academia, continuou a ser um objeto de estudo no contexto da meta-história do positivismo, mas foi um estudo que em princípio teve que distorcer ou negar as características mais definidoras do texto em si.[36] Não era possível reler o texto em termos

---

tativa e a possibilidade da Igreja hoje deriva de ela estar descobrindo que o Iluminismo não é seu habitat natural. Portanto, a Igreja está tendo que reaprender sua própria maneira de ler. Quanto a esse ponto de vista, estou em completo acordo com BREVARD CHILDS, contrariamente a seu julgamento sobre meu trabalho. Será evidente no que segue que eu discordo acentuadamente dele quanto a como executar essa tarefa.

[34] Veja JON SOBRINO, *The True Church and the Poor* (Maryknoll: Orbis, 1984), pp. 7-38, sobre os dois Iluminismos.

[35] HANS-GEORG GADAMER, *Truth and Method* (Londres: Sheed and Ward, 1989), pp. 241-245.

[36] Embora a Igreja costume praticar de forma descuidada o superacionismo (isto é, a alegação de que o Antigo Testamento é superado pelo Novo), de fato a força dominante da crítica histórica de sua própria maneira também pratica um tipo de superacionismo. Para uma extensa e perceptiva visão das dimensões teológicas do superacionismo, veja KENDALL SOULEN, *The God of Israel and Christian Theology* (Mineápolis: Fortress, 1996). Quanto a modos sutis e bem intencionados de superacionismo, veja STEPHEN R. HAYNES, *Jews and the Christian Imagination: Reluctant Witnesses* (Nova York: MACMILLIAN, 1995). A Igreja com demasiada frequência confessa que o Antigo Testamento é superado pelo Evangelho cristão, mas a crítica histórica afirma em sua prática que o Antigo Testamento, em suas alegações de fé, é superado pela racionalidade do Iluminismo e sua objetividade autônoma. Para um inventário das diferentes formas e opções quanto ao superacionismo, veja GABRIEL FACKRE, "The Place of Israel

do historicismo iluminista sem ao mesmo tempo distorcer tudo o mais que é crucial a essa construção textual da realidade, incluindo suas reivindicações teológicas. A própria suplantação que a fé cristã parece requerer tinha se tornado, nas mãos da crítica modernista, uma *suplantação intelectual* assumida em nome da racionalidade do Iluminismo.

### A recuperação da interpretação teológica

Convencionalmente, entende-se que o século XIX começou com o Congresso de Viena em 1814, que trouxe a "grande paz" à Europa após Napoleão, e terminou em 1914 com o início da Grande Guerra. O período de 1814-1914, que retrata o grande período da crítica histórica no estudo da Escritura, foi um tempo de grande fermentação intelectual na Europa e de enorme desenvolvimento cultural, aliado a um clima político que permitiu a confiança na razão e certezas quanto à autonomia humana e o progresso. Ele estimulou a crença de que tudo que fosse humano agora seria possível. Embora não haja uma correspondência item a item entre esse clima geral e o consenso de Wellhausen, é plausível que sua hipótese só poderia ter se originado nesse contexto de uma grande e compartilhada sensação de bem-estar e autocongratulação.

Na medida em que o desenvolvimento do consenso acadêmico do progressismo na revelação refletia um clima cultural de bem-estar, também os desafios à hipótese que se originaram no século XX refletem um contexto cultural específico. A Grande Guerra de 1914-18, com sua desastrosa culminação no Tratado de Versalhes, testemunha poderosamente contra qualquer otimismo ingênuo e contra qualquer confiança na capacidade humana de construir um mundo adequado, isso para não se falar a respeito de uma hipótese adequada de desenvolvimentismo progressivo. A situação do Ocidente após 1918 necessitava de um novo reconhecimento da fragilidade da situação humana e do poder do mal no mundo. Necessitava, além disso, de uma aventura teológica que pudesse fazer sentido teológico fora dos limites do que se chamou de progressismo liberal.

#### *Karl Barth*

Nessa situação surgiu, como um *novum* sem antecedentes, a *Epístola aos Romanos* de Karl Barth em 1919, a qual inaugurou uma estação radicalmente nova de discurso teológico que rejeitou as suposições firme-

---

in Christian Faith", *Gott lieben und seine Gebote halten: Loving God and Keeping His Commandments* (org. Markus Bockmuehl e Helmut Burkhardt; Giessen, Alemanha: Brunnen, 1991), pp. 21-38.

mente aceitas do liberalismo autoconfiante.[37] Como um intérprete pastoral, audacioso e engenhoso da Escritura, BARTH refutou as hipóteses teológicas conformistas nas quais ele fora ensinado e que dominavam a cena teológica de seus dias na Alemanha. Ele defendeu, na sua audaciosa interpretação da Epístola aos Romanos, que a verdade do evangelho é outra em relação às hipóteses intelectuais convencionais do progressismo cultural que dominava a cultura, a academia e muito da Igreja.

O conteúdo do desafio explosivo de BARTH à teologia de seus dias tem a ver com a soberana graça de Deus conhecida em Jesus de Nazaré. Como STEPHEN WEBB notou, a retórica de BARTH era um oponente à altura para essa disputa.[38] BARTH rejeitou o discurso aceitável e razoável dos "desprezadores cultos da religião" e procedeu em um modo discursivo abrasivo, brusco, polêmico e cheio de contradições, que veio receber o nome de dialética. Sua retórica, necessária para o que ele queria afirmar, era cheia de ironia, hipérbole e incongruência, como se as suas próprias palavras de interpretação fossem montadas para encenar o escandaloso desafio à cultura que ele tomou para si em nome do evangelho cristão.

É difícil superestimar o caráter crucial do audacioso trabalho de BARTH visando o resgate da interpretação teológica do Antigo Testamento. No decorrer do século XIX e sob o domínio da crítica histórica, qualquer noção de asserção teológica normativa no Antigo Testamento – ou seja, qualquer reivindicação de verdade – sumira da interpretação. A Bíblia era entendida quase que exclusivamente como uma série de desenvolvimentos religiosos, cada um dos quais era completamente contido em seu próprio contexto cultural, cada um dos quais foi testado por "uma razão universal". Contra essa poderosa dominação intelectual da religião, BARTH ressoou com a normatividade teológica.[39] Portanto, BARTH cometeu um ato oculto de subversão epistemológica ao romper com a valorização dos "universais razoáveis" do século XIX.

---

[37] KARL BARTH, *The Epistle to the Romans* (6ª ed.; Nova York: Oxford University, 1968). O livro é conhecido na discussão teológica como *Der Römerbrief* (Zurique: Theologischer, 1985), como foi primeiramente publicado. Veja uma avaliação revisada do programa de BARTH por BRUCE L. MCCORMACK, *KARL BARTH's Critically Realistic Dialectical Theology: Its Genesis and Development, 1909-1936* (Oxford: Clarendon, 1995).

[38] STEPHEN H. WEBB, *Re-configuring Theology: The Rethoric of KARL BARTH* (Albany: SUNY, 1991).

[39] O contraste entre "fé" e "religião" é programático para BARTH. Veja, por exemplo, *The Word of God and the Word of Man* (Londres: Hodder and Stoughton, 1928).

Embora questionar a crítica histórica – o método de interpretação que dominara o século XIX – não tivesse importância central para Barth, seu trabalho incorpora um grande desafio e uma alternativa à confiança amplamente aceita nos métodos críticos.[40] Barth percebia que a empreitada teológica, desde Descartes e Locke e culminando em Ludwig Feuerbach, tinha se acomodado à razão autônoma – à noção do conhecimento objetivo conforme defendida na emergência da ciência.[41] O resultado de tais certezas, como Barth viu claramente, é que toda a peculiaridade do testemunho bíblico teve de ser obliterada ou encaixada nos modos prevalecentes do que é considerado razoável. Como consequência, a crítica se voltou contra si mesma, a fim de obliterar o que era estranho no texto, inclusive o que era teologicamente estranho.

O desafio que Barth assumiu foi o de encontrar um ponto de partida para a asserção teológica que não estivesse, em sua própria origem, já comprometido decididamente com a relativização objetiva. Barth estabeleceu sua posição revolucionária a partir de uma declaração cristológica, mas essa declaração está intimamente ligada à autoridade da Escritura. É uma suposição primária de Barth que a Bíblia, em seus próprios termos e sem apelo à "razão natural", é o ponto inicial da fé. Dessa forma, Barth programaticamente recuou para trás de Descartes e apelou para a noção de Anselmo de "fé em busca de compreensão".[42] Ou seja, a fé não é uma conclusão que pode ou não resultar da reflexão. Ela é, na verdade, premissa e pressuposição inegociável para toda leitura correta da Bíblia e para toda fé verdadeira. Barth entendia que, contra essa alegação, a premissa da autonomia do Iluminismo como expressa na crítica histórica também não

---

[40] Barth estava completamente consciente das alegações e práticas da crítica histórica, mas essas maneiras de abordar o texto não eram de seu interesse nem lhe traziam benefício. Veja Bruce L. McCormack, "Historical Criticism and Dogmatic Interest in Karl Barth's Exegesis of the New Testament", *Biblical Hermeneutics in Historical Perspective: Studies in Honor of Karlfried Froelich on His Sixty-Fifty Birthday* (org. Mark S. Burrows e Paul Rorem; Grand Rapids: Eerdmans, 1991), pp. 322-38.

[41] Veja a análise de Barth sobre a emergência da autonomia na teologia do século XIX em *Protestant Theology in the Nineteenth Century: It's Background and History* (Londres: SCM, 1972). Sobre a autonomia como um tema em Barth, veja John Macken, *The Authonomy Theme in the "Church Dogmatics": Karl Barth and His Critics* (Cambridge: Cambridge University, 1990).

[42] Karl Barth, *Anselm: Fides quarens intellectum: Anselm's proof for the Existence of God in the Context of His Theological Scheme* (Londres: SCM, 1960).

é uma conclusão, mas uma premissa e pressuposição inegociável. Nessa enorme manobra epistemológica, BARTH questionou toda a iniciativa da crítica moderna, que procurava moldar o texto ao cânone da razão moderna. Já em seu fundamento, o ponto de referência epistemológico da crítica do século XIX é irreconciliável com o ponto inicial de BARTH.

É relativamente fácil acusar BARTH de fideísmo e positivismo teológico, e essa acusação tem sido frequentemente reiterada. O problema é que, obviamente, não há nenhum ponto inicial legítimo para a reflexão teológica, e deve-se começar em algum lugar. A acusação contrária é um tanto menos óbvia e foi articulada só mais recentemente: *o programa cartesiano de razão autônoma, que resultou na crítica histórica, é também um ato de fideísmo filosófico*.[43] Visto que tal pensamento e método crítico parecem imparciais e objetivos, não fica óbvio que a "erudição objetiva" não é neutra, mas sim carregada de teoria em si mesma e engajada em uma prática ideológica.[44]

Embora BARTH tenha exposto a erudição objetiva como carregada de teorias, isso não significa que sua premissa teológica mereça algum privilégio. Mas ela torna inevitável, no entanto, o reconhecimento de que não existe erudição inocente ou neutra, mas que toda pesquisa teológica e interpretativa é, de uma maneira ou de outra, fiduciária.[45] A firme polêmica de BARTH contra a religião é que *toda prática de significado que resulta em*

---

[43] Veja especialmente GADAMER, *Truth and Method*. Mais amplamente, a batalha mais profunda contra tal positivismo é, talvez, a *Dialectic of Enlightenment* (Nova York: Continuum, 1975) de MAX HORKHEIMER e THEODOR W. ADORNO.

[44] Os atuais debates metodológicos e tensões na pesquisa do Antigo Testamento, em parte, consistem na revelação da teoria que impulsiona a crítica histórica. Nas conversas correntes se torna cada vez mais evidente que a "pura crítica histórica" agora (mesmo que não no passado) serve a uma interpretação socialmente conservadora. Ao fazer esse julgamento, eu me refiro à crítica histórica, enquanto distinta da crítica retórica e sociológica. Essas foram adotadas por acadêmicos que, em sua maior parte, estão preparados para se distanciar da longa hegemonia epistemológica. Mais importante ainda, tal mudança é implícita e inescapavelmente também um movimento contra a hegemonia sócio-política que tanto serve a essa epistemologia como se beneficia dela. Para uma crítica penetrante dos aspectos de poder da crítica convencional, veja DANIEL PATTE, *The Ethics of Biblical Interpretation* (Louisville: Westminter/John Knox, 1995).

[45] Quanto ao elemento fiduciário no conhecimento, veja MICHAEL POLANYI, *Personal Knowledge: Toward a Post-critical Philosophy* (Chicago: University of Chicago, 1974).

*liberalismo deve ser criticada, não porque não é neutra, mas porque não se sustém diante do sujeito que visa estudar* – a saber, a obra e a presença do Santo Deus que não podem ser compreendidas nessas categorias convencionais e autônomas.

A importância programática de BARTH é difícil de superestimar. Negativamente, ele interrompeu as suposições da modernidade que tinham esvaziado o texto bíblico de qualquer reivindicação teológica. Positivamente, afirmou que a fé bíblica tem sua própria voz distinta. Contra FEUERBACH, BARTH argumenta que a Bíblia não é um eco de outras vozes (culturais), mas necessita ser ouvida por si mesma. Além do mais, BARTH afirma, a Bíblia é "sobre algo" (Alguém!). Ou seja, a realidade de Deus é afirmada primeiramente, não é algo derivado da reflexão, após se afirmar a "possibilidade de Deus" estabelecida em categorias modernistas.[46] Portanto, BARTH criou a retórica e o espaço nos quais podem ser feitos enunciados normativos (ou seja, "verdadeiros") sobre a fé bíblica, sem a necessidade de serem validados com base na epistemologia naturalista da autonomia.

Ao dar crédito a BARTH pela recriação da possibilidade de uma teologia bíblica, nós devemos notar uma importante questão que se coloca para BARTH e para aqueles que vêm depois dele. A reivindicação barthiana da realidade de Deus é um exercício em retórica ousada, de modo que, para BARTH, a realidade é profundamente fundamentada no discurso. Na mediação barthiana de fé, devemos contender com a poderosa retórica da Bíblia que, por sua vez, nos é dada pela poderosa e convincente retórica de BARTH. Independentemente desses atos de retórica, o "real" de BARTH não é conhecido nem disponível.[47] A história da teologia cristã recente (na verdade, de toda a teologia cristã, fundamentada como é nas categorias da filosofia helenística) é a de um salto em busca de uma fundamentação ontológica. Dada tal inclinação para a ontologia, o "real" e o "substancial" são prontamente considerados como realidade ontológica que existe por trás do texto e, no fim, separada do texto. Ou seja, com seu forte apelo à ontologia, a teologia sistemática tende a fazer uma completa separação

---

[46] BARTH, *Church Dogmatics* 1/2, pp. 1-44, reverteu as questões modernistas sobre a "possibilidade" e falou, pela primeira vez, sobre a "realidade" sob um prisma mediante o qual a fala de possibilidade é moldada diferentemente.

[47] Meu próprio ponto de partida a respeito do testemunho ecoa o que eu entendo ser o ponto de vista de BARTH. Veja o capítulo 3 sobre o testemunho como discurso que gera a substância teológica da fé de Israel. Como destaco lá, meu apelo ao testemunho é profundamente dependente de BARTH.

entre ontologia e retórica, de modo que a retórica em si seja, afinal, de mínima importância para as afirmações teológicas feitas.

Essa completa separação entre ontologia e retórica pode ser necessária e inevitável para a teologia sistemática. Para a teologia bíblica, entretanto, tal quebra completa é, em meu julgamento, impensável. O "real" e "substantivo" disponíveis à teologia bíblica são disponíveis apenas retoricamente. BARTH sabia disso, ao menos em alguns pontos, pois sua retórica corresponde à peculiaridade de seu assunto. Dessa forma, para BARTH a escolha não é simplesmente uma técnica religiosa ou uma ontologia cristológica, mas o terceiro fator da retórica deve ser levado em séria consideração. *O Deus da Bíblia não está em "outro lugar", mas é dado apenas no, com, e sob o texto em si mesmo.* O programa energético e provocativo de BARTH, entre outras coisas, parece resistir a um reducionismo ontológico que tende a eliminar quase tudo que é crucial e interessante a respeito do Deus bíblico. Esse ponto sobre a retórica em BARTH é notado apenas aqui, mas será importante posteriormente em nosso esforço de traçar a retórica pela qual o Antigo Testamento fala de Deus.

Como BARTH representa uma interrupção decisiva no curso da erudição bíblica, tudo na teologia bíblica após seu famoso comentário sobre Romanos é considerado "pós-Barth". O próprio BARTH assumiu uma separação epistemológica quase completa com a modernidade na qual foi ensinado, embora se possa argumentar que mesmo BARTH não se desvinculou tão completamente como ele alega. Mas seja como for, aqueles que vieram após BARTH foram, na sua maior parte, incapazes (ou indispostos) de levar à plena consequência o rompimento epistemológico barthiano.

Por conseguinte, a maior parte dos eruditos que tentaram trabalhar com a teologia do Antigo Testamento desde BARTH tem sido ambígua (para citar um veredito crítico usual) ou bilíngue (para dar crédito positivo). A tensão que os acadêmicos encaram é entre as suposições epistemológicas da modernidade, as quais resultam na crítica histórica e resistem às declarações normativas como fiduciárias e potencialmente autoritárias, e a declaração neoevangélica de afirmações teológicas normativas, as quais são talvez imposições aos materiais bíblicos. Portanto, a opção entre métodos descritivo-históricos ou normativo-teológicos não é simplesmente uma escolha pelo tipo de argumento substancial que pode ser feito sobre a Bíblia. A escolha é uma decisão interpretativa sobre suposições epistemológicas, sobre se devemos localizar o trabalho interpretativo na narrativa da modernidade ou na narrativa da fé, a qual rejeita o ceticismo da modernidade. Nessa obra, sugerirei que tal maneira de apresentar o problema continua

CAPÍTULO
I

sendo poderosa para ambos os lados da controvérsia; contudo, em um ambiente pós-moderno, ela pode não ser a forma mais útil para a questão.

A pesquisa do Antigo Testamento até recentemente tem se recusado a fazer uma escolha e tem procurado manter juntas as duas possibilidades. Essa recusa em escolher tem se constituído no grande problema da teologia do Antigo Testamento. Mas, talvez também tenha sido a razão pela qual a interpretação do Antigo Testamento tenha recusado o reducionismo teológico. Essa articulação da tensão e a recusa de escolha não equivalem dizer que a crítica histórica é o problema. Com certeza, optar na direção da crítica histórica é uma opção pela modernidade. Porém, a escolha alternativa também tem seus problemas, porque é uma escolha em direção ao reducionismo autoritário que tende a amortecer a reivindicação do próprio texto. Portanto, não existe uma escolha fácil no que tange à pressuposição interpretativa. Ao longo do presente século, tem ocorrido um julgamento interminável dessa questão. Uma razão para se tentar uma nova abordagem na teologia do Antigo Testamento é considerar se estamos em uma circunstância epistemológica e cultural que permita a rearticulação do terreno visando enfrentar a questão normativo-descritiva.

O fim do século XIX na guerra de 1914-18 e o subsequente desenvolvimento do nazismo tornaram novamente urgente uma abertura para o normativo.[48] Foi BARTH, acima de todos, entretanto, que deu ímpeto e credibilidade para a articulação do normativo. O clima e estilo de BARTH não visavam derivar o normativo do ambiente, como foi o caso com seus antecedentes liberais. Ao invés disso, com base na Palavra (que ele entendia variadamente como Jesus Cristo, o texto da Escritura e/ou o momento de pregação), BARTH ousou asseverar a reivindicação normativa do evangelho desafiadoramente contra seu ambiente.[49] O que é normativo é estranho e peculiar, distintivo e escandaloso, e nunca pode se acomodar ao ambiente da ideologia cultural. Para BARTH, essa profunda tensão era primeiramente expressa como "fé versus religião", uma formulação não muito distante da luterana, "fé e razão", e nem da "teologia da cruz" em oposição à "teologia

---

[48] O movimento que veio a ser chamado de neo-ortodoxia deve ser entendido em relação ao seu pano de fundo: o colapso da confiança humana que dominava o século XIX, a qual deu credibilidade ao desenvolvimentismo que dominou a interpretação do Antigo Testamento.

[49] Veja BARTH, *Church Dogmatics* 1/1, pp. 98-212, sobre a palavra em suas diversas dimensões.

da glória".⁵⁰ A articulação barthiana de contraste, conflito e polêmica deu ímpeto à teologia do Antigo Testamento no período seguinte da erudição, o qual passamos a considerar.

### *ALBRECHT ALT e MARTIN NOTH*

A recuperação da articulação da peculiaridade da fé do Antigo Testamento representa um importante rompimento com a agenda que há muito governava o estudo do Antigo Testamento. Embora existam outros antecedentes importantes para as contribuições teológicas de WALTHER EICHRODT e GERHARD VON RAD, focalizaremos primariamente o trabalho de ALBRECHT ALT e de seu aluno MARTIN NOTH, com uma referência menor à influência de WILLIAM FOXWELL ALBRIGHT. Tanto ALT quanto NOTH se consideravam primariamente como historiadores e, assim, em estreita continuidade com seus precursores acadêmicos do século XIX. Ao priorizarem a distintividade de Israel em seu mundo antigo, é claro que seu trabalho histórico teve consequências teológico-interpretativas cruciais, se não também uma intencionalidade teológico-interpretativa. ALT e NOTH (e de forma diferente ALBRIGHT) reverteram as usuais suposições dominantes do estudo do Antigo Testamento. Pelo longo período dominado pela crítica histórica e seu desenvolvimentismo, assumiu-se que as grandes categorias teológicas de Israel surgiram somente ao final do seu desenvolvimento histórico – no esquema de WELLHAUSEN, somente com o Deuteronômio e os profetas, após os materiais de JE.

*Uma consequência do trabalho de ALT foi a reivindicação de que bem no começo, até mesmo desde suas origens, o Israel mosaico atuava com suposições teológicas distintas.* Na obra de ALT, podemos identificar duas hipóteses que se tornaram cruciais para a disciplina em seu período subsequente. Primeira, em seu estudo sobre as leis israelitas, ALT distinguiu, com base na crítica da forma, entre lei casuística (derivada de casos específicos) e lei apodítica.⁵¹ A lei casuística, que se desenvolveu a partir de decisões específicas da corte, é característica de coleções de leis mais antigas do que Israel e conhecidas em outras culturas. Essa formulação legal é amplamente compartilhada no ambiente cultural de Israel. Em contraste, a lei apodítica propõe mandamentos e proibições absolutos (por

---

⁵⁰ Sobre esse contraste fundamentado em LUTERO, veja a discussão útil de DOUGLAS JOHN HALL, *Lighten Our Darkness*: *Toward an Indigenous Theology of the Cross* (Filadélfia: Westminster, 1976).

⁵¹ ALBRECHT ALT, "The Origins of Israelite Law", *Essays on Old Testament History and Religion* (Sheffield: JSOT, 1989), pp. 79-132.

exemplo, "Não farás...") que são peculiares a Israel, e não encontradas em nenhum outro lugar nas coleções legais do Oriente Próximo. Esse mandamento apodítico, declarado de modo tão absoluto que não se acrescenta nenhuma sanção ao mesmo, se baseia na soberania absoluta de Javé, o Deus de Israel.[52] Assim, entende-se a forma da lei como evidência do monoteísmo rigoroso e não compromissado que já estava presente em Israel, o qual foi decisivo nas origens mosaicas de Israel. MARTIN NOTH acresceu às percepções de ALT a reivindicação de que a "soberania exclusiva" de Javé é o fundamento da autocompreensão de Israel como uma comunidade sob o mandamento de Javé.[53] Da cuidadosa análise crítico-formal de ALT deriva uma premissa teológica importante que será crucial para a emergência da teologia do Antigo Testamento no século XX.[54]

Segunda, ALT deu igual atenção à "religião dos ancestrais" em Gênesis 12-36.[55] Ele articulou um agudo contraste entre o "Deus dos pais" e os outros deuses pré-israelitas cujos traços são encontrados em narrativas do Gênesis. Os outros deuses, como El-Roí (Gn 16,13) e El-Elyon (Gn 14,18), são caracteristicamente ligados a lugares e fenômenos naturais; ou seja, são estáticos e fixos. Em contraste, "o Deus dos pais" é ligado, não a lugares, mas a pessoas. Portanto, esse Deus no Gênesis, ao contrário de outros deuses, viaja com os ancestrais de Israel em sua jornada à terra prometida.

Há certa ironia nas consequências do estudo de ALT. Sendo historiador meticuloso, ALT pesquisava mediante cuidadosa consideração de para-

---

[52] É convencional, entre intérpretes cristãos, vocalizar o tetragrama (YHWH). Eu mantenho essa prática, apesar de ter algum desconforto, estando completamente ciente da razão pela qual os judeus se recusavam a fazer isso.

[53] MARTIN NOTH, "The Laws in the Pentateuch: Their Assumptions and Meaning", *The Laws in the Pentateuch and Other Essays* (Londres: SCM, 1966), p. 54 e *passim*, notou que a exclusividade de Javé é o centro da tradição legal de Israel.

[54] Veja THOMAS L. THOMPSON, *Early History of the Israelite People: From the Written and Archeological Sources* (Studies in the History of the Ancient Near East 4; Leiden: E. J. Brill, 1992), pp. 27-34 e *passim*, para uma amostra da importância das conclusões de ALT, mesmo que THOMPSON considere o trabalho de ALT como infeliz e distorcido. Mais genericamente, veja o gritante ataque contra a pesquisa representada por ALT: PHILIP R. DAVIES, *In Search of "Ancient Israel"* (JSOTSup 148; Sheffield: Sheffield Academic, 1992).

[55] ALBRECHT ALT, "The God of the Fathers", *Essays on Old Testament History and Religion*, pp. 1-77.

lelos históricos e analogias em outras confissões religiosas. Mas o proveito do estudo de ALT foi a ênfase na distintividade do Deus da promessa. A interpretação teológica que se deriva da alegação histórica de ALT não é que "o Deus dos pais" é diferente de qualquer outro deus, mas sim que ele é diferente dos outros deuses presentes nas narrativas ancestrais. Dessa forma, o "Deus dos pais" é um agente dinâmico que é móvel e se move intencionalmente. Além do mais, o pronunciamento e a atividade da promessa desse Deus peculiar dão origem ao processo histórico de Israel.[56] ALT estava, propositalmente, investigando apenas a evidência fragmentária da história da religião inicial de Israel. É claro, no entanto, que a investigação histórica de ALT teve enormes implicações teológicas, primeiro no trabalho de GERHARD VON RAD, e finalmente na *Teologia da Esperança* de JÜRGEN MOLTMANN.[57] A interpretação de ALT sobre os deuses de Gênesis 12-36 foi decisiva para o estabelecimento da peculiaridade da fé de Israel.[58]

Essas possibilidades interpretativas estimuladas por ALT – lei apodítica e o Deus dos pais – receberam posicionamento institucional plausível graças ao seu aluno NOTH, no ensaio muito influente denominado *O Sistema das Doze Tribos*.[59] Baseando-se em paralelos não bíblicos posteriores, NOTH propôs que o Israel tribal das origens consistia em um sistema um tanto fluido de doze tribos (nem sempre as mesmas doze), relacionado ao calendário lunar de doze meses, organizado ao redor de um altar ou santuário central. A importante e definidora vida do sistema centrava-se nas atividades do santuário, variadamente apresentado nas hipóteses como Betel, Gilgal, Siquém ou Siló.

De acordo com essa hipótese, as tribos se reuniam regularmente no

---

[56] GERHARD VON RAD, "The Form-Critical Problem of the Hexateuch", *The Problem of the Hexateuch and Other Essays* (Nova York: McGraw-Hill, 1966), notou que a promessa aos ancestrais formava o tema impulsor do Pentateuco. Veja também DAVID J. A. CLINES, *The Theme of the Pentateuch* (JSOTSup 10; Sheffield: JSOT, 1978).

[57] JÜRGEN MOLTMANN, *Theology of Hope: On the Ground and Implications of Christian Eschatology* (1967; Mineápolis: Fortress, 1993).

[58] ALT, "The God of the Fathers", p. 62, nomeou esses deuses "tutores" (*paidagogei*), preparando o caminho para Javé. A relação entre a "religião do Gênesis" e os temas mosaicos do Pentateuco não é óbvia; veja Walter MOBERLY, *The Old Testament of the Old Testament: Patriarchal Narratives and Mosaic Yahwism* (OBT; Mineápolis: Fortress, 1992).

[59] MARTIN NOTH, *Das System der zwölf Stämme Israels* (BWANT 41; Stuttgart: Kohlhammer, 1930).

santuário para ouvirem a Torá (Dt 31,10-13) e para fazerem juramentos de fidelidade que uniam as tribos umas às outras em lealdade comum a Javé, o Deus da federação.⁶⁰ Destarte, as tribos participavam regularmente essas cerimônias, que governavam ostensivamente todas as áreas de suas vidas.

A hipótese de Noth, que cativou amplamente os acadêmicos do Antigo Testamento (incluindo os acadêmicos dos EUA, que aparentemente resistiam a algumas de suas suposições), foi fundamental para articular a distintividade de Israel. Três temas se tornaram cruciais para a pesquisa do Antigo Testamento em seu interesse na peculiaridade de Israel, o qual era historicamente baseado, mas requeria articulação teológica.

Primeiro, esse grupo de tribos, que se encontrava regularmente para professar uma lealdade comum, entrou em um solene acordo pactual.⁶¹ A aliança se tornou a marca distintiva dessa comunidade, dando a seus membros uma identidade peculiar em um mundo de muitas tribos e nações. Israel, como era então entendido, era diferente de todas as outras tribos e nações, porque nenhuma delas tinha tal vínculo de aliança com esse Deus (cf. Dt 4,7-8).

Segundo, o núcleo substancial desse acordo pactual estava na proclamação da lei, mediante a qual esse soberano incomparável pronuncia (através de mediadores da aliança) uma vontade soberana para a comunidade – rigorosa, exigente e inflexível. Pode até ser que tenhamos agora no texto várias versões do que era proclamado. O foco para tal material tende a recair sobre o Decálogo (Êx 20,1-17), um segundo Decálogo (Êx 34,10-26), e sobre uma rigorosa recitação de maldições em Deuteronômio 27,15-26. Essas proclamações inflexíveis procuravam colocar todas as fases da vida de Israel, pessoal e pública, civil e ritual, sob a vontade e o propósito peculiares de Javé.

Uma terceira característica dessa confederação tribal era, aparentemente, a guerra santa. Acadêmicos subsequentes a Noth, especialmente von Rad, formularam a hipótese de que uma dimensão da confederação era

---

⁶⁰ Frank M. Cross, "The Cultus of the Israelite League", *Canaanite Myth and Hebrew Epic: Essays in the History of the Religion of Israel* (Cambridge: Harvard University, 1973), pp. 77-90 e *passim,* substituiu o problemático termo anfictionia de Noth por *federação* (ou *liga*).

⁶¹ Portanto, a hipótese Alt-Noth defendia que a aliança é uma ideia antiga e definidora em Israel. Quanto a um desafio a essa hipótese, veja especialmente Ernest W. Nicholson, *God and His People: Covenant and Theology in the Old Testament* (Oxford: Clarendon, 1988).

uma possibilidade militar legitimada e ordenada pela atividade de culto.⁶² O propósito da dimensão militar da comunidade era um pacto de defesa mútua, pelo qual as tribos membros juravam apoio umas às outras em tempos de perigo militar (cf. Jz 5,13-18). Essa ideologia da guerra, entretanto, não era um simples acordo político de suporte mútuo. Era também uma afirmação de que Javé, o soberano da federação, era um Deus guerreiro que agia ativamente a favor das tribos membros como um agente militar.⁶³

Devemos notar duas características importantes dessa teoria sobre a guerra. Primeiro, os estudiosos não chegaram a um acordo se essa teoria servia apenas para propósitos defensivos ou se também se aplicava a campanhas ofensivas. Como essa teoria de guerra é peculiarmente apropriada apenas às tribos, ela parece não pertencer, em primeira instância, às guerras de ampliação territorial promovidas pela monarquia subsequente (cf. 2Sm 8,6,14). Segundo, é de crucial importância notar que essa noção de guerra santa, conforme entendida nessa fase da pesquisa do Antigo Testamento, não tratava de Israel lutando por Javé. Era, na verdade, sobre Javé lutando por Israel. Portanto, compreende-se Javé como um agente ativo capaz de tomar uma iniciativa armada e, assim, diferente dos demais deuses.

Com base nesses três temas – lei apodítica, proclamação da lei e guerra santa – esses historiadores montaram um caso abrangente e consistente a favor da distintividade de Israel. Era, de fato, uma distinção teológica enraizada no caráter peculiar de Javé, o Deus aceito pela federação. É essa raiz principal da distintividade de Javé que dá ímpeto à distintividade histórica de Israel como um povo peculiar entre as nações e tribos (cf. 2Sm 7,22-23).

Enquanto essa memorável erudição alemã nos dava as categorias primárias para a teologia do Antigo Testamento, um desenvolvimento comparável nos EUA foi, à sua própria maneira, igualmente memorável, inventivo e influente. A figura dominante na erudição dos EUA era WILLIAM FOXWELL ALBRIGHT, de muitas maneiras a contraparte americana de ALT na Alemanha. ALBRIGHT, um acadêmico erudito, foi a força principal na geração e definição da arqueologia bíblica, uma iniciativa peculiarmente americana.⁶⁴ ALBRIGHT trabalhou particularmente nos períodos do Bronze

---

⁶² GERHARD VON RAD, *Holy War in Ancient Israel* (Grand Rapids: Eerdmans, 1991).

⁶³ Veja PATRICK D. MILLER, *The Divine Warrior in Early Israel* (HSM 5; Cambridge: Harvard University, 1973).

⁶⁴ Veja WILLIAM FOXWELL ALBRIGHT, *Archaeology and the Religion of Israel* (Balti-

Tardio e Ferro Inicial e, portanto, estava interessado no período formativo da vida pré-monárquica de Israel. Seu trabalho arqueológico tendia a "demonstrar" a confiabilidade "histórica" do texto bíblico. Além do mais, em seu notável livro, *From Stone Age to Christianity*, ALBRIGHT denunciou diretamente a hipótese desenvolvimentista dominante, a qual afirmava que a grande autocompreensão teológica de Israel ocorrera tardiamente na sua história.[65] Ele insistia que tudo que era importante para a fé de Israel já estava presente, resumidamente, em Moisés.

A obra de ALBRIGHT foi apresentada como pesquisa indutiva. Ou seja, ele tomou os dados arqueológico-históricos conforme os encontrou e descobriu que, de maneira convincente, tais dados confirmavam as afirmações bíblicas da distintividade de Israel no processo histórico. Recentemente, BURKE LONG apresentou evidências de que a arqueologia indutiva de ALBRIGHT era impulsionada desde o começo por um profundo comprometimento e confiança na insistência teológica do próprio texto bíblico sobre a importância de Javé e a distintividade de Israel.[66] Tal argumento não altera significativamente a obra de ALBRIGHT. Ao contrário, ele nos lembra do que deveria ter sido reconhecido desde o começo: não há nenhuma "história" inocente; toda "história" carrega consigo alguma intenção teológica. Isso é igualmente verdade para aqueles acadêmicos que agora expõem a ideolo-

---

more: Johns Hopkins University, 1946); ALBRIGHT, *History, Archaeology and Christian Humanism* (Londres: Adam and Charles Black, 1965); e G. ERNEST WRIGHT, *Biblical Archaeology* (Filadélfia: Westminster, 1957). ALBRIGHT e especialmente seu aluno WRIGHT afirmavam que a arqueologia poderia iluminar significativamente a singularidade da Bíblia. A interação entre Bíblia e arqueologia não é fácil, e a noção de arqueologia bíblica é agora largamente rejeitada. Entre outros, WILLIAM DEVER, "The Contribution of Archeology to the Study of Canaanite and Early Israelite Religion", *Anciente Israelite Religion: Essays in Honor of FRANK MOORE CROSS* (org. PATRICK D. MILLER *et al.*; Filadélfia: Fortress, 1987), pp. 209-247, tem incentivado que a arqueologia deva ser considerada em seus próprios termos como uma iniciativa científica sem nenhuma referência em particular à Bíblia.

[65] WILLIAM FOXWELL ALBRIGHT, *From Stone Age to Christianity: Monotheism and the Historical Process* (Baltimore: JOHN Hopkins University, 1946), p. 11.

[66] BURKE O. LONG, "Mythic Trope in the Autobiography of WILLIAM FOXWELL ALBRIGHT", *Biblical Archeology* 56 (1993), pp. 36-45. Para uma abordagem mais cáustica do trabalho de NOTH, veja THOMAS L. THOMPSON, "MARTIN NOTH and the History of Israel", *The History of Israel's Traditions: The Heritage of MARTIN NOTH* (org. STEVEN L. MACKENZIE e M. PATRICK GRAHAM; JSOTSup 182; Sheffield: Sheffiel Academic, 1994), pp. 81-90.

gia operativa na síntese de ALBRIGHT.

A atividade dos EUA, sob a tutela de ALBRIGHT, avançou com grande energia durante as décadas de 1940 a 1960. Enquanto a escola de ALBRIGHT tinha grandes conflitos com a escola alemã de ALT e NOTH e frequentemente parecia se opor a ela por princípio, *é claro em retrospecto que os programas distintos de ALT e ALBRIGHT confluíram para a mesma empreitada*. Seu propósito compartilhado, apesar de não articulado claramente naquele tempo, era expor o Antigo Testamento de maneira que demonstrasse *a singularidade da fé de Israel*. Essa ênfase certamente é uma reação ao desenvolvimentismo que precedeu seu trabalho. O modo escolhido de articulação dessa defesa, em ambos os casos, é a história, talvez melhor colocada como reconstrução histórica. Em ambos os casos, no entanto, a reconstrução histórica serviu a propósitos teológicos cruciais. E ao menos no caso de ALBRIGHT, Long sugere que o propósito teológico não era acidental, mas intencional e determinante.

Duas dimensões do programa de ALBRIGHT merecem nossa atenção. Primeiro, G. ERNEST WRIGHT, um dos primeiros alunos de ALBRIGHT, foi o mais formidável intérprete teológico do grupo de ALBRIGHT e funcionou de modo semelhante a VON RAD na escola de ALT. WRIGHT publicou uma série de monografias que sustentava a distintividade de Israel: *The Challenge of Israel's Faith* (1944), *The Old Testament against Its Environment* (1950) e *God Who Acts* (1952).[67] Nos dois primeiros trabalhos, WRIGHT sustenta diretamente a distintividade da fé de Israel. No primeiro, a fé de Israel é entendida como um desafio à religião canaanita. No segundo, o argumento se solidifica de maneira que a fé de Israel é integralmente contrastada com o politeísmo. A importância da afirmação de WRIGHT só pode ser apreciada se nos lembrarmos do antigo consenso crítico de que o monoteísmo de Israel emergiu tardiamente, a partir de uma fé israelita que fora politeísta. Por isso, WRIGHT insiste que o monoteísmo de Israel já estava presente de forma incipiente desde o período de Moisés.

A segunda grande contribuição que podemos mencionar da trajetória de ALBRIGHT na disciplina é a obra *Law and Covenant*, de GEORGE MENDENHALL, publicada em 1954.[68] Essa pequena monografia reestruturou

---

[67] G. ERNEST WRIGHT, *The Challenge of Israel's Faith* (Chicago: University of Chicago, 1944); *The Old Testament against Its Environment* (SBT 2; Londres: SCM, 1950); *God Who Acts: Biblical Theology as Recital* (SBT 8; Londres: SCM, 1952 [Em português: *O Deus que Age*, ASTE]).

[68] GEORGE E. MENDENHALL, *Law and Covenant and the Ancient Near East* (Pittsburgh:

completamente a pesquisa do Antigo Testamento por meio de uma revolução em suas categorias. MENDENHALL propôs que a aliança de Moisés foi modelada segundo tratados de política internacional do século XIV a.C., de modo que o vocabulário e a intenção da aliança de Moisés no Sinai não tinham nada em comum com a religião canaanita. Desde o começo, a aliança de Israel era uma teoria política de justiça. MENDENHALL, pois, sugere que o Decálogo constitui uma declaração política para ordenar a peculiar noção israelita do poder público. Assim, o poder absoluto de Javé desabsolutiza qualquer outra alegação e pretensão ao poder, e faz com que Israel seja o fenômeno político mais peculiar do mundo da religião canaanita.[69]

As realizações das escolas de ALT e ALBRIGHT, certamente, estão muito além do trabalho inicial de BARTH. É importante mesmo assim ver que, nas duas gerações após BARTH, o trabalho desses acadêmicos do Antigo Testamento ocupou o terreno disponibilizado somente por BARTH. Ou seja, eles insistiram, programaticamente, na *distintividade de* Israel. Embora estivessem engajados em trabalho histórico-crítico, esse trabalho com certeza tinha foco teológico. É possível concluir que eles "trapacearam" como historiadores, patrocinando construtos interpretativos que tornaram inevitáveis certos tipos de reivindicações teológicas. Ou é possível considerar seu trabalho um tanto mais inocentemente, se reconhecermos que noções de distintividade estavam no ar, e uma proposta dava espaço à outra, ou a gerava.

Independentemente de como se avalie os motivos desses acadêmicos, duas coisas estão claras. Primeiro, a pesquisa de ALT e ALBRIGHT dominou completamente os estudos do Antigo Testamento por duas gerações e deu um grande passo para desafiar o esquema desenvolvimentista que acompanhava a crítica histórica. Segundo, para seus lugares e tempo, esses acadêmicos encontraram uma maneira adequada de manter juntos a prática crítica e o interesse teológico. Subsequentemente, é claro, é possível refletir sobre quão eficaz e legítima foi essa iniciativa. Deve ser notado, de qualquer maneira, que durante o período dominante desse tipo de pesquisa,

---

Biblical Colloquium, 1954).

[69] GEORGE E. MENDENHALL, "The Conflict between Value Systems and Social Control", *Unity and Diversity: Essays in the History, Literature, and Religion of the Ancient Near East* (org. HANS GOEDICKE e J. J. M. ROBERTS; Baltimore: JOHN Hopkins University, 1975), pp. 169-180. Veja também JOHN BRIGHT, *The Kingdom of God in Bible and Church* (Londres: Lutterworth, 1995).

poucos acadêmicos reconhecidos deixaram de se submeter ao modelo e construtos para a história de Israel que ALT e ALBRIGHT propuseram. Com o tempo sérias respostas críticas seriam geradas... mas ainda não por um tempo.

Esses dois programas acadêmicos na Alemanha e nos Estados Unidos efetuaram uma importante reversão no consenso crítico do século XIX. Embora esse consenso tenha sido determinantemente evolucionário, a pesquisa do século XX resistiu aos entendimentos evolucionários da história de Israel. O antigo consenso crítico descobriu a fé de Israel embutida em seu ambiente religioso cultural, ascendendo dele, e continuando a fazer parte desse ambiente. Agora, entretanto, propõe-se que a fé de Israel era desde o início incompatível com seu ambiente religioso cultural e em oposição a ele. No que parece ser um subproduto dessa inversão, podemos também notar o que é para nós uma questão mais crucial.

O consenso do século XIX procurava descrever o que havia acontecido historicamente. Ele o fazia sem oferecer um julgamento de valor específico, embora operasse através do critério de avaliação evolucionário do racionalismo objetivo do século XIX. Nessa pesquisa mais recente em meados do século XX, os acadêmicos não se contentaram em apenas descrever o que emergiu na vida de Israel, mas tendiam a considerar o surgimento de Israel como normativo por si só. A erudição do século XIX era dominada por acadêmicos de universidade que se mantinham em importante tensão com a autoridade da Igreja, ou ao menos dependiam pouco dela. Contudo, os intérpretes mais influentes do Antigo Testamento no século XX eram crentes, admitida e convictamente, e entendiam que seu trabalho estava ao serviço da Igreja. (Apesar de não tão explicitamente como BARTH, eles pretendiam servir à pregação da Igreja).[70]

Para os propósitos de nossa reflexão subsequente, é importante reconhecer que esses acadêmicos se entendiam como historiadores. Ou seja, eles assumiam que estavam investigando "como era" e "o que aconteceu". Em sua investigação, o texto bíblico por si só era importante, *mas a Bíblia*

---

[70] A revolução teológica instigada por KARL BARTH, especialmente no clima da ascensão do nazismo na Alemanha, tornou a tarefa teológica urgente. É justo dizer que esse ímpeto do começo do século XX durou como força inspiradora na teologia do Antigo Testamento até pelo menos 1970. Essa orientação eclesial é claramente verdadeira para ALBRIGHT, WRIGHT e VON RAD. É menos direta em NOTH e não é evidente em ALT. Mesmo assim, até os trabalhos de ALT podem ser rapidamente mobilizados para tal interesse.

*não era importante em seus próprios termo, mas sim por ser a Bíblia.* Ela era importante como comentário ou pista para a verdade "fundamentada" – ou seja, lógica e empiricamente. Um tipo de realismo inocente está em ação aqui, no qual nenhuma distância suspeita é aceita entre texto e realidade. A investigação histórica deve assumir alguma correlação entre evento e evidência textual; em retrospectiva, no entanto, as correlações admitidas aqui eram excessivamente inocentes. Essa inocência é, ao menos em parte, uma inocência teológica, uma propensão a acreditar no texto bíblico como um testemunho confiável da realidade histórica. Como veremos, essa prática acrítica e sem exame veio a ser reconhecida como cada vez mais problemática. Porém, por enquanto, as suposições de ALT e ALBRIGHT e seus herdeiros providenciam um mundo completamente reconstruído, no qual o texto de Israel pode ser inteligentemente encarado e a fé de Israel pode ser entendida e praticada de forma determinada.

Consequentemente, é evidente, em minha opinião, que BARTH permitiu e autorizou um trabalho inteiramente novo de interpretação do Antigo Testamento. O foco desse trabalho está em suas reivindicações teológicas normativas a respeito da soberania de Javé e das obrigações pactuais de Israel. Esse conjunto de construtos interpretativos se torna mais iluminador quando consideramos as duas maiores sínteses da teologia do Antigo Testamento no século XX.

### WALTHER EICHRODT

O primeiro modelo importante de teologia do Antigo Testamento após a revolução barthiana de 1919 foi a obra de WALTHER EICHRODT, publicada em três volumes na Alemanha em 1933 e apenas tardiamente em inglês (em dois volumes) em 1961 e 1967.[71] EICHRODT foi colega de BARTH em Basileia, embora não se conheça a extensão da interação entre eles. A data de publicação de 1933 não indica o começo da pesquisa e escrita de EICHRODT sobre o assunto. O trabalho formativo de EICHRODT se deu no contexto do trabalho inicial de BARTH ou logo após ele, e a publicação na Alemanha se deu juntamente com o início da crise nazista na Alemanha.

O prefácio de EICHRODT em sua primeira edição inicial em 1933 é modesto. Ele indica que está assumindo uma tarefa muito difícil, e que ele pode contribuir apenas provisoriamente ao novo trabalho que agora deve

---

[71] WALTHER EICHRODT, *Theology of The Old Testament* (2 v.: OTL; Filadélfia: Westminster, 1961, 1967 [Em português: *Teologia do Antigo Testamento*, Hagnos, 2005; em um único volume].

ser encarado. Dois pontos no prefácio são dignos de nota. Primeiro, positivamente, EICHRODT considera o Antigo Testamento "como uma entidade autocontida exibindo, apesar das condições históricas sempre em mutação, tendência e caráter básicos constantes".[72] Ou seja, EICHRODT admitia a dinâmica e mudança histórica no contexto que preocupara o último século da pesquisa crítica. Contra isso, entretanto, EICHRODT ousa identificar o que é "uma tendência básica e caráter constantes". Segundo, negativamente, ele se posiciona contra "os valores do individualismo racional e dos padrões estruturais das teorias desenvolvimentistas", ou seja, contra toda a empreitada descritiva da crítica histórica.[73] EICHRODT, de forma consciente, procura articular o que é constante, e portanto normativo, contra uma perspectiva histórica excessivamente desenvolvimentista. *Mutatis mutandis*, EICHRODT procura fazer no estudo do Antigo Testamento o que BARTH fez na teologia dogmática contra seus antecedentes liberais.

O programa de EICHRODT é explorar como todas as variações e desenvolvimentos da religião de Israel podem ser vistos como estando a serviço de uma única noção conceitual: a aliança. É impossível superestimar o quão singular é essa realização de seu projeto. Em seus três volumes, EICHRODT considera o Deus pactual, os instrumentos da aliança e a aliança na vida de pessoas individuais.

É convencional citar a importância de EICHRODT em termos de sua tentativa de subordinar todo o Antigo Testamento a uma única ideia. E realmente, ele o fez. O fato de ele trabalhar com "uma ideia" significa que sua abordagem é intelectual, cognitiva e conceitual. É uma percepção extraordinária ser capaz de ver que essa ideia ilumina e inter-relaciona uma rica variedade de temas e imagens. Subsequentemente, outros estudiosos também trabalharam com um conceito único.[74] Para eles, como para EICHRODT, a rica diversidade do texto apresenta o risco de que a "ideia única" seja inevitavelmente reducionista. Até onde o estudioso pode focar em apenas uma ideia, a abordagem é excessivamente cognitiva. Ela necessariamente faz o material estudado pender em direção ao pensamento, diferenciando-se da rica realidade emocional, estética, retórica e cultural que não se acomoda facilmente ao cognitivo.

---

[72] Ibid., v. 1, p. 11.

[73] Ibid., v. 1, p. 12.

[74] Por exemplo, SAMUEL TERRIEN, *The Elusive Presence: Toward a New Biblical Theology* (Nova York: Harper and Row, 1978).

A grandeza de Eichrodt, contudo, não é apenas de trabalhar com uma ideia; é que sua ideia é de *relacionalidade pactual*. Conquanto a articulação de Eichrodt dessa noção central agora pareça altamente conceitual, ele viu e expressou o que é mais característico da visão da realidade de Israel: a saber, toda a realidade – Deus, Israel, seres humanos, o mundo – compartilha de uma qualidade de *relacionalidade*. O programa de Eichrodt é, em seu todo, considerar essa qualidade de relacionalidade a partir de tantos ângulos quantos forem possíveis, com referência ao maior número possível de tópicos.

Quatro aspectos de seu argumento continuam a ser gerativos, muito além da própria conceituação dele:

(1) Sem dúvida, o programa de Eichrodt pretende ser polêmico. Em seu prefácio da primeira edição, ele questiona o "individualismo racionalista" e os "padrões estruturais das teorias desenvolvimentistas". Em nosso atual vocabulário, podemos dizer que Eichrodt polemiza contra as categorias da modernidade que o estudo crítico impôs ao texto. Essas categorias defendem o individualismo e a autonomia e resistem a articulações dialogais e, assim, complexas, ambíguas e instáveis. A relacionalidade fundamental de toda a realidade, que é a qualidade mais característica da fé de Israel, faz do Antigo Testamento um adversário das categorias da modernidade. Pois, como Eichrodt entende, "estar" no Antigo Testamento significa "estar com": estar na presença de, estar comprometido com, estar identificado com, estar em risco com. Com essa temática, Eichrodt mostra que todas as nossas tentativas convencionais de conter o Antigo Testamento, seja em categorias moderno-científicas ou teológico-escolásticas, são fúteis. De fato, o próprio Eichrodt foi colocado em xeque por categorias que não lhe permitiram explorar completamente sua rica percepção da relacionalidade. Mas para qualquer um que tenha apreciado seu trabalho, ele exigia uma completa reestruturação das categorias mais convencionais de interpretação.

(2) Desde o princípio, Eichrodt defende que essa relação de aliança é "bilateral... possui dois lados".[75] As implicações dessa percepção são enormes. Em seu livro suplementar, *Man in*

---

[75] Eichrodt, *Old Testament Theology*, v. 1, p. 37.

*the Old Testament*, todavia, Eichrodt não conseguiu ir adiante com essa noção, pois sua discussão do "homem" pondera sobre questões da soberania de Deus e da obediência do "homem".[76] A relação é retratada caracteristicamente como uma iniciativa unilateral de Deus para com a humanidade, sem nenhuma ação significativa de outra direção. A própria resistência de Eichrodt à categoria da "bilateralidade" indica até onde sua percepção luta contra todas as nossas suposições teológicas clássicas e convencionais.

Coube a outros, muito após Eichrodt, e talvez culminando em Jürgen Moltmann com seu livro *The Crucified God*, ver que a relacionalidade de Deus implica em risco e vulnerabilidade divina.[77] Como veremos mais tarde, esse rompimento com a "teologia comum" representa uma característica definidora da fé de Israel.[78] Embora Eichrodt não tenha seguido sua própria inclinação a esse respeito, ele providenciou as categorias para o trabalho interpretativo subsequente.

**(3)** A ênfase de Eichrodt na aliança não aconteceu de repente, mas em um mundo que estava começando a ver a realidade em termos de interacionismo. Pode ser uma conexão remota mencionar o surgimento de uma nova física nas décadas logo anteriores a Eichrodt. É claro, entretanto, que em seu tempo de vida a realidade estava sendo entendida cientificamente de maneira nova em termos de interacionismo, o que derrubou a noção de elementos discretos e distintos. Mais próxima de nós, podemos considerar a notável consciência de Hans Urs von Balthasar de que, após o final da guerra em 1918, a noção de realidade como interacional estava viva na venturosa exploração de uma variedade de pensadores.[79] Entre esses,

---

[76] Walther Eichrodt, *Man in the Old Testament* (SBT 4; Londres: SCM, 1951).

[77] Jürgen Moltmann, *The Crucified God: The Cross of Christ as the Foundation and Criticism of Christian Theology* (1974; Mineápolis: Fortress, 1993). Em português: *O Deus cruscificado*, Ed. Academia Cristã, 2010.

[78] Veja o capítulo 2, nota 39, e também Walter Brueggemann, "A Shape for Old Testament Theology I: Structure Legitimation", *CBQ* 47 (1985), pp. 28-46.

[79] Hans Urs von Balthasar, *Theo-Drama: Theological Dramatic Theory 1: Prolegomena* (São Francisco: Ignatius, 1988), pp. 626-627.

podemos mencionar a noção de encontro de EMIL BRUNNER e, mais programaticamente, o "Eu-Tu" de MARTIN BUBER, mediante o qual BUBER entendia que a vida humana é essencialmente gerada por meio do dom de um "tu" que permite e autoriza um "eu".[80] Realmente, podemos perguntar se esse interacionismo é, de alguma maneira, uma afirmação caracteristicamente judaica, tal como é agora articulado no notável trabalho de EMMANUEL LEVINAS.[81]

O trabalho disciplinado e cognitivo de EICHRODT não avança profundamente na exploração da radicalidade dessa noção interacional do bilateral. Como veremos, a extensão e o limite da bilateralidade constituem uma questão principal na fé de Israel. A sua forma extrema é o reconhecimento de que *Deus também é parte da interação e, em certo sentido, é dependente da vida e testemunho de Israel para a sua própria soberania no mundo.*[82] Portanto, se "bilateral" requer algo que é genuinamente mútuo, mesmo sendo restrita a percepção, começamos a ver as possibilidades radicais da percepção central de EICHRODT. A rubrica da aliança requer, então, um distanciamento das categorias filosóficas mais convencionais da imanência e

---

[80] EMIL BRUNNER, *Truth as Encounter* (Londres: SCM, 1964); MARTIN BUBER, *I and Thou* (Edimburgo: T. & T. Clark, 1969). Veja Rivka Horwitz, *BUBER's Way to I and Thou: An Historical Analysis of the First Publication of MARTIN BUBER's Lecture, "Religion als Gegenwort"* (Heidelberg: Lambert Schneider, 1978); e MARTIN BUBER, "Dialogue", *Between Man and Man* (Londres: Kegan Paul, 1947), pp. 1-39.

[81] EMMANUEL LEVINAS, *Totality and Infinity: An essay on Exteriority* (Pittsburgh: Duquesne University, 1969 [Em português: *Totalidade e Infinito*, Edições 70, 1998]). O trabalho posterior de LEVINAS deixa a dimensão judaica de seu pensamento mais explícita, mas *Totality and Infinity* prove as categorias decisivas para seu trabalho, no qual ele apresenta a condição de existir perante outros como definidora da existência humana. Tal maneira de pensar está intimamente conectada às mais elementares noções da aliança de Israel.

82 A afirmação de que o relacionamento entre Deus e Israel é tão radicalmente bilateral ao ponto de fazer Deus ser uma parte genuína na interação é um passo ao qual a teologia cristã caracteristicamente resiste. É um passo, entretanto, que o pensamento judaico pode aceitar. Além do mais, tal noção parece evidente no texto do Antigo Testamento. Talvez a questão mais difícil e importante na teologia bíblica seja como medir a influência da transacionalidade pactual na soberania divina. Essa questão, em categorias cristãs, emerge do relacionamento entre a cruz e a ressurreição.

transcendência, bem como da tentação cartesiana ao dualismo, pois a aliança não é um equilíbrio entre transcendência e imanência, mas uma completa rejeição do dualismo que é muito certinho e livre de riscos.

(4) Finalmente, chegamos à segunda parte da apresentação de Eichrodt, "Deus e o mundo". Esse volume não recebeu grande atenção, mas a prontidão de Eichrodt em relacionar "cosmologia e criação" à aliança sugere que até mesmo "o mundo" deve ser entendido, não como um sistema independente, mas como criatura e parceiro de Deus. Essa é uma reivindicação grandiosa quando vista no contexto do pensamento iluminista sobre a autonomia do mundo científico. A apresentação de Eichrodt é paralela à tentativa rigorosa de Barth de mostrar que criação e aliança são articulações complementares, as faces externa e interna da mesma realidade.[83] Subordinar a criação à rubrica da aliança anula diretamente qualquer tentativa de entender o mundo tanto de forma autônoma quanto panteísta. Até as tentativas de panenteísmo tratam os problemas de uma forma muito diferente daquelas da aliança.[84] Portanto, a capacidade de Eichrodt de tratar a criação dessa maneira foi uma percepção extraordinária em seu tempo e local. Além do mais, na medida em que cresce o interesse na relação entre "a crise ecológica" e a fé bíblica, essa interpretação pactual da realidade do mundo provavelmente irá continuar a ser importante.[85] À medida que Eichrodt procura resistir ao individualismo racionalista, ele também mostra o caminho pelo qual a fé normativa de Israel se recusa a considerar o mundo

---

[83] Karl Barth, *Church Dogmatics 3/1, The Doctrine of Creation* (Edimburgo: T. & T. Clark, 1958), pp. 42-329.

[84] Sobre panenteísmo, veja a análise de Jürgen Moltmann, *God in Creation: An Ecological Doctrine of Creation* (Londres: SCM, 1985 [Em português: *Deus na Criação*, Vozes, 2000]).

[85] Sobre a criação, entendida em termos pactuais, como o horizonte da teologia do Antigo Testamento, veja Walter Brueggemann, "The Loss and Recovey of Creation in Old Testament Theology", *TToday* 53 (1996), pp. 177-190; note especialmente as referências à obra de Hans Heinrich Schmid e Rolf Knierim. Veja também Patrick D. Miller, "Creation and Covenant", *Biblical Theology: Problems and Perspectives* (org. Steven J. Kraftchick *et al.*: Nashville: Abingdon, 1995), pp. 155-168.

como uma realidade autônoma, prontamente sujeita ao uso e abuso humano. O mundo, na verdade, é situado no contexto do governo de Javé e na interação com Javé que torna a vida possível.

É uma infelicidade que o trabalho de EICHRODT seja frequente e facilmente entendido metodologicamente como apenas uma apresentação do Antigo Testamento sob "uma ideia". A aliança não é "uma ideia" acidental. Não é como se a aliança fosse uma ideia entre muitos temas possíveis que ele poderia ter escolhido como princípio organizacional. Nesse tema, é evidente que EICHRODT abriu novos horizontes dentro do contexto da crítica histórica. Não apenas seu método, mas também a substância de sua exposição rompeu decisivamente com o desenvolvimentismo racionalista. A qualidade relacional da realidade, significada no termo *aliança*, se move contrariamente a todas as pressuposições naturalistas, de modo que nenhuma noção de desenvolvimentismo poderia mover Israel da "teologia comum" às peculiares alegações que ele faz em sua fé. É precisamente esse *novum* que EICHRODT encontra no início da fé de Israel, no seu fim e difundido por toda ela. E é sobre esse *novum* que EICHRODT se fixa em sua exposição.

### GERHARD VON RAD

O segundo grande modelo para a teologia do Antigo Testamento nesse contexto pós-BARTH, modelo que exerceu muita influência nos Estados Unidos, é o trabalho de GERHARD VON RAD.[86] Seu livro apareceu em dois volumes 20 anos após o de EICHRODT.[87] Mais do que no caso de EICHRODT, VON RAD aprendeu bastante com seu professor ALBRECHT ALT e seu companheiro MARTIN NOTH e com as construções históricas a respeito do Israel tribal pré-monárquico deles.[88] Como ALT e NOTH, VON RAD considera esse período como teologicamente normativo. Como vimos, ALT e NOTH

---

[86] VON RAD, "The Form Critical Problem of the Hexateuch", pp. 1-78; *Old Testament Theology* (2 v.; São Francisco: Harper and Row, 1962, 1965 [Em português: *Teologia do Antigo Testamento*, ASTE, 2004; em um volume]).

[87] Os dois volumes foram apresentados em várias edições alemãs. As edições inglesas de 1962 e 1965 são baseadas na segunda edição alemã.

[88] EICHRODT fez seu trabalho ao mesmo tempo em que ALT e NOTH estavam articulando suas influentes propostas e reconstruções históricas. EICHRODT, contudo, estava fazendo perguntas muito diferentes e não tinha nenhum interesse em tais reconstruções históricas especulativas.

estabeleceram a hipótese de que o Israel pré-monárquico era organizado em uma confederação tribal constituída por adoração regular, proclamação dos mandamentos da Torá e periódica reafirmação da lealdade pactual.

Von Rad, bem mais que Alt e Noth, tinha uma notável sensibilidade teológica, pela qual foi capaz de colocar as construções sócio-históricas de Alt e Noth a serviço da interpretação teológica. A afirmação programática de von Rad, exposta subsequentemente no seu trabalho de dois volumes, já apareceu em 1938 com o ensaio "The Form-Critical Problem of the Hexateuch". Note-se que esse artigo altamente influente, que apareceu em inglês apenas em 1966, foi elaborado uma década depois das grandes hipóteses de Alt e Noth, e logo após a publicação do trabalho de Eichrodt.[89] É também importante notar que ele apareceu imediatamente depois da declaração de Barmen, de 1934, e com certeza reflete a batalha da Igreja na Alemanha em relação ao regime nazista.

O ponto de partida de von Rad, em seu artigo de 1938 baseado em uma análise da crítica da forma, é propor que as recitações de Deuteronômio 26,5-9, 6,20-24 e Josué 24,1-13 constituem as mais antigas e características articulações teológicas de Israel.[90] Essas recitações muito estudadas, situadas em contextos de adoração e instrução, narram a memória da experiência "histórica" de Israel quanto às maneiras decisivas através das quais Javé, o Deus de Israel, interviu e agiu na vida de Israel. Assim, desde o início, von Rad entendia a teologia de Israel como uma *apresentação narrativa* do que aconteceu no passado de Israel, uma narrativa que ainda tem poder decisivo e definidor para as gerações subsequentes.

A substância do credo recitado, em suas formulações mais antigas, consiste em três memórias primárias. Primeiro, vem uma breve alusão aos ancestrais que aparecem em Gênesis 12-36, mas os eventos decisivos são a libertação da escravidão no Egito e a entrada na terra prometida. Dessa forma, a vida confessional de Israel se situa entre o "sair" (do Egito) e o "entrar" (na terra prometida). Ambos os eventos derivam do envolvimento fiel e soberano de Javé na vida de Israel e dependem desse envolvimento.

Dessa narrativa central, a qual ele indica como o princípio da fé de

---

[89] Lamentavelmente, esse artigo decisivo só foi publicado em inglês em 1966. Ele exerceu importante influência nos Estados Unidos antes de sua tradução, especialmente no trabalho de Georg Ernest Wright.

[90] O fato de que von Rad considera essas recitações como antigas, no início cronológico de uma trajetória de tradições, indica a larga extensão na qual von Rad tentou continuar a operar com categorias históricas.

Israel, VON RAD propõe dois desenvolvimentos que levam a fé de Israel à sua plena expressão. Primeiro, essa linha fina de recitação, com o tempo, foi acrescida não apenas de maiores detalhes, mas também de outros temas: a "adição" (*Vorbau*) dos materiais da criação em Gênesis 1-11 (em suas partes mais antigas); o "desenvolvimento" (*Ausbau*) tardio dos materiais sobre os ancestrais de Gênesis 12-50, que no credo inicial receberam apenas breve referência, e a "inclusão" (*Einbau*) posterior do material do Sinai, que teve um desenvolvimento independente. Essas características adicionais, quando se encaixaram todas em seus lugares, fornecem o esboço do que posteriormente se tornou o Hexateuco (Gênesis/Josué). Esse credo ampliado fornece a "trama" para a fé de Israel, indo da promessa da terra em Gênesis 12,1-3 até o pleno assentamento na terra em Josué 21,43-45. Portanto, a fé de Israel se move em um grande arco da promessa até o cumprimento.[91]

Segundo, a recitação por si só, como colocada – por exemplo, em Deuteronômio 26,5-9 – ocorre em um ato de adoração. Ou seja, a recitação é um ato litúrgico. Na vida posterior de Israel, entretanto, com sua secularização crescente, a recitação foi tirada do contexto de adoração e se tornou simplesmente uma narração épica, pela qual Israel afirmava seu lugar no mundo diante dos outros povos do mundo e sua razão de existir e missão no mundo.[92]

VON RAD entende a teologia do Antigo Testamento como um processo contínuo de "tradicionalização", processo no qual cada geração subsequente em Israel refaz a recitação narrativa. Contudo, ela o reconta com a incorporação de novos materiais e com reformas, de modo que a antiga recitação possa manter sua pertinência a novas circunstâncias e novas crises.[93] A forma completa da tradição é, pois, a acumulação de muitas releituras das memórias principais de Israel. Embora muitos materiais novos e novos construtos sejam introduzidos no processo, o material principal permanece constante.

O artigo de 1938 estabeleceu as categorias para a subsequente teologia de VON RAD. Ele foi impelido a nomear essas narrativas estilizadas

---

[91] VON RAD, "The Form-Critical Problem of the Hexateuch", pp. 68-74.

[92] VON RAD fala do Hexateuco como "uma etiologia" de Israel; ibid., p. 66.

[93] Sobre esse método, veja DOUGLAS A. KNIGHT, *Rediscovering the Traditions of Israel: The Development of the Traditio-historical Research of the Old Testament, with Special Consideration of Scandinavian Contributions* (SBLDS 9; Missoula: Scholars, 1975).

de credos, como articulações fundamentais daquilo que é inquestionável e inegociável na fé de Israel. A proximidade da iniciativa de von Rad com a Igreja confessante na Alemanha sugere algo com certeza: que ele imaginava uma comunidade israelita que estava, similarmente à Igreja alemã, procurando terreno firme para enfrentar uma formidável alternativa teológica. No caso de Israel, o desafio era a "religião canaanita"; no caso da Igreja na Alemanha, a ideologia do regime nazista.[94]

O artigo de 1938 sobre o Hexateuco se tornou a substância e o programa do primeiro volume da *Teologia do Antigo Testamento* de von Rad, cujo subtítulo é "A teologia das tradições históricas de Israel".[95] Esse volume é essencialmente uma exposição dos temas do Hexateuco que são, em essência, as "ações" características de Javé, pelas quais Javé intervira decisivamente na vida de Israel. Esse primeiro volume, através do qual von Rad exerceu sua maior influência, tornou possível entender a fé de Israel de maneira narrativa. Assim, o Antigo Testamento é, em primeira instância, a *releitura constante* da história canônica da vida de Israel com Javé. Von Rad entende esse processo de recontar como sendo a atividade teológica central de Israel. Cada nova geração "tenta tornar os atos divinos de salvação relevantes para cada nova época e dia – essa sempre inovadora e crescente declaração dos atos de Deus que, no fim, fez com que as antigas declarações credais se tornassem enormes massas de tradição".[96] Von Rad aprecia e chama atenção à dinâmica histórica da fé de Israel, e ao constante processo pelo qual o material exigia nova articulação. Muitos acadêmicos notaram que, em contraste com o trabalho de Eichrodt, a teologia de von Rad não tem um centro; portanto, não se pode dizer que exista uma articulação normativa. Na verdade, é o processo contínuo que, por si só, é normativo,[97] e cada nova geração é convidada a participar desse processo

---

[94] Agora somos capazes de ver que "a religião canaanita" se tornou, nessa fase da disciplina, um bastião para a articulação da distintividade de Israel. Esse código ainda está em uso, como em polêmicas atuais contra a teologia feminista, que em alguns setores é considerada como um retorno à religião canaanita. É claro que o contraste entre as religiões canaanita e israelita foi grandemente superestimado. É igualmente claro que o uso dessa antítese, mediante uma contínua analogia, é extremamente problemático.

[95] Von Rad. *Old Testament Theology 1: The Theology of Israel's Historical Traditions*.

[96] Ibid., v. 1, p. vi.

[97] Sobre o problema de um centro na teologia do Antigo Testamento, veja H. Graf Reventlow, *Problems of Old Testament Theology in the Twentieth Century* (Londres:

contínuo, normativo e normatizador.

Ao fazer essa proposta genuinamente inovadora, que foca na dinâmica histórica contínua, von Rad conscientemente critica teologias que são organizadas "sob o título de várias doutrinas [que] não podem fazer justiça a essas declarações credais que [...] estão completamente envolvidas com a história, ou a essa fundamentação da fé de Israel sobre uns poucos atos divinos de salvação e ao esforço de alcançar um entendimento cada vez mais inovador a respeito deles".[98] Nessa declaração, von Rad fala contra o modelo de Eichrodt, que ele considera como muito comprometido com a ênfase doutrinal e temática, o que o torna incapaz de captar a vitalidade do próprio material. Assim, von Rad se situa quase sozinho entre os grandes intérpretes do Antigo Testamento ao repelir uma abordagem conceitual, em uma tentativa de testemunhar o próprio caráter do material.

A substância da teologia do Antigo Testamento, como von Rad a apresenta no volume 1, consiste em uma narrativa dos "atos poderosos" de Deus que ocorreram no passado de Israel. Esses atos poderosos continuaram a prender a imaginação de Israel e a evocar sua confiança e lealdade. Israel confiava que o Deus que o havia libertado, guiado e lhe dera a terra continuaria a agir da mesma maneira no presente e no futuro.

A "teologia da recitação" de von Rad, no volume 1, teve seu paralelo nos Estados Unidos com a publicação, em 1952, do livro de G. Ernest Wright, *God Who Acts: Biblical Theology as Recital*.[99] Essa pequena monografia apresentou de forma clara e muito mais acessível um modelo de teologia similar ao de von Rad. Wright se refere aos artigos de von Rad de 1938 e, sem dúvida, foi influenciado pelo acadêmico alemão.[100] Não se deve imaginar, entretanto, que Wright simplesmente repete von Rad, pois o trabalho anterior de Wright mostrara um movimento na mesma direção, independentemente de von Rad. De qualquer modo, como um brilhante professor, ministro e intérprete, Wright exerceu uma influência despro-

---

SCM, 1985), pp. 125-133. Atenção deve ser dada a Rudolf Smend, *Die Mitte des Alten Testaments* (ThStud 101; Zurique: EVZ-Verlag, 1970) e *Die Bundesformel* (ThStud 68; Zurique: EVZ-Verlag, 1963). [N. do T.: Para uma apresentação dessa discussão em português, veja G. Hasel, *Teologia do Antigo e do Novo Testamento*, Academia Cristã, 2007]

[98] Von Rad, *Old Testament Theology*, v. 1, p. vi.

[99] Ver nota 67 acima.

[100] Ver Wright, *God Who Acts*, p. 70.

porcional nos Estados Unidos, especialmente devido ao fato da teologia de VON RAD não ter aparecido em inglês até 1962, uma década inteira depois de *God Who Acts*.[101]

A substância do livro de WRIGHT, em grande paralelo com a de VON RAD, estabeleceu a recitação de "atos poderosos" como a substância da fé de Israel. O trabalho de VON RAD e WRIGHT, junto com outros que pensavam assim, gerou em meados do século XX uma extraordinária energia e excitação na teologia bíblica. Isto veio a ser chamado por seus críticos como "o movimento da teologia bíblica" ou, mais pejorativamente, "o assim chamado movimento de teologia bíblica". Esse modelo interpretativo relativamente acessível, que não era complicado por questões filosóficas, produziu um formidável engajamento da Igreja com a substância da própria Bíblia. VON RAD e WRIGHT buscaram reiterar a retórica da própria Bíblia, sem apelarem a quaisquer categorias dogmáticas.

Em retrospecto, a erudição atual se impressiona com a relativa inocência da apresentação. Quando se avalia VON RAD e WRIGHT criticamente – ou seja, de acordo com as categorias da modernidade – problemas graves surgem em suas propostas. VON RAD insistia na historicidade dos eventos narrados, e WRIGHT era líder no que veio a ser chamado de arqueologia bíblica, que procurava providenciar confirmações históricas para as afirmações teológicas da recitação.[102] Conquanto a noção de que "Deus age na história" seja um programa atraente, a categoria da história continuou a bloquear essa abordagem. Desde a ascensão da crítica histórica, a pesquisa bíblica tem sido atormentada por sua aparente incapacidade de superar a "feia vala" de Gotthold Lessing, que separa o histórico do teológico.[103] Alguns tentaram fazer a conexão ao falar de "história secular" e "história da salvação", ou ao contrastar o "mínimo histórico" com o "máximo teo-

---

[101] A outra apresentação antiga e importante do trabalho de VON RAD em inglês foi feita por B. DAVIE NAPIER, *From Faith to Faith: Essays in Old Testament Literature* (Nova York: Harper, 1955). Deixo registrado meu enorme débito e apreciação pelo trabalho de NAPIER, pois foi esse livro que decisivamente me levou ao estudo do Antigo Testamento.

[102] As publicações de WRIGHT sobre a relação entre Bíblia e arqueologia são em grande número. Veja seu sumário e síntese em *Biblical Archaeology*.

[103] Veja VAN HARVEY, *The Historian and the Beliver: The Morality of Historical Knowlodge and Christian Belief* (Nova York: Macmillan, 1966); e também LEO G. PERDUE, *The Collapse of History* (OBT; Mineápolis: Fortress, 1994), para a problemática dessa abordagem e para as novas iniciativas após seu abandono.

lógico", mas o problema persiste.[104]

Por exemplo, em Êxodo 15,21, talvez um dos mais antigos poemas de Israel, Miriam e as outras mulheres cantam: "cavalo e cavaleiro jogou ao mar". Como uma articulação teológica, essa declaração lírica é suficientemente clara. Mas o que poderia significar historicamente? Essa declaração significa que as mulheres israelitas viram Javé na água, lançando os soldados egípcios para fora de seus cavalos? Se não, o que significa?

Como outro exemplo, WRIGHT comentou sobre a habilidade de Moisés de capturar codornizes para providenciar comida para Israel.[105] WRIGHT propõe que as codornizes haviam voado através do mar, estavam completamente exaustas e, portanto, foram facilmente apanhadas do chão. Se essa engenhosa proposta (que não tem nenhum suporte no texto) é aceita, o milagre do texto é eliminado; a carne não é mais um presente de Javé, porque qualquer um poderia ter apanhado as exaustas codornizes. A explicação descuidada de WRIGHT satisfez os requisitos da história secular, mas a história da salvação se evaporou no processo. Ou devemos, enfim, dizer que as articulações credais do antigo Israel tinham um tipo de inocência pré-iluminista, à qual a modernidade não tem nenhum acesso convincente? Nesse caso, os intérpretes bíblicos devem esquecer a própria concretude que VON RAD e WRIGHT procuravam enfatizar, e nós somos deixados com um esquema ideacional que não tem nenhum contato com a realidade vivida e concreta de Israel. A maior parte dessa crítica a VON RAD e WRIGHT, entretanto, foi mantida em suspenso por várias décadas. Embora tal crítica agora pareça inevitável, nos anos de ouro da teologia bíblica a perspectiva da recitação ofereceu grande energia e viabilidade à interpretação bíblica.

Independente do que se pode dizer em retrospectiva, VON RAD e WRIGHT concretizaram a exigência barthiana de que a interpretação do Antigo Testamento não deveria apenas ser descritiva, mas também normativa. Essa teologia da recitação focaliza no Deus peculiar que opera atos normativos, e naquela peculiar comunidade que se beneficia desses atos e dá testemunho a suas reivindicações. Nenhuma tentativa foi feita para acomodar a recitação aos requisitos intelectuais do positivismo histórico, e nenhuma concessão foi feita para adaptar o Ator desses eventos à perspectiva do Iluminismo. VON RAD insistia na normatividade dessas recitações para a própria Bíblia, e WRIGHT foi ainda mais adiante ao afirmar a duradoura

---

[104] VON RAD, *Old Testament Theology*; v. 1, p. 108.

[105] WRIGHT, *Biblical Archaeology*, p. 65.

autoridade desses eventos na vida contínua da Igreja no mundo. Aqui estamos, realmente, a uma longa distância do reducionismo histórico e do desenvolvimentismo do século XIX!

Von Rad completou sua teologia formal com um segundo volume sobre os profetas de Israel.[106] É instrutivo o subtítulo do volume: "A teologia das tradições proféticas de Israel". Von Rad colocou no começo do volume o texto de Isaías 43,18-19: "Não vos lembreis das coisas passadas, nem considereis as antigas. Eis que faço coisa nova". Em seu segundo volume, von Rad explora o tema da continuidade e descontinuidade entre o Pentateuco e a tradição profética, ou a tensão ente a antiga articulação que ele tornou tão importante e a nova rearticulação da tradição em um novo tempo e circunstância. Dessa maneira von Rad mostra como a voz profética de Israel assume e utiliza a tradição do Hexateuco e também molda uma crítica à antiga tradição. Assim como von Rad mostrou como a repetida rearticulação do credo tinha uma profunda dinâmica, agora ele mostra, de maneira similar, que a dimensão profética da fé de Israel é também dinâmica ao se mover além da antiga tradição, testemunhando e dando voz ao Deus de Israel que é sempre incansável e vigoroso à frente da vida de Israel.

A teologia de von Rad, publicada em inglês em 1962 e 1965, apresentou-se como uma declaração plena e completa da fé do Antigo Testamento. Foi observado, imediatamente, que uma teologia de atos poderosos não deixava espaço para os materiais sapienciais do Antigo Testamento, nos quais Deus não "agia". De fato, uma forma de lidar com o problema era tratar os materiais sapienciais do Antigo Testamento como secundários, em sua maioria emprestados de outras culturas e altamente utilitaristas, de modo que dificilmente se qualificariam como elementos da teologia israelita.[107] Em seu primeiro volume, von Rad devotou considerável espaço

---

[106] Von Rad, *Old Testament Theology 2: The Theology of Israel's Prophetic Traditions*.

[107] A sabedoria continuou a atormentar a teologia do Antigo Testamento durante a maior parte do século XX, pois as categorias controladoras da disciplina não deixavam espaço para essa perspectiva. Veja Perdue, *The Colapse of History*, para o ressurgimento do estudo da sabedoria na teologia do Antigo Testamento. O trabalho de Hans Heinrich Schmid não deve ser subestimado nesse sentido. Poucos acadêmicos hoje seguiriam as críticas desdenhosas de H. D. Preuss contra a sabedoria como componente da teologia do Antigo Testamento. Veja Preuss, "Erwägungen zum theologischen Ort alttestamentlicher Weisheitsliteratur", *EvT* 30 (1970), pp. 393-417; e "Das Gottes Bild der alteren Weisheit Israels", *VTSup* 23 (1972), pp. 117-45.

aos materiais sapienciais e sálmicos sob a rubrica "Israel perante Javé (a resposta de Israel)".[108] Na verdade, a rubrica não se encaixava muito bem no material, porque não é óbvio que esses materiais sejam, em qualquer sentido, uma resposta à tradição credal. Parece óbvio que VON RAD organizou dessa forma os materiais por conveniência, para poder incluí-los no final das contas. Ainda que esses materiais não se encaixem corretamente em seu esquema, mesmo assim VON RAD, nessas páginas, exibe sua grande sensibilidade teológica e sua capacidade de ler textos, mostrando que os materiais sapienciais são uma meditação sobre a confiabilidade ordeira do mundo sob o governo de Javé.[109] A exposição é brilhante, mesmo que não se encaixe na rubrica e receba uma posição inferior no esquema organizacional de VON RAD.

Uma das memoráveis realizações da carreira acadêmica de VON RAD foi a publicação, no ano final de sua vida, de outro importante livro, *Wisdom in Israel*.[110] Apesar de ter sido publicado como um livro independente, não é inapropriado considerá-lo como o terceiro volume de sua teologia. No livro, VON RAD explica mais detalhadamente os temas que ele insinua na seção final de seu volume 1. É uma das marcas de sua grandeza o fato que, chegado o tempo em sua carreira acadêmica de se distanciar de seus modelos nos volumes 1 e 2, o próprio VON RAD abriu o caminho para novas formulações.

Em contraste com a análise sapiencial no volume 1, nesse volume final os materiais da sabedoria, especialmente Provérbios e Jó, não são subordinados às tradições históricas, mas tratados em seus próprios termos como materiais teológicos legítimos e sérios. Como na análise do volume 1, esse tratamento dos materiais de sabedoria revolve sobre o eixo da ordem teológico-moral do mundo, ampliando assim a questão para além das tradições históricas a fim de incluir a reflexão sobre a criação como um dado da teologia, culminando na crise da "teodiceia".[111]

---

[108] VON RAD, *Old Testament Theology*, v. 1, pp. 355-459.

[109] WALTHER ZIMMERLI, "The Place and Limit of the Wisdom Framework of the Old Testament Theology", *SJT* 17 (1964), p. 148, sumariza a conclusão em cuja direção se moveu a pesquisa: "a sabedoria pensa resolutamente dentro do esquema de uma teologia da criação". O dito de ZIMMERLI antecipa grandes desenvolvimentos no campo, especialmente no trabalho de HANS HEINRICH SCHMID (cf. nota 114 abaixo).

[110] GERHARD VON RAD, *Wisdom in Israel* (Nashville: Abingdon, 1972).

[111] CLAUS WESTERMANN articulou "a criação como dado da teologia" sob a rubrica da bênção. Ele sugere que nos processos ordinários da vida, a força para a vida, dada por

De muitas maneiras, nesse último volume VON RAD realiza uma reviravolta na direção de seu trabalho anterior. Quando seu livro foi publicado, em 1970, a crítica acadêmica de sua hipótese credal já estava se acumulando. Foi como se VON RAD tivesse reconhecido essa crítica, como se ele admitisse que a teologia de "atos poderosos" percorrera seu curso. Em vez de agir defensivamente em seu benefício, ele escreve uma reflexão bastante nova que antecipa a próxima fase da pesquisa acadêmica.[112] Destarte, esse livro não é sujeito às críticas a respeito do tratamento que VON RAD dá às tradições históricas, mas move-se em uma direção completamente nova.

Já em 1936 VON RAD escrevera que a criação não era um tema principal na fé de Israel, mas fora articulada posteriormente e permaneceu marginal.[113] É provável que o julgamento de VON RAD nesse assunto tenha sido afetado pelas críticas de BARTH contra a "teologia natural" conforme fora adotada pelo regime nazista na Alemanha e pelos "cristãos alemães".

Em resposta àquela crise nacional e eclesiástica, VON RAD, talvez seguindo BARTH, simplesmente deixou de fora uma possível ênfase sobre a criação. O artigo inicial de VON RAD, nesse sentido, foi de enorme influência e, praticamente sozinho, desencorajou toda uma geração de acadêmicos do Antigo Testamento de fazer um estudo aprofundado dos materiais sobre a criação. Somente mais tarde, talvez no trabalho de HANS HEINRICH SCHMID, essa situação começou a se modificar.[114]

Em seu volume de 1970, entretanto, é como se VON RAD reconhe-

---

Deus, é operativa. Veja WESTERMANN "Creation and History in the Old Testament", *The Gospel and Human Destiny* (org. VILMOS VAJTA; Mineápolis: Ausburg, 1971), pp. 11-38.

[112] Desde o livro de VON RAD sobre a sabedoria, ocorreu uma enorme explosão de literatura a esse respeito. Entre os melhores sumários está o de ROLAND E. MURPHY, *The Tree of Life: An Exploration of Biblical Wisdom Literature* (Garden City: Doubleday, 1990).

[113] GERHARD VON RAD, "The Theological Problem of the Old Testament Doctrine of Creation", *The Problem of the Hexateuch*, pp. 131-142.

[114] HANS HEINRICH SCHMID, *Wesen und Geschichte der Weisheit: Eine Untersuchung zur altorientalischen und israelitischen Weisheitsliteratur* (BZAW 101; Berlim: A. TÖPELMANN, 1966); *Gerechtigkeit als Weltordnung: Hintergrund und Geschichte des alttestamentlichen Gereschtigkeitsbegriffes* (BHT 40; Tübingen: J. C. B. MOHR [PAUL SIEBECK], 1968); e "Creation, Righteousness, and Salvation: 'Creation Theology' as the Broad Horizon of Biblical Theology", *Creation in the Old Testament* (org. BERNHARD W. ANDERSON; Filadélfia: Fortress, 1984), pp. 102-117.

cesse que estava em um novo momento de possibilidade teológica. Agora a velha polêmica contra a religião canaanita da fertilidade, que propeliu o trabalho de Wright, e todos os slogans contra a "teologia natural" tinham desaparecido e não pareciam mais pertinentes. Muitos acadêmicos se juntaram ao coro, declarando que a teologia de recitação dos poderosos atos de Deus estava exaurida. Nenhum, entretanto, reconheceu isso mais diretamente que o próprio von Rad. Isso não quer dizer que ele tenha repudiado seu trabalho anterior. Ao contrário, ele reconheceu que, em novas circunstâncias, precisava ser feito um novo trabalho no tocante a novas questões. Seu último livro foi um extraordinário ato de lidar com novas questões. *Portanto, é possível ver uma grande tensão entre materiais históricos e sapienciais no trabalho de von Rad, uma tensão que reflete um detector fundamental da fé do Antigo Testamento.*

### *Após Eichrodt e von Rad*

O alto período da teologia bíblica, que foi modelado de formas bastante diferentes por Eichrodt e von Rad, é uma matéria de grande importância para nossa contínua discussão. *Mas é impossível, em minha opinião, tomar tanto Eichrodt ou von Rad como modelo para nosso próprio trabalho.* É mais importante, sugiro, perceber a maneira como esses trabalhos ressoaram em seu próprio tempo e lugar, para reconhecer o brilhantismo de seus trabalhos e ver que a dimensão desse brilhantismo é sua especificidade contextual. Eichrodt respondeu ao desafio proposto por Barth: articular o que é normativo, característico e duradouro na fé de Israel, contra um desenvolvimentismo que tratava como relativas todas as afirmações teológicas. Von Rad, talvez mais especificamente, procurou na hipótese do credo tanto a substância quanto o método para encontrar uma base firme para a fé em um contexto social que era fundamentalmente oposto à sua confissão. Parece claro que o modelo interpretativo de von Rad foi uma ousada resposta à crise da Igreja alemã em seus anos iniciais. Essa resposta serviu bem à Igreja dos Estados Unidos na metade do século, quando a Igreja procurava uma base sólida em meio às grandes perturbações da guerra e do racismo. Tanto Eichrodt quanto von Rad, e também Wright, entendiam a fé bíblica como uma fé contra seu ambiente: tanto os israelitas em um contexto cananeu, quanto os crentes em um mar de desenvolvimentismo positivista, como os confessantes diante do desafio do paganismo. O ímpeto para o normativo era de enorme importância e foi bem servido por essas iniciativas acadêmicas.

Em uma varredura retrospectiva como essa, observa-se que Eichrodt e von Rad eram estreitos aliados nessa iniciativa. É importante notar suas diferenças cruciais em método e substância, mas não podemos apreciar a coragem e imaginação de seu trabalho até notarmos que ambos estão respondendo (como estava Barth) a uma situação intelectual na qual a fé se tornou apenas um fraco eco de orientações culturais. Cada um ao seu jeito, afirmaram que a fé do antigo Israel tinha sua própria palavra a dizer. Em seu contexto cristão compartilhado, eles afirmaram que a fé do antigo Israel, sem adaptar excessivamente essa fé à convicção cristã, era importante para a fidelidade e vitalidade da Igreja em seu tempo e lugar.

Nessa paixão compartilhada, as diferenças entre Eichrodt e von Rad e seus dois modelos são de grande importância. Eichrodt, como vimos, procura expor uma "tendência e caráter básicos *constantes*" para a teologia do Antigo Testamento. Ou seja, ele quer sobrepujar o desenvolvimentismo encorajado pela crítica histórica, a fim de encontrar o que persiste e define a fé de Israel em cada circunstância historicamente modificada. Von Rad, em contraste, procura sublinhar a *dinâmica* da fé de Israel, que é constantemente articulada em novas versões da antiga formulação credal. Contra Eichrodt e aqueles que reafirmam seu modelo, von Rad defende uma teologia aberta à radical historicidade da fé que não pode ser contida em um conjunto de doutrinas. Von Rad deseja levar a sério a dinâmica histórica da fé de Israel; isto por sua vez significa levar a sério a dinâmica das tradições, a contínua formulação da fé que está sempre sendo reformulada. Essas ênfases diferentes entre Eichrodt e von Rad são importantes porque, respectivamente, enfatizam a constância e a dinâmica da fé de Israel. Quando o trabalho deles é considerado em relação um com o outro, nós podemos fazer três observações:

> **(1)** Em cada caso, o que é afirmado é convincentemente exposto. Eichrodt construiu um forte caso a favor da constância da aliança, mediante a qual o Antigo Testamento entende tudo através de categorias transacionais. Inversamente, von Rad mostrou como as várias afirmações teológicas de Israel são "completamente envolvidas com a história", de modo que nenhuma afirmação teológica única pode ser considerada definitiva, pois, certamente ela será deslocada por uma subsequente articulação.
>
> **(2)** Ao mesmo tempo, nem Eichrodt nem von Rad foram capazes de formular uma afirmação interpretativa que desse suficiente espaço para o que a outra enfatiza. A ênfase de

EICHRODT na constância faz com que seja difícil, mesmo que ele procurasse fazê-lo, dar lugar à dinâmica histórica na fé de Israel; logo EICHRODT é facilmente acusado de reducionismo. Inversamente, a ênfase de VON RAD na dinâmica histórica significa que no final, se encontram em seu trabalho muitas teologias, mas nenhuma formulação teológica única. Realmente, VON RAD chega à conclusão que tal afirmação é impossível. O material diversificado impede que tal afirmação seja feita sem um insuportável custo em termos de reducionismo.[115]

Dado que o jogo de questões, desde BARTH, tinha autorizado a procura do normativo, a comparação de EICHRODT e VON RAD revela uma questão não resolvida na teologia do Antigo Testamento: a interação entre o constante e o histórico. A própria articulação de Israel parece dar ênfase ao histórico, e nesse caso VON RAD parece ter a melhor abordagem. É isso que faz o texto do Antigo Testamento parecer estranho para a tarefa de "fazer teologia". Mas a teologia por muito tempo veio enfatizando a constância, que é o que EICHRODT procura fazer e, dessa maneira, esse material não é muito bom para "fazer teologia", como isso tem sido frequentemente entendido. É por isso que muitos acadêmicos concluíram que a teologia do Antigo Testamento é uma impossibilidade desde o início, visto que o material chamado de Antigo Testamento se recusa a ser moldado como teologia. (Como veremos, a articulação de BREVARD CHILDS entre "*crítica* [histórica]" e "[teologia] *canônica*" é outra maneira de se lidar com as mesmas questões).

Portanto, no final desse período iniciado por BARTH, a questão da constância e dinâmica permanece não resolvida, e talvez sempre deva permanecer dessa maneira. *Levada aos extremos, a tensão entre a constância e a dinâmica pode tornar o termo "teologia do Antigo Testamento" algo como um oxímoro.*

---

[115] Essa percepção do caráter variegado do texto leva alguns a concluir que a teologia do Antigo Testamento é uma impossibilidade. Tal julgamento quer resistir ao reducionismo que parece ser exigido pelo termo *teologia*. Aqueles que fazem tal julgamento são forçados a optar por uma história da religião israelita. Sobre o problema do pluralismo na fé do Antigo Testamento e suas implicações para a história dessa religião, veja o excelente estudo de RAINER ALBERTZ, *A History of Israelite Religion in the Old Testament Period* (Londres: SCM, 1994; 2 v.).

Nosso trabalho agora será ver se podemos atuar de maneira nova a respeito daquilo que se apresenta como um impasse.

**(3)** Tanto Eichrodt quanto von Rad utilizam métodos intimamente conectados com a substância da exposição. Destarte, Eichrodt é frequentemente citado por organizar seu trabalho ao redor de uma ideia. Devemos perceber, entretanto, que a ideia de aliança em Eichrodt é uma ideia *peculiarmente característica e persuasiva para Israel*, tanto que Eichrodt deve ser entendido como um expositor da fé pactual, e não de um método de "uma ideia". Da mesma maneira, von Rad é agora reconhecido pelo seu trabalho sobre a recitação histórica ou, em suas próprias palavras, "antigas fórmulas credais". Contudo, sua intenção não está nas recitações em si, mas nessa *recitação particular de algumas memórias paradigmáticas* que dão identidade peculiar a Israel através das gerações. Essas estranhas memórias paradigmáticas falam de um Deus que intervém ativamente na vida da comunidade.

Assim, tanto com Eichrodt quanto com von Rad, não se deve dar atenção demasiada ao método como tal. Pois ambos são intérpretes teológicos, e ambos navegam na substância peculiar e problemática do Antigo Testamento com uma preocupação central pelo que está lá. Finalmente, é a alegação substantiva do texto, e não o método, que deve nos preocupar. Para Eichrodt, o ponto principal é o Deus que faz alianças; para von Rad, é o Deus que age.

Ao fazer uma avaliação desse período gerativo de estudo dominado por Eichrodt e von Rad, podemos atentar à avaliação que um faz do outro. A avaliação do trabalho de von Rad por Eichrodt é explícita e breve.[116] Ele apresenta três críticas a von Rad: **(a)** von Rad não achou uma maneira de levar a sério a história real de Israel; **(b)** von Rad não é capaz de oferecer "um sistema consistente de crença"; e **(c)** von Rad utiliza uma abordagem tipológica inaceitável. A conclusão de Eichrodt é que von Rad propõe que "a interpretação existencialista da evidência bíblica é a correta".[117] A própria visão de Eichrodt quanto ao que é a teologia – um esquema intelectual, unificado e coerente que dá conta de uma declaração normativa da fé – pode realmente ser problemática por si só, mas constitui uma grande

---

[116] Eichrodt, *Old Testament Theology*, v. 1, pp. 512-520.

[117] Ibid., p. 515.

crítica frequentemente feita a von Rad. A crítica nos permite ver quão problemático é o trabalho de von Rad. Porém, também podemos ver o quão ousada e nova era a sua proposta.

Embora von Rad não tenha respondido especificamente a Eichrodt, em sua introdução ele explicitamente menciona Edmond Jacob e Th. C. Vriezen; além disso, deve visar Walther Eichrodt com certeza.[118] Conquanto não haja uma resposta ponto a ponto a Eichrodt, von Rad é infinitamente impressionado pelo pluralismo e pela dinâmica desenvolvimentista do próprio texto, que procedem como um "desdobrar" ou uma série de "atualizações", cada uma das quais deve ser considerada de forma séria e normativa em seu próprio contexto de pronunciamento.[119] O apelo de von Rad a Hebreus 1,1 ("muitas vezes e de muitas maneiras") é uma insistência em que a fé de Israel não é uma série de variações por trás da qual se esconde uma única e coerente constância; a série de variações é a fé em si.[120]

No final das contas, não há resolução dessa questão entre Eichrodt e von Rad, e essa temática de pluralismo e coerência é a questão mais difícil para o trabalho contínuo da teologia do Antigo Testamento. Além disso, como veremos, em meio às mudanças epistemológicas atuais nas quais devemos realizar nosso trabalho, essa questão pode prover uma oportunidade importante para redescobrirmos a reivindicação de que o Antigo Testamento está "fazendo teologia". Obviamente, na medida em que se está "fazendo teologia", é um tipo muito diferente de exposição da fé.

É importante notar que, conquanto Eichrodt e von Rad tenham dominado conjuntamente esse período gerativo de estudo, Eichrodt escreveu duas décadas antes de von Rad. Eichrodt foi, possivelmente, indispensável para estabelecer a linha-mestra do normativismo após um longo período de desenvolvimentismo. Talvez von Rad possa ser corretamente entendido como uma resposta contra o fechamento (excessivo?) dado à teologia do Antigo Testamento por Eichrodt. Como resultado, a discussão mais vigorosa se concentrou em von Rad e não em Eichrodt, visto que o trabalho de von Rad tinha ocupado o centro do campo mais recentemente.

Mesmo que encontremos problemas com a apresentação de von Rad, claramente não é possível uma volta responsável à constância singular de Eichrodt. O clima epistemológico geral no qual trabalhamos e as necessidades atuais da comunidade teológica não permitem tal retorno. Desde o

---

[118] Von Rad, *Old Testament Theology*, v. 1, p. v.

[119] Ibid., p. 115.

[120] Ibid., p. 110.

momento em que von Rad completou seu trabalho em 1970, ficamos com uma apresentação dominante da tarefa. Ela pode parecer desastrosamente existencial a alguns, como Eichrodt; ou como um reflexo inevitável e fiel do caráter do material bíblico em si. É um material que insiste em ser considerado seriamente, e que se recusa a ser reduzido ou domesticado em uma tranquila coerência. Essa recusa pode não ser simplesmente literária, e sim teológica, relacionada a seu Sujeito central. O caráter irrequieto do texto recusa um fechamento excessivo, o que von Rad entendia muito bem, e é reflexo do Único, que é seu principal Personagem, o qual também se recusa a ser domado ou sistematizado. *Portanto, é o próprio Deus pronunciado nesse texto que subjaz os problemas de perspectiva e método.*

### O final de um período gerativo

Atualmente tornou-se convencional reconhecer que o grande período da teologia do Antigo Testamento dominado por Eichrodt, e ainda mais por von Rad, chegou ao fim por volta de 1970. Na verdade, a escolha de um ponto "final" depende de quando e de que maneira se identifica a transição. Eu escolho 1970, tanto devido à publicação do último livro de von Rad, *Wisdom in Israel*, que por si mesmo parecia se mover "além de von Rad", e porque no mesmo ano Brevard Childs publicou seu livro *Biblical Theology in Crisis* e chamou a atenção para uma nova situação na teologia do Antigo Testamento.[121] Em 1970 (ou por volta dessa época), havia um difuso reconhecimento de que os modos de interpretação teológica aos quais o estudo do Antigo Testamento se acostumara não eram mais adequados.

### *Críticas ao assim chamado movimento da teologia bíblica*

Nessa época toda a empreitada de interpretação teológica que remonta a Barth estava em questão. Contudo, fica evidente o predomínio de von Rad, pois a maior parte da retórica de rejeição se direcionava a ele e à pesquisa que ele colocou em movimento. A abordagem geral que ele representava veio a ser chamada de movimento da teologia bíblica. A nomenclatura é equivocada e infeliz, pois sugere que von Rad intencionava liderar um movimento; ele não o fez. Além disso, a expressão sugere que a abordagem de von Rad foi um fenômeno isolado sem passado ou futuro; não foi. Von Rad, como qualquer outro acadêmico, buscava dar o próximo passo na investigação acadêmica. O fato de que sua abordagem veio a dominar o campo sugere que muitas pessoas cultas consideraram sua perspectiva útil, e que sua abordagem ecoava de maneira importante o

---

[121] Brevard S. Childs, *Biblical Theology in Crisis* (Filadélfia: Westminster, 1970).

clima cultural e epistemológico no qual ele trabalhara.

No período final da influência de VON RAD, houve uma propensão a descartar seu trabalho como se fosse desinformado, mal concebido ou superficial. Essa rejeição deixa de reconhecer os grandes feitos de seu trabalho. Não é possível ignorar VON RAD, como se seu importante trabalho não tivesse mudado irreversivelmente a disciplina. Sem dúvida, o trabalho de VON RAD, como o de todos os acadêmicos, pertence a seu tempo e lugar.[122] Em minha opinião, seu tempo e lugar requeriam base fundamental – e confessional – para uma comunidade de fé que estava sob profundo ataque de uma cultura hostil e uma ideologia virulenta. A influência do trabalho de VON RAD pode muito bem refletir a comunidade de fé que estava excessivamente acomodada à cultura e sua epistemologia (assim BARTH), e o fato de que havia extensa ressonância com a hipótese credal dele como forma de reagir à acomodação. *Portanto, embora se possa dizer que o trabalho de VON RAD foi posteriormente considerado inadequado e sem poder de continuidade, não se pode concluir que foi um fracasso.* Realmente, o próprio VON RAD poderia dizer, congruente a seu próprio método, que seu trabalho foi uma articulação da fé, a qual na vida cotidiana da comunidade requer subsequentes articulações.

De qualquer maneira, o período de 1970 até talvez 1990 retratou dois desenvolvimentos no estudo do Antigo Testamento que não puderam ser antecipados na década anterior. O primeiro foi a completa rejeição da maneira de VON RAD em "fazer teologia" do Antigo Testamento e o retorno ao trabalho histórico-crítico com sua característica suspensão de qualquer interpretação teológica que alega ser normativa.[123] A principal crítica a VON RAD e sua "recitação dos poderosos atos de Deus" é que nem VON RAD nem qualquer outra pessoa encontrou uma maneira de relacionar a história da salvação (o conteúdo da informação teológica, do credo) com a história secular, tal como ela pôde ser recuperada pela erudição secular. VON RAD tentou fazê-lo ao afirmar a tensão entre "mínimos históricos" e "máximos teológicos", mas sua formulação apenas indicava o reconhecimento do

---

[122] Sobre VON RAD em seu ambiente histórico, veja JAMES M. CRENSHAW, *GERHARD VON RAD* (Waco: Word, 1978).

[123] Eu não estou sugerindo que o trabalho crítico-histórico tenha parado durante o tempo da hegemonia de VON RAD. Mas em alguns círculos houve um suspiro de alívio ao verem que esse "episódio barthiano" tinha acabado, permitindo um singular retorno ao trabalho crítico "apropriado", sem categorias interpretativas maiores que atrapalhassem a iniciativa.

problema e a tensão, não uma solução.[124]

Já em 1961, LANGDON GILKEY identificara o problema encoberto pela linguagem, e desde aquele tempo muita energia passou a ser devotada à questão do que poderia significar a frase "ato de Deus".[125] O resultado dessa discussão é que "ato de Deus" é entendido de uma maneira ingênua e com um senso comum que não consegue satisfazer uma análise crítica, ou se torna uma enorme noção filosófica (como em PAUL TILLICH ou GORDON KAUFMAN) sem conexão discernível com o que é narrado no Antigo Testamento. No final, proponentes da abordagem de VON RAD não foram capazes de definir, de qualquer maneira convincente à crítica moderna, o que significa "ato de Deus".[126] Nós podemos notar, de passagem, que o problema pode não estar com VON RAD, mas com o próprio material textual, que continua a oferecer seu corajoso testemunho sem se importar com as categorias e sensibilidades críticas modernas. Portanto, o problema pode ser intrínseco às reivindicações do Antigo Testamento.

Esse profundo problema epistemológico e linguístico, o qual assombrava o trabalho de VON RAD, foi acompanhado por uma cadeia de objeções

---

[124] VON RAD nunca foi capaz de atravessar "a feia vala", de modo que seus elegantes argumentos nunca conseguiram unir "a história" e "a história da salvação".

[125] A problemática da noção de "ato de Deus" é tratada em uma literatura bem estabelecida. Entre as discussões mais importantes está a de LANGDON GILKEY, "Cosmology, Ontology and the Travail of Biblical Language", *JR* 41 (1961), pp. 194-205. Pioneiro nas discussões atuais, GILKEY reconheceu o caráter problemático da retórica bíblica e da retórica dos intérpretes clássicos.

[126] Como resultado, acadêmicos que procederam com alguma "inocência" a respeito "dos poderosos atos de Deus na história" foram forçados a apontar a narrativa como a forma privilegiada de discurso na fé de Israel. Essa adoção da narrativa foi vigorosamente defendida por H. RICHARD NIEBUHR, *The Meaning of Revelation* (Nova York: Macmillan, 1967). Para visões representativas da teologia narrativa, veja STANLEY HAUERWAS e L. GREGORY JONES, orgs., *Why Narrative? Readings in Narrative Theology* (Grand Rapids: Eerdmans, 1989). W. B. GALLIE "The Historical Understanding", *History and Theory* (org. GEORGE H. NADEL; Middletown: Wesleyan University, 1977), pp. 149-202, ofereceu um argumento convincente a favor da validade da epistemologia que serve aos modos narrativos de conhecimento. Ao olharmos em retrospectiva para essa fase da interpretação bíblica, vemos que o problema não era que a Bíblia falhou em apresentar convincentemente suas alegações, mas que as categorias positivistas impostas à Bíblia eram mal adaptadas ao trabalho. Ou seja, a questão não é o caráter da Bíblia, mas as categorias da modernidade que agora estão sob severa crítica. De qualquer modo, meu argumento no que segue, com referência ao testemunho, se situa em importante continuidade com modos narrativos de certeza.

histórico-críticas à hipótese credal de von Rad e aos construtos hipotéticos de Alt e Noth, Albright e Wright, que lhe ofereciam suporte histórico.¹²⁷ Para nossos propósitos, entretanto, é suficiente mencionar a crítica principal dirigida contra o movimento teológico bíblico por Brevard Childs e James Barr que, apesar de terem se unido em uma crítica que provou ser decisiva, o fizeram de maneiras muito diferentes e por diferentes motivos.

Em suas palestras publicadas em 1970, Childs falou de uma crise na teologia bíblica.¹²⁸ No final do livro, ele propôs como antídoto à crise o foco no cânon da Escritura como uma pista da maneira correta de ler o Antigo Testamento teologicamente. Desde 1970, Childs publicou uma série de livros sobre essa questão, culminando no ambicioso e formidável *Biblical Theology of the Old and New Testaments*.¹²⁹ Nesse período de mais de 25 anos, Childs ofereceu uma variedade de perspectivas sobre esse assunto, e pode-se concluir que ele mesmo esteve em processo, sempre chegando a um entendimento mais claro do que poderia significar o termo "canônico".

Aqui o nosso único propósito é mencionar a crítica que Childs faz ao assim chamado movimento anterior. O julgamento crucial de Childs foi que tal interpretação do Antigo Testamento, ainda que pretendesse ser teológica, se distanciou de seus necessários pontos de referência: pistas dadas no próprio texto, e direção oferecida pela comunidade de fé a respeito de uma leitura teológica responsável – por exemplo, credos e afirmações doutrinárias. Como resultado, a assim chamada interpretação teológica tendeu a trabalhar de forma autônoma (ecos do "existencial" de Eichrodt?), de

---

¹²⁷ Para uma crítica antiga da hipótese credal de von Rad, veja J. Philip Hyatt, "Were There an Ancient Historical Credo in Israel and an Independent Sinai Tradition?", *Translating and Understanding the Old Testament*: *Essays in Honor of Herbert George May* (org. Harry Thomas Frank e William L. Reed; Nashville: Abingdon, 1970), pp. 152-170. Mais amplamente, a síntese histórica na qual a construção teológica se baseia está sob forte e variegado ataque. Veja, por exemplo, John van Setters, *Abraham in History and Tradition* (New Haven: Yale University, 1975); e as críticas de Thompson e Davies citados na nota 54 acima. Para uma resposta recente ao "novo ceticismo", veja Ian W. Provan, "Ideologies, Literary and Critical: Reflections on Recent Writing on the History of Israel," *JBL* 114 (1995), pp. 585-606.

¹²⁸ Childs, *Biblical Theology in Crisis*.

¹²⁹ Brevard S. Childs, *Introduction to the Old Testament as Scripture* (Filadélfia: Fortress, 1979); *Old Testament Theology in a Canonical Context* (Filadélfia: Fortress, 1985); e *Biblical Theology of the Old and New Testaments* (Mineápolis: Fortress, 1992).

acordo com construtos que não estavam enraizados nem no próprio texto, nem nas tradições teológicas da Igreja. Colocado de outra forma, *a teologia bíblica não era teológica o bastante*, porque estava muito influenciada por juízos histórico-críticos, os quais traziam consigo pressuposições teológicas estranhas ao próprio material. CHILDS, portanto, propõe que a interpretação teológica, em vez de ser feita segundo o esquema da crítica histórica, deve ser feita segundo a "intencionalidade canônica" do texto.

Somente bem depois de 1970 CHILDS foi capaz de apresentar uma articulação completa de sua proposta. Mas fica evidente que ele propõe uma noção de teologia cognitivo-ideacional para, desse modo, a teologia bíblica formular ideias que sirvam a uma Igreja interpretadora que seja consciente de sua herança doutrinal. Esse é um grande desvio da ênfase de VON RAD sobre "eventos" que são encontrados na "história", e não nos resíduos cognitivos que derivam da interpretação dos eventos. De qualquer maneira, para CHILDS, todo o programa de VON RAD foi uma traição à intenção canônica mais ampla da "forma final do texto", um abandono de muito do que a teologia cristã responsável valorizava e deve valorizar.

De uma direção completamente diferente, JAMES BARR também criticou o trabalho de VON RAD e da teologia bíblica.[130] Em sua crítica a VON RAD, BARR concorda com CHILDS, apesar de rejeitar vigorosamente a oferta de CHILDS de uma alternativa canônica. A pesquisa de BARR começou com um estudo pioneiro e magistral sobre a semântica e o papel que a teoria semântica pode ter na interpretação da Escritura.[131] Ele conduziu uma crítica fundamentada nas práticas semânticas irresponsáveis usadas em muita teologia bíblica. BARR questionou três elementos da teologia bíblica, nem todos ligados diretamente a VON RAD.

Primeiro, o trabalho inicial de JAMES BARR foi um ataque violento contra o medíocre método linguístico no qual se pensava que a língua hebraica tinha algum tipo de força teológica peculiar em si mesma, e no qual

---

[130] JAMES BARR, "GERHARD VON RAD's *Theologie des Alten Testaments*", *Expository Times* 73 (1961-62), pp. 142-146. Veja a recensão da crítica de CHILDS e BARR por STEVEN J. KRAFTCHICK, "Facing Janus: Reviewing the Biblical Theology Movement", em *Biblical Theology: Problems and Perspectives*, pp. 54-77.

[131] JAMES BARR, *The Semantics of Biblical Language* (Oxford: Oxford University, 1961), *Biblical Words for Time* (SBT 33; Londres: SCM, 1962). Para a importância da obra de BARR nessa área, no que se refere à teologia bíblica, veja SAMUEL E. BALENTINE, "JAMES BARR's Quest of Sound and Adequate Biblical Interpretation", *Language, Theology and the Bible: Essays in Honour of JAMES BARR* (org. SAMUEL E. BALENTINE e JOHN BARTON; Oxford: Clarendon, 1994), pp. 5-15.

certas palavras bíblicas eram tratadas como se tivessem poder e significado reificados. A grande contribuição de Barr à pesquisa bíblica foi mostrar que não é a palavra, mas a sentença – palavras em um contexto – que tem significado teológico. Barr buscou desmistificar muito do que se dizia ter privilégios especiais como discurso teológico. Ele insistia que o discurso teológico do Antigo Testamento deve ser considerado inteligível; ou seja, deve ser aceito pelo que diz, sem nenhuma vantagem ou privilégio escondido.

Segundo, Barr aborda a questão da história, que não foi resolvida por von Rad – ou seja, o problema de von Rad (e muitos outros) não ter sido capaz de vincular a afirmação teológica com os dados históricos recuperáveis. Barr estava na dianteira daqueles que sugeriam que a narrativa israelita dos "atos de Deus" é " história" ou "ficção histórica", e não "História".[132] Duas décadas depois, tal julgamento pode parecer lugar-comum. Mas deve se reconhecer que a mudança aparentemente inocente de "história" para "lenda" é, na verdade, uma decisão importante para esquecer a "eventualidade" da recitação bíblica e para dar lugar a uma dimensão de imaginação ficcional no relato do texto. Pode-se continuar a ponderar sobre o quão extensa é a imaginação ficcional, mas começar com esse reconhecimento permite e requer uma iniciativa interpretativa muito diferente.

Terceiro, a iniciativa de von Rad e Wright estava focada na ação de Deus. Barr, em seu característico julgamento sensato do texto, observa simplesmente que *no próprio texto Deus não somente age, mas fala* e, portanto, a interpretação teológica pode e deve focar no discurso de Deus.[133] Pode haver muitos aspectos insolúveis no "discurso de Deus" em termos de questões histórico-críticas, mas o discurso é um dado do texto e, assim, a matéria-prima para a interpretação teológica.

---

[132] James Barr, "Story and History in Biblical Theology", *JR* 56 (1976), pp. 1-17. A respeito de história, "ficção histórica" e história, veja Hans Frei, *The Eclipse of Biblical Narrative*; e David Tracy, *The Analogical Imagination: Christian Theology and the Culture of Pluralism* (Nova York: Crossroad, 1981 [Em português: pela editora Unisinos]), pp. 259-281.

[133] James Barr, "The Concept of History and Revelation", *Old and New in Interpretation: A Study of the Two Testaments* (Londres: SCM, 1966), pp. 65-102. Ele tece um importante argumento sobre como a preocupação com os atos de Deus tem levado a pesquisa a negligenciar o discurso de Deus, que é o que de fato mais temos na Bíblia. Veja outra versão do argumento em Barr, "Revelation through History in the Old Testament and in Modern Theology", *Int* 17 (1963), pp. 193-205. A atenção de Barr para o discurso é um antecedente importante de meu próprio foco na retórica do testemunho.

CHILDS e BARR, juntos, desenvolveram um poderoso argumento para o abandono do programa de VON RAD. Juntos eles mostraram que a ideia principal de VON RAD é muito problemática, e persuadiram a maior parte dos praticantes da teologia do Antigo Testamento de que não se pode, de nenhuma maneira direta e simples, continuar a abordagem da recitação. Como veremos mais tarde, após terem feito essa crítica comum, BARR e CHILDS decisivamente se separaram, pois discordavam vigorosamente quanto à maneira de prosseguir.

Finalmente, para entender o ponto de ruptura na teologia do Antigo Testamento no final do século XX, será benéfico prestar atenção ao livro *The Collapse of History* por LEO PERDUE.[134] Embora a substância do pequeno livro de PERDUE seja uma cogitação das pesquisas feitas para além de VON RAD, sua base de discussão é o reconhecimento de uma problemática na teologia do Antigo Testamento do século XX: a inabilidade dela em lidar com a história conforme ela havia sido entendida na crítica do século XIX e como continuou a operar de uma forma um tanto não crítica no século XX. Nós já vimos como, desde GABLER em 1787, o estudo do Antigo Testamento era geralmente entendido como um estudo histórico.[135] A ascensão da história como co-disciplina primária do estudo da Escritura no final do século XVIII sinalizou a determinação dos biblistas de se livrarem da interpretação da Igreja que, há muito, considerava a filosofia como sua co-disciplina apropriada.[136] A escolha da história como perspectiva apropriada para o texto bíblico refletiu o espírito do século XIX e foi, indubitavelmente, uma tentativa de se ser científico em vez de confessional. Assim, a grande iniciativa histórico-crítica do século XIX formulava primariamente questões históricas. Realmente, a grande e culminante "hipótese documentária" de WELLHAUSEN foi uma tentativa de ordenar fontes históricas de uma maneira confiável e apropriada para que a história da religião de Israel pudesse ser reconstruída.[137]

---

[134] LEO G. PERDUE, *The Collapse of History*, pp. 1-68.

[135] Veja a nota 32 acima.

[136] A mudança de filosofia para história, como co-disciplina primária ao estudo bíblico, foi de enorme importância. No final do século XX, encaramos tanto uma crise como uma oportunidade, na medida em que a história é amplamente deslocada como co-disciplina primária do estudo da Escritura em favor das disciplinas retóricas e sociológicas.

[137] O livro decisivo de WELLHAUSEN, agora muito avaliado e criticado, é *Prolegomena*

A fim de entender a crise da teologia bíblica no final do século XX, precisamos fazer uma pausa para entender o que estava envolvido nessa preocupação singular com o "histórico", o qual cativava os acadêmicos do Antigo Testamento. É melhor, talvez, reconhecer a articulação de HEGEL da "história absoluta", que reflete uma visão eurocêntrica convincente de toda a realidade humana. Ou seja, a história, em qualquer reconhecimento prático, consistia na história europeia e refletia a hegemonia acrítica dos escritores daquela história. Duas outras facetas da história são imediatamente percebidas nos trabalhos da pesquisa do Antigo Testamento do século XIX. Na primeira, a história era considerada como se movendo em uma linha única e evolutiva, novamente refletindo uma perspectiva hegemônica. Na segunda, em um clima de positivismo, acreditava-se amplamente que uma investigação objetiva poderia recuperar a história "como ela realmente acontecera", sem ambiguidade. E, francamente, não havia necessidade de brincadeiras interpretativas sobre "o que significava".[138]

Essa investigação procedeu com um enorme senso de confiança investido no "conhecedor" (descrito por DESCARTES) que usava os métodos corretos, de modo que toda a história pudesse estar facilmente disponível para análise e dissecação. Da nossa perspectiva, não é difícil ver que tal visão da história é notavelmente fraca; ela não dá espaço à densidade ou ambiguidade próprias do processo humano, nem às maneiras pelas quais diferentes perspectivas geram diferentes versões do mesmo "acontecimento". É claro, em retrospecto, que tal positivismo frágil não consegue engajar a densidade do texto bíblico. Não quero exagerar nessa crítica da abordagem da história positivista, mas exemplos da pesquisa do Antigo Testamento no século XIX revelam uma confiança inocente no relato e reconstrução histórica que não pode mais ser mantida no final do século XX. Além do mais, assim como os "fatos" estavam inocentemente disponíveis, também os "significados" embutidos e encenados nesses fatos estavam inocente-

---

*to the History of Ancient Israel* (Nova York: Meridian, 1957). Para uma discussão completa de WELLHAUSEN e suas contribuições ao estudo do Antigo Testamento, veja JULIUS WELLHAUSEN *and His Prolegomena to the History of Israel*, citado na nota 27 acima.

[138] A insistência que esses materiais no Antigo Testamento devem ser considerados como história é defendida especialmente por JOHN VAN SETERS, *Prologue to History: The Yahwist as Historian in Genesis* (Louisville: Westminster/John Knox, 1992); e BARUCH HALPERN, *The First Historians: The Hebrew Bible and History* (São Francisco: Harper and Row, 1988).

mente disponíveis. Dessa forma, a "recuperação do passado" serviu no século XIX para reforçar a suposição acadêmica, frequentemente não declarada, de que todo esse passado interessante e recuperável é preliminar ao presente mais sofisticado e desenvolvido que culmina no aprendizado, cultura e crítica da Europa "avançada".[139]

Embora as bases culturais e políticas para tal história autocongratulatória tenham chegado ao fim com a Grande Guerra de 1914-1918, as suposições epistemológicas de tal iniciativa continuaram a ser um poderoso resíduo acadêmico durante quase todo o século XX. Portanto, a história e a crítica histórica, que procuravam recuperar o passado recuperável, mas que também contrabandeavam seu esquema desenvolvimentista, continuaram a ser a característica definidora da erudição no século XX, incluindo a teologia do Antigo Testamento. Embora BARTH tenha lançado um poderoso desafio a essas suposições, ele não perturbou essa propensão maior dos acadêmicos. Destarte, ALBRECHT ALT, mesmo que pesadamente influenciado pelos avanços da crítica da forma de HERMANN GUNKEL, trabalhou primariamente como historiador; seu estudante MARTIN NOTH reconstruiu a história inicial de Israel, muito influenciado pelo trabalho de ALT.[140] Nos Estados Unidos, ALBRIGHT era primariamente um historiador, ainda que seu maior livro, *From Stone Age to Christianity*, desafiasse o inocente desenvolvimentismo do século XIX.

Assim, a origem da nova erudição do Antigo Testamento no século XX, que informou a matriz na qual EICHRODT e VON RAD trabalharam, é largamente definida em termos de questões, propostas e reconstruções históricas. Como vimos, a teologia de VON RAD estava comprometida com os "poderosos atos de Deus na história". Cada palavra na fórmula (exceto talvez "poderosos") é problemática; porém, a mais problemática é "história", pois no fim VON RAD não podia encarar a história com a devida seriedade e é criticado por EICHRODT por ser um existencialista. E, realmente, BARR ligou VON RAD a RUDOLF BULTMANN, presumidamente com referência a seu

---

[139] Tal visão representa uma arrogância velada que considera o florescer da cultura e erudição europeias como a norma absoluta para a qual tudo tem se direcionado. Assim, o que era oferecido como avaliação objetiva acabou sendo, em alguns círculos, autocongratulação acrítica. Parece-me que a recente "vitória do capitalismo" também é considerada como a chegada ao ápice do desenvolvimento cultural; veja, por exemplo, FRANCIS FUKUYAMA, *The End of History and the Last Man* (Londres: Hamish Hamilton, 1992).

[140] MARTIN NOTH, *The History of Israel* (2 ed., Londres: Adam and Charles Black, 1960), pp. 53-163.

tratamento existencialista do histórico.[141]

Consequentemente, o "colapso da história" de PERDUE é uma conclusão que já fora esboçada por CHILDS e BARR. Eles reconheceram que toda uma forma de fazer pesquisa não era mais persuasiva ou adequada. É importante notar que, embora o diagnóstico de PERDUE se aplique mais diretamente ao trabalho de VON RAD, na verdade envolve toda a iniciativa da pesquisa do Antigo Testamento conforme praticada nos círculos euro-americanos dos últimos 200 anos. O "colapso" significa não apenas o reconhecimento de que algo como a história da salvação é muito inocente, mas que as suposições epistemológicas da modernidade europeia, com seu privilégio hegemônico, não se podiam sustentar. Nossa capacidade de conhecer, como fora presumido, é radicalmente questionada. Nossa suposição de desenvolvimentismo progressivo é exposta como uma convicção em causa própria. Nossa noção acrítica de uma linha singular e evolutiva na história cultural, culminando na cultura euro-americana, agora é exposta aos desafios de um pluralismo desorganizado, sendo que cada elemento deste tem sua própria versão do que constitui a realidade. Embora agora devamos tentar dar um novo passo na interpretação teológica, *é provável que ainda não tenhamos entendido com clareza suficiente a ruptura epistemológica que enfrentamos*, a qual coloca em grave risco o privilégio duradouro dos intérpretes euro-americanos da Escritura. Tudo isso PERDUE articulou com clareza.

### *Abordagens sociológicas*

No período de 1970 a 1990, pois, reconhecemos que um modelo histórico de pesquisa é ao menos problemático e inadequado, mesmo se não o considerarmos falido, como o faz WALTER WINK. Além disso, reconhecemos que no mesmo período de 20 anos surgiu uma considerável confusão metodológica. Por um lado, tornou-se cada vez mais claro que os antigos métodos não poderiam continuar mantendo sua longa inocência. Por outro lado, não estava totalmente claro que métodos alternativos poderiam ser capazes de fazer avançar o trabalho acadêmico de interpretação teológica.

Não é tão extraordinário assim que ocorra confusão metodológica durante um período em que diversos métodos são testados. Alguns deles foram considerados incompletos e rapidamente foram rejeitados. O que é notável é que em um tempo tão curto já se pode começar a ver a emergência

---

[141] Veja JAMES BARR, "The Old Testament and the New Crisis of Biblical Authority", *Int* 25 (1971), pp. 24-40.

de novas metodologias, as quais trazem com elas o início de programas de pesquisa e trajetórias interpretativas. Já é convencional sugerir duas dessas metodologias que certamente serão influentes na próxima fase do trabalho acadêmico, com variados graus de continuidade com a pesquisa mais antiga. Consideraremos essas abordagens a seguir.

Primeiro, a *análise sociológica* emergiu nas duas últimas décadas como uma rica possibilidade.[142] A sociologia, uma disciplina de apenas 200 anos de idade, procura entender as forças mediante as quais as comunidades e sociedades ordenam sua vida através de arranjos de poder e símbolo. As ferramentas sociológicas em si não são estranhas na pesquisa do Antigo Testamento, pois no começo do século XX acadêmicos alemães fizeram importante uso do trabalho de MAX WEBER.[143] É justo dizer, entretanto, que a investigação histórica, entendida de forma mais restritiva, até recentemente vinha minimizando a importância da análise sociológica.

A produção de literatura sociológica no estudo do Antigo Testamento tem sido quase explosiva, prestando atenção variadamente a cada fase e aspecto da vida pública de Israel. Isso inclui os trabalhos de ROBERT WILSON sobre os profetas, e também as investigações antropológicas de THOMAS OVERHOLT e PAUL HANSON sobre o período pós-exílico, e de GEORGE MENDENHALL sobre a monarquia.[144] O trabalho mais formidável e influente,

---

[142] Veja ROBERT R. WILSON, *Sociological Approaches to the Old Testament* (Filadélfia: Fortress, 1984); e NORMAN K. GOTTWALD, "Sociological Method in the Study of Ancient Israel," *Encounter with the Text: Form and History in the Hebrew Bible* (org. MARTIN J. BUSS; Filadélfia: Fortress, 1979), pp. 69-81.

[143] MAX WEBER, *Ancient Judaism* (Glencoe: Free, 1952). Veja também o trabalho sociologicamente consciente de ANTONIN CAUSSE (*Du groupe ethnique a la communaute religieuse* [Paris, 1937]). É provável que tanto WEBER quanto EMILE DURKHEIM operem nas sombras da erudição do Antigo Testamento e continuem a fazê-lo. NORMAN K. GOTTWALD, *The Tribes of Yahweh: A Sociology of the Religion of Liberated Israel, 1250-1050 BCE* (Maryknoll: Orbis Books, 1979 [Em português: *As tribos de Yahweh*, Paulinas, 1990]), pp. 591-667, 700-709, tem considerado a maneira pela qual a sociologia idealista foi adotada na pesquisa do Antigo Testamento, encorajando uma leitura materialista em seu lugar.

[144] ROBERT R. WILSON, *Prophecy and Society in Ancient Israel* (Filadélfia: Fortress, 1980 [Em português: *Profecia e sociedade no Israel antigo*, Paulus, 1994]); THOMAS W. OVERHOLT, *Channels of Profecy: The Social Dynamics of Prophetic Activity* (Mineápolis: Fortress, 1989); PAUL D. HANSON, *The Dawn of Apocalyptic: The Historical and Sociological Roots of Jewish Apocalyptic* (Filadélfia: Fortress, 1975); e GEORGE E. MENDENHALL, *The Tenth Generation: The Origins of the Biblical Tradition* (Baltimore: Johns Hopkins University, 1973).

entretanto, tem sido o de NORMAN GOTTWALD, que também é associado com o trabalho de FRANK FRICK e MARVIN CHANEY.[145]

No início de seu trabalho sociológico, GOTTWALD desafiou as suposições dominantes da pesquisa do Antigo Testamento – suposições da disciplina que já antecipavam e predeterminavam alguns dos resultados de estudo e impediam outros.[146] GOTTWALD propôs suposições dominantes alternativas que abriram radicalmente os horizontes do que era pensável e possível na disciplina. Mas foi seu grande livro de 1979, *The Tribes of Yahweh*, que impactou decididamente o mundo acadêmico. Nesse livro, GOTTWALD retomou a tese de GEORGE MENDENHALL de que os relatos narrativos do livro de Josué, na verdade, não narram uma invasão de forasteiros na terra de Canaã. Para ele, relatam na realidade uma violenta disputa interna entre camponeses sobrecarregados de impostos e elites urbanas privilegiadas, as quais viviam bem graças a uma mais-valia financeira possibilitada pelos impostos dos camponeses. A revolta camponesa produziu o movimento social que veio a ser conhecido como Israel e a revolução que procurou destruir cidades-estado canaanitas, que eram emblemas e personificações do privilégio social e da opressão.

Já em 1962, MENDENHALL propusera que fora Javé, o Deus da justiça, o instigador da revolução feita sob sua tutela.[147] Em seu livro, GOTTWALD discorda decisivamente de MENDENHALL com relação a um aspecto importante. Apelando para as categorias de KARL MARX – base e superestrutura – GOTTWALD argumenta que foi *a condição material* dos camponeses que gerou a revolução, e que Javé é uma legitimação posterior dessa atividade revolucionária motivada por um foco materialista. De fato, a formulação de GOTTWALD quanto à natureza de Israel em seu início é formalmente imparcial, afirmando alternadamente que Javé é uma "função" da revolução tanto quanto a revolução é uma "função" de Javé.[148] Embora MENDENHALL tenha rejeitado vigorosamente o uso de tais categorias sociológicas na in-

---

[145] Além de GOTTWALD, *The Tribes of Yahweh*, veja *Social Scientific Criticism of the Hebrew Bible and Its Social World: The Israelite Monarchy* (org. NORMAN K. GOTTWALD; Semeia 37 [1986]), com referência em particular ao trabalho de MARVIN CHANEY e FRANK FRICK.

[146] NORMAM K. GOTTWALD. "Domain Assumptions and Societal Models in the Study of Pre-monarchal Israel", *VTSup* 28 (1974), pp. 89-100.

[147] GEORGE E. MENDENHALL, "The Hebrew Conquest of Palestine", *BA* 25 (1962), pp. 66-87.

[148] GOTTWALD, *The Tribes of Yahweh*, pp. 608-621.

terpretação, GOTTWALD, certamente de forma correta, insiste que não é uma questão sobre usar ou não categorias sociológicas, mas apenas uma questão de qual modelo sociológico se utiliza. Se não for usado um modelo sociológico materialista de categorias marxistas, então se usará involuntariamente as categorias idealistas de WEBER e DURKHEIM, que são inerentemente conservadoras e mantenedoras do *status quo*.

Muito no livro de GOTTWALD é aberto à discussão, necessita de uma revisão, e está sob acirrada disputa. Desde sua publicação em 1979, GOTTWALD ofereceu outras articulações muito mais refinadas.[149] O ponto primário do qual GOTTWALD não recuou, entretanto, é que a fé israelita não é um conjunto desencarnado de ideias, como a teologia euro-americana assumiu em sua inocência hegemônica. Para ele, como toda declaração de sentido, essa fé é profundamente mesclada com a realidade material – tal como demografia, tecnologia e suprimento de comida – e é modelada por ela. Isso significa que o Antigo Testamento não contém declarações teológicas inocentes, unidimensionais ou desencarnadas, mas que cada articulação teológica no texto é, de importantes maneiras, íntima e inexoravelmente ligada à realidade vivida.

Fica imediatamente claro que GOTTWALD, em princípio, não se desligou da crítica histórica, pois nenhum acadêmico sério pode se desligar totalmente de antecedentes acadêmicos. De certa forma, GOTTWALD questionou a inocência de qualquer leitura "ideal" do texto bíblico que age como se Israel vivesse em um reino de ideias puras. GOTTWALD assume e trabalha com todo o aparato da pesquisa histórico-crítica, incluindo a análise documentária do Pentateuco. Mas entende todas essas testemunhas textuais como testemunhas de uma realidade real e material, que permanece em, com, e sob todo e qualquer pronunciamento.

Portanto, GOTTWALD, e outros que compartilham de sua perspectiva, tornaram irreversível a percepção de que cada enunciado textual no Antigo Testamento precisa ser entendido como engajado nas realidades de poder, nas lutas para assegurar o poder, sustentá-lo ou validá-lo. Assim, todo texto vive em uma realidade atormentada de interesses ocultos e encara questões ideológicas.[150] A perspectiva de GOTTWALD, junto com aqueles

---

[149] Veja seus textos reunidos em NORMAN K. GOTTWALD, *The Hebrew Bible in Its Social World and in Ours* (SBLSS; Atlanta: Scholars Papers, 1993).

[150] A noção de ideologia é agora uma noção importante e difundida na pesquisa do Antigo Testamento. Um estudante da teologia do Antigo Testamento não pode negligenciar sua importância. Ocorre certa confusão porque há dois significados distintos

que partilham de sua prática interpretativa, é enormemente sofisticada e sutil. Quando, entretanto, se assume integralmente o programa marxista de leitura, então tudo se resume finalmente a um conflito de classes, no qual alguns têm acesso a poder e bens, enquanto outros não. Não é preciso ser reducionista sobre esse assunto para se reconhecer que, de acordo com essa visão, todo discurso teológico e interpretativo é situado de alguma maneira nessa realidade contínua, que é poderosamente política e econômica por natureza.[151]

Embora GOTTWALD tenda a focar nos interesses em jogo no próprio texto, ele certamente sabe que, assim como questões de poder, interesse e ideologia estão operantes no texto, elas também estão operantes no trabalho interpretativo. Ou seja, várias leituras do texto também são informadas e influenciadas pela classe social do leitor. O que emerge dessa percepção sobre o texto e sobre o leitor é o reconhecimento de que não existem textos inocentes, logo, não existem leitores inocentes. Em cada caso, a teologia do Antigo Testamento deve prestar atenção ao processo de poder e falta de poder que influencia o testemunho e a interpretação. Sem prestar muita atenção às particularidades do livro de Josué e à hipótese da revolta camponesa em si, pode-se ver imediatamente que *GOTTWALD impossibilitou a suposição de inocência que prevalecera nas antigas leituras histórico--críticas positivistas. De fato, agora somos capazes de ver que o que foi aceito como leitura objetiva (a qual ainda é vista assim em alguns setores) é frequentemente obra de uma elite privilegiada que concorda quanto a métodos de leitura que mantêm o texto na esfera de ideias, onde ele não faz contato com vantagens e desvantagens materiais.*[152]

---

para o termo *ideologia* vigentes simultaneamente. Por um lado, KARL MARX entende ideologia como uma distorção teórica; por outro lado, CLIFORD GEERTZ utiliza o termo para se referir a qualquer narrativa que faça sentido e que dê significado e coerência à experiência social. O termo é utilizado no estudo do Antigo Testamento sem muito cuidado ou consistência. Veja os comentários úteis e profundos sobre ideologia de PAUL RICOEUR, *Lectures on Ideology and Utopia* (Nova York: Columbia University, 1986 [Em português: *Ideologia e Utopia*, Edições 70]).

[151] Essa realidade sobre as questões textuais e interpretativas foi clarificada por diversas denúncias do conhecimento convencional pela teologia da libertação. Elas tornam evidente que muito do que foi assumido como objetivo é, na verdade, uma reflexão do interesse da hegemonia interpretativa.

[152] RICHARD RORTY faz o mais poderoso ataque crítico às noções convencionais de objetividade. Veja, por exemplo, *Contingency, Irony and Solidarity* (Cambridge: Cambridge University, 1989); e *Objectivity, Relativism and Truth* (Cambridge: Cambridge

Entre outras coisas, essa revelação do interesse coloca em questão a fácil pressuposição de que críticos do texto, de qualquer gênero, são inocentes e objetivos, enquanto a interpretação teológica é confessional e fideísta. Se GOTTWALD está correto sobre a dimensão material do texto e leitura, como acredito que esteja, então não existe leitura inocente ou objetiva. Toda leitura, de maneiras importantes, é fideísta e confessional, incluindo aquelas leituras que rejeitam as reivindicações teológicas do texto. Como acontece frequentemente (tratarei disto amplamente mais à frente), a crítica histórica agora tende a se tornar o ponto de junção para aqueles que preferem se defender dos convites mais revolucionários do texto, ocultando-se em uma operação "objetiva" e distanciada.

Devemos notar que a análise sociológica não precisa ser marxista, por definição. Por exemplo, a análise sociológica dos profetas por WILSON se baseia em uma rica teoria antropológica, e o estudo de HANSON das tradições pós-exílicas apela para os construtos sociológicos de KARL MANNHEIM. Mas, mesmo onde as suposições sociológicas não são marxistas, tal maneira de ler requer que vejamos, em maior ou menor grau, que os textos negociam com poder e interesses velados.

Não é tarefa da teologia do Antigo Testamento reiterar percepções sociológicas. Mesmo assim, leitores teológicos do Antigo Testamento não têm e não podem ter nenhum recurso textual que esteja acima, além ou fora do tráfico de conflito social. Ou seja, não existem textos inocentes acima das rixas do intercurso social, pois todos os textos estão inevitavelmente situados em tal ambiente. Dessa forma, "fazer teologia" do Antigo Testamento requer certa quantidade de coragem (que difere de ingenuidade), a fim de permitir que textos de poder partidário sejam, ao mesmo tempo, e sem negar seus papéis concretos nos conflitos de poder, afirmações significantes que possam ser recebidas como normativas.

De fato, a análise sociológica faz grandes demandas à interpretação teológica. No entanto, dada a ascensão desse método, o caminho adiante é perceber que afirmações normativas são típica e inescapavelmente afirmações tecidas em conflito, os quais servem interesses de poder e que vivem em permanente conflito.

A normatividade, conseguimos perceber no fim do século XX, não é algo alcançado em tranquila inocência. Na verdade, *normatividade é aquilo no que se aposta a própria vida*.[153] É precisamente em tais contextos de

---

University, 1991) [ambos em português por Edições Relume-Dumará].

[153] Essa dimensão de risco na práxis é o que distingue a normatividade do particular na

risco, penso eu, que aquilo que recebemos como informação teológica foi dito, ouvido, valorizado e transmitido na vida dessa antiga comunidade. Ou, dito negativamente, afirmações normativas que não visam algo perigoso e contestável provavelmente não serão úteis, ou interessantes ou, afinal, verdadeiras.

### *Crítica retórica*

A crítica mais fácil de fazer a GOTTWALD é que ele se preocupa tanto com as realidades de poder em situações sociais reconstruídas, que não dá atenção suficiente ao texto bíblico enquanto tal. Como MARX antes dele, ele tem pouco interesse ou apreciação pela qualidade artística do texto. Dado esse reconhecimento, é importante nos voltarmos ao segundo método emergente em nosso próprio tempo, que é um complemento indispensável à análise sociológica: a *crítica retórica*.

A crítica histórica, conforme vinha sendo praticada, é notória por sua falta de interesse na expressão real do próprio texto. De fato, as referências primárias para a crítica histórica estão caracteristicamente fora do texto, ou como é frequentemente dito agora, "por trás do texto" no processo histórico. Gerações de estudantes da Escritura tendiam a não ler o texto em si, acreditando que as questões de verdadeiro interesse se situam por trás do texto, e que o texto faz apenas breve referência a essas questões, ou lhes dá somente testemunho remoto. Essa falta de atenção ao texto é evidente na maneira característica como as questões históricas são propostas no estudo da Escritura.

Os conservadores, em geral, estavam intensamente interessados em saber se algo relatado no texto bíblico "acontecera de verdade" e, para determinar isso, era preciso ir por trás do texto, possivelmente por meio da arqueologia. Inversamente, os liberais estavam infinitamente interessados em materiais explicativos e comparativos fora do texto. O caso é similar no tocante às questões teológicas. Pensava-se que o texto sinalizava apenas ao Deus que está ontologicamente situado em algum outro lugar da "realidade", mas certamente não no texto como tal. Portanto, tanto na investigação histórica como na interpretação teológica, assumia-se que a realidade estava em outro lugar, não no texto.

Como consequência, o texto bíblico mesmo era apenas casual ou instrumentalmente importante para o estudo do que era "real", quer o

---

fé bíblica. É um tipo muito diferente de normatividade comparado ao dos universais da razão.

"real" fosse entendido histórica ou teologicamente. Essa problemática do estudo da Escritura de evitar o texto em função do que é "real" é uma velha dificuldade, apesar de que não é fácil determinar de onde ela surgiu. Pode-se suspeitar que o problema seja tão antigo como Platão contra os sofistas. Em qualquer entendimento convencional, Platão sempre é "o bom rapaz" que lida com a "realidade", enquanto os sofistas são charlatões que lidam apenas com palavras – ou seja, que montam textos. O preconceito contra a retórica é profundo na filosofia e no pensamento ocidental em geral, certamente com ímpeto dado por Aristóteles.[154]

Esse profundo preconceito, além disso, reapareceu como o positivismo do século XIX que, com enorme autoconfiança, foi capaz de reduzir tudo a dados técnicos; e tardiamente no século XX na fina arte do memorando. Em tal mundo capaz de se aproximar de "como as coisas realmente são", a verdadeira arte da expressão é de importância ou interesse secundário e suspeita, de qualquer maneira, pois tais expressões podem diferir do "real".

No estudo da Escritura, o mesmo positivismo é evidente nos grandes comentários dos críticos históricos e no trabalho culminante de WELLHAUSEN. Os comentários se ocupam tipicamente de discernir o que é "genuíno" no texto e de identificar paralelos com outras culturas. Tal tratamento do texto não atende de modo algum às afirmações do próprio texto, mas é na verdade uma incursão contínua dele, procurando por pistas que suportem a reconstrução histórica. É estranho que uma iniciativa tão preocupada com o texto, como é o estudo da Escritura, pode no final ter tão pouco interesse genuíno no texto e em seu caráter retórico e artístico.

O caminho de volta para a retórica foi iniciado por HERMANN GUNKEL na virada do século, com seus estudos sobre Salmos e Gênesis.[155] Sua prática da crítica da forma assegurou que a atenção acadêmica olhasse para a forma do texto em si. O próprio GUNKEL tinha um afiado senso artístico. Mas após o trabalho de GUNKEL, o trabalho da crítica da forma tendeu a se tornar bastante rígido em alguns setores; tanto que, em alguns dos

---

[154] Veja C. JAN SWEARINGEN, *Rhetoric and Irony: Western Literacy and Western Lies* (Oxford: Oxford University, 1991).

[155] O impacto singular de HERMANN GUNKEL nos estudos do Antigo Testamento é atestado por muitos manuais. Veja, por exemplo, *Old Testament Form Criticism* (org. JOHN H. HAYES; San Antonio: Trinity University, 1974); KLAUS KOCH, *The Growth of the Biblical Tradition: The Form Critical Method* (Nova York: Macmillan, 1975); e GENE TUCKER, *Form Criticism of the Old Testament* (Filadélfia: Fortress, 1971).

trabalhos do Projeto da Crítica da Forma, a análise da forma se reduziu meramente a um inventário ou até mesmo um esboço do conteúdo.¹⁵⁶ No todo, entretanto, a crítica da forma perdeu sua força como um método distinto porque ela passou a integrar completamente a prática acadêmica e se tornou uma perspectiva inquestionável sobre os textos.

A crítica da forma abriu caminho para a ascensão mais recente da crítica retórica como uma força dominante nos estudos do Antigo Testamento, a qual se tornou indispensável para a tarefa da teologia do Antigo Testamento. A crítica retórica é um método que insiste que o *como* se diz é crucial e definitivo para *o que* se diz. Assim, a teologia do Antigo Testamento não se situa em um conjunto de ideias normativas que podem ser ditas de muitas maneiras, mas em um pronunciamento peculiar que é falado e/ou escrito de um modo específico.

Agora se concorda que o ímpeto primário para a crítica retórica, como uma iniciativa intencional do Antigo Testamento, surgiu da palestra de JAMES MUILENBURG, "Form Criticism and Beyond", apresentada em 1968 e publicada em 1969.¹⁵⁷ Essa palestra proporcionou alta visibilidade à atenção de MUILENBURG, por toda sua carreira, quanto à intencionalidade artística do texto em si.¹⁵⁸ MUILENBURG trouxe credibilidade, quase que sozinho, à prática da leitura detalhada, pela qual se percebem os detalhes do texto, tais como padrões de palavras e arranjos, o uso de palavras-chave em repetição, a cuidadosa colocação de preposições e conjunções, e a reiteração de sons de certas consoantes. MUILENBURG insistia que, a fim de se perceber a intenção comunicativa do texto, deve-se perscrutar cada e todo detalhe. Além do mais, ele defendia que tais detalhes do texto são tipicamente intencionais, e que a força do texto não pode ser entendida sem notá-los. Em termos de interpretação teológica, tendo em vista que *o quê* está ligado ao *como*, não se pode generalizar ou resumir, mas se deve prestar atenção aos detalhes.

A insistência paralela de MUILENBURG e de GOTTWALD, que foi aluno de MUILENBURG, deve ser registrada. GOTTWALD insiste que os textos não são

---

[156] Os vários volumes do Projeto da Crítica da Forma foram publicados pela Eerdmans. Quanto ao significado duradouro da obra de GUNKEL, veja MARTIN J. BUSS, "The Study of Forms", *Old Testament Form Criticism*, pp. 1-56; "Understanding Communication", *Encounter with the Text*, pp. 3-44.

[157] JAMES MUILENBURG, "Form Criticism and Beyond", *JBL* 88 (1969), pp. 1-18.

[158] O mais importante e característico trabalho de JAMES MUILENBURG é "Isaiah 40-66", *IB* (Nashville: Abingdon, 1956), v. 5, pp. 381-773.

declarações de ideias desconexas, mas que as ideias geralmente se situam nas pressões e exigências do poder e das forças sociais. De maneira paralela, MUILENBURG insiste que os textos bíblicos não oferecem conceitos e ideias abstratos, mas são afirmações que devem ser entendidas em termos de sua completa situação retórica. Assim, tanto MUILENBURG com a retórica quanto GOTTWALD com a sociologia insistem que a substância do Antigo Testamento, seja histórica ou teológica, não pode ser extraída do texto, mas deve ser considerada em sua completa densidade no texto onde se situa.

Desde as proposições programáticas de MUILENBURG em 1969, a crítica retórica tem ascendido como um importante investimento metodológico, menos questionado do que o programa sociológico de GOTTWALD. A atenção a esse método nos conduz ao trabalho de PHYLLIS TRIBLE, entre os mais importantes estudantes de MUILENBURG e, certamente, herdeira de suas preocupações retóricas. Como praticante dos métodos de MUILENBURG de leitura detalhada, TRIBLE publicou dois livros de ensaios, *God and the Rhetoric of Sexuality* e *Texts of Terror*.[159] Muito antes do feminismo se tornar popular como uma força hermenêutica no estudo do Antigo Testamento, TRIBLE escolheu estudar textos relativos a mulheres e ao imaginário feminista. Em seu primeiro estudo, *God and the Rhetoric of Sexuality*, ela dedicou particular atenção à metáfora, e começou a explorar uma extensão de tropos literários que se colocavam fora da perspectiva unidimensional da crítica histórica. Mais recentemente, TRIBLE publicou um terceiro livro, *Rhetorical Criticism*, no qual situou o método em perspectiva histórica e providenciou um modelo de prática através de um estudo do livro de Jonas.[160]

Duas questões emergem de seu estudo, para as quais deve ser dada especial atenção. Primeiro, TRIBLE exibe regularmente a notável densidade do texto, a fim de tornar disponível a complexidade e a qualidade densamente carregada de um texto, no qual intencionalmente muito está em jogo.[161] Essa densidade regularmente nos previne contra qualquer historicismo fácil ou qualquer extração teológica simplista. Segundo, TRIBLE evita caracteristicamente em sua leitura qualquer resultado derivado diretamente

---

[159] PHYLLIS TRIBLE, *God and the Rethoric of Sexuality* (OBT; Filadélfia: Fortress, 1978); e *Texts of Terror: Literary-Feminist Readings of Biblical Narratives* (OBT; Filadélfia: Fortress, 1984).

[160] PHYLLIS TRIBLE, *Rhetorical Criticism: Context, Method, and the Book of Jonah* (Guides to Biblical Scholarship; Mineápolis: Fortress, 1994).

[161] Uso o termo *densidade* aqui de forma similar ao uso da descrição "grossa" em CLIFFORD GEERTZ.

de uma ideologia. Ela é uma leitora feminista atenta às pressuposições e práticas sexistas no texto, mas sua atenção a tais assuntos não é intrusiva, nem controladora de sua leitura. O que se torna evidente em seu trabalho é que, quando se é paciente com os detalhes do texto, não é necessário impor conclusões teológicas, pois o texto oferece regularmente pelo menos algumas pistas de sua própria defesa, mesmo que o faça com reticência e delicadeza. Tal atenção aos detalhes obviamente requer que a teologia do Antigo Testamento seja feita de modo diferente do que em tempos passados, não primeiramente por grande generalização, mas *um texto por vez*. A crítica retórica permite ao leitor ficar perto do texto em si e não assume que algo mais importante, seja histórico ou teológico, esteja por trás dele. Ao mesmo tempo, é importante assumir, dado o caráter gerativo do texto, que muito do que é teológico se situa "diante do texto". Um intérprete teológico não deve ser tão protetor do texto de modo a evitar extrapolações gerativas.

Outros praticantes da crítica retórica também mostraram como tal leitura detalhada pode servir à iniciativa teológica. DAVID J. A. CLINES considerou a coerência literária e a intenção do Pentateuco como um todo.[162] No curso de sua análise, ele também indicou as maneiras pelas quais a retórica pode gerar um mundo no qual os ouvintes do texto podem viver.[163] CLINES se ocupa com o poder gerativo da retórica. Ao fazê-lo, ele se move para além da leitura detalhada de MUILENBURG na direção da teoria, sobre a qual comentaremos posteriormente. Em seus livros mais antigos sobre Saul e Davi, DAVID M. GUNN proveu exemplos importantes de como uma leitura detalhada pode ser fiel à intencionalidade do texto.[164] Embora Gunn, nesses livros, tenha se mantido próximo ao texto, ele também tematizou sua leitura ao redor dos temas de "dádiva e retenção".[165] Em dois livros que atraíram muita atenção, ROBERT ALTER deu grande ímpeto à análise retórica, mostrando que os padrões artísticos de retórica no Antigo Testamento,

---

[162] DAVID J. A, CLINES, *The Theme of the Pentateuch*. Sobre a capacidade artística do texto de se mover além da historicidade, veja GABRIEL JOSIPOVICI, *The Book of God: A Response to the Bible* (New Haven: Yale University, 1988).

[163] CLINES, *The Theme of the Pentateuch*, p. 102.

[164] DAVID M. GUNN, *The Fate of King Saul: An Interpretation of a Biblical Story* (JSOTSup 14; Sheffield: JSOT, 1980); e *The Story of King David: Genre and Interpretation* (JSOTSup 6; Sheffield: JSOT, 1978).

[165] DAVID M. GUNN, "David and the gift of the kingdom (2 Sam 2-4, 9-20, 1Kgs 1-2)", *Semeia* 3 (1975), pp. 14-45.

tanto na prosa quanto na poesia, têm uma sutileza e densidade às quais a crítica histórica geralmente não dedicou suficiente atenção.[166] Se essa densidade e sutileza não são notadas no trabalho crítico, elas certamente se tornarão indisponíveis para a subsequente interpretação teológica.

Apesar do trabalho de PAUL RICOEUR ser carregado de teoria e hermeneuticamente autoconsciente de uma maneira distinta da afirmação programática de MUILENBURG, não é inapropriado referir aqui ao influente trabalho de RICOEUR.[167] Em uma série de livros, RICOEUR refletiu sobre o caráter do texto bíblico, particularmente com referência à narrativa como uma atividade da imaginação gerativa. RICOEUR percebeu que perspectivas histórico-críticas regularmente procuram recuperar (ou reconstruir) "o mundo por trás do texto", um processo "escavador", como ROBERT ALTER o nomeou.[168] Essa mudança da perspectiva interpretativa tem reconhecido, em geral, que "o mundo por trás do texto" não está disponível. Assim, essa perspectiva representa um importante desafio ao projeto inteiro da crítica histórica. A busca do "mundo por trás do texto", na crítica histórica, exerceu uma sufocante hegemonia sobre o texto no século passado. Não há salvaguarda segura contra novas abordagens que possam vir a exercer semelhante hegemonia sufocante. Por essa razão, a comunidade interpretativa,

---

[166] ROBERT ALTER, *The Art of Biblical Narrative* (Nova York: Basic Books, 1981 [em português: *A arte da narrativa bíblica*, Companhia das Letras, 2007); e *The Art of Biblical Poetry* (Nova York: Basic Books, 1985). Veja também MEIR STERNBERG, *The Poetics of Biblical Narrative: Ideological Literature and the Drama of Reading* (Bloomington: Indiana University, 1985).

[167] A obra de PAUL RICOEUR é publicada em muitos lugares sob muitos títulos. É impossível identificar um texto singular como ponto de referência específico, mas um estudante de teologia do Antigo Testamento fará bem em prestar atenção ao trabalho de RICOEUR sobre tempo, narrativa e imaginação. Entre suas importantes coleções de ensaios que foram originalmente publicados em uma variedade de lugares, veja *The Conflict of Interpretations: Essays in Hermeneutics* (org. Don Ihde; Evanstron.: Northwestern University, 1974 [Em português: *O Conflito das Interpretações*, Edições 70]); *The Philosophy of PAUL RICOEUR: An Anthology of His Work* (org. Charles E. Reagan e DAVID Stewart; Boston: Beacon, 1978); *From Text to Action: Essays in Hermeneutics 2* (Evanston: Northwestern University, 1991 [Em português: *Do texto à ação*, Edições 70]); *A RICOEUR Reader: Reflection and Imagination* (org. Mario J. Valdés; Toronto: University of Toronto, 1991); e *Figuring the Sacred: Religion, Narrative and Imagination* (veja nota 6 acima). Para uma orientação sobre o trabalho de RICOEUR, veja MARK I. WALLACE, "Introduction", *Figuring the Sacred*, pp. 1-32.

[168] ROBERT ALTER, *The World of Biblical Literature* (Nova York: Basic Books, 1992), p. 133.

acadêmica e eclesial, deve ser incessantemente vigilante e autocrítica. Além do mais, mesmo que o mundo por trás do texto estivesse disponível, não seria de nenhuma maneira direta gerativo para a interpretação teológica.

Ricoeur nos proporcionou o modo de falar para duas maneiras alternativas pelas quais considerar a relação do texto com o "mundo". Primeiro, ele fala do "mundo *no* texto". Essa expressão se refere a um conjunto de suposições e interações que são conduzidas no palavreado do próprio texto, sem checar se essas suposições e interações são possíveis no "mundo real". Assim, por exemplo, no "mundo *no* texto", é possível para Elias orar para que os sírios fiquem cegos (2Rs 6,18), é possível que o rei da Babilônia seja transformado em uma fera (Dn 4,33), e que os personagens no texto experimentem essa realidade. No "mundo no texto", os controles e restrições do "mundo aqui fora" são suspensos. (Podemos notar que esse procedimento literário, que dá grande liberdade à imaginação de um mundo alternativo, não é incongruente com a insistência de Barth de que o "real" deve vir antes do "possível", porque caso se decida o que é possível primeiro, tal decisão se dará nos termos do mundo assumido pela razão dominante).[169]

Segundo, Ricoeur fala do "mundo *à frente* do texto" – o mundo-da-vida gerado pelo texto e mediado aos ouvintes do texto na medida em que eles o recebem. Leitores e ouvintes atentos e favoráveis são atraídos pelas suposições e interações do texto, as quais realmente se tornam possíveis, se ao texto é dado crédito. Essa "possibilidade de vida real", gerada pelo texto, se torna o dado prático da reflexão teológica e insiste em não ser supervisionada ou monitorada pelo "mundo por trás do texto". Portanto, mesmo com referência a Deus, o poder imaginativo e gerativo da retórica oferece ao ouvinte desse texto um Deus que seria desconhecido ou indisponível de outra maneira ou até mesmo – se ousarmos dizer – não estaria "lá". Consequentemente, o texto intenciona não apenas descrever, mas gerar; prestar atenção cuidadosa ao texto é o ato de permitir que o texto apresente seu dizer imaginativo completo e de "seguir" o texto sem nenhuma restrição prévia.[170]

Com referência à antiga busca do "mundo por trás do texto", dois aspectos da sugestão de Ricoeur fazem uma decisiva diferença. Criticamente, somos capazes de perceber que, na medida em que o texto está vinculado ao mundo por trás dele mesmo, o texto pode ser apenas merao

---

[169] Veja nota 46 acima.

[170] Veja W. B. Gallie, "The Historical Understanding", p. 151 e *passim*, sobre o termo *seguir*.

relato do que está lá. O "mundo por trás do texto", pois, se torna a norma contra a qual o texto é testado. Onde o texto se distancia do relato confiável, deve ser rejeitado ou ao menos explicado.[171] Positivamente, "o mundo *no* texto" e "o mundo *à frente* do texto", quando não mais controlados pelo "mundo por trás do texto", têm a chance de evocar um genuíno *novum* no ato imaginativo da escuta. Desse modo o texto realmente subverte, oferecendo uma versão alternativa da realidade que cria uma nova perspectiva, novas possibilidades e nova atividade muito além do assumido "mundo por trás do texto".

A consequência final desse senso gerativo da retórica é a desabsolutização do "mundo por trás do texto", o qual a crítica histórica considera normativa e que a autoridade hegemônica do alto período crítico não tinha nenhuma intenção de desafiar. Destarte, quando as investidas imaginativas de um texto gerativo são medidas pelo mundo assumido por trás do texto, o resultado é que o texto é medido pelo *status quo*, que passa a ser valorizado como situado além da crítica. A afirmação programática de RICOEUR sugere que tal literatura gerativa, como a que temos na Bíblia, no final desestabiliza "os dados" e nos permite entreter o pensamento de que "os dados" tradicionais podem afinal ser apenas construtos imaginativos avidamente aceitos da realidade. É claro que, como arte teológica, o Antigo Testamento convida seus leitores a um mundo muito diferente, onde acontecem coisas que não são permitidas pelos poderes interpretativos hegemônicos.[172]

### *Entre o poder e a retórica*

O programa de imaginação gerativa de RICOEUR vai além de qualquer coisa que MUILENBURG tenha articulado em sua abordagem disciplinada ao

---

[171] Um dos casos mais pungentes no texto bíblico é a narrativa na qual Eliseu "miraculosamente!" ergue um machado de ferro fora das águas do pântano (2Rs 6,1-7). O teste padrão da interpretação positivista é que a narrativa deve ser rejeitada a menos que possa se afirmar que o ferro flutua - ou seja, afirmar algo que é contrário à razão científica. Tal teste da narrativa entende mal a densidade narrativa do texto e seu poder de gerar um mundo alternativo, fora do domínio de administração monárquica.

[172] KARL BARTH, *Word of God, Word of Man*, se referia "ao estranho mundo novo da Bíblia". A capacidade de BARTH de aceitar a dimensão artística e imaginativa do texto permitiu que sua afirmação teológica funcionasse poderosa e autoritariamente fora do convencionalmente possível. Muitos intérpretes têm considerado esse estranho mundo novo excessivamente estranho e o domesticaram em um mundo mais familiar e mais administrável, roubando portanto à Bíblia sua capacidade ameaçadora e estimuladora.

texto. Entretanto, mesmo sem tal articulação, parece claro para mim que MUILENBURG entendia intuitivamente, dada sua grande sensibilidade à arte do texto, que a *retórica é realmente capaz de construir, gerar e evocar realidades alternativas.*

Assim, o momento do "colapso da história" e a ascensão de novas metodologias são dois lados da mesma moeda. Agora se pode reconhecer que uma abordagem histórica é fina e unidimensional. De fato, o Iluminismo, cujo filho é a crítica histórica, pretendia que tudo pudesse ser visto, entendido e explicado, de maneira que nada permanecesse escondido.[173] Mas, quando tudo é visível, entendido e explicado, e a realidade é trazida sob controle, o que nos interessa e nos compele é perdido. Esses dois métodos emergentes, eu proponho, são tentativas de escapar de uma abordagem explicativa do texto bíblico. Existem grandes diferenças entre a abordagem sociológica de GOTTWALD e a abordagem retórica de MUILENBURG, e certamente GOTTWALD é muito mais explicativo que MUILENBURG. De fato, a abordagem de GOTTWALD, em outras mãos que não as dele, pode levar a um novo reducionismo no qual tudo deva ser explicado e justificado com os critérios da história social. Ainda assim, essas abordagens compartilham algo em comum, pois enfatizam a densidade do processo interpretativo. GOTTWALD insiste que os textos devem ser entendidos dentro da densidade da interação e conflito social, evidenciando interesses velados e astúcia ideológica. Se essa densidade é negligenciada, se torna muito fácil admitir o texto como inocente. MUILENBURG insiste que os textos devem ser entendidos dentro da densidade da imaginação e intenção artística e, se essa densidade é negligenciada, o texto é facilmente tomado como exaurido em uma leitura superficial. É dessa densidade, que complica e ameaça a fácil leitura desses textos em nossa familiaridade hegemônica costumeira, que nós devemos agora nos ocupar.

Se essa densidade é essencial para a análise retórica e social, certamente não o é menos para a interpretação teológica. É possivelmente uma grande contribuição da reflexão teológica sobre a Bíblia para as iniciativas teológicas mais "respeitáveis" o fato de ela testemunhar sobre a densidade do material que impede a excessiva certeza. Na medida em que aprendemos que a leitura iluminista da história é altamente duvidosa, a teologia do Iluminismo tende, de maneira paralela, a ter muito mais certeza do que é

---

[173] Os "inimigos do Iluminismo" - por exemplo, FREUD, MARX, NIETZSCHE, DOSTOYEVSKY, SÖREN KIERKEGAARD - eram precisamente aqueles que prestavam atenção ao oculto e inescrutável na realidade vivida, os que se recusavam a uma compreensão superficial da realidade humana.

crível ou dado no material.

Portanto, a nova situação da teologia do Antigo Testamento reflete uma transformação crucial na cultura ocidental. O principal ponto dessa transformação não se refere especificamente à Bíblia, mas à máquina interpretativa dos modos dominantes do cristianismo ocidental. A ruptura tem a ver com os modos de conhecimento que, muito inocentemente, garantem certeza. De maneira paralela, tem a ver com modos de poder que obtiveram controle garantido muito rapidamente. A convergência da certeza inocente e do controle fácil tornou o tratamento da teologia bíblica muito útil para propósitos hegemônicos. Contudo, agora que esses modos de conhecimento excessivamente confiáveis e esses modos de poder excessivamente legitimados se mostraram inadequados, uma vez que podemos mudar nossas maneiras de interpretação teológica. Estamos apenas no início do pensar sobre como proceder de novas maneiras. Há pouca dúvida, todavia, de que essa é a tarefa diante de nós ao fazermos teologia do Antigo Testamento.

Capítulo

I

## Capítulo Dois

### 2. Segunda retrospectiva: a situação contemporânea

É importante que o estudante da teologia do Antigo Testamento tenha plena consciência da afirmação de que nosso trabalho interpretativo atual acontece em um novo contexto, tanto no tocante ao poder quanto ao conhecimento. Embora os trabalhos de Walther Eichrodt e Gerhard von Rad sejam relativamente recentes, em termos de trabalho interpretativo estamos situados agora a uma longa distância deles. Já sugerimos que a expressão de Leo Perdue, "o colapso da história", se refere não somente aos métodos que mudaram, mas também às suposições culturais e apoios políticos que tornaram sustentável o trabalho interpretativo de certo tipo ao longo do século XX.

#### A situação interpretativa pós-moderna

Até agora ainda não existe nenhum consenso sobre como caracterizar a nova situação interpretativa sociopolítica, mas aqui usarei o termo *pós-moderno*. Não posso oferecer nenhuma síntese desse termo, mas o considero como uma referência abreviada ao fim de um período cultural dominado pelo positivismo objetivo, o qual tornou possível um tipo deficiente de pesquisa histórica, e que garantia privilégios interpretativos a certas perspectivas vantajosas.[1] Sem mais delongas sobre o termo em si, sugiro várias facetas da nossa nova situação interpretativa sociopolítica e sua relação com a tarefa de fazer teologia do Antigo Testamento.

#### *Contexto pluralista*

Atualmente a interpretação ocorre em uma nova situação política. Em uma situação anterior, a qual era muito controlada e bastante homogênea, não era necessário – ou talvez nem mesmo possível – perceber que o trabalho interpretativo se dava em uma situação política – porém, obviamente, sempre foi assim. Nossa percepção dessa realidade agora mudou drasticamente.

O grande novo fato de interpretação é que vivemos em um contexto pluralista, no qual muitos intérpretes em muitos contextos específicos diferentes, representando também muitos interesses diferentes, estão agindo

---

[1] Veja Walter Brueggemann, *Texts under Negotiation: The Bible and Postmodern Imagination* (Mineápolis: Fortress, 1993), cap. 1.

na interpretação textual (teológica). O antigo consenso quanto aos limites e possibilidades da interpretação não mais se mantém. Assim, a interpretação não é mais feita por uma pequena e institucionalizada elite; vozes interpretativas e suas diferentes leituras dos textos vêm de muitas culturas ao redor do mundo, e de diversas subculturas até mesmo na cultura ocidental.[2] A grande realidade interpretativa é que não existe tribunal de apelo por trás dessas diferentes leituras. Não existe tribunal de apelo além do próprio texto; nós estamos aprendendo, com novas e surpreendentes maneiras, como o texto é notavelmente flexível e quão abertas são as variadas leituras. A situação pós-moderna se caracteriza precisamente pelo desaparecimento de qualquer suposição comum e universal no início da leitura.

Essa nova situação significa, inevitavelmente, que diversas interpretações estarão em conflito. PAUL RICOEUR já vislumbrara isso em sua afirmação programática, *Conflict of Interpretations*. ALASDAIR MACINTYRE, em *Three Rival Versions of Moral Enquiry* e *Whose Justice? Which Rationality?*[3] argumenta que, em geral, o ambiente intelectual é ocupado por construções mutuamente competitivas e por descrições da realidade moral para as quais não existe árbitro. O mesmo se aplica à teologia do Antigo Testamento. Agora temos descrições ou construções rivais da teologia do Antigo Testamento, das quais as alternativas mais visíveis parecem ser: canônica, libertacionista em seus vários submodelos, e histórico-crítica, a qual tende a manter uma descrição minimalista ou cética da questão. Essas descrições rivais inevitavelmente entram em conflito, não apenas no que concluem, mas também quanto às questões interpretativas que consideram legítimas. O conflito desce até o núcleo da tarefa interpretativa.

Além disso, agora está evidente que tais descrições rivais do projeto interpretativo, cada uma das quais certamente é praticada em boa fé, não são nem um pouco inocentes. Cada uma dessas descrições rivais é, na ver-

---

[2] A abertura da conversa interpretativa transparece, por exemplo, no encontro internacional anual da Sociedade de Literatura Bíblica, o qual procura dar espaço aos que não têm voz nos processos acadêmicos convencionais, e no novo periódico *Biblical Interpretation*, que pretende ser genuinamente multicultural e, assim, permitir interpretações de fora da hegemonia acadêmica.

[3] PAUL RICOEUR, *The Conflict of Interpretations: Essays in Hermeneutics* (org. Don Ihde; Evanston: Northwestern University, 1974); ALASDAIR MACINTYRE, *Three Rival Versions of Moral Enquiry: Encyclopedia, Genealogy, and Tradition* (Notre Dame: University of Notre Dame, 1990); e MACINTYRE, *Whose Justice? Which Rationality?* (Notre Dame: University of Notre Dame, 1989).

dade, a defesa de um interesse que pode estar altamente visível ou oculto. Uma prática de interesse óbvia é a da interpretação feminista, um subconjunto da leitura libertacionista, que intenciona ao menos expor a opressão patriarcal que está presente no texto e na história da interpretação.[4] Menos óbvio, mas indubitável em meu julgamento, é o interesse em ação no que veio a ser chamado de perspectiva canônica, cujo resultado é previsivelmente conservador e alinhado com o consenso clássico do protestantismo.[5] Menos óbvio, mas certamente operante, é o interesse dos críticos históricos; eles parecem acreditar que qualquer interpretação teológica que dê crédito às ostensivas afirmações teológicas do texto é fideísta e obscura; além disso, também defendem um tipo de autonomia inocente na prática do ceticismo – ou seja, a antiga inocência do Iluminismo. Essa posição na interpretação teológica parece considerar qualquer interesse teológico como inerentemente autoritário, de modo que se ressuscita o antigo drama entre Gottfried Leibniz e Jacques Bossuet.[6] Minha única insistência aqui é que essa posição positivista não é mais inocente na interpretação teológica do que a libertacionista ou a canônica.

Parece não haver escapatória dessa situação competitiva e conflituosa; não existem "respostas no final do livro" com as quais todos concordariam – sejam críticas, clássicas ou de defesa. Além disso, fica evidente que cada defesa assim – quer admitida (libertacionista), a serviço da tradição confessional (canônica), ou a serviço da autonomia iluminista (crítica) – é prontamente verificada e aparentemente contestada no tratamento do texto pela oferta de uma interpretação contrária ou pela citação de um texto contrário, geralmente identificável.

*Agora reconhecemos que não existe interpretação livre de interesses, não existe nenhuma interpretação que não esteja a serviço de algum interesse e, em certo sentido, alguma defesa.* De fato, é uma ilusão ilumi-

---

[4] Veja a útil bibliografia em ALICE OGDEN BELLIS, *Helpmates, Harlots, and Heroes: Women's Stories in the Hebrew Bible* (Louisville: Westminster/John Knox, 1994).

[5] Assim, BREVARD S. CHILDS, *Biblical Theology of the Old and New Testaments* (Mineápolis: Fortress, 1992), chega a conclusões que são congruentes, como era esperado, com o calvinismo majoritário. É evidente que as restrições de CHILDS contra uma hermenêutica libertacionista não são inocentes. Veja a análise do trabalho de CHILDS, JAMES BARR e JON D. LEVENSON por JOHN J. COLLINS, "Historical Criticism and the State of Biblical Theology", *Christian Century* (1993), pp. 7434-7447.

[6] Veja PAUL HAZARD, *The European Mind, 1680-1715* (Nova York: World, 1963), pp. 198-236 e *passim*.

nista a possibilidade de haver interpretações livres de interesses. Interpretação como defesa é um processo contínuo de negociação, julgamento e correção. Isso significa, muito provavelmente, que não pode existir uma interpretação certa ou definitiva, mas apenas julgamentos provisórios pelos quais o intérprete se dispõe a assumir responsabilidade prática, e que sempre devem ser submetidos à conversação conflituosa mais ampla.[7] Portanto, qualquer conclusão interpretativa adequada provavelmente irá desfrutar de sua adequação apenas por um momento. Essa tarefa interpretativa está muito distante da antiga e consagrada tarefa hegemônica, na qual era possível obter "resultados assegurados". A meu ver, entretanto, uma interpretação fiel – ou seja, interpretação congruente com o texto sendo interpretado – requer uma disposição para se permanecer envolvido nesse processo de julgamento e não se esconder em uma comunidade interpretativa isolada.

A justificativa para esse processo interpretativo é que no próprio texto bíblico fica evidente precisamente este próprio processo interpretativo. Embora na antiga crítica fosse comum pensar que a religião israelita podia ser concebida como um desenvolvimento singular em linha reta, agora nós reconhecemos o contrário. RAINER ALBERTZ, em um avanço importante quanto à história da religião israelita, mostra que a religião de Israel, e também seus textos, é incessantemente pluralista.[8] Em todas as questões religiosas o assunto está em discussão, e frequentemente somos capazes de identificar as várias vozes do julgamento que são vocalizadas no texto. ALBERTZ, além do mais, conclui que o próprio cânon é um compromisso, no qual nenhum dos partidos do julgamento é silenciado ou expulso de

---

[7] DAVID J. A. CLINES, *Interested Parties: The Ideology of Writers and Readers of the Hebrew Bible* (JSOTSup 205; Sheffield: Sheffield Academic, 1995). Em uma série de artigos importantes, CLINES chegou a uma posição de pluralismo radical, na qual cada intérprete é livre para se dirigir somente à sua própria comunidade interpretativa e não precisa se sentir obrigado a qualquer interpretação – ou desafiado por ela – fora de uma comunidade particular de interpretação. Observe que minha própria opinião é bem diferente da de CLINES. Embora ambos operemos primariamente em uma comunidade específica de interpretação, penso que o trabalho de qualquer comunidade distinta de interpretação precisa estar em contato crítico com a conversação interpretativa mais ampla e com o trabalho de outras comunidades específicas de interpretação bem diferentes. Esse é o único caminho pelo qual se pode evitar que o pluralismo se degenere em uma série de leituras sectárias.

[8] RAINER ALBERTZ, *A History of Israelite Religion in the Old Testament Period* (2 v.; Londres: SCM, 1994).

campo,⁹ ou seja, do texto, e nenhum partido domina completamente.

Portanto, se ALBERTZ está correto, a fé de Israel como apresentada no Antigo Testamento não possui um ponto de consenso aceito por todos, mas o próprio cânon é um exercício em julgamento. Muito do que a comunidade acadêmica tem considerado como edição ou redação é, na verdade, um trabalho contínuo de julgamento, no qual qualquer ponto aceito é alcançado apenas provisoriamente e é, por sua vez, objeto de reconsideração. Devo propor, então, que a interpretação teológica como julgamento contínuo é fiel ao caráter do próprio texto. Esse processo, além do mais, se aplica não somente a este ou aquele assunto, mas ao próprio caráter de Javé, o Deus de Israel. Na vida do texto, Javé é apresentado dessa forma pela retórica de julgamento de Israel. E qualquer interpretação teológica deve tomar cuidado para não encobrir o processo pelo qual o Deus da Bíblia nos é disponibilizado.

Ao avaliar essa nova percepção interpretativa, ROWAN WILLIANS comenta que os vários textos que não se harmonizam facilmente são de fato "propostas" para uma afirmação verdadeira, cada uma das quais precisa achar seu caminho e viver na presença de outras "propostas" sérias.¹⁰ Desejar um processo interpretativo mais assentado é desejar algo indisponível no Antigo Testamento; nenhuma quantidade de crítica histórica ou interpretação canônica pode gerá-lo. Nosso trabalho interpretativo é prestar atenção à maneira mediante a qual essas propostas vivem em tensão umas com as outras e, ocasionalmente, prevalecem sobre as outras. A interpretação, no fim das contas, não pode sobrepujar o caráter irritantemente pluralista do texto.

### *O papel da retórica*

Tendo em vista que a obra e a vida do texto do Antigo Testamento consistem, primariamente, em enunciar reivindicações competitivas, deve-se dedicar atenção primordial à retórica e ao caráter retórico da fé no Antigo Testamento. Já notamos, na antiga disputa de Platão com os sofistas, e novamente no Iluminismo, a propensão de esvaziar a retórica de qualquer poder sério. Nossa herança intelectual tem preferido tipicamente o "ser" à retórica e, portanto, assumiu que a metafísica é uma questão muito mais séria que o discurso. O resultado é que questões sobre Deus são decididas

---

⁹ Ibid., v. 2, p. 481 e *passim*.

¹⁰ ROWAN WILLIAMS, "The Literal Sense of Scripture", *Modern Theology* 7 (1991), pp. 121-134.

antes de um debate polêmico, ao invés de o ser em debates polêmicos e por meio deles. Mas o julgamento que deve tomar lugar em meio ao pluralismo coloca o discurso no centro da vida de fé de Israel e coloca a metafísica como um subproduto de triunfos provisórios da retórica.

Assim, nossa situação atual e pós-moderna de interpretação não pode apelar facilmente a nenhuma tradição essencialista em sua tentativa de articular a fé de Israel. Em vez disso, o intérprete deve ser um participante que se arrisca em um processo retórico, no qual o ser estará frequentemente em perigo no discurso e por meio dele. As questões são excessivamente difíceis, mas devemos ao menos reconhecer que o que se considerava como posição essencialista ou realista era, na verdade, uma tentativa do discurso hegemônico que procurava silenciar todo discurso alternativo. No pluralismo de julgamentos do Antigo Testamento, no entanto, qualquer discurso pretensamente hegemônico que alegue privilégios essencialistas é incapaz de silenciar outros discursos e, assim, incapaz de estabelecer suas enunciações hegemônicas como essência. Somos empurrados novamente para o processo persuasivo do discurso. Penso que, embora o Antigo Testamento possa fazer suposições sobre o que é real e reivindicações quanto a isso, ele não quer e é incapaz de fazê-lo mediante o silenciamento das vozes contrárias.

Portanto, parece-me que, de uma maneira prática, o discurso sobrepuja a realidade no Antigo Testamento. O discurso constitui a realidade; a forma que Deus assume em Israel depende do pronunciamento dos israelitas ou, deriva do pronunciamento do texto.[11] Ficamos tão acostumados com o pronunciamento hegemônico que tal alegação sobre o discurso como constituinte da realidade é excessivamente difícil para nós. Devo argumentar,

---

[11] Quanto à noção do discurso como constituinte da realidade, veja WALTER BRUEGGEMANN, *Israel's Praise: Doxology against Idolatry and Ideology* (Filadélfia: Fortress, 1988), capítulo 1. Penso que a questão de discurso e realidade está entre as mais problemáticas para meu estudo atual. Não desejo afirmar que essas declarações textuais não fazem suposições sobre o ser, mas desejo reconhecer que tais suposições dependem do discurso para serem estabelecidas como reivindicações viáveis e críveis. Embora haja realidade assumida fora do texto (Deus), essa realidade assumida depende das enunciações para ter força, autoridade e disponibilidade na comunidade. Deus no Antigo Testamento não é um simples construto retórico, mas está sempre no processo de ser reconstruído retoricamente. Essa é uma questão extremamente importante e densa, e não sou capaz de resolvê-la claramente. Quero apenas notar que é uma questão que a teologia do Antigo Testamento, talvez muito mais do que a teologia sistemática, deve continuar a abrigar como uma questão difícil.

contudo, que o próprio caráter divino no Antigo Testamento depende prática e concretamente da coragem e imaginação daqueles que falam de Deus; ao falar, tornam disponível para Israel (e, depois, para a Igreja) não apenas Deus, mas um Deus específico de um tipo muito peculiar e sem precedentes. BREVARD CHILDS escreve, em sua abordagem canônica, sobre a "realidade de Deus" por trás do texto.[12] Em termos de teologia do Antigo Testamento, entretanto, deve-se perguntar: Que realidade? Atrás, onde? É claro que uma abordagem como a de CHILDS deriva seus julgamentos de outro lugar, de uma tradição essencialista, de afirmações sobre Deus que não devem estar mescladas no próprio texto do Antigo Testamento. Ao fazer teologia do Antigo Testamento, deve-se ser vigilante contra importar alegações de outro lugar. Não suponho, no texto que se segue, que eu seja suficientemente vigilante, mas concordo que a questão é urgente e, portanto, merece nossa contínua atenção.

Em uma análise da literatura clássica, RICHARD LANHAM realizou uma distinção notável e útil entre "o homem sério" (*homo seriosus*) e "o homem retórico" (*homo rhetoricus*).[13] Embora possa ser verdade que a tradição platônica e toda a tradição da teologia clássica tenha sido conduzida pelo "homem sério", insisto que é característico do Antigo Testamento, e caracteristicamente judaico, que Deus nos é dado (e existe como Deus "existe") apenas pela perigosa prática da retórica. Portanto, ao fazermos teologia do Antigo Testamento, devemos ser cuidadosos para não importar alegações essencialistas que não são autorizadas por essa retórica particular e peculiar. *Devo insistir, da maneira mais consistente possível, que o Deus da teologia do Antigo Testamento vive em, com e sob a constituição retórica desse texto, e em nenhum outro lugar e de nenhuma outra maneira.* Essa constituição retórica opera com suposições ontológicas, mas essas suposições estão abertas à discussão e revisão na atividade retórica de Israel. Na medida em que captamos o caráter retórico da teologia do Antigo Testamento, podemos identificar vários aspectos da retórica para os quais devemos prestar atenção.

**Moldura narrativa**. Já no trabalho de GERHARD VON RAD e de G. ERNEST WRIGHT, fica claro que a narrativa no Antigo Testamento tem algum privilégio especial como gênero predominante.[14] De fato, muito do Antigo

---

[12] CHILDS, *Biblical Theology of the Old and New Testaments*, p. 20, por exemplo.

[13] RICHARD A. LANHAM, *The Motives of Eloquence: Literary Rhetoric in the Renaissance* (New Haven: Yale University, 1976).

[14] Quanto ao status privilegiado da narrativa, veja AMOS N. WILDER, "Story and Story-

Testamento não está em forma narrativa. Porém, em outros gêneros como mandamentos, canções e oráculos, sugiro que são operantes as mesmas reivindicações de realidade narrativa, embora a um passo de distância da versão narrativa. Assim, os grandes hinos de Israel (Êx 15; Jz 5; Dt 33) operam com uma moldura narrativa. Os mandamentos são regularmente embutidos nas histórias do êxodo e da peregrinação. Oráculos proféticos tipicamente falam o que Javé fez e irá fazer. É provável que no pronunciamento de Javé, mesmo em um gênero não narrativo, Israel dependesse peculiarmente das suposições da narrativa.[15] Em geral Israel utilizava a intervenção de Javé ou seu pronunciamento em um relato de necessidade-intervenção-resolução, no qual a intervenção dele é fator decisivo para o senso de realidade de Israel e é, por atos ou pronunciamentos, decisiva para a caracterização mais geral do próprio Javé.[16]

Estudos fenomenológicos importantes sugerem que a narrativa é o gênero privilegiado para o ser humano, e pode ser que isso seja verdade.[17] Nosso ponto aqui, entretanto, não é um ponto fenomenológico geral, mas um específico sobre a vida de Israel com Javé, os modos de transação entre Javé e Israel, e a forma de seu mundo compartilhado. Por isso, em nosso estudo mais detalhado dos textos, enfatizaremos primeiro as sentenças verbais, sugerindo que tais sentenças foram a estratégia primária e dominante de Israel para tornar disponível o caráter de Javé, ao redor de quem a vida devia ser entendida e vivida. Ou seja, a retórica característica de Israel não é a narrativa em si, mas a narrativa que tem Javé como ator e agente. De fato, o que Israel testificou tipicamente em sua vida e mundo podia ser dito basicamente em forma narrativa, pois esse mundo tem em seu centro transformações inexplicáveis que podem ser replicadas em outros tempos

---

World", *Int* 37 (1983), pp. 353-364; STANLEY HAUERWAS e L. GREGORY JONES (orgs.), *Why Narrative? Readings in Narrative Theology* (Grand Rapids: Eerdmans, 1989).

[15] Em seu estudo do nome divino, FRANK M. CROSS, *Canaanite Myth and Hebrew Epic: Essays on the History of the Religion of Israel* (Cambridge: Harvard University, 1973), pp. 60-75, propôs um modelo no qual o substantivo *Yahweh* se deriva do verbo *hyh* para uma sentença verbal, produzindo assim um personagem narrativo.

[16] Quanto à temática de necessidade-intervenção-resolução como típica da vida de Israel com Javé, veja PATRICK D. MILLER, *They Cried to the Lord: The Form and Theology of Biblical Prayer* (Mineápolis: Fortress, 1994).

[17] Veja STEPHEN CRITES, "The Narrative Quality of Experience", em *Why Narrative?*, pp. 65-88; e JAMES WIGGINS, *Religion as Story* (Nova York: University Press of America, 1986).

e lugares, mas que não podem ser rapidamente classificadas como um tipo característico.[18]

Amos Wilder sugeriu que as histórias geram mundos narrativos, de modo que os próprios personagens na narrativa necessitam e têm permissão para responder e viver de acordo com as transações da narrativa.[19] Derivativamente, aqueles que ouvem e confiam nessas narrativas também são convidados a viver em um mundo onde os mesmos tipos de personagens estão disponíveis e os mesmos tipos de transações são possíveis. Enquanto predominou a hegemonia do Iluminismo, era necessário considerar as narrativas do Antigo Testamento como relatos encantados de um mundo de fantasia, a ser posteriormente avaliado pela realidade. Todavia, quando tal relato hegemônico da realidade é desabsolutizado, como no trabalho de Alasdair MacIntyre, é possível ver que a construção da realidade é, ela mesma, mais um relato narrativo, o qual deve competir com outros relatos e apresentar a sua oferta sem nenhum privilégio especial.[20]

**Imaginação como ingrediente crucial.** O caráter crucial do discurso na fé de Israel (e do discurso narrativo em particular) sugere que a imaginação é um ingrediente importante na interpretação da realidade por Israel..[21] A interpretação narrativa da experiência, ou dos futuros possíveis, requer liberdade e ousadia para planejar, moldar, construir e elaborar em torno de certas sequências e imagens; de fato, esses são atos de imaginação

---

[18] Os dados são apresentados habilmente por Robert C. Culley, *Studies in the Structure of Hebrew Narrative* (Semeia Supplements 3; Missoula: Scholars, 1976). A obra de Culley, contudo, tende a se nivelar em formas recorrentes previsíveis, um procedimento que negligencia a peculiar "eventualidade" de cada evento transformativo que recebe descrição narrativa. Embora possa haver propensões recorrentes nessas narrativas, é importante não ser excessivamente reducionista.

[19] Wilder, "Story and Story-World", pp. 361-364.

[20] Garrett Green, *Imagining God: Theology and the Religious Imagination* (São Francisco: Harper and Row, 1989), apresentou esse processo competitivo como uma questão de julgamento entre "comos" rivais. A importância da obra de Green é reconhecer que não há "respostas no final do livro", mas que, formalmente, cada "como" tem tanto direito quanto os demais; as versões da realidade que competem entre si devem simplesmente ser julgadas, talvez por meio da teimosa razão, mas provavelmente, no final, por meio da prática – vivenciando um "como" particular com todos os riscos inerentes.

[21] Veja Brueggemann, *Texts under Negotiation*, cap. 1. Além disso, como Green deixa claro, mesmo leituras da realidade que foram estabelecidas há tempo e assumidas como óbvias são, de fato, atos de imaginação.

constitutiva, sem amarras ao que é plano e, evidentemente, com "pés no chão". Israel se engaja em uma retórica densa que disponibiliza a densidade de seu Deus, o qual recusa cada domesticação exaustiva. Assim como a tradição clássica e hegemônica era inclinada para a essência e para longe da retórica, também era inclinada à descrição sóbria e distante da imaginação. A história da imaginação, como foi variadamente traçada por RICHARD KEARNEY, GARRET GREEN e DAVID BRYANT, indica que, desde Aristóteles, ela foi considerada como um meio inadequado e não confiável de conhecimento, em contraste com o discurso razoável, lógico ou empírico.[22] E a tradição teológica clássica, com sua inclinação para o filosófico, também tinha suas reservas quanto à imaginação que se move fora do campo do lógico ou do empírico.

O Antigo Testamento, em sua propensão teológica, recusa tal monitoramento pelo razoável e lógico, e até mesmo pelo empírico. A retórica do Antigo Testamento assume grande liberdade de se afastar da "realidade sóbria", ir além dela e em direção contrária à mesma, o que normalmente poderia ser considerado como algo óbvio.[23] O que em nossa modernidade consideramos como óbvio pode bem ser menos, sebaseado em genuíno conhecimento do que no poder hegemônico. Pois é claro que, no remoto mundo do Antigo Testamento, os vituperadores do javismo, tipicamente a elite urbana de poder, de modo similar tinham suposições que negavam Javé em princípio – e sem o benefício da epistemologia iluminista! (Cf. 2Rs 18,31-35, para um exemplo de tal zombaria; e Sl 73,9-12, para um exemplo interno a Israel).

A força imaginativa da retórica do Antigo Testamento se recusa a viver com as restrições do poder hegemônico ou da epistemologia do Iluminismo. Portanto, em sua construção da realidade, impulsionada como ela é por Javé, o Personagem que continuamente causa espanto aos outros personagens na narrativa, a retórica de Israel percebe e testemunha aquilo que o mundo julga ser impossível. Com certeza, no centro da iniciativa imaginativa de Israel estão as "impossibilidades" de Javé (*pela'*), que regularmente transformam, revertem e invertem a realidade vivida, tanto

---

[22] RICHARD KEARNEY, *The Wake of Imagination: Ideas of Creativity in Western Culture* (Londres: Hutchinson Education, 1988); GREEN, *Imagining God*; e DAVID BRYANT, *Faith and the Play of Imagination: On the Role of Imagination in Religion* (Macon: Mercer University, 1989).

[23] Pode-se fazer referência aqui à maravilhosa expressão do poeta WALLACE STEVEN sobre "a ficção suprema".

para o deleite quanto para o horror dos outros participantes da narrativa.[24]

Sem uma definição precisa de imaginação, podemos caracterizar seu trabalho como a capacidade de gerar, evocar e articular imagens alternativas de realidade, imagens que reagem ao que o poder e o conhecimento hegemônicos declaram ser impossíveis. Essa versão contrária (sub-versão) da realidade, portanto, desabsolutiza e desestabiliza o que o "mundo" considera como óbvio, e convida os ouvintes do texto a caracterizar novamente o que é dado ou tido como real.[25]

Tal maneira de articular e construir a realidade é problemática tanto para a história realista (que acredita que pode recuperar "o que aconteceu" e que tipicamente serve a "razões de Estado"), quanto para a teologia clássica (com sua tentação à certeza excessiva e à ortodoxia). Entretanto, permanece verdadeiro que, na retórica de Israel, a versão javista da realidade se recusa a ser monitorada ou domada por suposições mais seguras, controláveis e aceitáveis.

**Modo dramático.** Essa maneira de apresentar a realidade, então, está em um modo dramático, ou como sugere HANS URS VON BALTHASAR, um teo-drama.[26] Um modo dramático de fazer teologia sugere que nós lidamos com uma ação que é organizada em cenas; nelas o enredo se desenvolve, realizado por personagens nos quais também ocorre desenvolvimento. O "grande enredo" da fé do Antigo Testamento – talvez arranjado em volta de temas abrangentes como promessa e cumprimento, ou libertação

---

[24] Veja WALTER BRUEGGEMANN, "'Impossibility' and Epistemology in the Faith Tradition of Abraham and Sarah (Gn 18,1-15)", *ZAW* 94 (1982), pp. 615-634.

[25] Apesar de GREEN, *Imagining God*, sugerir que nós "vemos como", BRYANT, *Faith and the Play of Imagination*, sugere que nós "tomamos como". O verbo *tomar* é muito mais ativo e sugere que aquele que confessa um *como* particular, ou seja, quem imagina ou testemunha, decide forçosamente o que está lá. A percepção de GREEN, portanto, é muito mais conservadora que a de BRYANT, embora BRYANT não vá tão longe em uma direção construtivista como GORDON KAUFMAN, *The Theological Imagination: Constructing the Concept of God* (Filadélfia: Westminster, 1981).

[26] HANS URS VON BALTHASAR, *Theo-Drama: Theological Dramatic Theory 1* (São Francisco: Ignatius, 1988). Veja BRUEGGEMANN, *Texts under Negotiation*, quanto aos modos dramáticos de realidade em distinção aos modos metafísicos. Penso que essa é uma distinção importante e reveladora, embora as reivindicações do dramático pareçam fracas diante das pressuposições convencionais sobre metafísica. Menos diretamente, observe que Reinhold Niebuhr, *The Self and the Dramas of History* (Nova York: Charles Scribner's Sons, 1955), tem algumas coisas importantes a dizer sobre a dimensão dramática da história e do eu.

e aliança, ou exílio e retorno, ou ordem e liberdade – é uma maneira de relacionar o material do Antigo Testamento à teologia sistemática. Na verdade, entretanto, a teologia do Antigo Testamento como "grande enredo" se constitui de tramas menores, cada uma das quais com seu próprio peso como dado teológico. A trama típica é centrada em uma intervenção (algumas vezes de apoio) que é precedida por uma situação e seguida por uma situação mudada. Para que o drama tenha sentido, deve-se ver o enredo em sua sequência e integridade.

De maneira parecida, os personagens, o enredo e as tramas menores devem ser reconhecíveis para sustentarem o enredo. Isso significa que os personagens devem ter consistência e constância.[27] Também requer, entretanto, que os personagens mudem, cresçam ou se desenvolvam, para que as cenas sucessivas não sejam apenas reiteração da primeira cena. Para nosso interesse teológico, é importante ver que, nessa maneira de entender o Deus de Israel, Javé é apresentado como um personagem chave no drama ou nos muitos subdramas que constituem os dados teológicos de Israel. Isso significa que *Javé não está sujeito às normas da pesquisa crítica, nem às expectativas e categorias da teologia clássica em seu compromisso com a essência. Javé está sujeito apenas às regras do drama em si, no qual os ouvintes do texto são convidados a participar em segunda mão.*

Esse modo de apresentação que expõe Javé como personagem dos muitos dramas de Israel é importante, porque o drama é um modo muito diferente de teologia em comparação com o essencialismo e sua reivindicação ontológica. Aqui nós tratamos o drama como um subsistema da retórica, e é nosso propósito sugerir que Javé deve ser entendido no texto de Israel como uma articulação retórica. Sem dúvida essa retórica é proposta como realista, inteciona ser entendida como real e é, de fato, assim considerada tipicamente em Israel. Mas tal realismo é de um tipo inocente e pré-crítico que não envolve nenhum dualismo; a retórica é aceita em seu valor aparente, de nenhuma maneira negando o ontológico, mas sem necessidade de reivindicá-lo.

Isso significa que a apresentação dramática de Javé por Israel é intencionalmente lúdica, convidativa, provocadora e raramente endurecida em alegações que pressionam para fora do próprio drama. Pode muito bem ser que a articulação teológica de Israel tome essa forma porque o antigo Israel tipicamente realiza sua ação retórica contra suposições estabelecidas.

---

[27] Veja DALE PATRICK, *The Rendering of God in the Old Testament* (OBT; Filadélfia: Fortress, 1981).

Tendo em vista que o texto, em qualquer pronunciamento particular, demanda a lealdade de Israel, deve fazê-lo mais frequentemente contra suposições estabelecidas de algum soberano estrangeiro, ou contra o poder estabelecido em sua própria comunidade.[28] (Aqui exagero intencionalmente, pois em alguns textos do Antigo Testamento é o texto em si que é o discurso estabelecido e, consequentemente, o texto é menos lúdico).

De qualquer maneira, um modo dramático de teologia requer que o crítico posterior fique dentro do drama – dentro do próprio texto – e resista a qualquer aventura fora ou por trás do texto, tanto à possibilidade crítica quanto à essência metafísica. Javé é um personagem na vida de Israel, apenas na medida em que Javé é "representado" no drama de Israel.

**Metáfora**. A ênfase na retórica e a consideração da narrativa, imaginação e drama nos fazem, finalmente, comentar sobre a metáfora como elemento central na articulação de Javé por Israel. A metáfora, na qual um assunto é afirmado de acordo com propriedades que não lhe pertencem diretamente, provê um caminho mediante o qual algo da peculiaridade do Deus de Israel pode ser expresso, uma peculiaridade que não permite articulação direta. O uso da metáfora chama novamente nossa atenção à qualidade lúdica e aberta do discurso mais sério de Israel e sua imaginação teológica. Embora o tratamento mais extensivo de metáfora disponível a nós seja o de PAUL RICOEUR, o estudante pode, com mais facilidade, se referir ao estudo de SALLIE MCFAGUE, que se baseia muito em RICOEUR e na pesquisa sobre metáfora considerada inicialmente por PHYLLIS TRIBLE.[29] Duas observações de MCFAGUE são particularmente importantes ao estudarmos a retórica teológica de Israel.

Primeiro, MCFAGUE enfatiza que a metáfora inclui uma compreensão de que o substantivo *é* a metáfora – por exemplo, "Javé *é* um pastor" – mas ao mesmo tempo, o substantivo *não é* a metáfora – "Javé *não é* um pastor". Assim, o pronunciamento é mantido em aberto, na percepção que o substantivo – em nosso caso teológico, *Javé* – resiste a qualquer articulação

---

[28] Não desejo exagerar o contraste entre o discurso lúdico e a retórica do poder estabelecido. Entendo que o discurso lúdico deixa espaço ao receptor para manobras e liberdade interpretativa. O autoritarismo – seja um pai estressado e autoritário, a necessidade da Igreja de ser infalível, ou o jargão técnico do Departamento de Defesa com sua predileção por verbos passivos – não permite tal jovialidade.

[29] SALLIE MCFAGUE, *Metaphorical Theology: Models of God in Religious Language* (Filadélfia: Fortress, 1983). Veja também JANET SOSKICE, *Metaphor and Religious Language* (Oxford: Oxford University, 1987).

que promova fechamento excessivo.³⁰ A metáfora é outro elemento que indica que a retórica teológica de Israel é evocativa, no melhor dos casos, e não descritiva.

Segundo, McFague conclui que uma fé monoteísta deve praticar metáforas a fim de não se tornar idólatra. O monoteísmo, que é uma propensão da fé de Israel, tende a centralizar tudo em Javé.³¹ O perigo de tal afirmação singular é que a asserção de Javé possa ser reduzida e achatada; obviamente, a retórica de Israel concernente a Javé não pretende que isso aconteça. Portanto, a metáfora se torna uma estratégia mediante a qual a fé de Israel, em sua tendência monoteísta, possa abrigar a riqueza, a diversidade e a variedade no caráter de Javé.

McFague tende a tratar as metáforas em um vácuo, incluindo metáforas recém-propostas. Contra essa prática, um leitor do Antigo Testamento deve insistir que a metáfora gerativa e com autoridade precisa brotar de um contexto narrativo e estar embutida dentro dele. O personagem assim metaforizado não pode ser abstraído do enredo no qual é articulado. Dessa forma, nas várias articulações metafóricas, Javé deve ser sempre entendido em uma narrativa que dá contexto e lugar à metáfora.

Resumindo, então, nossa situação pós-moderna, que se recusa a reconhecer uma essência fixa por trás de nossas alegações pluralistas, deve fazer um investimento intenso e intencional na prática da retórica, pois a forma da realidade, afinal de contas, depende do poder do discurso. Na retórica teológica de Israel, é evidente que Israel utilizou uma rica estratégia a fim de encontrar um discurso que fosse compatível com o Personagem constante que é representado no centro de sua vida. Se honrarmos a retórica de Israel, como James Muilenburg nos ensinou a fazer, poderemos ver complexidade, peculiaridade e periculosidade em Javé, qualidades que dificilmente poderíamos levar em conta a partir das convenções da história positivista ou dos modos da teologia clássica. Javé, ao que parece, está sempre preparado para uma nova e escandalosa autorrevelação, dependendo da coragem e liberdade dos discursos mais ousados de Israel.

---

³⁰ Quanto à problemática do discurso teológico, ou seja, falar de Deus, veja Elizabeth Pelo, *She Who Is: The Mystery of God in Feminist Theological Discourse* (Nova York: Crossroad, 1992).

³¹ Veja James A. Sanders, "Adaptable for Life: The Nature and Function of Canon", em *From Sacred Story to Sacred Text: Canon as Paradigm* (Filadélfia: Fortress, 1987), pp. 9-39.

## *Mudanças no estudo recente do Antigo Testamento*

A situação política de pluralismo e a realidade retórica do discurso de Israel são pontos iniciais de referência para novos trabalhos na teologia do Antigo Testamento. Assim, podemos tecer considerações preliminares sobre o caráter do Antigo Testamento no estudo recente, as quais fazem diferença significativa ao se fazer teologia sobre esse texto. Os itens notados aqui são diversos, mas cada um deles representa uma percepção importante indisponível antes do "colapso da história".

O pluralismo que percebemos, seguindo ALBERTZ, tende a não ser uma questão de "vale tudo", como se cada questão acarretasse uma variedade de opções. Em vez disso, o trabalho contínuo da articulação teológica tende a apresentar perspectivas *conflitivas* acerca de um ponto particular em questão, e nós podemos oferecer um sumário provisório dessas perspectivas conflitivas.

**Textos icônicos e anicônicos**. Como se pode esperar, toda disputa social inclui vozes em prol da mudança e vozes em prol da cautela, advogados da atividade transformacional e aderentes a alguma manutenção do equilíbrio presente. Não é possível alistar todos os textos do Antigo Testamento em um contraste tão simples, mas podem-se notar tendências e inclinações.[32] Colocando de forma bem ampla, essas posturas hermenêuticas encontradas dentro do próprio texto podem ser nomeadas como *icônicas* e *anicônicas*. PATRICK MILLER sugeriu que a tendência *anicônica* de Israel é a marca diferencial do Antigo Testamento, é seu ponto de contraste com seus vizinhos culturais e seu ambiente, e é a marca de sua extrema radicalidade.[33] Dessa forma, o segundo mandamento (Êx 20,4-6), que proíbe imagens de Deus, é tido como uma chave hermenêutica principal para todos os aspectos da vida de Israel; refere-se não apenas a Deus, mas também vai contra o estabelecimento de instituições duradouras e conclusões teológicas seguras e confiáveis. É isso que dá a Israel seu caráter revolucionário, é isso que gera em Israel uma consciência crítica contínua sobre si mesmo

---

[32] Veja ODIL H. STECK, "Theological Streams of Tradition", em *Tradition and Theology in the Old Testament* (org. DOUGLAS A. Knight; Filadélfia: Fortress, 1977), pp. 183-214.

[33] PATRICK D. MILLER, "Israelite Religion", em *The Hebrew Bible and Its Modern Interpreters* (org. D. A. KNIGHT e G. M. TUCKER; Chico: Scholars, 1985), pp. 211-213. Quanto aos aspectos sociopolíticos do monoteísmo de Israel, veja Ronald S. Hendel, "The Social Origins of the Aniconic Tradition in Early Israel", *CBQ* 50 (1988), pp. 365-382.

e uma inquietude em todas as situações e circunstâncias sociais.

Nem todo o Antigo Testamento compartilha dessa radicalidade, e talvez nenhuma comunidade duradora possa manter tal postura com toda pureza. Assim, o texto do Antigo Testamento inclui uma inclinação compensadora para o icônico. Isso não significa imagens físicas de Deus, mas a articulação de símbolos, práticas e instituições que desenvolvem poder de longa permanência e que comprometem a extrema radicalidade do princípio anicônico. O anicônico pode caracterizar a peculiaridade de Israel, mas é claro que existem interesses e vozes no Antigo Testamento que procuram se afastar dessa distintividade revolucionária ou até abrir mão dela.

Ambas as inclinações, anicônica e icônica, estão presentes no Antigo Testamento, talvez refletindo diferentes interesses velados, ou exigências de diferentes circunstâncias sociopolíticas, ou necessidades e sensibilidades de diferentes locutores com autoridade. Dessa forma, para citar um exemplo fácil, a disputa sobre o estabelecimento da monarquia em 1 Samuel 7-15 articula exatamente esse tipo de conflito, no qual forças icônicas consideram a monarquia como vontade de Deus, e forças anicônicas compreendem a monarquia como um ato de infidelidade a Javé.[34] O que é interessante, porém, é que nenhuma resposta clara à crise é dada de antemão. Existem, é claro, vitórias e derrotas práticas com as quais Israel aprende conviver. Mas a disputa é contínua na vida de Israel; de fato, faz parte do próprio caráter de Javé. Estudantes da teologia do Antigo Testamento farão bem em notar que os melhores discursos de Israel são fruto de disputas que sempre devem ser reconsideradas. JAMES SANDERS entendeu isto muito bem no nível hermenêutico, ao falar de uma tendência hermenêutica que é constitutiva e outra que é profética.[35]

**Esquemas bipolares: libertação e consolidação**. Em uma recensão anterior, notei que no período da teologia do Antigo Testamento no final do século XX, anterior às novas ênfases aqui expostas, foi feita uma variedade de tentativas para identificar e caracterizar essa contínua e penetrante tensão.[36] De fato, tornou-se um truísmo da interpretação teológica do Antigo

---

[34] Quanto às forças sociopolíticas atuantes na disputa pela monarquia, veja NORMAN K. GOTTWALD, "The Participation of Free Agrarians in the Introduction of Monarchy to Ancient Israel: On the Application of H. A. Landsberger's Framework for the Analysis of Peasant Movements", *Semeia* 37 (1986), pp. 77-106.

[35] JAMES A. SANDERS, "Hermeneutics", *IDBSup* (Nashville: Abingdon, 1976), pp. 402-407.

[36] Veja WALTER BRUEGGEMANN, "A Convergence in Recent Old Testament Theologies",

Testamento que tal esquema bipolar é necessário para a existência da qualidade conflituosa e polêmica da articulação do Antigo Testamento.

Este escritor procurou esquematizar a contínua propensão bipolar do Antigo Testamento a partir dos temas da libertação e consolidação.[37] Embora essa esquematização esteja agora um tanto antiquada e sujeita a importantes críticas, cito-a aqui como uma lente para iluminar a disputa fundamental que era inevitável na fé de Israel e que assumiu variadas formas. A essa lente eu agora adicionaria, especialmente com base na análise de FERNANDO BELO, o reconhecimento de que as tradições legais de Israel contêm uma trajetória de libertação que se preocupa com o cancelamento do débito e uma trajetória de consolidação tipicamente preocupada com a pureza.[38] Para mencionar outro esforço de descrever essa disputa dominante e penetrante, também sugeri que a propensão mais consolidante do texto deve ser entendida como "legitimadora da estrutura", e a alternativa revolucionária como a prática da "solidariedade com a dor".[39] Não é recomendável supervalorizar essas tendências esquemáticas, mas é útil ver como se pode detectar alguma constância nos assuntos sobre os quais Israel concretizou seus duradouros conflitos teológicos.

**Disputas contínuas não resolvidas**. Toda interpretação contemporânea da teologia do Antigo Testamento tem sua preferência sobre como adentrar e resolver as disputas determinantes que concernem tanto à vida pública de Israel como ao caráter de Javé. Como a disputa, em uma variedade de articulações, é baseada no texto, é possível encontrar suporte textual para qualquer conclusão generalizada. De qualquer maneira, tal julgamento interpretativo nunca é inocente ou desinteressado e pode ser decidido de maneiras variadas – com base na própria necessidade e inclinação do intérprete, no seu ambiente ou circunstância social particular, ou na sua formação e tradição teológica. Em qualquer uma dessas bases, o julgamento final não será inocente. Cabe ao intérprete, então, uma boa

---

*JSOT* 18 (1980), pp. 2-18.

[37] WALTER BRUEGGEMANN, "Trajectories in Old Testament Literature and the Sociology of Ancient Israel", *JBL* 98 (1979), pp. 16-85.

[38] FERNANDO BELO, *A Materialist Reading of the Gospel of Mark* (Maryknoll: Orbis, 1981).

[39] WALTER BRUEGGEMANN, "A Shape for Old Testament Theology I: Structure Legitimation", *CBQ* 47 (1985), pp. 28-46; e "A Shape for Old Testament Theology II: Embrace of Pain", *CBQ* 47 (1985), pp. 395-415.

dose de autoconhecimento ao formular tal veredito, e uma boa quantidade de modéstia ao defendê-lo.

Sem dúvida, é preferível que reconheçamos que essa disputa, que pode tomar muitas formas, não é de maneira alguma resolvida no próprio Antigo Testamento de modo definitivo; de fato, não pode ser resolvida. Faz-se necessária uma interpretação atenta e responsável, a meu ver, para que continuemos a levar em conta essa disputa contínua; a própria manutenção da disputa em candor é o trabalho real da interpretação.

Tendo dito isto, dois pontos serão úteis para nossa discussão. Primeiro, é correto, acredito, que a maioria dos intérpretes acadêmicos do Antigo Testamento que prestam alguma atenção a essas questões interpretativas está inclinada à propensão anicônico-profética e revolucionária do texto. Para muitos de nós, nossa primeira exposição séria ao Antigo Testamento se deu por meio de alguma leitura ou algum professor que abriu nossos olhos para as afirmações revolucionárias do Antigo Testamento. Mesmo quando esse entusiasmo inicial é temperado pelo estudo crítico, essa inclinação tende a persistir.

Segundo, o leitor deve entender que este escritor é infatigável em sua empatia para com a propensão revolucionária do texto. Esse é um julgamento interpretativo a longo termo, baseado talvez, em minha história e inclinação pessoal, mas também em um julgamento crítico mais experiente. Não peço desculpas por isso, pois acredito que não é possível manter uma postura completamente imparcial; deve-se, então, ser honesto e tornar conhecidas suas inclinações.[40] Tendo dito isso, pretendo manter a mente aberta no que segue adiante e apreciar integralmente as várias ofertas pela verdade, icônicas e anicônicas, que certamente estão presentes no texto. De qualquer maneira, é certo que não se pode mais falar inocentemente de um desenvolvimento linear direto da fé de Israel. Cada centímetro de vantagem interpretativa precisou ser conquistada. E, no final de cada disputa, fica-se apenas posicionado e pronto para a próxima emergência do que é basicamente a mesma disputa a ocorrer novamente, algumas vezes com um resultado diferente.

---

[40] Meu trabalho é frequentemente criticado por pender apenas para um lado, como em BEN C. OLLENBURGER, *Zion, City of the Great King: A Theological Symbol of the Jerusalem Cult* (JSOTSup 41; Sheffield: JSOT, 1987), pp. 150-155; e J. RICHARD MIDDLETON, "Is Creation Inherently Conservative? A Dialogue with WALTER BRUEGGEMANN", *HTR* 87 (1994), pp. 257-277; veja também meu artigo "Response to J. RICHARD MIDDLETON", *HTR* 87 (1994), pp. 279-289.

## Resposta à crise do exílio

Atualmente cresce o consenso de que *o Antigo Testamento em sua forma final é um produto do exílio babilônico e uma resposta a ele.* Essa premissa precisa ser declarada mais precisamente. A Torá (Pentateuco) foi provavelmente completada em resposta ao exílio; a subsequente formação do corpus profético e dos "escritos", como corpos de literatura religiosa (cânon), deve ser entendida como um produto do judaísmo do Segundo Templo. Isso sugere que, devido à intenção deles, esses materiais não devam ser entendidos em sua forma final diacronicamente – ou seja, em termos de seu desenvolvimento histórico – mas, principalmente como uma resposta intencional e coerente à circunstância particular da crise. A prontidão dos acadêmicos agora, situando essa literatura no século VI a.C. ou depois, reflete uma reversão importante da inclinação dominante do século XX, tanto de ALBRECHT ALT como de WILLIAM FOXWELL ALBRIGHT. Primariamente pelas escolas de ALT e ALBRIGHT, colocou-se grande ênfase sobre o impacto teologicamente formativo do Israel inicial (pré-monárquico). Agora, os estudiosos são cada vez mais céticos a respeito dessa alegação e de nossa capacidade de conhecer criticamente qualquer coisa sobre esse período.[41] Essa é mais uma expressão da extensão em que estamos nessa nova situação interpretativa no final do século XX.

Quaisquer que sejam os materiais mais antigos utilizados (e o uso de materiais antigos dificilmente pode ser questionado), a localização exílica e/ou pós-exílica da forma final do texto sugere que os materiais do Antigo Testamento, entendidos normativamente, devem ser considerados precisamente dentro de uma grave crise de deslocamento; essa se deflagrou quando velhas certezas – sociopolíticas e também teológicas – falharam. De fato, a crise do deslocamento se apresenta como definitiva na autocompreensão do judaísmo que emergiu no exílio e depois. Com o fracasso das instituições, outrora confiáveis, a comunidade da fé que gerou a forma final do texto, e que foi gerada por ele, foi de maneira singular jogada de volta na possibilidade textual-retórica de vida-espaço. Nesse grave deslocamento, quando não se podia mais apelar para a cidade, rei ou templo, era para esse texto que Israel devia olhar com atenção cada vez maior.

Na geração desse texto, não havia linhas óbvias de certeza, nem formulações seguras, nem dependências autoevidentes. Portanto, não nos sur-

---

[41] Veja cap. 1, notas 54 e 127, a respeito do trabalho de JOHN VAN SETERS, THOMAS L. THOMPSON e PHILIP R. DAVIES.

preende que o exílio seja um momento de intensa geração literária, quando foram propostas diversas articulações ousadas da fé.[42] Além do mais, essa variedade vem a caracterizar a articulação teológica do judaísmo e a autocompreensão dessa comunidade de fé. Dessa forma, qualquer tentativa de esquematizar as ricas e variadas respostas a essa crise fundamental é, com certeza, algo que diminuirá a riqueza desse momento formativo e imaginativo.

**Reutilização de antigos materiais**. É claro que essa geração literário-teológica utilizou materiais antigos que haviam sido valorizados em tempos anteriores. Portanto, há importante continuidade entre os materiais antigos e a forma exílica final. Em grande parte, a reutilização de material antigo respeitou os locais anteriores dos mesmos, de modo que ainda era possível identificar inclinações sacerdotais, proféticas, legais e sapienciais. Ao mesmo tempo, entretanto, a profundidade da crise exílica e a ousadia desse momento gerativo também provocaram uma importante descontinuidade no material. Como consequência, a forma final do material se tornou algo novo.

Essa pronta capacidade de reutilizar material antigo de maneiras imaginativas, que marca a incansável atividade do exílio, é importante de duas maneiras. Primeiro, ela lembra que, em função de todo o material que está no texto, devemos considerar a prática de uma leitura dupla. Assim, por exemplo, o material da peregrinação no deserto deve ser lido como é apresentado, como a experiência do Israel inicial em seu período formativo sob a liderança de Moisés. Ele pode ter feito uso de material antigo ou, então, o retrato pode ser em sua maior parte fictício. De qualquer maneira, deve ser lido de acordo com a autoapresentação de Israel. Ao mesmo tempo, entretanto, deve ser lido segundo a maneira pela qual os materiais são reutilizados, de modo que "deserto" é regularmente um código para o "exílio". Nossa leitura teológica do material deve manter ambos os ângulos. Não podemos, como o historiador, escolher entre eles.

Segundo, a reutilização desse material antigo (ou presumidamente antigo) não é uma prática única; ela torna visível na prática textual judaica o *princípio da leitura como reutilização*. Destarte, os textos frequentemen-

---

[42] Veja Peter R. Ackroyd, *Exile and Restoration: A Study of Hebrew Thought of the Sixth Century B.C.* (OTL; Filadélfia: Westminster, 1968); Enno Janssen, *Juda in der Exilzeit; ein Beitrag zur Frage der Entstehung des Judentums* (FRLANT 51; Göttingen: Vandenhoeck and Ruprecht, 1956); e Ralph Klein, *Israel in Exile: A Theological Interpretation* (OBT; Filadélfia: Fortress, 1979).

te permitem leituras duplas ou múltiplas, que devem ser entendidas em seu tempo e lugar presumido, tanto quanto em seu tempo e lugar reutilizado. Ademais, parece-me evidente que o leitor posterior não pode escolher uma dessas leituras em detrimento da outra, mas deve sempre estar engajado em ambas e atento a ambas. Sugiro que esse princípio da leitura como reutilização, que é constitucional para a comunidade exílica, foi utilizado mais tarde pela comunidade cristã na reutilização dos textos mais antigos em sua articulação sobre Jesus. No caso da reutilização cristã de textos de fonte judaica, é precisamente a insistência na leitura dupla que elimina qualquer suplantação direta. Consequentemente, a reutilização exílica ou pós-exílica de material mais antigo não supera a preeminência de Moisés, nem pode a reutilização cristã superar as antigas reivindicações judaicas.

**Realidade contrária**. Juntas, as variadas respostas à crise do exílio que constituem esse memorável corpus evidenciam um alcance extraordinário da imaginação de fé. Assim, se considerarmos apenas os casos mais óbvios, todos em relação à crise, o material sacerdotal ventura o futuro de Israel em termos de presença do culto; os materiais deuteronômicos venturam o futuro em termos de obediência simétrica exigente; a lírica do Isaías exílico é uma revisitação de narrativas mais antigas de libertação; a poesia de Lamentações chora enlutada uma perda irreversível; e os poemas de Jó apresentam uma disputa magistral entre Israel e Deus para ver quem está certo. O que impressiona em todas essas respostas é que essas ousadas formulações tinham pouco em que se basear, em termos de dados disponíveis, vividos e circunstanciais. Assim, a proposta sacerdotal de presença não tinha templo para o qual apelar. O Isaías exílico tinha apenas uma expectativa da sublevação internacional. E certamente os deuteronomistas e o poeta de Jó tinham pouco campo para imaginar que, de alguma maneira, a justiça baseada na Torá fosse um assunto útil para a reflexão entre exilados. Portanto, em todas essas várias articulações de fé, os formadores dessa literatura não foram impedidos por quão pouco tinham para prosseguir em suas próprias circunstâncias. Na verdade, eles articularam, como artistas sempre devem, contra os dados em mão.[43] Eles se recusaram a limitar

---

[43] Quanto à responsabilidade subversiva e crítica de figuras literárias, veja André Brink, *Writing in a State of Siege: Essays on Politics and Literature* (Nova York: Summit Books, 1983); VACLAV HAVEL, *Open Letters: Selected Prose, 1965-1990* (Londres: Faber, 1991); Havel, *Living in Truth: Twenty-Two Essays Published on the Occasion of the Award of the ERASMUS PRIZE to VACLAV HAVEL* (Londres: Faber, 1989); e HAVEL, *The Writer and Human Rights* (org. Toronto Arts Group for Human Rights;

sua imaginação, alegremente se movendo em sua antecipação imaginativa além dos dados de suas circunstâncias. E então, vistos de forma mais ampla, esses materiais devem ser entendidos como um ato de irrestrito lamento fúnebre, que não negava nada, e como um ato contrário de esperança desafiadora, que se recusava a desistir diante das circunstâncias.[44]

Já de início, então, é importante para o estudante de teologia do Antigo Testamento reconhecer que *esse material é uma aventura de realidade contrária*. Ele recusa a realidade imperial vigente e convoca seus ouvintes a uma realidade alternativa. É possível dizer que esses discursos artísticos e seus ousados contrastes são baseados em antigas memórias, ou em sofrimentos presentes, ou em desafiadora imaginação, ou em profunda fé, ou em tudo isso. A única coisa em que tal cândido pesar e desafiadora esperança não são baseados é em sua circunstância disponível. Seja qual for a teoria de inspiração e revelação que se tenha sobre o texto, pode-se ver em atuação uma alegria artística e determinada, incansavelmente disponível no texto. Esse fenômeno, seja como for explicado ou justificado, é o que nos captura em fascinação inesgotável por esse corpus textual.

As reais circunstâncias históricas do exílio estão longe de serem claras. Alguns acadêmicos minimizam o significado do exílio histórico para o judaísmo emergente, considerando a comunidade babilônica de judeus como apenas um dos competidores pelo futuro judaico. Daniel Smith, no entanto, providenciou um cenário muito mais formidável dessa história.[45] Pode ser que a imagem do exílio dominando os materiais bíblicos e o judaísmo subsequente seja o ato interpretativo, forte e imaginativo de uma elite minoritária na Babilônia; essa teria imposto ao judaísmo sua convicção de "somente Javé" e, portanto, teria se apresentado como a única transmissora, incorporadora e verdadeira intérprete do judaísmo emergente.

**Modelo de exílio-retorno.** De qualquer forma, o sucesso desse esforço literário-teológico foi tal que estabeleceu o exílio como um evento paradigmático para a comunidade judaica; dessa forma, estabeleceu o retorno à terra como uma profunda antecipação para os membros de sua comunidade textual. Como uma consequência desse sucesso interpretativo,

---

Garden City: Doubleday, 1983).

[44] Veja Alan Mintz, *Ḥurban: Responses to Catastrophe in Hebrew Literature* (Nova York: Columbia University, 1984).

[45] Daniel L. Smith, *The Religion of the Landless: The Social Context of the Babylonian Exile* (Bloomington: Meyer-Stone, 1989).

membros da comunidade que nunca foram física ou materialmente deslocados devem, como filhos e produtos desse texto, se entender e imaginar como deslocados e esperando pelo retorno.⁴⁶

Quando o exílio é assumido como definidor e paradigmático para esse texto e para sua comunidade contínua, podemos extrapolar duas importantes implicações. Primeiro, em termos de modelos teológicos (sem falar da historicidade), não é um grande salto de imaginação ver que o modelo judeu de exílio e retorno recebeu uma equivalência cristológica em termos de crucificação e ressurreição. Eu não sugiro um deslocamento cristão da alegação judaica, nem uma suplantação. Na verdade sugiro que, em seu foco paradigmático na crucificação e ressurreição, a comunidade cristã procura, a seu modo, falar da mesma realidade experimentada e antecipada pelos judeus. Qualquer teologia cristã que procure levar o Antigo Testamento a sério deve ponderar bem que a essência da fé, tanto para cristãos quanto para judeus, está situada na matriz do exílio.

Segundo, esse modelo emergente e definidor de exílio e retorno é um ponto importante de contato com a discussão pública mais ampla sobre a possibilidade social. Eu não tenho em mente a nostalgia cósmica sobre a qual escreveram os poetas românticos. Tenho em mente, na verdade, dois fenômenos diferentes e mais imediatos.

(a) PETER BERGER, seguindo MAX WEBER, há muito reconheceu que a redução da vida humana à técnica e à burocracia produziu uma "mente errante", que agora vemos expressa em termos de profundo temor e brutalidade previsível.⁴⁷ Com certeza, a "mente errante" da modernidade não é um equivalente próximo do exílio judeu. Mas os paralelos são suficientes para considerarmos a possibilidade de que o retorno antecipado nesses textos é uma importante linha de discurso público contemporâneo.

(b) Com a crise econômica e ambiental mundial, que não indica nenhum abatimento próximo, e com a frenética resposta de

---

⁴⁶ JACOB NEUSNER, *Understanding Seeking Faith: Essays on the Case of Judaism* (Atlanta: Scholars, 1986), v. 1, pp. 37-41, indica o poder paradigmático do exílio para todos os judeus. Além disso, NEUSNER mostra como o poder definidor do exílio permeia e é representado em pequenos atos diários como as orações à mesa.

⁴⁷ PETER L. BERGER *et al.*, *The Homeless Mind: Modernization and Consciousness* (Nova York: Random House, 1974).

militarismo intensificado, a política econômica mundial está ativamente engajada na produção de exílios, tal como o antigo Império Babilônico.[48] Ou seja, o grande número de refugiados, pessoas desalojadas e (na economia local) pessoas sem-teto não é um acidente ou uma infeliz aberração do sistema. É, na verdade, um resultado inescapável e previsível de uma sociedade mundial que se tornou cada vez menos hospitaleira em sua condição de medo. Em uma situação mundial como a atual, é de enorme importância ter uma literatura teológica sincera sobre o exílio, insistente sobre o retorno, e que acredita incansavelmente na responsabilidade moral e na santa presença que são inevitavelmente intrínsecas à situação e esperança humanas. A realidade do exílio e a expectativa do retorno, é claro, pertencem primeiramente à comunidade desse texto. O que faz esse texto significantemente público, de maneira duradoura, é que as questões que preocupavam essa comunidade textual inevitavelmente preocupam a comunidade pública mais ampla com o mesmo tipo de urgência irrequieta.

## Capítulo II

### *Intertextualidade*

Mudar o foco da história para a retórica do texto tornou importante a percepção da *intertextualidade* do texto: a prontidão do texto em citar o texto. A consciência da intertextualidade representa uma alternativa importante à nossa antiga preocupação com o histórico. Uma leitura diacrônica do texto procurou manter o texto relacionado a eventos, experiências ou circunstâncias. A intertextualidade, em contraste, notou que *os textos são primariamente relacionados a outros textos*, e que a interação entre os textos gera um domínio de discurso, diálogo e imaginação que providencia um mundo no qual viver. MICHAEL FISHBANE explorou detalhadamente como a intertextualidade funciona: por ela o corpus de materiais textuais, suas imagens e frases se tornam palpavelmente disponíveis no processo de novos textos, de modo que textos antigos continuam a recorrer por referência, pistas e nuances.[49]

---

[48] Veja PHILIP WHEATON e DUANE SHANK, *Empire and the Word: Prophetic Parallels between Exilic Experience and Central America's Crisis* (Washington: EPICA Task Force, 1988), quanto aos Estados Unidos como "Babilônia".

[49] MICHAEL FISHBANE, *Biblical Interpretation in Ancient Israel* (Oxford: Oxford Uni-

Aqueles que são estranhos ao texto só conseguem perceber as citações mais explícitas, mas aqueles que estão situados profunda e imaginativamente no mundo do texto podem detectar muitas outras alusões. O resultado desse processo é que emerge certo campo de imagens, e também de modos gramaticais, dialeto e cadência, no qual toda a realidade é enunciada e, portanto, construída e, assim, experimentada de um modo específico. Aqueles que valorizam os textos, ademais, estão engajados em um diálogo permanente, o qual é tão urgente e contemporâneo quanto o momento atual, mas também é uma conversação que se estica além das gerações e inclui as vozes dos ancestrais que os historiadores pensaram terem partido há muito. A intertextualidade é um processo de conversação mediante o qual todo o passado e a memória da comunidade textual são mantidos disponíveis e presentes de maneira concreta e detalhada. Enquanto aqueles de nós que se aproximam tardiamente do texto – cristãos, por exemplo – nunca podem mergulhar completamente no texto em sua inteireza, faz parte de nosso trabalho e prazer nos sentirmos cada vez mais em casa com esses modos gramaticais, dialeto e cadência, como um lugar para crer e ser.

Esse processo nos permite perceber que a conversação diacrônica da comunidade é a atividade mais crucial de doação de vida. Essa paixão, por sua vez, nos dá alguma distância de outras transações estranhas ao texto, as quais procuram interromper, atrapalhar ou desacreditar essa conversação intracomunitária. Isso não significa que os praticantes desse diálogo são indiferentes ao mundo exterior ou se excluem dele. Significa, porém, que a vida consiste da prática contínua dessa textualidade, sem referência ao exterior, ou sem providenciar nenhuma justificativa, para quem está fora, a respeito de como a vida é enunciada e vivida dentro da comunidade.

Tal abordagem à realidade vivida, porém, não sugere nenhuma rigidez ou intransigência quanto a esses modos gramaticais, dialeto e cadência, como se ela permanecesse completamente imutável. É autoevidente que através do tempo e com o tempo, os modos e nuances do discurso mudam em novos contextos culturais.[50] Mas é igualmente evidente que

---

versity, 1989). Menos diretamente, veja RICHARD B. HAYS, *Echoes of Scripture in the Letters of Paul* (New Haven: Yale University, 1993).

[50] A realidade dessa mudança propõe um desafio importante às categorias de GEORGE A. LINDBECK, *The Nature of Doctrine: Religion and Theology in a Postliberal Age* (Filadélfia: Westminster, 1984); veja WILLIAM C. PLACHER, *Unapologetic Theology: A Christian Voice in a Pluralistic Conversation* (Louisville: Westminster/John Knox, 1989); e DAVID J. BRYANT, "Christian Identity and Historical Change: Post Liberals

essa gramática tem um incrível poder de permanência e sustenta seu caráter e qualidade sem constrangimentos ao longo do tempo. Portanto, não pode existir nenhuma tradução dessa gramática, dialeto ou cadência em modos alienígenas, como propuseram RUDOLF BULTMANN e PAUL TILLICH, por exemplo. Essa comunidade de textualidade não se sente constrangida em relação à prática de seu próprio pronunciamento, pois sabe que abrir mão dessa prática de sua memória falada é, certamente, abrir mão de sua identidade e vida no mundo.

Os praticantes, locutores e ouvintes dessa conversação intertextual são pessoas claramente saturadas por textos. Ocupar-se incessantemente com o texto, de várias maneiras, é seu verdadeiro prazer. Eles não se preocupam em ser flagrados nessa estranha transação, nem em perder outras iniciativas no mundo maior, pois sabem que a prática de sua tradição discursiva valorizada, e há muito tempo estabelecida, é a fonte de sua vida e identidade no mundo. Essa conversação é, por si só, um bem. Tal discurso, falado e ouvido, é um ato de estar em casa em puro deleite e segurança.

Tal prática de pronunciamento, entretanto, também é uma maneira de afastar alternativas intrusivas. Essa comunidade, que se ocupa tão vigilantemente de seu fraseado característico, sabe que receber outras retóricas é, a longo prazo, abrir mão de sua identidade e sua maneira peculiar de ser no mundo. Ademais, essa comunidade de discurso praticado sabe que, quando abdica de seu pronunciamento característico e procura uma comunidade fora de seu próprio idioma, rapidamente acaba sob opressão e em risco. Portanto, a intertextualidade não é apenas uma ferramenta literária, nem um fenômeno de interesse estético a se observar no texto. É também uma das principais estratégias utilizadas por essa comunidade, pela qual a comunidade é capaz de permanecer firme em meio a muitas tentações e pressões. Essa comunidade textualizada vive, através do tempo, com seu discurso intencional e há muito estabelecido. Nós, que tardiamente entramos nesse discurso, devemos nos maravilhar perante a alegre saturação do texto produzida por seus membros, e devemos zelar pela nossa própria atenção para com essa saturação. Assim, a prática da intertextualidade é, enfim, um ato político – uma insistência pública sobre identidade, liberdade, poder e responsabilidade, que argumenta contra e recusa insistências alternativas acerca da forma da realidade pública. Além

---

and Historicity", *JR* 73 (1993), pp. 31-41. Do mesmo modo, essa mudança propõe questões importantes para minha tentativa aqui de identificar as práticas discursivas características de Israel.

do mais, essa insistência política sobre a forma pública tem seu centro no Deus de Israel como um personagem político chave. Entendida de maneira mais generalizada, essa retórica, enquanto política, insiste que a realidade deve ser conhecida, experimentada e praticada por meio dessa e não de alguma outra construção. A construção israelita da realidade, ademais, não se baseia em grandes generalizações proposicionais, mas no detalhe do pronunciamento.

O reconhecimento dessa urgência do discurso no texto e em sua transmissão e interpretação claramente requer que a teologia do Antigo Testamento seja feita diferentemente da maneira pela qual tem sido feita em seu modo cognitivo e ideacional. Essa teologia não almeja um sistema de proposições assentadas. Em vez disso, entendida nessas categorias, é uma tentativa de se engajar nessa vida retórica, que não tem começo ou fim lógico e nenhum formato racional julgado por retóricas mais argumentativas. Portanto, ao identificar ênfases e temas característicos, pode-se começar em qualquer lugar e, ainda assim, perceber um tipo de coerência na qual todos os temas estão relacionados entre si. Em tal discernimento, não é provável que se complete um sistema teológico, mas que simplesmente se observe e se participe por um tempo da prática desta atividade retórica, mediante a qual o todo da realidade é recebido e apropriado de modo diferente. Isso significa, afinal, que a interpretação teológica é uma iniciativa modesta que sempre, inevitavelmente, deve deixar muito sem dizer e, talvez, até mesmo despercebido.

### *O caráter judaico do texto*

Os comentários que fiz sobre o caráter polêmico, o lugar exílico e a prática intertextual do texto apontam para outro marco do texto do Antigo Testamento, que agora nos está disponível claramente graças ao "colapso da história": o texto do Antigo Testamento é *resilientemente judaico*. De certa forma, é claro, isso é um truísmo, mas um truísmo que tem sido negligenciado demais. Não é possível argumentar que a comunidade judaica é a única a elaborar literatura polêmica, nem a única que tem o exílio em seu centro, nem a única a praticar intertextualidade com paixão. Contudo, pode-se insistir, em todas essas questões, que a comunidade judaica é a praticante modelo.

Somente dois aspectos do caráter judaico do texto nos interessam. Primeiro, esse texto é de, com e para uma comunidade histórica em particular que tem sua própria vida ao longo do tempo, uma vida caracterizada por muito abuso e deslocamento. Quando o texto é visto de uma perspectiva histórica, essa comunidade é seu tema central. É possível se distanciar dessa particularidade e, no final, uma interpretação cristã deve necessariamente lidar com o que é concretamente judaico de uma maneira paradigmática ou tipológica. A particularidade do caráter judaico do texto, entretanto, requer que, em qualquer uso do texto, se tome a devida precaução contra universalizar o texto; particularmente, em nossa situação atual, contra universalizar o texto de modo que seja lido de uma maneira genericamente ocidental. Como todo texto clássico, esse texto é expansivo em sua reivindicação e quer que seu prisma seja sempre largamente definidor. Em sua expansividade, todavia, ele nunca quer comprometer ou perder sua particularidade a respeito dessa comunidade ou de seu Deus. Destarte, a expansividade se move em direção à universalidade, mas nunca ao custo da particularidade.

Segundo, e mais especificamente, é importante reconhecer os modos judaicos de discurso pelos quais o texto procede. Devo, de antemão, fazer um esclarecimento um tanto frágil. Não estou sugerindo algo como um espírito ou gênio judaico, nem sugiro que exista algo étnico nos modos judaicos de discurso. Eu me refiro, sim, descritiva e praticamente, a maneiras de falar que parecem ser características de como o discurso judaico é conduzido.

Por um lado, o discurso ao qual me refiro é concreto e particular, de modo comprometido, recusando qualquer transcendentalismo último. Em parte, essa concretude é uma insistência na concretude dessa comunidade de judeus, o escândalo da particularidade. Em parte, é uma insistência na realidade do aqui e agora vivida como o local do significado, do qual não existe escape ou alternativa. Assim, a retórica regularmente pertence à cotidianidade, imediatez e disponibilidade da vida vivida.[51] Por outro lado, tal discurso é tipicamente polivalente, aberto a uma variedade de significados, não insistente em uma única explicação e, no todo, recusando-se a proporcionar fechamento ou explicação clara. Pode muito bem ser que outras comunidades falem da mesma maneira. Eu não absolutizo essa observação. Pretendo apenas contrastar esse modo particularista e polivalente de discurso com a pervasiva propensão ocidental cristã de simplificar, recusar ambiguidade, perder densidade e propor fechamentos universalizantes.[52]

---

[51] Obviamente, há uma tradição mística judaica (a Cabala), que é transcendental, mas tais inclinações são amplamente pós-bíblicas e extrabíblicas.

[52] Quanto a isso, eu me baseio em SUSAN HANDELMAN, *The Slayers of Moses: The*

Essa propensão particularista e polivalente se mostra em uma variedade de maneiras. Primeiro, percebemos que muitos textos são enigmáticos, por e em si mesmos, quer intencionalmente ou não. Não se pode entender facilmente o que é pretendido, e muito do trabalho é deixado ao ouvinte para completar o texto. Pode ser que o intérprete invista em uma leitura particular e possível do texto, mas isso deixa em aberto e disponível um material não explorado por um intérprete específico. Realmente, como JAMES KUGEL indicou, era a prática de grandes rabinos atentar especialmente ao que não era dito, não era claro ou não resolvido no texto, e deixar que esse elemento levasse o ouvinte a novas direções.[53] Esse discurso, além do mais, rejeita generalização ou sistematização. Ele caracteristicamente apresenta um texto por vez, e não é nem um pouco tímido quanto a justapor textos que se contradizem mutuamente. Frequentemente o processo editorial parece não exibir grande necessidade de sobrepujar tais contradições.[54] Em um nível cognitivo ou ideacional, o texto, considerado por inteiro, parece não ter interesse definido em resolver os problemas ou dar fim a muitas das contradições que marcam tanto a fé de Israel como o caráter de Javé. Por exemplo, é tipicamente judeu não reduzir a esperança a apenas um Messias; no decorrer da história de Israel, existe o potencial para muitos messias.[55]

Eu declaro tudo isso comedidamente e sem precisão. A questão se torna mais clara e mais importante, entretanto, quando esse modo de discurso é contrastado com os métodos do discurso teológico ocidental clássico, que procura sobrepujar toda a ambiguidade e causar fechamento, no interesse da certeza. Não estou certo por que a tradição cristã ocidental

---

*Emergence of Rabbinic Interpretation in Modern Literary Theory* (Albany: SUNY, 1983).

[53] JAMES L. KUGEL, "Early Interpretation: The Common Background of Later Forms of Biblical Exegesis", em *Early Biblical Interpretation* (org. JAMES L. KUGEL e ROWAN A. GREER; Filadélfia: Westminster, 1986), pp. 9-106.

[54] A crítica histórica, em sua prática convencional bem estabelecida, tende a sobrepujar, resolver, dissolver ou minimizar todas essas contradições. Uma das primeiras estratégias para isso é a dissecação de fontes, pela qual as diferentes partes da tensão ou contradição são atribuídas a fontes diferentes; assim, elimina-se o que pode ser precisamente o ponto de interesse no texto.

[55] Assim, por exemplo, veja A. JOSEPH EVERSON, "The Days of Yahweh", *JBL* 93 (1974), pp. 329-337, quanto à recusa de Israel em reduzir a esperança a qualquer "dia do Senhor" único.

tendeu a tal fechamento que pende ao reducionismo. Pode ser porque o cristianismo ocidental clássico se comprometeu, desde o início, com a lógica aristotélica, que não poderia aprovar a existência de opostos ao mesmo tempo. Ou talvez tal tendência ao fechamento seja poderosamente operativa desde o estabelecimento constantiniano do cristianismo, no qual o propósito político da religião é providenciar legitimidade confiável às reivindicações do poder. Obviamente, um grande poder político não pode ser legitimado por uma tradição religiosa repleta de ambiguidades. Como alternativa, WILLIAM PLACHER sugere que foi a abertura infindável do cristianismo em engajar-se com a cultura, uma abertura que o judaísmo não foi obrigado a compartilhar, que exigiu que o cristianismo desse fechamento a muitas questões, como um modo de assegurar sua sobrevivência e identidade como uma comunidade particular.[56]

Essas questões complexas não necessitam ser resolvidas, nem mesmo ser completamente expostas aqui. É suficiente percebermos as maneiras pelas quais os leitores cristãos tenderam a passar por cima da inclinação relativamente lúdica e aberta da retórica do Antigo Testamento para servirem às inclinações menos tensas da tradição cristã. De fato, ler o Antigo Testamento com a intenção de articular constâncias cognitivas ordenadas no texto é, provavelmente, contrário ao caráter do texto. Não sugiro que o Antigo Testamento não dê voz a constâncias cognitivas e ordenadas, mas apenas que o texto, quando tomado como um todo, trata tais constâncias como altamente provisórias. Essa provisoriedade será evidente em minha exposição. Enfim, é provável que qualquer exposição cristã, incluindo essa, não consiga afinal resistir a tal tentação.

### Qualidade dialética e dialógica

Entre as questões gerais a serem estudadas no início de nosso trabalho, em vista do "colapso da história", está a seguinte: *o Antigo Testamento, em sua articulação teológica, é tipicamente dialético e dialógico, e não transcendentalista*.[57] Essa talvez seja outra articulação do ponto a respeito das leituras judaicas e não hegemônicas, pois o caráter judaico é caracterizado pelos modos dialético-dialógicos de discurso, enquanto

---

[56] WILLIAM PLACHER, comunicação pessoal com o autor.

[57] Não tenho dúvidas de que o trabalho de MIKHAIL BAKHTIN será crucial para o trabalho futuro nessa direção no estudo do Antigo Testamento. Veja WALTER L. REED, *Dialogues of the Word: The Bible as Literature According to Bakhtin* (Nova York: Oxford University, 1993).

o cristianismo ocidental tem, há muito, se refugiado no transcendente.[58] Contudo, não se pode dizer que o Antigo Testamento, em todos os locais e em todos os tempos, evite o transcendental. Mas devo insistir que ele caracteristicamente o evita.

Com isso eu quero dizer que o Deus de Israel vive, tipicamente, "em conflito" e sob risco na vida cotidiana de Israel. Inversamente, o Deus de Israel raramente recebe permissão, na retórica de Israel, para estar seguro e tranquilo "acima do conflito". Mesmo onde se diz que Deus está em outro local, esse "outro local" ocorre geralmente em resposta à vida de Israel, quer negativa ou positivamente.[59]

A qualidade dialógico-dialética do texto que mantém Deus "no conflito" levanta a inevitável questão da teodiceia. Realmente, a teodiceia é a quintessência da retórica judaica. Mas o texto de Israel não é capaz de oferecer uma solução a essa questão, ou não está disposto a isso. O texto de Israel e, portanto, Israel e o Deus de Israel, estão sempre em meio a uma relação, incapazes de chegar a uma conclusão definitiva. Pode haver uma resolução momentânea ou provisória; contudo, como ambas as partes estão intensamente engajadas e são incessantemente verbais, sempre temos certeza que haverá outro discurso, outro desafio, outro convite, outra petição, outro argumento, os quais reabrirão a questão e consumirão o acordo provisório. Assim, a retórica religiosa de Israel não visa à resolução nem ao fechamento. Essa retórica, ao contrário, é para o longo prazo, incessantemente aberta, certamente a ser retomada em outro episódio de julgamento, o qual dessa vez pode ter um resultado diferente – mas novamente provisório. E, visto que o Deus de Israel vive tão duradouramente na retórica de Israel, nós podemos dizer, enfim, que o Deus de Israel também compartilha dessa forma provisória no mundo.

Esse caráter dialético-dialógico do discurso teológico se esvai diante de nossas práticas teológicas convencionais e tradicionais. Nossa propensão é a de dar sentido às coisas mediante um acordo, para alcançar conclusões que possam durar como certezas às quais poderemos, posteriormente, apelar. O modo discursivo característico de Israel, porém, tende a não reivindicar tais destinos para si mesmo, e tende a não proporcioná-los a Deus.

---

[58] JOHN D. CAPUTO, *Demythologizing HEIDEGGER* (Bloomington: Indiana University, 1993), pp. 6-7 e *passim*, segue JACQUES DERRIDA ao usar o termo *judeu-grego* em oposição a tal universalização.

[59] Assim, o ponto de Amós 9,2-4 e Sl 139,7-12 não é a imanência pervasiva de Javé, mas a perigosa inevitabilidade de Javé.

Há no discurso de Israel acerca de Deus uma abertura e incerteza notáveis, como se cada nova voz, em cada nova circunstância pudesse retomar todo o processo novamente. De modo admirável, o Deus de Israel, talvez tão caracteristicamente judaico, está disposto a participar vez após vez em tal intercâmbio, que deve ser desordenadamente exigente. Para Israel e para seu Deus, não há maior alegria, nem requisito mais sério, nem peso mais exigente, do que estar engajado em um processo de intercâmbio que jamais termina, mas está sempre a caminho.

### *Opções de iniciativa teológica*

Acerca desses primeiros comentários, podemos enfim considerar brevemente algumas opções de iniciativa teológica no desafiador momento presente. Essas opções estão sob julgamento e, devido à nossa nova situação teológica, não somos ainda capazes de ver um caminho que nos leve a superar esses impasses. O que se pode fazer é estar ciente do espectro de possibilidades e declarar o mais claramente possível onde estão nossas bases.

**Fundacionalismo.** Termo que surgiu nas conversações católicas, o fundacionalismo pretende dar continuidade ao discurso teológico, de uma forma que alcance credibilidade com um público maior de não crentes.[60] Consiste na vontade de assumir e trabalhar a partir dos pressupostos epistemológicos do discurso intelectual convencional. Tal suposição tende a suavizar ou mesmo silenciar os aspectos mais subversivos de uma afirmação teológica radical no interesse do "fazer sentido". De forma importante, essa perspectiva continua o trabalho de FRIEDRICH SCHLEIERMACHER, que procura disponibilizar as reivindicações da fé aos "desprezadores cultos da religião". A força dessa perspectiva reside em que a fé cristã tem a credibilidade de ser racional no discurso público. O problema, ao se tornar racional a fé, é se a particularidade escandalosa fica comprometida – aquela reivindicação peculiar que é irracional em seu núcleo.

O fundacionalismo atraiu poucos estudiosos do Antigo Testamento, pois o nosso trabalho é exatamente admitir a estranheza desse texto par-

---

[60] DAVID TRACY é o teólogo fundacionalista mais proeminente nos Estados Unidos, mas o trabalho de FRANCIS FIORENZA também deve ser notado. Veja OLAF TOLLEFSEN, *Foundationalism Defended: Essays on Epistemology, Ethics, and Aesthetics* (Manchester: Sophia Institute, 1994); para comentários úteis de uma perspectiva católica, veja JOHN E. THIEL, *Nonfoundationalism* (Mineápolis: Fortress, 1994); e Thiel, *Imagination and Authority: Theological Authorship in the Modern Tradition* (Mineápolis: Fortress, 1991).

ticularmente judeu, o qual em nenhuma circunstância será enquadrado à razão dominante da cultura. Ainda assim, muito do que se passa por crítica histórica está de fato a serviço de algo parecido com o fundacionalismo. Pois é a estranheza da tradição, o inescrutável e o milagroso que são tipicamente suavizados e justificados pela crítica histórica, com sua aliança e com a racionalidade moderna. O que resta, então, que seja compatível com a razão moderna é exatamente o que é menos desafiante, menos interessante e menos importante nas afirmações teológicas do Antigo Testamento.

Não é por razões gerais ou teóricas do fundacionalismo que a crítica histórica se tornou suspeita para muitos intérpretes do Antigo Testamento. Concretamente, há um espanto crescente, compartilhado por este escritor, quanto a se a própria crítica, a qual pretendia disponibilizar o texto nos seus próprios termos, tem agora tornado o texto inacessível em seus próprios termos, visto que ele se tornou acessível apenas segundo o cânon da modernidade. Não se pode rejeitar de antemão os ganhos e possibilidades da crítica modernista, mas é preciso estar atento aos riscos de explicar demasiadamente o que pretende ser inexplicável e inescrutável por sua própria natureza.

**Crítica canônica**. Em resposta às formas exageradas da crítica histórica que rearticularam o texto do Antigo Testamento de acordo com as categorias modernistas, uma opção de interpretação é a que foi designada de crítica canônica. Comentarei em outra parte sobre o trabalho de BREVARD CHILDS. Aqui destaco somente que CHILDS, em sua perspectiva canônica, resiste à fragmentação do texto procurando ler todas as partes do texto como um conjunto completo.[61]

Na realidade, contudo, parece que essa abordagem no fim gerou uma leitura do texto do Antigo Testamento por meio das categorias da teologia sistemática cristã. A bem da verdade, é uma leitura que se distancia dos perigos da crítica moderna. No entanto, essa abordagem apresenta seu próprio reducionismo que, por sua vez, ignora e distorce a especificidade do texto. O ganho de uma perspectiva canônica é que, sem constrangimento, ela se ocupa de temas teológicos que o fundacionalismo modernista deve evitar. Mas a ênfase em tais temas, teológicos como são, tende a ignorar

---

[61] JON D. LEVENSON, "The Eighth Principle of Judaism and the Literary Simultaneity of Scripture", em *The Hebrew Bible, the Old Testament, and Historical Criticism: Jews and Christians in Biblical Studies* (Louisville: Westminster/John Knox, 1993), pp. 62-81, analisou nesse sentido o "oitavo princípio" de Maimônides. É importante notar que, quanto a isso, LEVENSON explicitamente se aproxima de CHILDS.

os dados teológicos específicos do texto que se recusam a ser tematizados categoricamente.

**Leitura *a seriatim*.** Em uma exposição das tendências universalizantes da teologia ocidental, Friedrich Nietzsche observou que a verdade "é um exército de metáforas".[62] Isto é, a grande reivindicação da verdade no pensamento idealista convencional se constitui, de fato, de uma colagem de particularidades, as quais não são superadas ou erradicadas pela generalização, seja modernista ou canônica.

A abordagem de Nietzsche pode resultar em um tipo de niilismo, embora não necessariamente. Podemos bem nos referir ao sugestivo trabalho de David Blumenthal, que propõe tomar os vários textos do Antigo Testamento *a seriatim* e os ler um de cada vez sem qualquer referência a um panorama mais abrangente.[63] Talvez possa se dizer que Blumenthal inevitavelmente contrabandeia alguma pressuposição geral, como todos nós fazemos, mesmo se é mantida oculta. Eu me pergunto, contudo, se tal noção de sistema oculto não se aplica peculiarmente aos cristãos ocidentais. É possível que a tentativa de Blumenthal na leitura *a seriatim* só possa ser feita por um judeu.

Como cristão ocidental, eu sou definitivamente incapaz de praticar esse tipo de abordagem um-de-cada-vez de Blumenthal.[64] Fazer algo assim é emocional e intelectualmente impossível para mim, pois outros textos vão se enfiando na minha leitura de qualquer texto específico, de forma que preciso ler um texto específico na presença de outros textos. Mesmo assim, Blumenthal me instrui em caminhos importantes, fazendo-me relembrar da particularidade que pertence à sua forma de fazer uma leitura judaica. Tal sensibilidade, dentre muitas outras coisas, exige que se esteja alerta para notar e atentar precisamente à particularidade do texto que não "se encaixa no padrão". Assim, uma valorização *a seriatim* de textos específicos se destaca como um alerta contra a crítica modernista que simplifica as coisas e contra a perspectiva canônica que tende a um fechamento sistemático.

**Uma abordagem pós-liberal.** Meu esforço nesta obra é uma tentativa de ser pós-liberal ou não fundacional, do modo como essa aborda-

---

[62] Friedrich Nietzsche, "On Truth and Lie", *The Portable Nietzsche* (org. Walter Kaufmann; Nova York: Viking, 1954), pp. 46-47.

[63] David Blumenthal, *Facing the Abusive God: A Theology of Protest* (Louisville: Westminster/John Knox, 1993).

[64] Veja Walter Brueggemann, "Texts That Linger, Not Yet Overcome," *TToday*.

gem é articulada variadamente por HANS FREI, GEORGE LINDBECK e STANLEY HAUERWAS.[65] Entendo que essa abordagem se refere a uma tentativa de expor as perspectivas e reivindicações teológicas do texto em si, em toda sua particularidade ímpar, sem qualquer tentativa de acomodá-lo a uma racionalidade maior, quer seja da modernidade ou do cristianismo clássico.

Consequentemente, pretendo prestar atenção à lógica interna dos textos e destacar, o melhor que eu possa, a gramática peculiar e o dialeto dessa tradição textual. Para tanto, eu me baseio na análise da "gramática da fé" de LINDBECK, embora eu reconheça que há uma grande diferença referencial entre a minha atenção aos textos do Antigo Testamento e o interesse dele pela história da doutrina cristã.[66] O Antigo Testamento certamente possui uma gramática e um dialeto discerníveis que estão presentes em todo lugar de sua articulação.

Contudo, ao mesmo tempo, subscrevo-me à crítica do argumento de LINDBECK, na medida em que ele assegura que as regras da gramática são constantes e imutáveis. A grande contribuição da iniciativa da crítica histórica foi mostrar que a vida contínua da fé de Israel é invadida e impactada por circunstâncias e experiências, de modos poderosos e discerníveis. Assim, por exemplo, é possível perceber que se faz necessário no Isaías exílico um gênero totalmente novo de declaração nos discursos de disputa, porque agora é necessária uma crítica aos deuses em vez dos antigos processos legais proféticos contra Israel.[67] Além disso, o texto de Qoheleth certamente testemunha o impacto da helenização que distancia o texto consideravelmente dos materiais sapienciais mais antigos. Deve-se permitir, de fato, como indica DAVID TRACY, que o impacto da experiência suscite novos modelos de articulação.[68]. Assim, embora minha simpatia

---

[65] HANS FREI, *The Eclipse of Biblical Narrative: A Study of Eighteenth and Nineteenth Century Hermeneutics* (New Haven: Yale University, 1974); GEORGE LINDBECK, *The Nature of Doctrine: Religion and Theology in a Postliberal Age* (Filadélfia: Westminster, 1984); e STANLEY HAUERWAS, *A Community of Character: Toward a Constructive Social Ethic* (Notre Dame: University of Notre Dame, 1981).

[66] Veja especialmente GEORGE LINDBECK, "Barth and Textuality", *TToday* 43 (outubro de 1986), pp. 361-736.

[67] Quanto a tais discursos de disputa, veja CLAUS WESTERMANN, "Sprach und Struktur der Prophetie Deuterojesajas", em *Forschung am Alten Testament; Gesammelte Studien* (ThB 24; Munique: Kaiser, 1964), pp. 124-144, um estudo bastante próximo de WESTERMANN, *Basic Forms of Prophetic Speech* (Atlanta: John Knox, 1967).

[68] DAVID TRACY, *The Analogical Imagination: Christian Theology and the Culture of*

fundamental esteja alinhada com as sugestões de LINDBECK, sabemos muito acerca da história da religião israelita para ignorar as mudanças, transformações e ajustes que se deram na retórica de Israel. A gramática de Israel foi de fato invadida pelos caprichos da experiência histórica, de maneira que as "constantes" daquela gramática só podiam continuar "constantes" conservando sua atualidade nos lugares sempre novos e exigentes onde Israel era convocado a fazer sua declaração sincera e esperançosa.

**Comunidade de escuta secundária.** Assim, a iniciativa da teologia do Antigo Testamento se posiciona, acredito indubitavelmente, em uma situação em que a exposição é sempre conduzida na presença de duas audiências.[69] No primeiro momento, a exposição é dirigida à autocompreensão, ao autodiscernimento e à autorização da comunidade que começa em aprovação a esse texto. (Incluo "autorização" porque a intenção de uma exposição assim, devido ao seu Personagem central, nunca é só conhecimento, mas sempre atividade obediente).[70] Nesse ponto, a tarefa expositiva está dentro do horizonte sugerido por LINDBECK. Essa comunidade em curso deve permanecer reaprendendo sua própria gramática e dialeto peculiares, de modo que possa se conservar ao longo do tempo e tenha a coragem e energia para a obediência inerente à sua identidade.

Ao mesmo tempo, contudo, o Antigo Testamento e as comunidades judaica e cristã resultantes tipicamente não são capazes de viverem isoladas, e nem o tem pretendido; tampouco o seu caráter, em relação ao Deus que reivindica o governo do mundo, permite tal isolamento. Por essa razão, o Antigo Testamento sempre se dirige, tardiamente, a uma comunidade de escuta secundária: o grande público que está disposto a acolher muitas

---

*Pluralism* (Nova York: Crossroad, 1981).

[69] TRACY, *ibid.*, pp. 3-46, identifica três audiências: a Igreja, a academia e o público. Observe bem, contudo, que WILLIAM C. PLACHER, *Narratives of a Vulnerable God: Christ, Theology, and Scripture* (Louisville: Westminster/John Knox, 1994), insiste que a interpretação teológica tem a Igreja como audiência primária, sendo que a academia e a sociedade mais ampla podem apenas "ouvir acidentalmente". Esse modo de pensar é um desvio considerável do modelo de TRACY. A tensão entre as duas perspectivas é importante, e o julgamento continuará quanto a esse assunto.

[70] Veja meus comentários em *Interpretation and Obedience: From Faithful Reading to Faithful Living* (Filadélfia: Fortress, 1991), pp. 1-4. Em conversas hermenêuticas recentes, uma sedutora "autocompreensão" e "autodiscernimento" surgem da tradição de Wilhelm Dilthey; portanto, a ênfase de KARL MARX na práxis é importante para a hermenêutica fiel.

interpretações alternativas da realidade.⁷¹ A longa história desse texto, especialmente no ocidente, testemunha os infinitos pontos de incidência, em virtude dos quais o texto tem fornecido categorias, discernimento, energia e ímpeto para um modelo diferente de vida no mundo.⁷²

Na medida em que o Antigo Testamento recebe essa escuta secundária, a qual inevitavelmente é judaica, mas que vai além dos limites do judaísmo, a exposição se preocupa com mais do que a coerência interna da gramática e do dialeto. Nesses textos, Israel não fala só para si mesmo, mas a muitos outros que estão além da sua própria gramática e dialeto. Assim, a retórica de Israel é infinitamente um apelo para as nações. A maravilha e o mistério desse texto, por qualquer razão e como quer que seja entendido, é que ele, no passado e no presente, fala poderosa e convincentemente àqueles que estão fora da comunidade de gramática coerente. De alguma forma, essa escuta secundária, que nunca pode estar longe do alcance do expositor, nos aproxima da insistência de TRACY de que as reivindicações do texto não são apenas reveladoras, de um modo direto e fechado, mas também clássicas, no sentido de que homens e mulheres "de todo tipo e condição" se referem continuamente ao que é dado nesse texto.⁷³

A tendência deste autor e, sugiro, a tendência principal do próprio texto (embora essa seja uma questão aberta) é dirigida à comunidade primária que fala e escuta no ritmo dessa gramática. Mas, além dessa inclinação

---

⁷¹ "A comunidade de escuta secundária" coincide com o público como uma das audiências identificadas por TRACY. De alguma forma, a academia é um subconjunto dessa comunidade secundária. Pode ser que, em termos da fé bíblica, o público seja uma comunidade de escuta secundária simplesmente por causa dos antigos hábitos da Cristandade. Creio, todavia, que os textos sérios, que soam as cadências da verdade como são sentidas no processo humano, inevitavelmente atraem para si essa comunidade de escuta secundária. Isso é verdadeiro quanto à Bíblia, sugiro, mesmo sem o reforço social e os hábitos da Cristandade. Essa crítica, geralmente feita a LINDBECK, tem mérito em minha opinião, mas não derrota a intenção primária dele.

⁷² Veja, por exemplo, MICHAEL WALZER, *Exodus and Revolution* (Nova York: Basic Books, 1986); GEORGE STEINER, *Real Presences: Is There Anything in What We Say?* (Londres: Faber and Faber, 1989); e NORTHROP FRYE, *The Great Code: The Bible and Literature* (Londres: Routledge and Kegan Paul, 1982).

⁷³ Quanto ao clássico, veja DAVID TRACY, *The Analogical Imagination*, pp. 99-229 e *passim*. Penso que a noção de TRACY sobre o clássico é uma categoria mais importante e que não se rejeita tão facilmente como os canonistas teimosos buscam fazer. Entendo TRACY querendo dizer que o clássico tem poder de atração, não por causa de gerência manipulativa, mas devido ao poder intrínseco e inerente do texto.

do expositor e do texto, esse texto também se endereça à comunidade de escuta secundária de modos poderosos e transformadores. Deve-se estar atento, o melhor que se possa, a ambas as comunidades de escuta. Embora Israel seja o principal endereçado no texto, no fim são as nações que são as beneficiárias, pois estão convidadas à paz e justiça que se baseiam na Torá e estão enraizadas no governo de Javé. Assim, por exemplo, no Salmo 96,10, o "evangelho" é para as "nações".

**Caráter polifônico**. Na tentativa de abordar essa comunidade de escuta secundária, fui grandemente ajudado pelo artigo "Life in the Crypt or Why Bother with Biblical Studies", de MARK COLERIDGE.[74] Ele concorda com muitas críticas, seguindo JEAN-FRANÇOIS LYOTARD, de que a reivindicação de qualquer "metanarrativa totalizante", incluindo a da Bíblia, há muito está desaparecida do mundo contemporâneo. Porém, COLERIDGE também nota que alguns críticos acadêmicos seculares, em sua resistência a um tipo de vácuo desconstrutivo que termina em solipsismo, estão olhando novamente para a Bíblia; não como uma antiga "metanarrativa totalizante", mas como uma espécie bem diferente de narrativa mestra, uma quase perdida de vista devido aos hábitos dos totalizadores cristãos.

Assim, COLERIDGE sugere que o que é característico e peculiar na Bíblia é o seu "caráter polifônico":

> A Bíblia insiste em uma narrativa comum, mas uma que inclui uma diversidade de vozes; muitos relatos constituem *o* relato. O relato de Deus é singular e múltiplo. Insiste igualmente em uma narrativa que, às vezes, é muito desarticulada; sua conexão só é percebida pela batalha. A Bíblia não é fácil de ler.[75]

É precisamente essa qualidade que faz a escrita de uma teologia do Antigo Testamento tão problemática, mas também tão urgente. O nosso esforço, portanto, consiste em dar disponibilidade ao caráter polifônico do texto; isso não é mais suportado pelos críticos históricos racionalistas do que pelos fundamentalistas contra quem nos adverte COLERIDGE. A interpretação cristã "totalizou" o texto, e é provável que a abordagem *seriatim* de BLUMENTHAL também não seja tolerada ao longo do tempo. Uma versão do texto que seja fiel ao seu caráter polifônico é o que se requer agora: centrada o suficiente para sua comunidade de escuta primária, a qual acre-

---

[74] MARK COLERIDGE, "Life in the Crypt or Why Bother with Biblical Studies", *Biblical Interpretation* 2 (julho de 1994), pp. 139-151.

[75] Ibid., p. 148.

dita na coerência da sua gramática e nos seus ritmos confiáveis; aberta o suficiente para ser sedutora à comunidade de escuta secundária, a qual pode ser atraída pela sua veracidade, mas que teme qualquer reducionismo ou fechamento autoritário. Essa qualidade de *muitas vozes como a voz* do texto tem feito esse texto persistir com autoridade, e tem permitido que sua comunidade de escuta primária persista ao longo do tempo, atravessando muitas "labutas e perigos".

Para situar nossa exposição da teologia do Antigo Testamento na discussão interpretativa erudita atual, podemos nos deter para considerar outros esforços na interpretação teológica do Antigo Testamento, no meio dos quais deve se entender o presente trabalho.

**Iniciativas centristas**

Podemos identificar quatro intérpretes atuais da teologia do Antigo Testamento que são representantes das opções mais visíveis e disponíveis do campo. Qualifico esses estudiosos como centristas porque, por diversos motivos, sua obra dá continuidade a trabalhos anteriores, e porque são estudiosos muito influentes em grandes instituições de pesquisa, representando assim o melhor da erudição na tradição clássica. (Devo advertir, a propósito, que eles são homens, brancos e de trabalho estável, como é o escritor).

***Brevard Childs***

O primeiro deles é Brevard S. Childs, catedrático da Faculdade de Teologia de Yale. Childs se tornou o praticante mais formidável da teologia bíblica; seu trabalho é um ponto de referência para todo trabalho subsequente. Portanto, qualquer estudante da teologia do Antigo Testamento deve estar atento ao seu trabalho. Em 1970, Childs demonstrou pela primeira vez sua preocupação com a crise da teologia bíblica; ele falava do fim do movimento de teologia bíblica centralizado na obra de Gerhard von Rad e G. Ernest Wright.[76] Childs se formou na tradição exegética alemã, mas concluiu, já em 1970, que uma teologia do Antigo Testamento que pretenda atuar nos limites da crítica histórica está condenada ao fracasso, pois trabalha com premissas estranhas ao texto e à tarefa como tal.

A alternativa de Childs para a exposição teológica baseada na crítica histórica é trabalhar com o que ele denomina de perspectiva canônica. Em 1970, Childs publicou uma série de livros importantes nos quais tem procurado caracterizar o que ele quer dizer por canônica, embora esteja claro que o seu próprio entendimento do termo evoluiu ao longo do tempo.

---

[76] Brevard S. Childs, *Biblical Theology in Crisis* (Filadélfia: Westminster, 1970).

Em seu livro de 1970, ele propôs fazer uma teologia "canônica" prestando atenção às citações do Antigo Testamento no Novo Testamento. Desde então, ele tem explorado muitas outras maneiras de fazer uma teologia canônica, nenhuma talvez tão satisfatória como a proposta inicial. Dentre seus livros mais importantes está um comentário a Êxodo, no qual ele argumenta que exposição canônica significa levar em consideração a leitura do texto como tem sido feita, ao longo do tempo, por leitores fiéis nas comunidades eclesiásticas judaicas e cristãs.[77] Assim, "canônica" se refere à leitura "cheia de fé" do texto pela comunidade de fé. Em seu livro mais influente, *Introduction to the Old Testament as Scripture*, CHILDS sugere que "canônica" significa o formato literário real de cada um dos livros da Bíblia, pois o próprio formato literário é um ato de intencionalidade teológica.[78] Em seu livro *Old Testament Theology in a Canonical Context*, CHILDS expõe uma variedade de temas e tópicos, aparentemente indicando como "canônico" que qualquer referência bíblica particular a um tema ou assunto deve ser tomada no contexto de como esse tema ou assunto é tratado em todos os lugares do texto, de forma que cada parte deve ser lida e entendida com o todo.[79]

Através de suas diversas análises, surgem vários temas fundamentais para seu trabalho. Primeiro, CHILDS considera a crítica histórica em princípio como uma iniciativa distorcida que projeta a Bíblia em categorias alheias às suas próprias intenções. Contudo, ele considera também que se reconciliar com a crítica histórica é a condição primária para fazer um trabalho teológico sério:

> O problema crucial da teologia bíblica permanece em grande parte sem solução, ou seja, o desafio de usar as ferramentas comuns da crítica histórica de nossa época no estudo da Bíblia e, ao mesmo tempo, fazer justiça à singular matéria teológica das Escrituras como a autorrevelação de Deus.[80]

---

[77] BREVARD S. CHILDS, *Exodus: A Commentary* (OTL; Filadélfia: Westminster, 1974).

[78] BREVARD S. CHILDS, *Introduction to the Old Testament as Scripture* (Filadélfia: Fortress, 1970). Veja também CHILDS, *The New Testament as Canon* (Filadélfia: Fortress, 1984). O último livro não atraiu muita atenção e não é tão importante para essa discussão como o primeiro. O programa canônico de CHILDS recebeu uma cuidadosa avaliação em PAUL R. NOBLE, *The Canonical Approach: A Critical Reconstruction of the Hermeneutics of BREVARD S. CHILDS* (Leiden: Brill, 1995).

[79] BREVARD S. CHILDS, *Old Testament Theology in a Canonical Context* (Filadélfia: Fortress, 1985).

[80] BREVARD S. CHILDS, "Critical Reflections on JAMES BARR's Understanding of the

A maneira de CHILDS fazer as pazes com a crítica histórica parece ser a de voltar além do período crítico moderno, retornando à Reforma, para considerar e repetir sua forma de interpretação, a qual ainda não estava contaminada pela crítica moderna. Tal iniciativa parece ser pré-crítica em sua tendência, pelo que podemos nos questionar se um projeto como esse pode ser intelectualmente confiável na presente discussão. Na medida em que tal obra é pré-crítica, como se o projeto crítico não tivesse existido, é provável que não entre em contato efetivo com nossa situação basicamente pós-crítica.[81]

De fato, esse breve levantamento histórico sugere que o problema importuno é o veredito entre a autoridade interpretativa da Igreja e a da comunidade crítica acadêmica. Essas autoridades interpretativas às vezes estão em profunda tensão, e às vezes estão em uma relação dialética entre si. É evidente que CHILDS propõe resolver o impasse simplesmente se colocando completamente de um dos lados da tensão. Muitos consideram duvidoso tal procedimento. Como veremos, quando alguém se move para o outro extremo e busca em princípio excluir as reivindicações da autoridade interpretativa da Igreja, o resultado é igualmente insatisfatório. Diante da proposta de CHILDS, parece sensato reconhecer que não há fácil resolução para esse problema antigo e importuno; certamente, a solução não será encontrada evitando o debate com uma reivindicação antiquada pela autoridade eclesiástica ou pela crítica racionalista.

Outra ênfase de CHILDS é insistir, desde o início, que a teologia do Antigo Testamento é uma iniciativa singularmente cristã. Ou seja, ler o Antigo Testamento já é uma responsabilidade confessional para os cristãos; os judeus que leem a Bíblia Hebraica estão na realidade lendo um livro diferente. O Antigo Testamento para os cristãos, como sugere a palavra "Antigo", será sempre lido em relação ao "Novo". Para CHILDS, os termos *antigo-novo* não significam suplantação, mas sim reivindicar que os dois corpos de literatura devem ser lidos juntos, posto que esse é o seu caráter; lê-los de qualquer outro modo é entendê-los mal desde o início.

---

Literal and the Allegorical", *JSOT* 46 (1990), p. 8.

[81] Quanto à "segunda ingenuidade" pós-crítica proposta por PAUL RICOEUR, veja MARK I. WALLACE, *The Second Naiveté: BARTH, RICOEUR, and the New Yale Theology* (StABH 6; Macon: Mercer University, 1990). Minha impressão é que CHILDS não encontrou um modo efetivo de ultrapassar a crítica; em vez disso, move-se de volta aos reformadores para antes da crítica. Pode-se aprender muito dessa estratégia; contudo, no final, creio que essa abordagem falha em estabelecer contato com a situação real na qual a interpretação fiel deve ser feita.

Ao clarear o terreno dessa forma, CHILDS em princípio elimina as importunas questões sobre como cristãos e judeus podem conviver e ler juntos o mesmo livro, pois seus livros não são os mesmos. Além disso, dessa forma CHILDS elimina as ricas possibilidades de uma leitura compartilhada, embora em seu comentário de Êxodo ele preste atenção esporádica na exegese judaica.

No seu livro mais recente, *Biblical Theology of the Old and New Testaments*, que assumo ser a culminação do seu argumento, pode-se ver claramente a intenção da ênfase tipicamente cristã de CHILDS.[82] Ele começa com a tese de que o Antigo e o Novo Testamento são "dois testemunhos de Jesus Cristo". Pode-se detectar nesse livro a percepção de CHILDS de uma tarefa dupla. Na primeira parte do livro, CHILDS faz uma exposição bem convencional do Antigo Testamento. Na segunda parte, no entanto, ele o relê fazendo referência ao Novo Testamento e ao evangelho cristão. Nesse modelo de teologia bíblica, o Antigo Testamento quase desaparece, porque não se entrega totalmente a tal tarefa. O Antigo Testamento tem muito a dizer sobre Deus, mas não muito a dizer sobre Jesus como o Cristo.

Não é surpresa que a iniciativa audaciosa de CHILDS seja enormemente polêmica. Seu projeto dará força e otimismo a quem se dedica à teologia sistemática cristã. Além disso, podem-se detectar continuidades importantes com seu professor, WALTHER EICHRODT, ao identificar as constantes conceituais e cognitivas da fé que são compatíveis com as categorias da teologia cristã convencional. Para muitos outros, entretanto, incluindo este escritor, a proposta de CHILDS parece difícil e problemática em muitos aspectos.

O projeto de CHILDS me parece massivamente reducionista. Limitar a leitura do texto do Antigo Testamento ao que é útil à teologia cristã – ou seja, ao testemunho de Jesus Cristo – significa que deve ser ignorado muito do texto. Mesmo que os textos sejam retomados, o lúdico e a ambiguidade que tínhamos assinalado como sendo características judaicas devem ser desconsiderados visando uma concepção plana. Minha impressão é que forçar esse texto dentro de tais categorias prepara o caminho para uma leitura equivocada. CHILDS certamente está correto ao alertar contra o comprometimento obsessivo com as categorias da crítica modernista, na qual desaparece a iniciativa teológica; mas sua alternativa positiva para isto é, na minha interpretação, negar ao texto seu próprio dizer. E, quando CHILDS

---

[82] CHILDS, *Biblical Theology of the Old and New Testaments*, com sua ênfase cristológica frontal.

faz uma interpretação que considera canônica, sua leitura parece tão subjetiva como aquelas contra as quais protesta.

Anteriormente, CHILDS havia sugerido que é o formato do texto em si que constitui a "regra de fé" dos cristãos. Tal sugestão é coerente com a tradicional afirmação protestante de que a Escritura é "a única regra de vida e fé". Em seu livro mais recente, entretanto, CHILDS dá um grande e problemático passo interpretativo. Agora ele conclui que a Bíblia deve ser lida "de acordo com a regra de fé", que ele agora entende ser a tradição doutrinária da Igreja.[83]

Essa manobra é estranha e, no meu entendimento, completamente inaceitável, pois significa que o texto em si agora está sujeito a uma série de categorias interpretativas que vêm de outro lugar. O estranho resultado de tal afirmação é uma aceitação sem reservas da tendência tridentina de submeter o texto e sua possível interpretação ao controle das categorias eclesiásticas. Quando nos recordamos de que uma das intenções e funções da crítica histórica no período moderno foi libertar o texto do controle da Igreja, torna-se evidente que, em sua rejeição das categorias da crítica histórica, CHILDS parece ter optado por um retorno do esforço interpretativo à autoridade da Igreja. Isto em si mesmo pode não ser tão surpreendente, até recordarmos que a Reforma, bem como o Iluminismo, procuraram libertar o texto do controle da Igreja. Agora CHILDS propõe submeter novamente o texto exatamente a essa autoridade interpretativa.

Minha perspectiva, contra a de CHILDS, sugere que uma leitura manifestamente cristológica do Antigo Testamento não é confiável ou responsável. Como PAUL VAN BUREN demonstrou, na verdade lemos no Antigo Testamento a respeito do mesmo Deus que é conhecido no Novo Testamento.[84] Entretanto, o Antigo Testamento é um testemunho desse Deus que não pode ser forçado rigorosamente a testemunhar sobre aquele considerado pelos cristãos como o Messias de Deus. CHILDS nos alertou acerca de questões sumamente importantes quanto a fazer teologia do Antigo Testamento, especialmente em relação à crítica histórica. Contudo, suas propostas positivas, no meu entendimento, apresentam dificuldades insuperáveis. Uma delas, não a menor, é que, em um modelo conceitual, não se permite o que considero como mais judaico no discurso do texto. No meu

---

[83] Ibid., pp. 63-68.

[84] PAUL VAN BUREN, *Discerning the Way: A Theology of Jewish-Christian Reality* (Nova York: Seabury, 1980).

entender, uma teologia do Antigo Testamento deve disponibilizar os textos e suas reivindicações para a utilização da teologia cristã, mas com o reconhecimento claro e modesto de que não estão exclusivamente disponíveis para esse uso; além disso, também com uma consciência de que a teologia cristã pode se aliar aos caminhos nos quais esses mesmos textos são lidos por outros e pode ser instruída por tais caminhos.

### *Jon D. Levenson*

Um segundo intérprete atual é Jon D. Levenson da Faculdade de Teologia de Harvard. Em uma série de livros recentes, Levenson se estabeleceu, ao lado de Michael Fishbane, como um dos intérpretes judaicos mais sérios e imaginativos da Bíblia; intérpretes cristãos certamente terão interações sérias com eles.[85] Anteriormente, Levenson afirmara que a principal razão para a relutância judaica em se envolver com a reflexão teológica é que a teologia do Antigo Testamento tem sido por muito tempo, mas especialmente no século XX, uma iniciativa distintamente cristã, a qual era desavergonhadamente superacionista em sua articulação.[86] Certamente, nenhum judeu poderia participar responsavelmente em uma discussão que assume o superacionismo como ponto de partida. Levenson cita estudiosos de um período anterior (Robert Denton, assim como Eichrodt e von Rad) que simplesmente assumiram (como Childs) que o Antigo Testamento de forma inevitável e indisputável culmina no Novo Testamento e no messianismo de Jesus.[87]

Devido a essa razão convincente, Levenson, como outros intérpretes judeus, tem relutado em se engajar na tarefa teológica, em especial porque a tendência judaica é consistentemente contra grandes conceituações intelectuais (sistematização).[88] Tendo dito isso, Levenson se dedicou com

---

[85] Jon D. Levenson, *Sinai and Zion: An Entry into the Jewish Bible* (Mineápolis: Winston, 1985); *Creation and the Persistence of Evil: The Jewish Drama of Divine Omnipotence* (São Francisco: Harper and Row, 1988); *The Hebrew Bible, the Old Testament, and Historical Criticism*; e *The Death and Resurrection of the Beloved Son: The Transformation of Child Sacrifice in Judaism and Christianity* (New Haven: Yale University, 1993).

[86] Levenson, "Why Jews Are Not Interested in Biblical Theology", em *The Hebrew Bible, the Old Testament, and Historical Criticism*, pp. 33-61.

[87] Ibid., pp. 40-45.

[88] Uma exceção importante é M. H. Goshen-Gottstein, "Tanakh Theology: The Religion of the Old Testament and the Place of Jewish Biblical Theology", em *Ancient*

alegria à tarefa de interpretação teológica, fazendo uso exclusivo das tradições interpretativas judaicas e, ocasionalmente, se envolvendo em polêmicas contra a apropriação cristã daquilo que é uma reivindicação devidamente judaica.[89]

Para nossa análise, é importante focarmos no livro *The Hebrew Bible, the Old Testament, and Historical Criticism* de LEVENSON. A razão de eu ter citado LEVENSON imediatamente após CHILDS é que, apesar da separação decisiva que CHILDS faz dos conceitos judaicos e da separação similar que LEVENSON faz dos conceitos cristãos, ambos concordam nos pontos mais importantes do trabalho de interpretação teológica. Primeiro, LEVENSON concorda com CHILDS quanto à distorção problemática gerada pela crítica histórica.[90] Como era de se esperar, sua rejeição à crítica histórica é mais aguda e polêmica que a de CHILDS, visto que a crítica histórica é uma iniciativa quase inteiramente cristã; além disso, assumiu o consenso de WELLHAUSEN que descreve o judaísmo tardio como decadente, degenerado e legalista, uma caricatura do judaísmo fomentada pela erudição cristã que legitimou distorções cristãs profundas sobre a tradição judaica. Segundo, LEVENSON concorda com CHILDS que judeus e cristãos certamente não leem a mesma Bíblia.[91] Quando os cristãos leem o Antigo Testamento em relação ao Novo, estão fazendo algo impossível com a Bíblia Hebraica. Terceiro, seguindo as oito regras de interpretação de Moisés Maimônides, LEVENSON insiste, como CHILDS, que cada texto em particular deve ser lido

---

*Israelite Religion: Essays in Honor of FRANK MOORE CROSS* (org. PATRICK D. MILLER; Filadélfia: Fortress, 1987), pp. 617-44.

[89] Assim, por exemplo, LEVENSON, *The Death and Resurrection of the Beloved Son*, indica que a noção do pai que oferece seu filho amado é completamente judaica. Em suas reivindicações cristológicas, contudo, a Igreja tomou essa imagem judaica e a usou contra os judeus de um modo exclusivista e polêmico.

[90] LEVENSON, "The Hebrew Bible, the Old Testament, and Historical Criticism", em *The Hebrew Bible, the Old Testament, and Historical Criticism*, pp. 1-32. FREDERICK E. GREENSPAHN, "How Modern Are Modern Biblical Studies", *Minḥah-Le-Naḥum: Biblical and Other Studies Presented to Nahum M. Sarna in Honour of His 70th Birthday* (org. Marc Brettler e MICHAEL FISHBANE; JSOTSup 154; Sheffield: Sheffield Academic, 1993), pp. 164-182, contudo, sugere que os judeus nem sempre consideraram tal crítica de modo negativo. Dessa forma, a aliança íntima e negativa entre a crítica e a interpretação cristã – contra a qual LEVENSON polemiza – talvez seja um exagero. Essa questão necessita de uma nuance mais cuidadosa.

[91] LEVENSON, "The Eighth Principle of Judaism", pp. 71-81.

à luz do todo, produzindo assim algo muito semelhante à "leitura canônica" de Childs.[92]

O contraponto de Levenson a Childs é extremamente importante, porque nos ajuda a identificar a problemática do estranho triângulo de interpretação no qual nos encontramos relativamente às perspectivas judaica, cristã e crítica. Embora, em princípio, Levenson concorde com Childs nos principais pontos, devemos observar que o resultado para ambos é muito diferente. A determinação de Levenson de suprimir a leitura superacionista dos cristãos é uma questão bem diferente da resolução de Childs em disponibilizar uma leitura cristã que inevitavelmente se situa em uma longa tradição de superacionismo.

No meu entendimento, Levenson está correto tanto em suas afirmações polêmicas contra o superacionismo cristão quanto contra aquelas formas da crítica histórica que minaram profundamente a seriedade da leitura teológica. Além disso, sem dúvida Levenson está certo de que tem havido um conluio (involuntário) entre o superacionismo cristão e a crítica histórica com sua tendência desenvolvimentista. Tendo dito isso, o importante no trabalho de Levenson não são suas várias polêmicas, mas sim o modo como seus comentários sobre a tradição judaica de interpretação podem instruir a leitura cristã, tanto para aumentar nossa percepção diante da nossa grande ignorância dessa tradição, quanto para corrigir nossas leituras equivocadas geralmente cometidas também por ignorância. Minha expectativa é de que, se o superacionismo da crítica histórica cristã puder ser superado algum dia, o benefício positivo de fazer uma leitura cristã consciente na presença da exposição judaica poderia ser grandemente enriquecedor. Mas o processo de retificação será longo, difícil e custoso para os cristãos.

O trabalho de Levenson é uma lembrança fundamental do modo como a história da exposição cristã tem sido mal informada e destrutivamente autocentrada. Por fim, Levenson afirma que está equivocada qualquer leitura do texto, cristã ou crítica, que não seja judaica. Posso compreender como Levenson chegou a tal conclusão. Dada a história da dominação cristã, um monopólio judaico do texto não é tão problemático como uma apropriação cristã dele. Contudo, um intérprete cristão não pode simplesmente aceitar o veredito de Levenson. Enfim, a apropriação do texto para a leitura judaica por Levenson é inaceitável, não apenas por não deixar espaço para a interpretação cristã, mas porque viola o caráter do próprio texto. No texto, há uma inquietação recorrente quanto à leitura

---

[92] Ibid., pp. 62-71.

judaica e um impulso que a ultrapassa em direção a uma leitura tão ampla quanto às nações e tão abrangente quanto a criação. Em minha opinião, a tendência de LEVENSON nesse sentido é uma leitura equivocada do texto que tem consequências tão desafortunadas, se não amargas, como as da apropriação cristã. Esse texto simplesmente não pode se submeter a qualquer leitura com interesses próprios, o que torna o texto convincente e subversivo. Assim, estamos no meio desse patrimônio, com uma pergunta terrível para a qual não sabemos a resposta. Embora LEVENSON formalmente concorde com CHILDS, a essência da sua tese é uma rejeição completa do que CHILDS se dispõe a fazer. De qualquer forma, a insistência de LEVENSON faz com que seja impossível a apropriação do texto por CHILDS para uma leitura cristã, em meu entendimento.

## *JAMES BARR*

JAMES BARR, catedrático da Faculdade de Teologia de Vanderbilt, representa um importante ponto de referência na teologia do Antigo Testamento. BARR associou-se intimamente a CHILDS nas décadas de 1960 e 1970 em sua crítica comum ao movimento de teologia bíblica.[93] Em outros pontos, entretanto, BARR e CHILDS dificilmente poderiam discordar mais.[94] CHILDS tende a uma tarefa teológica construtiva segundo linhas cristãs tradicionais, enquanto a inclinação de BARR é tipicamente crítica, se não iconoclasta.

Podemos identificar dois pontos iniciais que fornecem uma base para a percepção crítica de BARR. Primeiro, BARR logo estabeleceu sua autoridade incomum como estudioso da Escritura com a obra *The Semantics of Biblical Language*, por meio da qual trouxe para a disciplina do Antigo Testamento uma compreensão adequada da análise de discurso e do uso das palavras.[95] Com base nisso, BARR pôde mostrar que muito do que era

---

[93] A avaliação e a crítica de JAMES BARR ao movimento da teologia bíblica aparecem em muitos de seus escritos. Veja, por exemplo, *The Bible in the Modern World* (Londres: SCM, 1973); *Holy Scripture: Canon, Authority, Criticism* (Oxford: Oxford University, 1983); e "The Theological Case against Biblical Theology", em *Canon, Theology, and Old Testament Interpretation* (org. Gene M. Tucker *et al.*; Filadélfia: Fortress, 1988), pp. 3-19.

[94] Veja as críticas de BARR contra CHILDS em, *Holy Scripture: Canon, Authority, Criticism*; e veja sua resenha de CHILDS em *JSOT* 16 (1980).

[95] JAMES BARR, *The Semantics of Biblical Language* (Oxford: Oxford University, 1961); e *Biblical Words for Time* (SBT 33; Londres: SCM, 1962).

considerado como teologia no movimento de teologia bíblica era irresponsável e baseado em métodos errados na interpretação de palavras isoladas. Especificamente, BARR expôs como falsa a reivindicação de que havia algo peculiar na mentalidade hebraica ou em sua linguagem, e afirmou que as palavras hebraicas, por si só, não podiam suportar o peso teológico que lhes havia sido atribuído. Esse desmascaramento da interpretação bíblica popular levou BARR a adotar uma postura pobre ou reticente quanto às afirmações teológicas do Antigo Testamento.

Segundo, no curso de sua carreira, BARR dedicou considerável energia para combater as reivindicações desmedidas e autoritárias do fundamentalismo.[96] Essa ênfase significa que BARR está particularmente atento à tendência totalizadora da interpretação teológica e ao modo autoritário pelo qual se oferecem tais afirmações totalizadoras; ele não aceita nada disso. Assim, BARR encara positivamente a tradição histórico-crítica e a entende como um movimento emancipatório, um protesto contra o autoritarismo totalizador. Fica claro que BARR não considera a crítica histórica como uma distorção da tradição, como pensa CHILDS. Ao contrário, enquanto CHILDS vê coerência entre o Antigo Testamento e as afirmações dogmáticas e sistemáticas da teologia cristã, BARR considera tal congruência como problemática, tanto pelas leituras que ela requer quanto pela natureza autoritária da articulação que parece acompanhar invariavelmente tais leituras.

Até agora, BARR não publicou uma teologia completa do Antigo Testamento, embora esteja trabalhando nisto. Enquanto isso, pode-se fazer referência ao seu trabalho preliminar, de forma mais recente e específica às palestras de Gifford.[97] Embora essas palestras expressem sua polêmica contra todo o programa barthiano, podemos antecipar nelas como BARR produziria uma teologia do Antigo Testamento. Ele certamente evitará qualquer correlação com a tradição dogmática do cristianismo; evitará igualmente grande parte das construções que vieram a ser aceitas de forma acrítica em muitas das discussões. Sobretudo, assumirá as principais teses da crítica histórica, na medida em que tais alegações estejam minimamente relacionadas aos textos e evitem qualquer reificação conceitual. O produto dessa teologia provavelmente não será um relato amplo e sistemático, mas

---

[96] JAMES BARR, *Fundamentalism* (Londres: SCM, 1981); e *Beyond Fundamentalism* (Filadélfia: Westminster, 1984).

[97] JAMES BARR, *Biblical Faith and Natural Theology: The Gifford Lectures for 1991* (Oxford: Clarendon, 1993). Veja também BARR, *The Garden of Eden and the Hope of Immortality* (Mineápolis: Fortress, 1993).

uma série de argumentos menores que não dependam demasiadamente da tradição crítica ou da tradição teológica cristã.

Ao contrário de Childs com sua tendência cristã e de Levenson com sua similar reivindicação judaica, suspeito que Barr buscará expor as alegações do texto, na medida do possível, em seus próprios termos. No entanto, sua comunidade de leitores provavelmente será a academia e não a Igreja. Ele é um excelente leitor de textos e, embora seu trabalho talvez não satisfaça o desejo de uma certeza maior, sua leitura nos ajudará a ver no texto muitas coisas que não tínhamos visto, principalmente por causa de nossas pressuposições críticas ou dogmáticas. Seu trabalho será particularmente importante como um contraste a abordagens mais totalizadoras e confessionais.

### *Rolf Rendtorff**

O quarto estudioso centrista, Rolf Rendtorff, é um distinto professor emérito da Universidade de Heidelberg, onde foi aluno e, depois, colega de von Rad. Mais que outros, ele pode ser considerado o herdeiro de von Rad em sua iniciativa teológica. Além disso, ele está entre os estudiosos alemães mais engajados com a discussão interpretativa atual nos Estados Unidos. Como Barr, ele ainda não completou sua teologia do Antigo Testamento, de modo que comento apenas sobre os ensaios preliminares publicados sob o título *Canon and Theology*.[98]

O trabalho de Rendtorff simpatiza com as categorias canônicas de Childs, embora pareça improvável que ele vá tão longe, como Childs, em submeter o Antigo Testamento à "regra de fé" da Igreja. É provável que Rendtorff possa ser considerado como uma figura mediadora que está atenta à crítica histórica e às categorias da crítica canônica.

O que nos interessa em seu trabalho nesse ponto é sua abertura em se associar a parceiros judeus no esforço interpretativo e, assim, evitar afirmações do tipo superacionista.[99] A abertura de Rendtorff nessa questão provavelmente será compreendida como pessoal e prática. (Cito isto porque podemos aprender com ele que o que parece ser, no fim, um grande discernimento intelectual muitas vezes é algo motivado inicialmente por questões bastante pessoais. Consequentemente, não tenho dúvidas que algo similar está presente no recuo de Childs da fragmentação da crítica,

---

[98] Rolf Rendtorff, *Canon and Theology* (OBT; Mineápolis: Fortress, 1993).

[99] Ibid., pp. 31-45.

*N. Editor: na bibliografia do livro atualizamos as obras publicadas de R. Rendtorff.*

na polêmica de LEVENSON quanto ao superacionismo cristão e, provavelmente, na aversão de BARR contra o autoritarismo totalizador da década de 1970.) No cenário de HEIDELBERG, RENDTORFF tem mantido diálogo com parceiros judeus importantes. Em todo caso, em seu contexto alemão, RENDTORFF tinha que decidir se levaria em conta, e como o faria, a recente história brutal de relações entre alemães e judeus.

Não sabemos o perfil do trabalho vindouro de RENDTORFF. Certamente levará em conta o trabalho de VON RAD e irá mais além. Estará atento às reinvindicações do cânon, embora provavelmente não vá tão longe como CHILDS. Levará em conta o fato de que a leitura cristã desses textos deve ser feita na presença de leitores judeus e judeus que sofreram.

A partir dessa breve análise, fica evidente que o trabalho atual na teologia do Antigo Testamento é rico e variado.[100] Não há consenso fácil sobre como prosseguir. Ao mesmo tempo, há uma concordância emergente acerca das questões de formato e limites a que se deve prestar atenção. É claro que superamos o trabalho de EICHRODT e VON RAD. Felizmente, também é igualmente evidente que superamos a confusão metodológica das décadas de 1970 e 1980.

## Esforços marginais

As obras de CHILDS, LEVENSON, BARR e RENDTORFF representam os esforços de estudiosos consagrados da área. Além disso, todos continuam a produzir uma teologia do Antigo Testamento que ainda se parece com os padrões antigos; o trabalho deles apresenta continuidades importantes com os antecedentes do século XX. É o que se pode esperar daqueles que pertencem à erudição consagrada. Enfatizaremos brevemente aqui, no entanto, um segundo modo de pensar sobre a iniciativa da teologia do Antigo Testamento. Essa abordagem representa aqueles que não são estudiosos centristas e consagrados. Embora também leiam o texto com questões teológicas, produzem algo que convencionalmente não seria considerado como teologia do Antigo Testamento. Sua obra forçosamente avança aos poucos e tende a não se ocupar de grandes questões temáticas, nem a oferecer uma coerência arquitetônica interpretativa. Essa erudição marginal é um fenômeno novo e crescente nos estudos do Antigo Testamento (como

---

[100] Diversos outros estudiosos trabalham no que denominei projeto centrista: entre eles JOHN COLLINS, que está atento a uma interface judaica; PAUL HANSON, que trabalha a partir dos ganhos da crítica histórica; e TERENCE FRETHEIM, que tem uma perspectiva da hermenêutica de processo.

em todas as disciplinas). Sem dúvida, testemunha um novo pluralismo que não existia duas gerações atrás e, além disso, evidencia que a interpretação hegemônica antes assumida como óbvia já não pode mais ser defendida.

Três intérpretes servem de exemplo daqueles que atuam às margens da disciplina e, certamente, longe das tendências hegemônicas.

### A interpretação feminista de PHYLLIS TRIBLE

PHYLLIS TRIBLE, do Seminário Teológico Union, em Nova York, é talvez a intérprete feminista mais efetiva do Antigo Testamento. Recentemente, TRIBLE foi honrada como presidente da Sociedade de Literatura Bíblica, a primeira erudita do Antigo Testamento a ostentar essa posição. Isto pode negar minimamente sua marginalidade na disciplina, mas não muito. Sua posição como pessoa e estudiosa continua na margem, onde é capaz de ver e dizer o que os centristas não podem (cf. Lc 10,23-24).[101] Aluna de JAMES MUILENBURG, TRIBLE se dedica à crítica retórica com habilidade e sensibilidade sem iguais. Embora ela tenha publicado outras obras, nesse contexto devemos atentar aos seus dois esforços mais importantes: *God and the Rhetoric of Sexuality* e *Texts of Terror*.[102] O primeiro apresenta uma análise mais teórica que o segundo, mas ambos são fundamentalmente leituras detalhadas de textos particulares. TRIBLE lê os textos tão bem como outros dessa geração de estudiosos.

Uma grande quantidade de pessoas se enquadra na categoria feminista e TRIBLE encontrou intencionalmente sua própria postura nessa área. Ela está ciente da pesada ênfase patriarcal do Antigo Testamento; contudo, continua a prestar atenção particular ao texto em si como foco apropriado de estudo. Seu trabalho não apresenta traços de nenhuma ideologia pesada, apesar de ela persistir no estudo de textos que levantam questões acerca de como as mulheres são tratadas pelos homens. Suas diversas investigações sobre textos relativos a Hagar, Miriam, Jezabel, Rute e Ester, entre outras,

---

[101] Percebe-se a marginalidade de TRIBLE, no geral, pela tendência desdenhosa de BREVARD CHILDS quanto à hermenêutica feminista e, no particular, pelo ataque gratuito à obra dela por Robert Carroll em *Jeremiah: A Commentary* (OTL; Filadélfia: Westminster, 1986). A questão aqui não é se TRIBLE e outras intérpretes feministas estão certas ou erradas sobre um ponto específico qualquer. O que importa é que uma perspectiva tão erudita seja descartada tão levianamente, sem qualquer envolvimento sério; dessa forma, fica evidente a marginalidade da iniciativa.

[102] PHYLLIS TRIBLE, *God and the Rhetoric of Sexuality* (OBT; Filadélfia: Fortress, 1978); *Texts of Terror: Literary-Feminist Readings of Biblical Narratives* (OBT; Filadélfia: Fortress, 1984).

têm despertado a atenção às práticas abusivas expostas no eixo principal do texto e também ao jogo retórico sutil que sinaliza aos leitores o que ocorre no texto, embora certamente abusivo, é ao mesmo tempo mais denso e complexo do que se percebe em uma leitura superficial.[103]

O maravilhoso tratamento textual de TRIBLE em geral não resulta em nenhuma grande conclusão interpretativa. Ela se satisfaz em exibir o texto em toda sua sutileza e, então, desistir de qualquer interpretação mais ampla. Nunca, até onde eu sei, TRIBLE fez declaração alguma sobre a perspectiva canônica, a crítica histórica ou a interpretação judaico-cristã.

Assim, pode-se perguntar: ela está fazendo teologia do Antigo Testamento? Bem, não está; pelo menos se a tradição centrista determinar o que é teologia do Antigo Testamento. TRIBLE e sua perspectiva claramente não pertencem a tal grupo. Ela não faz nada que a interpretação hegemônica considere como teológico. Todavia, TRIBLE de fato pratica a leitura polifônica defendida por MARK COLERIDGE, mostrando-nos que a declaração de sentido (= teologia) do texto não somente é densa e sutil, mas também determinada e insistente. O resultado do trabalho dela, de forma similar ao trabalho de outras leitoras feministas, é disponibilizar para nós o complicado mundo de fé em que Israel vivia.[104] No mundo que tal estudo revela, o Deus de Israel frequentemente entra em alianças com homens abusadores. Mas também é um mundo no qual um anjo de Deus é enviado para cuidar de Hagar e no qual Ester é apresentada a Israel como um modelo de fé manifestada no perigo.

### GEORGE PIXLEY e a teologia da libertação

GEORGE PIXLEY pode ser citado como um estudioso representativo da teologia da libertação da América Central. Visto que essa teologia procura apresentar sua defesa hermenêutica antes da exegese concreta, poucos estudiosos já fizeram um trabalho textual extenso dessa perspectiva. PIXLEY é uma exceção importante nesse sentido e, por conseguinte, analisaremos brevemente seu trabalho como outro exemplo de elaboração de uma teolo-

---

[103] Veja PHYLLIS TRIBLE, "Exegesis for Storytellers and Other Strangers", *JBL* 114 (1995), pp. 3-19.

[104] Para bibliografias completas de estudos bíblicos feministas, veja KATHRYN PFISTERER DARR, *Far More Precious Than Jewels: Perspectives on Biblical Women* (Louisville: Westminster/John Knox, 1991); e ALICE OGDEN BELLIS, *Helpmates, Harlots, and Heroes: Women's Stories in the Hebrew Bible* (Louisville: Westminster/John Knox, 1994).

gia do Antigo Testamento a partir da margem.

O livro mais importante de Pixley, sob essa ótica, é seu comentário a Êxodo.[105] Nesse comentário, Pixley é bem seletivo nos textos que escolhe tratar – algumas partes de Êxodo são tratadas de forma superficial ou sequer são tratadas. Devemos notar que essa é uma marca típica da teologia marginal (como também fica evidente na obra de Trible). No entanto, precisamos lembrar que esses estudiosos, que escrevem protestando contra a hegemonia, não são os primeiros a serem seletivos; todo comentário sobre Êxodo tende a ser seletivo. Esses intérpretes marginais só fazem uma seleção *diferente*, mas fazer algo assim sem dúvida é se afastar do que passou a ser a seleção normativa; a seleção de textos deles, sem dúvida, não é desinteressada.

Pixley oferece sua apresentação do texto de Êxodo através de uma análise sociológica baseada em categorias marxistas e muito influenciada pelo trabalho de Norman Gottwald. Assim, não é preciso grande manobra imaginativa para se perceber que a narrativa libertadora de Êxodo envolve um profundo conflito socioeconômico e político. O conflito se dá entre o regime estabelecido, que possui tecnologia, burocracia e legitimidade teórica (a qual é provisionalmente permitida na narrativa), e a comunidade de camponeses escravos que se rebelam contra o centro do poder estabelecido. Pixley tem pouco interesse em questões retórico-literárias; ele foca nas duras realidades do poder social. O resultado de tal leitura não é simplesmente uma reflexão sobre um antigo conflito. A declaração de Pixley está saturada com o que James Sanders denominou de "analogia dinâmica", na qual o antigo conflito do texto ilumina conflitos sociais atuais.[106] Pixley interpreta as ações de protesto de Moisés e de sua comunidade como modelo e legitimação para a prática das comunidades oprimidas atuais. Pixley não tenta ocultar sua convicção ou intenção de que o texto e sua leitura dele estão próximos da prática revolucionária contemporânea.

Essa leitura, agora bastante típica nos círculos de teologia da libertação, é um desvio radical do consenso da tradição centrista. De fato, essas leituras despertam assombro, ao menos, e até resistência da hegemonia interpretativa mais antiga. O trabalho de Pixley provocou um protesto vigo-

---

[105] George V. Pixley, *Exodus: A Liberation Perspective* (Maryknoll: Orbis Books, 1987).

[106] James A. Sanders, "Hermeneutics", *IDBSup* (Nashville: Abingdon, 1976), p. 406.

roso de JON LEVENSON, que o considera uma leitura errônea do texto.¹⁰⁷ Em última instância, as duras críticas de LEVENSON contra a leitura libertacionista parecem ser, em parte, um protesto contra tal radicalidade no texto e, em parte, expressão de sua preocupação contra o superacionismo cristão, pelo qual outros, além dos israelitas, se tornam sujeitos da narrativa libertadora. Notavelmente, ao final de sua polêmica, LEVENSON concorda que a narrativa de Êxodo pode ser paradigmática para movimentos de libertação além do judaico, desde que o caráter judaico concreto e primário dessa narrativa seja reconhecido.¹⁰⁸

Dadas as reservas de TERENCE FRETHEIM quanto à narrativa do Êxodo como roteiro para a prática libertadora, e a resistência de LEVENSON, pode-se perguntar se a leitura de PIXLEY é legítima. Tal pergunta implica na próxima questão: legítima segundo as normas de quem? *A questão da legitimidade assume um consenso centrista da hegemonia*, seja eclesiástico ou acadêmico. Mas tal *consenso centrista em si é agora extremamente problemático*. Como resultado, a teologia do Antigo Testamento precisa admitir que outras leituras fora do consenso centrista devem ser reconhecidas como válidas e levadas a sério. É evidente na obra de PIXLEY, como na de TRIBLE, que essas leituras marginais podem descortinar dimensões do texto que as leituras estabelecidas, de índole histórico-crítica ou teológico-dogmática, não perceberam. De fato, uma leitura como a de PIXLEY é crucial para prestarmos atenção ao caráter polifônico do texto.

### *A teologia negra e ITUMELENG MOSALA*

É difícil identificar leitores libertacionistas da América Central que se dediquem primordialmente às questões textuais; assim também é difícil identificar leitores negros africanos ou afro-americanos dedicados de forma contínua ao trabalho interpretativo real. Para nossos propósitos, ITUMELENG MOSALA e seu audacioso livro sobre hermenêutica servem como um terceiro exemplo de leitura marginal.¹⁰⁹ Embora esse livro seja um en-

---

[107] JON D. LEVENSON, "Exodus and Liberation", *The Hebrew Bible, the Old Testament, and Historical Criticism*, pp. 127-159. Veja, em resposta, WALTER BRUEGGEMANN, "Pharaoh as Vassal: A Study of a Political Metaphor", *CBQ* 57 (1995), pp. 27-51.

[108] LEVENSON, "Exodus and Liberation", p. 159.

[109] ITUMELENG J. MOSALA, *Biblical Hermeneutics and Black Theology in South Africa* (Grand Rapids: Eerdmans, 1989); MOSALA e BUTI THLAGALE (orgs.), *The Unquestionable Right to Be Free: Essays on Black Theology in South Africa* (Maryknoll: Orbis Books, 1986). Veja também CAIN HOPE FELDER (org.), *Stony the Road We Trod:*

saio sobre pressuposições interpretativas, sua importância para o trabalho textual é óbvia. A análise de MOSALA deixa evidente que nosso trabalho textual convencional se encontra impregnado de pressuposições racistas. Uma grande consequência de tais pressuposições é manter o texto o mais distante possível das questões atuais de prática, de modo que, quando a comunidade oprimida lê o texto em meio aos seus gemidos e lamentos por liberdade e dignidade, tais gemidos e lamentos devem ser filtrados pelo bem da objetividade.

O importante ganho de MOSALA e daqueles que compartilham seu trabalho é mostrar, negativamente, que a leitura consensual é partidária e está a serviço do *status quo* social; e, positivamente, que uma leitura contrária, desafiante e revolucionária também é permitida, evocada e legitimada pelo texto. Assim, MOSALA avança a partir da premissa de que as lutas históricas e culturais dos marginalizados, nesse caso o povo negro, constituem o ponto de partida hermenêutico para a interpretação. Essa luta, que tem dimensões políticas e econômicas, se reflete tanto no texto quanto em nossa leitura dele. MOSALA oferece um exemplo dessa ligação em sua exposição de Miqueias. Claramente essa noção de conflito cultural não está no horizonte das interpretações centristas convencionais.[110]

### *Correlação entre leituras conflitantes*

Não conheço maneira alguma de resolver a crescente tensão entre o que eu chamei de leituras centristas e marginais do texto, nem está claro que é desejável uma solução. É improvável que a comunidade estabelecida de leitura – eclesiástica e acadêmica – seja deslocada. Essas comunidades de leitura continuarão dominando nosso discernimento do texto. Nem é possível imaginar que as leituras marginais serão silenciadas, apesar da

---

*African American Biblical Interpretation* (Mineápolis: Fortress, 1991); Felder, *Troubling Biblical Water: Race, Class, and Family* (Maryknoll: Orbis Books, 1989); JAMES H. CONE e GAYRAUD S. WILMORE (orgs.), *Black Theology: A Documentary History* (2 v.; Maryknoll: Orbis Books, 1993).

[110] ITUMELENG MOSALA, "The Case of Micah", em *Biblical Hermeneutics and Black Theology*, pp. 101-153. Quanto a Miqueias, veja também HANS WALTER WOLFF, "Micah the Moreshite – The Prophet and His Background", em *Israelite Wisdom: Theological and Literary Essays in Honor of SAMUEL TERRIEN* (org. JOHN G. GAMMIE *et al.*; Missoula: Scholars, 1978), pp. 77-84; e GEORGE V. PIXLEY, "Micah – A Revolutionary", em *The Bible and the Politics of Exegesis: Essays in Honor of NORMAN K. GOTTWALD on His Sixty-Fifth Birthday* (org. DAVID JOBLING *et al.*; Cleveland: Pilgrim, 1991), pp. 53-60.

considerável capacidade silenciadora das comunidades de leitura dominantes – eclesiástica e acadêmica. As críticas dos intérpretes centristas contra as leituras feministas são de pouca importância, e a polêmica de LEVENSON contra leituras libertacionistas é simplesmente irrelevante, no que se refere aos seus leitores. Nossa situação teológica interpretativa é, e será pelo futuro previsível, de conflito e rivalidade; nenhuma manobra de uma autoridade autoproclamada será capaz de silenciar o desafio à hegemonia.

Em todo caso, um estudante da teologia do Antigo Testamento em nosso contexto interpretativo atual deve estar atento às vozes centristas que representam um consenso há muito estabelecido nas comunidades eclesiástica e acadêmica. Tal estudante também deve estar atento às vozes insistentes daqueles situados à margem, os quais são capazes de ver coisas no texto que a interpretação centrista não é capaz de discernir, seja por convicção doutrinária ou por restrições do Iluminismo. Embora não saibamos fazê-lo muito bem, *uma das principais exigências da teologia do Antigo Testamento em nosso contexto atual é trabalhar precisamente na correlação dessas leituras em conflito*. O conflito entre essas leituras não se refere apenas a interessantes questões metodológicas e assuntos interpretativos casuais, mas secciona profundamente as reivindicações *teológicas* do texto. É nesse ponto, em que se disputam as reivindicações teológicas centrais, que a teologia do Antigo Testamento deve trabalhar agora, para agir de forma responsável.

## Quatro questões insistentes

O trabalho atual na teologia do Antigo Testamento, como se desenvolveu nas últimas duas décadas, nos colocou diante de questões urgentes que devem ser mantidas à vista ao buscarmos uma nova direção na disciplina. Aqui identificarei quatro questões que impregnam a discussão inteira, apesar de não serem tratadas diretamente.

### *A crítica histórica*

Há tanto incluído sob a rubrica "crítica histórica" que é difícil fazer afirmações precisas acerca das relações entre a crítica histórica e a teologia do Antigo Testamento. Apesar disso, parece evidente agora que a crítica histórica, tal como se configurou no século XIX e continuou no século XX, é problemática em si; alguns estudiosos, entre eles o notável WALTER WINK, a tem considerado inadequada. WINK afirma que ela está "falida".[111]

---

[111] WALTER WINK, *The Bible in Human Transformation: Toward a New Paradigm for Biblical Study* (Filadélfia: Fortress, 1973), p. 1.

Além disso, é óbvio que a crítica histórica deve se submeter a uma profunda revisão, como ferramenta interpretativa usada a serviço da teologia do Antigo Testamento.

Tenho procurado mostrar que a crítica histórica emergiu como uma variedade de métodos congruentes com a modernidade, como alternativa à autoridade eclesiástica para interpretação. Sem dúvida, alcançaram-se ganhos importantes por meio desses diversos métodos. Mesmo se não tivessem sido alcançados, esse é o nosso passado na interpretação da Escritura, um passado congruente com o espírito da época. Porém, visto que aquele espírito se esvaneceu e estamos diante de uma nova sensibilidade, podemos perceber a inadequação dessa abordagem, apesar de alguns continuarem a defender tal perspectiva, temerosos da autoridade eclesiástica. Em todo caso, um estudante da teologia do Antigo Testamento deve refletir cuidadosamente sobre qual a função da crítica histórica na interpretação teológica.

A crítica histórica reflete um determinado conjunto de pressupostos epistemológicos que se apresenta sob os termos gerais *objetivo*, *científico* e *positivista*; tais pressupostos procuram superar as tentações do fideísmo. Esses pressupostos epistemológicos não dominam mais a área de forma acrítica em qualquer esforço intelectual sério; a interpretação da Escritura não pode persistir ingenuamente nessa noção de conhecimento.[112] Na medida em que a crítica histórica reflete os pressupostos e interesses da modernidade e da guerra do Iluminismo contra a tradição da Igreja, ela serviu para eliminar qualquer sobrenaturalismo censurável do texto e para explicar o que era considerado estranho no texto, pelos critérios da modernidade. Embora tal encargo estivesse direcionado contra o sobrenaturalismo teológico, a tendência de "descartar" se estendeu tipicamente à perspicácia literária, de forma que, por meio de esquemas explanatórios de edição e redação, frequentemente se descartou o que é interessante e denso no texto.

Além disso, dado o espírito da época, a crítica histórica assumiu uma teoria de desenvolvimento que considerava como preferível e superior o que era mais parecido com a Europa moderna e iluminista. Assim, a agenda oculta de tal desenvolvimentismo é traçar o caminho pelo qual a reli-

---

[112] O positivismo está efetivamente enfraquecido agora, especialmente pelo trabalho seminal de Michael Polanyi, *Personal Knowledge: Towards a Post-critical Philosophy* (Chicago: University of Chicago, 1974); e pelo assalto efetivo contra o conhecimento positivista por Thomas Kuhn, *The Structure of Scientific Revolutions* (Chicago: University of Chicago, 1962).

gião bíblica (e todas as demais) se desenvolveu e culminou na Europa do século XIX, na qual tudo pode ser explicado e nada estranho, oculto, denso ou inescrutável sobrevive. Sobretudo, qualquer testemunho no texto dos feitos misteriosos de Deus era descartado ou designado como primitivo.

Apesar de completamente congruente com o espírito da época, tal iniciativa é incoerente com o próprio texto. O texto está saturado com coisas estranhas, ocultas, densas e inescrutáveis: as coisas de Deus. Dessa forma, em princípio, a crítica histórica se arrisca a não perceber a intencionalidade básica do texto devido aos métodos e pressupostos com que está comprometida. Por não perceberem isso, os comentários estão recheados de indicações filológicas inúteis, explanações infinitas sobre redação e comparações tediosas com outros materiais. Como o Sujeito primário do texto foi descartado em princípio, só resta aos estudiosos lidar com essas questões muito menos interessantes.

O resultado desse prolongado tipo de crítica – às vezes hipercrítica, porque o método não pode se dominar, mas somente fazer mais e melhor – é que os estudiosos sabiam lidar bem com a crítica, mas eram tipicamente fracos e inseguros quanto à interpretação. (Por interpretação entendo a prontidão para dar expressão plena e imaginativa às reivindicações do próprio texto). Isto fica evidente, por exemplo, na *Interpreter's Bible*, que usa um formato no qual a interpretação ("exposição") não precisa depender da crítica ("exegese"), e até mesmo no *Biblischer Kommentar* (e que se reflete na série *Hermeneia*), no qual o "objetivo" afinal é anêmico e caracteristicamente pobre.[113] De fato, nem todo o denso trabalho exegético era necessário para produzir o "objetivo". Sendo assim, está claro que a crítica se tornara um fim em si mesmo, uma crítica entendida agora como suspeita e ceticismo ridicularizadores que não estão a serviço da interpretação.

Cabe mencionar outro aspecto do domínio da crítica em nosso trabalho. Teoricamente pode ser possível separar a análise inteligível do esquema desenvolvimentista assumido pela crítica do século XIX. Muitos estudiosos já observaram que a análise inteligível e o desenvolvimentismo

---

[113] A obra *Interpreter's Bible* foi publicada pela editora Abingdon. O formato permaneceu na recém-publicada *New Interpreter's Bible*. A série *Biblischer Kommentar*, que expressou o alto período do movimento da teologia bíblica, na medida em que se evidenciou na Alemanha, foi publicada pela editora Neukirchener, e a série *Hermeneia* é um projeto da editora Fortress. Diversas séries recentes de comentários evitaram essa distinção infeliz e buscam enfatizar mais diretamente a exposição teológica. A principal dentre essas, possivelmente, é a série *Interpretation* da editora John Knox.

são duas questões distintas. Apesar de tudo, não tivemos quase nenhuma análise contínua e inteligível do texto fora do esquema desenvolvimentista (até bem recentemente), porque esse esquema dominava a crítica histórica. Especificamente, esse esquema apresentava o judaísmo do Segundo Templo como uma forma de religião legalista, degenerada e inferior, sendo incapaz de reconhecer o judaísmo como uma tradição de fé viva e permanente, a qual respondia às circunstâncias em que se encontrava. Não é possível calcular a destruição trazida por esse julgamento em nome da erudição crítica. Porém, não há dúvidas de que o esquema desenvolvimentista se baseou no superacionismo cristão e que fomentou um sentimento antissemita, saturado de ignorância sobre a vitalidade contínua da comunidade judaica de crentes.

Não é meu propósito ou interesse aqui descartar completamente a crítica histórica, mas apenas declarar seu caráter problemático; a isso devem prestar atenção os estudantes. Alguns continuarão a defender essa crítica, seja por convicção profunda ou pelas feridas infligidas por comunidades eclesiásticas autoritárias. Tais defensores provavelmente continuarão insistindo que é impossível escrever uma teologia do Antigo Testamento. De fato, podem ter razão. Não obstante, tentarei cumprir essa tarefa, pois creio ser urgente prestar atenção de forma imaginativa às dimensões estranhas, ocultas, densas e inescrutáveis do texto que a crítica histórica, em princípio, tende a desconsiderar. Não sabemos até que ponto a crítica histórica pode ser uma aliada da interpretação teológica do Antigo Testamento, nem até que ponto a crítica histórica é necessariamente coerente com o espírito do século XIX. Como não podemos responder a essas questões, continuaremos a usar essa crítica, mas com certa vigilância quanto à sua tentação de ir além do devido. Assim, devemos estar cuidadosamente atentos à advertência de CHILDS sobre a crítica histórica. Não devemos seguir tal advertência, todavia, sem notar ao mesmo tempo nosso próximo problema: a teologia da Igreja.

### *A teologia da Igreja*

BREVARD CHILDS está bem ciente dos problemas da crítica histórica ao se fazer teologia do Antigo Testamento. A alternativa que ele oferece, no entanto, é alinhar completamente a teologia do Antigo Testamento com as afirmações doutrinárias da Igreja (calvinismo, no caso dele; mas a tradição particular da teologia da Igreja à qual o princípio se aplica é indiferente nesse sentido). Em sua formulação mais completa da questão, CHILDS está disposto a colocar a teologia do Antigo Testamento totalmente sob a égide da teologia da Igreja, em termos de sua reivindicação fundamental sobre Jesus e das temáticas sob as quais essa afirmação é desenvolvida e interpretada.

A meu ver, contrariamente a CHILDS, a relação da teologia do Antigo Testamento com a doutrina da Igreja é aproximadamente tão problemática quanto sua relação com a crítica histórica.[114] Embora CHILDS seja resistente às reivindicações da crítica e esteja pronto a prosseguir para a teologia da Igreja, podemos citar JAMES BARR como um intérprete que aprecia enormemente as reivindicações da crítica, mas está alerta quanto à invasão da teologia da Igreja sobre a teologia do Antigo Testamento. Nesse ponto, pois, expressamos preocupações congruentes com as de BARR, assim como no ponto anterior nossa preocupação estava mais próxima à perspectiva de CHILDS.

Na Igreja medieval, a interpretação teológica havia estabelecido um sistema coerente de crenças; a Bíblia era utilizada para proporcionar materiais e apoio para aquelas crenças. Em sua maioria, as Igrejas da Reforma não se desviaram desse sistema coerente de crenças, embora se dessem nuances e perspectivas bem diferentes a elementos do sistema clássico de fé. Em tal abordagem, os materiais bíblicos ficam quase completamente inseridos sob a organização temática da fé eclesiástica.

O surgimento da crítica moderna se direcionou contra esse sistema coerente de crenças da Igreja de duas maneiras. Primeiro, um sistema fixo de teologia doutrinária tem grande propensão ao reducionismo quanto à variação e diversidade do texto. A teologia sistemática convencional não pode tolerar o caráter desordenado e polifônico do texto. Isto é evidente em relação a qualquer reivindicação doutrinária da Igreja. Assim, por exemplo, se a teologia, em sua inclinação metafísica, afirma a onipotência de Deus, o intérprete deve desconsiderar os textos contrários, como TERENCE FRETHEIM o demonstrou.[115] Se ela declara que Deus é moralmente perfeito, os caminhos particularmente tortos do Deus do Antigo Testamento devem ser desconsiderados ou explicados. Na verdade, alguns dos aspectos mais interessantes e penetrantes do Antigo Testamento não se conformam nem se submetem facilmente à teologia da Igreja.

Segundo, a crítica histórica que atenta para a natureza variada do

---

[114] Veja o estudo importante e útil de FRANCIS WATSON, *Text, Church, and World: Biblical Interpretation in Theological Perspective* (Grand Rapids: Eerdmans, 1994).

[115] TERENCE E. FRETHEIM, *The Suffering of God: An Old Testament Perspective* (OBT; Filadélfia: Fortress, 1984).

texto se irrita com a interpretação canônica imposta sobre o texto. Ou seja, a autoridade firme da Igreja (o magistério) decreta os limites da interpretação acadêmica, além dos quais uma interpretação "obediente" ou "credenciada" não deve ir, mesmo se a investigação conduzir a outro lugar.[116]

Em parte, o desafio à autoridade eclesiástica tem a ver com um desacordo substancial; também em parte tem a ver, a princípio, com a capacidade dos estudiosos da Bíblia para a liberdade irrestrita na pesquisa e interpretação. Dessa forma, o estudo do Antigo Testamento procura manter alguma liberdade interpretativa e, portanto, certa distância interpretativa da teologia sistemática e da autoridade da Igreja.

É importante que o estudante da teologia do Antigo Testamento não considere essa questão como algo passado que não tem mais importância. Certamente, as antigas sanções da Igreja, incluindo queima de livros, silêncio, excomunhão e acusações de heresia, se suavizaram em grande medida, mesmo no catolicismo. Contudo, a questão permanece, visto que intérpretes teológicos conhecedores da crítica procuram servir e viver em comunidades eclesiásticas.[117] O problema geralmente não se deve tanto à explícita autoridade sancionadora; trata-se de reflexos consagrados e acríticos das comunidades eclesiásticas. Essas conheceram somente uma versão reduzida da Bíblia por tanto tempo que não sabem nem podem tolerar o que realmente é dito na Bíblia.

O trabalho de um intérprete teológico sério da Bíblia é prestar atenção detalhada e cuidadosa ao que está no texto, independentemente do quanto isso concorda com a prática teológica da Igreja. Isso é particularmente verdadeiro nas Igrejas da Reforma que se situam em linhas gerais na tradição da *sola Scriptura*. O certo é que, em qualquer leitura cuidadosa e sem tendenciosidade, *a articulação teológica do Antigo Testamento não se*

---

[116] O caso clássico de uma autoridade assim exercida pela Igreja é o ataque da Igreja católica a GALILEU. RICHARD J. BLACKWELL, *Galileo, Bellarmine, and the Bible* (Notre Dame: University of Notre Dame, 1991), demonstra que, no segundo julgamento de GALILEU diante das autoridades da Igreja, não havia justificativa para o tratamento dado ao astrônomo – era a mera manutenção do poder eclesiástico que se exerce.

[117] Os casos mais recentes e escandalosos incluem a limpeza no corpo discente do Seminário Teológico Concórdia pela Igreja Luterana do Sínodo de Missouri; e a batalha atual na Convenção Batista do Sul quanto ao controle dos seminários teológicos. Quanto ao primeiro, veja JOHN TIETJEN, *Memoirs in Exile: Confessional Hope and Institutional Conflict* (Mineápolis: Fortress, 1990); quanto ao último, veja WALTER B. SHURDEN, *The Struggle for the Soul of the SBC: Modern Responses to the Fundamentalist Movement* (Macon: Mercer University, 1993).

*conforma à fé da Igreja estabelecida*, tanto em sua declaração oficial como em suas tendências mais populares. Há muita coisa selvagem e indômita no testemunho teológico do Antigo Testamento que a teologia da Igreja não enfrenta. Em minha leitura, é evidente que o Antigo Testamento não é um testemunho sobre Jesus Cristo, em sentido primário ou direto, como propõe CHILDS, a menos que se deseje sacrificar mais do texto do que o aceitável.

Insisto que um estudante sério do Antigo Testamento, situado em uma comunidade eclesiástica, tem a responsabilidade de ler cuidadosamente o texto. A partir dele, deve apresentar para sua comunidade não só aquelas leituras que confirmam a teologia eclesiástica, mas também (e talvez especialmente) aquelas que contradizem, desafiam e minam a teologia aparentemente bem estabelecida da Igreja. A meu ver, a teologia da Igreja, como normalmente praticada, é tipicamente reducionista quanto à Bíblia, e se empenha em providenciar fundamentos e certezas. Tal leitura pode ser incômoda e perturbadora para "o mundo", mas provê coerência aos fiéis.

Em tensão com essa propensão ao reducionismo, proponho que o trabalho da teologia bíblica seja o de se opor ao reducionismo e dar testemunho resiliente desses textos e de suas interpretações que não "se encaixam". Dessa forma, o trabalho da teologia bíblica, em comparação com o da teologia sistemática, é de tensão honesta, mas não polêmica. Na prática, sugiro que a liturgia represente a coerência estável da fé da Igreja, e que o sermão proporcione o testemunho "estranho" do texto, que se fricciona contra a coerência litúrgica.[118] A meu ver, não pode haver resolução definitiva para a tensão entre a tarefa sistematizadora da teologia e a tarefa perturbadora da interpretação bíblica. É a interação contínua entre ambas que constitui o trabalho de interpretação.

Consequentemente, para mim o Antigo Testamento convive com a teologia sistemática com a mesma dificuldade que o faz com a crítica histórica. Uma sólida interpretação teológica, em minha opinião, deve se basear na crítica histórica e na teologia sistemática e fazer uso de ambas. Nenhuma delas é inimiga da teologia do Antigo Testamento; porém, de forma similar, nenhuma delas é parceira permanente nem fácil aliada dessa teologia.

---

[118] Uso o termo *estranho* de modo congruente à expressão de KARL BARTH: "o estranho mundo novo da Bíblia." Em muitas práticas da Igreja, liberais e conservadoras, o estranho da Bíblia se perdeu ou foi reprimido intencionalmente.

## *O caráter judaico do Antigo Testamento*

Uma terceira questão que deve ser considerada ao se fazer teologia do Antigo Testamento se refere às maneiras em que essa deve atentar para o caráter judaico e as reivindicações judaicas do texto. Nos séculos XVI e XVII, a erudição e a interpretação teológica cristã se isolaram progressivamente de parceiros judeus em sua troca de ideias, os quais antes daquela época estavam presentes na tarefa hermenêutica.[119] Com a eliminação desses interlocutores judeus, o estudo do Antigo Testamento tinha, de forma previsível, duas opções básicas. Primeira, os intérpretes do Antigo Testamento que procuravam ser coerentes com a doutrina cristã tinham as comunidades eclesiásticas cristãs como ponto de referência e não sentiam obrigação alguma de se ocuparem com questões judaicas. Segunda, a crítica histórica na Europa dos séculos XVIII e XIX foi quase exclusivamente gentílica, cristã e protestante. E, como indicamos, a síntese de WELLHAUSEN era fundamentalmente preconceituosa contra os judeus em sua caracterização do judaísmo do Segundo Templo.

No debate atual do Antigo Testamento, CHILDS está disposto a retomar ou continuar a preocupação eclesiástica de submeter a interpretação à confissão cristã. Devido à influência de CHILDS no debate, é justo dizer que essa separação elementar de leituras judaicas e cristãs é uma opção importante na troca atual de ideias. Também é importante, no entanto, o fato de que muitos estudiosos de índole histórico-crítica se recusam a seguir a tendência de CHILDS, que pode ser considerada sectária. Porém, essa recusa da posição de CHILDS, para muitos estudiosos, só se preocupa com o caráter irrestrito da erudição e se nega a adotar posturas confessionais; não se refere à questão da correlação entre as leituras judaicas e cristãs. Dos principais estudiosos da área, só ROLF RENDTORFF buscou explicitamente outro caminho mais aberto às vozes judaicas no meio da interpretação cristã.

Nesta obra, pretendo resistir à tendência de CHILDS de distinguir desde o início uma leitura cristã de uma judaica. Tento fazer essa teologia do Antigo Testamento como cristão. Não tenho dúvida de que algumas de minhas escolhas interpretativas são cristãs; algumas conscientes, outras não. Apesar de tudo, resisto em fazer afirmações sobre o texto que sejam estritamente cristãs. Embora eu aprecie a percepção de CHILDS de que lemos um livro distinto da Bíblia Hebraica, com o que concorda LEVENSON, não se

---

[119] Quanto ao contato mais antigo entre expositores judeus e cristãos, veja BERYL SMALLEY, *Study of the Bible in the Middle Ages* (Notre Dame: University of Notre Dame, 1964).

deve dar tanta importância a esse ponto. Em muitos sentidos cristãos e judeus leem o mesmo texto; não deveríamos nos envolver em mistificações e reflexões ao fazer nossa leitura teológica.

Em meu entendimento, teologicamente, *o que judeus e cristãos compartilham é muito mais extenso, muito mais importante e muito mais definitivo do que o que nos divide*.[120] Precisamos identificar esses pontos teológicos em comum, os quais foram distorcidos por imposições interpretativas posteriores da Igreja que não são parte essencial de nossa fé. (Digo que "precisamos" por razões práticas: a realidade de abuso e brutalidade que caracterizou nosso passado recente). Deve-se fazer uma distinção entre adições polêmicas e erradas na história da interpretação e percepções genuínas cristãs geradas pelo texto em meio à experiência, de modo que a "Escritura se cumpra". Em tal uso, é a Escritura – isto é, o Antigo Testamento – que se cumpre. Isto não significa que se cumpre *apenas* em um horizonte cristão, porém certamente o faz desse modo.

Assim como os cristãos devem permitir leituras judaicas legítimas, uma leitura comum também exige que os judeus permitam leituras cristãs que sejam essenciais à sua fé vivenciada. Quando judeus e cristãos precisam discordar na interpretação teológica, devemos fazê-lo aberta e francamente. Entretanto, parece-me que só alcançamos isso muito tarde. Há algo diabólico na discordância, a meu ver, sempre que é possível fazermos uma leitura teológica conjunta. Não nego, nem minimizo as diferenças profundas entre cristãos e judeus; algumas têm substância teológica, outras são acidentes históricos, outras são frutos de uma política demoníaca. Porém, ao reconhecermos isso, não escapamos da declaração papal: "espiritualmente, todos somos semitas".[121] Há certamente algo superficial e romântico em uma declaração como essa; contudo, também há algo extremamente verdadeiro, e precisamos ponderar sobre isto.

Diversos aspectos são pertinentes à nossa questão. Primeiro, a interpretação cristã do Antigo Testamento deve encarar a questão do superacionismo, a qual é intrínseca à leitura cristã desse texto. Nesta obra, assumirei

---

[120] O que temos em comum é sublinhado de forma especial na obra de PAUL VAN BUREN, *Discerning the Way: A Theology of Jewish-Christian Reality* (3 v.; São Francisco: Harper and Row, 1983, 1988).

[121] É crucial notar o pronunciamento recente do papa de que a aliança de Deus com os judeus nunca foi revogada. Veja NORBERT LOHFINK, *The Covenant Never Revoked: Reflections on Christian-Jewish Dialogue* (Nova York: Paulist, 1991). Embora tal reconhecimento seja causa para celebração, mais provavelmente devemos nos questionar porque foi tão tardio e após tanto barbarismo tacitamente aprovado pela Igreja.

e insistirei que o Antigo Testamento (mesmo como documento de confissão cristã) não aponta para Jesus de Nazaré de forma estrita ou resoluta. Antes, aponta além de si mesmo em suas dimensões de promessas para as novas de Deus, que podem assumir mais de uma forma (mais do que conhecemos). É claro que o "cumprimento em Jesus Cristo" é lido a partir do lado do cumprimento, e não do lado da promessa; portanto, a leitura cristã com a que me comprometo permite que esses futuros antecipados sejam vistos e recebidos de mais maneiras que a pessoa de Jesus. De fato, a oração pelo reino vindouro, na boca de Jesus (Jo 17,11), não é uma oração pela vinda do reino de Jesus, e sim pela vinda do governo de Deus.

Consequentemente, o que considero como leitura cristã do Antigo Testamento não necessita impedir ou combinar previamente como, e de que maneira, o futuro de Deus pode vir. Parece-me que a espera dos judeus (pelo Messias) e a espera dos cristãos (pela segunda vinda) é uma espera comum que se posiciona contra uma modernidade desesperada. Fora isso, a meu ver, os cristãos não precisam comprimir a leitura do Antigo Testamento em um cantinho confessional. Reivindicar mais que isso é impedir o caráter polifônico do texto, uma polifonia que também pertence ao futuro de Deus. Assim, uma leitura cristã, a meu ver, não reivindica combinar previamente as ricas possibilidades do texto, mas sim prestar atenção nelas. Em certa interpretação elas são cristãs, mas são apresentadas com a consciência de que oferecem mais que uma interpretação, pela natureza do material e de suas reivindicações.

Além disso, em minha opinião, a questão do superacionismo não se limita simplesmente à questão de "é Jesus ou não é". Os leitores cristãos também devem estar atentos ao caráter e à forma concreta do texto, sem considerar seu amplo resultado ideacional. O texto em si é notavelmente aberto e recusa um fechamento cognitivo simples ou firme. Ou seja, o texto se dispõe a numerosas leituras de textos particulares e, em muitos momentos, parece desfrutar de uma travessa ambiguidade que impede qualquer certeza.

Podemos identificar, por exemplo, três tendências retóricas comuns que caracterizam o texto. Primeira, o texto está saturado de *metáforas*, figuras de linguagem que indicam um tipo de inevitabilidade e que tipicamente parecem pegar com uma mão o que é dado com a outra. CYNTHIA OZICK opina que a tradição judaica desfruta e saboreia metáforas que mantêm uma espécie de abertura impressionista.[122] Ela chega a sugerir que a

---

[122] CYNTHIA OZICK, "Metaphor and Memory", em *Metaphor and Memory: Essays*

tradição grega do oráculo de Delfos é de uma certeza expressa que não tolera a abertura da metáfora. Quer sua declaração negativa sobre o oráculo de Delfos seja ou não sustentável, seu ponto positivo merece atenção.

Segunda, o texto do Antigo Testamento é rico em *hipérboles*, nas quais os extremos da vida são exagerados. Por isso PAUL RICOEUR pode afirmar sobre o discurso profético:

> O profeta por meio de quem a palavra é expressa... não "pensa" no sentido grego da palavra; ele clama, ameaça, ordena, geme, exulta. Seu "oráculo"... possui a largura e a profundidade da palavra primordial que constitui a situação dialógica no centro da qual irrompe o pecado.[123]

Não há nada mensurável e racional acerca de tal discurso. Evidentemente, os hinos e lamentos de Israel são "expressões limite", pois o relacionamento de Israel com seu Deus geralmente é uma "experiência limite".[124] Por conseguinte, quando Israel se propõe a expressar sua necessidade a Deus, ouve-se uma torrente de riscos, perigos, denúncias, impotência e ameaças, como se um discurso mais racional falhasse em seu apelo a Deus.

Terceira, a retórica do Antigo Testamento é tipicamente *ambígua e aberta*, no sentido de que o texto está "carregado de segundos planos".[125] Tanto é que não diz que o leitor enfrenta incertezas e precisa tomar decisões que o texto se recusa a tomar por ele. Assim, por exemplo, em 2 Samuel 3, que relata a morte de Abner nas mãos de Joabe, deixa-se em aberto a cumplicidade de Davi; o leitor deve tomar uma decisão, dependendo do quão tolerante ou desconfiado for em relação a Davi. Quanto à afronta de Davi contra Urias pelas mãos de Joabe, em 2 Samuel 11, MEIR STERNBERG explorou adequadamente a qualidade provocativa da narrativa.[126] O narrador apresenta Davi de uma forma que nem o rei, nem o leitor sabem o quanto Urias sabe sobre o que Davi fez. Se Davi soubesse que Urias estava

---

(Nova York: Knopf, 1989), pp. 265-283. SUSAN HANDELMAN, *The Slayers of Moses*, indica que os rabinos tipicamente usavam a metonímia, enquanto a metáfora é um costume dos intérpretes cristãos.

[123] PAUL RICOEUR, *The Symbolism of Evil* (Boston: Beacon, 1969), p. 53.

[124] Cf. PAUL RICOEUR, "Biblical Hermeneutics", *Semeia* 4 (1975).

[125] A bem conhecida expressão é de Erich Auerbach, "Odysseus' Scar", em *Mimesis: The Representation of Reality of Western Literature* (Princeton: Princeton University, 1953 [publicado em português pela editora Perspectiva]), p. 12.

[126] MEIR STERNBERG, *The Poetics of Biblical Narrative: Ideological Literature and the Drama of Reading* (Bloomington: Indiana University, 1985), pp. 190-229.

ciente da violação de sua esposa, procederia de certa maneira. Se soubesse que Urias nada sabia de sua afronta, poderia agir de outro modo. Porém, Davi não sabe o que Urias sabe, nem o leitor. O desconhecimento de Davi não é uma falta de informação histórica, mas sim uma estratégia retórica da qual o leitor deve inevitavelmente participar.

Essas estratégias retóricas de metáfora, hipérbole e ambiguidade – às quais poderiam se acrescentar ironia, incoerência e contradição – não são marginais ou acidentais no texto. São a própria substância do Antigo Testamento. Não temos texto ali sem elas, pois formam o estilo como essa comunidade textual dá voz à sua realidade, existência e vida com Deus.

Não estou propenso a rotular esses modelos retóricos como judaicos, pois não há nada neles que, por definição, seja judaico. Todos juntos, no entanto, contribuem para a natureza aberta, divertida e estranha que parece encarnar o caráter judaico do texto. Mesmo se não são judaicos, tais modos discursivos típicos contrastam agudamente com os modelos teológicos cristãos que, geralmente, são estáveis e conclusivos. Assim, sem insistir no caráter judaico dessas estratégias retóricas, é importante em todo caso contrastar os modelos retóricos do Antigo Testamento com a tendência da teologia cristã convencional ao que é racional, filosófico e ontológico. Não é usual ou fácil para uma leitura teológica cristã do Antigo Testamento realçar ou acolher a natureza aberta e desestabilizadora do texto. De qualquer forma, suspeito que é a supressão dessa retórica aberta e travessa, mais que as reivindicações cristológicas, que constitui a prática mais elementar e característica do superacionismo cristão. Uma leitura distorcida do texto não surge apenas ao se evitar as reivindicações substanciais do texto, mas também ao se evitar o estilo do texto.[127]

Após considerar tanto as reivindicações teológicas substanciais de judeus e cristãos, quanto o estilo retórico dos textos judeus e da interpretação cristã, levanto outra questão sobre as dimensões judaicas de uma teologia cristã, a qual raramente é considerada. Devemos fazer concessões em nossa interpretação como reação à longa história de antissemitismo que marcou o uso cristão da Bíblia? Minha resposta é sim.

Não há dúvidas de que o Antigo Testamento foi utilizado pelos cristãos de diversas maneiras para atacar a fé judaica e fomentar o antissemi-

---

[127] Assim, no título da obra de HANDELMAN, *The Slayers of Moses*, levo muito a sério o termo *slayers* ["assassinos"]. É a leitura ocidental do texto, completamente aliada a reivindicações cristãs, que tornou o texto do Antigo Testamento praticamente indisponível para a Igreja.

tismo, com suas consequências políticas virulentas.[128] Sem dúvida, a interpretação da Reforma foi profundamente antissemita.[129] De modo similar, não há dúvidas de que o desenvolvimentismo do século XIX defendeu a ideia de um judaísmo degenerado do Segundo Templo, fazendo com que SOLOMON SCHECHTER concluísse: "a alta crítica é uma forma mais evidente de antissemitismo".[130] A inclinação superacionista da erudição cristã simplesmente eliminou a realidade judaica do crivo da percepção, de modo que *o silêncio na comunidade acadêmica, até quanto a questões acadêmicas, significou conivência com a violência sistêmica contra os judeus.*

Como creio que todo estudo é contextual e que toda interpretação é, em certo sentido, práxis local, penso que se devem fazer compensações para essa duradoura prática cristã de negação – certamente, nem sempre com más intenções. Assim, atrevo-me a imaginar que, para essas afrontas *políticas* (entendendo a interpretação como atividade política), deve-se fazer reparação *teológica*. Não estou certo do que isso significa, porém, é evidente que tais reparações estão sendo feitas, mesmo no catolicismo oficial. Em 1980, o papa JOÃO PAULO II, diante de representantes oficiais dos judeus, falou da fé judaica como "a aliança que nunca foi revogada por Deus". As declarações do Vaticano II avançam lentamente, muito lentamente, em direção ao reconhecimento de que judeus e cristãos são crentes conjuntamente.

Assim, não tenho dúvidas de que se deve reexaminar o superacionismo teológico que gerou um antissemitismo prático, que está enraizado nas reivindicações absolutistas da teologia cristã.[131] A reparação a ser feita não é meramente política (como o reconhecimento do Estado de Israel pelo Vaticano), mas também teológica. Ela nos convida à difícil tarefa de reconhecermos que as reivindicações absolutistas quanto ao evangelho

---

[128] Veja a análise abrangente de STEVEN KATZ, *The Holocaust in Historical Context: Ancient and Medieval Cases 1* (Oxford: Oxford University, 1994).

[129] Veja HEIKO OBERMANN, *The Impact of the Reformation: Essays* (Grand Rapids: Eerdmans, 1994).

[130] SOLOMON SCHECHTER, "Higher Criticism – Higher Anti-Semitism", em *Seminary Addresses and Other Papers* (Cincinnati: Ark, 1915), pp. 36-37.

[131] Quanto à relação entre absolutismo, superacionismo e antissemitismo, veja KATZ, *The Holocaust in Historical Context*. A opinião dele é que a principal obra teológica dos cristãos para gerar o antissemitismo não foi qualquer atividade diretamente negativa, mas a reificação de "os judeus" em uma realidade metafísica ou princípio de negatividade.

cristão não são apenas praticamente destrutivas, mas também hostis teologicamente ao próprio evangelho. As questões são complexas e exigirão o melhor trabalho da teologia doutrinária, especialmente quanto à doutrina da Trindade. Não é preciso que a teologia do Antigo Testamento se ocupe diretamente dessa tarefa. Contudo, a questão em debate é muito importante para o clima e a sensibilidade com que se constrói uma teologia cristã do Antigo Testamento. Embora o futuro aberto do Antigo Testamento possa ser e foi tomado por reivindicações cristãs, o texto em si não gera um futuro especificamente prometido. Por conseguinte, muita coisa deve ser deixada em aberto, bem mais que no passado.

### *Possibilidades públicas*

A crise intelectual – e, portanto, econômica e política – em que vivemos na cultura ocidental se refere à descentralização do privilégio consagrado da Cristandade europeia e norte-americana. Esse privilégio foi social, econômico, cultural e político, além de intelectual e moral. A perda do senso de legitimidade desse privilégio fica evidente com a emergência de colônias antigas reivindicando seu próprio caminho no mundo, com inquietude crescente sobre a disparidade entre Norte e Sul, e com o crescimento incansável do Islã como desafio ao domínio cristão.[132] A perda de um privilégio legitimado cria uma situação de luta revolucionária que não desaparecerá em pouco tempo. Além disso, mesmo dentro das fronteiras dos Estados Unidos, torna-se mais séria a luta entre o centro e a margem; isso transparece na falência do nosso sistema social em fornecer serviços básicos e na pressão frenética para "defender nossas fronteiras" e manter fora os que "por direito" não têm acesso ao bem-estar que desfrutamos. Nossa situação interpretativa é, pois, de intensa luta, na qual o julgamento de bens, poder e acesso é bastante contestado. Não sugiro que uma teologia do Antigo Testamento esteja a serviço dessa luta revolucionária. Todavia, ela não pode ser indiferente a esse contexto de interpretação. Por essa razão, nosso conhecimento da fé nunca pode ser separado das questões de poder que permeiam tanto o texto quanto nossa leitura dele. É por isso que os que designei de leitores marginais são cruciais para nossa tarefa comum, pois eles recusam um exercício intelectual que não seja também

---

[132] Tal como há ciclos correlacionados de opressão, assim também há esferas emergentes de libertação que se sobrepõem. Dessa forma, o fim do privilégio, que permite novas vozes no mundo, toca cada aspecto da organização social do conhecimento e do poder. Um importante termo abrangente para essa revolução é a *abolição do privilégio patriarcal*, mas o termo precisa ser compreendido da maneira mais ampla possível.

um exercício de poder.

Proponho que uma teologia do Antigo Testamento no final do século XX não seja mero exercício religioso, nem seja simplesmente um projeto interno para uma comunidade eclesiástica (embora certamente o seja). É ao mesmo tempo uma contribuição para o *debate público* de como serão julgadas as questões em meio a uma luta revolucionária. O Antigo Testamento, em primeira instância, claramente serve a uma comunidade (ou comunidades) eclesiástica(s), porém, é algo mais que um documento eclesiástico. Desde o início opera no mundo do poder e se refere ao surgimento e queda de impérios e à vida e morte de pessoas e comunidades. Dá testemunho de um propósito santo e de uma vontade santa que operam nos processos de poder de forma oculta e/ou pública.

O Antigo Testamento insiste que há um formato moral para o processo público que controla o exercício irrestrito do poder. Insiste também que há uma astúcia oculta no processo histórico que é capaz de surpreender, e que previne a absolutização de qualquer programa ou poder. Assim, no limite da teologia do Antigo Testamento, devemos perguntar sobre como esse estranho texto pode fazer diferença na ampla crise pública na qual estamos todos envolvidos, quer queiramos ou não. É surpreendente descobrir, ao se esvair o poder exclusivo da leitura hegemônica, quão cientes nos tornamos nas últimas décadas sobre as dimensões conflitivas de cada fase do texto e sua interpretação. Essa percepção crescente sugere que as questões da dimensão moral do poder e as questões concretas resultantes da vida pública nunca estão longe do horizonte de uma teologia do Antigo Testamento.

# Parte I

## O testamento central de Israel

## Capítulo Três

### 3. A prática do testemunho de Israel

Deus, naturalmente, é o tema principal de uma teologia do Antigo Testamento. Porém, visto que o Antigo Testamento não fornece uma oferta coerente e completa de Deus (e nunca pretende fazê-lo), esse tema se torna mais difícil, complexo e problemático do que poderíamos esperar. Em sua maior parte, o texto bíblico somente nos dá indícios, sinais, fragmentos e breves caracterizações, sem indicar como todos esses elementos se encaixam, se é que de fato o fazem. O que transparece, em todo caso, é a percepção de que *o Sujeito elusivo, porém dominante, do texto não pode ser contido em nenhuma categoria preconcebida.*[1] O Deus do Antigo Testamento não se adapta facilmente às expectativas da teologia dogmática cristã, nem às categorias de qualquer filosofia helenística duradoura. Como resultado, na maior parte de nossas categorias é inútil para elucidar esse Sujeito, e teremos de prosseguir concretamente, texto a texto, detalhe por detalhe. O Personagem que emergirá desse estudo paciente, no final, ainda será elusivo e bastante surpreendente.

Citar Deus como o tema da teologia, no entanto, é considerar somente o *theos* da teologia. Existe também o elemento discursivo (*logos*) da teologia. Assim, o nosso tema apropriado é o *discurso sobre Deus*, sugerindo novamente que nosso trabalho tem a ver com a retórica. A questão que guiará nosso trabalho é: Como o antigo Israel fala de Deus nesse texto? Adicionalmente ao discurso de Israel sobre Deus, muito no Antigo Testamento é *falado por Deus* a Israel. Para nossos objetivos, não faço distinção entre os dois modos discursivos, porque mesmo onde Deus fala, o texto é *o testemunho de Israel* de que Deus assim falou. Talvez uma distinção maior devesse ser feita; porém, em termos da nossa análise, ambas as formas de discurso atuam do mesmo modo como testemunho. É extraordinário o fato de que o Antigo Testamento não enfatiza pensamentos, conceitos ou ideias, mas sim, caracteristicamente, o *discurso*. Deus é Aquele de quem Israel fala. Assim, na formulação dos credos de Gerhard von Rad, a introdução à fórmula é: "Então, testificarás" (Dt 26,5), "Então, dirás" (Dt 6,21), "Então, Josué disse" (Js 24,2).[2] Além disso, na prática mais íntima da fé de

---

[1] Veja Samuel Terrien, *The Elusive Presence: Toward a New Biblical Theology* (Nova York: Harper and Row, 1978).

[2] Gerhard von Rad, "The Form-Critical Problem of the Hexateuch", em *The Problem*

Israel nos Salmos, a atividade principal é o discurso. Usam-se expressões como "celebrai com júbilo" (Sl 100,1), "cantarei" (Sl 101,1); "dizia eu na minha prosperidade" (Sl 30,6); "Por ti, Senhor, clamei" (Sl 30,8). O que temos a nossa disposição é o discurso dessa comunidade, que se tornou texto, e que é o nosso tema apropriado de estudo.

Note bem que, ao focar no discurso, tendemos a pôr de lado todas as questões sobre a historicidade.[3] Não estamos perguntando "O que aconteceu?", mas sim "O que foi dito?". Indagar sobre a historicidade de um texto é uma iniciativa legítima; sugiro, porém, que ela não pertence ao trabalho da teologia do Antigo Testamento. De forma similar, colocamos de lado todas as questões de ontologia, que perguntam acerca do que é "realmente real".[4] Em última instância, pode até ser que não haja historicidade na rei-

---

*of the Hexateuch and Other Essays* (Nova York: McGraw-Hill, 1966), pp. 1-8.

[3] Claramente, o discurso de Israel sobre Javé está profundamente enraizado em realidades políticas e socioeconômicas vividas – o material que forma a história. A experiência exílica, por exemplo, influenciou claramente o que Israel disse sobre Javé e, inversamente, em como Javé tratou Israel. O discurso de Israel sobre Javé é distintivamente situado de forma histórica. Pretendo apenas descartar questões de história positivista que buscam limitar as declarações imaginativas de Israel sobre Javé a eventos recuperáveis. Dito de outra forma, a história a ser reconhecida nesse projeto é *êmica* – ou seja, tal como aceita pelo elenco de personagens israelitas – e não *ética* – ou seja, o passado recuperável pelos cálculos da racionalidade moderna. Tentei examinar essa perspectiva geral em *Abiding Astonishment: Psalms, Modernity, and the Making of History* (Louisville: Westminster/John Knox, 1991). A distinção feita por JAMES M. ROBINSON, "The Historicality of Biblical Language", em *The Old Testament and Christian Faith: Essays by RUDOLF BULTMANN and Others* (org. BERNHARD W. ANDERSON; Londres: SCM, 1964), pp. 124-518, entre "historicidade" e "historicalidade" tende a ser útil para nossos propósitos.

[4] Essa decisão de eliminar questões de ontologia é paralela à decisão de eliminar questões de historicidade. Não nego que aqueles que falam de Javé no Antigo Testamento fizeram julgamentos sobre a realidade e a existência de Javé. Mas a ontologia de Javé, disponível com base no testemunho de Israel no Antigo Testamento, vem *depois* do testemunho, e depende de se achar o testemunho crível e persuasivo. Depois do testemunho, o Antigo Testamento provê uma rica declaração de ontologia.
Um estudante da teologia do Antigo Testamento deve estar alerta ao problema do pensamento convencional sobre ontologia, o qual é essencialmente estranho ao testemunho do texto. M. DOUGLAS MEEKS chamou minha atenção a duas análises que achei muito iluminadoras e que, de modos bem diferentes, argumentam o mesmo ponto. JOHN D. ZIZIOULAS, *Being as Communion: Studies in Personhood and the Church* (Londres: Dartman, Longman and Todd, 1985), resiste à ontologia fechada e monista dos gregos antigos e insiste que os pais da Igreja iniciais romperam com a ontologia

vindicação de fé de Israel, mas essa não é a postura adotada aqui. E pode até ser que não haja "ser" por trás da declaração de fé de Israel, mas essa não é uma reivindicação feita aqui. Temos, entretanto, poucas ferramentas para recuperar "o que aconteceu" e ainda menos para recuperar "o que é"; portanto, esses temas devem ser deixados em suspenso, aguardando a credibilidade e a persuasão do testemunho de Israel, do qual tudo depende.

Para essa comunidade e para as comunidades eclesiásticas derivadas, que pretendem permanecer no texto e sob ele, o discurso é a realidade a ser estudada. Assim, embora nosso tema seja limitado, não é modesto. Pois nesse texto há abundante pronunciamento sobre Deus, grande parte dele nos lábios de Israel, parte dele nos lábios de Deus, e outra parte nos lábios dos adversários de Deus (e de Israel). Perguntaremos: "*O que* se diz acerca de Deus?". Isto nos obrigará a prestarmos atenção em *como* Israel fala de Deus, pois o "o quê" no discurso de Israel sobre Deus está unido intimamente ao "como" desse discurso.[5]

Sugiro que a maior rubrica sob a qual podemos considerar o discurso de Israel sobre Deus é a de testemunho. Apelar ao testemunho como um modo de conhecimento e, inevitavelmente, como um modo de certeza que é aceito como revelador exige uma ruptura total com toda a epistemologia helenística, ao perceberem que as propensões pessoais e comunitárias de Deus, que age como uma pessoa em liberdade, são prévias a qualquer substância ou ser. JEAN-LUC MARION, *God without Being, Hors-Texte* (Chicago: University of Chicago, 1991), segue MARTIN HEIDEGGER ao liberar Deus da questão do ser, pois esta questão é restritiva da liberdade de Deus e, em si, termina em idolatria.

O pensamento do Antigo Testamento não se alinha com as categorias do pensamento patrístico nem com as de HEIDEGGER. O que ele tem em comum, e o ponto sobre o qual insisto, é que não se deve estabelecer o testemunho de Israel sobre Javé em categorias já formadas de ser. Os modos judaicos de discurso (e pensamento) simplesmente não são comparáveis de forma fácil com nossas noções padrões ocidentais de ser; essa diferença é tremendamente importante e deve ser reconhecida desde o início.

[5] Sem dúvida, o "como" e o "o quê" do testemunho bíblico são estreitamente relacionados. Um dos problemas de muitas teologias do Antigo Testamento é que são muito cognitivas e ideacionais, prestando atenção insuficiente aos modos da retórica de Israel. Temos a situação curiosa de críticos retóricos que dão atenção primária aos modos discursivos de Israel, mas que olham com desconfiança suas reivindicações teológicas; inversamente, temos intérpretes teológicos tão focados no conteúdo que negligenciam os modos discursivos. Para uma forma de relacionar ambos, veja Gail R. O'Day, *The Word Disclosed: John's Story and Narrative Preaching* (Filadélfia: Fortress, 1987); e *Revelation in the Fourth Gospel: Narrative Mode and Theological Claim* (Filadélfia: Fortress, 1986).

positivista no mundo antigo ou no mundo contemporâneo. Em um apelo ao testemunho, deve-se começar em um lugar diferente e, assim, terminar com um tipo diferente de certeza.⁶ Aqui me baseio bastante no ensaio de

---

⁶ A análise mais proveitosa que conheço dessas questões é a de C. A. J. COADY, *Testimony: A Philosophical Study* (Oxford: Clarendon, 1992). COADY defende um modo alternativo de conhecimento e certeza, que não é menos legítimo por ser alternativo. COADY empreende uma crítica séria do objetivismo positivista dominante de R. G. COLLINGWOOD.
Como subpontos da rubrica geral de testemunho, observo o seguinte:
**(a)** O apelo ao testemunho como base para certeza tem importância particular e peculiar no pensamento de KARL BARTH. (Sou grato a MARK D. J. SMITH pelas referências específicas) Veja *Church Dogmatics* 1/1 (Edimburgo: T. & T. Clark, 1975), pp. 98-124; *Church Dogmatics* 1/2 (Edimburgo: T. & T. Clark, 1956), pp. 457-740, especialmente pp. 457-472, 514-526. Veja também MARTIN RUMSCHEIDT, *Revelation and Theology: An Analysis of the BARTH-Harnack Correspondence of 1923* (Cambridge: Cambridge University, 1972), pp. 29-53, especialmente pp. 45-47. Para tentativas de entender as suposições peculiares de BARTH, veja DAVID KELSEY, *The Uses of Scripture in Recent Theology* (Filadélfia: Fortress, 1975); DAVID FORD, "Barth's Interpretation of Scripture", *KARL BARTH: Studies of His Theological Method* (org. S. W. SYKES; Oxford: Clarendon, 1979); e FORD, *BARTH and God's Story* (Frankfurt: Peter Lang, 1981).
**(b)** ANDREW LINCOLN indicou proveitosamente que o testemunho é de importância crucial no quarto Evangelho. Veja ANDREW T. LINCOLN, "Trials, Plots, and the Narrative of the Fourth Gospel", *Journal for the Study of the New Testament* 56 (1994), pp. 3-30; A. A. Trites, *The New Testament Concept of Witness* (Cambridge: Cambridge University, 1977), pp. 78-127; e ROBERT V. MOSS, "The Witnessing Church in the New Testament", *Theology and Life* 3 (1960), pp. 262-268. A importância da conexão ao quarto Evangelho é o reconhecimento de que as reivindicações epistemológicas feitas sobre Jesus na Igreja primitiva também dependem da aceitação de testemunhos. O caso elementar para isso é a lista de testemunhas da ressurreição em 1Cor 15,3-6.
**(c)** De forma bem menos direta, menciono nesse sentido o papel dos sofistas na antiga Grécia, praticantes da atividade pública de persuasão retórica. A história toda da filosofia realista tende a silenciar e desacreditar os sofistas, pois seu apelo à retórica continuamente subvertia as reivindicações dos realistas platônicos, que de outra forma estariam bem firmadas. De uma perspectiva do julgamento retórico, contudo, é claro que os realistas queriam eliminar a retórica existente e, assim, determinar todo o processo político. Veja ERIC A. HAVELOCK, *The Liberal Temper in Greek Politics* (New Haven: Yale University, 1957); Brian Vickers, *In Defense of Rhetoric* (Oxford: Clarendon, 1988); e TERENCE Irwin, *Plato's Moral Theory* (Oxford: Oxford University, 1977).
**(d)** A questão do testemunho é particularmente aguda agora, quanto às evidências dos fatos e do caráter do Holocausto nazista. Ou seja, as evidências primárias do Holocausto são testemunhos pessoais, sem os quais essa barbaridade impensável se perderá. ELIE WIESEL, "The Holocaust as Literary Inspiration", em *Dimensions of Holocaust*

PAUL RICOEUR.⁷ Todavia, o testemunho como uma metáfora para o discurso de Israel sobre Javé é algo profundamente situado no próprio texto. Especificamente, o discurso de controvérsia é uma forma de testemunho que predomina no Segundo Isaías, exatamente no exílio, quando a verdade está em crise e as evidências são incertas. Assim, não considero o testemunho simplesmente como uma conveniência fácil ou sagaz para minha exposição, mas como uma forma apropriada de reproduzir a prática do antigo Israel.⁸

---

(Evanston: Northwestern University, 1977), p. 9, entendeu a urgência do testemunho em seu aforismo: "Os gregos inventaram a tragédia; os romanos, a epístola; e a Renascença, o soneto. Nossa geração inventou uma nova literatura, a do testemunho." Veja também Shoshana Felman e Dori Laub, *Testimony: Crisis of Witnessing in Literature, Psychoanalysis, and History* (Nova York: Routledge, 1992). Felman e Laub percebem que o testemunho é urgente quando a verdade está em crise, ou seja, uma crise de evidências. Sendo esse intensamente o quadro do século XX, talvez seja essa a circunstância característica da comunidade do testemunho de Javé.

Não sugiro que toda retórica aberta constitua testemunho, tal como o estou usando quanto à fé de Israel. Não obstante, sugiro que essas diversas e diferentes formas compartilham uma convicção de que, de algum modo, a realidade é profundamente dependente de discursos. Portanto, o testemunho de Israel sobre Javé é inerentemente subversivo em relação a todos os modelos de realidade não javistas.

É irônico que a mesma questão entre realidades – a constituída pelo discurso, por um lado, e a que resiste ao discurso, por outro lado – é uma tensão que agora ressurge na forma de questões sobre linguagem inclusiva e exclusiva. Nessa tensão, o poder subversor do discurso inclusivo é silenciado aqui e ali por um apelo ao realismo metafísico, o qual parece, à primeira vista, ser essencialmente uma prática de retórica aceita há muito tempo.

⁷ PAUL RICOEUR, *Essays on Biblical Interpretation* (Filadélfia: Fortress, 1981), pp. 119-154. O estudo de RICOEUR foi explicado cuidadosamente por JEAN-DANIEL PLÜSS, *Therapeutic and Prophetic Narratives in Worship* (Nova York: Peter Lang, 1988), especialmente no cap. 2. Quanto aos problemas e possibilidades de testemunho na busca de estabelecer a "verdade", veja RICHARD K. FENN, *Liturgies and Trials: The Secularization of Religious Language* (Oxford: Blackwell, 1982); e *The Death of Herod: An Essay in the Sociology of Religion* (Cambridge: Cambridge University, 1992).

⁸ O Segundo Isaías se situa no centro do esforço de Israel em proclamar Javé de forma fiel e efetiva, em uma situação bastante desafiadora e perigosa. Israel deu testemunho da "verdade de Javé", que pretendia subverter e minar a verdade dominante da preeminência da Babilônia e do desespero proporcional de Israel. Quanto a esse gênero e sua significância para o Segundo Isaías, veja CLAUS WESTERMANN, "Sprache und Struktur der Prophetie Deuterojesajas", em *Forschung am Alten Testament; Gesammelte Studien* (ThB 24; Munich: Christian Kaiser, 1964), pp. 124-144. Ficará evidente

## O testemunho e a metáfora do julgamento

O contexto apropriado do testemunho é o tribunal, no qual diversas testemunhas são chamadas para "relatar o que aconteceu", para dar sua versão do que é verdade. Em qualquer situação de julgamento, as evidências apresentadas pelas testemunhas são um material misto de memórias, reconstruções, imaginação e desejo. O tribunal deve determinar, então, sem outros dados exceto os testemunhos, qual versão corresponde à realidade. É com base no *testemunho* que o tribunal chega ao que é *real*.

Trabalhando com a metáfora do julgamento, consideramos primeiro o fenômeno peculiar da testemunha. Aqui faço comentários gerais, sem referência específica ao testemunho peculiar de Israel sobre Javé. A situação de um julgamento supõe que há uma realidade em questão, e que existem versões diferentes e conflitantes sobre o que é (ou era) essa realidade. Na situação de julgamento, presumivelmente ocorreu algum evento ou experiência real, ao qual se apela e que está em discussão. Supostamente, a testemunha teve acesso a esse evento real, estava ali, viu-o e experimentou-o, de forma que está qualificada para dar testemunho. O evento real, entretanto, é bastante flexível e elusivo; admite numerosos relatos, alguns dos quais têm apenas matizes diferentes, enquanto outros são drasticamente diferentes.

O tribunal, contudo, não tem acesso ao "evento real", além do testemunho. Não pode ignorar o testemunho e ir direto ao evento; mas precisa tomar o testemunho como o "retrato real". De fato, é inútil para o tribunal especular ignorando o testemunho.

Da perspectiva da testemunha, podemos observar três questões. Primeiro, a testemunha é capaz de escolher a interpretação dos fatos a ser expressa. Essa escolha pode ser feita por conselho de advogado ou por instrução de um procurador. Pode ser um discurso calculado, destinado a produzir determinado resultado, ou pode ser casual, feito sem intencionalidade alguma, mas é um discurso que deve ser sustentado subsequentemente pela testemunha. É importante reconhecer que a testemunha tinha outras opções e podia ter falado diferentemente; ela podia ter escolhido outras palavras e imagens para descrever a realidade com outros matizes.

Segundo, quando a testemunha proclama seu testemunho, o faz

---

em boa parte dessa obra que o Segundo Isaías ocupa um lugar privilegiado em minha interpretação, uma posição baseada em meu estudo com o professor JAMES MUILENBURG, mas já configurada para mim desde o início, em minha tese de B. D. em 1955 sob a orientação de LIONEL A. WHISTON JR.

como uma apresentação pública que configura, impõe ou constrói a realidade. Nesse sentido, o testemunho é *originador*: faz existir, no tribunal, o que não existia até esse pronunciamento. Assim, o pronunciamento conduz à realidade no tribunal, de modo que a realidade da qual se dá testemunho depende totalmente do pronunciamento.

Terceiro, quando o tribunal toma uma decisão e concorda em aceitar uma versão da realidade baseada em um testemunho, esse é aceito como verdadeiro, isto é, torna-se verdade. Na decisão do tribunal, em virtude do veredito, o testemunho é transformado em realidade. O réu é absolvido ou declarado culpado. Na linguagem jurídica, o veredito é o estabelecimento de uma realidade legal.

Se descrevermos esse processo teologicamente – ou, mais especificamente, na prática do Antigo Testamento – podemos afirmar que o testemunho se torna revelação. Isto é, o testemunho que Israel produz sobre o caráter de Deus é considerado pela comunidade eclesiástica do texto como uma manifestação confiável acerca do verdadeiro caráter de Deus. Aqui tocamos na dificuldade da autoridade da Escritura, que normalmente tem sido articulada de acordo com as categorias escolásticas de inspiração e revelação. É mais simples e útil, creio, reconhecer que, quando o pronunciamento na Bíblia é considerado verdadeiro, o testemunho humano é considerado como uma revelação que manifesta a verdadeira realidade de Deus.[9]

Assim, grande parte do Antigo Testamento, a parte que VON RAD listou sob a epígrafe "resposta", é explicitamente pronunciamento humano.[10] Por exemplo, o conhecido pronunciamento do Salmo 23,1, "O Senhor é o meu pastor", é um pronunciamento humano e uma metáfora. Esse pronunciamento é considerado pelo crente como revelação, como uma manifestação verdadeira e confiável de quem Deus é. De forma menos direta, a

---

[9] A expressão "considerada como", para mim, se baseia na análise de DAVID BRYANT, *Faith and the Play of Imagination: On the Role of Imagination in Religion* (Macon: Mercer University, 1989), p. 115 e *passim*. BRYANT percebe que "considerar" algo como realidade é um processo ativo de estabelecer a realidade. Um verbo inferior é "perceber como", como explica GARRETT GREEN, *Imagining God: Theology and the Religious Imagination* (São Francisco: Harper and Row, 1989), pp. 139-142 e *passim*.

[10] GERHARD VON RAD, *Old Testament Theology* (2 v.; São Francisco: Harper and Row, 1962), v. 2, pp. 355-459, tratou os Salmos e a sabedoria sob a rubrica de "resposta". A rubrica não se encaixa muito bem no material, como frequentemente tem sido observado, mas a noção empregada por VON RAD é importante.

crítica histórica percebeu que todo pronunciamento do Antigo Testamento sobre Deus, incluindo as palavras postas na boca de Deus, tem um locutor ou escritor humano como fonte. Contudo, esse pronunciamento humano, como, por exemplo, em Isaías 40,1-11 ou Jó 38-41, é considerado uma manifestação verdadeira e confiável. Não está claro como se produz essa estranha transposição do testemunho à revelação, embora a assumamos constantemente em nosso tratamento teológico da Bíblia. Isto significa que as testemunhas, que tinham outras opções disponíveis, mas que por razões quaisquer optaram por declarar o assunto precisamente desse modo, estabeleceram por meio de seu pronunciamento o que é "verdade" acerca do caráter de Deus.

Nosso objetivo ao estudar essa estranha transposição do testemunho à revelação, do discurso à realidade, é indicar que para a fé do Antigo Testamento *o discurso é tudo*.[11] O discurso conduz à realidade, a realidade de Deus que descansa na confiabilidade do discurso. Presumivelmente, outros pronunciamentos poderiam ter sido aceitos como verdadeiros, mas são esses pronunciamentos particulares que foram conservados, confiados, valorizados e dados a nós. O resultado desse processo é, em primeiro lugar, que a reivindicação de realidade por parte de Israel é tão frágil como um pronunciamento; devemos ser extremamente desconfiados de fugas do discurso para uma suposta realidade pré-textual. Em segundo lugar, esse processo deixa claro que um estudante de teologia do Antigo Testamento deve prestar atenção detalhada à forma, ao carácter e aos detalhes do discurso, porque é em, com e sob o discurso que temos o Deus de Israel, e não em outra parte.

## O formato normativo do discurso de Israel

Podemos agora considerar o modo peculiar e característico como Israel formula seu testemunho sobre Deus. Aqui sugiro o que parece ser um modo normativo pelo qual esse discurso se dá em Israel, um modo que constitui o testemunho básico de Israel. Todavia, teremos que fazer concessões importantes a grande parte do testemunho de Israel que não se adapta a esse modo discursivo. Temos de prestar atenção ao discurso característico de Israel sobre Deus. O termo *característico* é importante

---

[11] Quanto à significância da declaração, veja a ênfase geral em "ser articulado" no discurso moral em CHARLES TAYLOR, *Sources of the Self: The Making of the Modern Identity* (Cambridge: Harvard University, 1989), cap. 4.

para meu argumento.¹² Não falo de *inicial* ou *original*, pois não quero ficar emaranhado nas dificuldades que VON RAD teve ao insistir nos credos "primitivos" de Israel. Antes, para mim, *característico* indica os métodos discursivos mais usuais, de forma que um dos testes é a quantidade de usos. Além da quantidade, *característico* indica os modos como Israel falou nas situações de maior temor, exaltação ou perigo. O testemunho mais característico de Israel é o discurso ao que se recorre quando as circunstâncias requerem seu discurso mais habitual.¹³

Primeiro, é importante reconhecer que o discurso de Israel sobre Deus é caracteristicamente expresso em sentenças completas, e a sentença é a unidade de testemunho que com mais segurança se considera revelação. Aqui fazemos bem em seguir JAMES BARR em sua advertência contra confiança excessiva em palavras isoladas.¹⁴ Eu insisto que Deus está integrado ao testemunho de Israel composto de sentenças completas e não pode ser extraído dessas sentenças completas. Além disso, podemos identificar a forma característica dessas sentenças, mesmo se podem estar dispostas em uma variedade de modos imaginativos. A sentença completa do testemunho, que caracteristicamente se torna revelação em Israel, se organiza em torno de um verbo ativo que manifesta uma ação transformadora, invasiva ou inversora.¹⁵ Assim, deve-se dar atenção especial aos verbos causativos

---

¹² Uso o termo *característico* para reconhecer que não se pode dizer "sempre" a respeito desse discurso, pois as exceções são inevitáveis. Quanto à noção de discurso característico, veja WALTER BRUEGGEMANN, "Crisis-Evoked, Crisis-Resolving Speech", *BTB* 24 (1994), pp. 95-105.

¹³ Quanto ao testemunho de Israel, pode-se falar dos "hábitos dos lábios" de Israel, como na expressão: "Dizemos em nosso coração". A expressão "hábitos dos lábios" mexe com o título da obra de ROBERT BELLAH et al., *Habits of the Heart: Individualism and Commitment in American Life* (Berkeley: University of California, 1985).

¹⁴ JAMES BARR, *The Semantics of Biblical Language* (Oxford: Oxford University, 1961). A insistência de BARR, agora bem estabelecida, é que as palavras só podem ser entendidas no contexto de seu uso em sentenças. Nessa obra, minha consideração de verbos, adjetivos e substantivos que falam de Javé é um esforço de tratar os termos característicos de Israel em seu contexto.

¹⁵ Quanto à função privilegiada do verbo, veja MICHEL FOUCAULT, *The Order of Things: An Archaeology of the Human Sciences* (Nova York: Vintage Books, 1973), pp. 92-96. FOUCAULT observa na p. 93: "O verbo é condição indispensável para todo discurso; quando ele não existe, pelo menos por implicação, não é possível afirmar que há uma linguagem. Todas as pressuposições normais ocultam a presença invisível do verbo." FOUCAULT também reflete sobre o verbo *ser*, uma questão que nos interessa quanto às

no grau *hifil*. Nesta obra, daremos detalhada atenção ao conjunto regular de verbos utilizados por Israel em seu testemunho. Cada um desses verbos confirma metodicamente a reivindicação de que a concretização da ação do verbo cria uma nova situação ou uma circunstância transformada que não existia anteriormente.

Segundo, Javé – o Deus de Israel, que pode ser designado de diversas formas por muitos títulos e metáforas – é caracteristicamente o sujeito do verbo ativo.[16] Assim, a reivindicação característica do testemunho de Israel é que Javé é um agente ativo, sujeito de um verbo ativo; dessa forma, o testemunho afirma que Javé, o Deus de Israel, tem atuado de modos decisivos e transformadores.[17] Lembre-se que estamos prestando atenção aqui

---

sentenças nominais. Quanto à importância dos verbos para a teologia do Antigo Testamento, veja TERENCE E. FRETHEIM, "The Repentance of God: A Key to Evaluating Old Testament God-Talk", *HBT* 10 (1988), pp. 47-70.

[16] Meu modo de abordar o caráter e a identidade de Javé exclui provisoriamente outras abordagens. Assim, por exemplo, não lidarei com os muitos títulos de Javé que refletem a história da religião de Israel. Quanto a esses, veja TRYGGVE N. D. METTINGER, *In Search of God: The Meaning and Message of the Everlasting Names* (Filadélfia: Fortress, 1988 [publicado em português: *"O significado e a mensagem dos nomes de Deus na Bíblia"*, pela Editora Academia Cristã]). Estou ciente da complexa história dos antecedentes de Javé; veja MARK S. SMITH, *The Early History of God: Yahweh and Other Deities in Ancient Israel* (São Francisco: Harper and Row, 1990); e TRYGGVE N. D. METTINGER, *The Dethronement of Sabaoth: Studies in the Shem and Kabod Theologies* (Lund: CWK Gleerup, 1982). Esses antecedentes de Javé, a meu ver, pertencem a questões da história da religião de Israel, e não se referem diretamente à teologia do Antigo Testamento.

[17] Organizei minha análise da fala de Israel sobre Deus por meio da questão dos verbos. É importante reconhecer que, na fala de Israel sobre Deus e na fala de Deus a Israel, um grupo importante de materiais se expressa em sentenças nominais, sentenças sem verbos. Embora eu não lide com elas de forma extensiva ou explícita, o que eu afirmo sobre as sentenças verbais se aplica, *mutatis mutandis*, às sentenças nominais. Ou seja, em ambos os tipos de sentenças, Javé está integrado em sentenças completas e não pode ser extraído delas. Nessas sentenças, contudo, o modo de caracterizar Javé tende a ser pela presença e não pela ação. Pode ser que o discernimento geral de FOUCAULT, de que sentenças nominais escondem verbos ocultos, não se aplique diretamente ao uso hebraico, mas não duvido que os usos nas sentenças verbais e nominais sejam proporcionais.

Dois usos de sentenças nominais são particularmente significativos para o testemunho de Israel sobre Javé. Primeiro, a declaração enigmática de Êx 3,14, "Eu sou o que sou", é extremamente importante, mesmo sendo problemática. FRANK M. CROSS, "The Religion of Canaan and the God of Israel", em *Canaanite Myth and Hebrew Epic*:

no discurso de testemunho apresentado por Israel como testemunha. Essa prática gramatical estranha serve para dar uma versão da realidade que se opõe a outras versões da realidade, e que geralmente quer se impor às demais versões da realidade, as quais julga serem falsas. Sem dúvida, existe uma ampla e controvertida literatura sobre "os atos de Deus", literatura que se desenvolve reconhecendo que esses pronunciamentos não têm sentido histórico, ou transformando a sentença em um conceito filosófico.[18] O

---

*Essays in the History of Israelite Religion* (Cambridge: Harvard University, 1973), pp. 60-75, apresenta um argumento vigoroso defendendo que o nome de Javé, como expresso em Êx 3,14, era originalmente parte de uma sentença verbal, na qual o verbo *ser* é entendido como *faz ser*, ou seja, *criar* ou *procriar*. Esse modo de compreensão insere a sentença nominal em uma suposta sentença verbal. Em todo caso, é plausível que toda a narrativa do Êxodo seja uma exposição do nome de Êx 3,14, exigindo todos os seus verbos poderosos para uma exposição adequada.

Segundo, os oráculos de salvação do Segundo Isaías (41,8-13; 43,5-6; 44,8; cf. Jr 30,10-11) são, de fato, sentenças nominais, declarando caracteristicamente: "Não temas, porque eu sou contigo". Quanto ao formato, veja CLAUS WESTERMANN, *Praise and Lament in the Psalms* (Atlanta: John Knox, 1981); EDGAR W. CONRAD, *Fear Not Warrior: A Study of 'al tira' Pericopes in the Hebrew Scriptures* (Chico: Scholars, 1985); e PATRICK D. MILLER, *They Cried to the Lord: The Form and Theology of Biblical Prayer* (Mineápolis: Fortress, 1994), pp. 141-173. Não há verbo em nenhuma dessas promessas. Apesar disso, a meu ver, mesmo as afirmações nominais manifestam uma agência ativa e transformadora, na qual algum tipo de atividade verbal está implícita ou deve ser inferida. O problema, em parte, é gramatical. Mas também é substancial, pois a própria pessoa de Javé é em si uma força transformadora que em geral se expressa em verbos. Ou seja, "Deus está conosco" (*Immanuel*) e, ao "estar com", as circunstâncias são transformadas. Essa mudança, em seu pronunciamento exato, exige algo como a articulação de um verbo. Assim, desejo reconhecer a importância das sentenças sem verbos, mas não vou incluí-las em meu índice geral de declarações sobre a realidade de Javé no pronunciamento de Israel. Quanto às questões gramaticais das sentenças nominais, veja Francis I. Andersen, *The Hebrew Verbless Clause in the Pentateuch* (JBL Monograph Series 14; Nashville: Abingdon, 1970).

É possível, como me faz lembrar PATRICK D. MILLER, distinguir entre sentenças nominais que declaram o relacionamento de Javé com Israel e sentenças nominais que declaram o ser ou o caráter de Javé. Essa distinção enriquece e complica muito a questão, mas penso que não afeta, afinal, minha decisão de tratar essas reivindicações como proporcionais às sentenças verbais em seu "fruto".

[18] A noção de "Deus agindo" é apreciada há tempos na teologia do Antigo Testamento, especialmente no trabalho de GERHARD VON RAD e G. ERNEST WRIGHT. Veja especialmente WRIGHT, *God Who Acts: Biblical Theology as Recital* (SBT 8; Londres: SCM, 1952). Mais recentemente, a noção foi reconhecida como muito problemática. A literatura é tão grande quanto os problemas. A noção da "ação de Deus na história"

testemunho de Israel, no entanto, não deve ser entendido com uma reivindicação sujeita à explicação histórica ou à compreensão filosófica. Antes, é um discurso que se propõe a interpretar esse passado particular conforme o que o próprio discurso afirma. Para os nossos propósitos maiores, ademais, devemos notar que esse discurso de testemunho em Israel é caracteristicamente bem concreto; somente com base em muitas evidências concretas como essas é que Israel ousa generalizar.

O terceiro elemento desse testemunho convencional de Israel é que o verbo ativo tem um objeto direto, sobre o qual o verbo atua, por quem se completou a transformação.[19] Em um primeiro momento, o objeto direto

---

tem sido um ponto de referência privilegiado na teologia do Antigo Testamento, especialmente sob a influência de VON RAD e WRIGHT. Porém, embora a teologia do Antigo Testamento tenha caminhado bastante com referências bem inocentes a essa noção, ela ao mesmo tempo tem sido profundamente problematizada pelos teólogos.

O ponto de referência familiar para essa problematização é o artigo inicial de LANGDON GILKEY, "Cosmology, Ontology, and the Travail of Biblical Language", *JR* 41 (1961), pp. 194-205. O debate subsequente foi conduzido, na maior parte, por teólogos com inclinações filosóficas, com pouca contribuição dos eruditos bíblicos. A análise mais proveitosa que conheço é a de THOMAS TRACY, *God, Action, and Embodiment* (Grand Rapids: Eerdmans, 1984). Veja também WILLIAM P. ALSTON, *Divine Nature and Human Language: Essays in Philosophical Theology* (Ithaca: Cornell University, 1989); VINCENT BRÜMMER, *Speaking of a Personal God: An Essay on Philosophical Theology* (Cambridge: Cambridge University, 1992), especialmente pp. 108-27; AUSTIN FARRER, *Faith and Speculation: An Essay in Philosophical Theology* (Londres: Adam and Charles Black, 1967); A. J. Freddoso (org.), *The Existence and Nature of God* (Notre Dame: University of Notre Dame, 1983); T. V. Morris, *Divine and Human Action: Essays in the Metaphysics of Theism* (Ithaca: Cornell University, 1988); GORDON KAUFMAN, *God: the Problem* (Cambridge: Harvard University, 1972); e Maurice Wiles, *God's Action in the World: The Bampton Lectures for 1986* (Londres: SCM, 1986).

É evidente que uma noção bíblica ingênua da ação de Deus não é plausível nas categorias do modernismo. Assim, deve-se enfrentar a escolha entre abandonar a noção da ação de Deus ou de reduzi-la à irrelevância, o que uma teologia do Antigo Testamento raramente pode fazer, ou ainda recusar as categorias da modernidade e se tornar sujeito à acusação de fideísmo. A análise rica e sugestiva agora disponível não vai muito além dessas escolhas. Nessa obra, procurei explicar a retórica do Israel antigo em termos de suas próprias reivindicações, sem submeter essa retórica à crítica das categorias epistemológicas modernistas. Estou ciente de que tal procedimento evita as questões mais difíceis. Tomei esse curso porque, para explicar a fé do Antigo Testamento, qualquer outra estratégia terminaria me deixando imobilizado.

[19] Essa transação de sujeito-objeto, como se expressa na gramática do discurso de testemunho característico de Israel, preserva a reivindicação teológica de Javé como

pode ser um pronome pessoal – me, nós – como a testemunha fala de suas próprias circunstâncias transformadas. Ou esse objeto direto pode ser expresso mais formalmente como "Israel", que é regularmente o receptor da atividade direta de Javé.[20] Todavia, como veremos, o objeto direto pode variar enormemente, incluindo toda a criação, ou mesmo partes não humanas dela, ou ainda as nações sobre as quais Deus atua nessa retórica.

Nessa gramática complicada, estamos perto da reivindicação central da fé de Israel. Nessa fé, toda a realidade é abrangida nessa sentença simples, organizada em torno do verbo. É o verbo que liga Javé ao objeto – sejam pessoas individuais, Israel, a criação ou as nações. As duas partes, no entanto, estão ligadas em uma relação que é profundamente assimétrica, pois Javé, como sujeito do verbo, é a parte que tem a iniciativa e que caracteristicamente atua sobre a outra parte. O objeto está na sentença para receber o que Javé decide realizar.

Imediatamente percebemos a multiforme estranheza dessa reivindicação, que constitui a fascinação central da teologia do Antigo Testamento. Primeiro, a sentença governada pelo verbo prontamente recusa qualquer autonomia ao objeto, pois todos os objetos (o que abrange tudo) estão sujeitos à força do verbo e à intenção do Sujeito. Segundo, como sujeito da sentença, Deus está engajado em atividades que o unem a esses objetos. Israel raramente, e só mais tarde, pode falar de Deus em si, mas fala com regularidade de Deus engajado de forma transformadora com o objeto e a favor dele. Terceiro, a conexão do sujeito Deus com os verbos ativos, apesar de não nos ser estranha, é problemática intelectualmente. Parece ser,

---

aquele que tem a iniciativa e Israel como quem recebe o que Javé dá. Em minha análise do "Testemunho contrário" (parte 2) e do "Testemunho espontâneo" (parte 3), indiquei que o relacionamento entre Javé e seus parceiros não é tão simples como o de sujeito e objeto. A prática real do testemunho de Israel inclui muitos desvios daquela simples conexão que dominou a teologia escolástica. JÜRGEN HABERMAS, *Theology and Practice* (Boston: Beacon, 1973), p. 244, comenta que a teologia cristã preserva uma distinção "entre o sujeito da história e o sujeito que age historicamente, entre o Senhor da história e aqueles que são apenas sujeitos a ela".

[20] Em minha exposição de Israel como objeto e parceiro de Javé, eu me refiro a Israel como uma entidade teológica, gerada pelo testemunho do texto como um exercício retórico. Não uso o termo com qualquer pressuposição de historicidade em qualquer parte do testemunho. Juízos sobre historicidade, em qualquer sentido positivista, emergem apenas de estudos da história e da cultura do Antigo Oriente Próximo. Os resultados desses estudos só se relacionam indiretamente com as articulações do testemunho de Israel no texto.

segundo nossos horizontes convencionais, uma união imprópria de categorias, pois o verbo manifesta uma atividade vigorosa, enquanto entendemos Deus classicamente como Ser ou Substância. Mas, naturalmente, o modo de discurso de Israel não fica limitado por nossos pressupostos convencionais. Obviamente, em seu discurso, Israel visualiza algo que não deseja acomodar à nossa noção sensata de realidade. Além disso, é claro, Israel se dispõe a fazer esse discurso porque o Sujeito os obriga de tal forma que precisam fornecer uma versão da realidade que é estranha, diante dos nossos modos discursivos mais estáticos ou controladores.

Assim, embora reconheçamos essa peculiaridade e a repetida insistência de Israel nisso, também devemos reconhecer a fragilidade da testemunha. Sem dúvida, outras testemunhas mais confiáveis da realidade sempre estiveram disponíveis, mesmo no mundo antigo. O Antigo Testamento é aquela literatura que, na sua maior parte, apresenta um veredito aceitando esse testemunho como confiável. Enquanto prestamos atenção a esse testemunho e o recebemos como revelação, precisamos estar conscientes de que dentro e fora de Israel existiam interpretações alternativas da realidade que sempre foram mais facilmente confiáveis.

CAPÍTULO III

## O conteúdo normativo do discurso de Israel

Agora é possível fazer alguma sugestão sobre o conteúdo do testemunho que é caracteristicamente expresso nessa sentença completa e estranha. Podemos prestar atenção ao tipo particular de sentença que parece mais característico no testemunho de Israel, através do qual o discurso de Israel oferece uma versão da realidade que, desde o início, está em conflito com nossas versões da realidade. Ou podemos ver que Israel, desde o início, articulou uma "sub-versão" da realidade que pretende subverter outras versões mais dominantes.[21]

### *O testemunho como ação de graças*

Eu proponho como ponto de partida que o testemunho de Israel, no qual Israel oferece sua versão da realidade (e, portanto, de Deus), é uma

---

[21] Eu me apropriei da noção de "sub-versão", como uma versão alternativa que tem a intenção de minar a versão aceita, de J. CHERYL EXUM, *Fragmented Women: Feminist (Sub)versions of Biblical Narrative* (Filadélfia: Trinity International, 1993). O efeito do termo usado desse modo é insistir que a realidade aceita não é óbvia, mas simplesmente uma versão adicional do que está lá. Além do mais, o uso sugere que não há nada óbvio por trás das versões, mas que tudo a respeito do que está "lá" depende da adoção de alguma versão.

sentença apresentada como uma *tôdah*. É uma declaração de reconhecimento e ação de graças, oferecida de forma confessional, por meio da qual Israel expressa alegria, assombro e gratidão por um dom concedido ou uma ação realizada, dom ou ação que mudou decisivamente as circunstâncias de Israel.[22] Além disso, o cenário característico do pronunciamento de uma *tôdah* é o discurso em um ambiente de culto, onde uma oferta material acompanha o discurso. O discurso e a oferta juntos representam de forma concreta o grato reconhecimento pelo dom ou ação agora narrada.

Vários exemplos característicos da *tôdah* podem ser considerados como contexto padrão do testemunho mais elementar de Israel:

> Eu, porém, renderei graças (*tôdah*) ao Senhor, segundo a sua justiça (*ṣdq*),
> e cantarei louvores ao nome do Senhor Altíssimo. (Sl 7,17)

Essa declaração ocorre no final de um Salmo de petição, e assim *antecipa* a resposta positiva de Deus ao seu apelo desesperado. O termo *tôdah* é paralelo a "cantarei louvores" (*zmr*) e, portanto, é provável que a *tôdah* antecipada seja cultual. Além disso, o conteúdo da ação característica de Javé é sua *ṣdqh*, que é o modo pelo qual Javé se faz presente a esse israelita necessitado. Assim, a *tôdah* antecipada é uma resposta alegre à justiça de Javé.

> Louvar-te-ei (*tôdah*), Senhor, de todo o meu coração;
> contarei (*spr*) todas as tuas maravilhas.
> Alegrar-me-ei e exultarei em ti;
> ao teu nome, ó Altíssimo, eu cantarei louvores (*zmr*). (Sl 9,1-2)

Nessa articulação da *tôdah*, o verbo é equiparado a outros quatro: *contar, alegrar-se, exultar* e *cantar louvores* (*zmr*). Todos esses verbos manifestam total alegria estática na presença da comunidade, alegria que se representa por meio do discurso. O corpo desse Salmo, então, proporciona um inventário dos modos como Javé impactou de forma transformadora a vida do declarante.

> Oferecer-te-ei voluntariamente (*ndvh*) sacrifícios;
> louvarei (*'dh*) o teu nome, ó Senhor, porque é bom.
> Pois me livrou de todas as tribulações;
> e os meus olhos se enchem com a ruína dos meus inimigos. (Sl 54,6-7)

---

[22] Quanto à *tôdah* como um uso importante na liturgia e fé de Israel, veja HARVEY H. GUTHRIE, *Theology as Thanksgiving: From Israel's Psalms to the Church's Eucharist* (Nova York: Seabury, 1981); e MILLER, *They Cried to the Lord*, pp. 179-204.

Esse pronunciamento ocorre de novo no final de uma oração de petição. Nesse caso, de modo diferente do Salmo 7, o bem-estar dado por Deus não é antecipado, mas está *à mão*. Javé já livrou (*nsl*) e o declarante gozou triunfo sobre seus adversários. Esse uso deixa explícito o cenário cultual da *tôdah* como um voto (*ndv*) a ser cumprido, certamente na presença da congregação.

> Entrarei na tua casa com holocaustos (*'olôth*);
> pagar-te-ei os meus votos (*ndr*),
> que proferiram os meus lábios,
> e que, no dia da angústia, prometeu a minha boca.
> Oferecer-te-ei holocaustos (*'olôth*) de vítimas cevadas,
> com aroma [do sacrifício (*qtr*)] de carneiros;
> imolarei novilhos com cabritos.
> Vinde, ouvi, todos vós que temeis a Deus,
> e vos contarei (*spr*) o que tem ele feito por minha alma. (Sl 66,13-16)

Essa apresentação novamente é litúrgica e antecipa a oferta de sacrifícios cultuais (*'olôth, ndr, qtr*). A oferta de sacrifícios é o cumprimento de um voto que era parte de uma petição feita "no dia da angústia", uma angústia que agora foi solucionada pela realidade e atividade de Javé. Nos versos 3-7, o salmista dá testemunho dos feitos tremendos que Javé realizou, feitos que derrotam os inimigos e evocam alegre reconhecimento e louvor em "toda a terra". Os feitos tremendos são apenas mencionados, com uma alusão ao Êxodo (v. 6) e à reordenação poderosa que impede que "os rebeldes" causem dano (v. 7).

Um uso semelhante, porém mais geral ocorre no Salmo 111,1-2:

> Aleluia!
> De todo o coração renderei graças (*'dh*) ao Senhor,
> na companhia dos justos e na assembleia.
> Grandes são as obras do Senhor,
> consideradas por todos os que nelas se comprazem.

Novamente o pronunciamento é "na congregação" e dá testemunho das grandes obras de Javé (v. 2), que são caracterizadas pela justiça, graça e misericórdia. Esse Salmo, no entanto, carece da concretude e detalhe que vimos em outras referências; ele evidencia o processo pelo qual o discurso de Israel começa a generalizar, passando assim, como denomina CLAUS WESTERMANN, de um louvor *declarativo* para um louvor *descritivo*.[23]

---

[23] WESTERMANN, *Praise and Lament in the Psalms*. Veja também FRANK CRÜSEMANN,

O leitor notará que eu propus que *o ponto inicial para articular uma teologia do Antigo Testamento está no reconhecimento público e litúrgico de uma nova realidade trazida por Javé* na vida do declarante e de sua comunidade. Não é possível de modo algum demonstrar que esse é o ponto inicial "correto". Começo aqui porque parece ser o pronunciamento mais óbvio e concreto daquilo que é mais característico no testemunho de fé de Israel. Em pronunciamento sonoro, Israel reconhece sem restrições que algo decisivo aconteceu, o qual é tido como obra de Javé. Assim, proponho que a *tôdah* (um ato público de ação de graças) é o contexto no qual se expressa plenamente a gramática da fé de Israel (ou seja, o verbo de transformação, Javé como sujeito ativo, e o objeto direto sobre quem atua).

Podemos observar, além disso, que o testemunho nesse contexto litúrgico indica que certo tipo de retórica é característico no discurso de Israel sobre Deus. Em seu contexto litúrgico, o discurso é doxológico; ou seja, é confessional, irrestrito, desembaraçado e pronunciado pelo eu totalmente comprometido.[24] É a linguagem de compromisso irrestrito, feita "de todo o coração" (Sl 111,1). É um discurso que oferece, para verificação de sua reivindicação, nada mais e nada menos que a disposição de Israel em aceitar esse pronunciamento como verdadeiro e confiável, e sobre o qual aposta sua vida.[25]

A maior importância desse procedimento litúrgico está no discurso. Israel precisava dar seu testemunho em voz alta, pois o *dizer* é efetivo para afirmar e aumentar o relacionamento. O testemunho na *tôdah* também é *ouvido*, para maior efeito. O testemunho certamente é ouvido na própria comunidade litúrgica. Porém, além da comunidade reunida, o testemunho de Israel também se dirige às nações, em um segundo nível, pois se considera que essas prestam atenção ao que Israel diz e faz em culto.

Assim, por exemplo, a *tôdah* no Salmo 22 culmina com a expectativa de que as nações ouvirão e aceitarão o testemunho de Javé como irresistível:

---

*Studien zur Formgeschichte von Hymnus und Danklied* (WMANT 32; Neukirchen-Vluyn: Neukirchener, 1969).

[24] Quanto à prática doxológica emancipada em Israel, veja WALTER BRUEGGEMANN, *Israel's Praise: Doxology against Idolatry and Ideology* (Filadélfia: Fortress, 1988); e "Praise and the Psalms: A Politics of Glad Abandonment", em *The Psalms and the Life of Faith* (org. PATRICK D. MILLER; Mineápolis: Fortress, 1995), pp. 112-132.

[25] "Apostar sua vida" significa que a verificação somente acontece pela prática que não faz concessões.

Lembrar-se-ão do Senhor e a Ele se converterão os confins da terra; perante Ele se prostrarão todas as famílias das nações. (v. 27)

No Salmo 126, são as nações que observam e fazem conclusões:

> Então, entre as nações se dizia:
> Grandes coisas o Senhor tem feito por eles. (v. 2)

A *tôdah* é apresentada como um convite atrativo que ganhará adesão e lealdade ao governo de Javé dentre aqueles que estão fora da comunidade litúrgica.

Essa doxologia, além disso, é um discurso *político* em dois sentidos. Primeiro, é uma polêmica contra o adversário nas tribulações indicadas pelo pronunciamento. Ou seja, a alegre identificação com Javé, o sujeito dos verbos fortes, pretende colocar o adversário (derrotado) em uma posição de inferioridade, com um tom de condescendência e repreensão satisfeitas. Segundo, a doxologia é polêmica frente a qualquer possível observador da *tôdah* que seja neutro, que evita julgamento, ou que busque se manter fora dessa reivindicação retórica. O declarante considera qualquer versão alternativa da realidade, seja contrária ou neutra, como algo ridículo. Assim, a exuberância do modo doxológico de discurso pretende eliminar tudo diante dele e estabelecer a realidade narrada nesses poemas de testemunho como confiável e verdadeira. Porém, notamos que não existe evidência de apoio ao discurso. Não há nada mais além do discurso em si. O declarante antecipa que toda a congregação endossará os pronunciamentos, os quais modelarão sua realidade de um modo específico.

Todavia, podemos nos aproximar mais para ver qual é o conteúdo da gramática javista de Israel, que na *tôdah* é a resposta característica de Israel. Esses cânticos de ações de graças, usam vários termos para comentar os "feitos tremendos" de Javé. Deus é "justo" (Sl 7,11,17; 9,4,8; 111,3), dado à "retidão" (9,8), atento aos oprimidos (9,9) e aflitos (9,12), aos necessitados e aos pobres (9,18), pronto a livrar (56,13), poderoso (66,7), dado à "graça" (66,20), "benigno e misericordioso" (111,4), [suas obras são] "verdade e justiça" (111,7), e [atua em] "fidelidade e retidão" (111,8). Embora esses termos possam ser classificados segundo diversas nuances, é justo dizer que todo esse testemunho – baseado no que se reivindica serem experiências concretas, resultando em uma *tôdah* – manifesta a poderosa confiabilidade e solidariedade de Javé para com os declarantes.

### *A justiça de Javé*

Focando um pouco mais, podemos dizer que a *tôdah* de Israel caracteristicamente testifica da justiça de Javé (*ṣdqh*). Por justiça, nos referimos à pronta capacidade de Javé de estar presente em situações de tribulações e de intervir poderosa e decisivamente visando reabilitação, restauração e bem-estar.

Para investigar mais cuidadosamente as características atribuídas a Javé no discurso grato, doxológico e polêmico de Israel, podemos considerar três textos que falam da justiça de Javé no plural, "justiças" (*sdqôth*). Nesses textos, Israel começa a reunir de modo mais geral aquilo que é específico do seu próprio testemunho concreto. Todos os três usos, dispersos pela literatura, são declarados em contextos em que o testemunho é um modo exigido de discurso.

O primeiro desses textos está no cântico de Débora, normalmente considerado uma das articulações mais formidáveis e primitivas de Israel sobre sua fé em Javé. O poema é um canto de vitória, celebrando o que aparentemente foi uma derrota decisiva e surpreendente dos inimigos de Israel:

> Vós, os que cavalgais jumentas brancas,
> que vos assentais em juízo
> e que andais pelo caminho, falai disto.
> À música dos distribuidores de água,
> lá entre os canais dos rebanhos,
> falai dos atos de justiça (*sdqôth*) do Senhor,
> das justiças (*sdqôth*) em prol de suas aldeias em Israel. (Jz 5,10-11)

Em todas as circunstâncias, Israel é encorajado a "repetir" (*prz*) os "atos de justiça" (*sdqôth* = "justiças") de Javé. Israel deve fazê-lo ao cavalgar, ao se sentar, ao andar – em todo tempo. Eles devem fazê-lo entre "os canais dos rebanhos", onde as pessoas se encontravam para trocar notícias e rumores. Em todo lugar e sempre, todos em Israel são convidados a contar e falar dos atos de justiça de Javé. O que se deve falar se refere às intervenções repetidas e características de Javé, as quais reparam as desvantagens que Israel regularmente enfrenta. Na batalha de Juízes 5, Israel não tinha chance alguma contra seus inimigos mais poderosos e mais bem armados. Porém, quando "escolheram-se deuses novos" (v. 8), quando Javé entrou na disputa ao lado de Israel, tudo foi mudado. Israel triunfou e o bem-estar foi estabelecido em Israel. O resultado da batalha é inexplicável e inesperado... exceto para Javé, de quem Israel dá testemunho, em todo lugar, sempre, por todos. O que Israel afirma é que Javé age para endireitar as coisas a favor de Israel.

O segundo texto em que se testifica da justiça de Javé no plural é 1 Samuel 12,7. É um discurso de Samuel, intensamente marcado pelo que parece ser uma fraseologia deuteronômica. Assim, sua forma é bem diferente da forma do discurso de Juízes 5. Nesse texto, Samuel, o juiz, pronuncia seu discurso de despedida, no qual ele busca estabelecer sua virtude e competência como líder de Israel. Ele afirma sua inocência, aliando-se com Javé e com as ações dele, talvez sugerindo que foram as ações de Samuel que possibilitaram as ações decisivas de Javé, ou mesmo que a carreira de liderança de Samuel é uma das ações decisivas de Javé. Em sua própria defesa, Samuel afirma:

Agora, pois, ponde-vos aqui, e pleitearei convosco perante o Senhor, relativamente a todos os seus atos de justiça (*ṣdqôth*) que fez a vós outros e a vossos pais.

O discurso prossegue, então, com um inventário de lembranças do passado de Israel com Javé, desde o livro de Gênesis até o livro de Juízes (vs. 8-11), aludindo indiretamente a Sísera e Baraque, personagens que acabamos de mencionar em Juízes 5. O que nos interessa, contudo, é que esses eventos relembrados, com os quais Samuel identifica seu próprio trabalho, são todos considerados como *ṣdqôth* ("atos de justiça"); por meio deles diz-se que Javé agiu decisivamente no interesse do bem-estar de Israel. Assim, a memória central de Israel, aqui dada como um testemunho (em causa própria?), é apresentada como uma série de justiças de Javé.

A terceira referência às "justiças de Javé" é um oráculo de poesia profética. Através do pronunciamento do declarante profético, Javé defende sua própria atenção fiel a Israel, e o desafia a prover qualquer evidência contrária de que ele não tem sido plenamente fiel e atento a Israel:

> Povo meu, que te tenho feito?
> E com que te enfadei? Responde-me!
> Pois te fiz sair da terra do Egito
> e da casa da servidão te remi;
> e enviei adiante de ti Moisés, Arão e Miriã.
> Povo meu, lembra-te, agora, do que maquinou Balaque, rei de Moabe,
> e do que lhe respondeu Balaão, filho de Beor,
> e do que aconteceu desde Sitim até Gilgal,
> para que conheças os atos de justiça (*ṣdqôth*) do Senhor. (Mq 6,3-5)

Nessa recitação do seu passado com Israel, Javé faz alusão aos maiores pontos de transformação nesse passado, com referência particular à libertação do Êxodo e a diversos eventos registrados no livro de Números. Essa declaração inclui especificamente a narrativa de Balaão em Números 22-24. A referência geral a "desde Sitim até Gilgal" faz alusão aos eventos desde Números 25 até a travessia do rio Jordão em Gilgal, em Josué 3-4. O que nos interessa, entretanto, é que todas essas memórias estão agora consolidadas no termo plural "justiças", todas consideradas como atos transformadores realizados por Javé a favor de Israel, tudo possibilitando a Israel ter uma chance de bem-estar no mundo. Certamente a declaração implica que, sem a intervenção decisiva de Javé, Israel não teria tido chance alguma no mundo. Tudo depende desses eventos surpreendentes e sem paralelo, a respeito dos quais o profeta dá testemunho.

Essas três referências (Jz 5,10-11; 1Sm 12,7; Mq 6,3-5), de maneiras bem diferentes e em contextos bem distintos, provêm evidências do modo característico como Israel entende, interpreta e fala da realidade de Javé em sua vida. *Israel entendia que os pontos referenciais da vida com Javé têm a ver com intervenções que possibilitaram o que, de outro modo, não era possível.* E a *tôdah* de Israel respondia com gratidão profunda a essa interpretação do seu passado.

Percebemos que nas *todôth* de Israel e nas *ṣdqôth* testemunhadas pelas *todôth*, já chegamos a certas constantes estilísticas no modo de Israel interpretar a realidade e usar sua gramática narrativa. Não podemos deixar de perceber que, nesse modo discursivo, algo muito estranho passou a ser considerado óbvio no testemunho de Israel. Quer dizer, considera-se Javé como um personagem aceito, incontestado e necessariamente principal na interpretação israelita da realidade. De fato, o discurso sugere que não há curiosidade ou estranheza quanto a esse personagem, nenhum questionamento que consideraríamos inevitável, nenhuma justificativa teórica que procuraríamos dar, mas simplesmente um lugar-comum, partindo de uma perspectiva retórica. Além disso, fica claro que a retórica de Israel depende desse agente ativo como sujeito para tornar eficazes os verbos fortes que dominam seu discurso. De fato, não se pode remover a referência a Javé da retórica sem desintegrar o testemunho de Israel. Sem Javé, Israel não tem nada a dizer e nenhum sujeito de quem falar.

Esse compromisso da gramática de Israel com o sujeito Javé pode ser evidente por si mesmo, porém não devemos deixar de reconhecer sua importância e sua estranheza. O mundo retórico de Israel tem como força central e impulsora esse "Tu" que é nomeado e está palpavelmente presente nesse mundo. É esse "Tu" que caracteristicamente age a favor do Israel impotente, domina o discurso de Israel, decreta as *ṣdqôth* que possibilitam a vida, e é o único sujeito possível da *tôdah* de Israel. Não é que o Israel antigo, em seu testemunho narrativo, reconheça poderes divinos, confesse o sobrenatural ou faça concessões ao sagrado. Antes, o caso é que Javé é um personagem conhecido, identificável e nomeado, que vive sua própria vida segundo sua própria vontade e propósito. Por conseguinte, ao prestar contas de sua vida, Israel deve sempre se referir a Javé. Ademais, quando passa da linguagem descritiva para uma invocação, Israel deve dizer caracteristicamente "Tu" a esse agente que frequenta toda a sua vida, conhecido no presente pelas memórias de como foi discernido no passado.

A vida de Israel como iniciativa teológica consiste em aceitar esse "Tu" específico, aceitar os objetivos inegociáveis e os mandamentos de Javé, mas também aceitar a imensa problemática que Javé se revela ser: geralmente proclamando promessas e mandamentos, mas algumas vezes em silêncio; geralmente presente e visível, mas às vezes vergonhosamente ausente; geralmente evidente de formas justas e fiéis, às vezes pouco confiável e notoriamente astuto, com efeitos duvidosos. A *tôdah* de Israel é um ponto inicial justo para se entender o testemunho de Israel. É óbvio, no entanto, que o testemunho inexorável de Israel sobre esse "Tu" não pode permanecer uniformemente positivo e afirmativo, porque grande parte da vida de Israel com Javé não evoca gratidão e doxologia. Apesar disto, Israel nunca pôde se livrar de sua determinação de continuar seu discurso sobre Javé, pois Israel sabia que, nesse exato discurso, sua própria vida se caracteriza peculiarmente pela santidade, às vezes selvagem e outras beneficente.

Esse ponto sobre a importância do "Tu" talvez seja óbvio demais para necessitar de explicação. Eu me detenho aqui, no entanto, porque os intérpretes contemporâneos estão longe da disponibilidade de Israel para seu discurso sobre o "Tu". Entre Israel e nós há toda a iniciativa da modernidade, começando com a dúvida cartesiana e culminando no "retorno ao sujeito" de KANT. Esse retorno significou um afastar-se do "Tu" para o "Eu", e esse foco no "Eu" domina toda a cena moderna, tanto conservadora como liberal. Nossa resposta a esse retorno toma duas formas: podemos continuar a suspeita de DESCARTES e, assim, decodificamos o "Tu" em algo menos vivo, ou podemos restringir o "Tu" com desculpas especulativas até que o "Tu" tenha sido suficientemente domado para ser um objeto, e não um sujeito. Agora, no final do século XX, estamos aprendendo de forma excruciante que esse retorno da modernidade não cumpriu suas promessas – de fato, não dá o suficiente para se viver. Não sabemos se existe algum modo de nos reconectarmos com esse mundo mais arriscado do "Tu". Se há, então isso requer desde o início uma disponibilidade para reconsiderarmos essa retórica sempre estranha. O ritmo da *tôdah* sobre as *ṣdqôth* de Javé nos parece incrivelmente estranho. É nossa tarefa nesse estudo reconsiderar essa retórica de Israel, a qual pode se referir a algo real, como qualquer testemunha em um tribunal. Porém, a realidade que se julga existir depende, em grande parte, da aceitação da testemunha.

Nos casos citados como nosso ponto inicial, é importante notar que todas as três citações das *ṣdqôth* de Javé estão em contextos de testemunho. Em Juízes 5,10-11, o testemunho ocorre junto ao poço da aldeia, onde alguns estão persuadidos da vitória de Javé e contam a outros sobre essa maravilha. Alguns no poço podem não ter conhecido as intenções de Javé. Alguns podem ter duvidado, por isso o testemunho visa persuadir. Ou talvez todos tenham crido, mas o testemunho precisa de reiteração constante para sustentar a coragem revolucionária naquela comunidade antiga. Em 1 Samuel 12,7, parece que Samuel – a caminho da aposentadoria – é objeto de críticas e deve limpar seu nome. De fato, Samuel convida seus ouvintes (supostamente adversários) a prover evidências contra ele, o que não conseguem fazer. A recitação de Samuel oferece uma narração do passado que funciona como sua defesa e justificação. Em Miqueias 6,3-5, é Javé que se defende no tribunal, afirmando sua própria confiabilidade e fidelidade, que devem ter sido questionadas. O testemunho de Javé sobre suas próprias *ṣdqôth* ocorre em um tom diferente, desafiando qualquer um em Israel a prover evidências contrárias. Obviamente, ninguém o faz. Assim, em todos os três casos, o testemunho das *ṣdqôth* de Javé é uma defesa, um argumento a favor de certa versão da realidade que desafia as demais a oferecer um relato diferente. Em cada caso, pode-se imaginar uma leitura alternativa do passado que exclua Javé, mas nenhuma é oferecida. Concluímos que o testemunho positivo das *ṣdqôth* de Javé triunfa e se estabelece como realidade, ao menos naquele momento e local do pronunciamento.

À medida que esses testemunhos episódicos (que podem ser localizados mais especificamente por análises críticas) se fundem pelo uso repetido em unidades mais amplas e, finalmente, alcançam forma e autoridade canônicas, fica claro que o testemunho de Israel visa gerar uma interpretação narrativa da realidade que seja normativa e aceita e na qual possam viver os membros de Israel. Porém, notamos que viver nesse mundo de testemunho depende da persistência e da credibilidade do testemunho. É fácil conceber que sempre estiveram disponíveis em Israel outros testemunhos, outras interpretações da realidade, algumas das quais eram poderosas e atrativas, algumas mais "sensatas", sem dúvida, e mais facilmente defendidas pelo poder legitimador dominante. Assim, o testemunho de Israel (como revelação que se torna cânon) sempre tem um tom de defesa e urgência, pois seus membros podem, em qualquer circunstância, abandonar o mundo da vida gerado por essa retórica. Podemos imaginar que alguns dos que escutaram e aceitaram o testemunho o fizeram plenamente e sem reservas. Também podemos imaginar que alguns só o fizeram provisoriamente, sem nunca estarem livres das ofertas alternativas que às vezes prevaleciam. Não há razão alguma para imaginar que o Israel antigo carecia da mesma abrangência de paixões e compromissos que nossas próprias comunidades contemporâneas conhecem em relação ao mesmo testemunho.

Além disso, quando algum membro abandona esse mundo da vida narrado e passa para outro mundo, ocorre uma perda decisiva desse "Tu": suas ṣdqôth, suas possibilidades que pairam no ar, e as sentenças completas de afirmação que dependem dele para serem viabilizadas. Portanto, o testemunho de Israel, de muitas formas e padrões variados, é crucial e indispensável à existência peculiar de Israel no mundo.[26] Adicionalmente, podemos imaginar que, em cada nova circunstância, o testemunho deve ser refeito desde o começo, porque essa versão da realidade, representada com liberdade e imaginação, vive sempre na presença de outras versões da realidade, as quais são menos estranhas, menos problemáticas, menos exigentes e menos carregadas de possibilidades.

Agora podemos perceber porque a metáfora de julgamento de PAUL RICOEUR é uma perspectiva tão sugestiva por onde começamos nossa exposição da teologia do Antigo Testamento. A matriz julgamento-testemunha-testemunho é um dos poucos contextos sociais em que fica claro que a realidade depende do discurso. Isto é, a testemunha ocular propõe ter visto algo acontecer; as testemunhas são geralmente "testemunhas oculares".[27] Porém, "o que aconteceu" não está mais disponível, e assim tudo depende da testemunha. Tudo depende da credibilidade da testemunha, mas a credibilidade pode ser decisivamente influenciada por gestos, linguajar ou inflexões, por qualquer detalhe, seja intencional ou involuntário.

Depois que as testemunhas foram ouvidas (supostamente testemunhas em oposição), deve-se dar um veredito. Faz-se um julgamento sobre quais testemunhas são fidedignas. Quando o veredito é dado, decide-se a realidade. E quando a realidade é decidida, o tribunal não volta atrás, não repensa o que decidiu. As apelações têm que se basear em evidências, processo e procedimento, mas são apenas uma extensão do que ocorre

---

[26] RICOEUR, *Essays on Biblical Interpretation*, pp. 73-95, nota que o testemunho de Israel exige um conjunto rico e variado de gêneros para afirmar tudo que é preciso para que Israel seja o que é. Na realidade, RICOEUR aceita todos os gêneros na retórica bíblica como testemunho que se torna revelação.

[27] Quanto à testemunha ocular em distinção de testemunha perita, veja RICHARD K. FENN, *Liturgies and Trials: The Secularization of Religious Language* (Nova York: Pilgrim, 1982).

no julgamento inicial. Após o veredito, o tribunal não aceitará nenhuma versão rival de suposta realidade. (É claro, pode haver versões informais competindo entre si, como na comissão Warren, no caso do assassinato do presidente KENNEDY). O processo é bastante complexo, mas, no fim, o que foi *dito* é decisivo para aquilo que *é*.

Minha proposta é que essa imagem de julgamento indica o modo como o *logos* de Israel evoca o seu *theos*. Além disso, no processo *theos-logos* do Antigo Testamento, tudo depende da retórica de Israel; essa, a princípio, não se sujeita às dúvidas explicativas da crítica histórica nem à cobertura sobrecarregada da teologia sobrenatural, que procura tornar a defesa do testemunho mais coerentemente convincente. Assim, tínhamos começado com uma única pergunta simples: Como Israel fala de Deus no Antigo Testamento?[28] Nossa resposta provisória é que a retórica de Israel se organiza em verbos fortes e transformadores que possuem Javé, o agente ativo, como sujeito agindo sobre uma diversidade de objetos diretos, cuja forma e destino estão completamente nas mãos do sujeito dos verbos.

### *Expressões negativas e equivocadas*

Antes de considerarmos os detalhes dessa gramática predominante de testemunho, podemos fazer duas digressões, uma negativa e outra positiva. A primeira, de forma negativa, é a seguinte: embora o testemunho de Israel sobre Javé caracteristicamente assuma algo como um discurso voluntário e correto, podemos observar brevemente os casos opostos. Em primeiro lugar, o discurso voluntário se evidencia quando Israel é sincero e não hesita em falar do Deus que habita nessa gramática peculiar. A alternativa regular ao discurso voluntário é o discurso relutante ou, em casos extremos, a recusa total de falar. Podemos situar a recusa de falar de Javé sob a rubrica moderna do ateísmo; também podemos observar que o ateísmo dificilmente é um problema no mundo antigo de Israel.[29] Todavia, dois casos peculiares mostram que Israel está ciente dessa recusa potencial de falar. No Salmo 14,1, Israel afirma:

> Diz o insensato no seu coração: Não há Deus.
> Corrompem-se e praticam abominação;
> já não há quem faça o bem. (cf. Sl 53,1)

---

[28] Propus acima que essa rubrica inclui também o material em que Javé fala diretamente a Israel.

[29] Quanto ao problema moderno do ateísmo e suas origens, veja , *At the Origins of Modern Atheism* (New Haven: Yale University, 1987).

Claramente, essa não é uma declaração explícita imputável aos insensatos; está "no seu coração". A segunda parte do versículo deixa claro que o suposto pronunciamento do insensato é, de fato, feito através de ações corruptas e abomináveis, ações que "devoram o meu povo" (v. 4) e ridicularizam "o conselho dos humildes" (v. 6). Essa insensatez nas relações sociais viola a ordem de Javé para uma comunidade viável. GERHARD VON RAD denomina isto de "ateísmo prático".[30] Esse modelo de ateísmo é postulado com a pressuposição prática (não cognitiva) de que Javé não existe ou, em todo caso, é irrelevante.

No Salmo 10, um texto intimamente relacionado, essas palavras são postas na boca dos perversos:

"Não há Deus" (v. 4)

"Deus se esqueceu, virou o rosto
e não verá isto nunca" (v. 11)

"Deus não se importa" (v. 13; cf. Is 47,7-8,10)

A negação de Deus, tanto aqui como no Salmo 14, é prática e não cognitiva. Essa percepção da realidade sem Javé, que se situa fora do mundo de vida do testemunho de Israel, é realmente marginal no Antigo Testamento. Eu a menciono aqui somente para evidenciar a alternativa extrema que estava disponível a Israel, uma alternativa que seu texto normativo dificilmente consideraria.[31]

O problema, bem maior e mais dominante, no Israel antigo não é a recusa de falar de Javé – isto é, não é a prontidão prática em dispensar Javé como um fator da vida – mas sim, a tentação de adotar um discurso *equivocado* sobre Javé, o qual equivale à idolatria.[32] Nessa comunidade

---

[30] GERHARD VON RAD, *Wisdom in Israel* (Nashville: Abingdon, 1972), p. 65.

[31] Quanto ao poder contínuo da "alternativa extrema", veja PABLO RICHARD (org.), *The Idols of Death and the God of Life: A Theology* (Maryknoll: Orbis Books, 1983).

[32] Isto fica evidente na questão geral dos "profetas falsos", que trataremos mais adiante. Mais especificamente, veja THOMAS W. OVERHOLT, *The Threat of Falsehood: A Study in the Theology of the Book of Jeremiah* (SBT 16, 2ª série; Londres: SCM, 1970), com consulta particular à disputa de Jr 27,28 (cf. também Ez 13). Em um contexto diferente, o argumento entre Jó e seus amigos é uma disputa quanto ao discurso correto sobre Javé (cf. Jó 13,4-12). Qualquer que seja a dimensão sociopolítica desses conflitos, eles se referem a uma disputa sobre Javé, de quem se deve falar correta-

antiga, como na atual, a idolatria (discurso equivocado sobre Deus) é uma questão mais urgente e perigosa que o ateísmo (recusa de falar de Deus).

Falar equivocadamente de Javé – dar falso testemunho, oferecer uma interpretação inadequada de Javé – é tratá-lo como se fosse um dos ídolos impotentes e irrelevantes que rodeavam Israel. Em termos da gramática de fé, é falar de Javé como se não fosse o sujeito de verbos poderosos e transformadores. Três textos proféticos refletem a tentação de Israel em abrir mão da peculiaridade de Javé nesse sentido:

> Negaram ao Senhor
> e disseram: Não é ele;
> e: Nenhum mal nos sobrevirá;
> não veremos espada nem fome. (Jr 5,12)

> ...dizem no seu coração:
> O Senhor não faz bem,
> nem faz mal. (Sf 1,12)

> ...e ainda dizeis: Em que o enfadamos? Nisto, que pensais: Qualquer que faz o mal passa por bom aos olhos do Senhor, e desses é que ele se agrada; ou: Onde está o Deus do juízo? (Ml 2,17)

A essas declarações, podemos adicionar um ataque zombeteiro aos ídolos que são tão distintos de Javé:

> Anunciai-nos as coisas que ainda hão de vir,
> para que saibamos que sois deuses;
> fazei bem ou fazei mal,
> para que nos assombremos,
> e juntamente o veremos.
> Eis que sois menos do que nada,
> e menos do que nada é o que fazeis;
> abominação é quem vos escolhe. (Is 41,23-24)

A gramática característica de Israel ao falar de Javé, regida por verbos ativos, insiste metodicamente que Javé é o personagem principal na vida de Israel e na vida do mundo. A apresentação característica de Javé na retórica de Israel é que ele age de forma poderosa, decisiva e

---

mente. Em cada caso, além disso, aquilo que a apresentação canônica considera como falso é uma tentativa de domesticar Javé ou de tornar Javé compatível com o controle social, ou seja, de produzir um ídolo.

transformadora. Javé é moralmente sério e exigente, de modo que sempre está atento às distinções entre bem e mal, justiça e injustiça. De fato, são o poder concreto e a seriedade moral que distinguem Javé de todos os deuses rivais, os quais não têm poder para agir decisivamente nem capacidade para distinções morais. Portanto, as críticas feitas ao discurso de Israel em Jeremias 5,12 e Sofonias 1,12 são que Javé está sendo mal interpretado (recebendo falso testemunho), como se ele fosse tão irrelevante à vida como os outros deuses, ou como se não fosse um participante importante na vida do mundo e, consequentemente, Israel não precisasse atentar à seriedade moral Dele. Os outros deuses não podem fazer bem ou mal; se Javé é interpretado assim, Ele desaparece no panorama de religiões irrelevantes e não israelitas. No fim, Israel fica sem palavras no banco das testemunhas.

A idolatria, o discurso equivocado sobre Deus, em qualquer senso crítico pode ocorrer tardiamente no Israel antigo.[33] Porém, a tentação de suavizar a retórica sobre Javé predomina em Israel desde seu primeiro pronunciamento de *tôdah*. Consequentemente, a peculiaridade de Javé é uma questão de grande importância para o testemunho de Israel. Podemos citar três casos nos quais o discurso correto sobre Javé distingue o Deus de Israel de todos os demais deuses.

Os ídolos, competidores de Javé, são facilmente dispensados porque não têm poder para agir:

> Prata e ouro são os ídolos deles,
> obra das mãos de homens.
> Têm boca e não falam;
> têm olhos e não veem;
> têm ouvidos e não ouvem;
> têm nariz e não cheiram.
> Suas mãos não apalpam;
> seus pés não andam;
> som nenhum lhes sai da garganta. (Sl 115,4-7)

Diferentemente deles, Javé, como afirma o testemunho, tem poder para agir:

---

[33] YEHEZKEL KAUFMAN, *The Religion of Israel: From Its Beginnings to the Babylonian Exile* (Londres: George Allen and Unwin, 1961), torna a idolatria um ponto focal de seu tratamento magistral das Escrituras hebraicas. Para fazer isso, ele precisou trabalhar fora do consenso crítico, de forma que ele não considerou que a idolatria ocorreu apenas tardiamente no Israel antigo, mas como algo característico e dominante em toda a vida e prática de Israel.

No céu está o nosso Deus
e tudo faz como lhe agrada. (v. 3)

Javé, que fez os céus e a terra (v. 15), tem poder para abençoar (v. 12-13) e para multiplicar (v. 14). Javé tem poder para fazer a criação atuar com toda a sua fecundidade, isto é, poder para dar vida.

O mesmo contraste entre Javé, o Deus de poder, e os outros deuses fica evidente na doxologia de Jeremias 10,1-16. Os outros deuses são objetos, não sujeitos:

Os ídolos são como um espantalho em pepinal
e não podem falar;
necessitam de quem os leve,
porquanto não podem andar.
Não tenhais receio deles,
pois não podem fazer mal,
e não está neles o fazer o bem.

os ídolos são obra de artífice
e de mãos de ourives;
azuis e púrpuras são as suas vestes;
todos eles são obra de homens hábeis.

pois as suas imagens são mentira,
e nelas não há fôlego.
Vaidade são, obra ridícula. (vs. 5,9,14-15)

Em contraste, Javé é um agente de poder criativo que faz uma diferença decisiva:

O Senhor fez a terra pelo seu poder;
estabeleceu o mundo por sua sabedoria
e com a sua inteligência estendeu os céus.
Fazendo ele ribombar o trovão,
logo há tumulto de águas no céu,
e sobem os vapores das extremidades da terra;
ele cria os relâmpagos para a chuva
e dos seus depósitos faz sair o vento. (v. 12-13)

Desde o início fica evidente, no testemunho mais característico de Israel, que o discurso correto sobre Javé se refere ao seu poder de transformar, criar e produzir.

Finalmente, o contraste é evidente em Isaías 44,9-20 e 44,24;45; 7. Essas linhas, expressas em poesia lírica e ondulante que contrasta com a prosa desdenhosa precedente, apresentam Javé como agente, sujeito e ator que comanda as águas, comanda Jerusalém, comanda Ciro, cria o *shalôm* e o mal, como aquele faz todas essas coisas! Embora os textos de Salmo 115; Jeremias 10,1-16 e Isaías 44-45 sejam todos considerados pelo consenso crítico como relativamente tardios, eles não representam um desvio substancial das articulações anteriores de Israel sobre Javé como o sujeito de seus verbos vivificantes. A teologia do Antigo Testamento, proponho, é a elucidação do discurso *voluntário* de Israel sobre Javé (contra a recusa de falar, que é ateísmo prático) e do seu discurso *correto* (contra o discurso tímido e distorcido, que é idolatria).

Em todos os seus períodos, com grande liberdade e imaginação audaz, Israel procurou falar de Javé de forma voluntária e correta. Na doxologia de Jeremias 10,1-16, Javé é distinguido dos outros deuses impotentes como o Deus que é verdadeiro (*'mth*) e vivo (*ḥyym*) (v. 10) e "não é semelhante a" esses outros deuses (v. 16). De fato, após Jeremias 10,1-5, que pune e ridiculariza os outros deuses, a declaração inicial sobre Javé é uma explosão lírica: "Ninguém há semelhante a ti, ó Senhor" (v. 6). O discurso voluntário e correto sobre Javé caracteristicamente faz um pronunciamento sobre sua incomparabilidade.

## *O carácter incomparável de Javé: duas fórmulas*

Agora nos voltamos à incomparabilidade de Javé como uma segunda digressão, dessa vez positiva. Esse tema é uma digressão apenas porque no caminho que tomaremos para delinear a gramática javista de Israel, a afirmação da incomparabilidade de Javé vem, com razão, como a conclusão doxológica sumária de Israel. As formulações de incomparabilidade às quais prestaremos atenção são um salto para fora da gramática que sugerimos como normativa. Faremos um salto para essa conclusão e depois voltaremos à nossa revisão do modo como a prática gramatical de Israel torna confiável e inevitável essa conclusão. A declaração da incomparabilidade se situa frequentemente em *situações concretas de testemunho*, porém seu pronunciamento em si é uma *reivindicação notavelmente abrangente e genérica*. Por isso, a colocamos no começo do nosso estudo da retórica de Israel, mas sua função na confissão real do povo faz dela a reivindicação última e abrangente nos lábios de Israel. Visto que a declaração de incomparabilidade vem precocemente e, mesmo assim, é uma generalização bem abrangente, podemos considerá-la como o esporão mais agudo e o tema recorrente de todo o testemunho de Israel sobre Javé.

Podem-se identificar duas fórmulas que Israel usa para expressar a incomparabilidade de Javé.³⁴ A primeira é uma pergunta, frequentemente dirigida diretamente a Javé: "Quem é como tu?" (*mî-kamokāh*). A pergunta normalmente está em um contexto onde funciona como uma certeza maravilhada. Dessa forma, é uma pergunta retórica que não exige uma resposta explícita. Mas certamente a resposta antecipada é "Ninguém". Ninguém, nenhum deus é como Javé. Os detalhes do testemunho teológico de Israel pretendem dar fundamento para essa conclusão abrangente. E, embora a conclusão seja abrangente, o fundamento precisa ser específico para mostrar exatamente de que modos e em que experiências concretas Javé é incomparável. Nessa pergunta/afirmação, os assuntos característicos pelos quais se celebra Javé são "maravilhas" (*npl'ôth*) e "grandes coisas" (*gdlôth*) (Sl 71,17,19). Esses são os surpreendentes atos de transformação que demonstram o enorme poder e ilimitado de Javé (cf. Is 44,7; Jr 49,19; 50,44; Sl 77,13-14; 89,6-9). No Salmo 89,7, Javé é contrastado explicitamente com os demais deuses "na assembleia dos santos", porque ninguém lá pode fazer o que Javé pode fazer e tem feito.

Quatro usos da fórmula, examinados mais detalhadamente, servem como exemplos da reivindicação mais extrema de testemunho de Israel.

**Êxodo 15,11**. Geralmente se considera que esse poema está entre as confissões teológicas mais importantes, talvez mais primitivas, de Israel.³⁵ Na sua localização atual, é um cântico de vitória celebrando "o guerreiro divino" que, em uma demonstração de grande poder, derrotou o poder do Faraó do Egito para libertar os escravos hebreus. O corpo principal do poema se refere às duas afirmações centrais de Israel: o Êxodo (vs. 4-9) e a entrada na terra (vs. 13-17). Entre essas duas citações – que narram o poder de Javé sobre o Faraó e sobre os "chefes" de Canaã e da Transjordânia – o cântico entra em doxologia lírica, empregando a expressão "Quem é como tu?" (vs. 11-12). Israel faz essa afirmação com base nos "eventos" dos versos 4-9 e 13-17. Não há outro Deus que justifique uma doxologia assim, ou que possua os atributos de majestade e temor; nenhum outro é capaz de tais "maravilhas", derrotando e destruindo os inimigos de Israel, e criando uma possível vida nova para Israel.

Assim, o poema enfatiza o poder de Javé. Porém, observamos no v. 13, como uma nota menor, que na tradição da entrada na terra, o poema

CAPÍTULO
III

---

³⁴ Veja uma análise dos dados em C. J. LABUSCHAGNE, *The Incomparability of Yahweh in the Old Testament* (Leiden: Brill, 1966).

³⁵ Veja PATRICK D. MILLER, *The Divine Warrior in Early Israel* (HSM 5; Cambridge: Harvard University, 1973), pp. 113-118.

não salienta somente o poder de Javé, mas também o seu fiel amor (*ḥsd*). A segunda característica de Javé observada aqui, além do poder, é a solidariedade leal aos escravos hebreus, em virtude da qual se emprega um poder sem igual.

**Salmo 35,10.** Aqui o uso da fórmula da incomparabilidade está em um contexto bem diferente, o do lamento individual. O declarante está em grandes apuros, perseguido sem razão pelos adversários (vs. 4,7). Ele clama por ajuda; por si só está indefeso. O objetivo do seu clamor é convocar Javé à ação. No v. 10, onde ocorre nossa fórmula, e no v. 18, o declarante antecipa seu livramento e a possibilidade de testificá-lo. Mas o livramento ainda não foi dado, daí o clamor do declarante. Nessa formulação, que é ostensivamente louvor, o declarante na verdade dá testemunho de Javé, *re-lembrando* Javé que Ele não é como os outros deuses e, portanto, espera-se com razão que aja de forma diferente. Ou seja, o Deus incomparável deve agir para manifestar sua incomparabilidade.

Embora o poder incomparável de Javé seja assumido e afirmado aqui, não é esse o propósito dessa oração. Antes,

> Todos os meus ossos dirão:
> Senhor, quem contigo se assemelha?
> Pois livras o aflito daquele que é demais forte para ele,
> o mísero e o necessitado, dos seus extorsionários. (v. 10)

A ênfase recai sobre a solidariedade de Javé para com o mísero e o necessitado, que em si mesmos são impotentes e sem esperança. A apelação é feita duas vezes à justiça de Javé (*ṣdqh*) que resulta em *shalôm* para "seu servo". Por agora, podemos considerar *ṣdq* como uma referência ao poder de Javé manifesto de forma solidária, porém aqui se trata da solidariedade de Javé para com o declarante e para com o grupo social representado por ele. Assim, esse Salmo de lamento dá um testemunho no âmbito pessoal e íntimo, o mesmo testemunho sobre Javé que é bem público em Êxodo 15.

**Salmo 113,5.** Esse Salmo, antecipado no cântico de Ana (1Sm 2,1-10) e ecoado no cântico de Maria (Lc 1,46-55), culmina em uma referência específica à "mulher estéril", mas o louvor inicial é bem mais abrangente. Assim, ele combina o amplo escopo de Êxodo 15 e a preocupação íntima do Salmo 35. A primeira parte do Salmo se refere ao poder de Javé como criador; porém, o Salmo culmina nos vs. 7-9 com atos concretos que expressam a solidariedade de Javé com o pobre, o necessitado e o desesperado, que pela atenção de Javé têm suas circunstâncias transformadas em bem-estar. Ao passo que o Salmo 35 parece refletir um caso específico, esse Salmo já generaliza pelo uso de particípios, para deixar claro que essas são as marcas características de Javé, com as quais Israel pode contar em muitas circunstâncias diferentes.

**Miqueias 7,18-20**. Essa doxologia começa com a pergunta sobre a incomparabilidade de Javé expressa de forma doxológica na terceira pessoa. Na metade do v. 19 [no original], a referência em terceira pessoa se torna em invocação direta na segunda pessoa. O discurso em terceira pessoa é usado para testificar genericamente, mas a invocação em segunda pessoa parece funcionar como uma petição que relembra Javé de sua propensão característica, a qual precisa se tornar visível aqui e agora. Como estão localizados em Miqueias 7, no meio de um povo angustiado, esses versos conclusivos oferecem uma base para esperança. A esperança, enraizada no caráter anunciado de Javé, é que ele é diferente dos outros deuses, especificamente no que se refere à sua prontidão para perdoar, para trazer renovação e para começar novamente, precisamente para a comunidade de Jacó e Abraão (v. 20). O que marca a incomparabilidade de Javé nesse texto, como veremos mais tarde, é sua prontidão à solidariedade, compaixão, fidelidade e lealdade (*rḥm*, '*mth*, *ḥsd*; o último termo é traduzido como "misericórdia" no v. 18). Na angústia mais profunda, em um período tardio de sua história, assim como em Êxodo 15 o fez cedo em sua história, Israel dá testemunho desse poderoso Deus que é solidário, que é a única fonte de um futuro possível para Israel.

A segunda fórmula que expressa a incomparabilidade se refere às mesmas reivindicações e ao mesmo discurso. Contudo, agora a fórmula não é uma pergunta retórica, mas uma sentença declarativa: "Ninguém há como Javé" (Êx 8,10; cf. Dt 33,26) (*kî-'êyn kayhwh*), ou a variação "Não há semelhante a ti" (Sl 86,8, dirigido a Javé); ou ainda, "Não há quem me seja semelhante" (Êx 9,14, declarado por Javé; cf. também Dt 33,26; 1Sm 2,2; 2Sm 7,22). Em todas essas variações, a reivindicação de incomparabilidade é inequívoca. Podemos citar três exemplos dessa fórmula.

**1 Reis 8,23**. Em uma oração provavelmente tardia e altamente estilizada, refletindo talvez interesses do templo ou dinásticos, Salomão afirma a incomparabilidade de Javé. (É bem provável que, em contextos de templos reais, uma afirmação assim tenha um componente ideológico implícito, sugerindo também a incomparabilidade da instituição política ou sacerdotal; cf. 2Sm 7,22-23). A declaração de Salomão sobre o caráter incomparável de Javé começa se referindo a "em cima nos céus nem embaixo na terra"; considera assim toda a criação como testemunha do enorme poder de Javé. Essa ênfase, contudo, é seguida imediatamente por uma referência à aliança e ao amor leal (ḥsd), de modo que a solidariedade recebe a ênfase primária. A ênfase na solidariedade é importante, visto que a última parte da oração (v. 46-53) apresenta uma situação de necessidade, talvez o exílio. Como em Miqueias 7,18-20, a incomparabilidade se expressa, pois, como a disposição e prontidão de Javé para perdoar, para quebrar os ciclos viciosos da vida de Israel, de modo que Israel talvez possa começar de novo.

**Jeremias 10,1-16**. Já vimos que esse texto busca refutar os ídolos e, portanto, "falar corretamente" de Javé. No meio desse contraste entre Javé e os ídolos encontra-se a afirmação de sua incomparabilidade (v. 6). Enquanto os outros deuses são estúpidos, falsos e impotentes (vs. 14-15), Javé é vivo e verdadeiro (v. 10) – ou seja, Javé tem essência, força e realidade. Mais especificamente, Javé tem poder para criar e para subjugar todos os poderes dos céus e da terra, os quais devem obedecer. Assim, essa doxologia enfatiza totalmente o poder inigualável de Javé. Na conclusão desse poema (v. 16), no entanto, nós nos surpreendemos ao descobrir que, enquanto a ênfase por todo o texto está no poder cósmico de Javé, finalmente esse poder aparece vinculado a Israel, "a tribo da sua herança". Dessa forma, o testemunho do Antigo Testamento caracteristicamente não escolhe entre poder e solidariedade, pois é a combinação dos dois aspectos que sinaliza Aquele sobre quem Israel deve fazer sua reivindicação.

**Salmo 86,8**. Essa oração de lamento individual busca mobilizar Javé para intervir em uma situação de grande angústia. A fórmula em si é pronunciada no meio do Salmo, que consiste em uma declaração abrangente do poder de Javé, o qual será conhecido por todas as nações (vs. 8-10). Em torno dessa afirmação central do poder de Deus, apresenta-se um argumento mais pessoal e íntimo quanto à solidariedade de Javé para com o declarante. Assim, o declarante relembra Javé que ele é "bom e compassivo, abundante em benignidade (ḥsd)" (vs. 5,13). No v. 15, o Salmo cita uma das recitações mais características sobre a forma de Deus tratar com Israel:

> Mas tu, Senhor, és Deus compassivo e cheio de graça,
> paciente e grande em misericórdia e em verdade. (cf. Êx 34,6)

O agrupamento desses termos – compassivo, cheio de graça, paciente, misericórdia, verdade – expressa o compromisso resiliente e confiável de Javé para com Israel.

Não se pode reivindicar que essa declaração da incomparabilidade de Javé se encontra em todas as partes do Antigo Testamento. Insisto apenas que esse é o testemunho mais extremo de Israel sobre Deus, e que essa afirmação, ou algo parecido, é assumida em todas as partes do Antigo

Testamento. É importante lembrar que estamos considerando aqui reivindicações teológicas. Não estamos engajados em um estudo comparativo; de fato, pode-se argumentar que muitas das declarações de Israel têm paralelos em outros lugares.³⁶ Pode-se dizer que a retórica da incomparabilidade é feita por Israel de forma inocente e com simples indiferença aos dados contrários. Israel não sabia nem se preocupava com o fato de outros povos fazerem reivindicações similares sobre seus deuses. Ou pode-se dizer, como prefiro, que a retórica da incomparabilidade não põe a ênfase na reivindicação de que não há ninguém como Javé, mas sim em que Ele realmente é como se afirma: ao extremo, um Deus de poder incrível e solidariedade tranquilizadora. Nesse caso, a fórmula da incomparabilidade é estratégica, projetada para reforçar e ressaltar a exuberante adoção desse Deus por Israel, sem referências a qualquer reivindicação rival ou comparável.

Essas duas fórmulas, consideradas como casos extremos, proporcionam uma diretriz para nossa exposição do testemunho de Israel sobre Javé. Nossa consideração dessas duas fórmulas sugere que o Deus de quem Israel dá testemunho se caracteriza por seu poder soberano e sua solidariedade proveniente da aliança. Como veremos, o alcance da retórica de Israel sobre Deus é bastante limitado e previsível. *O que é importante é reconhecer que, para Israel, poder e solidariedade são agrupados juntos e que ambos são cruciais para o discurso normativo de Israel sobre Javé.* O poder sem a solidariedade não oferece nada que tranquilize Israel em suas necessidades. E a solidariedade sem poder oferece uma esperança vazia. Sem dúvida, o poder e a solidariedade de Javé são frequentemente apresentados em estranha tensão; além disso, em ocasiões diferentes, uma ou outra das duas qualidades se torna mais importante no testemunho de Israel. Apesar disso, são as duas juntas que caracterizam esse Deus: o poder a serviço da solidariedade, e a solidariedade como evidência da soberania.

Embora essa dupla apareça em muitos lugares, o Salmo 82 provê um bom exemplo. Esse poema, provavelmente muito antigo e certamente

CAPÍTULO
III

---

³⁶ Um modo de fazer essa importante diferenciação é distinguindo os aspectos ético e êmico de estudo. Cf. essa distinção em NORMAN K. GOTTWALD, *The Tribes of Yahweh: A Sociology of the Religion of Liberated Israel, 1250-1050 B.C.E.* (Maryknoll: Orbis Books, 1979 [publicado em português pela Paulus Editora]), notas 558,564. A erudição crítica em geral se devota aos aspectos éticos do estudo, ou seja, ela avalia as reivindicações do texto como observador de fora sem compromisso. Para compreender as reivindicações teológicas do texto, contudo, os estudiosos precisam, tanto quanto possível, se posicionar dentro dessas reivindicações e, dessa forma, atentar aos aspectos êmicos do estudo.

refletindo uma pressuposição politeísta, entra na questão do que constitui uma "divindade". No mundo da política da "congregação divina", poderia se imaginar que o Deus dos deuses seria o mais poderoso.[37] Entretanto, ficamos surpresos ao ouvir o decreto dado, "no meio dos deuses" que são repreendidos por não terem as verdadeiras marcas da divindade:

> Fazei justiça ao fraco e ao órfão,
> procedei retamente para com o aflito e o desamparado.
> Socorrei o fraco e o necessitado;
> tirai-os das mãos dos ímpios. (vs. 3-4)

Ou seja, esses supostos deuses são condenados à morte (v. 7), precisamente porque falharam em alcançar a medida da divindade aqui dada como normativa. Essa divindade é constituída pela solidariedade para com os fracos e necessitados; nesse caso, nem mesmo são especificados como os fracos e necessitados de Israel. Assim, desde o início, o testemunho de Israel caracteriza a divindade como o poder a serviço da solidariedade compassiva.

### Resumo

Segundo sua autocompreensão, Israel não começa com uma noção genérica de Deus, a partir da qual Javé se adequa. Israel começa seu discurso, antes, no testemunho daquilo que tem visto, ouvido e recebido de Javé. É Ele e somente Ele quem providencia as normas peculiares pelas quais a "divindade" agora é entendida em Israel. Além disso, está claro para Israel que, além de Javé, não há candidatos sérios para o papel de Deus. Só há candidatos fraudulentos, que não têm capacidade de serem poderosos em solidariedade. É importante salientar que "a opção preferencial de Deus pelos pobres" está profundamente enraizada no testemunho de Israel, é algo tão profundamente enraizado que é característico e definidor do discurso de Israel sobre Deus.[38] Essa reivindicação não é um adendo tardio e incidental à reflexão ética de Israel, mas pertence de forma integral e inalienável à afirmação básica de Israel sobre o caráter de Javé. O desenrolar do testemunho de Israel sobre Deus se liga aos modos pelos quais

---

[37] Veja E. THEODORE MULLEN, *The Divine Council in Canaanite and Early Hebrew Literature* (HSM 24; Chico: Scholars, 1980); e PATRICK D. MILLER, "Cosmology and World Order in the Old Testament: The Divine Council as Cosmic-Political Symbol", *HBT* 9 (dezembro de 1987), pp. 53-78.

[38] O estudo clássico dessa reivindicação está em GUSTAVO GUTIÉRREZ, *A Theology of Liberation: History, Politics, and Salvation* (Maryknoll: Orbis Books, 1988).

esse Deus – pleno de poder soberano e comprometido solidariamente com os necessitados; especialmente, com Israel em suas necessidades – domina a narrativa da liturgia e imaginação de Israel (cf. Dt 10,12-22).

Enfim, tentamos definir a gramática de Israel (sentenças completas, regidas por verbos fortes, dominadas pelo sujeito dos verbos que é um agente ativo, efetuando transformações em vários objetos diretos), e consideramos o testemunho extremo e mais abrangente sobre Javé, ou seja, sua incomparabilidade. Nosso objetivo agora é traçar detalhadamente os modos pelos quais a gramática de Israel chega inevitavelmente às suas conclusões de incomparabilidade.

Capítulo

III

## Capítulo Quatro

### 4. Testemunho em sentenças verbais

No centro da gramática teológica de Israel, há sentenças regidas por verbos fortes de transformação. Essas sentenças nos são tão familiares que podemos deixar de notar a estranheza de sua gramática e, portanto, ignorar esse ponto inicial teológico. Essa ênfase nas sentenças indica que o interesse característico de Israel é a ação de Deus – a ação concreta e específica de Deus – e não seu caráter, natureza, ser ou atributos, exceto quando se evidenciam em ações concretas. Esse foco nos verbos, além disso, nos envolve de maneira profunda em um retrato *narrativo* de Javé, no qual se diz que é Ele quem tem feito essas ações. Nesta obra consideraremos, como ponto inicial, os verbos que se situam caracteristicamente no centro do testemunho narrativo de Israel à ação de Javé.[1] Isto não é reivindicar que esse testemunho narrativo seja a única maneira, ou mesmo a mais importante, de Israel testemunhar de Javé. No entanto, ele nos dá uma orientação básica de como começar, uma orientação que criticarei na análise subsequente.

### Javé, o Deus que cria

Em seu testemunho mais maduro, o Antigo Testamento declara sobre Javé:

> ...que criou (*bara'*) os céus e os estendeu,
> formou a terra e a tudo quanto produz;
> que dá fôlego de vida ao povo que nela está
> e o espírito aos que andam nela.
> Eu [sou] o Senhor (Is 42,5-6a)

---

[1] Ficará evidente que aqui me aproximo do modo como Gerhard von Rad apresenta a fé do Antigo Testamento em "The Form-Critical Problem of the Hexateuch", em *The Problem of the Hexateuch and Other Essays* (Nova York: McGraw-Hill, 1966), pp. 1-78; e *Old Testament Theology 1* (São Francisco: Harper and Row, 1962). Contudo, há uma diferença principal entre a apresentação de von Rad e a abordagem usada aqui. Von Rad (talvez de forma inevitável) estava preso na insistência convencional da erudição de que as reivindicações sobre Deus no Antigo Testamento se baseavam na história e nas ações de Deus na história. Deve ficar claro desde o início que meu interesse é na retórica dessas reivindicações como testemunho. É bastante plausível que a hipótese de von Rad sobre o credo e recitação possa ser entendida como testemunho pronunciado, mas as categorias operativas na erudição daquela época impossibilitavam uma perspectiva assim restrita.

O testemunho de Israel sobre Javé como Criador se refere ao seu poder definitivo para produzir um completo *novum*, algo impossível em quaisquer outros termos. Nesse testemunho, segundo a intenção e a ação de Javé, o mundo é caracterizado como um lugar hospitaleiro e viável para a vida, devido à vontade e capacidade de Javé de evocar e sustentar a vida.

### Verbos de criação

Nessa doxologia, como em muitas afirmações de Isaías no exílio, o verbo dominante é *bara'*, o termo mais majestoso para a ação de Deus como Criador, um verbo que só tem como sujeito Javé, o Deus de Israel. É Javé, o Deus de Israel, que cria os céus e a terra e tudo o que existe, é Ele quem chama, ordena e governa toda a realidade.[2] Nessa afirmação poética, como em muitos outros casos, o assombroso verbo *bara'* é apoiado por verbos paralelos que dão mais ou menos o mesmo testemunho, mas que carecem da majestade singular de *bara'*. Nesse texto, os outros verbos são "estendeu" (*nṭh*), "formou" (*rq'*) e "dá" (*ntn*), todos na forma de particípio, indicando a ação contínua de Javé.

Entre os verbos mais importantes que são empregados junto com *bara'* no testemunho de Israel, temos os seguintes:

(a) Os céus por sua palavra se fizeram (*'sh*),
e, pelo sopro de sua boca, o exército deles.
Pois ele falou (*'amr*), e tudo se fez;
ele ordenou (*ṣwh*), e tudo passou a existir. (Sl 33,6.9)

Javé causa a existência por pronunciamentos. A imagem é a de um soberano poderoso que proclama um decreto do seu trono ou emite uma ordem e, no mesmo momento em que são expressas, as coisas são feitas.

---

[2] Pode-se insistir que a capacidade gerativa de trazer à existência o que não existia (cf. Rm 4,17) pertence intrinsicamente ao caráter de Javé, de forma que esse poder gerativo está em vigor onde Javé está. A base para uma reivindicação tão elementar sobre Javé é o parecer de que o nome YHWH se deriva do verbo *ser* (*hyh*), que pode ser entendido como uma afirmação causativa *hifil*, ou seja, *causa ser*. Essa leitura do nome divino tem sido defendida extensivamente por Frank M. Cross, que segue o argumento de Paul Haupt e William Foxwell Albright. Nessa leitura, sugere-se que é impossível abrigar o nome Javé sem estar ciente da inclinação e capacidade gerativa de Javé. Para uma pesquisa proveitosa de temas e questões pertinentes, veja Richard J. Clifford, "The Hebrew Scriptures and the Theology of Creation", *TS* 46 (1985), pp. 507-523.

Nesse Salmo, três palavras são usadas: *dbr*, *'mr* e *ṣwh*, todas referentes a um discurso poderoso, soberano e gerador. No versículo 7, no entanto, também percebemos os verbos de apoio "ajunta" (*kûn*) e "encerra" (*ntn*), de modo que o discurso de Deus não está longe da ação.

> **(b)** ...que criou (*bara'*) os céus,
> o Deus que formou (*yṣr*) a terra,
> que a fez (*'sh*) e a estabeleceu (*kûn*);
> que não a criou (*bara'*) para ser um caos,
> mas para ser habitada... (Is 45,18)

Nesse texto, junto com *bara'*, ocorre duas vezes o verbo *yṣr*. Esse verbo reflete a imagem de um oleiro modelando a argila, trabalhando sobre matéria existente. O termo manifesta um envolvimento ativo e material com a substância da criação, em um esforço artístico. O termo geralmente é usado por Israel para a criação da humanidade ou, mais especificamente, na sua própria criação como povo. Nesse texto, porém, o objeto do verbo é "a terra", em paralelo a "os céus". Esses dois verbos *bara'* e *yṣr* – usados duas vezes cada – são apoiados pelos verbos *kûn* e *'sh*.

> **(c)** Ó Senhor dos Exércitos, Deus de Israel,
> que estás entronizado acima dos querubins,
> tu somente és o Deus de todos os reinos da terra;
> tu fizeste (*'sh*) os céus e a terra. (Is 37,16)

O verbo *'sh*, geralmente usado em paralelo com *bara'* e *yṣr*, se refere ao processo de manufatura real do produto; dessa forma, apresenta Deus como um agente trabalhador que produz os céus e a terra como resultado de seu trabalho.

> **(d)** O mesmo campo imaginativo funciona com o verbo *qnh*:

> Bendito seja Abrão pelo Deus Altíssimo,
> que possui (*qnh*) os céus e a terra;
> Levanto a mão ao Senhor, o Deus Altíssimo,
> o que possui (*qnh*) os céus e a terra. (Gn 14,19,22)

Essa doxologia provavelmente se refere a um Deus mais antigo (El Elyon) e foi reelaborada para Javé. O uso aqui (como em Dt 32,6) sugere um ato gerativo de produzir, e possivelmente através disso estabelece a posse e os direitos de propriedade sobre a criação.[3]

---

[3] Quanto ao termo *qnh*, veja GALE A. YEE, "The Theology of Creation in Proverbs

(e) ...Não és tu aquele que abateu (*hṣb*) o Egito
e feriu (*hll*) o monstro marinho? (Is 51,9)

Esse texto reflete uma tradição antiga de que Deus, no ato da criação, combate o dragão do caos e derrota a ameaça que este representa.[4] Podemos registrar duas limitações acerca desse uso no Antigo Testamento. Antes de tudo, a imagem de se esforçar em combate, no que se refere à criação, é tênue e marginal no Antigo Testamento.[5] Nesse texto, o que deve ter sido uma imagem da criação se volta para a especificidade das memórias do êxodo de Israel, de modo que "o mar" e "as águas do abismo" [(v. 10)] servem duplamente, na retórica de Israel, para se referir ao caos aquoso e ameaçador na esfera da criação e à rota de escape do êxodo.[6] Em ambos os casos, confessa-se que o Deus de Israel tem o pleno controle e é capaz de governar as águas. Também notamos o verbo paralelo "feriu" (*hll*), que comprova o motivo de combate (cf. Jó 26,13).

(f) Olvidaste a Rocha que te gerou (*yld*);
e te esqueceste do Deus que te deu (*hll*) o ser. (Dt 32,18)

Antes que os montes nascessem (*yld*)
e se formassem (*hll*) a terra e o mundo,
de eternidade a eternidade, tu és Deus. (Sl 90,2)

Esses dois textos têm em paralelo os verbos *yld* e *hll*. Em cada caso, o primeiro verbo se refere à função paterna de gerar, e o segundo à função materna de dar à luz. Esses termos para criação não são comuns no testemunho do Antigo Testamento. Eu os cito porque são pertinentes aos debates atuais sobre metáforas adequadas para Deus; além disso, mostram

---

8,22-31", em *Creation in the Biblical Traditions* (org. RICHARD J. CLIFFORD e JOHN J. COLLINS; CBQMS 24; Washington: Catholic Biblical Association of America, 1992), p. 89, nota 7.

[4] Quanto ao caos como monstro, veja JOHN DAY, *God's Conflict with the Dragon and the Sea: Echoes of a Canaanite Myth* (Cambridge: Cambridge University, 1985); e MARY K. WAKEMAN, *God's Battle with the Monster* (Leiden: Brill, 1973).

[5] JON D. LEVENSON, *Creation and the Persistence of Evil: The Jewish Drama of Divine Omnipotence* (São Francisco: Harper and Row, 1988), sumarizou bem os dados.

[6] FRANK MOORE CROSS, *Canaanite Myth and Hebrew Epic* (Cambridge: Harvard University, 1973), pp. 112-144, mostra como as referências às águas do caos e às "águas históricas" do êxodo convergem e se identificam. Assim, não é possível fazer uma distinção clara entre o que é mito e o que é história.

a notável abrangência dos verbos usados no testemunho de Israel para evidenciar que Javé cria.

(g) Os céus por sua palavra se fizeram,
e, pelo sopro de sua boca, o exército deles. (Sl 33,6)

Disse Deus: Haja luz; e houve luz. (Gn 1,3)

Israel atesta que Javé criou o mundo pelo discurso; é um pronunciamento real, um decreto poderoso que em sua própria expressão já é executado de forma entusiástica e submissa. Essa "teologia da palavra" influi enormemente na reflexão teológica subsequente. É importante reconhecer, no entanto, que mesmo essa forma exaltada de falar da soberania gerativa de Javé não é exclusiva de Israel. Mesmo esse modelo de criação, dado no testemunho de Israel, tem antecedentes e paralelos importantes na teologia egípcia antiga de Mênfis, a respeito do deus Ptah.[7] Israel usa uma variedade de termos nessa apresentação de Javé como aquele que cria pela palavra, os quais manifestam a autoridade inquestionável do soberano para produzir uma renovação genuína no mundo simplesmente ao revelar sua vontade e intenção à corte real, sequiosa em obedecer.

Essa lista de verbos representa de forma satisfatória os principais termos que Israel usou em seu testemunho sobre a atuação de Deus como aquele que cria. A lista não é de modo algum completa, mas é suficiente para o nosso propósito. Em seu uso estilizado contínuo, essa diversidade de testemunhos não exige que cada termo seja considerado em sua referência mais concreta e particular. Apesar disso, esses pontos de referência concretos estão presentes no texto e não devem ser ignorados. Nesse conjunto de termos (ao qual podem se adicionar outros), Israel apela a todos os modelos de criação que já estavam presentes e disponíveis no Antigo Oriente Próximo, incluindo o mandato real, o esforço de combate, a realização artística, a produtividade material, a aquisição econômica e o processo de dar à luz. Também é óbvio que Israel, com a exceção de *bara'*, não tinha nenhuma categoria especial e privilegiada para a criação, mas fez uso dos termos de muitas esferas da vida ordinária cotidiana.

Israel não se contentou com uma das articulações da criação como a única adequada, mas audaciosamente fez uso de um vocabulário rico e variado para elaborar seu discurso normativo sobre Deus. Com veremos

Capítulo
IV

---

[7] Veja JAMES PRITCHARD, *Ancient Near Eastern Texts Relating to the Old Testament* (2 ed; Princeton: Princeton University, 1955), p. 5.

repetidamente, *a teologia do Antigo Testamento, quando presta atenção à retórica ousada de Israel, recusa todo reducionismo a uma articulação única e simples*; ela oferece um testemunho que é enormemente aberto, convidativo e sugestivo, muito mais que um que gere assentamento, fechamento ou precisão.

Não era difícil para Israel dar seu testemunho sobre Javé como "o Deus que cria". O mundo religioso do Antigo Oriente Próximo já estava permeado com essa fala da criação e com essa convicção da obra criadora dos deuses. É plausível assumir que Israel podia se apropriar facilmente desse discurso e convicção.

Temos de reconhecer, entretanto, que a grande retórica litúrgica da criação era patrocinada pelos grandes regimes monárquicos; esses facilmente absorviam as afirmações teológicas evocativas da ordem criada para seus interesses e feitos políticos específicos. Assim, a fé na criação era recrutada pela propaganda e ideologia reais. Não há motivo para imaginar que a instituição monárquica de Jerusalém fosse imune a essa tentação (cf. 1Rs 8,12-13; Sl 89,3-37). No Salmo 89, as garantias dadas por Deus à casa de Davi aparecem facilmente ao lado da celebração da bondade e confiabilidade da ordem criada por Javé.

Frente à fácil utilização da retórica da criação e da fé na criação, Israel, contudo, se vê diante de uma difícil tarefa. O elemento complicado nesse testemunho não é reivindicar a fé na criação como sua; é reivindicar a criação para o Deus de Israel como algo desejado, concedido e governado por Javé, e feito para alegre dependência e obediência frutífera a ele. É articular a fé na criação de modo peculiar, a fim de que seja coerente com o resto do testemunho normativo que Israel dá sobre seu Deus. Analisaremos detalhadamente uma série de textos que indicam as formas como o testemunho de Israel modelou a retórica para suprir essa importante demanda teológica.

### *O contexto do exílio*

No Antigo Testamento, a fé na criação recebe sua articulação mais completa no Isaías do exílio.[8] Nesse contexto, Isaías enfrenta uma dupla crise que instiga Israel ao desespero e ao abandono de sua confiança em Javé. A base concreta para o desespero é a realidade formidável do poder político e militar da Babilônia. Por trás daquela autoridade visível, no

---

[8] Veja, por exemplo, CARROLL STUHLMUELLER, *Creative Redemption in Deutero-Isaiah* (AnBib 43; Rome: Biblical Institute, 1970).

entanto, está o poder legitimador dos deuses da Babilônia, que garantiam o regime e pareciam ser mais fortes que o poder contrário do Deus do próprio Israel.

Diante desse desafio à dúvida desesperadora de Israel se contrapõe ao testemunho da fé, o qual afirma que Javé é mais forte que os deuses babilônicos e, portanto, que a capacidade de Israel para agir com liberdade é mais forte que a coerção restritiva do regime babilônico. É o testemunho da obra de Javé como Criador que reage ao poder ostensivo da Babilônia.

> Eu fiz (*'sh*) a terra
> e criei (*br'*) nela o homem;
> as minhas mãos estenderam (*nṭh*) os céus,
> e a todos os seus exércitos dei (*ṣwh*) as minhas ordens.
> Eu, na minha justiça, suscitei a Ciro
> e todos os seus caminhos endireitarei;
> ele edificará a minha cidade
> e libertará os meus exilados,
> não por preço nem por presentes,
> diz o Senhor dos Exércitos. (Is 45,12-13)

> Não sabes, não ouviste
> que o eterno Deus, o Senhor,
> o Criador (*br'*) dos fins da terra,
> nem se cansa, nem se fatiga?
> Não se pode esquadrinhar o seu entendimento.
> Faz forte ao cansado
> e multiplica as forças ao que não tem nenhum vigor.
> Os jovens se cansam e se fatigam,
> e os moços de exaustos caem,
> mas os que esperam no Senhor
> renovam as suas forças,
> sobem com asas como águias,
> correm e não se cansam,
> caminham e não se fatigam. (Is 40,28-31)

Nesses textos, faz-se uma ampla reivindicação sobre Javé como o sujeito do verbo: Javé criou os céus e a terra. Em cada caso, no entanto, a ampla reivindicação passa do âmbito cósmico para a realidade de Israel. Assim, em Is 45,12-13, a retórica passa rapidamente para Ciro e a libertação dos exilados. Em Is 40,28-31, a ampla reivindicação se dirige aos fracos e sem vigor de Israel que serão fortalecidos. O combate retórico com os outros deuses é empreendido em uma série de discursos de disputa, os quais afirmam o poder de Javé e, por sua vez, declaram a debilidade e a impotência dos deuses babilônicos que não têm autoridade nem poder (Is 40,12-13; 41,1-5,21-29; 43,8-13). O objetivo desse testemunho sobre o Criador é declarar (e assim estabelecer) que Javé é o único Deus que demonstrou ser poderoso como Criador; portanto, os outros deuses não merecem obediência ou consideração.

A fé na criação é usada no testemunho de Israel para rejeitar as reivindicações dos outros deuses. A essa função do testemunho se alia um segundo propósito: a afirmação de Israel. Esse Deus não criou só os céus e a terra, o que os outros deuses não podiam fazer; esse Deus criou Israel como objeto especial de sua atenção e fidelidade.[9]

> Mas agora, assim diz o Senhor,
> que te criou (*br'*), ó Jacó,
> e que te formou (*yṣr*), ó Israel:
> Não temas... (Is 43,1)

> Não temas, pois, porque sou contigo;
> trarei a tua descendência desde o Oriente
> e a ajuntarei desde o Ocidente.
> Direi ao Norte: entrega!
> E ao Sul: não retenhas!
> Trazei meus filhos de longe
> e minhas filhas, das extremidades da terra,
> a todos os que são chamados pelo meu nome,
> e os que criei (*br'*) para minha glória,
> e que formei (*yṣr*), e fiz (*'sh*). (Is 43,5-7)

> Eu sou o Senhor, o vosso Santo,
> o Criador (*br'*) de Israel, o vosso Rei. (Is 43,15)

> Assim diz o Senhor,
> que te criou (*'sh*),
> e te formou (*yṣr*) desde o ventre,
> e que te ajuda:
> Não temas... (Is 44,2)

---

[9] ROLF RENDTORFF, "Die theologische Stellung des Schopfungsglaubens bei Deuterojesaja", *ZTK* 51 (1954), pp. 3-13; e RAINER ALBERTZ, *Persönliche Frömmigkeit und offizielle Religion: Religionsinterner Pluralismus in Israel und Babylon* (Calwer Theologische Monographieren Series A 9; Stuttgart: Calwer, 1978), sugerem que pode-se fazer uma distinção entre a criação do mundo por Javé e sua criação de Israel, ou de seres humanos individuais. A distinção não deve ser muito rigorosa, mas fica claro que Israel falou de modo diferente sobre esses assuntos em gêneros diferentes, dependendo da necessidade a ser suprida.

Esse modo de falar da atividade criadora de Deus utiliza os mesmos verbos da criação cósmica. Só que agora a retórica apela diretamente a Israel, convidando-o a confiar em Javé e, então, de forma derivada, a confiar em sua própria capacidade para agir em liberdade, à parte da ameaça da intimidação e coerção babilônicas.

### *A mobilização da fé na criação*

Dois outros textos proféticos mostram modos em que a fé na criação é mobilizada a serviço do testemunho maior de Israel. Já vimos que Jeremias 10,1-16 estabelece um contraste agudo e dramático entre os fracos falsos deuses e o Deus vivo e verdadeiro. Articula-se a incomparabilidade de Javé (v. 6) em imagens de realeza: "ele é o Deus vivo e o Rei eterno" (v. 10). Além disso, o poema utiliza uma série de verbos, alguns em forma de particípio, para afirmar a atividade poderosa de Javé: ele fez (*'sh*), estabeleceu (*kûn*), estendeu (*nṭh*), faz ribombar (*lqôl*), faz subir (*'lh*), cria (*'sh*) e faz sair (*yṣ'*). Esse extraordinário inventário de verbos evidencia que Javé preside os processos que dão ordem ao mundo, mediante uma manifestação de poder que os outros deuses não podem igualar. Diante dessas amplas reivindicações, dificilmente estamos preparados para a manobra retórica do v. 16, que se revela como algo característico do modo de pensar israelita sobre a criação:

> Não é semelhante a estas Aquele que é a Porção de Jacó;
> porque ele é o Criador (*yṣr*) de todas as coisas,
> e Israel é a tribo da sua herança;
> Senhor dos Exércitos é o seu nome.

Javé verdadeiramente dá forma (*yṣr*) a todas as coisas, mas mesmo assim ele é "a Porção" de Israel e Israel é a "sua herança". Essa dupla afirmação primeiramente identifica Javé como aquele que pertence a Israel e, consequentemente, Israel como pertencente a Javé. Não se nomeia Javé na doxologia até esse versículo final. No fim, quem é celebrado como o Criador poderoso de todas as coisas não é outro senão o "Senhor dos Exércitos". O poema retém o nome até o pronunciamento final, quando tudo é revelado. O Deus que é mais forte que os ídolos, que os sobrepuja a todos em poder, não é outro senão aquele a quem Israel conhece em sua própria memória.

A citação do nome "Senhor dos Exércitos" em Jeremias 10,16 indica gentilmente outro texto, Amós 4,13.[10] Esse versículo é uma das três doxo-

---

[10] Quanto a essas doxologias com o nome de Javé, veja JAMES L. CRENSHAW, *Hymnic Affirmations of Divine Justice: The Doxologies of Amos and Related Texts in the Old*

logias estranhamente situadas no livro de Amós (cf. Am 5,8-9; 9,5-6). Em sua localização atual, a doxologia vem no fim do quarto capítulo de Amós, o qual proclama uma ameaça devastadora ao Israel desobediente, que precisa ser punido porque oprimiu o pobre e esmagou o necessitado (v. 2). Segue-se a essa terrível acusação uma recitação dos grandes feitos punitivos de Javé (maldições), os quais mostram como ele pode abalar a própria criação (fome, seca, crestamento e ferrugem, peste, e terremoto) contra um povo desobediente (vs. 6-11). Essa exposição da vontade justa de Javé para Israel agora é selada em sua severidade pela doxologia do v. 13. Nessa doxologia, o testemunho emprega uma série de verbos no particípio:

quem forma (*yṣr*)
e cria (*bara'*)
e declara (*ngd*)
e faz (*'sh*)
e pisa (*drk*)

A linguagem é abrangente e cósmica em âmbito. A última linha apela a antigas imagens mitológicas. No final, é o pronunciamento do antigo nome tribal "o Senhor, o Deus dos exércitos", ecoando o mesmo linguajar usado em Jeremias 10,16, que conecta a majestade de Javé, o poderoso Criador, aos antigos encontros da aliança. A fé na *criação* é posta a serviço das sanções da *aliança*. O Deus em quem se pode *confiar* diante dos babilônios é o mesmo Deus que deve ser *obedecido* em tempos de autoindulgência em Israel. Todas as forças dos céus e da terra estão à disposição daquele que faz cumprir as exigências da Torá.

### A narrativa litúrgica em Gênesis 1-2

As afirmações líricas precedentes provavelmente são mais antigas que Gênesis 1,1-2.4a, embora o texto de Gênesis tenha sido posto no começo da Bíblia e seja mais conhecido. Esse texto é uma espécie de narrativa litúrgica que conta a história da criação de uma forma altamente estilizada. É convencional entender esse texto como uma afirmação litúrgica contra as tentações dos deuses babilônicos no exílio e, portanto, em consonância com o Isaías do exílio.

É bem sabido que o primeiro versículo da Bíblia é problemático gramaticalmente e talvez não possa ser julgado em bases puramente gramaticais. Minha tendência é considerar Gênesis 1,1 como uma oração subordinada temporal, traduzida assim: "quando Deus começou a criar...",

---

*Testament* (SBLDS 24; Missoula: Scholars, 1975).

o que faz do versículo 2 a oração principal da sentença inicial da Bíblia.[11] Esse modo de compreender a gramática desse versículo sugere que aqui se diz que Deus está trabalhando em uma realidade já existente (o caos), a qual ele ordena pela palavra e vivifica pelo sopro (espírito). Ao longo do restante do capítulo, Deus continua criando mediante palavra e ação um mundo com ordem, vitalidade e fecundidade, o qual possibilita a vida e que, finalmente, é julgado por Deus como "muito bom" (v. 31).

A disposição dessa retórica é evidenciar que Deus está no controle de forma serena e suprema. Aqui não há luta, ansiedade ou riscos. Se é correto, como assegura o consenso crítico, que esse é um texto exílico, então a intenção e o efeito dessa narrativa litúrgica é fazer surgir, pelo seu próprio pronunciamento, um mundo gerativo, bem ordenado e plenamente confiável para os israelitas que estão exilados na Babilônia. O mundo oferecido nesses pronunciamentos litúrgicos é "um mundo de contraste", comparado ao mundo do exílio, que é repleto de ameaças, ansiedade e insegurança. Nessa leitura, o caos já existente no v. 2 representa a realidade do exílio – uma vida repleta de riscos e desordem. O efeito da liturgia é criar um mundo alternativo de vida ordenada, possibilitado pela palavra e pela vontade poderosa de Javé. Os israelitas do exílio podem habitar nesse mundo e, se escolherem, podem se retirar (emocional, litúrgica, política e geograficamente) do desordenado mundo da Babilônia, que nessa recitação é poderosamente deslegitimado.

Essa narrativa litúrgica demonstra que a atividade criadora e ordenadora do Deus de Israel culmina no sábado (Gn 2,2-3). Esse descanso sabático está estabelecido na própria trama e estrutura da vida criada. Porém, embora o sábado receba por meio disso uma significação cósmica, a observância do dia de descanso ainda permanece concreta e precisamente um ato judaico, pelo qual os judeus do exílio babilônico (e em todas as demais circunstâncias) se distinguem visível e publicamente de um mundo que se entrega demais ao poder do controle e da ansiedade impaciente. Mais uma vez, assim como em Jeremias 10,6 e Amós 4,13, a retórica da criação é posta a serviço da identidade e da conduta de uma existência judaica intencional e consciente. Israel não se interessa em dar testemunho de Javé como aquele que cria, se Javé não puder ser vinculado aos aspectos práticos de se viver fielmente no mundo.

---

[11] Para uma justificativa exegética da interpretação tradicional, veja WALTHER EICHRODT, "In the Beginning: A Contribution to the Interpretation of the First Word of the Bible", *Creation in the Old Testament* (Filadélfia: Fortress, 1984), pp. 65-73.

### A fé na criação no testemunho maior de Israel

Em três textos dos Salmos, a polêmica do testemunho de Israel sobre a criação é reduzida, talvez por dependência da estrutura de afirmações da liturgia de Gênesis 1. De fato, o saltério integra facilmente o testemunho da criação em seu testemunho maior sobre a fé.

**Salmo 33**. Esse Salmo nos interessa porque afirma que Javé cria pelo pronunciamento:

> Os céus por sua palavra se fizeram,
> e, pelo sopro de sua boca, o exército deles.
> Pois ele falou, e tudo se fez;
> ele ordenou, e tudo passou a existir. (Sl 33,6,9)

Essa afirmação é coerente com o que é narrado em Gênesis 1. A imagem é a de um soberano firme, seguro no controle, que só precisa falar para que se cumpra o seu mandato.

Todavia, essa declaração se situa no meio de duas outras informações importantes. Primeiro, esse governo sereno dos céus vai contra as nações recalcitrantes. Javé vê tudo e resiste aos planos dos povos que são contra o seu próprio plano (Sl 33,10). De fato, a capacidade do Deus que cria leva à conclusão de que os reis não são autônomos, não importa qual sua força militar (vs. 16-17). A retórica aqui não é muito diferente daquela do Salmo 2, que conduz no final à confirmação do trono de Davi. A fé na criação faz parte da realidade política. Segundo, esse poema se situa dentro da terminologia da aliança de Israel, de modo que a fé na criação está incluída na crença da aliança. Isto é, a palavra como instrumento de criação não é simplesmente um ato de poder soberano; é um ato que tem em si uma dimensão de aliança. O Criador cria por seu compromisso com a fidelidade, a justiça, o direito e a bondade:

> Porque a palavra do Senhor é reta,
> e todo o seu proceder é fiel.
> Ele ama a justiça e o direito;
> a terra está cheia da bondade do Senhor. (Sl 33,4-5)

Assim, o próprio ato da criação oferece uma garantia concreta a Israel e àqueles que aceitam a intenção do Criador quanto à justiça. Dessa forma, desde o início Javé se caracteriza por fidelidade, justiça, direito e bondade (vs. 4-5,8; cf. v. 18). Além disso, o Salmo termina com uma série de promessas na primeira pessoa que se referem a Israel:

> Nossa alma espera no Senhor,

nosso auxílio e escudo.
Nele, o nosso coração se alegra,
pois confiamos no seu santo nome.
Seja sobre nós, Senhor, a tua misericórdia,
como de ti esperamos. (Sl 33,20-22).

A fé na criação é um alicerce para uma esperança ativa e concreta em Israel, a qual se refere às circunstâncias, possibilidades e responsabilidades diárias.

**Salmo 146.** Nesse Salmo, Javé, o Deus de Israel, é contrastado com os príncipes e agentes humanos que não podem ajudar, que carecem de "espírito" e cujos desígnios não podem prosperar. Contra todas essas supostas fontes de ajuda, defende-se Javé como aquele que de fato pode ajudar e em quem Israel pode esperar: apresenta-se Javé como aquele que fez (*'sh*) "os céus e a terra, o mar e tudo o que neles há" (v. 6). O testemunho característico de Israel, no entanto, não pode afirmar a criação por si mesma, pois as afirmações sobre a criação estão sempre vinculadas a questões mais concretas. Nesse caso, esse verbo amplo "fazer" está ligado à "fidelidade" (*'mth*) e à "justiça" (*mšpṭ*) de Deus, que então são retratadas de uma forma bastante concreta:

> Que faz justiça aos oprimidos
> e dá pão aos que têm fome.
> O Senhor liberta os encarcerados,
> o Senhor abre os olhos aos cegos,
> o Senhor levanta os abatidos,
> o Senhor ama os justos.
> O Senhor guarda o peregrino,
> ampara o órfão e a viúva... (Sl 146,7-9a)

Aquele que cria é aquele que governa de uma forma bem específica. Assim, o Criador ordenou, e continua a ordenar, um mundo caracterizado por uma ética particular. Nesse Salmo, não se impõe obediência a Israel; porém, recorda-se a Israel que a obra criadora de Javé não é uma força bruta e sim uma obra que intenta e provê bem-estar precisamente aos oprimidos, famintos, encarcerados, cegos, abatidos, justos, peregrinos, viúvas e órfãos (cf. Pv 17,5). O mundo como criação de Deus tem um viés e compromisso ético específico, que vai contra os "desígnios" dos ímpios, os quais tentam usar as forças da criação para seus próprios interesses destrutivos (v. 4).

**Salmo 104.** Esse Salmo extraordinário, provavelmente apropriado de fontes egípcias, talvez seja a exposição mais plena do Antigo Testamento sobre a fé na criação. A primeira parte provê um inventário completo dos componentes da criação realizada por Deus (vs. 1-23). A doxologia começa com a obra divina de ordenar as "camadas" da criação: os céus (v. 2), as câmaras das águas (vs. 3-4), e os fundamentos da terra (v. 5). O Salmo se maravilha com o suprimento abundante de águas (vs. 8-13) e com a miríade de animais que são assim sustentados (vs. 14-23). Esse inventário vai do geral para o específico e, finalmente, às pessoas que dependem de pão e vinho (v. 14), e que trabalham e descansam (v. 23). O Salmo testemunha sobre os ritmos confiáveis e sustentadores da vida que são garantidos por Deus.

A segunda metade do Salmo 104 reflete sobre a importância de Javé nessa impressionante rede de dons (vs. 24-35). Podemos identificar quatro elementos de percepção nessa meditação sobre a obra de Deus na criação:

(a) Deus é o firme govenador de toda a criação, inclusive do mar e do monstro marinho, os quais em outros contextos podem ter sido selvagens e rebeldes (vs. 24-26).[12]

(b) A criação que Deus fez é uma grande cadeia alimentar, a qual provê generosamente tudo o que cada criatura precisa (vs. 27-28). Essa afirmação não se refere apenas ao caráter de Deus, mas também ao mundo que procede do caráter generoso e beneficente de Javé. Além disso, é o vento/espírito (*rûaḥ*) de Javé que, a cada instante, possibilita a vida (vs. 29-30). O mistério da vida só é conhecido por Javé, e ele é plenamente confiável em conceder vida. O mundo pode estar "aí", mas não tem nenhuma capacidade gerativa em si mesmo. Sua vida depende da proximidade e da dependência do Deus que exala vida.

(c) Essa percepção do poder e da bondade de Deus conduz a uma explosão de louvor (vs. 31-34). A doxologia é a resposta israelita (e humana) adequada à afirmação de que a criação é boa, pois isto é dom de Javé. A fé na criação, primeiramente, não é um convite à especulação ou a explicações. Ela incita ao assombro, temor e reconhecimento de que a vida – a vida de Israel, a vida humana – se situa no meio de uma generosidade confiável que precede todo esforço humano.

---

[12] Quanto a essa afirmação, veja JON D. LEVENSON, *Creation and the Persistence of Evil*, pp. 53-65.

**(d)** O poema culmina com uma nota ética breve, mas sombria (v. 35). "Pecadores" e "perversos" são aqueles que se recusam a perceber a vida na criação em termos de extravagância generosa, sem dúvida para praticar uma autonomia de acumulação que nega que a criação é de fato governada e sustentada por seu Criador. A criação tem dentro de si a seriedade soberana de Deus, o qual não tolera a violação dos termos da criação, que são termos de dom, dependência e extravagância. Portanto, para aqueles que recusam a soberania de Javé, que é evocadora de doxologias, a criação termina em uma advertência ameaçadora.

### *O testemunho da própria criação*

Temos considerado o modo como Israel testifica das maravilhas da criação que apontam para o poder e a generosidade do Criador. Além do discurso exclamativo de Israel, contudo, podemos perceber ainda outra dimensão de testemunho sobre a criação. Diz-se que a própria criação indica seu Criador – ou seja, testifica diretamente dele. Esse testemunho sobre Javé é anterior ao discurso do próprio Israel e mais majestoso que ele. O texto chave para esse aspecto da fé de Israel no Criador está no Salmo 19: "Os céus proclamam a glória de Deus, e o firmamento anuncia as obras das suas mãos" (v. 1). Os verbos "proclamar" (*spr*) e "anunciar" (*ngd*) sugerem pronunciamento. Em outros Salmos (65,12-13; 96,11-12), entende-se a criação como responsiva e animada; e no Salmo 148, a criação está engajada em louvor ao Criador:

> Louvai-o, sol e lua;
> louvai-o, todas as estrelas luzentes.
> Louvai-o, céus dos céus
> e as águas que estão acima do firmamento. (Sl 148,3-4)[13]

Esses textos se movem em uma direção que tem sido denominada muito polemicamente de "teologia natural".[14] Isto é, a experiência do

---

[13] Veja TERENCE E. FRETHEIM, "Creation's Praise of God in the Psalms", *Ex Auditu* 3 (1987), pp. 16-30.

[14] Veja GERHARD VON RAD, *Wisdom in Israel* (Nashville: Abingdon, 1972), pp. 144-176; JOHN BARTON, "Natural Law and Poetic Justice in the Old Testament", *JTS* 30 (1979), pp. 1-14; BARTON, "Ethics in Isaiah of Jerusalem", *JTS* 32 (1981), pp. 1-18; Markus Bockmuehl, "Natural Law in Second Temple Judaism", *VT* 45 (1995), pp. 17-

próprio mundo gera conhecimento sobre Javé. Essas testemunhas transitam por trás do discurso do próprio Israel em seu testemunho sobre Javé. Nessa perspectiva, considera-se toda a criação como constituída de criaturas vívidas e responsivas (conscientes?), cuja tarefa é obediência e louvor.

Podemos querer saber que testemunho produzem essas criaturas, se ele não fosse mediado pelo discurso doxológico de Israel. Porém, nesses poemas líricos, Israel considera seriamente a criação em si como uma referência a Javé. Não é simplesmente deleite estético, embora possa incluí-lo. É um testemunho teológico da realidade maravilhosa de Javé, a mesma realidade conhecida e acessível no discurso do próprio Israel.

### *A rica representação da retórica*

Não é possível reduzir ou ordenar essa torrente retórica em uma reivindicação sistemática. É importante, primeiro, notar a rica representação dos muitos elementos da retórica, os quais recusam uma contenção fácil. Como pistas para uma leitura coerente desse rico testemunho, faremos quatro observações:

(a) A retórica desse testemunho é *exuberante e efusiva*, em resposta à realidade da vida em um mundo confiável, generoso e dadivoso. A linguagem é doxológica e lírica (oracular em Jó 38-41), e mesmo quando tem certa disciplina em seu discurso, recusa-se a ser limitada; deve ser deixada livre para corresponder ao tema da extravagância. Muito provavelmente esses pronunciamentos se situam na liturgia, de forma que são pronunciamentos na construção de um mundo de contrastes. Além disto, segue-se que esse material não se presta facilmente à análise explicativa que lhe tem sido imposta em prol de uma "ciência da criação" ou da relação entre ciência e criação.

(b) O testemunho de Israel sobre Javé como Criador está totalmente inserido no testemunho maior de Israel *sobre a aliança*. Tal como Israel acredita que sua própria vida é ordenada pela aliança, assim também crê que a criação é ordenada pela aliança; isto é, formada para interações contínuas entre dons

---

44; JAMES BARR, "MOWINCKEL, the Old Testament, and the Question of Natural Law: The Second MOWINCKEL Lecture – Oslo, 27 November 1987", *ST* 42 (1988), pp. 21-38; e CLAUS WESTERMANN, "KARL BARTH's Nein: Eine Kontroverse um die Theologia Naturalis", *EvT* 47 (1987), pp. 386-395.

e gratidão, entre governo e obediência. Essa é a razão porque esses testemunhos chegam facilmente à conexão de Israel entre a criação e sua própria vida particular no mundo. Assim, Israel pode ocasionalmente sugerir ser ela mesma o "objetivo da criação".[15] É mais provável, contudo, que Israel seja capaz de ser uma praticante voluntária e consciente da criação, capaz de reconhecimento e obediência, sem necessidade de se afirmar como o cumprimento da criação.

**(c)** A articulação israelita da fé na criação se caracteriza pelo dom de Deus de capacitar para a vida, o qual possui uma inexorável dimensão ética. Assim, vimos que a criação se caracteriza por justiça, retidão e fidelidade; além disso, orienta-se ao Israel necessitado no exílio e, de forma mais genérica, ao estrangeiro, à viúva e ao órfão. Como poderia ser de outra maneira? Pois o Deus que é o sujeito desses verbos da criação é também o sujeito de verbos mais particulares na vida do próprio Israel. A obra de Javé na criação nunca é um ato de poder bruto soberano, mas sim um ato repleto de intencionalidade ética baseada na aliança. Javé caracteristicamente deseja ter não somente um mundo, mas um tipo específico de mundo: um que se aplique de forma generosa e alegre à bondade e à extravagância da vida. A capacitação para a vida, enfim, não será administrada de formas partidárias pelos "planos da humanidade", ou por reis e nações; pelo contrário, é uma capacitação de generosidade indiferenciada à qual todos têm acesso, sendo que os necessitados têm acesso privilegiado. Aqueles que tentam bloquear esse acesso e violar esse acesso privilegiado, ao final, certamente serão esmagados pelo mesmo poder que procuram controlar.

**(d)** Um estudante do tema da criação bíblica deve inevitavelmente enfrentar a questão de o Antigo Testamento reivindicar uma criação *ex nihilo*: Deus criou a partir do nada? É correto, bem como convencional, afirmar que não há evidências inequívocas para essa reivindicação antes de 2 Macabeus, o

---

[15] Von Rad, "The Form-Critical Problem of the Hexateuch", p. 66, conclui que esse texto, assim organizado e localizado, "prové a etiologia de todas as etiologias israelitas".

que realmente é muito tardio na fé de Israel. Outros textos, talvez mesmo Gênesis 1,1-2, permitem mas não exigem tal leitura. As amplas reivindicações feitas sobre Javé admitiriam essa afirmação radical de soberania; porém, Israel parece não ter afirmado ou imaginado isso assim. Se não é *ex nihilo*, somos obrigados a concluir que Israel compreende a atividade criadora de Javé como sendo a de formar, modelar, governar, ordenar e sustentar um mundo criado a partir da "matéria do caos", que já estava ali. Diferentemente de algumas tradições especulativas, Israel não manifesta interesse ou curiosidade pela origem da "matéria da criação". Estava simplesmente lá como algo pré-existente, e Javé o trata de forma soberana.

Algumas pessoas podem pensar que essa forma de compreender a criação é uma reivindicação inadequada que diminui uma parte crucial do poder onipotente de Javé. Todavia, parece que essa questão não causava preocupações a Javé nem a Israel. A percepção mais importante, a meu ver, é que aquilo que pode parecer uma concessão teológica à persistência da "matéria" é, de fato, uma força pastoral característica da fé de Israel. Isto é, a fé de Israel está notoriamente no meio das coisas, reagindo ao que ocorre concretamente "na prática". E o que ocorre – diariamente e em todos os lugares, em tempos passados e em nossos dias – são irritações, problemas e destruição, que parecem descontrolados e à solta. Podemos dizer que todo esse mal é consequência do pecado, mas Israel resiste a essa conclusão, se por pecado se entende fracasso humano. O mal está simplesmente aí, às vezes como resultado do pecado humano, às vezes como algo assumido como óbvio, e ocasionalmente se culpa a Deus por ele. JON LEVENSON defende vigorosamente que há, segundo os textos do Antigo Testamento, *algo descontrolado e destrutivo* à solta no mundo *que ainda não foi colocado sob o domínio de Javé*.[16] Embora esteja prometido que Javé prevalecerá contra esses poderes contrários, é evidente que ele ainda não obteve tal domínio e não prevalece sobre eles nesse momento. Além disso, FREDRIK LINDSTRÖM mostra como, em muitos salmos, essa força mortal só progride no meio de Israel quando Javé está ausente, ou os negligencia, ou está desatento.[17]

---

[16] LEVENSON, *Creation and the Persistence of Evil*.

[17] FREDRIK LINDSTRÖM, *Suffering and Sin: Interpretations of Illness in the Individual Complaint Psalms* (ConBOT 37; Stockholm: Almqvist and Wiksell International,

A questão do mal é complicada, e retornaremos a ela. Por agora, basta sugerir que o realismo pastoral do testemunho de Israel é enorme. Israel sabe como a vida é realmente vivida. E se atreve a afirmar, em seu testemunho de um mundo ordenado por Javé, que a ameaça à vida, tão palpável entre nós, é uma ameaça que pode e será anulada pelo Criador que continua seu trabalho de governar, ordenar e sustentar. A fé na criação é a convocação e o convite a confiar no Sujeito desses verbos, mesmo diante das incursões diárias palpáveis do caos. O testemunho de Israel incita ao veredito de que podemos confiar naquele que está incorporado nessas afirmações doxológicas, mesmo em meio ao caos, até aquele do exílio ou, afinal, o da morte.

*Mudança nos modelos de interpretação*

Antes de deixar nossa análise da criação, será proveitoso aos estudantes da teologia do Antigo Testamento ter consciência da enorme mudança que está acontecendo agora na padronização geral da fé do Antigo Testamento, quanto ao testemunho sobre o Deus que cria. A interpretação teológica do Antigo Testamento no século XX foi dominada pela tese de VON RAD, "O problema teológico da doutrina da criação no Antigo Testamento", publicada pela primeira vez em 1936.[18] Novamente, é importante perceber que o ensaio de VON RAD foi publicado no meio da crise gerada pela ascensão do nazismo na Alemanha e, certamente, se baseia no contraste programático de BARTH entre fé e religião. VON RAD simplesmente informa que o lugar da criação na fé do Antigo Testamento é "um tema muito controvertido hoje".[19] Em sua exposição, VON RAD imediatamente afirma que "o ataque mais sério que a fé de Israel teve que enfrentar quanto às origens da natureza veio da religião canaanita de Baal".[20] Dessa forma, fica evidente, a meu ver, que o contraste de BARTH entre fé e religião foi programaticamente transposto para o contraste entre a fé de Israel e a religião canaanita de fertilidade, um contraste que se tornou influente nos Es-

---

1994).

[18] GERHARD VON RAD, "The Theological Problem of the Old Testament Doctrine of Creation", em *The Problem of the Hexateuch*, pp. 131-143. Para uma avaliação retrospectiva da influente tese de VON RAD, veja WALTER BRUEGGEMANN, "The Loss and Recovery of 'Creation' in Old Testament Theology", *TToday* 53 (1996), pp. 177-190.

[19] VON RAD, "The Theological Problem of the Old Testament Doctrine of Creation", p. 131.

[20] *Ibid.*, p. 132.

tados Unidos através da obra de G. ERNEST WRIGHT.[21] Nesse modo influente de raciocínio, "a fé na criação" passou a ser intimamente ligada à religião da fertilidade e sua celebração dos processos naturais de reprodução. Isto veio a ser expresso nas categorias de "natureza versus história" ou "espaço versus tempo".[22] VON RAD declarou que a fé de Israel "interessa-se primariamente na redenção",[23] concluindo que a fé na criação **(a)** não estava presente nos credos primitivos de Israel, e que **(b)** nunca alcançou status no Antigo Testamento como uma afirmação independente e completa.

É difícil exagerar a força desse modelo de interpretação, pois gerou uma grande quantidade de literatura expositiva. Em retrospectiva, vemos que essa leitura do Antigo Testamento (talvez possamos dizer *má* leitura) separou a fé de Israel dos processos humanos elementares de nascimento e morte; além disso, no fim gerou, sem dúvida involuntariamente, um modo masculino de interpretação que acentuava a virilidade de Deus de uma forma bem polêmica. No debate teológico atual sobre o Antigo Testamento (incluindo essa reflexão), aquele modelo é amplamente repudiado; até onde eu conheço, só é defendido no debate atual por H. D. PREUSS.[24]

Essa mudança de modelos é importante, não apenas pela sua abertura substancial de categorias diferentes de interpretação, mas também pela instrução que oferece sobre o modo como o contexto provê categorias interpretativas que sempre estão tanto produzindo aberturas quanto limitando as opções. Sem dúvida, foi a luta eclesiástica na Alemanha na década de 1930 que determinou as diretrizes dominantes de VON RAD, com a equação entre o nazismo ("sangue e terra") e a religião canaanita de fertilidade. Depois que esse contexto interpretativo intensamente influente passou, esse

---

[21] G. ERNEST WRIGHT, *The Old Testament against Its Environment* (SBT 2; Londres: SCM, 1950); e *God Who Acts: Biblical Theology as Recital* (SBT 8; Londres: SCM, 1952).

[22] Essas antíteses agora têm sido criticadas por muitos estudiosos. JAMES BARR, *The Semantics of Biblical Language* (Oxford: Oxford University, 1961), apresenta uma crítica inicial.

[23] VON RAD, "The Theological Problem of the Old Testament Doctrine of Creation", p. 131.

[24] HORST DIETRICH PREUSS, *Theologie des Alten Testaments 1: JHWH's erwählendes und verpflichtendes Handeln* (Stuttgart: W. Kohlhammer, 1991), pp. 259-274. O argumento mais vigoroso e extensivo sobre a criação no horizonte da teologia do Antigo Testamento se encontra em ROLF P. KNIERIM, *The Task of Old Testament Theology* (Grand Rapids: Eerdmans, 1995).

modelo de interpretação foi considerado cada vez menos adequado. É instrutivo e surpreendente que von Rad cite, em seu artigo de 1936, o mesmo repertório de textos citados aqui e em muitas análises como essa do tema da criação. Contudo, a apresentação dele é governada por outra pressuposição, e por isso os resultados diferentes não surpreendem. Dessa forma, é evidente que as categorias que nos permitem ver certas coisas também são decisivas para os resultados da reflexão teológica no texto.

Podemos identificar seis contribuições importantes dos estudiosos para o abandono desse modelo conflitante de interpretação.

(a) É um grande mérito de von Rad ter abandonado esse modo de pensar ao final de sua vida. Já é evidente no primeiro volume de *Old Testament Theology* que a retórica incisiva e polêmica de 1936 está mais moderada.[25] Em seu livro de 1970, *Wisdom in Israel*, von Rad presta atenção especial nos textos do Antigo Testamento que falam da criação como uma construção ordenada da vida, com demandas éticas que permitem vida contínua na comunidade.[26]

(b) Claus Westermann, colega próximo de von Rad, foi muito influenciado pela hipótese do credo, de 1938. Porém, Westermann havia estudado o livro de Gênesis exaustivamente. À luz desse estudo, ele estabeleceu uma "teologia da benção", junto a uma "teologia de livramento", que percebia a autêntica obra sustentadora de Deus na existência diária da humanidade.[27] Ou seja, Deus é evidente em Israel, não primariamente

---

[25] Von Rad, *Old Testament Theology*, v. 1, pp. 418-459. Nesse volume, von Rad dá bastante atenção às tradições da sabedoria. Isso já era uma articulação incipiente de uma teologia da criação que se afasta das categorias de seu artigo definitivo de 1936.

[26] A mudança iniciada em *Old Testament Theology* se estendeu ainda mais em *Wisdom in Israel*. Ali von Rad afirma uma teologia da criação que parece ser quase paralela ou alternativa à teologia dos "poderosos feitos" que ele defendera antes. Portanto, é importante ver a obra teológica de von Rad em seu desenvolvimento no tempo. É uma representação errônea de sua obra enfatizar um ponto particular de seus escritos como sendo sua apresentação mais característica. É uma marca da sua grandeza que ele se dispunha a experimentar além do que pareciam ser seus próprios discernimentos estabelecidos.

[27] Claus Westermann apresentou sua "teologia da bênção" em diversos trabalhos. Veja "Creation and History in the Old Testament" em *The Gospel and Human Destiny* (org. Vilmos Vajta; Mineápolis: Augsburg, 1971), pp. 11-38; *Creation* (Filadélfia:

nos grandes eventos públicos dramáticos, mas nos processos contínuos da vida. Presumivelmente, WESTERMANN foi levado nessa direção não só pelos textos da criação, mas também pelas narrativas ancestrais de Gênesis 12-50, que se concentram na subsistência da comunidade humana de geração em geração. Ao justapormos "benção" e "livramento", como fez WESTERMANN, podemos perceber a relação dialética entre os temas da subsistência e da invasão, entre manutenção e transformação. Além disso, embora WESTERMANN mesmo não afirme isso, pode-se identificar o cuidado "feminino" ao lado da assertividade "masculina". Assim, sugiro que foi a negligência dos temas da criação que produziu parte da crise atual de patriarcalismo na interpretação bíblica.

(c) Devemos mencionar um livro pouco conhecido de WALTER HARRELSON, *From Fertility Cult to Worship*.[28] Nesse livro, HARRELSON começa com o contraste entre a religião da fertilidade e a fé israelita que era bastante usual na época em que ele escreveu. Porém, ele percebe, especialmente no livro de Oseias, que as funções de fertilidade relacionadas à reprodução e geração são atribuídas a Javé, e não simplesmente aos baalins. Além disso, os poetas de Israel não hesitaram em utilizar a linguagem e as imagens da hostil alternativa canaanita para afirmar que Javé é, de fato, o Deus da fertilidade.

(d) Talvez o tratamento mais vigoroso para recuperar a criação como uma dimensão apropriada da fé de Israel seja o livro de HANS HEINRICH SCHMID, *Gerechtigkeit als Weltordnung*.[29]

---

Fortress, 1971); *Elements of Old Testament Theology* (Atlanta: John Knox, 1982); *What Does the Old Testament Say about God?* (Londres: SPCK, 1979); e *Blessing in the Bible and in the Life of the Church* (OBT; Filadélfia: Fortress, 1978).

[28] WALTER HARRELSON, *From Fertility Cult to Worship* (Garden City: Doubleday, 1969).

[29] HANS HEINRICH SCHMID, *Gerechtigkeit als Weltordnung: Hintergrund und Geschichte des alttestamentlichen Gerechtigkeitsbegriffs* (BHT 40; Tübingen: J. C. B. MOHR [PAUL SIEBECK], 1968). Veja também seu livro anterior, *Wesen und Geschichte der Weisheit: Eine Untersuchung zur altorientalischen und israelitischen Weisheitsliteratur* (BZAW 101; Berlim: A. TÖPELMANN, 1966); e seu artigo posterior, muito influente, "Creation, Righteousness, and Salvation: 'Creation Theology' as the Broad Horizon

Schmid não se interessa pela antiga controvérsia sobre a religião da fertilidade. Antes, ele estuda os materiais da sabedoria do Antigo Testamento, especialmente o livro de Provérbios. O título do seu livro, que resume o seu argumento, indica que a ordem do mundo dada pelo criador visa a justiça e insiste nela – a qual é a manutenção adequada de tudo que é necessário para uma vida de *shalôm*. Assim, a fé na criação, como Schmid a apresenta, não está mais contaminada por categorias polêmicas, mas é vista como uma forma adequada de falar de Javé, o qual ordena o mundo de forma bondosa, generosa e confiável para com a vida.

**(e)** Recentemente, James Barr se juntou às fileiras com uma declaração polêmica contra Karl Barth. Barr insiste que a "teologia natural" está bem presente no Antigo Testamento e que as categorias de Barth, elaboradas em uma situação altamente perigosa, estavam mal informadas.[30] Independentemente do que se pense acerca do argumento de Barth e da posição derivada de von Rad naquele contexto, agora é aceitável reconhecer a legitimidade de estudos que defendem a criação como o horizonte da fé de Israel.

**(f)** Bernhard Anderson, mais do que outros norte-americanos, tornou popular e usável a hipótese do credo de von Rad. O livro de Anderson, *Understanding the Old Testament*, elaborado a partir da hipótese do credo, é o manual normativo para o estudo do Antigo Testamento nos Estados Unidos.[31] É irônico, pois, que Anderson, mais do que qualquer outro estudioso norte-americano, tenha se dedicado às tradições da criação no texto bíblico.[32] Anderson está ciente do lado polêmico da fé de

---

of Biblical Theology", em *Creation in the Old Testament* (org. Bernhard W. Anderson; Filadélfia: Fortress, 1984), pp. 102-117.

[30] James Barr, *Biblical Faith and Natural Theology: The Gifford Lectures for 1991* (Oxford: Clarendon, 1993).

[31] Bernhard W. Anderson, *Understanding the Old Testament* (Nova York: Prentice-Hall, 1986).

[32] Bernhard W. Anderson, *From Creation to New Creation: Old Testament Perspectives* (OBT; Mineápolis: Fortress, 1994), oferece uma série de artigos importantes sobre a criação, publicados em vários lugares ao longo de sua extensa carreira. Juntos, os

Israel frente ao baalismo, mas também percebe sem dificuldades que a criação é um tema apropriado da teologia do Antigo Testamento. Ele destaca as maneiras como esse material teológico é pertinente à análise atual da crise ecológica.³³

Visto que a tendência atual na erudição bíblica é ver a criação como o horizonte do Antigo Testamento, e visto que enfraqueceram os modelos anteriores de Israel contra Canaã (nutrido por VON RAD) e de fé contra religião (enunciado por BARTH), nós começamos nossa consideração dos verbos do testemunho de Israel sobre Javé com a criação.³⁴ Assumir esse horizonte como ponto inicial gera ganhos enormes. Essa dimensão ampla do governo de Javé supera as tendências etnocêntricas e antropocêntricas que em geral prevalecem em uma interpretação que não a tem. A existência de Israel como uma comunidade de fé se situa assim em um contexto bem mais amplo, de modo que se percebe a esfera apropriada de governo de Javé como algo muito mais abrangente que Israel, ou qualquer outra comunidade que imagina ter um status privilegiado.

Esse florescimento recente da fé na criação na teologia do Antigo Testamento é muito bem-vindo em dois assuntos contemporâneos. Primeiro, a fé na criação pode contribuir de formas importantes para um envolvimento crucial com a crise ambiental ecológica que enfrentamos hoje.³⁵ A fé na criação encoraja a reflexão sobre a responsabilidade humana quanto ao bem-estar de toda a criação e adverte sobre as custosas sanções que acompanham o abuso da criação. Segundo, a fé na criação, entendida como polêmica doxológica contra a autonomia humana, pode adentrar o debate

---

artigos formam um importante grupo e ponto de referência para estudos subsequentes.

³³ Veja especialmente BERNHARD ANDERSON, "Human Dominion over Nature", em *From Creation to New Creation*, pp. 111-131.

³⁴ Quanto à criação como um foco apropriado e ponto inicial da teologia do Antigo Testamento, veja ROLF KNIERIM, "The Task of Old Testament Theology", *HBT* 6 (1984), pp. 25-257.

³⁵ Hoje é usualmente aceito que os interesses ecológicos atuais estão intimamente conectados à compreensão bíblica da criação. Embora isto tenha se tornado lugar comum na erudição, vale a pena notar que essa ênfase é muito recente, e só está presente porque a questão surgiu no escopo mais amplo da sociedade. Embora as reivindicações a favor da ecologia estivessem latentes no material, elas não foram notadas pela maioria dos estudiosos até a interpretação se localizar em meio à emergência particular e exigente do meio-ambiente.

entre ciência e religião de uma forma que o modelo conflitivo da fé do Antigo Testamento não consegue.³⁶ Com sua dimensão ética, a fé na criação pode insistir que a maravilha e o mistério da criação não encorajam um controle de Prometeu, mas sim respeito, reverência e cuidado pelo mundo, tornando a "força da vida" finalmente indisponível para o conhecimento, administração ou manipulação humana. Assim, é uma questão de grande importância o fato de que a fé na criação não levou Israel à autossuficiência, mas ao abandono doxológico de si mesmo no louvor.

Contudo, precisamos insistir, ao mesmo tempo, que a fé na criação está aberta a usos ideológicos, a menos que seja vista como claramente javista (isto é, coerente com o resto do testemunho de Israel). Isto pode ocorrer politicamente quando se equipara a ordem da criação a uma ordem social preferida, apelando à "lei natural", por exemplo. Temos amplas evidências do caráter destrutivo de tal equação. O mesmo potencial destrutivo também se aplica ao tipo de imanentismo que imagina que o poder da vida é inerente à criação e pode ser canalizado pelo conhecimento tecnológico, sem referência ao caráter ético do dom da vida concedido por Javé. Quando o "poder da vida" se separa das exigências éticas inerentes à ordem da criação, a morte adquire um poder gigantesco e perigoso.

Por último, podemos notar que o testemunho de Israel sobre "Javé que cria" não chega a nada parecido com uma doutrina da criação. Como assinalamos, Javé "cria" pela palavra (Gn 1,3ss), pela sabedoria (Jr 10,12) e pelo espírito (Gn 1,12), de modo que os materiais estão disponíveis para a articulação de uma doutrina trinitária da criação. No entanto, em sua tendência doxológica e polêmica, o Antigo Testamento deixa a matéria bem menos definida; e ela não deve ser forçada além desse caráter incipiente. Dito de outra forma, *o testemunho de Israel permanece no nível de testemunho, um pronunciamento após o outro*. O ouvinte pode tecer os pronunciamentos em uma unidade, mas essa manobra hermenêutica inevitavelmente transcende o testemunho de Israel. Aqui não temos doutrinas ou sistemas, apenas pronunciamentos que insistem que essa sentença verbal afirma um Sujeito/Agente, cuja atividade reconfigura decisivamente

---

³⁶ Quanto à interface entre ciência e religião na área da criação, veja essas análises representativas: LANGDON GILKEY, *Nature, Reality, and the Sacred: The Nexus of Science and Religion* (Mineápolis: Fortress, 1993); JÜRGEN MOLTMANN, *God in Creation: An Ecological Doctrine of Creation* (1985; Mineápolis: Fortress, 1994); e SALLIE MCFAGUE, *Metaphorical Theology: Models of God in Religious Language* (Filadélfia: Fortress, 1983).

o mundo onde as testemunhas vivem. A fé na criação é o lugar onde essa comunidade de testemunhas permanece em sua resistência à vida como técnica e em sua insistência de que a generosidade de Deus anulará a escassez; essa escassez é a ideologia impulsionadora da ganância que, por sua vez, minimiza a criação e torna a vida humana ainda mais desesperada.

Israel medita sobre o caos em meio a sua própria vida. Não especula sobre a fonte ou a origem do caos: o caos simplesmente está aí, nas grandes e inescrutáveis ameaças cósmicas que Israel percebe sem poder explicar. A mesma ameaça do caos é mais imediata para Israel nas pressões sociopolíticas que roubam dos fracos a oportunidade de viver. Israel também conhece o caos na intimidade da esterilidade da família, no abandono da comunidade e na morte pessoal. O assombro das doxologias polêmicas de Israel é que ele rejeita as reivindicações do caos, e se recusa a ficar encolhido impotentemente diante dos poderes que anulam a vida. Em seu testemunho ousado, Israel se apega a esse irresistível termo *criar* (e seus sinônimos menos exóticos). Ao usar tais verbos, Israel reivindica conhecer o nome do Sujeito que é suficientemente poderoso para concretizar esses verbos. Nesses pronunciamentos, o caos é decisivamente rechaçado. Na prática, o testemunho provê um lugar (terra seca e segura) onde Israel e o mundo podem ser fecundos e se multiplicar.

### Javé, o Deus que faz promessas

Em seu testemunho mais excêntrico, o Antigo Testamento afirma que Javé disse ao patriarca Abraão:

> Jurei (*šb'*), por mim mesmo, ...que deveras te abençoarei e certamente multiplicarei a tua descendência como as estrelas dos céus e como a areia na praia do mar; a tua descendência possuirá a cidade dos seus inimigos, nela serão benditas todas as nações da terra, porquanto obedeceste à minha voz. (Gn 22,16-18)

Mais tarde, em tradições bem diferentes, Israel apela novamente a essa notável afirmação de Javé:

> ...para que bem te suceda, e entres, e possuas a boa terra a qual o Senhor, sob juramento (*šb'*), prometeu dar a teus pais. (Dt 6,18)

> e dali nos tirou, para nos levar e nos dar a terra que sob juramento (*šb'*) prometeu a nossos pais. (Dt 6,23)

O testemunho de Israel sobre Javé o apresenta como alguém que faz promessas, e como suficientemente poderoso e confiável para transformar a vida no mundo, para Israel e para todos os povos, transcendendo as circunstâncias presentes até novas possibilidades vivificantes. As promessas de Javé mantêm o mundo acessível ao bem-estar, mesmo diante de circunstâncias mortais.

### Verbos de promessa

O verbo chave no qual Israel medita constantemente é *šb'*, "jurar" ou "prometer sob juramento", como foi traduzido em Deuteronômio 6,23. É esse verbo que torna estranho esse testemunho sobre Javé, pois se refere a um pronunciamento que procede dos próprios lábios de Javé, no qual ele fala de uma obrigação consigo mesmo ("jurei por mim mesmo") acerca do futuro de Israel. A sentença de testemunho aqui mencionada não é um ato, a menos que esse pronunciamento seja considerado performativo, concretizando aquilo que afirma.[37]

Esse pronunciamento nos lábios de Javé não deve ser reduzido a uma "palavra de Deus", como se fosse um princípio ou logos racional. Antes, é um discurso em voz alta, um juramento pronunciado em um contexto solene, pelo qual Javé se compromete formal e solenemente com Israel e aceita obrigações futuras para si mesmo. Esse compromisso pessoal significa que o testemunho de Israel sobre Javé – e, de forma derivada, sua própria vida no mundo – se concentra em algo tão frágil e elusivo, tão solene e sério, quanto o juramento formal que Javé prometeu cumprir. Além disso, Israel pode identificar o tempo e o lugar do juramento, bem como o ouvinte a quem se fez o juramento.

Os verbos que derivam de *šb'* ou suprem sua substância, o conteúdo do juramento, são em geral "dar" (*ntn*) e "abençoar" (*brk*). Javé promete dar, entregar gratuitamente e garantir. Israel será o destinatário de um dom que é tão certo como o juramento de Javé. MOSHE WEINFELD sugere que esse juramento de Javé, de dar a Israel um dom incondicional de terra, reflete uma concessão de terra, pela qual um rei tem poder de conceder terras a um súdito privilegiado.[38] Assim, a sentença verbal não é um desejo

---

[37] Quanto a pronunciamentos performativos, veja JOHN L. AUSTIN, *How to Do Things with Words* (Cambridge: Harvard University, 1975). Atualmente, DALE PATRICK está trabalhando em uma teologia do Antigo Testamento a partir da perspectiva do discurso performativo. O título provisório é "The Rhetoric of Revelation".

[38] Quanto ao poder do trono de concretizar essa concessão de terras, veja MOSHE WEINFELD, "The Covenant of Grant in the Old Testament and in the Ancient Near East", *JAOS* 90 (1970), pp. 184-203; e, mais genericamente, Suzanne Booer, *The Promise of the Land as an Oath* (BZAW 205; Berlim: W. de GRUYTER, 1992). Essa prerrogativa

amorfo, mas um decreto público e solene que proclama direitos legais e garantias para o futuro.

O segundo verbo substancial "abençoar" não é tão fácil de caracterizar, mas claramente não expressa somente um desejo amigável. Antes, trata-se da concessão de força vital relacionada à geração, ao nascimento e à reprodução, que o doador poderoso confia ao destinatário. Assim, seu uso em Gênesis 22,17, por exemplo, é um ato pelo qual o poder da vida monopolizado por Javé é generosamente transmitido a Abraão e seus descendentes.

Nessa sequência de verbos – jurar, dar, abençoar – estamos realmente no âmbito do testemunho, pois Israel relata o que ouviu Javé falar aos seus ouvidos. Tudo a respeito da vida de Israel no mundo depende dessas palavras terem sido pronunciadas por Javé. Obviamente, além da insistência de Israel, não temos evidência de que Javé tenha pronunciado essas palavras. O testemunho da Bíblia deseja que aceitemos a palavra de Israel como confirmação de que essas promessas foram realmente pronunciadas com poder e significação asseguradores. Além desse testemunho, Israel não pode oferecer garantias da reivindicação e, certamente, a investigação histórica não pode tocar no assunto. Israel só pode contar histórias que funcionam como veículos desses pronunciamentos assombrosos e decisivos que criam comunidades e geram histórias.

### Narrativas ancestrais de promessa

O material desse testemunho extraordinário sobre Javé como o Deus que faz juramentos solenes se encontra nas narrativas ancestrais de Gênesis. ALBRECHT ALT prestou atenção detalhada às promessas das narrativas de Gênesis e insiste que esse discurso de promessa é a marca característica de Javé.[39] Podemos considerar brevemente vários desses pronunciamentos de Javé, em torno dos quais se organiza a narrativa de Gênesis.

---

real se evidencia no Antigo Testamento nas relações de Davi com Mefibosete e Ziba, em 2Sm 9,1-13; 16,1-4; 19,24-30.

[39] ALBRECHT ALT, "The God of the Fathers", *Essays on Old Testament History and Religion* (Oxford: Blackwell, 1966), pp. 1-77. A tese de ALT sem dúvida influenciou VON RAD, "The Form-Critical Problem of the Hexateuch", pois VON RAD entende o Hexateuco por meio de um esquema de promessas e cumprimentos. Além disso, a influência de ALT se estende, por meio de VON RAD, a JÜRGEN MOLTMANN, cuja obra *Theology of Hope: On the Ground and the Implications of Christian Eschatology* (1967; Mineápolis: Fortress, 1993 [publicada em português pela Edições Loyola]) é decisivamente influenciada pela ênfase de VON RAD na promessa.

Para Claus Westermann, a promessa dada na narrativa de Gênesis 18,1-15 é provavelmente o principal pronunciamento de promessa por Javé porque, diferentemente da maioria das outras promessas de Gênesis na boca de Javé, essa é integral ao seu contexto narrativo.[40] Sem a promessa, não haveria narrativa. Nesse relato, Javé (ou "três homens") visita Abraão e Sara, ambos em idade avançada. O visitante só se deixa reconhecer posteriormente no relato. Anteriormente (Gn 12,1-3; 15,1-6), prometera-se um filho a Abraão e Sara, mas agora eles são velhos e passaram-se os anos em que podiam gerar filhos. Eles não têm filho nem herdeiro, nem perspectiva de um. Sem filho e herdeiro, não haverá para essa família o recebimento futuro da terra prometida. As circunstâncias desesperadoras de Abraão e Sara são claras na narrativa.

Mas o visitante, em um pronunciamento, altera radicalmente as circunstâncias dos anciãos: "Sara, tua mulher, dará à luz um filho" (v. 10). O pronunciamento provoca incredulidade, riso, assombro e zombaria. O visitante resolutamente não cede à incredulidade deles. Pelo contrário, o visitante pronuncia o desafio supremo à fé de Abraão e de Sara: "Acaso, para o Senhor há coisa demasiadamente difícil?" (v. 14). O relato não dá nenhuma resposta.[41] Por agora, Israel deve conviver com essa questão. Na narrativa subsequente, dá-se a resposta: Sara concebe um filho (Gn 21,1-7). A promessa é mantida; as circunstâncias são superadas pela fidelidade de Javé. O impossível é concretizado e se mantém intacta a promessa feita em Gênesis 12,1-3 e 15,1-6.

A promessa feita a Abraão deve ser transmitida ao seu querido filho Isaque, o qual só sobreviveu à exigência de Deus por milagre (Gn 22,1-14). Agora, em Gênesis 26,3-5, a promessa feita a Abraão é dada à geração seguinte:

> ...e serei contigo e te abençoarei; porque a ti e a tua descendência darei todas estas terras e confirmarei o juramento que fiz a Abraão, teu pai. Multiplicarei

---

[40] Claus Westermann, *The Promise to the Fathers: Studies on the Patriarchal Narratives* (Filadélfia: Fortress, 1980), pp. 11-12, sugere que essa narrativa é a única no ciclo de Abraão e Sara na qual a promessa é intrínseca e integral à narrativa. Em quase todos os demais casos nas narrativas de Gênesis, a promessa parece ser adicionada a uma narrativa que funciona bem sem a promessa; nesse caso, sem o oráculo de promessa não há narrativa. Assim, em Gn 18,1-15, podemos ter a memória narrativa mais elementar de Israel quanto à promessa.

[41] Quanto a esse texto, veja Walter Brueggemann, "'Impossibility' and Epistemology in the Faith Tradition of Abraham and Sarah (Gen 18,1-15)", *ZAW* 94 (1982), pp. 615-634.

a tua descendência como as estrelas dos céus e lhe darei todas estas terras. Na tua descendência serão abençoadas todas as nações da terra; porque Abraão obedeceu à minha palavra e guardou os meus mandados, os meus preceitos, os meus estatutos e as minhas leis.

O juramento agora feito a Isaque consiste em "cumprir o juramento" já feito a Abraão. O pronunciamento persiste para a próxima geração dessa família.

Contudo, a promessa novamente está ameaçada, pois a próxima mãe em Israel, Rebeca, é estéril como Sara (Gn 25,21). Somente pela bênção de Deus nascem os filhos Esaú e Jacó. Jacó prevalece sobre seu irmão por meio de trapaças, pois a integridade moral não é uma condição da promessa (Gn 27,1-40). Jacó, agora na mesma linha das gerações, recebe a promessa:

> Eu sou o Senhor, Deus de Abraão, teu pai, e Deus de Isaque. A terra em que agora estás deitado, eu ta darei, a ti e à tua descendência. A tua descendência será como o pó da terra; estender-te-ás para o Ocidente e para o Oriente, para o Norte e para o Sul. Em ti e na tua descendência serão abençoadas todas as famílias da terra. Eis que eu estou contigo, e te guardarei por onde quer que fores, e te farei voltar a esta terra, porque te não desampararei, até cumprir eu aquilo que te hei referido. (Gn 28,13-15)

A promessa é a mesma, com variações no linguajar: terra, companhia ("Eu estou contigo") e bênção para as nações. A promessa é dada "até cumprir eu aquilo que te hei referido" (*dbr*). Mais uma vez, a promessa é transmitida seguramente à próxima geração; mais outra geração que virá somente graças ao poder de Javé.

Depois de Jacó, a narrativa de Gênesis não relata a promessa sendo dada a José, porque este aparece em outro gênero literário. Para os filhos de José, Efraim e Manassés, dá-se de fato uma bênção (Gn 48,13-14,20). A narrativa nos surpreende, porque nos vs. 15-16, no meio das referências a seus netos, Jacó "abençoou a José". Jacó abençoou, concedeu força vital, e instruiu José a abençoar "estes rapazes" (v. 16). Aqui a bênção novamente olha retrospectivamente aos patriarcas Abraão e Isaque. Também olha para o futuro e vê uma "multidão" na terra (v. 16). Como WESTERMANN demonstra, a forma do pronunciamento é uma promessa juramentada.[42]

---

[42] CLAUS WESTERMANN, "The Way of the Promise through the Old Testament", em *The Old Testament and Christian Faith: Essays By RUDOLF BULTMANN and Others* (org. BERNHARD W. ANDERSON; Londres: SCM, 1964), pp. 200-224.

A essência do pronunciamento, no entanto, é uma benção, a concessão da força de vida, como energia, prosperidade, abundância e bem-estar. Javé é um Deus diferente dos demais, pois tem em seu poder o dom da vida plena. Tudo isso está no verbo *šb'*. O livro de Gênesis compreende a urgência de transmitir o juramento solene de Javé à próxima geração de Israel, pois *é esse juramento que dá a Israel poder para sobreviver e prosperar em circunstâncias difíceis e debilitantes*. Esse juramento não é uma promessa geral que paira no ar. É concreto e específico. E deve ser confiado às próximas gerações de forma concreta e formal, certamente por novos pronunciamentos, mas também por meio de gestos físicos adequados. Por meio disso as gerações seguintes se identificam com esse poder que desafia as circunstâncias, e também são capacitadas como suas portadoras.

A essência do juramento se restringe a duas palavras, *abençoar* e *dar*, verbos que Javé preside com singular soberania. O termo *abençoar* manifesta o poder divino da vida, que se refere intimamente à geração da próxima "leva" de filhos. Assim, conecta-se à reprodução sexual, que a Bíblia sabe (muito antes de Freud) estar vinculada ao mistério central da vida. Junto com essa intimidade de gerar herdeiros, o verbo *abençoar* alcança, nessas narrativas, uma ampla dimensão de nova vida que deve ser transmitida às nações, por meio de Israel. Esses pronunciamentos repetidos indicam um modo característico de Israel pensar e falar. Esse ato tão íntimo se conecta aos processos reprodutivos de Israel; por eles, o poder da vida de Javé é liberado ao mundo e disponibilizado a todos. Por causa dessa conexão, dá-se a Israel uma significância e responsabilidade muito além de si mesmo. O mundo das nações é reconfigurado como uma arena em que o fiel poder de vida de Deus está se concretizando. Nessas tradições de promessa, confia-se a Israel, por sua vida e obediência, o bem-estar das nações.[43]

Entre a intimidade da reprodução e a amplitude das nações, ambas sob a égide do verbo *abençoar*, encontra-se o segundo verbo derivado: *dar*. Javé dará, não apenas aos ancestrais mencionados, nem às nações, mas a todo o povo de Israel. E o que Javé prometeu para Israel foi terra. É plausível

---

[43] Agora é usualmente aceito que Gn 12,1-3 é o texto central que liga a história do mundo (Gn 1-11) à história de Israel. Não é necessário seguir a análise das fontes de von Rad (quanto ao javista) para reconhecer esse ponto de interpretação. Quanto à importância do texto, veja Hans Walter Wolff, "The Kerygma of the Yahwist", *Int* 20 (1966), pp. 131-158; e Patrick D. Miller, "Syntax and Theology in Genesis XII 3a", *VT* 34 (1984), pp. 472-475.

imaginar que essa promessa foi primeiramente ouvida, recebida e esperada pelos *sem-terra*, para quem o dom da terra é uma antecipação essencial de toda a vida. Assim, já no primeiro pronunciamento de Javé a Abraão, percebemos a estranheza desse testemunho (Gn 12,1-3). Javé, o Criador dos céus e da terra, aquele que habita nas alturas e é exaltado, tem a terra como assunto mais característico do seu pronunciamento.[44] *Consequentemente, a santidade está vinculada à concretude da existência material no mundo.* Israel compreende que a vida plena e integral, a vida projetada por Javé, requer terra: um lugar próprio que seja seguro, fecundo, garantido e produtivo.[45] E a tendência desse testemunho é insistir mais concretamente nessa consciência a cada sucessiva geração.

Adicionalmente, Israel testifica que não só a terra é uma condição indispensável para a sua vida, mas que Javé – o instigador de sua existência no mundo, o regulador dos seus verbos mais importantes – é o doador da terra. No testemunho de Israel jamais se separará a soberania de Javé da legitimidade da terra. As duas estão unidas pela concretude e especificidade do pronunciamento que tem força de juramento. No testemunho de Israel, Javé se move através da história, constrangido e impulsionado por esse pronunciamento. A função e o potencial do juramento é uma preocupação permanente dessa comunidade de testemunho. Israel tem certeza, para todo o futuro, de que esse Deus não quer que esse povo viva sem uma terra segura. Esse é um aspecto muito importante no autodiscernimento de

---

[44] Quanto à centralidade da terra para a fé bíblica, veja W. D. DAVIES, *The Gospel and the Land: Early Christianity and Jewish Territorial Doctrine* (Berkeley: University of California, 1974); e *The Territorial Dimension of Judaism* (Berkeley: University of California, 1982); WALTER BRUEGGEMANN, *The Land: Place as Gift, Promise, and Challenge in Biblical Faith* (OBT; Filadélfia: Fortress, 1978); e, mais recentemente, NORMAN C. HABEL, *The Land Is Mine: Six Biblical Land Ideologies* (OBT; Mineápolis: Fortress, 1995).

[45] Não é possível considerar as promessas de terra aos ancestrais sem fazer pelo menos uma referência aos modos como essas promessas continuam a ter força para o Estado contemporâneo de Israel. Essa força contínua se problematiza infinitamente quanto ao Israel contemporâneo pela consciência de que um apelo teológico-ideológico às promessas entra em tensão profunda com os imperativos políticos manifestamente operativos no Estado de Israel. Além disso, as reivindicações teológico-ideológicas embasadas nessas promessas vão contra as reivindicações palestinas que apelam a uma força ideológica bem diferente. Veja a perspicaz avaliação do assunto de uma perspectiva cristã em W. EUGENE MARCH, *Israel and the Politics of Land: A Theological Case Study* (Louisville: Westminster/John Knox, 1994).

Israel. Também é um elemento crucial no discernimento de Javé como um Deus comprometido com a materialidade saudável da existência humana.

*Cumprimento e esperança*

As narrativas da família de Gênesis 12-50 são o canteiro da fé de Israel nas promessas, do testemunho mais estranho de Israel, e do surgimento de Javé como um Deus que faz promessas. Com base nesse testemunho, acontecem duas coisas a Israel, o qual confia nessas promessas de Javé. Primeiro, em algumas ocasiões, Israel observa, recebe e reconhece o cumprimento de uma promessa. Von Rad nota que Josué 21,43-45 é o mais amplo desses reconhecimentos:[46]

> Desta maneira, deu o Senhor a Israel toda a terra que jurara dar a seus pais... Nenhuma promessa falhou de todas as boas palavras que o Senhor falara à casa de Israel; tudo se cumpriu. (Js 21,43-45)

O juramento de Javé se cumpre oportunamente.

Segundo, e de forma mais característica, Israel espera e confia – em alegria, perplexidade, em sequioso anseio, mas também com assombro e quase desespero, porque com frequência as promessas *ainda não foram cumpridas* e o juramento de Javé é deixado em suspenso. Essa suspensão marca Israel como um povo de esperança, aguardando com expectativa.

Ao mesmo tempo, acontecem duas coisas às promessas de Javé. Primeiro, essas promessas continuam sendo reiteradas pelas diversas gerações de Israel, de modo que elas ecoam e ressoam com confiança ao longo da vida do povo e de seu contínuo testemunho. Assim, as promessas aos ancestrais se tornam em um fundamento para a convocação feita a Moisés, em antecipação do Êxodo (Êx 2,24; 3,7,16; 6,3-8; 33,1). As mesmas promessas se tornam em fundamento para exigências posteriores da Torá (Dt 1,8; 6,10; 29,13). Na medida em que os materiais antigos são reutilizados, essas velhas promessas de terra se tornam base de esperança, no exílio, para os sem-terra e deslocados.[47] É surpreendente que essa comunidade

Capítulo IV

---

[46] Von Rad, "The Form-Critical Problem of the Hexateuch", pp. 72-74.

[47] John van Seters, *Abraham in History and Tradition* (New Haven: Yale University, 1975), de modo bem radical, insiste que essas promessas de terra que serviram aos exilados foram, de fato, geradas no exílio e não representam tradições mais antigas. Embora as questões de fonte e datação para essas tradições estejam agora consideravelmente fluidas, as conclusões de van Seters parecem improváveis. Todavia, meu argumento interpretativo não depende de uma insistência de que as tradições sejam mais antigas, de alguma forma, do que supõe van Seters. O impressivo programa de

esperançosa tenha descoberto que esse pronunciamento antigo ainda era teologicamente dinamizador tantos séculos depois (Is 43,8; 51,2; 63,16; Ez 33,24; Mq 7,20). Não é de se admirar que, na tradição cristã derivada daí, Paulo se refira a esse pronunciamento duradouro de Javé a Israel, dizendo que ele "preanunciou o evangelho", *proeuēggelisato* (Gl 3,8). O juramento de Javé é considerado uma garantia de que ele tem o poder e a determinação de levar o povo da promessa a circunstâncias melhores; não importa que a situação atual indique o contrário (cf. Hb 11).

O segundo fato notável nas promessas de Javé a Israel é que ele continua fazendo novas promessas. Não é como se o pronunciamento em Gênesis fosse a melhor e última palavra de Javé sobre o futuro de Israel. Durante a vida de Israel, Javé encontra novas formas de antecipar o futuro. Podemos identificar três tipos de promessas que são geradas no testemunho posterior de Israel, todas derivadas das promessas fundamentais de Gênesis e coerentes com elas.

**(a)** *A promessa a Davi* e à sua casa pode ter sido antecipada intencionalmente nas narrativas de Abraão como as temos, ou dada retrospectivamente naquela tradição. Porém, o compromisso principal com a dinastia, que se tornou a raiz principal do messianismo posterior, está fora do livro de Gênesis. Assim, na boca de Natã, a promessa é proferida à dinastia vindoura:

Mas a minha misericórdia se não apartará dele, como a retirei de Saul, a quem tirei de diante de ti. Porém a tua casa e o teu reino serão firmados para sempre diante de ti; teu trono será estabelecido para sempre. (2Sm 7,15-16)

Não há dúvida que esse pronunciamento de Javé foi considerado de forma tão séria e solene como qualquer outro já expresso no livro de Gênesis:

> Uma vez jurei por minha santidade
> (e serei eu falso a Davi?):
> A sua posteridade durará para sempre,
> e o seu trono, como o sol perante mim.
> Ele será estabelecido para sempre como a lua
> e fiel como a testemunha no espaço. (Sl 89,35-37)

Desde o momento desse pronunciamento, a dinastia davídica se tornou

---

publicações de van Seters leva adiante as pressuposições de seu trabalho mais antigo em Gênesis.

um fato teológico permanente na vida de Israel.

**(b)** Espalhados na *literatura profética*, encontram-se diversos pronunciamentos de promessas na própria boca de Deus. Por meio de muitas imagens e figuras diferentes, essas promessas antecipam um novo bem-estar para Israel no futuro. Essas incluem, por exemplo, um novo bem-estar enraizado em Jerusalém como a cidade da Torá (Is 2,2-4; Mq 4,1-5); um novo rei que pratica a justiça (Is 11,1-5) e que assegurará a reabilitação de uma criação hostil (Is 11,6-9); uma nova e restaurada terra fértil e produtiva (Am 9,11-15); e uma restauração da força e do bem-estar (Hc 3,18-19). De uma perspectiva teológica, o que importa nessas promessas proféticas, independentemente do conteúdo específico ou da época em que possam ser datadas, é que se situam no meio de julgamentos e ameaças proféticas. Dessa forma, elas são caracteristicamente um segundo ato de Deus, após o julgamento, em sua relação com o recalcitrante Israel.[48] Essa sequência, como em Jeremias 31,27-30, deixa claro que o juízo e a promessa não são mutuamente excludentes para Javé. Com o tempo, Javé fará ambas as coisas com Israel.

**(c)** De forma muito interessante, *o exílio* se torna para Israel um espaço em que Javé faz novas promessas. Trata-se de um dado teológico de importância especial. Nem Israel nem o Deus de Israel cederiam diante do exílio. Nas circunstâncias mais desencorajadoras, Javé proclama as promessas de maior alcance. Em adição a uma variedade de pronunciamentos que garantem restauração, reabilitação e retorno para Israel, devemos notar especialmente que, no meio do exílio, Javé faz um tipo bem diferente de promessa, manifestando uma conexão íntima e uma solidariedade para com Israel que se expressa como presença: "Vós sereis o meu povo, eu serei o vosso Deus" (Jr 30,22; 11,4; 24,7; 31,33; 32,38; Ez 11,20; 14,11; 36,28; 37,23,27; cf. Os 2,23).[49]

É extremamente importante o fato de que a maioria dos textos que contêm essa promessa de presença se situa no exílio. A promessa indica que Javé está disposto a se submeter às circunstâncias do exílio junto com Israel. Porém, mais que se submeter, entende-se nesses textos que a pró-

---

[48] Quanto ao formato canônico da sequência de julgamento e depois promessa após o julgamento, veja RONALD E. CLEMENTS, "Patterns in the Prophetic Canon", em *Canon and Authority: Essays in Old Testament Religion and Theology* (org. GEORGE Coats e Burke O. Long; Filadélfia: Fortress, 1977), pp. 42-55.

[49] Quanto a essa fórmula e sua função central na fé de Israel, veja RUDOLF SMEND, *Die Bundesformel* (ThStud 68; Zurique: EVZ, 1963).

pria presença de Javé com Israel no exílio tem o potencial de transformar o exílio em um lugar viável para a vida. Essa presença pode bem ser uma promessa mais elementar e um compromisso mais drástico, por parte de Javé, do que mera atividade intrusiva.[50] Israel, ao aceitar essa promessa de Javé, tem a garantia de que nem nas circunstâncias mais difíceis seria abandonado ou desamparado por Javé.

Assim, em cada período de sua vida, Israel viveu com a promessa de Javé ecoando em seus ouvidos. Essa promessa, que desafia toda lógica, mas que não podia ser imaginada por aqueles que reiteraram o juramento, assegura a Israel que sua vida – e, no final, todo o processo histórico – não é mera concretização fria e dura de poder e brutalidade. Trata-se, pelo contrário, de um espaço no qual uma intenção poderosa de bem-estar está atuando resolutamente.

No final das contas, percebemos que *o caráter promissório de Javé na vida subsequente de Israel adquiriu duas formas distintas*. Por um lado, a promessa foi ouvida e recebida de uma maneira que podemos denominar *profética* e *messiânica*. Isto é, as promessas divinas se concretizarão no horizonte histórico de Israel, no meio das suas possibilidades e instituições públicas. Podemos denominar essas promessas como proféticas porque a essência delas se refere a uma expectativa pública e concreta de paz, justiça, segurança e abundância. As promessas proféticas de Javé a Israel insistem inflexivelmente que as práticas públicas do poder, em última instância, se conformarão à determinação de Javé. Essas promessas também podem ser chamadas messiânicas porque antecipam que a concretização do futuro de Deus se efetuará por meio de agentes humanos. Embora o termo *messias* se refira principalmente à descendência de Davi, Isaías 45,1 atribui ao persa Ciro o mesmo papel previamente assumido por membros da família de Davi. Assim, o discernimento e articulação de Israel sobre a promessa é que esse Deus resoluto recrutará quem for necessário do elenco humano para reordenar a história da humanidade. Portanto, tanto aqueles

---

[50] Embora essa fórmula repetida e estilizada de aliança se situe primariamente no exílio, sendo proclamada nos oráculos de salvação exílicos do Segundo Isaías, a promessa de presença é bem antiga em Israel, em geral proclamada em uma sentença nominal. Veja, por exemplo, Êx 3,11-12, com o verbo *hyh*: "Eu serei contigo". Esse uso do verbo provê o contexto para o nome Javé em Êx 3,14, que consideramos derivado do verbo *hyh*, seguindo Cross. Essa promessa de presença nos vs. 11-12, além disso, é que possibilita a tarefa intimidante de enfrentar o Faraó. A mesma promessa de presença é dada no termo *Emanuel* (Is 7,14; 8,8; cf. Mt 1,23, que pertencem à mesma trajetória de promessas).

que confiam nas promessas quanto aqueles que nunca ouviram falar delas são recrutados para esse amplo desígnio de Javé.

Por outro lado, nos limites do Antigo Testamento, as promessas de Javé também adquirem uma forma *apocalíptica*, na qual a novidade planejada por Javé não surge dentro dos processos públicos atuais ou mediante atividades humanas efetivas.[51] Antes, algo completamente novo irromperá pela intervenção soberana de Javé, cuja novidade não se extrapola a partir do presente. Os estudiosos falam de promessas protoapocalípticas, como em Isaías 65,17-25, e da retórica mais apocalíptica de Zacarias 9-14 e Daniel, que culminam na antecipação extrema da ressurreição dos mortos em Isaías 26,19 e Daniel 12,2.

Sem dúvida, esses dois tipos de promessas, expressos com retórica bem diferente, atuam em gêneros bem distintos e em contextos sociais bem diversos. Contudo, de uma perspectiva teológica, não se deve fazer uma distinção muito grande entre elas. É provável que circunstâncias históricas mais intransigentes exijam ou evoquem pronunciamentos mais dramáticos da promessa. Porém, todas as promessas – proféticas, messiânicas e apocalípticas, dentro da história ou além dela – partem do mesmo Deus, antecipam o mesmo resultado e apelam para a mesma comunidade. Todas essas promessas de Javé, de qualquer classe e sobre qualquer assunto, visam que Israel não entregue sua vida ou seu destino às circunstâncias presentes, especialmente quando essas são mortais e parecem insuperáveis.

Assim, esse estranho testemunho de Israel apresenta uma reivindicação teológica que é profundamente subversiva em relação ao presente. Israel sabe, desde a esterilidade de Sara, que há uma profunda incoerência entre a *intenção* de Javé e as *circunstâncias* da experiência de vida. Diante dessa incoerência, Israel não tem muitas alternativas. Pode aceitar as circunstâncias de sua vida como a verdadeira situação da realidade – assim, por exemplo, Sara é estéril e a promessa se anula dentro de uma geração. A alternativa, escolhida por Israel na maioria das vezes, é confiar no juramento de Javé como uma resolução para superar as circunstâncias, de modo que é o juramento que determina a verdade sobre a realidade, não as circunstâncias. Nessa intencionalidade teológica, Israel aceita o testemunho declarado como a verdadeira versão da sua vida.

---

[51] Muito do debate recente tem sido uma reação à tese de PAUL D. HANSON, *The Dawn of Apocalyptic: The Historical and Sociological Roots of Jewish Apocalyptic Eschatology* (Filadélfia: Fortress, 1974). Embora a tese de HANSON seja muito debatida, seu estudo mesmo assim determinou o formato de grande parte do debate.

Esse testemunho era estranho e ousado no mundo antigo, porque as circunstâncias vividas têm certa credibilidade à primeira vista. Assim, esse testemunho é aceito publicamente somente pelos mais ousados. Pode-se concluir, de fato, que esse testemunho é ainda mais estranho e ousado em nosso mundo atual. Em nossa obra teológica presente, reconhecemos que as pressuposições epistemológicas do nosso mundo nos levam a favorecer as circunstâncias visíveis. De fato, a epistemologia da modernidade, na medida do possível, baniu a promessa do nosso mundo. No entanto, torna-se evidente que *quando a promessa é banida e as circunstâncias mandam, provavelmente não nos resta outra coisa a não ser o desespero*, seja o desespero do autossuficiente ou do desvalido. E desespero não é base para uma comunidade social viável. Assim, nossa recuperação desses textos nos leva a imaginar se esse pronunciamento antigo é um antídoto confiável para nossa pronta aceitação do desespero. Esse pronunciamento pode nos parecer muito distante de nossas circunstâncias. Porém, ele sempre pareceu a Israel estar distante de suas circunstâncias. No final das contas, nossa consideração dessas afirmações de promessa é o que sempre foi para Israel: uma enorme garantia baseada na frágil evidência das testemunhas.

## Javé, o Deus que liberta

Em seu testemunho mais revolucionário, o Antigo Testamento afirma que Javé disse:

> Eu sou o Senhor, e vos tirarei (*yṣ'*) de debaixo das cargas do Egito, e vos livrarei (*nṣl*) da sua servidão, e vos resgatarei (*g'l*) com braço estendido e com grandes manifestações de julgamento. (Êx 6.6)

O testemunho de Israel sobre Javé como libertador anuncia sua capacidade resoluta de intervir de forma decisiva contra toda circunstância ou força opressora e alienante que impeça uma vida de bem-estar. Javé é mais do que um rival para os poderes da opressão, sejam sociopolíticos ou cósmicos.

### Verbos de libertação

Essa afirmação notável da intenção de Javé para com Israel contém três dos verbos decisivos usados em Êxodo, dos quais Javé se dispõe a ser o sujeito:

**(a)** *yṣ'* "Javé tira":

> ...com mão forte o Senhor vos tirou de lá. (Êx 13,3; cf. 12,41; 14,8; Dt 16,3,6)

Esse verbo fala de uma saída geográfica. Independentemente do que julguemos ser verdadeiro sobre a historicidade do êxodo do Egito, o testemunho de Israel é inflexível quanto a uma saída geográfica. A história de Israel é a fuga "de lá para cá". Ocasionalmente, o verbo é uma forma gramatical simples de grau *qal*, "saíste". Contudo, em referência a Javé o verbo está na forma causativa do grau *hifil*, de modo que Javé é o agente que sanciona, impulsiona e realiza a saída de Israel. Esse verbo equivale a *'lh*, "subir", que também pode estar nos graus *qal* ou *hifil*.[52]

**(b)** *nṣl* "Javé livra":

...desci a fim de livrá-lo da mão dos egípcios... (Êx 3,8; cf. 5,23; 6,6; 18,9)

Esse verbo se refere a um ato físico abrupto de segurar ou agarrar – geralmente, como nesse caso, segurar ou agarrar para tirar de um perigo. É o mesmo verbo usado por Davi, que foi "livrado" das garras de um leão (1Sm 17,37), e por Amós, que se refere a Israel como "arrebatado" por Deus como um tição da fogueira (Am 4,11). Isto provavelmente se refere à narrativa do êxodo, na qual Israel é "arrebatado" do perigo da escravidão egípcia por meio de um gesto físico poderoso de Javé.

**(c)** *g'l* "Javé resgata":

...e vos resgatarei com braço estendido e com grandes manifestações de julgamento (Êx 6,6; cf. 15,13; como ação completada, Sl 106,10).

O verbo *g'l* manifesta uma ação transformadora que é tão radical como a de *yṣ'*, porém a atmosfera dos termos é bem diferente. Esse termo, em primeira instância, se refere à ação econômica dentro de uma família visando manter sua propriedade (Lv 25,25ss), ou a termos de retribuição e vingança para manter a honra da família (Dt 19,6.12). A imagem do verbo sugere algo como solidariedade familiar, na qual Javé atua como um parente que visa a preservação e o bem-estar da família. É óbvio que sem essa intervenção por parte de Javé, esses "parentes" de Javé teriam desaparecido no império e seriam desonrados por terem sido abandonados pelo seu resgatador potencial.

Cada um desses três verbos procede de diferentes contextos e escopos

---

[52] Quanto às funções e uso de diversos verbos, veja J. N. Wijngaards, *The Dramatization of Salvific History in the Deuteronomic Schools* (Oudtestamentische Studien 16; Leiden: Brill, 1969); e *The Formulas of the Deuteronomic Creed* (Tilburg: A. Reijnen, 1963).

de imagens, mas todos concordam em sua reivindicação principal. Os verbos testemunham uma ação decisiva e invasiva de transformação, pela qual Javé interveio na vida de Israel, com suas "cargas do Egito" e sua "escravidão".

A esses verbos podemos adicionar três outros (geralmente sinônimos) que ocorrem de forma frequente e decisiva na tradição do testemunho de Êxodo:

**(d)** *yš'* "Javé salva":

> Assim, o Senhor livrou (*yš'*) Israel, naquele dia, da mão dos egípcios... (Êx 14,30; cf. Sl 106,8; e, como substantivo, Êx 14,13; 15,2)

O termo é de poder, talvez manifestando ação política, porém mais provavelmente uma ação militar vigorosa. O verbo, nessa sentença bem característica, fala da atividade poderosa de Javé que pôs fim a uma situação de medo, sofrimento e impotência, e criou a possibilidade de uma vida alternativa que é recebida por Israel com alegria. A ação do verbo é combativa; Javé deve lutar contra os poderes contrários que querem impedir o bem-estar de Israel. Essa transformação que Javé trouxe aconteceu na história da vida real, assim reivindica o testemunho, e outorgou para Israel o que ele era impotente para fazer por si mesmo. Nesse pronunciamento, Israel atravessa com zelo o "abismo horrível" entre história e teologia, e conhece o nome daquele que repele essas categorias da história e da teologia. Israel testifica inflexivelmente sobre Javé, o Sujeito desse verbo.

**(e)** *pdh* "Javé redime":

> ...porém a todo primogênito de meus filhos eu resgato. (Êx 13,15; cf. Dt 7,8; 15,15; 24.18; Sl 78.42)

Esse verbo reflete uma transação econômica pela qual se é liberto de uma situação difícil ou arriscada – por exemplo, escravidão – quando alguém paga o equivalente em moeda. Assim, a pessoa que paga realiza uma ação de grande generosidade, feita livremente e sem obrigação. Em Êxodo 13,15, a linguagem se refere ao costume de que o primogênito seja sacrificado, a menos que seja remido; isto é, a menos que se pague o que se julga ser equivalente ao filho. JON LEVENSON, ao revisar a evidência textual dessa prática, conclui que era um rito existente, embora não fosse obrigatório no Israel antigo.[53] A narrativa do Êxodo, assim, retoma essa prática, sob

---

[53] JON D. LEVENSON, *The Death and Resurrection of the Beloved Son: The Transformation of Child Sacrifice in Judaism and Christianity* (New Haven: Yale University,

a imagem de que o "primogênito" de Javé deve ser remido ou comprado da escravidão (Êx 4,22). Inversamente, o primogênito do Faraó não pode ser remido, mas deve ser destruído (Êx 11,5; 12,12).[54]

**(f)** *'lh* "Javé faz subir" (*hifil*):

> ...desci a fim de livrá-lo da mão dos egípcios e para fazê-lo subir (*'lh*) daquela terra... (Êx 3,8)

> Far-vos-ei subir da aflição do Egito... (Êx 3,17)

Esse termo tem significados próximos aos de *yṣ'* (cf. Êx 17,3; 32,4,8; 33,1; Nm 14,13; Jz 6,13; 1Sm 8,8; 10,18; Jr 11,7; em Jz 6,8 os dois termos são usados em paralelismo). O verbo *'lh*, do qual Javé é o sujeito, tem uma conotação geográfica: movimenta-se de um lugar inferior para um superior. "Sobe-se" da escravidão para a liberdade, da terra do Egito para a terra da promessa; assim o termo sugere algo além de sua intenção geográfica inicial. Na libertação do Egito, Javé levanta ou exalta Israel; ele muda suas circunstâncias para melhor. No Salmo 71,20, o mesmo verbo é usado metaforicamente para um resgate e uma transformação pessoal por Javé.

Os verbos usados no testemunho de Israel para as ações de Javé no Êxodo são ricos e variados, e podem receber diversas nuances adequadas aos campos semânticos de cada termo. Embora os verbos procedam de esferas bem diferentes da vida, não é necessário, para nosso propósito, que a nuance inicial de cada verbo seja mantida. Possivelmente os verbos já eram mais ou menos sinônimos, ao chegarem à forma estabelecida do testemunho. O que é importante para o nosso propósito é que *Javé é o sujeito de todos esses verbos*. Esse conjunto de verbos é um modo elementar e pungente de Javé ser caracterizado no testemunho de Israel. É por isso que o Antigo Testamento, em sua formulação teológica, nunca deixa de fazer referência a eventos concretos, pois é na esfera da realidade pública de vida que se diz que Javé é conhecido e visível. No centro da fala de Israel sobre Deus está a reivindicação persistente de que Israel não conhece

---

1993).

[54] Quanto à noção de resgate como substituição, veja também o uso em Is 43,3-5. Peter Stuhlmacher, "Vicariously Giving His Life for Many, Mark 10:45 (Matt. 20:28)", em *Reconciliation, Law, and Righteousness: Essays in Biblical Theology* (Filadélfia: Fortress, 1986), pp. 16-29, argumenta persuasivamente que o texto de Is 43,3 é a fonte da declaração de Jesus em Mc 10,45, claramente um pronunciamento teológico central.

outro Deus exceto aquele que, em um tempo antigo guardado na memória, agiu de tal maneira que tornou em possibilidade histórica genuína a vida de Israel como um povo.

Israel nunca se cansa de recitar essas sentenças verbais, caracterizando Javé pelo uso de verbos potentes. É o que Israel canta em seus Salmos que dá densidade ao seu presente (Sl 78,12-13; 105,26-36; 106,7-9; 136,10-15). Além disto, é o que Israel fala a seus filhos em sua instrução mais consciente (Êx 12,26-27; 13,8-9,14-15; Dt 6,21-23).

### *Narrativa por meio da memória do Êxodo*

Ao narrar sua história subsequente, sobre o que aconteceu em outros tempos, lugares e circunstâncias, Israel caracteristicamente reconta *toda* sua experiência através das lentes poderosas e definidoras da memória do Êxodo. Isto é, Javé não concretizou esses verbos poderosos, transformadores e libertadores somente uma vez no início da vida de Israel no mundo. Antes, Javé realizou transformações semelhantes em circunstâncias semelhantes de forma repetida, característica e confiável ao longo de toda a memória normativa de Israel. Embora o material ancestral de Gênesis seja de um tipo bem diferente, pelo menos em Gênesis 15,7 a narrativa consegue fazer a saída (*yṣ'*) de Ur dos caldeus soar como uma antecipação do Êxodo. Ao entrar na terra prometida sob a liderança de Josué, Israel, de forma bastante consciente, apresenta a travessia do rio Jordão como uma versão posterior da travessia do mar Vermelho:

> ...Israel passou em seco este Jordão. Porque o Senhor, vosso Deus, fez secar as águas do Jordão diante de vós, até que passásseis, como o Senhor, vosso Deus, fez ao mar Vermelho, ao qual secou perante nós, até que passamos. (Js 4,22-23)

Na crise com os filisteus, não há dúvida que a versão da narrativa tem como modelo a libertação do Êxodo (1Sm 4,1;7.1). Até os filisteus têm consciência do Deus do Êxodo:

> E se atemorizaram os filisteus e disseram: Os deuses vieram ao arraial. E diziam mais: Ai de nós! Que tal jamais sucedeu antes. Ai de nós! Quem nos livrará das mãos destes grandiosos deuses? São os deuses que feriram aos egípcios com toda sorte de pragas no deserto. (1Sm 4,7-8)

> Por que, pois, endureceríeis o coração, como os egípcios e Faraó endureceram o coração? Porventura, depois de os haverem tratado tão mal, não os deixaram ir, e eles não se foram? (1Sm 6,6)

No fim, a narração desse episódio é modelada como uma intervenção de Javé na situação opressiva governada pelos deuses dos filisteus e como uma emancipação poderosa e inexplicável para Israel. De modo inconfundível, os deuses dos filisteus não são maior competição para o Deus desses verbos poderosos do que foram os deuses do Egito (cf. Êx 12,12).

Mais tarde, quando o Antigo Testamento chega a uma consciência maior acerca das outras nações, permanece o poder e a autoridade dessa recitação centrada em verbos. Assim, nos textos do exílio em Isaías, como mostra BERNHARD ANDERSON, a capacidade de Israel de sair da hegemonia controladora da Babilônia depende de que o mesmo Deus realize "ações" similares, as quais possibilitariam uma saída.[55] No que talvez seja o caso mais extremo, quando deseja confrontar a fé autocongratulatória de Israel em ser o povo especial de Deus, o profeta Amós apela à memória do Êxodo. Nos tempos do profeta, a comunidade de Israel aparentemente celebrava seu privilégio especial de se identificar com Javé, o Deus que tinha concretizado o livramento deles no Egito. Amós não contradiz essa reivindicação feita por Israel, mas a desabsolutiza em um pronunciamento conciso:

> Não sois vós para mim, ó filhos de Israel,
> como os filhos dos etíopes? – diz o Senhor.
> Não fiz eu subir a Israel da terra do Egito,
> e de Caftor, os filisteus, e de Quir, os siros? (Am 9,7)

A lembrança do Êxodo é deixada intacta para a afirmação de Israel, porém se quebra a exclusividade de Israel como o povo do Êxodo e de Javé como o Deus do Êxodo. Pois agora se afirma que o Deus que fez subir ( *'lh*) a Israel do Egito fez muitas outras coisas semelhantes. Esse mesmo Deus proveu êxodos para os filisteus e para os siros, os inimigos mais persistentes de Israel. Javé é caracteristicamente um Deus que concretiza êxodos, e que os realiza em vários lugares; talvez em todas as partes. Onde houver povos em situação de opressão e impotentes para saírem por si mesmos, ali esse Deus pode estar envolvido. Essa declaração do poeta Amós retém de forma habilidosa o testemunho israelita sobre Javé, mas nega a

---

[55] Quanto à importância da memória do Êxodo na poesia do Segundo Isaías, veja BERNHARD W. ANDERSON, "Exodus Typology in Second Isaiah", em *Israel's Prophetic Heritage: Essays in Honor of JAMES MUILENBURG* (org. BERNHARD W. ANDERSON e WALTER HARRELSON; Londres: SCM, 1962), pp. 177-195; e "Exodus and Covenant in Second Isaiah and Prophetic Tradition", em *Magnalia Dei, the Mighty Acts of God* (org. FRANK MOORE CROSS *et al.*; Garden City: Doubleday, 1976), pp. 339-360.

reivindicação exclusiva de Israel sobre ele.

Assim, a gramática do Êxodo referente a Javé satura a imaginação de Israel. A recitação do Êxodo, seja como sentença declarativa simples que manifesta a gramática teológica primária de Israel ou como narrativa mais ampla, torna-se algo paradigmático para o testemunho de Israel sobre Javé. Além disto, torna-se uma lente interpretativa que guia, informa e disciplina os pronunciamentos de Israel sobre muitos aspectos da sua vida. Tal como a função paradigmática do pronunciamento é inquestionável, é igualmente inquestionável que toda a área da gramática nunca se separa do ponto de referência concreto e específico que está enraizado na memória de Israel.[56]

Essa incursão nos verbos do Êxodo pode promover o projeto de uma teologia do Antigo Testamento de duas maneiras. Primeiro, ela nos provê material definidor. Afirma-se, em todas as partes desse material, que o Deus de Israel é pleno de poder soberano que anula todas as estruturas de poder estabelecidas no mundo e que ele está suficientemente atento à escravidão, à impotência e ao sofrimento para reagir às necessidades sociais dos desvalidos. Segundo, essa revisão sugere um modo de compreender os processos teológicos do próprio Antigo Testamento. O que temos mais frequentemente nesse material são reivindicações decisivas expressas, por assim dizer, "na correria", quando Israel está em perigo ou quando reconta o perigo passado. Certamente, Israel oferece declarações mais ponderadas sobre o caráter de Javé (como em Êx 34,6-7). Todavia, insisto que essas declarações são de outra ordem e, provavelmente, se derivam dessas afirmações verbais que considero como mais elementares.[57]

Como a obra de Javé nesse testemunho é combativa – disputando de modo variado egípcios, filisteus, babilônios – assim também o próprio discurso do Êxodo é combativo. Visa derrotar e refutar tanto o desespero em situações que parecem imutáveis quanto a arrogância que assume que a

---

[56] A memória do Êxodo funciona paradigmaticamente para muitos outros eventos no Antigo e no Novo Testamento; estudos recentes sobre o Antigo Testamento têm analisado intensamente esse uso. Contudo, nesse momento, os estudos do Antigo Testamento não estão muito voltados à tipologia; preferem detectar a influência permanente e predominante da memória do Êxodo por meio da intertextualidade. As abordagens da tipologia e da intertextualidade não são mutuamente exclusivas, mas é bom reconhecer as tendências atuais dos estudiosos.

[57] Assim, por exemplo, sobre Êx 34,6-7 veja as pp. 215-218 [seção "Êxodo 34,6-7" no capítulo 5] e 269-270 [seção "Disjunção no centro" no capítulo 7].

situação não precisa ser mudada. *Afirma-se caracteristicamente que Javé, como sujeito desses verbos transformadores é um agente incansável de novidade social.* Nem o desespero de Israel, nem sua arrogância (nem a arrogância ou o desespero de alguém mais) deterão o pronunciamento desse Deus, um pronunciamento que normalmente coloca Israel em uma nova situação de perigo e/ou possibilidades.

No Novo Testamento, podemos perceber como essa mesma gramática do Êxodo persiste em sua reivindicação efetiva. Por exemplo, Mateus começa seu relato do evangelho com um êxodo do Egito, citando Oseias 11,1 (Mt 2,13-15). Lucas, em sua narrativa da transfiguração de Jesus, usa explicitamente o termo *êxodo* (Lc 9,31, [no original]). Todavia, a importância da tradição do Êxodo para a articulação do evangelho cristão não se encontra primariamente nessas referências específicas. Antes, encontra-se na afirmação mais ampla de que Jesus atua de forma transformadora em solidariedade com os cativos e algemados, os fracos e marginalizados (Lc 7,22). Assim, é possível perceber que as narrativas das poderosas ações transformadoras (milagres) de Jesus de fato reencenam o Êxodo, pois nelas um dom de poder transforma decisivamente as circunstâncias das pessoas envolvidas. De fato, o apelo geral e predominante a essa versão narrativa particular da realidade é a base que faz a fé cristã ser uma religião de salvação. O próprio nome de Jesus, derivado do verbo *yš'*, se refere à capacidade de Jesus de "salvar" seus seguidores dos poderes de destruição.[58]

Embora as narrativas sobre Jesus estejam próximas de relatos episódicos de transformação humana, a teologia de Paulo eleva a retórica de maneira que as incapacidades particulares de uma pessoa se tornam gerais e cósmicas. Em consequência disso, o inimigo que Jesus deve derrotar para trazer libertação, no final das contas, não é a pobreza, a lepra ou a cegueira, mas sim Satanás, o pecado e a morte. Esse discurso teológico, no entanto, é paralelo ao modo como as circunstâncias concretas de Israel na escravidão exigem a derrota dos deuses egípcios (Êx 12,12). Assim, não há contraste entre a retórica mais ampla do combate religioso e as histórias

---

[58] Quanto à dimensão combativa do evangelho do Novo Testamento, fazendo uso da imagem de Javé contra o Faraó, veja a trilogia de WALTER WINK, *Engaging the Powers: Discernment and Resistance in a World of Domination* (Mineápolis: Fortress, 1992); *Naming the Powers: The Language of Power in the New Testament* (Filadélfia: Fortress, 1984); e *Unmasking the Powers: The Invisible Forces That Determine Human Existence* (Mineápolis: Fortress, 1986); veja também Ched Myers, *Binding the Strong Man: A Political Reading of Mark's Story of Jesus* (Maryknoll: Orbis Books, 1988).

particulares de transformações concretas, pois são os poderes cósmicos do mal arregimentados contra Javé que se evidenciam nas circunstâncias específicas. As testemunhas do Antigo Testamento, assim como os relatos cristãos derivados, se movem de um lado para o outro entre o particular e o cósmico.

Outra questão mais importante se refere à forma como o relato cristão de resgate em Jesus se baseia na tradição do êxodo. Não há dúvida de que o testemunho do Antigo Testamento se refere a circunstâncias socioeconômicas e políticas reais, das quais se diz que Javé liberta Israel. Também não há dúvida de que a retórica do Novo Testamento "espiritualiza" a linguagem do Êxodo, de forma que a libertação do evangelho é entendida mais facilmente como libertação do pecado, em contraste com a concreta sujeição socioeconômica e política. Não é preciso reiterar aqui os argumentos relativos às genuínas formas materiais de resgate presentes no Novo Testamento. Contudo, é importante reconhecer que já no Antigo Testamento os testemunhos sobre Javé entendem que a escravidão real, concreta e material é autorizada e concretizada pelos "poderes da morte" que resistem ativamente às intenções de Javé. Assim, a meu ver, não devemos argumentar que a libertação é material e não espiritual, ou que a salvação é espiritual e não material. Antes, qualquer lado desse dualismo distorce o verdadeiro cativeiro humano e interpreta mal o texto de Israel, que compreende bem o componente mítico mais amplo da escravidão humana. Na Bíblia, em ambos os Testamentos, não se trata de um ou outro, mas sim de tanto um quanto o outro. Não funciona ser reducionista em uma direção materialista. Inversamente, é simplesmente errado negar a dimensão material da escravidão e da liberdade em uma teologia espiritualizante mais segura, a qual é uma tentação para muitas interpretações cristãs.[59]

O mundo da servidão, tão bem conhecido por Israel, persiste em nossos dias. O poder da morte, que resiste aos propósitos libertadores de Javé, continua poderoso, talvez de uma forma mais astuta que na antiguidade. Diante dessa ameaça permanente, o testemunho de Israel continua

---

[59] Para ser mais preciso, não é correto falar de "um e outro", que é uma concessão ao nosso dualismo cartesiano moderno predominante. PATRICK D. MILLER, "Luke 4,16-21", *Int* 29 (1975), pp. 417-21, analisa detalhadamente o termo *perdão* (*aphesis*), para demonstrar que o uso do termo na "proclamação inaugural" de Jesus recusa qualquer inclinação para o espiritual ou o material, ou qualquer divisão, mas se refere a todos os aspectos da vida. Esse uso é característico da afirmação de Israel sobre a atividade libertadora de Javé.

sendo recitado com esperança e intrepidez. Esse testemunho trata da determinação de Javé e da obra dos agentes humanos recrutados por Javé. É possível, como faz Israel, falar da atuação direta de Javé em favor da libertação. É igualmente possível para Israel afirmar que Moisés deve ir se encontrar com o Faraó (Êx 3,10); de maneira que o Êxodo é, em certo sentido, uma obra humana, realizada por agentes humanos que se consideram legitimados por Javé, o qual nunca se encontra com o Faraó em pessoa.

Esse é o mais radical de todos os testemunhos de Israel sobre Javé; ele confirma que o Deus de Israel é um oponente incansável da opressão humana, mesmo quando a opressão é empreendida e patrocinada pelo que parecem ser poderes legítimos. Assim, Javé atua no testemunho de Israel como aquele que deslegitima as instituições sociais falidas e como quem legitima os agentes humanos revolucionários. MICHAEL WALZER investiga a maneira como esse testemunho do Israel antigo atuou universalmente na história humana e, de modo especial, no Ocidente, que viveu sob a tutela desse texto.[60] Ele demonstra como esse texto tem gerado uma atividade revolucionária contínua e repetida. Walzer explora como essa legitimidade revolucionária atua tanto de formas violentas como sem violência; algumas diretamente vinculadas às reivindicações teológicas do testemunho, outras apelando de forma menos direta apenas à sua dimensão política. Esse testemunho atua contra todo poder absolutizador que nega humanidade plena a outros no processo político.

Em nossa tardia iniciativa militar e tecnológica nos Estados Unidos, ainda há que se ver se esse testemunho tem poder contínuo diante da opressão implacável. O século XX testemunhou brutalidade suficiente para se questionar se esse testemunho narrativo ainda tem autoridade; ainda assim, os casos extraordinários de YASSER ARAFAT, VACLAV HAVEL, MARTIN LUTHER KING JR., NELSON MANDELA e LECH WALESA nos fazem pensar. Parece que a alternativa a esse testemunho é uma redução dos processos de poder à contenção tecnológica simples e dura, de modo que se encerra o processo histórico de emancipação.[61] Israel, naturalmente, nunca aprovaria essa alternativa e por isso, insiste no testemunho contínuo desses verbos.

Da mesma forma que essa tradição permanece como testemunho e autorização contra a opressão, torna-se também uma alternativa poderosa

---

[60] MICHAEL WALZER, *Exodus and Revolution* (Nova York: Basic Books, 1986).

[61] Um tratamento básico da questão de uma perspectiva particular se encontra em JACQUES ELLUL, *The Technological Society* (Londres: Jonathan Cape, 1965).

à repressão. Essa tradição é incansavelmente pública em sua orientação, e resiste a qualquer psicologismo. Apesar disso, quando um indivíduo se encontra escravizado de forma mais íntima, não há dúvida de que esse mesmo testemunho sobre o Deus que reivindica esses verbos é uma força poderosa para emancipação *pessoal*. Tal como o poder da morte pode assumir muitas formas, assim também se afirma que o poder vivificante de Javé atua em todas as dimensões da vida onde estão em jogo questões de uma existência em liberdade.

### Javé, o Deus que ordena

Em seu testemunho mais predominante, o Antigo Testamento afirma: "Guarda o que eu te ordeno (*ṣwh*) hoje" (Êx 34,11). Os mandamentos dominam o testemunho de Israel sobre Javé. Ele é um governante soberano cuja vontade para o mundo é conhecida e reiterada. Israel, como destinatário dos mandamentos, existe e prospera na medida em que obedece a esses mandamentos.

#### *Verbos de comando*

Javé é um Deus que ordena (*ṣwh*). A forma principal pela qual Javé se comunica com Israel é o mandamento (*miṣwāh*), e o modo fundamental de Israel se relacionar com Javé é pela obediência (*šm'*).[62] Em algumas referências dispersas, provavelmente tardias, verbos como "dizer" (*'mr*) (Sl 106,34; 107,25) e "falar" (*dbr*) (Nm 27,23) são usados como sinônimos de "ordenar" (*ṣwh*). Porém, esse verbo singular domina os pronunciamentos desse Deus ordenador ao seu povo.

Não é difícil compreender adequadamente essa reivindicação de Javé. Os mandamentos são entendidos como um pronunciamento de um Senhor soberano que tem o direito legítimo de ordenar, que espera com razão ser obedecido, e tem o poder legítimo para fazer cumprir seus mandamentos. De modo recíproco, Israel é a comunidade que se compreende vinculada a essa relação de obediência, às vezes aceitando seu papel em alegre submissão, às vezes teimando e resistindo aos mandamentos de Javé. A vinculação de Javé a esse verbo é elementar ao Antigo Testamento, e é *talvez a marca definidora e característica de Javé*. Os mandamentos de Javé dominam a tradição do Sinai (Êx 19,1; Nm 10,10) e o livro de

---

[62] Quanto à obediência como definição para a fé em Deus e o conhecimento dele, veja, de uma perspectiva cristã, JOHN Calvin, *Institutes of the Christian Religion* (LCC 20; Filadélfia: Westminster, 1960), v. 1, p. 72; e, de uma perspectiva judaica, ABRAHAM HESCHEL, *Who Is Man?* (Stanford: Stanford University, 1965), pp. 97-98 e *passim*.

Deuteronômio (capítulos 12-25), de maneira que uma grande porção da literatura central de Israel (a Torá) é dedicada aos mandamentos de Javé. A preocupação de Israel com esses mandamentos é constante e intensa, em todos os períodos de sua vida.[63]

Na sua história central (ou credo), Israel está sob o comando de Faraó no início. Este ordenou a Israel: "Ide vós mesmos e ajuntai palha onde a puderdes achar; porque nada se diminuirá do vosso trabalho" (Êx 5,10-11). A ordem do Faraó, imposta por seus cruéis poderes de Estado, era cansativa e, no final, insuportável. A narrativa do Êxodo, que cria o contexto para o encontro no Sinai, é o relato de Javé arrancando Israel da escravidão aos comandos do Faraó e trazendo-o para a sujeição às suas ordens. Assim, é uma troca de um comando por outro.[64] Ao ser colocado sob esse comando alternativo de Javé no início, Israel obedeceu voluntariamente (Êx 19,8).

O Êxodo não foi uma emancipação descontextualizada. Antes, foi uma troca de Senhor. Dessa forma, o novo Senhor pode dizer:

> Porque são meus servos, que tirei da terra do Egito; não serão vendidos como escravos. (Lv 25,42)

Israel é um "escravo" (ou "servo", *'ebed*) de Javé e não será escravo de ninguém mais. Sua vida está completamente sob o governo de Javé, a quem Israel é obrigado a obedecer, porque Javé é o seu novo "proprietário".

Assim como o Êxodo não é uma emancipação descontextualizada, também os mandamentos de Javé no Sinai não repetem o poder absoluto egípcio; além disso, Javé não é um soberano como o Faraó. Ou seja, a nova "sociedade ordenada" no Sinai se caracteriza pela dignidade, liberdade e bem-estar. É importante não enfatizar a estrutura de mandamentos do Sinai sem apreciar o impulso emancipatório de Javé. Reciprocamente, é impossível apreciar tal impulso, atuante na narrativa do Êxodo, sem prestar atenção cuidadosa à estrutura dos mandamentos do Sinai.

### O mandamento essencial de Javé

O encontro no Sinai, que ocupa uma grande porção da literatura central de Israel, se apresenta como a ocasião em que se explicitam os termos da nova sujeição ao novo Senhor. No início, decreta-se que a obediência

---

[63] Quanto aos mandamentos como algo decisivo para a vida e a fé de Israel, veja ECKART OTTO, *Theologische Ethik des Alten Testaments* (Stuttgart: W. Kohlhammer, 1994).

[64] Veja WALTER BRUEGGEMANN, "Pharaoh as Vassal: A Study of a Political Metaphor", *CBQ* 57 (1995), pp. 27-51.

à voz de Javé e à aliança é condição inegociável nessa relação (Êx 19,5), com as quais Israel concorda (Êx 19,8). A intensidade dessa reivindicação se evidencia no uso do infinitivo absoluto do verbo "obedecer" (šm'). Do modo como o texto se apresenta, Israel concorda com os mandamentos de Javé, mesmo antes de terem sido pronunciados. Isto é, Israel assina um cheque em branco de obediência.

O mandamento essencial de Javé, apresentado aqui como o Primeiro Mandamento (Êx 20,1), mas negociado em todos os demais lugares na tradição do Sinai, é a reivindicação exclusiva de lealdade da parte de Israel a Javé.[65] Essa não é uma reivindicação de monoteísmo, como se não houvesse outros deuses. De fato, o mandamento assume precisamente um mundo politeísta, no qual há outros objetos possíveis de lealdade. Existem outros deuses e alguns podem ser cativantes e se candidatar poderosamente à lealdade de Israel, porém qualquer outra lealdade é impossibilitada por Javé. A obra de obediência de Israel consiste em colocar todos os aspectos de sua vida sob o governo direto de Javé.

Nessa apresentação do drama de Israel – o drama dos mandamentos – podemos perceber dois traços formais na organização de Êxodo 20, onde se enuncia o governo fundamental de Javé. Primeiro, Êxodo 20,1-17 se apresenta como um discurso direto de Javé (20,1), e é precedido e seguido de uma teofania dramática (Êx 19,16-25; 20,18). Assim, as narrativas teofânicas cercam os dez mandamentos e os salientam como discurso peculiar de Javé. Ninguém emite esses dez mandamentos senão Javé. Segundo, imediatamente após Êxodo 20,18, o povo elege Moisés como seu mediador autorizado, de maneira que um agente humano é autorizado a falar, transmitir e interpretar os mandamentos de Javé para Israel. Por meio desse arranjo duplo, Israel ao mesmo tempo afirma o caráter definitivo dos mandamentos de Deus e provê um dispositivo prático e disponível para instrução e disciplina contínuas. Ambos são necessários para a dinâmica do relacionamento entre esse Deus e esse povo, os quais estão vinculados entre si por mandamentos.

---

[65] MARTINHO LUTERO, em seu catecismo, provê um comentário clássico sobre o Primeiro Mandamento. Veja também Edmund LaCherbonnier, *Hardness of Heart: A Contemporary Interpretation of the Doctrine of Sin* (Londres: Victor Gollancz, 1956), para uma consideração sobre o que é pecado em uma fé que insiste em lealdade exclusiva; e MARTIN NOTH, "The Laws in the Pentateuch: Their Assumptions and Meaning", em *The Laws in the Pentateuch and Other Essays* (Londres: Oliver and Boyd, 1966), p. 51 e *passim*, em sua ênfase sobre a exclusividade como marca distintiva dos mandamentos de Javé.

Assim, os dez mandamentos se situam como o fundamento da intenção de Javé para Israel, de onde se derivam todos os demais mandamentos em Israel. Há diversas exposições valiosas sobre esses dez mandamentos, que os estudantes podem pesquisar com proveito.[66] Aqui faremos algumas observações acerca desses que estabelecem as obrigações da vida de Israel.

Os mandamentos são apresentados no próprio discurso de Javé, como revela a memória do Êxodo. *O Deus que ordena é o Deus que liberta*.[67] Tal vínculo sugere que o governo a existir agora em Israel não deve replicar o governo do Faraó, mas sim estabelecer um governo social que se contrasta com aquele. Em outras palavras, a referência ao Êxodo sugere que a intenção teológica dos Dez Mandamentos é institucionalizar o Êxodo: estabelecer perspectivas, procedimentos, políticas e instituições que gerem relacionamentos sociais similares ao Êxodo. O motivo pelo qual esses mandamentos são tão urgentes e insistentes é que eles são a estratégia de Javé (e, portanto, de Israel) para evitar o retorno às condições pré-Êxodo de exploração e brutalidade dentro da comunidade. Portanto, o vínculo com o Êxodo sugere que os mandamentos são políticas para criar uma sociedade que pratica a justiça de Javé ao invés da injustiça do Faraó e para estabelecer o bem-estar com os vizinhos ao invés de coerção, medo e exploração. O Êxodo, assim assegura Israel, não é um resgate de uma única vez; é a memória litúrgica que continua impulsionando a tradição dos mandamentos em Israel e a maneira como os israelitas se relacionam com Javé e entre si mesmos.

Caso se investigue os dez mandamentos para descobrir quais "políticas" são indispensáveis para a institucionalização do Êxodo, de modo a impedir um regresso à exploração anterior, pode-se considerar cada um deles como resposta.[68] Para o nosso propósito, será suficiente indicar *três*

---

[66] WALTER HARRELSON, *The Ten Commandments and Human Rights* (OBT; Filadélfia: Fortress, 1980); e BREVARD S. CHILDS, *Old Testament Theology in a Canonical Context* (Filadélfia: Fortress, 1985), pp. 63-83.

[67] Quanto à interação entre *mandamentos* e *libertação* (*Aufgabe/Gabe*), veja EMIL FACKENHEIM, *God's Presence in History: Jewish Affirmations and Philosophical Reflections* (Nova York: New York University, 1970), pp. 8-19, sob a rubrica de "Saving and Commanding Presence".

[68] GEORGE M. MENDENHALL, *Law and Covenant in Israel and in the Ancient Near East* (Pittsburgh: Biblical Colloquium, 1954), faz uma distinção entre "política" e "técnica", e demonstra como os Dez Mandamentos funcionam como uma política para Israel. Quanto aos aspectos políticos da fé de Israel, veja HENNING GRAF REVENTLOW *et al.*

*linhas de interpretação* que abrangem os dez mandamentos.

Primeiro, uma possível alternativa viável para a escravidão egípcia requer *um Deus santo que, como princípio decisivo, desabsolutize qualquer outro pretendente ao poder absoluto*. Assim, os três primeiros mandamentos (Êx 20,2-7) afirmam a excentricidade de Javé, o qual não tem valor utilitário e não pode ser recrutado ou usado para qualquer agenda humana ou social. O Deus que governa Israel é um fim que deve ser honrado e obedecido, e não um meio a ser usado e explorado. Se é correto, como sugere PATRICK D. MILLER, que a marca distintiva de Javé é sua qualidade de não ter imagem, então vemos na proibição de imagens uma afirmação do caráter irrestrito de Javé, o qual não será capturado, contido, atribuído ou manipulado por ninguém nem por coisa alguma, seja qual for o propósito.[69]

Segundo, os mandamentos referentes às relações sociais humanas (Êx 20,12-17) buscam possibilitar a comunidade humana *impondo limites à capacidade aquisitiva de membros da comunidade* – a capacidade de se apoderar e confiscar, por força ou astúcia, o que é necessário para a vida do próximo. Os mandamentos exigem que a legitimidade (direitos?) dos outros membros da comunidade estabeleça um limite na capacidade autônoma de qualquer membro da comunidade de tomar o que os outros devem ter para viver. Não é necessário explicar cada um desses mandamentos para perceber que eles estabelecem limitações fundamentais exigindo que cada pessoa se conduza como um membro responsável da comunidade. Esse conjunto de limitações tem em vista tanto a proteção de pessoas como da propriedade. Podemos imaginar que a proteção da propriedade não se entende primariamente como regra da propriedade, mas como defesa dos fracos contra a ferocidade dos poderosos.

Terceiro, deve-se prestar atenção especial ao quarto mandamento sobre o sábado (Êx 20,8-11); ali *encontramos um convite ao descanso no centro da criação*. De forma alternativa, o mandamento do sábado na versão de Deuteronômio (5,12-15) se baseia na memória do Êxodo e se refere ao descanso para os escravos. A justaposição de *criação* (Êx 20,8-11) e

---

(orgs.), *Politics and Theopolitics in the Bible and Postbiblical Literature* (JSOTSup 171; Sheffield: Sheffield Academic, 1994).

[69] Veja PATRICK D. MILLER, "Israelite Religion", em *The Hebrew Bible and Its Modern Interpreters* (org. DOUGLAS A. KNIGHT e GENE M. TUCKER; Filadélfia: Fortress, 1985), pp. 211-212; e WALTER BRUEGGEMANN, "A Shape for Old Testament Theology II: Embrace of Pain", *CBQ* 47 (1985), pp. 395-415.

*descanso para os escravos* (Dt 5,12-15) articula habilmente a típica forma de Israel vincular realidades sociais concretas e realidades cósmicas. Ao comentar sobre a versão deuteronômica desse mandamento, PATRICK MILLER propõe que, ao menos na tradição do Deuteronômio, o mandamento ocupava a posição central no Decálogo, olhando para trás e para frente.[70] Ele olha retrospectivamente para o governo de Javé e imagina que, no sétimo dia, ou ele estava cansado e necessitava de descanso – dessa forma, era vulnerável – ou estava tranquilo com a criação e podia descansar à vontade. Em todo caso, a conduta de Javé no sétimo dia contrasta agudamente com o mundo do Faraó, no qual não há descanso, mas só produtividade febril. O mandamento do sábado também olha para frente: para uma comunidade humana, uma comunidade israelita pacificamente comprometida com uma vida de respeito ao próximo, que não está furiosamente envolvida em produção e consumo, mas que conhece os limites dessa atividade e tem no centro de sua vida uma concretização de tranquilidade que manifesta o governo estabelecido de Javé. Além disto, na medida em que o sábado passou a ser cada vez mais a marca distintiva dos judeus no mundo, esse mandamento provê um modo de tornar visível o caráter judaico, a fim de evidenciar a reivindicação de que o judaísmo é, de fato, uma forma alternativa de existir no mundo; uma alternativa às tendências exploradoras do mundo que começam em idolatria a serviço de si mesmo e terminam em cobiça destrutiva.

Os dez mandamentos são uma linha crucial de defesa contra o niilismo destrutivo no mundo. O niilismo – a convicção de que não há valores confiáveis – pode ser expresso por uma retórica muito poderosa. Contudo, sua verdadeira aparência não está em algum argumento filosófico, mas na olaria do Faraó onde a vida humana é completamente explorável; essa é uma desordem profunda e mortal que não se localiza muito longe dos fornos de Auschwitz. O Deus que ordena sabe muito bem o que as ordens exploradoras do Faraó geram; conhece igualmente um conjunto alternativo de mandamentos que autorizam outro caminho no mundo. E Israel concorda com esses mandamentos alternativos (Êx 24,3,7).

### *A interpretação de Moisés*

Até aqui temos considerado apenas o discurso que a tradição situa na boca de Javé, aquele prensado entre as teofanias de Êxodo 19 e 20. Agora

---

[70] PATRICK D. MILLER, "The Human Sabbath: A Study in Deuteronomic Theology", *Princeton Theological Seminary Bulletin* 6 (1985), pp. 81-97.

nos resta considerar a obra derivada, interpretativa e instrumental de Moisés referente à vitalidade e pertinência dos mandamentos de Javé. Em Êxodo 20,19-21, Moisés é aceito por Israel como a verdadeira voz de comando de Javé. É plausível, como entendemos a história dos mandamentos no Israel antigo, que ao longo do tempo muitas vozes interpretativas tenham participado na formação da configuração final da Torá. Para os nossos propósitos teológicos, no entanto, é só Moisés que realiza a interpretação dos mandamentos de Javé. *Moisés é considerado a única e indiscutível voz de interpretação.*

**Círculos concêntricos de mandamentos.** Ao buscarmos entender esse conjunto de mandamentos no testemunho de Israel, podemos abordar de dois modos a extensa obra de Moisés. Primeiro, de uma maneira rudimentar, podemos perceber esse grande conjunto em círculos concêntricos, referindo-se em seu centro aos temas (talvez antigos) mais íntimos e locais da vida em comunidade e, posteriormente, movendo-se expansivamente para outras direções. O objetivo desse cenário de interpretação é sugerir que o trabalho interpretativo de Israel submete toda a vida, com todos os detalhes dela – públicos e pessoais, referentes ao culto e à economia – à tutela do Deus do Êxodo. Um exemplo especialmente notável dessa iniciativa é Êxodo 21,1;23,19, que parece ser um material antigo referente a interações de uma pequena comunidade agrária; trata de questões tão mundanas quanto animais perdidos (22,5), ou tão graves quanto o abuso físico de um escravo (21,20-21).[71] Outras tentativas de expandir o escopo do governo de Javé ocorrem no conjunto de mandamentos de Êxodo 34,11-26.

Seguindo os círculos concêntricos em direção ao exterior, o livro de Deuteronômio desempenha um papel peculiar e crucial na articulação dos mandamentos de Javé. Com seu centro no corpus legal dos capítulos 12–25, Deuteronômio não é totalmente relacionado à tradição do Sinai em si. De fato, afirma-se que esse discurso de Moisés ocorreu posteriormente e em um lugar diferente (Dt 1,1-5; 5,3). O horizonte de Deuteronômio não é a severidade do deserto do Sinai, mas os riscos, as ameaças, os perigos e o potencial para vida na nova terra. Na planície de Moabe, Moisés não só repete os mandamentos do Sinai (Dt 5,6-21), como também os "explica" (Dt 1,5), de forma que possam ser pertinentes à nova época e lugar de Israel (Dt 5,3). A proclamação da lei do livro de Deuteronômio ajuda Israel a fazer a transição de uma economia seminômade para uma economia

---

[71] Quanto ao código da aliança, veja DALE PATRICK, *Old Testament Law* (Londres: SCM, 1986), pp. 63-96.

campesina agrária. Como tal, a essência do livro tem interesse intrínseco. Nessa proclamação, Moisés insiste que a intenção de Javé quanto a uma comunidade alternativa se refere tão diretamente a uma sociedade agrária como ao contexto anterior à entrada na terra. Assim, a interpretação apresentada em Deuteronômio deve contemplar todos os aspectos das novas questões sociais, como a realeza, cidades de refúgio, cobrança de juros ou escravos fugitivos – questões que não figuravam no horizonte da proclamação do Sinai.

Junto a esse interesse intrínseco no material de Deuteronômio como tal, a proclamação do livro nos apresenta outro aspecto interessante. O livro recebe esse nome da tradução grega de Deuteronômio 17,18, que fala de uma "cópia" (*deuteros*) da Torá. Um "segundo" pode ser uma *cópia*, mas também pode ser uma segunda *versão* dos mandamentos, como parece ser o caso aqui. Isto é, o livro de Deuteronômio é o primeiro exemplo na Bíblia da dinâmica da Torá, por meio da qual se insiste em novas declarações regulares e autorizadas, de forma que os mandamentos de Javé permaneçam atuais no tempo, lugar e circunstâncias em que vive o povo dos mandamentos.[72] Moisés certamente acredita que não há circunstâncias em que Javé não deseje algo concreto. Porém, isso não se sabe de antemão. Só se sabe no momento da nova declaração "hoje", quando dada por um intérprete autorizado.

**Justiça social e pureza: duas trajetórias**. O segundo modo como podemos entender a articulação mosaica dos mandamentos de Javé no Antigo Testamento é por meio de trajetórias gêmeas em tensão entre si.[73] Atribui-se a Moisés a essência integral do comando e isso serve como afirmação central da reinvindicação exclusiva de Javé quanto ao governo sobre Israel. Porém, podem-se dar explicações bem diferentes dessa reivindicação central; e elas foram dadas em Israel ao longo do tempo.

Uma trajetória se volta para a prática da *justiça social*, e se encontra principalmente, embora não de forma exclusiva, no livro de Deuteronômio.

---

[72] Veja WALTER BRUEGGEMANN, *Finally Comes the Poet: Daring Speech for Proclamation* (Mineápolis: Fortress, 1989), pp. 79-110; e "The Commandments and Liberated, Liberating Bonding", em *Interpretation and Obedience: From Faithful Reading to Faithful Living* (Mineápolis: Fortress, 1991), pp. 145-58, para a sugestão de que o Decálogo no Israel antigo é "completamente inegociável, mas negociado continuamente".

[73] Quanto a essa tensão, veja FERNANDO BELO, *A Materialist Reading of the Gospel of Mark* (Maryknoll: Orbis Books, 1981), pp. 1-86.

Esse livro contrasta de forma muito consistente o modelo recomendado de obediência israelita com os modos canaanitas.⁷⁴ No centro dessa tradição de comando está o princípio sabático, o qual está enraizado no Decálogo (Êx 20,8-11; Dt 5,12-15), como vimos. O princípio sabático sustenta que, de forma habitual, os ritmos de uma vida de fé requerem um cessar de toda atividade como um ato de reconhecimento do governo de Javé e como oferta da própria vida de volta a Javé em gratidão.⁷⁵ Uma comparação do mandamento acerca do sábado em Êxodo 20,8-11 e Deuteronômio 5,12-15 indica que ele pode estar enraizado na criação ou no Êxodo – ambos elementos do testemunho narrativo de Israel.

Na tradição dos mandamentos de Deuteronômio, pode-se propor o texto de 15,1-11 como a afirmação central e característica do governo de Javé.⁷⁶ O mandamento básico (Dt 15,1) talvez reflita um mandamento mais antigo encontrado em Êxodo 21,2-11, referente à remissão de dívidas concedidas a cada sétimo ano. Essa provisão do sétimo ano permite reter apenas por seis anos membros da comunidade cativos por falta de pagamento de dívidas, não importando quão grande seja a dívida ou quais sejam as circunstâncias. Assim, a causa da sujeição é o estar endividado; o fim dela consiste no cancelamento da dívida. A intenção do mandamento é que a manutenção de uma comunidade viável e a proteção da dignidade de cada um dos seus membros são mais importantes para essa comunidade de obediência do que a mera realidade de uma transação econômica. Essa transação econômica se sujeita à viabilidade da textura social.⁷⁷ De fato,

---

⁷⁴ O termo *canaanita* na tradição do Deuteronômio é claramente um termo ideológico que se refere a todas as práticas que resistem ou subvertem a aliança. Contra tais modos "canaanitas", a tradição de Deuteronômio defende a justiça da aliança.

⁷⁵ Veja Matitiahu Tsevat, "The Basic Meaning of the Biblical Sabbath", em *The Meaning of the Book of Job and Other Biblical Studies: Essays on the Literature and Religion of the Hebrew Bible* (Nova York: KTAV, 1980), pp. 39-52.

⁷⁶ Quanto a esse texto, veja Jeffries Hamilton, *Social Justice: The Case of Deuteronomy 15* (SBLDS 15; Atlanta: Scholars, 1992). Patrick Miller investe atenção especial ao princípio sabático. De forma geral, veja Moshe Weinfeld, *Social Justice in Ancient Israel and in the Ancient Near East* (Mineápolis: Fortress, 1995).

⁷⁷ Veja Michael Polanyi, *The Great Transformation: The Political and Economic Origins of Our Time* (Boston: Beacon, 1957), quanto aos modos como a economia era compreendida como uma parte da textura social e aos modos como a economia se desarticulava da textura social, assumindo vida própria. De forma mais genérica, veja também M. Douglas Meeks, *God the Economist: The Doctrine of God and Political Economy* (Mineápolis: Fortress, 1989).

Israel rechaça a subclasse permanente que o endividamento por longo tempo certamente produz.

A exposição do mandamento, ao tratar de sua implementação, faz um forte apelo para o credor ser generoso com o devedor; usam-se cinco infinitivos absolutos para assinalar a força e a urgência desse requerimento social (vs. 7-11). Além disso, quando o devedor é liberado da dívida, requer-se que lhe sejam dados amplos recursos econômicos, para que desfrute de viabilidade econômica e dignidade ao regressar à vida da comunidade como alguém livre. No fim, a exposição do mandamento se aparta dos detalhes do ato em si e faz uma declaração de caráter geral sobre cuidar dos pobres e necessitados (v. 11). Esse mandamento é uma proposta radical para a administração econômica de uma comunidade alternativa. De fato, essa é uma ética do Êxodo, pois Israel podia recordar perfeitamente que foi uma dívida exagerada que o conduziu primeiramente ao cativeiro egípcio (Gn 47,13-21), e foi uma dívida exagerada que provocou sua situação impotente de sofrimento (cf. Êx 2,23-24).

Certamente, nem todos os mandamentos de Deuteronômio estão tão comprometidos com essa visão radical de possibilidades sociais. Porém, estabelecem-se disposições quanto a escravos fugitivos (23,15-16), contra cobrar juros de israelitas (23,19-20), proteção contra sequestros (24,7), contra a apropriação da propriedade de um pobre para liquidação de um empréstimo (24,10-13), em prol do pagamento imediato do salário dos pobres (24,14-15), do cuidado pelos marginalizados sociais (24,17-18,21-22) e da conservação da dignidade de um ofensor (25,1-3). Fica claro que essa *tradição dos mandamentos tenciona que o poder social esteja a serviço da justiça*:

> Não torcerás a justiça, não farás acepção de pessoas, nem tomarás suborno; porquanto o suborno cega os olhos dos sábios e subverte a causa dos justos. A justiça seguirás, somente a justiça, para que vivas e possuas em herança a terra que te dá o Senhor, teu Deus. (Dt 16,19-20)

A justiça que é proposta e para a qual se provê implementação concreta, além disso, é uma prática social na qual se preserva de forma concreta a subsistência, a dignidade, a segurança e o bem-estar de cada membro da comunidade. Essa trajetória dos mandamentos de Javé, na boca de Moisés, oferece uma noção revolucionária do modo como a economia deve ser praticada, na qual a comunidade tem responsabilidade ativa pelo bem-estar de cada um dos seus membros.

O princípio sabático tem sua articulação mais completa em Lv 25.

Nesse discurso, exigem-se duas práticas de Israel como vontade de Javé. Primeira, a própria terra deve se sujeitar ao princípio sabático (vs. 1-7) – a terra deve ter um descanso periódico do cultivo. Esse pode ser um sábio princípio agrícola, de modo a não esgotar a terra pelo uso excessivo. Contudo, no testemunho global de Israel, deve-se entender essa prática do Jubileu para com a terra como um reconhecimento da criação, como respeito por ela, e como consciência de que a terra pertence a Javé e não a Israel. Esse capítulo notável enuncia a prática do ano do Jubileu, a celebração do quinquagésimo ano (depois de sete setes) no qual haverá regresso à propriedade e família de cada um – uma volta ao lar – e em que se devolverá a terra da família que foi perdida em transações comerciais normais.[78] Essa é uma provisão notável, pois relativiza toda transação econômica em prol do enraizamento na comunidade. É também uma provisão sábia e hábil, pois reconhece as limitações da prática (vs. 29-33), sua capacidade de aproveitamento, e as oportunidades de levar vantagem que estão presentes nela mesma (vs. 13-17).

Em todas as provisões para terra e família, destaca-se no centro a reivindicação repetida do governo de Javé (v. 17). Ele é o Deus que concretizou o Êxodo (vs. 38,42,55) e que agora propõe práticas sociais designadas a perpetuar a comunidade do Êxodo. É difícil imaginar uma possibilidade social mais radical que o princípio sabático, especialmente por culminar no ano do Jubileu. A intenção do mandamento é que as transações cotidianas regulares de Israel sejam permeadas da radicalidade do javismo, pois o Deus que ordena comanda precisamente certos atos e políticas que pertencem à realidade vivida e à prática do poder social.

Visto que a provisão é tão radical, não é surpresa que geralmente surja a questão: "Não há nenhuma evidência de que Israel realmente implementou esse mandamento em algum momento, há?". Fazem-me essa pergunta com mais frequência que questões similares sobre qualquer outro mandamento na Bíblia. Além disto, a pergunta usualmente é feita de forma negativa, como se aquele que pergunta esperasse receber uma confirmação de que nem Israel praticava essa ação radical – talvez esperando

---

[78] Quanto à pertinência teológica do Jubileu como ponto de referência ético, veja JOHN HOWARD YODER, *The Politics of Jesus: Vicit Agnus Noster* (Grand Rapids: Eerdmans, 1975), pp. 64-77; MARIE AUGUSTA NEAL, *A Socio-theology of Letting Go: The Role of a First World Church Facing Third World Peoples* (Nova York: Paulist, 1977), pp. 5-7; e SHARON RINGE, *Jesus, Liberation, and the Jubilee Year: Images for Ethics and Christology* (OBT; Filadélfia: Fortress, 1985).

confirmação prática contra a visão social radical de Israel e as exigências radicais de Javé. Não sabemos se Israel "praticava" essa visão radical, assim como não sabemos se Israel fez algo mais daquilo sobre o que esse texto testifica. Jeremias 34 e Neemias 5 contêm evidências de que essa lei visionária estava no horizonte de Israel. E é provável que o cenário profético de Isaías 61,2, que se refere ao "ano aceitável do Senhor", seja uma alusão ao ano do Jubileu. *Quer tenha sido "praticado" ou não, entretanto, a disposição está no texto*; é uma afirmação culminante do Deus do Sinai (que é o Deus do Êxodo), que objetiva um regime bem diferente de riqueza e poder social. De fato, a função e a natureza da economia política são modeladas de formas bem distintas nesse horizonte. A riqueza e a textura social têm precisamente uma importância relativa oposta, em nossa perspectiva convencional. Isto é, a textura social tem a economia política como seu instrumento, ao contrário da nossa prática, em que a textura social recebe as sobras da economia política.

A segunda trajetória do comando, que também derivada da reivindicação exclusiva de Javé, é a *pureza*. Moisés também é vinculado a essa tradição de mandamentos, embora GERHARD VON RAD tenha percebido que nesse acervo de textos ocorra a fala direta de Javé a Moisés, e não a fala de Moisés a Israel.[79] Esse material se encontra em grande medida na tradição sacerdotal do Pentateuco, de forma especial, mas não exclusiva, no livro de Levítico; também ocorrem articulações suas em Deuteronômio. O Deus que ordena no Sinai é um Deus de ordem, que deseja que toda a vida seja vivida de forma ordenada, segundo essa tradição. É provável que a tradição do cancelamento de dívidas, que acabamos de considerar, reflita as necessidades e sensibilidades teológicas dos economicamente desfavorecidos. De maneira complementar, é provável que essa tradição de pureza no livro de Levítico reflita as necessidades e sensibilidades teológicas daqueles que experimentam a vida como algo profundamente desordenado; esses não têm dúvidas (e assim testificam) de que Javé provê disciplinas concretas para se superar a desordem que ameaça a vida.

Se imaginarmos que essa tradição de mandamentos é a resposta de Javé à desordem, podemos sugerir que a desordem experimentada como ameaça à vida pode adotar muitas formas. Pode ser vista como o aparecimento do caos na grande escala do cosmos, para o que a liturgia da criação é um antídoto de ordem. Pode ser uma experiência social de desordem, que

---

[79] GERHARD VON RAD, *Studies in Deuteronomy* (SBT 9; Londres: SCM, 1953), pp. 25-36.

em Israel pode se referir especificamente à perda do templo de Jerusalém, do rei e do deslocamento profundo do exílio. Ou pode ser experimentada mais imediatamente como uma desintegração moral, na qual a vida é profundamente marcada por comportamentos considerados como contaminantes, com isso colocando tudo em risco. Na experiência real, não é possível ou necessário distinguir entre essas dimensões do problema. A desordem pode estar presente de muitas maneiras, sendo todas da mesma espécie e todas enormemente ameaçadoras.[80]

Nesse contexto de desordem, que de fato pode ser amplo, profundo e sinistro, não é surpresa que se busque Javé, o Criador dos céus e da terra, para enfrentar o caos com poderosa ordenação e contínua reordenação da criação. Mais especificamente, é provável que a atividade ordenadora de Javé, diante de tal ameaça, seja ativada na adoração pública, onde a vida pode ser experimentada com ordem, simetria, coerência e decoro. *A realização dessa adoração serve como uma poderosa contestação à ameaça de desordem.* Assim, grande parte dos "mandamentos ordenadores" é dada como instrumento aos sacerdotes, para que esses possam, de forma sábia e acertada, ordenar o espaço, o tempo e a atividade da adoração; assim a adoração se torna um ambiente de ordem concedida por Deus, e que não está disponível em nenhuma outra parte. Podemos imaginar que a profundidade, intensidade e especificidade da ordem autorizada no texto são equivalentes à desordem experimentada, mesmo a um grau que poderíamos considerar meticuloso. É fundamental que a representação autorizada da ordem coincida plenamente com a ameaça concreta de desordem – ou talvez a supere.

Assim, a instituição sacerdotal, dada a Moisés por Javé com grandes detalhes, prescreve a forma adequada dos sacrifícios e ofertas, pois é importante se achegar apropriadamente à presença do Mantenedor da ordem (Lv 1-7). A autorização e capacitação desses sacerdotes, agora considerados responsáveis pela correta ordenação da vida, deve ser feita cuidadosamente por meio de um ato de ordenação, para que se possa considerar suas ações como válidas e confiáveis (Lv 8-10). Faz-se provisão similar acerca da correta ordenação dos alimentos (Lv 11), da purificação das mulheres depois do parto (Lv 12) e da administração de fluxos corporais (Lv 15). Há um elemento de higiene prática em tudo isso (cf. Lv 13-14), pois nesse contexto social se compreende a enfermidade como um fenômeno

---

[80] Quanto à liturgia da criação de Gn 1,1-2.4a e a tradição sacerdotal, de forma mais genérica, como respostas à realidade caótica do exílio, veja ROBERT B. COOTE, *In the Beginning: Creation and the Priestly History* (Mineápolis: Fortress, 1991).

religioso que só pode ser tratado por meio da religião.[81]

As ameaças de desordem não são primariamente compreendidas como morais. Antes, o poder da desordem é palpável, material e físico, e só pode ser administrado com atenção detalhada e poderosa. O poder da desordem, que se reflete nesses textos e é contido pelos mandamentos de Javé, é de difícil compreensão para nós em nosso ambiente científico. Sugiro duas analogias de nossa própria época. Primeira, a ameaça palpável de contaminação não é diferente do perigo trazido pelos resíduos nucleares que não desaparecem, mas devem ser gerenciados, pois persistem como ameaça por todo o futuro previsível. Segunda, o gerenciamento de resíduos tóxicos como o mercúrio requer cuidadosa supervisão legal, pois não é possível eliminar seu potencial tóxico, nem com nossa sagacidade tecnológica. De forma similar, a impureza nesse mundo antigo deve ter sido uma ameaça profunda à sensibilidade, bem como uma ameaça física real. O que é surpreendente nessa trajetória de comando é que o Deus do Sinai cuida graciosamente dessa iniciativa e sanciona procedimentos, práticas e agentes pelos quais ele conserva e garante uma vida ordenada, confiável e suportável. Não é certo considerar essa tradição da pureza como algo primitivo e obsoleto, pois essas questões ainda estão entre nós, mesmo quando se agrupam em torno de tipos diferentes de ameaças.

O foco dessa tradição de santidade, que podemos encontrar enraizada nos três primeiros mandamentos do Decálogo, é que essas áreas da vida habitadas de modo mais intenso por Javé devem se manter puras e incontaminadas.[82] Assim, esse material é educativo e tem um status não muito diferente ao das leis canônicas para proteger essas áreas de santidade e, de forma mais geral, para prevenir que o poder desordenador da impureza atrapalhe a vida de Israel. A grande ameaça à santidade, que pode colocar em perigo a presença de Javé na comunidade de Israel, consiste em criar desordem mesclando coisas de forma a confundir e distorcer.[83] O antídoto

---

[81] Veja BARUCH A. LEVINE, "Magic, Purity, and Biblical Monotheism", em *In the Presence of the Lord: A Study of Cult and Some Cultic Terms in Ancient Israel* (SJLA 5; Leiden: Brill, 1974), pp. 77-91; e Mary DOUGLAS, *Purity and Danger: An Analysis of the Concepts of Pollution and Taboo* (Boston: Ark Paperbacks, 1984), pp. 41-57.

[82] A noção de santidade nas tradições sacerdotais é considerada como quase física em sua força e ameaça. Veja PHILIP P. JANZEN, *Graded Holiness: A Key to the Priestly Conception of the World* (JSOTSup 106; Sheffield: JSOT, 1992); e JOHN G. GAMMIE, *Holiness in Israel* (OBT; Mineápolis: Fortress, 1989), pp. 9-70.

[83] Essa abordagem geral à santidade nas tradições de culto de Israel se baseia especificamente nos estudos antropológicos de DOUGLAS, *Purity and Danger*, pp. 41-57; e *In*

para essa confusão é classificar e fazer distinções para que nada se misture por engano de forma a perturbar a ordem que é própria da santidade do Criador. As distinções que favorecem a ordem podem se referir a questões bem ordinárias (cf. Dt 22,9-11) ou a assuntos de peso, como o perigo de um cadáver (cf. Ag 2,11-13). Em todo caso, a tarefa da instrução sacerdotal é manter as distinções sistemáticas. Quando se ignora essa prática de fazer distinções, surgem problemas na comunidade:

> Os seus sacerdotes transgridem a minha lei e profanam as minhas coisas santas; entre o santo e o profano, não fazem diferença, nem discernem o imundo do limpo e dos meus sábados escondem os olhos; e, assim, sou profanado no meio deles. (Ez 22,26)

Quiçá inevitavelmente, a ordem não se conserva e a impureza entra na vida da comunidade; dessa forma, precisam-se iniciar processos para superar essa ameaça à comunidade. Os elementos profanados da comunidade precisam ser santificados, feitos santos, para que sejam coerentes com o Deus Santo, pois "sereis santos, porque eu sou santo" [Lv 11,44]. Essa tradição de mandamentos pretende reestabelecer a santidade quando a comunidade estiver em perigo. Essa tradição de "tornar santo", quando falha o "ser santo", culmina na provisão do Dia da Expiação (*yôm kippur*) em Levítico 16, que parece viver às margens do texto bíblico.

Fica evidente que o processo de tornar santo é uma atividade sacerdotal autorizada por Javé, que deve se realizar com cuidado e meticulosidade, e que pretende cobrir a impureza que coloca em perigo a comunidade. O problema tratado pela atividade ritual prescrita se refere às "impurezas (*tm'*) dos filhos de Israel" (Lv 16,19):

> Porque, naquele dia, se fará expiação (*kapper*) por vós, para purificar-vos (*thr*); e sereis purificados (*thr*) de todos os vossos pecados, perante o Senhor. (v. 30)

É lamentável que *kippur* seja convencionalmente traduzido como "expiação", e popularmente entendido pelos cristãos como "reconciliação", pois essa tradução sugere um interesse relacional, como se o ritual restaurasse o relacionamento. Entretanto, a retórica do ritual não sugere um *relacionamento* restaurado, mas sim *contenção de uma ameaça material* sob a forma de impureza. Quando a ameaça material é banida, Javé pode novamente se fazer presente no lugar santo. Essa é uma metáfora que

---

the WILDERNESS: *The Doctrine of Defilement in the Book of Numbers* (JSOTSup 158; Sheffield: JSOT, 1993).

indica um sentido bem diferente de qualquer noção romântica de relacionamento.[84]

Ambas as ênfases, a deuteronômica na *justiça* e a sacerdotal na *santidade*, percorreram considerável distância interpretativa dos mandamentos centrais do Sinai. É precisamente essa dinâmica interpretativa que marca a tradição dos mandamentos do Sinai, pois Javé atua incessantemente em novas formas de reafirmar, recuperar e estender sua soberania. É igualmente claro que essas trajetórias de comando atendem a sensibilidades bem diferentes e vivem em profunda tensão entre si. A tradição da justiça se refere à vida político-econômica da comunidade e encoraja uma drástica atividade de transformação e reabilitação. A tradição da santidade enfatiza a vida cultual da comunidade e busca restaurar a santidade perdida, de forma a se poder contar novamente com a presença de Deus e desfrutar dela. Sem dúvida, essas trajetórias refletem necessidades de momentos diferentes e em circunstâncias diferentes na vida de Israel, e respondem a sensibilidades diferentes por parte dos agentes interpretativos autorizados de Israel. Ambas as trajetórias pertencem de forma fundamental ao horizonte dos mandamentos do Deus de Israel. Os mandamentos de justiça testemunham sobre a opção preferencial de Javé pela ordenação de uma comunidade de boa vizinhança. Os mandamentos de santidade evidenciam a reivindicação de que a preocupação de Deus é com sua própria vida, a qual deve se manter protegida de toda profanação. Uma tradição olha para o próximo, outra contempla o bem-estar de Javé.

A manutenção da tensão entre essas duas trajetórias interpretativas é, a meu ver, crucial no testemunho de Israel; este afirma que Deus é "*por nós*", mas também que Deus é zeloso *por si mesmo* e leva muito a sério qualquer ameaça de profanação de sua própria vida (cf. Ez 36,22-23). Em reflexão posterior, a interpretação cristã convencional do Antigo Testamento provavelmente favorece a tradição da justiça à custa da tradição da santidade. Existe uma suposição muito antiga entre os cristãos de que os mandamentos éticos do Antigo Testamento ainda valem para os cristãos, mas que os mandamentos sobre o culto podem ser deixados para trás. FERNANDO BELO argumenta convincentemente que, pelo menos no Evangelho de Marcos, Jesus defende a tradição da justiça e seus oponentes

---

[84] Assim, a obra de reconciliação e reabilitação não é simplesmente uma questão de inclinação amorosa, mas sim de gerenciamento cuidadoso desses elementos poderosos de distorção que ameaçam o relacionamento. Por isso, o perdão deve ser um processo sacramental observado cuidadosamente, e não simplesmente um decreto.

desprezados são defensores da tradição da santidade.⁸⁵ Há evidências que apoiam esse argumento, e eu também simpatizo com essa conclusão.

Antes de fazermos esse julgamento, entretanto, devemos ponderar sobre três motivos para se resistir ao definhamento dos mandamentos de santidade que estão no centro do testemunho de Israel sobre o Deus que ordena. Primeiro, pelo menos em Hebreus 7-10, está claro que a comunidade cristã continuou a valorizar os mandamentos de santidade, pois a retórica desses capítulos considera fundamental a imagem do sacrifício e da expiação para a articulação plena da significância, autoridade e identidade de Jesus. Além disto, essas imagens operam em muito da piedade cristã que estima discursos e imagens sobre a expiação por sangue. Mesmo no testemunho de Paulo sobre a obra salvadora de Jesus, o uso do termo *ilasterion* ou "propiciação" (Rm 3,25) sugere que o cristianismo paulino continuou dependendo da imagem e significância da tradição da santidade para articular a radicalidade de sua reivindicação para Jesus.

Segundo, amplas evidências mostram que a tradição dos mandamentos de justiça, por si mesma, pode avançar na direção de um programa meramente político. Isto é, os mandamentos de justiça, considerados em si mesmos, se separam facilmente da matriz teológica javista na qual foram entregues a Israel. É plausível que seja a tradição da santidade que evita que a vida de obediência se torne uma cruzada humana autopropulsionada no mundo. Consideradas juntas, as duas trajetórias refletem as disciplinas internas de identidade que equilibram as disciplinas externas de atividade transformadora.⁸⁶ Se os mandamentos de santidade forem considerados em si mesmos, à parte dos mandamentos de justiça, surgirá uma distorção similar no sentido oposto. Daí a comunidade de obediência pode se tornar uma operação isolada, exclusivamente preocupada com a qualidade de sua própria vida (veja Is 56 para uma crítica dessa tentação).

Terceiro, é evidente que a disputa atual e carregada na Igreja dos Estados Unidos quanto aos homossexuais, especialmente quanto à sua ordenação, indica a importância contínua da tradição da santidade, mesmo após imaginarmos que superamos esse "primitivismo". Minha impressão é que essa questão de direitos e privilégios iguais para os homossexuais

---

⁸⁵ BELO, *A Materialist Reading of the Gospel of Mark*.

⁸⁶ RICHARD L. RUBENSTEIN, *After Auschwitz: Radical Theology and Contemporary Judaism* (Indianapolis: Bobbs-Merrill, 1966), p. 103, conclui corretamente: "A dicotomia usual entre os tipos sacrificial e moral de religião não se sustenta diante de uma investigação".

(tanto na sociedade civil como na Igreja) é um tema que pode ser decidido com base na justiça. No entanto, também tenho a impressão de que a enorme hostilidade aos homossexuais (e a propostas de justiça para eles) não se relaciona a questões de justiça ou injustiça, mas sim a questões mais básicas de pureza/limpeza e sujeira.[87] Essa preocupação mais elementar se evidencia na noção generalizada de que os homossexuais não devem ter acesso a qualquer posição importante da sociedade e que o contato físico com eles contamina.

O desejo de ordem, a experiência manifesta de desordem, e a realidade resiliente da santidade de Javé sugerem que a alienação e vexações centrais da vida humana não podem, no final das contas, ser geridas em termos de moralidade. Algo intratável, inescrutável e misterioso acerca dessas alienações e vexações sugere a importância permanente dos textos israelitas sobre o sacrifício como "mecanismo de santidade".

Não sugiro o uso direto e simples desses textos e suas práticas, pois são extremamente problemáticos. No entanto, sugiro que não se supera aquilo que o "sistema sacrificial" procura fazer por meio de esclarecimento e sofisticação. Depois de ter sido feito o máximo de esforço humano possível para se corrigir erros e se fazer reparações, permanece um "resíduo de dor" instável que exige outro tipo de ação, uma ação de âmbito sacerdotal.[88]

O sistema sacrificial do Israel antigo atesta a disponibilidade generosa de Javé para Israel e a santidade sinistra e inacessível de Javé. O sistema sacrificial atua como mediador entre a disponibilidade e a santidade. Essa disposição de sacrifícios tem duas intenções recorrentes: uma que celebra a boa relação com Javé e outra que redime e reabilita um relacionamento distorcido com ele. Quanto a esse último, RICHARD RUBENSTEIN observa que o sacrifício é "o drama do ódio humano contra Deus e sua submissão

---

[87] Dois estudos influentes estabelecem que questões de pureza são mais básicas que as questões de justiça. Erik H. ERIKSON, *Identity and the Life Cycle* (Nova York: Norton, 1980), pp. 67-87, deixa claro que, no desenvolvimento da personalidade, a vergonha precede a culpa. Além disso, PAUL RICOEUR, *The Symbolism of Evil* (Boston: Beacon, 1969), mostra que a profanação é mais um problema religioso básico que uma dimensão moral de obediência e desobediência. A meu ver, a controvérsia sobre homossexualismo na Igreja é impelida por um senso de vergonha e profanação; portanto, respostas à questão que derivam de preocupações com a moralidade não tratam dos aspectos mais sérios da controvérsia. Isto é especialmente problemático no protestantismo, que carece de densidade sacramental.

[88] Veja BRUEGGEMANN, *Finally Comes the Poet*.

definitiva a ele".⁸⁹ Aqui pretendo apenas insistir que, sob a rubrica geral da santidade, o sistema sacrificial que aparece no texto possui significância teológica e que essa atestação da parte de Israel é pertinente atualmente na prática de fé que deve ir além da resolução moral até o enigmático, onde se enfrenta a santidade de Javé em toda a sua realidade sinistra, generosa e enigmática.

Não sugiro que as questões contemporâneas sejam julgadas nesses termos ou categorias. Porém, acredito que a prática da santidade provê categorias para entendermos pastoralmente o que se percebe e se sente na hostilidade massiva aos homossexuais e seus direitos, e pode nos ajudar a ver como oferecer uma reação útil e responsável à homofobia. As sensibilidades da santidade e da justiça não são proporcionais; por conseguinte, uma defesa da justiça não percebe o alarme experimentado no que se considera impureza. A meu ver, a adrenalina gasta em torno desse tema se refere a temas bem maiores de desordem do que a simplesmente questões de sexualidade, visto que agora está em perigo grande parte das antigas confiabilidades de nosso mundo social. Como consequência, grande quantidade de desordem social, sem nenhuma relação com o tema da homossexualidade, se desloca e se acumula nesse assunto em particular, em que se percebe que a impureza opera. Cito esse exemplo para indicar que as questões evocadas nesses dois testemunhos bem diferentes dos mandamentos de Javé não estão de todo defasadas. São mandatos e necessidades percebidas por uma justiça transformadora e por uma ordem consolidadora, que se consideram vinculadas à reivindicação exclusiva de Javé por lealdade. O modo como esses temas surgiram em nossa sociedade é certamente paralelo aos modos como surgiram nessa comunidade de interpretação intencional dos mandamentos de Javé. Deve-se engajar essa dimensão completa da voz de comando de Javé, incluindo a grande expansão da interpretação contínua, na medida em que a comunidade do texto pratica a obediência.

Sem dúvida, a tensão entre a ameaça de desordem percebida (como atualmente se manifesta na Igreja quanto às questões da homossexualidade) e as petições expressas de justiça (como as referentes a direitos e dignidade plenos dos homossexuais) continuará sendo uma questão disputada e controvertida. A meu ver, seguindo FERNANDO BELO em extrapolações cristãs do Antigo Testamento, a trajetória da justiça derrotou de forma decisiva e irreversível a trajetória da pureza. Assim, a trajetória da pureza do texto pode nos ajudar a compreender pastoralmente a ansiedade produzida

---

⁸⁹ RUBENSTEIN, *After Auschwitz*, p. 92.

pela desordem percebida e experimentada, mas não oferece justificativa para decisões éticas excludentes frente ao evangelho.

Considerados em conjunto, deve-se compreender os mandamentos iniciais do Sinai, os círculos concêntricos de mandamentos que afetam muitos aspectos da vida, e as trajetórias mais completas de interpretação como um testemunho da soberana capacidade de comando de Javé. O testemunho pleno e global do comando de Javé quanto a justiça e santidade afirma que ele é um soberano que comanda e pode impor sanções aos desobedientes. Além disto, essas sanções outorgam confiabilidade moral ao mundo presidido por Javé. As sanções das maldições da aliança, punição para aqueles que violam os juramentos de obediência, podem se concretizar de várias formas, embora Deuteronômio 28 e Levítico 26 apresentem um inventário bastante completo de punições e penas. Israel visualiza uma simetria precisa entre atos e resultados, de maneira que quem obedece recebe todas as bênçãos da vida – bem-estar, prosperidade, fecundidade, segurança e terra – e quem desobedece recebe uma negação da vida, seja por exterminação, exílio, esterilidade ou desastres naturais (cf. Dt 30,15-20). Os mandamentos, juntamente com as sanções, constituem o mundo em que Israel se propõe a viver. Esse mundo da vida oferece a seus partidários grandes bênçãos; sabe-se que é confiável moralmente. Quem viola esse mundo da vida desejado por Javé deve receber proporcionalmente toda a morte que vem com a negação do governo de Javé.

### *O comando após o Sinai: três aspectos do testemunho mais amplo*

De todos os elementos do testemunho do Israel antigo sobre Javé e os verbos dos quais ele deseja ser o sujeito, a expressão "o que eu te ordeno hoje" permeia esse testemunho e, consequentemente, a própria autocompreensão de Israel. Ao olharmos para além do Sinai, podemos mencionar três aspectos desse testemunho mais amplo que se baseiam nessa tradição de comando e se modelam por ela.

Primeiro, a literatura profética, entendida canonicamente, enfatiza uma série de penalidades e juízos decorrentes da desobediência.[90] Apenas duas vezes podemos identificar um apelo direto ao Decálogo nos profetas:

> Ouvi a palavra do Senhor,
> vós, filhos de Israel,
> porque o Senhor tem uma contenda

---

[90] Veja CLAUS WESTERMANN, *Basic Forms of Prophetic Speech* (Atlanta: John Knox, 1967).

> com os habitantes da terra,
> porque nela não há verdade, nem amor,
> nem conhecimento de Deus.
> O que só prevalece é perjurar,
> mentir, matar, furtar e adulterar,
> e há arrombamentos
> e homicídios sobre homicídios. (Os 4,1-2)

> Que é isso? Furtais e matais,
> cometeis adultério e jurais falsamente,
> queimais incenso a Baal
> e andais após outros deuses que não conheceis. (Jr 7,9)

Em todos os demais lugares na literatura profética que tratam da vida de Israel na monarquia, os profetas articulam o perigo em que Israel vive por sua negligência aos mandamentos de Javé. São amplamente conhecidas e famosas as advertências proféticas expressas por Israel ter violado os mandamentos centrais de Javé quanto à prática da justiça (Am 5,7,24; 6,12; Os 6,6; 10,12; 12,6; Is 5,7; Jr 4,2; 22,15-16). Pode-se entender agora que, mesmo com toda sua grande variação, os profetas retomam a tradição do comando mosaico quando Israel falha em sua tarefa de obediência. Embora o material profético enfatize extensivamente a tradição da justiça, também podemos identificar, ao menos em Ezequiel, uma preocupação de que Israel logo enfrentará problemas precisamente por que as exigências sacerdotais de santidade foram violadas e Jerusalém foi profanada.

Segundo, recentemente tem se dado atenção à "piedade da Torá" em Salmos.[91] Há muito tempo já se reconhece que os Salmos 1, 19 e 119 são cânticos ou poemas que celebram a importância da Torá para a vida de Israel e que encontram na sua obediência a alegria fundamental da fé. Mais recentemente, mostrou-se que esses Salmos específicos se situam, na configuração final do texto, em junções ou lugares estratégicos do saltério, e visam orientar a leitura do livro inteiro.[92] Assim, muitos Salmos – que provavelmente se originaram em contextos diversos e com propósitos diversos – agora estão agrupados canonicamente sob a Torá e devem ser compreendidos como práticas de fé que brotam e conduzem à obediência

---

[91] Veja JAMES L. MAYS, "The Place of the Torah-Psalms in the Psalter", *JBL* 106 (1987), pp. 3-12.

[92] Veja especialmente GERALD H. WILSON, *The Editing of the Hebrew Psalter* (Chico: Scholars, 1985).

da Torá. Dessa forma, como propõe a forma final do saltério, a piedade de Israel consiste em uma obediência alegre aos mandamentos de Javé, executados na confiança plena de que essa obediência produz uma vida de alegria, bem-estar e bênção. Nessa leitura, considera-se que o Salmo 1 é uma pista hermenêutica para toda a coleção.[93]

Terceiro, GERHARD VON RAD destaca Neemias 8, frequentemente considerado como o evento central que gerou e organizou o judaísmo do Segundo Templo.[94] Nisso ele segue as tradições rabínicas que consideram Esdras como o segundo fundador do judaísmo (depois de Moisés). No evento registrado em Neemias 8, a comunidade pós-exílica é reconstituída pela leitura e interpretação da Torá. Não podemos ter certeza sobre quanto do texto maior do Pentateuco ou que seções constituíam a Torá que foi lida. Contudo, no contexto da reforma instituída por Esdras e Neemias, a reformulação do judaísmo se orienta claramente para a obediência aos mandamentos de Javé; e nisso se constitui. É esse ato que mais caracteriza o judaísmo no mundo; consequentemente, o testemunho de Israel é pervasivo em sua reivindicação de que Javé é mais conhecido como aquele que ordena.

*Reflexões teológicas sobre mandamento e aliança*

Essa explicação dos mandamentos é suficiente para a nossa caracterização do testemunho verbal "Javé que ordena". Porém, na teologia do Antigo Testamento, a meu ver, tem-se a obrigação de se refletir sobre a significância teológica dos mandamentos e sobre a caracterização de Javé como aquele que ordena. É uma obrigação da teologia do Antigo Testamento que é evocada e agravada pela grande tentação do cristianismo a cair no antinomismo, no qual se considera a lei como estranha à fé; esse antinomismo alimentou o estereótipo cristão ocidental que percebe os judeus como legalistas. Além disso, é uma obrigação evocada pela autonomia moral defendida na ideologia da modernidade que trouxe a sociedade ocidental a uma situação deprimente, e com a qual o cristianismo tem conspirado maciçamente. Nesse sentido, o cristianismo e a modernidade têm um interesse comum contra o judaísmo.[95]

---

[93] Veja WALTER BRUEGGEMANN, "Bounded by Obedience and Praise: The Psalms as Canon", *The Psalms and the Life of Faith* (Mineápolis: Fortress, 1995), pp. 189-213; e PATRICK D. MILLER, *Interpreting the Psalms* (Filadélfia: Fortress, 1986), pp. 81-86.

[94] VON RAD, *Studies in Deuteronomy*, pp. 13-14.

[95] Isto é fundamental para as críticas de JON D. LEVENSON, *The Hebrew Bible, the Old*

Obviamente, a lei era uma preocupação principal do cristianismo primitivo e uma fonte de grandes conflitos no primeiro século entre o judaísmo e o movimento cristão que se separava do judaísmo e penetrava no mundo helenístico mais amplo. Essas questões, referentes a Jesus como cumprimento da lei (Mt 5,17-20) e a Paulo em sua luta pela liberdade do evangelho, são extremamente complexas e não precisam ser tratadas aqui. Para nossos propósitos, será suficiente reconhecer que, na fé de Israel, mandamento sempre existe no contexto de aliança, de modo que os mandamentos de Javé fazem parte integral da sua aliança. Ou seja, os mandamentos pertencem, possibilitam e favorecem uma relação de confiança, fidelidade e submissão, que é generosa, mas em que as duas partes não são comensuráveis. É inconcebível para Israel que Javé – que criou céus e terra, prometeu terra aos seus ancestrais e libertou uma comunidade de escravos para ser valiosa posse – não tenha uma intenção predominante relacionada com essas ações transformadoras e impulsionada por elas. É precisamente na revelação dos mandamentos no Sinai que Israel aprende (e também as nações) o propósito de tudo o que ocorreu anteriormente. Israel aprende que é completamente inegociável na soberania de Javé seu desejo de justiça para o próximo no mundo (assim afirma Deuteronômio) e de santidade na presença dele (assim afirma a tradição sacerdotal).

Incluir os mandamentos no contexto da aliança com Javé significa que desaparecem as questões de condicionalidade e incondicionalidade, um problema que preocupa muito os estudiosos. Devotou-se uma grande quantidade de energia a esse problema.[96] Sugere-se frequentemente (por este escritor, dentre outros) que as tradições ancestrais de Gênesis testemunham sobre uma relação incondicional com Javé; e as tradições mosaicas, sobre uma aliança condicional. Certamente essas várias tradições apresentam diferentes nuances nessa questão. Contudo, ao final, considerado como um dado teológico, os mandamentos de Javé são relacionais e não podem ser fatorados como condicionais ou incondicionais. Antes, como qualquer relacionamento concebível enraizado em fidelidade profunda, essa relação de aliança é caracteristicamente condicional e incondicional ao mesmo tempo. Israel não se preocupa com essa contradição lógica na natureza da sua relação com Javé. Assim, essa relação é incondicional, pois Javé está

---

*Testament, and Historical Criticism* (Louisville: Westminster/John Knox, 1993), pp. 1-32, 82-126.

[96] Veja DAVID NOEL FREEDMAN, "Divine Commitment and Human Obligation", *Int* 18 (1964), pp. 419-431.

completamente comprometido com Israel. Contudo, a relação é condicional porque Javé tem intenções amplas que se referem, sobretudo, a Israel. Diferentes textos, em diferentes circunstâncias, testificam sobre as diferentes nuances desse relacionamento. A meu ver, é um desserviço profundo do pensamento moderno e cristão separar os mandamentos do contexto da aliança, criando assim uma distorção ao pôr em conflito lei e evangelho, ou, nas palavras de Ernst Kutsch, "obrigação" e "relacionamento".[97]

É provável que, no contexto de Paulo, seus adversários tenham passado a considerar os mandamentos de Javé como lei oficial; por isso Paulo vai além dos mandamentos até a aliança. Deve-se prestar atenção aos argumentos de Krister Stendahl e E. P. Sanders, que reivindicam que a tradição ocidental de Agostinho e Lutero traiu e distorceu Paulo.[98] Penso que estamos em um momento em que os cristãos devem repensar essa questão; podemos esperar ser instruídos por um senso judaico de obediência, que não se baseia em resistência ao comando, mas se modela por confiança feliz e gratidão. A tradição ocidental da teologia cristã, especialmente em sua tendência luterana, apresenta certa continuidade com a autonomia da modernidade articulada por René Descartes e John Locke. De fato, o projeto inteiro da modernidade, expresso na autonomia de Kant e culminando na teoria da repressão de Freud, se refere à emancipação de autoridades que impedem a plena maturidade. Esse programa, instruído pela teologia ocidental, certamente constrói erroneamente a autoridade de comando de Javé, a qual não é coerciva, mas gerativa; não é repressiva, mas libertadora.

Um estudante de teologia do Antigo Testamento deve refletir seriamente sobre como essa tradição positiva de obrigações, enraizada no Deus que ordena, deve ser apropriada agora por uma tradição cristã tentada pelo antinomismo e por uma tradição moderna tentada pela ilusão de liberdade autônoma.[99] Duas perspectivas sobre o tema da obediência aos mandamentos podem ser úteis; ambas são fiéis ao testemunho de Israel em recuperar a tradição do comando.

Capítulo IV

---

[97] Ernst Kutsch, "Gesetz und Gnade: Probleme des alttestamentliche Bundesbegriffs", *ZAW* 79 (1967), pp. 18-35.

[98] Krister Stendahl, "The Apostle Paul and the Introspective Conscience of the West", em *Paul among Jews and Gentiles and Other Essays* (Londres: SCM, 1977), pp. 78-96; e E. P. Sanders, *Paul and Palestinian Judaism: A Comparison of Patterns of Religion* (Filadélfia: Fortress, 1977).

[99] Veja Walter Brueggemann, "Duty as Delight and Desire", *Journal for Preachers* 18 (1994), pp. 2-14.

Primeiro, Israel é convocado nesse testemunho à "obediência do Êxodo". O Deus de Israel deseja que o poder libertador da tradição do Êxodo seja uma prática constante de Israel, permeando sua vida pública e institucional. Assim, os mandamentos, corretamente entendidos, não são restrições, mas sim capacitações. Aqueles que obedecem são capazes de participar na revolução contínua de levar o mundo para sua verdadeira forma como criação de Deus.

Segundo, em sua piedade da Torá, Israel compreende Javé como verdadeiro objeto do seu desejo (cf. Sl 27,4; 73,25), de modo que o que Israel mais deseja é a comunhão com Javé. Contudo, essa comunhão, que pode ter dimensões místicas, se enraíza na obediência, que é inevitavelmente o primeiro elemento da comunhão. Portanto, a obediência à Torá corresponde ao verdadeiro desejo de Israel. Esse desejo, o mais íntimo de todos, pode estar mal orientado e distorcido, mas não pode ser satisfeito de forma final em nenhuma prática, exceto pela obediência a Javé.[100] De fato, Javé é a alegria suprema do desejo humano. Ambas as noções de **(a)** participação em uma revolução e **(b)** aceitação do desejo íntimo são oportunidades de superar a caricatura dos mandamentos como legalismo. É uma distorção imaginar os mandamentos fora da aliança; é igualmente equivocado imaginar uma aliança que tenha em seu centro algo diferente de mandamentos.

Não é excessivamente alarmista dizer que nossa atual sociedade de consumo, em sua crise de ganância e brutalidade, é uma sociedade que tenta viver longe dos mandamentos. Esse modo de vida não reconhece limites, até finalmente essa brutalidade chegar ao niilismo de Auschwitz. A verdade do testemunho, "Javé que ordena", é que *uma liberdade autônoma e sem restrições não está, de fato, à nossa disposição*. A vida é fundamentalmente relacional e quem a impulsiona e, é a fonte das relações da vida é o Deus que ordena. Não há dúvida, segundo esse testemunho, de que a prática dos mandamentos algumas vezes se torna ideológica e em causa própria; como, por exemplo, no caso dos amigos de Jó ou de alguns adversários de Jesus. Essa distorção da tradição dos mandamentos nunca foi pretexto ou convite para escapar do Deus que ordena, pois sem tal comando a criação volta ao caos.[101]

---

[100] Margaret R. Miles, *Desire and Delight: A New Reading of Augustine's Confessions* (Nova York: Crossroad, 1992), mostra como o desejo jaz no centro da noção de fé e obediência em Agostinho e no centro de sua intenção literária.

[101] Terence E. Fretheim, *Exodus* (Interpretation; Louisville: Westminster/John Knox, 1991), reinterpreta com habilidade a narrativa do Êxodo (e especialmente o ciclo das

Por último, podemos perceber o vínculo extraordinário estabelecido no apelo profético ao Decálogo:

> O Senhor tem uma contenda com os habitantes da terra,
> porque nela não há verdade, nem amor,
> nem conhecimento de Deus.
> O que só prevalece é perjurar,
> mentir, matar, furtar e adulterar,
> e há arrombamentos
> e homicídios sobre homicídios.
> Por isso, a terra está de luto,
> e todo o que mora nela desfalece,
> com os animais do campo e com as aves do céu;
> e até os peixes do mar perecem. (Os 4,1-3)

A acusação apresentada pelo profeta reflete o Decálogo e suas proibições: jurar, mentir, assassinar, roubar e adulterar. O resultado dessa desobediência é o fracasso da criação, ao custo da vida dos animais selvagens, pássaros e peixes. *A reivindicação desse testemunho é que a viabilidade da criação depende de se guardar os mandamentos.* Quando eles são ignorados, a criação se desintegra e regressa ao caos. Os mandamentos de Javé não são convenções sociais ou regras convencionais. Segundo esse testemunho, são as insistências pelas quais é possível a vida no mundo. O Sinai articula o que Javé deseja para o bem-estar da Terra.

### Javé, o Deus que guia

No que talvez seja seu testemunho mais íntimo, o Antigo Testamento afirma:

> Recordar-te-ás de todo o caminho pelo qual o Senhor, teu Deus, te guiou (*hlk*) no deserto estes quarenta anos, para te humilhar, para te provar (*nsh*), para saber o que estava no teu coração, se guardarias ou não os seus mandamentos. Ele te humilhou, e te deixou ter fome, e te sustentou (*'kl*) com o maná, que tu não conhecias, nem teus pais o conheciam... (Dt 8,2-3)

O testemunho de Israel sobre Javé como guia se refere à sua disponibilidade a Israel em todas as circunstâncias, à sua disposição de entrar em situações de risco, vulnerabilidade e exílio para estar em solidariedade perigosa e transformadora com seu povo em perigo.

---

pragas) com referência às categorias da criação e caos. Nessa leitura, o Faraó é um perturbador caótico da ordem da criação, e não simplesmente o opressor de Israel.

### Verbos de condução, teste e sustento

O testemunho amplo e claro de Israel é que Javé "nos *tirou* do Egito e nos *trouxe* para esta terra". Essas duas afirmações são a espinha dorsal da história de Javé, como Israel a conta. Uma leitura mais detalhada do relato deve se ocupar do período entre o verbo de saída e o de entrada. Esse material intermediário é menos assertivo e menor em tamanho, porém não menos importante.

A tradição das residências temporárias inclui o tema da jornada que unifica o material de forma ostensiva. No entanto, esses materiais dão a impressão de serem mais aleatórios e assistemáticos que as tradições maiores que já analisamos. Essa situação na história permite que Israel reflita sobre sua vida vulnerável, quando está exposto a ameaças de morte e em perigo sem recursos assegurados, no caminho com fé, mas sem sistemas visíveis de suporte. A própria história parece requerer uma narração distinta das outras sentenças verbais que consideramos. Aqui a memória não é tão pública e não está completamente exposta. Não há referências públicas como o Faraó; não ocorre nada tão dramático como no Sinai. Então, a textura do que deve ser dito sobre Javé é possivelmente mais íntima, embora devamos cuidar para não romantizar esse aspecto do testemunho de Israel.

A reflexão teológica e o testemunho de Israel nesse momento intermediário de sua vida enfatizam a contradição a que Israel está sujeito. A exposição à vida transitória foi ao mesmo tempo ocasião de risco e desespero, bem como de peculiar sustento e cuidado. Esse duplo horizonte, que não se resolve com facilidade, gera um duplo testemunho sobre Javé. Por um lado, Javé os prova (*nsh*) (Dt 8,2.16; Êx 15,25; 16,4) para saber se Israel é sincero em sua lealdade para com ele. Assim, a experiência da residência temporária é um julgamento no sentido judicial, para medir a fidelidade de Israel para com Javé. Esse verbo atesta a preocupação de Javé com sua própria soberania. Ele não tolera nenhuma prática de fé rival, anêmica ou covarde. Presumivelmente, Israel fracassaria na prova caso assumisse lealdades alternativas que, em sua imaginação, oferecessem melhores provisões no deserto, ou caso abandonasse a liderança de Javé e se submetesse novamente à autoridade do Faraó (Nm 14,4). O uso do termo diretivo "guiar" é intensificado pelo verbo adicional "humilhar" (*'nh*) – reduzir Israel a necessidades drásticas e dependência inequívoca. Esse verbo testemunha sobre o modo polêmico em que Javé se relaciona com Israel, a tendência sinistra de Javé em lidar com Israel por causa de si mesmo, e as medidas extremas a que ele recorrerá para o bem da sua própria reputação, sem referências às necessidades de Israel (como em Gn 22). Não que todo o motivo das provas seja uma reivindicação de onisciência de Javé. Ele prova para descobrir o que ainda não sabe.

A propensão de Javé para provar é equilibrada (ou, melhor dizendo, é superada) pelas ministrações generosas de Javé a Israel. Dois motivos principais aqui atestam a generosa atenção, disposição e capacidade de Javé em subverter circunstâncias mortais para Israel, incluindo as circunstâncias criadas pela própria disposição de Javé em provar. Javé alimenta Israel e se revela ser uma fonte de sustento adequado em um contexto em que nada parecia estar disponível. Adicionalmente ao testemunho de Deuteronômio 8, deve-se prestar atenção à narrativa de Êxodo 16, que é o evento paradigmático de Javé alimentando Israel. Nessa narrativa, a ênfase é colocada especialmente no pão que Javé maravilhosamente providencia. O ato da alimentação é narrado como "um ato poderoso". Em muitos outros contextos, deve-se reconhecer o modo como Deus alimenta como um ato de bênção, ou seja, como um dom dos frutos naturais da fecunda terra (cf. Js 5,12; Sl 104,27-28; 145,15-16). Aqui, entretanto, a ação de Javé é de outro tipo bem diferente, com uma dimensão de assombro ligada a ela que a torna uma ação paralela à libertação do Egito.

O verbo "comer" é intensificado, tanto em Êxodo 16,8 como em Deuteronômio 8,10, pelo verbo *šb'*, "estar satisfeito ou saciado". Os dois verbos juntos, "comer e ficar satisfeito", afirmam a generosidade extravagante de Javé, que dá abundantemente acima das necessidades de Israel, e o completo deleite deste na abundância de Javé. Ele é o Deus que atua em situações de perigo e escassez a fim de gerar abundância.

O segundo verbo positivo é "guiar", expressado aqui como *hlk*, mas em outras partes também como *nhl* (Êx 15,13) e *nḥh* (Êx 13,17,21; Sl 77,20; 78,14,52-53). Esse conjunto de verbos manifesta a fidelidade desmedida de Javé para com Israel, estando com ele em circunstâncias de alto risco, dispondo-se a se submeter ao mesmo perigo, e a garantir a segurança e o bem-estar de Israel. A liderança de Javé, caracterizada bem concretamente, consiste em acompanhar Israel no perigo, tanto para prover salvo conduto como para repelir as ameaças. O deserto, um lugar sem suportes à vida, não pode ser atravessado com segurança por Israel com seus próprios recursos. Pode-se imaginar que, ao narrar essa história, seja quase inevitável que Israel use imagens de pastor para Javé.

Essa tradição testemunha sobre a fidelidade de Javé em acompanhar Israel e sobre seu poder de anular circunstâncias de morte em prol de

Israel. Os motivos da prova e da alimentação/condução/provisão se mantêm em tensão. No entanto, no final, é o testemunho positivo que prevalece na memória e no testemunho de Israel.

Temos denominado esse testemunho como íntimo (o que pode não ser bem o termo correto), porque as evidências apresentadas indicam momentos casuais de cuidado, e porque as memórias produzem recursos bem notáveis para a vida de fé de Israel. Esses verbos e seu uso narrativo testificam sobre uma época na vida de Israel, em que o povo é completamente dependente e Javé é surpreendente e solicitamente generoso, atendendo às suas necessidades mais elementares de sobrevivência. Essa dimensão do testemunho de Israel se situa no meio das narrativas mais dominantes do Pentateuco. Porém, as mesmas ênfases aparecem na prática totalmente distinta da piedade no testemunho dos Salmos.

O familiar Salmo 23, uma declaração de confiança profunda em Javé, retoma os aspectos da condução e do sustento, assim como o do acompanhamento:

> Leva-me (*nhl*) para junto das águas de descanso;
> guia-me (*nḥh*) pelas veredas da justiça...
> porque tu estás comigo;
> o teu bordão e o teu cajado me consolam (*nhm*).
> Preparas-me (*'rk*) uma mesa
> na presença dos meus adversários... (Sl 23,2-5)

Esses verbos específicos, pelos quais Javé ministra a Israel, servem à afirmação mais ampla: "tu estás comigo".

Em uma espécie de uso derivado, os Salmos de confiança geralmente pedem que Javé guie (*nḥh*) o declarante por um caminho de fidelidade e bem-estar (Sl 5,8; 27,11; 31,3; 61,2; 139,24; 143,10). No Salmo 26,2, o suplicante declara sua inocência com os verbos da prova: "Examina-me, Senhor, e prova-me; sonda-me o coração e os pensamentos".

As imagens de condução e sustento apontam numa direção pastoral, para ações de um pastor que cuida das ovelhas. A imagem manifesta ternura, gentileza e solicitude. Esses mesmos pronunciamentos, no entanto, também sugerem que o Deus que guia e alimenta tem qualidades *maternais*; nesses verbos ele faz o que uma mãe faria. Assim, mais espetacularmente em Números 11,11-14, o protesto de Moisés sugere que Javé concebeu (*hrh*) e deu à luz (*yld*) a esse povo, e que agora é responsável por ele e obrigado a sustentá-lo.

O outro tema que pode estar relacionado com essas imagens é o termo "consolar" (*nhm*). O verbo é usado no Salmo 23,4: "O teu bordão e o teu cajado me consolam". Nesse uso, o tema do sustento segue imediatamente a imagem do pastor. Essa mesma retórica é utilizada posteriormente nas tradições de Isaías, anunciando o cuidado de Javé para com Israel no exílio. Assim, em Isaías 40,11 reaparece a imagem pastoril e, em Isaías 66,12-13, o motivo do consolo está vinculado a imagens maternais. Os verbos são usados no Pentateuco em situações em que Javé anula grandes perigos. São usados também de forma mais pastoral e íntima em outros contextos. Todavia, em ambos os contextos, as ações características de Javé ao alimentar e guiar transformam situações de ameaça e angústia em circunstâncias suportáveis, nas quais Israel supreendentemente experimenta alegria e bem-estar.

### *Uma teologia de bênção na criação*

Embora esses verbos testemunhem ações de Javé que podem ser consideradas como "poderosos atos de resgate", de fato, na retórica de Israel esses verbos e as ações que eles descrevem indicam uma teologia de bênção na criação. Ou seja, onde nada parecia possível o doador de vida abundante gera um mundo de bênção. E, embora as dádivas de vida sejam realmente miraculosas, não são excepcionais, mas testificam sobre a capacidade de Javé de produzir vida e fecundidade a partir de circunstâncias de caos e esterilidade.

Assim, ampliando bastante, *o que Javé faz nas tradições do deserto é o que ele faz cosmicamente na criação*. Pois na criação Deus lida com uma ausência de forma incapaz de gerar vida. Mas Javé transforma essa situação em produtividade, bem-estar e fecundidade. Tanto na narrativa histórica de Israel como no relato cósmico dado como um hino, Javé transforma cenas de desespero em ocasiões de vida, possibilidade e alegria.

O motivo da "presença" de Deus, de forma transformadora, é retomado nas narrativas de Jesus, de modo que se percebe que ele faz o que Javé caracteristicamente faz. A história do maná, na qual Javé alimenta Israel e transforma uma situação de deserto em um lugar de vida, gera as narrativas de alimentação concretizadas por Jesus. Por exemplo, a narrativa de Marcos 6,30-44, à primeira vista, trata de uma alimentação miraculosa. Entretanto, a narrativa é mais densa que um simples relato de alimentação de pessoas. A narração usa deliberadamente os verbos característicos da Eucaristia: "tomando", "abençoou", "partindo" e "deu" (v. 41). A descrição mais ampla de Jesus é expressa no versículo 34: "Ao desembarcar, viu Jesus uma grande multidão e compadeceu-se deles, porque eram como ovelhas que não têm pastor...". Não tinham pastor que os guiasse, alimentasse e confortasse; ninguém para fazer o que Javé caracteristicamente faz para transformar um contexto ameaçador em bem-estar. Jesus se compadece deles, estando atento às suas necessidades.

Harvey Guthrie mostra como os cânticos israelitas e seus rituais de ação de graças geraram, na interpretação cristã, a prática da Eucaristia, o ato supremo de ação de graças.[102] Não é necessário forçar esses verbos de condução e sustento nessa direção interpretativa particular. Todavia, a referência à Eucaristia cristã indica o que em todo caso está presente no testemunho dos verbos, de forma pervasiva e incipiente. O Deus de Israel está especialmente presente nas circunstâncias de deserto de forma transformadora. O testemunho narrativo de Israel reage a esses atos e dádivas com assombro e gratidão. Por sua vez, esses testemunhos narrativos evocam e autorizam outras petições por ações similares de Deus em novas circunstâncias ameaçadoras.

### Um panorama do testemunho verbal

Em nossa breve revisão do testemunho verbal de Israel sobre Javé, cruzamos os principais pontos do que foi identificado, mais recentemente por Martin Noth e Gerhard von Rad, como "os temas do Pentateuco".[103] Ou seja, consideramos o que certamente é a trama predominante do testemunho mais valorizado e característico de Israel sobre Javé. Vimos que o que Israel faz, ao dar testemunho sobre o caráter de Javé, é recontar sentenças regidas por fortes verbos transformadores, nos quais Javé é o ator principal.

Podemos observar diversos aspectos dessas formas características de testemunho:

### *Uma escolha dentre ricos recursos*

A quantidade e a diversidade do material são quase esmagadoras; é impossível levar tudo em conta. No máximo, podemos citar pronunciamentos característicos e representativos de Israel, que refletem sua tendência primária como testemunha, e as marcas características de Javé, na forma em que ele vive no testemunho de Israel e por meio dele. Em qualquer

---

[102] Harvey H. Guthrie, *Theology as Thanksgiving: From Israel's Psalms to the Church's Eucharist* (Nova York: Seabury, 1987).

[103] Martin Noth, *A History of Pentateuchal Traditions* (Englewood Cliffs: Prentice-Hall, 1972); von Rad, "The Form-Critical Problem of the Hexateuch" e *Old Testament Theology*, v. 1.

tema ou verbo específico que mencionamos, ainda há ricos recursos a serem explorados.

### *Coerência final é impossível*

Não é possível condensar esse rico acervo de testemunhos narrativos verbais em uma espécie de relato coerente e sistemático. Podemos articular, como geralmente se faz, uma trama dominante. Ao se examinar os textos, no entanto, eles são muito específicos e, em diversos casos, muito estranhos para serem coerentes entre si. Israel não oferece um retrato terminado de Javé. Somente provê os materiais a partir dos quais é possível apresentar um relato coerente sobre Javé, *em qualquer contexto particular*. Israel oferece circunstâncias estranhas, casuais, concretas e episódicas, nos quais surge material para o ouvinte realizar uma obra construtiva. Porém, para cada formulação assim proposta por um ouvinte às testemunhas, reconhecemos que outros ouvintes do mesmo material podem chegar a um retrato geral de Javé bem diferente. Todas essas formulações podem ser confiáveis; contudo, devido à natureza do material, não basta imaginar que qualquer retrato é o correto ou o principal. A natureza do material impede essa reivindicação.

### *Sem descarte das testemunhas*

Esse testemunho é incessantemente narrativo em seu pronunciamento; por conseguinte, as articulações narrativas são a forma e o modo originais de Javé em Israel. Isto equivale a dizer que não se pode descartar os relatos narrativos (litúrgicos?), mas deve-se considerar a palavra das testemunhas. Essas às vezes reivindicam ser testemunhas oculares, mas geralmente essa reivindicação não é feita. No entanto, mesmo onde ela não é feita, a autoridade das testemunhas se fundamenta em nada mais e nada menos do que a disposição da comunidade textual em crer, aceitar, confiar e levar a sério esse testemunho.

Em princípio, o ouvinte desse texto que busca suas cadências teológicas se recusa a descartar essas testemunhas. Isto significa que a interpretação teológica não descarta as testemunhas com questões históricas, querendo saber "o que aconteceu". O que aconteceu, assim é nosso "veredito", é o que essas testemunhas dizem ter acontecido. De forma complementar, isto significa que a interpretação teológica não descarta esse testemunho com questões ontológicas, querendo saber "o que é real". O que é real, assim é nosso "veredito", é o que essas testemunhas dizem ser real. Nada mais histórico ou ontológico está disponível. Porém, esse modo de "conhecimento" considera adequadas essas reivindicações.

## Incomparabilidade

Em todo esse quadro variado e bem desordenado, nesse amontoado de testemunhos, chegamos à conclusão já considerada anteriormente, a qual é a intenção teológica característica de Israel: Javé é incomparável! Não há ninguém como Javé! Nenhum rival é ou afirma ser o sujeito desses verbos ativos e transformadores. De fato, podemos imaginar que Israel, chamado ao banco dos réus para dar testemunho, é quase insolente ao dar um testemunho tão certo e confiante, desafiando qualquer testemunha rival a apresentar evidências de que há outro ator desses verbos (cf. Is 41,21-29). E, se não é insolente, podemos imaginar que as testemunhas têm certa confiança serena, uma confiança geralmente comentada somente na própria comunidade, de que o mundo é a esfera onde se concretizam os verbos de Javé; de que o mundo, não obstante às circunstâncias contrárias, reage e necessariamente se sujeita às ações desse Personagem irresistível. Além disso, podemos imaginar as testemunhas inculcando em seus jovens esses pronunciamentos característicos, pondo assim no centro da imaginação dos seus filhos essa versão estranha e inegociável do que aconteceu e do que é real.

Esse tribunal imaginário pode conter outras testemunhas apresentando outras declarações, outras interpretações da realidade. Porém, Israel é firme e dará o seu testemunho, o qual pretende se opor a todos os demais testemunhos. Assim:

(a) *O Deus que cria* (*br'*, *'sh*, *qnh*, *dbr*, *yṣr*) é aquele que pode transformar qualquer circunstância caótica em um contexto ordenado, em que são viáveis fecundidade, benção, prosperidade e bem-estar. Os verbos de criação se recusam a aceitar qualquer situação de morte e desordem como algo final:

Porque assim diz o Senhor,
que criou os céus,
o Deus que formou a terra,
que a fez e a estabeleceu;
que não a criou para ser um caos,
mas para ser habitada:
Eu sou o Senhor, e não há outro.
Não falei em segredo,
nem em lugar algum de trevas da terra;
não disse à descendência de Jacó:
Buscai-me em vão;
eu, o Senhor, falo a verdade
e proclamo o que é direito. (Is 45,18-19)

**(b)** *O Deus que faz promessas* (*šb'*, *dbr*) é aquele que pode se mover decisivamente contra toda situação de esterilidade e transformá-la em uma circunstância de bem-estar, alegria e possiblidade. Os verbos de promessa se recusam a aceitar como algo final qualquer situação de desespero, quer seja na esterilidade das famílias antigas ou na exaustão das sociedades tecnológicas que acreditam que não há dons a serem dados. O Sujeito desses verbos atua fazendo novas todas as coisas:

Ele ergue do pó o desvalido
e do monturo, o necessitado,
para o assentar ao lado dos príncipes,
sim, com os príncipes do seu povo.
Faz que a mulher estéril viva em família
e seja alegre mãe de filhos.
Aleluia! (Sl 113,7-9)

**(c)** *O Deus que liberta* (*yṣ'*, *pdh*, *yš'*, *'lh*, *g'l*) é o Deus que pode alterar qualquer circunstância de escravidão ou exploração, pode derrubar disposições cruéis da vida pública, e pode autorizar novas circunstâncias de jubilosa liberdade, dignidade e justiça. Os verbos de libertação se recusam a aceitar como algo final qualquer circunstância de opressão:

O Espírito do Senhor Deus está sobre mim,
porque o Senhor me ungiu
para pregar boas-novas aos quebrantados,
enviou-me a curar os quebrantados de coração,
a proclamar libertação aos cativos
e a pôr em liberdade os algemados;
a apregoar o ano aceitável do Senhor
e o dia da vingança do nosso Deus... (Is 61,1-2)

**(d)** *O Deus que ordena* (*swh*) é aquele que pode colocar qualquer circunstância sob um decreto soberano, insistindo em santidade e justiça, e assim criando uma ordem habitável. Nessa ordem, garante-se a justiça e se possibilita a comunidade. Os verbos de comando se recusam a aceitar qualquer situação de autonomia, em que o poder decide o que é correto e onde cada um se opõe aos demais; o resultado disso é a brutalidade gananciosa. Israel testifica que os mandamentos de Javé não

são um fardo ou uma coerção, mas sim uma garantia de vida
viável e apropriada:

Não tires jamais de minha boca a palavra da verdade,
pois tenho esperado nos teus juízos.
Assim, observarei de contínuo a tua lei,
para todo o sempre.
E andarei com largueza,
pois me empenho pelos teus preceitos.
Também falarei dos teus testemunhos na presença dos reis
e não me envergonharei.
Terei prazer nos teus mandamentos,
os quais eu amo.
Para os teus mandamentos, que amo, levantarei as mãos
e meditarei nos teus decretos. (Sl 119,43-48)

**(e)** *O Deus que guia (nhl, nḥh), alimenta ('kl) e prova (nsh)* é o Deus que pode transformar qualquer situação de abandono e ameaça mortal em um lugar de disciplina, nutrição e vida. Os verbos de cuidado atencioso se recusam a aceitar circunstâncias de perversidade que provoquem a morte, e provocam a possibilidade de uma vida boa nas situações mais improváveis:

O deserto e a terra se alegrarão;
o ermo exultará e florescerá como o narciso.
Florescerá, jubilará de alegria e exultará;
deu-se-lhes a glória do Líbano,
o esplendor do Carmelo e de Sarom;
eles verão a glória do Senhor,
o esplendor do nosso Deus.

Então, se abrirão os olhos dos cegos,
e se desimpedirão os ouvidos dos surdos;
os coxos saltarão como cervos,
e a língua dos mudos cantará;
pois águas arrebentarão no deserto,
e ribeiros, no ermo.
A areia esbraseada se transformará em lagos,
e a terra sedenta, em mananciais de águas;
onde outrora viviam os chacais,
crescerá a erva com canas e juncos. (Is 35,1-2,5-7)

É de fato incomparável! Nesse mundo antigo de pronunciamentos, Israel gera esse Agente alternativo, verbo após verbo, sentença após sentença, narrativa após narrativa. E esse Agente de uma vida alternativa no mundo dá a Israel (e ao mundo):

* Ao invés de caos mortal, vida ordenada;

* Ao invés de desespero, possibilidades para um futuro;

* Ao invés de opressão, liberdade jubilosa;

* Ao invés de autonomia que absolutiza, obediência em uma comunidade viável;

* Ao invés de abandono perverso, nutrição e cuidado.

Pode-se, realmente, tematizar os grandes pronunciamentos característicos de Israel sobre Javé; mas não por muito tempo. Logo é necessário voltar a ouvir os relatos, cânticos, poemas e liturgias em que o Sujeito vive.

### Abertura irresoluta do Pentateuco

Os grandes temas da trama principal de Israel, como relatada no Pentateuco, não se realizam no horizonte do Pentateuco. O texto central de Israel termina em Deuteronômio 34, com Moisés contemplando a terra da promessa sem nela entrar; esse é um fato bem reconhecido pelos estudiosos. Esse formato da literatura requer certo julgamento interpretativo. A solução mais influente desse problema é a de GERHARD VON RAD, que supera o problema simplesmente ignorando os limites do Pentateuco. Ele fala de um Hexateuco, seis livros, incluindo Josué. Dessa forma, VON RAD encontra o cumprimento da promessa da terra, e das promessas do Pentateuco em geral, na conquista de Josué:

> Desta maneira, deu o Senhor a Israel toda a terra que jurara dar a seus pais; e a possuíram e habitaram nela. ...Nenhuma promessa falhou de todas as boas palavras que o Senhor falara à casa de Israel; tudo se cumpriu. (Js 21,43-45)

Essa resolução do Pentateuco alcançou enorme influência na interpretação teológica. Porém, também é reconhecida amplamente como problemática por sua violação dos limites literários do Pentateuco e do formato da autoridade de Moisés.

Uma segunda solução para a promessa não cumprida do Pentateuco consiste em localizar no livro de Números alguns indícios da recepção da terra nas antigas fontes do Pentateuco, sugerindo que, antes da formulação completa do cânon do Pentateuco, Israel tinha tradições pelas quais a recitação básica de Êxodo 3,7 foi completada.[104]

Todavia, em estudos recentes, é mais convincente não considerar o fim do Pentateuco como um problema teológico, mesmo diante da falta de cumprimento da promessa, mas sim como um importante dado teológico.[105] Já comentamos que a fé do Antigo Testamento, como agora a temos, é compreendida como um produto da crise do exílio de Israel no século 6º a.C., e como resposta pastoral a ela. O encerramento do Pentateuco em Deuteronômio 34, antes de alcançarem a terra, é possivelmente uma memória de um momento no Israel antigo, presumivelmente na época de Moisés e Josué. Porém, tendo em vista nossa sugestão de uma leitura dupla, é possível sugerir que a comunidade que está esperando no limiar da terra prometida em Josué 1, imediatamente após o final do Pentateuco, não é a antiga comunidade de Moisés; trata-se do Israel do 6º século, esperando em antecipação por uma (re)entrada na terra da qual foram deslocados pela geopolítica do mundo babilônico.

Assim, a abertura irresoluta do Pentateuco não é um descuido ou um contratempo teológico: é uma declaração de sinceridade ("Vocês ainda não voltaram para casa") e esperança ("Vocês voltarão para casa"), dirigida a uma comunidade profundamente deslocada que vive entre o desespero e a esperança. Desse modo, a estrutura do Pentateuco, o reconhecimento de que as promessas de Javé ainda não se cumpriram e a afirmação de que se cumprirão constituem uma postura apropriada para uma comunidade crente que ama o Deus desses verbos, mas que olha de frente suas próprias circunstâncias. O maravilhoso dessa fé é que as circunstâncias encaradas não desacreditam o testemunho da sentença verbal; nem o testemunho leva à negação das circunstâncias. Antes, *a literatura é reunida para exibir e explorar a tensão entre o testemunho verbal e as circunstâncias*, com a clara insistência "canônica" de que o testemunho prevalecerá sobre qualquer circunstância.

Além dessa comunidade do 6º século que gerou essa articulação de sua crise de vida e fé, pode-se considerar o formato inacabado, irresoluto e promissório do Pentateuco como amplamente paradigmático para a vida contínua das comunidades impulsionadas por esse texto. Nesse sentido, o

---

[104] A antiga análise das fontes assume que há elementos de tradição javista (ou seja, antigos) sobre a terra em Números. Atualmente, contudo, essa análise das fontes é confusa e não se pode facilmente fazer tal suposição, dadas as tendências de diversos estudiosos – por exemplo, JOHN VAN SETERS.

[105] Esse ponto é argumentado com grande sutileza por JAMES A. SANDERS, *Torah and Canon* (Filadélfia: Fortress, 1972), pp. 9-53.

testemunho teológico do Pentateuco dá testemunho resiliente sobre a situação característica dos judeus como comunidade deslocada. Além disso, deixa-se o texto aberto para todos os tipos de comunidades humanas deslocadas, pois, afinal de contas, o Pentateuco é uma promessa de volta para casa e de um lar que será dado pelo Deus de todas as promessas, o qual não se contenta afinal com deserto, exílio ou deslocamento. Assim, há no Pentateuco um impulso tremendo para o futuro que está sob a tutela do Deus desses verbos. Esse impulso para o futuro se dá de modo profundamente teológico: o formato da literatura equivale ao Deus de quem se dá testemunho.

### *O cumprimento pretendido*

A sequência inteira dos verbos (e, portanto, dos temas) de criação, promessa, libertação, comando e cuidado é uma recitação em espera. Nossa última pergunta a essa recitação verbal é: Que cumprimento pretende o Pentateuco? Podemos sugerir quatro modos de pensar em resposta a essa pergunta:

> **(a)** O alvo primário, óbvio e indiscutível do Pentateuco é a terra prometida: o pedaço de terra conhecido e identificável, que serve como ponte no Crescente Fértil. A Bíblia está nessa terra, é dela, por ela e para ela. Essa realidade impede qualquer espiritualização sobre a intenção material do texto. Também impossibilita qualquer noção de terra que careça dessa particularidade. Em Isaías 36,17, o emissário assírio a Ezequias propõe equivocadamente que a comunidade dele em Jerusalém devia ser levada embora para "para uma terra como a vossa; terra de cereal e de vinho, terra de pão e de vinhas". O que os assírios não sabiam é que não há terra "como" essa. Não é comercializada ou negociável. Assim, o Pentateuco é a raiz do que nos tempos modernos veio a ser o sionismo, uma insistência de que o caráter judaico da realidade está vinculado a essa terra.
>
> **(b)** Às vezes é possível ser mais preciso. Há sugestões de que o alvo da promessa do Pentateuco é a cidade de Jerusalém e seu templo. Assim, é possível que no poema antigo de Êxodo 15,1-18 a referência à "tua habitação, no santuário" (v. 17) indique especificamente o templo de Jerusalém. E caso se compreenda, como sugere DAVID NOEL FREEDMAN, o movimento

todo da literatura normativa como uma unidade de Gênesis a 2 Reis, então 1 Reis 8 – a dedicação do templo – está no centro dessa literatura e é o eixo interpretativo do todo.[106] Adicionalmente, Joseph Blenkinsopp argumenta que na tradição sacerdotal o paralelismo de criação, tabernáculo e terra sugere que "o lugar da presença", na perspectiva dos sacerdotes, é o alvo de todas as promessas de Israel.[107] Essa leitura do futuro concluiria que a *adoração* é o próprio formato da vida futura de Israel. Ele se sentirá em casa quando estiver à vontade de forma completa, livre e segura na adoração.[108]

**(c)** Intimamente relacionado à tradição de Jerusalém-Sião, mas distinto dela, é o movimento do texto em direção à dinastia davídica. Assim, é possível que os relatos de Abraão, nos quais certamente se apresenta a promessa, representem uma antecipação consciente da dinastia de Davi, na qual as promessas da terra se cumprem. Isto sugere, como na erudição antiga, que uma versão da trama do Pentateuco produzida no século X a.C. foi deliberadamente formatada para que todo o material pudesse dar legitimidade à monarquia. Essa configuração, entretanto, é somente uma forma política particular da antecipação mais geral da terra.

**(d)** Sem fugir da concretude das reivindicações de terra-templo-monarquia, é possível sugerir que as promessas do Pentateuco, quando Moisés chega ao monte Pisga, não devem ser entendidas tão especificamente como sugerem essas possíveis leituras. Antes, a promessa é aberta e o que se espera no testemunho de Israel é *shalôm*, o bem-estar em qualquer configuração que Javé possa lhe dar. Essa visão da promessa corre o

---

[106] Assim, por exemplo, David Noel Freedman, *The Unity of the Hebrew Bible* (Ann Arbor: University of Michigan, 1991). Veja também Danna Nolan Fewell e David Gunn, *Gender, Power, and Promise: The Subject of the Bible's First Story* (Nashville: Abingdon, 1993).

[107] Joseph Blenkinsopp, *Prophecy and Canon: A Contribution to the Study of Jewish Origins* (Notre Dame: University of Notre Dame, 1977), pp. 54-79.

[108] Quanto à adoração em Jerusalém como o "lugar seguro" de Israel, veja Ben C. Ollenburger, *Zion, City of the Great King: A Theological Symbol of the Jerusalem Cult* (JSOTSup 41; Sheffield: JSOT, 1987).

risco de escapar da concretude judaica e se tornar algo genericamente humano. Devemos notar, no entanto, que há pessoas que confiam seriamente em todas essas promessas sem serem sionistas, sem estarem comprometidas com a concretude da terra e suas instituições, que somente dizem "no próximo ano, liberdade". Concluo esse comentário com reservas, pois não desejo depreciar a evidente concretude da promessa.

Em ambas as perspectivas judaica e cristã, tende-se a tomar a promessa com grande liberdade e imaginação interpretativa, dessa forma o que se espera é o que se necessita nas circunstâncias imediatas da comunidade que espera. Talvez, ampliando bastante, o que se promete e se espera nesse testemunho central de Israel é o "governo de Deus" sobre toda a criação.[109] A metáfora política para isso, "reino de Deus", é um referente útil, exceto por se abrir a particularidades ideológicas. O que está muito claro é que essa conclusão do testemunho verbal central de Israel no monte Pisga não é uma "história de fracasso".[110] É um testemunho sobre um Agente que começou o que ainda não terminou. No fim, esse testemunho narrativo deixa Israel esperando, mas cheio de esperança. É característico da fé do Antigo Testamento que uma recitação de verbos já concretizados estabeleça a base para verbos que ainda se concretizarão; são do mesmo tipo, mas talvez se concretizem de forma bem diferente no futuro.

---

[109] Veja MARTIN BUBER, *The Kingship of God* (3 ed.; Londres: George Allen and Unwin, 1967).

[110] Essa articulação infeliz de uma "história de fracasso" vem de RUDOLF BULTMANN, "The Significance of the Old Testament for the Christian Faith", em *The Old Testament and Christian Faith* (org. BERNHARD W. ANDERSON; Londres: SCM, 1964), pp. 8-35.

# Capítulo Cinco

## 5. Adjetivos: as marcas características de Javé

As sentenças verbais, por meio das quais Israel testemunha sobre Javé, enfatizam verbos finitos e se referem a ações específicas e nomeáveis. Uma variação dessa prática é o uso de verbos participiais, no que CLAUS WESTERMANN denomina sentenças "descritivas", que expressam o que Javé faz caracteristicamente.[1] Essas afirmações se derivam de sentenças declarativas. O Deus sobre quem o Antigo Testamento testemunha é conhecido, primária e caracteristicamente, por meio dessas afirmações concretas sobre como as circunstâncias de Israel mudaram pela concretização direta de verbos transformadores por Javé.

No entanto, Israel nem sempre se mantém dentro da retórica de especificidade. Nem a interpretação teológica pode se manter dentro da retórica de especificidade, se deseja considerar todo o testemunho de Israel sobre Javé. Assim, agora consideraremos uma importante manobra retórica, pela qual Israel transforma seu testemunho sobre Javé do específico para uma reivindicação mais ampla e geral. Nosso tópico são os adjetivos, termos que Israel emprega caracteristicamente para falar do caráter de Javé, visto que se discerne em Israel como resultado de variadas sentenças verbais concretas.

### Generalizando adjetivos a partir de sentenças verbais específicas

Podemos observar a estratégia generalizadora do Salmo 136, que GERHARD VON RAD identifica como uma recitação posterior do credo fundamental de Israel.[2] Esse Salmo começa com uma convocação doxológica tripla para a *tôdah* (ação de graças), terminando com o que pode ser a tese do Salmo inteiro: "ao único que opera grandes maravilhas, porque a sua misericórdia dura para sempre" (v. 4). O assunto do Salmo são as "grandes maravilhas" (*npl'ôth gdlôth*) de Javé, ali recitadas. As "grandes maravilhas" incluem a maravilha da criação (vs. 5-9), a libertação do Egito (vs. 10-15), a jornada pelo deserto (v. 16) e a entrada na terra prometida (vs. 17-22). O Salmo culmina em uma conclusão geral tripla (vs. 23-25), na

Capítulo V

---

[1] Quanto à distinção entre hinos de louvor declarativos e descritivos, veja CLAUS WESTERMANN, *Praise and Lament in the Psalms* (Atlanta: John Knox, 1981).

[2] GERHARD VON RAD, "The Form-Critical Problem of the Hexateuch", em *The Problem of the Hexateuch and Other Essays* (Nova York: McGraw-Hill, 1966), pp. 8-13.

qual Javé se lembra, liberta e dá alimento. Uma convocação final ao agradecimento (v. 26) reitera o convite dos versículos 1-3. O corpo da recitação apresenta rica variedade de verbos, todos manifestando o envolvimento transformador de Javé com a criação e com Israel.

O que nos interessa agora, contudo, é que a segunda metade de cada versículo tem o refrão constante por todo o Salmo: "porque a sua misericórdia (ḥsd) dura para sempre". Eu sugiro que o movimento feito repetidamente nesse Salmo, de afirmações concretas para um refrão genérico sobre a fidelidade de Javé, é um exemplo da manobra retórica de Israel de generalização de adjetivos a partir de sentenças verbais específicas. A ação verbal concreta da primeira linha dos versos pode permitir uma resposta litúrgica na segunda linha – algo como "Javé atuou em ḥesed". Mas não é isso que Israel diz nesse Salmo. Antes, Israel assevera, em qualquer versículo do Salmo, que a mencionada ação verbal concreta de Javé autoriza a afirmação mais ampla e abrangente: "A fidelidade de Javé dura para sempre". Isto não significa reivindicar que aquele ato singular é o meio pelo qual a fidelidade de Javé dura para sempre. Antes, o ato é um elemento dentre muitos e é tomado como exemplo característico de muitos outros. O efeito culminante da reivindicação é a declaração de fidelidade permanente. Ou seja, a partir de todas suas sentenças verbais de testemunho, Israel produz o testemunho mais amplo, segundo o qual o que está evidente nos atos específicos de Javé é geralmente o padrão de seu agir.

Essas ações específicas que se mantêm vivas nos lábios de Israel permitem o testemunho mais amplo de que Javé, de fato, está em todos os lugares e é sempre confiável, como se demonstra nesses trechos concretos de evidências. Podemos questionar se as relativamente poucas sentenças verbais de Israel sobre Javé nesse Salmo e as relativamente poucas sentenças verbais que Israel pode citar em todo seu texto garantem, de fato, uma conclusão tão ampla e geral como a que Israel caracteristicamente reivindica em seu testemunho. Porém, essa é a forma como o testemunho teológico de Israel emerge e opera; em princípio, essa é a forma como as evidências de testemunho do caráter se acumulam e funcionam.[3] Citam-se alguns exemplos de experiência concreta, sobre os quais se pode atestar pessoalmente, e então se generaliza a partir deles; o objetivo é afirmar que

---

[3] Ocorre-me que essa é a forma como as cartas de referência e recomendação funcionam: alguns poucos detalhes específicos são citados, dos quais generalizações abrangentes são extrapoladas. O poder da generalização depende da força dos fatos específicos, não da quantidade de detalhes.

aquele sobre quem se testemunha é, em geral, de forma consistente e confiável, o mesmo indicado nesses poucos exemplos específicos.

A interação bidirecional entre as sentenças verbais concretas e a generalização adjetival mais ampla é importante para se compreender o testemunho de Israel sobre Javé. Por um lado, as sentenças verbais específicas recebem e insistem na generalização. Por outro lado, a generalização deve estar sempre vinculada à especificidade das sentenças verbais concretas e se basear nela. Alguém de fora pode perguntar se a generalização adjetival é uma conclusão errada a partir da sentença verbal. Porém, os testemunhos em si mesmos e a sua comunidade confiam plenamente no fato de que a generalização adjetival se deriva, necessária e legitimamente, do testemunho de uns poucos pronunciamentos verbais concretos.

A questão, ao investigarmos a generalização adjetival, é esta: o testemunho verbal sobre Javé acumulado por Israel culmina em qual generalização teológica? Como no caso das sentenças verbais, para fazer uma teologia do Antigo Testamento não há um "primeiro uso" óbvio de adjetivos que sejam claramente normativos. Podemos, entretanto, identificar usos recorrentes e estilizados de adjetivos que são evidentemente característicos do testemunho de Israel sobre Javé.[4] Ou seja, a forma como Israel fala de Javé mostra uma tendência consistente em suas generalizações adjetivais.

### Êxodo 34,6-7: um credo de adjetivos

O texto a partir do qual muitos estudiosos começam essa investigação é a declaração sobre Javé em Êxodo 34,6-7:[5]

> Senhor, Senhor
> Deus compassivo,
> clemente e longânimo
> e grande em misericórdia e fidelidade;
> que guarda a misericórdia em mil gerações,
> que perdoa a iniquidade, a transgressão e o pecado,
> ainda que não inocenta o culpado,
> e visita a iniquidade dos pais nos filhos
> e nos filhos dos filhos,
> até à terceira e quarta geração.

---

[4] Quanto ao uso "característico", veja WALTER BRUEGGEMANN, "Crisis-Evoked, Crisis-Resolving Speech", *BTB* 24 (1994), pp. 95-105.

[5] Veja MICHAEL FISHBANE, *Biblical Interpretation in Ancient Israel* (Oxford: Clarendon, 1985), pp. 341-350.

Podemos começar com esse texto porque ocorre em um contexto importante, ao redor do qual o futuro inteiro de Israel parece se articular, e porque a própria declaração parece ser uma rica convergência dos adjetivos preferidos de Israel para Javé. No contexto, essa autodeclaração de Javé surge em um momento crucial da vida de Israel com ele.[6] Moisés e Israel se encontram em uma crise incitada pela péssima ideia do bezerro de ouro feito por Arão, ao qual Javé reage com ira destrutiva (Êx 32,10). Em Êxodo 32,11-14 e 33,12-16, Moisés intercede diante de Javé por Israel, argumentando com ele. Moisés insiste que Javé deve acompanhar Israel no deserto, se realmente Israel deve continuar existindo. Em resposta, Javé assegura a Moisés que ele é caracterizado por generosidade profunda e gratuita, e que agirá graciosamente segundo sua própria inclinação. Intensificando a negociação com Javé, Moisés pede para ver a sua glória (33,18). Javé recusa a petição, mas oferece se mostrar "pelas costas" (33,23).

De forma caracteristicamente desconexa com os fatos anteriores, "passando o Senhor por diante dele" (34,6), nada se diz sobre Moisés ter viso Javé, seja pela frente ou pelas costas. Em vez disso, Êxodo 34,6-7 faz uma proclamação do caráter de Javé, a partir da qual ele decide prolongar a vida de Israel, mediante uma nova disposição de aliança (34,10). Portanto, os versículos 6 e 7 são uma autorrevelação de Javé, a qual provê fundamentos para a continuidade da vida de Israel, após a afronta incomparável a Javé através do bezerro de ouro.

Nosso interesse se concentra nos versículos 6 e 7 e no que se diz sobre Javé neles. Os estudiosos acreditam que se trata de uma descrição de Javé muito importante, estilizada e bem consciente; é uma formulação tão estudada que pode ser considerada como uma declaração clássica e normativa à qual Israel recorre regularmente, merecendo o rótulo de "credo".[7] Se isto é certo, como parece possível, trata-se de um credo composto de adjetivos sobre o caráter de Javé, bem diferente em textura do credo de verbos ao qual VON RAD deu atenção. É possível que esse seja um modo alternativo de fazer teologia no Israel antigo, pois é óbvio que Israel recorre repetidamente a essa recitação, como fez com a recitação de verbos.

---

[6] Não fica claro no texto se quem fala é Moisés ou Javé. Tornou-se convencional nas traduções recentes considerar Javé como o declarante, de forma que a afirmação é uma autorrevelação dele. Quanto ao contexto, veja Walter MOBERLY, *At the Mountain of God: Story and Theology in Exodus 32-34* (JSOTSup 22; Sheffield: JSOT, 1983).

[7] Quanto a esse texto, veja PHYLLIS TRIBLE, *God and the Rhetoric of Sexuality* (OBT; Filadélfia: Fortress, 1978), pp. 1-30.

À luz do que eu disse a respeito das sentenças verbais específicas e dos adjetivos generalizadores, todavia, penso que "o credo de adjetivos" não é uma forma alternativa de fazer teologia; antes, é uma maneira de fazer teologia que reúne e se baseia nas reivindicações das recitações verbais que são muito mais concretas. A afirmação de Êxodo 34,6-7 apresenta diversos adjetivos. Para cada um deles, *sugiro que Israel deve ter à sua disposição uma grande variedade de sentenças verbais que apoiam e dão crédito às reivindicações adjetivais.*

### *Adjetivos positivos*

Os adjetivos usados aqui para caracterizar Javé, aos quais Israel se refere de forma recorrente, são de dois tipos. Primeiro, em Êxodo 34,6-7a, os adjetivos são positivos na parte dessa tradição que mais nos interessa. Javé é descrito por um conjunto de termos que se evidenciam em muitas sentenças verbais. Assim, Javé é *compassivo* (*rḥm*). Para fazer essa afirmação, a meu ver, Israel deve dispor de muitas sentenças verbais que narrem momentos e acontecimentos em que Javé seja visto como alguém concretamente compassivo. O estudo mais influente desse termo é o de PHYLLIS TRIBLE, o qual mostra que esse uso, no que se refere a Javé, está intimamente ligado à palavra "útero", a qual compartilha a mesma raiz *rḥm*.[8] Assim, um Deus que é compassivo possui uma qualidade similar ao amor materno. Javé é *clemente* (*ḥnn*). O termo é usado mais frequentemente para sugerir que Javé atua voluntariamente, sem necessidade de compensação ou expectativa de benefícios, mas de forma gratuita e generosa. Javé é *longânimo* (*'rk 'ppm*). Traduz-se literalmente a expressão idiomática hebraica como "tem longas narinas". O uso indica possivelmente que as longas narinas de Javé permitem que sua ira e cólera se esfriem antes de ameaçarem Israel. Essa noção se reforça pela propensão de Javé de "acender seu furor" contra Israel (32,10-11; cf. v. 19). Javé é *grande em misericórdia* (*ḥsd*). Os estudos de NELSON GLUECK, KATHERINE SAKENFELD e GORDON CLARK mostram que o termo *ḥsd* se refere à tenaz fidelidade em um relacionamento, à disposição e resolução de ser leal àqueles a quem se está vinculado.[9] Javé

---

[8] Ibidem, pp. 31-71.

[9] NELSON GLUECK, *Hesed in the Bible* (Nova York: KTAV, 1968); KATHERINE SAKENFELD, *Faithfulness in Action: Loyalty in Biblical Perspective* (OBT; Filadélfia; Fortress, 1985); *The Meaning of Hesed in the Hebrew Bible: A New Enquiry* (HSM 17; Missoula: Scholars, 1978); e GORDON R. CLARK, *The Word "Hesed" in the Hebrew Bible* (JSOTSup 157; Sheffield: JSOT, 1993).

é *grande em fidelidade* (*'emeth*). O termo manifesta total confiabilidade e fidedignidade, que então torna o termo *verdadeiro/verdade*. As palavras *ḥsd* e *'emeth* formam um típico par de termos que é muito usado no Antigo Testamento; juntos descrevem Javé como alguém totalmente confiável e fidedigno (veja Jo 1,14).

Nessa recitação do caráter de Javé, o único termo usado mais de uma vez é *ḥsd*, o que sugere que esse termo recebe ênfase especial. Esse acúmulo de adjetivos positivos referentes a Javé culmina na surpreendente palavra "perdoa" (*ns'*), raramente usada. Essa declaração positiva final utiliza todo o vocabulário israelita para pecado: "iniquidade, transgressão e pecado" (*'wn, pš', ḥṭ'*), indicando que Javé livrará da destruição aqueles com quem está unido em aliança.[10]

É possível fazer uma análise lexical detalhada de cada um desses termos e discernir uma nuance retórica peculiar em cada um. Para nosso propósito, essa investigação detalhada não é necessária, embora sempre se possa aprender com uma iniciativa assim. O que nos interessa é o efeito cumulativo de todos esses termos em conjunto, os quais manifestam a solidariedade intensa e o compromisso de Javé com aqueles com quem tem um vínculo. Os adjetivos generalizadores afirmam, a partir de sentenças verbais de testemunho como o Salmo 136, que a vida de Javé com Israel se caracteriza por uma lealdade fundamental e inalienável. A vida de Israel, nesse ponto central de risco em Êxodo 34, agora é garantida pela afirmação dos próprios lábios de Javé de que ele permanece ao lado de Israel em completa fidelidade, mesmo entre aqueles que cometem "iniquidade, transgressão e pecado".

Dada a essência dessa caracterização notável de Javé, ficamos surpreendidos com a sinistra segunda parte da afirmação estilizada, no v. 7b. A segunda metade do v. 7 se inicia com uma conjunção que deve ser traduzida como adversativa: "ainda que não". A declaração negativa inicia com um infinitivo absoluto negativo: "não inocenta o culpado" (*nqh*), e "visita (*pqd*; no particípio) a iniquidade". Essa segunda metade da sentença surpreende, porque indica que Javé se ofende (como no caso de Arão em Êx 32) muito seriamente, tanto que afeta o relacionamento por até quatro gerações. O que nos interessa especialmente é que a "iniquidade" é visitada nas gerações seguintes, a mesma iniquidade que é *perdoada* no v. 7a, junto com a transgressão e o pecado. Assim, essa metade surpreende e, ao

---

[10] Quanto a esse vocabulário, veja ROLF KNIERIM, *Die Hauptbegriffe für Sünde im Alten Testament* (Gütersloh: Gütersloher Verlaghaus Gerd Mohn, 1965).

mesmo tempo, alerta Israel para a realidade de que o caráter completo de Javé não se submete ao seu compromisso solidário a Israel.[11] Há algo no governo soberano de Javé – a sua própria seriedade – que não é comprometida nem concedida, mesmo na prática da solidariedade.

Adicionam-se outros adjetivos ao longo do tempo a essa caracterização padrão de Javé, porém essa colagem de palavras representa uma espécie de constante no testemunho de Israel. Podemos dizer que essa convergência de termos constitui uma caracterização bastante completa daquele a quem Israel deve sua fidelidade e em quem confia para sua própria vida. O pronunciamento da segunda metade da fórmula pode indicar quão exigente é a fidelidade devida a Javé; ele deixa claro como é arriscada a confiança que Israel deposita nele. Nem a fidelidade devida a Javé nem a confiança posta nele é algo fácil ou unidimensional.

### Usos representativos da fórmula adjetival

Essa fórmula mais ou menos estabelecida de adjetivos sobre Javé é retomada em diversos contextos diferentes no testemunho subsequente de Israel. Ou seja, quando Israel fala de Javé, essa formulação reaparece em muitos cenários e circunstâncias diferentes. Não nos surpreende que toda a recitação seja usada com grande liberdade retórica e imaginativa; às vezes se acentuam ou se omitem algumas partes, caso sejam particularmente importantes ou irrelevantes para o contexto do pronunciamento. Aqui, mencionamos alguns dos usos mais representativos dessa fórmula.

### *Hinos de louvor*

Israel usa a recitação positiva sobre Javé (Êx 34,6-7a) em seus hinos de louvor, quando quer falar dele na terceira pessoa como aquele que Israel reconhece ser plenamente confiável e que possibilita sua vida. No hino do Salmo 145, a doxologia de Israel retoma a retórica de Êxodo 34,6:

> Benigno e misericordioso é o Senhor,
> tardio em irar-se e de grande clemência.
> O Senhor é bom para todos,
> e as suas ternas misericórdias permeiam todas as suas obras. (Sl 145,8-9)

Esse versículo inclui muitos dos termos de Êxodo 34,6. O versículo 9 utiliza uma retórica um pouco diferente, mas emprega o termo *miseri-*

CAPÍTULO V

---

[11] JAMES CRENSHAW, "Who Knows What YHWH Will Do? The Character of God in the Book of Joel", em *Fortunate the Eyes That See: Essays in Honor of DAVID NOEL FREEDMAN* (org. ASTRID B. BECK *et al.*; Grand Rapids: Eerdmans, 1995), pp. 185-96, percebe a profunda ambiguidade expressa aqui quanto a Javé.

*córdias* (*rḥm*), embora dessa vez o alcance da misericórdia de Javé seja toda a criação. Nessa doxologia lírica, a fidelidade de Javé que caracteriza sua relação com Israel agora está disponível para toda a criação. Esse uso manifesta a bondade e a generosidade de Javé, e faz uma afirmação incondicional de confiança exuberante.

### Orações de lamento

Israel usa a recitação positiva sobre Javé em suas orações de lamento, quando deseja se dirigir diretamente a Javé na segunda pessoa como aquele que se espera ser gracioso e fiel. Assim, no Salmo 86, o declarante se sente ameaçado e apela a Javé para que o resgate. O uso dos adjetivos convencionais aqui funciona como uma cláusula motivacional, buscando levar Javé a agir:

> Pois tu, Senhor, és bom e compassivo;
> abundante em benignidade para com todos os que te invocam. [...]
> Mas tu, Senhor, és Deus compassivo e cheio de graça,
> paciente e grande em misericórdia e em verdade. (Sl 86,5,15)

Usa-se a fórmula aqui para *lembrar a Javé quem ele é* e quem ele se declarou ser. O propósito da oração é motivar Javé a ser fiel a si mesmo, e dessa forma superar a situação presente de perigo por meio de uma demonstração poderosa de solidariedade. A oração procede como se a revelação de Êxodo 34,6-7a fosse um parâmetro aceito mutuamente por Javé e Israel, mas do qual Javé havia se distanciado e para o qual agora precisa retornar urgentemente. O declarante não duvida que Javé seja "compassivo e cheio de graça". É assim que Javé realmente é. Porém, parece que Javé se tornou descuidado, negligente ou indiferente, e deve voltar a ser quem realmente é. Claramente, é diferente o tom e a intenção da mesma fórmula quando usada como motivação em um lamento ou usada em uma doxologia de louvor. Em um caso, o pronunciamento é sobre Javé, mas se endereça a um terceiro que é convidado a se juntar em louvor a Javé. No outro caso, dirige-se urgentemente a Javé em um tom imperativo.

### Um apelo ousado

Além dos hinos e dos lamentos, podemos nos referir a outro uso bastante singular. Em Números 14, Javé é bastante provocado por Israel, que incessantemente se queixa do tratamento que recebe de Javé. A paciência de Javé com Israel se esgotara. Cansado, Javé confidencia a Moisés que gostaria simplesmente de destruir Israel e começar de novo só com ele (v. 12). Moisés procura dissuadi-lo dessa intenção destrutiva manifesta.

Ele usa duas estratégias para persuadir Javé a não agir com ira. Primeiro, Moisés apela para o orgulho de Javé, que seria envergonhado aos olhos dos egípcios e dos habitantes da terra (vs. 13-16). Segundo, faz uma sugestão alternativa a Javé, propondo-lhe que perdoasse o Israel recalcitrante, ao invés de destruí-lo (vs. 17-19). A base desse apelo ousado é uma citação direta e completa de Êxodo 34,6-7, agora apresentado como uma oração; o texto se refere ao compromisso pessoal de Javé feito no Sinai com Israel, o qual Javé se propõe a ignorar.

De modo similar ao Salmo 86, Moisés propõe que Javé deve agir segundo seu compromisso pessoal; assim, essa oração modelo consiste em suplicar a Javé para que ele volte à caracterização que ele mesmo fez de si. A resposta de Javé a Moisés no versículo 20 indica que ele foi persuadido ao ser conclamado de volta a esse parâmetro básico do relacionamento. Também é evidente no versículo 21, contudo, que Javé leva a sério a segunda metade de Êxodo 34,6-7; pois, contrariando a oração de Moisés, Javé realmente destruirá os desobedientes de Israel. Assim, Moisés apela respeitosamente à antiga formulação, mas Javé também se lembra da formulação daquele texto e recorre à parte que Moisés decidiu não enfatizar. Ambos demonstram grande agilidade em seu emprego da fórmula.

### *Aspectos positivos e negativos da confissão*

As doxologias e lamentos de Israel apelam primariamente à parte inicial e positiva de Êxodo 34,6-7. Isso é compreensível, pois as doxologias pretendem celebrar o caráter positivo de Javé e os lamentos procuram mobilizar seu caráter positivo; nem a celebração nem a mobilização se valem das ameaças de Êxodo 34,7b. Porém, em Números 14,18, Moisés está ciente da parte negativa final da confissão. Essa parte negativa é relembrada na medida do necessário. Assim, nos duros ataques verbais ao inimigo de Israel, a Assíria, o poeta pode utilizar a confissão completa: "O Senhor é tardio em irar-se, mas grande em poder e jamais inocenta o culpado" (Na 1,3). O mesmo Deus que é "tardio em irar-se" é aquele que é "grande em poder". Essa última expressão não é mencionada explicitamente em Êxodo 34,7. Porém, aqui se mobiliza esse que é "grande em poder" para ser "zeloso e vingador" (Na 1,2) contra o inimigo de Israel, que é também seu adversário. O Deus de misericórdia não é débil, mas atua a serviço de sua própria soberania, o que nesse caso é um grande benefício para Israel.

O lado positivo da recitação domina o discurso teológico de Israel. Em geral, essa afirmação de Javé traz grande benefício para Israel. O uso da fórmula na história de Jonas, entretanto, mostra que às vezes as características "misericórdia e fidelidade" de Javé podem ser problemáticas para Israel. No relato, que talvez seja uma paródia sobre a rigidez religiosa excessiva de Israel, Jonas se incomoda por Javé perdoar a odiada Nínive quando ela se arrepende. De fato, Jonas aceitaria a declaração de Naum 1,2-3 em resposta à perversidade de Nínive.

Na narrativa de Jonas, todavia, Israel deve se debater com a prontidão de Javé de concretizar o lado inicial positivo da recitação, mesmo para com Nínive; isso, por sua vez, impede o lado negativo final preferido por Naum. Dada essa possibilidade infeliz (para Jonas), essa voz deslocada de Israel censura Javé:

Ah! Senhor! Não foi isso o que eu disse, estando ainda na minha terra? Por isso, me adiantei, fugindo para Társis, pois sabia que és Deus clemente, e misericordioso, e tardio em irar-se, e grande em benignidade, e que te arrependes do mal. (Jn 4,2)

De fato, Deus é clemente e misericordioso. Jonas deseja que Javé fosse diferente – como a segunda parte da recitação de Êxodo 34,6-7.

A autorrevelação de Javé em Êxodo 34,6-7 produz em Israel, de diferentes maneiras, uma profunda confiança mas também uma resistência confrontadora. A confiança profunda no Javé que assim se revela aparece nos hinos, um dos quais já citamos, e no ataque de Naum 1,2-3. Porém, às vezes Javé não concretiza essa revelação de forma efetiva (como nos lamentos); às vezes, ele a concretiza, mas para prejuízo de Israel (como em Jonas). O resultado é que Israel não só valoriza essa descrição de Javé e depende bastante dela, mas também discute com ele a respeito dela. Em geral, o argumento é que Javé não está sendo completamente quem se diz que ele é. Ocasionalmente, o debate é que Javé é como se disse, mas Israel desejaria que ele não fosse assim. Em todo caso, o caráter de Javé é uma referência com a qual se conta em Israel e/ou com a qual se confronta.

### *Ênfases preferidas na recitação característica*

É importante reconhecermos que *não é Israel* que reivindica, em seu texto, essa recitação clássica de Êxodo 34,6-7 como central e normativa. Essa reivindicação, que faço junto com diversos outros estudiosos, *se baseia no seu uso característico*. Esse é o modo como, de forma recorrente, Israel considera válido falar de Javé. Essa recitação em si não diz tudo o que é para ser dito – em adjetivos – acerca de Javé. Por sua vez, não é necessário que tudo isso seja dito acerca de Javé em todos os lugares. No entanto, é a forma característica na qual Israel dá seu testemunho sobre Javé; embora, geralmente, como veremos, Israel prefere certas ênfases na recitação.

Dois exemplos mostram como Israel seleciona "a melhor parte" da recitação para usar de forma característica em uma crise teológico-pastoral. Em Lamentações 3, um poema sobre a temida perda de Jerusalém e seu templo, Israel está desolado, derrotado e desesperado:

> Então, disse eu: já pereceu a minha glória,
> como também a minha esperança no Senhor. (Lm 3,18)

Então, em uma notável inversão, o poeta afirma:

> Quero trazer à memória
> o que me pode dar esperança.
> As misericórdias do Senhor são a causa de não sermos consumidos,
> porque as suas misericórdias não têm fim;
> renovam-se cada manhã.
> Grande é a tua fidelidade.
> A minha porção é o Senhor, diz a minha alma;
> portanto, esperarei nele. (Lm 3,21-24)

É surpreendente que o poema vai do desespero no v. 18 para a esperança "nele" no v. 24. O movimento do desespero para a esperança, em uma circunstância de derrota total, vem ao trazer Javé à memória (v. 21).

Não se diz por que Israel traz Javé à memória. Esse ato de rememoração é o que Israel faz caracteristicamente. Sua vida está impregnada por essa retórica resiliente. E o que Israel recorda em seus momentos de desespero se baseia em três grandes adjetivos de Javé, derivados da recitação de Êxodo 34,6-7: amoroso, misericordioso e fiel. Presumivelmente, em Israel cada um desses adjetivos é um código que se baseia em um conjunto de conexões verbais concretas. Em todo caso, Israel pode se lembrar o suficiente da fidelidade característica de Javé, de forma que sua confiança nele supera o momento de desespero. Teologicamente, é evidente que Israel não poderia ter respondido com fé em meio a uma crise como essa, se não tivesse à disposição uma retórica estilizada sobre como Deus é fiel.

De forma similar, algum tempo após Lamentações 3, Isaías continua a lidar no exílio com a perda devastadora de Jerusalém. Antes dessa referência, nos versículos de Isaías 54,7-8, o poeta apela duas vezes à misericórdia de Javé como base para uma vida que supera o abandono.[12] Então,

---

[12] Quanto a esse texto, veja WALTER BRUEGGEMANN, "A Shattered Transcendence? Exile and Restoration", em *Biblical Theology: Problems and Perspectives* (org. STEVEN J. KRAFTCHICK *et al.*; Nashville: Abingdon, 1995), pp. 169-182.

nos vs. 9-10, o poeta assemelha a devastação do exílio às águas de Noé. Assim como o dilúvio terminou com a promessa divina de fidelidade protetora (Gn 9,7-18), agora, no final do exilio, Javé promete ser fiel:

> Porque isto é para mim como as águas de Noé;
> pois jurei que as águas de Noé
> não mais inundariam a terra,
> e assim jurei que não mais me iraria contra ti,
> nem te repreenderia.
> Porque os montes se retirarão,
> e os outeiros serão removidos;
> mas a minha misericórdia não se apartará de ti,
> e a aliança da minha paz não será removida,
> diz o Senhor, que se compadece de ti. (Is 54,9-10)

A culminante promessa feita a Israel, no meio do caos, gira precisamente em torno da misericórdia e compaixão de Javé, que decreta uma "aliança de paz". A noção de *shalôm* é novo vocabulário nessa trajetória, mas é plenamente coerente com o que vimos em situações anteriores, pois é a fidelidade divina que gera a consequência do bem-estar.

Em Lamentações 3,18-24 e Isaías 54,9-10, a vida contínua de Israel, como é apresentada em seu testemunho, enfatiza as reivindicações centrais da antiga recitação feita a Moisés, identificando os adjetivos que afirmam de forma mais destacada o essencial sobre Javé em sua propensão para com Israel.

Em dois outros textos, as reivindicações centrais da antiga recitação se mostram conhecidas e disponíveis, mas são suplementadas por outros termos que também pertencem ao testemunho fundamental de Israel sobre Javé.

Em Oseias 2,2-23, o poeta trata do colapso do Israel setentrional, uma crise tão profunda para o norte como foi posteriormente a perda de Jerusalém para Judá. A terrível perda sofrida pelo norte nas mãos dos assírios é tratada pelo poeta sob a rubrica do divórcio. O poeta compreende a destruição político-militar como evidência de uma relação de aliança violada que evoca a ira do esposo Javé. O divórcio (abandono) de Javé a sua esposa se deve, assegura o poeta, à inconstância dela como cônjuge. Mesmo antes de considerarmos o vocabulário padrão que pretendemos estudar, percebemos a ousada rearticulação da realidade experimentada pelo uso da metáfora de matrimônio e divórcio. Nesse uso, a metáfora se torna ainda mais radical, pois agora o poeta vai além do divórcio para contemplar um segundo casamento, situação impensável na antiga lei de Moisés (cf. Dt 24,1-4; Jr 3,1).

O mais notável é que, no meio do poema (v. 14), a imagem se inverte drasticamente.[13] O esposo Javé, que está irado com sua esposa Israel, muda radicalmente de postura, a corteja e renova o relacionamento. Esse relacionamento reabilitado culmina em um matrimônio restaurado, o qual se expressa precisamente como um voto matrimonial:

Desposar-te-ei comigo para sempre; desposar-te-ei comigo em justiça, e em juízo, e em benignidade, e em misericórdias; desposar-te-ei comigo em fidelidade, e conhecerás ao Senhor. (Os 2,19-20)

Esse voto do esposo Javé para a esposa Israel supera totalmente a negatividade dos vs. 2-13. Para o nosso propósito, o importante é que o voto inclui três termos que encontramos em Êxodo 34,6-7: *benignidade, misericórdias* e *fidelidade*. A esses se adicionam duas palavras, *justiça* (*ṣdq*) e *juízo* (*mšpṭ*), que não são usadas em Êxodo 34,6-7, mas são um recorrente par de palavras na tradição profética, testemunhando de forma diferente sobre a fidelidade de Javé para com Israel. Esse par de palavras tem uma nuance diferente dos três termos usados em Êxodo 34,6-7, indicando maior expectação e exigência. Os cinco termos juntos manifestam aqui o caráter do fiel esposo Javé, que suprimirá a inconstância de Israel e, no processo, anulará a antiga proibição mosaica contra o segundo casamento. Essa proibição agora deve ceder diante da propensão recém-revelada de Javé em amar a Israel apesar de sua conduta. Os cinco termos que caracterizam a nova maneira de Javé se relacionar com Israel culminam no verbo *conhecer* (*yd'*), que antecipa o reconhecimento, por parte de Israel, de um compromisso duradouro e de uma relação responsável.

O Salmo 85,10-13, um texto enigmático, emprega o vocabulário da

---

[13] Veja DAVID J. A. CLINES, "Hosea 2: Structure and Interpretation", *Studia Biblica 1978* (JSOTSup 11; Sheffield: JSOT, 1979), pp. 83-103. Para uma avaliação crítica da ideologia sexual do texto, veja RENITA WEEMS, "Gomer: Victim of Violence or Victim of Metaphor", em *Interpretation for Liberation* (org. KATIE GENEVA CANNON; *Semeia* 47 [1989], pp. 87-104). É convencional ver a estrutura desse poema inteiro como uma afirmação da generosa compaixão de Javé para com um parceiro inconstante; sem dúvida essa é a intenção do poema. Em tempos recentes, contudo, percebeu-se que as suposições patriarcais do poema dão a Javé (o esposo) liberdade completa para agir sem limites no relacionamento, e retratam Israel (a esposa) como infiel. De fato, o termo convencionalmente traduzido como "atrair" também pode ser interpretado como "estuprar", admitindo a ação violenta de Javé. Obviamente, tal imagem é profundamente problemática se for tomada como modelo para os papéis sexuais nas transações humanas. A meu ver, devemos ler esse poema em sua intenção positiva, mas sem qualquer ingenuidade sobre sua subcorrente ideológica.

trajetória que estamos investigando:

> Encontraram-se a graça e a verdade,
> a justiça e a paz se beijaram.
> Da terra brota a verdade,
> dos céus a justiça baixa o seu olhar. [...]
> A justiça irá adiante dele,
> cujas pegadas ela transforma em caminhos. (Sl 85,10-13)

Do vocabulário antigo e agora familiar, os termos reutilizados aqui são *graça* [*misericórdia* no original], *verdade* [*fidelidade* no original] e *justiça*. Usa-se *verdade* duas vezes e *justiça*, três. Além disso, também se inclui o termo *shalôm*, como em Isaías 54,10. O conjunto de termos aqui testifica a harmonia total entre céus e terra, em uma iniciativa pacífica e fecunda sob a generosidade benevolente de Javé.

Assim, nos dois textos de Lamentações 3,18-24 e Isaías 54,9-10, identificamos o que parecem ser os termos mais cruciais e preferidos da confissão estilizada. Nos dois outros textos de Oseias 2,19-20 e Salmo 85,10-13, encontramos esses termos fundamentais, com um suplemento de outros que certamente são cognatos apropriados. Embora a colagem de termos usados para Javé seja um tanto fluida, no centro dos pronunciamentos de Israel encontramos uma terminologia constante; já longe do núcleo, há maior abertura para não empregar essa terminologia ou incluir outros termos coerentes com os usos do modelo.

### Quatro conclusões provisórias

A partir da revisão desses adjetivos generalizadores, por meio dos quais Israel dá um testemunho mais amplo de seu Deus que vai além das sentenças verbais concretas, podemos chegar a quatro conclusões provisórias.

#### *Adjetivos generalizadores*

Primeiro, as expressões adjetivais são generalizadoras, permitindo que Israel afirme que a *ḥesed* de Javé "dura para sempre". Essa é uma afirmação bastante generalizadora; presumivelmente, Israel tende a generalizar da mesma forma acerca de cada um dos termos que consideramos. Metodologicamente, no entanto, insisto que, na percepção de Israel, esses adjetivos generalizadores devem regularmente ter à mão ocasiões concretas que possam ser referenciadas para substanciar a reivindicação. Um desvio do concreto é improvável na fé de Israel, e entenderemos erroneamente o testemunho de Israel sobre Javé se imaginarmos uma generalização tão volátil. Assim, no breve hino do Salmo 117, Israel convoca ou convida todas as nações e povos a participarem no louvor a Javé. A razão dada para esse louvor é: "Porque mui grande é a sua misericórdia para conosco, e a fidelidade do Senhor subsiste para sempre" (v. 2).[14] Essa fórmula doxológica retoma dois termos empregados em Êxodo 34,6-7, porém aqui estão expressos praticamente sem lastro. A única especificidade expressa é a misericórdia "para conosco", isto é, para Israel. A recitação em si não inclui nada atrativo ou sedutor que motive as nações ou povos a se unirem a Israel na doxologia a Javé. Devemos imaginar, então, que Israel está preparado – sempre – a dar conteúdo concreto aos adjetivos codificados *ḥesed* e *'emeth*. Esse conteúdo concreto consiste, caracteristicamente, de testemunhos verbais sobre transformações experimentadas. Assim, em si mesmos os adjetivos não articulam a concretude. Seu poder persuasivo depende de ter à mão acesso à concretude disponível universalmente a Israel. O Salmo 136 é um exemplo poderoso desse movimento característico que vai audaciosamente do concreto ao verbal.

### *Adjetivos relacionais*

Segundo, as expressões adjetivais que Israel usa para testemunhar sobre Javé são caracteristicamente relacionais. Ou seja, articulam as formas em que Javé se relaciona "conosco", com Israel, com quem quer que seja parceiro de Javé em um discurso particular de testemunho.[15] Os termos usados por Israel para falar de Javé assumem caracteristicamente "alguém" que está no lado recebedor da ação transformadora de Javé, alguém a quem ele é fiel e misericordioso ou em quem ele visita a iniquidade. Especificamente denominados como parceiros e receptores são aqueles "em mil gerações", ou "nos filhos e nos filhos dos filhos, até à terceira e quarta geração" [Êx 34,6-7]. Javé é conhecido e anunciado como um Deus "em relacionamento". Certamente o relacionamento pode assumir muitas formas, positivas e negativas; ambas as opções são desenvolvidas ao extremo na vida narrativa de Israel.

O que é mais importante acerca desse relacionamento é que o teste-

---

[14] Quanto ao relacionamento dinâmico entre convocação e razão, veja WALTER BRUEGGEMANN, *Israel's Praise: Doxology against Idolatry and Ideology* (Filadélfia: Fortress, 1988).

[15] JON D. LEVENSON, "Exodus and Liberation", *The Hebrew Bible, the Old Testament, and Historical Criticism* (Louisville: Westminster/John Knox, 1993), pp. 127-159, insiste fortemente que o relacionamento de Javé é, de forma característica e inflexível, com Israel e apenas com Israel, nesse primeiro momento.

munho de Israel não se preocupa em usar um vocabulário que fale da pessoa de Javé em si. Israel possui um vocabulário reduzido para isso e pouco interesse em explorá-lo. Essa terminologia modesta que Israel possui para o ser de Javé poderia recorrer à ideia de que "Javé é santo". Porém, esse tipo de linguagem não é normalmente usado; frequentemente ocorre só em manuais sacerdotais especializados. Mais importante, o vocabulário adjetival característico de Israel sobre Javé carece por completo dos termos que dominam a teologia clássica, tais como *onipotente*, *onisciente* e *onipresente*. Esse contraste agudo sugere que a teologia clássica, na medida em que é dominada por essas categorias interpretativas e essas preocupações, se dedica a questões que não são cruciais para o testemunho de Israel sobre Javé e que, de fato, estão bem distantes do discurso primário de Israel.

Sem muitas inclinações filosóficas, Israel se orienta praticamente e se preocupa com o que Javé faz "por nós" e, assim, com o que ele é "por nós". Ou pode ser que, em seus modos práticos de testemunho, Israel tenha discernido desde cedo que Deus, que é o principal Personagem desse discurso, simplesmente não pode ser acomodado em tais categorias filosóficas. Ou seja, Israel talvez tenha compreendido, mesmo ou especialmente na presença de vizinhos com tendências mais filosóficas, que Javé, como é conhecido no texto, simplesmente não se qualifica como onipotente, onisciente ou onipresente; portanto, Israel não tenta situar Javé nesse discurso que é fundamentalmente incoerente com quem Javé é. O Antigo Testamento, em seu discernimento de Javé, está incessantemente comprometido com o reconhecimento de que toda a realidade, incluindo a realidade de Javé, é relacional, relativa à vida e ao destino de Israel. E o Deus de Israel tende fortemente a estar em relacionamento com Israel.

### *Foco na fidelidade*

Terceiro, dado o escopo da recitação de adjetivos sobre Javé no testemunho estilizado de Israel, a tendência primária consiste em acentuar sua fidelidade, expressa particularmente nos termos *compassivo*, *clemente*, *grande em misericórdia* e *fidelidade*. Esses termos *rḥm*, *ḥnn*, *ḥsd* e *'mth* saturam a imaginação e o discurso de Israel sobre Javé. Isto não quer dizer que não são usados outros termos, incluindo os de perdoar e visitar. Todavia, a prática mais elementar e recorrente de Israel é a de falar da confiabilidade e credibilidade de Javé.

Essa inclinação confessional dificilmente pode ser supervalorizada. Como qualquer comunidade viva, Israel sabe tudo sobre inconstância e falta de confiança. Além disso, Israel vive em um mundo religioso repleto de deuses, e de discursos religiosos sobre deuses, que são inconstantes e mesquinhos, e que agem baseados em suborno e lisonja. No centro da vida litúrgica de Israel e da sua reflexão ética derivada, encontramos a crença de que no centro da vida há uma Presença (não um princípio), um Ator e Agente, que se caracteriza decisivamente por sua fidelidade e credibilidade.[16] Nessa afirmação, estamos próximos do centro do testemunho de Israel sobre Javé, e próximos daquilo que o Antigo Testamento possui que é continuamente convincente e urgente, mesmo nos tempos atuais. Israel afirma que Javé é um tipo diferente de "outro", certamente diferente de qualquer ator ou agente conhecido em sua vida.

Adicionalmente, percebemos que, nesse vocabulário recorrente, *Israel não disse quase nada sobre o poder de Javé*. Pode-se bem assumir que Javé é suficientemente poderoso para realizar seus propósitos, sem necessidade de comentários. Em todo caso, no Antigo Testamento não se identifica facilmente uma terminologia fixa, reconhecível e recorrente sobre o poder, como ocorre com a fidelidade. Vimos em Naum 1,3 que a expressão "grande em poder" (*gdl-kḥ*) invade nossa linguagem confessional. Porém, imediatamente a percebemos como intromissão, e não a tomaríamos por elemento padrão da confissão. Talvez Israel assuma como óbvio o poder de Javé, e considere a fidelidade como categoria mais importante e problemática, e por isso discorra longamente sobre ela. Consequentemente, é possível que a afirmação que Israel faz regularmente sobre a fidelidade de Javé seja uma declaração mais impressionante que qualquer outra coisa que pudesse ser dita sobre poder. Os Salmos de lamento, por exemplo, parecem assumir que Javé é tremendamente poderoso. Normalmente, o problema não é o poder de Javé; antes, é a capacidade de Israel de mobilizar esse poder de maneira fiel, por isso se fazem apelos regularmente às promessas de fidelidade.

### Declarações de advertência

Quarto, a ênfase primária na fidelidade nessa declaração característica sobre Javé, feita por meio de adjetivos, não deve nos ofuscar quanto à segunda parte da declaração de Êxodo 34,6-7 – a saber, que Javé certamente não inocenta o culpado, mas castiga os pecados na comunidade. Sem dúvida, essa declaração não é precisamente simétrica às declarações dos vs. 6-7a; além disso, essa declaração negativa de advertência não se

---

[16] Veja JACK MILES, *God: A Biography* (Nova York: A. Knopf, 1995). MILES encara Javé como um personagem e agente com a seriedade mais extrema e inflexível.

expressa da mesma forma em adjetivos. No entanto, é oferecida, ostensivamente dos próprios lábios de Javé, como parte desta sua autorrevelação aparentemente decisiva, que completa a declaração adjetival dos vs. 6-7a.

Existe uma tensão profunda entre a primeira e a segunda parte dessa declaração. Pode-se sugerir que esta declaração também expressa a fidelidade de Javé: ele cumpre fielmente as sanções anunciadas nos mandamentos. Porém, isso certamente não é o que se pretende caracteristicamente com os importantes termos *rḥm*, *ḥnn*, *ḥsd* e *'mth*. Também se pode sugerir que essa segunda declaração está subordinada à declaração positiva, porque a "visitação" só vai até a quarta geração, enquanto a tendência positiva de Javé dura por "mil gerações". Dadas essas possíveis interpretações, penso que essa declaração negativa de advertência é mais corretamente um paralelo da declaração positiva, porque a mesma "iniquidade" (*'wn*) que se "visita" aqui é "perdoada" no v. 7a. Embora haja certa capacidade de manobra interpretativa para relacionar entre si as duas declarações, no fim penso que essas duas caracterizações de Javé estão em profunda tensão entre si e que, finalmente, elas se contradizem. Adicionalmente, se considerarmos essas declarações como revelações teológicas sérias, a tensão ou contradição aqui expressa está presente na própria vida e caráter de Javé.

A tensão ou contradição consiste em que Javé se relaciona com fidelidade *para com Israel* (ou de forma mais geral, "para conosco", *pro nobis*) e, ao mesmo tempo, Javé age de forma intensa e zelosa *para consigo mesmo*. Essas duas inclinações de Javé não estão completamente em harmonia aqui; talvez não estejam em nenhuma outra parte do Antigo Testamento. Essa leitura das declarações gera a conclusão de que existe uma ambiguidade profunda e sem solução na vida de Javé. Como consequência, em qualquer momento da sua vida com Israel, Javé tem à sua disposição mais do que uma resposta para o povo; este nunca está plenamente certo da inclinação de Javé para com Israel. Assim, de forma bastante específica, após Êxodo 32 e a afronta de Arão a Javé, Moisés não sabe como Javé tratará Israel a seguir, em Êxodo 34,8-9. De fato, Moisés (e Israel) fica sem saber até o próximo pronunciamento de Javé no v. 10, que é uma resposta a partir de fidelidade e benevolência massivas.

Os adjetivos refletem as sentenças verbais que provêm os dados para o testemunho mais amplo de Israel. As ações de Javé, como apresentadas nos verbos de Israel, não são uniformes. Junto com o amor e o cuidado, há santidade, cólera e ira; portanto, essa generalização adjetival é coerente com os dados das sentenças verbais. Israel sabe que há uma dimensão do incerto em Javé, o que torna o relacionamento com ele incessantemente exigente e inquieto. Essa segunda parte do testemunho adjetival assegura a liberdade de Javé, de modo que a fidelidade de Javé não significa que ele é domesticado. Porém, essa liberdade de Javé é uma liberdade perigosa, o que significa que, embora seja importante para Javé e para Israel, o relacionamento entre eles está profundamente em risco. Moisés entende isto em sua oração insistente em Êxodo 34,8-9.

Essas qualidades da vida de Javé no testemunho adjetival – específica, relacional, fiel, contraditória – revelam um Deus que se doa e que é sumamente exigente e incessantemente inquieto, como ponto de referência para a vida de Israel. Não é surpresa que o testemunho final de Israel se refira à incomparabilidade de Javé:

* Não há ninguém como Javé, cuja revelação concreta admite uma generalização desse modo particular.

* Não há ninguém como Javé, cuja total existência e vida estão comprometidas em um relacionamento com Israel.

* Não há ninguém como Javé, um Deus caracterizado por fidelidade tenaz e solidariedade para com seu povo.

* Não há ninguém como Javé, que, embora seja infinitamente fiel, guarda em sua própria vida uma contradição profunda que deixa espaço para severidade para com sua amada comunidade parceira.

A incomparabilidade de Javé não está em nenhuma dessas afirmações, mas na estranha colagem de todas elas juntas. Assim, não se pode generalizar além de Javé; não se pode falar genericamente desse Deus. Israel só pode testemunhar sobre as convergências peculiares que representam Javé, mas que também caracterizam de forma derivada a própria vida de Israel. É óbvio que a maneira como esse Sujeito está presente na vida de Israel introduz na sua existência categorias de discernimento e autocompreensão que são profundamente tranquilizadoras e incessantemente exigentes. Não é surpresa que a principal responsabilidade retórica de Israel seja tentar enquadrar Javé em um discurso apropriado, pois a viabilidade da vida peculiar de Israel no mundo depende desse discurso ser adequado.

Capítulo
V

## CAPÍTULO SEIS

### 6. Substantivos: Javé é constante

A teologia convencional usa substantivos para falar de Deus. O testemunho de Israel emprega substantivos para falar de Javé. Os substantivos, entre outras coisas, são recursos de nomeação que identificam a constância, a essência e a compreensibilidade dos personagens que atuam em uma narração expositiva. Ao usar substantivos para nomear e caracterizar Javé nessa narração expositiva de testemunho, Israel atribui a Javé (ou reconhece nele) elementos de constância e essência que o fazem em certos sentidos conhecível e acessível a Israel.[1]

ELIZABETH PELO recentemente demonstrou como é difícil a linguagem teológica, dando atenção particular às linguagens patriarcais.[2] Eu sugiro que, em relação ao testemunho de Israel, os substantivos que se aplicam a Javé são especialmente problemáticos, porque afirmam um tipo de constância substantiva nele que é admitida somente a contragosto no testemunho verbal de Israel. Contudo, problemáticos como são, os substantivos são indispensáveis ao discurso teológico de Israel. Em seu testemunho em substantivos, Israel pode ter antecipado e concordado com o veredito de KARL BARTH:

Como ministros, devemos falar de Deus. Somos humanos, no entanto, e assim não podemos falar de Deus. Então, devemos reconhecer tanto a nossa obrigação como a nossa incapacidade e, nesse reconhecimento, dar glória a Deus. Essa é a nossa perplexidade.[3]

No capítulo 4, sugeri que o discurso primário de Israel sobre Javé está organizado em sentenças construídas em torno de verbos. Essa ênfase em verbos deixa claro que, antes de tudo, é a ação de Javé que Israel percebe e valoriza, e é dela que quis dar testemunho. Consistentemente, o caráter real de Javé se baseia na atividade verbal atribuída a Ele em uma série de casos particulares. Partindo desse entendimento sobre a importância dos verbos e da imediata ação concreta dada nos verbos como o modo

---

[1] Quanto a essa dimensão da descrição dramática de Javé, veja DALE PATRICK, *The Rendering of God in the Old Testament* (OBT; Filadélfia: Fortress, 1981).

[2] ELIZABETH PELO, *She Who Is: The Mystery of God in Feminist Theological Discourse* (Nova York: Crossroad, 1992).

[3] KARL BARTH, *The Word of God and the Word of Man* (Nova York: Harper and Brothers, 1957), p. 186.

pelo qual Israel testifica de Javé, o capítulo 5 analisou os adjetivos generalizadores de Israel como um modo pelo qual Israel reuniu um conjunto de verbos concretos para produzir uma declaração mais ampla e durável sobre Javé. Assim, quando Javé atua graciosamente em determinadas situações (veja, por exemplo, o Sl 136), Israel afinal se sente preparado, ante tais evidências concretas, para usar um adjetivo: "Javé é gracioso". Em tal declaração, Israel sugere que Javé é persistentemente gracioso, mesmo no intervalo entre as épocas e eventos sobre os quais as sentenças verbais testemunham. Essas amplas reivindicações adjetivas, que dão força permanente ao caráter de Javé, dependem de um testemunho verbal intensamente concreto que as alimente e reabasteça constantemente.

No testemunho de Israel sobre Javé, os substantivos estão para os adjetivos como esses estão para os verbos. Dessa forma, os substantivos são um testemunho ainda mais audacioso, amplo e generalizador sobre Javé. Assim, se Israel pode dizer em muitas ocasiões que Javé "salva", posteriormente chegando a um adjetivo que afirma que "Javé é salvante", pode finalmente usar um substantivo: "Javé é o salvador". O conteúdo dessa reivindicação nominal se baseia em muitas reivindicações adjetivas, as quais por sua vez se baseiam em muitas sentenças verbais de testemunho, nas quais encontram suas referências concretas.[4] *Assim, proponho que, ao falar sobre Javé, Israel normalmente se move do particular para o geral, do verbo para o adjetivo e deste para o substantivo.* Para manter os substantivos generalizadores, Israel precisa estar constantemente preparado para retornar às reivindicações adjetivais mais particulares e, por detrás delas, às sentenças verbais ainda mais particulares de testemunho.[5]

### O testemunho das metáforas

Se os substantivos para Javé surgem dos adjetivos, os quais por sua vez procedem dos verbos, então as caracterizações nominais de Javé não são tão firmes e estáveis como parecem ser à primeira vista, nem como são

---

[4] O relacionamento entre verbos, adjetivos e substantivos que eu proponho é similar à distinção entre hinos "declarativos" e "descritivos" proposta por Claus Westermann (veja a nota 1 do capítulo 5).

[5] Em *Israel's Praise: Doxology against Idolatry and Ideology* (Filadélfia: Fortress, 1988), sugeri que nossa tendência característica é a de fazer uma "leitura para cima", dos motivos para a convocação, isto é, de nos movermos do particular para o geral, de forma a expandir a reivindicação do hino. A reflexão crítica exige, por outro lado, que façamos uma "leitura para baixo", da convocação para os motivos, isto é, da reivindicação geral para sua fundamentação específica na experiência de vida.

geralmente consideradas pelas tradições teológicas clássicas que tratam da "essência". De fato, creio que os substantivos são empregados como agregadores de adjetivos para Javé, de modo que os substantivos são bem menos estabelecidos e sólidos do que indica nosso uso. Atualmente, essa questão se expressa frequentemente assim: os substantivos para Javé no Antigo Testamento são metáforas, e não há uma equivalência unívoca entre a metáfora e aquilo ao que ela se refere. De fato, o substantivo como metáfora sempre se encontra em uma relação tênue e próxima com aquele de quem dá testemunho. Os seguintes aspectos se aplicam aos substantivos como metáforas no testemunho teológico de Israel:

1. Metáforas são substantivos que funcionam em Israel para dar acesso ao Sujeito dos verbos, que é infinitamente elusivo.[6] A metáfora será entendida e usada de forma errada caso não se reconheça que o substantivo não contém nem abrange aquele que é nomeado pela metáfora. Todavia, o uso do discurso nominal em Israel dá acesso a Javé, de modo que Israel pode de fato responder àquele sobre quem testemunha como juiz, rei ou pai.

2. As metáforas, como mostra SALLIE MCFAGUE, são substantivos usados para caracterizar o Sujeito, Deus.[7] Porém, visto que a metáfora não se iguala completamente ao elusivo Sujeito, esse "é" e "não é" acessível ao se expressar o substantivo. Assim, quando Israel testifica que "Javé é o meu pastor", o substantivo *pastor* dá a Israel um acesso específico a Javé. Ao mesmo tempo, Javé *não* é um pastor. Isto não ocorre por *pastor* ser uma metáfora pobre ou inadequada, mas porque o discurso sobre o elusivo Javé permite essa ressalva em seu próprio caráter. A incapacidade de levar a sério a qualidade de negação ("não é") do substantivo equivale a não reconhecer

---

[6] Quanto à metáfora como meio de expressar o que é elusivo, veja o estudo magistral de PAUL RICOEUR, *The Rule of Metaphor: Multi-disciplinary Studies of the Creation of Meaning in Language* (Londres: Routledge and Kegan Paul, 1978).

[7] SALLIE MCFAGUE, *Metaphorical Theology: Models of God in Religious Language* (Filadélfia: Fortress, 1983), explora o inventário convencional de metáforas para Deus, mas direciona o tópico de forma nova. Quanto à especificidade e escopo das metáforas bíblicas para Deus, veja ROBERT J. BANKS, *God the Worker: Journeys into the Mind, Heart, and Imagination of God* (Nova York: Judson, 1994).

que o substantivo é uma metáfora e que não é possível se aproximar mais do Sujeito senão pela prática da metáfora.

3. A metáfora, como sugere McFague, é uma proteção contra a idolatria em um testemunho que tende ao monoteísmo. É provavelmente correto afirmar, como propõe James Sanders, que Israel nunca chega completamente ao monoteísmo.[8] Na medida em que sua fé está *no caminho* para o monoteísmo, Israel se arrisca em seu testemunho a estar muito seguro sobre Deus e é tentado a enquadrar um Sujeito que é caracteristicamente elusivo. Como o movimento para o monoteísmo tende para o enquadramento, a prática da metáfora trabalha contra isto, a fim de conservar um testemunho que honra o caráter provisório, aberto e esquivo do processo de testificar. O monoteísmo, sem a proteção da metáfora, tende à idolatria; pois, sem o caráter elusivo dos substantivos, o Deus do monoteísmo pode vir a ser totalmente conhecido e, assim, completamente esgotado nos pronunciamentos. Contudo, é claro que Javé não é totalmente conhecido nem completamente esgotado no testemunho de Israel, porque Javé está oculto, é livre, surpreendente, elusivo, e se recusa a ser contido em alguma formulação verbal. Assim, a metáfora impossibilita a reificação de qualquer rótulo substantivo para Javé, como se o rótulo fosse a própria realidade – ou seja, como se fosse Deus.

4. Além da reificação, a outra tentação de enquadramento teológico é o reducionismo: a tentação de reduzir as metáforas sobre Javé a algumas poucas ou a uma só. Esse reducionismo, que tenta encontrar o substantivo "apropriado" para Javé, no fim é outra forma de reificação. Contra esse reducionismo, o testemunho de Israel pratica um pluralismo determinado em seus substantivos para Javé. Tal como Brian Wren encoraja "muitos nomes" para Deus porque nenhum por si só

---

[8] James A. Sanders, "Adaptable for Life", em *From Sacred Text to Sacred Story: Canon as Paradigm* (Filadélfia: Fortress, 1987), pp. 9-39. Veja Walter Brueggemann, "'Exodus' in the Plural (Amos 9:7)", *Many voices, one God: being faithful in a pluralistic worlds: in honor of Shirley Guthrie* (org. Walter Brueggemann e George W. Stroup; Louisville: Westminster John Knox, 1998), pp. 15-33, para a sugestão de uma tendência antipluralista em Amós 9.7.

é adequado,⁹ assim o Antigo Testamento faz uso de muitas metáforas para Javé porque nenhuma por si só pode expressar tudo o que Israel precisa dizer acerca do seu Deus. A gama completa de substantivos aplicáveis a Javé contém não apenas uma rica variedade, mas também um panorama de possibilidades, muitas das quais se contradizem mutuamente. Além disso, as testemunhas em Israel não tentam harmonizar as metáforas ou fazer com que se encaixem. Antes, o rico escopo de metáforas em geral está em tensão entre si, de modo que uma metáfora pode afirmar o que não foi dito por outra, ou de modo que uma pode corrigir a outra, ou ainda de modo que uma pode desabsolutizar a outra.

O Segundo Isaías provê um exemplo de testemunho, no qual os substantivos para Javé são postos lado a lado sem qualquer intenção de harmonizá-los, mas talvez com a intenção precisa de afirmar uma incoerência:

> Eis que o Senhor Deus virá com poder,
> e o seu braço dominará;
> eis que o seu galardão está com ele,
> e diante dele, a sua recompensa.
> Como pastor, apascentará o seu rebanho;
> entre os seus braços recolherá os cordeirinhos
> e os levará no seio;
> as que amamentam ele guiará mansamente. (Is 40,10-11)

Nas primeiras linhas, Javé é retratado como um poderoso guerreiro, como um herói militar que retorna vitorioso. Porém, a isso se segue imediatamente uma descrição de Javé como uma espécie de acompanhante que gentilmente carrega os cordeirinhos e guia a mamãe ovelha. Certamente, a metáfora de *pastor* para Javé equivale à metáfora do *rebanho* para Israel. Consideradas juntas, essas imagens caracterizam Javé como um agente de poder feroz e de ternura e moderação desmedidas.¹⁰ Em nosso discurso teológico, caracteristicamente somos tentados a eleger uma

---

⁹ BRIAN WREN, *What Language Shall I Borrow? God-Talk in Worship: A Male Response to Feminist Theology* (Nova York: Crossroad, 1990). Mais especificamente, veja seu hino "Many Names", ibid., pp. 143-170.

¹⁰ Veja a poderosa justaposição de imagens que aparecem na notável declaração de Dt 1,30-31.

delas em detrimento da outra, deixando que nossa preferida esmague a outra ou se torne absoluta. O testemunho de Israel, pela rica diversidade de substantivos, impossibilita esse reducionismo em qualquer direção. Assim, é possível dizer que Javé é semelhante a um guerreiro e semelhante a um pastor, mas sem ser definitivamente um ou outro; tem algo de ambos sem ser totalmente nenhum deles.

A linguagem mais direta de Israel para Javé, a linguagem de substantivos, é empregada de uma maneira que milita contra a reivindicação normal e sólida dos substantivos. Isto é, o que Israel tenta reivindicar ou demonstrar com esse discurso não é o mesmo que a função exercida pelos substantivos sólidos no discurso ocidental normal. As imagens e metáforas usadas para falar de Javé serão constantemente mal entendidas e distorcidas em idolatria, a menos que se recorde sem cessar que a reivindicação do substantivo é sempre afirmada vagamente, devido ao caráter metafórico do substantivo e à qualidade elusiva do Sujeito. Esses substantivos servem a Israel no momento do pronunciamento e no testemunho permanente do pronunciamento, mas esses substantivos não podem ser absolutizados ou arrancados do pronunciamento concreto de testemunho em que estão inseridos. Essa absolutização vai contra o modo discursivo de Israel e o Sujeito do seu testemunho.[11]

Os substantivos aplicáveis a Javé no testemunho de Israel não podem ser extraídos do discurso mais amplo do testemunho narrativo, que é o habitat natural de Javé. Essa articulação do tema sugere que os substantivos usados para Javé são importantes para uma exploração completa do testemunho de Israel, mas esses substantivos participam do caráter elusivo do Personagem de quem testificam. Os substantivos devem ser valorizados em sua plena carga e pungência, mas eles pertencem ao momento do pronunciamento e ao ambiente em que se situa esse pronunciamento. Isto significa, então, que Javé está sempre aberto a novos substantivos e novos pronunciamentos que podem corrigir, protestar ou desestabilizar outros substantivos. É impressionante que nos pronunciamentos exílicos de Isaías, Jeremias e Ezequiel, algumas das metáforas mais sugestivas para Javé são usadas de formas novas; são pronunciamentos de testemunho que

---

[11] EBERHARD JÜNGEL, "Metaphorical Truth", em *Theological Essays* (Edimburgo: T. & T. Clark, 1989), pp. 58-71, propõe que toda linguagem teológica é completamente metafórica. Veja ROLAND D. ZIMANY, *Vehicle for God: The Metaphorical Theology of EBERHARD JÜNGEL* (Macon: Mercer University, 1994), para uma análise da proveitosa exposição de JÜNGEL.

convidam a novos vereditos sobre quem e como é Javé.¹²

Nosso trabalho agora é explorar a rica variedade de substantivos metafóricos atribuídos a Javé no testemunho de Israel; substantivos que testificam da constância elusiva de Javé, mas que o fazem de uma maneira que protege a tendência monoteísta de Israel contra as tentações de reificação e reducionismo que culminam em idolatria. Podemos dividir nossa consideração dos substantivos para Javé em dois grupos: **(1)** aqueles que parecem ser predominantes no testemunho de Israel, e **(2)** aqueles que são mais marginais, mas que são usados como uma subversão preventiva dos substantivos predominantes.

### Metáforas de governo

As metáforas que parecem dominar o discurso de Israel sobre Javé podem ser denominadas de imagens de governo. Por meio delas Israel testifica da capacidade de Javé governar e se impor, afirmando sua autoridade soberana e assegurando uma ordem coerente de vida no mundo. G. ERNEST WRIGHT e PATRICK D. MILLER tratam de diferentes maneiras esse conjunto de imagens, no qual podemos incluir juiz, rei, guerreiro e pai.¹³ Cada uma dessas imagens se refere ao uso do poder. De fato, como frequentemente tem se reconhecido, é possível que essas metáforas estejam abertas a uma compreensão "machista" do caráter de Javé, pois geralmente estão associadas à masculinidade e à virilidade.¹⁴ Não há dúvida de que essas imagens de Javé, na fala de Israel, foram interpretadas como autorizando o controle masculino que geralmente é pesado, explorador e brutal. Sem negar que essas interpretações de Javé produziram resultados sociopolíticos destrutivos, é igualmente importante reconhecer que essas articulações de Javé eram teologicamente urgentes em uma comunidade que era caracteristicamente marginalizada, uma comunidade que apela a essa força favo-

---

¹² Minha observação aqui utiliza muito do mesmo material usado por GERHARD VON RAD, *Old Testament Theology 2* (São Francisco: Harper and Row, 1965). Minha intenção, contudo, é bem diferente da de VON RAD, que aborda o material textual com questões diferentes das que estou encorajando.

¹³ G. ERNEST WRIGHT, *Theology and the Old Testament* (Nova York: Harper and Row, 1969); PATRICK D. MILLER, "The Sovereignty of God", em *The Hermeneutical Quest: Essays in Honor of James Luther MAYS on His Sixty-Fifth Birthday* (org. Donald G. Miller; Princeton Theological Monographs 4; Allison Park: Pickwick, 1986), pp. 129-144.

¹⁴ Na interpretação cristã, as metáforas são mantidas drasticamente abertas em designação cristológica pela realidade central e definidora da cruz.

rável a Israel como um remédio e antídoto contra poderes brutais e hostis (divinos e humanos). Ou seja, o poder de Javé, mediado nessas metáforas, funciona como um poder contrário para desabsolutizar as forças opressoras. Tendo dito isso, porém, é igualmente importante reconhecer que essas metáforas, como mediações de poder, não podem ser reduzidas totalmente à unidimensionalidade. Essas metáforas permanecem mais abertas e elusivas que isso e, na imaginação de Israel, afirmam mais que mero poder, afirmam algo diferente.[15]

### *Javé como Juiz*

Essa interpretação de Javé é predominante na vida e no discurso de Israel.[16] É evidente que a metáfora *juiz* retrata Javé como alguém comprometido com um governo de leis justas. É alguém com quem se pode contar para intervir a favor dos que são tratados injustamente ou contra o que é considerado tratamento desigual, de acordo com as noções radicais de Israel sobre justiça, as quais se opõem ao "realismo" explorador de grande parte da justiça que serve e engrandece a si mesma. Assim, diz-se que Javé "ama a justiça" (Sl 99,4; Is 61,8), que é alguém que se preocupa com ela, que está comprometido com sua prática, e em quem se pode confiar para agir em questões sociais a favor da justiça baseada na aliança.

Israel confia plenamente no papel de Javé como juiz, pois frequentemente se afirma que a lei que instrui o juízo de Javé é uma lei que proporciona bem-estar a todos, a qual ele faz cumprir. Essa equidade de Javé não concede simplesmente "justiça poética"; ela inclui ativa intervenção (reparações?) para os que são fracos e impotentes. Assim, a grande doxologia de Israel afirma:

> Ele firmou o mundo para que não se abale
> e julga os povos com equidade.
> porque vem, vem julgar a terra;
> julgará o mundo com justiça
> e os povos, consoante a sua fidelidade. (Sl 96,10,13)

A ação desse juiz endireitará o mundo. Essa atividade do juiz recebe um conteúdo positivo no litígio contra outros supostos deuses que não praticam a justiça de Javé:

---

[15] G. ERNEST WRIGHT, *The Challenge of Israel's Faith* (Chicago: University of Chicago, 1944), p. 66, fala dos aspectos "viris" do Deus bíblico.

[16] Quanto a esse tema, veja RICHARD NELSON BOYCE, *The Cry to God in the Old Testament* (SBLDS 103; Atlanta: Scholars, 1988).

> Até quando julgareis injustamente
> e tomareis partido pela causa dos ímpios?
> Fazei justiça ao fraco e ao órfão,
> procedei retamente para com o aflito e o desamparado.
> Socorrei o fraco e o necessitado;
> tirai-os das mãos dos ímpios. (Sl 82,2-4)

Assim, Israel afirma que o papel de Javé como juiz é fonte de consolo e segurança de que as situações de exploração social serão corrigidas. Esse aspecto do papel de Javé como juiz se torna uma base para a apelação, mesmo para indivíduos que pleiteiam sua causa diante do "juiz de toda a terra":

> Reúnam-se ao redor de ti os povos,
> e por sobre eles remonta-te às alturas.
> O Senhor julga os povos;
> julga-me, Senhor, segundo a minha retidão
> e segundo a integridade que há em mim.
> Deus é justo juiz,
> Deus que sente indignação todos os dias. (Sl 7,7-8,11)

> Ele mesmo julga o mundo com justiça;
> administra os povos com retidão.
> Pois o necessitado não será para sempre esquecido,
> e a esperança dos aflitos não se há de frustrar perpetuamente. (Sl 9,8,18)

A base para um apelo íntimo e pessoal também é o fundamento para a crença israelita de que esse juiz exigirá prestação de contas das grandes forças sociais que praticam exploração:

Quanto a vós outras, ó ovelhas minhas, assim diz o Senhor Deus: Eis que julgarei entre ovelhas e ovelhas, entre carneiros e bodes. Acaso, não vos basta a boa pastagem? Haveis de pisar aos pés o resto do vosso pasto? E não vos basta o terdes bebido as águas claras? Haveis de turvar o resto com os pés? Quanto às minhas ovelhas, elas pastam o que haveis pisado com os pés e bebem o que haveis turvado com os pés. Por isso, assim lhes diz o Senhor Deus: Eis que eu mesmo julgarei entre ovelhas gordas e ovelhas magras. Visto que, com o lado e com o ombro, dais empurrões e, com os chifres, impelis as fracas até as espalhardes fora, eu livrarei as minhas ovelhas, para que já não sirvam de rapina, e julgarei entre ovelhas e ovelhas. (Ez 34,17-22)

Certamente, a magistratura de Javé tem um lado severo. A retórica de Israel sugere que às vezes Javé fica profundamente afrontado pela injustiça; ele castigará a quem afrontar seu compromisso apaixonado com a justiça. Além disso, esse testemunho de Israel sobre Javé contém um elemento de perigo, pois a resposta de Javé às vezes parece desproporcional à afronta. Em um contexto como Gênesis 18-19, Abraão precisa chamar firmemente Javé de volta à sua função apropriada:

Longe de ti o fazeres tal coisa, matares o justo com o ímpio, como se o justo fosse igual ao ímpio; longe de ti. Não fará justiça (*mšpṭ*) o Juiz (*špṭ*) de toda a terra? (Gn 18,25)

Não se deve enfatizar demais esse ponto. Apesar disso, o reconhecimento de que o justo pode ser destruído junto com o ímpio indica a consciência de Israel sobre uma desproporção potencial na severidade de Javé como juiz.

Todavia, no conjunto, a ferocidade de Javé como juiz não é caprichosa. É, antes, a implementação da lei e das sanções às quais se sabe que Javé está comprometido. Assim, GEORGE MENDENHALL mostra que a "vingança" de Javé não é selvagem ou caprichosa, mas de fato é o exercício de um governo ordenado com o qual Javé está comprometido desde o início.[17] Essa constância de Javé como juiz que defende a "lei justa" contra seus transgressores é o fundamento sobre o qual se profere em linguagem judicial muito da retórica de Israel. Ao confiar em Javé, Israel testifica sobre sua justiça confiável. Ao mesmo tempo, está atento à severidade da vida real que não pode ser explicada por qualquer cálculo moral crível. A confiança israelita em Javé como juiz se evidencia no Salmo 82, no qual a verdadeira "divindade", a reinvindicação de Javé, está intimamente vinculada ao cuidado para com os fracos e desvalidos (vs. 3-4). De fato, é a esse juiz que Israel apela quando todas as demais chances de justiça falharam (cf. v. 8).

Assim, nos profetas de Israel, o juiz Javé muitas vezes faz acusações a Israel e executa sentenças judiciais apropriadas:[18]

> Ouvi a palavra do Senhor, vós, filhos de Israel,
> porque o Senhor tem uma contenda com os habitantes da terra,
> porque nela não há verdade, nem amor,
> nem conhecimento de Deus.
> O que só prevalece é perjurar,

---

[17] GEORGE E. MENDENHALL, "The Vengeance of Yahweh", em *The Tenth Generation: The Origins of the Biblical Tradition* (Baltimore: Johns Hopkins University, 1973), pp. 69-104.

[18] Veja CLAUS WESTERMANN, *Basic Forms of Prophetic Speech* (Atlanta: John Knox, 1967).

mentir, matar, furtar e adulterar,
e há arrombamentos e homicídios sobre homicídios.
Por isso, a terra está de luto,
e todo o que mora nela desfalece,
com os animais do campo e com as aves do céu;
e até os peixes do mar perecem. (Os 4,1-3)

A esfera de administração judicial de Javé, contudo, não se limita a Israel, que se submeteu à lei do Sinai. Estende-se também às outras nações, as quais estão todas sujeitas afinal à justiça de Javé.¹⁹ Assim, em ampla perspectiva, Javé julga:

Pois disseste: Hei de aproveitar o tempo determinado;
hei de julgar retamente.
Deus é o juiz;
a um abate, a outro exalta.
Abaterei as forças dos ímpios;
mas a força dos justos será exaltada. (Sl 75,2,7,10)

Exalta-te, ó juiz da terra;
dá o pago aos soberbos.
Até quando, Senhor, os perversos,
até quando exultarão os perversos?
Esmagam o teu povo, Senhor,
e oprimem a tua herança.
Matam a viúva e o estrangeiro
e aos órfãos assassinam.
Pode, acaso, associar-se contigo o trono da iniquidade,
o qual forja o mal, tendo uma lei por pretexto? (Sl 94,2-3,5-6,20)

No fim, os "oráculos contra as nações" (Am 1-2; Is 13-23; Jr 46-51; Ez 25-32) são evidências de que Javé exerce controle judicial sobre os assuntos das nações e distribui juízos de acordo com sua própria justiça apai-

---

¹⁹ Para uma pesquisa dos oráculos contra as nações, veja NORMAN K. GOTTWALD, *All the Kingdoms of the Earth: Israelite Prophecy and International Relations in the Ancient Near East* (Nova York: Harper and Row, 1964). Para uma obra mais recente, veja o ótimo tratamento de Paul R. Raabe, "Why Prophetic Oracles Against the Nations?", em *Fortunate the Eyes That See* (org. ASTRID B. BECK *et al.*; Grand Rapids: Eerdmans, 1995), pp. 236-257. Quanto ao fundamento para o juízo contra as nações, veja GRAHAM DAVIES, "The Destiny of the Nations in the Book of Isaiah", em *The Book of Isaiah* (org. J. VERMEYLEN; Leuven University, 1989), pp. 93-120; G. R. HOMBERG, "Reasons for Judgment in the Oracles against the Nations in the Prophet Isaiah", *VT* 31 (1981), pp. 145-159.

xonada. Por exemplo, nos oráculos de Amós 1,3; 2,8, a conduta dos outros povos é avaliada no formato de processo judicial do discurso profético. Assim, esses outros povos, que nunca estiveram no Sinai, estão sujeitos ao juízo de Javé. Por exemplo, Javé pune os amonitas por atacarem selvagemente as mulheres de Gileade (Am 1,13).

De fato, existe um potencial para severidade e ferocidade na retórica israelita sobre Javé como juiz. Esse juiz leva a sério as regras da lei. Essa severidade e ferocidade, que às vezes parecem brotar arbitrariamente, são o fundamento da afirmação de Israel de que o mundo possui uma coerência moral, com a qual mesmo os fracos podem contar. Além disso, essa coerência moral tem credibilidade, porque o juiz está disposto e é capaz de efetuar sanções contra os transgressores.

É importante lembrar que a reivindicação de Javé como juiz é metafórica. Como resultado, Israel não tem um argumento totalmente articulado sobre a lei pela qual se rege o juiz, mas apenas uma noção incipiente de justiça e lei que surge dos próprios pronunciamentos sobre o juiz. Assim, a metáfora de juiz não se centraliza em uma teoria legal. Antes, vive em um mundo de apelos práticos e desesperados daqueles que não têm outro fundamento para apelação ou esperança; e em um mundo de ira justa entre aqueles que estão chocados com a brutalidade exploradora que precisa ser chamada à prestação de contas. Assim, a metáfora surge na própria prática de fé e vida. Israel, afinal, não provê mais que os materiais a partir dos quais se pode formular uma teoria legal mais coerente.

### *Javé como Rei*

Essa imagem de Javé está intimamente ligada à do juiz. A origem e época dessa retórica para Javé tem sido tema de um longo debate entre os estudiosos.[20] Não há dúvida que a frase "Javé é rei" se baseia nos modelos políticos disponíveis a Israel no mundo antigo e está vinculada a eles. Igualmente, não há dúvida de que Israel usou esses modelos para seu testemunho teológico de uma maneira que fosse coerente com o que mais Israel tinha a dizer sobre Javé. Tal como na metáfora do juiz, a metáfora do rei é uma forma de testemunhar sobre a obra de Javé ao ordenar a criação como um lugar viável e confiável para a vida e o bem-estar. E, como na metáfora

---

[20] Muito depende da análise crítica sobre o linguajar de entronização para Javé nos Salmos e no Segundo Isaías. HERMANN GUNKEL e HANS-JOACHIM KRAUS defendem que os materiais de Isaías surgiram primeiro e, assim, o uso é relativamente tardio. Contudo, se alguém segue SIGMUND MOWINCKEL e trata os Salmos como o material mais antigo, então o uso de Javé como rei pode ser bem antigo na liturgia e fé de Israel.

do juiz, essa retórica está aberta ao uso ideológico explorador, como estava disponível para o uso da dinastia de Jerusalém, que facilmente reivindicou as funções de Javé como suas próprias. No entanto, é importante reconhecer que a retórica de Israel está permeada pela noção de "Javé como rei" e que seu modelo preferido de discurso teológico é o político. O discurso de Israel sobre Javé nunca está muito distante das questões de poder, que são carregadas de grande tentação e infinita ambiguidade.

O influente modelo de GEORGE MENDENHALL para a aliança mosaica apresentou fortes argumentos para se considerar Javé como suserano em um governo recentemente estabelecido de lei confiável.[21] Esse estabelecimento do seu novo governo legal é o ponto de partida para o discurso de Israel sobre Javé como rei. Essa noção de MENDENHALL foi antecipada pela noção de teopolítica no Sinai proposta por MARTIN BUBER; ali Israel se submete ao governo e à vontade desse rei como uma "sociedade de contraste" com qualquer outro governo.[22] Assim, no Salmo 29, Javé aparentemente venceu uma batalha contra outros deuses, e merecidamente ocupa o trono acima dos dilúvios, de onde ordena o *shalôm*:

> O Senhor preside aos dilúvios;
> como rei, o Senhor presidirá para sempre.
> O Senhor dá força ao seu povo,
> o Senhor abençoa com paz ao seu povo. (Sl 29,10-11)

No paralelo do Salmo 96, anuncia-se às nações que Javé passou a governar, quer em um reconhecimento litúrgico pelos outros deuses ou quer por massiva derrota deles: "Dizei entre as nações: Reina o Senhor" (Sl 96,10).[23] Além disso, essa declaração do novo governo se caracteriza por justiça, equidade e fidelidade (vs. 10,13), e é causa de grande júbilo e exaltação entre todas as criaturas (vs. 11-12).

O governo de Javé – como rei de Israel e sobre toda a criação, todos os demais deuses e todas as nações – desempenha duas funções na retó-

---

[21] GEORGE E. MENDENHALL, *Law and Covenant in Israel and the Ancient Near East* (Pittsburgh: Biblical Colloquium, 1954).

[22] MARTIN BUBER, *The Kingship of God* (trad. RICHARD Schiemann; Nova York: Harper and Row, 1967).

[23] É possível, como insta MOWINCKEL, interpretar a expressão como "Javé acabou de se tornar rei", isto é, nesse momento de representação litúrgica. Quanto à hipótese de MOWINCKEL que provê um contexto para essa interpretação alternativa, veja a análise crítica de BEN C. OLLENBURGER, *Zion, City of the Great King: A Theological Symbol of the Jerusalem Cult* (JSOTSup 41; Sheffield: JSOT, 1987), pp. 24-33.

rica de Israel. Primeiro, o reinado de Javé funciona como um princípio crítico para desabsolutizar ou até mesmo deslegitimar todos os outros governos que se imaginam irrestritos e absolutos. Essas ações são evidentes no começo do testemunho de Israel na narrativa do Êxodo, quando Javé deslegitima o governo do Faraó. Essa narrativa culmina em um feliz reconhecimento do reinado de Javé: "O Senhor reinará por todo o sempre" (Êx 15,18).

No outro extremo do Antigo Testamento, faz-se Nabucodonosor de paradigma para todos os poderes mundanos pretenciosos, e se mostra dramaticamente a ele que ele é completamente dependente de Javé. Javé não governa apenas dos céus, mas também determina quem governa na terra com sua autorização. O clímax da deslegitimação de Nabucodonosor em Daniel 4 apresenta uma reivindicação sobre Javé que é quase uma resposta litúrgica:

> Quão grandes são os seus sinais,
> e quão poderosas, as suas maravilhas!
> O seu reino é reino sempiterno,
> e o seu domínio, de geração em geração. (v. 3)

> ...o Altíssimo tem domínio sobre o reino dos homens;
> e o dá a quem quer
> e até ao mais humilde dos homens constitui sobre eles. (v. 17)

> ...até que conheças que o Altíssimo tem domínio
> sobre o reino dos homens e o dá a quem quer. (v. 25, repetido no v. 32)

> Todos os moradores da terra são por ele reputados em nada;
> e, segundo a sua vontade, ele opera
> com o exército do céu e os moradores da terra;
> não há quem lhe possa deter a mão,
> nem lhe dizer: Que fazes? (v. 35)

> ...porque todas as suas obras são verdadeiras,
> e os seus caminhos, justos,
> e pode humilhar aos que andam na soberba. (v. 37)

Javé é de fato soberano. Qualquer outro governante deriva dele e depende dele, o que significa que Nabucodonosor não pode fazer reivindicação alguma por si mesmo. Essa reivindicação extraordinária sobre Javé contém *a semente da desobediência civil revolucionária*, pois qualquer governo que não seja coerente com o governo de Javé é, afinal, ilegítimo.[24]

Assim, Javé como rei funciona como um formidável princípio crítico. Mas a reivindicação de Javé como rei também possui um conteúdo positivo que se aproxima das próprias experiências de vida de Israel. Em uma afirmação central na tradição do Deuteronômio, Israel assegura de modo doxológico:

> Eis que os céus e os céus dos céus são do Senhor, teu Deus, a terra e tudo o que nela há. ...Pois o Senhor, vosso Deus, é o Deus dos deuses e o Senhor dos Senhores, o Deus grande, poderoso e temível... (Dt 10,14,17)

No fim, esse impressionante governo de Javé se traduz em generosidade concreta e compaixão restauradora para os necessitados. Quanto a Israel:

> Tão-somente o Senhor se afeiçoou a teus pais para os amar; a vós outros, descendentes deles, escolheu de todos os povos, como hoje se vê. (Dt 10,15)

E quanto aos necessitados:

> ...que faz justiça ao órfão e à viúva e ama o estrangeiro, dando-lhe pão e vestes. (Dt 10,18)

O reinado de Javé se interessa por práticas concretas que reabilitem os necessitados. No hino do Salmo 145, o louvor de Israel a Javé começa reconhecendo seu reinado:

> Exaltar-te-ei, ó Deus meu e Rei;
> bendirei o teu nome
> para todo o sempre. (v. 1)

Afirma-se que a essência desse governo é seu cuidado atento e generoso:

> O Senhor sustém os que vacilam
> e apruma todos os prostrados.
> Em ti esperam os olhos de todos,
> e tu, a seu tempo, lhes dás o alimento.

---

[24] Quanto à importância permanente desse modelo para a conduta política, veja W. SIBLEY TOWNER, "Were the English Puritans 'The Saints of the Most High?' Issues in the Pre-critical Interpretation of Daniel 7", *Int* 37 (1983), pp. 46-63. JOÃO CALVINO, *Institutes of the Christian Religion* (LCC 21; Londres: SCM, 1960) §4.20.32 (v. 2, p. 1521), conclui sua exposição teológica com um apelo a At 5,29, uma justificativa para a desobediência civil com base na soberania de Deus.

> Abres a mão
> e satisfazes de benevolência a todo vivente.
> Justo é o Senhor em todos os seus caminhos,
> benigno em todas as suas obras. (v. 14-17)

Em Isaías 43,15, o "Criador de Israel, o vosso Rei" é quem estará ativamente empenhado na libertação dos exilados da Babilônia mediante demonstração de grande poder.

Tal como Israel celebra o rei em hinos doxológicos, assim também se dirige a ele com petições nos seus Salmos de lamento. É a esse rei, aquele que governa com compaixão reabilitadora e que deslegitima as forças exploradoras, que Israel recorre em seus apelos mais íntimos por ajuda:[25]

> Escuta, Rei meu e Deus meu,
> a minha voz que clama,
> pois a ti é que imploro. (Sl 5,2)

> O Senhor é rei eterno:
> da sua terra somem-se as nações.
> Tens ouvido, Senhor, o desejo dos humildes;
> tu lhes fortalecerás o coração e lhes acudirás,
> para fazeres justiça ao órfão e ao oprimido,
> a fim de que o homem, que é da terra, já não infunda terror. (Sl 10,16-18)

O rei é de fato o juiz. Como rei, entretanto, o juiz Javé é ativo e poderoso em intervenções, para fazer com que o mundo funcione corretamente, para restaurar a possibilidade de bem-estar entre as nações esmagando os exploradores, e para cuidar dos necessitados que não têm outro defensor exceto esse rei.

### *Javé como Guerreiro*

Essa metáfora para Javé está intimamente ligada às do juiz e do rei.[26] Javé como guerreiro é aquele que, como um juiz comprometido com o governo da lei, atua para estabilizar, manter e implementar essa lei, sobre

---

[25] Quanto às dimensões íntimas da piedade pessoal no Israel antigo, veja RAINER ALBERTZ, *A History of Israelite Religion in the Old Testament Period* (2 v.; OTL; Louisville: Westminster/John Knox, 1994).

[26] Veja PATRICK D. MILLER, *The Divine Warrior in Early Israel* (HSM 5; Cambridge: Harvard University, 1973); e o estudo básico de GERHARD VON RAD, *Holy War in Ancient Israel* (Grand Rapids: Eerdmans, 1991). Deve-se prestar atenção à introdução crítica de BEN C. OLLENBURGER à edição inglesa da obra de VON RAD, pp. 1-33.

a qual o rei presidirá. Como no caso do juiz e rei, a noção de Javé como guerreiro serve como um princípio crítico, para assegurar que Ele combaterá todos os que reivindicam ilicitamente o poder público e os derrotará. Além disso, essa metáfora, como as outras duas, funciona como um ponto de referência e como um tribunal de apelo para quem não tem ajuda ou esperança de nenhuma outra fonte.

PATRICK MILLER demostra que Êxodo 15,1-18, dentre os pronunciamentos de testemunho mais importantes de Israel, é o argumento principal a favor de um "Deus guerreiro".[27] De fato, diz-se que Javé é um "homem de guerra" (vs. 3), alguém que age de modo feroz e violento em favor de Israel. Assim, a derrota do Faraó (vs. 4-10) e a derrota subsequente dos reis da Transjordânia e de Canaã (vs. 13-16) são realmente ações de grande poder de Javé. O trabalho de Javé, ao se engajar em batalhas violentas, é primeiramente criar um futuro para Israel fora de toda esfera de opressão e, então, assegurar para Israel um espaço de vida – isto é, a terra prometida em Gênesis.

Essa mesma retórica sobre Javé como guerreiro é retomada no Isaías do exílio, quando Israel dá testemunho sobre a derrota da Babilônia e a emancipação do exílio imperial. Assim:

> Eis que o Senhor Deus virá com poder,
> e o seu braço dominará;
> eis que o seu galardão está com ele,
> e diante dele, a sua recompensa. (Is 40,10)

> O Senhor desnudou o seu santo braço
> à vista de todas as nações;
> e todos os confins da terra verão
> a salvação do nosso Deus. (Is 52,10)

Essas duas vitórias centrais no Egito e na Babilônia, que transformam o destino de Israel, tem como contraparte doxológica a liturgia de entrada no Salmo 24:

> Quem é o Rei da Glória?
> O Senhor, forte e poderoso,
> o Senhor, poderoso nas batalhas.
> O Senhor dos Exércitos,
> ele é o Rei da Glória. (vs. 8,10)

---

[27] Veja MILLER, *The Divine Warrior*, pp. 113-117.

Aqui convergem as imagens de rei e guerreiro. As últimas linhas do poema expressam o antigo título de Javé, "Senhor dos Exércitos", referindo-se às legiões militares de Javé. O papel de Javé como guerreiro é partidário. Javé está engajado em uma atividade violenta, impositiva e libertadora a favor de Israel:

> Emperrou-lhes as rodas dos carros e fê-los andar dificultosamente. Então, disseram os egípcios: Fujamos da presença de Israel, porque o Senhor peleja por eles contra os egípcios. ...Assim, o Senhor livrou Israel, naquele dia, da mão dos egípcios; e Israel viu os egípcios mortos na praia do mar. (Êx 14,25.30)

> O Senhor, vosso Deus, que vai adiante de vós, ele pelejará por vós, segundo tudo o que fez conosco, diante de vossos olhos, no Egito. ...Não os temais, porque o Senhor, vosso Deus, é o que peleja por vós. (Dt 1,30; 3,22)

Essa retórica, que aparentemente emerge no meio do testemunho de Israel sobre os eventos fundadores do Êxodo e da terra prometida, é também a base de apelo nas orações mais pessoais de Israel. O adorador individual também pode pedir que o guerreiro Javé atue:

> Levanta-te, Senhor, na tua indignação,
> mostra a tua grandeza contra a fúria dos meus adversários... (Sl 7,6)

> Quebranta o braço do perverso e do malvado;
> esquadrinha-lhes a maldade, até nada mais achares. (Sl 10,15)

Assim, Israel imagina caracteristicamente que Javé é seu aliado nas grandes, graves e arriscadas emergências de sua vida. Javé é um guerreiro *a serviço de Israel*. Na tradição de Jeremias, no entanto, reconhece-se que o guerreiro Javé, que é rei justo e juiz de justiça, não se compromete com Israel de forma cega e incondicional. Em um caso extremo, esse juiz e rei é afrontado por Israel e, então, como guerreiro, Javé se mobiliza contra Israel:

> Pelejarei eu mesmo contra vós outros com braço estendido e mão poderosa, com ira, com indignação e grande furor. (Jr 21,5)[28]

Nesse texto, a tradição inverte a caracterização do guerreiro Javé para fazê-lo *inimigo de Israel* (cf. Lm 2,5). Agora Javé ameaça a existência de Israel, o qual violou seu governo, do mesmo modo que o guerreiro Javé

---

[28] Quanto à Guerra Santa contra Israel, veja WILLIAM L. MORAN, "The End of the Unholy War and the Anti-Exodus", *Bib* 44 (1963), pp. 333-342.

em outras ocasiões pôs em perigo a existência do Egito e da Babilônia.

Essa metáfora para Javé concorda com as de juiz e rei. As três imagens testificam sobre a atraente possibilidade de ordem no mundo, uma ordem de justiça estabelecida e mantida por Javé. A imagem de Javé como guerreiro, entretanto, vai bem mais além que as de juiz e rei, tanto em sua garantia como em sua problemática. A garantia é maior do que nas outras imagens, porque o guerreiro Javé intervém ativa e vigorosamente com força decisiva. O guerreiro não é simplesmente um rei que emite decretos ou um juiz que dita veredictos. É um agente forçosamente engajado.

Na mesma medida em que isto é uma garantia palpável e pungente, a imagem de Javé como guerreiro também é problemática, porque põe violência no meio do discurso de Israel sobre Deus e evidencia que Israel celebra a violência patrocinada e praticada por Deus. Uma interpretação teológica do Antigo Testamento deve enfrentar esse problema, que é intrínseco à fala de Israel sobre Deus.[29] Sugiro que, sem procurar explicar ou me desculpar por essa dimensão da retórica teológica israelita, é importante dar nuances ao que Israel testifica. Há três pontos importantes.

Primeiro, Israel vive (como nós) em um mundo ameaçador com muitos poderes competindo entre si, e todos lutam para ter controle. Assim, a violência empreendida por Javé como guerreiro não é caracteristicamente uma violência cega ou desenfreada. Antes, é um ato de força que visa defender e dar vida aos impotentes contra os poderes diabólicos que não visam dar vida a ninguém.

Segundo, a violência é diferenciada sociologicamente e exige uma leitura de classes. Essa retórica de violência está caracteristicamente nos lábios de quem, de outra forma, não dispõe de armas eficazes.[30] O discurso de testemunho não equivale em si à violência física real, mas é um ato de imaginação pública; nele a referência a Javé como guerreiro ajuda a imaginar o campo de forças do poder social como algo mais complexo do que o seria sem esse discurso. Além disso, essa retórica de violência caracteristicamente é a favor do restabelecimento da justiça e da reparação dos abusos.

---

[29] Quanto a essa violência com uma dimensão javista, veja WALTER BRUEGGEMANN, *Revelation and Violence: A Study in Contextualization* (Milwaukee: Marquette University, 1986).

[30] Deve-se entender a violência retórica oferecida nesses textos como uma "arma dos fracos", para aqueles que não têm outras armas. Quanto a essa noção, veja JAMES C. SCOTT, *Weapons of the Weak* (New Haven: Yale University, 1987).

Terceiro, embora a imagem de Javé como guerreiro apresente uma justificativa material e aparente para a violência "machista" no mundo, essa violência *humana* não é patrocinada pelo texto nem baseada nele. Certamente, a imagem de Javé como guerreiro vive no limite de uma violência assim. Porém, vai muito além do texto traspassar esse limite, como com frequência é feito a serviço de uma leitura ideológica. É provável que a violência atribuída a Javé deva ser entendida como uma contraviolência, que atua primariamente como um princípio crítico para minar e desestabilizar outras violências.[31] Não há, certamente, nada inocente na retórica israelita da violência e, consequentemente, não há nada inocente quanto a Javé. Mas, por outro lado, nem Israel nem Javé fingem por um só momento viver em um mundo inocente. Israel encara o poder diretamente: poder que melhora e poder que esmaga, poder que mata e poder que vivifica. A partir de suas estimadas sentenças verbais, Israel pronuncia os melhores substantivos que consegue juntar.

### Javé como Pai

Essa metáfora para Javé não é tão pervasiva como as três que já consideramos.[32] Nós a tratamos aqui, junto as predominantes, primeiro, porque essa imagem partilha de muitas das qualidades de juiz-rei-guerreiro; segundo, porque essa metáfora se tornou predominante (e problemática) na teologia cristã. Essa metáfora para Javé é usada em relação ao seu compromisso e cuidado para com Israel e ao senso israelita de pertencer a Javé e de lhe dever prestação de contas. É discutível se essa imagem manifesta uma procriação biológica ou se é um apelo a um conjunto de relacionamentos sociais bem definidos. Em todo caso, a metáfora manifesta uma intimidade peculiar que caracteriza a vida de Israel com Javé.

---

[31] Quanto a violência, a contra violência e resistência à violência, veja DOM HELDER CÂMARA, *Spiral of Violence* (Londres: Sheed & Ward, 1975); ROBERT M. BROWN, *Religion and Violence* (Louisville: Westminster/John Knox, 1987); e WALTER WINK, *Engaging the Powers: Discernment and Resistance in a World of Domination* (Mineápolis: Fortress, 1992).

[32] Existe agora uma importante literatura feminista sobre o assunto. Para apresentações mais antigas dos dados anteriores à consciência feminista, veja G. ERNEST WRIGHT, "The Terminology of Old Testament Religion and Its Significance", *JNES* 1 (1942), pp. 404-414; e "How Did Early Israel Differ from Its Neighbors?", *BA* 6 (1943), pp. 1-20. Considerei a problemática desse linguajar em WALTER BRUEGGEMANN, "Israel's Social Criticism and Yahweh's Sexuality", *A Social Reading of the Old Testament: Prophetic Approaches to Israel's Communal Life* (Mineápolis: Fortress, 1994), pp. 149-173.

Em Deuteronômio 32,6, um poema muito antigo, o papel de Javé como pai de Israel é considerado fundamental e orientador para a identidade de Israel no mundo: "Não é ele teu pai, que te adquiriu, te fez e te estabeleceu?". Os versos seguintes falam do apreço particular que Javé tem por Israel (vs. 7-9) e da sua atenção particular às necessidades de Israel (vs. 10-14). Nesses versos, cita-se o cuidado manifesto na tradição de residência temporária como evidência da paternidade de Javé. Por outro lado, nos vs. 15-18, Israel é repreendido por não responder com gratidão à bondade do pai. No v. 6, empregam-se três verbos para indicar a maneira em que Javé "serve como pai" para Israel: *adquirir* (*qnh*), *fazer* (*'sh*) e *estabelecer* (*kûn*). Essa é a linguagem característica da criação e, como tal, não indica nenhum ato biológico. Contudo, no v. 18, notavelmente, o verbo usado é *gerar* (*yld*) em conjunto com *dar o ser* (*ḥll*), aludindo assim tanto às funções de pai como as de mãe e sugerindo, em ambos os termos, um processo biológico.

Essa referência antiga e orientadora tem um paralelo perto do fim do período do Antigo Testamento: "Não temos nós todos o mesmo Pai? Não nos criou o mesmo Deus?" (Ml 2,10). Nesse texto, o verbo é *criar* (*br'*), mas o ponto é a herança compartilhada e comum de todos os judeus, que é distinta de outros povos.

A imagem de pai é usada de um modo especial na narrativa do Êxodo, identificando Israel como o primogênito de Javé – isto é, aquele que tem valor e privilégios especiais (Êx 4,22). É provável que essa linguagem seja usada para igualar e agravar a ameaça ao "primogênito do Faraó" (Êx 11,5; 12,29). A referência em Êxodo 4,22 provavelmente está por trás do uso em Oseias 11,1: "Quando Israel era menino, eu o amei; e do Egito chamei o meu filho". Esse texto sugere o cuidado paciente e atento do pai Javé para com o filho pequeno, Israel. Esse uso sugere um indício de ternura, delicadeza e compaixão.

Esses dois textos, Êxodo 4,22 e especialmente Oseias 11,1, nos permitem ver que essa imagem de Javé se refere a um tipo de intimidade que está aberta à emoção, que aparecerá posteriormente no testemunho de Israel sobre Javé. Outros três textos em particular indicam que, como pai, Javé é uma fonte de grande apelo quando Israel passa por necessidades e que Israel, como criança e filho, é uma fonte de consternação para o pai Javé. Em Jeremias 3,19-20, Javé fala com tristeza, como um pai decepcionado que tinha grandes expectativas para seu filho:

> Mas eu a mim me perguntava:
> como te porei entre os filhos

> e te darei a terra desejável,
> a mais formosa herança das nações?
> E respondi: Pai me chamarás
> e de mim não te desviarás.
> Deveras, como a mulher se aparta perfidamente do seu marido,
> assim com perfídia te houveste comigo, ó casa de Israel,
> diz o Senhor. (Jr 3,19-20)

O relacionamento fracassou. É digno de nota que nessa ocasião (e talvez em Jr 31,20, embora ali a retórica não seja explicitamente a de pai), como em Oseias 11,8-9, o pai Javé continua a ansiar, buscar e esperar por Israel, mesmo depois do filho ter sido recalcitrante e insolente, sendo assim aparentemente rejeitado.

Essa abertura para a emoção se expressa especialmente no Salmo 103,9-14:

> Não repreende perpetuamente,
> nem conserva para sempre a sua ira.
> Não nos trata segundo os nossos pecados,
> nem nos retribui consoante as nossas iniquidades.
> Pois quanto o céu se alteia acima da terra,
> assim é grande a sua misericórdia para com os que o temem.
> Quanto dista o Oriente do Ocidente,
> assim afasta de nós as nossas transgressões.
> Como um pai se compadece de seus filhos,
> assim o Senhor se compadece dos que o temem.
> Pois ele conhece a nossa estrutura
> e sabe que somos pó.

Nesse texto, Israel, carregado de culpa, precisa reconhecer o quão seriamente Javé considera o seu pecado. Esse Salmo, entretanto, testemunha sobre o limite da ira de Javé e sobre sua capacidade de deixar para trás a ira alcançando compaixão e perdão. Além disso, a base para a capacidade de perdoar de Javé é o fato de ele ser "como um pai". O "pai" aqui se caracteriza pela compaixão (*rḥm*); ademais, o texto termina com uma referência à criação. Javé, o pai compassivo, sabe do que somos feitos (*yṣr*) – sabe o quão frágil e dependente é a criatura humana.[33]

Essa tendência de Javé de ser um pai compassivo se torna a base da petição de Isaías 63,15;64,12. Nesse texto, Israel, ou parte dele, se encon-

---

[33] Quanto à trajetória teológica a partir dessa noção de nossa estrutura, veja WALTER BRUEGGEMANN, "Remember, You Are Dust", *Journal for Preachers* 14 (Quaresma de 1991), pp. 3-10.

tra em uma situação extrema e sem recursos. Em uma circunstância assim, Israel apela para Javé:

> Mas tu és nosso Pai,
> ainda que Abraão não nos conhece,
> e Israel não nos reconhece;
> tu, ó Senhor, és nosso Pai;
> nosso Redentor é o teu nome desde a antiguidade. (Is 63,16)

> Mas agora, ó Senhor, tu és nosso Pai,
> nós somos o barro, e tu, o nosso oleiro;
> e todos nós, obra das tuas mãos. (Is 64,8)

A linguagem de Isaías 63,15 se refere à ternura e às misericórdias de Javé; a expressão "desde a antiguidade" do v. 16 ecoa Deuteronômio 32. Em Isaías 64,8, a paternidade de Javé se vincula à criação (como no Sl 103,14) por meio do verbo *formar* (*yṣr*, [no termo "oleiro"]), de maneira que Israel é o produto da obra artística cuidadosa de Javé. Embora esse poema apele para Javé como pai compassivo, durante o escopo do poema o pai permanece em silêncio e ausente.

Apesar disso, essa imagem de Javé provê uma maneira para se falar sobre o profundo compromisso de Javé para com Israel, um compromisso com o qual Israel pode contar para receber atenção especial e positiva. A mesma imagem, embora não esteja diretamente ligada à metáfora do pai, se evidencia nos Salmos 22,10 e 27,10. No tempo certo, Israel descobriu que a imagem de pai se encaixa prontamente na imagem de juiz-rei-guerreiro (cf. Is 40,9-11; Dt 1,30-31). É evidente que o pai, embora seja terno e generoso, não é romântico quanto ao relacionamento, mas é capaz de pesar e indignação. Em Jeremias 3,19; 31,15 e Oseias 11,1-9, emprega-se a metáfora de pai para mostrar a tensão entre indignação e compaixão na disposição de Javé. Nesses textos, como no Salmo 103, a compaixão de Javé prevalece.

### Retrato provisório baseado em substantivos

A partir dessas imagens (mais a partir das três primeiras que da quarta), surge um retrato provisório de Javé baseado em substantivos. Esses substantivos são recursos pelos quais o testemunho de Israel dá poder permanente aos adjetivos mais importantes de Javé, os quais por sua vez provêm de sentenças verbais. Esses substantivos começam a generalizar e esquematizar quem é que vive no centro da retórica teológica de Israel. Sobre o Deus estabelecido nessas metáforas, podemos dizer o seguinte.

**A misericórdia e o amor de Javé**. Essas metáforas testificam sobre um Deus que é "compassivo, clemente e longânimo e grande em misericórdia" [Êx 34,6]. Esse Deus é capaz de ações amáveis e graciosas que restauram, reabilitam, sustentam e libertam, em particular para com Israel, mas não exclusivamente para ele.

*Como juiz*, Javé governa em prol de estrangeiros, viúvas e órfãos, implementando um tipo de justiça que oferece bem-estar aos que não conseguem alcançar justiça por si mesmos.

*Como rei*, Javé produz um governo, um ordenamento público da realidade, que possibilita a vida. A retórica do reinado se encontra no centro da proclamação evangélica, tanto no Salmo 96,10 em sua expansividade litúrgica, como na concretude "histórica" de Isaías 52,7. O governo de Javé ("Javé se tornou rei") produz alegria em Israel, a oportunidade de retornar do exílio para casa, e júbilo entre todas as criaturas que, pelo novo governo do rei, estão protegidas da ameaça do caos.

*Como guerreiro*, Javé intervém com poder feroz no Egito em prol de Israel, derrotando os seus opressores e iniciando uma nova possibilidade de vida.

*Como pai*, Javé possibilita a vida de Israel e cuida compassivamente dele, quando necessitado e desesperado, como no Salmo 103. Em sua paternidade, Javé manifesta misericórdia àqueles que perderam a possibilidade de recorrer a ele.

Israel utiliza todos esses termos para testemunhar sobre a maneira poderosa e leal pela qual Javé possibilita a vida em um contexto de graves ameaças e infinito perigo.

**O impressionante poder de Javé**. O Deus descrito nesses substantivos, entretanto, não é sentimental ou romântico. Esse é um Deus de poder impressionante, que usará esse poder e ordenará a vida para Israel e para o mundo somente conforme seus próprios termos. Assim, toda gentileza e ternura são equiparadas ao Deus que "não inocenta o culpado" [Êx 34,7].

*Como juiz*, Javé de fato age com justiça, na retórica de Israel, mas é uma justiça exigente, feroz e inflexível. Assim, o "Juiz de toda terra" (Gn 18,25) faz justiça destruindo Sodoma. A mesma dimensão judicial da vida de Javé se evidencia nos profetas, na severidade de Javé para com Israel e especialmente para com Jerusalém, que violou a justiça proposta para toda a terra.

*Como rei*, Javé é o "Deus dos deuses e o Senhor dos Senhores, o Deus grande, poderoso e temível" (Dt 10,17). Uma das funções primárias desse rei, que deve ser respeitado acima de todos os demais, é desabsolutizar e deslegitimar outros reis que não governem de acordo com sua intenção. Assim, no Êxodo, o rei Javé (cf. Êx 15,18) destrona o Faraó. Em Isaías do exílio, Javé destrona Nabucodonosor (cf. Jr 50-51). Em Daniel 4,24 e Isaías 47,6, Nabucodonosor é nitidamente lembrado de que o governo de Javé se baseia na misericórdia. Quem governa sem ela não pode permanecer no poder.

*Como guerreiro*, Javé intervém poderosamente em prol de Israel, lutando por seu povo quando esse não pode lutar por si mesmo. O guerreiro, no entanto, pode se voltar contra Israel e se tornar seu inimigo ou de Jerusalém. Na tradição de Jeremias, por exemplo, Javé luta tão vigorosamente contra Jerusalém como o havia feito anteriormente a favor de Israel.

*Como pai*, Javé é cheio de compaixão e interesse por seu primogênito Israel. Pode até ser que o potencial negativo dessa imagem não seja tão intenso como o das outras que analisamos. Fica claro, contudo, que em Oseias 11,4-7 o pai é capaz de considerar a ideia de completa rejeição e abandono de seu filho. É uma observação menor, mas é pelo menos sugerida no texto.

### Nuances de posicionamento

Nessa colagem de imagens, afirma-se que Javé tem habilidades positivas e negativas; assim, nesses diversos papéis, Javé é capaz de ações afirmativas, mas também de severidade. Em qualquer testemunho textual particular, o delicado equilíbrio pode receber uma das muitas nuances disponíveis que posicionam a imagem juiz-rei-guerreiro-pai de muitos modos diferentes.

**A severidade a serviço da soberania**. A severidade de Javé como juiz-rei-guerreiro-pai não é uma reação indisciplinada ou arbitrária ao seu parceiro. Em todas essas imagens, Javé é conhecido em Israel como um Deus plenamente confiável, um pai que se preocupa, um juiz que busca a justiça, um rei que proporciona ordem, um guerreiro que defende e protege. Em todos esses aspectos, Israel testemunha sobre um Agente bom e generoso que possibilita a vida. A severidade de Javé é intencional, entendida como função da ordenação fundamental da realidade; Javé é responsável por essa ordenação e se importa intensamente com ela.[34] Assim, as ações de Javé que têm uma dimensão destrutiva são sanções e imposições de

---

[34] G. ERNEST WRIGHT, "The Nations in Hebrew Prophecy", *Encounter* 26 (1965), pp. 225-237, propõe que as ações judiciais de Javé devem ser entendidas como ações que mantêm e implementam o legítimo "império" de Javé sobre as nações.

um regime ordenado que não aceita ameaças ou contestação fundamental. Nesse sentido, a severidade é racional e, como insta GEORGE MENDENHALL, mesmo a vingança implacável é coerente com a manutenção da ordem, a qual precisa ser sustentada para que a vida seja viável.

**A contradição no caráter de Javé**. Se minimizarmos essas justificativas racionais para a severidade de Javé, no entanto, somos obrigados a admitir que cada uma dessas metáforas contém uma tensão não resolvida. Pode-se entender essa tensão como uma contradição dentro do próprio caráter de Javé. Assim, não se sabe antes da hora se esse juiz-rei-guerreiro-pai será misericordioso e gracioso, ou se "não inocentará o culpado". Pode-se aceitar essas duas tendências de Javé como algo racionalmente coerente caso se aceite um governo pela lei; porém, nesse caso não há lugar para os deslizes do perdão, que também são próprios de Javé nesses papéis. Pode-se arguir que, no conjunto, deve-se entender Javé nesses papéis como um Deus confiável, para quem essas diversas ações de misericórdia e severidade são coerentes. Em muitos desses textos, todavia, há uma severidade que parece pertencer à soberania ilimitada de Javé, não a uma reação equilibrada de governo. Essa soberania ilimitada provê ampla justificativa para a afirmação de Daniel 4,35: "não há quem lhe possa deter a mão, nem lhe dizer: Que fazes?".

**Uma dimensão sinistra**. A teologia do Antigo Testamento precisa admitir uma dimensão sinistra em Javé que fica fora de qualquer governo por lei, fica fora da vingança como sanção legítima. Deve-se reconhecer uma dimensão indomada em Javé que, de vez em quando, vai além da razão em um ritmo destrutivo. Uma dimensão como essa no caráter de Javé não se presta facilmente a uma teologia equilibrada, mas o testemunho de Israel sobre Javé admite efeitos retóricos que não precisam ser equilibrados ou coerentes. Assim, o testemunho de Israel às vezes fala de Javé *in extremis*. Penso que, embora no todo Javé seja um agente coerente, ele é retratado no testemunho de Israel com algo similar à música sinistra e taciturna do filme: *O poderoso chefão*. Tem-se a sensação de que sempre há um potencial violento onde Javé está. Na maior parte das vezes, essa violência pode ser aceita e justificada em termos da justiça pela qual Israel entende Javé. Contudo, a qualidade indomada de Javé permite uma ação violenta, de vez em quando, que não consegue se encaixar em nenhum senso de justiça. Essa violência potencial pode irromper a qualquer tempo, porque Javé não precisa, afinal, prestar contas a nenhum outro agente, nem mesmo ao seu parceiro Israel, a quem jurou fidelidade. Esse é de fato o Deus gracioso e misericordioso. Porém, nesse testemunho, o perigo intrínseco ao caráter de Javé nunca é excluído de forma total ou final. Ao utilizar esses diversos substantivos-metáforas, Israel encontra uma maneira de testemunhar sobre Javé, conhecido nas sentenças de testemunho verbal e nos adjetivos generalizadores, como aquele que opera em um escopo impressionante de imensa liberdade e dispendiosa fidelidade.

### Metáforas de sustento

Um segundo conjunto de metáforas baseadas em substantivos é usado no testemunho de Israel sobre Javé. Essas metáforas não são tão centrais no discurso de Israel, mas são importantes para um retrato completo de Javé. As metáforas que denominei como de governo, tomadas de modo geral, se referem à capacidade de Javé de manter uma ordem viável na qual a vida é possível para Israel e para toda a criação. Essa ordem requer pesadas sanções para sua manutenção. Agora, ao lado das metáforas de governo, apresento o que denomino de metáforas de sustento; elas não são tão severas ou rigorosas, mas representam Javé como aquele que cuida, evoca, valoriza e melhora a vida. Essas imagens são bem mais delicadas e, creio, se mantêm em certa tensão com as metáforas de governo. Essas contêm certa dureza, porque estabelecem ativamente a ordem em meio a um mundo recalcitrante que está ameaçado e em perigo. As metáforas de sustento, a meu ver, confiam na ordem possibilitada pelo juiz-rei-guerreiro-pai e operam no espaço seguro possibilitado pela atividade ordenadora de Javé. Embora possamos incluir outras metáforas nesse subconjunto, mencionarei cinco.

#### *Javé como Artista*

O Antigo Testamento se preocupa caracteristicamente com questões éticas, de maneira que as dimensões estéticas do caráter de Javé recebem menor atenção, tanto no texto como nas interpretações.[35] Apesar disso, tanto as tradições do templo como as da sabedoria no Antigo Testamento estão alertas às dimensões estéticas da realidade e à disponibilidade e habilidades de Javé como artista.[36] Mais especificamente, como artista, Javé é retratado como um oleiro que, com destreza, sensibilidade e delicadeza,

---

[35] SAMUEL TERRIEN compreende, tanto quanto outros, esse desequilíbrio e buscou repará-lo. Em adição ao seu livro programático, *The Elusive Presence: Toward a New Biblical Theology* (Nova York: Harper and Row, 1978), veja *Till the Heart Sings: A Biblical Theology of Manhood and Womanhood* (Filadélfia: Fortress, 1985).

[36] Em *The Elusive Presence*, TERRIEN considera ambas as tradições do templo e da sabedoria e observa suas dimensões estéticas.

forma a pessoa humana (Gn 2,7-8), os animais e pássaros (Gn 2,19), a terra (Is 45,18; Sl 95,5), e Israel (Is 43,1,7,21; 44,2,21,24; 45,9,11). Não se dá muita importância à dimensão estética dessa metáfora, porque a ênfase está no grande poder de Javé e na obrigação do "barro" de ser modelado obedientemente segundo as intenções do oleiro Javé. No entanto, a imagem é estética, e o verbo *formar* (*yṣr*) pode indicar certa satisfação ou deleite por parte de Javé, que é capaz de imaginar um objeto formado que nunca existiu e, então, concretizá-lo a partir da imaginação para a realidade. (Embora não utilize o verbo *formar*, a feliz exclamação de Gn 1,31 – "era muito bom" – é provavelmente um julgamento estético.)[37] O artista Javé é capaz de concretizar de maneira bem imaginativa uma forma de vida que nunca existiu antes.

Mais especificamente, a ação "formadora" de Javé, embora normalmente seja um verbo, produz um substantivo-metáfora: Javé como oleiro (Is 29,16; 45,9-10; 64,7-8; Jr 18,1-11; 19,1-13). Nesses usos, entretanto, como já percebemos nas metáforas de governo, a metáfora do artista também possui uma dimensão mais exigente e sinistra. No que pode ser um uso antigo, o poeta acusa Israel (o barro) de distorcer e confundir seu relacionamento com o oleiro, ao se recusar em ser responsivo à vontade do oleiro:

> Que perversidade a vossa!
> Como se o oleiro fosse igual ao barro,
> e a obra dissesse do seu artífice:
> Ele não me fez;
> e a coisa feita dissesse do seu oleiro:
> Ele nada sabe. (Is 29,16)

Essa mesma negatividade é expressa, na mesma imagem, a respeito do recalcitrante Israel:

> Ai daquele que contende com o seu Criador!
> E não passa de um caco de barro entre outros cacos.
> Acaso, dirá o barro ao que lhe dá forma:
> Que fazes?
> Ou: A tua obra não tem alça. (Is 45,9)

Visto que o barro se recusa a se submeter à vontade do oleiro, este está livre e pronto a esmagar o vaso e começar de novo:

---

[37] CLAUS WESTERMANN, *Genesis 1-11: A Commentary* (Londres: SPCK, 1984), p. 167, traduz essa expressão como "É muito bom (bonito)" (No alemão: sehr gut [schön]).

Como o vaso que o oleiro fazia de barro se lhe estragou na mão, tornou a fazer dele outro vaso, segundo bem lhe pareceu. (Jr 18,4)[38]

Deste modo quebrarei eu este povo e esta cidade, como se quebra o vaso do oleiro, que não pode mais refazer-se. (Jr 19,11)

Assim, uma metáfora que tem potencial de deleite e afirmação se transforma em ameaça no molde jurídico da interpretação mais ampla da realidade por Israel. Uma surpreendente e importante exceção a esse desenvolvimento negativo da metáfora ocorre na petição passional de Isaías 64,8-9:

> Mas agora, ó Senhor, tu és nosso Pai,
> nós somos o barro, e tu, o nosso oleiro;
> e todos nós, obra das tuas mãos.
> Não te enfureças tanto, ó Senhor,
> nem perpetuamente te lembres da nossa iniquidade;
> olha, pois, nós te pedimos: todos nós somos o teu povo.

Nessa oração, não se nega que Israel, o barro, tem sido recalcitrante quanto à vontade do oleiro. Apesar disso, no final, esse barro realmente pertence ao oleiro; esse povo realmente pertence a esse Deus; este filho pertence a esse Pai. Então, no que parece ser uma clara conexão com o Salmo 103,14, o barro busca perdão – pede que o oleiro Javé, que está irado justificadamente, transcenda sua ira em resposta ao vaso necessitado. Assim, a imagem se move caracteristicamente da afirmação para a negação. No fim, contudo, Israel aposta uma vez mais que Javé agirá como o oleiro fez no início, possibilitando novamente a integridade. (A imagem é utilizada em Rm 9,21 para manifestar a autoridade suprema de Deus sobre os seres humanos, que são o barro).

### Javé como Médico

Embora não seja uma imagem principal de Javé, a imagem de médico ocorre no discurso de Israel em pontos centrais, testemunhando sobre a capacidade de Javé para restaurar, reabilitar e reparar tudo que foi danificado ou ferido. Faz-se uma grande reivindicação sobre Javé, uma afirmação de que tudo o que acontece para o bem ou para o mal está nas mãos de Javé:

> Vede, agora, que Eu Sou, Eu somente,
> e mais nenhum deus além de mim;
> eu mato e eu faço viver;

---
[38] A expressão idiomática hebraica para "refez" é "voltou e fez".

eu firo e eu saro;
e não há quem possa livrar alguém da minha mão. (Dt 32,29)

Vinde, e tornemos para o Senhor,
porque ele nos despedaçou e nos sarará;
fez a ferida e a ligará. (Os 6,1)

Nesses usos, a obra curadora de Javé se equipara à sua obra destrutiva e punitiva, de forma que Javé pode curar o que ele mesmo danificou. A reivindicação de que Javé tem capacidade curadora, no entanto, não se limita à restauração do que ele mesmo danificou. Essa capacidade diz respeito a qualquer dano que foi causado, por quem quer que seja.

Provavelmente o uso mais central dessa imagem está na conclusão da narrativa do Êxodo:

Se ouvires a voz do Senhor, teu Deus, e fizeres o que é reto diante dos seus olhos, e deres ouvido aos seus mandamentos, e guardares todos os seus estatutos, nenhuma enfermidade virá sobre ti, das que enviei sobre os egípcios; pois eu sou o Senhor, que te sara. (Êx 15,26)

A reivindicação final da história do Êxodo diz que Javé é o "médico" de Israel, e que o Êxodo é um ato de cura e reabilitação da escravidão egípcia, que é uma enfermidade que mata. A denominação de Javé como médico aqui é precedida por uma forte insistência na obediência. Isto é, Israel deve "fazer o que o médico manda".[39] A cura de Javé é uma alternativa para as "moléstias do Egito" (cf. Dt 28,60). Pode ser possível identificar enfermidades biológicas no império ao qual a expressão se refere, mas é igualmente irresistível identificar as patologias sociológicas do império de onde Israel foi resgatado. De qualquer modo, esse resgate é uma restauração de uma situação de sofrimento terminal.

Assim, a metáfora de cura tem uma dimensão pública, na qual Javé pode restaurar o bem-estar de uma cidade ou povo ferido (cf. Sl 60,2; Os 14,4; Jr 30,17; 2Cr 7,14; 30,20; Is 57,18-19). É importante destacar que o mesmo termo aplicado para a agenda pública de Javé é também a retórica que Israel usa na necessidade pessoal íntima; nessa retórica Javé é aquele que pode restaurar a vida distorcida ou danificada. Referências a Javé como médico são feitas tanto nas petições dos necessitados (Sl 6,2; 41,4) como nas ações de graças daqueles que foram restaurados em sua existência pessoal (Sl 30,2; 107,17-22). A imagem testemunha sobre a capacidade e disposição de ter a vida ajustada por Javé em cada área da existência.

---

[39] A exigência é declarada com um infinitivo absoluto; portanto, com enorme força.

Israel testifica em metáforas sobre essa capacidade e disposição da parte de Javé.

Quatro aspectos dessa poderosa imagem, no entanto, sugerem que o uso dessa metáfora por Israel não é tão simples e fácil.

**Emoção e cura.** A cura que Javé realiza (ou pode realizar) nem sempre é um ato de poder puro, como parece ser em Êxodo 15,26. No profeta Jeremias, como indica ABRAHAM HESCHEL, a obra de cura de Javé é carregada de angústia, emoção e problemas.[40] Assim, em Jeremias 3,22, Javé promete curar "as vossas rebeliões"; contudo, a promessa é feita sob a condição do retorno. Além disso, é precedida nos vs. 19-20 pela terrível dor de Javé pelo filho que trai como uma esposa volúvel. E, em Jeremias 8,22, Javé faz as inesquecíveis perguntas:

> Acaso, não há bálsamo em Gileade?
> Ou não há lá médico?
> Por que, pois, não se realizou a cura da filha do meu povo?

A conhecida versão da primeira dessas questões em um *spiritual* afro-americano não é uma pergunta, mas uma afirmação: "Há um bálsamo...". Porém, aqui, no testemunho de Israel, a expressão é uma pergunta, com a resposta antecipada sendo não – não há bálsamo, não há médico, não há cura, não há reabilitação, não há esperança. E, em Jeremias 9,1-3, Javé e Jeremias derramam lágrimas de amor e angústia. Esse mesmo discurso de emoção quanto à cura se evidencia em Jeremias 30,12-17, que começa com uma enfermidade terminal (v. 12) e acaba com restauração e saúde (v. 17).[41] Mas o caminho para a cura não é fácil para Javé. Ele passa por perda, angústia, ira e humilhação. Os custos da cura são grandes para o médico.

**Confissão da verdade.** A cura inicia com a confissão da verdade e a exige (cf. Sl 32,3-5; 38,3-8). Onde há falsidade (negação), não pode ocorrer cura. Embora esse engano e negação estejam disponíveis a indivíduos em estresse, como reconhecem os Salmos, Jeremias testifica que a mesma falsidade impede a cura pública e comunitária: "Curam superficialmente a ferida do meu povo, dizendo: Paz, paz; quando não há paz" (Jr 6,14; cf. 8,11). Quando a comunidade, por meio de seus líderes, nega suas patolo-

---

[40] ABRAHAM HESCHEL, *The Prophets* (Nova York: Harper and Row, 1962), pp. 103-139 e *passim*.

[41] Quanto a esse texto, veja WALTER BRUEGGEMANN, "The 'Uncared For' Now Cared For (Jer 30:12-17): A Methodological Consideration", *JBL* 104 (1985), pp. 419-428.

gias comunitárias, a cura é impossível e a morte avança.[42]

**Limites para a cura.** Retrata-se Javé como o médico por excelência, infinitamente gracioso e atento; porém, há limites para o desempenho de Javé como médico. Em Jeremias 51, a poesia utiliza motivos e temas das partes anteriores do livro de Jeremias, incluindo o motivo da cura. Planeja-se cura até mesmo para a incrível e odiada Babilônia:

> Repentinamente, caiu Babilônia e ficou arruinada;
> lamentai por ela, tomai bálsamo para a sua ferida;
> porventura, sarará. (Jr 51,8)

Todavia, a cura para esse impressionante império não é possível. A metáfora da cura é preterida pelas questões judiciais não resolvidas entre Javé e a Babilônia:

> Queríamos curar Babilônia, ela, porém, não sarou;
> deixai-a, e cada um vá para a sua terra;
> porque o seu juízo chega até ao céu
> e se eleva até às mais altas nuvens.
> O Senhor trouxe a nossa justiça à luz;
> vinde, e anunciemos em Sião
> a obra do Senhor, nosso Deus. (Jr 51,9-10)

Esse uso da metáfora é instrutivo pelo modo como uma metáfora pode ser superada ou substituída por outra, nesse caso com enorme prejuízo para a Babilônia.

**Os agentes humanos da cura.** Embora Javé seja o médico por excelência, é importante reconhecer que a cura planejada por Javé pode ser concretizada por agentes humanos. No que se veio a ser um texto importante para extrapolação cristã, a grande cura no exílio é forjada pelo enigmático "servo":

> Mas ele foi traspassado pelas nossas transgressões
> e moído pelas nossas iniquidades;
> o castigo que nos traz a paz estava sobre ele,
> e pelas suas pisaduras fomos sarados. (Is 53,5)

Esse capítulo inteiro de Isaías, embora muito citado, é muito problemático. Não o cito aqui para fazer qualquer extrapolação cristológica,

---

[42] A aplicação de imagens médicas a crises públicas não é estranha no mundo contemporâneo. Um exemplo bem conhecido é a advertência de JOHN Dean, conselheiro da Casa Branca, ao presidente RICHARD Nixon de que havia um "câncer" em sua administração.

mas apenas para indicar que o papel atribuído a Javé na metáfora da cura se abre para outros usos. Esse texto, parte da longa polêmica entre judeus e cristãos, salienta em todo caso um agente humano de cura. É um texto apropriado para ser correlacionado ao tema atual e urgente de *Tiqqun Olam*. De fato, é tarefa humana "emendar (sarar) o mundo".[43] Não é inapropriado sugerir que a maneira como a cura é antecipada nessa afirmação – pela ferida do médico – já seja um modo de cura decisivamente abraçado por Javé.

Na extrapolação dessa metáfora no Novo Testamento, podemos perceber duas reivindicações. Primeiro, Jesus é caracteristicamente retratado como médico, como se a tradição tivesse deliberadamente lhe atribuído a obra de Javé (cf. Mc 1,34; Lc 7,22; 9,11). Além disso, nas últimas páginas do Novo Testamento, o poeta vislumbra a cura das nações:

> No meio da sua praça, de uma e outra margem do rio, está a árvore da vida, que produz doze frutos, dando o seu fruto de mês em mês, e as folhas da árvore são para a cura dos povos. (Ap 22,2)

Aqui a reivindicação de cura é ainda mais abrangente que a usualmente feita no Antigo Testamento, mas a visão está em continuidade com a obra atribuída a Javé lá. Javé tem a vontade e a capacidade de reabilitar pessoas, nações e toda a criação que está distorcida. A cura é realizada por meio da emoção de Javé e depende da confissão da verdade sobre "as moléstias do Egito".

### *Javé como Jardineiro-Vinicultor*

Outra metáfora para Javé é a do jardineiro que planta um jardim ou uma vinha. O jardim pode estar vinculado aos atos da criação (Gn 2,8) e certamente envolve fecundidade e plena função da criação (Nm 24,6). Porém, mais frequentemente, o trabalho do jardineiro é o de "plantar Israel", dando-lhe uma vida fecunda e segura na terra. A imagem já é usada em Êxodo 15,17, antecipando a recepção da terra prometida por Israel:

> Tu o introduzirás e o plantarás no monte da tua herança,
> no lugar que aparelhaste, ó Senhor, para a tua habitação,
> no santuário, ó Senhor, que as tuas mãos estabeleceram.

Nesse uso, a referência pode ser à terra em geral ou, mais precisamente, a Jerusalém e ao lugar do templo.

---

[43] Assim postula EMIL FACKENHEIM, *To Mend the World: Foundations of Post-Holocaust Thought* (Nova York: Schocken Books, 1989).

A imagem ocorre em outros lugares, geralmente nos profetas, em suas reflexões sobre a perda da terra e a nova concessão da terra depois do exílio. Podemos citar dois textos que se referem à perda da terra. A articulação mais bem conhecida e talvez mais completa da metáfora se encontra na canção da vinha em Isaías 5,1-7. No fim do poema, conta-se a intenção da imagem:

> Porque a vinha do Senhor dos Exércitos
> é a casa de Israel,
> e os homens de Judá
> são a planta dileta do Senhor;
> este desejou que exercessem juízo, e eis aí quebrantamento da lei;
> justiça, e eis aí clamor. (v. 7)[44]

O drama da imagem se divide em duas partes. Primeiro, Javé foi generoso e atencioso no cuidado com a vinha, que é Israel/Judá:

> Sachou-a, limpou-a das pedras
> e a plantou de vides escolhidas;
> edificou no meio dela uma torre
> e também abriu um lagar.
> Ele esperava que desse uvas boas... (5,2)

A intenção de Javé era criar um jardim que produzisse uvas boas. Não tendo acontecido isso (v. 7b), o vinicultor Javé destruirá a vinha:

> ...tirarei a sua sebe,
> para que a vinha sirva de pasto;
> derribarei o seu muro,
> para que seja pisada;
> torná-la-ei em deserto.
> Não será podada, nem sachada,
> mas crescerão nela espinheiros e abrolhos;
> às nuvens darei ordem
> que não derramem chuva sobre ela. (5,5-6)

Assim, a imagem positiva de Javé como jardineiro e vinicultor acaba resultando em uma dura declaração negativa de juízo.

Do mesmo modo, em Jeremias 2,21, Javé planta Israel "como vide excelente, da semente mais pura". Porém, novamente o vinicultor generoso se desaponta, pois a vinha se tornou degenerada. Em Oseias 9,10, a

---

[44] O jogo de palavras no v. 7, *mišpaṭ / misphạh, ṣedaqah / ṣeʿaqah*, é importante, mesmo se não podemos reproduzi-lo prontamente na tradução em nossa língua.

imagem é usada da mesma maneira, embora menos desenvolvida. A vinha (ou figueira) foi valorizada inicialmente, mas de fato se tornou um fracasso. Nesse contexto, o lado negativo da imagem é usado para a perda da terra no exílio.

No caso dessa figura, contudo, a metáfora reaparece, por assim dizer, para ser usada positivamente. Assim, em Amós 9,15:

> Plantá-los-ei na sua terra,
> e, dessa terra que lhes dei,
> já não serão arrancados,
> diz o Senhor, teu Deus.

Essa garantia poética certamente se refere a alguma recuperação da terra após o desalojamento, qualquer que seja sua datação. Em Jeremias, o tema da plantação (e da construção) se torna um motivo condutor para a esperança (Jr 24,6; 3128; 42,10),[45] como ocorre em vários textos tardios de Isaías:

> Todos os do teu povo serão justos,
> para sempre herdarão a terra;
> serão renovos por mim plantados,
> obra das minhas mãos,
> para que eu seja glorificado. (Is 60,21)

> a fim de que se chamem carvalhos de justiça,
> plantados pelo Senhor para a sua glória. (Is 61,3)

Como os outros substantivos que analisamos, essa metáfora é bastante flexível, capaz de expressar tanto o potencial destrutivo de Javé contra um recalcitrante objeto do seu amor, como a sua notável generosidade, que se torna a fonte de esperança por reabilitação nos tempos do exílio. Em meio a esse potencial destrutivo e notável generosidade, percebemos que o jardineiro-vinicultor tem expectativas firmes, claras e inegociáveis quanto à vinha. Ela precisa ser produtiva, rendendo em obediência os frutos planejados pelo plantador.

A imagem é utilizada de forma similar no Novo Testamento. No entanto, em um uso importante, o Novo Testamento vai além do Antigo em uma manobra cristológica. Em uma afirmação plenamente coerente com a

---

[45] Para a tradição de Jeremias, o verbo *plantar* deve ser interpretado no contexto do conjunto de verbos de 1,10; veja Robert Carroll, *From Chaos to Covenant: Uses of Prophecy in the Book of Jeremiah* (Londres: SCM, 1981), pp. 55-58.

retórica do Antigo Testamento, João Batista adverte que há plantas que não produzem bons frutos (Mt 3,8-10). Mesmo na imagem de João 15,1-6, que se entende caracteristicamente como uma afirmação da solidariedade de Deus para com seu povo, a dimensão negativa é inequívoca:

> Se alguém não permanecer em mim, será lançado fora, à semelhança do ramo, e secará; e o apanham, lançam no fogo e o queimam. (Jo 15,6)

É provável que o poema de Isaías 5,1-7 seja o uso paradigmático da metáfora no Antigo Testamento. De forma similar, a parábola de Mateus 21,33-41 representa o uso mais extenso e complexo da imagem no Novo Testamento. Aqui, como em Isaías 5,1-7, utiliza-se uma imagem, que é potencialmente positiva para com Israel e que testemunha sobre a atenciosa generosidade de Javé, como uma declaração de juízo:

> Responderam-lhe: Fará perecer horrivelmente a estes malvados e arrendará a vinha a outros lavradores que lhe remetam os frutos nos seus devidos tempos. (Mt 21,41)

Assim, novamente, faz-se uma metáfora de sustento servir aos aspectos exigentes do governo de Javé.

### *Javé como Mãe*

Já vimos que Javé como Pai de Israel intervém em prol do primogênito (cf. Êx 4,22; e, menos diretamente, Jr 31,9; Is 43,6) e é capaz de uma ferocidade que considera a rejeição (Os 11,4-7). Porém, também vimos que Javé é influenciado pelas necessidades de seu filho Israel, é movido por compaixão e é capaz de agir "maternalmente" em relação a Israel. Ou seja, Javé como progenitor incorpora a gama emocional e relacional que vai da severidade à ternura. Não é necessário rotular os atos positivos de Javé como maternais, pois a metáfora de pai deve ser aberta o suficiente para incluir essas dimensões positivas de Javé.

Como um tema paralelo, notamos que poucos textos retratam Javé como mãe, mas alguns textos realmente mostram que essa imagem de Javé estava à disposição de Israel.[46] Já observamos, em outro contexto, que em Deuteronômio 32,18 os verbos *yld* e *ḥll* parecem sugerir tanto o ato gerador de um pai como a concepção de uma mãe. Em Números 11,12, Moisés responsabiliza Javé por haver concebido (*hrh*) e dado à luz (*yld*) a Israel. Em Deuteronômio 32,18, a ênfase está na obrigação de Israel de obedecer a Javé. Em Números 11,12, a ênfase está na obrigação de Javé de cuidar de Israel provendo alimento.

---

[46] Uma das reflexões mais antigas sobre esse motivo é a de P. A. H. DE BOER, *Fatherhood and Motherhood in Israelite and Judean Piety* (Leiden: E. J. Brill, 1974).

Os textos mais importantes para nosso estudo sobre Javé como mãe estão nas tradições posteriores de Isaías. Ali se diz que Javé carrega Israel "desde o ventre materno" (Is 46,3; cf. 63,9). Javé também é retratado como a mãe que conforta Israel em Jerusalém:

> Como alguém a quem sua mãe consola,
> assim eu vos consolarei;
> e em Jerusalém vós sereis consolados. (Is 66,13; cf. vs. 11-12)

O motivo do consolo é proeminente no texto posterior de Isaías. À luz desse uso particular, o termo se aplica às funções maternas de Javé como aquele que alimenta, cuida, sustenta e se lembra de Israel nos tempos do deslocamento exílico e da angústia pós-exílica. Assim, a imagem é de uma grande restauração da confiança.

No que pode ser o texto mais iluminador, a metáfora da mãe é utilizada para contrapor e reagir ao senso de Israel de ser abandonado por Javé. Israel se lamenta: "O Senhor me desamparou, o Senhor se esqueceu de mim" (Is 49,14; cf. Lm 5,20).

Javé responde de forma decisiva:

> Acaso, pode uma mulher esquecer-se do filho que ainda mama,
> de sorte que não se compadeça do filho do seu ventre?
> Mas ainda que esta viesse a se esquecer dele,
> eu, todavia, não me esquecerei de ti.
> Eis que nas palmas das minhas mãos te gravei... (Is 49,15-16)[47]

Talvez a imagem de Javé como mãe não inclua outras dimensões que já não estejam presentes na sua imagem como pai. No conjunto, a imagem de mãe é positiva e confortante. Certamente, há uma sugestão extrema de que Javé como mãe pode ser negligente (Nm 11,12). Além disso, em Isaías 49,15 reconhece-se que uma mãe pode se esquecer; porém, nesse caso, a imagem é usada somente para asseverar que Javé se lembra mesmo que mães possam se esquecer. Assim, mesmo essa imagem não é completamente inequívoca, mas sua força primária é positiva. Essa nota positiva se qualifica na retórica de Israel somente *in extremis*.

---

[47] Sou grato à minha aluna LINDA CHENOWITH por ter me ajudado tempos atrás a perceber que a imagem de Javé como uma mãe que amamenta nessa passagem indica que Javé se lembra do filho, porque a mãe sente a necessidade da amamentação tanto quanto o seu filho. Assim, a metáfora da amamentação manifesta algo sobre a condição física e a necessidade da mãe, e não simplesmente sobre o amor incondicional. Veja MAYER I. GRUBER, "The Motherhood of God in Second Isaiah", *Revue Biblique* 90 (1983), pp. 351-359.

Em Isaías 63,7, diz-se que Javé agiu "segundo as suas misericórdias" (*rḥm*) e, em Isaías 46,3 e 49,15, o mesmo termo *misericórdia* (*rḥm*) é traduzido como *ventre*. Esse termo recorrente *rḥm* é um termo primário para compaixão, geralmente compaixão materna. Essa convergência de usos levou PHYLLIS TRIBLE a sugerir que compaixão é a tendência materna de Javé para com Israel, pois a profundidade e a intensidade do amor materno equivalem ao que Javé demonstra para com Israel: um tipo de compaixão não demonstrada por nenhum outro.[48]

Eu não sugiro que essa metáfora para Javé seja radicalmente diferente das outras que consideramos. Contudo, duas observações dão importância especial a essa metáfora. Primeiro, como mencionado acima, essa imagem de Javé parece completamente positiva. Ela não vai mudando gradualmente em um duro governo, como o fazem até as imagens de oleiro, jardineiro e médico. Segundo, essa imagem de Javé é insistentemente maternal: as funções de sustentar, alimentar, cuidar e dar carinho se expressam nesse substantivo de testemunho. Para compreender sobre o que Israel testemunha nessa imagem, provavelmente não será útil mesclar ou fundir os termos *maternal* e *feminino*. Aqui se afirma nitidamente *o papel de mãe* de Israel. Como tal, o testemunho de Javé como mãe, embora ocorra sem muita frequência no testemunho de Israel, permanece como um ponto de referência contra todas aquelas metáforas que têm em seus limites violência e abuso potenciais.

### *Javé como Pastor*

Essa imagem pastoral de Javé não é desconexa das outras metáforas de governo, pois uma longa tradição reconhece os reis humanos como pastores do rebanho, isto é, da comunidade (cf. Is 44,28; Ez 37,24). A imagem evoca um agente sábio, carinhoso e atencioso que vigia, guarda, alimenta e protege um rebanho que é vulnerável, exposto, dependente, e necessitado de ajuda.

Os usos mais importantes da imagem de Javé como pastor surgem no exílio. Diz-se que o exílio foi uma época em que o rebanho estava "disperso"; esse termo é usado regularmente para se referir ao exílio. O trabalho do pastor Javé é reunir as ovelhas em segurança, geralmente quando estão expostas a sérios perigos. A imagem do pastor arrebanhador é poderosa:

> Como pastor, apascentará o seu rebanho;

---

[48] PHYLLIS TRIBLE, *God and the Rhetoric of Sexuality* (OBT; Filadélfia: Fortress, 1978), pp. 31-71.

entre os seus braços recolherá os cordeirinhos
e os levará no seio;
as que amamentam ele guiará mansamente. (Is 40,11)

Aquele que espalhou a Israel o congregará
e o guardará, como o pastor, ao seu rebanho. (Jr 31,10)

A exposição mais completa do tema está em Ezequiel 34. Nessa narrativa, comentando sobre o passado e o futuro de Israel, os pastores-reis da dinastia davídica são acusados de serem pastores irresponsáveis que, por causa da sua negligência, foram a causa do exílio (Ez 34,3-6; Jr 23,1; 50,6). A resposta de Javé para a crise do rebanho no exílio é dupla. Dá-se atenção principal ao resgate do rebanho, que foi colocado em grande perigo pela negligência dos reis. Javé agirá como um pastor adequado e responsável para reaver o rebanho:

Tirá-las-ei dos povos, e as congregarei dos diversos países, e as introduzirei na sua terra; apascentá-las-ei nos montes de Israel, junto às correntes e em todos os lugares habitados da terra. Apascentá-las-ei de bons pastos, e nos altos montes de Israel será a sua pastagem; deitar-se-ão ali em boa pastagem e terão pastos bons nos montes de Israel. Eu mesmo apascentarei as minhas ovelhas e as farei repousar, diz o Senhor Deus. A perdida buscarei, a desgarrada tornarei a trazer, a quebrada ligarei e a enferma fortalecerei; mas a gorda e a forte destruirei; apascentá-las-ei com justiça. (Ez 34,13-16)

Javé não somente irá restaurar o rebanho. Ele também cuidará severamente das "ovelhas gordas" que abusam e exploram, que negam alimento às "ovelhas fracas", e que pisoteiam o pasto (vs. 7-19).

Nessa afirmação, a imagem positiva do pastor se torna severa e negativa; o pastor olha com severidade para as ovelhas exploradoras e distingue entre as ovelhas fortes e abusivas e as ovelhas fracas e vulneráveis. Assim, o bom pastor atenta especialmente para as ovelhas mais vulneráveis–nesse caso, os exilados necessitados.

Com base nessa imagem, Israel clama a Javé, "pastor de Israel", por ajuda: "Dá ouvidos, ó pastor de Israel, tu que conduzes a José como um rebanho" (Sl 80,1). Além disso, com base na mesma imagem, pode-se perceber o bem conhecido Salmo 23, não como um poema isolado, mas como uma declaração completa de uma recorrente metáfora para Javé. No Salmo 23, o pastor Javé é o sujeito de uma série de verbos vivificantes: levar, refrigerar, estar com, preparar, ungir. Javé faz tudo que precisa ser feito para que as ovelhas que confiam nele possam viver. Javé provê o que elas não podem alcançar por si mesmas.

No uso dessa metáfora, Israel também provê textos que falam não só do pastor, mas também das ovelhas. Assim, como rebanho de Javé, Israel vive feliz confiando em seu pastor:

> Ele é o nosso Deus,
> e nós, povo do seu pasto
> e ovelhas de sua mão. (Sl 95,7)

> Sabei que o Senhor é Deus;
> foi ele quem nos fez, e dele somos;
> somos o seu povo e rebanho do seu pastoreio. (Sl 100,3; cf. 79,13)

Esses Salmos ecoam a confiança do Salmo 23. Mas o testemunho honesto de Israel também reconhece os perigos do rebanho. Às vezes o problema é culpa de Javé, que tem estado desatento e negligente (Sl 44,11,22; 74,1), porém às vezes são as ovelhas que se desviam (Is 53,6). Assim, a imagem tem potencial para uma rica variedade de reflexões e afirmações sobre a relação apropriada de Israel com Javé, a inclinação de Javé para com Israel, e a correta ordenação da vida comunitária de Israel.

Essa imagem funciona de um modo dramático no Novo Testamento. Jesus é o bom pastor que "chama pelo nome as suas próprias ovelhas e as conduz para fora" (Jo 10,3). Jesus é cercado por uma grande multidão e se compadece deles, porque "eram como ovelhas que não têm pastor" (Mc 6,34). Além disso, é claro que a parábola de Lucas 15,3-7 tem carga suficiente para fazer uma declaração sobre Jesus, certamente o suficiente para testificar sobre o Pastor a quem Israel tem confessado e em quem confia há muito tempo.

### Panorama do testemunho dos substantivos

Esses dois tipos de substantivos-metáforas para Javé, que cataloguei como metáforas de governo e de sustento, indicam a rica variedade de imagens e metáforas que capacitaram Israel a dar um testemunho efetivo sobre o caráter de Javé. As metáforas que mencionamos estão entre as mais importantes para o testemunho de Israel, porém não são exaustivas; muitas outras poderiam ser citadas também. Essas poderiam incluir imagens de Javé como vento, rocha, refúgio, escudo, um sacerdote que purifica, um parente que protege.[49] De fato, Israel parece ser capaz de encontrar pontos

---

[49] No Sl 104,29-30, pode-se sugerir que Javé é apresentado como um "pulmão artificial" confiável!

de referência em cada dimensão de sua vida diária, os quais são entendidos como formas de testemunhar sobre Javé; assim se assegura que, como personagem, Javé estará contínua e intimamente conectado à vida cotidiana de Israel.

## *Multiplicidade de substantivos*

Algumas metáforas para Javé são mais decisivas para o testemunho de Israel que as outras. É provável que as metáforas de governo sejam mais importantes no testemunho de Israel que as imagens de sustento. Porém, o que deve nos ocupar ao fim dessa reflexão – em vez de ter que escolher um conjunto de metáforas em detrimento do outro – é a pura multiplicidade e a polivocalidade dos substantivos que são necessárias para falar de Javé de forma completa e fiel.

**(a)** Existem *múltiplas imagens*; Israel resiste a qualquer reducionismo em seu discurso sobre Javé.

**(b)** Essas imagens são *fluidas e porosas*. Nem todas se encaixam juntas de forma conveniente ou fluente, e Israel não parece se incomodar com a estranheza criada por essa riqueza.

**(c)** Honra-se integralmente o caráter poroso, contraditório e incongruente dos vários substantivos para Javé, visto que o testemunho de Israel *resiste à homogeneização*. Os textos exploram, utilizam e sondam imagens e metáforas, permitindo que uma consciência imaginativa cresça até sua plenitude e "flua" na vida de Israel, sem nenhuma preocupação em disciplinar, domesticar ou explicar. É precisamente esse processo que impede que os substantivos de Javé sejam reificados, tornando-se ídolos.

**(d)** Israel parece se empenhar na articulação de *novas imagens*, especialmente em tempos de crise e necessidade. Os momentos de angústia (as "experiências limite" de PAUL RICOEUR) parecem evocar imagens novas, inéditas e ousadas (as "expressões limite" de RICOEUR).[50] Provavelmente o exemplo característico mais óbvio seja a maneira como a tradição posterior de Isaías, talvez antecipada por Oseias, experimenta imagens de família para Javé. De forma mais ampla, é o exílio

---

[50] PAUL RICOEUR, "Biblical Hermeneutics", *Semeia* 4 (1975), pp. 107-145.

que leva Israel a gerar ou radicalizar metáforas, especialmente as de sustento. Assim, por exemplo, o médico reconhece a enfermidade incurável de Israel (Jr 30,12), mas irá curá-la (30,17). O pastor que rejeita todos os outros pastores (Ez 34,1-10) irá intervir e fazer o trabalho de um pastor (34,11-16). A mãe de Israel irá além de todas as tendências maternas convencionais (Is 49,14-15). O jardineiro autorizará um novo plantio de murtas e ciprestes (Is 55,13). Pode ser que, no exílio, Israel tenha considerado as metáforas estabelecidas de governo, tomadas em si mesmas, como inadequadas para tudo o que agora estava disponível para eles sobre Javé. É claro que, no exílio, era necessário explorar a capacidade emocional de Javé para se encontrar bases para a esperança. A emergência de novas metáforas para Javé no exílio serve particularmente a essa sondagem emocional.

(e) Esse processo de sondar imagens, de formular novas, e de permitir sua coexistência sem coerência alguma sugere que *o trabalho de expressar Javé por meio de substantivos nunca termina*. Israel aparentemente sempre é capaz de arriscar ainda outro pronunciamento sobre Javé, o qual é dado em, com e sob algum aspecto contemporâneo de sua existência diária.

### *Tematização através de substantivos*

Finalmente, quatro observações completam nossa análise da tematização de Javé por meio de substantivos-metáforas.

**Utilização e reutilização**. Em seu estudo da metáfora do pai, PAUL RICOEUR descobriu no Antigo Testamento um uso da imagem, um silêncio, e depois uma reutilização dessa imagem.[51] (Nisto ele concorda com os dados apresentados por G. ERNEST WRIGHT.)[52] No entendimento de RICOEUR, nesse processo Israel rompe uma antiga metáfora que contém dimensões inutilizáveis de conteúdo, mantém a metáfora em suspenso por um tempo, e depois a reutiliza, atribuindo-lhe reivindicações mais coerentes com as intenções e paixões de Israel. Sem dúvida, o esquema de RICOEUR é claro

---

[51] PAUL RICOEUR, *The Conflict of Interpretations: Essays in Hermeneutics* (Evanston: Northwestern University, 1974), pp. 468-497.

[52] Veja WRIGHT, "The Terminology of Old Testament Religion and Its Significance" e "How Did Early Israael Differ from Its Neighbors?". Veja a nota 32 acima.

e simples demais; podemos imaginar se alguma vez a metáfora rompe tão profundamente com seu antigo uso como ele sugere.

A observação de RICOEUR é, contudo, instrutiva. Israel, em sua apropriação de substantivos para Javé, nunca toma e usa simplesmente os substantivos disponíveis, mas sempre os reutiliza; dessa forma, eles participam da densidade da retórica de Israel e de sua interpretação imaginativa de sua vida em relação a Javé. Assim, os substantivos atribuídos a Javé nunca significam de forma simples e clara o que os substantivos significam em si mesmos. Antes, os substantivos, no discurso repetido de Israel, adquirem uma carga que se origina do rico acervo de verbos e adjetivos de Israel. Os substantivos para Javé são incessantemente revisados e transformados no discurso contínuo de Israel. Nenhum substantivo para Javé pode ser interpretado literalmente; cada um deve ser considerado em sua rica densidade contextual.

**Um rico reservatório de imagens.** ROBERT JAY LIFTON dedicou sua vida profissional a estudar o impacto da violência pública massiva na psique humana.[53] Ele investigou o impacto de Hiroshima, Auschwitz e Vietnã, para nomear somente seus estudos de casos mais dramáticos. Desde o início do seu estudo de violência legitimada pela política, LIFTON observou que essa violência sistêmica só é suportável porque sociedades (e governos) chegaram a uma "dormência psíquica", uma capacidade de não perceber, saber, sentir, experimentar ou se importar. A dormência psíquica é possível, afirma LIFTON, devido a uma "lacuna de símbolos"; isto significa que a comunidade carece de símbolos adequados para mediar e comunicar o horror e a brutalidade de sua própria vida. Assim, quando a vida simbólica de uma comunidade é escassa, pobre ou unidimensional, a violência pode ser implementada, aceita e negada com indiferença dormente. Eu considero muito persuasiva a interpretação de LIFTON sobre a barbárie e brutalidade do século XX. Quando não há símbolos adequados, podem-se realizar atos de violência sem serem devidamente percebidos.

Cito LIFTON porque quero sugerir que Israel, em sua geração de substantivos-metáforas para Javé, não sofreu dessa lacuna ou deficiência de símbolos. Israel tinha um rico acervo de imagens disponíveis pelas quais expressar e experimentar sua vida com Javé, e continuou gerando mais

---

[53] ROBERT JAY LIFTON, *The Nazi Doctors: Medical Killing and the Psychology of Genocide* (Nova York: Basic Books, 1986); *Home from the War: Learning from Vietnam Veterans* (Nova York: Basic Books, 1985); *Death in Life: The Survivors of Hiroshima* (Nova York: Random House, 1967).

imagens. Como consequência, Israel tinha acesso à sua experiência e foi capaz de enfrentar as extremidades de sua vida de maneira séria e imaginativa. A densa gama de imagens protegeu Israel tanto da negação como do desespero. Esse reservatório de imagens e figuras viáveis deu a Israel acesso ao profundo sofrimento e negatividade de sua vida. Israel não precisava negar nada. Também mantinha esse profundo sofrimento e negatividade no horizonte de Javé. Israel não precisava terminar em desespero. Insisto, então, que a teologia do Antigo Testamento deve buscar atender a toda gama de substantivos-metáforas para Javé, e resistir ao reducionismo, reificação ou homogeneização de suas imagens.

A razão técnica e a comunicação tecnológica querem reduzir o mundo selvagem de imagens e metáforas com o propósito de controlá-lo. Porém, devemos também reconhecer a tendência paralela da teologia amedrontada de domesticar o acervo israelita de substantivos-metáforas para Javé. Especificamente, a teologia como prática de enquadramento certamente desejará que as metáforas de governo expulsem ou vetem as metáforas de sustento, pois essas não se adaptam facilmente a uma ordem medida e administrada. Para assegurar que isto não aconteça, devemos continuar atentos a essas metáforas que podem parecer mais marginais.

**Crítica das imagens patriarcais.** Um pertinente caso especial, à luz das categorias de RICOEUR e LIFTON, se refere às questões agora levantadas pela crítica feminista das imagens patriarcais. Uma teologia do Antigo Testamento não é o lugar para se tratar extensivamente com essa questão; porém, a meu ver, a questão não pode ser evitada ou resolvida de forma excludente. A crítica feminista da ideologia patriarcal, tanto no texto como na interpretação, é uma matéria de grande importância e urgência.

É inevitável a observação de que a grande preponderância de substantivos-metáforas para Javé é patriarcal, especialmente as metáforas de governo. Esse modelo patriarcal do testemunho de Israel sobre Javé é inegável. Não é claro até onde esse modelo é simplesmente algo óbvio no mundo antigo, e até onde foi dado de forma intencional e polêmica para se opor e resistir à religião cananita da fertilidade. Essa intenção particular é frequentemente atribuída à tradição deuteronômica e ao partido de "Javé somente".[54] Todavia, se essa postura de fé for de fato atribuída a certas

---

[54] Agora é lugar comum entre os estudiosos do Antigo Testamento entender que o javismo era bastante variado e que foi especialmente a tradição deuteronômica que impôs uma certa noção exclusivista de fé. Essa insistência no exclusivismo se torna o assunto apropriado da teologia do Antigo Testamento, em distinção a uma história da

tradições no texto, a questão importante ainda permanece: até onde essa ideologia é uniforme em Israel, e até onde essa é uma única voz em meio a uma fé pluralista?[55] Essa questão de oposição e resistência à religião canaanita da fertilidade é de importância fundamental na obra de G. ERNEST WRIGHT e em todo o modelo de teologia do Antigo Testamento "contra seu ambiente". Parece claro, como já sugeri, que essa postura foi profundamente modelada pela crise da Igreja alemã frente ao nazismo, quando a teologia do Antigo Testamento recebeu sua formatação dominante no século XX. Outra questão principal também permanece: até onde o patriarcalismo está presente como polêmica *no texto*, e até onde seus elementos evidentes foram reforçados e destacados por uma contínua *interpretação* polêmica? Essa tendência interpretativa fica evidente nas traduções e na imposição de construtos e categorias interpretativas sobre o material.

Vimos que Israel não tem um único conjunto fixo de símbolos e metáforas, mas que o processo metafórico em Israel é aberto e contínuo, e por ele novos substantivos-metáforas para Javé estão sempre sendo gerados. Sem dúvida, alguns substantivos-metáforas para Javé gerados tardiamente desempenharam uma função crítica frente às práticas de discurso mais antigas e estabelecidas. Esse processo dinâmico, especialmente evidente nos grandes profetas do exílio, levanta uma questão: até onde essa contínua iniciativa interpretativa justifica sua continuação no trabalho interpretativo contemporâneo?[56] Esse processo contínuo se evidencia na interação de continuidade e descontinuidade mediante a qual o Novo Testamento assume, expande e critica a oferta metafórica do Antigo Testamento. Além disso, as mesmas dinâmicas certamente operam nas grandes formulações ecumênicas da tradição católica, que praticaram continuidade e descontinuidade com as imagens bíblicas em suas formulações trinitárias e cris-

---

religião israelita. Sem dúvida, essa declaração de exclusivismo não foi completamente bem sucedida, pois traços de pluralismo na fé ainda persistem no texto.

[55] Quanto a esse pluralismo persistente, veja ALBERTZ, *A History of Israelite Religion in the Old Testament Period*.

[56] Deve-se fazer referência, por exemplo, à obra de SALLIE MCFAGUE, *Models of God: Theology for an Ecological Nuclear Age* (Londres: SCM, 1987); e GORDON D. KAUFMAN, *The Theological Imagination: Constructing the Concept of God* (Filadélfia: Westminster, 1981); e *In the Face of Mystery: A Constructive Theology* (Cambridge: Harvard University, 1993). Essas abordagens se distanciam bastante da Bíblia e suas imagens; os processos dinâmicos de interpretação nos quais elas estão engajadas, contudo, não parecem estranhos à maneira ousada em que a Bíblia manuseia a tradição.

tológicas. O mesmo é abundantemente evidente no ousado trabalho dos reformadores do século XVI, especialmente Lutero, que foi uma máquina de novas metáforas.

É claro que nenhum julgamento dessa questão do patriarcalismo é desinteressado ou inocente. Quem insta na elaboração e ênfase de imagens feministas o faz como parte de uma iniciativa de libertação, que não é de modo algum desinteressada.[57] De forma similar, penso, quem resiste a essa iniciativa visando permanecer com as interpretações e formulações tradicionais o faz em parte para manter vantagens e privilégios, mesmo que essa agenda não seja intencional ou seja assumida involuntariamente. Dada a realidade de que todas essas iniciativas interpretativas são "interessadas", levanta-se a questão: aqueles habitualmente excluídos da bem estabelecida iniciativa patriarcal têm direito a "reparações"? Isto é, a alguma vantagem concedida intencionalmente no processo atual de interpretação da tradição patriarcal? Obviamente, essa concessão é difícil. A meu ver, contudo, o próprio caráter da retórica política em boa parte do próprio texto manifesta uma abertura a tais reparações. Ou seja, tanto os poderosos como os impotentes em Israel compreendem muito bem que o discurso como testemunho não é uma iniciativa desinteressada, mas é em si mesmo um meio de reivindicar poder e, por fim, privilégios. Mesmo continuando seu discurso gerativo, Israel compreende que a ousadia no discurso teológico é um argumento sobre poder, assim como sobre verdade.[58]

---

[57] Os praticantes da interpretação feminista e de outras formas libertacionistas não negam que essa interpretação tem seus interesses. Sua única insistência (que eu partilho) é que quem pratica uma interpretação mais tradicional, geralmente patriarcal e hegemônica, também deve reconhecer que, o que foi considerado por muito tempo como erudição objetiva é igualmente "interessado". Essa admissão comum por todas as partes da conversa interpretativa não dá qualquer vantagem especial em princípio à abordagem libertacionista, mas nivela o campo de trabalho de modo que todas as partes são consideradas engajadas em uma defesa.

[58] Michel Foucault, mais que qualquer outro, nos ajuda a perceber que o discurso é uma atividade política e que (tanto no processo interpretativo, como no texto) a fala é uma forma de atividade política na qual a verdade assume todo tipo de relacionamento com o poder. Assim, a importância de Foucault para nosso estudo é crítica e instrutiva, exigindo que prestemos atenção aos nossos próprios investimentos metodológicos. John E. Grumley, *History and Totality: Radical Historicism from Hegel to Foucault* (Londres: Routledge, 1989), p. 184, comenta que Foucault provê "uma crítica do modo como as ciências humanas têm funcionado como instrumentos de poder, controle social, disciplina e exclusão. Ele revela essa história até aqui insuspeita para expor a cumplicidade das ciências humanas na instituição da radicalmente

Resta determinar o que significariam essas reparações. Penso em uma concessão de honra desproporcionada aos substantivos-metáforas que criticam as reivindicações patriarcais, e em um agudo reconhecimento autocrítico de que essas imagens patriarcais tradicionalmente exercem uma influência desproporcional no texto e nas interpretações tradicionais. A desproporção no texto e na interpretação precisa ser reconhecida (e gerar arrependimento?), visto que a desproporção caracteristicamente se refere não só ao conhecimento, mas também ao poder.

**Incomparabilidade**. Os substantivos-metáforas para Javé são uma expressão do testemunho de Israel sobre o incomparável Javé. De fato, "Quem é como Javé?"... juiz, rei, guerreiro e pai! "Não há ninguém como Javé" ... artista, jardineiro, médico, mãe, pastor! Não há ninguém como Javé, o qual vive dentro de uma retórica gerativa rica e aberta, cujo Personagem emerge da vida cotidiana e se refere de volta a ela em governo e sustento.

O estudioso da teologia do Antigo Testamento deve reconhecer o que tem em mãos. O Personagem central do Antigo Testamento, sobre quem Israel dá um testemunho imaginativo, é conhecido em *sentenças verbais concretas*, que relatam poderoso sustento e transformação radical. Essas sentenças verbais, além disso, fundamentam *adjetivos generalizadores* de soberania e fidelidade, em recitações infinitas de compaixão, fidelidade, misericórdia, retidão e justiça. Esses adjetivos generalizadores evocam *um rico arsenal de substantivos*, os quais reconhecem em Javé (ou lhe atribuem) autoridade considerável, mas também um tipo de atenção prática ao modo como a vida é vivida de perto. Esse domínio de substantivos-metáforas, do qual fizemos pouco mais que uma alusão ponderada, indica que o Sujeito dos verbos está decisivamente presente em cada fase da vida de Israel. Além disso, a presença decisiva de Javé não é insípida, fraca ou previsível. Antes, é tão flexível quanto o permitem as metáforas. Israel não conhece nenhum outro deus tão vivo, decisivo, fogoso, cuidadoso e exigente como o Deus que vive nesse conjunto de substantivos e por meio dele. Nenhum outro!

---

nova configuração moderna de poder/conhecimento, para nos armar contra as ilusões humanas sancionadas por esses discursos, para dramatizar a alarmante plenitude do controle social contemporâneo e registrar isto como uma crise.

## Capítulo Sete

### 7. Javé plenamente revelado

Como toda testemunha que dá um testemunho, Israel deve progredir lenta e pacientemente, um detalhe após o outro.[1] Testemunhas que tentam se safar com afirmações generalizadas são prontamente reinquiridas a dar detalhes. Assim Israel prossegue, em sua articulação sobre Javé, um texto de cada vez. O resultado desse testemunho é uma quantidade de detalhes, uma colagem de textos distintos. Não fica claro como todos os testemunhos detalhados se encaixam, ou até mesmo se podem ser encaixados juntos de forma coerente, visto que os detalhes são expressos sem interesse de compor um esboço mais amplo de Javé.

Ao se considerar todos os detalhes do testemunho, permanece uma questão profundamente difícil: o que resulta disto tudo como apresentação do caráter de Javé? Diante desse pronunciamento de um testemunho detalhado, fica para o ouvinte (o tribunal) o trabalho árduo de imaginar, interpretar ou construir um retrato mais amplo. Essa é a tarefa do tribunal e não da testemunha. *Mutatis mutandis*, não é tarefa das testemunhas, que permanecem nos fatos concretos, prover um retrato mais amplo e coerente de Javé, o sujeito do testemunho de Israel. Antes, o trabalho daqueles que ouvem as testemunhas – isto é, os intérpretes – é interpretar ou imaginar uma caracterização abrangente de Javé, baseada nos detalhes do testemunho de Israel.

Essa tarefa de modelar um retrato mais amplo e coerente de Javé é própria de uma teologia do Antigo Testamento. Elaborar uma teologia do Antigo Testamento, afinal, não é o mesmo que comentar um texto após o outro. Seu trabalho é construir a partir dos textos uma interpretação de Deus. Porém, ao mesmo tempo, esse trabalho de tematização (não sistematização) é o grande perigo de uma teologia do Antigo Testamento. Esse trabalho de generalização nunca consegue levar em conta todos os dados, mas precisa enfatizar ou minimizar alguns testemunhos, incluí-los ou excluí-los. Além disso, a decisão de incluir ou excluir, de enfatizar ou

---

[1] Testemunhar sobre Javé "texto por texto" relembra a declaração de ANNE LAMOTT, *Bird by Bird: Some Instructions on Writing and Life* (Nova York: Pantheon Books, 1994). O título do livro responde a questão de como escrever um relatório ornitológico: "pássaro a pássaro". O testemunho de Israel sobre Javé se concretiza de modo similar.

minimizar, nunca é inocente. Pelo contrário, ela deriva de pressuposições, quer sejam uma tendência à interpretação histórico-crítica, canônica, libertacionista ou alguma outra. Nunca escapamos da recorrente questão sobre a tematização: ela viola, em princípio e sem referência a qualquer conteúdo particular, o próprio caráter do testemunho que se compraz nos detalhes? *Essa tematização é nosso trabalho obrigatório e nosso risco mais profundo.*

Escolhi deliberadamente o termo *tematização* para esse aspecto do nosso estudo. Esse termo reivindica muita coisa, se afirma que podemos identificar e explicar tendências e trajetórias pervasivas no caráter de Javé apresentado nesse testemunho. Porém, não pretendo que ele reivindique muita coisa, visto que se trata de um termo bem mais modesto que *sistematização*. A tematização, ao contrário da sistematização, visa somente chegar a um esboço grosseiro e não a uma representação fechada. Ela permite deslizes, singularidades, incoerência e variações, e não se propõe a chegar a um fechamento da questão. Se alguém é bem sucedido ao apresentar uma tematização persuasiva de Javé, pode-se empreender uma sistematização adicional, talvez por uma comunidade eclesiástica (teologia sistemática) ou por uma comunidade crítica (crítica histórica ou literária). Todavia, a tematização, como tento fazer aqui, pretende parar antes desse fechamento sistematizador, pois está na natureza do Sujeito da tematização resistir a tal fechamento.

## A representação disjuntiva de Javé

Minha tese para a tematização do testemunho de Israel sobre Javé é esta: ele é um Personagem e Agente que se evidencia na vida de Israel como um Ator marcado por soberania ilimitada e solidariedade arriscada; essa soberania e solidariedade frequentemente convergem nele, mas de vez em quando, demonstram estar em uma tensão não resolvida ou em um sério desequilíbrio. *Eu creio que a essência do testemunho de Israel sobre Javé revela um Personagem que tem uma profunda disjunção no centro da vida do Sujeito.* Além disso, essa disjunção é o motor que impulsiona o testemunho de Israel; é o esplendor da sua estranha fé e a fonte da profunda aflição que marca a vida de Israel. Essa disjunção é um dado teológico substancial. Não é uma característica de uma religião primitiva errônea que "conceitos de Deus" posteriores podem deixar para trás.[2]

---

[2] Veja WALTER BRUEGGEMANN, "Texts That Linger, Not Yet Overcome", em *Shall Not the Judge of All the Earth Do What Is Right? Studies on the Nature of God in Tribute to JAMES L. CRENSHAW* (org. DAVID PENCHANSKY e Paul L. Redditt; Winona Lake:

Os dados dessa caracterização disjuntiva de Javé por soberania ilimitada e solidariedade arriscada podem ser sumarizados assim.

*Poder e solidariedade*

De início, já consideramos as duas fórmulas de Israel para a incomparabilidade de Javé: "Não há ninguém como tu" e "Quem é como tu?". O testemunho de Israel, para o qual a declaração formal é o primeiro mandamento em Êxodo 20,3, centro da lei de Israel, é que não há ninguém como Javé.[3] Não existe nenhum deus que seja tão poderoso, nenhum deus que seja tão atento aos fracos e necessitados.

Vimos que a declaração do poder incomparável de Javé – isto é, sua capacidade de impor soberania – é o tema das doxologias mais impetuosas de Israel. Esses hinos articulam o grande poder de Javé, evidenciado nas sentenças verbais de Israel sobre a criação e a libertação. Assim, na grande doxologia que celebra o êxodo do Egito, a fórmula de incomparabilidade (Êx 15,11-12) afirma a majestade e grandiosidade de Javé em operar maravilhas que derrotam os deuses e o poder político egípcio. Embora a segunda unidade principal do poema (vs. 13-17) faça alusão à "benevolência" de Javé para com Israel, esse é um tema menor no poema, que se concentra na reivindicação de que o poder incomparável de Javé é maior do que o alegado poder do Egito.

Por outro lado, vimos que nos Salmos de lamento, a voz do Israel necessitado, desesperado e desvalido assume como óbvio o poder de Javé para concretizar transformações (cf. Sl 86,9-10). De fato, comenta-se o poder de Javé quase que de passagem. O grande esforço dessas orações é envolver Javé na crise imediata do falante. O apelo se baseia na afirmação de que a incomparabilidade de Javé está em sua misericórdia e benevolência a serviço dos necessitados. Essas orações assumem o poder incomparável de Javé, mas esse poder de nada serve para o que pede, a menos que se caracterize por interesse e sensibilidade àqueles que confiam na pronta solidariedade de Javé.

Ao se prestar atenção nos hinos que celebram o poder de Javé e nos

---

Eisenbraun, 2000), pp. 21-41. *[N. do T. :Veja o final do capítulo 3.]

[3] Quanto à importância do primeiro mandamento para a fé de Israel, veja especialmente WALTHER ZIMMERLI, *Old Testament Theology in Outline* (Atlanta: John Knox, 1978); WERNER H. SCHMIDT, *The Faith of the Old Testament: A History* (Oxford: Blackwell, 1983); e SCHMIDT, *Das erste Gebot: Seine Bedeutung für das Alte Testament* (Theologische Existenz Heute 165; Munique: Chr. Kaiser, 1970).

lamentos que apelam à sua solidariedade, ficam evidentes duas coisas no testemunho de Israel. Primeiro, no uso da fórmula de incomparabilidade, Israel nunca afirma ou insiste em um desses aspectos de Javé ignorando ou negando o outro. Essa fórmula funciona de maneira pastoral e teológica, porque Javé é tanto soberano como solidário. Segundo, o discurso teológico de Israel apresenta ênfases bem diferentes, dependendo das circunstâncias e de qual dimensão da pessoa de Javé é relevante para o falante e sua situação. Essas fórmulas caracteristicamente contêm os dois temas juntos. É evidente que o apelo à solidariedade de Javé deve forçosamente contar com seu poder. Porém, a matéria não é totalmente simétrica. Israel pode falar do grande poder de Javé sem aludir à sua solidariedade, sugerindo assim que há pelo menos uma chance de que as duas ênfases se desvinculem. A seguir, irei sugerir que essa tentação de celebrar o poder de Javé negligenciando sua solidariedade é, essencialmente, uma tentação de ignorar o que é mais importante, definitivo e peculiar para a vida de Israel com Javé.

### *Disjunção no centro*

Já consideramos como os adjetivos mais característicos de Israel para Javé derivam de suas sentenças verbais de testemunho. As formulações adjetivais são a primeira tentativa de Israel em generalizar a partir de seus relatos de "testemunhas oculares", para dizer como Javé realmente é e quem ele é. Eu propus que se pode entender a declaração estilizada de Êxodo 34,6-7 como uma expressão representativa, ou talvez até normativa, do acervo característico de adjetivos de Israel para discursos sobre Javé.

Na articulação do caráter de Javé em Êxodo 34,6-7, vimos que os vs. 6-7a são um maravilhoso inventário das características mais positivas de Javé, todas manifestando sua vontade de se relacionar com Israel de maneira fiel, generosa e confiável. Essa é uma declaração da intensa determinação de Javé de ser solidário a Israel e de manter essa solidariedade em circunstâncias difíceis e de grande risco.

Vimos também, no entanto, que na culminação da fórmula em Êxodo 34,7b, a declaração faz uma meia-volta abrupta. A segunda metade da fórmula parece quebrar a cadência da fala ao introduzir um abrupto infinitivo absoluto. Todavia, não há indícios de que essa segunda parte do pronunciamento seja uma intromissão ou adendo – pertence plenamente à afirmação central de Israel sobre Javé, aparentemente colocada na boca do próprio Javé. Não consigo encontrar qualquer forma evidente de harmonizar pronta e completamente as duas partes dessa formulação. O Deus fiel que perdoa (*ns'*) a iniquidade é o mesmo Deus que visita (*pqd*) os transgressores por sua iniquidade. Isto é, o mesmo Deus que é excessivamente solidário a Israel e que está disposto a estar com Israel em todas as circunstâncias é o Deus que agirá abrasivamente para manter sua soberania contra todos que a desafiem ou a ignorem.

Cada uma dessas declarações, seja de generosa solidariedade ou de soberania feroz e inflexível, nos soa como uma reivindicação inteiramente esperada de Javé. Além disso, não nos surpreende descobrir qualquer uma delas como normativa para o testemunho mais amplo de Israel. O que nos surpreende é a proximidade imediata entre elas, sem qualquer tentativa de resolver o relacionamento delas ou mesmo dar um sinal de que essa justaposição é problemática. Em quase todas as ocasiões, o poder soberano e a solidariedade graciosa de Javé andam bem juntas. Todavia, quando não o fazem, encontramos a consciência mais forte de Israel sobre Javé, assim como seu testemunho teológico mais estranho.

Como já vimos, os usos subsequentes dessa formulação (Êx 34,6-7) por Israel tende a enfatizar um ou outro aspecto do caráter de Javé. Geralmente os usos subsequentes apelam à primeira metade da declaração, que testifica da solidariedade cuidadosa de Javé a Israel. Em tais declarações, a segunda parte negativa não está nem no horizonte do testemunho posterior. Às vezes, como em Naum 1,2-3, quando Israel quer agredir verbalmente a Assíria, a poesia apela precisamente para a segunda metade da fórmula, "ainda que não inocenta o culpado". Mesmo essa formulação inclui a expressão "tardio em irar-se", aparentemente derivada da primeira metade da fórmula em Êxodo 34,6-7. Essa expressão, entretanto, não desempenha papel algum na declaração de Naum, ou serve apenas para indicar que a longanimidade de Javé está agora esgotada e não se estende à Assíria. O que resta é a rígida soberania de Javé, que se moverá maciça e destrutivamente contra Nínive. A capacidade de Israel de usar uma parte ou outra da fórmula não gera problema para sua fé, e lhe provê um recurso teológico rico e flexível.

Somente uma vez, em Números 14,18, a recitação de Êxodo 34,6-7 é citada por completo. A intenção de Moisés na recitação é de apelar para a solidariedade fiel de Javé a Israel (isto é, à primeira metade da fórmula), pois a citação na boca de Moisés se segue imediatamente em Números 14,19 pela petição imperativa: "Perdoa, pois, a iniquidade deste povo...". Assim, pelo uso do termo "iniquidade" no v. 19, Moisés apela precisamente à expressão de Êxodo 34,7a: "que perdoa a iniquidade". Ao contrário de Moisés, no entanto, Javé intencionalmente faz uso da citação completa de Êxodo 34,6-7 que Moisés repetiu, atentando não somente para a primeira parte à qual Moisés apela, mas também à segunda metade, pela qual Moisés aparentemente passa sem menção. Consequentemente, Javé perdoará Israel: "Segundo a tua palavra, eu lhe perdoei" (Nm 14,20). Essa confirmação, no entanto, é imediatamente seguida por "porém" (*'ûlm*), uma conjunção disjuntiva que equivale à conjunção no meio de Êxodo 34,7, e Javé diz: "Porém, ...nenhum daqueles que me desprezaram a verá [a terra]" (Nm 14,21.23).

Esse encontro dramático em Números 14 talvez seja uma exceção ao uso da caracterização paradigmática de Javé. Se for assim, é uma exceção notavelmente iluminadora. Nela, Javé atua com solidariedade fiel, como Moisés pediu. Todavia, Javé também atua com feroz soberania, condizente com a reivindicação de Êxodo 34,7b. Exceto por Calebe, a geração pela qual Moisés intercede não recebe nada da solidariedade generosa de Javé.[4] Nesse caso, a feroz soberania de Javé venceu sua solidariedade compassiva. Não é que a soberania *sempre* derrota a solidariedade. Antes, é que Javé, como expresso por Israel e confrontado por Moisés nesse texto, tem como inclinação para Israel um conjunto de opções aparentemente irreconciliáveis. São essas opções que dão conteúdo à disjunção no centro da vida de Israel e no centro do caráter de Javé, como esboçado pela testemunha Israel.

Essa disjunção, articulada de forma bem completa em Êxodo 34,6-7, e representada de forma tão singular em Números 14,18-24, declara o que é mais importante sobre Javé. E o que é mais importante, creio, é que a capacidade de Javé para solidariedade e para soberania é a realidade principal que Israel encontra no caráter de Javé. Isto significa que o relacionamento de Israel com Javé é extremamente carregado de possibilidades. Javé pode agir em qualquer circunstância com fidelidade graciosa; e geralmente o faz. Mas Javé pode agir em qualquer circunstância com feroz soberania e, às vezes, o faz; às vezes em prol de Israel, às vezes contra ele. A afirmação da soberania de Javé é infinitamente inquietante e problemática. Certamente, as formulações de Êxodo 34,7 e Números 14,18 indicam que a atuação potencial de Javé em ira é uma resposta à "iniquidade" e relacionada a ela. Assim, há algo racional e disciplinado sobre a feroz soberania. Israel

---

[4] Quanto ao papel de Calebe e Josué no livro de Números como precursores da "nova geração" dos fiéis, veja DENNIS T. OLSON, *The Death of the Old and the Birth of the New: The Framework of the Book of Numbers and the Pentateuch* (Chico: Scholars, 1985). Nesse texto, contudo, representa-se a novidade apenas por Calebe, pois não se menciona Josué.

sabe, todavia, em seus vários pronunciamentos sobre Javé, como em Naum 1-2, que às vezes "visita a iniquidade" parece ser algo indisciplinado e bem além da concretização de sanções. Essa segunda metade da formulação testemunha sobre algo potencialmente selvagem, incontrolável e perigoso na vida de Javé.

Nosso julgamento contemporâneo dessa questão sobre Javé com certeza é tão problemática como foi no Israel antigo. Temos uma forte tendência a insistir que a fidelidade graciosa de Javé sobrepujou de forma certa e decisiva sua dura propensão à soberania, de forma que esperamos um Deus de amor. Esse argumento geralmente se apresenta como um discernimento cristão de Deus; mas esse discernimento depende, em grande parte, de uma leitura bem seletiva do Novo Testamento. Ou talvez nossa forte inclinação por um Deus de amor seja simplesmente fundamentada de forma mais geral na tolerância da modernidade. Todavia, as barbáries do século XX nos fazem parar para pensar sobre essa reivindicação, e nos perguntamos se tais brutalidades estão isentas de significância moral em um mundo de amor, que deixa a brutalidade sem resposta e impune.

Em meio a uma forte propensão à fidelidade graciosa, no entanto, frequentemente se insiste que vivemos em um mundo moralmente confiável e simétrico, no qual sanções morais estão conectadas de forma inalienável à conduta. Essa insistência, que tende a ser defendida seletivamente, deseja não permitir deslizes de solidariedade e fidelidade diante de uma demanda cruel.

Nessa tensão singular entre um Deus de amor e severa retribuição moral, talvez sejamos teologicamente muito parecidos com o Israel antigo, enfatizando a parte da tradição que consideramos no momento mais útil. A diferença entre nosso uso atual e o testemunho do Israel antigo, creio, é que geralmente enfatizamos de forma inocente esta ou aquela afirmação, por ser pragmaticamente persuasiva, e deixamos as coisas assim. Em contrapartida, Israel força a tensão de forma teológica e retórica, até levá-la até a própria vida, caráter e a pessoa de Javé. Israel atribui a Javé, ou descobre na sua pessoa, essa profunda tensão, pela qual a vida futura de Javé no mundo e com Israel é caracteristicamente ameaçadora. Ao mesmo tempo, contudo, Javé é o último recurso de esperança para Israel. No final das contas, Israel precisa apostar tudo nessa consciência inquietante de que o Deus que é solidário e generoso é o mesmo que leva a sério selvagemente seu direito de ser adorado, honrado e obedecido. Israel (e talvez Javé) não sabe como essa tensão não resolvida se concretizará em uma circunstância particular.

### Certo tipo de ordem, certo tipo de poder

O capítulo 6 analisou como as sentenças verbais de testemunho de Israel produzem com o tempo substantivos-metáforas estabilizantes, os quais dão certa constância e resistência ao caráter de Javé ao longo do tempo. Vimos **(a)** que esses substantivos são metáforas e, portanto, tanto "são" como "não são", e **(b)** que a ampla gama de substantivos-metáforas gera incongruências e tensões insolúveis. Para nosso propósito de tematização, sugiro que as denominadas metáforas de governo são tentativas de falar da soberana ordenação de vida por Javé; e que as denominadas metáforas de sustento são esforços para falar da solidariedade fiel de Javé.

As metáforas de governo – juiz, rei, guerreiro, pai – são maneiras de falar da capacidade de Javé para estabelecer uma ordem coerente e viável, que gere e possibilite a vida. Essas formas de discurso, que convergem e se sobrepõem, testemunham sobre o poder e a autoridade de Javé para estabelecer um espaço para a vida. A ênfase fundamental desse testemunho está no *poder* de Javé, mas é um poder graciosamente intencionado e bem usado, no qual Israel pode ter alegre confiança. Assim,

Capítulo VII

* O juiz "julga o mundo com justiça" (Sl 9,8);

* O rei é exaltado (Sl 145,1) como aquele que é justo e benigno (Sl 145,17);

* O guerreiro triunfa de modo que "a vitória (*tšûc*) vem do Senhor" (Pv 21,31);

* O pai é "pai dos órfãos e juiz das viúvas" (Sl 68,5; cf. Os 14,3b).

Em cada uma dessas afirmações, às quais muitas outras podem ser adicionadas, Javé age poderosa e decisivamente como governador para estabelecer um espaço ordenado e confiável para a vida. Claramente essa disposição e capacidade para agir de forma poderosa são de suprema importância para Israel (e para o mundo), pois sem essa capacidade ordenadora não haveria chance alguma de vida. O Deus que gera equidade, retidão, vitória e justiça é a única linha de defesa de Israel contra os poderes do caos e da destruição que tornam a vida miserável e, finalmente, impossível.

É surpreendente e digno de nota que essas metáforas de governo não são afirmações de poder e ordem de forma pura e unidimensional. O que o soberano decreta é *certo tipo de ordem*. O testemunho que Israel oferece sobre Javé é o de um poderoso governante e ordenador, cujas políticas e ações são provocadas, influenciadas e modeladas pelas necessidades e súplicas dos súditos que ele governa. Assim, o juiz julga de forma justa e é instado a intervir em prol do oprimido (Sl 9,9). O rei, que é exaltado por suas maravilhas, é aquele que "sustém os que vacilam e apruma todos os prostrados" (Sl 145,14). O guerreiro que age tão ferozmente é o mesmo cujo poder imenso e violento se mobiliza precisamente em prol dos escravos que clamam em sua necessidade (Êx 2,23-25; 15,3). E o pai que gera Israel é aquele que está ao lado de viúvas e órfãos, os quais não têm outro defensor em uma sociedade patriarcal.

Assim, o extraordinário poder de Javé, do qual Israel não tem dúvida, é *certo tipo de poder*. É um poder usado em prol do súdito-parceiro de Javé, poder usado na obra de restauração e reabilitação daqueles que não têm o que é indispensável para a vida. As metáforas em si mesmas não inclinam inevitavelmente o poder e a ordem nessa direção. Entretanto, a retórica, especialmente nas orações de Israel, impulsiona os substantivos de governo na direção do sustento e cuidado. O admirável nessa representação de Javé é que ele não resiste nem fica indiferente a essa inclinação motivada pela insistência constante de Israel. Essa inclinação pervasiva e característica indica que o poder soberano de Javé tem um conteúdo específico. De fato, a soberania de Javé pode ser invocada e mobilizada por Israel em sua necessidade. E, caracteristicamente, Javé não é insensível ou indiferente à necessidade. Sua retidão, a capacidade de gerar uma boa ordem, se qualifica decisivamente pela sua fidelidade para com seus súditos-parceiros.

Todavia, não é possível considerar como questão resolvida essa qualificação do poder de governo de Javé como fidedigno na sua fidelidade. Já vimos que, na formulação adjetival de Êxodo 34,6-7, assim como Javé se estabelece retoricamente em fidelidade (vs. 6-7a), uma forte disjunção no v. 7b adverte Israel contra a tentação de ficar à vontade com Javé. O mesmo Deus cuja retidão se caracteriza por fidelidade e compaixão é certamente o Deus que mostra um traço recorrente de autoapreço, o qual pode se expressar de uma maneira vigorosa e negativa. GEORGE MENDENHALL propôs que as duras ações de soberania de Javé são em defesa de seu legítimo império; isto é, em defesa da sua vontade de ordem e justiça.

Assim, em Gênesis 18,16;19,29, o juiz Javé está pronto para agir de forma massiva e decisiva contra Sodoma e Gomorra, em resposta à grave afronta deles:

> Com efeito, o clamor de Sodoma e Gomorra tem-se multiplicado, e o seu pecado se tem agravado muito. Descerei e verei se, de fato, o que têm praticado

corresponde a esse clamor que é vindo até mim; e, se assim não é, sabê-lo-ei. (Gn 18,20-21)

O papel de Abraão na narrativa é o de impor restrições a Javé, conduzindo-o a um padrão mais alto de justiça do que o que ele planejou originalmente (v. 25). A narrativa propõe que a negociação entre Abraão e Javé (18,25-33) afirme uma racionalidade soberana na atitude de Javé para com Sodoma. Ou seja, o sólido julgamento de 19,24-25 é apropriado à sólida afronta de Sodoma. Contudo, as duas grandes perguntas de 18,23-25 sugerem que Israel se questionava sobre o potencial de Javé para ira absoluta. O diálogo com Abraão deixa um resíduo de instabilidade e inquietação, um indício de que, no limite da ação judicial de Javé, é possível haver mais do que justiça.[5] A perplexidade pela falta de restrição de Javé está próxima da superfície, muito embora não seja afinal demonstrada na narrativa.

O rei, que "habita nos céus" no Salmo 2, se interessa primariamente pela nomeação de Davi como rei em Jerusalém. Essa é a parte positiva do Salmo. Todavia, não podemos deixar de perceber que, na manutenção desse governo, na resposta de Javé às nações, "na sua ira, a seu tempo, lhes há de falar e no seu furor os confundirá" (v. 5). Pressupõe-se que o governo de Javé, no céu e em Sião, é legítimo e apropriado. Qualquer desafio a esse governo ou conspiração contra essa autoridade, tal como as nações empreendem nesse Salmo, é rebelião que deve ser reprimida. A ira e a fúria a se concretizarem se justificam pela reivindicação da soberania de Javé, que é simplesmente assumida. Dentro dessa soberania, considera-se essa ação justificada. Nenhuma defesa pode ser apresentada para quem recusa essa soberania; eles podem esperar que serão alvos de tal execução. Note que, nessa declaração de soberania, não se apresenta nenhuma defesa para o compromisso de Javé com a justiça. O que conta aqui é o poder incontestável de Javé.

Ao ponderarmos sobre o papel de Javé como guerreiro, esperamos ferocidade e violência. Talvez a apresentação mais prolongada do guerreiro Javé como alguém pleno de violência seja a poesia de Naum. Javé está preparado para agir com violência massiva e irrestrita contra Nínive:

> Quem pode suportar a sua indignação?
> E quem subsistirá diante do furor da sua ira?

---

[5] A densidade e não resolução do diálogo de Gn 18,25-33 são analisados em JACK R. LUNDBOM, "Parataxis, Rhetorical Structure, and the Dialogue over Sodom in Genesis 18" (artigo não publicado, 1995).

> A sua cólera se derrama como fogo,
> e as rochas são por ele demolidas.
> O Senhor é bom,
> é fortaleza no dia da angústia
> e conhece os que nele se refugiam.
> Mas, com inundação transbordante,
> acabará de uma vez com o lugar desta cidade;
> com trevas, perseguirá o Senhor os seus inimigos. (Na 1,6-8)

Isto pode ser, de fato, uma reação justa para o modo como os assírios maltrataram Israel durante muito tempo. A própria retórica, no entanto, sugere uma completa falta de limites, na qual há algo como deleite (de Javé ou de Israel?), antecipando a orgia de morte, sangue e violência (cf. Na 2,9-10; 3,5-7). Certamente a poesia exprime o profundo ressentimento de Israel por ter sido subjugado pelos assírios por tanto tempo. Contudo, o que nos interessa é que esse ressentimento de Israel é plenamente assumido, abraçado e executado por Javé.

Quanto a Javé como pai, o poema cheio de emoção em Oseias 11,1-9 começa com uma declaração de benevolência (vs. 1-3) e termina com uma articulação comovente do amor cheio de emoção do pai Javé por seu querido Efraim (vs. 8-9). De fato, com a referência a Admá e Zeboim no v. 8, fica evidente que Javé (ou as testemunhas de Javé) ainda considera a destruição extrema de Gênesis 19. Nesse poema, Javé não agirá destrutivamente para com Israel como fez anteriormente com Sodoma e Gomorra. Porém, mesmo nesse poema, com sua maravilhosa conclusão de perdão e misericórdia, o pai Javé é capaz de cogitar e desejar uma represália pesada contra seu filho Israel:

> A espada cairá sobre as suas cidades,
> e consumirá os seus ferrolhos,
> e as devorará, por causa dos seus caprichos.
> Porque o meu povo é inclinado a desviar-se de mim;
> se é concitado a dirigir-se acima, ninguém o faz. (Os 11,6-7)

## Reações à representação disjuntiva de Javé

Em todos esses substantivos-metáforas, podemos perceber, ao lado de uma inclinação terna em Javé, uma dimensão de ferocidade que tende à violência potencial. Assim, proponho que, na completa representação de Javé, sua tematização é como poderoso governante e ordenador da vida, capaz de interesse generoso e gracioso, mas esse mesmo Javé tem um potencial para extraordinária destruição. Esses textos sobre destruição são infinitamente problemáticos para a teologia normativa. Podemos imaginar diversas respostas a esses textos que minimizariam sua significância para nosso trabalho teológico:

**1.** Pode-se insistir que esses atos de ferocidade de Javé são simplesmente atos de soberania que ocorrem dentro das suas sanções bem estabelecidas. Essa é a implicação do entendimento de George Mendenhall sobre a vingança. Um poder soberano deve ter um monopólio de força para sustentar a autoridade. O que Javé faz (ou fala) está legitimamente a serviço da ordem.

**2.** Grande parte dessa ferocidade de Javé (embora não toda) está a serviço do status especial e privilégio de Israel sob o governo de Javé, de modo que o testemunho em si é um tanto acrítico. A ferocidade e a violência de Javé não podem ser separadas do seu efeito positivo em Israel e, portanto, podem geralmente ser interpretadas como uma contraparte negativa da imensa lealdade de Javé para com Israel. Por exemplo, na expressão extrema de fúria de Naum 1, o contraponto do texto se refere ao bem-estar de Israel, possibilitado pela destruição da Assíria.

**3.** Pode-se argumentar que os textos que citei são relativamente marginais em relação ao testemunho total de Israel. Eles podem ser tidos como textos casuais e certamente não centrais para uma teologia tematizada.

Todas essas reservas têm seu mérito. Em todo caso, não pretendo defender esses textos que falam da notável selvageria de Javé, nem lhes dar atenção indevida. Contudo, é preciso insistir que esses textos testemunham sobre algo a respeito de Javé que Israel sabia e não negava. Ao todo, esses textos afirmam que o enorme poder de Javé está a serviço de uma soberania caracterizada tanto pela justiça como pela fidelidade. Porém, a retórica feroz que insinua que Javé se deleita na ira sugere que nem tudo cabe na fidelidade e misericórdia de Javé, nem mesmo na sua soberania fundamentada. Além da soberania legitimada e da fidelidade determinada, há um elemento do poder de Javé que, no testemunho imaginativo de Israel, parece ocasionalmente transbordar na autoexpressão um tanto autoindulgente de Javé. Não pretendo enfatizar demais esse elemento na retórica, mas também não quero ignorar as importantes afirmações na boca de Javé.

Creio que esta é uma decisão difícil e apertada, por isso desejo prestar atenção somente aos textos frequentemente suprimidos na exposição teológica.[6] Em ocasiões assim, as ações ou o discurso de Javé parecem não ter outra função a não ser permitir que ele empreenda uma demonstração irrestrita de autoafirmação. O governo de Javé é um fator bom e essencial no bem-estar de Israel, porém, a meu ver, seu governo não está completamente racionalizado em relação a Israel nem em relação ao compromisso com a justiça ordenada. O poder de Javé é caracteristicamente vinculado à sua fidelidade..., mas nem sempre.

**A densidade dos substantivos de sustento**

As metáforas de sustento também são mais densas do que parecem à primeira vista. Os substantivos-metáforas que consideramos – oleiro, jardineiro, pastor, mãe, médico – mantêm em sua textura e poder sugestivo certa distância das metáforas de governo. As metáforas de sustento parecem indicar uma maior atenção e um compromisso mais profundo com o objeto sobre o qual opera o agente (substantivo-metáfora). Podemos tematizar nossas sugestões sobre esses substantivos-metáforas nas quatro proposições seguintes.

*Pro Nobis*

Cada um desses substantivos fala de Javé, aquele que emerge das sentenças verbais de testemunho e é generalizado em adjetivos, agindo "para o objeto" (*pro nobis*). Javé se engaja em prol do objeto, que geralmente é Israel. É fundamental à própria metáfora que tal relação e compromisso de tipo positivo sejam intencionais. Assim:

> * Javé, como oleiro, faz uma modelagem prática do objeto. Nota-se frequentemente que o verbo *formar* (*yṣr*), no que se refere à criação não é por fala, mas por envolvimento com a matéria-prima (barro) da qual se forma o objeto (Gn 2,7,19; Jr 18,3-6; Is 45,9).
>
> * Javé, como jardineiro, geralmente é o sujeito do verbo *plantar*. Em Isaías 5,1-2, em particular, o jardineiro-vinicultor está

---

[6] LAWSON G. STONE, "Ethical and Apologetic Tendencies in the Redaction of the Book of Joshua", *CBQ* 53 (1991), pp. 25-36, sugere com sagacidade maneiras de como a própria tradição textual está ciente do elemento problemático na violência da conquista e manobra para transformar essa violência em uma "metáfora gigante" para a vida religiosa. Essa consciência e manobra, é claro, atestam a presença e o problema da violência no texto, que impingem diretamente sobre a articulação do caráter de Javé.

envolvido com a construção do jardim e dispensa cuidado, atenção e extravagância para criar o melhor vinhedo possível.

\* Javé, como pastor, no conhecido Salmo 23, é o sujeito de uma série de verbos que manifestam atenção e presença nas situações de grande perigo para assegurar o bem-estar das ovelhas.

\* Javé, como mãe, é o Deus que alimenta (Nm 11,12), relembra (Is 49,15) e conforta (Is 66,13). O propósito da mãe é dispensar cuidado beneficente para o filho.

\* Javé, como médico, intervém ativamente para possibilitar uma nova vida para Israel, exatamente quando tudo parece perdido. No evento inicial do Êxodo (Êx 15,2-6) e, subsequentemente, na crise da Babilônia (Jr 30,17), Javé age criando um futuro para Israel quando, por outros meios, ele não tinha nenhuma expectativa de um futuro viável.

Em todas essas imagens, Javé é aquele cuja identidade cabe completamente nessa relação; Javé, aquele com recursos e capacidade para agir, se empenha a favor do bem-estar do objeto–seja vaso, jardim, vinha, ovelha, criança, enfermo.

### Javé é persuadido por Israel no exílio

Essas metáforas do sustento, no entanto, não testificam somente da ação de Javé que dá uma boa vida ao objeto. As imagens são mais radicais e intensas do que mera apresentação de um Poderoso que se move na direção dos fracos e necessitados. Além de serem inclinadas positivamente, essas imagens retratam Javé como alguém que pode ser influenciado de forma radical e profunda pela situação do objeto necessitado, de modo que (com os substantivos-metáforas) Javé se inclina a fazer, pela situação desse objeto, aquilo que de outra forma não o faria. Isto se evidencia especialmente no que se segue:

\* Apela-se ao oleiro que quebra o vaso malformado (Jr 19,11), na mesma imagem, a ir além da ira alcançando simpatia, compaixão e atenção (Is 64,7-12). É claro que a petição de Israel se baseia na consciência de que Javé continua interessado nesse vaso quebrado, que é Israel, e pode ser incitado a agir novamente, talvez até mesmo contra sua principal inclinação.

* Como jardineiro, retrata-se Javé, principalmente nas promessas do livro de Jeremias, como aquele que vem sobre os destroços do Israel destruído (Jerusalém) resolvido a restaurá-lo. Os verbos *plantar* e *edificar*, nessa poesia, de fato se referem à reconstrução e ao replantio – restauração depois da perda (cf. Jr 31,4-6,23-28).

* Como pastor, Javé é uma imagem usada especialmente nas promessas do exílio. Israel foi disperso, "como ovelhas que não têm pastor". Todavia, o pastor agora reunirá novamente o rebanho (Jr 31,10) e, pelo estado lamentável das ovelhas, ficará sensibilizado a se empenhar com atenção a seu favor (Ez 34,11-16).

* Como mãe, Javé é o Deus que de fato lembra com compaixão, quando Israel-Jerusalém se imagina ter sido completamente esquecido (Is 49,14). Na lembrança de Javé, e em nenhum lugar mais, há novas possibilidades.

* Como médico, Javé é aquele que encontra Israel completamente desprovido de cuidados médicos (Jr 8,22) e, assim, conclui que Jerusalém está além da possibilidade de cura (Jr 30,12-15). Então, devido à atenção apaixonada de Javé, o médico se mobiliza contra a enfermidade terminal, rejeitando seu próprio diagnóstico:

Porque te restaurarei a saúde
e curarei as tuas chagas, diz o Senhor;
pois te chamaram a repudiada,
dizendo: É Sião, já ninguém pergunta por ela. (Jr 30,17)

Em cada um desses usos, Javé é atraído pela triste situação de Israel (ou Sião) e, assim, se mobiliza para intervir. É o exílio do século VI a.C. que tanto influencia Javé e o impulsiona a empreender ações que, até agora, pareciam impossíveis ou não estavam em seu horizonte. O embasamento histórico desses textos no exílio é de grande importância para o projeto da teologia do Antigo Testamento. A dispersão e a descontinuidade do exílio (em parte geográfica, mas sobretudo simbólica, emocional e litúrgica) constituem uma profunda crise na fé de Israel. Naquele momento, as certezas mais seguras de Israel foram ameaçadas e, então, ele se viu forçado a um questionamento radical e a uma rearticulação radical de

Javé.[7] Nosso interesse teológico no contexto do exílio é que Javé se mobiliza a empreender novas ações pelas circunstâncias de Israel; ele vai além de sua prévia intenção e, podemos crer, além do seu autodiscernimento. As circunstâncias e o discurso de Israel influenciam Javé, possibilitando (exigindo) que ele aja novamente a seu favor – um ato que, antes das circunstâncias e discurso de Israel, não estava no horizonte de Javé. Javé passa a ser, pela realidade da insistência de Israel, algo que ainda não era.

## *Implacável intenção soberana*

O fato de que a intensificação e maior radicalidade dessas metáforas de sustento ocorrem no exílio, em resposta à necessidade, miséria, desgraça e insistência de Israel, nos alerta para um terceiro tema referente a essas metáforas. Como vaso, jardim-vinhedo, ovelha, criança e enfermo, Israel não se acha naquelas circunstâncias do século VI a.C. por acaso. De acordo com seu testemunho, em cada uma dessas figuras, Israel, chegou à miséria por causa da intervenção ativa e destrutiva de Javé ou por causa da dura negligência dele, visto que ele se propôs a abandonar o objeto de sua atenção apaixonada. Em outras palavras, é a ausência do oleiro, jardineiro, pastor, mãe e médico que gera problemas a Israel.

Esse reconhecimento sugere que mesmo essas metáforas de sustento incluem dimensões do governo poderoso de Javé, que é sua insistência em certo tipo de ordem. Quando essa ordem não é cumprida ou respeitada, Javé está totalmente disposto a abandonar o objeto de seu sustento. As metáforas de sustento revelam ter uma dimensão de exigência, refletindo a soberana expectativa de Javé. Por um lado, o testemunho de Israel emprega metáforas que articulam o julgamento de Javé em benefício de reparações, reabilitações e novos começos. Veja, por exemplo, o prumo (2Rs 21, 13; Am 7,7-9; Is 28,17), a sujeira eliminada do prato (2Rs 21,13), a purificação pelo fogo (Is 1,21-27). Nesses casos, a dureza parece ser em prol da renovação. Por outro lado, algumas imagens parecem manifestar um fim sem um novo começo:

* O oleiro que percebe que um vaso se estragou o quebrará (Jr 18,3-6; 19,11).

---

[7] Veja RALPH KLEIN, *Israel in Exile: A Theological Interpretation* (OBT; Filadélfia: Fortress, 1979, em português: *Israel no exílio*, ed. Academia Cristã, 2013); DANIEL L. SMITH, *The Religion of the Landless: The Social Context of the Babylonian Exile* (Bloomington: Meyer-STONE, 1989); e PETER R. ACKROYD, *Exile and Restoration: A Study of Hebrew Thought of the Sixth Century* (OTL; Filadélfia: Westminster, 1968).

* O jardineiro que se desaponta com o produto da vinha a arrancará e derribará (Is 5,5-7).

* O pastor pode dispersar as ovelhas (Jr 31,10).

* A mãe é considerada negligente e desatenta com seu filho (Nm 11,12; Is 49,14). Nesses casos em particular, a mãe não age de forma negativa ou destrutiva, mas pode ser totalmente desatenta, para grande prejuízo do filho.

* O médico pode finalmente chegar a um diagnóstico de que não há esperança para o povo ou cidade doente, estão além da cura (Jr 30,12-13).

Caracteristicamente, esses usos pertencem à crise de Israel no século VI a.C.. Todavia, também devem ser entendidos, não simplesmente como um dado histórico, mas como parte do testemunho teológico. De fato, é assim que Javé é no testemunho de Israel. Portanto, nos substantivos-metáforas preferidos de Israel para Javé, a capacidade gerativa e os aspectos gerativos do caráter de Javé e sua inclinação para o objeto são escurecidos e matizados por Aquele que é juiz, rei, guerreiro e pai. Mesmo nos papéis mais positivos, Javé deseja certa ordem que deve ser respeitada e não pode ser posta em perigo. Quando essa ordem é violada, os diversos papéis nos quais Javé é escalado são estendidos para dar expressão a uma implacável intenção soberana.

### Radicalidade inesperada

Nessa extensão das metáforas de sustento para incluir o governo, é inteiramente plausível que Javé, ao fazer essa virada, esteja totalmente justificado como governador legítimo dos processos de formação, plantio, condução, sustento e cura. Isto é, o oleiro, pastor, jardineiro, mãe e médico são modos para o membro sênior do relacionamento, o qual determina a forma da transação. Visto desse modo, Javé age, nesses vários papéis diferentes, de uma maneira que lhe é totalmente apropriada.

Todavia, podemos nos perguntar se esses substantivos-metáforas têm ao menos um transbordar potencial para além do governo legítimo até alcançar o autoapreço de Javé, que de maneira aparentemente excessiva se mobiliza contra o objeto de interesse. É uma questão delicada distinguir entre o governo legítimo de Javé e seu autoapreço excessivo; porém, a força negativa das imagens requer ao menos que questionemos o excesso que vai além do governo legítimo. Não sugiro que esse autoapreço excessivo constitua um tema da teologia do Antigo Testamento, nem que Israel pretenda articular em seu testemunho algo assim sobre Javé. Antes, as evidências para o possível autoapreço destrutivo de Javé aparecem quase inadvertidamente no testemunho, mas se torna disponível a nós precisamente por causa da flexibilidade e pungência das metáforas. Assim, por exemplo, o oleiro que trabalha atenciosamente no barro, de forma que surja um vaso gracioso, é capaz de quebrá-lo em tantos pedaços que jamais será refeito (Jr 19,11). Um ato como esse não é o mesmo que refazer o vaso para que fique certo (cf. Jr 18,4). A ação sugere uma tendência destrutiva do oleiro, que pretende descarregar sua ira no barro que se recusa a ser "moldado", presumivelmente por falta de respeito para com o oleiro.

Outro exemplo é o do jardineiro esbanjando atenção à sua vinha (Is 5,1-2). Ao falhar na produção de uvas como espera o vinicultor, a vinha o deixa completamente irritado. Então, não há nenhuma tentativa adicional de cuidado, pois a paciência e a generosidade do vinicultor se esgotaram. Há limites para tudo! Em um ato selvagem, a vinha é pisoteada e devastada. Em Oseias 9,10, a imagem do vinicultor é um tanto diferente, e a metáfora não prossegue. Isto é, a retórica deixa a imagem, de modo a sabermos diretamente que esse é Javé lidando com Israel. Porém, mesmo nesse contexto, nos versos subsequentes o vinicultor Javé age para descontinuar Israel, a vinha. A paixão positiva de Javé se esvaiu. Agora Javé atua em autoapreço contra o próprio objeto da sua fidelidade e misericórdia para com quem Javé tinha começado o trabalho de jardinagem. Pressionado ao limite, o Compassivo não tem mais compaixão. Em Jeremias 51,9, a falta de cura para a Babilônia não é retratada como uma recusa de cura do médico, mas como falta de capacidade para curar. Assim, situações extremas estão além da resolução como da competência do médico.

As metáforas de sustento, que servem bem para articular a capacidade de Javé para cuidar de Israel, são grandemente elásticas. De fato, pode-se falar de Javé por meio dessas imagens, mas elas não têm permissão para reduzir ou limitar a vasta gama de ações e inclinações de Javé. Assim, não se pode dizer desse testemunho sobre Javé que sua emoção restauradora regularmente se restringe por uma afirmação extrema de soberania. Nem se pode dizer, inversamente, que a autoafirmação inflexível de Javé recebe regularmente oposição da sua tenra compaixão. A interrupção de qualquer uma dessas tendências de Javé pode ocorrer, e geralmente o faz, em qualquer direção, de modo que os substantivos-metáforas servem a autorrepresentação de Javé, mas não a controlam. Javé faz uso das imagens, as explora totalmente, porém às vezes as transcende em radicalidade inesperada. Essa radicalidade inesperada aparentemente só se equipara à agilidade retórica de Israel como testemunha; dele depende a disponibilidade das surpresas interventivas de Javé.

A meu ver, esses são os dados verdadeiros do caráter de Javé: sua capacidade (e do testemunho de Israel) de nos surpreender pela intervenção que pode ser destrutiva ou restauradora em cada ocasião específica. Assim, nossa tematização de Javé deve ser inerentemente aberta e relativamente instável, pois não podemos saber de antemão em que extremo Javé se revelará. Quanto a essa dimensão incerta de Javé, pode-se dizer simplesmente que as pessoas que geraram o texto bíblico eram, de fato, aventureiras e imaginativas; podemos creditar a estranheza de Javé à rica atividade literária. Sem dúvida há algo de verdadeiro nisto. Ou pode-se dizer que há um desenvolvimento em Javé, da destruição selvagem para a compaixão, à medida que a religião de Israel amadurece, e assim podemos creditar essa estranheza à história da religião. Sem dúvida também há algo de verdadeiro nisto. Mas aqui a questão que nos interessa não se esgota com a literatura imaginativa nem com a história desenvolvimentista, pois pretendemos inquirir a respeito do Deus que nos é dado no discurso de Israel; isto é, temos uma agenda teológica.

A tensão, estranheza, incongruência, contradição e falta de estabilidade não devem ser entendidas em termos da literatura ou da história, mas como dados centrais do personagem de Javé. Isto sugere que Javé, como evidenciado por Israel, tem disponível como personagem uma gama de inclinações, um repertório de respostas possíveis, um enigma de lealdades, e expectativas que são infinitamente julgadas. Embora certas tendências, propensões e inclinações tenham alguma estabilidade, sendo mais ou menos constantes, Israel e seus retóricos nunca sabem de antemão o que acontecerá na vida de Javé. Assim, não se sabe se:

Capítulo VII

* O juiz condenará ou perdoará;

* O guerreiro lutará a favor ou contra;

* O rei banirá ou convidará para a mesa;

* O oleiro trabalhará com atenção ou despedaçará;

* O vinicultor cultivará e protegerá ou arrancará;

* O pastor conduzirá e alimentará ou julgará entre uma ovelha e outra;

* O médico curará ou declarará que o paciente é terminal.

Essa conclusão não existe sem contexto. Não dizemos isso sobre Javé como se cada ocasião de resposta significasse tirar cara ou coroa. Não, é claro que não. Javé está enredado profundamente em uma tradição de textualidade, está comprometido com o que foi reivindicado previamente, e é considerado responsável pela chance de viverem juntos (Javé e Israel). Assim, a oferta de Javé não é mero capricho. Mas, mesmo assim, pode-se perguntar: viver com esse Deus não acarreta ansiedade? Mesmo se há uma tendência a uma direção confiável, haverá sempre uma chance de resposta em outra direção, pois Javé tem um vasto repertório de respostas possíveis. Sim, a fé de Israel não está isenta de ansiedade.

Esse, sugiro, é o significado rigoroso do segundo mandamento. Aquele com quem Israel tem que lidar não é uma imagem, uma categoria, um gênero, um conceito ou uma norma. Antes, esse é um Deus particular com um nome e uma história, o qual é um agente livre e um personagem ativo. A fé de Israel não é, enfim, uma confiança em algo que é transcendente em Javé, de modo a evitar o que é contingente. Porém, a vida de Israel com esse Deus é infinitamente dialógica e está, então, sempre aberta e é sempre capaz de ser inovada. Israel é tentado a minimizar o risco e limitar o perigo enquadrando Javé em uma fórmula. Todavia, sempre que o faz, é surpreendido por Javé. Em tempos de julgamento, quando a afirmação soberana de Javé é esperada e garantida, encontramos emoção. Em tempos de terrível necessidade, quando parece apropriada a generosidade sensível de Javé, ele é solene e exigente. Não se sabe. Israel não o sabe. O que Israel sabe e no que confia fortemente é que o incomparável Javé desses muitos substantivos-metáforas estará sempre "interagindo" e Israel deve sempre "interagir" com ele, pois essa é a sua própria vida.

### Uma resolução aproximada na justiça

O leitor pode ter detectado nessa análise um movimento em direção a *uma tematização mais ampla*, a qual parece ser permitida pela análise feita até agora. Aqui sugiro que a maior tematização sobre Javé, como testificado por Israel, é que *Javé ao mesmo tempo é soberano e fiel*; ele está seriamente preocupado com seu autoapreço e apaixonadamente comprometido a viver com seu parceiro. Finalmente, sugiro que esses dois temas, em tensão considerável entre si, têm sua resolução aproximada – contudo não mais que aproximada – na *justiça* de Javé.

Javé, o Deus do primeiro mandamento, é um Deus que pretende ser totalmente soberano, que não tolera rivais, pratica intenso autoapreço e não suporta quem deprecia seu autoapreço. Nesse aspecto da vida de Javé, ele de fato pratica uma "teologia comum" – isto é, a forma de "ser deus" que se encontra em todos os lugares no Antigo Oriente Próximo.[8] Nesse sentido, Javé impõe ordem (moral, política, ou de outras formas), garante o sistema de benefícios da ordem e trata com sanções rigorosas quem a viola. De certa forma, Javé conduz sua vida como qualquer outro deus conhecido o faz.

Israel fala da soberania inflexível e determinada de Javé de três maneiras características.

### *A glória de Javé*

A glória de Javé se refere à reivindicação e emanação de poder, autoridade e soberania que deve ser estabelecida com lutas, exercida com autoridade, e concedida por adeptos voluntários ou por oponentes derrotados. Em muitos textos, a glória de Javé tem uma aparência física visível de luz. Todavia, o que se vê no final é a reivindicação legítima de Javé ao governo. Essa reinvindicação é uma culminação não só da legitimidade e conveniência de sua autoridade, mas também da força absoluta que pode garantir essa reivindicação de legitimidade. A noção de glória, pois, tem em si tanto uma dimensão de ordem benigna e legítima como também uma ameaça onde a legitimidade ainda não é aceita.

De início, Javé precisa estabelecer o direito de governar, engajando-se em luta contra outras supostas autoridades divinas e humanas. É inteiramente plausível que muitos dos combates, pelos quais se obtém o direito ao governo, são conduzidos na liturgia. Se é assim, então o direito ao governo não é obtido definitivamente, mas deve ser reafirmado de forma periódica e regular.

No formato final do testemunho de Israel, podemos identificar três contextos importantes de combate, dos quais Javé emerge como o verdadeiro possuidor da glória. Primeiro, na narrativa do Êxodo (no que se consideram ser camadas antigas da tradição), Javé se envolve em uma luta contra o Faraó em prol de Israel. Porém, na forma posterior (final) do material, a causa de Israel se subordina à agenda pessoal de Javé. No combate de Êxodo, conduzido nas narrativas de pragas que são testes de poder, a luta de Javé por controle é com o poder político egípcio, que é um candi-

---

[8] Quanto à "teologia comum" do Antigo Oriente Próximo, veja MORTON SMITH, "The Common Theology of the Ancient Near East", *JBL* 71 (1952), pp. 35-47; e NORMAN K. GOTTWALD, *The Tribes of Javé: A Sociology of the Religion of Liberated Israel, 1250-1050 B.C.E.* (Maryknoll: Orbis Books, 1979), capítulos 53-54. Veja meu uso disto como uma entrada heurística na fé de Israel em WALTER BRUEGGEMANN, "A Shape for Old Testament Theology I: Structure Legitimation", *CBQ* 47 (1985), pp. 28-46.

dato a glória, e com os deuses egípcios que também estão na disputa. No drama culminante dessa disputa, Javé afirma:

> Endurecerei o coração de Faraó, para que os persiga, e serei glorificado em Faraó e em todo o seu exército; e saberão os egípcios que eu sou o Senhor. Eles assim o fizeram. (Êx 14,4)

> Eis que endurecerei o coração dos egípcios, para que vos sigam e entrem nele; serei glorificado em Faraó e em todo o seu exército, nos seus carros e nos seus cavalarianos; e os egípcios saberão que eu sou o Senhor, quando for glorificado em Faraó, nos seus carros e nos seus cavalarianos. (Êx 14,17-18)

Javé se manifesta como mais poderoso que o Egito; assim, tem o direito de ser honrado, adorado e obedecido como o verdadeiro soberano do reino.

Em um segundo testemunho que se equipara à disputa egípcia, Isaías no exílio apresenta a obra de Javé como a derrota do poder babilônico e, consequentemente, dos deuses babilônicos (Is 46,1-4). Assim, esses deuses são ridicularizados e chamados a entrar em litígio com Javé, para estabelecerem sua reivindicação como deuses (Is 41,21-29). Porém, tanto na retórica litúrgica como no "combate histórico" do império, o poder babilônico não é páreo para Javé. Assim, a volta de Israel para casa, livres do controle da Babilônia, se apresenta como evidência da glória de Javé:

> A glória do Senhor se manifestará,
> e toda a carne a verá,
> pois a boca do Senhor o disse. (Is 40,5)

O Javé que fala no Isaías do exílio é um Deus supremamente autoconfiante, que tem direito a toda glória e que anseia ser reconhecido desse modo:

> Eu sou o Senhor, este é o meu nome;
> a minha glória, pois, não a darei a outrem,
> nem a minha honra, às imagens de escultura. (Is 42,8)

> A minha glória, não a dou a outrem. (Is 48,11)

O êxodo do Egito e a volta para casa da Babilônia são as duas narrativas históricas pelas quais Javé é conhecido como o poder soberano real na terra a quem outros poderes devem se submeter. A partir dessas duas recitações narrativas, Israel generaliza e afirma que Javé, em todos os lugares e sempre, é o verdadeiro dono da glória.

Essas duas narrativas históricas estão ainda combinadas em uma terceira disputa pela glória, provavelmente um fenômeno litúrgico. O antigo Salmo 29 se refere a uma aparente disputa entre os deuses. Depois que cada candidato ao posto de Deus supremo se apresenta, os deuses devem fazer sua escolha. De acordo com a hipótese de um festival de entronização, quando se computa o voto dos deuses concernente a Javé, todos gritam "glória" (Sl 29,9). Isto é, todos os outros deuses reconhecem em Javé (ou atribuem a ele) o legítimo direito de glória e toda autoridade, poder, honra e dignidade que deriva dela. Um paralelo estreito ao Salmo 29 é o Salmo 96, em que toda a glória é merecidamente atribuída a Javé:

> Anunciai entre as nações a sua glória,
> entre todos os povos, as suas maravilhas. (v. 3)
>
> Tributai ao Senhor, ó famílias dos povos,
> tributai ao Senhor glória e força.
> Tributai ao Senhor a glória devida ao seu nome;
> trazei oferendas e entrai nos seus átrios.
> Adorai o Senhor na beleza da sua santidade;
> tremei diante dele, todas as terras.
> Dizei entre as nações: Reina o Senhor. (vs. 7-10)

O propósito dessa recitação narrativa e representação litúrgica é tornar visível e convincente a reinvindicação legítima de Javé à glória. O templo onde Javé habita e de onde manifesta sua glória (= soberania) é um lugar pleno de glória. Porém, mesmo em seu aspecto cultual, não devemos espiritualizar excessivamente, pois glória tem a ver com poder legítimo e reconhecido. O vínculo entre combate histórico e presença litúrgica se evidencia no hino processional do Salmo 24, no qual o triunfante Javé retorna vitorioso do combate para assumir residência no templo. Javé é de fato o "Rei da glória", tendo novamente demonstrado seu direito ao poder e, portanto, à honra:

> Levantai, ó portas, as vossas cabeças;
> levantai-vos, ó portais eternos,
> para que entre o Rei da Glória.
> Quem é o Rei da Glória?
> O Senhor, forte e poderoso,
> o Senhor, poderoso nas batalhas.
> O Senhor dos Exércitos,
> ele é o Rei da Glória. (Sl 24,7-10)

A partir dessa dimensão política da glória como o direito de exercer autoridade sobre todos os rivais, o testemunho de Israel se encarrega de afirmar e destacar a presença no templo como um modo pelo qual o poder dominante de Javé é constante em Israel. Assim, na forma final do Pentateuco, Moisés constrói o tabernáculo antecipando o templo como lugar para a glória de Javé. O tabernáculo está cheio de glória (Êx 24,16-17; 40,34-35; Lv 9,6,23) como uma antecipação do templo de Salomão cheio de glória (1Rs 8,11; 2Cr 7,1-3).

Mas não se deve abusar dessa presença cultual, em que Javé evidencia residência permanente. Uma grande parte do texto de Ezequiel declara que a "residência permanente" de Javé no templo está em risco devido à recusa de Israel em se conformar ao governo de Javé. Assim, em Ezequiel 9–10, a glória de Javé simplesmente deixa o templo. Essa é a forma mais drástica que Ezequiel usa para declarar que Javé abandonou Israel, porque Javé não permanecerá onde se ridiculariza sua soberania impressionante. Quando a glória se vai, Israel é deixado aos seus próprios recursos. Nessas circunstâncias, Israel certamente falhará. Portanto, a glória se torna um modo pelo qual as tradições sacerdotais de Ezequiel testificam sobre a negatividade de um povo que se recusa a se submeter às reinvindicações da glória de Javé. No fim, Ezequiel retrata o retorno da glória de Javé ao templo (Ez 43-44); porém, agora é um templo limpo e purificado, novamente apropriado para Javé.

Dá-se ao testemunho de Israel sobre a glória de Javé diferentes nuances em contextos de luta, em que Javé estabelece e sustenta sua autoridade, e em contextos de culto, em que a glória é uma constante estabelecida. As duas dimensões da glória de Javé, no entanto, não devem ser opostas ou contrastadas entre si, pois tanto a glória que emerge da luta como a tida como constante são maneiras pelas quais Israel fala do direito de Javé à autoridade e de como a percepção dessa autoridade impressiona Israel. Javé, em sua glória, é um poder e uma presença como nenhum outro; a Ele Israel se submete confiantemente e, no final, a Ele os poderes que lhe resistem e se submetem, já que não têm escolha. A glória de Javé é para si e em si mesma; Javé, em sua glória, não faz concessões a nada nem a ninguém.

Podemos notar três aspectos da glória de Javé que se derivam dessa afirmação primária de presença governante. Primeiro, a glória de Javé é uma fonte que ministra segurança e sustento para Israel. Assim, na narrativa do maná, é precisamente no deserto, aparentemente isento de qualquer suporte à vida, que a glória de Javé se manifesta (Êx 16,7,10). A glória é uma forma de tornar visível para Israel a soberania de Javé que opera mesmo aqui. Como consequência, são dados maravilhosamente pão e codornizes para sustento de suas vidas, pela grandiosa soberania de Javé. E em Isaías 58,8, diz-se que Javé é o protetor de Israel:

> Então, romperá a tua luz como a alva,
> a tua cura brotará sem detença,
> a tua justiça irá adiante de ti,
> e a glória do Senhor será a tua retaguarda.

A glória de Javé é como um guarda-costas que permanece ao lado de Israel para protegê-lo de quaisquer ameaças. Assim, disponibiliza-se a glória por causa de Israel. Nesse caso, contudo, dá-se essa disponibilidade quando Israel obedece ao "jejum que escolhi" (Is 58,6).

Segundo, a glória é um modo de autoapresentação de Javé às nações, em uma postura de poder e autoridade. Assim, na ação poderosa de Javé para com Israel no exílio, "toda carne a verá" (Is 40,5). A tradição de Isaías culmina com a convocação (atração) das nações a Jerusalém, em deferência a Javé:

> Trarão todos os vossos irmãos, dentre todas as nações, por oferta ao Senhor, sobre cavalos, em liteiras e sobre mulas e dromedários, ao meu santo monte, a Jerusalém, diz o Senhor, como quando os filhos de Israel trazem as suas ofertas de manjares, em vasos puros à Casa do Senhor. (Is 66,20)

Terceiro, o cenário da glória de Javé, seu direito evidente, visível e inevitável de governar exige e atrai, é ainda mais amplo que o mundo das nações. A mesma glória de Javé presente a nível local em Israel tem como seu maior teatro toda a criação. "Os céus proclamam a glória de Deus, e o firmamento anuncia as obras das suas mãos" (Sl 19,1). Assim, em seu testemunho, Israel deve utilizar a linguagem doxológica mais abrangente disponível para testemunhar sobre a grandeza e a incomparável magnitude da presença incrível e soberana de Javé. Por meio dessa referência à criação como testemunha da glória de Javé, Israel evidencia sua convicção de que se deve comparar a glória de Javé com tudo o que está na criação. No entanto, o contraste não é antagônico, porque todas as criaturas cederão alegremente a Javé o que de glória há entre elas. Na grande doxologia lírica de Isaías 35, Israel canta acerca da fertilidade da criação no deserto; ali se redistribui "a glória do Líbano" e "o esplendor do Carmelo e de Sarom", tudo em deferência a Javé:

> deu-se-lhes a glória do Líbano,
> o esplendor do Carmelo e de Sarom;

eles verão a glória do Senhor,
o esplendor do nosso Deus. (v. 2)

A submissão de toda a glória da criação a Javé nos vs. 1-2, no entanto, se equipara à grande doxologia dos vs. 5-6, na qual cegos, surdos, coxos e mudos cantarão de alegria, e no v. 7 talvez até os chacais e a grama se juntem a eles. Nessa caracterização lírica de um deserto revivificado, toda a criação vê a glória, a mesma glória que se revela mais serenamente no templo de Jerusalém.

Ao apelar ao caráter irresistível da glória de Javé, o Novo Testamento faz movimentos ousados para situar Jesus na retórica de Israel sobre a glória de Javé. Tanto Paulo (1Co 2,8) como João (Jo 1,14) falam da glória em referência a Jesus. Mas é principalmente na atribuição trinitária de louvor que se continua falando da glória de um modo que inclui Jesus nas reivindicações feitas acerca de Javé. Essa retórica agora está plenamente incorporada nas formulações litúrgicas mais conhecidas da Igreja, como no *Gloria Patri* e na atribuição final de louvor no modelo convencional do Pai Nosso. Essas formulações evoluem radicalmente em direções trinitárias e cristológicas, mas tencionam expressar as reivindicações contínuas do testemunho de Israel sobre a soberania indizível e admirável de Javé.

### A santidade de Javé

A segunda maneira como Israel fala do autoapreço soberano de Javé se refere à sua santidade.[9] O termo *santidade* (que não tem equivalente em outras áreas da vida de Israel e, por isso, é considerado às vezes como o único termo teológico em Israel que não se deriva de outros aspectos da vida e, consequentemente, o único que não é uma metáfora)[10] se refere à alteridade radical de Javé. Ele não é facilmente abordado, não pode ser confundido com nada e ninguém mais, e vive só em uma zona proibida, na qual Israel somente pode entrar cautelosa e deliberadamente, e sob grande risco. Assim, não nos surpreende que a santidade de Javé seja um aspecto do discurso de Israel sobre a incomparabilidade dele.

Ó Senhor, quem é como tu entre os deuses?
Quem é como tu, glorificado em santidade,
terrível em feitos gloriosos, que operas maravilhas? (Êx 15,11)

---

[9] JOHN G. GAMMIE, *Holiness in Israel* (OBT; Mineápolis: Fortress, 1989), provê uma útil pesquisa dos materiais sobre esse tema.

[10] Veja BRIAN WREN, *Which Language Shall I Borrow? God-Talk in Worship: A Male Response to Feminist Theology* (Londres: SCM, 1989), pp. 95-103.

> Uma vez jurei por minha santidade
> (e serei eu falso a Davi?) (Sl 89,35)

Como acontece com todos os discursos teológicos característicos de Israel, é impossível articular uma definição clara de santidade. O máximo que podemos fazer é notar os diversos usos característicos do termo com referência a Javé.

Primeiro, é evidente que a santidade, quanto a Javé, tem raízes cultuais e se refere ao uso apropriado, à ordenação e à proteção de questões cultuais.[11] O lugar de culto é a zona de vida onde Javé reside mais intensamente, e o lugar ao qual Israel deve vir para se relacionar com a presença residente de Javé. O uso do termo *santo* sugere uma noção quase material e sólida de perigo teológico, que precisa ser protegido de qualquer contaminação por coisas profanas ou impuras (Ez 22,26; cf. Ag 2,12-13). Assim, grande parte da instrução sacerdotal no Antigo Testamento é orientação para a manutenção apropriada da esfera de santidade, pois essa manutenção apropriada é uma técnica que torna a presença de Javé mais provável e acessível. Inversamente, a falha em honrar essa esfera especial pode levar à retirada do Santo Deus, o qual não permanecerá em um lugar profanado. Claramente, a retirada do Santo é uma possibilidade sinistra para Israel, pois sua vida depende dessa presença.

Dessa forma podemos entender muitas das instruções no livro de Levítico, as quais podem nos parecer meticulosas, mas que de fato tentam manter acessível e garantida em Israel a presença santa de Javé, que gera e garante a vida. Esse aspecto do relacionamento de Israel com Javé é elementar, se não primitivo, quanto ao culto. Entretanto, seria um erro descartar como simplória essa interpretação da vida com o Santo Deus, como é nossa tendência na modernidade iluminista. Pode nos ajudar a apreciar o senso de meticulosidade que essas instruções objetivam produzir, se considerarmos a preocupação e fascinação moderna com o culto à saúde, com seus regimes e disciplinas infinitas; ou, talvez de forma mais elaborada, se ponderarmos sobre nossa fascinação aparentemente infinita pelo mundo emergente dos computadores, que na "era da informação" aparentam ter a chave para toda segurança, eficácia e felicidade.[12] Entende-se a santidade

---

[11] Veja a análise de santidade nas pp. 192-193 [capítulo 4, na seção "A interpretação de Moisés"].

[12] Pode-se continuar a analogia de forma negativa considerando que computadores são suscetíveis a vírus. A ameaça de profanação nas tradições de santidade de Israel é

de Javé, em textos como Levítico 11, como o gerenciamento cuidadoso do mistério de acesso, o qual por sua vez descortina o mistério da vida. No centro dessa preocupação está Javé, que em Israel é a fonte indubitável de vida; mas ele não pode ser apreendido de forma superficial, direta ou fácil, exceto com o máximo cuidado para não ofendê-lo ou violá-lo. Embora essa preocupação se concentre em textos usualmente desconsiderados na interpretação moderna, as mesmas questões de contaminação e impureza são evidentes nos pronunciamentos proféticos. Assim, por exemplo, Isaías 6,3-5 articula uma visão da santidade de Javé que se diz evocar um senso de impureza e indignidade. Em Jeremias 3,1-3, diz-se que a contaminação evoca uma seca moral. Não há dúvida que essa maneira de falar de Javé se baseia em linhas gerais no Israel que testifica sobre ele.

O aspecto marcante do testemunho de Israel sobre a santidade de Javé é que a partir desse entendimento cultual primário, Israel extrapolou outros aspectos da santidade de Javé que vão além das preocupações cultuais características e tocam em outras dimensões da vida de Israel. Assim, retrata-se a santidade de Javé nas categorias da fé aliançada de Israel, de modo que o Santo é aquele que se relaciona. Especificamente, o Santo se torna "o Santo em/de Israel". Deve-se observar essa formulação mais completa com grande cuidado, pois representa uma manobra teológica surpreendente. É provável que a santidade, entendida fenomenologicamente, permaneça sempre uma categoria de separação. Mas, ao vincular "O Santo" ao termo "de Israel", o testemunho israelita declara que Aquele completamente separado é caracteristicamente Aquele que se relaciona. A santidade de Javé, nessa formulação, está em, com e para Israel. O desenvolvimento da formulação dessa maneira constitui uma caracterização radical da santidade, fazendo a categoria congruente com a tendência mais elementar de Javé. Essa fórmula é preferida especialmente na tradição de Isaías (Is 29,19; 30,11-15; 31,1; 41,14,16,20; 43,15; 45,11; 47,4; 48,17; 54,5; 55,5). Como consequência dessa articulação, Aquele que habita em isolamento esplêndido e protegido é Aquele que está com Israel; portanto, está ou pode ser mobilizado para agir em prol de Israel para salvar e libertar. Assim, delineia-se a fórmula a partir dos verbos ativos que constituem o modo mais usual do testemunho de Israel.

O uso mais conhecido dessa fórmula está em Oseias 11,9, que articula o modo como o vínculo com Israel impulsiona a santidade de Javé em

---

similar à ameaça dessa infecção em um computador.

uma direção completamente nova.¹³ Além disso, Israel conta com a santidade de Javé como base para orar por ajuda (Sl 22,3). Mesmo em uma das suas grandes doxologias, a santidade de Javé (Sl 99,5) é posta entre uma referência à justiça (v. 4) e a resposta de Javé à oração concreta de Israel (v. 6).

A conectividade que constitui a santidade de Javé, no entanto, não se refere só à sua prontidão para agir como libertador e defensor de Israel. Como Javé é o Santo do Sinai (Sl 68,17) e posteriormente o Santo de Jerusalém,¹⁴ o Santo também ordena. A premissa dos mandamentos do Sinai é que Javé é Santo, comprometido com práticas de pureza e justiça. E Israel, que é contingentemente santo, deve imitar Javé e se tornar igualmente santo. Assim, "sereis santos, porque eu sou santo" (Lv 11,44-45; 19,2; 20,7,26; 21,8). Adicionalmente, as exigências que seguem essa fórmula incluem toda forma de interesses, não limitados ao culto. Assim, a santidade de Javé reflete seu interesse positivo por Israel. Está igualmente claro, no entanto, que a santidade de Javé continua a se referir primariamente às exigências vinculadas ao especial caráter inflexível de Javé. Se Israel estará com Javé, deve ser como ele; isto é, com Javé nos exigentes termos dele.

Há uma qualidade conectiva no discurso de Israel sobre a santidade de Javé, e essa conectividade é importante em alguns contextos, especialmente na tradição de Isaías; todavia, há uma solenidade e uma reserva quanto ao termo que beira o severo. Articula-se uma preocupação com o nome de Javé – sua identidade e reputação. Em seu louvor, quando alegremente se submete a Javé, Israel celebra o seu "santo nome" (Sl 103,1; 105,3; 111,9; 145,21). Nessas doxologias, o nome de Javé é Santo, identificado em seus próprios termos, com pleno reconhecimento do caráter e reivindicação peculiares de Javé.

Israel é admoestado a ser como Javé. Ao mesmo tempo. Israel é visto pelas nações, em qualquer lugar e tempo, como o parceiro especial de Javé (cf. 1Sm 6,20). Quando Israel age de modo coerente com o nome

Capítulo VII

---

¹³ Veja WALTHER EICHRODT, "The Holy One in Your Midst: The Theology of Hosea", *Int* 15 (1961), pp. 259-273.

¹⁴ HARTMUT GESE, *Essays on Biblical Theology* (Mineápolis: Augsburg, 1981), pp. 82-85, observa que a ferocidade do Sinai foi transferida para Sião, ao falar da "Torá de Sião". JON D. LEVENSON, *Sinai and Zion: An Entry into the Jewish Bible* (Mineápolis: Winston, 1985), contudo, mostra que, para todas as reivindicações de Jerusalém, o Sinai permanece como um ponto de referência mais final.

de Javé, então esse nome é santificado; ou, talvez devamos dizer, intensificado em santidade. Quando Israel, como parceiro visível de Javé, age de modo incoerente com o caráter santo de Javé, entretanto, o seu nome é aviltado, profanado e ridicularizado aos olhos das nações. As ações de Israel afetam decisiva e substancialmente a qualidade da santidade de Javé. No final das contas, a noção da santidade de Javé sugere que ele se importa mais com seu próprio nome, reputação e caráter – ainda mais do que se importa com Israel. De fato, Javé realmente se importa com Israel de forma secundária, por isso o Santo vem salvá-lo. Alguns textos – os mais decisivos, creio, relacionados a essa noção de santidade–deixam claro que, em última instância, Javé se importa mais consigo mesmo. Assim, desordens éticas, econômicas e sexuais na comunidade "profanam" (*hll*) o santo nome de Javé (Am 2,7), uma afronta que Javé considera com seriedade extrema. Dessa forma,

> Farei conhecido o meu santo nome no meio do meu povo de Israel e nunca mais deixarei profanar o meu santo nome; e as nações saberão que eu sou o Senhor, o Santo em Israel. (Ez 39,7)

Javé agirá de forma decisiva por seu próprio nome. Há algo obstinado e resolutamente persistente na decisão de Javé de restaurar seu próprio nome, à luz do aviltamento dele por Israel aos olhos das nações.

O que nos surpreende é a forma como Javé se mobiliza para recuperar o nome santo profanado. Poderíamos esperar que Javé tratasse duramente com Israel, a fim de mostrar às nações a firmeza do seu caráter. Mas não, acontece exatamente o oposto. Javé já é o Santo de Israel por muito tempo. Por essa razão, Javé não pode nesse momento tardio (tardio na trajetória do seu santo nome, independentemente de quando o texto seja datado) descartar o parceiro com quem se comprometeu incondicionalmente. Portanto, Javé precisa agir em prol de Israel para agir por si mesmo e pela recuperação do seu santo nome, agora profanado. Ezequiel 36,22-32 é um relato incrível do modo como o autoapreço de Javé agora está alucinantemente enredado com o bem-estar de Israel. Como resultado, esse texto **(a)** promete a boa ação de Javé em prol de Israel, porém **(b)** deixa claro que a motivação para tais boas ações de Javé não é seu amor por Israel e sim seu autoapreço:

\* Introdução quanto ao autoapreço:

> Não é por amor de vós que eu faço isto, ó casa de Israel, mas pelo meu santo nome, que profanastes entre as nações para

onde fostes. Vindicarei a santidade do meu grande nome, que foi profanado entre as nações, o qual profanastes no meio delas; as nações saberão que eu sou o Senhor, diz o Senhor Deus, quando eu vindicar a minha santidade perante elas. (vs. 22-23)

* Garantia a Israel:

Tomar-vos-ei de entre as nações, e vos congregarei de todos os países, e vos trarei para a vossa terra. Então, aspergirei água pura sobre vós, e ficareis purificados; de todas as vossas imundícias e de todos os vossos ídolos vos purificarei. Dar-vos-ei coração novo e porei dentro de vós espírito novo... (vs. 24-26)

* Reiteração de seu autoapreço:

Não é por amor de vós, fique bem entendido, que eu faço isto, diz o Senhor Deus. Envergonhai-vos e confundi-vos por causa dos vossos caminhos, ó casa de Israel. (v. 32)

A única maneira que o Santo Deus pode, nesse contexto, concretizar seu autoapreço é pela restauração e reabilitação de Israel. Esse aspecto aparece novamente em Ezequiel 39,25-27:

Agora, tornarei a mudar a sorte de Jacó e me compadecerei de toda a casa de Israel; terei zelo pelo meu santo nome... quando eu tornar a trazê-los de entre os povos, e os houver ajuntado das terras de seus inimigos, e tiver vindicado neles a minha santidade perante muitas nações.

Esses textos enfatizam o autoapreço que pertence ao caráter indômito de Javé. O fator complicador para Javé, que está no coração do testemunho de Israel, é que ele não irá (não pode?) empreender a recuperação da santidade do seu nome sem que Israel apareça ao menos no cantinho da foto. O testemunho de Israel sobre a santidade de Javé busca ser direto e sem concessões. No entanto, Israel percebe um aspecto da questão que nos surpreende, e talvez surpreenda a Israel, no próprio momento do pronunciamento.

Não há dúvida, no testemunho de Israel, que a santidade de Javé o torna o completamente outro, bem além de Israel, que não deve ser abusado:

Porque assim diz o Alto, o Sublime,
que habita a eternidade, o qual tem o nome de Santo:
Habito no alto e santo lugar... (Is 57,15a)

O estranho é como o testemunho característico de Israel prossegue nesse verso, dizendo:

> mas habito também com o contrito e abatido de espírito,
> para vivificar o espírito dos abatidos
> e vivificar o coração dos contritos. (v. 15b)

Não há uma resolução simples, pronta e fácil para essa extravagância. O discurso de Israel sobre Javé oscila entre o centro de autoapreço de Javé e o modo como esse autoapreço se comprometeu irreversivelmente com Israel. Não é possível dizer tudo isso de uma só vez em Israel. Então, em diferentes ocasiões e pronunciamentos, Israel fala da parte dessa reivindicação sobre a santidade de Javé que é verdadeira em tais circunstâncias.

Podemos observar especialmente a caracterização de Javé como Santo quando a referência específica é ao Espírito de Javé (*rûaḥ*), produzindo assim a expressão "Espírito Santo". Fica evidente que, nos vários usos dessa expressão, o testemunho do Antigo Testamento não se inclina na direção do que se tornou, na formulação cristã, a terceira pessoa da Trindade. Mesmo assim, o testemunho do Antigo Testamento reconhece o poder (isto é, espírito) que origina a vida, que tem sua fonte e localização na pessoa de Javé. Como consequência, Israel fala da energia vital que Javé concede à criação. Em Isaías 63,10-11, a fórmula "seu Espirito Santo" (*rûaḥ qdšô*) é usada duas vezes. No v. 10, diz-se que eles "contristaram o seu Espírito Santo"; e no v. 11, diz-se que Javé "pôs nele o seu Espírito Santo" – seu poder de vida. No penitencial Salmo 51, usa-se a mesma linguagem: "nem me retires o teu Santo Espírito" (v. 11). O versículo paralelo usa o verbo *criar* (*bara'*), sugerindo que essa referência alude à concessão do *rûaḥ* na criação (Gn 1,2). Além disso, em Daniel 4,8-9,18; 5,11, afirma-se que o profeta tem "o espírito dos deuses santos" (*rûaḥ 'elahin*), embora a referência aqui seja à sabedoria e, provavelmente, fala de deuses em geral, sem menção a Javé. Essas várias referências são tentativas de falar sobre a maneira como o poder de Javé vivifica a criação (ou uma criatura em particular), de formas que são, enfim, completamente elusivas, mas incontestáveis.

### *O zelo de Javé*

Javé é um Deus zeloso (*qn'*). Adicionamos a reivindicação de zelo àquelas de glória e santidade em nosso estudo do profundo autoapreço de Javé. Embora os termos *zeloso* e *zelo* possam ser cuidadosamente matizados, seu significado é o que normalmente damos ao termo *zeloso*, pois se referem a uma forte resposta emocional de Javé a qualquer afronta contra suas prerrogativas, privilégios, supremacia ou soberania. Assim, os termos traduzem a preocupação singular de Javé consigo mesmo e sua expectativa de que será completamente honrado e prontamente obedecido em todas as circunstâncias. Ao lado dessa reivindicação de soberania está a poderosa dimensão emocional que pode ser entendida alternadamente como "paixão" ou "fúria". Dessa forma, em seu zelo, Javé não é o frio administrador de um reino ordenado, mas está comprometido com fortes sentimentos quanto a tudo que lhe é devido, o que sempre é muito. Além disso, Javé está preparado para agir diretamente quando é necessário baseado nesses fortes sentimentos.

No contexto dos mandamentos do Sinai, diz-se que Javé é um Deus zeloso, alguém que deve ser obedecido e que não tolera rivais (Êx 20,5; 34,14; Dt 4,24; 5,9). Essa reivindicação significa que qualquer desvio de Israel da obediência singular a Javé provoca uma resposta dura e destrutiva dele (cf. Dt 32,16,21; 1Rs 14,22; Sl 78,58):

> Não podereis servir ao Senhor, porquanto é Deus santo, Deus zeloso, que não perdoará a vossa transgressão nem os vossos pecados. Se deixardes o Senhor e servirdes a deuses estranhos, então, se voltará, e vos fará mal, e vos consumirá, depois de vos ter feito bem. (Js 24,19-20)

> Nem a sua prata nem o seu ouro
> os poderão livrar
> no dia da indignação do Senhor,
> mas, pelo fogo do seu zelo (*qn'*),
> a terra será consumida,
> porque, certamente, fará
> destruição total e repentina
> de todos os moradores da terra. (Sf 1,18)

De fato, seu nome é Zeloso (Êx 34,14) – é isto que Javé é. Na indignação e emoção que guardam a reivindicação peculiar de Javé de ser honrado, ele é inflexível. Ele age com fúria e ira, às vezes destrutivamente. Sua força em tais questões pode levá-lo a destruir seu próprio povo (Sl 79,5), recusar-se a perdoar (Dt 29,20), ou se conter somente por atos de intervenção que amenizem sua ira (Nm 25,11).

Essa tendência selvagem pertence às reivindicações centrais de Javé, e intensifica o que é sugerido nas noções de glória e santidade. Porém, como vimos que a santidade se transforma pela relacionalidade, assim o zelo de Javé também provê uma base para seu compromisso apaixonado e positivo para com Israel. Assim, Javé pode ser zeloso "por Israel" e, então, ser guiado por fortes sentimentos a intervir em favor de Israel com a mesma paixão e ira que, em outras ocasiões, se voltaram contra ele. Essa inclinação positiva a Israel se articula com tanta força quanto a contraparte potencialmente negativa da fúria destrutiva:

> Esperai-me, pois, a mim, diz o Senhor,
> no dia em que eu me levantar para o despojo;
> porque a minha resolução é ajuntar as nações
> e congregar os reinos,
> para sobre eles fazer cair a minha maldição
> e todo o furor da minha ira;
> pois toda esta terra será devorada
> pelo fogo do meu zelo (*qn'*). (Sf 3,8)

Certamente, no fogo do meu zelo, falei contra o resto das nações e contra todo o Edom. Eles se apropriaram da minha terra, com alegria de todo o coração e com menosprezo de alma, para despovoá-la e saqueá-la. Portanto, profetiza sobre a terra de Israel e dize aos montes e aos outeiros, às correntes e aos vales: Assim diz o Senhor Deus: Eis que falei no meu zelo e no meu furor, porque levastes sobre vós o opróbrio das nações. (Ez 36,5-6)

> O Senhor sairá como valente,
> despertará o seu zelo (*qn'*) como homem de guerra;
> clamará, lançará forte grito de guerra
> e mostrará sua força contra os seus inimigos. (Is 42,13)

Javé será "fogo" vivo por Israel, completamente irado devido aos maus tratos que Israel experimenta nas mãos das outras nações (cf. Na 1,2). Além disso, Javé também pode ter zelo por sua terra, por seu povo (Jl 2,18) e por Sião (Zc 1,14; 8,2).

Esse aspecto do caráter de Javé não admite domesticação ou minimização. Testemunha sobre Javé nos extremos do amor e da ira. O radicalismo passional de Javé se voltará contra qualquer um que o afrontar e atuará sem restrição ou disciplina. Essa paixão pode se voltar contra o próprio povo de Javé, caso o autoapreço dele seja suficientemente afrontado ou caso sua reivindicação à soberania seja excessivamente desconsiderada. Porém, a paixão e a ira também podem se voltar contra os inimigos de Israel, de forma que o zelo de Javé se torna uma força para o bem-estar de Israel. Javé caracteristicamente tem ambas as opções disponíveis em qualquer circunstância. Além disso, o que se deve notar é que mesmo quando esse zelo evoca uma defesa de Israel, ele está a serviço do autoapreço de Javé.

Já vimos como a defesa de Javé do seu santo nome produz, em paralelo, o bem-estar de Israel (cf. Ez 36,22-32). Agora, do mesmo modo, citamos um texto de Ezequiel em que o zelo de Javé contra as nações, resulta em bem-estar para Israel:

Agora, tornarei a mudar a sorte de Jacó e me compadecerei de toda a casa de Israel; terei zelo pelo meu santo nome. Esquecerão a sua vergonha e toda a perfídia com que se rebelaram contra mim, quando eles habitarem seguros na sua terra, sem haver quem os espante, quando eu tornar a trazê--los de entre os povos, e os houver ajuntado das terras de seus inimigos, e tiver vindicado neles a minha santidade perante muitas nações. Saberão que eu sou o Senhor, seu Deus, quando virem que eu os fiz ir para o cativeiro entre as nações, e os tornei a ajuntar para voltarem à sua terra, e que lá não deixarei a nenhum deles. Já não esconderei deles o rosto, pois derramarei o meu Espírito sobre a casa de Israel, diz o Senhor Deus. (Ez 39,25-29)

A ação proposta por Javé é a de tornar sua santidade inequivocamente clara às nações. O modo dessa automanifestação consiste em fazer Israel voltar para sua terra. De fato, Javé vindica "neles" (*bm*) a "minha santidade" (*nqdštî*). O ajuntamento do exílio, como o Êxodo, é um grande bem para Israel. É também um tremendo veículo para a manifestação de Javé como um Deus que não será afrontado. Javé aqui não precisa escolher entre autoapreço e compromisso em prol de Israel. Muitos outros textos que descrevem o zelo de Javé, no entanto, não proporcionam essa feliz convergência entre as duas agendas. Nesses textos, Javé caracteristicamente optará pelo autoapreço, mesmo que isto demande destrutividade para com Israel.

No Novo Testamento, a referência ao zelo de Deus mais coerente com nossa análise se encontra na citação de Paulo a Deuteronômio 32,21 em Romanos 10,19. Paulo apela a esse texto de Deuteronômio em sua complicada análise do papel da comunidade judaica em sua articulação do evangelho.

A coletânea de textos referentes à glória, à santidade e ao zelo de Javé surpreende pela amplitude e severidade da reivindicação feita sobre Javé, e pelo poder e intensidade com que é feita. Esse é um Deus que se deve levar a sério, que deve ser honrado e obedecido e jamais ridicularizado. As nações são advertidas; Israel é igualmente notificado. Javé precisa ser levado completamente a sério em sua soberania; não há alternativas.

Ao considerar a rica variedade de usos desse tema do autoapreço de Javé, duas questões são decisivas para nossa tematização final sobre Javé.

Primeiro, é impressionante que as reivindicações sobre o autoapreço de Javé consistentemente (embora não em todos os lugares) deixem espaço e acomodem seu compromisso para com Israel. Assim:

* Javé não dará sua glória a outrem (Is 42,8), mesmo assim a glória de Javé é a retaguarda de Israel (Is 58,8).

* Javé é o Santo perante o qual ninguém pode permanecer (1Sm 6,20), mesmo assim Javé é o Santo de Israel.

* Javé tem zelo contra Israel como um esposo irado e afrontado (Ez 16,38), mesmo assim é através do retorno para casa e ajuntamento de Israel que seu zelo se concretiza (Ez 39,25-28).

Segundo, tem-se a impressão de que todas essas qualidades de Javé são permeadas por um perigo iminente, no qual o autoapreço de Javé finalmente não se limitará, nem pela realidade de Israel. Nunca se sabe se Javé se comportará de forma imprevisível ou se seu compromisso com Israel fará diferença. Não se pode saber isso em nenhuma ocasião específica, até que seja feito um pronunciamento específico. O que se sabe é que o autoapreço de Javé é sólido em sua reivindicação, estridente em suas expectativas e sinistro em seu potencial.

### *A resiliente relacionalidade de Javé: aliança e emoção*

A singularidade e o poder permanente de Javé para chamar nossa atenção consistem no fato de que o soberano, caracterizado por glória, santidade e zelo, é o mesmo que envolve Israel em um relacionamento de fidelidade permanente. Esse relacionamento parece regularmente qualificar, se não subverter, a soberania e o autoapreço de Javé. Assim, a segunda dimensão da nossa tematização de Javé se refere à sua relacionalidade, com a qual lidaremos sob as rubricas da aliança e da emoção.

**Aliança**. O Deus soberano, Javé, que exibe glória, santidade e zelo, é conhecido entre as nações como "o Deus de Israel". Os termos que frequentemente caracterizam esse relacionamento são aqueles que vimos em Êxodo 34,6-7a: compaixão, fidelidade, misericórdia, benevolência e, adicionalmente, retidão, justiça e *shalôm*. O rótulo geralmente atribuído ao relacionamento marcado por esses termos de fidelidade é *aliança*. A noção de aliança em Israel enfrentou um caminho exigente e árduo entre os estudiosos do século XX. Principalmente pelo trabalho de GEORGE MENDENHALL, mas também nos estudos alemães derivados de ALBRECHT ALT, o movimento de teologia bíblica em meados do século XX argumentou que a aliança era um construto antigo, formativo e dominante na prática de fé de Israel.[15] No final do século XX, sob a influência de estudiosos como LOTHAR PERLITT e ERNEST NICHOLSON, a erudição tende agora a retornar à hipótese desenvolvimentista; esta considera que a aliança é relativamente tardia em Israel e amplamente confinada a círculos influenciados pelo pensamento deuteronômico.[16] Porém, essas opiniões, seja a posição maximalista de MENDENHALL ou a posição minimalista de NICHOLSON, são todas avaliações críticas que buscam investigar a historicidade da aliança.

Para nossos propósitos, podemos desconsiderar essas distinções críticas e afirmar que a aliança com Javé, *no testemunho de Israel*, é pervasiva e é algo que define Javé, se nos limitarmos a uma ampla caracterização teológica da aliança como um relacionamento permanente de fidelidade e responsabilidade mútua.[17] A apresentação de Israel sobre sua fé é que sua vida se enraíza nesse relacionamento que Javé iniciou e é modelada por ele, e a ele Israel deve responder em confiança e obediência.

Aqui nosso interesse não é examinar todas as dimensões da aliança, mas sim considerar o que implica para Javé ser um Deus comprometido em aliança. A aliança gerou para Javé um povo que buscaria incessantemente obedecer a seus mandamentos e cantar-lhe louvores, engrandecendo assim sua soberania. Esse ganho para Javé, contudo, traz grandes inconvenientes, se não custos. Pois a aliança exige de Javé uma prática de fidelidade e misericórdia, um permanente compromisso e envolvimento com Israel. A formulação sucinta da aliança – "Vós sereis o meu povo, eu serei o vosso Deus" (Jr 30,22; 11,4; 24,7; 31,33; 32,38; Ez 11,20; 14,11; 36,28;

---

[15] O ponto inicial básico foi a distinção de ALBRECHT ALT entre leis apodíticas e casuísticas. Veja GEORGE E. MENDENHALL, *Law and Covenant in Israel and the Ancient Near East* (Pittsburgh: Biblical Colloquium, 1954); e KLAUS BALTZER, *The Covenant Formulary in the Old Testament, Jewish, and Early Christian Writings* (Oxford: Blackwell, 1971).

[16] LOTHAR PERLITT, *Das Bundestheologie im Alten Testament* (WMANT 36; Neukirchen-Vluyn: Neukirchener, 1969); ERNEST W. NICHOLSON, *God and His People: Covenant and Theology in the Old Testament* (Oxford: Clarendon, 1986).

[17] Essa é a intenção e o significado da magistral abordagem de WALTHER EICHRODT em sua teologia do Antigo Testamento. É importante lembrar que EICHRODT escreveu antes da análise crítica evocada pelo ensaio programático de MENDENHALL, e não se interessa por ela. EICHRODT estava muito mais focado no legado da tradição calvinista da interpretação.

37,23,27) – significa que Javé é considerado em todos os lugares como o Deus de Israel. Javé precisa ser visto necessariamente em público com Israel, diante das nações. Considera-se o modo como Javé trata Israel e como este se arranja no mundo como dados sobre quão poderoso e confiável é Javé. É sobre esse ponto que Moisés baseia seu ousado apelo a Javé (Nm 14,13-19). Javé está fortemente inclinado a terminar o relacionamento com Israel, o que equivale a aniquilar Israel (v. 12). De fato, é o pensamento contínuo dos profetas de Israel que Javé pode realmente aniquilar Israel ao exercer seu soberano autoapreço. E não há dúvida de que o testemunho textual considera Javé como plenamente capaz de tomar essa decisão.

O divórcio é uma imagem pungente do fim da aliança, usada especialmente em Oseias.[18] O fim do relacionamento se expressa em um poema que usa essa imagem:

> Agora, descobrirei as suas vergonhas
> aos olhos dos seus amantes,
> e ninguém a livrará da minha mão.
> Farei cessar todo o seu gozo,
> as suas Festas de Lua Nova,
> os seus sábados e todas as suas solenidades.
> Devastarei a sua vide e a sua figueira,
> de que ela diz: Esta é a paga
> que me deram os meus amantes;
> eu, pois, farei delas um bosque,
> e as bestas-feras do campo as devorarão.
> Castigá-la-ei pelos dias dos baalins,
> nos quais lhes queimou incenso,
> e se adornou com as suas arrecadas e com as suas joias,
> e andou atrás de seus amantes,
> mas de mim se esqueceu, diz o Senhor. (Os 2,10-13)

Esse ato de Javé de abandonar seu parceiro se fundamenta em seu inflexível autoapreço. A possibilidade de abandono por Javé está bem presente no horizonte de Israel, ao ponderar sobre a importância desse rela-

---

[18] O tema de divórcio e novo casamento em geral é considerado como uma imagem positiva da disposição de Javé em se envolver novamente com um parceiro volúvel. Mais recentemente, diversas intérpretes feministas observaram que Javé é um parceiro abusivo nesse drama, e não um companheiro completamente generoso e compassivo. Veja Renita Weems, *Battered Love: Marriage, Sex, and Violence in the Hebrew Prophets* (OBT; Mineápolis: Fortress, 1995); e Gale A. Yee, "Hosea", *The Women's Bible Commentary* (org. Carol A. Newsom e Sharon H. Ringe; Louisville: Westminster/John Knox, 1992), pp. 195-200.

cionamento para seu futuro e ao considerar as disfunções desse relacionamento. A Torá e as tradições proféticas refletem continuamente sobre esse relacionamento como um *sine qua non* para Israel, mas algo que incessantemente é posto em perigo por Israel.

**Emoção e paixão.** Na radicalidade emergente da retórica de Israel sobre esse relacionamento precioso, mas em perigo, o tema da aliança se transpõe em uma prática de emoção. Não há dúvida de que Javé é capaz de terminar o relacionamento aliançado; não há dúvida de que estaria justificado ao fazê-lo. Nos grandes atos públicos de destruição em 722 e 587 a.C., Israel entende que Javé se moveu nessa direção. De fato, a reflexão literária e teológica de Israel no exílio pondera sobre essa manobra aparente de Javé:

> Por que te esquecerias de nós para sempre?
> Por que nos desampararias por tanto tempo?
> Converte-nos a ti, Senhor,
> e seremos convertidos;
> renova os nossos dias como dantes.
> Por que nos rejeitarias totalmente?
> Por que te enfurecerias sobremaneira contra nós outros? (Lm 5,20-22)

O autoapreço de Javé permite – e talvez exija – essa aniquilação como defesa da sua glória, santidade e zelo.

O elemento singular e convincente do caráter de Javé, que nos é dado no testemunho de Israel, é que ele não concretiza irreversivelmente essa aniquilação. De fato, o que parece ser completo abandono é realmente "por breve momento":

> Por breve momento te deixei,
> mas com grandes misericórdias torno a acolher-te;
> num ímpeto de indignação, escondi de ti
> a minha face por um momento;
> mas com misericórdia eterna
> me compadeço de ti,
> diz o Senhor, o teu Redentor. (Is 54,7-8)

Israel sobrevive ao abandono momentâneo do exílio. Sobrevive, não por sua própria perseverança, mas porque o compromisso de aliança de Javé se aprofundou e se intensificou em emoção através da realidade do exílio. Javé não aniquila ou abandona Israel em seu autoapreço, como tinha se proposto a fazer. Os poetas de Israel ousam imaginar que Javé não os aniquilou porque não *podia* fazê-lo. Isto é, Javé não podia se forçar a fazer o que tinha pleno direito de fazer.

A razão da recusa de Javé em executar essa aniquilação não se encontra em Israel, nem na "pressão social" das nações ou dos outros deuses. Antes, a razão é que, segundo o testemunho de Israel, Javé descobre uma nova medida e intensidade de paixão positiva por Israel, a qual não lhe estava disponível até esse momento incrível de permanecer ou abandonar, de amar ou destruir. O termo *paixão* aqui tem uma intenção dupla.[19] O termo obviamente se refere a sentimentos fortes, do tipo que percebemos no zelo. Mas também se refere a uma tendência de sofrer com e por algo, de ser solidário a Israel no seu sofrimento e de, por causa dessa solidariedade, manter um relacionamento que poderia ser legitimamente terminado. Ou seja, de forma pública e ousada, no momento da decisão sinistra, Javé se recusa a agir em autoapreço, porque encontrou em sua própria vida interior uma devoção profunda ao bem-estar de Israel que não lhe estava disponível até aquele momento de crise.

Não é de se surpreender que essa apresentação do caráter de Javé exija as vozes mais imaginativas e ousadas de Israel (na poesia de Oseias, Jeremias e do Isaías posterior). Além disso, não é de se surpreender que a retórica exigida para narrar essa novidade emergente na própria vida de Javé exija metáforas de relacionamentos entre esposo e esposa, e entre pais e filhos, pois nenhuma outra imagem transmite tanta intensidade, tanto positiva como negativa.[20]

Assim, após a ira da rejeição em Oseias 2,10-13, o saudoso esposo fala:

> Portanto, eis que eu a atrairei,
> e a levarei para o deserto,
> e lhe falarei ao coração. ...
>
> Desposar-te-ei comigo para sempre; desposar-te-ei comigo em justiça, e em juízo, e em benignidade, e em misericórdias; desposar-te-ei comigo em fidelidade, e conhecerás ao Senhor. (Os 2,14,19-20)

E, depois que o pai ofendido e afrontado fala com desdém (Os 11,4-

---

[19] O termo que manifesta emoção é exposto de forma completa em ABRAHAM HESCHEL, *The Prophets* (Nova York: Harper and Row, 1962), em relação à articulação profética de Javé.

[20] Embora essas metáforas pareçam insubstituíveis como meios para proclamar essa conexão íntima, estamos agora cada vez mais conscientes dos problemas de machismo e patriarcado abusivo inerentes a essas imagens.

7), o tom do poema muda e agora o desolado pai fala, decidido a amar em nova medida:

> Como te deixaria, ó Efraim?
> Como te entregaria, ó Israel?
> Como te faria como a Admá?
> Como fazer-te um Zeboim?
> Meu coração está comovido dentro de mim,
> as minhas compaixões, à uma, se acendem.
> Não executarei o furor da minha ira;
> não tornarei para destruir a Efraim,
> porque eu sou Deus e não homem,
> o Santo no meio de ti;
> não voltarei em ira. (Os 11,8-9)

Na tradição de Jeremias, o esposo indignado e humilhado apela ao mandamento proibitivo de Moisés (Dt 24,1). Porém, então, fala o saudoso esposo que causou a ferida, mas que também se encontra ferido na transação:

> Volta, ó pérfida Israel, diz o Senhor,
> e não farei cair a minha ira sobre ti,
> porque eu sou compassivo, diz o Senhor... (Jr 3,12)

> Voltai, ó filhos rebeldes,
> eu curarei as vossas rebeliões. (Jr 3,22a)

O duro diagnóstico fala de uma enfermidade terminal (Jr 30,12-13). Porém, antes de terminar o poema, o médico fala:

> Porque te restaurarei a saúde
> e curarei as tuas chagas, diz o Senhor;
> pois te chamaram a repudiada, dizendo:
> É Sião, já ninguém pergunta por ela. (Jr 30,17)

Javé pronuncia uma palavra positiva porque o médico irritado não pode tolerar o escárnio das nações dirigido a Israel.

No que pode ser o pronunciamento mais pungente de Javé em todos esses textos, um pai fala com paixão incomum e devotada:

> Não é Efraim meu precioso filho,
> filho das minhas delícias?
> Pois tantas vezes quantas falo contra ele,
> tantas vezes ternamente me lembro dele;
> comove-se por ele o meu coração,

deveras me compadecerei dele, diz o Senhor. (Jr 31,20)[21]

Esse filho amado é valorizado e lembrado, mesmo quando se fala duramente contra ele em rejeição. Javé "comove-se por ele". Ele se emociona em suas entranhas (*m'h*). Está transtornado, como em Oseias 11,8, e assim diz: "deveras me compadecerei dele". Usa-se aqui um infinitivo absoluto. Essa forma verbal reflete uma determinação profunda e intensa contra toda expectativa. Javé deixa de lado toda objeção racional e age conforme essa poderosa sensação de saudade e cuidado que vai diretamente contra o autoapreço desse Deus que foi profundamente afrontado. O juiz-rei agora fala como mãe-pai, e nesse momento reconhece que o relacionamento conta mais que o autoapreço, e que a soberania se qualifica decisivamente pela emoção. É essa emoção que preserva a aliança diante da soberania afrontada.

O surgimento dessa emoção paternal e conjugal de Javé transparece na tradição do Isaías posterior:

> Acaso, pode uma mulher esquecer-se do filho que ainda mama,
> de sorte que não se compadeça do filho do seu ventre?
> Mas ainda que esta viesse a se esquecer dele,
> eu, todavia, não me esquecerei de ti.
> Eis que nas palmas das minhas mãos te gravei;
> os teus muros estão continuamente perante mim. (Is 49,15-16)

> Como alguém a quem sua mãe consola,
> assim eu vos consolarei;
> e em Jerusalém vós sereis consolados. (Is 66,13)

Na sua severidade, Ezequiel não permite a Javé a mesma admissão de emoção. No testemunho de Ezequiel, Javé permanece profundamente afrontado por Israel e continua a considerar a afronta com grande seriedade (Ez 16,42-43; 23,45-49). O que nos surpreende nesse testemunho, no final das contas, é que até o testemunho de Ezequiel encontra uma forma de reverter a rejeição de Israel por Javé. Nesse testemunho, o perdão que Israel precisa receber não se fundamenta em nenhum comprometimento do autoapreço de Javé, mas precisamente em sua intensificação:

Agradar-me-ei de vós como de aroma suave, quando eu vos tirar dentre os povos e vos congregar das terras em que andais espalhados; e

---

[21] Quanto a esse texto, veja KAZO KITAMORI, *Theology of the Pain of God* (Richmond: John Knox, 1965), pp. 151-167 e *passim*.

serei santificado em vós perante as nações. Sabereis que eu sou o Senhor, quando eu vos der entrada na terra de Israel, na terra que, levantando a mão, jurei dar a vossos pais. Ali, vos lembrareis dos vossos caminhos e de todos os vossos feitos com que vos contaminastes e tereis nojo de vós mesmos, por todas as vossas iniquidades que tendes cometido. Sabereis que eu sou o Senhor, quando eu proceder para convosco por amor do meu nome, não segundo os vossos maus caminhos, nem segundo os vossos feitos corruptos, ó casa de Israel, diz o Senhor Deus. (Ez 20,41-44; cf. 36;22-32; 39,25-29)

É surpreendente a maneira como esses testemunhos conseguem encontrar em Javé uma brecha para o relacionamento em detrimento de todo autoapreço. Pode-se dizer, é claro, que essa manobra retórica é uma exigência pastoral no exílio, para prover uma base para a continuidade do judaísmo. Sem dúvida há um elemento pragmático assim nesse testemunho teológico. Todavia, além do pragmatismo pastoral, esses textos constituem uma retórica teológica séria. Esses testemunhos pretendem declarar que ocorreu uma reviravolta na vida e no caráter de Javé, a qual incide em seu senso de autoapreço. Não se diz se essa reviravolta é irreversível nem quão profunda é. O que se diz é que, segundo esses testemunhos, Javé tinha grandes motivos para se afastar do relacionamento com Israel em justificado autoapreço, mas ele não o fez.

Esse movimento de Javé, apreciado por Israel mas não exigido por Javé, é o fundamento para todo o futuro do judaísmo como entidade teológica. A questão é de suma importância para o judaísmo e para seus parceiros eclesiásticos derivados (especificamente o cristianismo). Aqui, no entanto, nosso interesse é reconhecer que essa nova emergência é de suma importância *para Javé*, e não simplesmente para as comunidades de fé que reagem a ele. Deve-se compreender a decisão de estar em aliança e a decisão posterior de deixá-la emergir na emoção como elementos na questão teológica da constância do caráter de Javé. Pode-se entender a modelagem de Javé como o desenvolvimento de percepções religiosas ou como retórica ousada. Aqui, considerando nossa responsabilidade teológica para com o texto, podemos dizer que eles nos permitem observar enquanto Javé reconsidera, em meio a uma crise, como ser Javé e quem ser como Javé.

**Movimento em direção à encarnação**. O movimento da fidelidade aliançada para a emoção dispendiosa é uma articulação primária de Javé no Antigo Testamento. A emergência da emoção não é tudo a se dizer aqui sobre Javé, mas é uma afirmação principal e bastante intencional. Pelo menos em uma dimensão, o Antigo Testamento encerra definindo profundamente Javé por sua emoção por Israel. É possível dizer que, no horizonte da interpretação cristã do Novo Testamento, os testemunhos cristãos discerniram na pessoa de Jesus que a emoção de Javé deu o próximo passo chegando à encarnação. Ou seja, Deus veio estar envolvido completa e pessoalmente no centro da vida do mundo.

Essa noção de encarnação é, obviamente, um grande passo além da emoção; um passo que o Antigo Testamento não dá. Entretanto, pode-se sugerir que o movimento para a encarnação, sem dúvida feito na retórica helenística, já está presente de modo rudimentar na decisão radical de Javé pela solidariedade aliançada com Israel e na decisão mais radical quanto à emoção por Israel. O reconhecimento da solidariedade aliançada e da emoção como elementos que produzem a encarnação não é ir na direção do superacionismo cristão. Antes, é reconhecer que tudo que se reivindica sobre a radicalidade de Deus no Novo Testamento já está presente em toda a sua radicalidade nesses testemunhos judaicos sobre o caráter de Javé.

Nossa tematização proposta do testemunho sobre Javé pode, no fim, ser excessivamente problemática. Encontramos uma tensão profunda entre o soberano autoapreço de Javé e sua decisão por um relacionamento de aliança. Apresentamos esses temas respectivamente no motivo da glória, santidade e zelo de Javé, e no motivo de sua misericórdia e fidelidade expressas como solidariedade aliançada e emoção (e encarnação). A meu ver, no final das contas, o Antigo Testamento testemunha sobre uma tensão persistente que não admite resolução. Certamente, alguma resolução de um tipo ou de outro ocorre em cada crise instaurada ou texto específico.

*Essas resoluções me parecem ser caracteristicamente provisionais e tênues, provavelmente instáveis na próxima crise, desfeitas pelo próximo texto.* Falando teologicamente, a razão dessa instabilidade não é, afinal, porque Israel fala com muitas vozes (o que faz), ou que não consegue chegar a uma decisão final (o que não pode); essa qualidade instável pertence por definição ao caráter de Javé. A meu ver, o texto não permite uma solução global, porque o autoapreço e o apreço por Israel não são a mesma coisa, afinal. Pode-se imaginar que o autoapreço de Javé se dedica completamente ao bem-estar de Israel. Porém, o texto e a experiência de Israel se deparam com a realidade de que o autoapreço de Javé continua ressurgindo de forma exigente. Esse autoapreço pode emergir como uma previsível reivindicação moral, ou pode emergir como um tipo de capricho selvagem, como soberania sem lealdade de princípios. Essa propensão de Javé, sua determinação de ser levado a sério em seus próprios termos, impede qualquer equação final da soberania com o amor aliançado ou com a emoção.

## Observações sumárias

A teologia do Antigo Testamento, como eu a entendo, anseia por uma resolução dessa profunda tensão em Javé, mas nunca pode afirmar que tem essa resolução completamente disponível. As quatro observações seguintes concluem nossa exposição do testemunho central de Israel sobre Javé.

### *A convergência entre o autoapreço de Javé e o compromisso com Israel*

Não há dúvida de que é desejável a resolução da tensão entre o autoapreço de Javé e seu apreço por Israel (e pelo mundo). E não há dúvida de que a interpretação teológica convencional, particularmente nas tendências harmonizadoras da interpretação eclesiástica, geralmente consegue articular essa resolução. Essa resolução provavelmente se encontra na noção da justiça de Javé, que é talvez a categoria mais ampla e abrangente para a teologia do Antigo Testamento que busca seguir o discurso teológico do testemunho textual. A justiça de Javé implica em governo do mundo segundo os seus propósitos, os quais foram decretados no Sinai e assegurados na própria tessitura da criação. A essência dessa justiça é o bem-estar do mundo; assim, quando a justiça de Javé (seu governo) se estabelece completamente no mundo, os resultados são fecundidade, prosperidade, liberdade, justiça, paz, segurança e bem-estar (*shalôm*). Como Javé, em sua justiça, deseja o bem para a criação, há uma completa convergência de seu autoapreço e seu compromisso com Israel e a criação. Quatro textos de diferentes vertentes do testemunho do Antigo Testamento confirmam essa convergência, embora outros também poderiam ser citados.

**Salmo 143**. Em uma petição feita sob grave ameaça, o salmista clama por um julgamento vingativo de Javé:

> Atende, Senhor, a minha oração,
> dá ouvidos às minhas súplicas.
> Responde-me, segundo a tua fidelidade,
> segundo a tua justiça. ...
>
> Faze-me ouvir, pela manhã, da tua graça,
> pois em ti confio...
>
> Vivifica-me, Senhor, por amor do teu nome;
> por amor da tua justiça, tira da tribulação a minha alma.
> E, por tua misericórdia, dá cabo dos meus inimigos

> e destrói todos os que me atribulam a alma,
> pois eu sou teu servo. (Sl 143,1,8,11-12)

No começo e no final dessa oração, o suplicante apela para a justiça de Javé (vs. 1,11), certo de que em justiça Javé o salvará. Além disso, a justiça de Javé equivale no v. 1 à "sua fidelidade" (*'mûnh*) e, no v. 12, à "tua misericórdia" (*ḥsd*); no v. 8, apela-se uma segunda vez à graça (*ḥsd*) de Javé. Esse Salmo assume completa convergência entre o governo de Javé e o bem-estar do suplicante.

Esse Salmo teve importante papel no discernimento de LUTERO quanto ao princípio da graça.[22] LUTERO percebeu que, no v. 2, o suplicante desconsidera sua justiça própria (obras); assim, apela em fé para a justiça alternativa de Javé. Essa leitura do Salmo serviu bem à percepção teológica de LUTERO. Contudo, mesmo se não se impuser ao Salmo as categorias de LUTERO de graça e obras, fica claro que a justiça de Javé se caracteriza aqui pela misericórdia e fidelidade aliançada. De fato, como LUTERO discerniu, essa é a grande esperança do suplicante.

**Salmo 115**. A mesma convergência se evidencia em um segundo Salmo, bem diferente. Esse não é um lamento, mas uma doxologia polêmica:

> Não a nós, Senhor, não a nós,
> mas ao teu nome dá glória,
> por amor da tua misericórdia e da tua fidelidade. (Sl 115,1)

Esse Salmo começa afirmando que a glória de Javé está intimamente vinculada à sua misericórdia (*ḥsd*) e fidelidade (*'mth*). É surpreendente que, em um Salmo preocupado com o poder soberano de Javé (em contraste com a impotência dos ídolos), a essência desse poder desde o princípio se caracterize pela completa fidelidade aliançada. Prontamente inferimos no Salmo, mesmo se não está explícito, que os ídolos ridiculamente fracos são incapazes de fidelidade. Assim, o Salmo é uma articulação apaixonada do poder de Javé. Todavia, esse reconhecimento do poder se une à afirmação de Israel de que o poder de Javé está a serviço da fidelidade aliançada.

**Deuteronômio 10,12-22**. Uma variação dessa mesma convergência se evidencia em Deuteronômio 10,17-19:

> Pois o Senhor, vosso Deus, é o Deus dos deuses e o Senhor dos Senhores, o Deus grande, poderoso e temível, que não faz acepção de pes-

---

[22] A afirmação da justiça generosa e reabilitadora de Javé é contrastada no Sl 143,2 com a justiça do suplicante e os de sua estirpe, que de nada vale. Esses modos contrastantes de justiça foram entendidos por LUTERO como articulações da graça e das obras.

soas, nem aceita suborno; que faz justiça ao órfão e à viúva e ama o estrangeiro, dando-lhe pão e vestes. Amai, pois, o estrangeiro, porque fostes estrangeiros na terra do Egito.

A atribuição doxológica a Javé, expressa de forma mais positiva do que no Salmo 115, reconhece e celebra a autoridade e o poder ilimitado de Javé, pois ele governa e preside sobre todos os outros deuses e Senhor. Esse Deus é, de fato, "poderoso e temível", plenamente capaz de agir em sólido autoapreço. Mas então, caracteristicamente, a doxologia muda de rumo no meio do v. 17 e começa a falar de suborno, viúvas, órfãos, estrangeiros e do Êxodo. A partir desse ponto de referência, faz-se o apelo no v. 20 de forma similar ao primeiro mandamento sobre lealdade exclusiva, uma formulação que inclui ecos do *shema'* de Deuteronômio 6,4-5.

Nessa doxologia, Israel não tem dúvida de que o enorme poder e autoridade de Javé estão direcionados precisamente aos objetos necessitados de amor, de forma que se intima Israel, nessa base, à piedade e compaixão. Israel tem pouca inclinação para celebrar o grande poder de Javé, exceto quando esse poder é usado para o bem-estar do mundo. Nessa articulação particular, diferentemente dos Salmos 143 e 115, a dimensão da emoção nessa resolução está mais evidente, por causa do envolvimento direto de Javé com a comunidade do Êxodo. O mesmo foco está implícito nos dois Salmos, mesmo sem a referência histórica concreta ao Êxodo. O autoapreço de Javé como "o Deus dos deuses e o Senhor dos Senhores" se devota completamente ao bem-estar do seu parceiro de aliança, por quem Javé corre grandes riscos em ações de solidariedade.

**Isaías 45,21-25**. Nesse texto temos uma doxologia vigorosa celebrando a justiça de Javé, que tem como sua contrapartida negativa a destituição dos deuses rivais (babilônicos) que não têm poder algum. O que nos interessa é que a justiça de Javé é referenciada quatro vezes nesse breve poema:

> Declarai e apresentai as vossas razões.
> Que tomem conselho uns com os outros.
> Quem fez ouvir isto desde a antiguidade?
> Quem desde aquele tempo o anunciou?
> Porventura, não o fiz eu, o Senhor?
> Pois não há outro Deus, senão eu,
> Deus *justo* e Salvador
> não há além de mim.
> Olhai para mim e sede salvos,
> vós, todos os limites da terra;
> porque eu sou Deus, e não há outro.
> Por mim mesmo tenho jurado;

> da minha boca saiu o que é *justo*,
> e a minha palavra não tornará atrás.
> Diante de mim se dobrará todo joelho,
> e jurará toda língua.
> De mim se dirá: Tão-somente
> no Senhor há *justiça* e força;
> até ele virão e serão envergonhados
> todos os que se irritarem contra ele.
> Mas no Senhor será *justificada* (*ṣdq*)
> toda a descendência de Israel e nele se gloriará.

No v. 21, como Deus justo, Javé é diferente dos outros supostos deuses que não têm poder para salvar. Nos vs. 22-23, Javé em justiça convoca para a adoração "todos os limites da terra", pois não há nenhum candidato rival digno de submissão. No v. 24, "tão-somente no Senhor" pode-se encontrar essa justiça; e no v. 25, a justiça transborda na exaltação de Israel. O poema se refere à sólida autoridade, capacidade e disposição de Javé para fazer o que é certo.

Porém, percebemos que nos vs. 21-22 usa-se duas vezes o termo *salvar* (*yš'*), e no v. 25 celebra-se Israel, objeto do resgate de Javé. A justiça de Javé é posta a serviço do bem-estar. Israel se beneficia desse dom da justiça de Javé, e as nações são convidadas a participar do mesmo. Mas nem Israel nem as nações podem receber essa atividade transformadora a menos que estejam entre aqueles que dobram seus joelhos e confessam com suas línguas a soberania de Javé.

Essa convergência entre soberania e compaixão é um elemento principal da fé de Israel. Quando essa convergência funciona bem, o testemunho de Israel oferece um retrato coerente de um caráter constante e confiável. Paul Hanson analisa cuidadosamente o modo como a justiça e a compaixão de Javé se cruzam na fé de Israel, e acrescenta uma terceira dimensão: a adoração que afirma "a única e soberana majestade" de Javé. Falando desses dois aspectos do caráter de Javé, Hanson observa:

> Primeiro, Javé é reconhecido como justo e, consequentemente, como a fonte de uma norma para a vida que se aplica a todas as pessoas sem parcialidade e que ordena a sociedade de forma confiável e segura. Segundo, Javé é reconhecido como compassivo, um Deus que estende as mãos para redimir mesmo aqueles excluídos das benesses da vida e da proteção da sociedade, um Deus que desse modo provê exemplo para uma comunidade que deve estender sua compaixão àqueles que,

caso contrário, são vulneráveis ao abuso, como a viúva e o órfão, o endividado e o estrangeiro.[23]

Mas então HANSON prossegue dizendo:

Há evidências decisivas na profecia hebraica de que a ameaça do desequilíbrio entre justiça e compaixão constantemente surgia também em Israel.[24]

O interesse de HANSON é com a comunidade, mas aqui o que nos interessa é o caráter de Javé. Quanto a esse caráter, no entanto, a convergência ou identidade entre a justiça soberana de Javé e sua compaixão aliançada está constantemente ameaçada e, em geral, se desintegra – assim a testemunha insiste.

### *A tensão entre soberania e lealdade*

Agora consideraremos exemplos da crise no reconhecimento de Javé por Israel, quando fica evidente a Israel que Javé não é ao mesmo tempo soberano e leal – quando seu autoapreço e seu apreço por Israel e pelo mundo estão em tensão mútua. Consideraremos quatro tipos de evidências dessa tensão.

**Números 14**. Vimos que o encontro entre Javé e Moisés em Números 14,11-12 é um ponto central na articulação de Javé, pois nesse texto Moisés ora afirmando para Javé o que ele mesmo havia revelado em Êxodo 34,6-7. Com base nessa autorrevelação, Moisés conclama Javé:

Perdoa, pois, a iniquidade deste povo, segundo a grandeza da tua misericórdia e como também tens perdoado a este povo desde a terra do Egito até aqui. (Nm 14,19)

Em resposta, Javé atende ao pedido de Moisés: "Segundo a tua palavra, eu lhe perdoei" (v. 20). Até aqui a justiça soberana de Javé e sua lealdade aliançada convergem. Contudo, o v. 21 agrega o poderoso "porém" (*'ûlm*) de Javé, e nessa conjunção a justiça de Javé se aparta da sua misericórdia. Ele perdoará, mas considerará responsáveis todos os que "não obedeceram", e os destruirá. Essa distinção pela qual Javé age destrutivamente mostra que, ao menos nesse caso, há um limite para a fidelidade longânima de Javé para com Israel, limite já antecipado em Êxodo 34,7b.

Agora Javé não age no interesse de Israel, mas em autoapreço. A

---

[23] PAUL D. HANSON, "War and Peace in the Hebrew Bible", *Int* 38 (1984), p. 346.

[24] Ibidem.

graça de Javé é concedida apenas para aquele (Calebe) que tem "outro espírito e perseverou em seguir-me" (v. 24). Esse outro espírito que possibilita o bem-estar consiste em obediência completa à vontade e aos mandamentos de Javé. Nesse texto, não há espaço para misericórdia desvinculada da aderência à autoridade imperiosa de Javé. Não há transbordamento da graça sem anuência à justa vontade de Javé.

**Ezequiel 36,22-32**. Nesse texto (cf. Ez 20,41-44; 39,25-29), vimos que Javé de fato será gracioso para com Israel e o resgatará do exílio para sua terra. Está claro, no entanto, que o testemunho de Ezequiel não dá indícios de emoção, amor ou fidelidade aliançada na determinação de Javé. A base para a atividade salvadora de Javé é unicamente o seu autoapreço. Assim:

> ...e serei santificado em vós... (20,41)

> Vindicarei a santidade do meu grande nome... (36.23)

> ...terei zelo pelo meu santo nome. (39,25)

Pode até ser que Javé aja compassivamente, mas aqui a compaixão não é um contraponto da soberania, não é a essência da justiça, mas apenas um subproduto inevitável do autoapreço de Javé. Nesses textos, está claro que, visto em si mesmo, Javé não tem um apreço positivo por Israel e não se comove com seu apuro. Tampouco deixa de salvar Israel, pois isso não é nenhum inconveniente para Javé. Com efeito, Javé não tem interesse em Israel, mas esse é um veículo disponível e conveniente para afirmar e concretizar seu autoapreço. Isto não é má coisa para Israel – porém, não é o mesmo que "misericórdia" e não deve ser interpretado assim. Há muito tempo Javé está vinculado a Israel e deve continuar a agir baseado nessa realidade. Mas sua ação é completamente e sem quaisquer reservas para seu próprio engrandecimento. Essa mesma assimetria está, talvez, evidente na afirmação de Javé em Êxodo 14,4,17: "serei glorificado em Faraó". Javé assegurará sua glória sobre o Faraó por meio do resgate de Israel.

**Uma sequência em dois estágios**. Em diversos textos, todos situados no exílio de Israel e refletindo sobre o exílio e o esperado retorno para casa, essa tensão se expressa em uma sequência de dois estágios. Sugiro que o primeiro ato na sequência é destrutivo e se deriva do autoapreço de Javé; no segundo ato, como se recuperasse a intencionalidade da aliança, Javé expressa fidelidade e apreço por Israel. Podem-se citar três textos para o que parece ser uma leitura bastante comum da crise:

> Como velei sobre eles, para arrancar, para derribar, para subverter, para destruir e para afligir, assim velarei sobre eles para edificar e para plantar, diz o Senhor. (Jr 31,28)

Os verbos nessa declaração são tematicamente importantes para o testemunho de Jeremias. Mas o que nos interessa aqui é que os verbos negativos mais fortes e frequentes – *arrancar, derribar, subverter, destruir, afligir* – são compreendidos como ações do autoapreço de Javé. Ele não tolera desobediência, zombaria ou banalização, por isso o testemunho de Jeremias deve retratar Javé como um amante traído e ferido que ataca Israel em sua ira. Não se diz por que uma mudança radical de atitude leva aos dois verbos positivos, *edificar* e *plantar*. É plausível imaginar que Javé é compelido a essa ação reabilitadora por uma nova medida de emoção e por uma nova intencionalidade quanto à aliança (veja vs. 31-34). Em todo caso, fica claro que as duas ações, a negativa e a positiva, articulam respectivamente o autoapreço de Javé e seu apreço por Israel. As duas juntas formam um quadro coerente, mas essa coerência traz pouco conforto àqueles que sofrem devido à dura manifestação do autoapreço de Javé.

Em Isaías 47,6, proclama-se uma expressão similar de um relacionamento em dois estágios, ostensivamente à Babilônia:

> Muito me agastei contra o meu povo,
> profanei a minha herança
> e a entreguei na tua mão,
> porém não usaste com ela de misericórdia...

O primeiro ato consiste na entrega de Judá ao controle brutal da Babilônia. O profeta ousa expressando que Javé afirma que isso aconteceu porque "muito me agastei contra o meu povo". O verbo *qṣp* é muito forte. A declaração sugere que Javé estava enfurecido e agiu precipitadamente. Não há nada nessa entrega ao império exceto seu autoapreço passional e, talvez, fora de controle.

No segundo estágio, Javé esmaga a Babilônia e reivindica Judá para si, porque a Babilônia não usou "de misericórdia". Essa é uma declaração extraordinária. É claro que a Babilônia não sabia que Javé desejava misericórdia. De fato, quando Javé estava agastado "contra o meu povo", podemos acreditar que nesse instante ele também não desejava misericórdia para Judá. É como se Javé esperasse que a Babilônia exercesse a misericórdia que ele não era capaz ou não estava disposto a exercer (cf. Jr 42,11-12). A segunda ação, a volta para casa, é um ato de lealdade aliançada de Javé. Essa lealdade, no entanto, só ocorre depois do extremo ato

Capítulo VII

destrutivo de autoapreço.

Em Deuteronômio 4, que em sua forma atual é uma reflexão sobre o exílio preocupada com a mesma crise como em Isaías 47, podemos discernir a mesma articulação de Javé em dois estágios:

> Porque o Senhor, teu Deus, é fogo que consome, é Deus zeloso. (v. 24)

> De lá [do exílio], buscarás ao Senhor, teu Deus, e o acharás, quando o buscares de todo o teu coração e de toda a tua alma. (v. 29)

> então, o Senhor, teu Deus, não te desamparará, porquanto é Deus misericordioso, nem te destruirá... (v. 31)

Essa afirmação notável começa com Javé como fogo que consome e termina com ele como Deus misericordioso. Ao longo do texto, transpõe-se Javé de um Deus zeloso em autoapreço para um Deus misericordioso para com os exilados. A primeira característica de Javé produz o exílio; a segunda resulta na volta de Judá para casa. Não é fácil ou óbvio na vida de Israel perceber que o Deus zeloso e devorador está em consonância com a prática da misericórdia. Em todos esses textos, e outros que poderiam ser citados, Javé transita entre autoapreço e apreço por Israel; entre soberania e emoção.

A teologia do Antigo Testamento deve reconhecer que certos textos celebram a convergência da soberania e da emoção. Talvez esses textos devam ser considerados normativos para a interpretação teológica e deva-se permitir que governem outros textos. Contudo, os testemunhos sobre Javé também oferecem evidências decisivas de que as coisas não são tão coerentes assim. De fato, se Javé devia ser mantido próximo da experiência de Israel, para a qual o exílio é paradigmático, esse tinha que lidar com um discernimento teológico que consiste em uma disjunção profunda, a qual não é somente uma questão de experiência, mas também um importante dado teológico. Assim, a meu ver, uma interpretação teológica séria deve lidar não só com as evidências da convergência entre soberania e fidelidade aliançada, mas também com a tensão entre essas inclinações, tensão que de vez em quando se torna insuportável e de difícil manejo para Israel.

**Continuidade e descontinuidade**. Se considerarmos o exílio como o lugar paradigmático no qual essa tensão é visível e Israel anseia por resolução, podemos articular a disjunção ainda de outra forma. Israel no exílio, ao ponderar sobre Javé, lutou com o que os estudiosos chamam de problema de continuidade e descontinuidade.²⁵ Ou seja, Javé continua a honrar os compromissos aliançados com Israel e a praticar misericórdia para com Israel ao longo do exílio? Há continuidade no compromisso aliançado de Javé com Israel ao longo da crise? Ou a realidade do exílio evidencia que Javé, seja em justa indignação ou descontrolado ressentimento, agora pôs fim à aliança, só para posteriormente renová-la ou estabelecer uma nova aliança? Embora os termos da questão sejam suficientemente claros, não devemos considerar isso como um simples enigma intelectual. Antes, é uma pergunta muito perturbadora e elementar sobre Javé: pode seu autoapreço resultar na completa exaustão dos seus votos de solidariedade?

Há evidências, obviamente, que Javé continua a amar a Israel no exílio e essa é a conclusão teológica preferida. Encontram-se essas evidências nos textos que falam da *berîth 'olam* de Javé, a "aliança eterna". Esses textos (Gn 9,16; 17,7,13,19; 2Sm 23,5; Is 54,10; 55,3; Jr 50.5; Ez 37,26; Sl 89,28) parecem refletir testemunhos teológicos em Israel que focam na fidelidade constante de Javé, testemunhos que não consideram o exílio como interrupção significativa desse compromisso.

Entretanto, os textos mais perturbadores são aqueles sugerindo que, pela teimosia de Israel, a inclinação de Javé por ele se esgota e que seu autoapreço exige o abandono de um parceiro que explorou demasiadamente e por longo tempo a fidelidade de Javé. Israel considera em voz alta, talvez em contexto litúrgico, que Javé a abandonou no exílio (cf. Lm 5,20-22; Is 49,14). Embora essa última pergunta de Isaías 49,14 seja respondida, talvez também liturgicamente, no versículo seguinte, devemos notar igualmente que se colocam na própria boca de Javé evidências de uma descontinuidade radical:

> Por breve momento te deixei,
> mas com grandes misericórdias torno a acolher-te;
> num ímpeto de indignação, escondi de ti
> a minha face por um momento;
> mas com misericórdia eterna
> me compadeço de ti,
> diz o Senhor, o teu Redentor. (Is 54,7-8; cf. Sl 30,6)

---

²⁵ Quanto à problemática da continuidade e descontinuidade, veja PETER R. ACKROYD, "Continuity: A Contribution to the Study of the Old Testament Religious Tradition", *Studies in the Religious Tradition of the Old Testament* (Londres: SCM, 1987), pp. 3-16; e "Continuity and Discontinuity: Rehabilitation and Authentication", ibid., pp. 31-45.

Sem dúvida mesmo esses textos manifestam uma sequência de dois estágios, na qual o resultado é grande compaixão. Antes dessa compaixão, no entanto, há abandono. Certamente Javé foi profundamente afrontado pela teimosia de Israel. Talvez tenha sido constrangido (envergonhado) e agiu em autoapreço. Não se diz por que Javé nesses versos expressa essa reviravolta com uma afirmação poderosa de amor e fidelidade. Isto pode ser o máximo que Javé pode fazer no sentido de apresentar uma apologia honesta para sua esposa Israel. Certamente chegou, nesse momento, a novas profundidades de devoção a Israel. A maravilhosa garantia no fim de Isaías 54,7, e novamente no fim do v. 8, não elimina a severa realidade da admissão: "te deixei". O verbo (*'zb*) é o mesmo da acusação feita contra Javé no conhecido Salmo 22,1, sugerindo que, nessa oração mais ou menos descontextualizada (e portanto muito usada), Israel adquire percepção da realidade da sua vida com Javé: ele realmente abandona. Ele retorna em fidelidade após o abandono, mais isso não nega o autoapreço que sanciona severidade, a qual foi sentida fortemente pela geração deslocada de exilados.

Além disso, esse abandono não é severidade a serviço de qualquer restauração. É simplesmente um afastamento da solidariedade por causa do autoapreço. Até onde as testemunhas viram corretamente, *esse testemunho coloca no centro da vida de Israel um enorme Santo Problema*. Israel precisa aprender a viver com o caráter problemático de Javé. A afirmação de aliança eterna é reconfortante pastoralmente. No testemunho de Israel, entretanto, essa garantia não consegue silenciar a terrível consciência alcançada por Israel: a soberania de Javé não converge sempre e em qualquer lugar com a fidelidade, embora a fidelidade seja afirmada poderosamente no fim.

### *Uma reivindicação cruciforme sobre Deus*

Além do Antigo Testamento, é justo dizer que o Novo Testamento e a tradição cristã têm, no todo, ido além dessa tensão afirmando uma completa identificação entre o poder e o amor de Deus. Um fundamento específico para uma identificação tão completa assim se encontra na verdade da crucificação de Jesus, por intermédio da qual a própria vida de Deus assume o abandono de uma aliança quebrada. Nessa reivindicação teológica, a teologia cristã estende os indícios sobre Deus já proclamados pelas testemunhas mais passionais do Antigo Testamento.

Esse discernimento "cruciforme" do caráter de Deus, tão bem articulado por Jürgen Moltmann, vive em tensão singular com o pensamento trinitário.²⁶ De forma característica e certamente popular, essa reivindicação cruciforme sobre Deus, que arrisca totalmente sua soberania em solidariedade, é defendida pela noção de que o Filho arrisca a solidariedade enquanto o Pai mantém a soberania. MOLTMANN percebeu que essa "divisão de trabalho" não funciona; em sua rica formulação: "a ausência do Pai no Filho equivale à ausência do Filho no Pai".²⁷ Se a interpretação dessa questão por MOLTMANN estiver correta, como penso estar, a teologia cristã está envolvida em questões que são tão difíceis para os cristãos como foram para essas testemunhas do Antigo Testamento. Resta-nos uma solidariedade na qual falta soberania...exceto na Páscoa cristã. Essa é uma enorme exceção. As testemunhas do Antigo Testamento, naturalmente, não apelam para essa Páscoa cristã, e isso pode fazer toda a diferença.

Em todo caso, três advertências são cruciais ao se passar do Antigo Testamento para as reivindicações cristológicas. Primeiro, deve-se tomar cuidado que a Páscoa cristã não proclame um triunfalismo que negue sua Sexta-feira, nem proclame uma vitória fácil que não enfrente diretamente essa Sexta-feira e sua verdade terrível. Segundo, deve-se ter em mente que a dialética de reconciliação da fé cristã, entre Sexta-feira e Domingo, é completamente antecipada no Antigo Testamento no mistério do exílio e da volta para casa. Esse mistério domina a retórica litúrgica de queixa e de resposta em todo período e momento da vida de Israel.²⁸ Israel caracteristicamente se queixa das tribulações dadas por Javé. Este caracteristicamente responde com resolução salvadora que cura. Terceiro, finalmente, na perspectiva do formato final do texto, a fidelidade domina a visão de Israel. Essa conclusão é tão clara na fé de Israel como o é na afirmação pascal da Igreja. No Antigo Testamento, o Deus que abandona é o mesmo Deus que traz de volta para o bem-estar.

---

²⁶ Veja JÜRGEN MOLTMANN, em português: O Deus cruscificado, Editora Academia Cristã, 2012. *The Crucified God: The Cross of Christ as the Foundation and Criticism of Christian Theology* (1974; Mineápolis: Fortress, 1993).

²⁷ Ibidem, p. 243. A ênfase na *pericôresis* exclui qualquer noção de que o Filho sofreu e o Pai não. É inevitável que a negatividade em que Jesus se envolve toque cada dimensão da vida e caráter de Javé.

²⁸ EMIL FACKENHEIM, *To Mend the World: Foundations of Post-Holocaust Thought* (Nova York: Schocken Books, 1989), entende claramente a interrupção irreversível que os eventos do século XX produziram na vida de Javé e na obra da interpretação teológica. Outra perspectiva sobre essa interrupção é a articulação ousada de DAVID BLUMENTHAL, *Facing the Abusive God: A Theology of Protest* (Louisville: Westminster/John Knox, 1993).

No final das contas, eu não desejaria concluir que a fé cristã tem uma resolução fácil para a tensão que as testemunhas do Antigo Testamento proclamam sobre Javé. Não desejaria encobrir o terror na reivindicação cristã, tanto porque a Sexta-feira é tremendamente séria como porque os cristãos confessantes devem viver no mundo real de Auschwitz e Hiroshima.[29]

Quanto à convergência entre soberania e solidariedade e à tensão entre elas, não creio que os cristãos saibam muito mais ou algo diferente do que sabiam essas testemunhas sinceras do Israel antigo.[30]

### Resolução... contudo...

Pode haver uma resolução para essa tensão, quer seja intelectual, histórica ou pastoral...contudo...! Contudo, os textos de Israel – gerados no exílio e olhando diretamente para o Senhor do exílio – não disponibilizam nenhuma convergência fácil entre soberania e solidariedade. Em sua alegria, Israel prefere a convergência à tensão; no âmbito popular, a convergência funciona. Todavia, o consenso popular não elimina os textos contrários, nem elimina a experiência contínua que constitui evidência para esses textos contrários.

Israel faz sua reivindicação ousada e confiante sobre Javé como soberano e leal. Mas marginalmente continua a dar outros sinais de franqueza, que nos deixam apreensivos. Certamente há testemunho textual que Israel desejaria não ter pronunciado. E talvez Javé também deseje isso. Porém, Israel é sincero e, da melhor forma, se recusa a encobrir ou negar os fatos. É nosso trabalho na teologia do Antigo Testamento prestar atenção a esses outros sinais textuais, por mais estranhos e inquietantes que sejam, pois podem evidenciar o melhor dessas testemunhas, falando a verdade. É precisamente esse "contudo" que nos leva além de qualquer conclusão convencional e abre o caminho para uma exposição ulterior. O testemunho central de Israel é capaz de afirmar, no esplendor da sua fé, que "a misericórdia do Senhor dura para sempre".

---

[29] Quanto às profundidades do sofrimento e da esperança modeladas nas afirmações cristãs da crucificação e ressurreição, mas compartilhadas por todas as pessoas atentas, veja o comentário de GEORGE STEINER, *Real Presences: Is There Anything in What We Say?* (Londres: Faber and Faber, 1989), pp. 231-232. Cito sua declaração pungente no capítulo 12.

[30] Quanto à prática retórica e litúrgica de soberania e solidariedade, veja PATRICK D. MILLER, *They Cried to the Lord: The Form and Theology of Biblical Prayer* (Mineápolis: Fortress, 1994), pp. 55-177 e *passim*.

# Parte II

## O testamento contrário de Israel

## Capítulo Oito

### 8. Reexaminando o testemunho central de Israel

O trabalho de uma testemunha é o de apresentar uma narrativa coerente sobre o que aconteceu, ou prover materiais a partir dos quais um relato narrativo coerente possa ser construído. O trabalho de uma testemunha é o de contar a verdade. A testemunha necessariamente pretende contar a verdade e, de fato, pode estar contando a verdade. Além disso, o tribunal pode aceitar a interpretação da realidade oferecida pela testemunha como verdadeira. Ou a testemunha pode estar envolvida em engano ou autoengano. A testemunha pode estar envolvida em uma forma de relato da verdade que parece ser inadequada. O trabalho do tribunal é o de testar a adequação da versão da realidade apresentada pela testemunha. Esse teste é feito por meio de um processo de interrogatório, pelo qual o tribunal investiga o testemunho da testemunha a fim de inquirir sua adequação, coerência, credibilidade e congruência com outras evidências. Se o testemunho não é considerado como adequado, crível, coerente ou congruente, o tribunal provavelmente o rejeitará como uma interpretação não confiável da realidade.

*Proponho que é necessário reexaminar o testemunho ousado de Israel*, que testifica sobre "poderosos atos" pelos quais Javé transforma o mundo. Além disso, esse processo de reexame parece ser contínuo no próprio texto do Antigo Testamento; o texto geralmente é polêmico. Para Israel, tudo depende da adequação e confiabilidade de seu testemunho sobre Javé. Mas, claramente, há dentro de Israel um desconforto sobre esse testemunho maravilhosamente positivo. Um ponto principal que desejo defender de início é esse: o reexame, que pode ser hostil ou concordante, não é algo feito contra o Antigo Testamento por detratores posteriores e de fora. É notável que *o processo de reexame ocorre no próprio Antigo Testamento*, parcialmente no discurso de Israel e parcialmente no alegado discurso de não israelitas. Como consequência, o reexame constitui parte do registro do testemunho, e é considerado em Israel como um modo pelo qual o próprio testemunho deve ser assumido.

Assim, embora minha extensa análise do reexame vá contra minha extensa análise do testemunho, não é um caso de e/ou. Israel não pretende que o reexame elimine o testemunho central. Antes, na tendência polemista de Israel, o testemunho central e o reexame se pertencem e se complementam em uma troca contínua. Dessa forma, nunca haverá um testemunho "final" em Israel que não se submeta a um reexame. Nem haverá jamais um reexame ao qual o testemunho consensual não dê uma resposta vigorosa. Portanto, um leitor do Antigo Testamento, sugiro, deve aceitar o reexame como uma parte crucial da maneira como Israel faz sua apresentação do testemunho polêmico sobre Javé. Israel não conhece outro modo de falar. Como resultado, fica evidente que o testemunho contrário de Israel não é um ato de incredulidade. Antes, é um modo característico pelo qual se pratica a fé.

### Obscuridade, ambiguidade e negatividade

A fé de Israel sonda, questiona, insiste; é uma fé disjuntiva. As questões que Israel propõe em seu reexame não são de natureza especulativa ou teórica. São questões de tipo concreto e prático, que surgem das experiências de vida. Essas questões são coerentes com o caráter de Javé, como é apresentado no testemunho de Israel. Esse testemunho propõe um Deus que, em soberania majestosa, provê no mundo uma ordem viável, própria para a vida, por meio de intervenções decisivas e transformadoras; é um Deus que, em compaixão generosa, atende às necessidades dos que são seus. Porém, as experiências de vida de Israel parecem não produzir nem essa ordem viável nem a compaixão generosa – certamente não por atos de intervenção identificáveis e claramente visíveis. Neste e nos próximos três capítulos, considerarei três aspectos diferentes do testemunho contrário de Israel: *obscuridade*, *ambiguidade* ou *instabilidade*, e *negatividade*. Embora todos se situem apropriadamente sob a rubrica geral de testemunho contrário, não têm todos a mesma qualidade ou tom. Os três tópicos estão dispostos em minha análise para ir do mais benigno ao mais problemático. Considero a obscuridade (especialmente nas tradições sapienciais) como testemunho contrário apenas porque o testemunho central de Israel considera as "ações no mundo" de Javé como claramente visíveis, evocando terror nos inimigos e louvor nos beneficiários dessa "ação". As tradições sapienciais de Israel – talvez mais sofisticadas ou mais reflexivas–em geral não salientam essas ações diretas e visíveis da parte de Javé e, portanto, não reivindicam esse terror direto nem a exultação. O que Javé faz, algo ainda não posto em dúvida, é agora muito mais imbuído nos processos "naturais" e contínuos da vida. Essa visão de Javé é bem diferente daquela do testemunho central, bem mais abrandada, bem menos esperançosa em reivindicações exageradas sobre ele.

Todavia, esse testemunho contrário não é nem de perto tão exigente para a fé de Israel quanto o que denominei de ambiguidade e instabilidade de Javé. Esta é uma função e produto do relato narrativo de Israel sobre sua vida, no qual Javé, um personagem chave no relato, desfruta de toda a liberdade e indefinição que pertencem apropriadamente a um personagem vívido, interessante e sério da narrativa. O "desmascaramento", que ocorre no testemunho contrário, acerca do relato israelita central sobre a realidade é muito mais sério do que a afirmação da obscuridade.

Mesmo essa instabilidade, contudo, não é tão problemática para o testemunho central de Israel quanto a negatividade que indica o fracasso de Javé em fazer justiça. Assim, no terceiro aspecto do testemunho contrário, Israel anuncia em voz alta sua percepção da realidade, a qual contradiz amplamente as reivindicações positivas estabelecidas sobre Javé.

Assim, de maneiras variadas, e com várias evidências, Israel dá o que pensar ao tribunal ao apresentar "nos autos" um testemunho central que se revela não ser tão convincente como quando foi primeiramente afirmado. O candor característico de Israel sobre sua vida põe seu próprio testemunho central em risco, deixando ainda a determinar a verdade da questão.

### As questões de Israel a Javé

As altas reivindicações do testemunho central evocam e exigem o polêmico questionamento que constitui uma dimensão principal da vida de fé israelita. As questões incluem as seguintes:

**Até quando?** A questão se levanta quando Israel sabe que sua experiência de vida é incongruente com as intenções de Javé e a percebe como insuportável. Israel espera plenamente que o Deus de seu testemunho central deve e irá agir decisivamente para intervir e transformar as circunstâncias insuportáveis. Porém, a intervenção e a transformação não são visíveis no horizonte – daí a questão. A questão não é um pedido por informação ou cronograma. É uma insistência impaciente que equivale a uma repreenda a Javé, que não fez por Israel o que este legitimamente esperava:

> Também a minha alma está profundamente perturbada;
> mas tu, Senhor, até quando? (Sl 6,3)

O orador nem consegue terminar a sentença. A incongruência é muito opressiva.

> Até quando, Senhor? Esquecer-te-ás de mim para sempre?
> Até quando ocultarás de mim o rosto?
> Até quando estarei eu relutando dentro de minha alma,
>   com tristeza no coração cada dia?
> Até quando se erguerá contra mim o meu inimigo? (Sl 13,1-2)

> Até quando, Senhor, ficarás olhando?
> Livra-me a alma das violências deles;
> dos leões, a minha predileta. (Sl 35,17)

> Até quando acometereis vós a um homem,
> todos vós, para o derribardes,
> como se fosse uma parede pendida
> ou um muro prestes a cair? (Sl 62,3; cf. Sl 74,10; 79,5; 80,4; 89,46; 94,3)

Esse último verso parece ser uma crítica de outros inimigos, que se contrasta com o apelo a Javé, mas a mesma linguagem também pode ser dirigida a Javé. O propósito da questão insistente, em geral irada, certamente impaciente, é mobilizar Javé a agir da maneira que se supõe que ele age, de acordo com o testemunho central de Israel.

**Por quê?** Essa questão surge em circunstâncias de sofrimento que são sem sentido, especialmente em uma fé na qual se espera que Javé seja atencioso e providencial. Essa questão não pede a Javé que dê razões ou justificativas para sua inatividade ou negligência. A forma interrogativa funciona, antes, como uma acusação contra Javé, o qual falhou em ser coerente com seu caráter:

> Por que, Senhor, te conservas longe?
> E te escondes nas horas de tribulação? (Sl 10,1)

> Deus meu, Deus meu, por que me desamparaste?
> Por que se acham longe de minha salvação
> as palavras de meu bramido? (Sl 22,1)

> Por que me rejeitas?
> Por que hei de andar eu lamentando
> sob a opressão dos meus inimigos? (Sl 43,2)

> Desperta! Por que dormes, Senhor?
> Desperta! Não nos rejeites para sempre!
> Por que escondes a face e te esqueces
> da nossa miséria e da nossa opressão? (Sl 44,23-24; cf. 74,1,11; 88,14)

A acusação é que Javé, que prometeu estar presente e cujo próprio caráter implica em estar presente, está patentemente ausente. E quando Javé está ausente, coisas ruins acontecem.

**Onde?** A mesma questão e a mesma acusação são anunciadas com o interrogativo *onde*. A referência espacial não está pedindo por informações sobre aonde foi o amor atencioso de Javé. O ponto é que a fidelidade de Javé *não está aqui*, não nessas circunstâncias problemáticas, onde é necessária e tem sido corretamente aguardada:

> As minhas lágrimas têm sido o meu alimento dia e noite,
> enquanto me dizem continuamente:
> O teu Deus, onde está? (Sl 42,3)

Nesse lamento, a questão é uma citação do "povo", mas podemos supor que esse é um dispositivo retórico de distanciamento, quando na realidade o orador proclama seu próprio assombro e desalento. Novamente, a questão é posta nos lábios das "nações":

> Por que diriam as nações:
> Onde está o seu Deus? (Sl 79,10; repetido em 115,2)

E com referência às promessas de fidelidade para com a casa de Davi:

> Que é feito, Senhor, das tuas benignidades de outrora,
> juradas a Davi por tua fidelidade? (Sl 89,49; cf. v. 46)

**Está?** Esse interrogativo não é muito usado do modo que estamos considerando, mas um uso importante é digno de nota. No antigo confronto da rebelião no deserto, o povo se queixou da falta de água e, por um milagre, recebeu água. No entanto, considera-se a queixa como um desafio à liderança, tanto de Javé quanto de Moisés. Quanto ao confronto, Moisés conclui:

> E chamou o nome daquele lugar Massá e Meribá, por causa da contenda dos filhos de Israel e porque tentaram ao Senhor, dizendo: Está o Senhor no meio de nós ou não? (Êx 17,7)

### *Injustiça, lamento e exílio como negação*

As questões surgem quando Israel enfrenta situações de necessidade desesperada, como no caso de uma *injustiça insuportável*. A suposição característica de Israel é que, se o poder e a fidelidade de Javé estão em vigor, como assegura o testemunho central, não haveria essa necessidade desesperada nem essa injustiça insuportável. Javé faz toda a diferença; quando ele não está presente e envolvido em favor de Israel, as coisas dão errado.[1] O propósito das questões, pois, é mobilizar Javé a agir conforme

---

[1] Para a noção de que o mal vem quando Javé está ausente ou desatento, veja Fredrik Lindström, *Suffering and Sin: Interpretations of Illness in the Individual Complaint*

sua melhor e verdadeira identidade. Essas questões não surgem por um ato de incredulidade, mas a partir da profunda confiança de que o Deus do testemunho central, quando ativo em poder e fidelidade, pode prevenir e superar essas experiências de vida intoleráveis. As questões surgem com tamanha urgência porque Israel nota que a vida sem a força ativa de Javé não é boa.

O modo característico de expressão para essas questões é o *gênero do lamento*. Esse modo de falar se encontra mais caracteristicamente no Saltério, mas também é pronunciado em outros contextos do testemunho de Israel. Esse gênero do lamento (queixa) é uma expressão de candor sobre a realidade das experiências de vida que são incongruentes com Javé; ao mesmo tempo, é uma expressão de insistência esperançosa de que, se e quando o justo Javé se mobilizar, a situação será prontamente corrigida.[2] As evidências apresentadas nos textos testificam contra o testemunho central, mas ao mesmo tempo apelam a ele, pedindo que essa circunstância particular se conforme à realidade positiva ali atestada. De fato, Israel relata a verdade sobre sua vida, mesmo se essa verdade gera problemas para o seu testemunho. Porém, Israel o faz na expectativa de que, ao relatar a verdade, efetivamente chamará Javé de volta ao poder e à solidariedade.

O evento paradigmático que evoca o questionamento de Javé é o *exílio* e a destruição do templo (Sl 74,1,10-11; 79,5,10; e 89,46).[3] Esse evento se agiganta na imaginação de Israel como o caso central e exemplar no qual Javé falhou em defesa de sua própria dinastia, templo, cidade e povo. Nesse sentido, o testemunho contrário de Israel depende do seu contexto. Essa localização para as questões de reexame, todavia, não é exclusiva, mas apenas paradigmática. Ou seja, Israel também vivenciou muitas outras situações nas quais o mesmo senso de fracasso, ausência e abandono era avassalador, e que requeriam o mesmo questionamento sincero de Javé. Assim, o que se aplica ao exílio para a comunidade como um todo também pode ser anunciado a partir da experiência pessoal de indivíduos que enfrentam problemas. Em muitas circunstâncias similares ao exílio, Israel

---

*Psalms* (Estocolmo: Almqvist and Wiksell International, 1994).

[2] Para o gênero do lamento e sua função, veja CLAUS WESTERMANN, *Praise and Lament in the Psalms* (Edimburgo: T. & T. Clark, 1981); e ERHARD GERSTENBERGER, *Der bittende Mensch: Bittritual und Klagelied des Einzelnen im Alten Testament* (WMANT 51: Neukirchen-Vluyn: Neukirchener, 1980).

[3] Quanto ao exílio como matriz da fé de Israel, veja as pp. 121-126 [seção "Resposta à crise do exílio" no capítulo 2].

apresenta evidências, a partir de seu próprio sofrimento, de que não soa verdadeira a caracterização de Javé como soberano e misericordioso.

Essa convergência de *injustiça*, *lamento* e *exílio* no discurso de Israel, que tomo como um ponto de apoio para o seu testemunho contrário, é uma qualidade característica e definidora da sua fé. Quando Israel fala sobre Javé, frequente e caracteristicamente precisou falar sobre *injustiça* por meio de *lamento* no *exílio*. Diante desse questionamento agudo e enérgico, o testemunho positivo de Israel não tem respostas prontas ou convincentes, exceto a de voltar ao testemunho central e reiterar aquelas reivindicações. O testemunho reiterado, de fato, é vigoroso e convincente. Para aqueles que viviam em desalento sem solução, entretanto, o testemunho não silenciou nem eliminou o testemunho contrário, o qual deve ter se prolongado em Israel como uma forma de fé séria.

### *Senso de abandono*

Essas questões se referem a dois assuntos distintos, mas correlatos, sobre o Javé do testemunho consensual. Primeiro e, talvez, de forma mais importante, Israel questiona e deseja saber quanto à confiabilidade e fidelidade de Javé. Israel tem um senso de ter sido abandonado. O termo *abandonado* (*'zb*) inclui a arbitrária prerrogativa masculina do divórcio no mundo antigo. Naquele mundo, uma mulher divorciada estava de fato abandonada. Assim, com referência ao exílio, Israel questiona:

> Por que te esquecerias de nós para sempre?
> Por que nos desampararias (*'zb*) por tanto tempo? (Lm 5,20)

Os termos operativos são *esquecer* e *desamparar* (abandonar). Em Isaías 49,14, os dois termos da questão se tornam uma conclusão:

> Mas Sião diz: O Senhor me desamparou,
> o Senhor se esqueceu de mim. (Is 49,14)

Sem dúvida, a questão é respondida rapidamente, até mesmo refutada, no v. 15:

> Acaso, pode uma mulher esquecer-se do filho que ainda mama,
> de sorte que não se compadeça do filho do seu ventre?
> Mas ainda que esta viesse a se esquecer dele,
> eu, todavia, não me esquecerei de ti.

Entretanto, no mesmo corpo poético (e, portanto, a mesma testemunha), Javé admite o abandono, muito embora tenha sido "por um momento":

> Por breve momento te deixei ( *'zb*);
> num ímpeto de indignação,
> escondi de ti a minha face por um momento... (Is 54,7-8)

A questão perdura em Israel. Perdura porque Israel é muito honesto em seu testemunho e porque a realidade vivida não se conforma facilmente ao testemunho central de Israel. A teologia do Antigo Testamento precisa reconhecer que essa questão está no centro do testemunho mais seguro de Israel. É uma questão persistente não apenas para Israel, mas para o mundo que conhece barbaridades e observa Israel (e o seu Deus) com anseio e curiosidade perplexa. Os detratores de Israel desejam que o testemunho contrário prevaleça contra o testemunho consensual. Porém, a maioria das pessoas sérias, sem estarem cheias de autodepreciação, desejam que o testemunho central de Israel prevaleça. Nesse meio tempo, Israel não promete nenhuma resolução fácil a essa questão, mas concorda por conta de todos os seus atendentes a continuar a batalhar com o tema da fidelidade de Javé.

### *O questionamento da soberania de Javé*

Essa convergência de injustiça-lamento-exílio levanta uma questão para Israel quanto ao poder soberano de Javé. Frequentemente Israel, como a maioria das demais religiões, atribui poder a seu Deus. Israel não tende a focar suas questões no tema genérico de poder, mas sim, na qualidade distinta da fidelidade de Javé, a qual é infundida por suas emoções. Contudo, às vezes Israel está disposto a dar a Javé o benefício da dúvida e afirma sua fidelidade e boas intenções. Porém, se isso é concedido a Javé, surgem questões igualmente difíceis de outro tipo. Pois, se Javé é fiel e tem boas intenções, então talvez não tenha poder e não seja soberano. Assim, nesse caso extremo, Javé diz de forma provocativa para o Israel do exílio: "Acaso, se encolheu tanto a minha mão, que já não pode remir ou já não há força em mim para livrar?" (Is 50,2). A provocação de Javé sugere que essa é uma resposta a algo enunciado pelo Israel do exílio, o qual estava em dúvida; é algo pensado em voz alta – talvez Javé tenha uma "mão encolhida". No passado, Javé tinha "braço forte e mão estendida", com os quais resgatou Israel. Mas agora esse braço não parece forte, e a mão parece ter se encolhido à irrelevância. Aparentemente, essa era uma acusação feita por Israel no exílio. Javé refuta a acusação vigorosamente, com uma construção vociferante e gramaticalmente enfática: "Acaso, se encolheu a minha mão?". A resposta de Isaías 50,2b-3 assegura o enorme poder de Javé. E, em Isaías 59,1, surge a mesma questão com o mesmo palavreado, mas agora em uma declaração indicativa resolutiva que vindica

Javé e acusa Israel. Assim, traz-se o sofrimento de Israel de volta à sensata estrutura das sanções da aliança, de maneira que se cala o questionamento do poder de Javé.

Sem dúvida essa resolução satisfez a muitos, os quais puderam retornar em boa fé ao testemunho central. Podemos crer, no entanto, que nem todos foram persuadidos tão prontamente, e que esses textos são evidência de um desconforto contínuo em Israel sobre a reivindicação caracteristicamente feita sobre Javé. A dura experiência de Israel legitimava essas questões. Não é tão prontamente evidente, dados os caprichos do sofrimento histórico, que se possa asseverar a completa soberania de Javé, quer seja para negar os enigmas da realidade vivida ou para justificar a problemática da experiência de vida como moralmente apropriada.[4] Alguns detratores de Israel desejam ver a soberania de Javé desmascarada e derrotada, mas muitos não desejam isso. Muitos que observam e esperam com Israel desejam que esse grande Deus de soberania aliançada prevaleça, e dessa maneira anelam que o testemunho central de Israel seja finalmente confirmado. À luz das preocupantes evidências, contudo, Israel não dá uma resposta fácil à questão do poder de Javé. Israel promete, por seu testemunho central e por seu reexame, continuar a fazer uma análise honesta dessa questão do poder de Javé.

O testemunho central de Israel, pelo apelo aos grandes verbos transformadores de Javé e pelos adjetivos derivados e substantivos-metáforas do discurso de Israel, argumenta que Javé é competentemente soberano e completamente fiel. Na maior parte do tempo, essa é uma conclusão adequada. É uma conclusão bem-vinda, porque resulta em uma narrativa coerente da realidade. Israel afirma, certamente, essa conclusão de soberania competente e fidelidade confiável. Porém, Israel vive no mundo real e nota o que ocorre ao seu redor. Israel é sincero, recusando-se a negar o que observa. Assim, essas questões sobre a soberania competente e a fidelidade confiável permanecem no Antigo Testamento como um assunto inacabado, honesto e cheio de fé para Israel. Além disso, sabemos que essas duas questões são muito importantes para todos os que vivem no mundo, quer falem sobre Deus ou não. Assim, esses dois pontos de reexame não são um exercício interno seguro para Israel. Antes, são questões com as quais Israel se debate para o bem do mundo.

Capítulo VIII

---

[4] Jon D. Levenson, *Creation and the Persistence of Evil: The Jewish Drama of Divine Omnipotence* (São Francisco: Harper and Row, 1988), demonstra os modos pelos quais o governo de Javé sobre a criação é provisório e precário.

Podemos crer, ademais, que essas duas questões, as quais reaparecem incessantemente no mundo e sobre as quais Israel nunca é conclusivo, também são muito importantes *na vida de Javé*. Fica claro no Antigo Testamento, tal como evidencia Israel, que Javé deseja ser considerado como plenamente soberano. É isso que significa "obter glória" e "santificar o meu santo nome". Fica igualmente claro que Javé deseja ser considerado como completamente leal, alguém digno da mais absoluta confiança. É isso que significa para Javé se compadecer das petições de Israel. Portanto, o resultado dessa disputa, que constitui um grande elemento da fé israelita, não depende apenas das questões sinceras de Israel; também depende da prontidão de Javé em manifestar sua soberania e evidenciar sua fidelidade de maneiras concretas. Israel crê plenamente que Javé pode e irá fazer isso, mas Israel não está preparado para abrir mão de sua insistência impaciente nesse meio tempo.

O reexame não ocorre de modo frontal ou em amplas e abrangentes generalizações. Antes, é conduzido pelo processo lento e cuidadoso de trazer à tona os detalhes, de observar indícios de incongruência que se opõem às reivindicações principais; na medida em que esses indícios se acumulam, exige-se uma releitura e novo pronunciamento da narrativa primária. Assim, o reexame do testemunho de Israel sobre Javé, no final das contas, exige uma narrativa sobre ele consideravelmente revisada.

### O contexto do reexame

Antes de proceder às evidências, faço uma pausa aqui para considerar o projeto do reexame mais especificamente. Sugiro que o reexame (e, portanto, a argumentação polêmica) pertence caracteristicamente ao Antigo Testamento. Assim, ao fazer teologia do Antigo Testamento, não é possível enfatizar o "o quê" das amplas e sólidas generalizações teológicas sem também prestar atenção ao "como" da polêmica, na qual regularmente são moldadas as sólidas generalizações. Creio que a causa básica dessa polêmica teológica surge do Assunto da conversa e é mantida por ele, a saber, Javé, o qual aprecia a sinceridade e rejeita toda negação enganadora.[5] Sei que isso é um tipo de argumento circular. Mas, se devemos ser teológicos em nossa compreensão, somos forçados a dizer que nenhuma outra expli-

---

[5] Talvez o exemplo culminante dessa qualidade polêmica esteja em Jó 42,7-8, quando Javé reconhece Jó e diz que ele falou "o que era reto". Não fica completamente claro que essa afirmação sobre Jó se refere ao protesto brutal dele contra Javé, mas essa é a intenção mais provável dos versículos.

cação é importante, pois, afinal, a fala sobre Deus deve ser congruente com o Deus sobre quem se fala.

Pode-se começar a entender o poder distintivo desse modo de discurso ao contrastá-lo com as reivindicações e procedimentos generalizantes da tradição grega clássica. Enquanto aquela tradição de pensamento e raciocínio se entendia como responsavelmente envolvida em reivindicações amplas e coerentes, o testemunho judaico aprecia a disjunção que perturba a ampla reivindicação e que se ocupa da contradição como a verdade da questão.[6] Aqui desejo observar quatro facetas dessa tendência judaica à disjunção, que interrompe amplas reivindicações e se baseia no esforço de reexame do testemunho de Israel sobre Javé.[7] Sem dúvida, essas práticas críticas hermenêuticas bem diferentes alcançam uma grande distância a partir do próprio texto do Antigo Testamento. Em cada caso, no entanto, elas se recusam a aceitar a universalização dos modos ocidentais dominantes de raciocínio. Sua consciência crítica das particularidades inadequadas, em cada caso, se baseia nas tradições e posturas epistemológicas modeladas e extrapoladas a partir do texto do Antigo Testamento.

### *O testemunho contrário no midrash*

A prática de um testemunho contrário disjuntivo, que denominei de reexame, pode ser vista no midrash, um tipo de exegese judaica que tende a enfatizar os elementos no texto que não se adaptam a nenhuma interpretação mais ampla ou suave. O trabalho de um midrash é focar no elemento inadequado e extrapolar excedentes de sentido que estão bem além da articulação explícita do texto. Seu trabalho é expor o que está oculto no texto, o que pode ser um estorvo à sua reivindicação principal.

A irregularidade ou o desajuste estão no próprio texto. Assim, GEOFFREY HARTMAN pode falar da "capacidade de fricção" no texto bíblico, o que o distingue da ficção.[8] O exemplo característico de HARTMAN é a narrativa de Gênesis 32, em que Jacó luta com o anjo. HARTMAN, como muitos outros intérpretes, percebe que se insinua muito do que está oculto, obscuro e si-

Capítulo VIII

---

[6] Defende-se o argumento de que, na tradição clássica grega, encontra-se essa mesma tendência polêmica nos sofistas, os oponentes do "realismo" platônico. Inversamente, a tradição platônica e clássica é a prática daqueles que buscam aquietar a polêmica, mas em sua própria posição de vantagem. Veja a nota 6 no capítulo 3.

[7] Para essa análise, sou grato de modo especial a meu aluno TOD LINAFELT.

[8] GEOFFREY H. HARTMAN, "The Struggle for the Text", *Midrash and Literature* (org. GEOFFREY H. HARTMAN e SANFORD BUDICK; New Haven: Yale University), p. 13.

nistro no texto, mas isso nunca fica explícito. O trabalho de um midrash é exercer uma enorme imaginação interpretativa, de forma a dar visibilidade e ênfase precisamente ao que está quase invisível ou sutilmente minimizado no texto. Assim, seu trabalho tem continuidade com o próprio texto, mas vai bem além dele ao expor as excentricidades que desestabilizam e questionam o fluxo principal do texto.

James Kugel mostra como um midrash opera para expressar dissonância, que ele caracteriza como "irregularidades de superfície" no texto.[9] Um exemplo que Kugel cita é a ausência do verso referente ao *nun* na sequência do acróstico do Salmo 145. Esse *nun* ausente se torna o foco de um comentário midráshico, de maneira que o *nun* ausente se torna o ponto da interpretação, e não as letras do alfabeto visíveis no texto. Essa abordagem ao texto é incessantemente atomística.[10] É necessariamente assim, porque o ponto de vista da interpretação parte do detalhe dissonante, que então se torna a alavanca para exibir a disjunção no texto.

A interpretação midráshica não está explicitamente "fazendo teologia", tal como a compreendem a tradição cristã e a disciplina da teologia do Antigo Testamento. Os comentários midráshicos estão interessados em cada detalhe do texto, e não simplesmente no discurso sobre Deus. Portanto, o midrash não é um exemplo, mas sim uma analogia para o que estou sugerindo para a teologia do Antigo Testamento. *Mutatis mutandis*, o reexame do testemunho de Israel sobre Javé se inclina para a fricção, a dissonância, a irregularidade de superfície na articulação de Javé. Uma abordagem como essa assume que a articulação dissonante de Javé não deve ser explicada de modo literal ou histórico, mas que é, de fato, um dado teológico. Assim, por exemplo, em Amós 9,8, o discurso na boca de Javé é sobre julgamento radical:

> Eis que os olhos do Senhor Deus
> estão contra este reino pecador,
> e eu o destruirei
> de sobre a face da terra...

Porém, em seguida vem a conclusão elíptica do verso:

> mas não destruirei de todo
> a casa de Jacó, diz o Senhor

---

[9] James L. Kugel, "Two Introductions to Midrash", *Midrash and Literature*, pp. 80,92.

[10] *Ibidem*, p. 95.

Essa estranha reversão no meio do verso pode ser explicada como um produto redacional. Contudo, se tomado como um dado teológico, os dois elementos do verso juntos, expressando intencionalidades contraditórias, podem testemunhar sobre a indecisão de Javé ou sua incapacidade de exercer uma autodisciplina contínua. Não se deve concluir muito de um único verso como esse, mas deve-se abrir o olho para o alcance dessas "irregularidades de superfície" nos pronunciamentos de Javé. Essa atenção à "capacidade de fricção" é, na verdade, um convite e um desafio ao intérprete cristão do texto, pois a tendência da interpretação cristã é na direção de uma representação generalizadora de Deus, a qual inevitavelmente deve desconsiderar muitas das evidências disponíveis. O resultado de uma investigação assim não será um Javé estabelecido e "institucional", mas um com quem Israel tem que conviver incessantemente, com todos os riscos e surpresas atrelados a esse envolvimento contínuo. Assim, a dica que podemos receber da exegese midráshica se refere ao horizonte hermenêutico e, no final das contas, ao Assunto da fala de Israel sobre Deus.

### *Prática psicanalítica e reexame*

Sugere-se em muitos lugares que a teoria de SIGMUND FREUD sobre a psicanálise é uma iniciativa completamente judaica e se baseia muito na prática midráshica.[11] A suposição de FREUD é que uma representação da realidade ou articulação de superfície deve ser tratada com muita suspeita e não deve ser interpretada literalmente. Quando se entende FREUD como um crítico social, e não simplesmente como um terapeuta (em qualquer sentido popular do termo), fica claro que o interesse dele se dirige a uma teoria de repressão que constitui uma prática de engano pervasivo. JOHN MURRAY CUDDIHY sugere que a repressão na qual FREUD está interessado se refere especialmente à situação dos judeus na Europa burguesa ocidental, os quais foram forçados pela sociedade não judaica dominante a modos de conduta fraudulentos.[12] Como consequência, afirma CUDDIHY, em geral os judeus tentavam ocultar o fato de serem judeus, mas isso vinha à tona das maneiras mais estranhas. Seja como for, a compreensão de FREUD sobre o processo da psicanálise é que, nos sonhos e na interpretação dos sonhos, vem à tona aquilo que é reprimido, escondido, negado e inadequado. O

---

[11] Veja SUSAN A. HANDELMAN, *The Slayers of Moses: The Emergence of Rabbinic Interpretation in Modern Literary Theory* (Albany: SUNY, 1982).

[12] JOHN MURRAY CUDDIHY, *The Ordeal of Civility: Freud, Marx, Levi-Strauss and the Jewish Struggle with Modernity* (Nova York: Basic Books, 1974).

processo de interpretação consiste em ouvir e observar incongruências entre o que é dito e o que está oculto, mas sinalizado. Essa descoberta não apenas reconhece que algo está oculto, mas também possibilita a emancipação no processo de manifestar o que está oculto.

Assim, o programa de Freud, tal como o de um midrash, se refere à fricção, dissonância e irregularidades de superfície na autoapresentação, o que sugere que a apresentação de superfície em si mesma não é tudo que se tem a dizer. Baseio-me amplamente nessa questão em Susan Handelman, a qual explora as conexões de Freud com a prática midráshica. Quanto a esse ponto do que está na superfície e do que está oculto no texto e na pessoa, Handelman afirma:

Os intervalos e lacunas conscientes, os fenômenos negligenciados e descentrados aos quais a psicanálise dirige sua atenção, são também aplicados por Freud a uma teoria geral da cultura: às evasões, repressões e omissões de verdade que são subjacentes às nossas realizações mais exaltadas. A explicação de Freud para o antissemitismo, em seu próprio projeto de recuperar seu passado, está intimamente conectada com sua análise da civilização e de seus descontentamentos.[13]

Para os rabinos, embora a interpretação proceda do Sinai, "a Torá não está no céu", mas é decidida no processo contínuo de debate na terra. Essa ideia de interpretação é um híbrido curioso entre a crença em uma autoridade e origem absolutas e a crença na capacidade do homem de alterá-las e superá-las. É um híbrido da mesma maneira em que as teorias de Freud combinam, de um lado, conceitos de origens absolutas (complexos, crimes primários, desejos e traumas), determinando mecanismos que operam desde o período inicial e controlam a formação do caráter, com, de outro lado, a afirmação da emenda, alteração e suscetibilidade à mudança dessas origens absolutas por meio de interpretação e percepção.[14]

No que se refere à tarefa de reexame no testemunho de Israel sobre Javé, sugiro que nossa atenção aos textos inclua observar atentamente as incongruências e disjunções na articulação de Javé, que manifestam sua vida interior rica e variável. Não sugiro uma "psicanálise de Javé", mas uma atenção às manobras estranhas do texto. Assim, em outro lugar considero o que podemos fazer teologicamente com a história de violência e abuso de Javé, o qual às vezes se apresenta no texto como indisciplinado e

---

[13] Handelman, *The Slayers of Moses*, p. 145.

[14] *Ibidem*, p. 150.

fora de controle.¹⁵ Se considerarmos essas questões textuais como dados teológicos sobre o Personagem na narrativa que tem continuidade e constância, então poderemos corretamente nos questionar sobre a significância contínua dessa violência relembrada na vida e caráter de Javé. Seja o que for que decidamos sobre essa memória, não podemos desconsiderar os textos. Isso seria como um analista desconsiderar uma articulação negativa como sem interesse ou importância. Nessa perspectiva, as dimensões perturbadoras de Javé no texto sugerem que nossas usuais articulações superficiais sobre Javé devem ser abertas o suficiente para dar lugar aos dados disjuntivos.

## *O Holocausto: ruptura irrespondível*

A qualidade disjuntiva da interpretação na prática midráshica e na teoria freudiana nos dá categorias, mas pouco nos prepara, para a ruptura hermenêutica do Holocausto. A meu ver, uma teologia do Antigo Testamento não pode ser organizada proveitosamente quanto ao Holocausto. Todavia, é igualmente claro, a meu ver, que uma teologia do Antigo Testamento não pode proceder sem reconhecer a ruptura profunda e indizível da iniciativa hermenêutica que está incorporada no Holocausto. Não é necessário entrar no debate sobre se o Holocausto é um evento único ou se é apenas outro caso extremo em uma história de barbarismos.¹⁶ É suficiente reconhecer que, em relação ao Holocausto, todas as nossas categorias interpretativas se esgotam.

Se tentarmos encontrar um sentido para o Holocausto em comparação com o Antigo Testamento, provavelmente gravitaremos em torno do livro de Jó. RICHARD RUBENSTEIN argumenta, contudo, que o livro de Jó não contém categorias adequadas para a profundidade do Holocausto, que aconteceu muito além do horizonte do texto.¹⁷ Ou podemos, com DAVID BLUMENTHAL, cobrar do Deus do Holocausto coerência com as categorias

---

¹⁵ Veja WALTER BRUEGGEMANN, "Texts That Linger, Not Yet Overcome", *TToday* 54 (1997), pp. 180-199.

¹⁶ Veja o estudo abrangente de STEVEN T. KATZ, *The Holocaust in Historical Context 1: The Holocaust and Mass Death before the Modern Age* (Nova York: Oxford University, 1994). Veja também RICHARD L. RUBENSTEIN, *After Auschwitz: Theology and Contemporary Judaism* (2ª ed.; Baltimore: Johns Hopkins University, 1992).

¹⁷ RICHARD L. RUBENSTEIN, "Job and Auschwitz", *USQR* 25 (verão de 1970), pp. 421-437.

da aliança do Antigo Testamento, concluindo que o Deus de Israel é "abusivo... mas nem sempre".[18] Ou ainda, com EMIL FACKENHEIM, podemos simplesmente reconhecer, judeus e cristãos juntos, que o Holocausto constitui uma ruptura radical que não tem paralelo.[19] No Holocausto, judeus e cristãos são confrontados com uma evidência disjuntiva que é um desafio sólido e irrespondível às reivindicações sobre a soberania e fidelidade de Javé.

A meu ver, isso não quer dizer que se deva, consequentemente, abandonar essas reivindicações, caso contrário não haverá envolvimento na onerosa obra da teologia do Antigo Testamento. Segue-se, todavia, que as reivindicações quanto à soberania e fidelidade de Javé devem agora ser feitas de forma bem provisória, e à luz da carne flamejante de Auschwitz. Assim, é plausível sugerir que o Holocausto é a ocasião perfeita e sem paralelo de uma evidência disjuntiva contra Javé, uma "irregularidade de superfície" de magnitude inexprimível. É o caso extremo – na história dos judeus, na história do mundo, na história de Javé – de evidência contrária, evidência que não desaparecerá.

Deve-se evitar trivializar o Holocausto "aprendendo uma lição" a partir dele. Não obstante, um aprendizado crucial para a teologia do Antigo Testamento é ter uma medida aguda de suspeita quanto à história triunfalista da fé, ou até mesmo resistência a ela, a qual é tão facilmente recitada com base na Bíblia. Qualquer triunfo se torna pálido diante desse evento, e cada triunfo se torna instável diante dessa realidade. Essa ruptura não é diferente das muitas rupturas que são evidentes na história de Israel. Porém, como FACKENHEIM nos ensina muito bem, essa ruptura é tão diferente em grau quanto em tipo. Mesmo com a longa prática de ruptura que pertence à interpretação judaica, não estamos preparados de forma alguma para essa ruptura. Ainda não sabemos como fazer nem mesmo uma interpretação contestadora à luz dessa quebra. Mas, o que quer que possamos fazer agora será qualificado de forma profunda e irreversível por essa quebra.

### *Desconstrução: lendo no limite*

Sugiro que o programa de *desconstrução* de JACQUES DERRIDA é uma compensação importante, na qual podemos ver se juntando **(a)** a afinidade pela ruptura no *midrash*, **(b)** os "lapsos" do discernimento *freudiano* que

---

[18] Essa é uma expressão de DAVID BLUMENTHAL, *Facing the Abusing God: A Theology of Protest* (Louisville: Westminster/John Knox, 1993), p. 247 e *passim*.

[19] EMIL L. FACKENHEIM, *To Mend the World: Foundations of Post-Holocaust Thought* (Nova York: Schocken Books, 1989).

são pistas para a verdade emancipadora, e **(c)** a ruptura sociopolítica, moral e intelectual que é o *Holocausto*. É evidente que Derrida, um intelectual parisiense, está envolvido em uma iniciativa completamente judaica de leitura no limite.[20]

A iniciativa de Derrida é bastante densa, e não reivindico tê-la sondado adequadamente. Mas há evidências o suficiente para fazermos as seguintes observações quanto à nossa tarefa de reexame. Primeiro, a iniciativa de Derrida deve ser entendida como uma reação crítica à história intelectual iluminista da Europa ocidental. Mais especificamente, é uma reação ao estruturalismo francês, que compreende a verdade como um sistema de sinais fechados, um inventário de códigos limitados. Ou seja, tudo está sob controle, e tudo é conhecido por antecipação. Contra isso, Derrida protesta em nome de possibilidades inesperadas, as quais têm suas dimensões intelectuais, literárias e políticas, mas que, no fim–para o testemunho bíblico – se baseia no Deus que pode fazer o impossível.

Além do programa do estruturalismo, Derrida é uma reação à história e cultura triunfalista que se materializa, por exemplo, em Martin Heidegger.[21] Essa história triunfalista, modelada por uma convergência de pensamento cristão clássico e triunfalista, foi capaz de construir a narrativa absoluta da história absoluta do Ocidente.[22] Agora é evidente em muitos lugares, mas paradigmaticamente em Heidegger, que essa sedução do absoluto era incapaz de autocrítica ou incertezas; no final, produziu, entre suas muitas finalidades, "a solução final". A teologia cristã está envolvida

---

[20] A literatura sobre Jacques Derrida é tanto imensa quanto difícil. Um estudante de teologia do Antigo Testamento não precisa sondar toda a profundidade e dificuldade de Derrida, mas notará proveitosamente as maneiras nas quais sua desconstrução reflete um antigo compromisso judaico com a iconoclastia. Também se deve fazer referência a Hélène Cixous e Emmanuel Levinas. Uma referência que me ajudou nessa difícil área é John D. Caputo, *Demythologizing Heidegger* (Bloomington: Indiana University, 1993).

[21] Martin Heidegger serve tanto como um ponto de referência específico quanto como um símbolo para a universalização da cultura europeia, contra a qual o particularismo judaico se posiciona, caracteristicamente sob grande risco. O superacionismo cristão, como uma prática teológica e como uma apropriação da Bíblia Hebraica, certamente é parte da universalização pela qual Heidegger é famoso e ostensivo.

[22] Jane Flax, *Thinking Fragments: Psychoanalysis, Feminism, and Postmodernism in the Contemporary West* (Berkeley: University of California, 1990), oferece uma análise afiada da construção da "narrativa absoluta" do Ocidente e de seu colapso. Ela presta atenção no vínculo entre asserções de poder e reivindicações de verdade.

nesse triunfalismo por ter se apropriado de um absoluto que não aceita perturbações ou desestabilização. (A propósito, podemos notar que a dimensão clássica dessa iniciativa se baseia em Platão e em sua tentativa de reprimir o discurso político patrocinado pelos sofistas. Não é à toa que alguns dos grandes intelectuais do Ocidente, baseados em Platão, agora se revelam ser as vozes do absoluto intelectual e político, tudo no interesse de manter privilégios consolidados).²³ Assim, o absoluto que DERRIDA busca subverter é uma iniciativa intelectual, mas tem consequências sociopolíticas diretas e intoleráveis. DERRIDA se dedica a desestabilizar continuamente essa arrogância totalitária e consolidada.

Segundo, fica claro que a intenção de DERRIDA não é niilista, embora o termo *desconstrução* pareça sugerir isso e seus detratores gostem de insistir nisso. Antes, a iniciativa de DERRIDA é completamente dialética. Ela não reivindica que um ato particular de desconstrução é a última palavra no processo, como se subvertesse a última ideologia totalitária ou matasse o último tirano. Cada momento de desconstrução é um momento em um processo contínuo, o qual reconhece que surgirão, e devem surgir, novas "construções", as quais por sua vez se tornarão problemáticas.²⁴

Terceiro, pode-se questionar, então, se o programa de DERRIDA é uma iniciativa infinitamente exaustiva que é inesgotável em sua força negativa. O próprio DERRIDA estipula um limite contra essa iniciativa fútil e exaustiva:

A justiça em si mesma, se existe isso, fora ou além da lei, não é algo que se pode desconstruir. Não mais que a desconstrução, se existe isso. Desconstrução é justiça.²⁵

---

²³ O exemplo mais óbvio dessa ideologia em nome de um intelectualismo elitista é o de ALLAN BLOOM, *The Closing of the American Mind: How Higher Education Has Failed Democracy and Impoverished the Souls of Today's Students* (Nova York: Simon and Schuster, 1987). A alegação de Bloom é exatamente do tipo que encontra expressão na resistência platônica à polêmica democrática dos sofistas.

²⁴ Deve-se fazer referência a BLUMENTHAL, *Facing the Abusing God*, e sua utilização da imagem náutica de movimento em ziguezague. BLUMENTHAL percebe a crítica e a afirmação de Deus como manobras similares ao ziguezague, ambas sendo necessárias à fé bíblica séria.

²⁵ JACQUES DERRIDA, "Force of Law: The 'Mythical Foundation of Authority'", *Cardozo Law Review* 11 (1990), pp. 919-1045. Não tive acesso ao periódico, mas me baseio aqui em CAPUTO, *Demytholoziging HEIDEGGER*, p. 193. É sugestivo notar que GEORGE STEINER, *Real Presences: Is There Anything in What We Say?* (Boston: Faber, 1989), p. 232, considera a esperança como o elemento fundamentalmente impossível

Essa é uma declaração impressionante que tem sido pouco notada. A desconstrução está a serviço da justiça e é uma prática da justiça, porque visa superar toda injustiça que surge da ilusão de um sistema perfeito.[26] Mas, é claro, o *ato* de justiça não cria um *estado* permanente de justiça. É apenas um ato, que precisa ser concretizado de novo infinitamente. Assim, no fundo, DERRIDA localiza o ponto do processo desconstrutivo em um compromisso completamente judaico. Se fôssemos capazes de transpor DERRIDA para termos teológicos mais convencionais, poderíamos concluir que Javé e o compromisso irrevogável de Israel com a justiça exigem que todas as tentativas falhas da parte de Javé sejam problematizadas, criticadas e subvertidas. Essas tentativas falhas podem ocorrer no seu exagero em enaltecer sua soberania, ou em emoções autoindulgentes que concedem coisas demais aos amados. De uma boa maneira desconstrutiva, Israel se recusa a deixar Javé em paz, porque ele ainda não foi bem sucedido. E o reexame de Israel faz essa obra diante de Javé.

Essa convergência extraordinária de **(a)** midrash, **(b)** FREUD, **(c)** Holocausto e **(d)** a desconstrução de DERRIDA é inteiramente consistente. Essas práticas constituem a iniciativa contínua do judaísmo teológico – um judaísmo que não pode descartar a "questão de Deus", que se posiciona contra toda sedução totalitária que sempre termina em autoengano e brutalidade. Na medida em que o testemunho contrário de Israel participa na mesma atividade crítica desses itens, *Israel como testemunha sabe que, se Javé não for incessantemente criticado e subvertido, ele também se tornará um ídolo absoluto e absolutizador*, do mesmo tipo contra o qual Moisés direcionou sua obra protestadora e desconstrutiva no Sinai. Assim, o programa desconstrutivo em todas essas dimensões é uma iniciativa caracteristicamente judaica de "esmagar os ídolos".

A questão não é tão fácil para a teologia cristã. Não é tão fácil porque a fé cristã é inflexível quanto à reivindicação absoluta que faz sobre Jesus de Nazaré. Não é tão fácil porque os hábitos cristãos de teologia se acostumaram à posição dominante no Ocidente, de forma política e intelectual. Assim, muito da obra desconstrutiva a ser feita é a desconstrução daquilo no que a fé cristã está incorporada ou com que se aliou. Não é usual que cristãos se envolvam em um testemunho teológico contrário às reivindi-

---

de ser desconstruído na vida.

[26] DAVID JOBLING, "Writing the Wrongs of the World: The Deconstruction of the Biblical Text in the Context of Liberation Theologies", *Semeia* 51 (1990), pp. 82-118, sugere um vínculo entre desconstrução e hermenêutica libertacionista.

cações de sua própria fé. E, no entanto, é essa a intenção do "princípio protestante", baseado na fé aliançada-profética-paulina.²⁷

A fé cristã, todavia, não fica sem recursos. Ela tem um ponto de acesso chave a essa iniciativa disjuntiva. A fé cristã se concentra na Sexta-Feira Santa e na crucificação, quando falamos do "Deus crucificado".²⁸ Obviamente, a Sexta-Feira se vincula ao Domingo, e a morte é seguida pela irrupção da nova vida. Porém, as cicatrizes da Sexta-Feira permanecem no corpo de Cristo, e protesta contra toda ambição totalitária, triunfalista e absolutizadora. Ao viver em meio à Sexta-Feira, os cristãos voltam para trás até o mandamento proclamado no Sinai contra os ídolos.²⁹ E se projetam para frente até a desconstrução parisiense com seu caráter judaico. O reexame não derrotará o testemunho... provavelmente. Mas fará com que o testemunho seja proclamado em uma voz moderada e trêmula. Pode ser mais do que um jogo de palavras o fato de que esse reexame [*exame cruzado*, em inglês] se relacione com a *cruz* da Sexta-Feira. A esse reexame, tão difícil para os cristãos, tão característico aos judeus sérios, e que agora nos voltamos.³⁰

---

²⁷ PAUL TILLICH, *The Protestant Era* (Chicago: University of Chicago, 1940), articula "o princípio protestante", o qual ele compreende como uma perspectiva crítica radical a ser praticada em relação à "essência católica" da fé.

²⁸ Na teologia contemporânea, a expressão relembra a obra de JÜRGEN MOLTMANN, *The Crucified God: The Cross of Christ as the Foundation and Criticism of Christian Theology* (1974; Mineápolis: Fortress, 1993). Observe o termo *criticism* no título de MOLTMANN. EBERHARD JÜNGEL, *God as the Mystery of the World: On the Foundation of the Crucified One in the Dispute between Theism and Atheism* (Grand Rapids: Eerdmans, 1983), pp. 64-66, mostra o caminho pelo qual "a morte de Deus", como formulação moderna de NIETZSCHE, se deriva do hinário da "teologia da cruz" de LUTERO.

²⁹ Quanto à crítica da idolatria como essencial à fé bíblica, veja Gabriel Vahanian, *Wait without Idols* (org. PABLO RICHARD; Nova York: GEORGE Braziller, 1964); e *The Idols of Death and the God of Life* (Maryknoll: Orbis Books, 1983).

³⁰ Estabeleci o termo reexame para a iniciativa atual antes de notar que EMIL FACKENHEIM, *To Mend the World*, p. 11, usa o termo testemunho contrário para se referir ao Holocausto: "O Holocausto apresenta o testemunho contrário mais radical tanto para o judaísmo quanto para o cristianismo". Embora seja uma questão bem diferente que serve a propósitos bem diferentes, é digno de nota que Platão usa o termo *elenchos* (reexame, refutação) como uma estratégia para desafiar crenças ordinárias. Veja TERENCE Irwin, *Plato's Moral Theory: The Early and Middle Dialogues* (Oxford: Clarendon, 1979), pp. 34-37 e *passim*.

## Capítulo Nove

### 9. O caráter oculto de Javé

No seu reexame do seu próprio testemunho sobre Javé, Israel apresenta evidências de que o Deus conhecido por ser direto e visível na vida de Israel está, em muitas ocasiões, oculto – indireto e não visível. O testemunho central dos verbos ativos fala de Javé com a reivindicação de que ele é conhecido e visto diretamente na vida contínua de Israel. Uma forte e crucial reivindicação contrária, no entanto, mantém que o Deus de Israel está oculto: "Verdadeiramente, tu és Deus que se esconde, ó Deus e Salvador de Israel" (Is 45,15, NVI).

Ao ponderar sobre sua vida diária e ao enfrentar os caprichos da sua vida sofrida, Israel sabe que o seu Deus não está em todo lugar nem está sempre visível. Mas Israel não está preparado para chegar à conclusão de que Javé não está presente ou interessado nos locais onde ele não está visível. Portanto, é essencial afirmar, contra o testemunho central, de que Javé está presente e atento à vida de Israel de um modo oculto.

#### O governo oculto de Javé

O tema do caráter oculto de Javé tem sido importante na teologia cristã, especialmente para MARTINHO LUTERO. MARTIN BUBER explora a mesma questão da perspectiva do judaísmo.[1] No testemunho primário de Israel, como vimos, conhece-se Javé como o sujeito de verbos ativos de transformação, mediante os quais ele intervém e se intromete de forma dramática e identificável na vida de Israel para concretizar sua justiça, que se caracteriza por retidão, equidade e confiabilidade. Mesmo no testemunho de Israel, esses atos dramáticos da intervenção transformativa de Javé são realmente poucos e bem espaçados. Na maior parte do tempo, Israel

---

[1] Quanto ao uso do termo por LUTERO, veja JOHN DILLENBERGER, *God Hidden and Revealed* (Filadélfia: Muhlenberg, 1953). Veja MARTIN BUBER, *The Eclipse of God: Studies in the Relation between Religion and Philosophy* (Londres: Victor Gollancz, 1953). Veja também DOUGLAS JOHN HALL, *Lighten Our Darkness: Toward an Indigenous Theology of the Cross* (Filadélfia: Fortress, 1976). Para as bases exegéticas dessa noção, veja SAMUEL E. BALENTINE, *The Hidden God: The Hiding of the Face of God in the Old Testament* (Oxford: Oxford University, 1983); e LOTHAR PERLITT, "Die Verborgenheit Gottes", *Probleme biblische Theologie* (org. HANS WALTER WOLFF; Munique: Chr. Kaiser, 1971), pp. 367-382. SAMUEL TERRIEN, *The Elusive Presence: Toward a New Biblical Theology* (Nova York: Harper and Row, 1978), trabalha bastante essa noção do caráter oculto de Deus.

deve se virar sem essas maravilhas de novidade radical e viver em um mundo cotidiano e rotineiro; nele se sucedem rapidamente os processos biológicos de nascimento e morte, os processos familiares de amor e ódio, e os processos políticos de ascensão e queda, e de guerra e paz.

O fato notável no testemunho contrário de Israel é que o desaparecimento do Javé ativo, direto e visível em sua vida não o faz deixar de ponderar sobre o caráter, propósito e implicações de Javé. Vivendo na ausência das grandes intervenções de Javé, Israel aprende a falar dele de outras maneiras. Esse modo de falar atribui bem poucos verbos ativos de transformação a Javé. Como consequência, apresenta-se Javé no reexame como menos revolucionário do que o testemunho primário de Israel testifica que ele é. Antes, ao ponderar as regularidades de sua vida diária, Israel atribui a Javé funções que se referem especialmente a governo, ordem, manutenção e sustento. As reivindicações feitas sobre Javé não são tão dramáticas quanto no testemunho central. É como se Israel abrandasse sua retórica, como se Israel recuasse após ter falado de forma muito exuberante e ousada sobre Javé. Assim, proponho considerarmos um discurso bastante revisado sobre Javé sob a rubrica da sabedoria.[2] Como veremos, o tema geral da teologia sapiencial tem como componentes a criação, a ordem e a providência.

### *A teologia sapiencial*

Não é fácil nem óbvio situar as tradições sapienciais, especialmente o livro de Provérbios, na fala de Israel sobre Deus.[3] É importante para um estudante da teologia do Antigo Testamento ter alguma noção das dificuldades entre os estudiosos para levar em conta essas tradições sapienciais. Podemos identificar duas atitudes dos estudiosos para com a sabedoria em uma articulação abrangente da teologia do Antigo Testamento.

Primeiro, e certamente de forma mais influente, a teologia do Antigo Testamento no século XX tratou a sabedoria como um enteado desagradável. Visto que a sabedoria em Provérbios não apresenta nenhum dos prin-

---

[2] Veja especialmente GERHARD VON RAD, *Wisdom in Israel* (Nashville: Abingdon, 1972). A exploração mais completa da teologia sapiencial se encontra na miríade de estudos por JAMES L. CRENSHAW, agora compilados em *Urgent Advice and Probing Questions: Collected Writings on Old Testament Wisdom* (Macon: Mercer University, 1995).

[3] Veja LENNART BOSTROM, *The God of the Sages: The Portrayal of God in the Book of Proverbs* (ConBOT Series 19; Estocolmo: Almqvist and Wiksell International, 1990).

cipais construtos da erudição do século XX (por exemplo, aliança, credo, atos poderosos), e visto que tem muito em comum com outras suposições e documentos religiosos do Oriente Próximo, a sabedoria tem sido tratada como sendo (quase) não israelita; certamente, como não congruente com o que se considera serem as ênfases primárias da fé de Israel.[4] Essa postura se sustenta em uma noção consensual entre os estudiosos do que constitui o núcleo da fé de Israel. O problema em descartar o material sapiencial é que esse material está presente no Antigo Testamento; certamente alguns em Israel o levaram a sério como material teológico. Assim, não estamos em posição de descartar o que o próprio Israel não o fez em sua literatura normativa.

Segundo, em reação a esse julgamento dos estudiosos, que ele mesmo tinha encorajado amplamente, GERHARD VON RAD oferece uma avaliação dramaticamente diferente da sabedoria como material teológico.[5] Em sua obra *Teologia do A. T.*, v. 1, VON RAD apresenta a sabedoria, junto com os Salmos, como uma reação à teologia do credo de Israel.[6] Essa proposta tem o importante mérito de incluir o material sapiencial no horizonte teológico de Israel e o leva a sério. Agora se reconhece o material sapiencial como "estando lá" na Bíblia como um dado teológico. Mas a rubrica da reação não funciona, no final das contas, porque o material em si não conhece, em nenhuma forma reconhecível, a perspectiva do credo.

Em seu livro final, VON RAD revisa essa avaliação para argumentar que a sabedoria é simplesmente um modo alternativo de fazer teologia, o qual representa um contexto diferente de fé e oferece opções intelectuais, culturais e sociológicas bem diferentes.[7] De fato, há muito nessa abordagem que pode ser adequado. Se um estudante de teologia do Antigo Testamento prossegue com esse modelo, reconhecerá em todo caso que o

---

[4] Essa certamente é uma tendência no influente paradigma de G. ERNEST WRIGHT, mas é articulada mais claramente na obra de HORST DIETRICH PREUSS, "Erwägungen zum theologischen Ort alttestamentlicher Weisheitsliteratur", *EvT* 30 (1970), pp. 393-417.

[5] A obra *Wisdom in Israel* de VON RAD foi profundamente inovadora e continua a ser a melhor exposição disponível da teologia sapiencial no Antigo Testamento.

[6] VON RAD, *Old Testament Theology* (Nova York: Harper and Row, 1962), v. 1, pp. 355-459.

[7] A pesquisa e sumário mais recente da situação das questões intelectuais, culturais e sociológicas relativas à sabedoria no Antigo Testamento é *Wisdom in Ancient Israel: Essays in Honour of J. A. EMERTON* (org. JOHN DAY *et al.*; Cambridge: Cambridge University, 1995).

Antigo Testamento articula mais de uma forma de fazer teologia.

Não tenho nenhuma discordância em particular com a noção da sabedoria como um modelo alternativo de discurso teológico. Mas aqui busco compreender o Antigo Testamento em termos de testemunho, por isso, proponho a noção da sabedoria como alternativa para sugerir que ela não é simplesmente um esforço secundário e desvinculado; ela é sim uma tentativa de falar de Javé em todos aqueles contextos da experiência vivida por Israel em que as reivindicações principais do testemunho central não são convincentes. Se Israel não pudesse falar de Javé como aquele que opera transformações radicais, então Israel teria pouco a dizer teologicamente no modo dos verbos ativos, e teria que deixar muito de sua vida além do horizonte de Javé.[8] Assim, eu proponho, a teologia sapiencial insiste que o testemunho primário não é sempre adequado ou efetivo. O testemunho contrário da sabedoria é que, em boa parte da vida, se devemos falar significativamente sobre Javé, deve ser sobre um Javé que não é direto nem visível, mas que na realidade está oculto nos processos diários e contínuos da vida. Por um lado, esse modo de falar sobre Javé é bem modesto; não reivindica muito. Por outro lado, essa é uma tentativa arriscada no javismo, porque ousa fazer reivindicações acerca da soberania fiel e da fidelidade soberana de Javé em todas aquelas dimensões da vida em que o Javé dos grandes verbos não se evidencia.

### Javé como o garantidor oculto da ordem

Nas diversas últimas décadas, até certo ponto sob o ímpeto de von Rad, a erudição do Antigo Testamento produziu um importante corpus de literatura sobre esse esforço teológico, agora sumarizado de modo abrangente por Leo Perdue e John Gammie.[9] Nos Estados Unidos, deve-se prestar atenção ao trabalho de James Crenshaw e Roland Murphy; na Alemanha, ao de von Rad e diversos de seus alunos, incluindo Erhard Gerstenberger e H. J. Hermission; na Grã-Bretanha, ao de Norman Whybrain; e na Suíça,

---

[8] Os "atos poderosos", como princípio hermenêutico, deixaram muito fora do horizonte da observação teológica. Assim, por exemplo, G. Ernest Wright pôde afirmar que Israel tinha "pouco interesse na natureza". Agora podemos ver, em retrospectiva, que essa exclusão estava bastante desinformada e custou caro para a obra teológica da Igreja. Quanto a esse ponto, veja Walter Brueggemann, "The Loss and Recovery of Creation in Old Testament Theology", *TToday* 53 (1996), pp. 177-190.

[9] John G. Gammie e Leo G. Perdue (orgs.), *The Sage in Israel and the Ancient Near East* (Winona Lake: Eisenbrauns, 1990).

aos dois importantes livros de HANS HEINRICH SCHMID.[10]

Nessa teologia, sobre a qual agora há uma concordância geral entre os estudiosos, Javé é o garantidor oculto de uma ordem que possibilita a vida no mundo. A palavra operacional é *ordem*, e Israel se impressiona com ela, pondera e canta sobre ela, e depende dessa boa ordem, sem a qual a vida não seria possível. Note que, metodologicamente, Israel opera de trás para frente, como a "teologia natural" sempre deve fazer, para inferir Javé a partir das observações e experiências da vida diária.[11] O modo primário de expressão para este modo de falar sobre Javé é o ditado sapiencial, que geralmente nem sequer menciona Javé (cf., por exemplo, Pv 10,1,4,6). Às vezes menciona-se Javé como o garantidor do processo de ordem, como em Provérbios 10,3 e 11,1. Esses ditados que não se referem explicitamente a Javé são preponderantes em Provérbios, e só por inferência podemos determinar que Israel deseja nesses provérbios fazer a mesma afirmação sobre o caráter de Javé como o garantidor oculto da confiabilidade desse processo de vida necessário à sobrevivência e ao bem-estar no mundo.

**A ordenação maravilhosa da criação.** As reflexões sapienciais sobre Javé atentam aos processos de vida que constituem a criação.[12] O

---

[10] CRENSHAW, *Urgent Advice and Probing Questions*; ROLAND E. MURPHY, *The Tree of Life: An Exploration of Biblical Wisdom Literature* (Nova York: Doubleday, 1990); ERHARD GERSTENBERGER, *Wesen und Herkunft des 'apodiktischen Rechts'* (WMANT 20; Neukirchen-Vluyn: Neukirchener, 1965); H. J. HERMISSON, *Studien zur Israelitischer Spruch-Weisheit* (WMANT 28; Neukirchen-Vluyn: Neukirchener, 1968); NORMAN WHYBRAY, *The Intellectual Tradition in the Old Testament* (BZAW 135; Berlim: de GRUYTER, 1974); HANS HEINRICH SCHMID, *Wesen und Geschichte der Weisheit; eine Untersuchung zur altorientalischen und israelitischen Weisheitsliteratur* (BZAW 101; Berlim: ALFRED TÖPELMANN, 1966); e SCHMID, *Gerechtigkeit als Weltordnung; Hintergrund und Geschichte des alttestamentlichen Gerechtigkeitsbegriffes* (Tübingen: J. C. B. MOHR [PAUL SIEBECK], 1968).

[11] Veja especialmente JAMES BARR, *Biblical Faith and Natural Theology: The Gifford Lectures for 1991* (Oxford: Clarendon, 1993). Não há dúvidas de que a retórica sapiencial em Israel proclama Javé de maneira muito diferente da oferta do testemunho central. Seguindo PAUL RICOEUR, MARK I. WALLACE, "Can God Be Named without Being Known? The Problem of Revelation in Thiemann, Ogden, and RICOEUR", *JAAR* 59 (1991), pp. 281-308, conclui: "O poder do discurso sapiencial [serve] como um corretivo aos impulsos totalitários da teologia narrativa cristã" (p. 300). Essa conclusão indica porque eu lido com a sabedoria como um testemunho contrário ao testemunho central, o qual caracteristicamente é tentado ao totalitarismo.

[12] Assim, WALTHER ZIMMERLI, "The Place and Limit of the Wisdom in the Framework of the Old Testament Theology", *SJT* 17 (1964), p. 148, pode afirmar: "A sabedoria

mundo é visto como um sistema maravilhoso de regularidade na produção de alimento, que nutre e sustenta todas as criaturas. A ordenação que Javé garante não é uma hierarquia rígida, como o termo *ordem* pode implicar; antes, é uma rede de partes cooperativas e inter-relacionadas, pelas quais a nutrição e o bem-estar são concedidos a todos no devido tempo. Israel pode apenas se maravilhar diante do modo pelo qual as estações do ano, e os consequentes ciclos de vida, se sucedem em fiel sequência:

> Enquanto durar a terra,
> não deixará de haver sementeira e ceifa,
> frio e calor, verão e inverno, dia e noite. (Gn 8,22)

Maravilha-se também em como há água suficiente para todas as criaturas (Sl 104,10-13). O mundo é confiável em sua nutrição e sustento, por causa da confiabilidade de Javé. Assim, a celebração mais exultante que Israel pode proclamar, acerca das regularidades da criação como concessões do Criador, são os poemas que nos tem servido na tradição contínua de dar graças antes de uma refeição:

> Todos esperam de ti
> que lhes dês de comer a seu tempo.
> Se lhes dás, eles o recolhem;
> se abres a mão, eles se fartam de bens. (Sl 104,27-28)

> Em ti esperam os olhos de todos,
> e tu, a seu tempo, lhes dás o alimento.
> Abres a mão
> e satisfazes de benevolência a todo vivente. (Sl 145,15-16)

A teologia da criação, como expressa aqui, é uma alegre afirmação de que "isso funciona!". O sinal de que isso funciona é que todas as criaturas de Javé são nutridas.

**Dimensão ética**. Israel não se retrai em atribuir a Javé as funções de um "deus da fertilidade".[13] Mas Israel também insiste que esse Deus

---

pensa resolutamente dentro da moldura de uma teologia da criação".

[13] A expressão evoca especialmente o importante livro de WALTER HARRELSON, *From Fertility Cult to Worship* (Garden City: Doubleday, 1969); mas veja também essas obras de CLAUS WESTERMANN: "Creation and History in the Old Testament", *The Gospel and Human Destiny* (org. VILMOS VAJTA; Mineápolis: Augsburg, 1971), pp. 11-38; *Creation* (Filadélfia: Fortress, 1971); *Elements of Old Testament Theology* (Atlanta: John Knox, 1982), pp. 85-117; e *What Does the Old Testament Say about God?*

oculto assegura que há uma dimensão ética inflexível nessa ordem de vida sobre a qual Javé graciosamente governa. Assim, o testemunho sapiencial que se maravilha também adverte e delineia as disciplinas, custos e limites que pertencem à vida nessa boa ordem. Por meio da longa observação dos padrões recorrentes de comportamento humano, os mestres de sabedoria categorizaram os limites da liberdade e o formato do comportamento aceitável, além do qual não se deve ousar ir caso não se deseje ferir a si mesmo e aos outros. Compreendem-se esses limites como restrições ordenadas por Javé na própria textura da criação. Os mestres de sabedoria observaram que a ordenação da realidade dada por esse Deus oculto é rígida, inflexível e implacável, e não pode ser violada com impunidade. Assim, sabedoria se refere aos limites dados por Deus para o comportamento, e tolice é o comportamento destrutivo que ignora ou ultrapassa esses limites. De fato, essa tolice, como observa VON RAD, é um "ateísmo prático", pois prossegue como se a obra garantidora de Javé não estivesse em vigor, e como se o ator individual fosse autônomo e completamente livre.[14]

Dois construtos dos estudiosos são úteis para articular esse domínio oculto e abrangente de Javé. Primeiro, HANS HEINRICH SCHMID mostra que a ordenação da criação, à qual a sabedoria dá testemunho, se caracteriza pela justiça de Javé.[15] Ou seja, a justa intenção de Javé não consiste apenas em atos intrusivos e dramáticos de tornar tudo justo, mas também em normas garantidoras que protegem a vida da autodestruição. A sabedoria consiste em aceitar as normas de viabilidade que Javé ordenou na própria textura da criação.

Segundo, já em 1955, KLAUS KOCH propõe um construto de "atos e consequências", por meio do qual ele argumenta que a própria estrutura da maioria dos ditados no livro de Provérbios (e em outros lugares do Antigo Testamento) assume e afirma que os atos humanos têm consequências automáticas e inevitáveis, de forma que ações para o bem ou para o mal produzem suas próprias "esferas de destino".[16] O ponto crítico no argu-

---

(Londres: SPCK, 1979), pp. 39-52.

[14] VON RAD, *Wisdom in Israel*, p. 65.

[15] SCHMID, *Gerechtigkeit als Weltordnung*.

[16] KLAUS KOCH, "Is There a Doctrine of Retribution in the Old Testament?", *Theodicy in the Old Testament* (org. JAMES L. CRENSHAW; IRT 4; Filadélfia: Fortress, 1983), pp. 57-87. Veja a importante crítica e refinamento da tese de KOCH por PATRICK D. MILLER, *Sin and Judgment in the Prophets: A Stylistic and Theological Analysis* (Chico:

mento de Koch é que em "atos tolos" – atos que violam a justiça de Javé – Javé não precisa intervir diretamente para punir ou recompensar, como nas bênçãos e maldições da aliança do Sinai. Antes, a ação carrega dentro de si a semente de sua própria consequência, seja punição ou recompensa, a qual não é imposta por um agente externo (Javé). Assim, por exemplo, uma pessoa preguiçosa sofre a consequência da pobreza, sem a intrusão de qualquer agente punitivo; da mesma forma, a falta de cautela na escolha de amigos produzirá uma vida de dissolução, tudo por si mesmo. Consequentemente, "atos responsáveis"–aqueles que têm coerência com a ordenação da criação por Javé – resultarão em bem para si e para comunidade. Javé *não é de forma alguma visível* nesse processo. Mas, segundo Israel, Javé *mesmo assim é indispensável* ao processo. Isso não é, no horizonte de Israel, um sistema autopropulsionado de sanções, mas é uma concretização da intencionalidade soberana e fiel de Javé.

Assim, a prestação moral de contas pertence ao próprio caráter da vida no mundo oferecido pelo Javé oculto. A ética não é um adendo atrasado a um processo pragmático; antes, é um ajuste genuíno ao caráter desse Deus, o qual deseja a vida em termos de relacionamentos responsáveis com toda a textura da criação. A imaginação de Israel se modela dessa forma por uma consciência dos dons, limites e recompensas autorizados por Javé, o qual cria amplas zonas de escolha, liberdade e responsabilidade humanas, e o reconhecimento do uso humano de poder e autoridade. Em meio a essas afirmações "humanistas", no entanto, está uma consciência sóbria de que a autonomia, a arrogância e a tolice são inevitável e intrinsicamente destrutivas. Javé está oculto no processo, na medida em que Israel observa (junto com seus vizinhos) se concretizar o cálculo dos custos e benefícios. Javé não capitulou de forma alguma, preservando para si mesmo a modelagem do mundo moral no qual vive Israel.

**Dimensão estética**. A dimensão ética do governo oculto de Javé é real e inevitável. O problema é que essa regra de "atos e consequências" pode ser contraída e explorada em um rígido sistema de controle social. Sem dúvida, muitos que se rebelam contra a "fé bíblica" e contra o "Deus bíblico" estão, na verdade, inquietos contra modos opressivos de controle social feitos em nome dessa santidade oculta e abrangente. Por essa razão, é importante reconhecer que, junto com essa dimensão de exigências éticas na ordenação desse Deus oculto, há também uma dimensão estética que exulta na qualidade artística de Deus, na beleza da ordem criada, culmi-

---

Scholars, 1982).

nando em uma reação de maravilhamento e assombro. A dimensão estética do Deus da sabedoria e a obra desse Deus da sabedoria, que são um tipo de verificação contra uma intensidade ética excessiva, são articuladas de maneira adequada e eloquente por SAMUEL TERRIEN.[17] Aqui podemos mencionar apenas algumas evidências dessa dimensão da boa ordenação vivificadora de Javé, evidências que atestam sobre o caráter artístico brilhante e a generosidade do Javé oculto.

Em Gênesis 1,31, na conclusão do sexto dia da criação, Javé exclama: "eis que era muito bom". Muito provavelmente, esse foi um julgamento e resposta estética a um ato brilhante de criação.[18] O senso de beleza e graça evoca da parte de Javé uma resposta doxológica à ordem criada, um senso de satisfação da parte do artista, um alegre reconhecimento do êxito. Aqui e em outros lugares, uma alegre afirmação da criação ocorre mais pelo assombro e deleite do que pelo mandamento ou insistência ética. Assim, Provérbios 8,30-31, ao falar da criação, culmina em uma declaração de "delícias" e "regozijo". Podemos identificar cinco elementos dessa dimensão estética da ordem criada por Javé:

(a) Na construção do tabernáculo (que pode ou não ser um precursor do templo salomônico futuro), dá-se grande atenção à beleza de sua aparência visível. Moisés e suas equipes cuidam de assegurar graça visível para o arranjo e a mobília do tabernáculo:

> Disse Moisés aos filhos de Israel: Eis que o Senhor chamou pelo nome a Bezalel, filho de Uri, filho de Hur, da tribo de Judá, e o Espírito de Deus o encheu de habilidade (*hkmh*), inteligência e conhecimento em todo artifício, e para elaborar desenhos e trabalhar em ouro, em prata, em bronze, e para lapidação de pedras de engaste, e para entalho de madeira, e para toda sorte de lavores. Também lhe dispôs o coração para ensinar a outrem, a ele e a Aoliabe, filho de Aisamaque, da tribo de Dã. Encheu-os de habilidade para fazer toda obra de mestre, até a mais engenhosa, e a do bordador em estofo azul, em púrpura, em carmesim e em linho fino, e a do tecelão, sim, toda sorte de obra e a elaborar desenhos. (Êx 35,30-35)

É importante observar que se concedeu aos artesãos "o Espírito de Deus" (*rûaḥ ʾelohîm*), e que eles tinham sabedoria, que significava habilidade em seu ofício artístico. Essa habilidade é usada para aumentar a

---

[17] TERRIEN, *The Elusive Presence*.

[18] CLAUS WESTERMANN, *Genesis 1-11* (Londres: SPCK, 1984), p. 167. Será proveitoso prestar atenção nesse ponto a DOROTHY L. SAYERS, *The Mind of the Maker* (Library of Anglican Spirituality; Londres: Mowbray, 1994).

presença da santidade de Deus no meio de Israel.[19]

**(b)** José é selecionado para governar o Egito em lugar de Faraó por ser um homem "ajuizado e sábio" (Gn 41,33,39). Esse uso de palavras reflete a consciência de que governar é uma arte ou habilidade, e não simplesmente uma manipulação de poder. Há, de fato, algo gracioso em um empreendimento bem ordenado. Há pistas, como nota von Rad, de que José é retratado como uma incorporação de virtudes sapienciais.[20] A capacidade de José para a boa ordem no Egito é a de prover alimento para todos aqueles da cadeia alimentar.

**(c)** Não há dúvida de que, no ensino sapiencial do livro de Provérbios, o "discurso sábio" não é apenas uma comunicação efetiva. É também uma arte de sutilezas, a qual requer habilidade e sensibilidade, e evoca respostas apropriadas para aquilo que é bem falado.[21] Assim, o discurso sábio é para a boa ordenação da comunidade.

**(d)** No impressionante inventário doxológico de criaturas no Salmo 104,1-23, o poema entra em particularidades, indo dos aspectos mais abrangentes ao detalhe mais delicado, ao observar as maravilhas da criação, incluindo jumentos selvagens, aves, cabras montesinhas, arganazes, leões, pão e vinho. O grande poema lírico da criação culmina no reconhecimento de que a provisão diária (eucarística?) de pão e vinho é um sinal de governo gracioso e generoso.

Após essa listagem abrangente, o salmista só pode irromper em exultação que não leva em consideração a si mesmo:

> Que variedade, Senhor, nas tuas obras!
> Todas com sabedoria as fizeste;

---

[19] Terrien, *The Elusive Presence*, caracteristicamente enfatiza as dimensões estética e contempla tiva da fé do Antigo Testamento, as quais ele compara ao olho, em distinção à ênfase padrão em ética e aliança, que ele compara ao ouvido.

[20] Gerhard von Rad, "The Joseph Narrative and Ancient Wisdom", *The Problem of the Hexateuch and Other Essays* (Nova York: McGraw-Hill, 1966), pp. 292-300. A hipótese geral de von Rad quanto a um "Iluminismo salomônico" é em geral rejeitada agora, mas suas percepções específicas sobre o texto de José, a meu ver, têm mérito.

[21] James Crenshaw, "Wisdom and Authority: Sapiential Rhetoric and Its Warrants", *Congress Volume, Vienna, 1980* (VTSup 32; Leiden: E. J. Brill, 1981), pp. 10-29, presta atenção ao poder da persuasão que opera na retórica sapiencial. Visto que os sábios não têm autoridade oficial, aparentemente eles dependem de sua capacidade de persuadir. Quanto ao poder e intenção desse discurso, veja também von Rad, *Wisdom in Israel*, pp. 124-150.

cheia está a terra das tuas riquezas.
Eis o mar vasto, imenso,
no qual se movem seres sem conta,
animais pequenos e grandes. (Sl 104,24-25)

Foi com sabedoria que Javé fez tudo isso, com a qualidade artística e a intencionalidade que disponibilizam um mundo de simetria, bem-estar e generosidade para o deleite humano.

**(e)** Finalmente, em relação a isso, Cantares de Salomão é um caso extremo da dimensão estética da sabedoria de Javé. Digo caso extremo porque, como se sabe bem, Deus está ausente nessa poesia lírica. A sabedoria também não é mencionada aqui. Assim, é forçar um pouco relacionar essa literatura ao nosso tema. Eu o faço, contudo, porque proponho que essa literatura é a articulação mais completa na tradição de Israel de um bem-estar celebrador, o qual afirma em detalhes exóticos e eróticos a excelência da vida concedida pelo Deus oculto. Por essa razão, podemos nos referir a essa celebração ao Deus que está escondido na criação como estando escondido na literatura. DIETRICH BONHOEFFER sugere que Cantares de Salomão é uma articulação da teologia da criação, uma afirmação da totalidade, bondade e alegria da vida ordenada por Javé.[22]

**A bênção intrínseca à vida criada por Javé**. A convergência de fertilidade, ética e estética caracteriza a ordem do Deus oculto que está presente nos textos de sabedoria-criação. Essa articulação do Deus oculto permite a Israel afirmar sobre Javé aquilo que o testemunho dominante de "atos poderosos" não permitia, ou pelo menos aquilo que a atenção dos estudiosos não considerava. A tradição sapiencial pode afirmar que a bênção – o poder e a vontade de Javé para com a vida – é intrínseca ao próprio processo da vida.[23] As bênçãos intrínsecas à criação não são algo que Javé retém do mundo por capricho. Essa consciência permite a Israel valorizar a normalidade da vida diária e apreciá-la como um dom e sinal de Javé. Ao mesmo tempo, é profundamente importante que Israel, nesse testemunho contrário, possa manter coesos, como sendo do mesmo tipo, os aspectos ético e estético do propósito de Javé para o mundo ordenado.

A tendência da interpretação da Igreja é enfatizar o ético de uma

---

[22] Veja DIETRICH BONHOEFFER, *Letters and Papers from Prison* (Nova York: Macmillan, 1972), p. 303. Essa leitura da poesia não apela a nenhuma interpretação alegórica.

[23] Veja CLAUS WESTERMANN, *Blessing in the Bible and the Life of the Church* (OBT; Filadélfia: Fortress, 1978).

maneira que elimina o estético e produz uma dureza coerciva.²⁴ Inversamente, um ricochete da ênfase ética para uma aceitação unilateral do estético pode culminar em um tipo de autoindulgência que tende ao gnosticismo. Imagino que em Israel e na interpretação contínua, provavelmente a qualquer momento podemos pender para um lado ou outro. Contudo, é importante notar que Israel se recusa a escolher, e compreende que a vida ordenada do mundo é de inflexível prestação de contas e de prazer celebrador e deleitoso. Assim,

> Sai o homem para o seu trabalho
> e para o seu encargo até à tarde. (Sl 104,23)

Há trabalho a fazer. Mas a tardinha traz liberação do labor. Não se diz o que devemos fazer ao anoitecer. O descanso do trabalho pode gerar uma noite como a caracterizada em Cantares:

> De noite, no meu leito,
> busquei o amado de minha alma,
> busquei-o e não o achei.
> Levantar-me-ei, pois, e rodearei a cidade,
> pelas ruas e pelas praças;
> buscarei o amado da minha alma.
> Busquei-o e não o achei.
> Encontraram-me os guardas,
> que rondavam pela cidade.
> Então, lhes perguntei: vistes o amado da minha alma?
> Mal os deixei, encontrei logo o amado da minha alma;
> agarrei-me a ele e não o deixei ir embora ... (Ct 3,1-4a)

Nesse testemunho contrário, Israel não reivindica muitas coisas, nem de forma muito direta ou forte, sobre Javé. É suficiente que Javé produza um espaço-vida confiável e generoso. Pode-se, nesse mundo, receber dons que geram vida. Portanto, não se deve ficar ansioso sobre os recursos necessários para a vida (cf. Mt 6,25-33). É suficiente buscar a justiça de Deus. Todas as demais coisas "vos serão acrescentadas", porque "vosso Pai celeste sabe que necessitais de todas elas".

### O governo de Javé: personificação e providência

Até aqui a sabedoria do Deus oculto que ordena é um governo, uma

---

²⁴ Obviamente, essa situação é bem mais presente no protestantismo, especialmente em algumas formas de calvinismo, embora o próprio CALVINO soubesse que não se deve fazer isso.

intenção, um discernimento, um propósito. É algo intencionado por Javé, que pode ser discernido, aceito e praticado por agentes humanos atentos... ou pode ser resistido. A sabedoria desse tipo é um senso comum que é responsivo à vontade generosa e soberana de Javé para com a vida. Tem em si dimensões de perspicácia e ponderação, de confiança e de submissão voluntária. Mas Israel também desenvolve, em seu testemunho ao Deus oculto, um segundo modo de falar. (É irrelevante aos nossos propósitos se esse segundo modo é posterior ou se é um desenvolvimento do "pragmático" para o "metafísico".)

### *A sabedoria como agente de Javé*

A sabedoria de Israel, em poucos pronunciamentos importantes, busca levar suas reivindicações para tão perto da realidade de Javé que chega a afirmar que a sabedoria compartilha do próprio caráter dele. Assim, em muitas formulações doxológicas, a sabedoria é o modo de Javé operar, como se a sabedoria fosse um agente de Javé:

> Ele fez a terra pelo seu poder;
> estabeleceu o mundo *por sua sabedoria*
> e com a sua inteligência estendeu os céus. (Jr 51,15; cf. 10,12)

> àquele que *com entendimento* (*btbûnh*) fez os céus... (Sl 136,5; cf. 104,24)

> O Senhor *com sabedoria* fundou a terra,
> com inteligência estabeleceu os céus.
> Pelo seu conhecimento os abismos se rompem,
> e as nuvens destilam orvalho. (Pv 3,19-20; isso se opõe à sabedoria autônoma também reivindicada pelo rei arrogante, Is 10,13)

Assim, a sabedoria – a habilidade e talento artístico para ordenar segundo a justiça – é uma capacidade do Deus oculto. Essa capacidade para sabedoria é, nesse testemunho contrário, uma qualidade exclusiva de Javé. Todavia, Israel vai ainda além ao retratar a ordenação providencial no caráter de Javé. A sabedoria se torna um agente pessoal e ativo no mundo, capaz de agir, por sua própria vontade e consciência, para gerar vida e bem-estar (Pv 1,20; 7,4; 8,1; 9,1). Não interessa para nossos propósitos se esse agente deve ser entendido como simplesmente um artifício retórico ou como um agente "real". O ponto é que a sabedoria agora se apresenta como muito mais do que o "senso comum" javista. Agora a sabedoria (personificada como "ela") é um agente diferenciado de poder para a vida no mundo, trazendo as marcas de intencionalidade do próprio Javé.

## *A conexão íntima da sabedoria com Javé: Jó 28 e Provérbios 8*

Finalmente, o que nos interessa é o modo como, em dois textos, a sabedoria é vinculada intimamente à vida e ao ser de Javé. Em Jó 28, a sabedoria está oculta (vs. 12-22) e apenas Deus "lhe entende o caminho" (v. 23). No fim, assim conclui esse poema, a sabedoria é vista, declarada, estabelecida e esquadrinhada (v. 27) pelo Deus Criador que disponibiliza vento, água, chuva e raios. A sabedoria é a força divina operando na criação.

No final das contas, na passagem bem conhecida de Provérbios 8,22-31, a sabedoria é "estabelecida" (*qnh*) "no início de sua obra, [...] antes do começo da terra. Antes de haver abismos, eu nasci, e antes ainda de haver fontes carregadas de águas" (vs. 22-24). Segundo esse poema notável, a sabedoria ocupa um lugar intermediário entre Deus e o mundo da criação.[25] Por um lado, a sabedoria é uma 'criatura' que é "criada" por Deus. Por outro lado, a sabedoria, a capacidade e a agência para gerar ordem vivificadora, é anterior a toda a criação e a todas as (demais) criaturas:

> Antes que os montes fossem firmados,
> antes de haver outeiros, eu nasci (*ḥll*).
> Ainda ele não tinha feito a terra, nem as amplidões,
> nem sequer o princípio do pó do mundo.
> Quando ele preparava os céus, aí estava eu;
> quando traçava o horizonte sobre a face do abismo;
> quando firmava as nuvens de cima;
> quando estabelecia as fontes do abismo;
> quando fixava ao mar o seu limite,
> para que as águas não traspassassem os seus limites;
> quando compunha os fundamentos da terra;
> então, eu estava com ele... (Pv 8,25-30)

"Eu nasci... aí estava eu... eu estava com ele". Esse segundo agente da criação tem um lugar permanente na obra da criação e intimidade peculiar com Javé nessa obra. É irônico e importante que, em sua caracterização do Deus tão bem oculto, Israel consegue, pelo menos nesse texto, povoar imaginativamente o caráter oculto de Javé, de maneira que ao lado dele se situa seu associado na maravilhosa realização da criação (v. 30).[26]

---

[25] A literatura sobre Provérbios 8 é imensa. Um bom ponto de referência é a análise de von Rad, *Wisdom in Israel*, pp. 149-157. Veja também Roland E. Murphy, "The Personification of Wisdom", em Day et al., *Wisdom in Ancient Israel*, pp. 222-233.

[26] Uso a referência aberta "seu associado" para me referir ao *'amon* mencionado no v. 30. O significado do termo é obscuro. Para uma análise do problema e das

A despeito desse caráter oculto, Israel pode afirmar muitas coisas que irrompem para além de todas suas categorias prévias de doxologia.

Esse texto em Provérbios 8,22-31 se situa estranhamente sozinho no Antigo Testamento; o quanto de atenção devemos lhe dar é uma grande questão.[27] O texto não parece exercer muita influência no próprio Antigo Testamento. Não obstante, merece nossa atenção. Fica claro que a noção de "sabedoria de Deus" continuou a ser predominante após o período do Antigo Testamento. Ela se desenvolveu na literatura apócrifa e se tornou importante no cristianismo do Novo Testamento.[28] As trajetórias do Novo Testamento mais comuns na prática da Igreja ocidental são as das tradições sinóticas e da modelagem jurídica do evangelho nas cartas paulinas aos Romanos e aos Gálatas. Essas cartas focam na dimensão ética do evangelho, que resulta nas categorias de pecado e graça. Essa tendência teológica se vincula ao Antigo Testamento por meio das tradições deuteronomista, profética e da aliança no testemunho de Israel sobre Javé.

**Temas sapienciais joaninos e paulinos**. Duas outras tendências no Novo Testamento se aplicam ao caráter oculto de Javé que possui a sabedoria como sua primeira criação. Um uso da tradição sapiencial parece claro no quarto Evangelho, o qual tem implicações éticas, mas está primariamente interessado na presença contínua de Deus no mundo. Assim, João 1,1-18 pode, de fato, começar com uma alusão a Gênesis 1,1, mas visto que o tema dessa grande abertura é o Logos, ela é uma derivação direta do relato sapiencial de Provérbios 8, pois é essa sabedoria que estava "com Deus... e, sem ele, nada do que foi feito se fez".[29] É um avanço para além

---

interpretações possíveis, veja von Rad, *Wisdom in Israel*, p. 152; Bostrom, *The God of the Sages*, p. 55; e William McKane, *Proverbs: A New Approach* (OTL; Londres: SCM, 1970), pp. 356-358.

[27] Veja também Sirácida 24; sobre esse texto veja von Rad, *Wisdom in Israel*, pp. 240-262.

[28] Aparentemente, a fonte Q no Novo Testamento deve ser entendida como desenvolvimento de uma inclinação sapiencial no cristianismo primitivo. Veja C. M. Tuckett, "Q (Gospel Source)", *ABD* v. 5, pp. 567-572.

[29] Formalmente João 1 parece fazer um paralelo à narrativa da criação de Gênesis 1. Contudo, em termos de substância, o Logos de João 1 parece muito mais fazer paralelo à figura da sabedoria em Provérbios 8. Isso indica que alguns transmissores das tradições do cristianismo primitivo prosseguiram nesses termos, sem recuar diante dos indícios que agora perturbam aqueles na Igreja que resistem à elaboração da "sabedoria" em relação ao caráter de Deus. Cf. Hans Weder, "Der Weisheit in menschli-

de Provérbios, certamente, dar um passo a mais após "estava com Deus" e afirmar, como faz o evangelista, "era Deus". Mas esse não é um passo extremo, pois Provérbios 8 já deseja afirmar, sob a égide da sabedoria, que toda a criação é permeada com a racionalidade e intencionalidade de Javé; essas não precisam ser visíveis e intrusivas, porque são inerentes ao próprio caráter, estrutura e textura da própria criação. É essa qualidade intrínseca de intencionalidade que Deus imbuiu na obra de criação à qual João 1,1-18 testemunha, e à qual a Igreja testifica em Jesus de Nazaré. Tal como a "teologia sapiencial" desse tipo não recebe muito crédito na teologia do Antigo Testamento, assim também é extremamente difícil na fé católica ocidental permitir uma articulação do evangelho que se situe fora das categorias paulinas de pecado e graça e que não seja modelada por elas. Porém, essa articulação do evangelho pode ser encontrada no quarto Evangelho, quando aquele testemunho é tomado por si mesmo e não é pressionado a ser uma pobre réplica dos Sinóticos ou desvirtuado para servir às categorias mais insistentes e mais bem conhecidas de Paulo.

Mesmo na trajetória paulina do cristianismo do Novo Testamento, o ensino sapiencial de Provérbios 8 não foi ignorado. Nas cartas do próprio Paulo, dois textos evidenciam uma consciência dessa tradição. Em Romanos 11,33-36, Paulo alcança o fim de seu argumento atormentado e pouco satisfatório sobre os judeus e os cristãos. Ele não consegue levar seu argumento a uma conclusão razoável que seja logicamente persuasiva, então irrompe em uma doxologia à intencionalidade oculta e inescrutável de Javé, a qual opera seus propósitos bem além da racionalidade e articulação humanas:

> Ó profundidade da riqueza,
> tanto da sabedoria como do conhecimento de Deus!
> Quão insondáveis são os seus juízos,
> e quão inescrutáveis, os seus caminhos!
> Quem, pois, conheceu a mente do Senhor?
> Ou quem foi o seu conselheiro?
> Ou quem primeiro deu a ele
> para que lhe venha a ser restituído? (Rm 11,33-35)

É significativo que se evocam aqui as riquezas, a sabedoria e o conhecimento de Deus, sem referência às esperadas categorias de justifica-

---

cher Gestalt: Weisheitstheologie im Johannesprolog als Paradigma einer biblischen Theologie", *New Directions in Biblical Theology* (org. Sigfried Pedersen; Leiden: E. J. Brill, 1994), pp. 143-179.

ção. O mundo, governado pela bondade de Deus, é maior, mais inescrutável e mais bem intencionado – ou seja, mais sábio – do que Paulo pode imaginar. Além disso, em 1 Coríntios 1,18-25, Paulo se torna eloquente sobre a sabedoria de Deus, a qual assume a forma de loucura, conhecida em Jesus "o qual se nos tornou, da parte de Deus, sabedoria" (v. 30).

Sem dúvida, o motivo é mais predominante nos textos deuteropaulinos, os quais vão além das categorias jurídicas de Paulo de uma maneira que faz um paralelo ao movimento da sabedoria no Antigo Testamento para além das categorias da aliança. Em Efésios 1,8-9 e 3,9-10, a sabedoria de Deus é vinculada ao mistério dos seus propósitos, o qual estava "desde os séculos, oculto em Deus, que criou todas as coisas". Em Colossenses 2,2-3, o autor novamente vincula sabedoria e mistério a Cristo:

> para que o coração deles seja confortado e vinculado juntamente em amor, e eles tenham toda a riqueza da forte convicção do entendimento, para compreenderem plenamente o mistério de Deus, Cristo, em quem todos os tesouros da sabedoria e do conhecimento estão ocultos. (Cl 2,2-3)

Não se pode argumentar que essas articulações teológicas são uma apropriação direta de Provérbios 8. Mesmo assim, essas afirmações líricas claramente se baseiam em algo como Provérbios 8; elas manifestam um mistério presente no mundo, um mistério da parte de Deus que estava oculto, mas do qual o mundo depende e que apenas tardiamente se tornou visível. Essa é uma manobra cristológica bem além do Antigo Testamento, mas é um movimento que não ocorreria sem esse embasamento textual em Provérbios. Além disso, um estudante da fé bíblica, especialmente um atento à responsabilidade teológica da Igreja, deve considerar que essas categorias são, de fato, ignoradas, desconhecidas e principalmente inacessíveis ao horizonte da Igreja que é orientado pelas categorias jurídicas paulinas de teologia. Essa ênfase no mistério oculto que torna o mundo possível é, na rede de testemunhos de Israel, uma tentativa de falar significativamente sobre Javé, quando não é mais convincente o testemunho central com sua preocupação intensa com os verbos ativos.

Pode até ser que, no Antigo Testamento (com influência pós-exílica) e no Novo Testamento (com recursos helenistas), a comunidade que testemunha em novas circunstâncias culturais se visse obrigada a falar de modo diferente. O que é mais importante para propósitos teológicos é o reconhecimento de que esse testemunho vai acentuadamente contra as antigas reivindicações diretas sobre Javé. Não obstante, esse modo de falar não abre mão de nada importante sobre Javé. No máximo, ousa expandir e intensificar o escopo e a profundidade das reivindicações feitas sobre Javé; mesmo antes da criação, com esse agente prazeroso, Javé assegurou que o mundo seria completamente permeado com intencionalidade para com a vida.

**Um discurso teológico que valoriza o mundo.** Pode-se sugerir que a ousadia teológica de Provérbios 8,22-31, em seu pronunciamento original, serviu para criar um espaço teológico dentro da casa do "nomismo da aliança", que às vezes era certamente restritivo. Ou seja, Provérbios 8 imagina e articula um modo de Deus com o mundo que não é intrusivo e ocasional, mas que é constante em sua tendência ao cuidado e sustento. Apresenta realmente uma "fala sobre Deus" em um tom diferente, que testemunha sobre o mistério que só pode ser expresso com uma linguagem intuitiva, bem humorada, sugestiva e doxológica; portanto, abre necessariamente o caminho para especulações sobre o relacionamento preciso entre o mundo e Deus. As coisas de Deus são menos claras e específicas do que no antigo sistema da aliança focado na sua soberania. Assim, a meu ver, a intenção positiva da atual "teologia da *sofia* [sabedoria]" é explorar um modo alternativo de discurso teológico que valorize o mundo e dê atenção primária às bênçãos dos processos vitais – os divinos dons maternais de nascimento e crescimento – dos quais o mundo depende diariamente.[30] A sobriedade ao final de Provérbios 8 indica que esses dons intrínsecos aos processos vitais não estão isolados das expectativas insistentes de Javé:

> Agora, pois, filhos, ouvi me,
> porque felizes serão os que guardarem os meus caminhos.
> Ouvi o ensino, sede sábios e não o rejeiteis.
> Feliz o homem que me dá ouvidos,
> velando dia a dia às minhas portas,
> esperando às ombreiras da minha entrada.
> Porque o que me acha acha a vida
> e alcança favor do Senhor.
> Mas o que peca contra mim violenta a própria alma.
> Todos os que me aborrecem amam a morte. (Pv 8,32-36)

---

[30] Esses aspectos da bênção no mundo são bem valorizados por Claus Westermann, embora ele não esteja interessado na "conexão da sabedoria". Quanto à força vital nos processos de criação, veja Harrelson, *From Fertility Cult to Worship*; quanto à sabedoria (*sofia*) de Deus como uma força gerativa, veja Elizabeth A. Pelo, *She Who Is: The Mystery of God in a Feminist Theological Discourse* (Nova York: Crossroad, 1992).

A sobriedade não minimiza a exuberância da afirmação: a sabedoria, acima de qualquer outra criatura, gera alegria e deleite ao Criador.

*A "teologia da sofia" como ameaça e ressonância*

Embora o ímpeto da "teologia da *sofia*", a meu ver, seja uma questão de assegurar espaço para a fé e um protesto contra a forma de fé que não deixa espaço, o que preocupa os críticos dessa proposta aparentemente é que essa "*sofia*" é tratada como um nome próprio com S maiúsculo, e assim é uma deusa distinta de Javé. Esse modo de discurso parece desafiar o monoteísmo, que caracteristicamente tem sido modelado em termos de virilidade masculina.[31] Não há dúvida de que o Antigo Testamento tem uma tendência monoteísta.[32] Também não há dúvida, contudo, de que o Antigo Testamento permite que Javé esteja rodeado por uma corte completa de agentes subsidiários, e não se constrange em viver nos limites de um politeísmo contínuo.[33] Javé pode ter muitos mensageiros, espíritos, anjos de todos os tipos, os quais cumprem sua vontade na criação e em favor dela. Claramente, em alguns textos de Provérbios, a *ḥokmah-sofia* é um agente livre e independente que opera ao comando de Javé; esse agente é modelado em linguagem feminina, não apenas em termos de gramática, mas metaforicamente em contraste à "mulher alheia".[34]

Inclino-me, pois, a pensar que as explorações recentes na teologia sapiencial não são incongruentes com as explorações conduzidas no pró-

---

[31] Quanto a Javé em relação a metáforas de governo, veja acima pp. 327-345. Essas metáforas, que mostram a virilidade divina, são expostas esppecialmente por G. Ernest Wright, *The Old Testament and Theology* (Nova York: Harper and Row, 1969), pp. 70-150.

[32] Assim defende James A. Sanders, "Adaptable for Life: The Nature and Function of the Canon", *From Sacred Story to Sacred Text: Canon as Paradigm* (Filadélfia: Fortress, 1987), pp. 9-39.

[33] Veja Larry W. Hurtado, *One God, One Lord: Early Christian Devotion and Ancient Jewish Monotheism* (Londres: SCM, 1988). Inversamente, Norman Whybray, *The Heavenly Counsellor in Isaiah XL 13-14: A Study of the Sources of the Theology of Deutero-Isaiah* (Cambridge: Cambridge University, 1971), mostra que, em Is 40,13-14, nega-se explícita e vigorosamente qualquer associado a Javé.

[34] Quanto às questões da personificação e/ou hipóstase da sabedoria no livro de Provérbios, veja Bostrom, *The God of the Sages*, pp. 51-59. Veja também Carol A. Newsom, "Women and the Discourse of Patriarchal Wisdom: A Study of Proverbs 1-9", *Gender and Difference in Ancient Israel* (org. Peggy L. Day; Mineápolis: Fortress, 1989), pp. 142-160.

prio texto, explorações que parecem autorizadas a continuar o processo que está presente no texto. O próprio texto é bastante ousado ao proclamar Javé desse modo, pelo menos tão ousado quanto algumas propostas atuais. Sugiro que a reação negativa a essa exploração contemporânea (uma reação que me parece desproporcional à obra em si) se explica em parte pelo fato de que essas ousadias bíblicas e os textos que as exibem são desconhecidos e inacessíveis à Igreja; isso se deve ao foco incessante da teologia ocidental, de maneira que a ousadia parece mais "não bíblica" do que deveria. Além disso, não tenho dúvidas de que a reação se deve em parte a uma ameaça visível ao controle hermenêutico político e moral que a autoridade reducionista na Igreja ocidental tem praticado e defendido. Embora seja necessário honrar esse senso de ameaça, induzido pelo menos em parte por ignorância das trajetórias e em parte pela ansiedade pela perda do controle, ele não é a última palavra no assunto.

### *Mistério inescrutável e confiabilidade ética*

O testemunho contrário de Israel sobre o caráter oculto de Javé na textura da criação – de que Javé autorizou antes da criação um agente subsidiário feminino – é realmente uma proposição que vai além do sistema deuteronômico de aliança. Seja o que for que se deduza além disso, essa iniciativa no testemunho contrário deixa inequivocamente claro que Javé deve ser proclamado de muitas maneiras. Um dos modos alternativos de pronunciamento é falar sobre um mistério que autoriza, gera e sustenta a vida, o qual está completamente além do horizonte do testemunho central de Israel. Essa articulação de Javé não permite que a comunidade interpretativa, consciente e crítica como possa ser, crie um monopólio sobre seu discernimento de Javé. Privilégio, sim; mas não monopólio.

O testemunho contrário de Israel faz uma conexão agradável e convincente entre o mistério inescrutável da sabedoria de Deus e a confiabilidade ética invariável de atos-consequências. Ou seja, a obra do mistério inescrutável de Deus em sustentar o mundo é a de tornar o mundo coerente, confiável e viável. Para fazer isso, é necessário que a "racionalidade" do mundo de Javé resulte em uma certeza ética de que as ações humanas, realizadas de forma responsável ou não, têm significância cósmica. E essa é, de fato, a reivindicação primária da sabedoria proverbial: há uma equivalência entre atos realizados e consequências recebidas.[35] Os agentes

---

[35] Veja a nota 16 nesse capítulo e o ensaio programático de KLAUS KOCH citado ali. Esse construto da realidade opera tanto na sabedoria prudente "inicial" quanto na

humanos podem se fiar nessa equivalência. Ao longo do tempo, a comunidade pode chegar a uma previsibilidade quase científica em sua precisão. Assim, a soberba termina em desonra (Pv 11,2). "O homem bondoso (*ḥsd*) faz bem a si mesmo, mas o cruel (*'kzr*) a si mesmo se fere" (Pv 11,17). É assim que funciona. Pode-se contar com isso.

O problema com esse horizonte ético é que a soberania de Javé se evapora. Javé se torna nada mais que um "relojoeiro" remoto, o qual autorizou um método de cálculo moral que opera sozinho. Há muita verdade nessa perspectiva, e Israel conhecia essa verdade e confiava nela em sua vida diária. No fim, todavia, um papel tão modesto para Javé é uma conclusão a que Israel não chega, mesmo reconhecendo o caráter indireto e oculto dele. Ocasionalmente, pois, em textos aos quais von Rad dá grande importância, o testemunho contrário de Israel recusa a lógica de "atos-consequências" e reafirma a liberdade de Javé:[36]

> O coração do homem pode fazer planos,
> mas a resposta certa dos lábios vem do Senhor.
> Todos os caminhos do homem são puros aos seus olhos,
> mas o Senhor pesa o espírito. (Pv 16,1-2)

> O coração do homem traça o seu caminho,
> mas o Senhor lhe dirige os passos. (Pv 16,9)

> A casa e os bens vêm como herança dos pais;
> mas do Senhor, a esposa prudente. (Pv 19,14)

> Muitos propósitos há no coração do homem,
> mas o desígnio do Senhor permanecerá. (Pv 19,21)

> Os passos do homem são dirigidos pelo Senhor;
> como, pois, poderá o homem entender o seu caminho? (Pv 20,24)

> Não há sabedoria, nem inteligência,
> nem mesmo conselho contra o Senhor.
> O cavalo prepara-se para o dia da batalha,
> mas a vitória vem do Senhor. (Pv 21,30-31)

---

sabedoria teológica "posterior".

[36] Veja von Rad, *Old Testament Theology*, v. 1, pp. 438-441.

Em cada um desses ditados uma ação ou decisão humana cheia de autoridade é comparada e contradita por uma decisão ou ação contrária da parte de Javé. O efeito do contraste é asseverar que as ações humanas, mesmo "atos" que produzem "consequências", não são a instância final. O que é final e decisivo são a predisposição e inclinação de Javé, o qual pode anular a intencionalidade humana, negando assim a um ato suas consequências previstas–ou seja, romper a certeza moral dada pelo construto "atos-consequências".

Essa conclusão característica e reiterada do testemunho contrário sapiencial tem pelo menos três interpretações possíveis. Primeiro, no nível superficial, essa é uma asserção de que a vida no mundo real é inescrutável e não pode ser controlada ou predita; há algo profundamente solto e volátil quanto à vida no mundo. Essa é uma percepção bem enfatizada posteriormente pelo Eclesiastes. Segundo, von Rad entende essa conclusão como sendo primariamente uma asserção do limite do conhecimento humano.[37] Isto é, a sabedoria humana não pode abranger o que é incontrolável na experiência. Terceiro, como testemunho contrário sobre Javé, essas declarações são não apenas um julgamento sobre a limitação humana, mas também uma asserção da liberdade soberana de Javé. Javé é completamente desimpedido e sem obrigações, mesmo às pessoas justas que vivem dentro do acordo de atos-consequências. Essa ênfase se torna primária no poema de Jó. Essa inescrutabilidade, de forma bastante notável, não leva o testemunho contrário de Israel a recuar de suas reivindicações javistas, mas sim a expandi-las, mesmo que a determinação de Javé permaneça profundamente oculta.

Contudo, é estranho o modo como essa afirmação última sobre Javé se articula. Esses ditados parecem relutantes em conceder a Javé qualquer verbo ativo. Dos oito versículos de Provérbios mencionados antes, cinco não atribuem a Javé nenhum verbo, mas apenas uma preposição. Assim, em 16,1, 19,14 e 20,24, o que é decisivo vem "de Javé". Em 21,30-31, as duas preposições são "contra" (*ngd*) e "do" (*l*). Além disso, em 19,21 o verbo é passivo [no original]: "permanecerá" (*taqûm*). Apenas em duas dessas passagens se atribui um verbo ativo e direto a Javé. Em 16,9, o verbo traduzido como "dirige" é *kûn*; esse, como veremos, é um termo preferido para se falar sobre o cuidado providencial oculto e a longo prazo de Javé. O outro verbo, em 16,2, traduzido como "pesa", é *tōkēn*, que pode

---

[37] Von Rad, *Wisdom in Israel*, pp. 97-100.

ser vinculado a *kûn*.³⁸ Essa palavra é usada em Jó 28,25, Isaías 40,12 e Salmo 75,3, a fim de asseverar o poder majestoso de Javé como ordenador e governador de toda a criação. Mas não é um verbo que testemunhe sobre qualquer ato direto e visível da parte de Javé.

Assim, todos esses ditos, os quais se situam contra as asserções mais usuais e convencionais de atos-consequências, asseveram o governo livre e final de Javé. Mas esse governo mantém a extensão do domínio de Javé proporcional ao modo oculto e indireto de sua operação. A intenção positiva desse testemunho contrário é reivindicar que a vida humana é vivida em um mundo bem ordenado e confiável, no qual Javé não concede nada fora de seu próprio domínio. Porém, o desmembramento contínuo dessa reivindicação é que esse governo obviamente soberano não pode ser canalizado para qualquer propósito humano por pensamento ou ação. O testemunho contrário revela um Deus completamente no controle, mas dificilmente acessível e nem sempre confiável. Disso a tradição sapiencial pode derivar uma ampla zona de liberdade e responsabilidade humanas (como em Provérbios) ou, em outra leitura (como a de Eclesiastes), uma profunda ansiedade, a qual termina em melancolia que aponta para o desespero.

Finalmente, dois textos, ambos ligados a Davi, exibem essa mesma convicção sobre o governo oculto. Em 2 Samuel 15-18, Absalão se rebela contra Davi em uma tentativa de tomar o trono. Em sua rebelião, Absalão recebe um conselho sábio de Aitofel, que havia abandonado Davi, e um conselho falso de Husai, que pretende subverter a rebelião no interesse de servir a Davi. Absalão aceita o falso conselho de Husai, para seu próprio prejuízo. Ao comentar a tola decisão estratégica de Absalão, o narrador afirma:

> Pois ordenara o Senhor que fosse dissipado o bom conselho de Aitofel, para que o mal sobreviesse contra Absalão. (2Sm 17,14)

O verbo principal *ṣwh* é comumente traduzido na maioria dos contextos como "comandar". A tradução convencional nesse texto é "ordenara". Usa-se o verbo, como von Rad sugere, para falar sobre o caráter oculto e a determinação de Javé nos eventos humanos; neste caso, a proteção do trono de Davi. Nosso interesse está no modo cauteloso mas perspicaz por meio do qual o narrador faz sua declaração.³⁹ É claro que Javé está presidindo

---

³⁸ Veja *BDB*, p. 1067.

³⁹ Veja von Rad, *Wisdom in Israel*, pp. 103-104 sobre 2Sm 17.14.

sobre os interesses de Davi e Absalão, mas esse governo não é visível. As coisas parecem simplesmente acontecer, embora em favor de Davi. Israel, agora sem o acesso visível ao qual estava acostumado no seu testemunho central, deve fazer sua reivindicação javista de um modo bem diferente.

Em 2 Samuel 24,1 (cf. 1Cr 21,1, onde o mesmo verbo foi atribuído a um sujeito diferente), diz-se que Javé "incitou" (*sûth*) Davi a um ato autodestrutivo, o qual Javé então está ávido a punir. À parte do assombro quanto à intenção de Javé nesse ato, focamos simplesmente no verbo *incitar* (em outros lugares "aliciar, instigar"). Não se diz no texto como esse ato instigador de Javé se realizou. Porém, certamente o verbo quer sugerir que, por meios ocultos, sutis e indiretos, Davi foi levado (por desejo?) a realizar um censo. Em qualquer outro contexto, seria possível ler "Davi decidiu". Mas o narrador não procede assim. O narrador não coloca nem mesmo o ambicioso Davi fora do alcance do implacável governo de Javé. Davi decidiu de uma maneira penúltima; de maneira última e inequívoca, é Javé quem dirige os passos.

A ordenação oculta de Javé, sobre a qual o testemunho contrário de Israel testifica, se equipara ao senso de inescrutabilidade de Israel sobre sua própria vida. Israel podia observar, em seu candor, que não há equivalência completa entre as reivindicações do testemunho central e os caprichos experimentados na sua vida diária. Não foi difícil para o reexame expor as incongruências, muito embora bastante coisa podia ser citada na vida de Israel que é congruente com as altas reivindicações feitas sobre Javé. Visto que Israel não estava preparado, mesmo em seu crítico testemunho contrário, a abandonar sua asserção da soberania fiel e fidelidade soberana de Javé, Israel precisou asseverar o caráter oculto de Javé.

### *A afirmação da providência de Javé*

O caráter oculto, o qual corre através, sob e além do que é visível na vida de Israel, se caracteriza pela soberania de Javé (a determinação dele de agir à sua própria maneira) e por sua fidelidade (a sua intenção boa, positiva e benigna para com Israel e o mundo). Esse conteúdo substancial do caráter oculto de Javé é comumente entendido como uma afirmação da sua providência. É importante notar que eu analiso essa reivindicação de providência como testemunho contrário, e não como parte do testemunho central de Israel. Coloco-a aqui porque uma afirmação da providência só se torna possível e necessária em Israel quando ficou aparente que os modos diretos e visíveis de atuação de Javé não eram adequados e confiáveis para boa parte da vida de Israel.

*Providência* não é uma palavra bíblica, e não podemos indicar facilmente um campo semântico que expresse essa convicção sobre Javé, como fomos capazes de fazer com tudo o mais que foi atribuído a ele. De fato, pode ser significativo o fato de que não podemos identificar verbos característicos para essa afirmação, porque a operação daquilo que é chamado de providência é bem oculto e inescrutável até para admitir articulação verbal direta. Todavia, podemos identificar dois verbos, usados de maneira estranha, que atestam o modo oculto pelo qual a soberania fiel e a fidelidade soberana de Javé cuidam do seu parceiro de formas decisivas. O primeiro verbo, *kûn*, pode ser traduzido como "preparar", no sentido de "fazer preparativos para":

> Tu visitas a terra e a regas;
> tu a enriqueces copiosamente;
> os ribeiros de Deus são abundantes de água;
> preparas (*kûn*) o cereal,
> porque para isso a dispões (*kûn*) (Sl 65,9)

> Com efeito, feriu ele a rocha,
> e dela manaram águas,
> transbordaram caudais.
> Pode ele dar-nos pão também?
> Ou fornecer (*kûn*) carne para o seu povo? (Sl 78,20)

> Quem prepara (*kûn*) aos corvos o seu alimento,
> quando os seus pintainhos gritam a Deus
> e andam vagueando, por não terem que comer? (Jó 38,41)

Em todos esses três usos, a referência é à provisão de alimento por Javé, que sustenta a vida.[40] No Salmo 78,20, o Israel recalcitrante e duvidoso, embora reconhecendo o milagre da água que saiu da rocha (cf. Êx 17,1-7), pergunta se é possível "fornecer" carne para Israel da mesma maneira. Esse texto é específico a Israel. Nos dois outros textos, o horizonte é mais expansivo e se refere a Javé como o Criador que sustenta o mundo. Assim, no Salmo 65, Javé "visita" (*pqd*), "rega" (*šqh*) e "enriquece" (*'šr*)

---

[40] ROLF P. KNIERIM, "The Task of Old Testament Theology", *HBT* 6 (junho de 1984), pp. 38-40, sugere a necessidade de uma "teologia do alimento". Esses diversos textos prontamente suprem a base para essa iniciativa. Quanto à providência, de forma mais geral, veja a maravilhosa exposição de J. R. LUCAS, *Freedom and Grace* (Londres: SPCK, 1976), pp. 38, 48.

a terra, e "prepara" (*kûn*) o cereal. Na referência de Jó, por meio de uma questão retórica desafiadora, diz-se que Javé provê alimento para os corvos. Assim, Javé faz os preparativos necessários para que toda a criação e todas as criaturas tenham o que precisam para viver.

Um segundo verbo, usado duas vezes em relação ao nosso tema, é *r'h*, "ver":

> Respondeu Abraão: Deus proverá (*r'h*) para si, meu filho, o cordeiro para o holocausto; e seguiam ambos juntos. (Gn 22,8; cf. v. 14)

> ...enviar-te-ei a Jessé, o belemita; porque, dentre os seus filhos, me provi (*r'h*) de um rei. (1Sm 16,1)

Em ambos esses casos, a ação de Javé se refere a Israel, uma em relação a Abraão e Isaque, e outra em relação a um rei. Mas o verbo *ver* é estranho nesses casos, nos quais o contexto claramente exige *prover*. KARL BARTH sugere que *ver* significa *prover*, se o tomarmos como "pro-ver" – ver de antemão, antever.⁴¹ Assim, em Gênesis 22, Javé viu de antemão que um cordeiro seria necessário para o sacrifício e, em 1 Samuel 16, Javé adiantou os preparativos para um novo rei-menino. O aspecto positivo desse uso é que Javé tem uma visão bastante longa e planeja antecipadamente para proteger o mundo (e Israel) de crises com as quais não conseguiriam lidar sozinhos. Essa tradição do caráter oculto, pois, testemunha sobre um Deus que não está preso ao momento presente de crise, mas que age com soberania fiel a extremo longo prazo para o bem-estar do seu parceiro. Porém, ao mesmo tempo que os verbos são positivos, também são bem estranhos. O que significa *arranjar* ou *ver de antemão*? Os verbos não são tão diretos ou concretos como os verbos da recitação central. Eles reconhecem o caráter indireto de Javé em seu governo, ou pelo menos reconhecem a falta de acesso direto por Israel aos modos inescrutáveis de Javé, os quais são confiáveis mas não evidentes.

Em todo caso, esses textos exemplificam a convicção abrangente de Israel de que a intencionalidade de Javé, que garante a vida a longo prazo, está atuando no mundo de modos decisivos. O mundo está sob o cuidado poderoso de Javé, e sua fidelidade assegura que tudo o que o mundo precisa será provido. Essa é, de fato, uma reivindicação teológica abrangente, mas devemos notar que a boa intenção de Javé, embora seja tão ampla

---

⁴¹ KARL BARTH, *Church Dogmatics* 3/3, *The Doctrine of Creation* (Edimburgo: T. & T. Clark, 1960), pp. 3, 35.

quanto a criação, é tão diária, concreta e material quanto o pão diário (cf. Sl 104,27-28; 145,15-16; Mt 6,11,25-31). Ele não é um governante ausente, mas sim um que planeja, pensa, opera e age antecipadamente, de maneira que o mundo de possibilidade real esteja pronto e em espera na enorme generosidade de Javé.

### Javé como a causa primária do bem e do mal

A reivindicação do caráter oculto, como enunciada no testemunho contrário da sabedoria e na asserção da providência, apresenta o governo amplo, benigno e generoso de Javé sobre toda a criação. Essa reivindicação revela uma grande soberania que procede por meios inescrutáveis sobre longos períodos de tempo para operar o bem para o mundo. Essa afirmação, embora tranquilizadora, geralmente não se concentra em momentos específicos da vida de Israel. O resultado, como veremos, dessa reivindicação sobre o caráter oculto gera outros problemas para a fé de Israel. Mas, por enquanto, podemos completar essa parte de nossa reflexão sobre o testemunho contrário de Israel acerca dos modos ocultos, inescrutáveis, indiretos e invisíveis do governo de Javé considerando duas outras afirmações que ocorrem em diversos pronunciamentos textuais.

Em uma variedade de contextos, diz-se que Javé é a única causa de tudo o que acontece no mundo – tudo que é bom e tudo o que é mau:

> Vede, agora, que Eu Sou, Eu somente,
> e mais nenhum deus além de mim;
> eu mato e eu faço viver;
> eu firo e eu saro;
> e não há quem possa livrar alguém da minha mão. (Dt 32,39)

> O Senhor é o que tira a vida e a dá;
> faz descer à sepultura e faz subir.
> O Senhor empobrece e enriquece;
> abaixa e também exalta. (1Sm 2,6-7)

> Eu formo a luz e crio as trevas;
> faço a paz e crio o mal;
> eu, o Senhor, faço todas estas coisas. (Is 45,7; cf. Jó 5,18; Is 14,24-27; Dn 4,35)

Essas declarações fazem uma imensa reivindicação sobre Javé, e ocorrem em uma variedade de contextos e gêneros para servir diversas funções. As asserções funcionam diversamente como uma repreensão ao orgulho e autonomia humana; como uma censura aos pretensos deuses rivais; e, como no caso de Ana, como uma garantia e consolo diante do fato da novidade, ou como uma celebração após o fato.

Se as declarações forem tomadas de modo especulativo, elas geram um tipo de monismo que é infinitamente problemático.[42] Mas, é claro que essa não é a intenção delas, pois a retórica teológica de Israel não é caracteristicamente voltada à especulação, mesmo que às vezes tenha sido entendida assim na história da interpretação. Essas asserções não estão a serviço de reivindicações especulativas ou metafísicas. Dirigem-se à aceitação da fé por Israel em situações concretas, e são reivindicações polêmicas. Elas se opõem aos seguintes pensamentos:

* Que deuses alternativos a Javé são reais (Dt 32,39);

* Que as pessoas estão predestinadas sem esperança às suas circunstâncias (1Sm 2,6-7);

* Que a autonomia humana pode proceder como deseja (Dn 4,35);

* Que o poder político contrário pode resistir a Javé (Is 14,24-27).

Essas asserções da soberania de Javé, pois, fazem uma reivindicação prática e não-teórica, e propõem uma decisão no momento do pronunciamento por essa versão da realidade que tem o majestoso Javé em seu centro.

### O plano de Javé

Um segundo modo pelo qual Israel apresenta seu testemunho contrário de que Javé é soberano, mas oculto, é falar sobre o "plano de Javé". Essa expressão tem sido incessantemente problemática na interpretação teológica, visto que proporcionou todo tipo de noção escolástica de um projeto determinista. Em geral, os estudiosos seguem BERTIL ALBREKTSON na conclusão de que o Antigo Testamento não inclui uma noção de um plano nesse sentido tão específico e rígido.[43] Todavia, Israel realmente fala da ḥšb

---

[42] Veja a análise do problema por FREDRIK LINDSTRÖM, *God and the Origin of Evil: A Contextual Analysis of Alleged Monistic Evidence in the Old Testament* (Lund: CWK Gleerup, 1983).

[43] BERTIL ALBREKTSON, *History and the Gods: An Essay on the Idea of Historical Events as Divine Manifestations in the Ancient Near East and in Israel* (ConBOT Series 1; Lund: CWK Gleerup, 1967). O estudo de ALBREKTSON tem sido corretamente valorizado pelos estudiosos como um modo de superar qualquer compreensão escolástica de

de Javé, que pode ser traduzida diversamente por "plano" ou "pensamento", e que tem a conotação de uma intencionalidade permanente. Podemos citar quatro textos que são bastante representativos dessa reivindicação feita sobre Javé. A história de José, que apresenta um Deus bem oculto e raramente visível na narrativa, culmina com essa afirmação, quando José fala com seus irmãos:

> Vós, na verdade, intentastes (*ḥšb*) o mal contra mim; porém Deus o tornou (*ḥšb*) em bem, para fazer, como vedes agora, que se conserve muita gente em vida. (Gn 50,20)

Na forma atual da narrativa, é apenas em retrospecto que o narrador (ou o personagem na narrativa) pode discernir que a poderosa intencionalidade de Javé esteve operando, não apenas por meio dos caprichos da experiência vivida, mas por meio da intenção maliciosa dos irmãos. Nesse uso, a intenção de Javé é uma intenção contrária que persiste para superar e derrotar o plano mortal dos irmãos. É importante que a afirmação esteja situada no final da narrativa, pois mesmo Israel não pode saber com certeza até olhar para trás para o que aconteceu.

Em dois textos, usa-se a mesma linguagem sobre a intenção de Javé no, por meio de, e para além do exílio:

> Eu é que sei que pensamentos (*ḥšb*) tenho a vosso respeito, diz o Senhor; pensamentos de paz (*shalôm*) e não de mal, para vos dar o fim que desejais. (Jr 29,11)

> Porque os meus pensamentos (*ḥšb*) não são os vossos pensamentos,
> nem os vossos caminhos, os meus caminhos,
> diz o Senhor,
> porque, assim como os céus são mais altos do que a terra,
> assim são os meus caminhos mais altos do que os vossos caminhos,
> e os meus pensamentos, mais altos do que os vossos pensamentos. (Is 55,8-9)

Em sua circunstância de exílio, Judá poderia ter concluído que Javé tinha um plano malicioso para eles. Ou poderia ter julgado que prevaleceriam outros planos que não o de Javé, seja porque ele estava desatento ou

---

"plano" atribuído a Deus. Porém, sem essa rigidez, fica claro que a tradição de Isaías, por exemplo, reconhece a intencionalidade geral de Javé, a qual não pode ser reduzida a um projeto rígido. Veja WALTER BRUEGGEMANN, "Planned People/Planned Book?", *Writing and Reading the Scroll of Isaiah* (Supplements to Vetus Testamentum; 2v; Leiden: Brill, 1997), v. 1, pp. 19-37.

porque não tivesse poder. A declaração de Jeremias 29 não retrocede para desfazer tudo o que acontecera a Israel até aquele momento, nem mesmo para comentar sobre o sofrimento recente de Israel. Antes, o "plano" em operação agora para Judá se projeta no futuro e se refere ao bem-estar futuro de Israel na terra. O ponto da asserção é que a intencionalidade ampla e positiva de Javé para com Israel está, de fato, em operação, mesmo no momento em que Israel poderia se desesperar. Assim, o testemunho contrário que foca no caráter oculto de Javé é feito, apesar de tudo, com força total contra as circunstâncias. O plano de Javé está em operação e prevalecerá, mesmo que todas as circunstâncias indiquem o contrário.

Na citação de Isaías 55, o plano de Javé se contrapõe aos "vossos pensamentos...vossos caminhos". Não se diz quais poderiam ser os pensamentos e planos de Israel no exílio, os quais aqui serão superados. Provavelmente, são planos e pensamentos de desespero (cf. Is 49,14), que podem ter como resultado uma decisão de se render e de submeter ao poder babilônico, assim abandonando a identidade israelita da aliança javista.[44] A asserção da intencionalidade de Javé, contudo, veta essa iniciativa de Israel. Essa asserção de Javé, pois, funciona como uma poderosa garantia: Israel não deve se resignar em seu desespero. Porém, a asserção também é uma convocação a relembrar sua identidade como povo de Javé, e a agir de modos arriscados que sejam congruentes com a intencionalidade de Javé. Especificamente, isso significa parar de se ajustar ao poder e ideologia babilônicos. Assim, a mesma asserção da intenção oculta mas soberana de Javé, a qual é um consolo e uma garantia, também é uma convocação a uma obediência perigosa.

A mesma reivindicação sobre a intenção permanente de Javé, a qual é anunciada em referência à crise pública do exílio, também está disponível para garantia e consolo na fé pessoal. No Salmo 40, o orador anuncia problemas agudos e confia na misericórdia, amor leal e fidelidade (*rḥm, ḥsd, 'mth*) de Javé. O Salmo conclui:

> Eu sou pobre e necessitado,
> porém o Senhor cuida (*ḥšb*) de mim;
> tu és o meu amparo e o meu libertador;
> não te detenhas, ó Deus meu! (Sl 40,17)

---

[44] Veja NORMAN K. GOTTWALD, "Social Class and Ideology in Isaiah 40-55: An Eagletonian Reading", *The Bible and Liberation: Political and Social Hermeneutics* (org. NORMAN K. GOTTWALD e RICHARD A. HORSLEY; ed. rev.; Maryknoll: Orbis Books, 1993), pp. 329-342.

Javé está atento aos pobres e necessitados; portanto, há esperança no contexto de uma aflição profunda. O orador espera pela resolução e consideração positivas e a longo prazo de Javé, as quais, quando concretizadas, podem superar toda circunstância mortal. Tudo o que termo ḥšb revela, no entanto, é uma intenção a longo prazo. No lamento desse Salmo, não se revela nada direto ou visível, mas o orador confia mesmo assim.

**Resumo**

É evidente que Israel precisou aprender a viver (e a testificar) em contextos em que o intenso envolvimento de Javé, como apresentado nos grandes verbos transformadores do testemunho central, simplesmente não estava disponível. É profundamente importante que essa falta de disponibilidade não levou Israel a se retratar de suas reivindicações teológicas sobre Javé ou a silenciar sobre ele. Pelo contrário, levou-o a estratégias alternativas ousadas de testemunho. Javé se "enterrou" em obscuridade e inescrutabilidade. Todavia, mesmo com tudo isso, Javé não é menos decisivo em seu caráter indireto e invisível. De fato, em seu testemunho contrário, Israel usa essa ocasião de obscuridade de Javé para magnificar suas reivindicações sobre o governo generoso, criativo e fiel dele. Diz-se, diante das evidências concretas, que Javé pratica e garante uma coerência vivificadora e alegre, ele é a causa de todo bem e mal, aquele que tem intenções duráveis quanto ao bem-estar de Israel.

Esse grupo de testemunhos e as categorias nas quais são expressos tendem a ser estranhos à retórica popular atual da Igreja. Porém, apesar de toda a negligência desses textos e temas em boa parte da Igreja, eles são categorias alternativas viáveis e de peso nas quais se pode proclamar Javé. A recuperação desses textos e categorias de pronunciamento e a atenção a eles são uma questão urgente, a meu ver, em uma circunstância cultural de fé na qual as categorias teológicas "mais quentes" tendem a gerar um autoritarismo coercivo ou, alternativamente, uma reação acrítica, a qual se expressa como subjetividade terapêutica benigna ou como autonomia hostil. *O testemunho contrário de Israel é mais durável, sólido e sábio do que podem sugerir o autoritarismo ou uma subjetividade distanciadora.*

Embora as respostas de Israel sobre Javé, no testemunho contrário como reação às questões do reexame, possam ser menos poderosas do que o testemunho central, é importante em todo caso que Israel tenha considerado essas questões e as honrado, exercendo grande coragem intelectual e grande fé em produzir respostas. Embora as questões propostas no reexame não sejam em lugar algum respondidas explicitamente, podemos imaginar as respostas que surgem no material que consideramos:

*Onde está o teu Deus agora?* Aqui e em todo lugar, mas de um modo que ninguém pode administrar.

*Até quando?* Até que eu esteja preparado.

*Por que esquecestes?* Minhas razões são somente minhas e não serão dadas a ninguém.

*Javé está entre nós?* Sim, de forma decisiva, mas não da maneira que cada um prefere.

As questões são honradas e levadas a sério, mas o Javé apresentado no reexame não é derrotado pelas questões nem se torna cativo delas. As respostas oferecidas, de fato, deslocam as questões ao invés de respondê-las. Javé emerge intacto da provação do reexame na literatura sapiencial, mas não como apresentado no testemunho central pronunciado antes do reexame e de suas circunstâncias desafiadoras.

Capítulo

IX

## Capítulo Dez

### 10. A ambiguidade e o caráter de Javé

No seu testemunho central, Israel proclama Javé como um Deus que é direto ao lidar com seus parceiros. No reexame de Israel, Javé emerge não apenas oculto, como na teologia sapiencial, mas também às vezes como tortuoso, ambíguo, irascível e instável.[1] Esse aspecto do testemunho contrário de Israel é muito mais radical do que o reconhecimento benigno do caráter oculto de Javé que acabamos de considerar. As evidências para isso não se encontram no que consideraríamos como declarações teológicas conscientes no Antigo Testamento, tais como as que consideramos no testemunho central de Israel. Antes, as evidências ocorrem de forma quase inadvertida, em contextos de extremo investimento emocional, ou como subproduto em narrativas que parecem interessadas em outras questões. Essas vozes de testemunho, no entanto, constituem uma parte do testemunho contrário de Israel e, embora esses textos sejam geralmente desconsiderados na teologia mais formal, eles são dados importantes para nossa compreensão de quem Israel diz ser Javé.

Devido à natureza assistemática dessas evidências, estamos limitados a uma abordagem um tanto assistemática. Contudo, ordenarei as evidências sob três rubricas: caráter abusivo, conduta contraditória e falta de confiabilidade. É evidente que esses, ou outros materiais similares, poderiam ser listados e ordenados de outras maneiras. A intenção do reexame, entretanto, não é a de prover um quadro coerente. Seu propósito é apenas reconhecer e levar em conta aquilo que o testemunho central não reconheceu, quer por escolha e seleção intencional, quer involuntariamente.

### Javé é abusivo?

Há algumas evidências de que às vezes Javé é abusivo, *agindo de modo não congruente com a reivindicação do testemunho central de que ele é "constante e fiel"*. O exemplo mais chamativo nesse sentido quanto a Javé é a declaração extremamente passional de Jeremias:

> Persuadiste-me, ó Senhor,
> e persuadido fiquei;
> mais forte foste do que eu
> e prevaleceste. (Jr 20,7)

---

[1] Veja Timothy K. Beal, "The System and the Speaking Subject in the Hebrew Bible: Reading for Divine Abjection", *Biblical Interpretation* 2 (julho de 1994), pp. 171-189.

Esse discurso emprega uma figura humana, pronunciada por uma voz que demonstra perturbação profunda. Porém, como em outros lugares na Bíblia, estamos habituados a considerar o testemunho como revelação.[2] No pouco que podemos recuperar sobre a pessoa de Jeremias, ele sofreu bastante por sua leal obediência a Javé. Jeremias, ou a tradição que o apresenta, faz uso dos Salmos de lamento a fim de acusar e atacar Javé por aquilo que é experimentado como um comportamento abusivo da parte dele.[3]

### Engano e sedução

O último dos lamentos na sequência de Jeremias, 20,7-18, é certamente o mais extremo e violento, como se o orador tivesse perdido a capacidade de arrazoar com Javé ou sobre ele. Nosso interesse se concentra no v. 7, no qual o poema usa o termo *pth*, que nessa referência geralmente é traduzido como "enganaste", embora a NRSV traduza como "seduziste". É um termo extraordinário para se usar em referência a Javé. Ao ser traduzido como "enganaste", ele sugere que Javé foi desonesto, deturpando ou iludindo a fim de obter o que deseja. O termo, contudo, é ainda mais pungente do que isso sugere, visto que em outros lugares a palavra caracteristicamente tem tons sexuais. Ela é usada diretamente para se referir à exploração sexual manipulativa ou violenta (Êx 22,16; Jz 14,15; 16,5; Jó 31,9), na qual o parceiro sexual indicado é enganado ou agarrado à força. Assim, estamos em um mundo de abuso sexual e violência, por isso o termo permite a nuance de estupro.

Uma segunda maneira na qual se usa o termo *pth* é para afeição religiosa ilícita – adoração de deuses ilícitos, que são tratados com uma metáfora sexual de promiscuidade que viola a própria lealdade do adorador (Dt 11,16; Jó 31,27; e talvez Pv 1,10). Esse último uso é uma construção metafórica que pode implicar que os outros deuses são prostitutas, mas a crítica caracteristicamente se nivela não contra os deuses, mas contra aqueles que erroneamente os adoram. Assim, tanto de maneira literal quanto metafórica, o termo contém dimensões de uso sexual ilícito, cada um dos quais sendo totalmente negativo.

É impressionante que, em três casos, incluindo o texto de Jeremias que citamos, o verbo seja usado para Javé com essas implicações. Em 1

---

[2] Quanto à noção de testemunho se tornando revelação, veja pp. 121-122.

[3] Quanto ao uso de Salmos de lamento nos lamentos de Jeremias, veja o estudo clássico de WALTER BAUMGARTNER, *Jeremiah's Poems of Lament* (Sheffield: Almond, 1988).

Reis 22,20-22, certamente um conto profético "primitivo", o leitor do texto é levado a um debate no "concílio divino", uma reunião de gabinete do governo celestial de Javé (veja paralelos em Jó 1-2). O debate se dá sobre como o rei Acabe pode ser "enganado" a ordenar uma manobra militar que causará sua morte. O propósito da narrativa, e o propósito do debate no concílio divino, é asseverar a decisiva hostilidade de Javé para com Acabe e a dinastia de Onri e asseverar a mão de Javé no governo da história – mesmo a história dos reis.

O que nos interessa é a conversa no governo de Javé, a qual é tão cínica e desprezível quanto qualquer coisa que poderiam ter imaginado os "encanadores" da Casa Branca na época de RICHARD Nixon. A estratégia é seduzir Acabe a uma política tola, por meio de um profeta que é credenciado por Javé a dar maus conselhos ao rei. Duas questões nos interessam. Primeiro, o termo *pth* ocorre três vezes no diálogo registrado:

Javé: Quem enganará a Acabe?

Espírito: Eu o enganarei.

Javé: Tu o enganarás.

A conversa não é ambígua. O que está se planejando é um sólido engano do rei. Segundo, Javé colabora completamente no debate manipulativo, que visa a morte de um rei. De fato, Javé está à frente da conspiração para gerar uma morte inesperada em Israel. Javé não exerce aqui, obviamente, nenhuma restrição a si próprio por conta da aliança, mas está determinado a obter o que quer não importa qual seja o custo, mesmo se isso signifique violência enganadora.

Em outro texto, usa-se o termo *pth* no que podemos considerar um modo mais positivo. O longo poema de Oseias 2,2-23 se compõe de duas partes simétricas.[4] Na primeira parte (vs. 2-13), Javé é o marido ofendido que terminará, com ameaças violentas, a relação conjugal com a qual está insatisfeito. No v. 14, o poema dá uma reviravolta abrupta, e Javé agora busca restaurar o relacionamento. A restauração positiva do relacionamento culmina (como vimos) com uma reiteração dos melhores adjetivos de Javé (vs. 19-20).[5] No ponto central do poema, contudo, Javé afirma:

---

[4] Veja DAVID J. A. CLINES, "Hosea 2: Structure and Interpretation", *Studia Biblica* 1978 (JSOTSup 11; Sheffield: JSOT, 1979), pp. 87-104.

[5] Quanto aos adjetivos recorrentes usados no testemunho sobre Javé, não deixe de conferir o capítulo 5.

> Portanto, eis que eu a atrairei,
> e a levarei para o deserto,
> e lhe falarei ao coração. (v. 14)

O termo traduzido como "atrairei" é o mesmo verbo, *pth*. A compreensão convencional dessa declaração é que Javé "corteja" a alienada esposa-Israel, como um ato de grande generosidade perdoadora, a fim de aceitar novamente a inconstante esposa-Israel de volta na aliança. Pode ser que seja isso o pretendido. Todavia, as considerações hermenêuticas feministas nos alertam a prestarmos cuidadosa atenção aos termos da reversão agora proposta por Javé. Somos convidados por essa conscientização a nos perguntar por que se usa o termo *pth* para a nova iniciativa de Javé. Certamente o ato conjugal aqui implicado inclui enganos e exagero, de maneira que "lhe falarei ao coração" pode significar "bajulação amorosa". Assim, Javé está ao menos disponível para os tipos de enganos característicos do amor passional.

Além disso, contudo, devemos nos perguntar se o verbo também revela algo coercivo, forçoso ou violento sobre Javé. Seria ele um marido instável que expulsa a esposa, depois a compele a retornar a um relacionamento que, segundo evidências passadas, continuará a ser abusivo? A literatura feminista nota a violência implícita ou potencial que está presente na imagem de marido para Javé. Muito provavelmente, isso é uma exageração do que está no texto. Não obstante, somos alertados a questionar o que o poeta pretende que imaginemos sobre o que acontece nos lugares ocultos em que o relacionamento é restaurado. A esposa-Israel deseja isso? Ou não tem alternativa?

Em todo caso, retornamos ao uso de *pth* em Jeremias 20,7. Nessa passagem, não há nenhuma justificativa "primitiva" para o que se diz sobre Javé, como talvez haja em 1 Reis 22,20-22. Nem é possível que o uso seja positivo, como em Oseias 2,14. Jeremias certamente não disse "atrair" ou "cortejar", mas sim pelo menos "enganar" e, talvez, "estuprar". Assevera-se que Jeremias foi pressionado de maneira forçosa, enganosa e abusiva a um relacionamento de lealdade para com Javé (cf. 1,4-10), um relacionamento no qual Javé não foi justo, apoiador e construtivo. Sem dúvida, os versículos subsequentes do lamento revertem a articular confiança (v. 11), petição (v. 12) e, finalmente, doxologia (v. 13). Em seu desequilíbrio e caráter extremo, Jeremias expõe uma percepção de Javé que é menos que honrável. Fica-se com a impressão a partir desse pronunciamento pequeno, mas poderoso, de que as vezes Javé é um valentão sem princípios que irá coagir, manipular e explorar a fim de obter o que deseja. Jeremias foi um porta-voz fiel e corajoso para Javé, mas ele reconhece que seu chamado foi um tratado unilateral, com pouco apoio ou afirmação da parte de Javé. Jeremias foi "enrolado", e Javé foi aquele que o "enrolou". Pode-se questionar se, com esse verbo, Javé também "enrolou" outros.

### Javé se contradiz?

Há evidências de que Javé é um enigma contraditório, como se sua vida interior fosse tão convoluta que falta consistência em alguns pontos. TERENCE FRETHEIM reúne as evidências e mostra que Javé pode mudar de ideia e coração.[6] Porém, por contradição e inconsistência, não quero dizer uma mudança reconhecida, mas sim *uma poderosa insistência, asserção ou decisão que se opõe a uma prévia insistência, asserção ou decisão, sem qualquer reconhecimento de uma reversão*.

Citarei quatro casos. Nos dois primeiros, o estranho está contido dentro do próprio texto. No segundo par de textos, o que é estranho pode ser explicado pela crítica. Porém, visto que consideramos essas declarações disparatadas como dados teológicos, não escaparemos mediante explicações críticas.

#### *A narrativa do dilúvio*

Na bem conhecida história do dilúvio, em Gênesis 6,5;9,17, a narrativa começa com uma profunda percepção da parte de Javé:[7]

> Viu o Senhor que a maldade do homem se havia multiplicado na terra e que era continuamente mau todo desígnio do seu coração. (Gn 6,5)

Essa percepção leva a um arrependimento da parte de Javé, e então uma resolução:

> Disse o Senhor: Farei desaparecer da face da terra o homem que criei, o homem e o animal, os répteis e as aves dos céus; porque me arrependo de os haver feito. (Gn 6,7)[8]

---

[6] TERENCE E. FRETHEIM, *The Suffering of God: An Old Testament Perspective* (OBT; Filadélfia: Fortress, 1984).

[7] BERNHARD W. ANDERSON, "The Flood Story in Context: From Analysis to Synthesis", *From Creation to New Creation: Old Testament Perspectives* (OBT; Mineápolis: Fortress, 1994), pp. 65-74, mostra que a análise de fontes da narrativa do dilúvio não é importante no final das contas. O que importa é o padrão e a estrutura da forma final do texto.

[8] O julgamento e a resolução nesses versículos, em geral atribuídos a J, têm paralelo na declaração sacerdotal dos vs. 11-13.

O final da narrativa ecoa 6,5:

> E o Senhor aspirou o suave cheiro [dos holocaustos] e disse consigo mesmo: Não tornarei a amaldiçoar a terra por causa do homem, porque é mau o desígnio íntimo do homem desde a sua mocidade; nem tornarei a ferir todo vivente, como fiz. (Gn 8,21)[9]

O que nos interessa é a reversão completa do humor e intenção de Javé desde o início até o fim da narrativa. A narrativa não se detém sobre a motivação da mudança, mas toda a narrativa depende da mudança na inclinação de Javé. Somente dois motivos se sugerem para a reversão de Javé. Em 8,1, "lembrou-se Deus de Noé", e a reversão se inicia. Essa declaração sugere que, até esse momento, Javé não tinha se lembrado de Noé. De fato, Gênesis 9,14-16 também sugere que a memória de Javé não é totalmente confiável, de maneira que pode ser o esquecimento que gera o propósito destruidor de Javé. O segundo motivo sugerido para a reversão é o cheiro suave do sacrifício (8,21), propondo que a ação de Javé, quer positiva ou negativa, muda dependendo de atos humanos fortuitos. Em seu todo, a narrativa sugere que Javé tem inclinações conflitantes quanto à humanidade e a toda a criação, e que o inclinar-se para um lado ou para outro pode ser causado por um fator menor.

### Eventos do Êxodo

Pode-se sugerir um tipo bem diferente de instabilidade referente a Javé na iniciação dos eventos do Êxodo (Êx 3,7-10). Javé resolve se envolver a favor de Israel devido ao clamor dos escravos (Êx 2,23-25). Se permanecermos dentro da própria narrativa, não temos qualquer pista de que Javé tinha notado a opressão no Egito até ouvir o clamor dos escravos. É a dor proclamada da comunidade escrava que evoca uma resposta de Javé e o move a uma intervenção ativa. Entretanto, dada essa motivação da dor proclamada, Javé está determinado a agir de maneira intrusiva e decisiva a favor da comunidade escrava.

> Certamente, vi a aflição do meu povo, que está no Egito, e ouvi o seu clamor por causa dos seus exatores. Conheço-lhe o sofrimento; por isso, desci a fim de livrá-lo da mão dos egípcios e para fazê-lo subir daquela terra a uma terra boa e ampla... Pois o clamor dos filhos de Israel chegou até mim, e também vejo a opressão com que os egípcios os estão oprimindo. (Êx 3,7-9)

---

[9] A nova resolução de Javé nesses versículos, em geral atribuída a J, tem paralelo na declaração sacerdotal de 9,8-17. A estrutura é exatamente a mesma naquilo que tem sido considerado como duas fontes distintas.

A série de verbos na primeira pessoa, indicando a resolução, intenção e ação de Javé, é poderosa e impressiva: "Conheço, desci, vejo". Javé está cheio de assertividade.

Tendo isso em vista, a narrativa faz uma mudança abrupta e estranha no v. 10:

> Vem, agora, e eu te enviarei a Faraó, para que tires o meu povo, os filhos de Israel, do Egito. (Êx 3,10)

Javé ainda tem um verbo ativo: "enviarei". Mas é Moisés que irá. É Moisés que correrá os riscos, quem será o "batedor" diante do Faraó. É legítimo concordar com Austin Farrer: "Os hebreus em geral viam os eventos divinos como sendo realizados por agentes criados".[10] Notamos que os "atos poderosos" de Javé, como atestados no testemunho central de Israel, se alteram consideravelmente pela centralidade de um ator e agente humano; nesse caso, Moisés. Sem dúvida, Javé está completamente presente com poder total, como tinha prometido: "Eu serei contigo" (Êx 3,12). O compromisso e envolvimento de Javé são completos, mas agora são mediados. Enquanto que os grandes verbos de Êxodo 3,7-9 manifestam uma intervenção direta de Javé, no v. 10 se diz "eu te enviarei". Javé está envolvido, mas não sem participação humana.

Além disso, à primeira vista, Moisés está "por si mesmo" diante do Faraó. Os leitores do texto sabem mais. Sabem que Javé está com Moisés, completamente envolvido na confrontação. Embora o esquema de um agente humano visível do Deus oculto seja efetivo na narrativa, é precisamente esse esquema que testa severamente a confiança de Israel na iniciativa (Êx 4,1-9). Se entendemos a narrativa do Êxodo como um cenário de libertação humana, dificilmente podemos objetar a essa apresentação da questão. Para nossos propósitos, o ponto a notar é que Javé, a despeito da intenção determinada, realiza a emancipação de Israel de maneira muito menos direta do que tinha anunciado.

Para testar essa mudança retórica, podemos comparar a conduta de Javé com a de Davi na narrativa de 2 Samuel 11,1 e 12,26-31. Em referência a essa narrativa, normalmente se critica Davi nos comentários por ter ficado para trás em tempo de guerra, enviando Joabe em seu lugar:

> Decorrido um ano, no tempo em que os reis costumam sair para a guerra, enviou Davi a Joabe, e seus servos, com ele, e a todo o Israel, que

---

[10] Austin Farrer, *Faith and Speculation: An Essay in Philosophical Theology* (Londres: Adam and Charles Black, 1967), p. 62.

destruíram os filhos de Amom e sitiaram Rabá; porém Davi ficou em Jerusalém. (2Sm 11,1)

Davi é aquele que envia, o instigador da batalha, mas ele não corre riscos. De fato, ele tem tempo para vários outros "envios" de tipo destruidor (veja o verbo nos vs. 3,4,6,12,14). Não devemos concluir muito a partir disso, exceto notar que o papel de Javé na derrota do Faraó não é diferente do papel de Davi na derrota de Rabá. Israel pode ter esperado mais de Javé, tendo em vista o seu ousado anúncio inicial.

### *Mandamentos referentes ao casamento*

Em nosso terceiro texto, Deuteronômio 24,1-4, Moisés enuncia uma jurisprudência que é considerada, no livro de Deuteronômio, como um mandamento de Javé. Refere-se às rigorosas exigências do casamento e à violação e terminação dele. Quando um casamento chega ao fim e a esposa rejeitada casa novamente, ela não pode voltar ao seu primeiro marido, mesmo se ambos o desejarem, porque ela está "contaminada" (*ṭm'*). O retorno ao primeiro marido contaminaria (*ṭm'*) a terra, fazendo-a uma "abominação perante Javé". Esse texto revela Javé como aquele que impõe e garante a ordenação patriarcal da sociedade de um tipo bem elementar. O mandamento reflete a conexão íntima entre a sexualidade e a produtividade da terra.[11] Podemos rejeitar essa conexão entre sexualidade humana e produtividade da terra como exploradora e patriarcal, assim como primitiva. O que nos interessa aqui, no entanto, não é aprovação do mandamento, mas sim o pleno compromisso de Javé à conexão. Javé fica profundamente impactado e ofendido por essa desordem, a qual em suma é uma desordem de toda a criação.

No livro de Jeremias, o poeta apela a esse mandamento de Moisés:

> Se um homem repudiar sua mulher,
> e ela o deixar e tomar outro marido,
> porventura, aquele tornará a ela?
> Não se poluiria com isso de todo aquela terra? (Jr 3,1)

A lei de Moisés não é apenas citada;[12] aqui é a palavra de Javé. Além

---

[11] Quanto à conexão íntima entre o tratamento da sexualidade e a terra, veja WALTER BRUEGGEMANN, "Land, Fertility, and Justice", *Theology of the Land* (org. BERNARD F. EVANS e GREGORY D. CUSACK; Collegeville: Liturgical, 1987), pp. 41-68. Nesse sentido, baseio-me nos escritos de WENDELL BERRY.

[12] Quanto a esse texto, veja MICHAEL FISHBANE, *Biblical Interpretation in Ancient Israel* (Oxford: Clarendon, 1985), pp. 114-143.

disso, após a citação real, os vs. 2-5 são uma exposição do mandamento e das consequências desastrosas causadas por um cônjuge instável. Israel, em sua corrupção, não pode retornar a Javé. Javé se submete completamente à antiga regra de contaminação, e entende que a instabilidade de Israel produziu uma seca; isto é, impediu a terra de exercer sua função apropriada de fertilidade. A distorção da aliança distorce a criação.

O que nos impressiona é que essa exposição do mandamento de Moisés nos vs. 2-5, uma exposição completamente congruente com o mandamento original, é imediatamente descartada pelo pronunciamento cheio de emoções de Javé nos vs. 12-14,19-23. Javé agora propõe, em termos passionais e plangentes, que a esposa-Israel volte ao seu primeiro marido, que é ele. Sem dúvida, esse retorno implica em arrependimento da parte de Israel. A vontade de Javé não é piegas e romântica. Mas é uma resolução poderosa de que Israel deve retornar, em desafio direto ao antigo mandamento de Moisés. Fica claro que o antigo mandamento, com o qual Javé acabara de concordar, e o seu anseio atual pelo instável Israel estão em profunda tensão entre si. Fica igualmente claro que Javé está disposto a descartar e contradizer o antigo mandamento de Moisés, o seu próprio mandamento, por amor ao relacionamento. Pelo que nos é revelado, Javé se importa mais passionalmente com o relacionamento do que com o antigo mandamento.

É bem fácil explicar essa mudança em Javé apelando para o desenvolvimentismo, concluindo que se exigiu que um poeta posterior falasse de misericórdia e negasse a antiga lei. Porém, visto que a antiga lei é citada aqui com aprovação, e visto que o desvio dela procede da própria boca de Javé, devemos considerar isso como evidência, no testemunho de Israel, de que Javé tem uma intensa contradição interna entre normas e anseio. Nesse caso, o anseio vence; mas não vence em todos os casos. Podemos imaginar, entretanto, que a mesma questão está sempre disponível e é inevitável a Javé – como, de fato, sempre ocorre quando o amor ferido é desafiado, mas não menos intenso.

### Contradição referente a regras de exclusão

Finalmente, nessa breve menção de contradições aparentes nas inclinações do próprio Javé, fazemos referência à antiga lei de Deuteronômio 23,1 e à lista de "estrangeiros" em Deuteronômio 23,2-7. A lista visa manter a pureza da adoração israelita e da comunidade de Israel excluindo rigorosamente todos aqueles que estão desqualificados. A desqualificação tem a ver com defeitos físicos ou genitais, ou simplesmente por ser um estrangeiro na comunidade. É um salto enorme passar desse antigo mandamento para a disputa revelada em Isaías 56,3-8. Contudo, os estudiosos notam a conexão entre essas duas passagens, mesmo que não haja outra razão do que o contraste impressionante entre elas.[13]

Em Isaías 56, a comunidade pós-exílica debate quem se qualifica como membro. Contra um exclusivismo rigoroso, aparentemente sancionado por Deuteronômio 23,1-7, o oráculo de Javé em Isaías 56,3-8 insiste que os eunucos (*sris*) e estrangeiros podem, de fato, ser admitidos à comunidade se "abraçam minha aliança". Ou seja, a proibição e a regra de exclusão de Deuteronômio 23,1-7 não são válidas aqui. O mesmo Javé que pronunciou o antigo mandamento, somos levados a crer, proclama o convite oracular atual. Nesse último caso, parece que o convite aberto de Javé prevalece, mas nem sempre é assim. Podemos crer, ao considerar esses textos, que há uma tensão profunda na vida de Javé sobre quem está "dentro" e quem está "fora". Assim, o reexame de Israel proporciona evidências de que as questões não são resolvidas facilmente e de uma vez por todas para Javé; por toda a vida de Israel, Javé é assediado por inclinações conflitantes e em luta entre si.

## Javé é indigno de confiança?

O testemunho contrário de Israel inclui evidências de que Javé, o qual tem uma determinação acerca do processo histórico de Israel e uma intencionalidade profunda, é até certo ponto indigno de confiança; ou seja, *instável ao concretizar essa determinação e intencionalidade*. As evidências surgem da apresentação narrativa de Israel sobre sua "história". A perspectiva da narrativa se concentra nos resultados do processo humano da história, e comentários sobre o caráter de Javé são apenas incidentais. Isto é, as narrativas não visam "fazer teologia"; antes, visam contar uma história maravilhosa de violência e coragem humanas, de amor e manipulação. Entretanto, visto que essa é uma narração israelita, Javé está caracteristicamente envolvido e ao alcance. É de grande interesse e importância para nós o fato de que os narradores de Israel são capazes, sem reflexões, sem justificativas e sem ficar na defensiva – de fato, até sem plena consciência – de representar Javé como um personagem com certa falta de confiabilidade. Os textos aos quais me refiro são todos associados ao triângulo de Samuel, Saul e Davi, os "grandes homens" que ocuparam os esforços

---

[13] Assim indica HERBERT DONNER, "Jesaja LVI 1-7: Ein Abrogationsfall innerhalb des Kanons – Implikationen und Konsequenzen", *Congress Volume: Salamanca*, 1983 (org. J. A. EMERTON; VTSup 36; Leiden: Brill, 1985), pp. 81-95.

de Javé e a imaginação de Israel, e que proporcionaram o material primário para os narradores de Israel.

### As narrativas de Samuel, Saul e Davi

Ao focar nesse material, centramos imediatamente em Davi, a "estrela" da narrativa de Israel, aquele que leva os narradores de Israel a extremos imaginativos.[14] Mais que isso, o texto como o temos sugere que Javé está comprometido de maneira irrestrita e irracional com Davi. Esse compromisso incomum leva Javé a agir de modos estranhos e pouco confiáveis. O fato de que esse compromisso irrestrito pode produzir ações estranhas de Javé é em si um dado teológico importante no reexame de Israel. É como se, quando Davi entra em cena na atividade de Israel, os traços característicos da soberania e fidelidade de Javé são forçados e desafiados. O que nos interessa aqui é a percepção de que a entrada de Davi na história pode fazer variar a maneira como Javé se disponibiliza a Israel. Esse desvio na direção de Davi pode produzir, como lado negativo, o senso de tragédia na história de Saul, que realmente nunca teve chance na imaginação de Israel.[15] Em justaposição a Davi, e dada a atenção peculiar de Javé a Davi, Saul é o homem errado na hora errada. Porém, o erro não se dá como um dado público e político – ele ocorre apenas a partir da afeição peculiar de Javé por Davi.

Em 1 Samuel 16,1-13, Saul é rejeitado por Javé. Da perspectiva de Javé, Israel não tem rei. Saul é desqualificado, muito embora retenha o poder ostensivo do trono. Mas Javé não se demora em Saul. Tendo chegado a um veredito sobre Saul, Javé parte para uma nova iniciativa: a unção do até aqui desconhecido Davi. Apenas duas questões devem nos interessar. Primeiro, a busca do jovem Davi está completamente oculta de Samuel, aquele que coroa reis, e é uma obra do propósito majestoso de Javé. De fato, Javé afirma no início: "me provi de um rei" (v. 1). O verbo *ver* (*r'h*; ver antes, prever, prover) sugere que é o governo oculto e inescrutável de

CAPÍTULO X

---

[14] Veja WALTER BRUEGGEMANN, *DAVID's Truth in Israel's Imagination and Memory* (Filadélfia: Fortress, 1985).

[15] Quanto às dimensões trágicas da história de Saul, veja DAVID GUNN, *The Fate of King Saul: An Interpretation of a Biblical Story* (JSOTSup 14; Sheffield: JSOT, 1980); e W. LEE HUMPHREYS, *The Tragic Vision and the Hebrew Tradition* (OBT; Filadélfia: Fortress, 1985), pp. 23-42. Sempre teremos problemas ao considerar o que é uma representação literária e artística, como o temos na narrativa de Saul-Davi, e tratá-la como material teológico. O artístico e o teológico não são necessariamente distintos entre si, mas são atos com perspectivas bem diferentes.

Javé que destina Davi a ser rei.[16] Sem dúvida, a narrativa culmina no jovem que é visitado pelo Espírito do Senhor. A narrativa se abstém de usar o nome do jovem até o final. Mas, devemos crer, Javé conhece bem antes o que acontecerá. Assim, a narração é um exemplo do propósito oculto, inescrutável e majestoso de Javé para o processo histórico de Israel, o qual está bem além do discernimento humano, mesmo o de Samuel.

O que nos interessa é que essa intenção abrangente e soberana se justapõe a uma estratégia um tanto remendada para se obter o novo rei. Samuel é enviado por Javé em uma missão perigosa, não diferente daquela de Moisés em Êxodo 3,10. Samuel está corretamente temeroso com sua tarefa, porque sua ação de buscar o novo rei equivale a uma traição contra Saul: "Saul o saberá e me matará" (v. 2). A resposta de Javé para o temeroso Samuel é reveladora:

> Toma contigo um novilho e dize: Vim para sacrificar ao Senhor. Convidarás Jessé para o sacrifício; eu te mostrarei o que hás de fazer, e ungir-me-ás a quem eu te designar. (vs. 2b-3)

O sacrifício aqui autorizado por Javé, que Samuel realiza no tempo devido, é um subterfúgio que visa desviar a atenção do propósito real da missão, que é implementar um golpe contra Saul. O propósito maior de Javé vale o envolver-se com essa estratégia, sem dúvida porque "o fim justifica os meios". A narrativa não sinaliza nenhum desconforto em apresentar Javé deste modo. A artimanha planejada por Javé é "coisa sem importância"; exceto por constituir um elemento de duplicidade na obra de Javé.

Em um segundo ponto a respeito de Saul, em 1 Samuel 8, Samuel está em profundo debate com Israel quanto à função e natureza da liderança pública. Israel deseja um rei, a fim de ser "como as outras nações". Samuel, aqui a voz confiável de Javé, lhes recusa um rei, com base em que a realeza humana é um ato de falta de confiança em Javé. Nessa narrativa, como em 1 Samuel 16,1-13, Samuel tem acesso direto e imediato a Javé, que conversa com ele. Para nossos propósitos, é importante notar que Javé instrui Samuel três vezes a atender "a voz do povo" – a fazer o que eles pedem, muito embora tanto Samuel quanto Javé admitam que a proposta deles é tola e destrutiva:

> *Atende à voz do povo* em tudo quanto te diz, pois não te rejeitou a ti, mas a mim, para eu não reinar sobre ele. (1Sm 8,7)

---

[16] Veja minha análise da providência da parte do Deus oculto, pp. 470-473 [capítulo 9, seção "Afirmação da providência de Javé"].

> Agora, pois, *atende à sua voz*, porém adverte-o e explica-lhe qual será o direito do rei que houver de reinar sobre ele. (v. 9)

> *Atende à sua voz* e estabelece-lhe um rei. (v. 22)

No fim, o povo prevalece. Israel terá um rei, porque Samuel "atendeu ao povo" sob o comando de Javé.

Na narrativa oposta de 1 Samuel 15, lemos sobre a rejeição de Saul como rei, aquele a quem Javé e Samuel não queriam já de início. O que nos interessa nesse ponto é um elemento da narrativa. Quando Saul está inteiramente condenado por Samuel, ele só consegue afirmar em sua própria defesa o seguinte:

> Pequei, pois transgredi o mandamento do Senhor e as tuas palavras; porque temi o povo e dei ouvidos à sua voz. (v. 24)

O termo aqui, traduzido enfaticamente em outra versão como "obedeci", é *šm'*, como em 8,7,9,22. Samuel recebe permissão para "atender o povo", mas Saul é condenado pela mesma ação, ao menos até certo ponto. Essa é uma das várias incongruências aparentes na vida de Javé. Aqui, como em outros lugares, as distinções que Javé faz não são confiáveis; elas se justificam apenas devido ao seu compromisso irrestrito (e injusto?) com o processo histórico.

Podemos notar ainda uma terceira tensão interessante retornando à narrativa de 1 Samuel 15. Na conclusão dessa narrativa, Saul é condenado por Samuel por ter violado a regra do *herem* contra os amalequitas. Samuel, assim como Javé, podemos crer, é inflexível nesse ponto. Comparado ao tratamento subsequente de Davi, ocorrem duas coisas estranhas no tratamento de Saul.

No primeiro desses contrastes estranhos, notamos que Saul realmente violou a exigência da antiga tradição de Moisés em Êxodo 17,8-16 (cf. Dt 25,17-19). Isso está fora de qualquer dúvida. O que é interessante, a título de contraste, é que em 1 Samuel 30, Davi ataca esses mesmos amalequitas e os derrota inteiramente. Davi recupera tudo o que os amalequitas tomaram dele e, além disso, toma o despojo deles:

> Não lhes faltou coisa alguma, nem pequena nem grande, nem os filhos, nem as filhas, nem o despojo, nada do que lhes haviam tomado: tudo Davi tornou a trazer. Também tomou Davi todas as ovelhas e o gado, e o levaram diante de Davi e diziam: Este é o despojo de Davi. (1Sm 30,19-20)

Capítulo X

De fato, a narrativa se preocupa com a generosa administração por Davi do despojo (*šll*) dos amalequitas:

> Porém Davi disse: Não fareis assim, irmãos meus, com o que nos deu o Senhor, que nos guardou e entregou às nossas mãos o bando que contra nós vinha. Quem vos daria ouvidos nisso? Porque qual é a parte dos que desceram à peleja, tal será a parte dos que ficaram com a bagagem; receberão partes iguais. E assim, desde aquele dia em diante, foi isso estabelecido por estatuto e direito em Israel, até ao dia de hoje. (1Sm 30,23-25)

Davi é apresentado como corajoso, generoso e bem sucedido.

Mas notamos que a narrativa não evidencia nenhum interesse nem mesmo percepção de um problema de despojo (*šll*) dos amalequitas. Há uma variedade de explicações histórico-críticas para isso. Essa é uma "narrativa desenvolvida" posteriormente, na qual o narrador não tem qualquer interesse na antiga lei amalequita, nem tem consciência da proibição de despojo na Guerra Santa (cf. Dt 20,14). Além disso, o agente Samuel está morto, e ele é o último guardião da lei. Porém, nada disso distrai da percepção de que Javé é inconsistente em estar intensamente preocupado com essa prática em um caso (o de Saul) e nem um pouco no outro caso (Davi). Davi pode fazer o que quiser, porque está ligado a Javé por meio de aceitação e afirmação até aqui indisponíveis em Israel e certamente indisponíveis a Saul.

Em 1 Samuel 15, notamos outra questão. Saul é apresentado como um homem honrado e honesto. Ele não argumenta com Samuel quanto à cruel sentença pronunciada contra ele. Ele responde a Samuel:

> Pequei, pois transgredi o mandamento do Senhor e as tuas palavras; porque temi o povo e dei ouvidos à sua voz. Agora, pois, te rogo, perdoa-me o meu pecado e volta comigo, para que adore o Senhor. (vs. 24-25)

Saul busca perdão para um pecado confesso. Ele busca ser perdoado e aceito, precisamente para que possa "adorar o Senhor". Porém, Samuel não deseja perdoá-lo. É como se Samuel (e Javé) estivesse com pressa, disposto a usar qualquer ocasião teológica e política para substituir Saul pelo "teu próximo" (15,28; cf. 13,24; 28,17).

O contraste entre o destino de Saul nas mãos de Javé e o de Davi é atordoante. Após a sólida acusação de Davi por Natã, após o episódio de Urias-Bateseba, Davi também responde diretamente: "Pequei" (2Sm 12,13). Isso é tudo. Davi não apela, como Saul, por perdão. Contudo, o perdão em todo caso é prontamente concedido por Natã: "Também o Senhor te perdoou o teu pecado; não morrerás" (v. 13). Segue-se uma nota qualificativa, mas ela não se refere a Davi (v. 14).

A narrativa não evidencia nenhuma curiosidade sobre porque o penitente Saul não pode ser perdoado, enquanto Davi pode. É claro que a narrativa está interessada na questão mais ampla da realeza de Davi. No entanto, esses contrastes funcionam como um testemunho contrário a respeito do caráter de Javé. Eles atestam que Javé não é um Deus consistente de ordem e sanção; ou, alternativamente, de atos e consequências. Pelo contrário, eles atestam que Javé não é um Deus que perdoa de maneira consistente. Há deslizes quanto a sanções às vezes, mas o deslize sempre parece operar para vantagem de Davi e contra Saul. De fato, podemos imaginar que o "espírito maligno" que se apossou de Saul (1Sm 18,10) não é diferente do agente enganador enviado pelo governo de Javé contra o rei Acabe em 1 Reis 22. O que é claro para nós, e para a narrativa diante de nós, é que a experiência de vida de Israel precisa se reconciliar com essa "inclinação" inexplicável e inescrutável que não age de maneira moral, razoável, honrável ou consistente, e que as coisas funcionam de maneira estranha, muito embora Israel atribua essa estranheza a Javé. É possível falar da intencionalidade oculta de Javé, ou até do seu cuidado providencial – nesse caso, de Davi. O que nos estarrece nessa conclusão é que, muito embora o texto seja a favor de Davi em seus resultados, o testemunho de Israel nos revela a natureza ilícita da atividade de Javé quanto a Saul. De fato, Saul é tratado de maneira injusta por Javé, e lhe é atribuído um papel na memória de Israel que o apresenta em uma posição em que ele só pode perder. Saul perde parcialmente porque Davi é corajoso, afortunado, atrativo e "destinado". Saul perde porque "forças" conspiram contra ele. Além disso, Israel não hesita em atribuir essas forças conspiradoras exatamente a Javé. Assim:

* Javé engana a fim de promover Davi (1Sm 16,1);

* Javé aconselha Samuel a atender ao povo (8,7,9,22), mas esmaga Saul pela mesma ação (1Sm 15,24);

* Javé elimina Saul por tomar o despojo amalequita (15,18-21), mas desconsidera a mesma ação de Davi (30,19-20);

* Javé perdoa Davi (2Sm 12,13), mas recusa a confissão de Saul (1Sm 15,24).

Javé está arbitrariamente a favor de Davi e não precisa se justificar com ninguém, certamente não a Saul nem aos leitores de Saul.[17]

O que, pois, devemos concluir de 2 Samuel 24, a narrativa do censo de Davi? É claramente errado conduzir um censo em Israel, pois um censo só pode servir ao controle humano ambicioso que opera por meio de alistamento militar ou impostos:

> Sentiu Davi bater-lhe o coração, depois de haver recenseado o povo. (2Sm 24,10)

É claro que o perdão de Davi nesse caso será custoso (v. 12-13). Mas o que nos interessa aqui é o início de toda essa infeliz questão do censo:

> Tornou a ira do Senhor a acender-se contra os israelitas, e ele incitou a Davi contra eles, dizendo: Vai, levanta o censo de Israel e de Judá. (2Sm 24,1)

Não se diz porque Javé está irado com Davi, mas Javé está irado com aquele por quem havia inclinado todos os poderes do destino no relato anterior. Não se diz como Javé "incitou" a Davi, mas ele o fez. Ou seja, Javé impõe uma "situação sem saída" a Davi: ele o tenta a agir, a fim de puni-lo severamente por fazê-lo. Esse é aquele de quem Javé nunca apartará sua *ḥesed*, como ela foi removida de Saul (2Sm 7,15). Mas aqui, pelo menos provisoriamente, a *ḥesed* de Javé é removida (cf. Sl 89,46-49). Há algo caprichoso, ou pelo menos oculto, na ação de Javé. Vimos que as ações de Javé nessa narrativa régia são entendidas consistentemente como atos parciais a favor de Davi. Porém, aqui Javé age, aparentemente sem nenhuma provocação, *contra* aquele a quem promovera. No fundo, o testemunho contrário de Israel manifesta algo profundamente não confiável acerca de Javé, mesmo para com Davi, a quem Javé tinha jurado fidelidade última.

É evidente em 1 Crônicas 21 que o próprio Israel tardiamente se conscientizou da estranheza de atribuir essa ação arbitrária a Javé. A alternativa do cronista, de atribuir esse ato caprichoso a Satanás, não é muito mais satisfatória, porque devemos imaginar Satanás como um membro da corte real de Javé, que age no interesse da corte e, talvez, sob seu comando. Assim, 1 Crônicas 21 nos oferece uma manobra distanciadora no testemunho de Israel, mas nenhuma resolução real.

É estranho, e importante, que possamos rastrear essa falta de confiabilidade de Javé precisamente na narrativa de Davi, onde a sua confiabi-

---

[17] Quanto às tensões nesse capítulo, especialmente quanto a mutabilidade de Javé e sua disposição para mudar, veja TERENCE E. FRETHEIM, "Divine Foreknowledge, Divine Constancy, and the Rejection of Saul's Kingship", *CBQ* 47 (1985), pp. 595-602.

lidade é mais intensa e explícita. Essa última citação (2Sm 24; 1Cr 21) é diferente de todas as demais referências a Davi que citamos, pois é a única que vai contra ele. Talvez essa narrativa funcione, no testemunho contrário de Israel, contra qualquer usurpação régia do governo de Javé caso alguém se alinhe demais com Davi.[18] Seja o que mais for que essa narrativa em particular deseje, ela mostra inequivocamente que Javé não é refém de ninguém, nem mesmo de Davi. Talvez o engano na unção, a aceitação de Samuel atender ao povo (e não Saul), a aceitação de Davi despojar os amalequitas (e não Saul), e a prontidão em perdoar Davi (e não Saul) sejam todas evidências, no testemunho contrário de Israel, de que Javé faz alianças provisórias no processo histórico; assim, Javé pode aderir por um tempo com pessoas históricas, movimentos, ou arranjos de poder, mas somente por um tempo. O atordoante testemunho contrário de 2 Samuel 24 (e 1Cr 21) confirma que as alianças de Javé são provisórias; no final, sua santidade, glória e zelo não ficarão cativos a nada na criação.

Não fica claro o que Israel pretende com essa narrativa do custo de Davi. O que está claro é que Israel conta a história, e a contou de novo em forma alterada. O Deus que estabelece algo é aquele que inexplicavelmente o enfraquece. Como consequência, Davi tardiamente descobre algo a respeito de Javé que Saul aprendeu cedo e repetidas vezes.

CAPÍTULO

X

---

[18] Quanto a esses textos como contrapontos às reivindicações reais, veja WALTER BRUEGGEMANN, "2 Samuel 21-24: An Appendix of Deconstruction?", *CBQ* 50 (1988), pp. 383-397.

## Capítulo Onze

### 11. Javé e a negatividade

Há evidências de que o Deus soberano de fidelidade, o qual ordena o mundo como algo bom, ama Israel e lhe proporciona bem-estar, "ama a justiça" e é "leal e fiel", se revela com *uma ampla dose de negatividade* no reexame de Israel.

**Sanções da aliança**

A negatividade exibida quanto a Javé está, em certo sentido, baseada nas maldições da aliança que, como sanções negativas, vem junto com os mandamentos do Sinai. Sabe-se e aceita-se em todos os lugares de Israel que, quando Javé é desobedecido, ofendido ou escarnecido, ele impõe penalidades. Até aí é razoável, e a gravidade da ofensa equivale à severidade da sanção. Se isso fosse tudo, não haveria reexame, nem evidências prejudiciais que surgem do reexame.

Entretanto, o testemunho contrário surge e tem força porque Israel experimenta a negatividade de Javé em uma desproporção aparentemente grande em relação à desobediência, ofensa ou escárnio. Israel, portanto, fala bastante sobre Javé, quer para protestar contra sua desproporção, quer para protestar contra seu silêncio e desatenção quando Israel sofre necessidades. O silêncio não prejudica tanto Javé quanto o protesto pela desproporção. No fim, contudo, os dois tipos de testemunho resultam na mesma coisa: *o fracasso de Javé de ser fiel à aliança.*

A base para a negatividade de Javé para com Israel se baseia nas sanções da aliança, maldições que se cumprirão quando Israel for desobediente. Os catálogos mais completos dessas maldições, com o qual Israel concordou ostensivamente em seu juramento de aliança no Sinai, se apresentam em Levítico 26 e Deuteronômio 28 (veja também 1Rs 8,33-53 e Am 4,6-11). O tamanho das passagens sugere que as maldições foram intensificadas progressivamente no decurso da vida de Israel com Javé. Desde o início nessa tradição, é claro que se considera com muita seriedade a exigência de Javé quanto à obediência, e se lida com a desobediência seriamente.

As justificativas para o tratamento negativo de Israel por Javé se revelam nas recitações das maldições. O relato direto da concretização dessas sanções acontece nos discursos de processo judicial dos profetas. Como mostra Claus Westermann em seu estudo clássico, os discursos de processo judicial dos profetas buscam justificar as "sentenças" com base nas "acusações" apresentadas pelos profetas.[1] Assim, pode-se argumentar, por exemplo, em Amós e Miqueias, que as acusações procedem dos antigos mandamentos do Sinai, e que as sentenças são obrigatórias diante das acusações.[2] As próprias sentenças, caracteristicamente, se introduzem com um "portanto", significando "como resultado", o que as conecta às acusações:

> *Por isso*, a terra está de luto,
> e todo o que mora nela desfalece,
> com os animais do campo
> e com as aves do céu;
> e até os peixes do mar perecem. (Os 4,3)

> *Portanto*, não terás, na congregação do Senhor,
> quem, pela sorte, lançando o cordel, meça possessões. (Mq 2,5)

> *Portanto*, por causa de vós,
> Sião será lavrada como um campo,
> e Jerusalém se tornará em montões de ruínas,
> e o monte do templo, numa colina coberta de mato. (Mq 3,12)

> *Portanto*, o meu povo será levado cativo,
> por falta de entendimento;
> os seus nobres terão fome,
> e a sua multidão se secará de sede. (Is 5,13)

> *Portanto*, agora, ireis em cativeiro
> entre os primeiros que forem levados cativos,
> e cessarão as pândegas dos espreguiçadores. (Am 6,7)

Percebe-se Javé como severo. Mas também como justo, em termos do acordo ao qual Israel se obrigou.

---

[1] CLAUS WESTERMANN, *Basic Forms of Prophetic Speech* (Atlanta: John Knox, 1967).

[2] Quanto às possíveis conexões em Miqueias, veja WALTER BEYERLIN, *Die Kulttraditionen Israels in der Verkündigung des Propheten Micah* (FRLANT 54; Göttingen: Vandenhoeck and Ruprecht, 1959). Quanto aos vínculos em Amós, veja ROBERT BACH, "Gottesrecht und weltliches Recht in der Verkündigung des Propheten Amos", *Festschrift für Günther Dehn* (org. W. SCHNEEMELCHER; Neukirchen: der Buchhandlung des Erziehungsvereins, 1957), pp. 23-34; ERNST WÜRTHWEIN, "Amos-Studien", *ZAW* 62 (1950), pp. 10-52; e H. GRAF REVENTLOW, *Das Amt des Propheten bei Amos* (FRLANT 80; Göttingen: Vandenhoeck and Ruprecht, 1962).

## *Salmos de lamento*

As recitações de maldições são uma base suficientemente sólida a partir da qual se pode testificar contra o testemunho central dos atos graciosos e transformadores de Javé. Porém, a experiência de Israel com Javé, anunciada em seu testemunho contrário, pesa mais forte contra o testemunho central. O padrão principal de discurso por meio do qual Israel gera esse elemento de testemunho contrário é o Salmo de lamento.³ É importante notar que esses Salmos são, de fato, vozes de queixa ou protesto judicial, e não lamentações, como geralmente são chamados. Nos Salmos de lamento, Israel busca ajuda e tratamento positivo (conforto) de Javé, baseando-se precisamente nos acordos da aliança em vigor aos quais Javé se obrigou. WESTERMANN demonstra que o anúncio da queixa se refere regularmente a três partes interessadas.⁴ Além de Israel, que anuncia o protesto e a petição, há Javé, com quem se fala; geralmente há o "inimigo", contra quem se busca auxílio.

Os Salmos de lamento estão empenhados com a reivindicação geral de que Javé não tem sido fiel aos compromissos da sua aliança, quer por negligência ou desatenção, quer por ação negativa direta. A suposição dos Salmos de lamento é o mesmo mundo rígido de sanções da aliança aos quais os profetas apelam. *Enquanto que os profetas se apegam às sanções e consequentes acusações para afirmar que Israel traiu a aliança, os Salmos de lamento se apegam às sanções para acusar Javé de não ter honrado a aliança.* Pois, se Javé tivesse honrado a aliança, argumenta-se, não poderiam ter acontecido coisas ruins a Israel. Elas não teriam vindo das mãos de Javé. Ou não teriam vindo das mãos do inimigo se Javé estivesse prestando atenção.

O mundo no qual Israel faz petições a Javé é aquele no qual os inimigos buscam ferir Israel. Israel está indefeso contra esses inimigos, e por isso precisa contar com Javé para lidar com eles em seu lugar. Quando Javé não faz isso, como tinha se comprometido a fazer, os inimigos prevalecem.⁵ Sendo assim, o trabalho da petição é envolver novamente Javé – o

---

³ Os estudos básicos são aqueles de CLAUS WESTERMANN e ERHARD GERSTENBERGER citados no capítulo 8, nota 2.

⁴ CLAUS WESTERMANN, "Struktur und Geschichte der Klage im Alten Testament", *Forschung am Alten Testament; gesammelte Studien* (ThB 24; Munique: Chr. Kaiser, 1964), pp. 266-305.

⁵ Isso é fundamental para o argumento de FREDRIK LINDSTRÖM, *Suffering and Sin: In-*

qual, como se alega, estava desatento – com a ameaça dos inimigos. Pois quando Javé se envolve a favor de Israel, a ameaça se dissipa. Todavia, devemos notar que, embora a petição seja positiva e esperançosa, ela tende a ter uma nota de repreensão, indicando que até certo ponto a ameaça contra Israel se maximizou por causa da desatenção de Javé. Assim:

> Ó Deus, os soberbos se têm levantado contra mim,
> e um bando de violentos atenta contra a minha vida;
> eles não te consideram.
> Mas tu, Senhor, és Deus
> compassivo e cheio de graça,
> paciente e grande em misericórdia e em verdade.
> Volta-te para mim e compadece-te de mim;
> concede a tua força ao teu servo
> e salva o filho da tua serva. (Sl 86,14-16)

Essa parte do Salmo de lamento tem três elementos. Primeiro, nomeia-se o inimigo: soberbos e um bando de violentos. Segundo, afirma-se o caráter fiel de Javé como premissa para o apelo. Terceiro, faz-se a petição, pois é claro que sua misericórdia e verdade não estavam em operação e agora precisam ser mobilizadas. Essa petição não expressa nenhuma dúvida de que Javé é fiel. No entanto, se sua fidelidade não está em operação, como ocorre às vezes, isso não é bom para Israel, o qual fica intensamente vulnerável. Assim, o próprio apelo a Javé é uma acusação sutil contra ele, o qual não tem prestado atenção como jurou fazer.

Uma sequência similar se evidencia no Salmo 35. Dá-se bastante cobertura às "iníquas testemunhas":

> Levantam-se iníquas testemunhas
> e me argúem de coisas que eu não sei.
> Pagam-me o mal pelo bem,
> o que é desolação para a minha alma. [...]
>
> Quando, porém, tropecei,
> eles se alegraram e se reuniram;
> reuniram-se contra mim;
> os abjetos, que eu não conhecia,
> dilaceraram-me sem tréguas;
> como vis bufões em festins,
> rangiam contra mim os dentes. (v. 11-12,15-16)

---

*terpretations of Illness in the Individual Complaint Psalms* (Estocolmo: Almqvist and Wiksell International, 1994).

O orador relata a Javé quão injustos são os inimigos, porque na hora de necessidade deles o orador estava bastante preocupado com eles (v. 13-14). Assim, a situação presente de abuso é totalmente injusta e imerecida. Então, em uma terceira manobra, o orador pede:

> Até quando, Senhor, ficarás olhando?
> Livra-me a alma das violências deles;
> dos leões, a minha predileta. (v. 17; cf. Sl 5,7-9; 6,2-5; 36,5-12)

A implicação clara da oração é que as iníquas testemunhas e os abjetos criaram essa situação tão embaraçosa para o orador porque Javé "ficou olhando" (*r'h*), mas não fez nada para ajudar.

Nesses dois Salmos, e em muitos outros como eles, o orador não acusa Javé de ter feito nada negativo ou destrutivo para Israel. Porém, Javé realmente foi negligente, ausente, desatento e, portanto, não "leal e fiel". Além disso, Javé é a única linha de defesa de Israel contra essas ameaças do inimigo. Esse testemunho contrário testifica sobre dois elementos da vida de Javé com Israel. Primeiramente, a própria premissa da oração acusatória de petição é que Javé é realmente leal e fiel. Essas orações aceitam os adjetivos normativos que já consideramos.[6] Contudo, em segundo lugar, esse amor leal e fidelidade, em um momento de crise, não se revelam totalmente confiáveis. Israel consegue, nessas orações, apresentar queixa e esperança expectante. Como mostra CLAUS WESTERMANN, essas queixas caracteristicamente levam Javé a agir e se envolver novamente, de maneira que seu amor leal e fidelidade realmente prevaleçam, como Israel antecipara.[7] É evidente, entretanto, que se exige um testemunho contrário vigoroso para que a realidade do testemunho central seja concretizada por Javé. O efeito do testemunho contrário é introduzir no discurso de Israel sobre Javé uma consciência de que seu amor leal e fidelidade não são confiáveis sempre e em todo lugar. No decurso de sua vida com Javé, Israel passa por circunstâncias que são percebidas como estando fora do governo dessa fidelidade aliançada. Quando isso acontece, Israel precisa protestar com esperança e vigor.

---

[6] Quanto aos adjetivos normativos, veja o capítulo 5.

[7] Quanto à reivindicação teológica de que a oração influencia realmente a Javé e o leva a fazer o que de outra maneira não teria feito, veja HAROLD FISCH, "Psalms: The Limits of Subjectivity", *Poetry with a Purpose: Biblical Poetics and Interpretation* (Bloomington: Indiana University, 1988), pp. 104-135; e PERRY D. LEFEVRE, *Understanding Prayers* (Filadélfia: Westminster, 1981), pp. 31-34, e sua análise da maravilhosa concessão de BARTH quanto à influência sobre Deus.

A retórica se intensifica e o nível de compromisso aumenta consideravelmente em alguns Salmos de lamento que tomam um caminho bem diferente contra Javé. Nesses, *Javé não é acusado simplesmente de estar desatento* e, portanto, de deixar Israel ao seu fim indefensável em um mundo de inimigos. Em uma segunda onda de testemunho contrário, Israel fala contra Javé, o qual tem estado *ativa e agressivamente em oposição a Israel* em maneiras que produzem dano direto. Assim:

> Deste aos meus dias o comprimento de alguns palmos;
> à tua presença, o prazo da minha vida é nada. [...]
> porque tu fizeste isso.
> Tira de sobre mim o teu flagelo;
> pelo golpe de tua mão, estou consumido.
> Quando castigas o homem com repreensões, por causa da iniquidade,
> destróis nele, como traça, o que tem de precioso.
> Com efeito, todo homem é pura vaidade. (Sl 39,5,9b-11)

> Ó Deus, tu nos rejeitaste e nos dispersaste;
> tens estado indignado; oh! Restabelece-nos!
> Abalaste a terra, fendeste-a;
> repara-lhe as brechas, pois ela ameaça ruir.
> Fizeste o teu povo experimentar reveses
> e nos deste a beber vinho que atordoa. (Sl 60,1-3)

> Puseste-me na mais profunda cova,
> nos lugares tenebrosos, nos abismos.
> Sobre mim pesa a tua ira;
> tu me abates com todas as tuas ondas. [...]
> Por sobre mim passaram as tuas iras,
> os teus terrores deram cabo de mim.
> Eles me rodeiam como água, de contínuo;
> a um tempo me circundam.
> Para longe de mim afastaste amigo e companheiro;
> os meus conhecidos são trevas. (Sl 88,6-7,16-18)

Israel, em seu testemunho vigoroso contra Javé, pronuncia a acusação de que este tem estado ativamente envolvido com a ruína de Israel.[8] De fato, a petição de Israel a Javé sugere que, na perspectiva de Israel, Javé tem feito as próprias coisas negativas que agora se pede que ele não faça:

---

[8] Esse tema é explorado vigorosamente por DAVID R. BLUMENTHAL, *Facing the Abusive God: A Theology of Protest* (Louisville: Westminster/John Knox, 1993), com referência particular aos salmos.

Não retenhas de mim, Senhor,
as tuas misericórdias... (Sl 40,11a)

Não me rejeites na minha velhice;
quando me faltarem as forças, não me desampares. [...]
Não te ausentes de mim, ó Deus. (Sl 71,9,12)

A petição sugere que, no mínimo, Israel consegue contemplar que Javé, o Deus por quem arrisca sua vida e sobre quem recita adjetivos maravilhosos, é capaz de atos negativos e destrutivos para com seu povo.

Um subtema dessa repreensão a Javé é a asserção de que Israel é inocente e não merece esse tratamento da parte dele. É claro que, se Israel fosse culpado, seria de se esperar um tratamento negativo de Javé. Nos Salmos denominados penitenciais, faz-se esse reconhecimento (cf. Sl 32; 38; 51). Porém, em muitos outros Salmos, como FREDRIK LINDSTRÖM mostra eficazmente, Israel é realmente inocente, e o sofrimento infligido ou permitido por Javé não se justifica e indica uma falha na aliança por parte dele (cf. Sl 25,21; 26,11).[9]

A maior afirmação que Israel pode fazer nesse contexto é que "hei de confiar em ti" (Sl 56,3). Israel arriscou tudo em sua dependência de Javé. Agora, as circunstâncias indicam que Javé não responde à confiança radical de Israel com uma demonstração proporcional de confiabilidade. Sem dúvida, as orações de lamento estão "a caminho"; elas não apresentam uma conclusão definitiva de Israel sobre Javé. Elas ainda têm esperança e aguardam que Javé aja para restaurar o relacionamento, de maneira que ainda se possa produzir evidências de que ele é confiável. Todavia, no momento do pronunciamento, as evidências todas indicam o contrário. Javé não é fiel ou confiável, e a disfunção que surgiu na vida de Israel é, de fato, falha de Javé. Mesmo se foi um inimigo que infligiu o problema, é a falha de Javé em responder com proteção que é o dado teológico decisivo.

Podemos notar três elementos na transação de fé constituída pelas orações de lamento. *Primeiro, Israel está profundamente consciente da incongruência entre as reivindicações centrais da fé da aliança e sua experiência de vida.* A fé da aliança ousa fazer a reivindicação de que o mundo é plenamente coerente sob o governo de Javé, de maneira que a obediência completa leva ao *shalôm*. A experiência de vida de Israel, entretanto, deixa claro que uma vida obediente às vezes não é recompensada ou até sofre problemas de uma maneira que não deveria ocorrer. É importante para a

---

[9] LINDSTRÖM, *Suffering and Sin*.

fé bíblica que Israel, em seu testemunho contrário, valorize a sinceridade sobre sua experiência de vida, mais do que o compromisso com seu testemunho central. Ou seja, Israel se recusa a sujeitar sua vida a qualquer ideologia, mas resolve contar a verdade, mesmo quando contar a verdade é prejudicial à reputação e ao caráter de Javé.

Assim, no testemunho contrário de Israel, emerge o tema do sofrimento do justo. Nessas orações, Israel não está preocupado com a prosperidade dos ímpios, uma questão que surgirá em outro lugar do testemunho contrário. O sofrimento dos justos, mais do que a prosperidade dos ímpios, é um enigma em uma fé aliançada que é interpretada rigidamente. A experiência de Israel e, portanto, seu discurso expressam assim profundas reservas quanto a essa fé aliançada que é interpretada rigidamente. Israel propõe que a destruição está à solta no mundo e Javé não irá ou não pode restringi-la; ou vai além, sugerindo que Javé é, de fato, o próprio agente da destruição.

Um exemplo especial desse tema do sofredor inocente é o Salmo 69. Esse Salmo declara com grande poder retórico e sem timidez a incongruência central da vida de Israel com Javé. O orador é totalmente devoto a Javé:

> Pois o zelo da tua casa me consumiu,
> e as injúrias dos que te ultrajam caem sobre mim.
> Chorei, em jejum está a minha alma,
> e isso mesmo se me tornou em afrontas.
> Pus um pano de saco por veste
> e me tornei objeto de escárnio para eles.
> Tagarelam sobre mim os que à porta se assentam,
> e sou motivo para cantigas de beberrões. (vs. 9-12)

Além disso, o orador confia plenamente em Javé (vs. 13,16,30-33) e, por esse motivo, está em profundo sofrimento como vítima de vergonha, humilhação e abuso (vs. 19-21). O Salmo oferece como resolução desse dilema uma declaração poderosa e incondicional de esperança. Mas é apenas confiança quanto ao futuro que é anunciada. O orador não tem dados nas circunstâncias presentes que confirmem essa esperança, nem sinal de que Javé agirá logo ou de qualquer forma para resgatá-lo. Podemos considerar esse Salmo como uma articulação completa do dilema de Israel. Esse Salmo não acusa Javé – o salmista anuncia confiança completa nele, mas é uma confiança que não hesita em contar a verdade. O Salmo assegura que algo está muito errado naquilo que deveria ter sido uma vida e um relacionamento de bem-estar.

O temo do sofrimento do justo fez que esse Salmo fosse utilizado na tradição cristã para contar a história da paixão de Jesus (cf. Jo 2,17; 15,25; Mt 27,34.48; Mc 15,36; Lc 23,36; Jo 19,29; At 1,20).[10] Especificamente, o v. 21 é citado em todas as narrativas evangélicas em referência a Jesus. Embora o uso do Salmo no Novo Testamento mostre como a história de Israel se transpõe na história de Jesus, não se deve permitir que uma interpretação cristológica tome o lugar do Salmo e de seu testemunho. No fim, o Salmo se refere ao testemunho sobre Javé, do qual Israel não recua.

*Segundo, nos Salmos de lamento Israel arranca momentaneamente de Javé a iniciativa do relacionamento.* No testemunho central de Israel, Javé detém a iniciativa; e sua iniciativa prevalece nos anúncios proféticos. Aqui, contudo, Israel está com problemas e já aprendeu que a deferência silenciosa a Javé custa caro (cf. Sl 39,1-2). Como consequência, Israel quebra o silêncio, encerra a deferência e reivindica seus direitos diante de Javé. Agora Israel é a figura principal no tribunal, e Javé está no banco dos réus. No drama dominante dos Salmos de lamento, Javé está sob acusação; e o julgamento preliminar implícito é de que ele é culpado – se não de destruição agressiva, ao menos de negligência. É um desenvolvimento retórico extraordinário o fato de Israel quebrar o silêncio, desafiar a preeminência de Javé e apresentar sua própria insistência inflexível diante dele.

Além disso, o que impressiona é que essa remodelação do relacionamento não é tratada no testemunho de Israel como uma rejeição de Javé ou como um comportamento reprovável por parte de Israel. Antes, considera-se esse posicionamento de Israel diante de Javé como um modo legítimo e apropriado de se relacionar com ele. Coloca-se Javé como ouvinte de duras falas, e se considera o pronunciamento dessas falas por Israel como uma forma legítima e apropriada de fé aliançada.

*Terceiro, WESTERMANN declara que os lamentos de Israel, sem exceção, recebem uma resposta e resolução positivas da parte de Javé.*[11] WESTERMANN exagera a questão, mas no todo a sugestão é correta. O que é estranho é que a insistência retórica de Israel a Javé e o ataque ocasional de Israel contra Javé realmente levam Javé a novas atividades de resgate. De

---

10 Veja HANS-JOACHIM KRAUS, *Theology of the Psalms* (Mineápolis: Augsburg, 1986), pp. 177-203, quanto ao uso desse e de outros Salmos no Novo Testamento.

[11] CLAUS WESTERMANN, *The Praise of God in the Psalms* (Richmond: John Knox, 1965), p. 60 e *passim*. Veja a análise da questão por PATRICK D. MILLER, *They Cried to the Lord: The Form and Theology of Biblical Prayer* (Mineápolis: Fortress, 1994), pp. 135-177.

fato, Javé realiza ações que não seriam realizadas sem o pronunciamento insistente e penetrante de Israel. Esse modo de oração é uma prática de mutualidade eficaz, na qual um parceiro influencia decisivamente o outro. Essa transação, em uso normal, é um modo apropriado e quase rotineiro pelo qual opera a aliança de Israel com Javé. Nesse sentido, os lamentos e queixas não são um *testemunho contrário*. WESTERMANN deixa de notar, contudo, que alguns Salmos não operam de acordo com os padrões normais do sistema da aliança. O Salmo 88 é um caso extremo e um exemplo principal de uma convocação a Javé que não recebe nenhuma resposta:

> Ó Senhor, Deus da minha salvação,
> dia e noite clamo diante de ti.
> Chegue à tua presença a minha oração,
> inclina os ouvidos ao meu clamor. [...]
> dia após dia, venho clamando a ti, Senhor,
> e te levanto as minhas mãos. [...]
> Mas eu, Senhor, clamo a ti por socorro,
> e antemanhã já se antecipa diante de ti a minha oração. (Sl 88,1-2,9b,13)

Não há resposta, não há mutualidade, não há resolução. No Salmo 88, a questão permanece como um testemunho que reverbera continuamente. Javé não responde, e Israel não é resgatado. A *ḥesed* de Javé não entrou em ação (v. 11). A sinceridade transparece. A iniciativa de Israel nesse ato é inconfundível, mas isso é tudo. Nesse texto, ao menos, Israel deixa um testemunho de irresolução radical, na qual o testemunho contrário não recebe resposta. Javé realmente responde frequentemente... mas não sempre. Quando Javé não responde, Israel é deixado em seu desânimo e em seu pronunciamento desesperado, que ele pode apenas proclamar repetidas vezes. Israel não tem respostas contra essa realidade de sua experiência. Não busca justificativas. Não absolve Javé nem se acusa. Israel fica com seu Salmo, sempre a ser proclamado mais uma vez, cada vez de maneira mais penetrante, pronunciado como um ato de profunda necessidade, de intensa indignação, e de esperança contínua e insistente. Mas Israel, em todo caso, recusa o silêncio. E assim, o Salmo permanece como testemunho sobre Javé... e contra Javé.

### O potencial violento de Javé

O testemunho contrário de Israel deixa claro que Javé é um Deus capaz de violência; de fato, a textura do Antigo Testamento é profundamente caracterizada por violência. No fim, um estudante do Antigo Testamento não pode se responsabilizar pela violência nem justificá-la, mas deve admitir que ela pertence à própria trama dessa fé. Essa articulação do negativo traz à tona três questões do testemunho contrário.

**Imposição da soberania**. Primeiro, diz-se que Javé gera uma violência referente à imposição de sua soberania. (Veja a análise das metáforas de governo no capítulo 6) Cada governo precisa manter um monopólio de força em sua esfera de administração, e Javé não é exceção. A vontade de Javé carrega consigo sanções profundas e inflexíveis, de maneira que a violência é implementada, mesmo contra o seu próprio povo, quando a desobediência é suficientemente forte e provocativa.[12] Essa é uma insistência característica dos profetas pré-exílicos, uma insistência que culmina na destruição de Jerusalém em 587 a.C..

De modo similar, a violência da soberania está em vigor fora de Israel. Espera-se que os outros povos, Estados e governos obedeçam à vontade de Javé quanto à justiça. Quando não o fazem, são punidos. Essa é uma maneira de imaginar o Êxodo: o Faraó precisa ser deposto, porque é um sujeito e vassalo de Javé que tem sido recalcitrante. Usa-se o mesmo argumento contra a recalcitrante Assíria (Is 10,5-19; 37,22-29) e contra a arrogante Babilônia (Is 47; Dn 4). Essa é a suposição implícita para o julgamento anunciado por Amós contra as nações, que não tinham consciência do governo de Javé sobre elas (Am 1,3;2,3).

**Conquista e assentamento na terra**. Segundo, a violência de Javé se relaciona especialmente com a "conquista" da terra da promessa e o "assentamento" de Israel em uma terra que já estava ocupada por outros. Israel sabe desde o início que a terra tem outros ocupantes (Gn 12,6), e dedica imaginação e atenção para racionalizar o problema causado por essa ocupação prévia (Êx 23,23-33; Jz 2,1-5,20-23; 3,1-6).[13] No todo, entretanto, o testemunho narrativo sobre Javé, que dá a terra aos israelitas, nem sequer vacila quanto à violência requerida contra outros povos por causa da terra. Isso é algo óbvio, que qualifica consideravelmente o testemunho central de que Javé "é bom para todos, e as suas ternas misericórdias per-

---

[12] A noção do governo de Javé como um ato de controle é fundamental para a noção de GEORGE E. MENDENHALL sobre a aliança, na qual ele entende que a vingança é um empreendimento de um governo legítimo. Veja MENDENHALL, "The Vengeance of Yahweh", *The Tenth Generation: The Origins of the Biblical Tradition* (Baltimore: Johns Hopkins University, 1973), pp. 69-104.

[13] Quanto ao problema dessa violência em particular, veja LAWSON G. STONE, "Ethical and Apologetic Tendencies in the Redaction of the Book of Joshua", *CBQ* 53 (1991), pp. 25-36.

meiam todas as suas obras" (Sl 145,9). Não, nem "todos"; bom para Israel à custa dos outros.

Podem-se dar diversas respostas a esse elemento de violência; não considero nenhuma delas como justificativa adequada. Uma resposta é dizer que Javé está comprometido loucamente com seu primogênito e herdeiro, e fará cegamente o que é melhor para esse filho, sem se importar com o custo para qualquer outro povo (cf. Êx 4,22; Jr 3,19).[14] Isso é paixão incondicional que fará qualquer coisa necessária por amor ao filho. Se aceitarmos isso, precisamos fazer uma interpretação bem diferente daquele que "ama a justiça".

Outra resposta indicaria que obter a terra por violência está ligado às reivindicações políticas e ideológicas de Israel sobre a terra. Isso sugere que as testemunhas não estão relatando uma verdade imparcial sobre Javé, e por isso não se pode confiar plenamente nelas.

Finalmente, é possível (talvez necessário?) impor uma "leitura de classes" no compromisso étnico de Javé, para dizer que a violência é caracteristicamente contra os fortes (que têm terra) em prol dos fracos (sem terra).[15] A interface entre uma leitura *étnica* e uma leitura de *classes* é bastante traiçoeira, como deixa claro JON LEVENSON.[16] Em todo caso, obter a terra por violência é uma reivindicação primária sobre esse Deus. Acaba sendo uma reivindicação custosa para Israel, que aprende que a terra tomada *para* Israel pela violência de Javé também pode ser tomada *de* Israel pela mesma violência.[17] Esse testemunho, saturado com paixão e ideologia,

---

[14] Quanto à analogia de um pai que é "louco" em sua lealdade para com um filho, veja IRIE BRONFENBRENNER, "Who Needs Parent Education?", *Teachers College Record* 79 (1978), pp. 773-774; e NEL NODDINGS, *Caring: A Feminine Approach to Ethics and Moral Education* (Berkeley: University of California, 1984), pp. 59-78.

[15] Isso se expressa popularmente em uma hermenêutica libertacionista como "a opção preferencial de Deus pelos pobres". HERBERT SCHNEIDAU, "Let the Reader Understand", *Semeia* 39 (1987), p. 141, declara que a atenção de Deus aos "vencidos" no Antigo Testamento não tem precedentes no mundo antigo, é um genuíno *novum*.

[16] Veja a forte declaração que JON D. LEVENSON faz contra uma "leitura de classes", em favor de algo como uma leitura étnica: "Exodus and Liberation", *The Hebrew Bible, the Old Testament, and Historical Criticism: Jews and Christians in Biblical Studies* (Louisville: Westminster/John Knox, 1993), pp. 127-159.

[17] Os termos temáticos da tradição de Jeremias, "arrancar e derribar", são expressões características para a resolução de Javé em agir de maneira violenta para tomar a terra de Israel.

permeia a percepção de Israel sobre a terra; talvez de uma maneira que não apenas alimente o militarismo do Ocidente cristão, mas também seja evidente no Israel contemporâneo. Sem dúvida muito nativismo nos Estados Unidos recebe desta tradição parte de sua justificativa teológica. É claro, sem a potente resolução de Javé que se concretizou como violência, Israel não teria nenhuma história central. Pode ser que, a longo prazo, se possa encontrar uma resposta quanto à violência de Javé,[18] mas dificilmente será justificada.

**A profunda irracionalidade de Javé.** Um terceiro aspecto da violência de Javé vai além de qualquer racionalidade relacionada à soberania imposta ou à luta de classes. Há uma profunda irracionalidade em Javé, a qual se concretiza peculiarmente contra Israel. Já se notou que as metáforas usadas para anunciar o compromisso passional e íntimo de Javé com Israel são geralmente conjugais. Além disso, é evidente que Javé sempre é modelado nessas imagens como o marido autoritário, sendo Israel a esposa vulnerável, que facilmente leva a culpa e é prontamente repudiada.[19] Assim, a própria metáfora que manifesta intimidade também permite violência íntima, na qual Javé é o vigoroso marido que impõe seu jeito e vontade sobre uma esposa indefesa e infeliz.

Essa imagem já parece estar em vigor em Oseias e Jeremias, mas atinge sua expressão máxima em Ezequiel; ali a louca paixão de Javé por Israel se transforma no tipo de destruição irracional que parece ser movida pela sexualidade imbuída na violência, ou pela violência imbuída na sexualidade. O testemunho contrário apresentado em Ezequiel, nas longas recitações dos capítulos 16, 20 e 23, transforma a litania dos "atos poderosos" de Javé em uma de "afrontas poderosas" contra Javé. O que geralmente não se percebe é que esses textos não apenas substituem atos poderosos por pecados, mas substituem um Javé apaixonadamente pró-Israel por um lado de Javé nem sempre visível, um Javé que está fora de controle com a ira sexual e violenta de um marido que ataca sua própria amada. Assim:

> Foste como a mulher adúltera, que, em lugar de seu marido, recebe os estranhos. [...] Julgar-te-ei como são julgadas as adúlteras e as sanguinárias; e te farei vítima de furor e de ciúme. [...] Desse modo, satisfarei em ti o meu furor, os meus ciúmes se apartarão de ti, aquietar-me-ei e jamais me indignarei. Visto

---

[18] Quanto à violência na fé de Israel, veja WALTER BRUEGGEMANN, *Revelation and Violence: A Study in Contextualization* (Milwaukee: Marquette University, 1986).

[19] Veja RENITA WEEMS, *Battered Love: Marriage, Sex, and Violence in the Hebrew Prophets* (OBT; Mineápolis: Fortress, 1995).

que não te lembraste dos dias da tua mocidade e me provocaste à ira com tudo isto, eis que também eu farei recair sobre a tua cabeça o castigo do teu procedimento, diz o Senhor Deus. (Ez 16,32,38,42-43)

> Porei contra ti o meu zelo, e eles te tratarão com furor; cortar-te-ão o nariz e as orelhas, e o que restar cairá à espada; levarão teus filhos e tuas filhas, e quem ainda te restar será consumido pelo fogo. Despojar-te-ão dos teus vestidos e tomarão as tuas joias de adorno. Assim, farei cessar em ti a tua luxúria e a tua prostituição, provenientes da terra do Egito; não levantarás os olhos para eles e já não te lembrarás do Egito. Porque assim diz o Senhor Deus: Eis que eu te entregarei nas mãos daqueles a quem aborreces, nas mãos daqueles que, enojada, tu deixaste. Eles te tratarão com ódio, e levarão todo o fruto do teu trabalho, e te deixarão nua e despida; descobrir-se-á a vergonha da tua prostituição, a tua luxúria e as tuas devassidões. Estas coisas se te farão, porque te prostituíste com os gentios e te contaminaste com os seus ídolos. (Ez 23,25-30)

Mesmo na subsequente reflexão codificada do Isaías exílico, Javé pode admitir ter tido "um ímpeto de indignação" (Is 54,8). O substancial ato de Javé de destruir Jerusalém parece ser a obra de um amante ofendido que se determina a humilhar, e finalmente destruir, o outrora objeto de amor. É digno de nota que, em todos esses casos, a fúria se acaba e Javé volta a recuperar o relacionamento. Contudo, geraram-se danos irreparáveis, e o testemunho permanece.

Pode-se desejar que essa dimensão de Javé não tivesse sido apresentada a nós, que tivesse sido excluída dos registros. Porém, aí está ela! Mas como poderia ter ocorrido de outra maneira? Já no testemunho tardio de Moisés, diz-se que Javé adotou Israel com uma paixão profunda:

Não vos teve o Senhor afeição (ḥšq), nem vos escolheu porque fôsseis mais numerosos do que qualquer povo, pois éreis o menor de todos os povos, mas porque o Senhor vos amava e, para guardar o juramento que fizera a vossos pais... (Dt 7,7-8a)

Tão-somente o Senhor se afeiçoou (ḥšq) a teus pais para os amar; a vós outros, descendentes deles, escolheu de todos os povos, como hoje se vê. (Dt 10,15)

Esse não é um compromisso casual, formal ou jurídico. É *uma paixão que vive nas "entranhas" de Javé*, o qual arrisca tudo por Israel e, tendo feito isso, espera tudo e vigia para não compartilhar sua amada com ninguém mais. Não é um casamento aberto. O resultado de uma paixão iniciada de forma tão intensa tem em si as sementes da intolerância, culminando em violência. Há, de fato, uma estranheza profunda nessa apresentação de Javé, mas Israel não recua em seu testemunho. O Deus que está furiosamente apaixonado se torna loucamente ciumento, o que é a ameaça mais profunda para Israel e sua maior esperança.

O Deus desse testemunho contrário claramente não é o Deus dos filósofos. É alguém que extrapola completamente em sua paixão, para grande ganho de Israel e, depois, para sua maior perda. Não desejo justificar ou minimizar esse amor violento, que "sempre fere aquele a quem ama". É digno de nota que no testemunho joanino no Novo Testamento, há essas palavras conhecidas: "Porque Deus amou o mundo de tal maneira..." [Jo 3,16]. Amou de tal maneira! Como amou? De que maneira? Até que ponto? Amou de tal maneira... a dar tudo... e a exigir tudo.

**A teodiceia no Antigo Testamento**

Uma segunda consideração da negatividade de Javé é "o problema da teodiceia".[20] A expressão é infeliz, porque sugere uma questão que é especulativa e admite uma resolução racional, mas serve como um ponto de referência conveniente. Israel chegou ao que denomino de *entendimento teódico*. Por meio do cálculo da tradição deuteronomista e da ideologia de atos e consequências da tradição sapiencial, Israel chegou a um consenso preliminar sobre quem obtém o que quanto a poder, bens e acesso, e em que base. Cada comunidade deve alcançar esse tipo de entendimento se pretende ser pacífica e viável, mesmo se o entendimento careça de precisão e seja apenas aproximado. A declaração mais clara e sincera desse entendimento está no Salmo 1.

O problema é que o entendimento deixa muito da vida sem explicação. Podemos crer que, na vida de Israel, o entendimento teódico, baseado nas antigas reivindicações da aliança, se tornou cada vez menos convincente. E, quando o entendimento teódico perde credibilidade, é inevitável que surja uma *crise teódica*. Talvez toda sociedade esteja incessantemente em negociação entre seu antigo entendimento teódico e novos desafios teódicos anunciados.[21] Pode bem ser que essa negociação teódica seja bem característica e encontrada por toda a parte na vida de Israel, desde os

---

[20] Para uma revisão dos estudos representativos sobre a teodiceia no Antigo Testamento, veja JAMES L. CRENSHAW (org.), *Theodicy in the Old Testament* (Filadélfia: Fortress, 1983).

[21] PETER L. BERGER, *The Sacred Canopy: Elements of a Sociological Theory of Religion* (Garden City: Doubleday, 1967), pp. 53-80 e *passim*, sugere que toda sociedade tem duas teodiceias. Veja LEO PERDUE, "Cosmology and the Social Order in the Wisdom Tradition", *The Sage in Israel and the Ancient Near East* (org. JOHN G. GAMMIE e LEO G. PERDUE; Winona Lake: Eisenbrauns, 1990), pp. 457-78.

ousados desafios de Moisés aos protestos inquietos da sabedoria posterior. Pode ser que Israel como comunidade, devido à sua existência diante de Javé, esteja a se preocupar de modo polêmico com a teodiceia. Em todo caso, as circunstâncias proporcionam uma forma aguda da crise, precisamente em torno dos eventos de 587 a.C. e do subsequente exílio.

A questão da teodiceia em Israel consiste na aguda percepção de que as promessas das sanções da aliança não foram mantidas. Quando ultrapassamos as categorias formais, encontramos uma questão aguda referente a Javé: a saber, que seu governo e garantias não eram mais confiáveis em Israel. A crise de teodiceia é anunciada nitidamente na tradição de Jeremias, a mesma tradição que ataca Javé como um "sedutor":

> Justo és, ó Senhor,
> quando entro contigo num pleito;
> contudo, falarei contigo dos teus juízos.
> Por que prospera o caminho dos perversos,
> e vivem em paz todos os que procedem perfidamente?
> Plantaste-os, e eles deitaram raízes;
> crescem, dão fruto;
> têm-te nos lábios,
> mas longe do coração.
> Mas tu, ó Senhor, me conheces,
> tu me vês e provas o que sente o meu coração para contigo.
> Arranca-os como as ovelhas para o matadouro
> e destina-os para o dia da matança.
> Até quando estará de luto a terra,
> e se secará a erva de todo o campo?
> Por causa da maldade dos que habitam nela,
> perecem os animais e as aves;
> porquanto dizem: Ele não verá o nosso fim. (Jr 12,1-4)

Não apenas os perversos prosperam (v. 1); o inocente (aqui Jeremias) sofre, quando tem direito à prosperidade e bem-estar. A coerência da fé da aliança entrou em colapso, e com isso muito da motivação pelo javismo. Como uma questão teológica, a teodiceia é simplesmente a poderosa percepção de que Javé não é confiável, não se pode fiar-se nele, ele não provê garantias para a justiça que promove. Nesse desafio primário a Javé, notamos que a premissa aceita é que ele é, de fato, justo (v. 1). O problema é que as evidências citadas mostram o contrário. São os ímpios que "dão fruto", enquanto Javé está "longe do coração" (v. 2).

## Jó e a crise de teodiceia

Concorda-se amplamente que o livro de Jó é o testemunho contrário mais ambicioso de Israel quanto à crise da teodiceia.[22] O livro de Jó tem conexões importantes com a tradição de Jeremias (cf. Jr 20,14-18 e Jó 3), e WESTERMANN mostra que muito do poema de Jó se baseia nos salmos de lamento, de maneira que a questão teológica proposta aqui de uma forma extrema é a mesma questão proposta pelos salmos de lamento: a confiabilidade de Javé.[23]

A questão da teodiceia, ecoando Jeremias 12,1-4, é explicitada em Jó 21,7: "Como é, pois, que vivem os perversos, envelhecem e ainda se tornam mais poderosos?". No v. 7, o personagem Jó levanta a questão central do livro, que é a questão central do testemunho contrário de Israel. É a questão reverberante do abrasivo assombro de Israel: "Por quê?" (*mddû'*). É ostensivamente uma questão acerca dos "perversos", mas claramente se expressa como uma questão sobre Javé. Por quê? ...Porque Javé é desatento, não confiável e, portanto, nulificam-se os sistemas de sanções que asseguram coerência moral. É uma questão justa e, para Israel, com as antigas sanções tinindo em seus ouvidos, é uma questão urgente e inevitável. É a questão última de Israel sobre o poder e a fidelidade de Javé. O livro de Jó gira em torno da recusa, indisposição ou incapacidade de Javé em responder. Visto que a questão foi feita e ficou sem resposta, a articulação de Israel sobre Javé se modifica para sempre. Essa questão domina o diálogo do livro (capítulos 3-27) e a declaração de inocência de Jó (capítulos 29-31). Nesses capítulos, Jó compartilha a premissa do "amigo" quanto ao sistema de sanções garantidas por Javé. Jó continua a confiar nesse sistema de sanções; contudo, mesmo assim sua urgente exigência de uma resposta permanece sem ser atendida.

Além disso, faz-se uma segunda questão a Javé, ao lado da questão central de Jó em 21,7. A segunda questão é proposta por "Satanás" (ou

---

[22] Como uma asserção do problema da teodiceia, mais especificamente em Jó 21,7, o livro de Jó parece protestar contra o entendimento teódico de Deuteronômio ou de Provérbios, ou do mundo refletido em ambas as literaturas e defendido por elas.

[23] Quanto às formas usadas no livro de Jó, veja CLAUS WESTERMANN, *The Structure of the Book of Job: A Form-Critical Analysis* (Filadélfia: Fortress, 1981). Veja o apelo a Jr 20,7-20 em Jó 3. Quanto ao modo atormentado pelo qual JOÃO CALVINO se debateu com a problemática teologia do livro de Jó, veja SUSAN E. SCHREINER, *Where Shall Wisdom Be Found? Calvin's Exegesis of Job from Medieval and Modern Perspectives* (Chicago: University of Chicago, 1994).

"o adversário"), que é um dos "filhos de Deus" (1,6). Mesmo antes de chegar na questão, notamos a impressionante declaração, no capítulo 1, sobre Javé. Ele preside uma corte de conselheiros e auxiliares. Javé ainda vive no mundo povoado do politeísmo, cercado de parceiros de conversa. Se tentarmos "decodificar" essa linguagem dramática, podemos dizer que "Satanás" e os demais "filhos de Deus" testemunham sobre a rica, dinâmica e instável vida interior de Javé. A conversa entre Javé e os conselheiros se refere à mesma questão proposta por Jó em 21,7, apenas se faz agora do lado de Deus. Nessa permuta do primeiro capítulo, Javé valoriza a antiga ordem de sanções e, confiantemente, exibe Jó como um exemplo de alguém "íntegro e reto". Contudo, a dúvida obscurece a celebração de Jó na corte de Javé, dúvida sobre a inocência, desinteresse e legitimidade de sua obediência. De fato, a obediência não é suficiente, na admiração da corte de Javé. A obediência genuína precisa incluir uma motivação correta assim como uma ação correta: "Porventura, Jó debalde teme a Deus?" (1,9) – por nada (ḥnnm), de forma gratuita, sem esperança de recompensas? A questão é sutil, mas crucial, e impele todo o livro de Jó. A questão proposta por Jó em 21,7 parece responder a de Satanás em 1,9. Não, a obediência de Jó não é sem motivos. Todavia, do lado de Javé, a questão é de confiança e autenticidade. A relação entre Javé e Jó é calculada, formal, mecânica, e pode ser manipulada por qualquer lado? Ou essa relação de obediência é uma devoção descomplicada e singular, motivada apenas pela afeição? Para nossos propósitos, o que mais conta é a delicadeza da questão proposta para Javé e considerada por ele. A obediência – do tipo que Moisés, os profetas e os sábios encorajam – não é suficiente. Se fosse suficiente, a questão de Satanás não se revelaria tão séria e fascinante.

O poema de Jó, pois, começa com os dois lados do relacionamento, Javé e Jó, agora em grande estupefação quanto ao outro lado. Jó questiona: *Deus é confiável?* E Jó, em sua fúria, considera a opção de que Javé não o seja. Javé pergunta: *Jó é sério?* E o concílio celestial considera surpreso a possibilidade de que Jó não o seja. A prática do reexame em si é um exercício de suspeita. Aqui ambos os lados passam a suspeitar do outro.

O outro elemento dramático que configura a ação é que Jó, o qual faz a pergunta em 21,7, desconhece a conversa que gerou 1,9. Javé é convocado a uma conversa com Jó, à qual Jó aparentemente acha ter direito. Mas Javé também está envolvido em outra conversa, uma que se refere à própria vida dele, acerca da qual Jó não sabe nada e à qual nem tem acesso. Essa segunda conversa não foi muito enfatizada ou revelada até aqui no testemunho de Israel. Porém, desde a primeira menção da glória, santidade e zelo de Javé, sabemos que ele tem sua própria vida para viver. Essa vida pode alterar as respostas possíveis à questão de Jó, mas este nada sabe sobre isso.

O corpo principal do livro de Jó se refere ao diálogo dele com seus amigos (capítulos 3-27, 32-37) e à autodefesa de Jó (capítulos 29-31). Todos os lados desse diálogo com os amigos (se é realmente um diálogo) assumem a confiabilidade do antigo sistema de sanções da aliança. Contudo, Jó tem dados contrários que anulam essa reivindicação de confiabilidade, e se recusa a ignorá-los. De fato, são a coragem e a firmeza de Jó que tanto exigem o drama quanto o possibilitam. A respeito desse longo diálogo, podemos notar três questões sobre Javé.

**O duro ataque verbal a Javé**. Primeiro, Javé, o Deus que jurou simetria moral e que parece ter voltado atrás nesse juramento, é sujeitado a um duro ataque verbal. Nesses capítulos, alcançamos a expressão extrema do testemunho contrário de Israel sobre Javé, que agora é apresentado como não confiável e como tendo realmente voltado atrás nas reivindicações de fidelidade que estão no núcleo do testemunho central de Israel.

Talvez o ataque mais abrasivo dirigido a Javé seja a declaração de Jó em 9,15-22:

> A ele, ainda que eu fosse justo, não lhe responderia;
> antes, ao meu Juiz pediria misericórdia.
> Ainda que o chamasse, e ele me respondesse,
> nem por isso creria eu que desse ouvidos à minha voz.
> Porque me esmaga com uma tempestade
> e multiplica as minhas chagas sem causa.
> Não me permite respirar;
> antes, me farta de amarguras.
> Se se trata da força do poderoso, ele dirá: Eis-me aqui;
> se, de justiça: Quem me citará?
> Ainda que eu seja justo,
> a minha boca me condenará;
> embora seja eu íntegro,
> ele me terá por culpado.
> Eu sou íntegro,
> não levo em conta a minha alma,
> não faço caso da minha vida.
> Para mim tudo é o mesmo; por isso, digo:
> tanto destrói ele o íntegro como o perverso. (Jó 9,15-22)

Jó não duvida do poder de Javé, mas as evidências são substanciais de que Javé é injusto. De fato, no v. 20: "ele me terá por culpado" (*'qš*).

Ou seja, Javé é uma falsa testemunha que apresentará evidências no tribunal para condenar Jó, mesmo contra a verdade da questão. Tudo nesse relacionamento depende de um testemunho confiável e, agora, assim afirma Israel (por meio de Jó), Javé viola o próprio mandamento sobre falso testemunho. O resultado disso é a subsequente conclusão de que Javé não é confiável e é moralmente indiferente: "tanto destrói ele o íntegro como o perverso" (v. 22). Evapora-se a premissa sobre a qual Israel e Jó basearam suas vidas. O testemunho contrário a Javé é inequívoco, desenfreado e sem qualificações.

**A não denominação de Javé**. Notamos um segundo elemento nesses "diálogos": nesses poemas Javé é caracteristicamente chamado por muitos outros nomes, evidenciando a finura e a enorme erudição do poeta sobre a religião do Antigo Oriente Próximo, mas quase nunca "Javé" antes do discurso no redemoinho.[24] Sem dúvida, essa é uma estratégia literária consciente. Porém, talvez toda a discussão que nunca nomeia Javé seja irrelevante. Talvez os participantes desse diálogo e os poetas que anunciam o testemunho tenham entendido tudo errado, porque nunca lidaram com Javé em si. Talvez toda a discussão careça de contato com o Deus do testemunho central de Israel.

**A recusa de Javé em responder**. O terceiro ponto é que Javé se recusa a responder; ele se recusa a ser puxado para dentro dessa conversa e se recusa a refutar as acusações ou defender sua honra. Talvez Javé não se envolva porque recebeu uma convocação defeituosa, sem ter sido chamado apropriadamente por seu nome. Mais provavelmente, Javé não tem interesse nesse argumento calculista. A questão proposta em 1,9 se refere à autenticidade e genuinidade da afeição, e isso aparentemente é irrelevante no diálogo presente. Javé permanece misteriosamente longe da polêmica.

A estranha obscuridade de Javé não se modifica muito no poema da sabedoria do capítulo 28. Javé permanece oculto e inescrutável. Já vimos em Provérbios 16,1-2.9; 19,14, 20,24 e 21,30-31 que a sabedoria governante de Javé não é totalmente acessível ao entendimento humano. Assim, a distância de Javé não é tratada em Jó 28 como silêncio, mas como mistério majestoso. Diante do mistério, essa reflexão sobre a sabedoria e sua conexão com Javé terminam naquilo que está caracteristicamente disponível em Israel:

---

[24] ANDRE NEHER, *The Exile of the Word: From the Silence of the Bible to the Silence of Auschwitz* (Filadélfia: Jewish Publication Society of America, 1981), chama a atenção às diversas dimensões do silêncio no livro de Jó.

> E disse ao homem:
> Eis que o temor do Senhor é a sabedoria,
> e o apartar-se do mal é o entendimento. (v. 28)

O encorajamento do v. 28 está bem distante da poesia dos vs. 1-17. Mas a distância é entre Deus em seu afastamento e Javé, que está presente na sabedoria comum da vida diária. E Israel deve acatar esse encorajamento.

É importante que, no v. 28, finalmente se pronuncia o nome de Javé, como se nesse versículo o sábio se inclinasse de volta ao testemunho central de Israel. De fato, o conselho dado aqui é o de retornar à recomendação central da simples sabedoria de Provérbios 3,7-8:

> Não sejas sábio aos teus próprios olhos;
> teme ao Senhor e aparta-te do mal;
> será isto saúde para o teu corpo
> e refrigério, para os teus ossos. (Pv 3,7-8)

Porém, essa resolução dificilmente é satisfatória. Nenhuma revelação real ocorre aqui, nenhum reconhecimento real, nenhum encontro real. Tem-se a impressão de que é uma advertência penúltima que não resolve nada, exceto por adiar as questões difíceis. De fato, se o v. 28 fosse adequando, nem a questão de Satanás em 1,9 nem a de Jó em 21,7 teriam sido feitas.

**O Deus do redemoinho**. Apenas tardiamente, em 38,1-42.6, na atemorizante tempestade, é que Javé finalmente fala. Após o longo hiato dos capítulos 3-37, Javé é novamente chamado pelo nome correto (como em 28,28). Esse que fala é realmente o Deus de Israel, o sujeito do testemunho central de Israel. O Deus de Israel realmente responde, no fim, e a resposta leva Jó a sério. Todavia, não é uma resposta fácil de entender, e não concede nada a Jó. Javé deseja estar disponível a Jó. Mas é soberano, altivo, condescendente, indiferente, repreensor; ele se recusa a considerar a profunda questão de Jó, a responder à sondagem de 21,7, e a entrar em qualquer debate sobre justiça, sanções, confiabilidade moral ou simetria da aliança. Embora os estudiosos explorem o que parece ser sutileza nessas respostas de Javé, é evidente que a base da resposta de Javé está no poder; é o poder do Deus Criador que é genuinamente original, que funda a terra, limita o mar, convoca chuva e neve, ordena as luzes cósmicas e mantém a cadeia alimentar funcionando.[25] As afirmações líricas e autocongratu-

---

[25] Carol NEWSOM, "The Moral Sense of Nature: Ethics in the Light of God's Speech to Job", *Princeton Seminary Bulletin* 15 (1994), pp. 9-27, investigou em tempos recentes

latórias de Javé sobre as maravilhas do Beemote (40,15-24) e do Leviatã (41,1-34) elevam a asserção de poder à reivindicação de qualidade artística.[26] Mas a declaração toda é sobre seu caráter deslumbrante, não sobre seu envolvimento.

Esses versos doxológicos se esforçam na busca de palavras para articular o caráter substancial e maravilhoso desse Deus, para quem RUDOLF OTTO emprega a noção de *Tremendum*; antes de OTTO, pode-se apelar ao "Sublime" de IMMANUEL KANT.[27] A resposta de Javé – o seu testemunho contrário contra Jó, que visa anular o testemunho contrário deste – leva seu personagem a uma nova escala de grandeza. Esse não é mais um Deus que repudiou o cálculo moral. Os amigos de Jó estão certos, até onde entendem, mas esse é um Deus em cuja presença as questões de cálculo moral de Jó e de seus amigos parecem indignas e triviais. Esse é, de fato, o "Deus além de Deus", que nega a Jó (e a Israel) o conforto da simetria moral.[28] Jó (e Israel) agora precisa viver em um mundo onde *nada é estável ou certo ou confiável, exceto o caráter deslumbrante de Deus*. Israel fica deslumbrado de um modo que incessantemente mesmeriza, ameaça e desestabiliza. Somos levados a imaginar que o Deus sobre quem Jó e seus amigos debatem é, no fim, precisamente uma das imagens proibidas pelo terrível

os discursos de Javé.

[26] Se os discursos de Javé devem ser entendidos como uma articulação da teologia da criação, então a menção do Leviatã aqui bem pode estar relacionada à menção no Sl 104,26.

[27] IMMANUEL KANT, *The Critique of Judgment* (trad. JONES CREED MEREDITH; Oxford: Clarendon, 1952), pp. 90-203. Em sua obra bem conhecida, RUDOLF OTTO, *The Idea of the Holy: An Enquiry into the Non-rational Factor in the Idea of the Divine and Its Relation to the Rational* (Nova York: Oxford University, 1950), p. 63, transpõe a noção de KANT do Sublime para o Santo: "Embora o elemento de 'temor' seja gradualmente superado, a conexão do 'sublime' ao 'santo' se torna firmemente estabelecida como um esquema legítimo e prossegue nas mais altas formas de consciência religiosa – prova de que existe uma proximidade oculta entre o numinoso e o sublime, que é algo mais do que uma analogia meramente acidental, e à qual a *Crítica da Faculdade do Juízo* de KANT dá um testemunho distante". Tod Linafelt, "The Undecidability of barak in the Prologue to Job and Beyond", *Biblical Interpretation* 4 (1994), pp. 154-172, sugere uma interface entre o "sublime" de KANT e o Deus dos discursos do redemoinho. A explicação de OTTO sobre o santo deve muito explicitamente às categorias de KANT.

[28] Veja PAUL TILLICH, *The Courage to Be* (Londres: Nisbet and Co., 1952), pp. 147-180 e *passim*.

Deus do Sinai. O Deus do redemoinho recusa a domesticação à qual Israel é intensamente tentado.

A enigmática resposta final de Jó ao Deus da tempestade em 42,1-6 parece ser uma concessão, mas os estudiosos suspeitam que a resposta não é tão direta quanto parece.[29] Em todo caso, a questão sobre a confiabilidade em 21,7 e o ataque de 9,20-22 evaporaram. Não é que tenham sido respondidos por Javé ou retirados por Jó; mas agora, à luz dessa sólida contribuição de Javé à conversa, ninguém mais está interessado na questão: nem Jó, nem Satanás, nem Javé. Os amigos que defenderam mais firmemente o cálculo domesticado agora são explicitamente rejeitados (42,7).

**Epílogo problemático.** O epílogo de 42,7-17 é tão problemático quanto a resposta final de Jó em 42,1-6. Certamente não basta mais considerar a conclusão em prosa como um adendo tardio para suavizar o final poético. Esses versos em prosa pertencem integralmente ao testemunho contrário do poema, mas a intenção deles está longe de ser clara. Os amigos são dispensados porque se conformaram com uma conclusão ideológica, sem levar em conta o problema da experiência de vida. Essa postura evoca a ira de Javé, pois ele não deseja que a ideologia esmague a experiência. E isso deixa apenas dois lados para a conclusão: Javé e Jó, face a face. Jó, em contraste a seus amigos, falou o que é "reto" (42,7-8). Essa afirmação de Jó pode se referir à sua concessão em 42,1-6, mas esses versículos são pouco claros. Se o texto de 42,1-6 é "reto", então se celebra Jó por ter entrado e aceitado o caráter deslumbrante de Javé, deixando para trás a questão penúltima da simetria moral. Porém, visto que o v. 6 é tão enigmático, não podemos ter certeza.

Talvez o que é "reto" seja *a recusa de Jó em fazer concessões*; portanto, o que se celebra é todo seu argumento desafiador que culmina em 42,6. Ou seja, o que Javé designa como "reto" é que Jó (Israel, a humanidade) apresente argumentos legítimos e reivindicações justas diante da santidade, sem timidez, covardia ou concessões. Essa conclusão pode não celebrar a retidão do antigo entendimento teódico de Israel baseado no Sinai (ou nos sábios), mas celebra a coragem do agente humano de trazer a questão humana sobre a justiça à perigosa zona da santidade de Deus.[30]

---

[29] Veja Jack Miles, *God: A Biography* (Nova York: Knopf, 1995), p. 425 nota 324, para um bom comentário sobre esse texto; de modo mais geral, quanto à ironia em Jó, veja Edwin M. Good, *In Turns of Tempest: A Reading of Job, with a Translation* (Stanford: Stanford University, 1990).

[30] Essa ênfase em Jó é encorajada por Ernst Bloch, *Atheism in Christianity: The*

Sem dúvida, como sugere o poema, há uma terrível divergência entre a justiça humana e a santidade soberana de Javé. Além disso, nessa confrontação a justiça humana nunca pode vencer, pois sempre se confina ao trivial na presença desse impressionante Deus Criador que supera todas as categorias nas quais Israel caracteristicamente deposita sua confiança. Assim, a humanidade deve portar a questão da justiça com coragem, mesmo quando Israel sabe que a questão não alcançará a vitória com Javé. Há algo de Javé que transcende o cálculo moral, e que nunca se submeterá. Apesar disso, a confiabilidade moral do mundo deve ser defendida, mesmo diante dessa sinistra derrota. Mesmo a santidade de Deus, enigmática e inescrutável como o caminho de Deus no mundo, não permite o abandono da agenda humana primária de justiça. Jó (e Israel) tem o direito de falar sempre da justiça – de fato, tem a obrigação de falar da justiça diante da santidade de Deus.

Finalmente, por que tudo é restaurado a Jó, exceto seus filhos?[31] Talvez a resposta seja que nem Jó nem Javé podem sustentar esse extremo envolvimento por muito tempo. Esse extremo envolvimento é o centro da questão, mas ambos os lados viverão para desfrutar outros dias entre si. Assim, a dor de Jó é um fundamento muito sério para uma sondagem. Mas é apenas uma sondagem, não um novo nível sustentável de interação com Javé. Esse extremo momento de envolvimento é como uma apresentação artística surpreendente... e daí é preciso deixar o auditório e voltar à vida real. Ou é como um momento de tirar o fôlego na terapia, quando tudo se torna claro... e daí é preciso voltar à "realidade". Ou é como a intensidade da interação sexual... e daí é preciso lavar os pratos. Após o momento de pura revelação vem o retorno à normalidade. Jó precisa retornar à sua paixão moral (imaginamos) e ser "íntegro e reto". E Javé certamente retornará à fidelidade generosa que lhe pertence por definição. Ambos os lados revertem ao comportamento característico. Javé é um restaurador da "sorte" (42,10), e Jó é o guardião obediente da Torá. Nesse mundo ao qual Javé e Jó parecem retornar, a visão dos amigos é adequada.

---

*Religion of the Exodus and the Kingdom* (Nova York: Herder and Herder, 1972), pp. 106-122, e é assumida efetivamente por GUSTAVO GUTIÉRREZ, *On Job: God-Talk and the Suffering of the Innocent* (Maryknoll: Orbis Books, 1987).

[31] Quanto à irreversível perda dos filhos, veja EMIL FACKENHEIM, "New Hearts and the Old Covenant: On Some Possibilities of a Fraternal Jewish-Christian Reading of the Jewish Bible Today", *The Divine Helmsman: Studies on God's Control of Human Events* (org. JAMES L. CRENSHAW e SAMUEL SANDMEL; Nova York: KTAV, 1980), pp. 191-205.

Mas nem Javé nem Jó jamais serão os mesmos após esse intenso encontro, não mais do que alguém permanece o mesmo após um surpreendente espetáculo, uma terapia de tirar o fôlego, ou a intensidade sexual. Ambos os lados transcenderam aquilo que tinham visto antes. Agora precisam viver com essa percepção ofuscante, a qual permanece, mesmo quando se ameniza. É notável que, no fim, Javé não retorna à corte celestial e não volta a falar com Satanás. O lugar correto de Javé não é junto às especulações do céu, mas nas realidades da terra. Javé não é um membro de um elenco mítico, mas um parceiro dos corajosos e obedientes na terra. O envolvimento contínuo de Javé é com Jó, que é seu parceiro em sinceridade abrasiva, e que se revela ser o seu contraponto apropriado. Jó ainda não sabe porque o ímpio prospera, e ele não se importa mais. Javé não sabe ainda se Jó o serve sem interesses, mas sabe o suficiente. Javé não é um parceiro gentil e fácil, mas Jó também não o é. O relacionamento deles inclui uma medida de honestidade e respeito que vivifica e enobrece a vida que agora devem viver. Nenhum deles clarificou sua questão inicial, mas chegaram a um consenso entre si. O drama não traz uma solução que seja plenamente o que eles desejavam. Mas eles se contentam em sua honestidade, sem ceder excessivamente ao outro.

### *Eclesiastes: a margem extrema da negatividade*

O anúncio penetrante e incessante da negatividade de Javé tem seu preço. Ao longo do tempo, ao menos em alguns lugares, parece se erodir a confiança no testemunho central de Israel. Certamente, em outros lugares, a confiança nesse testemunho central continua com força total ou até intensificada, mas esse não é nosso interesse aqui. Na margem extrema do Antigo Testamento, de forma cultural e epistemológica, o livro de Eclesiastes nos concede o resíduo e o resultado desse anúncio penetrante e incessante da negatividade. O poema de Jó é a articulação mais estridente dessa negatividade no testemunho contrário de Israel, mas é feito com paixão, pois envolve altos riscos. Temos a impressão que todos envolvidos se importam intensamente – Jó e seus amigos, Javé e Satanás, os escritores do texto, e nós os leitores.

Quando chegamos à margem extrema da negatividade em Eclesiastes, temos a impressão paralela de um testemunho contrário: há uma testemunha hostil, que cumpre sua função, mas não se importa realmente se alguém é persuadido por esse pronunciamento de negatividade cautelosa. Não se duvida nesse testemunho contrário que Javé seja o Criador que preside sobre toda a criação com um poder incontestado. Isso é teologia da

Capítulo XI

criação em seu aspecto mais formal e formidável, talvez alimentada pelos discursos de Javé em Jó 38-41. O mundo realmente pertence a Javé. Em Eclesiastes, fazem-se três afirmações sobre Javé como Criador, que são congruentes com as reivindicações feitas no testemunho central de Israel. Primeiro, Deus realmente governa a longo prazo:

> Sei que tudo quanto Deus faz durará eternamente; nada se lhe pode acrescentar e nada lhe tirar; e isto faz Deus para que os homens temam diante dele. O que é já foi, e o que há de ser também já foi; Deus fará renovar-se o que se passou. (3,14-15)

> Não te precipites com a tua boca, nem o teu coração se apresse a pronunciar palavra alguma diante de Deus; porque Deus está nos céus, e tu, na terra; portanto, sejam poucas as tuas palavras. (5,2)

> ....e o pó volte à terra, como o era, e o espírito volte a Deus, que o deu. (12,7)

Deus sobreviverá a todas as criaturas e preservará tudo o que é, era e será. Deus é aquele que abrange tudo e é totalmente autossuficiente.

Segundo, o Deus que governa é aquele que julga, que presta atenção à conduta no mundo, e que concede às pessoas aquilo que elas merecem. Eclesiastes inclui uma forte dose do tipo de teologia e moralidade defendido pelos amigos de Jó:

> Porque Deus dá sabedoria, conhecimento e prazer ao homem que lhe agrada; mas ao pecador dá trabalho, para que ele ajunte e amontoe, a fim de dar àquele que agrada a Deus. (2,26)

> Então, disse comigo: Deus julgará o justo e o perverso; pois há tempo para todo propósito e para toda obra. (3,17)

> Não consintas que a tua boca te faça culpado, nem digas diante do mensageiro de Deus que foi inadvertência; por que razão se iraria Deus por causa da tua palavra, a ponto de destruir as obras das tuas mãos? (5,6; cf. 7,26; 8,13-14; 11; 12,14)

Há uma avaliação e uma prestação de contas das quais não se pode escapar. A coerência moral realmente existe, e a conduta é considerada. O tom desses pronunciamentos sugere que essa não é uma reivindicação feita com paixão moral, mas simplesmente uma avaliação de bom senso sobre como se dar bem.

Terceiro, Deus dá. De fato, não há nada senão aquilo que Deus dá:

> Nada há melhor para o homem do que comer, beber e fazer que a sua alma goze o bem do seu trabalho. No entanto, vi também que isto vem da mão de Deus, pois, separado deste, quem pode comer ou quem pode alegrar-se? (2,24-25)

> Eis o que eu vi: boa e bela coisa é comer e beber e gozar cada um do bem de todo o seu trabalho, com que se afadigou debaixo do sol, durante os poucos dias da vida que Deus lhe deu; porque esta é a sua porção. Quanto ao homem a quem Deus conferiu riquezas e bens e lhe deu poder para deles comer, e receber a sua porção, e gozar do seu trabalho, isto é dom de Deus. Porque não se lembrará muito dos dias da sua vida, porquanto Deus lhe enche o coração de alegria. (5,18-20; cf. 6,2; 8,15; 9,7)

Os dons de Deus, contudo, chamam mais a atenção como um ato de afastamento, não de generosidade. Pois, na verdade, o que Deus dá é um desconcertante e pouco satisfatório "enfadonho trabalho" (1,13). Há dons para alegria (3,12), mas são dados junto com aquilo que é vaidade. Até o que é dado de riquezas, bens e honra (6,2) é realmente uma vaidade, uma "grave aflição" (6,2). Essa testemunha não é ateísta; ele não quer negar Deus ou seus dons. Só isso, se tomado sozinho, é comum no relato de Israel sobre Javé.

Esse testemunho não pode ser separado de seu contexto e do tom em que é pronunciado. Apesar de todas essas afirmações um tanto estereotipadas sobre Javé, a vida inteira é desconcertante e enigmática, na melhor das hipóteses. No máximo, é uma confusão, uma tribulação, e vaidade. O bem que Deus faz ao governar, julgar e dar se situa em um contexto de frustação substancial, pois nada disso é coerente, confiável ou faz sentido. Eclesiastes, como uma testemunha da negatividade, vai além dessas convicções, que sem dúvida são afirmações sérias e bem intencionadas, para asseverar a inescrutabilidade de Javé. Assim, "Deus está nos céus, e tu, na terra" (5,2). Deus é remoto, transcendente, fora de alcance. É melhor que o discurso humano seja mantido humilde, porque as pessoas não estão em posição sequer de se dirigirem a Deus de alguma maneira que importe. Aqui é como se a testemunha tivesse sido convencida pelos discursos do redemoinho (Jó 38-41). Deus está além do desafio ou da correção: "pois quem poderá endireitar o que ele torceu?" (7,13). A perplexidade é porque a humanidade precisa viver em um mundo cujo sentido não pode ser decifrado:

> Então, contemplei toda a obra de Deus e vi que o homem não pode compreender a obra que se faz debaixo do sol; por mais que trabalhe o homem para a descobrir, não a entenderá; e, ainda que diga o sábio que a virá a conhecer, nem por isso a poderá achar. (8,17)

O pronunciamento é como um mantra de resignação: "o homem não pode compreender"... "não a entenderá"... "nem por isso a poderá achar". Deus faz todas as coisas, mas ninguém conhece as obras de Deus (11,5). Está tudo oculto em um ciclo sem sentido de viver, respirar e morrer... tudo é vaidade (12,8).

O problema não é simplesmente a qualidade enigmática da vida humana sob o comando de um Deus remoto. Mais do que isso, Deus é completamente indiferente às diferenciações no mundo. Nenhuma evidência se apresenta aqui de que algo na terra faça qualquer diferença no modo como Javé lida com o mundo. Em sua raiva, Jó já tinha dito: "Para mim tudo é o mesmo; por isso, digo: tanto destrói ele o íntegro como o perverso" (Jó 9,22).[32] Esse tema parece uma conclusão justa ao poema de Jó (talvez superada no epílogo, embora nada seja admitido). Em todo caso, esse tema é rearticulado no testemunho contrário de Eclesiastes:

> Porque o que sucede aos filhos dos homens sucede aos animais; o mesmo lhes sucede: como morre um, assim morre o outro, todos têm o mesmo fôlego de vida, e nenhuma vantagem tem o homem sobre os animais; porque tudo é vaidade. Todos vão para o mesmo lugar; todos procedem do pó e ao pó tornarão. Quem sabe se o fôlego de vida dos filhos dos homens se dirige para cima e o dos animais para baixo, para a terra? (3,19-21)

A ênfase, certamente, é um pouco diferente aqui do que a de Jó. Jó indicou que não há distinção entre os culpados e os inocentes entre as pessoas, e aqui não há distinção entre animais e o homem. Visto que os animais não responsáveis moralmente, o resultado dessas duas asserções é o mesmo: nenhuma conduta, nem mesmo a obediência passional, é considerada por Deus. Pode-se ser tão estúpido ou impassível como um animal, pois isso não importa nada.

A afirmação de Eclesiastes 9,1-3 se aproxima muito mais da reivindicação de Jó 9,22:

> Deveras me apliquei a todas estas coisas para claramente entender tudo isto: que os justos, e os sábios, e os seus feitos estão nas mãos de Deus; e, se é amor ou se é ódio que está à sua espera, não o sabe o homem. Tudo lhe está oculto no futuro. Tudo sucede igualmente a todos: o mesmo sucede ao justo e ao perverso; ao bom, ao puro e ao impuro; tanto ao que sacrifica como ao que não sacrifica; ao bom como ao pecador; ao que jura como ao que teme o juramento. (9,1-2)

---

[32] O mesmo argumento é defendido de forma diferente, com menos aspereza, no Sl 49,12.20, no qual constitui um refrão reiterado: "Todavia, o homem não permanece em sua ostentação; é, antes, como os animais, que perecem".

Tudo neste lado terrestre da criação é, no final das contas, irrelevante.

A questão da unidade desse testemunho em Eclesiastes é difícil. Expressam-se múltiplas opiniões aqui, algumas em contradição a outras. Pode ser que diferentes vozes tenham discernido e dito coisas diferentes. No entanto, é plausível concluir que são exatamente as contradições que constituem a substância desse testemunho contrário. A contradição é entre as reivindicações normativas da fé, aqui repetidas como se fossem decoradas, e a frustração aguda da experiência. É a mesma contradição que é a essência do poema de Jó. É a contradição entre a obediência e a responsabilidade valorizadas e significativas no mundo e a profunda percepção da indiferença moral em maior escala, de maneira que, na verdade, nada realmente importa. Nada realmente importa para Deus e, portanto, o orador também está pronto a desistir de protestar contra a vaidade de tudo. O testemunho central da boa soberania de Deus está em risco nesse senso fracassado de resignação, mas o testemunho é por demais contraditório e convoluto até para permitir esse discernimento final.

Então, o que Israel deve fazer quando a estrutura de "mandar e obedecer" das sanções da aliança entra em colapso? De fato, o que deve fazer a humanidade em um mundo onde Deus é remoto, inescrutável, inacessível, aparentemente indiferente? A resposta é desfrutar da vida enquanto é possível:

> Vai, pois, come com alegria o teu pão e bebe gostosamente o teu vinho, pois Deus já de antemão se agrada das tuas obras. (Ec 9,7)

A aprovação de Deus soa como mera formalidade. A afirmação soa bastante cínica. Mas é uma tentativa, sugiro, de salvar o significado e o bem-estar humanos em um mundo que se tornou teologicamente incoerente e quase insuportável. Apesar disso, é um bom conselho: não se deixe consumir pela aflição e ansiedade; ame sua vida. Em si mesma, essa pode ser uma receita para autoindulgência em um mundo onde Deus é indiferente moralmente. De fato, esse testemunho indireto a Javé soa similar ao "discurso errado" sobre ele: "O Senhor não faz bem, nem faz mal" (Sf 1,12; Jr 5,12).[33]

Uma importante exceção ocorre no fim, contudo, quando essa testemunha nos surpreende:

---

[33] Quanto à idolatria como "discurso errado" sobre Javé, veja pp. 136-137 [seção "Pronunciamentos negativos e errados" do capítulo 3].

> De tudo o que se tem ouvido, a suma é: Teme a Deus e guarda os seus mandamentos; porque isto é o dever de todo homem. (Ec 12,13)

Com todo o tom de resignação e de viver à beira do desespero que poderia sancionar a autoindulgência, essa testemunha contrária não está fora do círculo dos mestres da sabedoria, os quais incessantemente negociam entre a experiência e a afirmação comunitária. Essa testemunha pode e deseja, no fim ("A suma é..."; *sôph dabar*), retornar às cadências da antiga sabedoria. ERHARD GERSTENBERGER sugere que Provérbios 3.7 funciona como um lema para a instrução da sabedoria: "Não sejas sábio aos teus próprios olhos; teme ao Senhor e aparta-te do mal".[34] Esse conselho é um guia adequado para uma vida responsável no mundo ordenado por Javé. E, em todo caso, o "temor do Senhor" é realmente o princípio do saber (Pv 1,7). Reconhecer a Javé é o ponto de orientação para uma vida bem vivida.[35]

No poema referente à obscuridade e inescrutabilidade da sabedoria em Jó 28, após uma doxologia lírica extraordinária em louvor à sabedoria em toda sua profundidade e maravilha, o poema conclui com um eco da antiga sabedoria, um eco de palavras muito similares a Provérbios 3,7: "Eis que o temor do Senhor é a sabedoria, e o apartar-se do mal é o entendimento" (Jó 28,28). Agora, no fim dessa declaração ousada e perturbadora de Eclesiastes, uma afirmação similar em 12,13 conclui o discurso do pregador. A declaração não é a mesma de Provérbios 3,7 e Jó 28,28. Primeiro, essa declaração recusa o nome "Javé" e se conforma com "Deus". Esse é o modo característico como Eclesiastes se refere a Javé, congruente com o corpo principal do poema de Jó, uma estratégia de afastamento que se mantém longe do antigo testemunho central. Segundo, Provérbios 3,7 e Jó 28,28 só prescrevem sabedoria. Aqui a testemunha apela aos mandamentos, embora não os especifique. Deve-se considerar a referência como sendo à toda tradição da Torá, sem diferenciação. No fim, a tendência dessa testemunha para o cinismo e a resignação é desconstruída pelo reconhecimento de que, no universo do discurso onde vive essa voz, os mandamentos são intransigentes e inflexíveis em sua reivindicação. Podemos

---

[34] ERHARD GERSTENBERGER, *Wesen und Herkunft des 'apodiktischen Rechts'* (Neukirchen-Vluyn: Neukirchener, 1965), p. 49.

[35] Quanto ao trabalho litúrgico de orientação, veja WALTER BRUEGGEMANN, *The Message of the Psalms: A Theological Commentary* (Mineápolis: Augsburg, 1984), pp. 25-49.

questionar se a testemunha faz muitas concessões no final, ao se adaptar à tradição da obediência. Ou podemos seguir a opinião crítica e afirmar que as evidências do testemunho foram adulteradas, de maneira que esse verso é um adendo tardio e corretivo. Porém, é assim que o testemunho se apresenta agora. A negatividade se mostraria de forma mais impressionante sem essa última concessão, é claro, mas não é esse o modo como Israel age. O modo de Israel é o de anunciar tudo em sua sinceridade irada, mas sempre ter em mente aquele com quem devem falar, e depois obedecer.

Javé permaneceu em silêncio por longas extensões no poema de Jó, falando apenas perto do final, em uma irrupção. Em Eclesiastes, não há irrupção de Javé, o qual dificilmente se insere no testemunho. Há apenas silêncio da parte de Javé, talvez para se equiparar à resignação e à fria concessão da testemunha. No final, essa testemunha dirá sobre a obediência: isto é "o tudo de todo homem" (*zeh kol-'dm*). O "tudo" significa obediência aos mandamentos. Isso não é muito. A negatividade parece concluir com a consciência de que o Deus que ordenou no Sinai ainda ordena e impõe sanções. Porém, agora os mandamentos se mostram nus e sem contexto, sem os "atos poderosos" e seus verbos poderosos. Agora o orador visa apenas sobreviver, não mais com a energia para dominar a vida, uma característica principal da antiga sabedoria.[36]

### *Protesto estridente no Salmo 88*

O silêncio finalmente pode gerar uma obediência menos enérgica, quase fleumática; ou, às vezes, pode ainda evocar um protesto estridente. Assim, fazemos nossa consideração final sobre o anúncio da negatividade a partir do Salmo 88, um tipo bem diferente de "expressão limite". Eclesiastes perdeu toda paixão ou ímpeto de clamar a Javé. Talvez essa devesse ser nossa palavra final sobre negatividade, pois com Eclesiastes chegamos, em certo sentido, ao fim do Antigo Testamento. Mas essa melancolia não é representativa da fé de Israel e nem do seu estilo de negatividade. Portanto, um protesto enérgico parece uma conclusão mais apropriada do que uma submissão sem energia e calculista.

O Salmo 88 expressa um clamor incessante a Javé em meio à necessidade (vs. 1-2,9b,13). O clamor, bastante notável, nem sequer pronuncia uma petição. É tudo queixa, anunciada como acusação contra Javé. O orador se refere a um problema profundo: "morte", "cova", "sem força", "entre os mortos", "feridos de morte", "dos quais já não te lembras", "de-

---

[36] Veja GERHARD VON RAD, *Wisdom in Israel* (Nashville: Abingdon, 1972), p. 232.

samparados", "lugares tenebrosos", "abismos" (vs. 3-6). Mais do que isso, foi Javé quem fez isso ao orador:

> ...a tua ira;
> tu me abates...
> Apartaste de mim...
> e me fizeste... (v. 7-8)

> ...as tuas iras,
> os teus terrores...
> afastaste... (v. 16-18)

A acusação se torna em ameaça contra Javé nas questões retóricas dos vs. 10-12. Se Javé permitir a morte do orador, perderá uma testemunha sobre sua *ḥesed*. Não haverá discurso na terra, entre os vivos, do amor leal, da fidelidade, das maravilhas ou da ajuda redentora de Javé. *A perda do orador levará Javé a perder o discurso do qual depende sua realidade no mundo.*

Mas não há resposta a esse apelo. Isso é negatividade! O próprio silêncio e a distância de Deus, que Eclesiastes assume como algo natural, aqui é causa para ira e indignação. Aqui Israel busca mostrar que as perdas sofridas por meio do silêncio de Javé não são apenas ao israelita que fala. Também haverá perdas *para Javé*, o qual não mais será louvado (v. 10). Eclesiastes, em sua resignação e resolução de lidar com a vida, é uma resposta mais moderna à ausência e silêncio de Deus, mas o Salmo 88 é mais caracteristicamente judaico. O testemunho contrário de Eclesiastes tem um fim, mas o Salmo 88 não. O clamor do Salmo permanece.[37] Podemos imaginar que Israel – esse israelita, alguns israelitas – continuará a soar esse penetrante Salmo. Não o soarão para sempre. Apenas até que "chegue à tua presença a minha oração". Isso, no entanto, pode significar um tempo bem longo. Nessa versão do testemunho contrário, contudo, Israel não desistirá

---

[37] Observe o título do importante livro de PATRICK D. MILLER, *They Cried to the Lord: The Form and Theology of Biblical Prayer* (Mineápolis: Fortress, 1994). MILLER compreende, talvez seguindo GERSTENBERGER quanto à importância da petição, que "clamar" é o tema central do Saltério. Mas, então, considerando Êx 2,23-25, talvez seja o tema central da vida de Israel no mundo. Em sua autobiografia, ELIE WIESEL, *All Rivers Run to the Sea: Memoirs* (Nova York: Knopf, 1995), p. 275, relata um diálogo no ensino rabínico: "Desde que se clame, pode-se esperar que seu pai o ouvirá. Se parar, estará perdido...". "Creia-me, eu nunca deixei de clamar...". "Que o Senhor seja louvado... Então há esperança".

resignado. Israel não compensará o silêncio de Deus com seu próprio silêncio submisso. Antes, continuará a anunciar sua petição até que ela leve Javé ao discurso e à ação. Foi assim que Javé foi levado a concretizar seus poderosos verbos em primeiro lugar (Êx 2,23-25). Israel, nessa versão do testemunho contrário, não se propõe a parar agora... nem nunca.

Capítulo

XI

## CAPÍTULO DOZE

## 12. Preservando a tensão

Chegamos agora ao fim de nossa extensa análise do testemunho de Israel sobre Javé. Sugeri que o testemunho central de Israel vive em profunda tensão com o seu testemunho contrário. O testemunho central, baseado nos grandes verbos transformadores, termina em uma afirmação da soberania fiel e da fidelidade soberana de Javé. O testemunho contrário, baseado na experiência de vida de Israel sobre a ausência e o silêncio, termina em uma articulação sobre o caráter oculto, a ambiguidade e a negatividade de Javé.

A tensão entre o testemunho central e o contrário é forte e contínua. A meu ver, essa tensão entre os dois pertence ao próprio caráter e essência da fé do Antigo Testamento, uma tensão que evita e resiste à resolução. A atitude convencional das comunidades eclesiásticas, mais as cristãs que as judaicas, é optar pelo testemunho central sobre a soberania fiel e a fidelidade soberana, desconsiderando ou eliminando do horizonte da fé o testemunho contrário sobre o caráter oculto, a ambiguidade e a negatividade. Esse processo gera uma fé coerente, mas exige falar em voz baixa sobre os muitos aspectos da experiência de vida que evocaram em primeiro lugar o testemunho contrário. Em contraste, a inclinação dos "de fora" – aqueles que acham o testemunho central muito insistente, normativo ou autoritário, aqueles que estão muito feridos pela vida (feridas prontamente creditadas a Deus), e os modernistas urbanos que são "os civilizados desprezadores da religião"[1] – é de abandonar o testemunho e concluir que ele foi decisiva e irreversivelmente derrotado.

Escolher um dos modos de testemunho descartando o outro, a meu ver, é não apenas trair o corpus testemunhal, mas também entender errado a qualidade dialética, resiliente e polêmica que é definidora dessa fé. Assim, a metáfora de DAVID BLUMENTHAL de "ziguezaguear" entre diversos cursos está bastante correta no meu parecer.[2] A fé viva nessa tradição consiste na

---

[1] A expressão vem de FRIEDRICH SCHLEIERMACHER, *On Religion: Speeches to Its Cultural Despisers* (Cambridge: Cambridge University, 1988).

[2] DAVID BLUMENTHAL, *Facing the Abusive God: A Theology of Protest* (Louisville: Westminster/John Knox, 1993), pp. 47-54, propõe que um elemento no ziguezague da fé de Israel, ao lado da confiança submissa, é a qualidade polêmica do protesto. Quanto a isso, veja ELIE WIESEL sobre a dialética do protesto e da submissão. Quanto

capacidade de se mover livremente entre essas duas posturas de fé, uma preocupada em se submeter a Javé, culminando em *louvor que gera auto-abandono*, a outra interessada em se afirmar diante de Deus, culminando em *lamento que gera autoapreço* e que assume uma postura de autonomia.

A fé correta, levando em conta todo esse testemunho, reconhece que, em contextos diferentes, cada um de nós deverá e terá permissão de se alinhar com um tipo ou outro de testemunho, seja qual for adequado ao contexto. Todavia, ao fazermos isso será importante lembrar que, naquele mesmo momento de adequação, outros, em outras circunstâncias nesse mesmo universo de discurso, falarão de maneira bem diferente, atendendo a testemunhos diferentes, com o mesmo senso de adequação.

Ao expressar essa dialética, que exige tanto intérpretes centristas quanto marginais, tentei permanecer dentro dos limites do próprio Antigo Testamento e atender à sua tendência inequivocamente judaica.[3] Ao mesmo tempo, vivo minha vida e pratico minha fé como um cristão. Assim, considerei o fato de que, diante dessa dialética não resolvida e sem solução, a tradição cristã de interpretação e teologia tende a se fechar na direção do testemunho central. A tradição cristã sabe muito bem que "no mundo, passais por aflições" (Jo 16,33). No mesmo versículo, ela é capaz de afirmar em um contexto pascal, contudo: "tende bom ânimo; eu venci o mundo". E nessa elevad reivindicação feita por meio de Jesus, o testemunho contrário de Israel parece se silenciar.

Penso que não, entretanto. A tradição cristã, com sua tendência a um fechamento cristológico nos eventos da Sexta-Feira Santa e da Páscoa, continua com a mesma dialética, *mutatis mutandis*. Assim, a Sexta-Feira Santa é o dia do testemunho contrário na tradição cristã, centrada na recitação do Salmo 22 por Jesus, mas também incluindo as zombarias dirigidas a Jesus por aqueles que estavam ao redor da cruz (Mt 27,39-44). Há uma percepção de que o Domingo resolve a Sexta-Feira, de que o testemunho central resolve o contrário – exceto que, liturgicamente, *ambas as reivindicações subsistem*. JÜRGEN MOLTMANN percebe que a crucificação e

---

à apresentação de WIESEL sobre a dialética, veja ROBERT MCAFEE BROWN, *Elie Wiesel, Messenger to All Humanity* (Notre Dame: University of Notre Dame, 1983), p. 154.

[3] Veja meus comentários gerais sobre os praticantes centristas e marginais da teologia do Antigo Testamento nas pp. 141-146 [seções "Iniciativas centristas" e "Esforços marginais" nas pp. 152-158]. Tendo em vista a qualidade polêmica da fé de Israel, sugiro que os intérpretes centristas (dos quais sou um) devem sempre esperar ser instruídos e iluminados por suas contrapartes marginais.

a ressurreição na interpretação teológica cristã não são, juntas, um evento sequencial que ocorre de uma vez por todas. Antes, são juntas uma "dialética de reconciliação", na qual ambos os lados da dialética ainda são urgentes.[4] Assim, um evangelho para-fazer-feliz, triunfalista ou terapêutico pode permitir que o Domingo elimine a Sexta-Feira. Porém, em nossa leitura honesta do Novo Testamento, e em nossa avaliação litúrgica honesta, a Sexta-Feira da negatividade persiste para fazer sua reivindicação.

Em todo caso, a realidade vivida o mundo, com seus barbarismos e alienação, indica inequivocamente que a Páscoa não resolveu tudo de maneira especial. Assim, na confissão eucarística, quando a Igreja, baseada no testemunho de Israel, deve "proclamar o mistério da fé", ela não afirma apenas: "Cristo morreu, Cristo ressuscitou". Também precisa adicionar: "Cristo virá novamente". Ela termina reconhecendo a espera, embora cheia de confiança; uma espera confiante, mas mesmo assim uma espera.

Essa espera não está bem próxima da espera do Salmo 88, a qual não duvida, em sua persistência, estridência e teimosia, que haverá uma audição e uma resposta? Portanto, os cristãos, a despeito de toda a reivindicação do testemunho central da Páscoa, ainda esperam por uma resolução com certeza, mas certeza apenas na esperança. Assim, proponho que, no fim, se mantemos nossa confissão cristã próxima ao texto e à realidade vivida, todas as comunidades impelidas por esse testemunho esperam juntas. Todas esperam na convicção de que o testemunho central da soberania fiel e da fidelidade soberana derrotará o caráter oculto, a ambiguidade e a negatividade. É uma espera feita em profunda esperança, mas mesmo assim é uma espera. GEORGE STEINER expressa eloquentemente a espera comum, resiliente e cheia de temor que judeus e cristãos precisam praticar juntos em benefício de toda a humanidade:

Há um dia particular na história ocidental sobre o qual nem o registro histórico, nem mitos, nem as Escrituras relatam. É um sábado. E se tornou o mais longo dos dias. Conhecemos aquela Sexta-Feira Santa que o cristianismo afirma ter sido a da cruz. Mas o não cristão, o ateu, também a conhece. Isso quer dizer que ele conhece a injustiça, o sofrimento interminável, o desperdício, o enigma brutal do fim, os quais tão amplamente constituem não apenas a dimensão histórica da condição humana, mas

---

[4] JÜRGEN MOLTMANN, *Theology of Hope: On the Ground and the Implication of Christian Eschatology* (1967; Mineápolis: Fortress, 1993); *The Crucified God: The Cross of Christ as the Foundation and Criticism of Christian Theology* (1974; Mineápolis: Fortress, 1993). Em português: *O Deus crucificado*, Editora Academia Cristã, 2012.

também a textura diária de nossas vidas pessoais. Conhecemos, inevitavelmente, a dor, o fracasso do amor, a solidão, os quais são nossa história e sina particular. Também conhecemos o Domingo. Para o cristão, esse dia significa uma intimação, tanto garantida quanto precária, tanto evidente quanto além da compreensão, de ressurreição, de uma justiça e amor que conquistaram a morte. Se somos não cristãos ou descrentes, conhecemos esse Domingo em termos precisamente análogos. Nós o imaginamos como o dia da libertação da desumanidade e da servidão. Buscamos resoluções, sejam terapêuticas ou políticas, sejam sociais ou messiânicas. As feições desse Domingo levam o nome de esperança (não há palavra menos desconstruível).

Todavia, nossa é a longa jornada do Sábado. Entre sofrimentos, solidão, desperdício impronunciável, por um lado, e o sonho da libertação e do renascimento, por outro. Diante da tortura de um filho e da morte do amor que constituem a Sexta-Feira, mesmo a melhor arte e poesia ficam quase impotentes. Na Utopia do Domingo, a estética não mais, presumivelmente, terá lógica ou necessidade. São sempre referentes ao sábado as apreensões e figurações no jogo da imaginação metafísica, no poema e na música, as quais falam de dor e esperança, da carne que se diz ter sabor de cinzas e do espírito que se diz ter o sabor do fogo. Elas surgem da imensidão de espera, que é a espera humana. Sem elas, como poderíamos ter paciência?[5]

Essa espera na qual termina o Antigo Testamento não é, certa como a interpretação cristã superacionista sugere, porque a fé do Antigo Testamento é imperfeita, inadequada ou incompleta. A espera é inevitável por causa da condição não resolvida da vida no mundo, uma não resolução compartilhada por cristãos com judeus e com todos os outros.

Essa não resolução é tão profunda no Novo Testamento quanto é no Antigo.[6] O Antigo termina com a espera de Elias "antes que venha o grande e terrível Dia do Senhor" (Ml 4,5). O Novo termina com uma ora-

---

[5] GEORGE STEINER, *Real Presence: Is There Anything in What We Say?* (Londres: Faber and Faber, 1989), pp. 231-232.

[6] Sobre a espera compartilhada e comum de judeus e cristãos, ELIE WIESEL, *All Rivers Run to the Sea: Memoirs* (Nova York: Knopf, 1995), pp. 354-355, relata uma anedota de MARTIN BUBER, que contou a um grupo de sacerdotes: "Qual é a diferença entre judeus e cristãos? Todos esperamos pelo Messias. Vocês creem que ele já veio e foi, enquanto nós não. Assim, proponho que esperemos por ele juntos. Quando ele aparecer, podemos lhe perguntar: 'Você já esteve aqui antes?'". Então ele fez uma pausa e complementou: "E eu espero que, naquele momento, eu esteja perto o suficiente para cochichar em seu ouvido: 'Pelo amor de Deus, não responda'".

ção: "Vem, Senhor Jesus!" (Ap 22,20). E mesmo na Bíblia Hebraica com sua ordem diferente, o final é "que suba" (2Cr 36,23). Todos esperam sem duvidar, mas nada tendo em mãos senão esse testemunho rico, complexo e perturbador.[7]

Capítulo

XII

---

[7] Completei o primeiro rascunho dessa seção do meu estudo em uma Sexta-Feira Santa. É um dia apropriado para os comentários que fiz. Provavelmente eu não conseguiria tê-los feito se não estivesse nessa época do ano litúrgico.

# PARTE III

## O testemunho espontâneo de Israel

## Capítulo Treze

### 13. O testemunho espontâneo de Israel

Nessa seção, assumimos novamente a metáfora governante de testemunho em um tribunal, desta vez para falar sobre o testemunho espontâneo de Israel. Primeiro, consideraremos o sentido da expressão "testemunho espontâneo" dentro da metáfora do tribunal e, depois, consideraremos o caráter e o propósito desse testemunho de Israel.

**Possíveis motivos para o testemunho espontâneo**

Em boa parte do procedimento no tribunal, as testemunhas são cuidadosamente monitoradas e preparadas pelos advogados, de maneira que o testemunho que dão contribua à argumentação que os advogados buscam construir. Para construir uma argumentação assim, os advogados precisam que certas coisas sejam ditas no tribunal, por isso induzem a testemunha para se assegurarem de que essas coisas sejam ditas. Contudo, deve-se tomar cuidado similar para evitar outras declarações que, para a causa da argumentação em construção, não devem ser pronunciadas pela testemunha. Assim, a testemunha normalmente é instruída a "apenas responder as questões". Ou seja, responder apenas o que é perguntado; não voluntariar nenhum testemunho além de respostas circunspectas às questões. O testemunho extra, não solicitado pelo advogado, pode ser danoso à argumentação.

Mesmo assim, frequentemente uma testemunha prossegue para dar um testemunho extra e espontâneo, mesmo se advertida contra isso pelo juiz ou pelo advogado. A testemunha pode ignorar essas advertências, em aparente indiferença despreocupada com o dano que pode gerar. Por que uma testemunha ofereceria um testemunho espontâneo indo contra a forte insistência do tribunal? Pode ser que a testemunha seja simplesmente tagarela e exibicionista, aproveitando a oportunidade de ser o centro das atenções, e assim estenda o tempo de testemunho com uma fala extra. Mas também pode haver razões boas e positivas pelas quais a testemunha procede com seu testemunho espontâneo. A testemunha pode simplesmente estar querendo ajudar e busca apresentar as evidências mais completas que seja possível. E também pode ser que a testemunha seja peculiarmente perceptiva e discirna conexões entre questões que ninguém mais no tribunal percebeu até o momento. A testemunha pode pensar que certas questões estão conectadas de forma íntima e intrínseca entre si, de maneira que não se possa entender "isso" a menos que também se saiba "aquilo", o que decisivamente influencia e afeta "isso". Portanto, a testemunha prossegue para fazer conexões que são muito iluminadoras para a questão diante do tribunal, mesmo se nem o juiz nem os advogados possam antecipar a conexão.

É evidente que *no Antigo Testamento, Israel apresenta um bom tanto de "testemunho espontâneo"*. No início, limitei nosso assunto à teo-logia (*theos-logos*): discurso sobre Deus, o único assunto apropriado da "teologia". Perguntei no início: "Como Israel fala sobre Deus?".[1] Uma resposta extensa a essa questão foi apresentada sob as rubricas de "testemunho central" e "testemunho contrário". Ao propor essa questão e respondê-la dessa forma, planejei instruir e limitar a testemunha, Israel. "O tribunal" deixou claro que seu único interesse é em como Israel fala sobre Deus, e buscou limitar o seu testemunho àquela única questão. Israel foi imensamente cooperativo quanto à essa questão.

Qualquer consideração cuidadosa do testemunho de Israel sobre Deus indica que Israel é, de fato, uma testemunha desenfreada que não finaliza seu testemunho sobre Javé. Sem tomar fôlego, sem uma pausa, no mesmo pronunciamento, Israel continua a falar sobre muitas outras questões além daquilo que foi perguntado. São essas outras questões que constituem o testemunho espontâneo de Israel.

Assim, precisamos refletir sobre o testemunho espontâneo de Israel, que vai bem além do escopo da nossa investigação apropriada. Podemos questionar por que Israel insiste nesse comentário adicional, e podemos sugerir as mesmas três possíveis explicações mencionadas antes para um testemunho extra. Primeiro, Israel pode apresentar seu testemunho espontâneo porque gosta da atenção que recebe sendo uma testemunha e não é tímido em se apresentar. Há uma qualidade de deleite no pronunciamento do Antigo Testamento, de maneira que muita coisa é declarada de forma extravagante, desordenada e hiperbólica. Em seu testemunho, Israel gosta de fazer uma apresentação ousada diante das nações que observam, pois é "às nações" que Israel em geral testemunha sobre Javé (veja Sl 96,10).

Uma segunda motivação para o testemunho espontâneo é que Israel deseja ajudar, para assegurar que o tribunal tenha uma visão completa da questão. Assim, Israel acrescenta detalhes sobre Javé e esboça outros personagens na construção narrativa de Javé, de maneira que o tribunal possa vê-lo no contexto, e não em um vácuo dramático.

---

[1] Quanto a essa questão como um tema organizador deste estudo, veja pp. 117-120 [seção inicial do capítulo 3].

Terceiro, pode ser que Israel, como uma testemunha, seja peculiarmente perceptivo em seu pronunciamento sobre Javé. Israel percebe conexões referentes a Javé que ninguém mais no tribunal notou. Israel chegou à conclusão que certos relacionamentos são pertinentes de forma íntima e intrínseca ao personagem de Javé. Além disso, não se pode possivelmente discernir Javé de forma correta e completa a menos que se saiba também sobre os parceiros que decisivamente influenciam e afetam Javé. Portanto, Israel prossegue "fazendo conexões" que são muito iluminadoras sobre Javé, conexões que ninguém, antes do testemunho de Israel, tinha discernido de forma correta e completa.

### Os parceiros de Javé

Para esses grupos "conectados" a Javé de forma íntima e intrínseca, uso o termo *parceiro*.[2]

Proponho que esse seja um termo neutro, deixando em aberto a dinâ-

---

[2] Muitos estudiosos propõem agora que Javé, antes da imposição monoteísta do processo canônico, tinha uma parceira sexual. Veja JUDITH M. HADLEY, "Wisdom and the Goddess", *Wisdom in Ancient Israel: Essays in Honour of J. A. EMERTON* (org. JOHN DAY et al.; Cambridge: Cambridge University, 1995), pp. 234-243, para uma análise sóbria dos dados. Embora as evidências sejam mistas e não possamos ter certeza, fica claro que a teologia do Antigo Testamento em si não está preocupada com traços desse relacionamento anterior. Veja a cuidadosa conclusão alcançada por PATRICK D. MILLER, "The Absence of the Goddess in Israelite Religion", *HAR* 10 (1986), pp. 239-248. Escrevendo sobre os relacionamentos de Javé com pessoas sem credenciais no Antigo Testamento, FREDERICK E. GREENSPAHN, *When Brothers Dwell Together: The Preeminence of Younger Siblings in the Hebrew Bible* (Oxford: Oxford University, 1994), p. 160, afirma: "Deus trabalha com essas figuras porque pode e deve. Ele as criou e as escolheu. No fim, nem Deus nem Israel são tão perfeitos como deveriam ser. Talvez seja por isso que são tão bons parceiros". Escrevendo mais genericamente sobre o lugar do homem no mundo, JOHN Carmody, "Noetic Differentiations: Religious Implications", *Voegelin and the Theologians: Ten Studies in Interpretation* (org. JOHN Kirby e WILLIAM M. THOMPSON; Toronto Studies in Theology 10; Toronto: Edwin Mellen, 1983), pp. 141-142, diz: "A verdade do cosmos é que somos parceiros da natureza, da sociedade e da divindade - o 'mundo' é um todo vivo de participação. Devido ao fundamento que nossa materialidade nos dá na natureza, e devido à contrariedade da natureza ou sua quase independência de nossa percepção, não há dissolução do cosmos, não há viver como se não fôssemos participantes ou ecológicos com o restante da criação. Por esse motivo, a verdade da noesis diferenciada não pode simplesmente substituir a verdade do mito cosmológico. Apesar de toda sua importância, os profetas israelitas e os filósofos helenistas 'simplesmente' declaram de forma discreta e desdobrada o que seus irmãos mitopoeicos experimentaram e expressaram de forma compacta".

mica do relacionamento. O que é importante agora é reconhecer que Javé, tal como se apresenta no testemunho de Israel, nunca está "sozinho", mas é sempre Javé-em-relacionamento. Assim, ROLF KNIERIM corretamente afirma: "O Antigo Testamento, falando rigorosamente, não fala sobre Javé. Ele fala sobre o relacionamento entre Javé ou Deus e a realidade".[3] Israel percebeu que nunca se discernirá corretamente a Javé a menos que fique claro que todo pronunciamento fiel sobre Javé deve ao mesmo tempo ser um pronunciamento sobre um parceiro dele.

É importante, desde o começo, ser claro sobre a natureza do relacionamento entre Javé e esses parceiros. Em nossa consideração inicial da gramática do testemunho de Israel, observamos que Javé está caracteristicamente imbuído em sentenças completas. Nessas sentenças, Javé é o sujeito ativo de verbos poderosos e transformadores. Assim, por exemplo: "Javé cria", "Javé liberta", "Javé ordena", "Javé guia". Notamos, de passagem, que os parceiros de Javé são os objetos diretos desses verbos ativos e transformadores. Ou seja, os parceiros de Javé são os objetos da atividade dele: recipientes daquilo que ele escolhe realizar. Esse modo de gramática, que é característico no testemunho de Israel sobre Javé, preserva toda a força ativa e iniciativa na transação para Javé.

Porém, acabamos de afirmar que esses parceiros decisivamente influenciam e afetam Javé. Essa percepção significa que os parceiros de Javé, embora sejam paradigmaticamente os objetos do relacionamento, não podem ser firmemente encaixados naquele único papel como recipientes. O testemunho de Israel sobre Javé inclui o reconhecimento de que a delicadeza e vitalidade da interação entre Javé e seus parceiros não pode ser contida em uma construção gramatical tão simples. Os parceiros sucessivamente escapam do papel de objetos e, às vezes, se tornam sujeitos ativos e agentes diante de Javé; dessa forma o impactam de maneira que o leva a ser diferente do modo que era antes do contato.[4]

---

[3] ROLF P. KNIERIM, "The Task of Old Testament Theology", *HBT* 6 (junho de 1984), p. 36.

[4] ROY SCHAFER, *Retelling a Life: Narrative and Dialogue in Psychoanalysis* (Nova York: Basic Books, 1992), pp. 94-95, oferece um comentário proveitoso sobre o relacionamento sexual entre dois parceiros, os quais em variados momentos devem ser alternadamente "agente" e "meio" para o parceiro: "Uma pessoa madura permite a reversibilidade de um modo relativamente livre de conflitos. Abstém-se de insistir em ser apenas agente ou objeto. [...] A reversibilidade é em si uma forma de ação. [...] Uma pessoa madura não se sente ameaçada pela reversibilidade nem incapaz de

Esses relacionamentos evidenciam uma dimensão de mutualidade que fala insistentemente contra qualquer noção de que Javé é transcendente a Israel. Essa qualidade de relacionamento (à qual convencionalmente denominamos de "aliança") é o que faz de Javé um Deus muito peculiar e torna o Antigo Testamento infinitamente interessante, gerativo e perturbador. De fato, o "retorno" que os parceiros de Javé conseguem lhe dar sugere que sua pessoa e caráter estão realmente plenamente disponíveis no relacionamento, que nada sobre Javé é retido ou mantido protegido desse relacionamento. Isso não significa que, nesse relacionamento plenamente disponível, no qual Javé está acessível a influências, ele seja "como qualquer outro". De fato, não é. E assim o Antigo Testamento continua a ponderar e ficar perplexo com o personagem de Javé, o qual está plenamente disponível aos seus parceiros, mas de tal maneira que é sempre o Javé dos verbos transformadores que está disponível.

### *Conexão entre liberdade e paixão*

É extremamente difícil articular essa dupla reivindicação de parceria, a reivindicação de plena disponibilidade e a reivindicação igualmente importante da singularidade de Javé. A razão para a dificuldade é que nossa lógica e retórica convencionalmente aristotélicas não são adequadas para pronunciamentos sobre um personagem que é genuinamente transacional. Como uma formulação de tese que guiará nossa exposição do testemunho espontâneo de Israel, proponho o seguinte: *Javé está comprometido com seus parceiros em liberdade e em paixão.* É essa estranha conexão entre liberdade e paixão que forma o espaço para o testemunho espontâneo de Israel.

Javé *está comprometido com seu parceiro em liberdade.* Essa asserção significa que a conexão de Javé com seu parceiro se realiza como escolha soberana e livre da parte de Javé. Ele estabelece um compromisso de cuidado, fidelidade e obrigação para com o parceiro que não precisava fazer. No fim, Israel não pode justificar esse ato da liberdade de Javé. É simplesmente algo assumido que se disponibiliza no discernimento de Israel sobre sua vida no mundo. Em liberdade, Javé certamente retém a soberania sobre o relacionamento, o que se evidencia no controle contínuo dos verbos decisivos.

---

desfrutar qualquer posição em um relacionamento". *Mutatis mutandis*, sugiro que, na parceria entre Javé e Israel, ambos os parceiros são, oportunamente, agente e meio para o outro.

Visto que esse compromisso de fidelidade ao parceiro se realiza em liberdade soberana, segue-se que Javé pode realmente desistir do relacionamento e cancelar seu compromisso. De fato, Javé fará o que bem desejar. Além disso, é evidente no seu relacionamento com Israel, na medida em que este se move em meio à ira e angústia proféticas em direção a 587 a.C., que Javé pode terminar o relacionamento. Nos pronunciamentos de Jeremias e Ezequiel, em particular, essa terminação parece evidente. E, de modo similar, o início da narrativa do dilúvio (Gn 6,5-13) evidencia que, embora Deus "ame o mundo" (criação), ele pode terminar o relacionamento em liberdade indignada. O testemunho de Israel não hesita em atribuir a Javé a capacidade de se livrar desses compromissos.

Porém, nossa segunda afirmação é que Javé está *comprometido com seu parceiro em paixão*. O termo *paixão* tem um duplo sentido, como JÜRGEN MOLTMANN mostra proveitosa e recentemente.[5] Refere-se, acima de tudo, a um sentimento poderoso e forte. Javé realmente se compromete com seu parceiro com sentimentos poderosos e fortes de interesse, cuidado e afeição. Ele se torna "envolvido" com o parceiro de modo convincente, de uma maneira que os atributos escolásticos geralmente atribuídos a Deus (onipotência, onipresença, onisciência) não permitem. Contudo, o termo *paixão* significa, em segundo lugar, a capacidade e a prontidão de sofrer com ou sofrer por, de permanecer com um parceiro em meio a problemas, aflições e perigo. Vimos que os adjetivos característicos de Javé quanto à fidelidade levam a uma prática de envolvimento aliançado que revela suas emoções e se move contra sua indignação soberana.[6] Dessa forma ocorre que, às vezes, Javé surpreendentemente não exerce sua liberdade soberana para terminar um relacionamento disfuncional, mesmo quando claramente tem o direito de fazê-lo. De vez em quando, Javé permanece com o parceiro, aparentemente porque está tão envolvido no relacionamento que é incapaz de terminá-lo ou não se dispõe a isso.

Essa extraordinária dialética de liberdade e paixão no caráter de Javé evita que o testemunho espontâneo de Israel sobre os parceiros dele seja chato, unidimensional ou facilmente exaurido. Se Javé estivesse comprometido apenas em liberdade soberana, o parceiro há muito já teria sido descartado. Se Javé estivesse comprometido apenas em amor sofredor, o

---

[5] JÜRGEN MOLTMANN, *The Crucified God: The Cross of Christ as the Foundation and Criticism of Christian Theology* (1974; Mineápolis: Fortress, 1993). Em português: *O Deus crucificado*, Editora Academia Cristã, 2012.

[6] Quanto à dialética da soberania e das emoções de Javé, veja o capítulo 7.

parceiro estaria completamente seguro no relacionamento. Todavia, desde Êxodo 34,6-7 já vimos uma não resolução no caráter de Javé, a qual agora ressurge em nossa consideração dos seus parceiros.[7] A coisa mais característica a se dizer sobre os parceiros de Javé é que eles existem em primeiro lugar por causa da sua liberdade soberana, e continuam a existir por causa da sua paixão fiel. Essas inclinações de Javé, no entanto, não se resolvem facilmente. Portanto, a vida do parceiro exige um boa quantidade de testemunho, a fim de que Javé seja plenamente articulado nesses relacionamentos.

Para o propósito de nossa exposição do testemunho espontâneo de Israel, proponho lidar com os parceiros de Javé em quatro grupos: Israel, as pessoas, as nações, e a criação. Talvez outros tópicos pudessem ser imaginados, mas esses, se não são exaustivos, ao menos serão representativos do testemunho espontâneo de Israel. Para esses quatro grupos, iniciarei com a reivindicação geral de Israel:

* Javé está comprometido com Israel em liberdade e paixão.

* Javé está comprometido com as pessoas em liberdade e paixão.

* Javé está comprometido com as nações em liberdade e paixão.

* Javé está comprometido com a criação em liberdade e paixão.

Além disso, visto que essas quatro declarações são basicamente simétricas, as reivindicações feitas sobre qualquer um desses parceiros pode, *mutatis mutandis*, se estender aos outros três parceiros.

CAPÍTULO XIII

---

[7] Quanto a Êx 34,6-7 como fundamental para meu argumento, veja pp. 215-218 [seção "Êxodo 34,6-7" no capítulo 5] e 269-70 [seção "Disjunção no centro" no capítulo 7].

## Capítulo Quatorze

## 14. Israel como parceiro de Javé

Já vimos que Israel é, de fato, o objeto especial dos verbos mais característicos de Javé: ele *salvou* Israel, *prometeu* a Israel, *guiou* Israel, *ordenou* a Israel. Javé está comprometido com Israel em liberdade e paixão.

No testemunho espontâneo de Israel, este se torna o parceiro de Javé e o sujeito do testemunho. Nesses textos antigos e em sua vida contínua no mundo, Israel é realmente algo estranho e misterioso,[1] porque é um fenômeno teológico que tem uma encarnação sociopolítica concreta e do qual se espera que viva de maneira diferente em um mundo de poder. Essa estranha combinação de domínios teológicos e políticos é algo que define Israel; portanto, este é uma entidade que não consegue ser assimilada pelo mundo. Seja o que for que se diga de Israel, no fim este deve se considerar nesses textos de maneira javista. Ou seja, de alguma maneira incompreensível, a existência de Israel se refere a Javé e se deriva dele. Não se pode discernir Israel nesses textos sem uma referência a Javé. Porém, é igualmente estranho e notável que não se pode discernir Javé nesses textos sem uma referência a Israel.[2]

Podemos organizar nossa reflexão sobre esse parceiro primordial de Javé em categorias que, em geral, são históricas, exceto pelo fato de que a "história" de Israel, interpretada de forma canônica, é teologicamente paradigmática.[3]

---

[1] MARTIN BUBER e ABRAHAM HESCHEL escrevem de forma muito eloquente sobre a qualidade teológica inescrutável de Israel. Veja MARTIN BUBER, *Israel and the World: Essays in a Time of Crisis* (Nova York: Schocken Books, 1948); *On Zion: The History of an Idea* (Nova York: Schocken Books, 1973); e *On Judaism* (org. Nahum N. Glatzer; Nova York: Schocken Books, 1967); Abraham J. HESCHEL, *God in Search of Man: A Philosophy of Judaism* (Nova York: Farrar, Straus & Cudahy, 1955); e *Between God and Man: An Interpretation of Judaism* (Nova York: Harper and Row, 1959). Sem dúvida, tem-se produzido importantes escritos no assunto desde o período das obras gerativas de BUBER e HESCHEL, especialmente por EMIL FACKENHEIM e RICHARD L. RUBENSTEIN. Apesar disso, para a interface entre judaísmo e teologia cristã, as obras de BUBER e HESCHEL me parecem de importância suprema e contínua.

[2] Ou seja, nas reivindicações primárias do Antigo Testamento, Javé nunca aparece sem Israel, e este nunca sem Javé. Cf. RUDOLF SMEND, *Die Bundesformel* (ThStud 68; Zurique: EVZ, 1963).

[3] ERICH VOEGELIN, *Israel and Revelation: Order and History 1* (Baton Rouge: Louisia-

## O amor original de Javé por Israel

A existência de Israel se baseia no compromisso inevitável e original de Javé para com ele. De acordo com seu testemunho espontâneo, havia um tempo em que Israel não existia. Israel veio a existir por causa da ação decisiva e iniciadora de Javé. Pode bem ser que haja antecedentes étnicos e sociológicos para Israel, mas como uma comunidade, como uma entidade socioteológica, Israel passou a existir no mundo do Oriente Próximo por causa da ação livre e soberana de Javé.

Essa ação de Javé – esse seu compromisso inexplicável e irreversível – se apresenta em duas narrativas distintas: os relatos dos ancestrais (Gn 12-36) e a narrativa do Êxodo-Sinai que gira em torno de Moisés (Êx 1-24).[4] Nessas duas narrativas bem diferentes, Javé fala em poder soberano, e pelo discurso evoca Israel à existência. Em Gênesis 12,1-3, Javé fala com a estéril Sara e o fracassado Abraão, e proclama uma convocação, um mandamento e uma promessa. Em Êxodo 3,7-10, Javé fala ao Israel escravizado e proclama uma promessa, a qual subsequentemente é complementada por mandamentos (cf. Êx 20,1-17).

Essas duas versões dissimilares de iniciação sem dúvida refletem círculos de tradição bem diferentes. Apesar disso, elas concordam nos pontos principais. O povo que se tornou Israel está sem esperanças, possibilidade ou futuro. A triste situação desse povo, estéril e escravizado, se transforma dramaticamente pelo pronunciamento soberano de Javé. Não se dá nenhuma base ou justificativa para o pronunciamento de Javé, mas, como o pronunciamento está nos lábios do Santo, ele deve ser aceito, adotado e obedecido por Israel.[5]

Assim, desde o início, há algo estranho, enigmático e inexplicável acerca da origem de Israel e sua existência contínua. JAMES ROBINSON está correto ao escrever: "Pois, a experiência básica de Israel em toda a sua história consiste em seu espanto por existir, ao invés de não existir de modo

---

na State University, 1956), analisa essas questões de maneira bem genérica como interação entre o "pragmático" e o "paradigmático", embora ele aparentemente entenda por "paradigmático" o que é teológico-ideacional.

[4] Quanto à relação desses dois grupos de material entre si, veja R. W. L. MOBERLY, *The Old Testament of the Old Testament: Patriarchal Narratives and Mosaic Yahwism* (OBT; Mineápolis: Fortress, 1992).

[5] Exceto que, em Êx 2,23-25, é o clamor iniciador de necessidade e aflição de Israel que (caracteristicamente) evoca e mobiliza a atividade transformadora de Javé. Nesse sentido, é preciso reconsiderar criticamente a noção clássica de iniciativa divina.

algum".⁶ É importante recordar que, ao ponderar e falar sobre sua existência, Israel não oferece nenhuma explicação para ela. O que parecem ser explicações são, de fato, articulações de assombro, admiração, surpresa e gratidão, todas dirigidas de volta a Javé.

Israel caracteristicamente usa três verbos – amar (*'ahab*), escolher (*bḥr*) e afeiçoar (*ḥšq*) – para expressar sua percepção de que sua existência como povo no mundo se baseia apenas no compromisso de Javé.

O primeiro verbo é *amar* (*'ahab*).⁷ Javé é aquele que ama Israel, é quem ama aquele que ainda não é Israel, é quem faz Israel existir por causa de seu compromisso pleno consigo mesmo. Podemos identificar três grupos de uso do termo nesse contexto de inclinação gerativa de Javé para com Israel. Deuteronômio é a tradição teológica que pondera de maneira mais contínua sobre a eleição de Israel por Javé:

> mas porque o Senhor vos amava e, para guardar o juramento que fizera a vossos pais, o Senhor vos tirou com mão poderosa e vos resgatou da casa da servidão, do poder de Faraó, rei do Egito. (Dt 7,8; cf. v. 13)

> Porém o Senhor, teu Deus, ...trocou em bênção a maldição, porquanto o Senhor, teu Deus, te *amava*. (Dt 23,5)

Esse testemunho está marcado não apenas pela pura graça do amor de Javé por Israel, mas também pelo reconhecimento de que esse amor de Javé dentre outros escolheu Israel, o qual é tratado como ninguém mais é tratado.

Segundo, o profeta Oseias, evidentemente a partir de sua experiência pessoal, articula o amor de Javé por Israel como um amor sem igual:

> Disse-me o Senhor: Vai outra vez, ama uma mulher, amada de seu amigo e adúltera, como o Senhor *ama* os filhos de Israel, embora eles olhem para outros deuses e amem bolos de passas. (Os 3,1)

> Quando Israel era menino, eu o *amei*; e do Egito chamei o meu filho. (Os 11,1)

O primeiro desses textos anuncia a situação indigna de Israel em

---

⁶ JAMES M. ROBINSON, "The Historicality of Biblical Language", *The Old Testament and Christian Faith* (org. BERNHARD W. ANDERSON; Londres: SCM, 1964), p. 156.

⁷ Quanto a esse termo em suas dimensões político e pactual, veja WILLIAM L. MORAN, "The Ancient Near Eastern Background of the Love of God in Deuteronomy", *CBQ* 25 (1963), pp. 77-87.

relação ao amor de Javé. O segundo usa o verbo em referência ao evento iniciador do resgate no êxodo.

Terceiro, em meio à crise do exílio, quando Israel tem amplas bases para imaginar que o amor de Javé se acabou, o verbo reemerge entre os poetas do exílio:

> Com amor eterno eu te *amei*; por isso, com benignidade te atraí. (Jr 31,3)

> dei o Egito por teu resgate
> e a Etiópia e Sebá, por ti.
> Visto que foste precioso aos meus olhos,
> digno de honra, e eu te *amei*,
> darei homens por ti
> e os povos, pela tua vida. (Is 43,3-4; cf. 48,14; Os 14,4)

Essas últimas declarações atestam a durabilidade e a resiliência do amor de Javé por Israel e, portanto, a capacidade de Israel de continuar vivendo e crendo em meio a circunstâncias extremas.

Um segundo verbo, *escolher* (*bḥr*), é citado regularmente para se falar mais frontalmente da eleição, pela qual Israel ganha um papel e um relacionamento especiais, como se tivesse recebido uma nomeação ou designação pelo decreto de um soberano. Esse termo *escolha* tem sido tratado pelos estudiosos como sendo peculiarmente problemático em uma perspectiva que aspira por uma religião universal.[8] Nesse contexto, a escolha peculiar é um embaraço e um escândalo — "o escândalo da particularidade". Contudo, deve-se notar que a especificidade da escolha de Israel não evoca nenhum embaraço nem necessidade de explicação na autocompreensão do próprio Israel. Israel aceita e tem prazer em sua escolha especial. Novamente é Deuteronômio que atenta mais plenamente a esse verbo e à sua importância para a autoapresentação de Israel:

> Porque tu és povo santo ao Senhor, teu Deus; o Senhor, teu Deus, te *escolheu*, para que lhe fosses o seu povo próprio, de todos os povos que há sobre a terra... (Dt 7,6-7; repetido em 14,2)

> Porquanto amou teus pais, e *escolheu* a sua descendência depois deles... (Dt 4,37)

---

[8] Para o estudo clássico que mantém a eleição em um sistema genérico e liberal, refletindo o assim chamado movimento da teologia bíblica, veja H. H. ROWLEY, *The Biblical Doctrine of Election* (Londres: Lutterworth, 1950).

...Tão-somente o Senhor se afeiçoou a teus pais para os amar; a vós outros, descendentes deles, *escolheu* de todos os povos, como hoje se vê. (Dt 10,15)

Os últimos dois usos se referem em particular aos pais, conectando as comunidades do Gênesis e do Êxodo.

O mesmo termo é usado em um retrospecto de Ezequiel:

> No dia em que *escolhi* a Israel, levantando a mão, jurei à descendência da casa de Jacó e me dei a conhecer a eles na terra do Egito; levantei-lhes a mão e jurei: Eu sou o Senhor, vosso Deus. (Ez 20,5)

O termo reaparece no exílio, a fim de asseverar de uma forma peculiar a contínua valorização de Israel por Javé:

> Agora, pois, ouve, ó Jacó, servo meu,
> ó Israel, a quem *escolhi*. (Is 44,1)

O terceiro termo, *afeiçoar-se* (*hšq*) só é usado duas vezes, novamente em Deuteronômio, nos textos que acabei de citar:

> Não vos teve o Senhor *afeição*, nem vos escolheu porque fôsseis mais numerosos do que qualquer povo, pois éreis o menor de todos os povos. (Dt 7,7)

> Tão-somente o Senhor *se afeiçoou* a teus pais para os amar; a vós outros, descendentes deles, escolheu de todos os povos, como hoje se vê. (Dt 10,15)

O primeiro desses textos se refere à comunidade de Moisés; o segundo, à comunidade dos pais. O mais importante é que o verbo *hšq* tem fortes tons emocionais e passionais (cf. Gn 34,8; Dt 21,11). O termo indica um amante que busca intensamente o parceiro, talvez de uma maneira lasciva. Assim, o compromisso de Javé com Israel não é simplesmente uma nomeação formal e política, mas é um compromisso pessoal que tem uma dimensão de afeição, e no qual Javé se desdobra emocionalmente pelo bem de Israel.

Correndo o risco de uma modesta repetição, podemos notar que dois textos usam todos os três verbos, *amar* (*'ahab*), *escolher* (*bḥr*) e *afeiçoar-se* (*hšq*), em declarações extraordinariamente poderosas:

> Porque tu és povo santo ao Senhor, teu Deus; o Senhor, teu Deus, te *escolheu*, para que lhe fosses o seu povo próprio, de todos os povos que há sobre a terra. Não vos teve o Senhor *afeição*, nem vos *escolheu* porque fôsseis mais numerosos do que qualquer povo, pois éreis o menor de todos os povos, mas porque o Senhor vos *amava* e, para guardar o juramento que fizera a vossos pais, o Senhor vos tirou com mão poderosa e vos resgatou da casa da servidão, do poder de Faraó, rei do Egito. (Dt 7,6-8)

Capítulo XIV

Tão-somente o Senhor *se afeiçoou* a teus pais para os *amar*; a vós outros, descendentes deles, *escolheu* de todos os povos, como hoje se vê. (Dt 10,15)

Esses dois textos têm diferentes funções. A primeira é asseverar um poderoso "e/ou" contra outros habitantes da terra. A segunda é contrastar a particularidade de Israel com o governo universal de Javé. Ambas declaram o compromisso peculiar de Javé com Israel, e a identidade peculiar de Israel diante de Javé. Em ambos os casos, oferecem-se o compromisso peculiar de Javé e a identidade peculiar de Israel como bases a partir das quais se apela a uma obediência séria, radical e concreta.

### A obrigação de Israel quanto à aliança

A presença do tema da obediência nesses textos sobre o amor inexplicável nos leva a um segundo aspecto do compromisso original e inexplicável de Javé para com Israel. O ato iniciador de amor, resgate e designação é realizado por um soberano que, nesse ato de amor, não cessa de ser soberano. Portanto, esse relacionamento, marcado por assombro e gratidão por sua generosidade inexplicável, traz consigo as expectativas e exigências do soberano que o inicia. A rubrica comum para essas expectativas soberanas é a aliança. Javé designa Israel como seu parceiro de aliança, de maneira que este é, desde o início, obrigado a responder e satisfazer às expectativas dele. Como parceiro de aliança de Javé, Israel é um povo definido pela obediência.

Os estudiosos investiram grande energia nessa questão da aliança, e um estudante da teologia do Antigo Testamento precisa conhecer um pouco sobre esse debate acadêmico.[9] Na erudição crítica mais antiga do século passado, assume-se que a aliança não se tornou uma ideia operante em Israel até a emergência do monoteísmo ético nos séculos VIII e VII a.C., sob a égide da tradição deuteronômica. Então, no meio do século XX, sob o ímpeto de GEORGE MENDENHALL e KLAUS BALTZER, argumentou-se que a aliança era uma noção inicial e formativa em Israel.[10] Mais recentemente,

---

[9] Boas declarações sumárias da erudição recente se encontram em DELBERT HILLERS, *Covenant: The History of a Biblical Idea* (Baltimore: Johns Hopkins University, 1969); DENNIS J. MCCARTHY, *Covenant: A Summary of Current Opinions* (Oxford: Blackwell, 1972); NORBERT LOHFINK, *The Covenant Never Revoked: Biblical Reflections on Christian-Jewish Dialogue* (Nova York: Paulist, 1991); e, especialmente, ERNEST W. NICHOLSON, *God and His People: Covenant and Theology in the Old Testament* (Oxford: Clarendon, 1986).

[10] GEORGE W. MENDENHALL, *Law and Covenant in Israel and in the Ancient Near East*

liderados por LOTHAR PERLITT, E. KUTSCH e ERNEST NICHOLSON, os estudiosos retornaram à posição crítica mais antiga.[11] Seja como for, a autoapresentação teológica de Israel não se limita por esses pareceres críticos, revelando-se desde o início como o povo da aliança de Javé.[12]

Se considerarmos a autoapresentação (o testemunho) de Israel como assunto apropriado para interpretação, ainda assim os estudiosos fazem importantes distinções acerca da aliança de Javé com Israel. Assim, pode-se argumentar que a aliança que Javé fez com Abraão (e, assim, com os ancestrais de Gênesis) é de iniciativa divina e é incondicional, e que a aliança feita com Israel no Sinai impõe obrigações humanas.[13] Ou pode-se

---

(Pitsburgo: Biblical Colloquium, 1955); KLAUS BALTZER, *The Covenant Formulary in the Old Testament, Jewish, and Early Christian Writings* (Oxford: Blackwell, 1971). Veja também DENNIS J. MCCARTHY, *Treaty and Covenant: A Study in Forms in the Ancient Oriental Documents and in the Old Testament* (Roma: Pontifical Biblical Institute, 1978).

[11] LOTHAR PERLITT, *Bundestheologie im Alten Testament* (WMANT 36; Neukirchen-Vluyn: Neukirchener, 1969); E. KUTSCH, "Gesetz und Gnade. Probleme des alttestamentlicher Bundesbegriff", *ZAW* 79 (1976), pp. 18-35; e NICHOLSON, *God and His People*.

[12] A formulação clássica é a de WALTHER EICHRODT, *Theology of the Old Testament* (2 v.; OTL; Filadélfia: Westminster, 1961-67). JAMES BARR, "Some Semantic Notes on the Covenant", *Beiträge zur Alttestamentlichen Theologie: Festschrift für WALTHER ZIMMERLI* (org. HERBERT DONNER et al.; Göttingen: Vandenhoeck and Ruprecht, 1977), pp. 37-38, está certamente correto em seu parecer de que deve-se reconhecer a realidade da aliança como presente no suposto mundo de Israel, mesmo se a palavra *berith* em si seja de uso posterior. Falando da conclusão negativa de PERLITT acerca da aliança, BARR escreve: "Mesmo com toda a vontade no mundo, é um tanto difícil crer que a aliança de Javé com Israel tenha se tornado significativa apenas tão tardiamente. O tipo de análise que é esboçado em linhas gerais nesse artigo, especialmente ao supor a existência de restrições sintáticas e linguísticas, ao invés de ideológicas e teológicas, no uso do termo *berith*, pode possivelmente sugerir outras explicações sobre por que esse termo não é encontrado em alguns tipos de fontes. Uma corrente da tradição que usa *berith* em um tipo de contexto linguístico pode usar outra terminologia em outro contexto, sem que isso seja evidência de um conflito teológico básico".

[13] MOSHE WEINFELD, "The Covenant of Grant in the Old Testament and in the Ancient Near East", *JAOS* 90 (1970), pp. 184-203, provê a noção mais convincente de aliança incondicional em termos de "concessão de terra". Quanto à dialética, veja DAVID NOEL FREEDMAN, "Divine Commitment and Human Obligation", *Int* 18 (1964), pp. 419-431. JON D. LEVENSON, *Sinai and Zion: An Entry into the Jewish Bible* (Mineápolis: Winston, 1985), rejeita qualquer sugestão de tensão ou contraste e subordina a aliança real (incondicional) à aliança mosaica (baseada na Torá).

expressar a questão assim: a aliança pode ser estabelecida unilateralmente por Javé (com o verbo *estabelecer*, *qûm*) ou pode ser combinada bilateralmente (com o verbo *cortar*, *krt*).

### Condicional e incondicional: uma distinção enganosa

Apresentam-se ênfases diferentes em textos diferentes, a partir de tradições diferentes e em resposta a circunstâncias diferentes. No todo, contudo, é fútil e enganoso, a meu ver, separar aspectos incondicionais e condicionais da aliança de Javé com Israel. Pode-se determinar a qualidade fútil e enganosa dessa iniciativa em duas bases bem diferentes. Primeiro, mesmo na aliança com os ancestrais em Gênesis, a aliança inclui uma dimensão imperativa (Gn 12,1; 17,1).[14] Espera-se que Israel, como parceiro de aliança de Javé, ordene sua vida de uma maneira que seja apropriada a esse relacionamento. É inconcebível que o Deus santo, glorioso e zeloso, o qual é o Criador dos céus e da terra, se comprometa em um relacionamento sem uma expectativa assim. Segundo, se esse relacionamento realmente se baseia em compromisso passional, como certamente é o caso, então sem dúvida ocorre que (por meio de analogia) todo relacionamento sério, intenso e primário tem em si dimensões de condicionalidade e incondicionalidade, as quais atuam de formas diferentes em circunstâncias diferentes.

O empenho de calcular os aspectos condicionais e incondicionais da aliança consiste em uma tentativa de dissecar e analisar o mistério inescrutável de uma relação íntima e intensa que, por definição, desafia toda análise como essa. Javé é tudo para Israel, e isso inclui tanto sua autodoação quanto seu intenso autoapreço.

Um estudante da teologia do Antigo Testamento deve considerar essa questão com certo cuidado. A meu ver, o empenho dos estudiosos de identificar o condicional e o incondicional nesse relacionamento se baseia no esforço de Paulo de distinguir o evangelho de Jesus Cristo de sua contrapartida judaica; nesse esforço, Paulo reivindica para a fé cristã o "evangelho preanunciado" em Abraão (Gl 3,8) e atribui aos seus oponen-

---

[14] No debate inicial sobre a aliança, Gn 15 desempenhou um papel peculiarmente importante. Veja RONALD CLEMENTS, *Abraham and DAVID: Genesis 15 and Its Meaning for Israelite Tradition* (SBT 5, 2ª série; Londres: SCM, 1967). Desde aquela época, todavia, as suposições críticas mudaram drasticamente, de maneira que Gn 15 não é mais considerado como uma tradição antiga. Veja ROLF RENDTORFF, "Genesis 15 im Rahmen der theologischen Bearbeitung der Vatergeschichte", *Werden und Wirken des Alten Testaments: Festschrift für CLAUS WESTERMANN* (Neukirchen-Vluyn: Neukirchener, 1980), pp. 74-81; e JOHN HA, *Genesis 15: A Theological Compendium of Pentateuchal History* (BZAW 181; Berlim: Walter de Gruyter, 1989).

tes judaicos "Moisés e a lei". Essa mesma distinção falsa, então, reaparece na controvérsia pelagiana na história da doutrina cristã; agora, em uma "sociedade terapêutica", se apresenta variadamente como "graça barata" ou "justificação por obras".

Todas essas distinções traem o caráter dessa aliança, que é ao mesmo tempo totalmente generoso e totalmente exigente. Assim, sugiro que o termo *nomismo da aliança*, de E. P. SANDERS, está aproximadamente correto, pois subordina a lei (*nomos*) à categoria da aliança.[15] Por inferência, sugiro que a graça também deve ser subordinada à aliança. A aliança é a categoria operacional mais ampla por meio da qual essa testemunha entende sua vida com Javé; isso acarreta um relacionamento completo de autodoação e autoapreço no qual seguem juntas a aceitação dos mandamentos (em obediência) e a aceitação do amor (em confiança). Renunciar à noção geral de aliança e separar claramente "graça" e "lei" é uma distorção do modo como o Antigo Testamento fala desse relacionamento. Essa distinção falsa pode servir, por um lado, para distanciar a graça do relacionamento insistente e expectante da aliança ou, por outro lado, pode servir para simplesmente reduzir a aliança à lei. Cada manobra é uma distorção do testemunho de Israel.

Essa distinção gera danos incríveis aos relacionamentos judaico-cristãos e danos semelhantes no discernimento próprio acerca de pessoas na comunidade. (Ou seja, a graça e a lei, como aspectos duplos da aliança, se tornam questões conflitantes de merecimento e responsabilidades, quando, na verdade, ambos pertencem inevitavelmente a uma comunidade aliançada viável). É claro que Israel devia responder em amor ao amor de Javé que doa a si mesmo. Como em qualquer relacionamento sério de amor, a resposta apropriada ao amor é ecoar a vontade, propósito, desejo, esperança e intenção daquele que ama. É por essa razão que as tradições do Deuteronômio, sem apologia ou qualificação, entendem que a resposta apropriada de Israel ao amor inexplicável de Javé é a obediência, é cumprir o propósito daquele cujo amor possibilitou a vida no mundo.

Assim, o poder evocativo, convocador e formador de Javé, que dá vida a Israel, submete este a uma obrigação profunda e incondicional para com aquele. Quando tentamos dar substância a essa obrigação, é claro que o testemunho de Israel é diverso e diversificado. A obrigação de Israel para com Javé é ser completamente responsivo à natureza dele, complementar a ela, e em pleno acordo com ela, de maneira que o modo como se enten-

---

[15] E. P. SANDERS, *Paul and Palestinian Judaism: A Comparison of Patterns of Religion* (Filadélfia: Fortress, 1977), p. 75 e *passim*.

de essa obrigação se equipara ao modo como se compreende a Javé. *Em suma, a obrigação de Israel para com Javé é amá-lo.* Assim, o "primeiro mandamento":[16]

> Amarás, pois, o Senhor, teu Deus, de todo o teu coração, de toda a tua alma e de toda a tua força. (Dt 6,5)

> Andareis após o Senhor, vosso Deus, e a ele temereis; guardareis os seus mandamentos, ouvireis a sua voz, a ele servireis e a ele vos achegareis. (Dt 13,4)

*Amor* é um termo denso. Claramente, é uma palavra relacionada à aliança, que significa reconhecer a soberania e manter o juramento de lealdade no qual a aliança se baseia. Porém, essa dimensão política do termo não exclui uma dimensão afetiva, à luz do termo *afeiçoar-se* (*ḥšq*) que já consideramos. Assim, no centro da obrigação de Israel para com Javé está o desejo de agradá-lo e de estar com ele (Sl 27,4; 73,25). Essa dimensão de desejo e alegria é o que, na melhor interpretação, evita que essa obrigação se torne um fardo. Em sua melhor forma, essa obrigação não é um fardo, mas é simplesmente viver a partir da verdadeira natureza e identidade de Israel, pois Israel vive de acordo com, para e a partir da liberdade e a paixão de Javé. Essa mesma dimensão de desejo permite a leitura dos poemas de amor erótico em Cantares de Salomão como uma reflexão do compromisso afetivo entre Javé e Israel.[17] Assim, podemos focar a obrigação de Israel ao redor de uma devoção ardente por Javé; contudo, com esse foco deve-

---

[16] Quanto à importância do primeiro mandamento para a teologia do Antigo Testamento, veja NORBERT LOHFINK, *Das Hauptgebot: Eine Untersuchung literarischer Einleitungsfragen zu Dtn 5-11* (AnBib 20; Roma: Pontifical Biblical Institute, 1963); WERNER H. SCHMIDT, *The Faith of the Old Testament: A History* (Oxford: Blackwell, 1983); WALTHER ZIMMERLI, *The Old Testament and the World* (Londres: SPCK, 1976); e ZIMMERLI, *Old Testament Theology in Outline* (Atlanta: John Knox, 1978).

[17] Essa suposição teológica domina boa parte da história de interpretação dos poemas de amor. O exemplo clássico é a longa série de sermões por Bernardo de Clairvaux. Veja *On the Song of Songs* (trad. KILIAN WALSH e IRENE EDMUNDS; Kalamazoo: Cistercian, 1971-80). Continuando a trajetória exegética de Bernardo, veja C. E. HOCKING, *Rise Up My Love* (Precious Seeds, 1988). De forma mais genérica, veja WILFRED CANTWELL SMITH, *What Is Scripture? A Comparative Approach* (Mineápolis: Fortress, 1993), pp. 21-44. Veja a interpretação desconstrutiva de DAVID J. A. CLINES, "Why Is There a Song of Songs, and What Does It Do to You If You Read It?", *Interested Parties: The Ideology of Writers and Readers of the Hebrew Bible* (JSOTSup 205; Sheffield: Sheffield Academic, 1995), pp. 94-121.

mos reconhecer que a concretização dessa devoção assume muitas formas diferentes, dependendo da época, lugar, circunstância e perspectiva.

Na exploração dessa obrigação, primeiro tematizarei o material ao redor dos tópicos de *ouvir* e *ver*, depois chegarei a duas extensas conclusões. Reconhece-se que, nas tradições deuteronômicas, proféticas e relacionadas à aliança, a obrigação de Israel é ouvir enquanto o soberano Javé, por meio de muitos intérpretes, promulga comandos: "Ouve, Israel, o Senhor, nosso Deus, é o único Senhor" (Dt 6,4). Assim, um aspecto da obrigação de Israel é *ouvir* e reagir fazendo (cf. Êx 24,3-7).[18] Uma segunda perspectiva sobre a obrigação é menos reconhecida, proveniente da tradição sacerdotal, do templo e do tabernáculo: que Israel deve *ver*, contemplar o esplendor e a beleza de Javé. Essas duas ênfases, uma na tradição do Deuteronômio e outra nas tradições sacerdotais, culminam em um programa hermenêutico de proclamação e manifestação, que por sua vez pode ser entendido na tradição cristã como palavra e sacramento.[19]

### *A obrigação de ouvir e fazer justiça*

Israel deve "ouvir" aos mandamentos de Javé e deve responder obedecendo. Embora os mandamentos, na tradição referente ao ouvir, sejam muitos e variados, podemos afirmar em resumo que *a obrigação de Israel é fazer justiça*. Israel é uma comunidade colocada no mundo, assim sugere o testemunho, por causa da justiça. Além disso, a justiça ordenada por Javé não é a justiça retributiva de "atos-consequências", na qual recompensas e punições são administradas a pessoas e à comunidade de acordo com sua conduta. Antes, Israel se compreende, em seu testemunho espontâneo, como uma comunidade de pessoas unidas em membresia entre si, de maneira que cada pessoa como membro deve ser tratada suficientemente bem para ser considerada como membro pleno da comunidade. Em sua articulação da justiça como sua obrigação principal, Israel está fortemente alerta às diferenciações sociopolíticas; está consciente de que os fortes e os fracos, os ricos e os pobres, vivem de forma diferente e precisam ser

---

[18] Interpretações rabínicas notam que o "fazer" tem prioridade no texto sobre o "ouvir".

[19] Quanto à dialética de manifestação e proclamação na teologia e liturgia cristãs, veja DAVID TRACY, *The Analogical Imagination: Christian Theology and the Culture of Pluralism* (Nova York: Crossroad, 1984), pp. 371-404. TRACY segue as categorias de PAUL RICOEUR. Os temas da manifestação e da proclamação, na prática real do ministério, se tornam o ministério da "palavra e sacramentos".

atendidos de modos diferentes. Não é uma ideologia tardia reconhecer que o senso profético e da aliança de Israel quanto à justiça de Javé realmente tem uma inclinação preferencial pelos pobres e marginalizados. Essa opção preferencial, ordenada a Israel, se baseia na própria prática e inclinação de Javé, de maneira que na prática da justiça Israel deve realmente imitar a Javé.[20] Assim, em Deuteronômio 10,17-18, Javé é aquele que "ama o estrangeiro":

> Pois o Senhor, vosso Deus, é o Deus dos deuses e o Senhor dos senhores Senhor, o Deus grande, poderoso e temível, que não faz acepção de pessoas, nem aceita suborno; que faz justiça ao órfão e à viúva e ama o estrangeiro, dando-lhe pão e vestes.

Como uma consequência imediata, prescreve-se a Israel fazer o mesmo:

> Amai, pois, o estrangeiro, porque fostes estrangeiros na terra do Egito. (v. 19)

Entende-se essa ação para com o estrangeiro como um modo de "temer a Javé", pois o próximo versículo faz a conexão:

> Ao Senhor, teu Deus, temerás; a ele servirás, a ele te chegarás e, pelo seu nome, jurarás. (v. 20)

Na tradição de Israel quanto ao ouvir, há muitos e variados mandamentos: alguns são conservadores, a fim de manter o equilíbrio social, e outros são absolutamente reacionários, para proteger a vantagem do *status quo*. Sem negar nada disso, é evidente que a prática mais característica e mais teologicamente intencional de Israel é atender as necessidades daqueles que são muito fracos para se protegerem. Na tradição de Deuteronômio, esses muito fracos são caracteristicamente "o estrangeiro, o órfão e a viúva" (cf. Dt 14,29; 16,11,14; 24,19-21; 26,12-15; Is 1,17; Jr 7,6; 22,3; Zc 7,10).

Fica claro que, nessas prescrições bem radicais, entendidas como

---

[20] É difícil evitar algo como "a opção preferencial de Deus pelos pobres" nesses textos. Quanto a esse tema, veja GUSTAVO GUTIÉRREZ, *A Theology of Liberation: History, Politics, and Salvation* (Maryknoll: Orbis Books, 1988). Quanto ao tema da justiça, veja JOSÉ P. MIRANDA, *Marx and the Bible: A Critique of the Philosophy of Oppression* (Maryknoll: Orbis Books, 1977), pp. 109-199; MIRANDA mostra que a justiça, nessa tradição, não é sentimental ou romântica em sua concretização, mas se refere à realidade da vida econômica e política na comunidade.

obrigações de Israel por causa da aliança, não se consideram a riqueza e os recursos sociais de Israel de maneira privativa ou aquisitiva, mas como recursos comuns que devem ser gerenciados e distribuídos para melhorar a comunidade, por meio da melhoria de seus membros mais fracos e desprovidos. Esse vínculo entre a obrigação javista e o compromisso com o bem-estar dos marginalizados, embora apareça especialmente nas tradições da aliança, também está presente no horizonte dos mestres de sabedoria:

> O que oprime ao pobre insulta aquele que o criou,
> mas a este honra o que se compadece do necessitado. (Pv 14,31)

> O que escarnece do pobre insulta ao que o criou;
> o que se alegra da calamidade não ficará impune. (Pv 17,5)

Essa ordem específica e radical de fazer justiça deve caracterizar toda a vida de Israel. Esse mandamento, entendido como uma reflexão penetrante sobre o próprio agir de Javé no mundo (como se evidencia no êxodo), claramente é intrusivo e crítico de uma vida de autoproteção, autossuficiência e autoindulgência. Esse mandato marca Israel como uma comunidade que pratica uma abertura intensa ao próximo; equilibra-se essa abertura por um senso afiado de autocrítica quanto a vantagens sociopolíticas e econômicas. Ou seja, a função desses mandamentos não é a de proteger a vantagem adquirida, mas a de questionar essa vantagem quando ela não beneficia a comunidade.

Entende-se a ordem de fazer justiça como algo que marca a política da comunidade de Israel. Isto é, justiça não é caridade, nem é fazer o bem romanticamente. Antes, é um mandato para ordenar as políticas, a prática e as instituições públicas para o bem comum e em resistência ao tipo de iniciativa gananciosa que prejudica a comunidade. A qualidade pública desse mandamento é evidente, por um lado, na narrativa primitiva de Acã, que reteve para propósitos pessoais os bens da comunidade, e assim gerou prejuízo imenso à comunidade:

> Israel pecou, e violaram a minha aliança, aquilo que eu lhes ordenara, pois tomaram das coisas condenadas, e furtaram, e dissimularam, e até debaixo da sua bagagem o puseram. [...] Respondeu Acã a Josué e disse: Verdadeiramente, pequei contra o Senhor, Deus de Israel, e fiz assim e assim. Quando vi entre os despojos uma boa capa babilônica, e duzentos siclos de prata, e uma barra de ouro do peso de cinquenta siclos, cobicei-os e tomei-os; e eis que estão escondidos na terra, no meio da minha tenda, e a prata, por baixo. (Js 7,11.20-21)

Essa mesma qualidade pública da ordem de fazer justiça, por outro lado, se evidencia no mandato doxológico do rei davídico:

> Concede ao rei, ó Deus, os teus juízos
> e a tua justiça, ao filho do rei.
> Julgue ele com justiça o teu povo
> e os teus aflitos, com equidade. [...]
> Julgue ele os aflitos do povo,
> salve os filhos dos necessitados
> e esmague ao opressor. (Sl 72,1-2,4)[21]

O bem público requer que o poder social ativo seja mobilizado para melhorar toda a comunidade e para resistir ao engrandecimento pessoal de alguns à custa dos outros.

Inequivocamente, Israel crê que a violação desse mandato de Javé, o qual é congruente com o próprio agir dele no mundo, será excessivamente destrutivo. Assim, os profetas observam o custo da cobiça pessoal, como por exemplo a do rei e dos poderosos ao seu redor. Miqueias emprega o mesmo termo *cobiça* (*ḥmd*) usado na acusação de Acã:

> Ai daqueles que, no seu leito,
> imaginam a iniquidade e maquinam o mal!
> À luz da alva, o praticam,
> porque o poder está em suas mãos.
> Se cobiçam campos, os arrebatam;
> se casas, as tomam;
> assim, fazem violência a um homem e à sua casa,
> a uma pessoa e à sua herança. (Mq 2,1-2; cf. Is 5,8-10)[22]

Ao denunciar a monarquia, a mesma ordenada a fazer justiça no Salmo 72, Ezequiel percebe a ruína gerada pelo crescimento do poder social estabelecido à custa dos indefesos:

> Comeis a gordura, vestis-vos da lã e degolais o cevado; mas não apascentais as ovelhas. A fraca não fortalecestes, a doente não curastes, a quebrada não ligastes, a desgarrada não tornastes a trazer e a perdida não buscastes; mas dominais sobre elas com rigor e dureza. Assim, se espalharam, por não haver pastor... (Ez 34,3-5)

---

[21] Quanto aos possíveis aspectos ideológicos do Salmo 72, um poema ostensivamente sobre justiça, veja DAVID JOBLING, "Deconstruction and the Political Analysis of Biblical Texts: A Jamesonian Reading of Psalm 72", *Semeia* 59 (1992), pp. 95-127.

[22] Quanto a esse texto em Miqueias, veja MARVIN CHANEY, "You Shall Not Covet Your Neighbor's House", *Pacific Theological Review* 15.2 (inverno de 1982), pp. 3-13.

Nessa poderosa tradição de obrigação, entende-se Israel como uma comunidade que deve se preocupar com o bem-estar do próximo, e deve estar preparada para exercer o poder público em benefício do próximo, mesmo quando o exercício do poder público opera contra os interesses dominantes.

Sem dúvida, muitos outros mandamentos são menos ousados, exigentes e "nobres". Porém, *se desejamos identificar o que é mais característico e distintivo na vida e vocação desse parceiro de Javé, essa é a notável equação do amor a Deus com o amor ao próximo*, a qual se concretiza pelo exercício da justiça distributiva dos bens, poder e acesso sociais àqueles que não têm influência; pois estes merecem esse tratamento simplesmente pelo fato de serem membros da comunidade. Embora às vezes se exagere na argumentação, há amplas bases para se reconhecer que Israel, como uma comunidade sob obrigação, é realmente uma comunidade de revolução social no mundo.[23] Além disso, a insistência de Israel quanto à essa ordem de fazer justiça fundamenta essa insistência social concreta precisamente no caráter de Javé, o qual ama o órfão e a viúva (cf. Os 14,3).

### *O convite para ver*

Uma segunda tradição de obrigação, a qual articula as exigências impostas a Israel como parceiro de Javé, não é tão bem conhecida ou valorizada no protestantismo ocidental. Essa é a tradição de ver, a qual enfatiza a presença cultual de Javé, e por meio da qual *Israel é convidado a contemplar uma visão da presença, santidade e beleza de Javé*.[24] Essa tradição tem recebido bem menos atenção na interpretação dos estudiosos, e talvez não seja tão característica e pervasiva no testemunho espontâneo de Israel sobre si mesmo. Apesar disso, ela ocupa um bom trecho de espaço textual.

É extraordinário que, em meio ao encontro do Sinai, onde Israel ouve os mandamentos e jura lealdade a eles (Êx 24,3,7), no mesmo contexto de submissão aos mandamentos, Israel testemunha sobre um tipo bem diferente de obrigação, uma obrigação de "ver a Deus" e estar plenamente na presença de Javé. Em um texto geralmente atribuído à tradição

---

[23] Isso é apresentado bem claramente por Norman K. Gottwald, *The Tribes of Yahweh: A Sociology of the Religion of Liberated Israel, 1250-1050 B.C.E.* (Maryknoll: Orbis Books, 1979).

[24] Samuel Terrien, *The Elusive Presence: Toward a New Biblical Theology* (Nova York: Harper and Row, 1978), é quem vai mais longe, na erudição contemporânea, em dar atenção à "tradição de ver" na estrutura e formato da teologia do Antigo Testamento.

sacerdotal, afirma-se que Moisés, Arão, Nadabe, Abiú e 70 anciãos, ao subirem a montanha, "viram (*ra'ah*) o Deus de Israel... eles viram (*ḥzh*) a Deus, e comeram, e beberam" (Êx 24,10-11). É claro que estamos em um ambiente de testemunho bem diferente daquele dos deuteronomistas, os quais insistem que "a voz das palavras ouvistes; porém, além da voz, não vistes aparência nenhuma" (Dt 4,12).

A asserção de Êxodo 24,9-11 não nos conta o que a liderança de Israel viu. Mas não há dúvida de que esse testemunho deseja afirmar que um dos traços característicos de Israel é estar na presença de Javé, ver a Deus, comungar com Javé diretamente, face a face. Além disso, esse encontro na montanha não é instrumental, não ocorre por conta de algo mais. É um momento de maravilhoso permanecer na Presença.

Esse testemunho sobre esse encontro singular no Sinai deixa claro que é do tipo único, ao qual só se convida a liderança. Não obstante, é claro que esse encontro obriga Israel não apenas a fazer justiça para com o próximo, mas também a estar na presença de Deus, ver a Deus, e submeter-se à indizível superabundância que é o próprio caráter de Deus. Faz parte da vida e do caráter de Israel estar com e estar diante desse de quem Israel é parceiro responsivo. As tradições israelitas, as quais se baseiam no encontro do Sinai, atestam sobre os modos como esse momento impressionante de presença se disponibiliza continuamente na prática cultual de Israel. Fica evidente no desenvolvimento dessa tradição de obrigação que Israel tem uma sensibilidade estética aguçada, sugerindo que o Javé a quem Israel responde não é apenas justo, mas também belo. Conduz-se o encontro em um ambiente de beleza, o qual possibilita a comunhão e reflete o próprio caráter de Javé.

**A beleza na tradição do tabernáculo.** É evidente, primeiro, que a tradição do tabernáculo (Êx 25-31; 35-40) se preocupa com a beleza. Assim, a oferta exigida para a construção do tabernáculo inclui

> ouro, e prata, e bronze, e estofo azul, e púrpura, e carmesim, e linho fino, e pelos de cabra, e peles de carneiro tintas de vermelho, e peles finas, e madeira de acácia, azeite para a luz, especiarias para o óleo de unção e para o incenso aromático, pedras de ônix e pedras de engaste, para a estola sacerdotal e para o peitoral. (Êx 25,3-7)

Os habilidosos artesãos trabalham com uma variedade de materiais para construir um lugar adequado e aceitável de presença:

> E o Espírito de Deus o encheu de habilidade, inteligência e conhecimento em todo artifício, e para elaborar desenhos e trabalhar em ouro, em prata, em

bronze, e para lapidação de pedras de engaste, e para entalho de madeira, e para toda sorte de lavores. [...] Encheu-os de habilidade para fazer toda obra de mestre, até a mais engenhosa, e a do bordador em estofo azul, em púrpura, em carmesim e em linho fino, e a do tecelão, sim, toda sorte de obra e a elaborar desenhos. (Êx 35,31-33,35)

A culminação dessa preparação elaborada é a vinda da "glória do Senhor", que assume residência no tabernáculo (Êx 40,34-38). O tabernáculo se torna um lugar apropriado e adequado para a presença visível de Javé pela observância de uma beleza proporcional ao caráter dele. É possível hospedar a santidade de Javé; nessa tradição, o propósito da vida é a comunhão com Javé, uma presença genuína, real e palpável.[25] Além disso, essa recepção é feita com grande cuidado, investimento oneroso, e escrupulosa atenção aos detalhes.

**As dimensões estéticas da tradição do templo.** As tradições do tabernáculo são uma antecipação ou uma reflexão das tradições do templo.[26] A tradição do templo de Salomão reflete a autoindulgência régia, a qual replica outras autoindulgências régias não israelitas. Apesar disso, o templo de Salomão se apresenta no testemunho de Israel como algo belo (Sl 48,2), condizente com Javé, que se torna um lugar para sua apropriada habitação em meio a Israel. O texto de 1 Reis 6,14-38 deixa claro que não se poupa nada para criar um lugar belo para Javé. No devido tempo, a glória de Javé é vista; sabe-se que ela está presente no templo (1Rs 8,11).[27]

Na reconstrução do templo após o exílio, é evidente que se toma um

---

[25] TRACY, *The Analogical Imagination*, explora esse aspecto da fé cristã sob as categorias duplas de "profético" e "místico", que correspondem aproximadamente a "proclamação" e "manifestação". O tema da presença cultual que entende Deus em termos sacramentais (isto é, via manifestação mística) se reflete claramente nesses textos, mas é amplamente desconsiderada na erudição crítica protestante. Essa desconsideração parece ter sua contrapartida na preferência característica pelo cristianismo paulino sobre o joanino no Novo Testamento.

[26] Quando consideradas canonicamente, não há dúvida de que o tabernáculo é apresentado como uma antecipação do templo de Salomão. Em contraste, a erudição crítica em geral considera o tabernáculo como uma reflexão subsequente do templo real.

[27] Quanto à presença de Javé no templo, veja TRYGGVE N. D. METTINGER, *The Dethronement of Sabaoth: Studies in the Shem and Kabod Theologies* (Lund: CWK Gleerup, 1982), pp. 19-37; e BEN C. OLLENBURGER, *ZION, City of the Great King: A Theological Symbol of the Jerusalem Cult* (JSOTSup 41; Sheffield: Sheffield Academic, 1987).

cuidado similar quanto à proporção e simetria (Ez 40,1-42,20).[28] A tradição de Ezequiel está mais interessada na simetria e na proporção do que na extravagância da decoração, mas é indiscutível que há uma sensibilidade estética em operação; ela possibilita novamente que a glória de Javé esteja no meio de Israel (cf. Ez 43,5). A tradição do templo, tanto no templo de Salomão quanto no Segundo Templo, assegura que a presença de Javé está disponível de forma palpável a Israel.

Além disso, não há dúvida de que a experiência litúrgica no templo tem uma dimensão fortemente estética, pois sabe-se que o Deus de Israel está presente em um ambiente de beleza física e visível. Assim, Israel é convocado a adorar a Javé em um lugar santo de esplendor indizível (Sl 29,2; 96,9; 1Cr 16,29; 2Cr 20,21). A tradução antiga e conhecida da expressão recorrente nesses textos é "a beleza da santidade". A NRSV prefere traduzir como "santo esplendor", acentuando assim o assombro, o qual evita qualquer comodismo fácil ou artístico. O que nos interessa nessa fórmula recorrente, seja como for traduzida, é que o senso de presença, visivelmente forte no santuário, tem um traço de santidade, refletindo de diversas formas simetria, proporção, ordem, extravagância, assombro e estupefação. Esse é um senso da "superabundância" de Javé, situada no centro da vida de Israel e experimentada de forma visual; a partir de sua posição central e dominante, ela reposiciona e requalifica tudo no mundo terreno de Israel em relação a esse centro ocupado pela santidade.

**Beleza e santidade**. Assim, podemos fazer uma conexão entre beleza e santidade, o que nos aproxima mais da obrigação que fundamenta essa tradição de presença. Já vimos que Javé é santo, e é "o Santo de Israel".[29] Esse traço de Javé manifesta sua transcendência, separação, distância, reverência e soberania. Porém, o que nos interessa agora é que Israel, em sua obediência, pode ser comparado com Javé. Israel também deve ser santo como Javé é santo. Ou seja, a santidade de Israel se deriva da santidade de Javé, responde a ela e lhe é proporcional (Lv 11,44-45; 19,2; 20,26).

A tradição da obrigação, como entendida na tradição sacerdotal, é rica e diversa, tal como a tradição de justiça em Deuteronômio. Não se consegue sumarizá-la facilmente. Os textos específicos que explicitamente ordenam a santidade em Israel advertem contra a profanação (*tm'*) por

---

[28] Veja JON D. LEVENSON, *Theology of the Program of Restoration of Ezekiel 40-48* (HSM 10; Missoula: Scholars, 1976).

[29] Quanto ao "Santo de Israel", veja pp. 288-293 [seção "A santidade de Javé" no capítulo 7].

meio de alimentos (Lv 11,44-45), e contra a mistura de coisas limpas (*ṭhr*) e imundas (*ṭm'*) (20,25).[30] A referência mais extensa se encontra em Levítico 19,2-4:

Fala a toda a congregação dos filhos de Israel e dize-lhes: Santos sereis, porque eu, o Senhor, vosso Deus, sou santo. Cada um respeitará a sua mãe e o seu pai e guardará os meus sábados. Eu sou o Senhor, vosso Deus. Não vos virareis para os ídolos, nem vos fareis deuses de fundição. Eu sou o Senhor, vosso Deus.

Esse convite à santidade se refere aos mandamentos de honrar (*yr'*) mãe e pai, guardar o sábado, e banir ídolos e imagens. Pode-se sugerir que a referência a três dos mandamentos do Decálogo permite uma extrapolação a todos os dez. Isto é, ser santo como Javé significa devotar cada aspecto da vida à vontade e propósito dele. Mais especificamente, contudo, levando em conta o contexto do "Código de Santidade" (nome que os estudiosos dão a essa seção de Levítico), a obrigação de Israel quanto à santidade significa praticar as disciplinas de pureza e limpeza de tipo cultual, as quais possibilitam a admissão à presença de Javé.[31] Ou seja, *Israel deve ordenar sua vida para que esteja qualificada para a comunhão com Javé, de modo similar deve praticar justiça pelo bem da comunidade*. Nessa tradição de obrigação, o propósito da vida de Israel é hospedar a santidade de Javé. Já vimos que a santidade de Javé é realmente exigente, e não há acesso frívolo ou descuidado a ela.

Se entendemos santidade como a prática de disciplinas que possibilitam a entrada na presença do Santo Deus, então não nos surpreendemos ao reconhecer que, em alguns textos, o alvo e a fruição da vida consistem em ver a Deus, como o fizeram os anciãos no monte Sinai. Em três textos, indivíduos em Israel testemunham sobre experiências visuais com Javé:

> Porque o Senhor é justo,
> ele ama a justiça;
> os retos lhe contemplarão (*ḥzh*) a face. (Sl 11,7)

---

[30] Quanto à importância socioteológica dessa perspectiva na fé de Israel, veja Fernando Belo, *A Materialist Reading of the Gospel of Mark* (Maryknoll: Orbis Books, 1981). Veja a análise crítica de Israel Knohl, *The Sanctuary of Silence: The Priestly Torah and the Holiness School* (Mineápolis: Fortress, 1995).

[31] Quanto ao "Código de Santidade", em adição a Knohl, *The Sanctuary of Silence*, veja John G. Gammie, *Holiness in Israel* (OBT; Mineápolis: Fortress, 1989), pp. 9-44; e Dale Patrick, *Old Testament Law* (Londres: SCM, 1986), pp. 145-188.

> Eu, porém, na justiça contemplarei (*ḥzh*) a tua face;
> quando acordar, eu me satisfarei com a tua semelhança. (Sl 17,15)

> Assim, eu te contemplo (*ḥzh*) no santuário,
> para ver (*ra'ah*) a tua força e a tua glória. (Sl 63,2)

Em todos os três textos, usa-se o mesmo verbo de Êxodo 24,11. E, nos dois primeiros textos, a condição desse acesso a Javé é a justiça.

Não nos surpreende que, nesses textos, assim como em Êxodo 24,11, a tradição que celebra "ver a Deus" não diz de forma alguma em que consiste este ver, ou o que foi visto. Essa profunda reserva é outra maneira pela qual Israel se guarda contra qualquer tentação icônica. Não sabemos se a retórica de ver deve ser considerada como uma metáfora para uma comunhão não visual.[32] O que sabemos é que a prática da adoração no santuário e as disciplinas de santidade possibilitam essa enunciação da plenitude da vida de fé em relação à comunhão com Javé.

### A tensão entre o ouvir e o ver

É claro que há profunda tensão entre ouvir os mandamentos de justiça e ver a "face" de Javé. Essa tensão, sem dúvida, é profunda em Israel, como o revelam as enérgicas defesas das tradições deuteronômica e sacerdotal. Pode-se imaginar um debate vigoroso entre as testemunhas, do mesmo tipo que caracteristicamente ocorre nas comunidades eclesiásticas desse texto. *Fica claro que não se pode harmonizar as duas ênfases dessas tradições de obrigação*. Nem, afinal, podemos dizer que uma é mais decisiva ou central que a outra. É importante o fato de que a forma canônica do testemunho espontâneo de Israel se recusa a escolher entre as duas. Em contextos e circunstâncias diferentes, uma dessas tradições pode se tornar crucial. É provavelmente uma boa regra, nas comunidades eclesiásticas do texto, sempre atentar à tradição que é mais problemática e exigente. As duas tradições juntas são complementares às duas afirmações que vimos antes: que a fidelidade soberana de Javé é para o mundo (assim, justiça),

---

[32] Isto é, não se pode determinar, a partir da declaração do texto, se as palavras indicam uma experiência direta e "primitiva" ou uma presença mediada por meio do aparato cultual. Essa é uma distinção não considerada no texto, assim como nunca é considerada pelos praticantes reais de um culto. Observe quão cuidadosamente João Calvino, *Commentary on the Book of Psalms* (Grand Rapids: Baker, 1979), v. 1, p. 253, resiste a qualquer reivindicação cultual nas palavras: "*Contemplar a face de Deus* não é nada mais do que ter uma percepção de seu favor paternal, com o qual ele não apenas nos alegra removendo nossas aflições, mas também nos transporta até o céu".

mas a soberania fiel de Javé se refere à sua própria vida (assim, santidade).

A obediência de Israel como parceiro de Javé se refere à difícil prática de viver bem com o próximo e à rigorosa disciplina de estar presente diante de Deus. Não é possível aproximar mais do que isso essas duas ênfases, mas podemos nos referir à noção de *integridade* (*tam*) como um modo de conectar esses modos de obrigação. Esse termo significa ser inteiro, completo, coerente, inocente, intacto e sólido. Pode ser adequado falar, em termos dessa palavra, em "desejar apenas uma coisa" – ou seja, viver uma vida que não é dividida, que é totalmente unificada em sua lealdade e intenção.[33] Sem minimizar as distinções ou tensões entre as duas tradições de obediência, sugiro que o israelita íntegro é aquele que pratica plenamente o viver bem com o próximo e que vive com paixão as disciplinas de santidade.

Usa-se esse termo no único mandamento dado a Abraão ao se fazer a aliança: "Eu sou o Deus Todo-Poderoso; anda na minha presença e sê perfeito (*tamîm*)" (Gn 17,1). Reconhece-se essa mesma qualidade em Jó, o qual é a pessoa paradigmática completamente devota à vontade de Javé:

> ...homem íntegro (*tam*) e reto (*yšr*), temente a Deus e que se desvia do mal. (Jó 1,8; cf. 2,9)

De fato, o drama do livro de Jó revolve ao redor da sua integridade, à qual Jó não renuncia:

> Longe de mim que eu vos dê razão! Até que eu expire, nunca afastarei de mim a minha integridade (*tam*). (Jó 27,5)

Além disso, a bem conhecida autodefesa de Jó no capítulo 31 proporciona detalhes da vida de integridade que o israelita modelo vive. É evidente que a tradição de justiça provê o conteúdo primário desse catálogo de integridade.[34] Mas é igualmente claro que a tradição de santidade está presente, como nos vs. 26-27, que se referem à falsa adoração. Assim, apresenta-se Jó como o modelo para a fé e para a vida, uma fé que é comprometida incondicionalmente em cada aspecto da vida com a obediência a Javé.

---

[33] Faço referência à expressão de SØREN KIERKEGAARD, *Purity of Heart Is to Will One Thing: Spiritual Preparation for the Office of Confession* (Nova York: Harper and Brothers, 1948).

[34] Quanto a Jó 31, veja GEORG FOHRER, "The Righteous Man in Job 31", *Essays in Old Testament Ethics (J. PHILIP HYATT, in Memoriam)* (org. JAMES L. CRENSHAW e JOHN T. WILLIS; Nova York: KTAV, 1974), pp. 1-22.

Atesta-se essa mesma preocupação e possibilidade em outros lugares da piedade israelita. Em dois salmos de lamento, a base para o apelo a Javé é precisamente a reivindicação de *tam*:

> Preservem-me a sinceridade (*tam*) e a retidão (*yšr*),
> porque em ti espero. (Sl 25,21)

> Faze-me justiça, Senhor,
> pois tenho andado na minha integridade (*tam*)
> e confio (*bṭḥ*) no Senhor, sem vacilar. [...]
> Quanto a mim, porém, ando na minha integridade (*tam*);
> livra-me e tem compaixão de mim.
> O meu pé está firme em terreno plano;
> nas congregações, bendirei o Senhor. (Sl 26,1,11-12)

O trabalho de Israel é, de fato, "confiar" (*bṭḥ*) em Javé "sem vacilar". Israel afirma que, em seu papel como parceiro de Javé, cada aspecto da sua vida, pessoal e pública, cultural e econômica, é uma esfera em que a devoção completa a Javé é apropriada para sua existência no mundo.

### *O papel de Israel no mundo*

Além dessa tradição dupla de obediência como justiça e santidade, podemos notar que, em algumas tradições, a obrigação de Israel para com Javé vai bem além da justiça na comunidade e da santidade no santuário. De fato, *diz-se que Israel, como parte de sua vocação e destino, tem um papel no bem-estar do mundo*. Três tradições textuais atestam essa responsabilidade mais ampla de Israel, uma responsabilidade que impulsiona Israel para além de sua própria recitação confessional até a vista mais ampla da criação. Ou seja, Israel tem significância teológica para a ordenação apropriada e para o bem-estar de toda a criação.

Primeiro, no sumário do encontro do Sinai, Javé assegura a Israel por meio de Moisés: "porque toda a terra é minha; vós me sereis reino de sacerdotes e nação santa" (Êx 19,5-6). Assim, atribui-se uma vocação surpreendente a Israel. E é ainda mais surpreendente no contexto do Sinai, tendo o povo recém-saído do Egito, em uma tradição que se preocupa com Israel, e sem que as nações sequer tivessem surgido no seu horizonte. Israel deve ser "um reino de sacerdotes" (ou "reino sacerdotal") e uma nação santa.[35] Esse fraseado peculiar não se apresenta em nenhum outro lugar

---

[35] Quanto ao peculiar caráter e papel de Israel de acordo com esse texto, veja MARTIN BUBER, *The Kingship of God* (3ª ed.; Londres: Allen and Unwin, 1967).

do testemunho de Israel. Porém, se Israel deve ser um reino de sacerdotes (ou um reino sacerdotal), podemos questionar: de quem e para quem serão sacerdotes? Por um lado, a resposta é de Javé, oferecendo sacrifícios a ele.

Mas, por outro lado, talvez essa nação se ofereça como sacerdote para outras nações, como mediadora e intercessora pelo bem-estar das demais nações do mundo. As outras nações também habitam o território de Javé, pois "toda a terra é minha". A expressão é apenas uma provocação que se deixa inexplorada. Contudo, mesmo nessa tradição na qual Israel pensa principalmente sobre si mesmo, vemos no horizonte que Israel tem uma agenda diferente de seu próprio bem-estar: a vida do mundo. A função sacerdotal consiste em possibilitar o bem-estar e a cura no mundo.[36] E, no final das contas, consiste em possibilitar a comunhão entre Javé e o mundo.

Esse papel notável de Israel é apenas insinuado no encontro do Sinai. Fica muito mais explícito na tradição do Gênesis, que tem um horizonte bem diferente. O relato de Abraão e Sara começa abruptamente, após a rápida descrição sobre como a criação se tornou em um mundo de problemas, aflições e maldição (Gn 3-11). Ao longo das narrativas de Gênesis 3-11, Javé não tem um antídoto efetivo para a recalcitrância do mundo; o mundo se recusa a ser a criação fiel dele. Como o texto está disposto agora, sugere HANS WALTER WOLFF, o chamado da família de Abraão e Sara está posicionado como uma resposta de Javé à recalcitrância do mundo.[37] Embora a convocação de Javé a Abraão inclua garantias e bênçãos que se tornam algo que define a vida de Israel, é notável que as nações de Gênesis 1-11 estão presentes no horizonte do texto: "em ti serão benditas todas as famílias da terra" (Gn 12,3).

O chamado de Israel se justapõe à crise do mundo, uma crise que surge porque as nações não aceitam seu papel em um mundo no qual Javé é soberano. Uma razão para a existência de Israel é que a criação está sob maldição pela desobediência, e Javé deseja insistentemente que o mundo seja trazido à bênção. Israel vive para o bem-estar do mundo.[38]

---

[36] Essa função relembra a expressão rabínica assumida por EMIL FACKENHEIM, *To Mend the World: Foundations of Post-Holocaust Thought* (Nova York: Schocken Books, 1989). Mais especificamente, veja RICHARD D. NELSON, *Raising Up a Faithful Priest: Community and Priesthood in Biblical Theology* (Louisville: Westminster/John Knox, 1993), pp. 39-53 e *passim*.

[37] HANS WALTER WOLFF, "The Kerygma of the Yahwist", *Int* 20 (1966), pp. 131-158.

[38] Veja GERHARD VON RAD, "The Form-Critical Problem of the Hexateuch", *The Problem of the Hexateuch and Other Essays* (Nova York: McGraw-Hill, 1966), p. 66.

Hans Walter Wolff mostra como esse tema de "bênção às nações" percorre toda a narrativa dos ancestrais como um motivo condutor (cf. Gn 18,18; 22,18; 26,4; 28,14).[39] Não se explicita o modo como a vida e a fé de Israel evocam o bem-estar das nações, embora Wolff sugira diversas inferências permitidas pelo texto. É digno de nota que não se reitera a fórmula de Gênesis 12,3 na narrativa de José. Em referência a esse silêncio na narrativa, pode-se sugerir que José, o filho dos ancestrais, concretiza uma bênção poderosa para o Egito (Gn 41,25-36). Contudo, a bênção para o Egito se equipara à redução de Israel ao cativeiro (cf. Gn 47,13-26).

Dois textos são especialmente eloquentes em relação ao tema de Israel como portador de bênçãos para as nações. A narrativa culmina de maneira que o ancião Jacó, portador da bênção, afinal é levado à presença régia do Faraó, que aqui representa as nações. Fica evidente que Jacó é o suplicante e Faraó, aquele que tem recursos a distribuir. Apesar disso, a narrativa inverte o relacionamento deles de modo habilidoso e lacônico, de maneira que é Jacó quem abençoa o Faraó:

> Trouxe José a Jacó, seu pai, e o apresentou a Faraó; e Jacó abençoou a Faraó. [...] E, tendo Jacó abençoado a Faraó, saiu de sua presença. (Gn 47,7.10)

O Faraó é o recipiente do poder gerativo de vida que Israel possui, um poder para vida pronunciado por Jacó e concretizado por José.

Essa inversão dramática de papéis se faz ainda mais extrema em Êxodo 12,29-32, no último encontro de Moisés com o Faraó. Nesse episódio à meia-noite, fica claro que a distribuição convencional de poder entre mestre e escravo foi completamente invertida e não se aplica mais à situação. Até o Faraó sabe disso agora. O Faraó, que tinha desafiado, desconsiderado e tentado enganar Moisés, agora está sem recursos e precisa pedir uma bênção a Moisés. O Faraó, ainda Senhor de seu domínio, proclama uma série de imperativos frenéticos:

> Levantai-vos, saí do meio do meu povo, tanto vós como os filhos de Israel; ide, servi ao Senhor, como tendes dito. Levai também convosco vossas ovelhas e vosso gado, como tendes dito; ide-vos embora. (Êx 12,31-32)

Finalmente, de modo desesperado, no último momento, ele adiciona a Moisés:

> E abençoai-me também a mim. (v. 32)

---

[39] Wolff, "The Kerygma of the Yahwist".

Não se registra a bênção dada em resposta à petição, tal como se fez em Gênesis 47; talvez nenhuma bênção tenha sido dada. Apesar disso, o bem-estar do Faraó e do poderoso Egito agora está à mercê de Israel, o qual porta, mesmo como uma comunidade escrava, o poder da bênção da qual a superpotência depende.

Isaías 40-55 provê um terceiro grupo de textos no qual a obrigação de Israel para com Javé se apresenta como uma responsabilidade para com as nações. No Isaías do exílio, o horizonte do testemunho de Israel é expansivo e inclui todo o mundo humano como escopo da soberania e interesse de Javé. Mais especificamente, dois textos situam Israel entre as nações:

> te farei mediador da aliança com o povo
> e luz para os gentios;
> para abrires os olhos aos cegos,
> para tirares da prisão o cativo
> e do cárcere, os que jazem em trevas. (Is 42,6b-7)

> Pouco é o seres meu servo,
> para restaurares as tribos de Jacó
> e tornares a trazer os remanescentes de Israel;
> também te dei como luz para os gentios,
> para seres a minha salvação até à extremidade da terra. (Is 49,6)

Em geral se considera que as duas expressões, "aliança com o povo" (42,6) e "luz para os gentios" (42,6; 49,6), significam que Israel tem um mandato de levar as novas do governo de Javé ao mundo gentio das nações, de maneira que o mundo gentio também seja resgatado e salvo. Nessa leitura, o bem-estar das nações não judaicas é confiado à vida e obra de Israel (cf. Lc 2,32).

Harry Orlinsky e Norman Snaith manifestam uma forte discordância com essa visão bem comum.[40] O parecer deles, em uma leitura cuidadosa do texto, é que a missão da qual se fala aqui é dada aos judeus dispersos pelo mundo conhecido, os quais serão reunidos no exílio e retornarão para casa. Nessa leitura, o fraseado poético tem um horizonte que inclui apenas os membros da comunidade judaica. De acordo com Orlinsky e Snaith, a noção de que os judeus têm uma missão para com os gentios não está presente na perspectiva do texto.

---

[40] Harry M. Orlinsky e Norman H. Snaith, *Studies on the Second Part of the Book of Isaiah* (VTSup 14; Leiden: E. J. Brill, 1967).

Talvez ORLINSKY e SNAITH estejam certos; portanto, não se deve enfatizar demais essa expressão ao se considerar a obrigação de Israel para com as nações. Menciono esses textos aqui por dois motivos, com pleno reconhecimento da força dos argumentos desses dois estudiosos. Primeiro, o texto de Isaías 49,6 é notoriamente difícil, mesmo para a interpretação discordante deles. De fato, ORLINSKY admite que a leitura que ele rejeita é possível no v. 6, se for considerado sem o v. 7.[41] Ele crê que o v. 7 enfraquece essa leitura. Todavia, é preciso reconhecer que, embora o v. 6 seja realmente problemático na leitura convencional, ele também é difícil na leitura alternativa. Segundo, a leitura convencional é forte e atrativa, e continua a exercer grande poder. Pode bem ser, como sugere ORLINSKY, que essa leitura seja uma imposição cristã sobre o texto, mas não é assim necessariamente. Assim, concluo que esses textos do Isaías do exílio, e suas expressões aparentemente expansivas, devem ser considerados no contexto de Êxodo 19,6 e Gênesis 12,3. Israel não se compreende, à luz do governo de Javé sobre o mundo, como se vivesse em um vácuo ou em isolamento. Sua obrigação para com Javé consiste em levar a sério tudo que Javé lhes concedeu, no contexto das nações. Javé convocou Israel em amor para ser seu parceiro peculiar. E Israel tem uma obrigação intensa de reagir em obediência ao amor soberano de Javé, uma obrigação de ser santo como Javé o é (Lv 19,2-4), de amar ao estrangeiro como Javé o faz (Dt 10,19). A vida apropriada de Israel no mundo consiste em responder à bondade soberana de Javé.

## O Israel recalcitrante e disperso

O terceiro aspecto da vida de Israel com Javé, como atestado em seu testemunho espontâneo, se refere ao fato de que Israel não respondeu à bondade de Javé adequadamente, nem aos seus mandamentos com fidelidade; portanto, Israel pôs em risco sua existência no mundo. Israel veio a existir pela liberdade soberana de Javé, e por essa mesma liberdade soberana Israel pereceria. Assim, a terceira dimensão (ou "etapa") da vida de Israel com Javé é como *um parceiro recalcitrante* que permanece sob juízo e está ameaçado quanto à sua própria vida.

A acusação de Israel se dá principalmente em dois modos de testemunho. Primeiro, o estudado relato narrativo da "história" de Israel em Josué-Juízes-Samuel-Reis retrata Israel como uma comunidade que falhou em sua obrigação para com Javé, um fracasso que é pervasivo em todo o

---

[41] HARRY M. ORLINSKY, "The So-Called 'Servant of the Lord' and 'Suffering Servant' in Second Isaiah", *ibid.*, p. 103.

relato.⁴² Essa acusação de Israel culmina em 2Rs 17,7-41 e é ecoada no Salmo 106, uma recitação da vida de Israel com Javé tematizada como sendo de pecado e rebelião. Segundo, os profetas do período monárquico caracteristicamente se dirigem a Israel (e Judá) com um discurso em formato de processo judicial que evidencia desobediência e antecipa dura punição a Israel pela mão de Javé.⁴³

O governo majestoso de Javé sobre esse parceiro recalcitrante, que no início foi marcado por generosidade, agora se manifesta como juízo. O juízo é, de fato, a aniquilação completa de Israel, de maneira que este deixa de existir. O modo histórico dessa aniquilação é o exílio. Israel é "disperso" (*pûṣ*), um novo termo no vocabulário javista de Israel, do qual Javé é caracteristicamente o sujeito ativo. Israel é disperso aos quatro ventos, para longe de sua terra prometida, e para longe dos recursos que lhe dão identidade. O exílio, de fato, é a completa derrota, perda e cassação da vida com Javé. Deve-se entender o exílio como um evento geopolítico real na vida dessa comunidade. Havia realmente pessoas deslocadas e comunidades de refugiados.⁴⁴ É possível dar uma explicação geopolítica para o exílio: o deslocamento dos judeus de sua terra natal foi um efeito do expansionismo babilônico sob Nabucodonosor.

Porém, o exílio não se exaure em sua dimensão geopolítica. No fim, o exílio é um dado teológico a respeito da vida de Israel com Javé.⁴⁵ Em-

---

⁴² É possível considerar toda a história deuteronomista, de Josué até Reis, como um processo judicial que acusa Israel e indica o exílio como o juízo legítimo pronunciado com base na acusação. Essa perspectiva sobre o deuteronomista é sugerida pela obra inicial de GERHARD VON RAD, *Studies in Deuteronomy* (SBT 9; Londres: SCM, 1953), pp. 74-91. Essa visão se fortalece se considerarmos Dt 32 como um modelo a partir do qual se compõe a história mais ampla. G. ERNEST WRIGHT, "The Law-Suit of God: A Form-Critical Study of Deuteronomy 32", *Israel's Prophetic Heritage* (org. BERNHARD W. ANDERSON e WALTER HARRELSON; Londres: SCM, 1962), pp. 26-67, mostra que Dt 32 é um poema antigo que é formatado como um processo judicial; assim, é possível considerar esse vínculo entre o poema e a história.

⁴³ Quanto ao processo judicial nos profetas, veja CLAUS WESTERMANN, *Basic Forms of Prophetic Speech* (Londres: Lutterworth, 1967).

⁴⁴ Veja DANIEL L. SMITH, *The Religion of the Landless: The Social Context of the Babylonian Exile* (Bloomington: Meyer-Stone, 1989).

⁴⁵ JACOB NEUSNER, *Understanding Seeking Faith: Essays on the Case of Judaism* (Atlanta: Scholars, 1986), v. 1, pp. 137-141, articula habilmente o modo pelo qual o exílio se torna a marca paradigmática e definitiva dos judeus, mesmo para aqueles que não estão em exílio.

Capítulo XIV

bora se possa debater sobre quão extensiva foi a deportação e sobre qual a porcentagem de israelitas que foram removidos da terra, essas questões não importam como dado teológico. Porque agora, em sua relação com Javé, Israel está aniquilado; o deslocamento parece destinado a durar perpetuamente. Em justiça soberana, Javé age em autoapreço e é capaz de descartar esse parceiro que rejeita a parceria. Assim, faz parte dos traços fundamentais de Israel que, como povo convocado em amor por Javé e que recebeu seus mandamentos, seja uma comunidade dispersa por nenhum outro senão Javé, o Deus da fidelidade soberana e da soberania fiel, até o ponto da aniquilação.[46] O testemunho espontâneo de Israel sobre si mesmo pode imaginar o seu próprio aniquilamento completo. Israel não tem garantias de vida no mundo além da disposição de Javé, e essa disposição agora se exauriu. Israel deve perpetuamente ponderar sobre sua dispersão, bem longe do bem-estar desejado por Javé.

Nessa situação de aniquilação, Israel é compelido a novos caminhos em sua prática e vida de fé. Podemos mencionar cinco novas práticas que são um reconhecimento ativo da aniquilação nas mãos de Javé.

### *A prática da fé no exílio*

Israel precisa, de modo intencional e honesto, confrontar sua verdadeira situação, rejeitar a negação, e resistir ao fingimento. O exílio é e será uma realidade. Agora esse é o lugar em que Israel existe, e Israel precisa aprender a praticar sua vida de fé no exílio:

Edificai casas e habitai nelas; plantai pomares e comei o seu fruto. Tomai esposas e gerai filhos e filhas, tomai esposas para vossos filhos e dai vossas filhas a maridos, para que tenham filhos e filhas; multiplicai-vos aí e não vos diminuais. Procurai a paz da cidade para onde vos desterrei e orai por ela ao Senhor; porque na sua paz vós tereis paz. (Jr 29,5-7)

### *Arrependimento*

Israel agora se dedica ao arrependimento.[47] A tradição do Deuteronômio insiste que, mesmo no exílio, Israel deve e pode renunciar à sua autonomia egoísta e relembrar sua vida com Javé:

---

[46] Quanto ao exílio como "ponto da aniquilação", veja WALTHER ZIMMERLI, *I Am Yahweh* (org. WALTER BRUEGGEMANN; Atlanta: John Knox, 1982), pp. 111-133.

[47] Veja HANS WALTER WOLFF, "The Kerygma of the Deuteronomist", *The Vitality of Old Testament Traditions* (org. WALTER BRUEGGEMANN e HANS WALTER WOLFF; Atlanta: John Knox, 1982), pp. 83-100.

Quando o teu povo de Israel, por ter pecado contra ti, for ferido diante do inimigo, e se converter a ti, e confessar o teu nome, e orar, e suplicar a ti, nesta casa, ouve tu nos céus, e perdoa o pecado do teu povo de Israel, e faze-o voltar à terra que deste a seus pais. (1Rs 8,33-34)

Essa teologia de arrependimento é um desenvolvimento extraordinário no autodiscernimento de Israel. Seria possível concluir, após Jeremias e Ezequiel, que Israel tinha alcançado um ponto sem volta no relacionamento com Javé. Mas agora se permite a Israel uma chance:

De lá [do exílio], buscarás ao Senhor, teu Deus, e o acharás, quando o buscares de todo o teu coração e de toda a tua alma. Quando estiveres em angústia, e todas estas coisas [o sofrimento do deslocamento] te sobrevierem nos últimos dias, e te voltares para o Senhor, teu Deus, e lhe atenderes a voz. (Dt 4,29-30)[48]

Assim, o arrependimento em si mesmo é um ato de esperança. É possível retornar a Javé, e à terra e ao bem-estar. Contudo, um retorno como esse será nos termos do Deus soberano que aguarda para ser misericordioso (Dt 4,31). O arrependimento implica nas mesmas questões que foram a causa da condenação de Israel: recordação, santidade e justiça.

### *A prática do pesar*

Nesse meio tempo, Israel não deve ficar em silêncio sobre sua merecida aflição. No exílio, Israel é uma comunidade que sente pesar e protesta. De fato, no exílio a antiga prática social do lamento e da queixa se torna uma atividade teológica crucial para Israel.[49] A prática do pesar é um exercício de contar a verdade. Como se evidencia no Salmo 137 e em Lamentações, é um exercício de grande tristeza que reconhece, sem negação ou engano, onde e como está Israel. Todavia, pesar não é resignação, pois, no final, Israel é incapaz de se resignar. Resignação seria finalmente desistir de Javé e de seu compromisso com Israel. Isso Israel não faz, mesmo se Javé insinua esse abandono.[50] Esse pesar do Israel exilado transborda em

---

48 Veja ibidem, pp. 91-93, quanto a Dt 4,29-30; 30,1-10 e 1Rs 8,33-53.

[49] Veja GARY A. ANDERSON, *A Time to Mourn, a Time to Dance: The Expression of Grief and Joy in Israelite Religion* (University Park: Pennsylvania State University, 1991); e ALAN MINTZ, *Ḥurban: Response to Catastrophe in Hebrew Literature* (Nova York: Columbia University, 1984).

[50] ERHARD GERSTENBERGER, "Der klagende Mensch: Anmerkungen zu den Klagegattungen in Israel", *Probleme biblischer Theologie* (org. HANS WALTER WOLFF; Munique: Chr. Kaiser, 1971), pp. 64-72, mostra que o lamento de Israel é, de fato, um ato

protesto. Vimos que o testemunho contrário de Israel sobre Javé tem seu habitat natural no exílio.[51] Apesar de todo seu reconhecimento acerca de seu próprio fracasso, Israel não está disposto a liberar Javé de seu compromisso. Como resultado, em alguns de seus pronunciamentos exílicos, Israel notoriamente deixa de lado seu próprio fracasso para se concentrar em Javé, protestando contra sua tendência de abandono e invocando uma nova atenção dele para com Israel.

Assim, no Salmo 74, que expressa pesar pela perda do templo, Israel começa em protesto e acusação:

> Por que nos rejeitas, ó Deus, para sempre?
> Por que se acende a tua ira contra as ovelhas do teu pasto? (v. 1)

Então, Israel anuncia uma série de exigências insistentes a Javé, o qual deixou que ocorresse toda essa destruição:

> Lembra-te da tua congregação,
> que adquiriste desde a antiguidade,
> que remiste para ser a tribo da tua herança;
> lembra-te do monte Sião, no qual tens habitado.
> Dirige os teus passos para as perpétuas ruínas. [...]
> Lembra-te disto: o inimigo tem ultrajado ao Senhor,
> e um povo insensato tem blasfemado o teu nome. [...]
> Levanta-te, ó Deus, pleiteia a tua própria causa;
> lembra-te de como o ímpio te afronta todos os dias.
> Não te esqueças da gritaria dos teus inimigos,
> do sempre crescente tumulto dos teus adversários. (Sl 74,2-3,18,22-23)

A aflição de Israel se relaciona com a própria honra e reputação de Javé.

Mesmo na absoluta tristeza do livro de Lamentações, a expressão final da poesia começa com uma doxologia que lembra a Javé acerca de sua apropriada soberania (5,19), faz uma pergunta acusatória (5,20), faz uma forte petição (5,21) e termina com um assombro melancólico: "Por que nos rejeitarias totalmente? Por que te enfurecerias sobremaneira contra nós outros?" (5,22).[52] Claramente, o próximo movimento na vida de Israel

---

de esperança resiliente e determinada.

[51] Quanto ao lamento no exílio como testemunho sobre Javé, veja pp. 74-78 [seção "Resposta à crise do exílio" no capítulo 2], 321-322 [seção "Injustiça, lamento e exílio como negação" no capítulo 8], e 374-81 [seção "Salmos de lamento" no capítulo 11].

[52] Quanto à tradução desse versículo problemático, veja DELBERT HILLERS, *Lamentations:*

com Javé depende somente deste.

Nesse pronunciamento de protesto e pesar que reconhece o problema presente, Israel se recusa a aceitar o problema presente como seu destino final. Mesmo nessas circunstâncias, Israel assume a soberania de Javé e sua capacidade de cancelar o exílio. Israel apela à fidelidade de Javé, a qual agora, no exílio, se manifesta em emoções. Israel crê que o Deus soberano pode ser evocado e mobilizado pela petição. Assim, embora o juízo de Israel seja uma função da soberania de Javé, o pesar e o protesto de Israel são um complemento à fidelidade e às emoções de Javé. O pesar e o protesto permitem que Javé passe de sua soberana ira e fúria para a reabilitação e restauração. Além disso, é evidente na vida contínua do exílio de Israel que são efetivos o pesar como sinceridade e o protesto como insistência esperançosa. Pois Javé, de fato, se inclina para Israel de uma nova maneira carinhosa.

### *A presença na ausência*

Enquanto isso, com Israel no exílio, longe de casa, de Jerusalém e do templo, podemos imaginar que, ao lado de uma teologia de arrependimento (que é essencialmente um imperativo exigido nos textos deuteronomistas), há uma teologia sacerdotal de presença que é afirmativa e indicativa. Ou seja, as disciplinas e liturgias sacerdotais, testemunhos que receberam forma normativa no exílio, são dispositivos para ajudar a ordenar uma comunidade intensamente desordenada e para assegurar a Israel um modo da presença de Javé em um espaço de intensa ausência.[53] Assim, embora o tabernáculo possa ser uma antecipação do templo, é também um templo móvel, um modo de presença não apenas imaginado antes do templo de Salomão, mas também disponível após o templo de Salomão. É uma marca da inventividade e coragem do Israel exilado o fato de que ele se recusou a aceitar uma ausência absoluta, indignada e unidimensional e continuou a se dirigir a Javé, mesmo quando este se oculta. Assim, no exílio Israel é um povo que celebra e pratica a presença na ausência.

### *A esperança resiliente de reunificação*

O que mais impressiona acerca de Israel em sua dispersão é sua re-

---

*A New Translation with Introduction and Commentary* (ed. rev.; AB 7A; Nova York: Doubleday, 1992), pp. 160-161.

[53] No exílio, como uma comunidade deslocada, Israel precisava de um Deus móvel que não estava fixo no templo de Jerusalém. METTINGER, *The Dethronement of Sabaoth*, analisa as estratégias das tradições deuteronomista e sacerdotal para rearticular Javé como um Deus móvel disponível à comunidade deslocada.

cusa resiliente em aceitar o exílio como a culminação de seu destino. Assim, os grandes oráculos de promessas do Israel no exílio, em Jeremias, Ezequiel e Isaías, certamente são oráculos dirigidos aos exilados.[54] Porém, eles também são oráculos e articulações da esperança que surge a partir do exílio. Dessa forma, uma das características de Israel em sua dispersão é a esperança insistente de reunificação. Os oráculos no exílio, ouvidos da boca de Javé, insistem que os dispersos podem logo ser reunificados:

> Ouvi a palavra do Senhor, ó nações,
> e anunciai nas terras longínquas do mar,
> e dizei: Aquele que espalhou a Israel o congregará
> e o guardará, como o pastor, ao seu rebanho. (Jr 31,10)

> Saireis com alegria
> e em paz sereis guiados;
> os montes e os outeiros romperão
> em cânticos diante de vós,
> e todas as árvores do campo baterão palmas.
> Em lugar do espinheiro, crescerá o cipreste,
> e em lugar da sarça crescerá a murta;
> e será isto glória para o Senhor
> e memorial eterno, que jamais será extinto. (Is 55,12-13)

> Eis que abrirei a vossa sepultura,
> e vos farei sair dela, ó povo meu,
> e vos trarei à terra de Israel.
> Sabereis que eu sou o Senhor,
> quando eu abrir a vossa sepultura
> e vos fizer sair dela, ó povo meu.
> Porei em vós o meu Espírito, e vivereis,
> e vos estabelecerei na vossa própria terra.
> Então, sabereis que eu, o Senhor, disse isto
> e o fiz, diz o Senhor. (Ez 37,12-14)

A esperança pertence caracteristicamente a Israel, e sua prática mais séria ocorre no exílio. Se dermos crédito plenamente às articulações de juízo nos textos que contemplam o exílio, podemos pensar que a intenção de Javé é a de terminar tudo com Israel, que é como um vaso que "não

---

[54] Quanto à importante inovação dessas tradições, veja GERHARD VON RAD, *Old Testament Theology* (São Francisco: Harper and Row, 1965), v. 2, pp. 163-177 e *passim*; e WALTER BRUEGGEMANN, *Hopeful Imagination: Prophetic Voices in Exile* (Mineápolis: Fortress, 1986).

pode mais refazer-se" (Jr 19,11). A meu ver, não se pode crer que o juízo soberano de Javé tenha sido um estratagema a ser seguido previsivelmente por um amor cheio de emoções. O juízo não é para instrução, punição ou melhoria. É simplesmente o juízo de um soberano que não se deixa ser ridicularizado.

Se essa avaliação da negatividade decisiva de Javé para com Israel está correta, então pode-se chegar a uma conclusão surpreendente sobre Israel no exílio. Como uma comunidade dispersa, exterminada por Javé, Israel se recusa a aceitar a dispersão como seu destino final. Israel crê e insiste, em tristeza e protesto, mas também em antecipação, que o Deus que os dispersou também os irá reunificar. Se isso está correto, então podemos dizer que *Israel esperou além das esperanças e intenções do próprio Javé, o qual não tinha essa esperança e intenção para Israel*. Ou seja, a coragem e o clamor de Israel, sua resistência às circunstâncias presentes, levaram Javé a fazer algo que ele não tinha cogitado, imaginado ou intencionado. Em seu testemunho contrário de argumentação com Javé, Israel o leva a um novo momento de intencionalidade graciosa para consigo. Israel faz isso em parte apelando à sua própria necessidade, em parte apelando à fidelidade soberana de Javé, e em parte apelando à desonra de Javé, como Moisés havia feito muito antes. Em sua história anterior, Javé havia tomado todas as iniciativas para com Israel ao criar, fazer aliança e julgar. Mas agora, é Israel no exílio, em seu abandono e desespero, quem toma a iniciativa e evoca uma mudança em Javé, criando um futuro para si quando nenhum parecia possível.

O livro de Jó, difícil como é, proporciona uma pista para esse estranho resultado no caso de Israel. Se o livro de Jó for considerado como um testemunho contrário tardio de Israel, então podemos imaginar que, em 42,7-17, temos pistas de como se pratica a fé em casos extremos. Jó, em seu protesto, fala o que é "reto" (42,7-8). Em resposta, Javé lhe restaura tudo (exceto seus filhos). Javé "mudou a sorte de Jó" (42,10).[55] Jó não é Israel, certamente, mas o enredo de Jó persiste na imaginação de Israel. Jó 42,7-17, um pequeno pós-escrito ao drama do poema, contém o futuro do Israel reunificado. E assim, sugiro, que o Israel disperso está no exílio. O que vem depois, no Antigo Testamento, é um pequeno pós-escrito.

---

[55] Quanto a essa importante fórmula, veja o estudo clássico de ERNST L. DIETRICH, שוב שבות *Die endzeitliche Wiederherstellung bei der Propheten* (BZAW 40; Geissen: TÖPELMANN, 1925); e JOHN M. BRACKE, "Šûb šebût: A Reappraisal", *ZAW* 97 (1985), pp. 233-244.

Mas esse pós-escrito é o futuro do Israel reunificado, a raiz do judaísmo. A reunificação ocorre pelo envolvimento ativo da fidelidade soberana de Javé. Porém, essa maravilhosa fidelidade soberana é certamente mobilizada, nesse caso paradigmático, pelo Israel que se arrepende, que pratica a presença exílica, e que também sente pesar com honestidade, protesta com vigor, e espera com insistência.

### Javé se volta novamente para Israel

O despacho de Israel ao exílio (e à morte e terminação?) por Javé é um dado teológico principal ao se articular a autocompreensão teológica de Israel. Tendo em vista a asserção de que esse juízo procede da expectativa inflexível de Javé quanto à aliança, Israel oferece uma variedade de explicações similares para essa mudança desastrosa em sua vida: sua própria culpa, a fúria exagerada de Javé que é desproporcional à afronta de Israel, e a arrogante autoafirmação da Babilônia como rival de Javé. No fim, o veredito aproximadamente estável de Israel quanto à questão do exílio consiste em uma articulação complexa de todos esses fatores. Em todo caso, a rejeição drástica de Israel por Javé é uma realidade decisiva e irreversível na autocompreensão de Israel. O que Israel recebeu de Javé agora se equipa ao que sofreu nas mãos dele.

Nosso tema agora, porém, é a aproximação de Javé na direção de Israel após sua dispersão. É um dado teológico igualmente certo na autocompreensão de Israel que, *nas profundezas do exílio, no fundo da ira e rejeição de Javé contra Israel, Javé dá meia-volta e reconstrói um relacionamento viável com Israel*, restaurando-o à plena e valorizada parceria. A mudança na disposição de Javé para com Israel é um assombro extraordinário no testemunho espontâneo deste. Diante dessa mudança, Israel pondera o mistério central de sua própria existência, e seu assombro e admiração centrais sobre Javé.

Como vimos, Israel não tem uma compreensão única e clara do que produziu o severo juízo de Javé. De modo similar, Israel não sabe o que produziu essa mudança decisiva e positiva em Javé para consigo. É um momento oculto na vida de Javé. No testemunho de Israel, sugere-se variadamente que Israel se arrependeu, que seu protesto vigoroso mobilizou Javé de volta à fidelidade, que as nações que o puniam sob ordens de Javé exageraram em seu mandato, evocando assim uma ação contrária de resgate por parte de Javé. Acerca dessa questão, deve-se prestar atenção especial em Isaías 40,2, em que se afirma que "sua iniquidade está perdoada" [na NRSV: "sua penalidade foi paga"]. Houve uma punição severa e apropriada de Israel (exílio), mas não é uma punição ilimitada. A dívida para com Javé foi satisfeita, de maneira que agora Javé pode agir positivamente com Israel. Ou pode ser que a dor do exílio mexeu profundamente com as emoções de Javé, tocando e mobilizando medidas não identificadas de amor e profundidades desconhecidas de compaixão que, até aqui, estavam completamente indisponíveis a Israel, e talvez a Javé. O que está claro é que a vida de Israel após o exílio, e seu status como parceiro de Javé após a rejeição, se tornam possíveis apenas pela inexplicável mudança de Javé para com ele. Israel imagina que o novo relacionamento que terá como parceiro de Javé se situa em plena continuidade com o relacionamento passado, embora seja bem diferente, pois agora é baseada no investimento de Javé em Israel de maneira inteiramente nova. Ou seja, qualquer mudança que tenha ocorrido é algo da parte de Javé.[56]

Israel está deslumbrado por essa mudança decisiva em Javé, e a valoriza muito mais do que a compreende – talvez a valorize mais do que possa falar adequadamente sobre ela. Os três grandes profetas exílicos fazem um esforço para falar sobre essa reversão dramática, da qual depende tudo no futuro de Israel. Jeremias emprega a imagem de uma doença terminal como uma maneira de falar sobre o juízo terminal:

> Porque assim diz o Senhor:
> Teu mal é incurável,
> a tua chaga é dolorosa.
> Não há quem defenda a tua causa;
> para a tua ferida não tens remédios nem emplasto. (Jr 30,12-13)

Então, abruptamente, sem comentário, Javé reverte a direção no meio do poema:

> Por isso, todos os que te devoram serão devorados;
> e todos os teus adversários serão levados,
> cada um deles para o cativeiro;
> os que te despojam serão despojados,
> e entregarei ao saque todos os que te saqueiam.
> Porque te restaurarei a saúde
> e curarei as tuas chagas, diz o Senhor;

---

[56] Veja WALTER BRUEGGEMANN, *Genesis* (Interpretation; Atlanta: John Knox, 1982), pp. 75-88, para a sugestão de que, na narrativa do dilúvio de Gn 6-9, nada se alterou exceto a disposição de Javé. A restauração da terra após o dilúvio não é possível porque a humanidade mudou, mas porque Javé tem uma nova disposição mobilizada por suas emoções.

pois te chamaram a repudiada, dizendo:
É Sião, já ninguém pergunta por ela. (vs. 16-17)[57]

Em Ezequiel, Javé fala de severo juízo sob a imagem de infidelidade sexual, que deve ser punida:

> As tuas depravações e as tuas abominações tu levarás, diz o Senhor. Porque assim diz o Senhor Deus: Eu te farei a ti como fizeste, pois desprezaste o juramento, invalidando a aliança. (Ez 16,58-59)

Porém, daí, Ezequiel passa abruptamente e sem explicação ou justificativa ao "mas":

> Mas eu me lembrarei da aliança que fiz contigo nos dias da tua mocidade e estabelecerei contigo uma aliança eterna. (v. 60)

E, no Isaías do exílio, Javé continua a metáfora de amor conjugal violado, mas sem a tendência "pornográfica" de Ezequiel:

> Por breve momento te deixei...

> Num ímpeto de indignação,
> escondi de ti a minha face por um momento... (Is 54,7a,8a)

Em ambos esses versículos, no entanto, a rejeição é prontamente contraposta pela acolhida:

> ...mas com misericórdia eterna me compadeço de ti.

> ...mas com grandes misericórdias torno a acolher-te. (Is 54,7b,8b)[58]

Em Isaías 54,7-8, e certamente em Jeremias 30 e Ezequiel 16, a abrupta mudança retórica em geral é explicada por um tipo de crítica que fragmenta os poemas e, assim, anula a tensão artística do pronunciamento. Contudo, se nos recusarmos a dissolver os poemas a fim de torná-los críveis à nossa razão ou nossa teologia, ficamos em cada caso com um pronunciamento impressionante, cuja motivação se mantém oculta na pró-

---

[57] Veja WALTER BRUEGGEMANN, "'The Uncared For' Now Cared For (Jer 30:12-17): A Methodological Consideration", *JBL* 104 (1985), pp. 419-428.

[58] Quanto à importância dessa declaração para o problema exílico de continuidade de Israel, veja WALTER BRUEGGEMANN, "A Shattered Transcendence? Exile and Restoration", *Biblical Theology: Problems and Perspectives* (org. STEVEN J. KRAFTCHICK *et al.*; Nashville: Abingdon, 1995), pp. 169-182.

pria vida de Javé. Em cada caso, há um pronunciamento de condenação de Javé. Mas, em cada caso, esse juízo é diretamente contraposto por um pronunciamento de reversão que gera uma nova possibilidade para Israel na história, uma possibilidade dependente exclusivamente do pronunciamento e daquele que o pronuncia.

O testemunho espontâneo de Israel sobre sua própria vida com Javé é totalmente baseado nesses pronunciamentos. Pode ser que o "retorno do exílio" também seja experimentado como uma inversão histórico-política de sortes, na medida em que a hegemonia persa substituiu o expansionismo babilônico.[59] Como um dado teológico, todavia, tudo depende da geração de um futuro de bem-estar, o qual se baseia tão somente na inexplicável boa intenção e novo compromisso de Javé para com Israel.

**Israel reunificado em obediência**

A nova possibilidade antecipada para Israel, como uma comunidade que recebe nova vida como parceira de Javé, se baseia unicamente na disposição deste para com Israel. Tal como em todos os demais aspectos de sua vida com Javé, Israel precisa usar diversos termos para expressar sua nova concessão de vida outorgada por Javé. Podemos mencionar quatro desses usos, cada um dos quais manifesta o Israel renovado como objeto dos poderosos verbos de Javé.

**Congregar**. O verbo mais proeminente é *congregar* (*qbṣ*):

> Eis que os trarei da terra do Norte e os congregarei das extremidades da terra; e, entre eles, também os cegos e aleijados, as mulheres grávidas e as de parto; em grande congregação, voltarão para aqui. (Jr 31,8)

> Tomar-vos-ei de entre as nações, e vos congregarei de todos os países, e vos trarei para a vossa terra. (Ez 36,24)

> Não temas, pois, porque sou contigo; trarei a tua descendência desde o Oriente e a ajuntarei desde o Ocidente. Direi ao Norte: entrega! E ao Sul: não retenhas! Trazei meus filhos de longe e minhas filhas, das extremidades da terra. (Is 43,5-6; cf. Is 54,7; Jr 23,3; 29,14; 31,10; Ez 37,21; Sf 3,20)

O termo é a antítese de *dispersar* (*pûṣ*) e apela para uma metáfora

---

[59] É inteiramente plausível, com base nas evidências que temos, que a política imperial persa realmente tenha efetuado uma reversão da política de deportação. À luz dessa mudança, contudo, não é evidente que tenha havido um retorno imediato (isto é, em 539 a.C.) e substancial de judeus da Babilônia.

positiva.⁶⁰ A imagem é a do rebanho do bom pastor que foi disperso em vulnerabilidade, e agora é congregado pelo atento pastor e levado ao bem-estar.

**Amor**. A reabilitação de Israel por Javé é um ato de "amor" (*'ahab*), ecoando assim as reivindicações apresentadas anteriormente na tradição por Deuteronômio:⁶¹

> Com amor eterno eu te amei;
> por isso, com benignidade te atraí. (Jr 31,3)

> Ajuntai-vos, todos vós, e ouvi!
> Quem, dentre eles, tem anunciado estas coisas?
> O Senhor amou a Ciro
> e executará a sua vontade contra a Babilônia,
> e o seu braço será contra os caldeus. (Is 48,14)

**Curar**. Um terceiro verbo é *curar*, ecoando assim Êxodo 15,26, no qual Javé promete sarar Israel das "enfermidades do Egito":⁶²

> Porque te restaurarei a saúde
> e curarei as tuas chagas, diz o Senhor. (Jr 30,17)

**Perdoar**. Javé finalmente supera o juízo de Israel por um ato de livre perdão:

> Pois perdoarei as suas iniquidades
> e dos seus pecados jamais me lembrarei. (Jr 31,34)

> Deixe o perverso o seu caminho,
> o iníquo, os seus pensamentos;
> converta-se ao Senhor,
> que se compadecerá dele,
> e volte-se para o nosso Deus,
> porque é rico em perdoar. (Is 55,7; cf. Jr 33,8; 36,3; e Ez 16,63, embora aqui com um verbo diferente, *kpr*)

---

⁶⁰ Veja a análise de *dispersar* (*pûṣ*) na p. 573 [seção "Israel recalcitrante e disperso" neste capítulo].

⁶¹ Veja a análise de *amar* (*'ahab*) nas pp. 548-552 [seção "O amor original de Javé por Israel" neste capítulo].

⁶² Veja a análise de Javé sob a metáfora de médico nas pp. 349-353 [seção "Javé como médico" no capítulo 6].

Todos esses verbos, e as ações de Javé às quais eles testificam, significam que Israel está liberto de todas as suas falhas. Israel agora está completamente livre das cargas de seu passado, incluindo o passado do exílio (cf. Is 40,2). Esse Deus, como já havia declarado a antiga tradição de Êxodo 34,6-7a, é aquele "que guarda a misericórdia em mil gerações, que perdoa a iniquidade, a transgressão e o pecado..." (v. 7a). Esse é o Deus conhecido em Israel como aquele que perdoa, cura, redime, coroa e farta de bens (Sl 103,3-5):

> Não repreende perpetuamente,
> nem conserva para sempre a sua ira.
> Não nos trata segundo os nossos pecados,
> nem nos retribui consoante as nossas iniquidades.
> Pois quanto o céu se alteia acima da terra,
> assim é grande a sua misericórdia para com os que o temem.
> Quanto dista o Oriente do Ocidente,
> assim afasta de nós as nossas transgressões.
> Como um pai se compadece de seus filhos,
> assim o Senhor se compadece dos que o temem.
> Pois ele conhece a nossa estrutura
> e sabe que somos pó. (Sl 103,9-14)

## *Remodelando a vida em obediência e esperança*

Restou a Israel mapear e reconstruir sua nova vida outorgada por Javé em perdão. Esse novo mapeamento e reconstrução se torna a obra contínua do judaísmo. É claro que a obra do judaísmo é sempre pós-exílio e está sempre no horizonte da disposição de Javé em congregar, curar, amar e perdoar. O modo como Israel deve modelar sua vida em resposta a esse milagre de um futuro é uma questão a ser sempre renegociada à luz de todas as negociações já concretizadas.

Estudiosos como OTTO PLÖGER e PAUL HANSON certamente estão corretos, de uma perspectiva crítica, ao reconhecer e tematizar as recorrentes tensões na autoafirmação de Israel.[63] PLÖGER o faz sob a rubrica de "teocracia e escatologia", enquanto HANSON utiliza os termos "visionário" e "pragmático". Ao utilizar esses construtos sociais para propósitos teológicos, podemos fazer uso da obra deles e ir além dessa tematização de duas maneiras. Primeiro, rótulos como esses, que são empregados de um modo

---

[63] OTTO PLÖGER, *Theocracy and Eschatology* (Richmond: John Knox, 1968); PAUL D. HANSON, *The Dawn of Apocalyptic: The Historical and Sociological Roots of Jewish Apocalyptic Eschatology* (Filadélfia: Fortress, 1979).

crítico, são inerentemente reducionistas, pois a autoapresentação teológica do judaísmo não é nem pragmática nem visionária, mas a de ser o parceiro de Javé em um mundo real. Segundo, embora certamente haja tensões do tipo que pode ser identificado criticamente, Israel em sua autoafirmação teológica sempre insiste em levar a sério ambos os lados da tensão e, no fim, se recusa a optar por um dos lados como sendo uma resolução completa e fiel de seu relacionamento com Javé. Isso é evidente no processo de canonização, que no fim é uma acomodação das ênfases em tensão na comunidade da fé.[64] Nossos construtos de Israel como parceiro reabilitado de Javé se baseiam nesses pareceres críticos, mas devem ser articulados de um modo bem diferente.

É claro que o judaísmo emergente é muito variado.[65] Aqui consideraremos a autocompreensão pós-exílica de Israel sob as rubricas de obediência e esperança.[66] Sem dúvida, em suas novas circunstâncias como uma comunidade política marginalizada, Israel se compreende primariamente como uma comunidade de obediência.[67] Como toda obediência, é provável que a obediência aqui encorajada e praticada contivesse um elemento de prudência: se a desobediência causou o exílio, "não a pratiquemos mais". Tendo considerado isso, como testemunho teológico somos obrigados a concluir que a nova resolução de Israel em obedecer é séria e assumida de boa fé. Israel agora vive apenas pelo perdão, vive "em tempo emprestado"; sendo assim, age notoriamente com gratidão a Javé.

Israel, pois, é uma comunidade de piedade da Torá.[68] Podemos apelar particularmente a duas fontes para essa caracterização do judaísmo restaurado. Primeiro, os grandes Salmos da Torá (Sl 1; 19; 119) certamente

---

[64] Quanto ao processo de canonização em meio a tensões teopolíticas, veja Rainer Albertz, *A History of Israelite Religion in the Old Testament Period 2: From the Exile to the Maccabees* (Louisville: Westminster/John Knox, 1994).

[65] Quanto ao pluralismo como um traço definidor do judaísmo nesse período, veja *ibid.*; e Michael E. Stone e David Satron, *Emerging Judaism: Studies in the Fourth and Third Centuries B.C.E.* (Mineápolis: Fortress, 1989).

[66] A tensão entre obediência e esperança como pontos de referência teológica se aproveita de pareceres críticos, como esses feitos por Hanson e Plöger; veja a nota 63 acima.

[67] Veja Jacob Neusner, *From Politics to Piety: The Emergence of Pharisaic Judaism* (Englewood Cliffs: Prentice-Hall, 1973).

[68] Veja James L. Mays, "The Place of the Torah-Psalms in the Psalter", *JBL* 106 (1987), pp. 3-12.

refletem uma comunidade cujo horizonte é realmente definido pela Torá, a qual aqui, presumivelmente significa toda a tradição e memórias que deram identidade a Israel e que modelaram e especificaram sua obediência. Israel, como uma comunidade de obediência, resolveu meditar "de dia e de noite" na Torá de Javé (Sl 1,2). Pode-se considerar isso como obsessão de um legalismo exibicionista, como geralmente é o caso nos estereótipos cristãos dos judeus. Ou pode-se compreender esse compromisso com a Torá como a aceitação da realidade de Javé como horizonte, limite e centro da imaginação comunitária. O que está claro é que essa piedade, uma vida intencional com Javé, não se origina nem de culpa nem de medo e coerção.

Essa aceitação de Javé como horizonte da vida é uma questão de alegria, conforto e bem-estar (Sl 119,1-2,50,52,97). Essa orientação de vida soa ultrajante e infinitamente autoenganosa, se medida pelas normas da autonomia modernista. Porém, é claro que a autonomia moderna não é uma norma adequada para o que Israel está fazendo e se tornando. Israel agora é uma comunidade vulnerável e forasteira, sempre em risco e sem nenhum poder social sério. Portanto, o compromisso com esse relacionamento com Javé e com as normas desse relacionamento proporciona uma fonte de constância reconfortante.

A segunda fonte de comentário sobre Israel como uma comunidade de obediência é a reforma instituída por Esdras e Neemias.[69] Usualmente considerado como o momento de reconstituição do judaísmo pós-exílico, a reforma liderada por Esdras foi de grande rigor e vigor; por meio dela Israel publicamente jurou, como no Sinai, ser um povo da Torá (Ne 8,9). A ênfase da reordenação da vida de Israel recai na sua distintividade, a qual requer "separação" (*bdl*) dos outros povos e uma nova resolução sobre dízimos, sábados e casamentos (Ne 10-13). Também envolve uma nova resolução sobre a justiça na comunidade (Ne 5).

Na compreensão cristã do Antigo Testamento e do judaísmo emergente, o que mais precisa ser evitado é o estereótipo cristão convencional do legalismo. Em qualquer compromisso sério com a obediência, sem dúvida, o zelo pode se transformar em legalismo. Porém, em qualquer tentativa de contrapor "graça cristã" e "lei judaica", a percepção de Israel sobre si mesmo será distorcida e caricaturada. Nessas manobras interpretativas e

Capítulo XIV

---

[69] Quanto às difíceis questões críticas acerca desse movimento de reforma, veja especialmente Hugh G. Williamson, *Ezra, Nehemiah* (WBC 16; Waco: Word Books, 1985), pp. XXXVI-LII; e Geo Widengren, "The Persian Period", *Israelite and Judean History* (org. John H. Hayes e J. Maxwell Miller; Filadélfia: Westminster, 1977), pp. 489-538.

atos de autocompreensão liderados por Esdras, Israel busca, com considerável ousadia, ordenar sua vida de uma maneira que seja compatível com o Deus que cria, salva e ordena.

A segunda marca do Israel reconstituído é que ele é uma comunidade de esperança. Em sua forma reconstituída, Israel continua a crer que Javé ainda tem futuros a produzir, futuros dos quais a comunidade israelita seria uma beneficiária primária. Assim, é revelador e intenso que, no Salmo 119, o Salmo por excelência da obediência à Torá, Israel consegue falar apaixonadamente de sua esperança ao lado de sua resolução em obedecer: "Espero, Senhor, na tua salvação e cumpro os teus mandamentos" (v. 166; cf. vs. 43,49,74,81,114,147).

**Três dimensões da esperança**. A esperança de Israel existe em três dimensões. Primeiro, continua viva em Israel a esperança por uma recuperação davídica (messiânica), politicamente séria, da qual Zacarias 9,9-10 é um testemunho bem conhecido. Segundo, a esperança vigorosa de Israel vai além do realismo político em uma direção transcendente, resultando na expectativa apocalíptica e visionária de escopo mundial. A mais abrangente dessas esperanças pode ser o enigmático "Ancião de Dias" em Daniel 7,9. Terceiro, de uma maneira menos diferenciada, Israel continua a esperar que, no tempo e modo próprios de Javé, o mundo será endireitado por ele (cf. Is 65,17-25). Esse último tipo de esperança não é messiânico (= davídico), mas também não é apocalíptico.

É possível comentar sobre essas diversas promessas e organizá-las em uma variedade de padrões e esquemas, como os estudiosos têm feito. Para nossos propósitos, é suficiente perceber que, para o Israel reconstituído, é um dado certo que o futuro não está determinado pelo presente nem será extrapolado a partir dele. Além disso, o futuro não será determinado pela obediência de Israel; o futuro, tal como tem sido desde o testemunho central mais ousado de Israel, está nas mãos daquele que é soberanamente fiel e fielmente soberano.

É muito importante para se compreender plenamente a autoafirmação de Israel que nela sejam mantidas lado a lado a profunda resolução em obedecer e a enérgica articulação de esperança nas possibilidades futuras de Javé. Essa dupla ênfase é certamente definidora para a autocompreensão de Israel, baseada na confissão do Deus que salva e ordena. O Deus que ordena continua a ordenar, e Israel precisa obedecer no presente. E o Deus que salva está determinado a salvar na escala mais ampla de toda a criação. A obediência de Israel possibilita, de modo prático, uma comunidade de santidade em uma criação tentada a se contaminar e uma comunidade de justiça em uma criação tentada à brutalidade. A obediência dá veemência e urgência à existência de Israel. Porém, são as promessas de Javé, nas quais Israel espera, que evitam que essa comunidade se entregue a si mesma, seja em desespero ou autocongratulação. Como povo santo, Israel se recusa a desistir dos mandamentos de Javé como âncora de sua significância no mundo. Como povo santo, Israel se recusa a duvidar das promessas, que asseveram que o futuro não depende de nada neste mundo, nem mesmo da obediência de Israel, mas apenas da boa intenção de Javé, que é mais confiável do que o próprio mundo.

### A vida narrativa de Israel em quatro textos

Esses temas, pois, formam uma interpretação coerente do testemunho espontâneo de Israel acerca de sua vida como parceiro primário de Javé:

**(a)** trazido à existência por amor;

**(b)** com ordens a obedecer;

**(c)** disperso para o exílio;

**(d)** recipiente da mudança oculta de Javé, e

**(e)** reunificado em obediência e esperança.

Até certo ponto, essa sequência de temas articula a recitação histórico-canônica e normativa de Israel. De fato, Israel não pode "falar de si mesmo" senão por meio dessa sequência normativa. Contudo, deve ficar claro que, embora a autoafirmação teológica de Israel nunca fique longe de sua memória "histórica", estamos interessados aqui com esses temas como dados teológicos. Assim, não percebemos os temas apenas em sequência. Também os vemos no todo, como uma rede interdependente de autocompreensão, na qual Israel está vinculado às tendências características de Javé. Ou seja, esses temas, considerados teologicamente, não são simplesmente algo que ocorre apenas uma vez. Eles revelam como caracteristicamente Javé é; e, portanto, como caracteristicamente Israel é. No centro desse testemunho, há essa fissura desastrosa na vida de Israel, equiparada por uma mudança profunda em Javé, da qual tudo depende.

A interpretação de Israel como parceiro de Javé que oferecemos aqui é construída a partir de muitos pronunciamentos de Israel; esses pronunciamentos poderiam ser construídos de modo diferente. Tendo admitido isso, também podemos notar algumas interpretações mais amplas do relacionamento de Israel com Javé que seguem mais ou menos essa rede de declarações, embora com variações importantes.

Podemos mencionar quatro dessas interpretações:

**(1)** Deuteronômio 32,1-43:[70]

| | |
|---|---|
| vs. 1-6 | introdução |
| vs. 7-14 | apelo aos atos poderosos de Javé |
| vs. 15-18 | acusação |
| vs. 19-29 | sentença |
| vs. 30-38 | promessa |
| vs. 39-42 | confirmação das palavras de esperança do poeta |
| v. 43 | louvor |

**(2)** Oseias 2,2-23:[71]

| | |
|---|---|
| vs. 2-13 | acusação e sentença |
| vs. 14-15 | convite |
| vs. 16-20 | aliança renovada |
| vs. 21-23 | criação restaurada |

**(3)** Ezequiel 16,1-63:

| | |
|---|---|
| vs. 1-14 | bondade inicial de Javé |
| vs. 15-52 | acusação e sentença |
| vs. 53-63 | perdão e restauração |

**(4)** Salmo 106,1-48:

| | |
|---|---|
| vs. 1-5 | introdução |
| vs. 6-12 | rebeldia e resgate |
| vs. 13-39 | rebeldia |
| vs. 40-43 | juízo |
| vs. 44-46 | resgate |
| v. 47 | petição |
| v. 48 | doxologia |

Essas quatro narrativas estendidas de Israel, colhidas de tradições bem diferentes, evidenciam o mesmo padrão geral de soberania e fidelidade, desobediência e juízo, resgate e reabilitação. O que pode nos interessar é que o ponto culminante nessas diversas narrativas varia bastante e, no todo, é incerto. De fato, o ponto culminante deve ser incerto quando Israel

---

[70] Quanto a esse texto, veja o ensaio que se tornou a análise decisiva em inglês: WRIGHT, "The Law-Suit of God".

[71] Quanto a esse capítulo e seu formato simétrico, veja DAVID J. A. CLINES, "Hosea 2: Structure and Interpretation", *Studia Biblica* 1978 (JSOTSup 11; Sheffield: University of Sheffield, 1979), pp. 83-103.

fala a partir de suas próprias circunstâncias ainda não resolvidas. É evidente, em cada um desses casos modelares, que Israel testifica asseverando que toda sua vida se passa em relacionamento com Javé. Nenhum outro fator se refere a Israel nessa autocompreensão teológica. Esse é um povo "direcionado a Deus", um fato que resulta em sua certeza mais determinada e em seu risco mais perturbador.

### Israel e, posteriormente, a Igreja

Como um adendo à nossa análise do testemunho espontâneo de Israel sobre si mesmo, podemos fazer uma breve pausa novamente para refletir sobre a relação da Igreja com Israel, ao fazer sua reivindicação eclesiástica e comunitária como povo de Deus. Aqui consideramos apenas uma referência no Novo Testamento, na qual Paulo claramente faz uma reivindicação superacionista ao se referir à Igreja como o "Israel de Deus".

> Pois nem a circuncisão é coisa alguma, nem a incircuncisão, mas o ser nova criatura. E, a todos quantos andarem de conformidade com esta regra, paz e misericórdia sejam sobre eles e sobre o Israel de Deus. (Gl 6,15-16)

Nesse texto, Paulo completa sua argumentação contra o legalismo. Ele assume o contraste entre as preocupações pragmáticas (a circuncisão) e as visionárias (a nova criação). Aqui ele opta pelo visionário como marca do "Israel de Deus". Paulo precisa argumentar aqui contra aqueles que são basicamente pragmáticos. Contudo, em outros lugares, Paulo pode ser tão pragmático na manutenção da comunidade como qualquer pensador pragmático do judaísmo (cf. 1Co 6,12; 10,23).[72] Embora Paulo possa exagerar em uma direção a fim de argumentar contra os "judaizantes", fica claro que, a longo prazo e no quadro total, Paulo não pode escapar das tensões que assediam a reforma de Israel após o exílio.

Se os cristãos querem pensar com seriedade teológica sobre a Igreja como parceira do Deus soberano e fiel, então parece claro que as mesmas temáticas se aplicam a esse relacionamento tal como se aplicam a Israel como parceiro de Javé: as mesmas promessas, as mesmas exigências, os mesmos custos e as mesmas surpresas. Parece-me que, a despeito de todas as polêmicas que sustentam o superacionismo, a verdade é que essas duas comunidades, visto que se defrontam com o mesmo Deus, compartilham

---

[72] Quanto à realidade social da qual esses textos não podem ser separados, veja WAYNE A. MEEKS, *The First Urban Christians: The Social World of the Apostle Paul* (New Haven: Yale University, 1983). Em português: *Os primeiros cristãos urbanos*, Academia Cristã/ Paulus, 2013.

da mesma vida exigente e reconfortante. Talvez seja com essa percepção que FRANZ ROSENZWEIG ousa imaginar que, se ambas as comunidades fossem honestas, elas admitiriam que vivem histórias paralelas, com as mesmas esperanças para esperar e as mesmas obediências para obedecer.[73]

CAPÍTULO

XIV

---

[73] Refiro-me especialmente a FRANZ ROSENZWEIG, *The Star of Redemption* (Londres: Routledge and Kegan Paul, 1970). Veja também EUGEN ROSENSTOCK-HUESSY (org.), *Judaism Despite Christianity: The "Letters on Christianity and Judaism" between* EUGEN ROSENSTOCK-HUESSY *and* FRANZ ROSENZWEIG (Tuscaloosa: University of Alabama, 1969).

## Capítulo Quinze

### 15. O ser humano como parceiro de Javé

O Antigo Testamento apresenta uma noção peculiar e importante quanto à natureza humana. Além do mais, os estudiosos investiram muito esforço para articular o que se denominou de "a compreensão do Antigo Testamento sobre o homem".[1] Adicionalmente, em contraste a diversas ideologias da modernidade, muito do que o Antigo Testamento tem a dizer sobre a pessoa humana é notoriamente estranho. Há uma razão para a estranheza do testemunho espontâneo de Israel sobre a natureza humana, uma razão que não tem sido suficientemente notada e valorizada. Essa estranheza, sugiro, procede do fato de que *o Antigo Testamento não tem interesse em articular uma noção autônoma ou universal da natureza humana*. De fato, essa noção, na maior parte, nem está no horizonte das testemunhas do Antigo Testamento.

O Antigo Testamento não tem interesse nessa noção porque sua articulação acerca do que significa ser um humano se situa caracteristicamente em seu próprio modo javista, aliançado e interativo de realidade, de maneira que a natureza humana é sempre javista; ou, podemos dizer, é sempre uma natureza humana judaica. Em sua maior parte, o Antigo Testamento não pode nem deseja pensar, assim como nem está interessado nisso, fora das categorias e limites de sua própria percepção de Javé e seu parceiro. Consequentemente, as categorias primárias de articulação que encontramos em outros lugares – soberania, fidelidade, aliança e obediência – também se aplicam a esse tópico. Assim, EMMANUEL LEVINAS está correto ao escrever sobre a pessoa humana, em seu próprio jeito místico e lírico:

Mas sua alma, que Gn 2,7 denomina de sopro divino, permanece próxima do Trono de Deus, ao redor do qual estão reunidas as almas de Israel, isto é (precisamos aceitar essa terminologia!) todas as almas da humanidade autenticamente humana, que é concebida por Haim de Volozhen como sendo sujeita à categoria de Israel. [...] Portanto, há um relacionamento privilegiado entre a alma humana, a alma de Israel e Deus. Há uma naturalidade conjunta entre o homem e a multiforme totalidade da criatura,

---

[1] Sem muita variação ou nuance, WALTHER EICHRODT, *Man in the Old Testament* (SBT 4; Londres: SCM, 1951), explica a identidade humana como um mandato de obediência, sem qualquer tema contrário que equilibre ou qualifique essa obediência. Nesse sentido, a leitura de EICHRODT parece refletir um calvinismo bastante unidimensional.

por um lado, e uma intimidade especial entre o homem e Elohim, por outro lado.²

LEVINAS prossegue falando do compromisso do "homem" com a Torá como sendo decisivo para o bem-estar do mundo.³

Esse estranho vínculo entre o homem e Israel não significa que o Antigo Testamento não apresenta nada além da natureza judaica. Nem significa que os judeus são seres humanos superiores. Antes, significa que, no Antigo Testamento, compreendem-se as pessoas como situadas nos mesmos processos transacionais com a santidade de Javé em que se encontra Israel, de maneira que, de um modo bem geral, a natureza e o destino das pessoas replica e reitera a natureza e o destino de Israel. Esse processo transacional faz com que a "compreensão bíblica" sobre a pessoa humana se situe a uma distância crítica e seja um protesto contra todas as noções modernas de natureza humana que se avançam na direção da autonomia.⁴ Isso significa que, quando o Antigo Testamento fala da pessoa humana, sua tendência primária e inevitável é primeiro pensar sobre a pessoa israelita, a partir da qual todas as demais são extrapoladas.

### A noção de pessoa na aliança

Tendo em vista esse vínculo geral entre a "alma humana" e a "alma de Israel" (para usar os termos de LEVINAS), podemos de início fazer duas ressalvas, a fim de nos concentramos no caráter transacional e aliançado da pessoa humana, que é tão importante para o testemunho de Israel. Ao fazer essas ressalvas, pretendo situar minha exposição completamente ao lado de uma noção relacional e dinâmica de pessoalidade e, assim, rejeitar todas as noções essencialistas sobre a pessoa humana, muito embora essas dominem boa parte do debate teológico.

Primeiro, investiu-se um bom esforço entre os estudiosos para ex-

---

² EMMANUEL LEVINAS, *In the Time of the Nations* (Londres: Athlone, 1994), p. 124.

³ Meu ponto aqui não é sublinhar o uso da terminologia masculina por LEVINAS, mas sim notar sua insistência de que as pessoas humanas, mesmo não israelitas, estão dentro do escopo da Torá.

⁴ Quanto à alternativa destrutiva da autonomia humana, veja ABRAHAM HESCHEL, *Who Is Man?* (Stanford: Stanford University, 1966). Quanto ao tema geral da autonomia, veja JOHN S. MACKEN, *The Autonomy Theme in the "Church Dogmatics": KARL BARTH and His Critics* (Cambridge: Cambridge University, 1990). MACKEN mostra como BARTH se distancia da "volta ao sujeito" de KANT. Veja também DANIEL H. FRANK (org.), *Autonomy and Judaism: The Individual and the Community in Jewish Philosophical Thought* (Albany: SUNY, 1992).

plicar a expressão "imagem de Deus" no Antigo Testamento.⁵ Devemos atentar a cinco aspectos primários dessa noção:

**(1)** A pessoa criada à imagem de Deus é caracteristicamente "homem e mulher" (Gn 1,27), de maneira que se afirma o caráter comunitário e intersexual do ser humano.⁶

**(2)** A pessoa criada à imagem de Deus parece ter status real, ou seja, recebe "domínio" sobre a terra (Gn 1,28).

**(3)** A pessoa criada à imagem de Deus, como a imagem de um soberano em uma moeda, é um agente e regente que representa o soberano em meio a todos os demais súditos, quando o soberano não está presente de forma direta e pessoal. Assim, confia-se ao ser humano o "domínio" (Gn 1,28; Sl 8,5-8).

**(4)** A pessoa como imagem de Deus é uma alternativa a todas as demais imagens de Deus nessa tradição anicônica, de maneira que o ser humano provê bons indícios sobre o caráter de Deus como "pessoa" e "pessoal". Essa reivindicação tem uma força positiva importante, assim como uma intenção anicônica negativa.

CAPÍTULO

XV

---

⁵ A literatura é enorme quanto à noção de "imagem de Deus" como tema teológico. Entre os estudos exegéticos recentes mais importantes estão os seguintes: JAMES BARR, "The Image of God in the Book of Genesis – a Study of Terminology", *BJRL* 51 (1968-69), pp. 11-26; Phyllis Bird, "Male and Female He Created Them: Genesis 1,27 on the Context of the Priestly Account of Creation", *HTR* 74 (1981), pp. 129-159; KARI E. BORRESEN (org.), *The Image of God* (Mineápolis: Fortress, 1995); Ulrich Mauser, "Image of God and Incarnation", *Int* 24 (1970), pp. 336-356; GERHARD VON RAD, *Genesis* (OTL; Filadélfia: Westminster, 1972), pp. 57-61; ELLEN M. ROSS, "Human Persons as Images of the Divine", *The Pleasure of Her Text: Feminist Readings of Biblical and Historical Texts* (org. Alice Bach; Filadélfia: Trinity, 1990), pp. 97-116; JOHN F. A. Sawyer, "The Meaning of מִיהֱלֹא םֶלֶצְבּ ('In the Image of God') in Genesis I-XI", *JTS* 25 (1974), pp. 418-426; e KRISTER STENDAHL, "Selfhood in the Image of God", *Selves, People, and Persons: What Does It Mean to Be a Self?* (org. Leroy S. Rouner; Notre Dame: University of Notre Dame, 1992), pp. 141-148. A análise mais abrangente e proveitosa que eu conheço é a de CLAUS WESTERMANN, *Genesis 1-11: A Continental Commentary* (1984; Mineápolis: Fortress, 1994), pp. 142-161.

⁶ A bibliografia sobre esse assunto é imensa. Entre os estudos mais influentes e proveitosos está o de PHYLLIS TRIBLE, *God and the Rhetoric of Sexuality* (OBT; Filadélfia: Fortress, 1978), pp. 1-30 e *passim*.

**(5)** As referências à imagem de Deus em Gênesis 5,1 e 9,6 indicam que o "pecado original" do primeiro casal ("a Queda") não nega à humanidade subsequente a natureza de imagem de Deus.

Sem dúvida, todos esses aspectos são ingredientes teológicos cruciais em uma articulação responsável sobre a natureza humana; eles têm desempenhado corretamente um papel principal em boa parte das articulações teológicas. Tendo dito isso, minha ressalva sobre este tema se baseia na percepção de que *a noção de humanidade criada à "imagem de Deus" não desempenha nenhum papel importante nas articulações do Antigo Testamento sobre a humanidade*; não constitui um dado teológico principal para a reflexão de Israel sobre o tópico. Não quero dizer que um estudante de teologia do Antigo Testamento não deva estar ciente desse contínuo debate, mas sim que esse debate surge a partir de categorias teológicas subsequentes, especialmente paulinas, que são basicamente impostas sobre o Antigo Testamento. Por essa razão, concluo que o tema está além do escopo das intenções de Israel acerca do assunto.

Minha segunda ressalva é talvez tão aparentemente irresponsável quanto a primeira. Os estudiosos investiram muito esforço nas evidências do Antigo Testamento sobre a fisiologia do ser humano, a qual caracteristicamente gira em torno das categorias de *espírito* (*rûaḥ*), *carne* (*basar*), *ser vivo* (*nephesh*) e *coração* (*lēb*).[7] Mais uma vez, temos um bom debate sobre esse assunto, e um estudante de teologia do Antigo Testamento deve atentar a ele. Essa questão da fisiologia gerou quatro percepções importantes que têm ocupado o foco de um contínuo estudo:

**(1)** O ser humano é formado da terra e recebe o sopro de Deus, a fim de se tornar "alma vivente" (*nephesh*) (Gn 2,7; cf. Sl 103,14). Isso significa que o ser humano depende, em sua origem e sempre, da dádiva generosa de Javé para ter vida (cf. Sl 104,29-30). Essa dependência desperta o sério questionamento sobre a mortalidade, o qual em si não se relaciona com o pecado.[8]

---

[7] Quanto à fisiologia humana, veja a análise ainda útil de Aubrey R. Pelo, *The Vitality of the Individual in the Thought of Ancient Israel* (Cardiff: University of Wales, 1949); Hans Walter Wolff, *Anthropology of the Old Testament* (Londres: SCM, 1974), pp. 7-79; e Werner H. Schmidt, "Anthropologische Begriffe im Alten Testament", *EvT* 24 (1964), pp. 374-388.

[8] Quanto a essa questão, James Barr, *The Garden of Eden and the Hope of Immortali-*

**(2)** O ser humano tem vitalidade como criatura e agente vivo e capacitado apenas em relacionamento com o Deus que fielmente lhe concede fôlego. Assim, deve-se compreender o ser humano de modo relacional, e não essencialista.

**(3)** A articulação de "soprado do pó" a fim de se tornar "alma vivente" exclui qualquer dualismo. Infelizmente, "ser vivo" (*nephesh*) é geralmente traduzido aqui por "alma", a qual no pensamento clássico é contrastada a "corpo", uma distinção que não existe no modo de falar de Israel. Assim, o ser humano é uma unidade dependente que recebe vitalidade; a expressão *entidade psicossomática* poderia lhe ser apropriada, se essa expressão não refletisse em si um legado do dualismo.

**(4)** A partir dessa fisiologia, embora não seja parte direta dela, deriva-se a percepção de que os seres humanos não são indivíduos isolados, mas sim membros de uma comunidade daqueles autorizados pelo sopro vivificador de Javé; portanto, têm humanidade apenas nessa membresia.

Mais uma vez, é evidente que essa fisiologia, a serviço do modelo interativo de realidade de Israel, se situa em importante tensão com diversas noções modernas sobre a natureza humana. Essa fisiologia se torna importante na tradição cristã ao se considerar a encarnação e a ressurreição. Porém, como aqui estou interessado nos seres humanos como parceiros de Javé, insisto que se deve compreender essa fisiologia, a qual compartilha amplamente da articulação padrão desse ambiente social antigo, como um modo de falar sobre a pessoa a fim de dizer *teologicamente* o que Israel considera importante ser dito. Ou seja, devemos conhecer como Israel fala sobre espírito, carne, alma e coração; mas não é isso em si que é central para o seu testemunho espontâneo.

Não tenho desejo algum de descartar a noção de imagem nem a antiga fisiologia que se apresenta no texto. Contudo, não quero me distrair do que me parece ser o interesse central de Israel quanto à humanidade: a saber, que o ser humano é *uma pessoa em relacionamento com Javé*, e vive em uma intensa mutualidade com ele. Essa mutualidade convida a uma "equiparação" entre a natureza de Javé e a do ser humano, mas essa

---

*ty: The Reid-Tucker Lectures for 1990* (Mineápolis: Fortress, 1993), sugere uma alternativa radical e significativa ao consenso antigo sobre a posição de Oscar Cullmann.

equiparação não afeta a decisiva incomensurabilidade entre Javé e os seres humanos. Tudo isso – o que se refere a relacionamento, mutualidade, equiparação e incomensurabilidade – se articula na noção flexível de *aliança*, pois se afirma em Gênesis 9,8-17 que há uma "aliança eterna" entre Deus e "todos os seres viventes" (*nephesh ḥyyh*) de "toda carne" (*basar*) na terra. Entre esses, com quem Javé tem uma aliança eterna, estão os seres humanos, cuja aliança evidentemente é diferente daquela das demais criaturas não humanas, embora não se enfatize esse ponto aqui.[9] Assim, os seres humanos são parceiros de aliança com Javé. Isso não é o mesmo que a aliança de Israel com Javé; porém, como veremos, Israel permite que a percepção de sua própria aliança com Javé transborde de um modo generalizante para esse relacionamento mais inclusivo de interação e mutualidade.

### Um ser humano equiparável à soberania e misericórdia de Javé

Podemos primeiramente articular a natureza do ser-humano-em-relacionamento focando nos três aspectos que se equiparam às três reivindicações centrais feitas sobre Javé.

#### *Soberania e obediência*

Primeiro, como Criador da humanidade e de cada ser humano, Javé é soberano nesse relacionamento. O ser humano é uma criatura que depende da obediência e foi criado para ela.[10] Mesmo antes que qualquer conteúdo concreto se aplique aos mandamentos de Javé e à obediência do ser humano, a categoria de soberania e obediência é um traço crucial e definidor dos humanos. Aquele que possibilita a vida humana é santo, glorioso e zeloso. Consequentemente, o poder, a possibilidade e a significância da vida humana não se abrigam em um agente autônomo que recebeu completa liberdade ou foi abandonado, mas se abriga sim naquele que possibilita a vida humana pela concessão constante e confiável de fôlego. O ser humano não é nem pode ser autossuficiente, mas vive pela aceitação da vontade e dos propósitos daquele que dá e ordena a vida.

---

[9] Estamos apenas começando a notar e valorizar a ênfase nas criaturas não humanas na teologia da criação do Antigo Testamento, principalmente por causa da nova consciência ecológica. Quanto aos animais como criaturas de Deus que estão no horizonte da responsabilidade humana, veja especialmente as obras de Douglas John Hall, *The Stewardship of Life in the Kingdom of Death* (Grand Rapids: Eerdmans, 1988); *The Steward: A Biblical Symbol Come of Age* (Grand Rapids: Eerdmans, 1990); e *Imaging God: Dominion as Stewardship* (Grand Rapids: Eerdmans, 1986).

[10] Assim pensa Eichrodt, sem muita nuance ou flexibilidade; veja a nota 1 acima.

Quando indagamos o conteúdo dessa soberania, à qual a resposta apropriada é a obediência, o Antigo Testamento não é particularmente cooperativo. Podemos nos referir às "ordenanças da criação" em Gênesis 1,26 que autorizam o "domínio" e à ordem e proibição de Gênesis 2,15-17.[11] Além disso, junto com esses textos, é costume citar a proibição de assassinato e a proteção da vida humana em Gênesis 9,1-6. Todavia, focar nesses diversos mandamentos é dar, a meu ver, uma ênfase indevida aos capítulos iniciais de Gênesis.

É mais característico em Israel imaginar que o ser humano, de uma forma geral, é responsável pelas reivindicações e expectativas da Torá, muito embora não se assuma que todas as pessoas e comunidades estivessem presentes no Sinai. LEVINAS demonstra o modo como Israel pode situar o ser humano sob os mandamentos da Torá:

> O homem, por ações em concordância com a Torá, *alimenta* a associação de Deus com o mundo; ou, por sua transgressão, exaure os poderes dessa associação divina. O crescimento da santidade, a elevação e a existência dos mundos depende do homem, assim como seu retorno à nulidade. [...] É o homem [...] que assegura a existência, elevação e santidade [...], dependendo se está ou não em consonância com a vontade de Deus, tal como escrita na Torá.[12]

Israel não é preciso quanto aos meios pelos quais se deve compreender essa responsabilidade pela criação, e Israel não reflete criticamente sobre a questão da "revelação natural".[13] Simplesmente se afirma e se assume que a Torá e seus mandamentos se aplicam a toda a criação e, portanto, a todas as pessoas.

Podemos citar três textos para apoiar essa noção de que todas as pessoas estão convocadas a obedecer aos mandamentos de Javé. Em dois Salmos que celebram a criação, o Salmo 104 e o 145, a retórica se dirige a toda a criação e todas as pessoas, sem referência à aliança ou à Torá. No entanto, ambos os Salmos terminam com uma séria advertência:

---

[11] Para uma análise impressionante da questão do "domínio" humano no mundo moderno e suas raízes na Bíblia, veja CAMERON WYBROW, *The Bible, Baconism, and Mastery over Nature: The Old Testament and Its Modern Misreading* (American University Studies, series 7, v. 112; Nova York: Peter Lang, 1991). WYBROW discorda, de uma forma muito proveitosa, da tese bem conhecida de LYNN WHITE de que a Bíblia provê a base para uma relação exploradora com a terra.

[12] LEVINAS, *In the Time of the Nations*, pp. 124-125.

[13] Veja JAMES BARR, *Biblical Faith and Natural Theology: The Gifford Lectures for 1991* (Oxford: Clarendon, 1993).

Desapareçam da terra os pecadores,
e já não subsistam os perversos. (Sl 104,35)

O Senhor guarda a todos os que o amam;
porém os ímpios serão exterminados. (Sl 145,20)

Em nenhum dos casos se explica quem são os "ímpios", mas fica claro que são aqueles que vivem suas vidas resistindo à vontade e aos propósitos do Criador, e que danificam a criação.

Além disso, em Jó 31, temos um inventário ético concreto, certamente produzido pelo melhor pensamento de Israel sobre a Torá.[14] Aqui não é um israelita quem fala, mas um ser humano que é responsável e obediente. Não há dúvida de que, em articulações como essas, o testemunho espontâneo de Israel se aproveita da essência dos mandamentos da Torá. Também não há dúvida de que toda criatura humana é considerada responsável pela manutenção da vida saudável no mundo. Ordena-se aos seres humanos, em virtude de serem criaturas, viverem vidas em benefício do bem-estar do mundo.[15] Não existe um ser humano com pré-mandamentos ou sem mandamentos. Nascer na criação de Javé leva o ser humano a estar sob o governo do Soberano que cria.

### A liberdade humana no mundo

Segundo, vimos que a soberania de Javé está em tensão com sua fidelidade, a qual é intensa e profunda e gera emoções; além disso, às vezes ela qualifica bastante a soberania de Javé, que parece ser bem determinada. Tal como se "equipara" o ser humano com Javé, e sua obediência com a soberania dele, assim também o ser humano está autorizado a lidar com a

---

[14] Quanto a esse importante capítulo do Antigo Testamento, veja GEORG FOHRER, "The Righteous Man in Job 31", *Essays in Old Testament Ethics (J. PHILIP HYATT, in Memoriam)* (org. JAMES L. CRENSHAW e JOHN T. WILLIS; Nova York: KTAV, 1974).

[15] HANS HEINRICH SCHMID expõe mui proveitosamente a noção do Antigo Testamento de uma ordem da criação à qual o ser humano deve se sujeitar e por cuja manutenção é responsável. Sua declaração crucial em inglês está em "Creation, Righteousness, and Salvation: 'Creation Theology' as the Broad Horizon of Biblical Theology", *Creation in the Old Testament* (org. BERNHARD W. ANDERSON; Filadélfia: Fortress, 1984), pp. 102-117. Esse artigo reflete seus dois estudos básicos, ainda não traduzidos: *Wesen und Geschichte der Weisheit: Eine Untersuchung zur altorientalischen und israelitischen Weisheitsliteratur* (BZAW 101: Berlim: A. A. Töpelmann, 1966); e *Gerechtigkeit als Weltordnung: Hintergrund und Geschichte des alttestamentlichen Gerechtigkeits Begriffes* (BHT; Tübingen: J. C. B. MOHR [PAUL SIEBECK], 1968).

fidelidade de Javé, que gera emoções.

A garantia dada a todas as pessoas é que:

> Enquanto durar a terra,
> não deixará de haver
> sementeira e ceifa, frio e calor,
> verão e inverno, dia e noite. (Gn 8,22)

Há uma confiabilidade generosa na ordem do mundo, e o ser humano pode contar com ela. O mundo é ordenado por Javé a fim de prover o que toda criatura humana precisa para viver (cf. Sl 104,27-28; 145,15-16). Assim, o ser humano vive em um mundo que o deixa basicamente livre de ansiedades, devido à bondade, confiabilidade e generosidade de Javé.[16] Porém, mais do que isso, Javé é

> bom para todos,
> e as suas ternas misericórdias permeiam todas as suas obras. [...]
> O Senhor é fiel em todas as suas palavras
> e santo em todas as suas obras. (Sl 145,9,13b)

Javé não é hostil para com a humanidade, nem atua com inimizade, mas está positivamente inclinado a sustentar, curar e perdoar. Proporciona-se ao ser humano, pela própria disposição de Javé, um espaço vital seguro onde ele pode exercer liberdade, poder, responsabilidade e autoridade, a fim de usar, desfrutar de e governar toda a criação.

> ...que é o homem, que dele te lembres?
> E o filho do homem, que o visites?
> Fizeste-o, no entanto, por um pouco, menor do que Deus
> e de glória e de honra o coroaste.
> Deste-lhe domínio sobre as obras da tua mão
> e sob seus pés tudo lhe puseste:
> ovelhas e bois, todos,
> e também os animais do campo;
> as aves do céu, e os peixes do mar,
> e tudo o que percorre as sendas dos mares. (Sl 8,4-8)

O profundo compromisso de Javé com sua fidelidade e compaixão gera espaço vital para uma impressionante liberdade humana no mundo, liberdade de comer e beber e exultar em um mundo generoso.[17]

---

[16] Mt 6,25-31 é completamente coerente com essa ênfase em Javé, o Criador, o qual é fiel ao ser humano; cf. Sl 104,27-28 e 145,15-16.

[17] Esses temas estão no centro da antropologia cristã proposta por WOLFHART PANNENBERG,

Mas a fidelidade de Javé, que se inclina para suas emoções, dá ainda muito mais ao ser humano. Visto que Javé é genuinamente interativo, às vezes o ser humano é incentivado a tomar a iniciativa com Javé, a insistir com ele quanto a seus direitos, a se dirigir a ele com uma voz de defesa e insistência. Para essa reivindicação, Jó é o modelo final. Jó representa toda a humanidade reunida e mobilizada contra Javé, insistindo em direitos e méritos devidos a um ser humano responsável que tem plena membresia na criação de Javé.

É caracteristicamente judaico ir ainda além disso na exaltação do ser humano, não apenas na presença de Deus, mas também contra Deus. Novamente, baseio-me em EMMANUEL LEVINAS. Em sua análise da *kenosis* de Deus, LEVINAS apresenta dois argumentos. Primeiro, "tudo depende do homem":

> O homem é responsável pelo universo! É responsável pelos outros. Sua fidelidade ou infidelidade à Torá não é apenas um modo de ganhar ou perder sua salvação; a existência, elevação e luz dos mundos dependem disso. Apenas indiretamente, em virtude da salvação ou ruína dos mundos, é que sua própria identidade depende disso. Como se, por meio dessa responsabilidade, que constitui a própria identidade do homem, fôssemos similares a *Elohim*.[18]

O domínio do ser humano sobre a criação, expresso em Gênesis 1-2 e, especialmente, no Salmo 8, outorga às criaturas humanas grande poder e liberdade. Essa mesma permissão significa que o ser humano possui uma base firme para se posicionar na presença de Deus, o que gera algo como responsabilidade final pelo mundo (mas não autonomia), e que permite peticionar diante de Javé (como Jó) por melhores benefícios nesse relacionamento.

LEVINAS vai um passo além em seu segundo tópico: "Deus precisa da oração do homem".[19] Ele é capaz de imaginar que o relacionamento entre Javé e o ser humano é de mutualidade genuína. Enquanto que, em sua soberania, Javé tem a iniciativa sobre o ser humano, em suas emoções (a *"kenosis"* de LEVINAS) Javé admite a iniciativa do homem e aguarda sua concretização. Já vimos, nos Salmos de lamento, que Israel em oração é capaz de persuadir, ameaçar e coagir Javé de uma maneira que supõe

---

*Anthropology in Theological Perspective* (Edimburgo: T. & T. Clark, 1985).

[18] LEVINAS, *In the Time of the Nations*, p. 125.

[19] Ibid., pp. 127-132.

a iniciativa humana.[20] LEVINAS cita Provérbios 15,8 como exemplo especial de uma oração que é necessária a Deus: "O sacrifício dos perversos é abominável ao Senhor, mas a oração dos retos é o seu contentamento".[21] Atribui-se ao ser humano, nessa tradição, um papel extraordinário de autoridade e direitos, não apenas a serviço de Deus, mas até mesmo contra Deus. Há, de fato, outro lado na qualidade transacional e aliançada desse relacionamento, o qual inclina o encontro entre Deus e homem na direção da iniciativa humana.

### *A dialética da asserção e do abandono*

Terceiro, torna-se evidente que configurei de forma dialética uma profunda tensão nesse relacionamento; é uma tensão que, creio, reflete o texto e se deriva do próprio relacionamento polêmico de Israel com Javé. Quando a humanidade lida com a *soberania* de Javé, a obediência é a ordem apropriada do dia. Quando a humanidade lida com a *fidelidade de Javé que gera emoções*, está autorizada a ter liberdade e iniciativa.

Há uma profunda tensão nesse relacionamento, pois lidar com a soberania e a fidelidade de Javé não permite compartimentalização. Temo que, na prática, tendamos à compartimentalização, sendo excessivamente escrupulosos em algumas áreas dos mandamentos (como dinheiro ou sexualidade) e completamente autônomos em outras esferas da vida (como dinheiro ou sexualidade).[22] Contudo, nesse relacionamento, assim como em qualquer relacionamento sério, exigente e íntimo, as questões são mais problemáticas e complexas do que essa classificação pode indicar. O ser humano, tal como Israel, é convidado, esperado e insistentemente encorajado a se envolver em uma interação genuína, a qual às vezes se afirma e às vezes se anula, ora concede ora toma iniciativa. Assim como essa tradição de testemunho não considera pessoas que sejam arrogantemente autôno-

---

[20] Veja minha análise do testemunho contrário de Israel quanto a isso nas pp. 499-507 [seção "Salmos de lamento" no capítulo 11].

[21] ABRAHAM HESCHEL, em uma referência que agora não me recordo, escreve: "O homem também é necessário a Deus, para o desenrolar de seus planos no mundo. O homem é necessário; ele é uma necessidade de Deus".

[22] A consequência prática dessa compartimentalização na Igreja contemporânea é que os assim chamados conservadores tendem a prestar cuidadosa atenção às reivindicações mais rigorosas da Bíblia quanto à sexualidade, mas são indiferentes sobre o que a Bíblia afirma quanto à economia. *Mutatis mutandis*, os assim chamados liberais apreciam o que a Bíblia afirma de modo insistente sobre a economia, mas pisam em ovos naquilo que a Bíblia afirma sobre a sexualidade.

mas, também não considera pessoas que sejam deferentes a Javé de forma incessante e temerosa.

Nota-se que LEVINAS e ABRAHAM HESCHEL, de quem fiz importantes citações, trabalham a partir de uma tradição ética e mística judaica e não citam muitos textos bíblicos em apoio à sua perspectiva, porque a argumentação deles é mais amplamente tradicional e teológica do que é bíblica. Eu os citei, mesmo assim, porque essa tradição judaica particular de interpretação proclama um tema contrário à tendência cristã predominante de enfatizar de modo único a tradição da soberania e da obediência deferente. Pode até ser que a tradição da soberania e obediência seja predominante no texto bíblico, mas não é a única. Em si mesma, não é esta a razão pela qual a tradição bíblica tem continuado a ser convincente, cheia de autoridade e incessantemente pertinente à contínua reflexão sobre a natureza da humanidade.

Vimos, desde Êxodo 34,6-7, que Javé tem em seu íntimo uma interioridade que oscila entre fidelidade e soberania.[23] Agora podemos dizer que, tal como com Israel, na humanidade essa interioridade oscilante de Javé tem como sua contrapartida no parceiro uma prática que oscila entre deferência e autonomia, cada uma sendo incessantemente qualificada pela outra. Além disso, o que a natureza humana plena exige e espera nessa tradição é a *coragem para afirmar* e a *confiança para ceder*. Cada postura por si só trai tanto a tradição quanto aquele com quem o ser humano foi convocado a fazer parceria. Adicionalmente, cada tendência por si só distorce a parceria e faz uma caricatura do caráter de Javé, o qual se deve obedecer em sua incomensurabilidade, mas que convida ao desafio em sua mutualidade. A alta tradição clássica da interpretação cristã não tem prestado atenção suficiente a este último aspecto da fidelidade de Javé, o qual gera emoções e vulnerabilidade para com o parceiro humano. Como consequência inevitável, essa tradição cristã clássica não tem refletido suficientemente sobre os modos pelos quais a humanidade é convidada a se afirmar na presença de Javé. Como resultado dessa negligência, a tradição cristã dominante não tem valorizado plenamente o modo pelo qual *a dialética de asserção e abandono na pessoa humana é uma contraparte da interioridade de Javé que oscila entre sua soberania e fidelidade*. Parece-me que a tradição cristã clássica precisa reaprender de seus colegas judeus esse aspecto da interação entre Deus e o ser humano. Esse é o imperativo

---

[23] Veja minha análise dessa passagem central nas pp. 303-305 [seção "Êxodo 34,6-7" no capítulo 5] e 372-375 [seção "Disjunção no centro" no capítulo 7].

permanente do ecumenismo: reestabelecer a partir dos outros aquilo que nosso próprio foco interpretativo tornou indisponível.

**Traços característicos da natureza humana em aliança**

Até aqui, sugerimos em linhas gerais que o ser humano, tal como se apresenta no testemunho espontâneo de Israel, pode ser equacionado com Javé:

* Javé é soberano... o ser humano é convocado à obediência e deferência.

* Javé é fiel... o ser humano é convidado à liberdade e iniciativa.

* Javé usa a aliança para concretizar a soberania que faz reivindicações e a fidelidade que concede permissões... o ser humano é considerado como parceiro transacional de Javé, incessantemente envolvido em obediência e liberdade, em alegre submissão à soberania dele e em ousada liberdade diante de sua fidelidade.

Agora consideraremos com mais detalhes *as especificidades dessa criatura transacional e aliançada* que se submete em obediência e que ousa em liberdade. O Antigo Testamento provê poucos textos que lidam de forma explícita e intencional com as questões que estamos considerando. Antes, as evidências surgem "na correria" e de modo assistemático. O texto esboça as pessoas na prática real de sua natureza humana diante de Javé. Metodologicamente, baseio-me na obra de Alfons DEISSLER, o qual apresenta um esboço da prática humana por meio do texto do Salmo 22.[24] DEISSLER não deriva nenhum atributo essencialista da natureza humana a partir do texto, mas observa o sujeito do Salmo "sendo humano" em uma situação concreta. Prestaremos atenção aos pontos enfatizados na exposição de DEISSLER sobre o Salmo 22, mas adicionaremos a ela outros aspectos da natureza humana transacional que estão além do escopo do Salmo que ele analisa. Irei sumarizar a prática da natureza humana em aliança com Javé em oito tópicos, organizados em três grupos.

CAPÍTULO XV

---

[24] ALFONS DEISSLER, "'Mein Gott, Warum hast du mich verlassen'... (Ps 22.2)", *Ich will euer Gott werden* (Stuttgarten Bibel-Studien 100; Stuttgart: Katholisches Bibelwerk, 1981), pp. 99-121.

### *Três disciplinas da natureza humana*

Nesse primeiro grupo de tópicos, considero o ser humano como aquele que ouve (obedece), discerne e confia. Essas três disciplinas da natureza humana proporcionam juntas uma fundamentação para uma vida de alegre liberdade, livre de temores e cinismo, uma vida baseada no compromisso total com Javé, aderência plena à sua soberania e confiança completa em sua segura ordenação da realidade.

**Ouvir (obedecer)**. O ser humano, como criatura de Javé, é aquele que *ouve* quando Javé fala em soberania.[25] Quando Javé proclama uma ordem soberana, o elemento chave da natureza humana é a obediência, respondendo à ordem ouvida. Já observamos que as ordens de Javé se referem tanto à prática da justiça (Dt 10,17-19) quanto à prática da santidade (Lv 19,2-4), ambas em imitação dele mesmo. Essa noção da natureza humana é paralela a e se deriva da noção de Israel como parceiro na aliança com Javé. Ou seja, todas as pessoas fazem, seguindo Israel, o que Israel faz como parceiro de Javé. Podemos notar o paralelo ao comparar dois textos:

\* Sobre Israel:

Agora, pois, ó Israel, que é que o Senhor requer de ti? (Dt 10,12)

\* Sobre as pessoas:

Ele te declarou, ó homem (*'adam*), o que é bom e que é o que o Senhor pede de ti. (Mq 6,8)

A questão é primeiramente colocada para Israel e, depois, ao "homem". Faz parte da natureza humana, segundo o testemunho espontâneo de Israel, ouvir e obedecer à vontade básica de Javé quanto à justiça e santidade, a qual define, sustenta e ordena o mundo.

A prática da santidade se refere à consciência disciplinada de que a vida deve ser ordenada reconhecendo-se profundamente que o centro da realidade se situa fora de si e não está sujeito ao controle humano. Assim, a instrução sacerdotal restringe de forma elaborada o mistério da santidade, afastando-o do controle humano.

---

[25] Assim, o *Shema'* de Dt 6,4 está no centro da compreensão do Antigo Testamento sobre a pessoa humana. Contudo, é importante lembrar que *shema'* em primeiro lugar significa "Ouve" antes de significar "Obedece". Em um de seus escritos iniciais, PAUL RICOEUR observa que, ao ouvir, a pessoa admite que não se fez sozinha nem é autônoma. Ouvir – responder em obediência a outro – é reconhecer que somos derivados e inerentemente conectados àquele que tem o direito de falar.

A prática da justiça, de maneira concreta, é a realização da *ṣedāqāh* de Javé, pela qual o cosmos pode ser ordenado para a vida e pela qual a comunidade humana se mantém viável e gerativa.[26] Ao praticar a justiça, o papel da humanidade não é a simples manutenção das regras, mas consiste na ousada concretização do bem positivo, pelo qual a solidariedade humana é mantida e intensificada. O exercício da obediência é o uso sábio do poder social responsável como outorgado nas ordenanças principais dos textos da criação (cf. Gn 1,28; 2,15; Sl 8,6-8).

O ser humano tem autorização para "dominar" toda a criação, mas esse domínio, tendo em vista os verbos de Gênesis 2,15, consiste em "cultivar" (*'bd*) e "guardar" (*šmr*) a terra. Os verbos não sugerem o uso exploratório e para engrandecimento próprio da terra, mas sim o cuidado gentil e aprimoramento da terra e de todas as suas criaturas. Nesse sentido, o mandato de obediência resulta em mordomia, o cuidado sábio pelo mundo e suas criaturas, que é confiado à administração humana.[27]

O testemunho do Antigo Testamento, no entanto, não se delonga nessas generalidades teológicas, mas sempre trata de casos concretos. E, ao fazer isso, a prática da justiça, que é uma vocação humana principal, não se refere primariamente às criaturas não humanas, mas ao aprimoramento da comunidade humana pela mobilização do poder social, especialmente o poder e os recursos dos fortes para o bem-estar de toda a comunidade. Embora muitos textos possam ser citados, selecionaremos quatro.

Primeiro, o mandato de poder para a justiça é proclamado de forma negativa em Ezequiel 34,3-4, o qual tem seu contraponto positivo nos vs. 14-16:

A fraca não fortalecestes, a doente não curastes, a quebrada não ligastes, a desgarrada não tornastes a trazer e a perdida não buscastes; mas dominais sobre elas com rigor e dureza. [...] Apascentá-las-ei de bons pastos, e nos altos montes de Israel será a sua pastagem; deitar-se-ão ali em boa pastagem e terão pastos bons nos montes de Israel. Eu mesmo apascentarei as minhas ovelhas e as farei repousar, diz o Senhor Deus. A perdida buscarei, a desgarrada tornarei a trazer, a quebrada ligarei e a enferma fortalecerei; mas a gorda e a forte destruirei; apascentá-las-ei com justiça. (Ez 34,4,14-16)

---

[26] Hans Heinrich Schmid, *Gerechtigkeit als Weltordnung*, mostra que, no Antigo Testamento, a justiça não se concentra apenas no Sinai. A *ṣedāqāh* faz parte da própria estrutura e textura da criação e não deve ser violada; veja Pv 8,10-21.

27 Veja a referência às obras de Hall, na nota 9 acima.

Nesse texto, ecoado em Mateus 25,31-46, Javé assume o trabalho de reabilitação que, propriamente, faz parte da obediência dos poderosos.

Segundo, em um debate quanto à obediência apropriada, defende-se a prática da justiça reabilitadora contra a pseudoprática da santidade:

> Porventura, não é este o jejum que escolhi:
> que soltes as ligaduras da impiedade,
> desfaças as ataduras da servidão,
> deixes livres os oprimidos
> e despedaces todo jugo?
> Porventura, não é também que repartas o teu pão com o faminto,
> e recolhas em casa os pobres desabrigados,
> e, se vires o nu, o cubras,
> e não te escondas do teu semelhante? (Is 58,6-7)

O verdadeiro desejo de Javé é o da boa convivência entre as pessoas, uma de tipo radical. Esse desejo certamente se aplica aos israelitas; mas sem dúvida pode ser extrapolado, de maneira que é uma exigência feita a todas as pessoas, no interesse de uma comunidade humana viável.

Terceiro, Jó 31 oferece um inventário rico e abrangente das obrigações humanas:

> Se andei com falsidade,
> e se o meu pé se apressou para o engano
> (pese-me Deus em balanças fiéis
> e conhecerá a minha integridade);
> se os meus passos se desviaram do caminho,
> e se o meu coração segue os meus olhos,
> e se às minhas mãos se apegou qualquer mancha, [...]
> Se o meu coração se deixou seduzir por causa de mulher,
> se andei à espreita à porta do meu próximo, [...]
> Se desprezei o direito do meu servo ou da minha serva,
> quando eles contendiam comigo, [...]
> Se retive o que os pobres desejavam
> ou fiz desfalecer os olhos da viúva;
> ou, se sozinho comi o meu bocado,
> e o órfão dele não participou
> (Porque desde a minha mocidade cresceu comigo como se eu lhe fora o pai,
> e desde o ventre da minha mãe fui o guia da viúva);
> se a alguém vi perecer por falta de roupa
> e ao necessitado, por não ter coberta;
> se os seus lombos não me abençoaram,
> se ele não se aquentava com a lã dos meus cordeiros;
> se eu levantei a mão contra o órfão,
> por me ver apoiado pelos juízes da porta, [...]

> Se no ouro pus a minha esperança
> ou disse ao ouro fino: em ti confio;
> se me alegrei por serem grandes os meus bens
> e por ter a minha mão alcançado muito;
> se olhei para o sol, quando resplandecia,
> ou para a lua, que caminhava esplendente,
> e o meu coração se deixou enganar em oculto,
> e beijos lhes atirei com a mão, [...]
> Se me alegrei da desgraça do que me tem ódio
> e se exultei quando o mal o atingiu
> (Também não deixei pecar a minha boca,
> pedindo com imprecações a sua morte);
> se a gente da minha tenda não disse:
> Ah! Quem haverá aí que não se saciou de carne provida por ele
> (O estrangeiro não pernoitava na rua;
> as minhas portas abria ao viandante)!
> Se, como Adão, encobri as minhas transgressões,
> ocultando o meu delito no meu seio; [...]
> Se a minha terra clamar contra mim,
> e se os seus sulcos juntamente chorarem;
> se comi os seus frutos sem tê-la pago devidamente
> e causei a morte aos seus donos. [...] (Jó 31,5-7,9,13,16-21,24-27,29-33,38-39)

Citei aqui apenas as cláusulas condicionais, que são seguidas em cada caso por uma maldição, declarando assim de forma negativa sua inocência.

Todavia, o que nos interessa não é a estrutura dramática do capítulo nem a função de sua asserção na boca de Jó, mas o conteúdo da responsabilidade e obrigações articuladas no processo da defesa de Jó. Fica claro que a obediência e a responsabilidade tocam cada esfera e zona da existência humana: sexualidade, economia, religião e integridade pessoal. Além disso, nos últimos versos, a obrigação inclui o cuidado da terra. É igualmente claro que o corpo principal desse texto se refere à responsabilidade de tomar ações positivas e reabilitadoras para com os fracos, pobres e vulneráveis. Os recursos dos fortes lhe são concedidos para uso em prol da comunidade. Os protestos de inocência de Jó, adicionalmente, são precisamente de que ele devotou seus grandes recursos para a comunidade e não os usou somente para si. Jó se apresenta com um poderoso contraste aos governantes rejeitados e condenados de Ezequiel 34, os quais usaram seus grandes recursos apenas para si mesmos.

Quarto, o Salmo 112 oferece uma descrição do "homem bem-aventurado" que se compraz nos mandamentos de Javé. Esse é diligente, generoso e age com justiça:

> Ditoso o homem que se compadece e empresta;
> ele defenderá a sua causa em juízo; [...]
> Distribui, dá aos pobres;
> a sua justiça permanece para sempre. (Sl 112,5,9)

A conduta dessa pessoa se equipara à disposição de Javé no equivalente Salmo 111.

Assim, basicamente, a obediência humana significa se importar com a comunidade, praticar uma hospitalidade reabilitadora, envolver-se em mordomia responsável e, bem concretamente,

\* Compartilhar o seu pão com os famintos,

\* Trazer os pobres sem moradia para dentro de sua casa,

\* Cobrir os que estão nus.

Em nosso contexto contemporâneo, pode-se questionar, e até debater, se esse trabalho é do "setor privado" ou deve ser uma política da sociedade. A resposta curta é que o Antigo Testamento, em seu testemunho espontâneo, não faz distinção entre responsabilidade privada e pública. A asserção de Isaías 58 realmente soa como uma iniciativa individual. O mesmo é verdade, à primeira vista, no Salmo 112 e em Jó 31. Nesses dois últimos casos, contudo, temos a caracterização de uma pessoa rica, poderosa e influente em uma sociedade feudal, que está no topo da estratificação econômica da sociedade; portanto, a ação de uma pessoa assim poderosa equivale a uma política pública. Além disso, Ezequiel 34 claramente se refere ao uso do aparato governamental para se tomar iniciativas reabilitadoras para com os marginalizados. Os agentes humanos, tanto na sociedade antiga quanto na contemporânea, se organizam em instituições sociais. Essas instituições sociais são veículos para a obediência e para a implementação da justiça na comunidade, o que é uma obrigação humana para com a ordem e a vontade de Javé.

Os quatro textos que citei, aos quais muitos outros poderiam ser adicionados, deixam claro que as amplas reivindicações de obediência a Javé resultam concretamente em atender as necessidades diárias do próximo. As disciplinas de ouvir e responder em obediência constituem uma poderosa rejeição da autonomia que, previsivelmente, resulta em cobiça destrutiva e que põe o ganho individual acima da comunidade e de suas necessidades. O agente humano obediente é uma criatura profundamente envolvida em, com e para a comunidade.

**Sabedoria e discernimento**. Visto que a obediência resulta no uso responsável do poder para o benefício da comunidade, a serviço da vontade de Javé quanto à justiça, ser uma pessoa significa ser "sábio e inteligente" (*ḥkm wnbôn*). No primeiro instante, é um salto considerável da obediência para a sabedoria. Porém, após uma reflexão maior, fica claro que a verdadeira sabedoria consiste em aceitar os mandamentos (Pv 10,8) e que guardar os mandamentos resulta na *prática da sabedoria* (Dt 1,13-15; 4.6). Consideradas teologicamente, as retóricas sobre mandamentos e sobre sabedoria estão intimamente vinculadas no Antigo Testamento. Ambas consistem em prestar atenção à misteriosa coerência da realidade, a qual é outorgada por Deus e não está simplesmente à disposição da agressividade humana. Na apresentação idílica do início do seu reinado, Salomão pede um "coração compreensivo" (1Rs 3,9) e recebe um coração "sábio e inteligente" (*ḥkm wnbôn*) (v. 12). No fim, o sábio deve celebrar a fidelidade, juízo e justiça de Javé (Jr 9,23-24).

A articulação sobre a natureza humana no Antigo Testamento não deixa de celebrar a sagacidade e percepção de uma mente prática.[28] Porém, o discernimento ao qual as pessoas são convocadas não consiste em simples conhecimento técnico. Antes, é uma percepção de como as coisas se encaixam e operam na inescrutável mobilização da criação por Deus. É o reconhecimento delicado de que a realidade é uma rede intrincada de limites e possibilidades, de fatos concretos e escolhas, que deve ser respeitada, bem gerenciada e cuidadosamente guardada, a fim de intensificar o bem-estar desejado por Javé e concedido por ele a toda a terra. Em adição a Salomão, que é apresentado como um modelo de alguém que pode aprimorar seu reino,[29] podemos citar José como modelo, do qual se diz ser "ajuizado e sábio" (Gn 41,33), como Salomão. Como consequência desse dom especial de Deus, José é capaz de mobilizar os recursos da terra e o

---

[28] É uma compreensão completamente errada reduzir o relacionamento entre Deus e o homem no Antigo Testamento à prática de uma obediência plana, unidimensional e acrítica. Veja DOROTHEE SÖLLE, *Beyond Mere Obedience: Reflections on a Christian Ethic for the Future* (Mineápolis: Augsburg, 1970); e STANLEY MILGRAM, *Obedience to Authority: An Experimental View* (Londres: Tavistock, 1974).

[29] Uso o termo *modelo* porque boa parte dos estudiosos agora considera que as evidências históricas quanto a Salomão ser um sábio como mínimas, se não inexistentes. Apesar disso, como um modelo para a tradição subsequente, Salomão é uma força poderosa. Veja WALTER BRUEGGEMANN, "The Social Significance of Solomon as a Patron of Wisdom", *The Sage in Israel and the Ancient Near East* (org. JOHN G. GAMMIE e LEO G. PERDUE; Winona Lake: Eisenbrauns, 1990), pp. 117-132.

poder do império egípcio em prol de "pão para o mundo".³⁰

Espera-se normalmente que os líderes de Israel sejam "sábios e inteligentes". Em Deuteronômio 4,6, todavia, a questão é ampliada e democratizada para tornar essa sabedoria inteligente um atributo de todo o Israel. Na medida em que essa qualidade de discernimento é sapiencial, pode-se até mesmo extrapolar mais genericamente para além de Israel. Esse discernimento é uma capacidade concedida por Deus à criatura humana. Assim, os sábios líderes de Israel incorporam essa qualidade humana geral, talvez em medida especial.

Essa ênfase no discernimento não é usualmente feita na teologia do Antigo Testamento ao se falar da natureza humana, pois nos tempos recentes o foco tem sido nos mandamentos e na obediência. Incluo essa ênfase e a coloco imediatamente após a obediência por duas razões. Primeiro, uma recuperação das tradições de sabedoria e criação do Antigo Testamento deixa claro que não se deve compreender a pessoa humana diante de Javé simplesmente em termos das tradições mosaicas que são tão intensamente israelitas, mas também em termos das tradições da criação que procedem de um horizonte mais amplo. É bem conhecido que o testemunho sapiencial de Provérbios, por exemplo, esboça um quadro de humanidade responsável e javista sem qualquer apelo intenso aos mandamentos.³¹ Nessa tradição, a natureza humana significa prestar atenção ao generoso mistério que ordena a realidade, e saber como, de maneira respeitosa e construtiva, canalizar esse mistério generoso para o bem-estar da terra e da comunidade humana.

A segunda razão pela qual cito esse aspecto da natureza humana imediatamente após a obediência é porque creio que é uma base a partir da qual podemos resistir a duas sérias distorções da natureza humana na sociedade contemporânea. Por um lado, as tradições sapienciais deixam claro que a obediência não é simples subserviência ou conformidade temerosa a regras e leis. Assim, a sabedoria protege contra o legalismo. Segundo as tradições sapienciais, a obediência exige a capacidade imagi-

---

³⁰ Quanto ao papel de José como uma figura ambivalente da fé israelita enquanto estava a serviço do império, veja W. LEE HUMPHREYS, "A Life-Style for Diaspora: A Study of the Tales of Esther and Daniel", *JBL* 92 (1973), pp. 211-223.

³¹ Provérbios é uma reflexão contínua sobre a importância do discernimento humano na prática da liberdade, responsabilidade e poder humanos. Deve-se fazer referência a GERHARD VON RAD, *Wisdom in Israel* (Nashville: Abingdon, 1972), assim como à obra de JAMES L. CRENSHAW e ROLAND E. MURPHY (veja as notas 2, 10, 21, 25 do capítulo 9).

nativa de tomar iniciativas positivas para o aprimoramento da criação. "O temor do Senhor é o princípio da sabedoria". Com esse início como ponto de referência, a sabedoria também é a prática de um vasto aprendizado e percepção. Por outro lado, a sabedoria e o discernimento são um antídoto para o conhecimento técnico desenfreado em uma sociedade "que pode fazer", a qual parece inclinada a prejudicar a terra para obter ganho privado imediato. A sabedoria – a habilidade e a disposição de ver toda a realidade como um dom generoso e frágil de Deus – refreia a razão e a capacidade técnicas que se recusam a qualquer limite de valor. A sabedoria é um convite para se estar presente no mundo de uma maneira que resista tanto à obediência subserviente quanto à liberdade técnica irrestrita, colocando-se as inescrutáveis insistências e generosidades de Javé no centro do processo de tomada de decisões.³²

**Confiança primária**. A justaposição de obediência e discernimento, que em conjunto permitem responsabilidade e ousada iniciativa, conduz a um terceiro elemento, a *confiança*.³³ Essa noção de confiança é bem similar a uma expressão popularizada por ERIK ERIKSON, "confiança básica".³⁴ Com essa expressão, ERIKSON se refere à segurança mais elementar que um bebê passa a ter em sua mãe – confiando que a mãe permanece atenta e interessada mesmo quando não está visivelmente presente. A partir dessa segurança concreta na mãe, diz ERIKSON, o bebê começa a desenvolver uma confiança básica quanto à fidedignidade do mundo e de todas as criaturas. Essa confiança é a alternativa primária para a ansiedade profunda que considera o mundo indigno de confiança, como uma mãe negligente.

Ser completamente humano, assim testifica Israel, é ter uma confiança profunda, inabalável e elementar em Javé como fidedigno, presente, poderoso, interessado e envolvido; e, como o bebê de ERIKSON, viver e agir com base nessa confiança, mesmo quando Javé não está visível e as

Capítulo XV

---

³² Veja meu próprio ataque a essa questão em WALTER BRUEGGEMANN, *In Man We Trust: The Neglected Side of Biblical Faith* (Louisville: Westminster/John Knox, 1986). Esse estudo foi precoce na recuperação erudita da sabedoria, e agora precisaria ser articulado de algum modo diferente.

³³ Quanto à confiança como um tema no discernimento da natureza humana, veja DEISSLER, "Mein Gott", pp. 111-113; HUGO GOEKE, "Die Anthropologie der individuellen Klagelieder", *Bibel und Leben* 14 (1973), pp. 14-15; e HORST SEEBASS, "Über den Beitrag des Alten Testaments zu einer theologische Anthropologie", *KD* 22 (1976), p. 52.

³⁴ ERIK H. ERIKSON, *Identity and the Life Cycle* (Nova York: Norton, 1980), pp. 57-67.

circunstâncias indicam o contrário. Uma maneira de falar dessa confiança básica é o termo *'emeth* (e sua variante, *'amen*), que GERHARD VON RAD explica habilmente como uma confiança plena em Javé em meio a circunstâncias adversas (especialmente sob ataque na guerra).[35] Assim, Abraão deve crer (*'amen*) na promessa de Javé contra os fatos (Gn 15,6), e Judá deve crer e permanecer firme diante da ameaça (Is 7,9). Esse termo, contudo, designa diretamente a prática de Israel diante de Javé; ou seja, é intensamente focado na prática comunitária de Israel.

Podemos igualmente considerar que a natureza humana se caracteriza por uma confiança de escopo mais amplo. Assim, nós nos voltamos para um segundo termo que não é tão focado em Israel: *bṭḥ*, confiar e ter segurança em Javé e em seu bom governo do mundo. Esse termo para a confiança humana inabalável em Javé não é menos javista em essência, mas é usado em contextos distintos da comunidade de Israel em si. Encontra-se especialmente nos Salmos individuais de lamento. Nesses Salmos, o orador caracteristicamente está em circunstâncias muito difíceis. Porém, mesmo nessas circunstâncias, o orador expressa confiança completa em Javé, confiança que não apenas sustenta o orador, mas também visa motivar Javé a agir de maneira positiva, de modo a não desapontar a confiança do orador. Ou seja, Javé deve agir para que essa confiança não seja, no fim, entendida como inapropriada ou se considere traída. Assim:

> Deus meu, em ti *confio*;
> não seja eu envergonhado,
> nem exultem sobre mim os meus inimigos.
> Com efeito, dos que em ti esperam, ninguém será envergonhado;
> envergonhados serão os que, sem causa, procedem traiçoeiramente. (Sl 25,2-3)
>
> Faze-me justiça, Senhor,
> pois tenho andado na minha integridade
> e *confio* no Senhor, sem vacilar.
> Examina-me, Senhor, e prova-me;

---

[35] GERHARD VON RAD, *Holy War in Ancient Israel* (Grand Rapids: Eerdmans, 1991), pp. 101-114, situa a noção de Israel sobre fé no contexto da Guerra Santa, isto é, a disposição de confiar em Javé quando se está indefeso e não há recursos para se enfrentar a ameaça presente. Além disso, VON RAD propõe que a fé que surge neste contexto de ameaça é depois transposta na tradição profética de Isaías, de maneira que se torna um motivo teológico mais sofisticado, mas não perde a referência concreta de sua origem. Quanto ao uso em Isaías, veja GERHARD VON RAD, *Old Testament Theology* (Londres: Oliver and Boyd, 1965), v. 2, p. 174.

sonda-me o coração e os pensamentos.
Pois a tua benignidade, tenho-a perante os olhos
e tenho andado na tua verdade. (Sl 26,1-3)[36]

O Senhor é a minha força e o meu escudo;
nele o meu coração *confia*, nele fui socorrido;
por isso, o meu coração exulta,
e com o meu cântico o louvarei. (Sl 28,7)

Muito sofrimento terá de curtir o ímpio,
mas o que *confia* no Senhor,
a misericórdia o assistirá. (Sl 32,10; cf. 31,14; 55,23; 56,4,11)

É digno de nota que a confiança, em muitos desses casos, é uma alternativa para o medo, que podemos interpretar como ansiedade elementar:

Em Deus, cuja palavra eu exalto,
neste Deus ponho a minha confiança e nada temerei.
Que me pode fazer um mortal? [...]
neste Deus ponho a minha confiança e nada temerei.
Que me pode fazer o homem? (Sl 56,4,11)

Eis que Deus é a minha salvação;
confiarei e não temerei,
porque o Senhor Deus é a minha força e o meu cântico;
ele se tornou a minha salvação. (Is 12,2)

O ser humano, como Erikson percebe bem, no fim se defronta com as opções de confiança ou medo. No horizonte de Israel, celebra-se a pessoa que está profundamente imersa na confiança. Essa confiança não é vaga e amorfa; ela se foca em Javé como agente ativo que sustenta e intervém.[37] A partir desse foco pessoal e íntimo, pois, Israel consegue generalizar, de maneira a confiar no mundo sobre o qual Javé preside como um lugar seguro e confiável para se viver.

---

[36] Observe que, embora se use *bṭḥ* no v. 1, usa-se *'emeth* no v. 3.

[37] Essa é a parte complementar ao testemunho central de Israel sobre o Javé que sustenta e intervém. Segundo a percepção de Israel, a pessoa que age bem é aquela que confia no sustento e na intervenção fiéis de Javé e que, a partir desse fundamento, vive livremente. Essa ênfase é evidente em Is 36-37, pois os assírios não reconheceram Javé como uma força decisiva e particular na história comum de Judá. Além disso, não sabiam da disposição de Israel em agir com base em sua confiança em Javé.

Assim, como substantivo, o mesmo termo pode ser traduzido como "segurança", referindo-se ao ambiente seguro disponível onde o governo de Javé é voluntariamente aceito e onde as suas bênçãos são, consequentemente, oferecidas e recebidas. Nesses contextos, não há motivo para ansiedade:

> Então, eu vos darei as vossas chuvas a seu tempo; e a terra dará a sua messe, e a árvore do campo, o seu fruto. A debulha se estenderá até à vindima, e a vindima, até à sementeira; comereis o vosso pão a fartar e habitareis *seguros* na vossa terra. (Lv 26,4-5)

> Farei com elas aliança de paz e acabarei com as bestas da terra; seguras habitarão no deserto e dormirão nos bosques. [...] Já não servirão de rapina aos gentios, e as feras da terra nunca mais as comerão; e habitarão *seguramente*, e ninguém haverá que as espante. (Ez 34,25,28)

> Mas o que me der ouvidos habitará *seguro*, tranquilo e sem temor do mal. (Pv 1.33)

Em todas essas três tradições – bênção cultual (Lv 26,4-5), promessa profética (Ez 34,25, 28) e garantia sapiencial (Pv 1,33) – Israel fala da possibilidade de descobrir que o mundo de Javé é um lugar viável para se viver livre de ansiedades. Essa confiança está especialmente vinculada ao pleno funcionamento da criação. Porém, é também uma confiança mais íntima de que Javé é total e adequadamente fidedigno, diante de qualquer ameaça ou circunstâncias, incluindo tanto os ataques externos quanto as pressões da culpa e da morte.

Em dois outros textos, essa prática da confiança em Javé se evidencia completamente, muito embora não se usem os termos *'emeth* e *bṭḥ*. O primeiro deles, Salmo 131, é um exemplo de confiança em meio à rotina da vida diária. Esse é um Salmo de confiança total e absoluta em Javé. O orador está disposto a descartar qualquer ansiedade imaginável e a ficar completamente tranquilo em sua confiança:

> Senhor, não é soberbo o meu coração,
> nem altivo o meu olhar;
> não ando à procura de grandes coisas,
> nem de coisas maravilhosas demais para mim.
> Pelo contrário, fiz calar e sossegar a minha alma;
> como a criança desmamada se aquieta nos braços de sua mãe,
> como essa criança é a minha alma para comigo. (Sl 131,1-2)

Além disso, a partir dessa intimidade, Israel consegue generalizar:

Espera, ó Israel, no Senhor,
desde agora e para sempre. (v. 3)

Um segundo texto, Daniel 3,16-18, exibe a mesma confiança em um contexto bem diferente. Sadraque, Mesaque e Abede-Nego demonstram confiança diante de uma brutal ameaça imediata:
Ó Nabucodonosor, quanto a isto não necessitamos de te responder. Se o nosso Deus, a quem servimos, quer livrar-nos, ele nos livrará da fornalha de fogo ardente e das tuas mãos, ó rei. Se não, fica sabendo, ó rei, que não serviremos a teus deuses, nem adoraremos a imagem de ouro que levantaste. (Dn 3,16-18)

Esses três judeus crentes têm plena confiança no resgate de Javé; contudo, mesmo se isso falhar, eles permanecem totalmente confiantes. Não é de surpreender que "Nabucodonosor se encheu de fúria" (v. 19), pois essa confiança coloca esses crentes em Javé completamente fora do alcance da cruel intimidação do rei. Essa confiança, que para o mundo é um absurdo, tem possibilitado que mártires (testemunhas) da fé não cedam diante de testes severos.

Esses três aspectos da natureza humana – obedecer, discernir e confiar – são um conjunto, muito embora se evidenciem caracteristicamente em círculos diferentes de tradição. Esses três traços (ou disciplinas, ou práticas) da natureza humana articulam o *sine qua non* do que significa ser uma pessoa na perspectiva do testemunho de Israel. Ser uma pessoa requer:

* Ouvir e responder à convocação do soberano,

* Discernir com sabedoria em reação à generosidade oculta de
Deus em seu mundo,

* Confiar completamente, sem reservas, na fidedignidade de
Javé e de seu mundo.

Essas práticas proporcionam um vínculo positivo com Javé, a partir de quem a vida se origina, e permitem a alegria de uma vida efetiva no mundo. Esses três traços retratam a natureza humana em paz e equilíbrio, com plena autorização para viver e incumbida de viver em plenitude. Essas práticas características da natureza humana são equiparáveis ao testemunho central de Israel sobre Javé. São disciplinas apropriadas em que a soberania e a fidelidade de Javé podem ser afirmadas com credibilidade e alegremente aceitas.

### A vida em crise

Um segundo grupo de traços da natureza humana, no que sigo DEISSLER, se refere à vida com Javé quando a existência humana está com problemas, perturbada e em risco, ou quando a obediência, o discernimento e a confiança falham ou se mostram inadequadas. Nesse tempo de desalento, o ser humano diante de Javé deve tomar a iniciativa para corrigir o problema, o qual não é a condição apropriada da humanidade no mundo de Javé.

Esse segundo grupo de práticas e disciplinas emerge quando a pessoa é deixada na "cova" (cf. Sl 28,1; 30,3; 40,2; 88,6). A "cova", uma imagem comum na vida da oração humana, se refere a qualquer diminuição ou deterioração do bem-estar humano. Assim, pode se referir a doenças, encarceramento, isolamento e rejeição social ou, no caso extremo, à morte física. Abrange toda sorte de problemas que perturbam o ser humano. Em seu realismo, Israel sabe que, antes de tudo, as disciplinas de equilíbrio – obediência, discernimento e confiança – não são apropriadas para essas crises humanas. Assim, segundo o testemunho israelita, a pessoa empreende disciplinas duras e insistentes na cova, práticas que são constitutivas da natureza humana e equiparáveis ao testemunho contrário de Israel sobre Javé. Essas atividades correspondem às evidências e convicção quanto ao caráter oculto, falta de confiança e negatividade de Javé.

**Lamento**. Primeiro, o ser humano em problemas é uma "pessoa que se *lamenta*".[38] Essa pessoa considera seus problemas como sérios e legítimos, e não os aceita como normais. Ela recusa o silêncio e a resignação, mas antes proclama um protesto vigoroso e penetrante, baseado no direito concedido na aliança de receber bem-estar e de ser levada a sério. Aqui podemos nos referir a qualquer dos Salmos de lamento, dentre os quais o Salmo 13 é um modelo conveniente, e ao testemunho dos Salmos de lamento até fora de Israel.[39] O Salmo de lamento se expressa em diversos

---

[38] Veja DEISSLER, "Mein Gott", pp. 109-111; e ERHARD GERSTENBERGER, "Der klagende Mensch: Anmerkungen zu den Klagegattungen in Israel", *Probleme biblischer Theologie* (org. HANS WALTER WOLFF; Munique: Chr. Kaiser, 1971).

[39] O estudo básico é o de CLAUS WESTERMANN, *Praise and Lament in the Psalms* (Edimburgo: T. & T. Clark, 1981). GEO WIDENGREN, *The Akkadian and Hebrew Psalms of Lamentation as Religious Documents: A Comparative Study* (Uppsala: Almqvist and Wiksell, 1937), e mostra que os lamentos de Israel se aproveitam de um vasto pano de fundo dessa prática religiosa. O estudo recente mais abrangente desse gênero e prática da fé é o de PATRICK D. MILLER, *They Cried to the Lord: The Form and Theology of Biblical Prayer* (Mineápolis: Fortress, 1994).

estados de ânimo como aflição, insistência, raiva, fúria, indignação, dúvida e esperança, mas nunca em indiferença ou resignação.[40]

O lamento às vezes foca diretamente em Javé, o qual esteve ausente, silente, indiferente e negligente e que, portanto, é indiretamente responsável pela aflição atual do orador. Nesses contextos, assume-se que um terceiro (o inimigo) foi o causador do problema, mas só conseguiu fazê-lo pela omissão de Javé. Assim, FREDRIK LINDSTRÖM escreve sobre o vazio criado pela falta de atenção de Javé, o qual permite que o poder da morte tome a iniciativa e gere problemas.[41] Porém, ocasionalmente, diz-se nessas orações que Javé não foi apenas negligente e é culpado por omissão, mas está envolvido mais direta e agressivamente como o causador dos problemas.

O importante sobre esse traço da natureza humana é que Israel entende, em sua polêmica corajosa, que o agente humano tem direitos e que esses direitos exigem protesto articulado e insistência; assim, a pessoa evita qualquer tentação de silêncio dócil e deferente. Além disso, Israel deixa claro que esses protestos irados e insistentes dirigidos a Javé não são atos de incredulidade, como frequentemente se pensa que são na piedade quietista cristã, mas são um ato vigoroso de liberdade e responsabilidade.[42] O ser humano precisa insistir em seu próprio bem-estar, mesmo de forma pungente; portanto, quando apropriado, a pessoa precisa chamar Javé à responsabilidade. Dessa forma, devido ao caráter divino, a pessoa em meio a problemas tem a obrigação de tomar a iniciativa no relacionamento com Javé. O propósito do lamento é convocar Javé ao problema, motivando-o a aceitar a responsabilidade que, apropriadamente, é o seu fardo nesse relacionamento de fidelidade e mutualidade, de maneira a efetivar uma mudança decisiva nas circunstâncias.

CAPÍTULO XV

---

[40] ERHARD GERSTENBERGER, "Jeremiah's Complaints: Observations on Jer 15,10-21", *JBL* 82 (1963), p. 405 nota 50, distingue proveitosamente entre "lamentação" (*Anklage, lament*) e "lamento" (*Klage, complaint*): "Uma lamentação chora sobre uma tragédia que não pode ser revertida, enquanto um lamento roga a Deus por ajuda em meio à tribulação". Israel caracteristicamente parte para o lamento, não para a lamentação.

[41] FREDRIK LINDSTRÖM, *Suffering and Sin: Interpretations of Illness in the Individual Complaint Psalms* (Estocolmo: Almqvist and Wiksell International, 1994).

[42] CLAUS WESTERMANN, "The Role of the Lament in the Theology of the Old Testament", *Int* 28 (1974), p. 25 e *passim*, contrasta habilmente a prática característica da piedade cristã (que ocorre em submissão e docilidade) com a piedade judaica (que caracteristicamente não se esquiva do protesto de tipo mais vigoroso).

**Petição**. O anúncio do protesto agudo e da insistência não é meramente uma catarse. Ela resulta em *petições*, imperativos dirigidos a Javé com urgência.[43] A petição normalmente segue o lamento de perto; na petição o necessitado se dirige a Javé com um imperativo. O imperativo não é trivial ou rotineiro. Ele consiste em uma ordem a Javé sobre questões de vida e morte:

> Atenta para mim,
> responde-me, Senhor, Deus meu!
> Ilumina-me os olhos... (Sl 13,3)

> Não te distancies de mim,
> porque a tribulação está próxima,
> e não há quem me acuda. [...]
> Tu, porém, Senhor, não te afastes de mim;
> força minha, apressa-te em socorrer-me.
> Livra a minha alma da espada,
> e, das presas do cão, a minha vida. (Sl 22,11.19-20)

> A ti clamo, ó Senhor;
> rocha minha, não sejas surdo para comigo;
> para que não suceda, se te calares acerca de mim,
> seja eu semelhante aos que descem à cova.
> Ouve-me as vozes súplices,
> quando a ti clamar por socorro,
> quando erguer as mãos para o teu santuário. (Sl 28,1-2)

O orador que usa imperativos para Javé, autorizado por seu difícil problema, precisa encontrar voz para expressar sua dor no discurso. Tudo depende dessa manobra. Esse é um ato de profunda autoafirmação e autoapreço, que é a chave da iniciativa para conseguir que se faça algo para aplacar o problema. Esse ato não ocorre em resignação ou deferência; é um ato de esperança insistente. O orador sabe de maneira profunda que o problema atual não é como a vida devia ser, não é como Javé a planejou. Além disso, o orador prossegue na certeza de que as circunstâncias podem ser transformadas e serão endireitadas... se Javé puder ser mobilizado.

Tudo depende de se mobilizar o poder indubitável de Javé, por isso a petição usualmente contém motivações que visam encorajar Javé à ação de

---

[43] Veja MILLER, *They Cried to the Lord*, pp. 86-114; e DEISSLER, "Mein Gott", pp. 113-115.

que tanto se necessita.⁴⁴ O imperativo dirigido a Javé caracteristicamente é seguido e reforçado por cláusulas motivacionais que dão a Deus razões para agir. Assim, o imperativo não é uma ordem, mas sim um ato de persuasão, "para apresentar um argumento persuasivo a Deus de que sua ajuda é necessária".⁴⁵

Esse ato de insistência, que se realiza com esperança, assume e articula uma correta ordenação do ser humano diante de Javé. O agente humano legitimamente toma iniciativa e faz uma afirmação, um pedido urgente e insistente a Javé para que faça pelo orador o que ele não pode fazer por si mesmo. Ou seja, Javé retém o poder no relacionamento, o poder de agir de maneira transformadora. Mas esse poder transformador, do qual Javé é incontestavelmente capaz, depende da capacidade do agente humano em despertá-lo, pois ninguém senão a pessoa necessitada pode fazer o pronunciamento que mobilizará Javé. Da perspectiva de Israel, esse pronunciamento de petição, que caracteristicamente (mas nem sempre) resulta na atividade resgatadora de Javé, indica de forma convincente que a vida é realmente relacional e transacional. A compreensão de Israel sobre o lamento e a petição descarta toda resignação. Também descarta a noção de que essa ação da pessoa necessitada é apenas catártica ou, como opina GERALD SHEPPARD, um estratagema político para ser ouvido pelos poderosos.⁴⁶

---

⁴⁴ Quanto às motivações, veja MILLER, *They Cried to the Lord*, pp. 114-126. As motivações oferecidas para a ação de Javé no momento da necessidade são de diversos tipos; algumas não são coerentes com a "inocente" piedade cristã. Ou seja, em adição à confissões de pecado e declarações de necessidade e confiança, Israel também busca motivar Javé a agir apelando à sua honra, vaidade, e risco de passar vergonha (por exemplo, Nm 14,13-16). Assumo que a disposição de Israel de apelar a essas arriscadas motivações é uma medida da urgência da petição. Não é possível nem necessário minimizar essas motivações para conformá-las a um tipo de "fé pura", pois o Antigo Testamento não lida com a "fé pura", e nenhuma quantidade de romantismo cristão pode fazer isso ser a realidade. Israel opera com uma fé que deve viver honestamente em meio a um mundo injusto e ameaçador.

⁴⁵ PATRICK D. MILLER, "Prayer as Persuasion: The Rhetoric and Intention of Prayer", *WW* 13 (outono de 1993), p. 362. MILLER sumariza habilmente a gama de motivações que buscam persuadir Deus a estar presente e a agir de modo transformador. Elas incluem apelo à sua fidelidade e reputação, protestos de inocência de Israel, e disposição de Israel em louvar a Javé. As orações de Israel estão permeadas desse discurso, indicando a urgência da persuasão e definindo a dinâmica entre dois parceiros em diálogo.

⁴⁶ GERALD T. SHEPPARD, "Theology and the Book of Psalms", *Int* 46 (1992), pp. 143-155; e "Enemies and the Politics of Prayer in the Book of Psalms", *The Bible and the*

Pode ser que seja isso, mas não é somente isso. O testemunho espontâneo de Israel sobre o ser humano é que este realmente é parceiro de Javé, o qual pode transformar a situação, mas deve ser mobilizado à ação de maneira concreta.

**Ação de graças.** Segundo Israel, o pronunciamento do lamento e da petição caracteristicamente resulta em ação reabilitadora da parte de Javé. Essa ação acarreta os verbos de Javé que já consideramos extensivamente no testemunho central de Israel.[47] Após a concretização da transformação por Javé, o lamento e a petição do ser humano resultam em *ação de graças*, que já vimos se tratar de um ato cultual de sacrifício, que ocasionalmente pode tomar a forma de uma atividade generosa para com a comunidade.[48] Faz parte da natureza humana ser grato, receber e reconhecer a ação reabilitadora de Javé, e dar expressão visível e pública desse reconhecimento na congregação.[49] O final do processo de "sair da cova" é o reconhecimento alegre e visível de que o problema foi superado por Javé; a conexão foi restabelecida, na qual o ser humano é apropriadamente o recipiente da bondade de Javé e não o agente primário. Com essa culminação do lamento e da petição na ação de graças, o agente humano é restaurado e reposicionado na vida em meio ao equilíbrio generoso de Javé.

Essa sequência de lamento-petição-ação de graças, que é a trama característica dos Salmos de lamento de Israel, é um dado primário para o

---

*Politics of Exegesis: Essays in Honor of* NORMAN K. GOTTWALD *on His Sixty-Fifth Birthday* (org. DAVID JOBLING *et al*.; Cleveland: Pilgrim, 1991), pp. 61-82. Embora possa haver um elemento político no lamento, como sugere Sheppard, deve-se insistir que as orações são realmente dirigidas a Deus, aguardando uma resposta ativa. Quanto à seriedade teológica dos salmos como orações, veja HAROLD FISCH, *Poetry with a Purpose: Biblical Poetics and Interpretation* (Bloomington: Indiana University, 1990), pp. 104-135.

[47] Possivelmente se deve compreender a resposta de Javé aos lamentos de Israel em termos dos oráculos de salvação. Quanto a esse gênero e prática, veja o estudo básico de JOACHIM BEGRICH, "Das priesterliche Orakel", *ZAW* 52 (1934), pp. 81-92; a avaliação crítica da teoria por EDGAR W. CONRAD, *Fear Not Warrior: A Study of 'al tira' Pericopes in the Hebrew Scriptures* (BJS 15; Chico: Scholars, 1985); e MILLER, *They Cried to the Lord*, pp. 135-177.

[48] Veja meus comentários sobre a ação de graças, nos quais proponho que esse é o ato mais elementar de adoração e fé em Israel, nas pp. 188-192 [seção "O conteúdo normativo do discurso de Israel", no capítulo 3]; e veja MILLER, *They Cried to the Lord*, pp. 179-204.

[49] Veja DEISSLER, "Mein Gott", pp. 115-116.

discernimento de Israel sobre a pessoalidade humana. Deve-se notar que tanto a coragem para fazer a petição quanto a alegria da ação de graças estão vinculadas a afirmações de confiança e segurança em Javé. Ou seja, Israel se fundamenta na memória, assim como na esperança, para participar nesse drama com Javé, totalmente preparado, mesmo em lamento, para contar com ele de modo firme e final. Tal como é característico em Israel, essa trama central da natureza humana não é imaginada na teoria, mas surge concretamente na prática em resposta ao tipo de contradições que perturbam a existência humana. Ao mesmo tempo, essa trama é intensamente javista e interdependente. Esse "drama da restauração" não é um processo de pensamento de um indivíduo humano autônomo; é uma transação genuína na qual esse Outro vigoroso está realmente presente e disponível no processo.[50]

**Paralelos na psicologia contemporânea.** A psicologia contemporânea, em seus modelos centrais – baseados em FREUD e evoluindo em uma variedade de teorias e práticas transacionais – é paralela a essa trama e (creio) derivada dele. Sem dúvida, em sua forma secularizada, as teorias da personalidade não mantém Javé no centro do processo, mas caracteristicamente substituem o papel de Javé pelo do terapeuta humano. Como FREUD viveu em um ambiente positivista e a teoria psicanalítica inicial estava determinada a ser "científica", a dimensão teológica do processo foi em grande parte perdida. É bom e certamente importante que, com o esgotamento geral desse positivismo, esteja ocorrendo uma reaproximação

---

[50] As diversas obras de GERSTENBERGER citadas anteriormente indicam o contexto e a prática social reais do drama. Deve-se insistir, seguindo FISCH, que o lamento de Israel e o drama subsequente não são meramente catárticos (embora também o sejam), mas o processo é genuinamente relacional e transacional. Israel prossegue na profunda convicção de que Javé está realmente envolvido no processo. Assim, não faz sentido interpretar essas orações de acordo com as modernas noções de autonomia, que é o paralelo mais próximo a que consegue chegar ELISABETH KÜBLER-ROSS, *On Death and Dying* (Londres: Tavistock, 1970). A reivindicação real da oração é afirmada no comentário de KARL BARTH, *Prayer: According to the Catechisms of the Reformation* (Filadélfia: Westminster, 1952), p. 23: "A oração não é somente dirigida a Deus (não estamos falando sozinhos), mas chega até Deus. Deus ouve. Deus responde. Deus permite que a oração o afete e o mova". Em *Church Dogmatics* v. 3/3, *The Doctrine of Creation* (Edimburgo: T. & T. Clark, 1960), p. 285, BARTH escreve: "Sua soberania é tão grande que abrange tanto a possibilidade quanto, na medida em que é exercida, a realidade de que a criação pode ativamente estar presente e cooperar em seu governo". Minhas referências a BARTH procedem de PERRY D. LEFEVRE, *Understandings of Prayer* (Filadélfia: Westminster, 1981), p. 34.

com a religião entre aqueles que praticam uma terapia de tipo interpessoal.[51] De fato, sugiro que, nas derivações da teoria das relações do objeto, a importância de uma percepção inicial da onipotência é precisamente a percepção oferecida, reivindicada e anunciada nesse processo de lamento, petição e ação de graças.[52]

---

[51] Veja JAMES W. JONES, *Contemporary Psychoanalysis and Religion: Transference and Transcendence* (New Haven: Yale University, 1993); W. W. MEISSNER, *Life and Faith* (Washington: GEORGEtown University, 1987); e MARY LOU RANDOUR, *Exploring Sacred Landscapes: Religious and Spiritual Experience in Psychotherapy* (Nova York: Columbia University, 1993). De modo mais geral, quanto ao desenvolvimento da complexa interioridade humana, veja CHARLES TAYLOR, *Sources of the Self: The Making of Modern Identity* (Cambridge: Harvard University, 1989); WILLIAM S. SCHMIDT, *The Development of the Notion of Self: Understanding the Complexity of Human Interiority* (Lewiston: Edwin Mellen, 1994); e S. E. Hormuth, *The Ecology of the Self* (Cambridge: Cambridge University, 1990).

[52] A teoria clássica é a de D. W. WINNICOTT, *The Maturational Processes and the Facilitating Environment: Studies in the Theory of Emotional Development* (Nova York: International Universities, 1965). Os importantes conceitos de Winnicott que se aplicam ao nosso tema se referem a uma onipotência elementar e à emergência do "eu falso" quando a onipotência não é praticada. A meu ver, pode-se entender o lamento dirigido a Javé como o momento de "onipotência" de Israel. Além disso, é meu parecer que, visto que a prática cristã tem negado às pessoas essa dimensão da piedade, a Igreja tende a produzir "falsos eus" que não podem ser honestos diante de Deus e, portanto, devem "fingir". Como um estudo derivado, veja WALTER BRUEGGEMANN, "The Costly Loss of Lament", *JSOT* 36 (1986), pp. 57-71.
Não creio que a fé bíblica jamais irá ter uma aliança permanente com qualquer teoria da personalidade. Apesar disso, diante da gama atual de teorias de personalidade disponíveis, creio que a teoria das relações de objeto agora articula a formação e manutenção da natureza humana de uma maneira que é peculiarmente congruente com a noção transacional e aliançada de Israel sobre o eu. Veja Michael St. Clair, *Object Relations and Self Psychology* (Monterey: Brooks/Cole, 1986).
Afastando-se da noção de FREUD sobre o eu como um enigma de conflitos internos, a teoria das relações de objeto propõe que a formação do eu se situa em uma relação contínua com uma pessoa real (isto é, um objeto real, não um produto da imaginação, daí o termo "relações de objeto"), frequentemente a mãe ou alguém que desempenha as funções maternais. Uma percepção chave dessa teoria é que, em seus primeiros dias e semanas, o bebê precisa experimentar a onipotência diante de sua mãe - deve ter a percepção de que a mãe existe somente para a criança, que daí pode exultar plenamente e celebrar uma percepção de si mesmo com suas próprias necessidades e desejos. Essa experiência de onipotência requer a total atenção da mãe à criança, e permite o início da formação de um forte senso do eu.
Alternativamente, se a mãe não pode doar-se completamente à criança, a criança

Além disso, a perda dessa prática padrão de lamento e petição na perspectiva teológica, o que acarretou a perda da autoafirmação diante de Javé e o abandono do testemunho contrário sobre ele, é exatamente o que tem produzido "falsos eus", tanto na Igreja excessivamente pietista que defende deferência quanto na sociedade excessivamente moralista e cruel que valoriza a conformidade e a sufocação da raiva. A piedade quietista e o moralismo conformista em conjunto têm encorajado uma docilidade e deferência que gera falsidade nos níveis mais elementares da existência humana. A percepção de Israel sobre uma natureza humana saudável é profundamente transacional, com as duas partes alternando-se para exercer iniciativa. Além disso, Israel entende que o drama da reabilitação, incluindo a sequência de lamento, petição e ação de graças, exige aquele que é Santo, diante de quem a pessoa *in extremis* deve tomar iniciativas vigorosas e profundos.

---

aprende rapidamente a fingir, agradar e manipular a mãe a fim de satisfazer suas vontades. Esse procedimento de fingimento produz um "falso eu", o qual nunca consegue ser honesto, mas deve sempre fingir, e assim desenvolve uma capacidade de duplicidade (inconsciente) entre desejo e necessidades genuínas e aquilo que é permitido pela mãe. Assim, toda a saúde emocional depende da mãe como um agente forte que voluntariamente se torna "útil" para a criança, por amor à criança. Outros teóricos importantes pertinentes a essa análise (em adição a Winnicott) são OTTO KERNBERG, HEINZ KOHUT e W. RONALD FAIRBAIRN.

É claro, é um grande salto de uma mãe "suficientemente boa" para o eu em relação ao "suficientemente bom" Javé. Ocorre-me, mesmo assim, que o lamento e a petição, pelos quais o orador pode ser totalmente honesto diante de Javé e esperar que ele aceite o eu assim expresso, requerem um forte senso do eu da parte do suplicante; também requerem, com igual urgência, um Deus que possa ceder iniciativa e autoridade na transação com o suplicante que apresenta imperativos a Javé e, assim, desfruta de um instante de onipotência. Dessa forma, na prática de Israel, essa oração faz parte de um eu saudável. Essa transação não deve ser entendida como mera psicologia, mas depende teologicamente de um Deus que é soberano (como uma mãe "suficientemente boa"), mas que no instante da oração convida e aceita a onipotência na voz do suplicante.

A meu ver, essa questão da onipotência diante de Javé na oração se correlaciona a crentes saudáveis diante de Javé. Se é preciso sempre agradar a Deus (tal como sempre agradar a mãe), aprende-se a fingir e se tornar um "falso eu" diante de Javé. Sugiro que, em sua articulação caracteristicamente plana de Deus como onipotente, a Igreja sem querer gerou amplas condições para que os crentes se tornassem "falsos eus". A consequência previsível, agora bem evidente, é a existência de pessoas na Igreja que são excessivamente moralistas e insistentes em que os demais devem agradar a Deus do mesmo modo indiferenciado que elas aprenderam a usar.

## Louvor e esperança

Ao rastrear as práticas e disciplinas da natureza humana segundo o testemunho de Israel, podemos finalmente nos referir a duas práticas que, apropriadamente, são colocadas, entendidas e concretizadas na culminação do drama de reabilitação: louvor e esperança. É claro, o drama inteiro de reabilitação é permeado com louvor e esperança. O drama inteiro se baseia na esperança, ou do contrário nunca teria sido tentado.[53] O louvor ocorre durante todo o drama como motivação para Javé. Apesar disso, o louvor e a esperança em sua expressão completa fazem parte de uma vida que foi plenamente restaurada pela ação de Javé, o qual foi mobilizado à ação pela penetrante proclamação da necessidade.

**Afirmação lírica de Javé.** Já vimos que o drama da reabilitação culmina em ação de graças, e a partir daí podemos dizer que o *louvor* faz parte, por definição, da natureza humana. Ou seja, uma natureza humana saudável exige um abandono lírico do eu à santidade de Deus.[54] Como sugere CLAUS WESTERMANN, enquanto que a ação de graças é particular e concreta, o louvor é aquela afirmação generalizante sobre Javé que vai além dos "serviços prestados" e dons recebidos, alcançando uma expressão lírica de admiração, assombro e gratidão para o Santo que está além de qualquer coisa que o ser humano possa gerar.[55]

---

[53] Adicionalmente a GERSTENBERGER, "Der klagende Mensch", veja a obra definitiva de JÜRGEN MOLTMANN, *Theology of Hope: On the Ground and Implication of a Christian Eschatology* (1967; Mineápolis: Fortress, 1993). MOLTMANN mostra que a esperança não é apenas um tema entre muitos na teologia cristã, mas é a fundamentação para tudo. Para a teologia do Antigo Testamento, é importante que MOLTMANN se baseie nos estudos do Antigo Testamento feitos por ALBRECHT ALT e GERHARD VON RAD para chegar às suas conclusões.

[54] Quanto ao louvor como "abandono do eu", veja WALTER BRUEGGEMANN, "Praise and the Psalms: A Politics of Glad Abandonment", *The Psalms and the Life of Faith* (org. PATRICK D. MILLER; Mineápolis: Fortress, 1995), pp. 112-132; e "The Daily Voice of Faith: The Covenanted Self", *Sewanee Theological Review* 37 (Páscoa de 1994), pp. 123-143.

[55] O relacionamento entre louvor e ação de graças é delicado e complicado. De modo bastante influente, CLAUS WESTERMANN, *Praise and Lament in the Psalms*, pp. 25-30, tende a juntar os dois em um. Apesar disso, ele considera o louvor como muito mais importante e dinâmico, pois ele considera a ação de graças como sendo mais planejada e *quid pro quo*. Contra WESTERMANN, HARVEY H. GUTHRIE, *Theology as Thanksgiving: From Israel's Psalms to the Church's Eucharist* (Nova York: Seabury, 1981), pp. 12-30, tende a considerar a ação de graças como mais elementar que o louvor; e,

Assim, o drama da restauração tem em si um traço de louvor:

> Em Deus, cuja palavra eu louvo,
> no Senhor, cuja palavra eu louvo,
> neste Deus ponho a minha confiança e nada temerei.
> Que me pode fazer o homem? (Sl 56,10-11)

> Desperta, ó minha alma!
> Despertai, lira e harpa!
> Quero acordar a alva.
> Render-te-ei graças entre os povos;
> cantar-te-ei louvores entre as nações.
> Pois a tua misericórdia se eleva até aos céus,
> e a tua fidelidade, até às nuvens. (Sl 57,8-10)

> Eu, porém, cantarei a tua força;
> pela manhã louvarei com alegria a tua misericórdia;
> pois tu me tens sido alto refúgio
> e proteção no dia da minha angústia. (Sl 59,16-17)

Essas doxologias se expandem com exuberância ao final do processo de um problema resolvido. O orador canta em linguagem hiperbólica, porque o impossível aconteceu e o bem-estar foi restaurado pela fidelidade soberana de Javé, mesmo quando as circunstâncias pareciam ditar que o bem-estar era impossível. Para a pessoa na cova, o problema parece durar uma eternidade. Porém, quando Javé se mobiliza, todas as coisas se tornam possíveis.

O louvor na apresentação de Israel sobre a natureza humana não se limita a resoluções no final do lamento. Os textos de louvor tomam vida própria, provendo um conjunto de hinos para Israel marcados por exuberância, hipérbole e ausência de comedimento. De fato, a ausência de comedimento no louvor se equipara à ausência de comedimento nos lamentos. Os dois modos de discurso dirigidos a Javé se situam nos extremos da necessidade e da alegria:

> Celebrai com júbilo ao Senhor,
> todas as terras.
> Servi ao Senhor com alegria,
> apresentai-vos diante dele com cântico. (Sl 100,1-2)

---

portanto, como mais próxima do núcleo da prática de fé. Embora a tensão entre as posições de WESTERMANN e GUTHRIE não seja facilmente resolvida, a questão que ambos analisam é de grande importância.

> Louvai ao Senhor, vós todos os gentios,
> louvai-o, todos os povos.
> Porque mui grande é a sua misericórdia para conosco,
> e a fidelidade do Senhor subsiste para sempre.
> Aleluia! (Sl 117,1-2)

> Aleluia!
> Louva, ó minha alma, ao Senhor.
> Louvarei ao Senhor durante a minha vida;
> cantarei louvores ao meu Deus, enquanto eu viver. (Sl 146,1-2)

> Aleluia!
> Louvai a Deus no seu santuário;
> louvai-o no firmamento, obra do seu poder.
> Louvai-o pelos seus poderosos feitos;
> louvai-o consoante a sua muita grandeza.
> Louvai-o ao som da trombeta;
> louvai-o com saltério e com harpa.
> Louvai-o com adufes e danças;
> louvai-o com instrumentos de cordas e com flautas.
> Louvai-o com címbalos sonoros;
> louvai-o com címbalos retumbantes.
> Todo ser que respira louve ao Senhor.
> Aleluia! (Sl 150,1-6)

O louvor é um traço chave do discernimento de Israel sobre a natureza humana.[56] Ser uma pessoa significa querer e poder louvar. Vimos que o drama da reabilitação consiste em lamento, petição e ação de graças, como um ato de forte autoafirmação. Agora, vemos o movimento contrário em Israel: o louvor como um ato alegre de autoabandono, o gesto ativo de

---

[56] Quanto à importância teológica do louvor, veja DANIEL W. HARDY e DAVID F. FORD, *Praising and Knowing God* (Filadélfia: Westminster, 1985). HARDY e FORD (pp. 20, 142) falam do louvor como o "fator jazz" da vida cristã. A imagem é sugestiva, pois manifesta o fato de que a vida baseada na fé bíblica, seja judaica ou cristã, em generosa sujeição **(a)** tem uma cadência regular própria, **(b)** força a algo novo, e **(c)** permite a novidade e a variação radical em meio a cadências confiáveis. Minha própria experiência com a importância do louvor se evidencia em uma apresentação do que eu pensava ser uma ênfase calvinista no louvor como fundamento da vida cristã. Em resposta, o grande bispo católico REMBERT G. WEAKLAND me esclareceu que meus comentários sobre o louvor eram completamente beneditinos em sua orientação. A despeito de certas designações específicas, tradições tão diferentes quanto a beneditina e a calvinista reconhecem esse fundamento para uma vida fiel.

aceitar que a vida é concedida de forma que transcende o eu, que o bem-estar se baseia em Outro, e que, sem qualquer reivindicação para si mesmo, o agente humano fica feliz em se submeter a e depender plenamente de Javé, o qual só pode ser expresso em linguagem lírica. Esse louvor de autoabandono consiste em alegre renúncia que é um ato cultual sem restrições, mas a renúncia não ocorre simplesmente no momento do culto. Podemos crer que a prática de louvor de Israel incluía a renúncia de todas as emoções resistentes e de todas as tendências a adquirir segurança pessoal; nesta prática de louvor, a pessoa vive melhor e bem mais livre quando todo o seu eu e todas as suas reivindicações são entregues em sujeição completa e sem reservas a Javé.[57]

Devemos observar bem que esse ato de autoabandono a Javé está dialeticamente relacionado a um ato de autoafirmação contra Javé. Visto que esses dois traços, expressos como lamento e hino, são genuinamente dialéticos, um não pode ter mais prioridade que o outro. Ao tentar entender como essa peculiar dialética javista realmente funciona, contudo, sugiro que, de forma prática e temporária, a prioridade na dialética pertence à atividade de autopreço no lamento. Faço essa sugestão porque **(a)** na teoria das relações de objeto, essa experiência primária de onipotência é central para um eu que está adequado a praticar alianças; **(b)** deve-se ter um eu para se submeter o eu;[58] e **(c)** a piedade cristã ocidental deu pouquíssima atenção a esse aspecto da natureza humana javista. Sugiro isso como uma questão prática, mas não quero me desviar do reconhecimento mais importante de que, visto como um todo, as duas manobras da natureza humana javista são realmente genuinamente dialéticas.

**Quatro dimensões de esperança**. O último traço da natureza humana que indicamos é que o ser humano é alguém que *espera*.[59] Parece-me lógico colocar essa disciplina da natureza humana ao final do drama de reabilitação, junto com o louvor. Contudo, JÜRGEN MOLTMANN ensina à

---

[57] Deve-se entender a renúncia aqui primeiramente como litúrgica, simbólica e emocional. Porém, essa prática tem uma contraparte inevitável na renúncia socioeconômica e política; quanto a isso, veja Marie Augusta Neal, *A Socio-theology of Letting Go: The Role of a First World Church Facing Third World Peoples* (Nova York: Paulist, 1977).

[58] Dessa forma, quero sugerir que a autonegação é fraudulenta e patológica quando não se tem um eu ao qual se pode voluntariamente renunciar e sujeitar. Sem esse eu para dar, a autonegação é provavelmente uma simples recusa de viver a própria vida.

[59] Veja SEEBASS, "Über den Beitrag des Alten Testaments", pp. 47-53.

nossa geração que a esperança não é algo que pertence apenas à fronteira da fé bíblica, mas que realmente permeia a fé.[60] Dessa forma, a esperança, em seus efeitos, é similar ao que denominei "confiança" (*bth*), uma confiança completa e pervasiva em Javé em todas as fases da vida. Além disso, ERHARD GERSTENBERGER deixa claro que todo o processo de lamento e petição só é empreendido em Israel porque o orador que está na cova tem completa confiança de que Javé preside sobre todos os problemas, deseja que haja uma resolução adequada, e tem o poder e a vontade para concretizar essa resolução adequada.[61] Assim, de modo funcional, a natureza humana é totalmente cheia de esperança, não no sentido de um otimismo ingênuo e irrefletido, mas com a convicção de que o destino humano individual é poderosamente presidido por aquele que deseja e opera o bem:

> Guia-me na tua verdade e ensina-me,
> pois tu és o Deus da minha salvação,
> em quem eu espero todo o dia. [...]
> Preservem-me a sinceridade e a retidão,
> porque em ti *espero*. (Sl 25,5.21)

> E eu, Senhor, que espero?
> Tu és a minha esperança. (Sl 39,7)

> Pois tu és a minha esperança, Senhor Deus,
> a minha confiança desde a minha mocidade. (Sl 71,5; cf. 69,3.6; 130,5; 146,5)

É importante notar que, nesses pronunciamentos, que caracteristicamente surgem em meio aos lamentos, Israel não espera por algo, mas espera em Deus. Ou seja, Javé não é *instrumental* à esperança de Israel, mas é realmente a própria *essência* dessa esperança. Portanto, podemos concluir que Israel espera, tanto em aflição quanto no bem-estar, que Javé será tudo em todos. O ato da esperança foca na restauração e reabilitação; porém, passando disso, essa esperança carece de concretude. Podemos imaginar que, visto que a vida de Israel é intensamente voltada à aliança, a esperan-

---

[60] Veja a nota 53 acima quanto ao apelo de MOLTMANN ao Antigo Testamento em sua formulação sistemática.

[61] Veja ERHARD GERSTENBERGER, *Der bittende Mensch: Bittritual und Klagelied des Einzelnen im Alten Testament* (WMANT 51; Neukirchen-Vluyn: Neukirchener, 1980); e "Der klagende Mensch". De maneira mais genérica, veja WALTHER ZIMMERLI, *Man and His Hope in the Old Testament* (SBT 20, 2ª série; Londres: SCM, 1971).

ça humana se interessa em última instância pela comunhão e bem-estar com Javé. Todavia, visto que a fé de Israel é intensamente material em sua intenção, a esperança humana também se volta aos dons materiais da vida, de forma suficiente para tornar a vida pacífica, segura, alegre e frutífera.

Podemos identificar quatro dimensões da esperança na perspectiva de Israel sobre a pessoa humana:

> (1) O futuro da pessoa que espera é bem pouco especificado no testemunho de Israel; é bastante aberto. Pode acontecer muita coisa boa, porque o futuro é um dom de Javé. Uma expectativa da pessoa que espera é que ela possa alcançar pleno "conhecimento de Deus". A grande visão régia de Isaías 11,1-9 se foca, antes de tudo, no rei de justiça e paz que virá. Porém, a partir dessa imagem, o poema oferece uma visão da criação restaurada que culmina dessa maneira:
>
> Não se fará mal nem dano algum
> em todo o meu santo monte,
> porque a terra se encherá do conhecimento do Senhor,
> como as águas cobrem o mar. (Is 11,9)
>
> O "conhecimento de Javé" é dado peculiarmente a Israel, mas aqui se antecipa que todas as criaturas alcançarão esse conhecimento. De fato, os materiais sapienciais no livro de Provérbios falam variadamente do "temor do Senhor" como "o princípio do saber" (1,7), do "temor do Senhor" e do "conhecimento de Deus" (2,5). O uso sugere que essas expressões são sinônimas. Antecipa-se que as pessoas chegarão a "conhecer Javé".
>
> A expressão em si não é transparente em seu sentido. Pode-se referir à soberania política e teológica de Javé, expressa como obediência.[62] Pode, em alguns contextos, significar o conhecimento cognitivo das tradições históricas de Israel.[63] Mas tam-

---

[62] Quanto a esse aspecto da noção do "conhecimento de Javé", veja HERBERT B. HUFFMON, "The Treaty Background of Hebrew *yāda*'", *BASOR* 181 (1966), pp. 31-37; e HERBERT B. HUFFMON e SIMON B. PARKER, "A Further Note on the Treaty Background of Hebrew *yāda*'", *BASOR* 184 (1966), pp. 36-38.

[63] Essa é a ênfase dada por HANS WALTER WOLFF em "Wissen um Gott bei Hosea als Urform von Theologie", *EvT* 12 (1952/53), pp. 533-554. Veja também DWIGHT R.

bém pode significar intimidade e envolvimento pessoal com Javé; não conhecimento sobre, mas envolvimento com. Nas tradições sapienciais, a expressão claramente se refere a uma percepção penetrante e respeitosa sobre a vida responsável, liberada e cuidadosa no mundo de Javé. Em todo caso, a expressão é uma promessa e expectativa de que a pessoa que espera possa estar, no fim, completamente imersa no maravilhoso mistério que é Javé – superando toda distância entre Javé e a criatura humana, com quem ele se importa.

**(2)** Na "tradição da presença", isto é, a tradição sacerdotal, antecipa-se que as pessoas podem chegar a viver na própria presença de Javé, de maneira que o alvo esperado na existência humana é realmente a comunhão com Deus ou, nos termos de MARTIN BUBER, "encontro".[64] Sem dúvida, o aparato cultual é distintamente israelita, e o acesso à comunhão, tal como mediado em adoração nessas tradições, é para israelitas altamente disciplinados. Mas, visto que a sobreposição entre o israelita e o ser humano é crucial à nossa exposição, a esperança é que a ausência, a abrasão e a distância que ocorrem entre Deus e as pessoas sejam temporariamente superadas na adoração cultual e finalmente superadas na completa restauração da criação, pela qual a pessoa possa aparecer na presença de Javé nua, indefesa, sem medo e sem vergonhas. A esperança é que se possa superar a quebra desse relacionamento narrada em Gênesis 3, como é insinuado em Isaías 55,13 e 65,23.

Também podemos prestar atenção ao drama no texto do Salmo 73.[65] Esse Salmo funciona de acordo com as três dimensões do relato humano que sugerimos, do bem-estar (v. 1),

---

DANIELS, *Hosea and Salvation: The Early Traditions of Israel in the Prophecy of Hosea* (BZAW 191; Berlim: de GRUYTER, 1990), pp. 111-116.

[64] MARTIN BUBER, *Meetings* (La Salle: Open Court, 1973), sugere maneiras pelas quais as transações humanas são elas mesmas ocasiões para a "presença".

[65] Quanto a esse Salmo e seu testemunho peculiar, veja MARTIN BUBER, *Right and Wrong* (Londres: SCM, 1952), pp. 34-52; J. CLINTON MCCANN, "Psalm 73: A Microcosm of Old Testament Theology", *The Listening Heart* (org. Kenneth Hoglund; JSOTSup 58; Sheffield: JSOT, 1987), pp. 247-257; e WALTER BRUEGGEMANN, *The Psalms and the Life of Faith*, pp. 203-210.

passando pela alienação (v. 2-16), até focalizar novamente em Javé (v. 17) e, finalmente, na nova vida (vs. 18-28). Nosso interesse aqui é na afirmação do v. 25: "Quem mais tenho eu no céu? Não há outro em quem eu me compraza na terra". Javé é o "deleite" (*ḥpṣ*) da sua vida – somente Javé, não seus dons.

Pode ser que esse poema se refira particularmente aos israelitas. Muito depende da leitura do v. 1.[66] O texto hebraico afirma "Deus é bom a Israel". Mas uma leitura variante no grego (que é mais aceita) sugere "ao justo", ou seja, a qualquer pessoa responsável, como o tipo de pessoa apresentado no livro de Provérbios. Se essa leitura for considerada, então Javé é o "verdadeiro desejo" de todas as pessoas que esperam de modo javista.

Essa ênfase na comunhão é muito importante, não apenas devido à grande atenção dada a "hospedar o santo" na tradição sacerdotal, e não apenas devido aos poderosos compromissos sacramentais da comunidade eclesiástica. A promessa da presença e da comunhão é importante porque fala poderosamente contra as conveniências da cultura contemporânea, as quais se expressam na ideologia de mercado e também invadem a comunidade eclesiástica. Se a promessa se referisse apenas aos dons de Deus, então Deus se tornaria apenas instrumental à esperança humana, e aquele que espera viveria em um mundo de conveniências, que no fim não gera nem alegria nem segurança. Aqui, contudo, se afirma que Javé é o verdadeiro desejo do coração do ser humano, a verdadeira alegria da vida humana,[67] e a segura possibilidade de uma vida vivida com esperança. Essa esperança é proclamada na conhecida conclusão

---

[66] Quanto ao problema textual do v. 1, veja Ernst Würthwein, "Erwägungen zu Psalm 73", *Wort und Existenz: Studien zum Alten Testament* (Göttingen: Vandenhoeck and Ruprecht, 1970), pp. 163-171. Mais genericamente, veja Walter Brueggemann e Patrick D. Miller, "Psalm 73 as a Canonical Marker", *JSOT* 72 (1996), pp. 45-56.

[67] A noção de desejo como um aspecto central da vida de fé é especialmente apreciada por Agostinho, que a distingue da luxúria de maneira sutil. Para uma análise cuidadosa do problema em Agostinho, veja Margaret R. Miles, *Desire and Delight: A New Reading of Augustine's Confessions* (Nova York: Crossroad, 1992). Nesse contexto, também vem à mente o grande "Jesus, alegria dos homens", de Johann Sebastian Bach.

do Salmo 23:

> Bondade e misericórdia certamente me seguirão
> todos os dias da minha vida;
> e habitarei na Casa do Senhor
> para todo o sempre. (Sl 23,6)

**(3)** Tendo dito isso, a esperança do Antigo Testamento para o ser humano nunca se perde em fantasias espirituais. Ao lado da promessa de *presença e comunhão* nas tradições sacerdotais (e em boa parte do Saltério) e da promessa de *conhecimento de Deus* nas tradições sapiencial e profética, as tradições profético-deuteronomistas afirmam, no seu conjunto, que a promessa à humanidade é *um mundo material* no qual a justiça prevalecerá, haverá pão para todos, e a comunidade humana "habitará em segurança". Essa tradição teológica de esperança se refere à restauração da fertilidade, à produção dos frutos da terra, de modo que haja suficiente para todos (cf. Am 9,13-15; Os 2,21-23; Is 11,6-9; 65,17-25).

O Salmo 85,10-11, em um ato lírico de imaginação, antecipa o tempo em que os céus e a terra estarão em plena harmonia:

> Encontraram-se a graça e a verdade,
> a justiça e a paz se beijaram.
> Da terra brota a verdade,
> dos céus a justiça baixa o seu olhar. (Sl 85,10-11)

O uso do conhecido vocabulário referente à aliança (graça, verdade, justiça e paz), no entanto, não permanece focado simplesmente no relacionamento, mas rapidamente se volta às questões de produção, bênção e fertilidade:

> Também o Senhor dará o que é bom,
> e a nossa terra produzirá o seu fruto. (v. 12)

A prática da justiça manifesta a completa restauração da generosidade da criação.

Na tradição cristã, essa materialidade da esperança humana se expressa, de forma bem conhecida, na oração do Pai Nosso. A oração é de reconciliação. Mas a reconciliação entre as pessoas está no contexto do pão suficiente para o dia:

o pão nosso de cada dia dá-nos hoje;
e perdoa-nos as nossas dívidas,
assim como nós temos perdoado aos nossos devedores. (Mt 6,11-12)

A esperança humana que aguarda a generosidade e a extravagância de Deus é um ato de expectativa que contraria frontalmente toda ideologia de escassez. Boa parte dos conflitos humanos se baseia na convicção, nascida da ganância e concretizada no consumismo, de que não há o suficiente e cada um deve abocanhar o que pode. A percepção de Israel sobre a esperança humana se fundamenta na intenção fiel de Javé quanto à abundância, a qual libera as pessoas da garra vigorosa da escassez a fim de poderem agir, com esperança, a partir da certeza da abundância.[68] Essa abundância material como alternativa à escassez faz paralelo à comunhão como alternativa às conveniências. Em ambas as expectativas de comunhão e abundância, a percepção de Israel sobre o futuro humano se deriva de Javé e é legitimada por ele, o qual é acessível e generoso consigo mesmo e com as bênçãos da criação.

**(4)** A narrativa central da vida e do destino humanos é "para dentro da cova" dos problemas e "para fora da cova" pelo poder de Javé. Esse modelo dentro-fora da natureza humana sem dúvida se baseia na própria narrativa de Israel de "para fora da escravidão" e "para dentro da terra prometida", como articulada nas recitações de fé mais elementares de Israel. É um modelo que permeia sua percepção de vida e sua articulação sobre Javé, e se evidencia na estrutura e drama dos Salmos de lamento.

Capítulo XV

---

[68] CLAUS WESTERMANN, *Elements of Old Testament Theology* (Atlanta: John Knox, 1978), pp. 106-107, percebe com sagacidade que Js 5,12 se situa ao fim do período de deserto de Israel, o qual iniciou com a concessão de pão gratuito em Êx 16. Assim, Êx 16 e Js 5 enquadram o tempo na narrativa normativa de Israel em que a abundância de Javé foi expulsa pela escassez da cobiça. Não é acidental, assumo, que a narrativa de cobiça em Js 7-8 ocorra tão rapidamente após Israel chegar na terra prometida. Há algo estranho e traiçoeiro no fato de que *ter* leva as pessoas a se tornarem mais gananciosas. Assim, a recepção do dom de Javé contribui para uma circunstância de escassez, precisamente quando os dons deviam colocar as pessoas e comunidades em meio à abundância de Deus. Essa estranha inversão está bem documentada nas estatísticas sobre a fartura e a correspondente perda da generosidade.

Contudo, apenas nos limites do Antigo Testamento esse modelo de "para fora da cova" é relacionado ao destino humano além do tempo de existência histórica e física vivida. Apenas tardia e raramente Israel estende sua retórica de esperança para além da morte até a vida retomada após a morte. Sem dúvida os materiais para essa afirmação há muito estão disponíveis na percepção de Israel sobre o drama da vida humana. Por um lado, todo o discurso de Israel sobre a "cova" já se orienta em suas imagens para o extremo da morte.[69] Por outro lado, a própria experiência histórica de Israel no exílio o prepara para essa afirmação extrema (cf. Ez 37,1-14). Apesar disso, é apenas tardiamente, aparentemente, que Israel tem a coragem ou a necessidade de forçar seu horizonte para ainda mais longe, falando sobre a vida que supera a morte; ou, mais apropriadamente, vida que é retomada em meio à realidade da morte.

Embora MITCHELL DAHOOD sugira muitas referências à ressurreição no Saltério, em geral os intérpretes concordam que o Antigo Testamento só se refere duas vezes explicitamente a ela:[70]

Os vossos mortos e também o meu cadáver viverão e ressuscitarão;
despertai e exultai, os que habitais no pó,
porque o teu orvalho, ó Deus, será como o orvalho de vida,
e a terra dará à luz os seus mortos. (Is 26,19)

---

[69] É característico do modo de falar de Israel que a palavra *morte* seja fluida e nunca seja precisa em seu sentido. Nos salmos de lamento, quando usada como sinônimo para *cova*, o termo *morte* parece próximo a conotações mitológicas nas quais a *morte* não está muito longe de Mot, o deus canaanita da morte. Mas o termo também se refere à expiração física. Além disso, às vezes o termo pode significar qualquer um deles ou ambos ao mesmo tempo. É crucial para Israel não ser muito preciso. Veja WALTER BRUEGGEMANN, "Death, Theology of", *IDBSup* (Nashville: Abingdon, 1976), pp. 219-222; e *Praying the Psalms* (Winona: St. Mary's, 1982), pp. 39-48.

[70] Veja MITCHELL DAHOOD, *Psalms 1,1-50, Introduction, Translation, and Notes* (AB 16; Garden City: Doubleday, 1965), pp. 91, 252-53, 33; NICHOLAS J. TROMP, *Primitive Conceptions of Death and the Nether World in the Old Testament* (Roma: Pontifical Biblical Institute, 1969); e ROBERT MARTIN-ACHARD, *From Death to Life: A Study of the Development of the Doctrine of the Resurrection in the Old Testament* (Edimburgo: Oliver and Boyd, 1960). É inteiramente cogente que Is 52,13-53,12 seja citado como um terceiro texto em que essa reivindicação é reconhecida.

Muitos dos que dormem no pó da terra ressuscitarão, uns para a vida eterna, e outros para vergonha e horror eterno. (Dn 12,2)

O primeiro desses versículos se refere aos fiéis que estão em aflição e pesar.

A linguagem de Isaías 26,19, a retórica do nascimento, se refere à retomada do processo de fertilidade, a recuperação da função e do futuro da criação.[71] A referência em Daniel 12,2 vem de um contexto de perseguição. Aqui a ressurreição é para todos, não apenas para os justos, a fim de que as distinções éticas de Javé na terra não sejam perdidas ou derrotadas, mas possam ser implementadas e permaneçam, mesmo se seu triunfo esteja além do escopo da experiência de vida. Ou seja, o futuro da vida diante da morte se deve à inflexível agenda moral de Javé.

Nesses textos, o testemunho de Israel finalmente rompe até os limites da morte, a fim de estender a proteção da soberania e fidelidade de Javé para toda realidade imaginável. A retórica realmente alcança uma nova dimensão. A reivindicação teológica feita aqui, todavia, não é nova para Israel; há muito Israel assegura a completa soberania de Javé. Agora, no entanto, a extensão dessa plenitude se torna exaustiva. Nenhum domínio de vida, nem mesmo aquilo que parece limitar Javé (isto é, a morte), pode limitar as reivindicações do Deus de Israel.

Não se deve concluir muita coisa a partir desses dois textos, nem a partir da ausência de mais textos como esses. A afirmação de que Javé endireitará a vida humana é tão profunda e ampla na convicção de Israel que a falta de "textos sobre ressurreição", a meu ver, não evidencia uma falta de coragem intelectual ou teológica para fazer uma reivindicação desse tipo. Antes, a confiança total de Israel na vontade e no poder de Javé para endireitar o mundo é de tal forma que uma declaração explícita não é particularmente necessária nessa fé. Em seu testemunho canônico, Israel raramente se envolve em especulação sobre essas questões. Mas Israel é inflexível em sua asserção teológica sobre o bom destino das criaturas humanas que se esforçam através do drama da reabilitação e descansam na nova vida que Javé lhes dá.

No fim, o futuro da humanidade – com o qual lidamos variadamente

Capítulo XV

---

[71] GARY A. ANDERSON, *A Time to Mourn, a Time to Dance: The Expression of Grief and Joy in Israelite Religion* (University Park: Pennsylvania State University, 1991), mostra como a alegria se relaciona com a criação, a procriação e o poder para vida que se realiza concretamente na comunidade por meio do nascimento e da reprodução.

sob os tópicos de pleno conhecimento de Javé, plena comunhão com ele, e pleno desfrutar de uma terra abundante – agora, na morte, chega à plena confiança em Javé. Essa confiança só é imaginada de forma inicial no testemunho de Israel. Muito do futuro humano está oculto e é desconhecido e cheio de riscos para Israel; portanto, não é articulado por Israel. Porém, esse futuro, para o ser humano que espera, não é de ameaça, mas de confiança cheia de paz. Esta não se baseia em evidências sobre o futuro, quer filosóficas e lógicas, quer empíricas e tecnológicas, mas na soberania fiel de Javé já conhecida no testemunho central de Israel. Não se sabe como essa soberania fiel se concretizará plenamente nas eras do porvir, e Israel não manifesta uma grande curiosidade especulativa sobre o assunto. Aquele que tem sido obedecido de forma total é aquele no qual se pode confiar totalmente, seja qual for o formato que o futuro assuma.

As diversas etapas desse drama da vida humana com Javé – dom (obediência, discernimento, confiança), perda (lamento, petição, ação de graças) e renovação (louvor, esperança) – não proporcionam um esquema claro. Proponho apenas juntar provisoriamente as evidências fragmentárias desse modo particular; não quero reduzir demais as elusivas evidências. Nessa iniciativa, no entanto, é suficiente o padrão que emerge para se sugerir o que significa a vida em relacionamento com o soberano fiel, em termos de alegre obediência, liberdade confiante, e ousada conexão. Cada aspecto dessa descrição da natureza humana depende de se perceber o ser humano em relacionamento com esse Deus, um relacionamento que é uma oferta estranha e resiliente de mutualidade e incomensurabilidade.

### A existência na aliança como uma natureza humana alternativa

Visto que a luta pela natureza humana é crucial no mundo do "capitalismo tardio" e muitos conflitos teológicos são extrapolados atualmente para o conflito sobre a natureza humana, podemos fazer uma pausa para considerarmos os modos em que essa interpretação da pessoa humana, que evita todo essencialismo e defende a natureza humana em relacionamento, se contrasta com as tentações predominantes da nossa cultura autodestrutiva. Não apresentarei essas características contrastantes, mas sugiro um esboço que evidencia os recursos disponíveis no Antigo Testamento para uma noção alternativa e subversiva sobre a natureza humana.

**1. A pessoa em bem-estar e equilíbrio:**

(a) obediência vs. *autonomia* que nega um relacionamento responsável

**(b)** discernimento vs. *técnicas* que negam a textura da ordem

**(c)** confiança humana vs. *ansiedade*

## 2. A pessoa em situações extremas:

**(d)** lamento vs. *docilidade*

**(e)** petição vs. *resignação*

**(f)** ação de graças vs. *autossuficiência*

## 3. A pessoa liberta da "cova" e vivendo em "tempo emprestado":

**(g)** louvor vs. *saciedade*

**(h)** esperança vs. *desespero*

Entendo que esses contrastes são muito simplistas; correm o risco de criar oponentes fáceis para a defesa de Israel. Entretanto, meu interesse não está nas conflitantes teorias de personalidade, mas em práticas humanas reais em uma sociedade de conveniências, a qual está fundamentalmente alienada devido a uma ideologia de individualismo consumista. O ponto desse exercício em contrastes é insistir em que, no testemunho espontâneo de Israel, **(a)** há realmente uma alternativa séria à prática comum da nossa sociedade; **(b)** porém, essa alternativa depende de uma referência ativa e envolvimento com Javé, **(c)** em uma interação incomensurável, mas mútua, que custa muito e exige grandes riscos – custos e riscos que se equiparam a uma possível nova existência da vida humana.

Tendo em vista as práticas da sociedade contemporânea, especialmente em sua atividade religiosa, esse esboço do ser humano como parceiro de Javé gera recursos importantes para o cuidado pastoral. Não é segredo que o assim chamado movimento de cuidado pastoral fez pouco uso da teologia escolástica ou de sua alternativa subjetiva e liberal no começo do século XX, por isso houve uma aceitação ávida e basicamente acrítica de categorias psicológicas no surgimento de um cuidado pastoral consciente.[72] Agora devemos celebrar que o pensamento e a prática atuais no cuidado pastoral estão se envolvendo novamente com as categorias te-

---

[72] Thomas C. Oden, *Care of Souls in the Classic Tradition* (Filadélfia: Fortress, 1984), rastreia o modo pelo qual o vocabulário do cuidado pastoral mudou de referências teológicas para psicológicas no século XX.

ológicas, não para rejeitar o aprendizado psicológico, mas para tratar esse aprendizado com uma maior vigilância crítica, baseada em uma fundamentação teológica.

O modelo da natureza humana que esbocei aqui, o qual considero ser fiel ao testemunho espontâneo de Israel, proporciona um modelo de saúde e integridade humanas que é uma alternativa impressionante às noções de natureza humana oferecidas no que agora denomino de *militarismo de conveniência*. Quando se esclarecem os modelos em contraste, fica evidente que o cuidado pastoral, que em outro lugar denominei de uma obra de transformação,[73] é realmente uma obra de conversão, a fim de incorporar o eu nesse relacionamento alternativo e no testemunho que o sustenta.

A obra de conversão é lenta, gentil, detalhada e assistemática. Mas o modelo ilumina a obra de convocação, cuidado e capacitação de cada dia. O testemunho de Israel reivindica que esse relacionamento javista é indispensável para uma pessoalidade completa. Esse testemunho assegura que nenhuma outra natureza humana pode, em última instância, ser plena e alegre, porque ela não conseguirá apresentar a verdade da natureza humana, uma verdade que foca em Javé e no relacionamento com ele.[74]

## A natureza humana segundo a aliança em dois textos

Podemos concluir nossa reflexão sobre a pessoalidade humana considerando em detalhes dois textos que iluminam peculiarmente nosso tema.

### Salmo 103

Os oradores nesse grande hino são israelitas, e suas pressuposições sobre a natureza humana são israelitas. Contudo, a audiência do Salmo 103, aqueles convidados a se juntarem ao louvor, não são identificados particularmente como israelitas. Por um lado, a fala é íntima e pessoal, "minha alma" (vs. 1-2,22b). Por outro lado, a audiência inclui todas as criaturas de Javé nos céus e na terra:

---

[73] WALTER BRUEGGEMANN, "The Transformative Agenda of the Pastoral Office", *Interpretation and Obedience: From Faithful Reading to Faithful Living* (Mineápolis: Fortress, 1991), pp. 161-183.

[74] Embora eu apresente esse modo alternativo de natureza humana com toda a paixão possível, não insisto que seja melhor, em um sentido final e formal. Insisto apenas que é diferente das convenientes teorias de personalidade. Quando a diferença fica esclarecida, não há meios objetivos para se julgar ou escolher entre as opções. Creio que essa confusão nebulosa de modelos é que tem sido muito custosa na prática eclesiástica e pastoral recente.

> Bendizei ao Senhor, todos os seus anjos,
> valorosos em poder,
> que executais as suas ordens
> e lhe obedeceis à palavra.
> Bendizei ao Senhor, todos os seus exércitos,
> vós, ministros seus, que fazeis a sua vontade.
> Bendizei ao Senhor, vós, todas as suas obras,
> em todos os lugares do seu domínio. (Sl 103,20-22a)

Assim, o Salmo é cósmico e universal em seu escopo, mas se reduz à realidade particular da pessoa que fala. O orador é retratado como um ser humano envolvido em louvor, e é convocado a ser assim. Porém, nem na fala universal nem na íntima se faz um apelo ao Israel concreto.

O que nos interessa nesse Salmo é que, após o hino enumerar as ações características de Javé para com a humanidade que geram bem-estar (v. 3-5), o Salmo se dedica às duas piores condições que colocam todas as pessoas em situação extrema, a saber, a culpa e a mortalidade. Estudo esse Salmo porque, em grande escala, a culpa e a mortalidade constituem a fissura na vida humana, o lugar onde falham os antigos equilíbrios, onde se exige que o agente humano aja ousadamente a fim de envolver Javé em um drama de reabilitação. De fato, naquele momento da fissura, assim sugere Israel, todo o futuro depende da prontidão dos agentes humanos em agir ousadamente para com Javé.

Quanto ao problema da culpa, o Salmo 103 afirma:

> Não repreende perpetuamente,
> nem conserva para sempre a sua ira.
> Não nos trata segundo os nossos pecados,
> nem nos retribui consoante as nossas iniquidades.
> Pois quanto o céu se alteia acima da terra,
> assim é grande a sua misericórdia para com os que o temem.
> Quanto dista o Oriente do Ocidente,
> assim afasta de nós as nossas transgressões.
> Como um pai se compadece de seus filhos,
> assim o Senhor se compadece dos que o temem.
> Pois ele conhece a nossa estrutura
> e sabe que somos pó. (v. 9-14)

O orador não chafurda em uma consciência culpada, nem apela a algo como o pecado original. O orador simplesmente sabe que o pecado é uma realidade que perturba a vida, de modo que o agente humano fica alienado do Santo e indefeso diante dessa alienação. Após introduzir o tópico da culpa pela transgressão, o Salmo não fala mais da realidade da criatura humana, exceto como recipiente das ações de Javé. A realidade do pecado humano exige que Israel testemunhe sobre Javé. Diz-se aqui que Javé tem uma ira concreta quanto ao pecado (v. 9), mas é uma ira que tem limites. A realidade predominante de Javé, no que se refere à culpa humana, é que ele se caracteriza pela misericórdia (vs. 8,11) e compaixão (vs. 8,13). Javé cancela o poder e a importância do pecado e, com a suavidade de um pai, aceita a fragilidade da vida humana (vs. 13-14). Sem dúvida, o objeto dessa disposição de Javé não é qualquer agente humano, mas aqueles que o aceitam ativa e seriamente como parceiro – ou seja, aqueles que "o temem" (vs. 11,13). O extremo humano da culpa é cancelado por um Deus que, em mutualidade, tem compaixão, mas que é totalmente incomensurável ao superar e cancelar essa realidade humana.

A segunda grande crise humana, a mortalidade, é tratada de modo similar no Salmo:

> Quanto ao homem, os seus dias são como a relva;
> como a flor do campo, assim ele floresce;
> pois, soprando nela o vento, desaparece;
> e não conhecerá, daí em diante, o seu lugar.
> Mas a misericórdia do Senhor
> é de eternidade a eternidade, sobre os que o temem,
> e a sua justiça, sobre os filhos dos filhos,
> para com os que guardam a sua aliança
> e para com os que se lembram dos seus preceitos e os cumprem. (vs. 15-18)

No centro desses versículos se encontra outra afirmação da *hesed* de Javé (v. 17). Mais uma vez, certamente essa oferta de fidelidade é outorgada àqueles que temem, obedecem e guardam a aliança.

Em ambos os casos, que caracterizam todas as pessoas, o dado teológico que importa não é algo sobre as pessoas, mas uma declaração sobre o parceiro dessas pessoas, o qual supera o risco e o perigo tanto da culpa quanto da mortalidade. Observe que, nessa articulação, quase não há explicações ou especulações sobre a razão dessa realidade de Javé ser assim. Tudo depende desse relacionamento com aquele que é totalmente confiável. Ele é a verdade primordial sobre a natureza humana.

### *O livro de Jó*

O segundo texto que mencionamos em nosso comentário final sobre a natureza humana é o livro de Jó. Embora o livro de Jó, em sua apresentação canônica, seja sem dúvida um documento israelita que pertence à fé israelita, ele claramente pretende meditar sobre as aflições humanas. Muitos eruditos hoje concordam que se deve considerar as três partes do livro – a introdução em prosa (capítulos 1-2), a poesia no centro (3,1; 42,6) e a conclusão em prosa (42,7-17) – como um todo dramático e artístico.[75] Esta pode ser a reflexão mais completa e consciente do Antigo Testamento sobre a natureza humana.

As três partes do livro, tal como se apresenta canonicamente, proporcionam um esquema para o drama da vida humana com Javé, drama que começa em equilíbrio abençoado (capítulos 1-2), passa por um encontro polêmico (3,1-;42,6) e culmina em restauração e afirmação (42,7-17). Essa sequência reflete habilmente a sequência de orientação/desorientação/reorientação que sugeri para os Salmos há algum tempo, uma sequência que foca no termo médio da desorientação.[76] Também pode se sugerir que o drama todo do livro de Jó se correlaciona aproximadamente com o esquema da natureza humana que sugeri acima:

* Equilíbrio abençoado: obediência, discernimento, confiança

* Perturbação: lamento, petição, ação de graças

* Restauração: louvor, esperança

Sugiro três questões de interesse para o nosso tópico:

**Um drama aberto com Javé como personagem principal**. Nem a prosa mais explicitamente javista no início e no fim nem o centro implicitamente javista pode anular o outro elemento. É tradicional no pensamento popular deixar o "paciente" Jó silenciar o impaciente, enquanto que nos estudos críticos se valoriza o Jó que protesta à custa daquele que se sujeita. Porém, nesse drama pleno do ser humano, cada elemento está no lugar adequado e é crucial ao todo. Se transcendermos as distinções literárias e as da crítica das formas, podemos dizer que teologicamente Jó alcança uma "segunda ingenuidade", na qual ele não nega nada; contudo, na admissão

Capítulo XV

---

[75] Estudos recentes, como os comentários de NORMAN HABEL, *The Book of Job: A Commentary* (OTL; Filadélfia: Westminster, 1985); DAVID J. A. CLINES, *Job 1-20* (WBC; Waco: Word Books, 1989); e J. GERALD JANZEN, *Job* (Interpretation; Atlanta: John Knox, 1985), tentam perceber o livro como um todo e suas várias partes como elementos de uma intenção artística mais ampla. Isso representa um desvio importante da antiga análise crítica que dissecava o livro.

[76] WALTER BRUEGGEMANN, "Psalms and the Life of Faith: A Suggested Typology of Function", *The Psalms and the Life of Faith*, pp. 3-32.

de seus problemas, ele continua em uma transação com Javé que não se resolve completamente nem está livre de dores, mas é a condição crucial de sua vida.[77] Essa vida humana, como modelada por Jó, nunca alcança a estagnação; é um processo dramático que permanece sempre aberto. Porém, esse processo dramático aberto credita plenamente a Javé como personagem principal, quer presente ou ausente; ele é a realidade prioritária e modeladora da existência de Jó. Uma vida humana plena e fiel exige um envolvimento contínuo nesse drama aberto com esse personagem, Javé.[78]

**O Satanás periférico**. O papel de Satanás é marginal ao drama do livro, mas Satanás está ali, como a serpente está em Gênesis 3. Não se afirma muita coisa sobre Satanás no livro de Jó. No entanto, sugiro que o personagem de Satanás constitui (pelo menos no testemunho de Israel) uma declaração de que as questões da vida humana são mais inescrutáveis e sinistras do que o permite o moralismo simples, seja sapiencial ou vinculado à aliança. Há algo amplo e externo operando no mundo que é antagônico à vida humana.[79]

Em todo caso, o que interessa para a prática humana aqui é que Javé governa e finalmente prevalece sobre essa força sinistra e a dispensa. Seja o que for que milita contra a vida humana viável, assim sugere o texto, isso está sujeito à vontade e propósito de Javé. Portanto, Jó não apenas não tem conhecimento de Satanás, ele também não tem ocasião para dispender energia com esse personagem. Ele precisa apenas lidar com Javé; nele seu destino está profundamente entranhado.

**Jó como contraponto a Abraão**. Podemos finalmente considerar Jó como um contraponto ao modelo de fé de Israel, Abraão. Seria possível, junto com ERNST BLOCH, justapor Jó e Moisés;[80] ou, como faz Ezequiel

---

[77] Quanto ao termo de PAUL RICOEUR, "segunda ingenuidade", veja MARK I. WALLACE, *The Second Naiveté: BARTH, RICOEUR, and the New Yale Theology* (StABH 6; Macon: Mercer University, 1990). Quanto ao livro de Jó em relação a modelos para a fé e a vida, veja WALTER BRUEGGEMANN, "The Third World of Evangelical Imagination", *Interpretation and Obedience*, pp. 9-27. A interação de Jó com Deus "não é completamente resolvida e não está livre de dores", e nunca poderá ser, porque os filhos de Jó permanecem perdidos (cf. 1,18-19; 42,13-16).

[78] O personagem Jó pode ser testado com as oito características da natureza humana que consideramos acima, p. 643.

[79] PAUL RICOEUR, *The Symbolism of Evil* (Boston: Beacon, 1969), pp. 252-260.

[80] ERNST BLOCH, *Atheism in Christianity: The Religion of the Exodus and the Kingdom* (Nova York: Herder and Herder, 1972), pp. 84-122.

14,14,20, enquadrar Jó com Noé e Daniel. Tomo Abraão como seu contraponto, contudo, porque Abraão é a pessoa mais importante da fé, o qual vive completamente dentro da interpretação narrativa de Israel sobre a realidade.[81] Abraão evidencia em Gênesis 22 sua fé incondicional em Javé; e em 17,1 é convocado à integridade ("perfeito", *tamîm*). Como Abraão, Jó é "irrepreensível", um homem de fé incondicional (Jó 1,21). Os dois são parecidos. E, todavia, são bem diferentes, pois Jó é um homem maduro que não se sujeita cegamente. De fato, Jó é um humano tão exemplar que não ficamos bem à vontade ao enquadrá-lo na narrativa de fé aliançada de Israel. Assim, ele permanece à certa distância da figura simples de Abraão. No entanto, como percebe Jon Levenson, seguindo os rabinos, Abraão em Gênesis 18 também se revela em uma posição contrária a Javé e disposto a levar avante uma disputa arriscada com ele, precisamente como um homem de fé.[82]

Dessa forma, o polêmico Jó é um homem de fé; e Abraão, um homem de fé, é capaz de uma disputa intensa com Javé. Proponho que a interpretação popular modela as duas figuras de modo muito simplista. Um estudo mais detalhado evidencia que ambas as pessoas de fé são capazes de se submeter em obediência. E ambas, ocasionalmente e quando apropriado, praticam a fé como uma insistência contrária diante de Javé. Abraão, no fim das contas, não é apenas um bom israelita, mas uma pessoa profundamente humana. Jó, fica evidente, não é no fim apenas um homem, mas um homem de fé. Ambos vivem plenamente na presença de Javé. Porém, sem qualquer embaraço, ambos sabem o que fazer em situações extremas.

Não há dúvidas de que Javé se relaciona com o ser humano como alguém livre e soberano. O ser humano é criado a partir da grande generosidade de Javé, e talvez a partir do seu desejo. Ele se situa em meio à soberania de Javé e recebem ordens para viver nos termos de Javé. Quando esses termos são violados, surgem problemas. O mundo das pessoas, em suas vidas com Javé, é um sistema moral razoavelmente rígido. O impressionante é que, em meio às sanções que Javé pronuncia, diante da culpa e da mortalidade, diante de ambas as situações em que as pessoas estão

Capítulo XV

---

[81] Veja especialmente a interpretação de Abraão como "o cavaleiro da fé" por Søren Kierkegaard, *Fear and Trembling, Repetition* (Princeton: Princeton University, 1983), pp. 9-23.

[82] Jon D. Levenson, *Creation and the Persistence of Evil: The Jewish Drama of Divine Omnipotence* (São Francisco: Harper and Row, 1988), pp. 149-156.

indefesas, Javé se revela atencioso. Cheio de misericórdia e compaixão, Javé é como um pai que se compadece, como uma mãe que toma conta. De fato, Javé se volta para as pessoas quando estão na cova, desejando e capacitando-as à novidade. É uma convicção central de Israel que as pessoas na cova podem se voltar a este que é poderosamente soberano, e elas encontrarão esse soberano apaixonadamente atento. Esta é a esperança da humanidade e, no fim, sua alegria.

Capítulo
XV

## Capítulo Dezesseis

### 16. As nações como parceiras de Javé

Não há dúvida de que no seu testemunho espontâneo, o próprio Israel se apresenta como o parceiro preferido e privilegiado de Javé. Israel está infinitamente fascinado e perplexo com seu próprio papel frente à soberania e à fidelidade de Javé. Além disso, vimos que, como um segundo parceiro de Javé, a pessoa humana se caracteriza nesse testemunho apenas por derivação e extrapolação do personagem de Israel, de forma que, por reiteração e replicação, as pessoas são e fazem o que Israel é e faz. Como Israel, as pessoas são formadas em amor e convocadas à obediência. Como Israel, as pessoas enfrentam juízo como resultado da desobediência, passam por problemas, e precisam tomar iniciativas para sair desses problemas. Como Israel, as pessoas estão abertas para uma nova vida de obediência, louvor e esperança, ultrapassando seus problemas. O segundo parceiro vive sempre como reflexão do primeiro parceiro, Israel.

Quando abordamos um terceiro parceiro, a mesma conexão com Israel permanece. Esse terceiro parceiro se conecta com Javé pela liberdade e paixão dele, e se acha como objeto direto das sentenças características dele com verbos transformativos. Israel não vive sua vida ou pratica sua fé em um vácuo sociopolítico. Do início ao fim, Israel vive entre nações que, de modos variados, afetam decisivamente sua vida. Por um lado, Israel precisa desenvolver seu relacionamento com as nações, algo que não é óbvio à luz da identidade teológica peculiar de Israel. Por outro lado, Israel precisa articular como as nações se relacionam com Javé, um relacionamento que em parte é mediado por Israel e em parte ocorre de modo independente dele. A tensão entre "por Israel" e "independente de Israel", como veremos, é uma questão complicada e que, reconhecidamente, não é de articulação óbvia ou simples. É verdade que o Antigo Testamento se preocupa de modo pervasivo com Israel. Portanto, é uma surpresa notar como é rico o material no qual esse testemunho espontâneo se dispõe e é capaz de abrir seus horizontes para além de Israel, para o escopo mais amplo da liberdade e da paixão de Javé.

### O amplo horizonte do governo de Javé

Podemos começar nosso estudo desse parceiro de Javé refletindo sobre uma afirmação característica e central da liturgia de Jerusalém. É uma liturgia na qual Israel testemunha às nações sobre Javé: "Dizei entre as nações: Reina o Senhor" (Sl 96,10). O propósito da liturgia, refletida no Salmo 96, é *declarar e promulgar o governo legítimo de Javé* sobre as nações e os povos do mundo (v. 10), e sobre os "deuses dos povos" (v. 5). Essa exclamação litúrgica declara a reivindicação primária desse testemunho espontâneo: que Javé possui autoridade soberana sobre todas as nações e que todas as nações devem aceitar esse governo, o qual se caracteriza por equidade (v. 10), justiça e fidelidade (v. 13). Essa declaração, criticamente, é uma rejeição de toda lealdade que as outras nações possam ter para com quaisquer outros deuses e uma rejeição de toda autonomia imaginária da parte de qualquer poder político. Positivamente, a declaração prontamente submete as nações às demandas e sanções da vontade de Javé por justiça.

A retórica do Salmo 96,10 nos é tão familiar que podemos deixar de perceber seu caráter arrebatador e notável. Em um rápido discurso litúrgico, a instituição dinástica do templo em Jerusalém acaba com todas as demais reivindicações de legitimidade e inclui todos os demais poderes terrenos sob o governo teológico deles.

O lugar dessa declaração é o templo de Jerusalém, o que significa que a reivindicação javista é obscurecida pelos interesses da instituição davídica-salomônica. Ou seja, a reivindicação javista, certamente de intenção teológica, nunca é completamente livre de interesses socioeconômicos, políticos e militares. Como testemunha, Israel não se isenta de prestar testemunho que serve a seus próprios interesses e reputação. Dessa forma, nosso tema de "nações" nunca escapa completamente dessa dimensão ideológica, embora, como veremos, o testemunho inclua movimentos críticos significativos e autoconscientes contra aqueles interesses ideológicos.

O reconhecimento de um elemento ideológico na declaração do Salmo 96,10 não descarta nem deslegitima a reivindicação teológica que é feita aqui. O fato de simplesmente reconhecermos esses interesses não significa que a reivindicação da soberania de Javé se reduz ou se iguala aos interesses israelitas. Pois, apesar de tudo, esse é um Deus que está comprometido com justiça e santidade que não são coextensivas com os interesses políticos de Israel. Além disso, no processo de solucionar esse dilema, Israel toma importantes providências que vão além de seus interesses particulares.

As nações são sujeitas à soberania de Javé, e este se relaciona com elas em liberdade e paixão. A declaração litúrgica do Salmo 96,10, mencionada no v. 2 como "salvação" (*bsr*), recebe uma articulação narrativa mais completa em Gênesis 9,8; 11,30. Reunidos de tipos diferentes de materiais em tradições diferentes, esses elementos diferentes de narrativa e genealogia testemunham sobre a reivindicação de que, após o dilúvio, Javé governa as nações. As genealogias das nações contemplam uma justaposição do universalismo (ou, melhor dito, internacionalismo) e do particularismo de Israel que impregna esse material.¹ Nesse material que estabelece horizontes, podemos identificar os seguintes temas.

### Temas na genealogia de Gênesis

Primeiro, Javé faz uma "aliança eterna" com Noé e seus descendentes, com "todos os animais da terra", com toda a criação. A soberania de Javé sobre a criação se apresenta em uma linguagem de fidelidade e promessa (Gn 9,8-17). O mundo inteiro da criação está em aliança com Javé.²

Segundo, Noé e seus filhos são os progenitores de toda a criação, de forma que a aliança noaica se aplica a todas as nações. Essa declaração inicia reiterando a promessa pronunciada sobre a criação (Gn 1,28), agora reafirmada à família de Noé (Gn 9,1,7). A comunidade humana é colocada sob o poder da bênção generosa de Javé.³ Deseja-se que todas as nações descendentes sejam beneficiárias fecundas e produtivas da vida proposta por Javé, tal como se evidencia no caráter pleno de bênção da criação.

Terceiro, toda a humanidade deriva dessa família. Assim, o horizonte foca em Noé e seus filhos (9,1,18-28). Na próxima extrapolação, os filhos são transformados em nações (Gn 10,1-32). Dessas, a família de Sem se torna o ponto focal, de forma que a família da humanidade é inexoravelmente delineada na direção de Israel (Gn 11,10-29). Por essa rota, todas as nações estão unidas, todas vivem sob a aliança de Javé que lhes dá vida, e todas são recipientes da bênção de Javé para a vida.

Quarto, as nações ficam inquietas com sua situação como súditas de Javé e recipientes dos dons de Javé (Gn 11,1-9). Elas desejam autonomia (v. 4). Rejeitam seu status de súditos aliançados e comprometidos com Javé e abençoados por ele. Como consequência disto, as nações – que antes eram autorizadas por Javé – agora estão "espalhadas" (*pûṣ*) e a coerência e unidade da humanidade estão irreversivelmente violadas

---

[1] Quanto à estrutura e função das genealogias, veja PELO, *The Purpose of Biblical Genealogies with Special Reference to the Settings of the Genealogies of Jesus* (Cambridge: Cambridge University, 1969); e ROBERT R. WILSON, *Genealogy and History in the Biblical World* (New Haven: Yale University, 1977).

[2] Quanto ao papel crucial da aliança noaica para a área da teologia bíblica, veja PATRICK D. MILLER, "Creation and Covenant", em *Biblical Theology: Problems and Perspectives* (org. por STEVEN J. KRAFTCHICK et al.; Nashville: Abingdon, 1995), pp. 155-168.

[3] A exceção importante nessa perícope se refere aos vs. 25-27 e à maldição de Canaã.

(v. 8).⁴ As nações são forçadas a se submeter à "dispersão", um deslocamento arriscado; assim como a pior negação de Israel é a dispersão da qual ele está sempre sendo reunido.⁵ No processo dessa recalcitrância, o estado abençoado da família da humanidade se transformou em uma circunstância de vexação, alienação e risco. Na medida em que a trilha da humanidade na família de Noé se torna cada vez mais específica, o risco da comunidade humana culmina em Gênesis 11,30: "Sarai era estéril...". Até esse momento, não identificamos Sarai e Abrão como uma família especial de bênção. Aqui os conhecemos apenas como a suprema família do fracasso, na qual a promessa primordial de fecundidade, já pronunciada sobre a criação, se tornou nula na esterilidade.

De uma perspectiva crítica, esse retrato da humanidade em Gênesis 9-11 é extremamente difícil. Porém, como um dado teológico, o arranjo dos textos anuncia os temas principais que se referem às nações como parceiras de Javé. Os temas são completamente ressonantes com a proclamação litúrgica do Salmo 96,10:

* Javé reina, e por isso as nações têm uma promessa.

* Javé reina, e por isso as nações são abençoadas.

* Javé reina, e por isso as nações vivem em aliança sob um governo.

* Javé reina, e por isso as nações recalcitrantes são dispersas.

Até Gênesis 11,29, o relato das nações fica profundamente sem resolução, de fato, assim como ocorre no mundo. Esse retrato habilidoso das nações afirma tanto a soberania prazerosa de Javé sobre elas como o caráter problemático desse relacionamento – um relacionamento que dá vida às nações, mas de uma forma que elas caracteristicamente recusam. O testemunho espontâneo de Israel posterga algumas questões a uma investigação mais concreta: As nações dispersas terão futuro? A vontade soberana e livre de Javé pode se tornar uma paixão restauradora, como foi para Israel? Esse panorama, apresentado no início do testemunho de Israel,

---

⁴ É uma posição de consenso entender a "dispersão" como maldição. Veja BERNHARD W. ANDERSON, "The Tower of Babel: Unity and Diversity in God's Creation", em *From Creation to New Creation* (OBT; Mineápolis: Fortress, 1994), pp. 165-178, para uma interpretação alternativa que sugere que a dispersão também é algo positivo.

⁵ Usa-se o mesmo verbo para Israel e para as nações. Quanto a esse termo em relação a Israel, veja as pp. 572-580 [seção "Israel recalcitrante e disperso" no capítulo 14].

propõe as questões. As respostas só podem ser dadas de forma concreta e em casos particulares.

### As nações frente a Israel

As nações são um foco apropriado para a atenção de Javé. Além disso, de acordo com a justaposição de Gênesis 9-11 e 12,1-3, as nações estão com Javé e sob a soberania dele, mesmo antes da existência de Israel. Porém, Israel descreve o assunto, em um primeiro momento, sempre visando manter as nações ao seu alcance. Dessa forma, nossa primeira exploração das nações como parceiras de Javé irá considerar *o destino delas* ao *precisarem abrir caminho em um testemunho orientado para Israel*, um testemunho que interpreta tudo como se o ponto primário de interesse fosse Israel. Ou seja, "nações como parceiras" é antes de tudo uma função do escândalo da particularidade de Israel, da sua preocupação consigo mesmo, e da sua ideologia em causa própria que se apresenta como testemunho. De acordo com esse testemunho espontâneo, as nações precisam abrir caminho em um mundo em que Israel tem status preferencial com Javé.

### *Os Salmos de entronização na ideologia de Israel*

Podemos considerar o Salmo 2 como um ponto de entrada nessa leitura das nações que é mais ou menos conforme a ideologia de Israel.[6] Investigamos o Salmo 96, um dos "Salmos de entronização", como nosso ponto inicial para esse tópico. Esses Salmos de entronização (Sl 47; 93; 96-99) se referem à realeza e ao governo de Javé, e Israel não aparece explicitamente no horizonte do Salmo 96 (mas veja 97,8; 99,6-7). Contudo, os Salmos de entronização que exaltam a Javé são companhia perfeita, no saltério, aos "Salmos reais" que se ocupam da casa real, e assim concentram a soberania de Javé na hegemonia israelita-davídica.[7] Como exemplo característico, o Salmo 2 se coloca na abertura do saltério junto com o Salmo 1, de forma a estabelecer a hegemonia davídica na imaginação litúrgica de Israel, ao lado da obediência à Torá, como uma ênfase teológica central

---

[6] Para uma leitura desse Salmo que foca em sua ideologia aparente, veja DAVID J. A. CLINES, "Psalm 2 and the MLF (Moabite Liberation Front)", em *Interested Parties: The Ideology of Writers and Readers of the Hebrew Bible* (JSOTSup 205; Sheffield: Sheffield Academic, 1995), pp. 244-725.

[7] Quanto aos Salmos reais, veja o breve estudo, antigo mas confiável, de KEITH R. CRIM, *The Royal Psalms* (Richmond: John Knox, 1962); e HANS-JOACHIM KRAUS, *The Theology of the Psalms* (1986; Mineápolis: Fortress, 1992), pp. 107-123.

na piedade israelita.⁸ O Salmo 2 afirma vigorosamente o governo de Javé e rejeita a tentativa das nações de se livrarem do governo dele (como em Gn 11,1-9):

> Por que se enfurecem os gentios
> e os povos imaginam coisas vãs?
> Os reis da terra se levantam,
> e os príncipes conspiram
> contra o Senhor e contra o seu Ungido, dizendo:
> Rompamos os seus laços
> e sacudamos de nós as suas algemas.
> Ri-se aquele que habita nos céus;
> o Senhor zomba deles.
> Na sua ira, a seu tempo, lhes há de falar
> e no seu furor os confundirá. (Sl 2,2-5)

Nessa declaração altiva, fica claro no v. 2 ("o seu Ungido") e nos vs. 6-7 que o governo de Javé sobre as nações ocorre por meio de Davi e da monarquia de Jerusalém. Davi é ao mesmo tempo uma encarnação do privilégio israelita no mundo e um meio político concreto pelo qual Javé governa sobre a terra. Os temas gêmeos do governo de Javé e da prioridade de Davi se unem habilmente ao nosso tópico das nações frente à reivindicação de Israel, uma reivindicação que resiste à noção de que as nações são de fato parceiras de Javé.

### Destruição violenta de nações

Nessa conexão entre as nações e Israel, há no núcleo da autocompreensão ideológica de Israel uma profunda reivindicação de que Javé pretende desalojar e destruir as "sete nações", para abrir espaço para Israel na "terra da promessa".⁹ Assim, um aspecto das "nações como parceiras" é a insistência violenta de que as nações não são levadas em conta quando Javé distribui presentes a Israel.¹⁰ Esse modo de pensar se encontra nas de-

---

⁸ Quanto à relação entre os Salmos 1 e 2, veja PATRICK D. MILLER, *Interpreting the Psalms* (Filadélfia: Fortress, 1986), pp. 87-93; MILLER, "The Beginning of the Psalter", em *The Shape and Shaping of the Psalter* (org. por J. CLINTON MCCANN; JSOT-Sup 159; Sheffield: Sheffield Academic, 1993), pp. 83-92; e as discussões por DAVID M. HOWARD, Jr. e GERALD H. NELSON no último volume.

⁹ As "sete nações" são um símbolo ideológico que se refere àqueles que resistem ou impedem as intenções de Javé para com Israel, e que, portanto, precisam ser destruídos. Não é possível identificar as sete nações, nem uma época em que possa ter havido sete de tais nações juntas.

¹⁰ JON D. LEVENSON, "Is There a Counterpart in the Hebrew Bible to New Testament

clarações mais combativas acerca da preferência de Israel, as quais – não é de se estranhar – se acham nas tradições do Deuteronômio:

> Quando o Senhor, teu Deus, te introduzir na terra a qual passas a possuir, e tiver lançado muitas nações de diante de ti, os heteus, e os girgaseus, e os amorreus, e os cananeus, e os ferezeus, e os heveus, e os jebuseus, sete nações mais numerosas e mais poderosas do que tu; e o Senhor, teu Deus, as tiver dado diante de ti, para as ferir, totalmente as destruirás; não farás com elas aliança, nem terás piedade delas; nem contrairás matrimônio com os filhos dessas nações; não darás tuas filhas a seus filhos, nem tomarás suas filhas para teus filhos; pois elas fariam desviar teus filhos de mim, para que servissem a outros deuses. (Dt 7,1-4a)

> Quando o Senhor, teu Deus, eliminar de diante de ti as nações, para as quais vais para possuí-las, e as desapossares e habitares na sua terra, guarda-te, não te enlaces com imitá-las, após terem sido destruídas diante de ti; e que não indagues acerca dos seus deuses, dizendo: Assim como serviram estas nações aos seus deuses, do mesmo modo também farei eu. (Dt 12,29-30; cf. Dt 4,38; 7,22; 8,20; 11,23)

Essa é uma apresentação extremamente dura das nações, visando o interesse de Israel. Podemos dizer que essa apresentação é ideológica, porque é provável que "as sete nações" sejam um construto teológico sem qualquer base histórica, e porque nesse caso a soberania de Javé é retratada de modo direto e flagrante como a serviço da agenda política de Israel. As "sete nações" são descritas como pretendentes rivais à terra, e por isso a destruição delas serve negativamente para estabelecer a legitimidade da reivindicação de Israel à terra.[11]

Essa capacidade e desejo de colocar as sete nações sob a rubrica de extermínio se conecta a uma agenda maior acerca da terra. Ela coloca no centro de nosso tópico um endosso explícito da violência, a qual por necessidade se situa enfim na vontade e propósito do próprio Javé. Essas nações estão no horizonte da narrativa apenas porque são um impedimento para Israel, um impedimento do qual Javé se livrará, assim declara o testemunho. Esse ingrediente extremo em nosso tópico geral chega à sua

---

Anti-Semitism", *Journal of Ecumenical Studies* 22 (1985), pp. 242-260, apresenta a convincente sugestão de que, tal como os cristãos suplantaram avidamente os judeus no uso da Bíblia Hebraica, assim também no Antigo Testamento os israelitas praticam o mesmo tipo de supressão das nações que os precederam na terra.

[11] Essa antítese é verdadeira em qualquer das teorias disponíveis da "conquista" de Israel. O sentido preciso da expressão varia com as diferentes teorias de conquista.

expressão mais estridente na noção de *ḥerem*, a autorização para destruir as nações em "devoção" a Javé, e na fixação estranha e problemática da tradição sobre os amalequitas serem o inimigo paradigmático e fundamental de Israel (cf. Êx 17,8-16; Dt 25,17-19; 1Sm 15,18-21).[12]

### Bênção às nações

Essa negação vigorosa das "sete nações" se encontra especialmente nas tradições de Moisés e Josué e nos materiais deuteronômicos que são agressivamente exclusivistas (cf. Dt 23,2-8).[13] O notável contraponto a essa dureza, ainda tendo Israel como foco, é o programa da narrativa ancestral de Gênesis 12-36, em que Israel é aquele que abençoa as nações malditas (cf. 12,3; 18,18; 22,18; 26,4; 28,13).[14] HANS WALTER WOLFF, seguido de um grande número de eruditos, destaca que a convocação e o mandato de Abraão (e Sara) em Gênesis 12,1-3 são estabelecidos como antídoto para o triste estado das nações em Gênesis 3-11.[15] Assim, as nações estão sob maldição (cf. Gn 3,14-19; 4,11-12; 9,25), e agora Israel é apresentado como o agente e instrumento de Javé no mundo para trazer

---

[12] Quanto ao significado e função da noção de *ḥerem* no Israel antigo, veja SUSAN Niditch, *War in the Hebrew Bible: A Study in the Ethics of Violence* (Nova York: Oxford University, 1993), pp. 28-77. Deve-se notar de modo especial que, em 1Sm 15, espera-se que, nos termos da narrativa, Saul implemente o *ḥerem* contra os amalequitas, mas em 1Sm 30 Davi não o executa, nem a prática se apresenta no horizonte daquele narrador. Sobre essa distinção nas expectativas quanto a Saul e Davi, veja acima as pp. 488-489 [seção "Javé é confiável?", no capítulo 10].

[13] Deve-se levar em conta Is 56,3-8 com sua declaração inclusiva que, de forma extraordinária, revoga a provisão da Torá em Dt 23,2-8. Veja HERBERT DONNER, "Jesaja LVI 1-7: Ein Abrogationsfalls innerhalb des Kanons – Implikationen und Konsequenzen", em *Congress Volume: Salamanca, 1983* (org. J. A. EMERTON; VTSup 36; Leiden: E. J. Brill, 1985), pp. 81-95.

[14] O papel de Israel como aquele que abençoa as nações aparece sob a rubrica das promessas de Javé. Veja a seção "Narrativas ancestrais de promessa", no capítulo 4. CLAUS WESTERMANN, "The Way of Promise in the Old Testament", em *The Old Testament and Christian Faith* (org. BERNHARD W. ANDERSON; Nova York: Harper and Row, 1964), pp. 200-224, explorou o modo em que os temas de bênção e promessa estão conectados nos textos de Gênesis.

[15] HANS WALTER WOLFF, "The Kerygma of the Yahwist", *Int* 20 (1966), pp. 131-158. Veja também GERHARD VON RAD, "The Form-Critical Problem of the Hexateuch", em *The Problem of the Hexateuch and Other Essays* (Nova York: McGraw-Hill, 1966), p. 65 e *passim*; e CLAUS WESTERMANN, *Genesis 12-36: A Commentary* (Mineápolis: Augsburg, 1986), p. 146 e *passim*.

bênção ao mundo da maldição. Como já indicamos, essa série de textos é o mais perto que Israel chega de uma "teologia de missão", na qual Israel tem a vocação de transformação diante das nações.[16]

A narrativa de Gênesis 12-36 (e, por extensão, Gn 37-50) ainda foca no status especial de Israel. Mas aqui, em contraste com as tradições de Moisés, Josué e Deuteronômio, as nações surgem proeminentemente no horizonte, são consideradas legítimas e são tratadas positivamente. Assim, concede-se dignidade e espaço dentro da narrativa aos "irmãos rejeitados", Ismael (25,9) e Esaú (35,29). Embora não diminuam nada da posição especial de Israel, as narrativas de Gênesis ficam fora da órbita da ideologia mosaica e não apresentam nada de exclusivismo agressivo.[17] A "vocação de transformação" ainda é apresentada como uma realidade completamente israelita, mas agora a vocação de Israel ocorre regularmente na presença de outros povos, e frequentemente em seu benefício – as nações caracteristicamente lucram com a presença de Israel entre elas. Nessas narrativas, a conexão de Israel com as nações é positiva, afirmativa e intencional, de modo diferente das tradições derivadas de Moisés.

Dessa forma, ambas as tradições, a ancestral e a da aliança mosaica, tratam as nações como incidentais à vida e ao destino de Israel e não como importantes em si mesmas. Porém, essas tradições o fazem de modo bem diferente. Esses dois grupos de textos estabelecem os limites exteriores das nações diante de Israel: por um lado, como um impedimento a ser elimina-

---

[16] Sobre uma teologia de missões para com as nações, que aborda Êx 19,5-6, o tema da bênção em Gênesis e Is 42,6-7 e 49,6-9, veja as pp. 568-572 [seção "O papel de Israel no mundo", no capítulo 14]. Em um estudo minucioso da forma e da estrutura gramatical de Gn 12,1-3, PATRICK D. MILLER, "Syntax and Theology in Genesis xii 3a", *VT* 34 (1984), pp. 472-745, demonstra que o propósito final da saída de Abraão por ordem de Javé é para que as nações sejam abençoadas. MILLER mostra, além disso, que a declaração sobre maldição não é simétrica à declaração da bênção e não é parte do propósito da jornada.

[17] Não há dúvida de que Gênesis provê uma alternativa para uma ideologia dura e dominante. Entretanto, é ainda mais importante o fato de que essa alternativa mais generosa se evidencia não apenas no Gênesis, mas também no Deuteronômio – ou seja, no coração da ideologia dura. Reconhece-se que Edom se deriva de "Esaú, teu irmão" tanto em narrativas (Dt 2,1-8) quanto em ordens (Dt 23,7-8). Moabe e Amom, parentes de Israel por meio de Ló, também recebem um tratamento mais generoso (Dt 2,8-25), embora não sem negatividade (Dt 23,3-6). Em todo caso, fica claro que, mesmo no Deuteronômio, surge no horizonte de Israel algo mais do que um repúdio direto e violento das nações.

do de acordo com a vontade de Javé; por outro lado, como povos a serem abençoados e aprimorados de acordo com o mandato de Javé.

### As nações aderem em louvor e obediência

Essas duas tradições, que tratam dos modos em que Israel deve se relacionar com as nações, continuam disponíveis na existência de Israel, seja para uso construtivo ("bênção") ou destrutivo ("eliminação"). Sem minimizar por um instante a importância da tradição negativa da destruição legitimada das nações, há também evidências de que, ao manter as nações em seu horizonte, Israel imagina que elas podem aderir voluntariamente ao culto de Javé, tornando-se parte da sua comunidade de louvor e obediência. Esse relato da abertura da generosidade de Israel para com os não israelitas a apresenta como generosidade que se fundamenta no seu discernimento da abertura de Javé. Deve-se dizer, contudo, que essa ênfase no louvor e na obediência permanece dentro da órbita e das categorias da própria vida de Israel com Javé. Assim, há uma insinuação ideológica e em causa própria de que se permite que as nações se conectem com Javé, mas apenas nos termos de Israel.

Todavia, o serviço ideológico em causa própria de Israel não é forte nessa ênfase. Afinal, mesmo desconsiderando Israel, o louvor e a obediência são de fato os caminhos para se abordar a soberania de Javé. Em louvor e obediência, as nações devem fazer aquilo que Israel faz diante de Javé. Porém, elas o farão de forma autônoma, não como Israel ou como um adendo a Israel.

As nações são convocadas a louvar a Javé, em um ato de autoabandono lírico, de forma que a soberania de Javé é reconhecida e alegremente aceita. No Salmo 86,9-10, antecipa-se que as nações se unirão em louvor a Javé:

> Todas as nações que fizeste
> virão, prostrar-se-ão diante de ti, Senhor,
> e glorificarão o teu nome.
> Pois tu és grande e operas maravilhas;
> só tu és Deus!

Essa antecipação se encontra no contexto de uma declaração da incomparabilidade de Javé, que todas as nações devem reconhecer mais cedo ou mais tarde. A base desse reconhecimento é que Javé opera "maravilhas" (*npl'ôth*) que atrairão as nações a louvar alegremente, como Israel. No Salmo 117, a antecipação é transformada em convocação:

> Louvai ao Senhor, vós todos os gentios,
> louvai-o, todos os povos.

Porque mui grande é a sua misericórdia para conosco,
e a fidelidade do Senhor subsiste para sempre.
Aleluia!

As nações são convidadas a se unir a Israel em louvor (e se espera que o façam). A base para esse louvor não é diferente da do Salmo 86,9-10, agora apenas se especificam um pouco mais as "maravilhas". São ações marcadas pelos adjetivos mais característicos de Javé: sua misericórdia e fidelidade. Ao fazer essa convocação às nações, o Israel doxológico faz uma conexão ousada. Podemos assumir que os atos de misericórdia e fidelidade de Javé são compreendidos de forma característica e fundamental como ações feitas a Israel.

No entanto, na percepção de Israel, essas ações características de Javé são tão convincentes e impressionantes que as nações desejarão se unir a Israel em louvor, com base nas ações feitas a Israel. Isto fica muito claro no Salmo 126, em que a confissão das nações sobre Javé (v. 2) é simétrica à confissão do próprio Israel, mas ocorre *antes* dela. As nações são atraídas pelo que veem de Javé na vida de Israel. É possível que as ações de misericórdia e fidelidade feitas a Israel sejam tomadas como modelos das mesmas ações que Javé realiza por outras nações; contudo, isto não está expresso nessa convocação. De fato, se tal extrapolação for permitida, então estamos observando um movimento bem além da reivindicação ideológica autossatisfeita de Israel.

Em um terceiro texto de louvor pelas nações, o Salmo 67, nosso tema recebe sua exposição máxima. O versículo 1 contém palavras bem similares ao conhecido texto de Números 6,24-26, uma bênção convencional pronunciada sobre Israel. Além disso, o versículo 1 é dominado pelo objeto direto "a nós", indicando claramente Israel. O versículo invoca ricas bênçãos sobre "nós". Porém, as bênçãos, graciosidade e presença do v. 1 são instrumentais, servindo apenas como introdução para o v. 2. O motivo de abençoar Israel é para que o "caminho" e a "salvação" (*yš'*) de Javé sejam conhecidos entre as nações. Israel se oferece como um estudo de caso, para que as nações possam conhecer Javé (v. 2) e se unam em "gratidão" (*ydh*) (v. 3, traduzido duas vezes na ARA como "louvem-te"). No v. 4, a linguagem é semelhante à do Salmo 96, referindo-se ao governo de Javé sobre toda a terra, e o v. 5 reitera o v. 3. Nos vs. 6-7, ainda outro passo é dado para longe da especificidade de Israel, agora certamente na retórica da criação, bênção e fecundidade. Assim, o Salmo se move de Israel (v. 1) para as nações (vs. 2-5) e daí para toda a criação (v. 6).

No v. 7, duas leituras são possíveis, dependendo da identidade do termo "nos". Caso se refira novamente a Israel, como no v. 1, então as duas linhas do v. 7 fazem novamente a conexão estranha, mas crucial, entre Israel (linha 1) e "todos os confins da terra" (linha 2). No entanto, é possível que o "nos" do v. 7 não seja o mesmo do v. 1, mas agora tenha sido expandido e redefinido para se referir a toda a criação – "todos os confins da terra". Assim, o v. 7 – que indica as conexões que a doxologia faz – conecta "nos" (Israel) ao louvor da terra, ou mostra o "nos" de Israel indo completamente além de Israel para a esfera maior da alegre soberania de Javé. De qualquer forma, o Salmo prevê que agora a terra toda e todos os seus povos afirmam alegremente a soberania de Javé e recebem dele com gratidão todas as bênçãos de uma criação governada com justiça.

A obediência das nações não é tão clara quanto o louvor. Porém, podemos nos referir especialmente a Isaías 2,2-5 (cf. Mq 4,1-4). Nesse texto antecipatório, o testemunho espontâneo de Israel prevê um momento em que todas as nações virão em procissão a Jerusalém. Ali aprenderão o caminho de Javé, serão julgadas por ele e tomarão decisões que gerem paz. O texto é um ato ousado de imaginação. Por um lado, o foco do processo está em Jerusalém, lugar da residência de Javé. É claro que esse foco em Jerusalém sempre inclui a reivindicação de que Israel é crucial e, mais especificamente, inclui as grandes reivindicações da casa davídica. Nesse sentido, a visão é poderosamente israelita, e não sem uma intenção ideológica específica.

Por outro lado, é importante observar que, nesse oráculo, nada se fala da conexão davídica. O foco está na Torá situada em Jerusalém, para onde as nações virão para instrução:

> Irão muitas nações e dirão: Vinde, e subamos ao monte do Senhor e à casa do Deus de Jacó, para que nos ensine os seus caminhos, e andemos pelas suas veredas; porque de Sião sairá a lei, e a palavra do Senhor, de Jerusalém. (Is 2,3)

Os verbos do v. 3 são *ensinar* (*yrh*) e *andar*, e os substantivos importantes são *Torá* (derivado do verbo *yrh*, traduzido como "lei" na ARA) e *palavra do Senhor*. Jerusalém é o lugar onde se dão indícios concretos para o bem-estar, os quais são as exigências de Javé para uma vida viável. O oráculo opera com a pressuposição de que, sem a Torá de Jerusalém, as nações não têm o conhecimento necessário sobre paz e justiça, por isso devem ir até lá para receber a orientação necessária.[18]

---

[18] Quanto à Torá situada em Jerusalém, veja HARTMUT GESE, *Essays on Biblical*

Duas questões são importantes nessa visão. Primeiro, as nações virão de forma alegre, voluntária e cheia de expectativas. Elas não são coagidas ou convencidas pela força política da casa davídica, mas vêm reconhecendo que esse é o único lugar onde está disponível o caminho para paz e justiça. Segundo, nesse processo de vir alegremente, afirma-se que as nações são sujeitas à Torá de Javé, como Israel. Ou seja, a Torá é tão pertinente às nações quanto é para Israel. Isto deixa claro que as nações precisam lidar com a soberania de Javé. Porém, também deixa claro que a Torá não é propriedade exclusiva de Israel, mesmo situada em Jerusalém. Ela pertence às nações tanto quanto a Israel.[19]

**Javé e as superpotências**

Podemos sugerir agora que, em seu relacionamento com Javé, nem sempre se retrata que as nações têm que lidar com Israel ao mesmo tempo. Aceita-se no testemunho espontâneo de Israel, embora em geral isto não seja articulado, que a soberania de Javé se estenda *diretamente* às nações. Ou seja, sem referência mediadora a Israel, seja como o veículo de bênção às nações ou como o agente de destruição, ou mesmo como o local da Torá. Certamente esses testemunhos não fogem completamente das categorias israelitas, nem se espera que o façam. Porém, há uma consciência marginal no testemunho de Israel de que o relacionamento das nações com Javé é direto de vez em quando, sem depender ou derivar do status e condição de Israel. Isto se aplica particularmente aos oráculos contra as nações, um gênero padrão de discurso profético que se acha presente na maioria das coleções proféticas (cf. Is 13-23; Jr 46-51; Ez 25-32; Am 1-2; Sf 2).[20]

*Oráculos contra as nações*

Esses oráculos ocupam um lugar distinto na literatura profética e pa-

---

*Theology* (Mineápolis: Augsburg, 1981), p. 82 e *passim*.

[19] Essa generosidade com a Torá, ou seja, torná-la disponível às nações, está em profundo contraste com Dt 4,7-8, onde a Torá é valorizada como propriedade distintiva de Israel. Em Zc 8,20-23, veja uma perspectiva diferente sobre as nações diante de Israel. Ali se exige e se espera que as nações reconheçam "que Deus está com você" (ou seja, Israel).

[20] Quanto aos oráculos contra as nações, veja NORMAN K. GOTTWALD, *All the Nations of the Earth: Israelite Prophecy and International Relations in the Ancient Near East* (Nova York: Harper and Row, 1964); e Paul R. Raabe, "Why Prophetic Oracles against the Nations?", *Fortunate the Eyes That See: Essays in Honor of DAVID NOEL FREEDMAN* (org. ASTRID B. BECK et al.; Grand Rapids: Eerdmans, 1995), pp. 236-257.

CAPÍTULO XVI

recem ser uma representação da proclamação do Salmo 96,10; ou seja, um modo pelo qual Javé exercita seu governo sobre o mundo. Javé se "tornou rei" sobre as nações e exerce essa soberania.

Sem dúvida, há questões históricas difíceis relacionadas a esses oráculos, porém teologicamente eles não são difíceis de situar em nossa exposição. A suposição deles é que Javé criou as nações (veja o verbo no Sl 86,9), lhes deu vida, autorizou que existissem, e colocou em seu meio a possibilidade de vida e bênção. Essa suposição geral é sempre o ponto inicial desses oráculos. O oráculo em si, contudo, usa caracteristicamente o formato de um discurso de julgamento. Nesses oráculos, as nações violaram o mandato e comando de Javé aos quais estão sujeitas, por isso precisam ser punidas ou mesmo abolidas. Essa apresentação característica das nações é uma iniciativa de enorme ousadia e imaginação. KLAUS KOCH usa o termo *meta-história* para a reivindicação de que Javé pode exigir prestação de contas das nações, pois há no processo histórico uma realidade que suplanta as realidades históricas.[21] Por causa da soberania massiva e predominante de Javé, esses oráculos declaram que as nações estão sujeitas a um governo, uma exigência e uma expectativa. Não importa quão seguras e autossuficientes elas pareçam ser ou pensem que são. Além disso, esse governo não pode ser superado, desconsiderado ou burlado.

A violação do governo de Javé pode ocorrer quando ele é afrontado pela arrogância (Is 37,17,23) ou quando se abusa de Israel (Is 47,6). O que nos assombra e chama nossa atenção é que ocasionalmente a afronta contra Javé não é algo direto contra ele nem um abuso de Israel. Ela ocorre por abuso de terceiros que nada têm a ver com Israel, embora tenham tudo a ver com Javé, como acaba transparecendo:[22]

> Assim diz o Senhor: Por três transgressões dos filhos de Amom
> e por quatro, não sustarei o castigo,
> porque rasgaram o ventre às grávidas de Gileade,
> para dilatarem os seus próprios limites. (Am 1,13)

> Assim diz o Senhor: Por três transgressões de Moabe

---

[21] KLAUS KOCH, *The Prophets 1: The Assyrian Period* (Mineápolis: Fortress, 1983), pp. 70-76; *The Prophets 2: The Babylonian and Persian Periods* (Mineápolis: Fortress, 1984), pp. 71, 171, e *passim*.

[22] Quanto à motivação para os oráculos contra as nações, veja GRAHAM I. DAVIES, "The Destiny of the Nations in the Book of Isaiah", *The Book of Isaiah: Le Livre d'Isaïe* (org. JACQUES VERMEYLEN; BELT 81; Leuven: Leuven University, 1989), pp. 93-120.

e por quatro, não sustarei o castigo,
porque queimou os ossos do rei de Edom, até os reduzir a cal. (Am 2,1)

Essa retórica permite que Israel enuncie a reivindicação de que, sob a proteção da soberania de Javé, há um tipo de lei ou código internacional de padrões humanos. Esse código parece antecipar de modo grosseiro os Acordos de Helsinki de 1975, um código que exige que cada nação aja com civilidade e humanidade para com as demais.[23] Qualquer afronta a esse padrão é considerado como um ato de autonomia, arrogância e autossuficiência, que contraria frontalmente o governo de Javé.[24] Portanto, Javé é quem garante não apenas Israel, mas as nações em seu tratamento entre si.

As sanções expressas por esses oráculos consistem em punição para os ofensores pelas mãos de Javé, frequentemente chegando à eliminação. Essa reivindicação teológica é notável. Claramente, em seu meio intelectual, Israel não se preocupou com causas secundárias. Porém, a meu ver, não devemos imaginar isto como um sobrenaturalismo ingênuo.[25] A teologia desses oráculos não é simplesmente uma defesa abstrata da soberania de Javé, nem é meramente uma proteção ideológica de Israel. É a observação, junto com uma defesa de Javé e uma proteção de Israel, de que há mais acontecendo nos processos internacionais do que o poder bruto. Há limites ao poder bruto. E Javé é infatigável em sua determinação de frear esse poder embrutecedor e arrogante. Ele regularmente derrota as grandes potências, as quais pensam que estão perpetuamente estabelecidas no topo. Israel não tinha meios (nem desejo) de falar sobre esse limite no poder público-militar, exceto fazendo referência à soberania de Javé, a qual trata de exigências inflexíveis e sanções irresistíveis. Teologicamente, as exigências e sanções servem para realçar Javé, mas também servem como uma linha não negociável de defesa contra o barbarismo. O testemunho espontâneo de Israel declara que há no mundo uma defesa de direitos hu-

---

[23] WALTER HARRELSON, *The Ten Commandments and Human Rights* (OBT; Filadélfia: Fortress, 1980), pp. 173-201, conecta os Acordos de Helsinki com o Decálogo.

[24] Quanto a esse tema, veja DONALD W. GOWAN, *When Man Becomes God: Humanism and Hubris in the Old Testament* (Pittsburgh: Pickwick, 1975).

[25] JOHN BARTON, *Amos's Oracles against the Nations: A Study of Amos 1,3-2:5* (Cambridge: Cambridge University, 1980), demonstra que as razões para a condenação das nações não são javistas nas minúcias, mas pertencem "a uma convenção que se considera obviamente universal... um etos comum" (2.45).

manos que não se abala diante do desafio ou da resistência até mesmo do mais poderoso Estado. É isto que significa afirmar que ele "julga o mundo com justiça, equidade e fidelidade" (cf. Sl 96,10,13; 67,4; Is 2,4).

A consequência desses oráculos contra as nações, organizados em termos de denúncias (derivadas das ordens) e sanções (que implementam a maldição), é que as nações caracteristicamente estão debaixo das ameaças de Javé, porque se recusam a ser seus súditos e vassalos obedientes. Na maior parte, os oráculos contra as nações são simples processos judiciais de denúncia e sentença, para além dos quais não há futuro para as nações recalcitrantes. Assim se caracteriza a maior parte do testemunho.

O testemunho espontâneo de Israel tem como seu campo de ação as nações mais próximas (como nas "sete" de Deuteronômio e aquelas de Amós 1-2). Contudo, grande atenção é dada no Antigo Testamento àquelas nações que são as superpotências dominantes: Egito, Assíria, Babilônia e Pérsia.[26] Tudo para Israel depende da relação entre essas potências e Javé, porque Israel quase sempre está na posição de cliente de uma delas e sempre em posição de ser vítima do colonialismo expansionista agressivo. Por essa razão, consideraremos o destino de cada superpotência da época, na sequência delas, de acordo com as declarações imaginativas de Israel.

### Egito: abuso e opressão

A primeira superpotência que Israel enfrenta é o Egito. Esse ocupa continuamente a imaginação de Israel, até mesmo porque ocupa continuamente a geopolítica de Israel. Quando a narrativa da vida de Israel se inicia, o Egito já está lá, estabelecido, próspero, gozando de um monopólio sobre a comida (Gn 12,10). O Egito é o lugar para onde Israel fugiu na escassez de alimentos e ali foi alimentado (Gn 41,53 e toda a narrativa de José). O Egito é a terra que recebe a bênção especial do pai Jacó (Gn 47,7-10).

Tudo isto é um pano de fundo que articula a bondade e a generosidade de Javé em fazer do Egito um lugar de fertilidade e bênção. Contudo, essa não é a apresentação primária do Egito no testemunho espontâneo de Israel. O Egito pode ser abençoado por Javé, mas é caracteristicamente um

---

[26] Deve-se notar que, na lista das superpotências que são criticadas nesses oráculos, não são consideradas as diversas potências helênicas, em geral. São consideradas nos textos posteriores, como no livro de Daniel, sob o símbolo de Nabucodonosor, ou na retórica que não é explícita mas que se move na direção de imagens trans-históricas e apocalípticas. No entanto, isto não representa um interesse teológico intenso nessas potências, mas apenas um movimento geral do judaísmo na direção da retórica apocalíptica.

lugar de abuso e opressão. No final, na retórica de demonização de Israel, o Egito é a própria encarnação do mal primordial (cf. Sl 87,4), o qual deixa um rastro de morte e destruição (Êx 1,22). O Egito incorpora a antítese da boa intenção de Javé quanto a Israel e o ponto final do seu cuidado atencioso para com Israel.[27]

Como resultado do seu papel de abusador e opressor, o Egito se encaixa completamente no discurso processual de Israel, que é característico dos oráculos proféticos contra as nações. A denúncia do Egito, é claro, se refere ao fato de ter abusado de Israel. Porém, muito mais do que isso, o Egito é o vassalo recalcitrante de Javé que se recusa a obedecê-lo e que, portanto, perturba a boa criação de Javé.[28] Assim, TERENCE FRETHEIM escreve: "As medidas do Faraó contra a vida são contra a criação de Deus e liberam poderes caóticos que ameaçam a própria criação que Deus planejou".[29] Sob o Faraó, o Egito é o grande perturbador da criação, cujas ações evocam um caos punitivo que faz todos sofrerem.[30]

O processo contra o Egito, uma queixa paradigmática contra um inimigo paradigmático, se dá em dois lugares proeminentes. Na narrativa de Êxodo 1-15, o Faraó se recusa a obedecer à ordem de Javé: "Deixa meu povo ir" (*šlḥ*). Portanto, o Faraó recebe punição que culmina na morte em larga escala (Êx 12,29-32). A segunda e mais extensiva articulação do processo contra o Egito, um vassalo recalcitrante de Javé, está em Ezequiel 29-32. Essa denúncia do Egito é desconcertante, tanto em sua quantidade absoluta quanto em sua ferocidade hiperbólica. Esse é o inimigo por excelência, sobre o qual Javé (Israel) amontoa desprezo e ira. A denúncia central que justifica tal veneno não se refere primariamente a Israel, mas

---

[27] Dessa forma, em Jr 43-44, o retorno para o Egito é retratado como o final da *Heilsgeschichte* que começou com a emancipação de Israel do Egito. Com o retorno ao Egito, Israel agora fechou o ciclo desde a escravidão até a liberdade com Javé e de volta à escravidão. Veja RICHARD E. Friedman, "From Egypt to Egypt: Dtr1 and Dtr2", *Traditions in Transformation: Turning Points in Biblical Faith* (org. BARUCH HALPERN e JON D. LEVENSON; Winona Lake: Eisenbrauns, 1981), pp. 167-192.

[28] Quanto à apresentação do Egito como uma força trans-histórica que perturba a criação, veja TERENCE E. FRETHEIM, "The Plagues as Ecological Signs of Historical Disaster", *JBL* 110 (1991), pp. 385-396; e, de forma mais geral, FRETHEIM, *Exodus* (Interpretation; Louisville: John Knox, 1991).

[29] FRETHEIM, "The Plagues as Ecological Signs", p. 393.

[30] Eu digo "todos", mas obviamente a narrativa de Êxodo observa com sagacidade que Israel é uma exceção. Veja Êx 9,4,6,26; 11,7.

consiste em rebeldia para com Javé:

> Eis-me contra ti,
> ó Faraó, rei do Egito,
> crocodilo enorme,
> que te deitas no meio dos seus rios
> e que dizes: O meu rio é meu,
> e eu o fiz para mim mesmo. (Ez 29,3)

Foi Javé quem deu vida ao Egito ao prover o Nilo. Todavia, na imaginação recalcitrante atribuída ao Faraó, o dom de Javé é convertido em propriedade do rei. Além disso, é essa inversão, essa rejeição fundamental da verdade de Javé, que dá ao Faraó ocasião para transformar o dom do Nilo em um canal de morte (Êx 1,22; 7,14-25; cf. Is 19,5-10). Essa é toda a questão... exceto pelo fato que, em Ezequiel 32,31-32, no final do maior discurso processual contra o Egito, uma curiosa nota é adicionada. A tradução convencional do termo principal é "consolar-se" (*nḥm*):

Faraó os verá e se consolará (*nḥm*) com toda a sua multidão; sim, o próprio Faraó e todo o seu exército, pelo que jazerá no meio dos traspassados à espada, diz o Senhor Deus. Porque também eu pus o meu espanto na terra dos viventes; pelo que jazerá, no meio dos incircuncisos, com os traspassados à espada, Faraó e todo o seu povo, diz o Senhor Deus.

Nessa leitura, antecipa-se que o Faraó se consolará ao ver a morte de muitos outros inimigos. O cálculo de tal reação é problemático. Entretanto, recentemente Ellen Davis ofereceu uma interpretação diferente do verbo: que "Faraó se arrependerá" de toda a devastação que ele produziu.[31] Nessa leitura (ainda minoritária até o momento), o Faraó afinal se arrependerá no último momento possível, tornando-se um vassalo voluntário de Javé. Se essa leitura for aceita (e eu a acho persuasiva), o relato triste e brutal do Egito descreve de modo inesperado que, no momento final, até o Egito sai do poço de punição devastadora para uma nova vida com Javé. Tal leitura é uma insistência resiliente em Israel de que a vontade de Javé não pode ser frustrada, afinal. Em todo caso, o Egito é um símbolo para a resistência massiva contra Javé, um de dois símbolos como esse no Antigo Testamento, sendo o outro a Babilônia.[32] (O final do Egito é deixado aqui em

---

[31] Ellen Davis, "'And Pharaoh Will Change His Mind...' (Ezek 32,31)", artigo apresentado na Sociedade de Literatura Bíblica, 1993.

[32] Jürgen Kegler, "Zu Komposition und Theologie der Plagenzahlungen", *Die Hebraische Bibel und ihre zweifache Nachgeschichte: Festschrift für Rolf Rendtorff* (org. Erhard Blum et al.; Neukirchen-Vluyn: Neukirchener Verlag, 1990), pp. 55-74,

suspensão; retornaremos a Is 19,23-25).

### *Assíria: arrogância e autonomia*

A segunda potência internacional completamente recalcitrante é a Assíria, um gêmeo digno do Egito (cf. Os 7,11).[33] A Assíria ocupa muito da atenção política e da imaginação teológica de Israel no período monárquico. Embora a Assíria seja política e experimentalmente tão importante quanto o Egito, ela não assume uma existência teológica tão completa na retórica de Israel quanto ele. Apesar disso, ocupa uma posição paralela, e o que se diz do Egito prontamente se aplica também à Assíria. A Assíria sofre o mesmo processo judicial de Javé que o Egito, e pelas mesmas razões.

Podemos concentrar nossa atenção em três textos que se referem à Assíria. Isaías 10,5-19 provê uma "filosofia da história" completa no que se refere à Assíria e superpotências como essa. A denúncia e a sentença da Assíria ocorrem em uma sequência de duas partes convencionais. Primeiro, a Assíria é um instrumento útil para Javé na política internacional:

> Ai da Assíria, cetro da minha ira!
> A vara em sua mão é o instrumento do meu furor.
>
> Porventura, gloriar-se-á o machado contra o que corta com ele?
> Ou presumirá a serra contra o que a maneja? (Is 10,5.15)

Javé deseja e usa tal ferramenta. Somos levados a crer que a Assíria voluntariamente aceita seu papel como um vassalo obediente a serviço de Javé. A Assíria se conforma à intenção de Javé para que "roube a presa e tome o despojo" (Is 10,6) de "uma nação ímpia", Israel. Isto a Assíria faz voluntariamente. Podemos deixar de lado a questão sobre se essa é uma obediência genuína ou simplesmente uma justificativa conveniente para aquisição brutal. Tal distinção não atrasa o poeta.

Segundo, em jactância arrogante e orgulho presunçoso (v. 12), a Assíria ultrapassa o mandato de Javé, passa a agir de forma autônoma (v. 13) e resolve destruir essa "nação ímpia" (v. 6). Esse é claramente um ato de desobediência contra Javé, pois ele não deseja a destruição de Israel,

---

sugere que nos estratos posteriores do ciclo de pragas da narrativa do Êxodo, deve-se entender "Egito" como uma referência codificada à Babilônia.

[33] No horizonte geopolítico do Antigo Testamento, a Assíria é a contrapartida inevitável ao Egito. Às vezes a referência é especificamente à Assíria quando ela é denominada, mas em outros momentos parece ser um símbolo para qualquer superpotência do norte que ameaça Israel.

mesmo em sua zanga. A denúncia da Assíria, portanto, se refere à sua autonomia, que não é congruente com o desejo de Javé. Sem dúvida, isto é tudo poesia, e Israel se recusa a falar de modo diferente sobre essas questões sinistras.

O que nos surpreende é que a Assíria é denunciada por não limitar sua destrutividade. É como se a Assíria, mesmo sem lhe ser dito, devesse conhecer a intenção de Javé de um assalto limitado contra Judá. A Assíria devia saber que a ira de Javé contra Israel não é sem limites nem sem fim! Esse grande e implacável império, preocupado com seus próprios projetos, devia ter contido sua capacidade militar em reconhecimento ao compromisso central de Javé para com Israel. Diz-se que a política do Antigo Oriente Próximo se revolve ao redor desse compromisso.

E assim, esse vassalo recalcitrante, que violou seu mandato de Javé, está sujeito a uma punição massiva e destrutiva, de acordo com a vontade de Javé:

> Também consumirá a glória da sua floresta e do seu campo fértil,
> desde a alma até ao corpo; e será como quando um doente se definha.
> O resto das árvores da sua floresta será tão pouco,
> que um menino saberá escrever o número delas. (Is 10,18-19)

A Assíria será descontinuada; nenhum poder pode resistir contra a vontade de Javé.

O segundo texto que trabalha os mesmo temas com relação à Assíria é Isaías 36-37 (2Rs 18-19).[34] O padrão retórico aqui é mais dramático que em Isaías 10, mas as questões são bem parecidas. Nesse encontro, situado posteriormente na vida de Judá, quando Ezequias – o rei obediente – governa Jerusalém, não se diz que a Assíria está em uma missão de Javé (como no capítulo 10). Ela simplesmente concretiza seu próprio expansionismo territorial. Aqui a Assíria não está fazendo a vontade de Javé de modo algum, muito embora a voz da Assíria nesse texto fale com acentos teológicos. De fato, descreve-se a Assíria aqui como se opondo diretamente às intenções de Javé. Visto que a ameaça a Judá é retratada em categorias teológicas, a afronta da Assíria é ainda maior. Em sua arrogância, a Assíria reivindica um mandato de Javé (Is 36,10, talvez se referindo de volta ao

---

[34] Quanto a esses textos, veja BREVARD S. CHILDS, *Isaiah and the Assyrian Crisis* (SBT 3, 2ª série; Londres: SCM, 1967); e CHRISTOPHER SEITZ, *Zion's Final Destiny: The Development of the Book of Isaiah: A Reassessment of Isaiah 36-39* (Mineápolis: Fortress, 1991).

capítulo 10) e interpreta Javé de forma completamente errada ao se recusar a reconhecer a incomparabilidade dele e ao compará-lo a outros deuses impotentes (Is 36,18-20). Nesse texto, a grande afronta da Assíria é que ela ridiculariza Javé: recusa-se a levá-lo a sério, a reconhecer sua incomparabilidade e a aceitar sua soberania.

O juízo sobre a Assíria, nesse texto, é pronunciado pelo profeta em Isaías 37,26-29. A retórica é estruturada como um processo judicial:

**Denúncia:**
Por causa do teu furor contra mim,
e porque a tua arrogância subiu até aos meus ouvidos,

**Sentença:**
eis que porei o meu anzol no teu nariz,
e o meu FREIO, na tua boca,
e te farei voltar pelo caminho por onde vieste. (Is 37,29)

O grande império só foi capaz de alcançar sucesso militar pelo decreto de Javé:

Acaso, não ouviste
que já há muito dispus eu estas coisas,
já desde os dias remotos
o tinha planejado?
Agora, porém, as faço executar e eu quis
que tu reduzisses a montões de ruínas
as cidades fortificadas.
Por isso, os seus moradores, debilitados,
andaram cheios de temor e envergonhados;
tornaram-se como a erva do campo,
e a erva verde, e o capim dos telhados,
e o cereal queimado antes de amadurecer. (Is 37,26-27)

Essa declaração faz paralelo ao mandato de Isaías 10,5, mas o torna mais extensivo. A arrogância e a autonomia geram um final fracassado para o que poderia ter sido um êxito ordenado por Javé. Há limites para a brutalidade e o engrandecimento próprio. Assim, como em Isaías 10,5-19, novamente a Assíria recebe um mandato, o viola e é punida de forma severa e irreversível.

O terceiro texto referente à Assíria, que precisa apenas ser mencionado aqui, é o poema de Naum contra sua capital Nínive. Não se dá muita atenção no poema a uma denúncia de Nínive, embora o poeta exprima a justificativa pela destruição agora celebrada:

> De ti, Nínive, saiu um
> que maquina o mal contra o Senhor,
> um conselheiro vil.
> Tudo isso por causa da grande prostituição
> da bela e encantadora meretriz,
> da mestra de feitiçarias,
> que vendia os povos com a sua prostituição
> e as gentes, com as suas feitiçarias. (Na 1,11; 3,4)

Na maior parte, contudo, o poema de Naum revela ira desenfreada que antecipa a destruição de Nínive pelas mãos de Javé. Embora a essência desse poema seja profundamente emocional, com um ódio severo em seu teor, o poema se mantém dentro da esfera de ação de Javé. Os israelitas se ressentem profundamente da Assíria e de Nínive. O testemunho deles reivindica que sua antipatia profunda contra Nínive se fundamenta na própria antipatia profunda de Javé contra os assírios (sobre isso veja o Sl 139,21). A ira de Israel contra o barbarismo é a ira de um povo oprimido, explorado por tempo demais.

Entretanto, a retórica reivindica mais do que simples ira. Ela reivindica que uma aversão emotiva à brutalidade se localiza no coração de Javé, de forma que o abuso político se torna uma realidade teológica, em última instância. Escrevo isto durante a celebração do 50° aniversário do dia da vitória na Europa, com o debate eclesiástico concomitante sobre se deveríamos orar por perdão a ADOLF HITLER. A Assíria é como HITLER para Judá; talvez com o tempo se devesse orar por eles em Israel, mas não muito cedo, não ainda no poema de Naum. Assim, na concepção javista, o imperialismo assírio se encaixa nas categorias de violação e sanções de mandato. O império não pode passar a perna em Javé, o qual deseja compaixão no processo político.

A Assíria chega a um final condenado e sem esperança no Antigo Testamento... exceto por Isaías 19,23-25, ao qual retornaremos. Talvez possamos encontrar um prenúncio do oráculo de Isaías 19,23-25 na narrativa de Jonas. Sem dúvida, essa narrativa não se refere à Assíria, mas esse é precisamente o tipo de testemunho espontâneo que nos ajuda a entender melhor os parceiros de Javé. De acordo com essa narrativa, a Assíria (Nínive) se arrepende, se sujeita a Javé e recebe assim a sua misericórdia (Jn 3,5-10). A base para a misericórdia – mesmo para Nínive – se encontra na citação da declaração primária de Êxodo 34,6-7a. O enredo da história de Jonas indica que esse resultado a favor do império odiado e temido é contrário ao desejo da ideologia israelita. Visto que Javé não é simplesmente reduzido a um agente dessa ideologia, tal resultado se torna possível.

### Babilônia e Nabucodonosor

A terceira superpotência com que Israel precisou lidar é a Babilônia, regularmente conectada à pessoa de Nabucodonosor. Os contornos do relacionamento entre Javé e a Babilônia são aqueles já familiares a nós: mandato, autonomia rebelde, punição.

O mandato positivo dado à Babilônia por Javé, no horizonte do testemunho de Israel, é defendido especialmente pela tradição de Jeremias, refletido por meio das convicções dos círculos deuteronômicos.[35] Esses círculos de intérpretes políticos estão prontos a acatar a política babilônica. Por isso, não nos surpreende que a tradição de Jeremias entenda que a Babilônia (e Nabucodonosor), em seu ataque contra Jerusalém, está cumprindo uma ordem de Javé (como fez a Assíria em Is 10,5). Assim, nesse testemunho, Javé se refere a Nabucodonosor como "meu servo" (Jr 25,9; 27,6). Além disso, espera-se que Nabucodonosor mostre misericórdia a Judá, de modo correspondente à propensão do próprio Javé:[36]

> Nada temais da parte dos caldeus; ficai na terra, servi ao rei da Babilônia, e bem vos irá. ...Não temais o rei da Babilônia, a quem vós temeis; não o temais, diz o Senhor, porque eu sou convosco, para vos salvar e vos livrar das suas mãos. Eu vos serei propício, para que ele tenha misericórdia de vós e vos faça morar em vossa terra. (Jr 40,9; 42,11-12)

Como ferramenta da punição de Judá calculada por Javé, já antecipamos, o papel de Nabucodonosor também será medido e limitado. Assim, Javé e Nabucodonosor são aliados, com uma política consensual que é severa mas não sem limites ou restrições.

A concretização da política babilônica, contudo, não apresenta tais restrições nem qualquer misericórdia congruente com a misericórdia pretendida por Javé. Como era esperado, o outrora aliado de Javé é denunciado por este como um vassalo recalcitrante e um violador arrogante das intenções soberanas dele para Judá, no que se refere à Babilônia. Consequentemente, o livro de Jeremias, que antes apoiava a política babilônica como algo que refletia a intenção de Javé, culmina em um oráculo violento e extenso contra a Babilônia (capítulos 50 e 51).[37] Em Judá, há uma alegre

---

[35] Quanto à luta ideológica com a política babilônica no livro de Jeremias, veja CHRISTOPHER R. SEITZ, *Theology in Conflict: Reactions to the Exile in the Book of Jeremiah* (BZAW 176; Berlim: de GRUYTER, 1986).

[36] Veja WALTER BRUEGGEMANN, "At the Mercy of Babylon: A Subversive Rereading of the Empire", *JBL* 110 (1991), pp. 3-22.

[37] Quanto a esse texto, veja ALICE OGDEN BELLIS, *The Structure and Composition of*

antecipação da queda da Babilônia:

> Anunciai entre as nações;
> fazei ouvir e arvorai estandarte;
> proclamai, não encubrais; dizei:
> Tomada é a Babilônia,
> Bel está confundido,
> e abatido, Merodaque;
> cobertas de vergonha estão as suas imagens,
> e seus ídolos tremem de terror. (Jr 50,2)

Além disso, a nação do norte (50,3) que conquistará a Babilônia será cruel e não terá "compaixão" (50,42), assim como a Babilônia não teve compaixão de Judá (Jr 6,23). Superpotências como a Babilônia têm uma justificativa javista em sua geopolítica, de acordo com esse testemunho. Porém, há uma restrição javista que se aplica a elas: não podem ultrapassar essa restrição em sua autonomia embrutecedora.

Dessa forma, após o mandato de Javé a Nabucodonosor, o tema recorrente no testemunho de Israel quanto à Babilônia é o de denúncia e sentença: a destruição da superpotência como implementação da vontade soberana de Javé para a história mundial. Dois textos da tradição de Isaías lidam com esse tema. Em Isaías 13-14, Babilônia se reveste de significância e poder primordial e inspirador, e nisso ela se posta como uma alternativa mítica e ousada que se contrasta com Javé. A ambição da Babilônia autônoma é transparente:

> Tu dizias no teu coração:
> Eu subirei ao céu;
> acima das estrelas de Deus
> exaltarei o meu trono
> e no monte da congregação me assentarei,
> nas extremidades do Norte;
> subirei acima das mais altas nuvens
> e serei semelhante ao Altíssimo. (Is 14,13-14)

Mas quem antecipa "subir ao céu" será, na verdade, abatido:

> Contudo, serás precipitado para o reino dos mortos,
> no mais profundo do abismo. (v. 15)

Tais pretensões ao poder e ambição são viáveis em um mundo de poder bruto e sem vergonha. Contudo, o testemunho de Israel reage a tal

---

*Jeremiah 50,2-51,58* (Nova York: Edwin Mellen, 1994).

representação da realidade insistindo que o poder bruto e sem vergonha nunca fica sem controle, mas é sempre e em todo lugar sujeito à vontade e às restrições de Javé. Por causa da meta-história de Javé, os poderosos certamente devem cair.

A tradição de Isaías já tinha se pronunciado de forma eloquente sobre a questão de o exaltado ser humilhado e o alto ser rebaixado. A poesia inicial sobre esse tema se refere a Israel:

> A arrogância do homem será abatida,
> e a sua altivez será humilhada;
> só o Senhor será exaltado naquele dia. (Is 2,17)

Agora, todavia, o assunto se refere à superpotência Babilônia. Javé irá gerar uma reversão na superpotência, assim como tinha causado com seu amado Israel. Na tradição de Isaías, a Babilônia é a perfeita encarnação do orgulho e da autonomia que certamente precisam ser derrotados.

Essa sequência de ações de Javé contra a Babilônia (que faz paralelo a Is 10,5-19, que trata da Assíria) é expressa sucintamente em Isaías 47,6-9:

> **Mandato de Javé:**
> Muito me agastei contra o meu povo,
> profanei a minha herança
> e a entreguei na tua mão, ...
>
> **Falha do mandato e consequente denúncia:**
> porém não usaste com ela de misericórdia
> e até sobre os velhos fizeste mui pesado o teu jugo.
> E disseste: Eu serei Senhor para sempre!
> Até agora não tomaste a sério estas coisas,
> nem te lembraste do seu fim.
>
> **Sentença:**
> ...Mas ambas estas coisas virão sobre ti
> num momento, no mesmo dia,
> perda de filhos e viuvez;
> virão em cheio sobre ti,
> apesar da multidão das tuas feitiçarias
> e da abundância dos teus muitos encantamentos. ...
> Pelo que sobre ti virá o mal
> que por encantamentos não saberás conjurar;
> tal calamidade cairá sobre ti,
> da qual por expiação não te poderás livrar;
> porque sobre ti, de repente, virá tamanha desolação,
> como não imaginavas. (Is 47,6-7,9,11)

Assim como foi com a Assíria em Isaías 10,6, a Babilônia não se ateve ao seu mandato de Javé. Deixou de mostrar a misericórdia que era requerida (cf. Jr 40,9; 42,11-12). Como consequência, a Babilônia – uma potência elevada a poder representativo de Javé – perde o direito ao poder por ultrapassar as restrições de Javé. A noção central é a misericórdia. É claro, nenhuma menção de mostrar misericórdia foi passada à Babilônia (assim como nenhuma havia sido feita à Assíria em Is 10). De fato, esse povo invasor inicialmente é convocado para não demonstrar misericórdia (Jr 6,23). Mas, de acordo com o testemunho de Israel, Nabucodonosor devia saber. Afinal de contas, ele estava lidando com Javé e com o povo amado dele. Javé estava irado (*qsph*), certamente, mas a ira não é a intenção final dele. Nada falaram a Nabucodonosor, mas ele devia saber. Por não saber, a "glória e a grandeza" da Babilônia deviam findar.

Isto tudo é bastante convencional no testemunho de Israel sobre essa terceira superpotência, mas o testemunho de Israel não finaliza de modo tão simples com a Babilônia, como fez com o Egito e com a Assíria. No livro de Daniel, estranhamente, Nabucodonosor ressurge, agora certamente como um símbolo além da história para o poder mundial em geral e para os governantes gregos abusivos em particular. O que é estranho a respeito dessa articulação de Nabucodonosor é que a relação entre Javé e ele, como apresentada aqui, não é direta e previsível, mas notavelmente variada e diferenciada.

Podemos atentar particularmente a duas narrativas estendidas. Primeiro, em Daniel 3, Israel testemunha que o rei antes nulificado em sua autonomia se transforma em um adorador de Javé. Essa narrativa não segue a sequência convencional de mandato-denúncia-sentença. Ela mostra a reabilitação do rei, alguém enlouquecido com sua própria importância, que passa a ser um aceitável súdito voluntário de Javé. O relato se movimenta em três cenas claramente dramáticas:

**(a)** No início, Nabucodonosor é um governante autônomo e sem vergonha:

> Ordena-se a vós outros, ó povos, nações e homens de todas as línguas: no momento em que ouvirdes o som da trombeta, do pífaro, da harpa, da cítara, do saltério, da gaita de foles e de toda sorte de música, vos prostrareis e adorareis a imagem de ouro que o rei Nabucodonosor levantou. Qualquer que se não prostrar e não a adorar será, no mesmo instante, lançado na fornalha de fogo ardente. (Dn 3,4-6)

**(b)** Nabucodonosor precisa lidar com os três representantes dos judeus – Sadraque, Mesaque e Abede-Nego – e é frustrado por eles como resultado da sua intensa fé (v. 8-27).

**(c)** A partir desse encontro desconcertante, Nabucodonosor se converte completamente e ordena como decreto uma doxologia ao Deus deles:

> Bendito seja o Deus de Sadraque, Mesaque e Abede-Nego, que enviou o seu anjo e livrou os seus servos, que confiaram nele, pois não quiseram cumprir a palavra do rei, preferindo entregar o seu corpo, a servirem e adorarem a qualquer outro deus, senão ao seu Deus. Portanto, faço um decreto pelo qual todo povo, nação e língua que disser blasfêmia contra o Deus de Sadraque, Mesaque e Abede-Nego seja despedaçado, e as suas casas sejam feitas em monturo; porque não há outro deus que possa livrar como este. (v. 28-29)

A importância e o caráter surpreendente dessa narrativa é que ela quebra o padrão simples de julgamento contra uma nação, e permite a reconstituição de uma superpotência obediente ao Deus de Israel. De acordo com esse testemunho, Javé não se opõe em princípio às superpotências, mas apenas àquelas que desconsideram o mandato dos céus e se arrogam poder e autoridade finais. Nessa extraordinária declaração do relacionamento de Javé com o poder secular, é profundamente irônico que o testemunho de Israel se fixe em Nabucodonosor, o qual presidiu ao principal desmantelamento de Israel.

Em Daniel 4 se narra a mesma sequência de transações entre Javé e Nabucodonosor, dessa vez com um floreio retórico mais rico.[38] De início, Nabucodonosor canta louvores ao Deus Altíssimo:

> Quão grandes são os seus sinais,
> e quão poderosas, as suas maravilhas!
> O seu reino é reino sempiterno,
> e o seu domínio, de geração em geração. (v. 3)

A narrativa subsequente nos conta como esse extraordinário compromisso doxológico chegou aos lábios do rei babilônico. É uma narrativa complicada, apresentando um sonho e sua interpretação (vs. 4-27), e daí a implementação do sonho (vs. 28-37). Como vimos no capítulo 3, o enredo da trama é o seguinte:

---

[38] Veja WALTER BRUEGGEMANN, *Finally Comes the Poet: Daring Speech for Proclamation* (Filadélfia: Fortress, 1989), pp. 111-142.

(a) Nabucodonosor está confiante e congratula-se a si mesmo (4,29-31).

(b) Nabucodonosor é profundamente debilitado, como o sonho antecipara (vs. 31-33).

(c) Sua razão retorna (v. 34a), resultando em uma doxologia ao "Altíssimo" e na restauração e aumento do seu governo (vs. 34b-37).

Dessa forma, o relato de Nabucodonosor não é de mandato-desobediência-punição; agora é de autonomia-abdicação-restauração.

Nessa narrativa da "humilhação e exaltação" de Nabucodonosor, podemos notar dois pronunciamentos decisivos de Daniel, que nessa narrativa representa as reivindicações da fé de Israel. Primeiro, Daniel afirma repetidamente que "o Altíssimo tem domínio sobre o reino dos homens; e o dá a quem quer e até ao mais humilde dos homens constitui sobre eles" (Dn 4,17; cf. vs. 25,32). Javé, e não Nabucodonosor, é soberano e estabelece seus representantes sobre a terra. Todo poder secular é temporário, derivativo e penúltimo; pode ser dado e tomado de volta pela autoridade de Javé. De fato, Javé é completamente livre em suas ações referentes ao poder mundial, e não precisa se conformar a nenhuma expectativa secular:

> Todos os moradores da terra são por ele reputados em nada;
> e, segundo a sua vontade, ele opera com o exército do céu
> e os moradores da terra;
> não há quem lhe possa deter a mão,
> nem lhe dizer: Que fazes? (v. 35)

A resposta israelita para essa questão retórica, do início ao fim, é:

> não há quem lhe possa deter a mão,
> nem lhe dizer: Que fazes?

Segundo, Daniel urge o rei, ainda em sua enlouquecida autonomia, a praticar "misericórdia para com os pobres" (v. 27). Essa é a misericórdia que Jeremias (40,9; 42,10-12) antecipava da Babilônia, e que Isaías 47,6 retrata como ausente na política babilônica. É caracteristicamente judaico declarar que o poder mundial está incumbido de usar misericórdia, mesmo sendo o governo do próprio Javé infinitamente rearticulado em misericórdia. Esse conselho de Daniel, no final, é reiterado pela boca do próprio Nabucodonosor:

> Agora, pois, eu, Nabucodonosor,
> louvo, exalço e glorifico ao Rei do céu,
> porque todas as suas obras são verdadeiras,
> e os seus caminhos, justos,
> e pode humilhar
> aos que andam na soberba. (v. 37)

Nabucodonosor entendeu a situação! Aquele que reina sobre as nações o faz em verdade e justiça (cf. Sl 96,10,13). E agora até mesmo a superpotência modelo aceita essa realidade inescapável. A reabilitação de Nabucodonosor, nessa redefinição surpreendente do poder mundial, é completamente autorizada por Javé, quando o rei da Babilônia se conforma à realidade da intenção inegociável do próprio Javé.

### *Pérsia: parceiro positivo e responsável*

A quarta e final superpotência com a qual Israel precisou lidar é a Pérsia. A política e a influência da Pérsia foram profundas na formação do judaísmo. Somente agora nosso conhecimento desse relacionamento está sendo tratado seriamente como uma questão principal na interpretação do Antigo Testamento. Além disso, fica claro que a retórica e a imaginação do Antigo Testamento não são despertadas pela Pérsia do modo como aconteceu com as superpotências anteriores. Assim, muito embora o império persa seja crucial para a formação do judaísmo, ele não aparece tanto em questões que se referem à interpretação teológica.

Podemos, portanto, nos confinar a dois tipos de declarações quanto ao relacionamento de Javé com a Pérsia. Primeiro, assim como foi com a Assíria (Is 10,5) e com a Babilônia (Jr 25,6; 27,6), entende-se no testemunho israelita que a Pérsia é uma potência mundial designada por Javé para derrubar sua predecessora, nesse caso a Babilônia, e assim permitir o retorno judeu do exílio para casa. Em Jeremias 50,41-42, a expressão "um povo vem do Norte" certamente se refere à Pérsia, e "eles são cruéis e não conhecem a compaixão" no trato com a Babilônia. A Pérsia agora recebe o papel, na jurisdição javista, previamente atribuído à Babilônia. Entretanto, a ênfase no testemunho espontâneo de Israel não está no tratamento persa dos babilônios, mas no papel desempenhado pela Pérsia como resgatadora de Israel.

Os dois textos centrais e mais notáveis estão no Isaías do exílio:

> Assim diz o Senhor, que te redime,
> o mesmo que te formou desde o ventre materno:
> Eu sou o Senhor, que faço todas as coisas,

> que sozinho estendi os céus e sozinho espraiei a terra;
> que desfaço os sinais dos profetizadores de mentiras
> e enlouqueço os adivinhos;
> que faço tornar atrás os sábios,
> cujo saber converto em loucuras;
> que confirmo a palavra do meu servo
> e cumpro o conselho dos meus mensageiros;
> que digo de Jerusalém: Ela será habitada;
> e das cidades de Judá: Elas serão edificadas;
> e quanto às suas ruínas: Eu as levantarei;
> que digo à profundeza das águas: Seca-te,
> e eu secarei os teus rios;
> que digo de Ciro: Ele é meu pastor
> e cumprirá tudo o que me apraz;
> que digo também de Jerusalém: Será edificada;
> e do templo: Será fundado. (Is 44,24-28)

## Capítulo XVI

> Assim diz o Senhor ao seu ungido, a Ciro,
> a quem tomo pela mão direita,
> para abater as nações ante a sua face,
> e para descingir os lombos dos reis,
> e para abrir diante dele as portas,
> que não se fecharão.
> Eu irei adiante de ti,
> endireitarei os caminhos tortuosos,
> quebrarei as portas de bronze
> e despedaçarei as trancas de ferro;
> dar-te-ei os tesouros escondidos
> e as riquezas encobertas,
> para que saibas que eu sou o Senhor, o Deus de Israel,
> que te chama pelo teu nome.
> Por amor do meu servo Jacó
> e de Israel, meu escolhido,
> eu te chamei pelo teu nome
> e te pus o sobrenome,
> ainda que não me conheces.
> Eu sou o Senhor, e não há outro;
> além de mim não há Deus;
> eu te cingirei, ainda que não me conheces.
> Para que se saiba, até ao nascente do sol
> e até ao poente, que além de mim não há outro;
> eu sou o Senhor, e não há outro.
> Eu formo a luz e crio as trevas;
> faço a paz e crio o mal;
> eu, o Senhor, faço todas estas coisas. (Is 45,1-7)

É necessário considerar esses textos mais extensos devido às referências a Ciro, o primeiro e o mais decisivo dos reis persas para Israel, e aquele que destruiu o reino da Babilônia. No primeiro desses textos, o decreto de Javé autorizando Ciro (44,28) ocorre em uma sequência de pronunciamentos soberanos de Javé. Eles se referem, de forma mais geral, à criação e, de forma mais explícita, à reconstrução de Jerusalém. Ou seja, a reconstrução de Jerusalém fica retoricamente em paralelo com a criação. Além disso, Ciro é "meu pastor", um termo regularmente reservado em Israel para os reis davídicos. Assim, descreve-se Ciro em termos da teologia da criação de Israel e de acordo com sua teologia real.

O segundo oráculo é mais surpreendente por dois aspectos. Primeiro, Ciro é "seu ungido" (v. 1, o termo hebraico "messias" pode ser traduzido como "ungido"). A retórica atribui um título davídico a Ciro, que agora se torna o portador das esperanças mais urgentes de Israel. O horizonte teológico de Israel agora se estende bem além de si próprio, para um mundo gentio, de forma a localizar a operação contínua da intenção redentora de Javé. Segundo, esse oráculo fala diretamente da parte de Javé a Ciro, "ainda que não me conheces" (v. 4), "para que saibas..." (v. 3). Esse discurso a Ciro pode ser imaginário e estratégico para a esperança de Israel no exílio. Apesar disto, de acordo com essa retórica, Javé deseja empregar esse governante estrangeiro, assim como fez com os assírios e os babilônios antes dele, para realizar uma obra que aperfeiçoa Israel.

Assim, quanto à Pérsia como parceira de Javé, Israel emprega uma retórica notavelmente teológica para defini-la (e Ciro) como agente de Javé no mundo do poder internacional. Além disso, como ocorre nesse testemunho, a Pérsia implementa efetivamente as políticas restauradoras de Javé. É verdade, pelo menos de certa forma, que a política imperial persa era mais respeitosa das tradições locais (incluindo as judaicas) do que foram os assírios ou os babilônios.[39] Além disso, sem dúvida, essa articulação da Pérsia se dá por meio do testemunho daqueles mais simpáticos e dependentes da beneficência persa à comunidade judaica. Em todo caso, esse testemunho retrata a Pérsia como patrocinadora da restauração do culto judaico em Jerusalém, como é evidente pelo testemunho dado por Ageu e Zacarias e no movimento reformista de Esdras e Neemias, financiado pela Pérsia (cf. Ed 1,2-4; 6,3-5; 2Cr 36,23).

---

[39] Quanto à política persa como uma reversão da política babilônica, veja DANIEL L. SMITH, *The Religion of the Landless: The Social Context of the Babylonian Exile* (Bloomington: Meyer-STONE, 1989).

A reivindicação político-teológica feita quanto aos persas é reveladora:

> Os anciãos dos judeus iam edificando e prosperando em virtude do que profetizaram os profetas Ageu e Zacarias, filho de Ido. Edificaram a casa e a terminaram segundo o mandato do Deus de Israel e segundo o decreto de Ciro, de Dario e de Artaxerxes, rei da Pérsia. (Ed 6,14)

Indica-se a importância do apoio persa à obra reconstrutora do javismo no fato de que se conta o tempo, na maior parte dessa literatura, pela cronologia real persa, uma concessão que Israel não faz a nenhuma outra superpotência.

Podemos finalmente mencionar que Daniel 6,1-28 apresenta um testemunho no qual **(a)** Daniel é protegido por Deus, e **(b)** os persas demonstram respeito a Daniel e ao seu Deus. No final, Dario publica um decreto doxológico:

> porque ele é o Deus vivo
> e que permanece para sempre;
> o seu reino não será destruído,
> e o seu domínio não terá fim.
> Ele livra, e salva,
> e faz sinais e maravilhas no céu e na terra;
> foi ele quem livrou a Daniel
> do poder dos leões. (Dn 6,26-27)

Dario, o persa, consegue adentrar completamente no louvor ao Deus de Israel. Comparada com a relação complicada e irritada de Javé com os egípcios, assírios e babilônicos, falta drama na relação de Javé com os persas. No horizonte desse testemunho, os persas não são vassalos recalcitrantes de Javé, não precisam ser domados por Javé, e assim não precisam de uma restauração javista. Nessa modelagem das nações como parceiras, a Pérsia é o exemplo de um parceiro positivo e responsivo.[40]

### A possibilidade de um poder legítimo no mundo de Javé

Estamos agora preparados para sumarizar e esquematizar os dados a respeito do relacionamento de Javé com essas quatro superpotências. Nossa tentativa de fazer isto, obviamente, depende de juntar pedaços de testemunhos que não formam fácil ou intencionalmente um padrão. Sem

---

[40] Quanto ao panorama maior das nações no livro de Daniel, veja MARTIN NOTH, "The Understanding of History in Old Testament Apocalyptic", em *The Laws in the Pentateuch and Other Essays* (Londres: Oliver and Boyd, 1966), pp. 194-214.

sugerir que a articulação dessas diversas parcerias seja sempre a mesma, podemos grosseiramente insinuar uma tendência no testemunho de Israel tal como mostrada no quadro em anexo *(cf. Anexo 1)*.

Mesmo com detalhes não perfeitamente simétricos, essa apresentação de Javé e de seus parceiros constitui um notável esboço. Podemos fazer as seguintes observações acerca desses dados.

**Mandato de Javé**. Javé deseja que existam potências mundiais, e que essas de fato governem, porém devem governar dentro dos limites do mandato dele. De modos diferentes, o mandato consiste em consideração especial com Israel e, ocasionalmente, na prática mais genérica de civilidade humana. Assim, a prosperidade egípcia é confirmada pela bênção de Jacó (Gn 47,7-10), ordena-se à Assíria que seja um poder devastador (Is 10,5-6; 37,26-27), a Babilônia recebe um mandato de Javé (Jr 25,9; 27,6; Is 47,6a) e é coroada com bem-estar (Dn 4,19-22). A Pérsia recebe um mandato diferente da Assíria e da Babilônia, pois agora o propósito do mandato de Javé é a reabilitação de Jerusalém. O testemunho do Antigo Testamento é explícito em proclamar o interesse poderoso e positivo de Javé no processo público.

**Tentação de absolutizar o poder**. A sedução da autonomia, que é atribuída nesse testemunho às três primeiras superpotências, é a tentação de absolutizar o poder que parece ser absoluto, mas não é. Claramente, essa absolutização é impossível em um mundo onde se diz que a soberania de Javé está além de qualquer desafio.

**Quebra decisiva de poder**. No caso das três primeiras superpotências que consideramos, há uma quebra decisiva no poder delas. Na história mundial, grandes reinos surgem e caem. O que é notável nesse testemunho, e não de todo evidente, é que não se dá nenhuma explicação para a queda das grandes potências a não ser o governo de Javé. A soberania de Javé é parte autoridade crua e sem desafios, parte devoção a Israel, e parte intolerância a injustiças arrogantes. O que é importante para nossos propósitos é o reconhecimento de que essa brecha na vida de uma grande potência é completamente paralela ao exílio na vida de Israel. Quando Javé não é obedecido, uma quebra decisiva ocorre em cada vida individual e na vida de cada comunidade ou Estado. Nenhum poder pode viver de forma desafiadora à soberania de Javé.

**Esperança de recuperação**. A noção de recuperação de um poder perdido é caracteristicamente um ato de esperança, ainda não alcançado na história narrável. Esse ato de esperança, no horizonte maior da história mundial, é um íntimo paralelo da esperança de Israel, a qual em geral é detida e ainda não realizada. A esperança para o Egito, baseada em uma leitura alternativa de Ezequiel 32,31, é de fato modesta, exceto por um texto que ainda abordaremos. A esperança para a Assíria, exceto pelo mesmo texto, se frustrou para além da história concreta e vive no mundo da retórica imaginativa de Israel. O relato de Jonas provavelmente tem uma agenda bem diferente da do destino da Assíria (Nínive) e, em geral, é interpretado com outras ênfases. Esse relato sugere, contudo, que mesmo a odiada Nínive (Assíria), ao se arrepender (veja Ez 32,31 acerca do Egito), pode ser um foco da misericórdia de Javé. As referências à Babilônia no livro de Daniel são especialmente importantes nessa questão e sugerem que Nabucodonosor teve sua sanidade restaurada, e também seu governo, quando aprende que "o Altíssimo tem domínio sobre o reino dos homens e o dá a quem quer" [Dn 4,32]. Essa é uma dura lição aos poderosos, mas precisa ser aprendida, segundo o testemunho de Israel. Além disso, esse relato de Nabucodonosor provê um caso positivo, pois a lição é realmente aprendida, para grande vantagem da superpotência. No final das contas, o poder não precisa provocar Javé.

**Paralelos à relação de Javé com os humanos**. Finalmente, o padrão de bênção-quebra-restauração é bem similar à sequência de caminhos como Javé se relaciona com Israel e, *mutatis mutandis*, os caminhos como Javé se relaciona com as pessoas.

### Dois textos de esperança radical

Chegamos agora a dois textos importantes que deixei para o final. Ambos se referem à intenção de Javé quanto às nações como se apresenta no testemunho de Israel. Esses textos, por sua vez, enunciam esperança para os "pequenos vizinhos" de Israel, e depois para as grandes superpotências.

Nosso primeiro texto de esperança radical para as nações está em Amós 9,7.[41]

> Não sois vós para mim, ó filhos de Israel,
> como os filhos dos etíopes? diz o Senhor.
> Não fiz eu subir a Israel da terra do Egito,
> e de Caftor, os filisteus,
> e de Quir, os siros?

---

[41] Quanto a esse texto, veja WALTER BRUEGGEMANN, "'Exodus' in the Plural (Amos 9,7)", *Many voices, one God: being faithful in a pluralistic worlds: in honor of Shirley Guthrie* (org. WALTER BRUEGGEMANN e GEORGE W. STROUP; Louisville: Westminster John Knox, 1998), pp. 15-33.

Esse estranho verso, não bem conectado ao seu contexto imediato, aparentemente é declarado em um contexto de autopreocupação celebrativa de Israel. É dirigido a um Israel que está completamente convencido de seu testemunho básico sobre Javé e, de forma derivada, convencido de seu papel peculiar como parceiro exclusivo de Javé e como objeto peculiar dos verbos transformadores dele.

O pronunciamento desse verso na coleção de Amós não serve para solapar ou questionar a reivindicação positiva de que Javé é um Deus que salva, resgata e liberta, ou de que ele executou essas ações por Israel. Os grandes verbos de Javé são afirmados nesse testemunho profético. O que se desafia é a tentativa de Israel de monopolizar os verbos, de imaginar que como Javé é o único Sujeito dos verbos, assim Israel é o único possível objeto. O Êxodo de Israel é afirmado completamente: "Não fiz eu subir a Israel da terra do Egito?".

O impressionante afastamento da autocongratulação se dá em que esse testemunho disponibiliza os mesmos verbos de Javé para outros povos, incluindo os inimigos mais sérios de Israel, os filisteus e os siros. De fato, se os etíopes forem entendidos como negros, e assim referenciados por sua raça, rejeita-se aqui o preconceito racista assim como o etnocentrismo. O que ocorre nessa declaração extraordinária é que *se quebra o monopólio de Israel sobre Javé.* Isto não nega que Israel seja um recipiente da intervenção poderosa e positiva de Javé, mas nega reivindicações exclusivistas ou qualquer noção de que Israel é o centro único da atenção de Javé. Essa é certamente a força e a intenção dessa declaração.

Em nosso contexto, contudo, podemos também notar duas outras reivindicações, talvez não intencionais, mas de qualquer forma presentes. Primeiro, declara-se que os vizinhos mais próximos de Israel, os mais desprezados e temidos, são objetos dos grandes verbos de Javé e de sua atenção transformadora. O modo pelo qual Israel é tratado por Javé no Êxodo é o modo pelo qual todos os povos podem esperar serem tratados por Javé. Segundo, declara-se que Javé é, em tudo e caracteristicamente, o sujeito do verbo "(fazer) subir" (*'lh*). Conhecido no testemunho básico de Israel por seus grandes verbos, Javé é o mesmo Deus em todo lugar como conhecido nesse testemunho. E, visto que esse êxodo – que Deus confessa executar – resgata sem discriminação mesmo os inimigos de Israel, toda a história mundial se reconfigura como arena para os grandes, positivos e transformadores verbos de Javé. Todos os tipos de comunidade podem esperar ser objeto desses verbos.

Nosso segundo texto conclusivo se refere às superpotências. Isaías

19,23-25 é geralmente considerado como tardio na imaginação de Israel, e certamente se encontra no limite do horizonte de Israel com relação às nações. Apesar disso, é um pedaço de testemunho de Israel quanto ao futuro das nações sob a soberania de Javé. A declaração tem como esfera de ação todo o Crescente Fértil. O arranjo geopolítico do Crescente Fértil sempre tem o Egito no sul e Israel no meio vulnerável. Dessa vez, é a Assíria no norte, embora ao longo do tempo mude o ator central no norte, ainda que as políticas permaneçam bem parecidas. A dinâmica desse "mapa do mundo" deixa claro que as duas superpotências – norte e sul, Egito e Assíria – são inimigas perpétuas, e que Israel está no meio com duas fronteiras expostas.[42]

Esse cenário poético de Isaías 19 prevê um fim para essa hostilidade perpétua "naquele dia". "Naquele dia", quando o propósito de Javé for cumprido, haverá um fluxo livre de tráfego (e, sem dúvida, comércio) entre essas potências, sem barreiras, alfândega, tarifas ou hostilidade. Além disso, haverá adoração em comum, todos se submetendo a um Deus maior que sua própria ideologia estatal. A promessa final para as nações como parceiras de Javé é o fim completo da hostilidade e o governo de um *shalôm* compartilhado.

Em Isaías 19,24-25, a visão se torna ainda mais radical – não apenas paz, tráfego e comércio, não apenas adoração compartilhada, mas agora um relacionamento positivo com Javé para todos os três lados:

> Naquele dia, Israel será o terceiro com os egípcios e os assírios, uma bênção no meio da terra; porque o Senhor dos Exércitos os abençoará, dizendo: Bendito seja o Egito, meu povo, e a Assíria, obra de minhas mãos, e Israel, minha herança.

Esse pronunciamento usa três expressões especiais para Israel, as quais estão enraizadas em seu relacionamento peculiar e privilegiado com Javé: "meu povo", "obra de minhas mãos" e "minha herança". Essas três expressões, todas atribuídas até aqui exclusivamente a Israel, agora são distribuídas pelo Crescente Fértil, atribuídas a povos que foram uma grande ameaça para Israel e uma grande irritação para Javé. Nesse ousado pronunciamento, testemunhamos o processo pelo qual outros povos são renomeados como escolhidos de Javé, de forma que, paradigmaticamente,

---

[42] Nada mudou geopoliticamente, mesmo na situação atual de Israel. Israel está posicionado, mesmo agora, de forma a precisar buscar defesa e paz em duas fronteiras ao norte e ao sul. Além disso, na realidade política contemporânea, a fronteira do norte é tipicamente menos estável e mais problemática.

todos os povos se tornem escolhidos de Javé.

No final, Israel conserva uma expressão de privilégio, "minha herança" (cf. Dt 32,9; Jr 10,16). Assim, Israel perdeu dois de seus apelidos carinhosos. A perda deve ser similar à de uma criança mais velha que percebe que seus apelidos carinhosos estão sendo reutilizados, dessa vez para um novo membro da família. Essa redistribuição de nomes afetivos evidencia uma perda de privilégios por Israel, tal como o fez a declaração de Amós 9,7. É indiscutível que essas duas referências constituem um testemunho contrário, reagindo ao senso inadequado de privilégios em seu testemunho básico que Israel reivindica para si em relação a Javé. De forma contrária ao capítulo 8 acima, esse reconhecimento de um testemunho contrário me faz recordar que esse nem sempre é negativo, mas pode ser saudável e emancipatório sempre que o testemunho básico se torna ideologicamente indulgente e a serviço de causas próprias. Essa perda de privilégio permite a redefinição de todo o Oriente Próximo como um lugar mais seguro e hospitaleiro. Israel agora pode assumir um papel normal entre as nações, sem um privilégio que sempre ameaça, embora traga benefícios. Esse Oriente Próximo revisto apresenta todos esses países não apenas renomeados por Javé, mas também abençoados. Os antigos amargores, hostilidades e provocações se tornam, em um instante de pronunciamento, decisivamente inapropriados e desnecessários. Pois agora todo o horizonte geopolítico é colocado sob o governo da fecundidade de Javé.

É notável que o pronunciamento se refira aos dois inimigos mais desprezados de Israel, e talvez os mais cruéis. Esse é o movimento real além da quebra na vida das nações, que não ocorre em reação ao arrependimento deles (embora eu não diminua a significância de Ez 32,31 e de Jonas para o drama maior das nações), mas como uma promessa livre, incondicional e inexplicável de Javé. A promessa é um convite a Israel para ir além de si mesmo e de sua ideologia em causa própria e para se reposicionar na família das nações amadas. É um convite para imaginar Javé no maior horizonte possível, além de qualquer reivindicação privilegiada e em causa própria, como aquele que deseja o bem-estar de todas as nações, incluindo aquelas antes rebeldes e condenadas.

### *A liberdade de Javé com as nações*

Javé de fato lida com as nações de acordo com sua própria liberdade e paixão. A *liberdade* de Javé é evidente em duas dimensões do quadro que esbocei a respeito da história e do destino das nações. Primeiro, em sua liberdade, Javé tem o poder e a capacidade de recrutar as nações para seus próprios propósitos, mesmo quando esses não sejam a intenção das nações, ou mesmo quando agem contra a expectativa de Israel. Assim, as nações são recrutadas à força para o serviço de Javé, tanto para punir Israel (Assíria e Babilônia) como também para salvá-lo (Pérsia). Ou seja, uma grande intencionalidade opera no processo geopolítico que vai bem além e talvez até contra o que imaginam os agentes do processo em si. Embora possa ter sido repulsivo ouvir Nabucodonosor ser denominado "meu servo" (Jr 25,9; 27,6) no processo de nulificar Judá, não foi menos abominável ouvir Ciro ser nomeado "seu ungido" (Is 45,1) em prol de Judá (cf. Is 45,9-13). A capacidade de governo de Javé não se deriva da intenção das nações nem é contingente com essa intenção, mas opera em liberdade completa e dominante.

Segundo, de acordo com o testemunho espontâneo de Israel, a liberdade de Javé é evidente em sua capacidade de eliminar nações, até mesmo superpotências. Assim, ninguém imaginava que qualquer das grandes superpotências da época se retirasse abruptamente do processo geopolítico. Obviamente, essa nulificação de poder pode ser explicada por diversos termos geopolíticos. Mas, o testemunho de Israel pretende resolutamente oferecer uma versão peculiar da realidade, que serve para subverter cada versão da realidade que depende em último caso de explicações sociopolíticas ou militares. No fim, as nações entram no testemunho de Israel como funções e instrumentos da obra de Javé no processo das nações. É um ato de sanidade, propõe Israel, quando Nabucodonosor finalmente volta à razão e pode repensar e recolocar seu poder direto em relação ao de Javé:

> Mas ao fim daqueles dias, eu, Nabucodonosor, levantei os olhos ao céu, tornou-me a vir o entendimento,
>
> e eu bendisse o Altíssimo,
> e louvei, e glorifiquei ao que vive para sempre,
> cujo domínio é sempiterno,
> e cujo reino é de geração em geração.
> Todos os moradores da terra são por ele reputados em nada;
> e, segundo a sua vontade, ele opera com o exército do céu
> e os moradores da terra;
> não há quem lhe possa deter a mão,
> nem lhe dizer: Que fazes? (Dn 4,34-35; cf. Jr 49,19)

Fica bem menos explícito que o governo de Javé sobre as nações é tão marcado pela *paixão* quanto pela liberdade. Aqui entramos no domínio da inferência, mas precisamos ao menos ponderar sobre os pronunciamentos reabilitadores de Javé a respeito das nações, os quais notamos em Amós 9,7; Isaías 19,23-25; 56,3,6-7 e Jonas. Em cada um desses textos, Javé faz um movimento positivo em direção às nações, para o qual não parece haver qualquer motivação evidente. Os textos não indicam explicitamente qualquer paixão positiva da parte de Javé para com as nações.[43] Entretanto, conhecendo a paixão de Javé por Israel, podemos pelo menos nos perguntar se não há pistas rudimentares nesses textos de que "Deus amou o mundo de tal maneira" – o mundo das nações.

Assim, em Amós 9,7, fala-se de vários êxodos operados por Javé. Não se diz que os filisteus e os siros gemeram e gritaram, como Israel fez em Êxodo 2,23, mas podemos cogitar que algo similar ocorreu. De fato, a notável promessa feita ao Egito em Isaías 19,23-25 é precedida por uma declaração igualmente notável sobre o Egito nos vs. 20-21:

> Servirá de sinal e de testemunho ao Senhor dos Exércitos na terra do Egito; ao Senhor clamarão por causa dos opressores, e ele lhes enviará um salvador e defensor que os há de livrar. O Senhor se dará a conhecer ao Egito, e os egípcios conhecerão o Senhor naquele dia; sim, eles o adorarão com sacrifícios e ofertas de manjares, e farão votos ao Senhor, e os cumprirão.

Desde Êxodo 11,6; 12,23, o Egito tem que "clamar". Aqui Javé ouve e responde. Tal uso obviamente está longe da narrativa do Êxodo. Entretanto, a conexão indica como toda a memória de Israel está disponível e é útil na obra contínua de testemunho. Porém, sabemos que, quando Javé declara uma promessa assim sobre Israel, é porque Javé é incitado pelos compromissos antigos ou pelos problemas presentes.

Além disso, podemos nos perguntar se as mesmas motivações funcionam aqui com as nações. Na fórmula de inclusão dos estrangeiros em Isaías 56,3-6, HERBERT DONNER comenta que o texto desafia diretamente a provisão da Torá em Deuteronômio 23,2-8.[44] Não sabemos por quê. Mas a declaração culminante de Isaías 56,7 sugere que Javé decididamente tem uma tendência inclusiva:

> ...também os levarei ao meu santo monte
> e os alegrarei na minha Casa de Oração;
> os seus holocaustos e os seus sacrifícios

---

[43] O livro de Jonas é uma exceção importante para ambas essas declarações: **(a)** Há uma motivação evidente no arrependimento de Nínive, e **(b)** há alusão à paixão de Javé em 4,2, referindo-se à misericórdia e à compaixão de Javé.

[44] DONNER, "Jesaja LVI 1-7: Ein Abrogationsfalls innerhalb des Kanons", pp. 81-95.

serão aceitos no meu altar,
porque a minha casa será chamada Casa de Oração
para todos os povos.

Essa declaração positiva da parte de Javé anula a antiga exclusão dos inimigos de Israel. Tardiamente, Javé surge aqui para aceitar os antigos inimigos de Israel como candidatos legítimos à membresia na aliança. Além disso, na narrativa de Jonas, um ato dramático de arrependimento da parte de Nínive autoriza e evoca a reação positiva e perdoadora de Javé (3,5-10). Contudo, o protesto de Jonas sugere que mesmo o arrependimento de Nínive não teria sido causa suficiente para perdão e aceitação, a menos que Deus já fosse "um Deus gracioso" (4,2). Ou seja, com a nação-parceira mais recalcitrante, Javé age de modo caracteristicamente reabilitador, ultrapassando a dureza da soberania rejeitada, de forma a readmitir o inimigo existente.

Em todos esses casos, o movimento para além do juízo e nulificação em direção a uma nova possibilidade nacional se baseia na liberdade de Javé, liberdade de restaurar um inimigo. Todavia, há mais em ação nesses exemplos do que liberdade irrestrita. Parece-me que também há uma predileção ao perdão, restauração e reabilitação, impulsionada por um interesse positivo, antigo e permanente, e que não se rompe mesmo por resistência ou rebelião. Não quero enfatizar demais esse ponto, mas esses versos antigos e intrigantes realmente estão presentes no testemunho de Israel. Esses textos sugerem que, no limite da atenção de Israel, e consequentemente no limite da propensão de Javé, dá-se à soberania grátis um molde que é marcado pelo compromisso permanente e responsivo.

### *Javé na esfera de ação geopolítica*

Não é usual as nações aparecerem de forma tão proeminente em uma teologia do Antigo Testamento, como fiz aqui. Essa minha decisão merece um comentário explicativo. Julgo que o fato de "as nações" serem parceiras da soberania e da emoção de Javé é importante para nossa consideração por dois motivos. Primeiro, *a atenção aos textos corrige a impressão inicial de que o Antigo Testamento só se preocupa com o compromisso poderoso de Javé com Israel*. Na maioria das vezes, é verdade que Israel é o único tópico de soberania e liberdade de Javé nesse testemunho. Até certo ponto, o testemunho de Israel é um comentário interpretativo sobre si mesmo. Porém, essa reivindicação da centralidade de Israel precisa ser qualificada precisamente. Israel não vive em um vácuo sociopolítico. Está sempre na presença de nações mais poderosas que afetam sua vida e destino de modos não convidados. Além disso, Javé tem um rico campo de envolvimento com as nações. Um pouco desse envolvimento é condicionado pela centralidade de Israel nessa articulação da história mundial, mas muito dele não o é. De acordo com esse testemunho, o interesse de Javé pelas nações não é modelado ou determinado simplesmente pelas necessidades e propensões de Israel. Javé tem sua própria vida para viver, e não será monopolizado por Israel. Esse reconhecimento exige algo como uma rearticulação tanto de Israel, que não é mais o único parceiro de Javé, como de Javé, que não está comprometido exclusivamente com Israel.

O segundo motivo pelo qual investi tanto tempo e energia nesse tópico é um interesse interpretativo contemporâneo. Durante o longo período do Iluminismo, a Cristandade ocidental foi progressivamente privatizada em termos de indivíduos, famílias e comunidades domésticas. De modo geral, devido à perplexidade e ao embaraço, as comunidades eclesiais se esqueceram de como falar sobre assuntos nacionais e internacionais, exceto em tempos de guerra para mobilizar Deus para "o esforço de guerra". O resultado inevitável dessa privatização é o de renunciar a geopolítica em prol de uma análise prática e técnica, como na questão cínica de Joseph Stalin: "Quantas divisões tem o papa?". Ou seja, *se a dimensão teológica se retirar da esfera internacional, e com ela toda dimensão moral crível e crítica, então o mundo se torna um lugar onde o poder define o que é certo*. Até certo ponto, é isto que ocorre entre nós, porque a retórica javista nessa esfera chega às pessoas modernas como um sobrenaturalismo irracional.

Duas questões me sugerem que, em termos de intencionalidade teológica, a passagem do milênio que se aproxima é uma circunstância em que podemos reconsiderar corajosamente a caducidade da retórica javista. Primeiro, os estudos de PAUL KENNEDY, *The Rise and Fall of the Great Powers*, e (com menor intensidade) de DOUGLAS JOHNSTON e CYNTHIA SAMPSON, *Religion: The Missing Dimension of Statecraft*, convidam a uma reconsideração assim.[45] O livro de KENNEDY argumenta notavelmente que o poder militar traz devastação para uma nação-Estado, se cortado das realidades de território, população e recursos naturais e econômicos. Seu livro é uma análise científica social fria e ele aparentemente resiste a qualquer tentativa de introduzir uma dimensão moral em seu cálculo. Entretanto,

---

[45] PAUL M. KENNEDY, *The Rise and Fall of the Great Powers: Economic Change and Military Conflict from 1500 to 2000* (Nova York: Random House, 1987); DOUGLAS JOHNSTON e CYNTHIA SAMPSON, *Religion: The Missing Dimension of Statecraft* (Oxford: Oxford University, 1994).

penso que a análise de KENNEDY, dada em categorias bem diferentes, não está tão longe da análise profética. Os profetas de Israel caracteristicamente insistem que as nações arrogantes – as quais se sobressaem em autossuficiência imaginária – operam de forma autônoma e correndo seus próprios riscos. Nessa retórica, Javé representa um princípio crítico de restrições, o qual interrompe tanto o engrandecimento próprio como a brutalidade a serviço desse engrandecimento.

O livro de JOHNSTON e SAMPSON é bem menos satisfatório, pois se refere ao que me parecem ser dimensões calculadas da retórica religiosa que apelam mais para a prudência do que para qualquer princípio crítico mais profundo. Apesar disto, sua consideração do tema geral sugere que qualquer discernimento de poder que elimina questões morais é inadequado. Isto não é simplesmente uma questão de retórica, mas sim uma questão substantiva sobre se há qualquer restrição ou sanção operando no processo geopolítico. Dado o nosso silêncio iluminista de longo termo sobre a questão, a essa altura é digno reconhecer que Israel não tinha dúvidas quanto a essa questão interpretativa.

A segunda razão para reconsiderar a caducidade da retórica javista se refere ao contexto imediato de interpretação no final do século XX. Nenhum intérprete pode deixar de notar o fim da União Soviética, o notável fim relativamente não violento do apartheid na África do Sul, e a aparente abertura da intransigência ideológica na Irlanda do Norte e no Israel contemporâneo frente aos palestinos. A interpretação agora ocorre em um contexto de admirável reordenação de poderes no mundo. As questões são consideravelmente complexas, obviamente, e sem dúvida muitos fatores, alguns visíveis e outros escondidos, estavam em ação nessas mudanças de poder. Não proponho nenhuma ingenuidade teológica sobre uma dimensão teo-moral a essas questões.

Todavia, seguindo o modelo do testemunho espontâneo de Israel, pode-se cogitar que a intenção resiliente de Javé por justiça no mundo está em operação. Essa determinação por justiça, que negativamente limita o poder bruto e que positivamente reforça os advogados da justiça, pode na realidade ser atrasada pelo terror, intimidações e brutalidade. Na virada do século, podemos questionar novamente à luz da demora indubitável: esse ímpeto por justiça que Israel encontra enraizado na própria determinação de Javé pode ser parado completamente? Talvez se possa sugerir que a retórica teológica, mesmo podendo ser recrutada para propósitos repressivos, também estava próxima ao centro da virada de poder nesses casos mais recentes. Ou seja, a fala sobre Deus não é uma simples retórica estratégica, embora possa ser apenas isto. É também um pronunciamento de uma reivindicação substancial de que há uma força crucial imbuída na geopolítica que está além da manipulação convencional.

Tendo dito isto sobre nossas circunstâncias contemporâneas de interpretação, ofereço dois comentários suplementares. Primeiro, certamente o Holocausto impõe uma interrogação impressionante sobre qualquer reivindicação de uma dimensão moral na história mundial. A contínua reflexão sobre esse evento indescritível ainda gira precisamente ao redor dessa questão. Além disso, pelo menos a análise de Zygmunt Bauman, *Modernity and Holocaust*, entende o Holocausto como articulação extrema de autonomia moral acrítica e sem controle.[46]

Segundo, a maioria dos leitores dessa exposição da teologia do Antigo Testamento se compõe de cidadãos dos Estados Unidos, "a última superpotência" que sobreviveu e prosperou até o "final da história".[47] Minha intenção é que essa análise de Javé e das nações, no fim, se aplique aos Estados Unidos. Esse não é um competidor viável ao poder, e está em uma posição econômica e militar suficiente para imaginar, tal como o Egito, que produz seu próprio Nilo. As boas novas é que há um resíduo de consciência moral no etos dos Estados Unidos. A ameaça a essas boas novas é que a ideologia econômica e a justiça militar própria tendem a sobrepujar esse resíduo de consciência de modo fácil e ávido. Em tal situação, podemos nos perguntar: Chegamos afinal a uma nação-Estado que é imune a esse testemunho de metapolítica, de forma que o testemunho de Israel passa a ser considerado como uma retórica fora de moda ou autoenganosa? Ou os Estados Unidos, como todas as superpotências antes dele, já está de aviso prévio? A autonomia liberal certamente é a alternativa primária no mundo moderno para essa insistência antiga em alianças. Israel apresenta seu testemunho em um tribunal diante de testemunhos competidores. Imagino que esta antiga testemunha não julgaria a autonomia liberal como algo novo, mas sim como algo utilizado de modo frequente e antigo a serviço da autossuficiência autoenganosa.

Capítulo XVI

---

[46] Zygmunt Bauman, *Modernity and Holocaust* (Cambridge: Polity, 1991). Veja também Richard Rubenstein, *After Auschwitz: History, Theology, and Contemporary Judaism* (2ª ed.; Baltimore: Johns Hopkins University, 1992).

[47] Quanto a essa reivindicação insensível e arrogante dos Estados Unidos, veja Francis Fukuyama, *The End of History and the Last Man* (Nova York: Free, 1992).

## Capítulo Dezessete

### 17. A criação como parceira de Javé

Consideraremos agora o horizonte mais expansivo do testemunho de Israel sobre a qualidade transacional da vida de Javé. Javé considera a criação – todo o mundo conhecido e visível – como sua parceira. Isto obviamente é uma ideia bem comum da teologia, pois Gênesis 1-2 é talvez o texto mais conhecido em nossa cultura. Mas o caráter do relacionamento entre Criador e criação não é tão óbvio como sugere a familiaridade com o tema. A qualidade transacional desse relacionamento é o que nos interessa, mas ele foi coberto e tornado invisível, tanto pelo reducionismo da teologia da Igreja como pela confusão da criação com as categorias da "ciência natural".[1] Como vimos no testemunho espontâneo sobre a pessoa humana e as nações como parceiros de Javé, nesse caso também parece claro que a própria experiência de Israel e sua percepção de si mesmo diante de Javé influem grandemente em como Israel testemunha sobre a criação. Tal como com os outros parceiros, a criação é interpretada por meio da percepção que Israel tem de si mesmo.

### Um mundo abençoado e fértil

A criação – a rede de organismos vivos que provê um "lar" e contexto viável para a comunidade humana – é um produto da liberdade soberana e generosa de Javé.[2] Não se dá motivos para o indescritível ato de Javé de formar uma terra que é viável para vida. Já considerei a maneira como

---

[1] O reducionismo na teologia da Igreja de um modo conservador e fundamentalista é analisado especialmente por Mark A. Noll, *The Scandal of the Evangelical Mind* (Grand Rapids: Eerdmans, 1994). Embora sua análise se refira ao reducionismo da direita, pode-se dizer o mesmo da esquerda na teologia da Igreja; quanto a isso, veja Stephen Sykes, "Authority in the Church of England", *Unashamed Anglicanism* (Nashville: Abingdon, 1995), pp. 163-177. Nas pp. 195-197, Sykes comenta sobre o "liberalismo autoritário". Além disso, Jon Levenson, *Creation and the Persistence of Evil: The Jewish Drama of Divine Omnipotence* (São Francisco: Harper and Row, 1988), observa um reducionismo similar na teologia judaica, com referência a Yehezkel Kaufmann. Quanto ao criacionismo e sua confusão de categorias, veja Langdon B. Gilkey, *Creationism on Trial: Evolution and God at Little Rock* (Mineápolis: Winston, 1985).

[2] Eu falo de "lar humano" porque isso parece ser a forma como essa questão se articula no testemunho de Israel. É autoevidente que a criação é um lar para todas as criaturas, incluindo as não humanas. Veja Sl 104,14-23 e, negativamente, Ec 3,18-20.

Israel fala da atividade criadora de Javé.³ Aqui enfatizarei o resultado dessa atividade generosa. Eu também concluí antes, junto com um consenso de estudiosos do Antigo Testamento, que para Israel o horizonte de criação não é *ex nihilo*.⁴ Ou seja, Javé não criou o mundo a partir do nada. Antes, Javé ordenou o "substrato material pré-existente", que era selvagem, desordenado, destrutivo e caótico, possibilitando um lugar ordenado, confiável, pacífico e viável.⁵ Esse ato de ordenação é um ato de soberania na escala mais ampla, pelo qual a boa intenção de Javé quanto à vida impõe sua vontade sobre as forças e energias recalcitrantes e destrutivas. O resultado, segundo o testemunho de Israel, é um lugar de fertilidade, abundância, produtividade e extravagância – todos os termos se resumem na palavra *bênção*. Assim, em Gênesis 1,28, no centro desse primeiro grande capítulo, Javé declara, em modo de autorização:

> E Deus os abençoou e lhes disse: Sede fecundos, multiplicai-vos, enchei a terra e sujeitai-a; dominai sobre os peixes do mar, sobre as aves dos céus e sobre todo animal que rasteja pela terra.

A vontade de Javé para esse mundo recém-ordenado é que ele seja fecundo, investido com "o poder da fertilidade".⁶ Javé autorizou no mundo a força inescrutável da generosidade, de forma que a terra possa sustentar todos seus membros e tenha em si a capacidade de sustento, cuidado e regeneração. Essa capacidade de generosidade não é monopólio humano; assegura-se que cada gênero e espécie da criação possa se reproduzir segundo as suas espécies.

O evidente assombro e o dom inexplicável da bênção evocam em Israel uma doxologia reverente, que é a resposta apropriada para o milagre da criação que concretiza a vontade de Javé de gerar vida:

> Os céus proclamam a glória de Deus,
> e o firmamento anuncia as obras das suas mãos.
> Um dia discursa a outro dia,
> e uma noite revela conhecimento a outra noite.

---

³ Veja as pp. 213-238 [seção "Javé, o Deus que cria" no capítulo 4].

⁴ Quanto à questão da criação *ex nihilo*, veja a p. 229 [subseção "A rica representação da retórica", na seção acima mencionada].

⁵ Veja Levenson, *Creation and the Persistence of Evil*, p. 5.

⁶ Veja Claus Westermann, *Creation* (Londres: SPCK, 1974), p. 49, e Walter Harrelson, *From Fertility Cult to Worship: A Reassessment for the Modern Church of the Worship of Ancient Israel* (Garden City: Doubleday, 1969).

> Não há linguagem, nem há palavras,
> e deles não se ouve nenhum som;
> no entanto, por toda a terra se faz ouvir a sua voz,
> e as suas palavras, até aos confins do mundo. (Sl 19,1-4)[7]

> Ao Senhor pertence a terra e tudo o que nela se contém,
> o mundo e os que nele habitam.
> Fundou-a ele sobre os mares
> e sobre as correntes a estabeleceu. (Sl 24,1-2)

O Salmo 104 provê o testemunho israelita mais completo e extenso à criação, como uma operação dinâmica de bênção vivificante:

> Fazes crescer a relva para os animais
> e as plantas, para o serviço do homem,
> de sorte que da terra tire o seu pão,
> o vinho, que alegra o coração do homem,
> o azeite, que lhe dá brilho ao rosto,
> e o alimento, que lhe sustém as forças.
> Avigoram-se as árvores do Senhor
> e os cedros do Líbano que ele plantou,
> em que as aves fazem seus ninhos;
> quanto à cegonha, a sua casa é nos ciprestes.
> Os altos montes são das cabras montesinhas,
> e as rochas, o refúgio dos arganazes.
> Fez a lua para marcar o tempo;
> o sol conhece a hora do seu ocaso.
> Dispões as trevas, e vem a noite,
> na qual vagueiam os animais da selva.
> Os leõezinhos rugem pela presa
> e buscam de Deus o sustento;
> em vindo o sol, eles se recolhem
> e se acomodam nos seus covis.
> Sai o homem para o seu trabalho
> e para o seu encargo até à tarde. (Sl 104,14-23)

---

[7] Cita-se frequentemente esse texto como base para a teologia natural, pela qual a própria criação "revela" Javé. Veja JAMES BARR, *Biblical Faith and Natural Theology: The Gifford Lectures for 1991* (Oxford: Clarendon, 1993), pp. 85-89; e ROLF P. KNIERIM, *The Task of Old Testament Theology: Substance, Method, and Cases* (Grand Rapids: Eerdmans, 1995), pp. 322-350. Deve-se notar, mesmo assim, que o pronunciamento do Salmo está nos lábios de Israel. Sem a reverente doxologia de Israel, o testemunho da "natureza" não é direto ou explícito. Não digo que seja mudo, mas de todo modo prático esse testemunho depende de Israel.

Toda a criação – incluindo as criaturas humanas, mas não de forma especial – é cuidada, assistida, sustentada e protegida pelas garantias generosas que o Criador imbuiu na criação. Israel fica deslumbrado.

Essa ênfase na fertilidade, que se expressa em âmbito máximo, também se torna íntima e concreta no horizonte de Israel, pois a materialização e sinal seguro da generosidade da criação é o nascimento de um bebê, que assegura o bem-estar da família na próxima geração. Isto fica evidente nas narrativas ancestrais de Gênesis 12-36, mas se torna ainda mais concreto nos Salmos que proclamam as alegrias de um lar protegido:

> Herança do Senhor são os filhos;
> o fruto do ventre, seu galardão.
> Como flechas na mão do guerreiro,
> assim os filhos da mocidade.
> Feliz o homem que enche deles a sua aljava;
> não será envergonhado,
> quando pleitear com os inimigos à porta. (Sl 127,3-5)

> Bem-aventurado aquele que teme ao Senhor
> e anda nos seus caminhos!
> Do trabalho de tuas mãos comerás,
> feliz serás, e tudo te irá bem.
> Tua esposa, no interior de tua casa,
> será como a videira frutífera;
> teus filhos, como rebentos da oliveira,
> à roda da tua mesa.
> Eis como será abençoado o homem
> que teme ao Senhor!
> O Senhor te abençoe desde Sião,
> para que vejas a prosperidade de Jerusalém
> durante os dias de tua vida,
> vejas os filhos de teus filhos.
> Paz sobre Israel! (Sl 128)

Esse último Salmo visualiza genericamente a produtividade do mundo, que supre as necessidades diárias, e daí alude mais especificamente ao nascimento de filhos. O formato desses Salmos é intensamente patriarcal – os filhos são bem valorizados no Salmo 127 (sem menção de filhas) e o papel da mulher no Salmo 128,3 é o de dar felicidade ao homem.[8]

Mesmo o formato patriarcal, contudo, não reduz a consciência de

---

[8] A mesma utilização patriarcal de mulheres se articula em vestes reais no Sl 45,12b-17.

que o nascimento de um bebê, o dom inescrutável da novidade que adentra a rotina da vida humana cotidiana, seja na choça do camponês ou entre a elite urbana, é a evidência mais específica da maravilha, generosidade e fertilidade da criação tal como planejada por Javé. Além disso, no Salmo 128,5-6, generaliza esse dom íntimo de uma criança na família como um dom de prosperidade para todo Israel.

### Sabedoria, retidão e adoração

Quanto a esse contexto de bênção que Javé garante para todas as criaturas, o testemunho espontâneo de Israel lida com três temas que podemos considerar como suplementos a essa exuberante recepção e celebração de bênção. Primeiro, a criação exige que as pessoas, a quem foi dado domínio, pratiquem a *sabedoria*.[9] WESTERMANN conclui: "Mas o Antigo Testamento conhece uma sabedoria... que brota do poder divino de abençoar e, portanto, mesmo sendo sabedoria secular, tem um relacionamento direto com a atividade e obra de Deus".[10]

Sabedoria é a recepção crítica, refletiva e sagaz do dom de generosidade de Javé. Esse dom não é para autoindulgência, exploração, consumismo ou saciedade. É para o cultivo diligente, de forma que os recursos sejam usados para proteção, melhoria e cuidado de todas as criaturas. Sabedoria é a atenção diligente, constante e refletiva às configurações e interconexões que mantêm o mundo gerativo. Quando essas configurações e interconexões são honradas, o mundo todo prospera e todas as criaturas alcançam alegria e abundância. Quando são violadas ou desconsideradas, surgem certamente problemas, conflitos e destrutividade. Há sabedoria na própria tessitura da criação. A sabedoria humana consiste em ressonância com a "sabedoria das coisas", a qual já está presente na criação antes dos agentes humanos agirem sobre ela.

Segundo, essa ordem da criação, com a qual a sabedoria humana pode ressoar, tem *uma dimensão ética*, que H. H. SCHMID denomina de retidão.[11] O mundo, como criação de Javé, não é ordenado para que alguns

---

[9] Veja a análise do tema do domínio por CAMERON WYBROW, *The Bible, Baconism, and Mastery over Nature* (Nova York: Peter Lang, 1991). Veja também NORBERT LOHFINK, " 'Subdue the Earth?' (Genesis 1,28)", *Theology of the Pentateuch: Themes of the Priestly Narrative and Deuteronomy* (Mineápolis: Fortress, 1994), pp. 1-17.

[10] CLAUS WESTERMANN, *Blessing in the Church and the Life of the Church* (OBT; Filadélfia: Fortress, 1978), p. 39.

[11] H. H. SCHMID, *Gerechtigkeit als Weltordnung: Hintergrund und Geschichte des alt-*

possam se estabelecer sobre o todo para seu próprio proveito. O mundo, como criação de Javé, exige atenção diária e incessante aos dons da criação, pois seu abuso e exploração podem prejudicar e impedir a generosidade que possibilita a vida. Além disso, a criação traz em si sanções que produzem morte naqueles que negligenciam a intensificação da generosidade.[12]

Terceiro, embora a criação como generosidade não seja uma propriedade israelita, o testemunho de Israel defende que *a adoração pública é um contexto no qual a generosidade da criação pode ser recebida e intensificada*.[13] Assim, o poder da bênção está vivo e ativo no mundo. Ao mesmo tempo, em um texto tão conhecido como Números 6,24-26, o poder da bênção se situa ou se intensifica no santo lugar e no pronunciamento de "abençoadores" profissionais nomeados:

> O Senhor te abençoe e te guarde;
> o Senhor faça resplandecer o rosto sobre ti
> e tenha misericórdia de ti;
> o Senhor sobre ti levante o rosto
> e te dê a paz.[14]

Ora, pode bem ser que essa articulação cultual do poder da bênção deva simplesmente ser entendida como monopólio sociológico pelos sacerdotes desse poder dado por Deus. Contudo, em Israel, percebe-se que essa concentração cultual de bênção em um pronunciamento legítimo mobiliza e medeia os dons de generosidade que estão presentes em toda a criação.[15]

---

*testamentlichen Gerechtigkeitsbegriffs* (BHT; Tübingen: J. C. B. MOHR [PAUL SIEBECK], 1968); e KNIERIM, *The Task of Old Testament Theology*, pp. 86-122.

[12] Veja a análise definitiva sobre "ações e consequências" por KLAUS KOCH, "Is There a Doctrine of Retribution in the Old Testament?", *Theodicy in the Old Testament* (org. JAMES L. CRENSHAW; Filadélfia: Fortress, 1983), pp. 57-87. As categorias de KOCH são importantes para o argumento desenvolvido por SCHMID; veja a nota 11 acima.

[13] Quanto à centralidade da criação na adoração de Israel, veja BERNHARD W. ANDERSON, *Creation versus Chaos: The Reinterpretation of Mythical Symbolism in the Bible* (Filadélfia: Fortress, 1987), pp. 78-109; e HARRELSON, *From Fertility Cult to Worship*, pp. 81-152.

[14] Quanto a esse texto, veja PATRICK D. MILLER, "The Blessing of God: An Interpretation of Numbers 6,22-27", *Int* 29 (1975), pp. 240-50; e MICHAEL FISHBANE, *Biblical Interpretation in Ancient Israel* (Oxford: Clarendon, 1985), pp. 329-34.

[15] WESTERMANN, *Blessing in the Church*, pp. 103-120, comenta sobre a distinção entre

## Criação como experiência contrária na adoração

Há outra prática peculiar na vida de adoração de Israel que se enquadra em nosso tema. É evidente que, em Gênesis 1,1-2,4a, compreende-se que a criação e seu dom de bênção se consumam por meio de **(a)** pronunciamento, **(b)** separação entre dia e noite e entre águas e águas, e **(c)** na prática culminante do sábado.

Defende-se amplamente que a criação se tornou uma reivindicação crucial para a fé de Israel no exílio, período em que esse texto (Gn 1,1-2,4a) é comumente datado. Esse cenário para a fé na criação sugere que a afirmação da criação como uma arena ordenada e confiável de generosidade é um elemento valorizado contra a experiência de caos e desordem no exílio. Caso esse julgamento crítico seja aceito, a criação então é uma "representação" feita na adoração para resistir à negação do mundo do exílio. Como consequência, não se deve entender a criação como uma teoria ou como uma noção intelectual e especulativa, mas como uma disciplina e prática concreta de vida ou morte, pela qual as reivindicações peculiares de Javé são mediadas em Israel e para ele.

Essa suposição levou uma série de estudiosos a notar que o construto sacerdotal do tabernáculo em Êxodo 25-31 apresenta um paralelo singular e aparentemente intencional à liturgia da criação em Gênesis 1,1-2,4a.[16] Ou seja, as instruções para se montar o tabernáculo, dadas por Javé a Moisés, consistem em sete discursos que equivalem aos sete dias da criação e culminam, como em Gênesis 2,1-4a, nas provisões para o sábado (Êx 31,12-17).[17] Além disso, a declaração de que finalmente se "concluiu toda a obra do tabernáculo" (Êx 39,32; 40,33) corresponde ao "fim" da criação em Gênesis 2,4.[18]

---

a bênção presente em toda a criação e a bênção que é mediada institucionalmente. SIGMUND MOWINCKEL insiste que o culto é uma força gerativa e constitutiva de bênção. Veja, de forma derivada, WALTER BRUEGGEMANN, *Israel's Praise: Doxology against Idolatry and Ideology* (Filadélfia: Fortress, 1988), pp. 1-28.

[16] Veja PETER J. KEARNEY, "The P Redaction of Exod 25-40", *ZAW* 89 (1977), pp. 375-387; e JOSEPH BLENKINSOPP, *Prophecy and Canon: A Contribution to the Study of Jewish Origins* (Notre Dame: University of Notre Dame, 1977), pp. 54-69.

[17] As sete unidades de discurso são: Êx 25,130,10; 30,11-16; 30,17-21; 30,22-33; 30,34-38; 31,1-11; e 31,12-17.

[18] Em adição aos usos do termo *fim* em Gn 2,4; Êx 39,32; 40,33, veja Js 19,49-51. Assim, como observa BLENKINSOPP, os usos asseveram o paralelo intencional entre *criação*, *tabernáculo* e *distribuição da terra*.

Esse paralelismo sugere que, embora a criação possa ser uma experiência do mundo, em um contexto em que não se experimenta o mundo como bom, ordenado e gerativo, Israel pode recorrer à experiência contrária da criação na adoração. Esse exercício, suspeitamos, permite que os israelitas que se entregam completamente ao drama e às reivindicações da liturgia da criação vivam vidas responsáveis, compassivas, seguras, gerativas e (acima de tudo) sãs, em circunstâncias que desencorajam severamente um viver assim resoluto. Assim, nesse contexto, a criação tem implicações pastorais concretas e imediatas.

### A criação em perigo

O mundo de bênçãos sob o governo estabelecido de Javé é uma afirmação principal do testemunho de Israel. Essa afirmação poderia sugerir que a confiança no mundo e em sua generosidade é algo estabelecido na fé e na experiência de Israel. A essas alturas, contudo, já esperamos que qualquer reivindicação teológica estabelecida como essa certamente será instável em Israel, tanto pela experiência, que Israel se recusa a negar, e pelos textos, que testificam sobre essa experiência.

Assim é com a percepção de Israel sobre a criação. Israel testemunha e tem consciência de que há no mundo uma força que é contrária ao mundo de Javé, uma força que busca negar e nulificar o mundo como um lugar seguro de bênçãos. Não há dúvida de que Israel assumiu essa articulação mítica-poética de seus antecedentes e ambiente cultural, mas não se pode desprezá-la por esse motivo. Essa consciência de uma força contrária à criação se articula em textos pré-bíblicos porque a vida inclui essa dimensão de experiência. Além disso, podemos crer que Israel rearticulou essa reivindicação em seus próprios textos, não porque tenha tomado emprestado os textos de seu ambiente de forma descuidada, mas porque essas articulações são vistas como um testemunho fiel sobre uma dimensão da realidade que Israel não pode nem deseja negar.

*Israel testemunha, como o fizeram seus antecedentes, sobre uma força permanente de caos em sua vida.* Esse caos pode assumir nomes bem diferentes – Tiamat, Leviatã, Raabe, Yam, Mot – que podemos sumarizar sob os nomes de Morte ou Nada. Em diversos textos, essa retórica em Israel indica um reconhecimento de que algo opera no mundo buscando impossibilitar a vida de bênçãos desejada por Javé. Além disso, Israel se encontra impotente diante dessa força poderosa. Israel não tem recursos próprios para lidar com essa ameaça ou responder a ela. A seguir, consideraremos duas maneiras como Israel situa essa experiência incontestável em sua retórica teológica.

## *Dualismo na criação*

Primeiro, é possível concluir, com alguns textos israelitas, que esse poder do Nada ainda está à solta no mundo e ainda se opõe ativamente a Javé. Ou seja, no ato soberano da criação pelo qual Javé ordena o caos, ele provisoriamente derrotou o poder do Nada, mas não destruiu nem eliminou a ameaça do caos. Como resultado, esse poder do Nada de quando em quando junta suas forças e faz investidas contra a criação para produzir confusão, pois ainda não está sob o governo de Javé. Assim, propõe-se um dualismo primordial no qual Javé tem a supremacia mas não o controle completo, e por isso de vez em quando a criação é ameaçada.

A exposição mais clara desse dualismo-na-criação se encontra no livro de Jon Levenson, *Creation and the Persistence of Evil*.[19] O argumento formidável de Levenson é que o mal realmente continua com vitalidade e, portanto, a soberania de Javé sobre a criação é frágil e está sob ameaça.[20] Levenson se opõe à reivindicação acadêmica de Yehezkel Kaufmann e assegura que "o inimigo derrotado" (caos) ainda sobrevive e, portanto, a retórica da criação se justapõe à ameaça.[21]

Os dois textos centrais ao argumento de Levenson estão no Salmo 74 e em Isaías 51:

> Ora, Deus, meu Rei, é desde a antiguidade;
> ele é quem opera feitos salvadores no meio da terra.
> Tu, com o teu poder, dividiste o mar;
> esmagaste sobre as águas a cabeça dos monstros marinhos.
> Tu espedaçaste as cabeças do crocodilo [*Leviatã*]
> e o deste por alimento às alimárias do deserto.
> Tu abriste fontes e ribeiros;
> secaste rios caudalosos.
> Teu é o dia; tua, também, a noite;
> a luz e o sol, tu os formaste.
> Fixaste os confins da terra;
> verão e inverno, tu os fizeste. (Sl 74,12-17)

> Desperta, desperta, arma-te de força,
> braço do Senhor;
> desperta como nos dias passados,

---

[19] Na análise a seguir, eu me baseio na exposição de Levenson.

[20] Levenson, *Creation and the Persistence of Evil*, p. 47.

[21] Ibidem, p. 232.

> como nas gerações antigas;
> não és tu aquele que abateu o Egito [*Raabe*]
> e feriu o monstro marinho?
> Não és tu aquele que secou o mar,
> as águas do grande abismo?
> Aquele que fez o caminho no fundo do mar,
> para que passassem os remidos? (Is 51,9-10)

Ambos os textos mencionam o monstro do caos. Além disso, em ambos essa linguagem poética se aproxima da realidade vivida por Israel. No Salmo 74, é a realidade do templo destruído em Jerusalém; em Isaías 51, é o exílio. Essas realidades vividas fazem Israel se recordar da antiga ameaça do caos, certamente com a suposição de que a soberania absoluta de Javé está em perigo.[22]

Esse tipo de dualismo vai contra muita teologia estabelecida de tipo eclesiástico. No caso de LEVENSON, ele resiste às reivindicações teológicas judaicas de KAUFMANN. Mas também devemos notar que na teologia cristã, talvez especialmente no alto calvinismo com suas notáveis afirmações da soberania de Javé, surge a mesma tentação a uma reivindicação absoluta sobre Javé. Contra uma noção estabelecida assim, KARL BARTH afirma sobre a ameaça de *Das Nichtige* (o Nada):

> Há oposição e resistência ao domínio mundial de Deus. Há na ocorrência do mundo um elemento, de fato todo um sistema sinistro de elementos, que não é abrangido pela providência divina no senso até aqui descrito... Essa oposição e resistência, esse elemento teimoso e fator estranho, pode ser provisoriamente definida como o Nada.[23]

Diante dos dados dos textos, LEVENSON faz duas reivindicações teológicas. Primeiro, há uma promessa em Israel que, cedo ou tarde (provavelmente tarde), Javé prevalecerá sobre as ameaças (veja, por exemplo, Is 25,6-8). Segundo, para sua durabilidade a criação exige o ato e a solicitude especiais de Deus.[24] Israel reivindica que Javé concretiza essa solicitude especial de forma regular e confiável. O risco está em que Javé nunca pode ficar à vontade, pois se houver qualquer relaxamento de sua atenção, o poder

---

[22] Ibidem, pp. 26, 233.

[23] KARL BARTH, "God and Nothingness", *Church Dogmatics* 3/3: *The Doctrine of Creation* (Edimburgo: T. & T. Clark, 1960), p. 289. Sem dúvida, no fim BARTH não deixa o "Nada" além da soberania providencial de Deus, como o faz LEVENSON. Mesmo assim, BARTH reconhece a profundidade e seriedade dessa recalcitrância para com Deus.

[24] LEVENSON, *Creation and the Persistence of Evil*, p. 12.

do Nada irromperá imediatamente para ocupar o espaço negligenciado.

Essa noção de um adversário efetivo e poderoso contra o Criador Javé impregna o mundo mitológico do Antigo Testamento.²⁵ Algum resíduo desse pensamento se evidencia na serpente de Gênesis 3 e na aparição de Satanás em Jó 1-2 e em 1 Crônicas 21.²⁶ É possível, como sugere PAUL RICOEUR, perceber esses poderes de negatividade como elementos não resolvidos no caráter de Javé, que se separam como "agentes". Em todo caso, essa linha de pensamento traz questões importantes para a teologia do Antigo Testamento. Esse pensamento, baseado em textos que não são ambíguos, contraria frontalmente o pensamento eclesiástico mais estabelecido. Há uma tentação de esconder e ignorar tais textos, e de tratá-los apenas em termos da história da religião; para além da qual progrediu a fé mais madura de Israel.

Em minha avaliação, baseada especialmente em LEVENSON, mas também em BERNHARD ANDERSON, KARL BARTH e TERENCE FRETHEIM, é impossível desconsiderar esses textos e sua reivindicação teológica contrária com base no texto; além disso, essa desconsideração gera a perda de importantes recursos teológico-pastorais. Aqui me refiro a dois estudos, um sobre o poder público e outro sobre a miséria pessoal.

**FRETHEIM sobre o Faraó como força mítica**. TERENCE FRETHEIM apresenta uma releitura cuidadosa e ousada de Êxodo 1-15 e do papel distinto do Faraó na narrativa.²⁷ Nessa narrativa, apresenta-se o Faraó como um personagem *histórico*. Em seu estudo das pragas do Êxodo, contudo, FRETHEIM sugere que as políticas opressivas do Faraó são um distúrbio profundo da criação. Ou seja, as pragas não são atos naturais que se referem a Israel; elas são ocorrências "hipernaturais", nas quais se apresenta o Faraó como uma força *mítica* que perturba a produtividade da criação e evoca a punição retaliatória de Javé. Com base na narrativa, FRETHEIM possibilita uma consciência de que agentes históricos realmente assumem proporções míticas em sua representação do Nada. Essa é uma importante manobra interpretativa ao final do século XX, um período da história humana visitado por devastações impensáveis produzidas por agentes humanos em sua capacidade mítica – por exemplo, Auschwitz, Hiroshima, Dresden e o Gulag

CAPÍTULO XVII

---

²⁵ Veja ANDERSON, *Creation versus Chaos*, pp. 144-170; e BARTH, *Church Dogmatics 3/1: The Doctrine of Creation* (Edimburgo: T. & T. Clark, 1958), pp. 107,352ss.

²⁶ Quanto à serpente como prenúncio de Satanás, veja PAUL RICOEUR, *The Symbolism of Evil* (Boston: Beacon, 1969), pp. 255-260.

²⁷ Veja o capítulo 16, nota 28 acima.

soviético. Uma postura interpretativa como essa permite olhar diretamente para o mal sem oferecer nenhum antídoto javista muito fácil.

**LINDSTRÖM sobre crises pessoais.** FREDRIK LINDSTRÖM fez um estudo detalhado dos Salmos de lamento.[28] Em sua opinião, esses Salmos operam com um dualismo profundo. Ou seja, o declarante enfrenta problemas quando (e apenas quando) Javé é negligente, de forma que o poder do Nada ocupa o território negligenciado. Esses Salmos, na leitura de LINDSTRÖM, não dão quase nenhuma atenção ao pecado e à culpa, mas são apelos para que o negligente Javé preste atenção novamente, pois o poder do Nada não pode resistir à atenção solícita de Javé. Além disso, os Salmos são centrados no culto, crendo que é no culto que Javé deve vir reafirmar sua soberania gerativa.

É especialmente significativo que LINDSTRÖM fez seu estudo devido ao pedido de um pastor amigo que lida com aidéticos. O objetivo de LINDSTRÖM é mostrar que não se deve reduzir o poder do Nada, nem explicá-lo pelo pecado ou pela culpa. Antes, o violento ataque negativo se deve ao poder mortal que ainda está à solta na criação, o qual a qualquer momento pode causar confusão. A análise dele deixa claro que essa noção de dualismo não é um exercício intelectual especulativo, mas sim um recurso pastoral sério. Adicionalmente, não é uma diminuição de Javé. Pelo contrário, afirma-se quão urgentemente indispensável é Javé para uma vida viável no mundo. Javé é quem garante as bênçãos; contudo, onde esse poder de bênçãos não é decretado e garantido concretamente, ocorre a desintegração da criação.

### *Javé conquista as forças do mal*

Uma segunda maneira de falar sobre essa negação no testemunho espontâneo de Israel é a seguinte: reconhece-se que realmente há essa negação no mundo, mas em vez de um dualismo primordial no qual a negação opera de forma independente de Javé e contra ele, alguns textos entendem o poder da negação como uma força agora conquistada por Javé, a serviço dele, e que opera apenas a seu pedido. Essa noção tem o mérito de eliminar o dualismo primordial, e evita situar algum poder da realidade além da esfera da soberania de Javé. Mas esse ganho é compensado pela atribuição de severa negação à própria capacidade soberana de Javé; isto é, Javé faz tanto o mal como o bem (cf. Dt 32,39; Is 45,7).

---

[28] FREDRIK LINDSTRÖM, *Suffering and Sin: Interpretations of Illness in the Individual Complaint Psalms* (Stockholm: Almqvist and Wiksell International, 1994).

A tradição dos hinos de Israel, certamente cônscia do mito antigo e pervasivo de combate primordial, anuncia de forma exuberante que Javé derrotou e dissipou as forças do mal. Entre as declarações mais importantes dessa soberania singular e incontestável de Javé estão as de que ele é realmente o Criador de todos os "exércitos" e de que os poderes do céu e suas obras estão sob o comando dele:

> A quem, pois, me comparareis
> para que eu lhe seja igual? – diz o Santo.
> Levantai ao alto os olhos e vede.
> Quem criou estas coisas?
> Aquele que faz sair o seu exército de estrelas,
> todas bem contadas,
> as quais ele chama pelo nome;
> por ser ele grande em força
> e forte em poder,
> nem uma só vem a faltar. (Is 40,25-26)

Ademais, os discursos do redemoinho em Jó reivindicam que Javé controla criaturas que outrora eram monstros, mas que agora são criaturas obedientes e valorizadas nas quais ele se alegra (Jó 40,15-24; 41,1-34). Diz-se também que Javé controla as águas do cosmos (Jó 38,8-11,25-33). A declaração mais idílica está no Salmo 104,25-26, que assume o domínio completo de Javé sobre as forças ameaçadoras:

> Eis o mar vasto, imenso,
> no qual se movem seres sem conta,
> animais pequenos e grandes.
> Por ele transitam os navios
> e o monstro marinho que formaste para nele folgar.[29]

Nessa noção, que compete com o dualismo e provavelmente predomina no testemunho de Israel, não há causas para a desestabilização da criação exceto a vontade de Javé. Esse, em liberdade e soberania, pode realmente desestabilizar o mundo quando sua soberania é ridicularizada excessivamente ou provocada suficientemente.

É claro, o exemplo clássico dessa desestabilização radical do mundo a mando de Javé é a narrativa do dilúvio em Gênesis 6,5-7,24. Não há dúvida de que Javé causou o dilúvio, e não há dúvida de que foi a desobediência (corrupção e violência, Gn 6,11-13) que o levou a agir:

---

[29] LEVENSON, *Creation and the Persistence of Evil*, p. 17, se refere ao Leviatã nessa passagem como o "patinho de borracha" de Deus.

> Pereceu toda carne que se movia sobre a terra, tanto de ave como de animais domésticos e animais selváticos, e de todos os enxames de criaturas que povoam a terra, e todo homem. Tudo o que tinha fôlego de vida em suas narinas, tudo o que havia em terra seca, morreu. Assim, foram exterminados todos os seres que havia sobre a face da terra; o homem e o animal, os répteis e as aves dos céus foram extintos da terra... (Gn 7,21-23)

Isto, de fato, é a desintegração completa da criação a mando do Criador (cf. Is 54,9-10).

De forma mais concisa, a narrativa da destruição de Sodoma é uma história paralela. Em liberdade soberana, Javé se encarrega da punição radical da cidade, pondo em ação todas as forças sinistras da criação:

> Então, fez o Senhor chover enxofre e fogo, da parte do Senhor, sobre Sodoma e Gomorra. E subverteu aquelas cidades, e toda a campina, e todos os moradores das cidades, e o que nascia na terra. (Gn 19,24-25)

A destruição de Sodoma continua a ter efeito na imaginação de Israel (cf. Is 1,9-10; 3,9; Jr 23,14; 49,18; 50,40; Ez 16,46-51; e Os 11,8-9).

Adicionalmente, a situação não é diferente na narrativa das pragas, na qual Javé põe em ação a força dos trovões, chuva de pedras e fogo contra o Faraó, um vassalo recalcitrante:

> E Moisés estendeu o seu bordão para o céu; o Senhor deu trovões e chuva de pedras, e fogo desceu sobre a terra; e fez o Senhor cair chuva de pedras sobre a terra do Egito. De maneira que havia chuva de pedras e fogo misturado com a chuva de pedras tão grave, qual nunca houve em toda a terra do Egito, desde que veio a ser uma nação. Por toda a terra do Egito a chuva de pedras feriu tudo quanto havia no campo, tanto homens como animais; feriu também a chuva de pedras toda planta do campo e quebrou todas as árvores do campo. (Êx 9,23-25)

De fato, FRETHEIM observa que, no fim do ciclo de pragas (atos de soberania evocados pela desobediência), o ataque final de Javé contra o Faraó consiste em retornar a terra às "trevas espessas" do primeiro dia:[30]

> Então, disse o Senhor a Moisés: Estende a mão para o céu, e virão trevas sobre a terra do Egito, trevas que se possam apalpar. Estendeu, pois, Moisés a mão para o céu, e houve trevas espessas sobre toda a terra do Egito por três dias; não viram uns aos outros, e ninguém se levantou do seu lugar por três dias... (Êx 10,21-23a; cf. 12,29-30)

---

[30] Veja o comentário de FRETHEIM, "The Plagues as Ecological Signs", pp. 391-392.

Essas forças, postas em ação nos três relatos paradigmáticos do dilúvio, de Sodoma e do Egito, se referem a poderes que, nos discursos divinos do livro de Jó, crê-se que são dons da criação possuídos apenas pelo Criador. Javé retém esses poderes intimidantes para si mesmo. Assim, embora Javé possa por em ação as forças de bênção (ou fecundidade) no mundo, ele também pode por em ação as forças de maldição e morte – e o fará, em casos extremos, quando sua soberania é ridicularizada. Da nossa perspectiva, essa é uma articulação quase grotesca do relacionamento de Javé com o mundo. Essa noção da capacidade potencialmente destrutiva de Javé, contudo, é evidentemente um elemento básico da percepção de Israel sobre o mundo; e Israel não exibe assombro ou embaraço por ela.

De fato, essa capacidade de Javé é estilizada na recitação padrão das maldições da aliança que proveem sanções aos mandamentos.[31] Assim, segundo esse testemunho, Javé adverte Israel já no início:

> então, eu vos farei isto: porei sobre vós terror, a tísica e a febre ardente, que fazem desaparecer o lustre dos olhos e definhar a vida; e semeareis debalde a vossa semente, porque os vossos inimigos a comerão.

> então, eu vos farei isto: porei sobre vós terror, a tísica e a febre ardente, que fazem desaparecer o lustre dos olhos e definhar a vida; e semeareis debalde a vossa semente, porque os vossos inimigos a comerão. ...Se ainda com isto não vos corrigirdes para volverdes a mim, porém andardes contrariamente comigo, eu também serei contrário a vós outros e eu mesmo vos ferirei sete vezes mais por causa dos vossos pecados. Trarei sobre vós a espada vingadora da minha aliança; e, então, quando vos ajuntardes nas vossas cidades, enviarei a peste para o meio de vós, e sereis entregues na mão do inimigo. ...Eu também, com furor, serei contrário a vós outros e vos castigarei sete vezes mais por causa dos vossos pecados. (Lv 26,16,23-25,28)

Javé promete doenças, peste, seca, animais selvagens, espada, fome e, finalmente, desolação. A ameaça inclui ataque "histórico-militar", mas também inclui a interrupção completa dos processos de produção de alimento que dependem da função gerativa da criação. Israel não faz distinção entre ameaças "históricas" e "naturais"; ambas são da mesma espécie e ambas causam danos ao ambiente de Israel. A infraestrutura de produção

---

[31] Quanto a essas maldições, veja DELBERT R. HILLERS, *Treaty-Curses and the Old Testament Prophets* (Roma: Instituto Bíblico Pontifíce, 1964); e C. F. Fensham, "Maledictions and Benedictions in Ancient Near-Eastern Vassal-Treaties and the Old Testament", *ZAW* 74 (1962), pp. 1-19.

de alimentos e sustento da vida será descontinuada, porque Javé precisa ser obedecido. Quando ele não é obedecido, coloca-se toda a criação em risco profundo. Há limites para a tolerância de Javé quanto à recalcitrância de Israel, nessa recitação de maldições, assim como houve limites para o mundo (Gn 6-7) e para Sodoma (Gn 19).

A implementação dessas maldições se evidencia nos discursos de processos legais dos profetas. Sofonias, em uma articulação dura, imagina o fim da criação:

> De fato, consumirei todas as coisas
> sobre a face da terra, diz o Senhor.
> Consumirei os homens e os animais,
> consumirei as aves do céu,
> e os peixes do mar... (Sf 1,2-3)

Jeremias visualiza uma grande seca que desfará a terra (Jr 14,4-6). De forma especial, Amós prove um catálogo de maldições, em um formato altamente estilizado que parece ecoar a tradição das antigas maldições:[32]

> Também vos deixei de dentes limpos em todas as vossas cidades
> e com falta de pão em todos os vossos lugares;
> contudo, não vos convertestes a mim, disse o Senhor.
>
> Além disso, retive de vós a chuva, três meses ainda antes da ceifa;
> e fiz chover sobre uma cidade e sobre a outra, não;
> um campo teve chuva, mas o outro,
> que ficou sem chuva, se secou.
> Andaram duas ou três cidades,
> indo a outra cidade para beberem água,
> mas não se saciaram;
> contudo, não vos convertestes a mim, disse o Senhor.
>
> Feri-vos com o crestamento e a ferrugem;
> a multidão das vossas hortas, e das vossas vinhas,
> e das vossas figueiras, e das vossas oliveiras, devorou-a o gafanhoto;
> contudo, não vos convertestes a mim, disse o Senhor.
>
> Enviei a peste contra vós outros à maneira do Egito;
> os vossos jovens, matei-os à espada,
> e os vossos cavalos, deixei-os levar presos,

---

[32] Veja H. GRAF REVENTLOW, *Das Amt des Propheten bei Amos* (FRLANT 80; Göttingen: Vandenhoeck and Ruprecht, 1962), pp. 75-90.

> e o mau cheiro dos vossos arraiais fiz subir aos vossos narizes;
> contudo, não vos convertestes a mim, disse o Senhor.
>
> Subverti alguns dentre vós,
> como Deus subverteu a Sodoma e Gomorra,
> e vós fostes como um tição arrebatado da fogueira;
> contudo, não vos convertestes a mim, disse o Senhor. (Am 4,6-11)

Pode até ser que a afronta a Javé seja apenas do povo de Israel em um determinado contexto, ou talvez apenas um dos demais povos, como no caso do Egito. Mas, quando a punição é administrada, ela caracteristicamente não faz diferenciação. Ela atinge "toda a terra".[33]

Essa sequência inteira de textos manifesta a capacidade terrível e disponível de Javé de concretizar maldições sobre a terra, as quais interrompem o sistema de bênçãos e fertilidade e inviabilizam o mundo para a vida. Tal como as doxologias de Israel celebram o mundo quando esse está sob a bênção de Javé, assim também as diversas narrativas e poemas de juízo testemunham sobre a capacidade de Javé de submeter toda a terra ao poder das maldições, que produz apenas morte.

Em suas articulações mais estilizadas, como em Levítico 26 e Amós 4, as maldições são produto direto da ira de Javé. Porém, há também uma segunda forma de maldição, na qual a própria criação se torna mortal (sem a agência destruidora de Javé) em resposta a recalcitrância, abuso, desobediência e opressão. Isto é, os requisitos inflexíveis da criação são autocorretivos em suas sanções. Isto se expressa, por exemplo, em Oseias 4,1-3, que podemos tomar como paradigmático para a consciência de que a criação pode ser anulada quando se torna suficientemente intensa a afronta contra a vontade de Javé na criação:[34]

> O Senhor tem uma contenda com os habitantes da terra,
> porque nela não há verdade, nem amor,
> nem conhecimento de Deus.
> O que só prevalece é perjurar,
> mentir, matar, furtar e adulterar,

---

[33] Ao afirmar "toda a terra", devemos notar prontamente a crucial exceção. Veja o capítulo 16, nota 30.

[34] Quanto a esse texto, veja WALTER BRUEGGEMANN, "The Uninflected Therefore of Hosea 4,1-3", *Reading from this Place 1: Social Location and Biblical Interpretation in the United States* (org. FERNANDO F. SEGOVIA e MARY ANN TOLBERT; Mineápolis: Fortress, 1995), pp. 231-249.

> e há arrombamentos
> e homicídios sobre homicídios.
> Por isso, a terra está de luto,
> e todo o que mora nela desfalece,
> com os animais do campo e com as aves do céu;
> e até os peixes do mar perecem. (Os 4,1-3)

Certamente Javé está presente no processo de desmontagem, mas não há ação direta dele. O escopo da acusação é a "terra", mas como se usa o termo *'ereş* nos vs. 1, 2 e 3, o escopo parece mudar da "terra de Israel" para "a terra" – toda a criação. Em todo caso, o poema afirma que, como consequência das violações dos vs. 1-2, sem qualquer intervenção declarada de Javé, a criação se desfaz pela seca. O desaparecimento dos "animais do campo... aves do céu... peixes do mar" manifesta o colapso de toda a estrutura produtora de vida na terra. A desobediência local, aqui uma desobediência ao Decálogo, evoca o enorme poder de Javé contra a criação.

No formato canônico do testemunho de Israel, toda essa ameaça de Javé – sua capacidade de transformar os processos de bênção em maldição que impossibilita um futuro – vem à baila no exílio. O exílio de Israel não se refere apenas ao deslocamento geográfico, mas à cessação das possibilidades da vida, à retirada da fecundidade. A articulação mais completa e drástica do juízo mortal de Javé sobre Jerusalém como "o fim da criação" se encontra em Jeremias 4,23-26:

> Olhei para a terra,
> e ei-la sem forma e vazia;
> para os céus,
> e não tinham luz.
> Olhei para os montes,
> e eis que tremiam,
> e todos os outeiros estremeciam.
> Olhei, e eis que não havia homem nenhum,
> e todas as aves dos céus haviam fugido.
> Olhei ainda, e eis que a terra fértil era um deserto,
> e todas as suas cidades estavam derribadas
> diante do Senhor, diante do furor da sua ira.

Esse poema, em um catálogo estilizado e intencional, passa por todos os elementos da criação. Começa na terra e céus e culmina com a terra fértil e as cidades. Tudo se foi! Tudo foi sistematicamente desmontado. A anulação é completa e intencional. A realidade voltou ao *tohû wabohû*, o estado anterior à criação em Gênesis 1,2 – ou seja, a massa desordenada e sem forma de "substrato material pré-existente",[35] antes de Javé ter pronunciado qualquer palavra soberana ou executado qualquer ação formadora para transformar essa massa em um lugar fecundo de bênçãos e vida jubilosa. Toda essa desagregação e anulação acontece por causa do "furor da sua ira". O que Javé formou em generosidade como um lugar de bênção pode, na sua indignação, se tornar um lugar de maldição. O mundo que Javé criou em liberdade pode ser abolido, anulado e abandonado com a mesma liberdade.

Essa descrição massiva e impiedosa do relato da criação como parceira de Javé tem duas qualificações que nunca são solucionadas por Israel nem completamente integradas em sua alta reivindicação sobre Javé. Por um lado, a soberania completa de Javé, como mostra Levenson, nunca expulsa completamente o que parece ser a força autônoma do caos. Por outro lado, a liberdade atribuída a Javé como Criador, na retórica de Israel, nunca é uma condição moral livre, na qual Israel causa negação a si mesmo. Assim, o ato de negação não é um ato totalmente livre de Javé, mas é ao mesmo tempo um ato exigido e compulsório pelas sanções da aliança. A liberdade soberana de Javé, segundo o testemunho de Israel, deve contender incessantemente com essas duas qualificações.

### O mundo além da anulação

A característica impressionante dessa declaração sobre a liberdade e a soberania de Javé (embora menos impressionante à luz do que vimos sobre Israel, a pessoa humana e as nações como seus parceiros) é que *o testemunho de Israel não deixa o relato da criação como parceira de Javé ficar como uma história de abolição, negação e anulação.* Talvez não se possa falar de uma paixão de Javé ou de seu amor passional pela criação, pois não há indícios desse envolvimento emocional de Javé com a criação. Todavia, é evidente que existe algo operando no interior de Javé – e Israel ousadamente testemunha sobre esse algo – que contraria, interrompe e mitiga o livre exercício da soberania indignada dele. Algo reage contra a destrutividade, seja para qualificá-la ou para um novo início após a destruição. Em todo caso, a relação de Javé com a criação é mais complexa do que uma resposta unidimensional de soberania indignada.

Dividirei minha consideração desse fator mitigador na vida de Javé em duas partes. Primeiro considerarei a qualificação dada nos textos de abolição; depois considerarei três outros textos que sugerem não apenas um limite à ira de Javé, mas uma intenção bastante nova dele de abençoar.

---

[35] A expressão é de Levenson, *Creation and the Persistence of Evil*, p. 5.

### Qualificação em textos de abolição

Diversos fatores mitigadores nos textos de destruição evidenciam que Javé é incapaz ou não está disposto a "ir até o fim" na abolição da criação.

**Dilúvio**. Na narrativa do dilúvio em Gênesis 6,5-7,24, vimos a resolução de Javé de "fazer desaparecer" a humanidade (6,7) e o relato narrativo de seu cumprimento:

> Assim, foram exterminados todos os seres que havia sobre a face da terra; o homem e o animal, os répteis e as aves dos céus foram extintos da terra... (7,23)

Mas obviamente a resolução de Gênesis 6,7 já é modestamente contrariada no versículo seguinte:

> Porém Noé achou graça diante do Senhor. (6,8)

O tema da exceção de Noé é reiterado em 7,23b:

> ...ficou somente Noé e os que com ele estavam na arca.

E ainda uma terceira vez, Noé aparece como um fator mitigador:

> Lembrou-se Deus de Noé e de todos os animais selváticos e de todos os animais domésticos que com ele estavam na arca; Deus fez soprar um vento sobre a terra, e baixaram as águas. (8,1)

BERNHARD ANDERSON mostra que, de forma arquitetural, Gênesis 8,1 é o ponto central da narrativa, após o qual as águas recuam, a ameaça do dilúvio termina, e a terra novamente se torna segura.[36] Não se diz que Javé ama Noé; mas sim que "Noé achou graça diante do Senhor". Além disso, em 6,9, diz-se que Noé é "justo"; mas a declaração principal – no que geralmente se considera ser o texto mais antigo – é "achou graça" (*ḥnn*), fazendo assim contato com a benevolência de Javé (mesma palavra de Êx 34,6). A narrativa afirma que, ao lado da soberania indignada de Javé, há "graça" e "lembrou-se Deus de Noé". O narrador não diz que Javé se lembrou da justiça de Noé, mas simplesmente se lembrou dele, daquele que tinha achado "graça" diante dele. Somos levados a crer, subsequentemente, que é essa relação singular e inexplorada com Noé, talvez em justiça, talvez em graça, que leva à restauração da bênção sobre uma terra

---

[36] BERNHARD W. ANDERSON, "From Analyses to Syntheses: The Interpretation of Genesis 1-11", *JBL* 97 (1978) 31-39.

amaldiçoada (Gn 8,22) e, no fim, a uma promessa de "aliança eterna", na qual Javé garante:

> Estabeleço a minha aliança convosco: não será mais destruída toda carne por águas de dilúvio, nem mais haverá dilúvio para destruir a terra. (9,11)

Não se fala muito de Noé no testemunho subsequente de Israel (cf. Ez 14,14,20; 2Pe 2,5). Em todo caso, Noé propicia a ocasião para a mudança de atitude de Javé, a razão pela qual Javé novamente ama e aceita o mundo como um sistema de bênçãos.[37]

**Sodoma**. Na história de Sodoma, o tema contrário é ainda menor, mas está ali. A história muda pelo esforço de salvar Ló (Gn 19,17) e pela perda da esposa dele (19,26). O que nos interessa, contudo, está em 19,29:

> ...lembrou-se Deus de Abraão e tirou a Ló do meio das ruínas, quando subverteu as cidades em que Ló habitara.

Essa sucinta declaração é paralela à de Gênesis 8,1, e desempenha a mesma função. Javé não tem nenhuma memória cativante de Ló, mas se lembra de Abraão, já identificado na história como alguém íntimo de Javé e portador da bênção (Gn 18,17-19). Javé aposta tudo em Abraão, de forma que esse se torna o divisor de águas por meio do qual o poder da bênção é reafirmado na criação amaldiçoada.

**As pragas contra o Egito**. As maldições (pragas) concretizadas contra o Egito e o Faraó são massivas e inflexíveis, mas são limitadas em certa medida:

> Somente na terra de Gósen, onde estavam os filhos de Israel, não havia chuva de pedras. (Êx 9,26)

> ...porém todos os filhos de Israel tinham luz nas suas habitações. (10,23)

Porém contra nenhum dos filhos de Israel, desde os homens até aos animais, nem ainda um cão rosnará, para que saibais que o Senhor fez distinção entre os egípcios e os israelitas. (11,7)

Talvez se deva entender essas exceções simplesmente como comentários sobre a "escolha" de Israel, e há esse motivo na história. Mas, na perspectiva do futuro da criação, Israel nessa narrativa é o meio pelo qual a história de bênção ao mundo se mantém viva em um mundo amaldiçoado.

---

[37] Veja Is 54,9-10, onde a mesma narrativa se torna uma garantia especificamente para Israel. Quanto ao texto, veja WALTER BRUEGGEMANN, "A Shattered Transcendence? Exile and Restoration", *Biblical Theology: Problems and Perspectives* (org. STEVEN J. KRAFTCHICK *et al.*; Nashville: Abingdon, 1995), pp. 169-182.

**Caos, mas não "de todo"**. No juízo maciço de Jeremias 4,23-26, tudo reverte ao caos original. O comentário em prosa à poesia reforça a devastação: "Pois assim diz o Senhor: Toda a terra será assolada..." (4,27a). Mas, então, adiciona-se isto: "...porém não a consumirei de todo" (4,27b). Essa última expressão sofre nas mãos de muitos comentaristas, que a julgam uma adição posterior. Contudo, ali está ela! Por quê? Foi adicionada porque os tradicionais não podiam tolerar a anulação do mundo de forma tão massiva, e por isso a abrandaram? Talvez. Mas na exposição teológica, temos o direito de pensar que Javé não podia tolerar a abolição do mundo. Javé apostou muito na criação. A "graça" (*ḥnn*) estendida a Noé, Abraão (Ló), Israel e Moisés continua a significar algo. Talvez com grande custo, Javé está determinado a manter a criação como um sistema de bênção, e não desistirá disso, mesmo diante de sua própria tendência à destruição irada. Israel pondera sobre essa natureza interior de Javé, e ousa proclamá-la. Javé está profundamente dividido quanto ao futuro do mundo. Podemos ousar em sugerir que é essa qualidade de oscilação na própria vida de Javé, segundo o testemunho espontâneo de Israel, que constitui a esperança da criação?

### *Criação renovada a partir do desespero*

Também menciono três textos que articulam como Javé age de maneira nova e impressionante em prol da criação, quando em desespero tudo parece ter chegado a um fim.

**Oseias 2,2-23**. Esse texto se refere a Israel em primeira instância, como parceiro rejeitado de Javé, e não à criação. Eu o cito nesse contexto, no entanto, porque, no horizonte desse poema, o passado e o futuro de Israel estão vinculados intimamente à presença ou ausência de bênção na criação. O poema se estrutura em duas partes, que podemos denominar de Israel "sob maldição" (vs. 2-13) e Israel "sob bênção" (vs. 14-23). Na primeira parte, Javé deu a Israel a abundância da criação:

> Ela, pois, não soube que eu é que lhe dei
> o trigo, e o vinho, e o óleo,
> e lhe multipliquei a prata
> e o ouro, que eles usaram para Baal. (v. 8)

Agora, contudo, em ira, Javé vai retirar as bênçãos da criação, de modo que a vida de Israel não seja mais viável:

> Portanto, tornar-me-ei,
> e reterei, a seu tempo,
> o meu trigo e o meu vinho,

> e arrebatarei a minha lã e o meu linho,
> que lhe deviam cobrir a nudez.
>
> Devastarei a sua vide e a sua figueira...
> farei delas um bosque,
> e as bestas-feras do campo as devorarão. (vs. 9,12)

As garantias e dons da criação estão à mercê do controle soberano de Javé, para dar e para retirar.

Na segunda parte do poema, Javé começa, por sua paixão, a seduzir Israel de volta ao relacionamento. Entre os atos de sedução, há uma aliança com os elementos da criação, que haviam sido perdidos em 2,3:

> Naquele dia, farei a favor dela aliança com as bestas-feras do campo, e com as aves do céu, e com os répteis da terra... (2,18)

O resultado dessa restauração de relacionamento é a retomada do processo de fecundidade na criação:

> Naquele dia, eu serei obsequioso, diz o Senhor,
> obsequioso aos céus, e estes, à terra;
> a terra, obsequiosa ao trigo,
> e ao vinho, e ao óleo;
> e estes, a Jezreel.
> Semearei Israel para mim na terra
> e compadecer-me-ei da Desfavorecida;
> e a Não-Meu-Povo direi:
> Tu és o meu povo!
> Ele dirá: Tu és o meu Deus! (vs. 21-23)

No futuro dado por Javé, não é mais possível distinguir entre o futuro de Israel e o da criação, pois Israel está profundamente entranhado nas vantagens e desvantagens da criação.

Esse poema é interessante para o nosso tema de diversas formas. **(a)** A declaração do poema, quando considerada como uma declaração sobre a criação, se refere à capacidade de Javé de anular a criação. **(b)** O poema tem Israel como assunto primário, por isso a criação não é um sistema mecanicista, mas está completamente imbuída na prática das alianças humanas. **(c)** O bem-estar ou fracasso da criação depende da prática da fidelidade, principalmente da fidelidade de Javé. É provável que esse poema, e outros como esse, tenham sido lidos unicamente com referência a Israel, mas o poema também pode ser visto com referência ao modo como a tendência interior variável de Javé também afeta o bem-estar ou a anulação da criação.

**Isaías 45,18-19**. O Isaías do exílio pretende contrabalançar e superar as diversas anulações do exílio. Entre essas se situa a retórica de Israel que vincula o exílio à anulação da criação, como vimos de forma vívida em Jeremias 4,23-26. Entendo esse texto de Jeremias de forma hiperbólica; nele Israel fala de sua situação exílica como uma crise de proporções mundiais. Agora, para superar essa retórica hiperbólica, Israel deve contrabalançá-la com um discurso positivo igualmente hiperbólico. Assim, em Isaías 45,18-19, o poeta fala duas vezes de caos (*tohû*): "...que não a criou para ser um caos... Buscai-me em vão [*tohû*]", visando apresentar o contraste de uma ordem bem criada sobre a qual o Criador Javé preside. O apelo à realidade do caos realça a afirmação positiva de Javé, agora disponível no outro lado do exílio. Assim, a linguagem do caos é peculiarmente apropriada ao exílio de Israel. Discursos de nova criação, recriação ou criação restaurada auxiliam no ressurgimento de Israel a partir da anulação do exílio.

**Isaías 62,3-5**. Na poesia extravagante de Isaías 60-62, o poeta se esforça em proclamar a nova possibilidade de Israel após o exílio. Em meio a essa retórica exagerada de possibilidades, esses versículos se referem à restauração da fecundidade da criação:

> Serás uma coroa de glória na mão do Senhor,
> um diadema real na mão do teu Deus.
> Nunca mais te chamarão Desamparada,
> nem a tua terra se denominará jamais Desolada;
> mas chamar-te-ão Minha-Delícia;
> e à tua terra, Desposada;
> porque o Senhor se delicia em ti;
> e a tua terra se desposará.
> Porque, como o jovem desposa a donzela,
> assim teus filhos te desposarão a ti;
> como o noivo se alegra da noiva,
> assim de ti se alegrará o teu Deus. (Is 62,3-5)

A linguagem específica da fertilidade nos interessa por causa do poder de seus contrastes. Assim, a "Desamparada" e "Desolada" agora é "Minha-Delícia" e "Desposada". O último termo é descrito em detalhes nos vs. 4b-5, apelando à alegria dos recém-casados. É significativo que o termo *Desposada* (*b'ûlah*) apela às tradições mais antigas conhecidas por Israel quanto à fertilidade. Essa linguagem (cf. Os 2,16) visa falar da restauração dos processos de bênção na criação, por meio da qual Israel florescerá. GARY ANDERSON mostra como a recuperação da capacidade sexual simboliza em Israel a completa restauração da alegria e da vontade.³⁸ Assim, o Deus que preside à devastação da criação é o Deus que agora tem o poder e a vontade de levar a criação a funcionar plenamente, para benefício de Israel. Todas as causas e motivações para a anulação do exílio são agora perdoadas e esquecidas (cf. Is 54,7-8). O mundo começa de novo!

A declaração mais extrema dessa capacidade de recuperação da criação se encontra em Isaías 65,17-25, talvez a resolução mais abrangente de Javé em todo o testemunho de Israel:

> Pois eis que eu crio novos céus e nova terra;
> e não haverá lembrança das coisas passadas,
> jamais haverá memória delas.
> Mas vós folgareis e exultareis perpetuamente no que eu crio;
> porque eis que crio para Jerusalém alegria
> e para o seu povo, regozijo.
> E exultarei por causa de Jerusalém
> e me alegrarei no meu povo,
> e nunca mais se ouvirá nela
> nem voz de choro nem de clamor.
> Não haverá mais nela criança para viver poucos dias,
> nem velho que não cumpra os seus;
> porque morrer aos cem anos é morrer ainda jovem,
> e quem pecar só aos cem anos será amaldiçoado.
> Eles edificarão casas e nelas habitarão;
> plantarão vinhas e comerão o seu fruto.
> Não edificarão para que outros habitem;
> não plantarão para que outros comam;
> porque a longevidade do meu povo será como a da árvore,
> e os meus eleitos desfrutarão de todo as obras das suas próprias mãos.
> Não trabalharão debalde,
> nem terão filhos para a calamidade,
> porque são a posteridade bendita do Senhor,
> e os seus filhos estarão com eles.
> E será que, antes que clamem, eu responderei;
> estando eles ainda falando, eu os ouvirei.
> O lobo e o cordeiro pastarão juntos,
> e o leão comerá palha como o boi;
> pó será a comida da serpente.
> Não se fará mal nem dano algum
> em todo o meu santo monte, diz o Senhor.

---

³⁸ GARY A. ANDERSON, *A Time to Mourn, a Time to Dance: The Expression of Grief and Joy in Israelite Religion* (University Park: Pennsylvania State University, 1991), pp. 82-97 e *passim*.

Essa retórica notavelmente rica sugere que a nova criação que vem agora, após a ressurgência do caos, justifica uma exposição mais completa do que posso prover aqui. Podemos apenas notar brevemente alguns aspectos dessa promessa extravagante. Primeiro, o poema é uma declaração na boca de Javé, que de forma pública e incisiva reivindica autoridade de replicar a criação inicial, mas agora de maneira mais grandiosa e maravilhosa. Essa ação prometida por Javé visa claramente superar tudo que está fora de ordem, seja isso causado pela sua própria ira, pela desobediência de Israel ou por outras forças indomadas de morte. Segundo, a novidade da criação aqui prometida atinge todos os aspectos e fases da vida. Todos os elementos da existência devem se submeter à proteção positiva e vivificadora de Javé. Terceiro, a promessa no v. 23 pode se referir à deficiência proclamada em Gênesis 3,16. Ou seja, tudo que está fora de ordem na criação agora será restaurado e tornado íntegro, mesmo as distorções mais profundamente imbuídas no mundo de Javé. Quarto, o versículo culminante (sobre isso veja também Is 11,6-9) indica que a nova criação agora prometida se refere não apenas a Israel, nem apenas a toda a comunidade humana, mas a toda a criação, de forma que serão superadas as hostilidades em todos os níveis e dimensões da criação. "Tudo ficará bem e tudo ficará bem".[39]

**A criação sob o comando de Javé**

Dessa forma, ao reunir o testemunho, a criação é vista em três momentos:

1. O *período da bênção*, ativando a livre soberania de Javé, devotada ao bem-estar e produtividade do mundo. Javé tem o poder e a inclinação de formar um mundo de proporções geradoras de vida.

2. Pode surgir uma *fissura radical* na vida do mundo, conforme a retórica de Israel, em geral entendida como um ato da liberdade soberana e indignada de Javé. A criação não é necessária a Javé, e ele não tolerará uma criação que não esteja ordenada segundo sua intenção para a vida. O mundo pode ser perdido!

3. Diante da anulação devastadora, experimentada por Israel

---

[39] A expressão é de Juliana de Norwich [1342-1416], *Showings* (Nova York: Paulist, 1978).

na fissura de seu exílio, e experimentada pelas pessoas nas fissuras do "Poço", é característico de Javé produzir *uma novidade radical*. O testemunho de Israel é comedido quanto à motivação de Javé para esse notável ato de nova criação. Em Isaías 65,17-25, não se dá nenhuma razão; há apenas uma declaração de intenção soberana. Em Isaías 45,18-19, sugere-se possivelmente que a criação é parte da própria natureza de Javé. Não faz parte da sua natureza ser um Deus que se contenta com o caos. Faz parte da determinação mais básica de Javé concretizar bênção, ordem e bem-estar.

Em Isaías 62,3-5, em que a linguagem da criação está a serviço do fecundo futuro de Israel, estamos mais próximos de perceber um motivo para esse novo modo de decisão. Javé tinha se calado (*ḥšh*) e se aquietado (*šqṭ*) (Is 62,1). Não se diz por quê. Talvez Javé estivesse punindo Israel através desse silêncio retraído e desatento. Ou talvez Javé tivesse sido tão provocado por Israel que ficou irritado e disposto a abandonar provisoriamente Israel à situação amaldiçoada que escolheu para si. Qualquer que seja a razão, Javé agora resolve falar "por amor de Sião" (v. 1). Ele anuncia a ressurgência da bênção por amor de Jerusalém. A mesma linguagem é utilizada de modo mais completo, e pela mesma razão, em Isaías 42,14:

> Por muito tempo me calei,
> estive em silêncio e me contive;
> mas agora darei gritos como a parturiente,
> e ao mesmo tempo ofegarei, e estarei esbaforido.

Novamente não se diz qual a razão do silêncio, mas se fala da natureza do novo discurso, quando Javé quebra o silêncio mantido por tanto tempo. Em Isaías 42, Javé fala da restauração de Israel e, em Isaías 62, da restauração da bênção para Israel. Ele quebra o silêncio que permite o caos com "gritos como a parturiente". Essa é uma explosão de energia de nascimento que deseja ser gerativa. Talvez seja ação a partir da afeição por Israel, como a de uma mãe por seu filho, uma vontade irreprimível e indomável pelo bem-estar da criança (cf. Is 49,14-15). Talvez seja uma energia gerativa que provém do íntimo de Javé. Em todo caso, o que se afirma agora é uma nova energia que se recusa a deixar as coisas anuladas e em um estado de exílio, caos e morte.

O restabelecimento de Isaías 42,14ss é histórico e se refere ao restabelecimento de Israel. Mas a retórica também se refere à ação de reordenar toda a criação:

> Os montes e outeiros devastarei
> e toda a sua erva farei secar;
> tornarei os rios em terra firme
> e secarei os lagos.
> Guiarei os cegos
> por um caminho que não conhecem,
> fá-los-ei andar por veredas desconhecidas;
> tornarei as trevas em luz perante eles
> e os caminhos escabrosos, planos.
> Estas coisas lhes farei
> e jamais os desampararei. (Is 42,15-16)

Essa é uma determinação poderosa, irresistível e transformadora, a ser executada com um alto nível de intensidade emocional. É uma explosão de fecundidade que mudará tudo e criará uma novidade. Esse é um Deus que não desampara:

> ...jamais os desampararei. (v. 16)

> Nunca mais te chamarão Desamparada... (62,4)

Nessa determinação de uma nova criação, Javé promete superar todo desamparo e abandono conhecido em Israel e no mundo. Quando a criação é abandonada por Javé, ela prontamente reverte ao caos. Aqui faz parte da determinação de Javé, e de sua própria natureza, não abandonar, mas abraçar amorosamente. O próprio futuro do mundo, assim atesta Israel, depende dessa determinação de Javé. É uma determinação poderosa. Mais do que isso, é uma determinação que consome precisamente o *tohû wabohû* e permite que a realidade do mundo se reinicie em bênção.

## Capítulo Dezoito

### 18. O drama da parceria com Javé

Muitas outras coisas, é claro, pode-se dizer proveitosamente sobre esses quatro assuntos: Israel, as pessoas, as nações e a criação. Apesar disso, sugiro que a análise nos quatro capítulos precedentes considera os aspectos principais desses quatro assuntos em relação a Javé. De fato, mesmo em relação a Javé, o material pode ser interpretado e reunido de forma bem diferente do modo como fiz. A meu ver, no entanto, algo similar ao quadro apresentado abaixo certamente emergirá ao se considerar **(a)** a incomensurabilidade da liberdade soberana de Javé, **(b)** a mutualidade fundamentada na sua fidelidade passional e generosa e **(c)** a tensão instável, que sempre precisa ser negociada, entre elas. Como afirmação final sobre esses quatro parceiros de Javé, considerarei primeiro um padrão recorrente neles, depois farei uma reflexão sobre a apresentação de Javé nesse testemunho espontâneo e, finalmente, uma reflexão sobre a importância desse testemunho entre as ideologias dominantes do nosso foro interpretativo.

### Padrões recorrentes nos parceiros

É uma tentação e perdição na teologia do Antigo Testamento tentar tematizar ou esquematizar excessivamente os dados, e eu não desejo de forma alguma impor um padrão sobre o material. Contudo, por causa do caráter de Javé, sugiro que, para cada um desses parceiros, os dados permitem *um movimento dramático*:

*Movimento dramático para os parceiros de Javé*

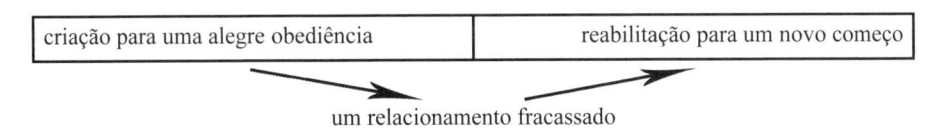

| criação para uma alegre obediência | reabilitação para um novo começo |
|---|---|

um relacionamento fracassado

Sugiro esse padrão apenas como uma perspectiva aproximada, que precisa ser ajustada para cada parceiro. De fato, ela precisa receber nuances diferentes em cada texto. Apesar disso, esse drama de quebrantamento e restauração é o ingrediente primário da vida com Javé.

### O padrão de Israel

A vida de Israel com Javé se apresenta nesse testemunho como:

(a) criada em amor para alegre obediência;

(b) dispersa no exílio;

(c) restaurada pelo amor passional de Javé para obediência e esperança.

Se traçarmos esse movimento historicamente, podemos ver que ele se correlaciona aproximadamente com o movimento de: (a) tradições iniciais; (b) tradições proféticas; e (c) a emergência do judaísmo.[1] Visto que aqui estamos interessados na teologia de Israel quanto a Javé, enfatizamos apropriadamente as sentenças verbais que tem Javé como sujeito, e não simplesmente as "contingências históricas". Assim, narra-se a vida de Israel como um drama de pessoas escolhidas e formadas; julgadas e dispersas; reunidas, amadas, perdoadas e relembradas.

### *O padrão das pessoas*

Já observei que as pessoas, no testemunho espontâneo de Israel, em geral são uma réplica da própria vida de Israel. Portanto, o paralelo com Israel não nos surpreende. Dessa forma, a vida humana diante de Javé se apresenta como:

(a) criada para obediência, discernimento e confiança;

(b) autorizada no Poço ao lamento, petição e ações de graças;

(c) elevada a uma nova vida para louvor e esperança.

É particularmente importante que, ao investigarmos a vida humana para dentro e para fora do Poço, observemos que essa sequência parece corresponder ao padrão criação-pecado-redenção da teologia cristã; contudo, é bem diferente. É possível transpor essa sequência, que encontramos no testemunho de Israel, a um padrão doutrinário de "criação-queda-redenção". Mas isso não é de modo algum o que ocorre no testemunho de Israel. Israel não é consistente em seu discernimento quanto ao como as pessoas chegam ao Poço. Nunca lhes ocorre reduzir a entrada no Poço à

---

[1] Note que as (a) tradições iniciais e (b) tradições proféticas correspondem ao esquema de GERHARD VON RAD para a teologia do Antigo Testamento. Devido às tendências superacionistas cristãs, é importante notar que o esquema de VON RAD não levou em consideração o judaísmo emergente como um componente distinto da teologia do Antigo Testamento, não apenas como um aspecto importante da história da religião, mas como uma reabilitação teológica após o exílio.

culpa ou a algo como "a queda". O modo de pensar de Israel é muito mais *in medias res*, sem grande curiosidade por explicações.

O modo de falar de Israel ainda é importante de uma segunda forma. Notamos que referências à ressurreição são mínimas no Antigo Testamento. Na perspectiva desse testemunho, é provável que seja desnecessário e inútil distinguir entre os muitos resgates que ocorrem na vida com Javé e o "Grande Resgate" da vida após a morte. Toda situação de estar no Poço significa estar face a face com o poder da morte; a morte física é apenas um caso extremo, diferente em grau mas não em tipo de todas as demais ameaças à vida humana. É caracteristicamente suficiente em Israel afirmar que "o Poço" é uma realidade e que, quando Javé pode ser mobilizado, pode-se vencer o domínio e a ameaça do Poço.[2] A verdade da pessoalidade humana diante de Javé é que a pessoa não é despachada para o Poço de forma impotente e desesperada, porque o poder de Javé pode quebrar o domínio do Poço. Não é necessário em Israel, nem especialmente útil, ir além dessa linguagem metafórica, pois todos entendem o que está sendo dito, especialmente quanto à "Morte", que se imaginava controlar o Poço (cf. Os 13,14).

Ainda de outra maneira importante essa apresentação difere daquela da teologia cristã clássica. A pessoa no Poço não deve ficar passiva e dócil, aguardando a iniciativa de Javé. Todo o padrão dos Salmos de lamento sugere que, no Poço, a pessoa pode e deve iniciar o processo de resgate por meio de protesto estridente e esperança insistente. Não é possível ou apropriado, no horizonte de Israel, preocupar-se com obras e graça nessa transação, porque a mutualidade da aliança requer que ambas as partes estejam poderosamente envolvidas no ato desafiador e esperançoso do resgate.

### *O padrão das nações*

A situação não é diferente quanto às nações como parceiras de Javé, como já vimos, tanto com os vizinhos próximos de Israel quanto com as grandes superpotências imperiais. Assim, as nações:

(a) são convocadas como vassalos de Javé e seus instrumentos no processo geopolítico;

(b) são punidas com anulação por sua recalcitrância e autonomia arrogante;

---

[2] A imagem do "Poço" é usada tipologicamente em uma janela da capela do Kings College (em Cambridge), a qual justapõe a cena em que José não está mais no poço (Gn 37,29) com a cena do túmulo vazio de Jesus na narrativa dos evangelhos.

**(c)** recebem a promessa de nova vida com restauração da razão, ao se conformarem ao governo generoso mas inflexível de Javé.

Nessa questão, Israel fala com grande criatividade e ousadia, disposto e capaz de interpretar a história internacional do mundo de forma congruente com sua própria vida com Javé.

### O padrão da criação

Novamente, a experiência fundamental de Israel se amplia no tema da criação. A criação é:

**(a)** formada e fundamentada na generosidade de Javé como um mundo de bênção, que existe no arcabouço do governo dele;

**(b)** entregue ao poder do caos e maldição quando os agentes humanos, responsáveis pelo bem-estar da criação, repudiam sua responsabilidade de cuidado;

**(c)** imaginada em novidade, segundo a determinação indomável de Javé.

Parece claro que Israel pensa e fala a partir de sua própria experiência. Mas, por essa razão, não concluímos que Israel "trapaceou" ao falar da criação. Na formação canônica desse testemunho, é a fidelidade soberana de Javé para com a criação que provê a arena para a vida de todos os parceiros, incluindo Israel. Assim, podemos dizer que a vida de cada um desses parceiros se ordena em um drama de quebrantamento e restauração, como mostrado no diagrama anexo.

### O drama do quebrantamento e restauração para cada um dos parceiros

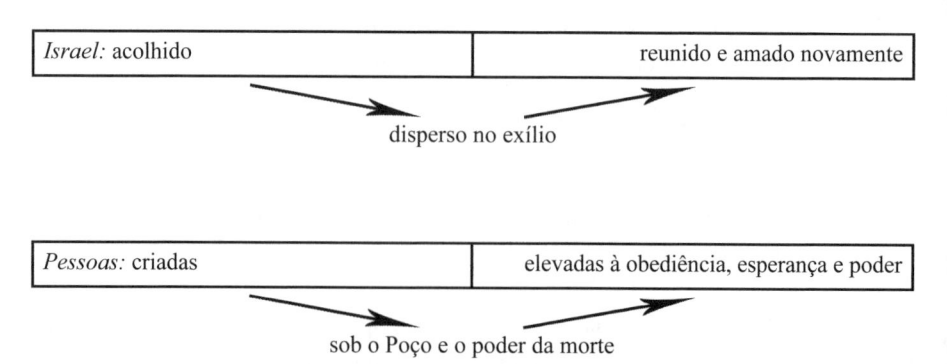

| *Israel:* acolhido | reunido e amado novamente |
|---|---|

disperso no exílio

| *Pessoas:* criadas | elevadas à obediência, esperança e poder |
|---|---|

sob o Poço e o poder da morte

| *As nações:* convocadas como instrumentos | recebem a promessa de soberania em sanidade |

anuladas pela recalcitância

| *Criação:* formada em generosidade | restaurada para a bênção |

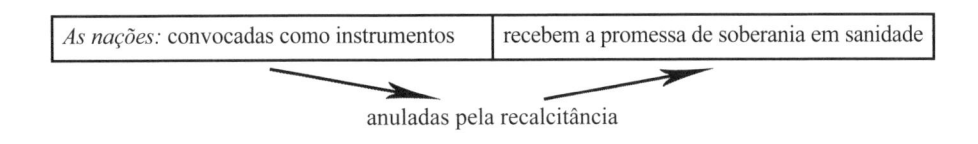

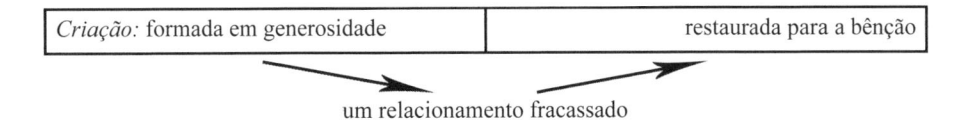

um relacionamento fracassado

O testemunho espontâneo de Israel produz um drama com profundo risco e grande dinâmica, no qual nenhum dos parceiros de Javé tem qualquer poder permanente próprio. No final, eles são convocados para fora de si mesmos, de forma a dependerem desse a quem Israel confessa ser inflexível em sua soberania, mas disposto a medidas sempre novas de fidelidade.

**A articulação de Israel sobre Javé**

Meu propósito ao examinar esse testemunho, no contexto do nosso foco teológico, não é primariamente aprender algo sobre os parceiros, embora isso em si seja um ganho. Antes, meu propósito é aprender mais quanto à articulação de Israel sobre Javé. No início de minha exposição desse testemunho espontâneo, eu afirmei que, como testemunha, Israel possivelmente entendesse que *se faz necessário um discurso sobre esses parceiros para uma compreensão apropriada sobre Javé*, porque ele é sempre Javé-em-relacionamento.[3] Assim, o drama do quebrantamento e restauração, que sugerimos para cada um dos parceiros, é uma afirmação significativa sobre Javé, como articulado em Israel.

**Compromisso altruísta.** Por autorizar a vida de cada um desses parceiros, Israel discerne Javé como um agente de poder incomparável, mas um cujo poder não é simplesmente para celebração e destaque de si próprio, mas para a geração de um parceiro. Por meio de seu compromisso de se dar a outros, Javé chama parceiros que podem ser objetos de sua soberania e fidelidade. Antes que o parceiro exista, Javé já atua por ele de maneira generosa, criando uma arena de bênção.

**Rejeição da autonomia.** No entanto, percebe-se que Javé é inflexível em meio a essa generosidade. Não se permite autonomia a nenhum dos

---

[3] Veja meus comentários programáticos quanto a essa reivindicação no início da Parte IV (capítulo 19).

parceiros, afinal. Pode ser que o caráter dos parceiros seja tal que eles não se qualificam para serem autônomos. Todavia, caracteristicamente, a razão dada para a rejeição de autonomia não se localiza no parceiro, mas em Javé. O autoapreço de Javé é substancial, selvagem e aparentemente insaciável. Esse autoapreço determina limites para sua generosidade primária. Israel não se aflige com a estranheza da possibilidade de Javé anular seus próprios parceiros amados. Mas Israel também não hesita em reconhecer que Javé é um Deus zeloso que é capaz de destruição irracional.

**Fissura que nega a vida.** Pode-se clamar a Javé na fissura que nega a vida, em meio ao exílio-morte-impotência-caos, aonde parece inevitável que os parceiros dele cheguem. Essa afirmação pode ser uma das surpresas peculiares de Javé no testemunho de Israel. Considerando que essa fissura é um resultado da ira e rejeição de Javé, ou um resultado da sua perda de poder diante do poder contrário da morte, poderíamos esperar que essa perda para o Nada fosse irreversível. Assim, "quando você está morto, está morto", "quando está em exílio, está em exílio".

**Mobilização de Javé pelo clamor do Poço.** Contudo, esse testemunho espontâneo de Israel supera a irreversibilidade em duas afirmações impressionantes. Primeiro, Javé está atento e se inclina aos que estão na anulação. Ele pode ser alcançado, evocado e mobilizado em prol da vida. Além de sua soberania implacável, Javé tem outro lado benevolente ao qual se pode apelar. Israel (e nós) repetidamente se surpreende com o fato de que o autoapreço de Javé opera em tensão com sua disponibilidade de se envolver e se expor em prol do parceiro.

Segundo, a mobilização de Javé no momento da anulação caracteristicamente requer um ato de iniciativa do parceiro abandonado. Isto se articula classicamente nos lamentos de Israel, recontados subsequentemente em canções de ações de graças:

> Por ti, Senhor, clamei,
> ao Senhor implorei.
> Que proveito obterás no meu sangue,
> quando baixo à cova?
> Louvar-te-á, porventura, o pó?
> Declarará ele a tua verdade?
> Ouve, Senhor, e tem compaixão de mim;
> sê tu, Senhor, o meu auxílio. (Sl 30,8-10)

> Esperei confiantemente pelo Senhor;
> ele se inclinou para mim e me ouviu quando clamei por socorro.

> Tirou-me de um poço de perdição,
> de um tremedal de lama;
> colocou-me os pés sobre uma rocha
> e me firmou os passos.
> E me pôs nos lábios um novo cântico,
> um hino de louvor ao nosso Deus;
> muitos verão essas coisas, temerão
> e confiarão no Senhor. (Sl 40,1-3)

> Então, na sua angústia, clamaram ao Senhor,
> e ele os livrou das suas tribulações... (Sl 107,6; cf. vs. 13,19,28)

Essa capacidade de mobilizar Javé a uma nova atividade pelo clamor do Poço também se evidencia no fato de que Israel provocou inadvertidamente o Êxodo por seu clamor estridente de necessidade e angústia:

> ...os filhos de Israel gemiam sob a servidão e por causa dela clamaram, e o seu clamor subiu a Deus. Ouvindo Deus o seu gemido, lembrou-se da sua aliança com Abraão, com Isaque e com Jacó. E viu Deus os filhos de Israel e atentou para a sua condição. (Êx 2,23-25)

O clamor nem sempre é um pré-requisito para o resgate; Javé também pode tomar a iniciativa. Entretanto, o clamor é proeminente o bastante para minar qualquer conclusão teológica de espera deferente pela iniciativa de Javé. Assim, mesmo no Salmo 40, quando o declarante diz: "esperei confiantemente", a espera ocorre no contexto de já haver clamado. Israel não é deferente de modo algum, nem imagina que as pessoas o sejam em situações assim. É nesse contexto que Israel proclama seu testemunho contrário sobre Javé, de forma a mobilizar o Javé do testemunho central a agir caracteristicamente mais uma vez. Assim, clama-se ao Deus que, por sua soberania incomensurável, pode resgatar da anulação, e ele é alcançado precisamente ao se buscar sua mutualidade acessível. Israel percebe Javé em sua essência variada, precisamente na fissura. De fato, a fé de Israel é formada, gerada e articulada exatamente em referência à fissura, que se revela ser o verdadeiro lugar de vida para o parceiro de Javé e o lugar onde o verdadeiro caráter de Javé não apenas se manifesta, mas possivelmente se forma de modo mais completo.[4] A realidade da anulação gera uma renegociação profunda da soberania de Javé diante de sua fidelidade passional.

**O milagre da novidade radical**. Javé, a quem se clama e se busca

---

[4] Quanto ao exílio como matriz da fé de Israel, veja as pp. 121-127 [seção "Resposta à crise do exílio" no capítulo 2].

na anulação, é conhecido em Israel como um Deus com disposição e capacidade de concretizar uma novidade radical para cada um dos seus parceiros, uma novidade que eles não podem gerar por si mesmos. Essa novidade se modela profundamente nos atos iniciais de generosidade soberana de Javé, mas vai muito além da imaginação daqueles que estão na anulação. Visto que essa novidade inexplicável e não antecipada é a mesma para todos esses parceiros, é com boa razão que H. H. Schmid conclui que *creatio ex nihilo*, justificação pela fé e ressurreição dos mortos são expressões sinônimas.⁵ Essas expressões não são temas dogmáticos isolados. Antes, são maneiras pelas quais a tendência característica de generosidade de Javé se faz visível em contextos diferentes com parceiros diferentes.

### Materiais para uma metanarrativa

Esse drama de quebrantamento e restauração é o resultado primário das transações entre Javé e seus parceiros. O trabalho da teologia do Antigo Testamento, a meu ver, é a articulação de uma metanarrativa que contrasta fortemente com as metanarrativas atualmente disponíveis em nossa sociedade (e na Igreja, considerando que a Igreja também compartilha das narrativas dominantes da sociedade).

Fico profundamente constrangido em usar o termo *metanarrativa*, pois com ele quero indicar simplesmente uma perspectiva mais ou menos coerente sobre a realidade. Fico constrangido, primeiro, porque estou convencido da pluralidade, diversidade e qualidade fragmentada do texto do Antigo Testamento, e não tenho desejo algum de me entregar a um reducionismo. Segundo, fico constrangido com o termo porque levo a sério, junto com meus amigos e colegas desconstrucionistas, a suspeita da metanarrativa de Jean-François Lyotard, com seu potencial hegemônico.⁶ Apesar disso tudo, entretanto, estou convencido da oferta singular – singular de forma javista e judaica – de uma perspectiva nesses textos que está claramente em tensão com as metanarrativas reinantes de nossa sociedade. Eu me contento com o parecer de que o Antigo Testamento não é uma metanarrativa, mas oferece os materiais a partir dos quais se pode construir

---

⁵ H. H. Schmid, "Rechtfertigung als Schöpfungsgeschehen: Notizen zur alttestamentlichen Vorgeschichte eines neutestamentlichen Themas", *Rechtfertigung: Festschrift für Ernst Käsemann* (org. Johannes Friedrich *et al.*; Göttingen: Vandenhoeck and Ruprecht, 1976), pp. 403-414.

⁶ Jean-François Lyotard, *The Postmodern Condition: A Report on Knowledge* (Mineápolis: University of Minnesota, 1984).

uma metanarrativa. Eu me contento com isso, desde que se reconheça que qualquer metanarrativa construída a partir desses materiais deve incluir certas reivindicações e percepções que não podem ser negociadas.

Exporei essas percepções inegociáveis em relação ao liberalismo iluminista e em relação às reivindicações padrões do cristianismo clássico.[7] Diante das reivindicações do liberalismo iluminista, o relato javista de quebrantamento e restauração por Israel pode gerar diversas insistências muitíssimo importantes.

### *A generosidade ilimitada na raiz da realidade*

Na raiz da realidade, há uma *generosidade ilimitada* que planeja uma abundância extravagante. Expõe-se essa reivindicação nos textos da criação, nas tradições de sabedoria e nas exuberâncias dos hinos de Israel. Essa insistência se opõe à teoria de escassez sobre a qual se edificou o mundo moderno. Essa *ideologia de escassez* produz uma competitividade que gera brutalidade, justifica políticas de guerra e agressão, autoriza o individualismo agudo, e provê ansiedade incessante quanto a dinheiro, sexualidade, aptidão física, beleza, desempenho no trabalho e, finalmente, mortalidade.[8] Parece-me que, no fim, todas essas ansiedades se baseiam em uma ideologia que resiste à noção de generosidade ilimitada e abundância extravagante.

É uma questão difícil saber o quão literal e a sério se deve considerar as reivindicações líricas de Israel, pois o próprio Israel muitas vezes não as levou a sério. Essas reivindicações significam apenas que toda a humanidade deve ser gentil e compartilhar entre si, e então nós todos nos daremos bem? Significam que, ao confiarmos na abundância, descobriremos um tipo de alegria que não precisa de tanto assim? Ou ainda, em uma ousada ideia antimoderna, significam que a prática genuína de confiança leva a terra a produzir mais, de modo que a justiça evoca as bênçãos da terra?

---

[7] O liberalismo iluminista se expressa e é praticado agora de diversas formas na Igreja, tanto como "conservadorismo" quanto como "liberalismo", pois ambos os lados das disputas atuais tendem a partir das pressuposições desse liberalismo. Essas posturas teológicas conflitantes tendem a se correlacionar com as categorias de teologia "preposicional" e hermenêutica "expressiva-experimental", sugeridas por GEORGE LINDBECK, *The Nature of Doctrine: Religion and Theology in a Postliberal Age* (Filadélfia: Westminster, 1984).

[8] M. DOUGLAS MEEKS, *God the Economist: The Doctrine of God and Political Economy* (Mineápolis: Fortress, 1989), analisa com sagacidade e de modo convincente a função do mito da escassez.

Essa é a reivindicação da teologia da bênção de Levítico 26,3-13 e Deuteronômio 28,1-14. A partir da perspectiva de nossas diversas metanarrativas iluministas, uma reivindicação como essa é revoltante e absurda. Mas a revolta pode, no fundo, indicar nada mais que o poder abrangente da ideologia da escassez. Deve-se deixar a narrativa de escassez para se abrigar essa afirmação lírica de generosidade e abundância; Israel é convocado a esse afastamento cada vez que entra em adoração e reflexão.⁹

### *A fissura no centro da realidade*

No centro da realidade, há uma *fissura* profunda, radical, dolorosa e custosa que, cedo ou tarde, quebra todo padrão ordenado de bem-estar. Essa reivindicação é expressa nos textos da tradição deuteronômica, nos processos legais proféticos, nos Salmos de lamento, e na teologia do livro de Jó. No Antigo Testamento, nenhuma organização humana sobrevive ilesa ao governo de Javé – nem a poderosa Babilônia, nem o templo da presença de Javé em Jerusalém, nem o amado rei da dinastia davídica a quem Javé fez promessas incondicionais. O povo escolhido é levado para o exílio, as pessoas sofrem e morrem, as nações e os impérios caem, e dilúvios vêm sobre a terra. Nada se pode fazer a respeito; é inevitável.

Além disso, vimos que o empenho de Israel de oferecer um testemunho verdadeiro sobre essa realidade é complicado e sem resolução. Muito da anulação que acomete os parceiros de Javé vem como uma consequência do pecado e da rebeldia, como punição do soberano. Mas há mais. O parceiro que sofre geralmente é transgressor, mas às vezes também é vítima. Às vezes o parceiro é vítima da desatenção de Javé, pela qual os exércitos do Nada correm à solta na terra; às vezes o parceiro é vítima da irascibilidade agressiva de Javé... às vezes.

Em todo caso, como transgressor ou vítima ou ambos, o parceiro de Javé deve fazer uma reivindicação contra Javé. É nesse contexto que Israel proclama seu testemunho contrário. Israel toma a iniciativa contra Javé e protesta contra o fato de ele estar escondido, não ser confiável e ser negativo. Às vezes – nem sempre – esses protestos levam à restauração e reabilitação pela determinação de Javé.

A insistência na realidade do quebrantamento se opõe à prática

---

⁹ O afastamento da narrativa de escassez (quanto a isso, veja Is 55,12-13) é litúrgico e simbólico, mas também econômico e político. Veja Marie Augusta Neal, *A Sociotheology of Letting Go: The Role of a First World Church Facing Third World Peoples* (Nova York: Paulist, 1977).

iluminista da *negação*. Em sua forma popular e acrítica, a racionalidade iluminista ensina que, com suficiente razão e recursos, pode-se evitar o quebrantamento. Assim, a racionalidade iluminista, em sua propaganda comercial frenética, regateia os bens da negação e da evasão: negação de dores de cabeça, perspiração, solidão, impotência, pobreza, vergonha, estorvos e, finalmente, morte.[10] Nessa ideologia, não há pessoas genuinamente quebrantadas. Quando o quebrantamento invade uma assembleia de negação como essa, como certamente o faz, surge como fracasso, estupidez, incompetência e culpa. A Igreja tende a ser conivente com isso, pois está presa nessa narrativa de negação. Quando a negação se transpõe à culpa – ao fracasso pessoal – o sistema de negação permanece intacto e sem críticas, do mesmo modo como os amigos de Jó defenderam "o sistema".

O resultado do fracasso isolado é que não pode haver cura, pois não houve suficiente sinceridade para permiti-la. No fim, essa negação não é apenas uma negação de certos itens específicos; é a rejeição de todo o drama de quebrantamento e cura, é uma negação de que há um Poder e Agente incomensurável que entra passionalmente no quebrantamento e que, ao entrar ali, o transforma em um lugar de possibilidades.

A negação impede a participação na *sinceridade* que ataca o sistema e possibilita a novidade. É claro, Israel conhece a prática da negação. Israel sabe como imaginar sua própria imunidade da ameaça e do risco:

> Quanto a mim, dizia eu na minha prosperidade:
> jamais serei abalado. (Sl 30,6)

Contudo, em sua aceitação honesta de Javé, Israel não se imobiliza nessa negação, mas prossegue de maneira a possibilitar a novidade:

> Converteste o meu pranto em folguedos;
> tiraste o meu pano de saco
> e me cingiste de alegria,
> para que o meu espírito
> te cante louvores e não se cale.
> Senhor, Deus meu,
> graças te darei para sempre. (Sl 30,11-12)

---

[10] Essa racionalidade é bem exposta por Jacques Ellul, *The Technological Society* (Londres: Jonathan Cape, 1965). Ellul, *Propaganda: The Formation of Men's Attitudes* (Nova York: Vintage Books, 1973), também explora o poder da propaganda para promover e sustentar os valores não verificados dessa racionalidade. Como a propaganda é basicamente uma prática da negação, apoiada e sustentada pela tecnologia, veja a sinistra análise de Ernst Becker, *The Denial of Death* (Nova York: Free, 1973).

## *A esperança israelita contra o desespero iluminista*

Na culminação do retrato de Israel sobre a realidade, há uma certeza e uma visão da novidade, uma restauração completa ao bem-estar que vai além de qualquer bem-estar antigo. Essa culminação em bem-estar, assegurada pela determinação de Javé, é articulada na conclusão da maioria dos Salmos de lamento e nas promessas proféticas que acabam em expectativas messiânicas e apocalípticas. O discurso de Israel testemunha sobre uma *esperança profunda*, baseada naquele que faz promessas e as cumpre, para quem todas as coisas são possíveis.

Israel se recusa a aceitar qualquer contexto de anulação – exílio, morte, caos – como uma conclusão permanente para a realidade. Nessas circunstâncias, Israel articula esperança, não baseada em quaisquer sinais discerníveis nas circunstâncias, mas no caráter de Javé (baseada na antiga experiência), que não é um prisioneiro das circunstâncias mas é capaz de superá-las para implementar suas promessas. Essa esperança não é acidental na vida de Israel; é uma convicção fundamental e geradora de identidade, alimentada na anulação, de que as boas intenções de Javé não foram e não serão derrotadas. Como consequência, os reclamantes antecipam bem-estar e louvor. Israel aguarda a volta para casa, os mortos aguardam a nova vida, a criação aguarda ser reorganizada.

Tudo isso requer confiança em um agente externo ao sistema de derrota. O liberalismo iluminista, que põe o agente humano liberado e autossuficiente no centro da realidade, não pode cogitar ou reconhecer um agente assim. Sem um agente assim, que existe no testemunho central de Israel e por meio dele, não há novos dons a serem dados e nem novas possibilidades a serem recebidas. Assim, colocado de forma simples, a alternativa à esperança israelita é o *desespero iluminista*. Nessa metanarrativa, quando se exaure a capacidade humana, tudo se finda. Coloca-se toda a confiança na capacidade, perspicácia e tecnologia humanas. É muito óbvio que essa confiança é infundada e, por isso, termina em desespero, pois a autossuficiência está a apenas um passo do desespero. Essa leitura da realidade gera medo e ódio, ódio contra si mesmo, e brutalidade. Mas Israel, dentro de seu testemunho peculiar, se recusa a uma leitura assim.

Eu formulo esse contraste da maneira mais forte e abrangente que consigo. O drama do quebrantamento e restauração, que tem Javé como seu agente principal, realça *generosidade*, *sinceridade* no quebrantamento, e *esperança* resiliente, marcas de uma vida viável. A alternativa primária que agora nos está disponível realça *escassez*, *negação*, e *desespero*, certamente ingredientes do niilismo.

Certamente, apesar de seu testemunho ousado, Israel nem sempre escolheu acertadamente. Israel se acomodou e fez concessões. Praticou a escassez tanto quanto confiou na generosidade. Envolveu-se ocasionalmente em negação, apesar de aceitar o quebrantamento. Viveu perto do desespero, apesar de seus recursos de esperança. O mais incrível, em minha opinião, não é que Israel tenha feito concessões; é que tenha sustentado seu testemunho como o fez em meio às pressões e demandas das circunstâncias. Israel sustentou seu testemunho como uma declaração suficientemente coerente para afirmar, na voz de Javé, para si mesmo, para seus filhos e para quem mais quiser ouvir:

> Vê que proponho, hoje, a vida e o bem, a morte e o mal; se guardares o mandamento que hoje te ordeno, que ames o Senhor, teu Deus, andes nos seus caminhos, e guardes os seus mandamentos, e os seus estatutos, e os seus juízos, então, viverás e te multiplicarás, e o Senhor, teu Deus, te abençoará na terra à qual passas para possuí-la. Porém, se o teu coração se desviar, e não quiseres dar ouvidos, e fores seduzido, e te inclinares a outros deuses, e os servires, então, hoje, te declaro que, certamente, perecerás; não permanecerás longo tempo na terra à qual vais, passando o Jordão, para a possuíres. Os céus e a terra tomo, hoje, por testemunhas contra ti, que te propus a vida e a morte, a bênção e a maldição; escolhe, pois, a vida, para que vivas, tu e a tua descendência, amando o Senhor, teu Deus, dando ouvidos à sua voz e apegando-te a ele; pois disto depende a tua vida e a tua longevidade; para que habites na terra que o Senhor, sob juramento, prometeu dar a teus pais, Abraão, Isaque e Jacó. (Dt 30,15-20)

Essa declaração deuteronômica, derivada da visão de Moisés, se provou suficientemente durável para Israel em seu período de reabilitação. Esdras ainda podia afirmar:

> Mas, pela tua grande misericórdia, não acabaste com eles nem os desamparaste; porque tu és Deus clemente e misericordioso. (Ne 9,31)

Essa escolha entre interpretações da realidade é algo que Israel tem que fazer continuamente. E a escolha ainda não se encerrou.

### *A tendência do cristianismo clássico ao fechamento*

Uma segunda visão da realidade contra a qual o Antigo Testamento se posiciona é a articulação do cristianismo clássico. Aqui lidarei bem mais brevemente com a interface e a tensão entre as interpretações pois, no todo, o cristianismo clássico compartilha reivindicações com o testemunho de Israel contra o liberalismo iluminista. Ou seja, o cristianismo clássico, como o Israel antigo, afirma *generosidade* acima da escassez, *quebran-*

*tamento* em oposição à negação, e *esperança* em vez de desespero. Desejo insistir em apenas um ponto de oposição aguda entre essas ofertas narrativas. Tenho enfatizado repetidamente que Israel lida com um Deus incomensurável que se arrisca incessantemente em mutualidade. Isto é, Israel vê Javé como genuinamente dialético, sempre em um dos extremos de uma transação polêmica que pode gerar mudança em Javé ou em seus parceiros. Vimos essa tensão profunda e não resolvida já em Êxodo 34,6-7. Nós a vimos regularmente nos substantivos-metáforas usados para Javé. Mais amplamente, vimos essa qualidade dialética na justaposição de que denominei de testemunho central e testemunho contrário. As transações de Israel com Javé são, de fato, caracteristicamente abertas e flexíveis.

Parece-me, considerando a grande diferença produzida por um centro cristológico na fé cristã, que a questão real que nos interessa na teologia do Antigo Testamento é a seguinte: o cristianismo clássico tende ao transcendente, o que dá um fechamento a Javé e a seus relacionamentos com seus parceiros. Pode haver muitas razões para esse fechamento; talvez não seja a menor delas a necessidade de uma tradição derivativa (cristianismo) que substancie sua reivindicação contra a tradição precursora (judaísmo). Qualquer que seja a razão, essa tendência ao fechamento transcendental compromete a qualidade genuinamente dialética do testemunho judaico. Além disso, essa concessão tem importância crucial para o que é possível e o que é excluído em nosso discernimento de Deus, do mundo, e de nós mesmos.[11]

Não imagino que o cristianismo em suas formas clássicas fará muitas concessões quanto a isso em pouco tempo. Mas há indícios de que, como o cristianismo no Ocidente está cada vez mais informal e assim pode se distanciar de sua tendência helenística-constantiniana, isto pode se deslocar na direção de sua dimensão judaica de instabilidade genuína entre Javé e seus parceiros. Não há dúvida de que esse drama de quebrantamento e restauração é compartilhado pelo judaísmo e pelo cristianismo. No judaísmo, é um drama de:

---

[11] EDWARD T. OAKES, *Pattern of Redemption: The Theology of* HANS URS VON BALTHASAR (Nova York: Continuum, 1994), especialmente pp. 72-78, 277-299, sugere que na teologia católica contemporânea, URS VON BALTHASAR, apesar de todo seu conservadorismo profundo, indica uma abertura à possibilidade de que essa dialética possa realmente estar presente no próprio caráter de Deus. OAKES sugere que URS VON BALTHASAR é mais receptivo a isto do que KARL RAHNER, apesar de toda a aparente abertura desse último.

exílio e volta para casa,

morte e ressurreição,

Poço e resgate, e

caos e criação.

A esse conjunto de categorias de discernimento, o cristianismo adiciona (decisivamente para sua identidade) crucificação e ressurreição. Obviamente, esse é um movimento específico que o Antigo Testamento (e o judaísmo) não faz. A diferença nesse ponto é muito grande.

O que me impressiona mais, contudo, é que essas tradições concordam no principal. Essa concordância é a base para uma alternativa genuína ao niilismo do mundo moderno – um niilismo que, na busca de autonomia e autossuficiência, elimina esse Deus incomensurável e mútuo. Esse testemunho de Israel, ecoado pelo cristianismo, não dá apenas respostas diferentes; insiste em questões diferentes, em que as respostas oferecidas são forçosamente rasas e frágeis, mas nem por isso deixam de ser proclamadas. As disputas internas da Igreja e as alienações antigas entre cristãos e judeus são irresponsáveis, a meu ver, quanto essa tradição magra e resiliente se posiciona como uma alternativa frágil à aceitação do Nada.

# PARTE IV

## O TESTEMUNHO CONCRETO DE ISRAEL

## Capítulo Dezenove

### 19. Mediando a pessoa de Javé

Agora é necessário nos afastarmos um pouco de nossa metáfora predominante do testemunho, na qual tentamos permanecer até agora. Buscamos prestar atenção à dinâmica interna e à intencionalidade desse testemunho, sem levantar nenhuma das questões críticas usuais que interessam aos estudiosos. Procedemos desse modo porque, tanto quanto é possível, tentamos prestar atenção unicamente ao discurso de Israel sobre Javé, e a consideração desse assunto não exige consideração de muitas das questões históricas usuais.

Ao prestarmos atenção unicamente a esse discurso, vimos que, em todos os lugares do testemunho de Israel, o Deus sobre o qual Israel testemunha é Javé-em-relacionamento. Por esse motivo, demos atenção extensiva aos parceiros de Javé, pois ele está caracteristicamente, em liberdade e paixão,

* em relacionamento com Israel,
* em relacionamento com as pessoas humanas,
* em relacionamento com as nações, e
* em relacionamento com a criação.

Tudo até aqui parece indiscutível.

Além disso, vimos que essa relacionalidade é, de forma pervasiva, instável e desestabilizadora. Esses relacionamentos permanecem assim devido ao caráter de Javé, que é ao mesmo tempo inegociavelmente soberano (incomensurável) e incessantemente fiel (engajado em mutualidade). Israel não consegue encontrar, em seu testemunho, um modo de resolver a natureza irregular de um relacionamento marcado tanto por incomensurabilidade e mutualidade. É por esse motivo teológico – motivo baseado no próprio caráter de Javé, sem referência a fatores culturais e sociohistóricos – que a relacionalidade de Javé é tão problemática. Pois, após Israel testemunhar sobre a relacionalidade de Javé, quem ouve o testemunho ainda se pergunta: qual é, de fato, a natureza desse relacionamento?

O painel da criação de Michelangelo na Capela Sistina oferece um comentário um tanto iluminador sobre essa problemática. No painel, Deus parece ter gerado as primeiras criaturas humanas na criação. Em seu momento inicial de existência como criaturas de Deus, o primeiro humano é justaposto a Deus. Tanto Deus como o homem têm suas mãos e braços estendidos em direção ao outro. Percebe-se que é apropriado que o Criador e a criatura estejam conectados. Os dedos deles se aproximam...mas não se tocam. Nesse momento sem toque, Michelangelo articulou a estranha diversidade do Deus Criador, com o qual a criatura não tem contato direto.

Em Israel, contudo, de modo diferente da Capela Sistina, há contato! Embora sua incomensurabilidade pareça exigir que não haja e, afastando-se dela (*kenosis*) visando contato,[1] Javé age em mutualidade; mas esse é um contato que não compromete sua incomensurabilidade soberana. Esse difícil problema e suas diversas resoluções no Israel antigo constituem o assunto da nossa atual análise. Israel ousa em insistir no relacionamento com Javé. Mas, ser específico sobre esse relacionamento exige que, ao lado da ousadia do discurso de Israel, prestemos atenção da melhor forma que pudermos nas práticas que dão ao testemunho *materialização concreta*. É evidente que o trabalho de Israel, ao combinar prática e retórica, consiste em articular e aceitar modos de mediação pelos quais lhe é disponibilizada genuinamente a plenitude do ser soberano e fiel de Javé. Embora reconheçamos que esse assunto é infinitamente problemático, vemos que Israel não carece de expressões que lhe disponibilizassem a presença, o poder e os propósitos de Javé.

## A presença não mediada de Javé

Antes de considerarmos as formas mediadas da presença de Javé que marcam a vida e a prática de Israel, devemos investigar a imediação da presença dele – ou seja, os modos como Javé se disponibiliza diretamente a Israel sem nenhum agente mediador.

Tratarei o assunto da imediação em duas partes: pública e pessoal. Ao fazer isso, sugiro que na verdade Israel não tem interesse primário particular nessa questão, mas diz o que diz sobre o assunto apenas como meio de chegar a outro ponto mais importante.

### *Imediação pública na teofania*

A apresentação pública da imediação de Javé se expressa caracteristicamente nas teofanias, um gênero de testemunho que descreve a intrusão massiva de Javé na vida de um modo que exibe seu poder maravilhoso e feroz. Jörg Jeremias mostra que a teofania em Israel, em geral, se carac-

---

[1] I. A. Dorner, *Divine Immutability: A Critical Reconsideration* (Mineápolis: Fortress, 1994), provê uma declaração clássica do modo pelo qual a *kenosis* mina a incomensurabilidade (que na retórica dele é tratada sob a rubrica de "imutabilidade").

teriza como uma presença intrusiva que vem de um lugar específico, uma intrusão de natureza tumultuante e cataclísmica que deixa em seu rastro uma situação decisivamente alterada.² O estudo de Jeremias se refere primariamente ao gênero literário. Os exemplos que ele considera incluem Juízes 5,4ss, Deuteronômio 33,2, Habacuque 3,3, Salmo 68,8ss, Miqueias 1,3ss, Amós 1,2, Salmo 46,7 e Isaías 19,1. Quando vamos além da análise de gêneros e consideramos a teofania como um modo de Javé se relacionar com seus parceiros, fica evidente que a teofania é uma concretização da sua soberania e que é completamente original. Ela não tem antecedentes e não é extrapolada de coisa alguma, mas é decisivamente gerativa daquilo que se segue a ela. É impossível prover uma crítica teológica da teofania, e precisamos admitir que é um dado teológico primário em si mesmo – ou seja, uma premissa para tudo o que se segue. No modo da teofania, Javé se relaciona como quer, sem condições, reservas, qualificações ou explicações. Israel está no lado receptivo dessa intrusão santa, com a missão de caracterizar em discurso humano, da melhor maneira possível, o que é impronunciável na sublimidade de Javé.

**A teofania no Sinai.** Quando pensamos teologicamente sobre Javé apresentado em teofanias, nosso foco é atraído muito obviamente para o Sinai. Em Êxodo 19,9-25, e em sua culminação peculiar em Êxodo 24,9-18, Israel se reúne como comunidade ao redor de Moisés e tem seu encontro definitivo e decisivo com Javé, como a comunidade registrada nas tradições centrais. Em adição a observar as complexas questões críticas nessa unidade textual, Jeremias nota que não se menciona nenhuma "sublevação da natureza" nesse relato de teofania.³ Mas há, de fato, uma vinda maravilhosa e tumultuante do Santo. Podemos identificar os elementos centrais nessa teofania, que interpretamos como definidores para Israel como uma comunidade de fé:

> **(a)** Êxodo 19,9-25. Com preparação cultual apropriada (o que já sugere mediação), Javé surge na vida de Israel como uma presença perigosa e santa.
>
> **(b)** Êxodo 20,1-17. O Decálogo é pronunciado diretamente por Javé, de forma que as exigências fundamentais da Torá se

---

[2] Jörg Jeremias, *Theophanie; Die Geschichte einer alttestamentlichen Gattung* (WMANT 10; Neukirchen-Vluyn: Neukirchener, 1965). Veja também J. Kenneth Kuntz, *The Self-Revelation of God* (Filadélfia: Westminster, 1967).

[3] Jeremias, *Theophanie*, p. 106.

situam na experiência definidora de Israel – além de explicações, críticas ou gerenciamento.

**(c)** Êxodo 20,18-21. A confrontação relatada no contexto gera grande temor em Israel, temor que exige um mediador, de forma que Israel vai rapidamente da imediação para a mediação.

**(d)** Êxodo 24,9-11. A liderança de Israel vislumbra Javé, embora não haja nenhuma transação relatada. Essa é uma experiência puramente visual.

**(e)** Êxodo 24,12-14. A realidade da soberania de Javé é codificada na Torá escrita.

**(f)** Êxodo 24,15-18. O confronto é estilizado em "glória", na qual Moisés entra.[4]

Esse é um relato narrativo extraordinário que resiste à decifração. Não há dúvida, segundo o testemunho de Israel, que no Sinai ocorreu uma imediação de encontro que gerou temor (20,18) e convidou à comunhão (24,9-11). Esse encontro que produziu temor e comunhão é direto e não mediado.

**Pronto movimento para a mediação**. O testemunho de Israel não consegue ficar muito tempo nessa imediação direta, mas prontamente se move desse modo de relacionamento para um que é mediado e indireto. Esses modos mediados de presença se concretizam como **(a)** glória (que resta ser desenvolvida na narrativa sacerdotal seguinte); **(b)** o papel de Moisés; e **(c)** o papel da Torá codificada e concreta (que resulta em ênfases deuteronomistas). Não creio que é possível (ou preferível) minimizar o poder definidor dessa teofania. Israel atesta que foi de fato uma presença física maravilhosa de Javé.

Sem minimizar essa teofania em seu caráter direto e não mediado, contudo, fica igualmente evidente que a teofania, no testemunho de Israel, recebe uma função instrumental. Ela opera no texto final para verificar e legitimar os modos de mediação de que Israel depende fundamentalmente: a pessoa de Moisés, a glória cultual e a Torá escrita. No linguajar sacramental da Igreja, a teofania do Sinai representa "as palavras da instituição". Assim, a teofania prontamente se move, no testemunho de Israel, para formas mediadas, estilizadas e regularizadas de transação. Israel não podia ficar, em

---

[4] Veja as pp. 867-868 [seção "A teologia sacerdotal da glória" no capítulo 23] sobre "glória" na mediação cultual.

seu testemunho, sem um relato de confrontação definidora que desencadeia tudo o que se segue. Mas Israel ultrapassa com presteza essas ênfases para alcançar a prática da fé mediada. (Isto é paralelo à ressurreição, que é uma teofania da Igreja primitiva. A Igreja não podia ficar sem narrativas de encontros diretos após a ressurreição; mas em sua vida de obediência e louvor migra para formas mais regularizadas.)

### *Encontros pessoais*

Além dos grandes modos públicos de relacionamento direto em teofanias, é evidente no testemunho de Israel que às vezes Javé lida diretamente com indivíduos. Muitas dessas evidências são irrefletidas e quase casuais. Entre essas evidências, Israel tem algo similar a apresentações míticas de intimidade com Deus (como em Gn 3,8). As pessoas encontram Deus em sonhos e sestas, e Deus visita indivíduos em incursões do espírito (1Sm 10,9-13; 19,18-24). Nesses tipos de referências, Israel não demonstra nenhuma curiosidade especial ou inibição. Podemos concluir que esses relatos refletem modos de mediação aceitos no ambiente religioso em que Israel participa. Em geral, esses tipos de encontros tendem a não ter significado prolongado para Israel; ou seja, Israel não se refere frequentemente a eles. Além dessas referências casuais, podemos mencionar três encontros pessoais que certamente são mais significativos para a percepção de Israel acerca de seu relacionamento com Javé.

**Abraão**. Primeiro, o estilo de Javé com Abraão é direto e não mediado, forma pela qual o poder e a convocação da promessa estão irreversivelmente imbuídos na vida de Israel. O relacionamento de Javé com Abraão inclui o discurso direto (Gn 12,1-3; 15,1-6; 22,1-2). Além disso, Javé decisivamente deixa uma impressão em Abraão em seu sono (Gn 15,12-16). Mas é especialmente em Gênesis 18 que Abraão tem interação direta com Javé. Isto inclui **(a)** uma conversa na qual Javé não é reconhecido (vs. 1-15); **(b)** o reconhecimento extraordinário de Javé de sua intimidade com Abraão, de quem ele nada esconde (vs. 17-19; cf. Is 41,8); e **(c)** a incrível sessão de negociação entre os dois (vs. 22-32).[5] Fica claro nesse último episódio que não há mais distância entre os dois parceiros, de forma que a promessa de Abraão se torna um dado central para o modo como Javé continuará a se relacionar com Israel.

---

[5] Deve-se observar a "correção do escriba" no v. 22. Se o texto é lido sem a "correção", Abraão se posiciona diante de Javé de modo ainda mais proeminente e cheio de autoridade.

**Moisés**. É com Moisés que Javé tem o contato mais direto e significativo. Isto inclui o contato inicial na sarça ardente (Êx 3,1-6; e, de forma derivada, 3,7-4,17). Nesse encontro, notamos que **(a)** Javé assume a iniciativa completa do diálogo; **(b)** Moisés participa do encontro como um parceiro dinâmico e legítimo (não diferente de Abraão em Gn 18,22-32); e **(c)** o resultado do encontro é uma vocação atribuída a Moisés em prol de Israel. Ou seja, o encontro pessoal não ocorre em prol de si mesmo – é em prol da comunidade, como no caso de Abraão. Em adição ao seu papel de mediador, atribuído a ele sem cerimônia (Êx 20,18-21), Moisés é estabelecido como alguém que tem uma conexão pessoal com Javé, para grande benefício de Israel. Exibe-se e explora-se essa conexão dupla com Javé, como amigo íntimo e como mediador designado, na narrativa subsequente. Assim, em Êxodo 32,11-14, Moisés consegue interceder efetivamente em prol de Israel. Em 33,7-11, diz-se que "falava o Senhor a Moisés face a face, como qualquer fala a seu amigo" (v. 11). Em 33,11-34,10 e em Números 11,10-17, Moisés age diante de Javé com grande liberdade e coragem, em prol de Israel.

**Elias**. Em 1 Reis 19,5-18, apresenta-se Elias como um recipiente de uma teofania.[6] Parece provável que se perceba Elias aqui como um tipo de réplica de Moisés. Em todo caso, parte do encontro é durante o sono (v. 5), e o resultado dele é uma intervenção vigorosa e arriscada na vida de Israel e de seus vizinhos (vs. 15-18).

Claramente, pode-se dizer muito mais sobre esses exemplos e sobre outros casos também, especialmente nos profetas. Essas evidências, contudo, são suficientes para os propósitos da nossa investigação sobre a imediação de Javé em relação a Israel. Esses encontros pessoais sugerem três observações que se referem à questão mais ampla da imediação e da mediação.

**Dados teológicos definidores**. Esses relatos narrativos, que são definidores e inescrutáveis, são essencialmente importantes para a vida de Israel e sua autoapresentação. De fato, Javé entra em encontros diretos com indivíduos identificáveis, os quais subsequentemente dão forma e identidade a Israel. Se esses encontros não são reduzidos a explicações psicológicas, devem ser mantidos como dados teológicos definidores, como o ponto inicial que autoriza a fé de Israel.

**Ocorrências raras e carregadas**. Esses encontros pessoais, como se apresentam nos relatos narrativos, são raros e se referem caracteristicamente

---

[6] JEREMIAS, *Theophanie*, pp. 112-115.

a pessoas especialmente designadas. Nenhuma imediação geral ou acesso direto se oferece aos israelitas. Quando ocorrem esses encontros, eles são realmente carregados, perigosos e especiais. A percepção de Israel quanto à relacionalidade de Javé é que ele só se disponibiliza a indivíduos de forma reservada e rara.

**Significância comunitária.** Esses encontros característicos, raros e cruciais como são, regularmente resultam em questões de significância comunitária. Embora se valorize a "experiência" de Javé, o que importa no testemunho narrativo de Israel é a vocação de obediência que é concedida, assumida com grande risco, e que tem graves implicações para a comunidade:

> Toma teu filho, teu único filho, Isaque, a quem amas, e vai-te à terra de Moriá; oferece-o ali em holocausto, sobre um dos montes, que eu te mostrarei. (Gn 22,2)

> Vem, agora, e eu te enviarei a Faraó, para que tires o meu povo, os filhos de Israel, do Egito. (Êx 3,10)

> Vai, volta ao teu caminho para o deserto de Damasco e, em chegando lá, unge a Hazael rei sobre a Síria. A Jeú, filho de Ninsi, ungirás rei sobre Israel e também Eliseu, filho de Safate, de Abel-Meolá, ungirás profeta em teu lugar. (1Rs 19,15-16)

Esses encontros com indivíduos caracteristicamente não são um fim em si mesmo, mas se referem aos propósitos mais amplos de Javé. Os indivíduos são recrutados para grandes riscos.

O testemunho de Israel quanto a esses encontros diretos é realmente um testemunho religioso, e assim fala de encontros religiosos. O que quer que seja "religioso" no Antigo Testamento – um assunto sobre o qual Israel não é muito acessível – é caracteristicamente reconstruído no testemunho de Israel, submetido à singularidade de Javé, para a qual a religião pode ser um veículo. Israel não evita nem resiste aos recursos de seu ambiente religioso, mas participa deles completamente. Os recursos religiosos disponíveis para Israel, todavia, são caracteristicamente relidos no testemunho sobre Javé.

### Mediações da presença de Javé

Visto que Javé é um Deus tão irascível, encontrar-se com ele e se relacionar com ele nunca é algo fácil, óbvio ou previsível. Considerando que esse encontro é perigoso (cf. Êx 20,18-21) e que visa o bem da comunidade e não dos indivíduos, os dados apresentados demonstram que os encontros são regularmente estilizados e padronizados, de forma a possibilitar o relacionamento contínuo de Javé com a comunidade. Assim, os dados sobre o relacionamento não mediado são importantes, mas também são mínimos. Portanto, devemos considerar os modos como Javé é mediado em relação a Israel.[7]

### *Mediações a Israel*

Quando falamos sobre mediações, na medida em que nos referimos ao Antigo Testamento, estamos focados em mediações de Javé *a Israel*. Essa é uma admissão extremamente importante que, em certa medida, torna nossa tarefa um pouco mais gerenciável. Esse reconhecimento de um limite se refere a duas coisas. Primeiro, dos quatro parceiros de Javé que analisamos, estamos interessados aqui apenas em Israel. Isto significa, negativamente, que não abordaremos a questão de como Javé se relaciona com as pessoas, as nações e a criação – mesmo porque o Antigo Testamento não está grandemente interessado nessa questão. Além disso, vimos que, de um modo geral, a maneira como se entende Javé em relação a esses outros parceiros é inferida e derivada da maneira como ele se relaciona com Israel.[8] Dessa forma, se conseguirmos ser claros quanto ao relacionamento entre Javé e Israel, estaremos bem preparados para uma declaração mais geral sobre a relacionalidade de Javé em diversas áreas, sendo cada uma delas bem particular. Segundo, visto que as mediações no Antigo Testamento são com Israel, permite-se (e exige-se) que enfatizemos os modos de mediação que pertencem a Israel como uma comunidade com uma identidade histórica e uma prática social mais ou menos discernível. Ou seja, não estamos interessados em mediações teóricas, mas sim em mediações reais, pelas quais Israel se entende (e assim testifica) em relacionamento sério e palpável com Javé.

---

[7] Há algo infinitamente inexplicável e inescrutável quanto à mediação. Assim, DAVID TRACY, *The Analogical Imagination: Christian Theology and the Culture of Pluralism* (Nova York: Crossroad, 1981), pp. 377, 385, fala de "imediação mediada"; MARTIN NOTH, "The Re-presentation of the Old Testament in Proclamation", *Essays on Old Testament Hermeneutics* (ed. CLAUS WESTERMANN; Richmond: John Knox, 1963), p. 85, fala da tensão entre "mediação" e "imediação". Veja ROBERT R. WILSON, *Prophecy and Society in Ancient Israel* (Filadélfia: Fortress, 1980), pp. 157-166, especialmente suas citações de HANS-JOACHIM KRAUS (nota 43) e JAMES MUILENBURG (nota 44).

[8] Veja as pp. 656-659 [seção "As nações aderem em louvor e obediência" no capítulo 16], onde sugeri que o relacionamento de Javé com Israel é paradigmático para todos os seus outros relacionamentos.

## *O texto em si como mediador*

O estudo do Antigo Testamento, em geral, e a teologia do Antigo Testamento, em particular, estão interessados primeiramente no texto e se limitam a ele, a uma prática de retórica codificada. Assim, no nível básico, podemos dizer que a única mediação de Javé a que temos qualquer acesso no Israel antigo é a operação retórica do texto, que de variadas formas é um exercício de persuasão e testemunho. Embora o texto seja o que temos em mãos, também é evidente que o texto, em sua "forma final" estilizada, se distancia da prática concreta da comunidade antiga.

É claro, a partir de nossa exposição, assim como de outros lugares, que a retórica do texto é de fato um modo dinâmico de mediação, no qual a comunidade reunida ao redor do texto se descobre conectada a Javé. JAMES KUGEL observa como "o pergaminho" assumiu propriedades marcantes na vida do judaísmo.[9] Além disso, em toda "batalha pela Bíblia" contemporânea entre os cristãos (e especialmente entre os protestantes), o próprio texto é entendido como uma mediação que conecta a comunidade que ouve e lê ao personagem central do texto.

Podemos chegar a duas conclusões ao considerarmos o próprio texto como mediador. Primeiro, na retórica como mediação, no discurso que manifesta essa conectividade, tudo é possível, tudo é imaginável e tudo é pronunciável. Ações podem ser realizadas e milagres podem ser concretizados que seriam problemáticos em qualquer outra arena. Segundo, a retórica do texto como mediação de Javé é grandemente elusiva, pois o discurso da Bíblia oculta Javé mesmo enquanto o revela.[10] Assim, dizer que a Bíblia medeia Deus não é dizer que ela "entrega Deus" à comunidade leitora como posse ou prisioneiro. Às vezes a comunidade leitora se acostuma a imaginar que possui ou aprisiona o Deus da Bíblia. Esse autoengano assume uma forma protestante na bibliolatria e uma forma católica na infalibilidade do magistério. Todavia, esses autoenganos são atos de séria desconsideração do texto em sua ousada especificidade. O tempero ousado e loucamente desconstrutivo do texto mantém elusivo seu personagem central e se recusa a disponibilizar Javé de uma maneira que viole seu singular caráter. Assim, a função do texto como um modo de mediação

---

[9] JAMES L. KUGEL, "The Rise of Scripture", *Early Biblical Interpretation* (org. JAMES L. KUGEL e ROWAN A. GREER; Filadélfia: Westminster, 1986), p. 20 e *passim*. KUGEL articula a dinâmica do pergaminho como "o pergaminho voador".

[10] Quanto a esse tema, veja SAMUEL TERRIEN, *The Elusive Presence: Toward a New Biblical Theology* (Nova York: Harper and Row, 1978).

confronta a comunidade leitora com toda a problemática que se atrela à própria inconstância de Javé como um Deus que é tanto mútuo quanto incomensurável.

### Gerado na prática comunitária

Em todo caso, *a mediação retórica de Javé na Bíblia não é uma operação imaterial ou ideacional*. Ao argumentar esse importante ponto, sou imensamente grato a GARY ANDERSON.[11] ANDERSON argumenta, baseado na noção de CLIFFORD GEERTZ de "descrição grossa" e na proposta de GEORGE LINDBECK de autoridade teológica como "cultural-linguística", que as ideias religiosas estão imbuídas em experiência e prática religiosa, e que a realidade religiosa é constituída e gerada pela prática comunitária real, contínua e concreta.[12]

Assim, eu proponho, até onde vão as reivindicações de Israel, Javé é gerado e constituído em práticas reais que fazem mediação. A Bíblia é o produto gerado por uma comunidade, e a fonte que gera e nutre a comunidade ao vivenciar Javé-em-relacionamento. Portanto, a questão de mediação não é de teologia correta (como na ortodoxia), nem uma grande e pervasiva tentação teológica, mas é uma questão de prática social característica que gera, constitui e medeia Javé em meio à vida.

Por um longo período, os estudiosos do Antigo Testamento falaram de Javé como "o Deus que age na história", indicando grandes eventos públicos transformadores. Então, no terço final do século XX, os estudiosos do Antigo Testamento basicamente pararam de falar assim, em meio a uma crise epistemológica aguda. Fico encorajado pelas categorias de ANDERSON a sugerir que podemos recuperar a expressão "os atos de Deus na história"; isso desde que essa expressão indique que Deus age, emerge, e se disponibiliza em uma operação concreta, regular e disciplinada que o mantém de forma palpável no horizonte de Israel.

### Mediação na prática diária

Na análise a seguir, investigarei cinco mediações proeminentes no Antigo Testamento – a Torá, a realeza, a profecia, o culto e a sabedoria –

---

[11] GARY A. ANDERSON, *A Time to Mourn, a Time to Dance: The Expression of Grief and Joy in Israelite Religion* (University Park: Pennsylvania State University, 1991).

[12] A referência de ANDERSON é a CLIFFORD GEERTZ, "Religion as a Cultural System", *The Interpretation of Cultures* (Nova York: Basic Books, 1973), pp. 87-125; e GEORGE A. LINDBECK, *The Nature of Doctrine: Religion and Theology in a Postliberal Age* (Filadélfia: Westminster, 1984).

as quais são praticadas no Israel antigo de forma consistente e com grande disciplina e confiabilidade.[13] Essas práticas geram, constituem, medeiam e disponibilizam Javé em Israel. Alguns podem protestar que essa compreensão de Javé, em meio a essas mediações, compromete a realidade dele como um ser metafísico que existe fora da prática de Israel. Contudo, nessa exposição há muito já recusamos a fazer reivindicações metafísicas quanto a Javé, mas insistimos que Javé vive nesses testemunhos de Israel e por meio deles; é sobre a veracidade desses, diante das verdades concorrentes, que decisões devem ser tomadas.

De forma mais prática, eu assumo essas práticas de mediação como as arenas onde se empreende a articulação retórica de Javé, acompanhada de todos os gestos dramáticos que sejam apropriados e comensuráveis.[14] Assim, eu cogito a opinião de que Javé – tal como conhecido, confiado, obedecido e temido em Israel – está "ali" em Israel apenas por causa dessas mediações contínuas que enfatizam incessantemente a singularidade dele. Sem essas mediações contínuas, Javé, que é tão singular e irascível, tão impressionante e maravilhoso, desapareceria da vida de Israel e da vida do mundo. Assumo essa noção como uma extensão da declaração de Paulo em Romanos 101,4-15:

> Como, porém, invocarão aquele em quem não creram? E como crerão naquele de quem nada ouviram? E como ouvirão, se não há quem pregue? E como pregarão, se não forem enviados?

CAPÍTULO XIX

A realidade de Javé depende do argumento convincente feito regularmente pelas testemunhas. E as testemunhas apresentam seu argumento em pronunciamentos e gestos de mediação.

Essa ênfase nas mediações práticas e concretas de Javé na vida real da comunidade provê um viés para essa exposição da teologia do Antigo Testamento, um alvo que busco alcançar desde que estabeleci essa metáfora predominante de testemunho. Assim, minha tese é que Javé se revela

---

[13] Quanto às últimas três, a avaliação mais proveitosa e recente é a de JOSEPH BLENKINSOPP, *Sage, Priest, Prophet: Religious and Intellectual Leadership in Ancient Israel* (Louisville: Westminster/John Knox, 1995). BLENKINSOPP considera essas figuras em termos de papéis sociais, uma abordagem extremamente útil para a questão de sua materialização social.

[14] Falo aqui consistentemente tanto da retórica (discurso) quanto do dramático (gestos), muito embora não tenhamos acesso aos gestos. É claro que, assim como o discurso, os gestos estavam presentes nessas mediações. Na teologia cristã subsequente, os discursos e gestos foram transpostos em "Palavra e sacramentos".

a Israel na prática (uma prática que se faz crível pelos eventos definidores que se situam no início do processo dessas mediações). Esse parecer leva a duas observações derivadas. Primeiro, é um lembrete importante de que a teologia do Antigo Testamento não é simplesmente um exercício intelectual. Sempre que esse testemunho é levado a sério, seja nos tempos antigos ou em qualquer época desde então, ele é levado a sério na prática. Segundo, esse parecer é uma afirmação às comunidades eclesiais, judaicas e cristãs, de que as disciplinas cotidianas e práticas da comunidade são de fato atividades teológicas, pois essas atividades são os modos e arenas nas quais os pronunciamentos e gestos de Javé podem ser cultivados. Essas atividades são recebidas como revelações confiáveis do parceiro de relacionamento.[15] Essas práticas, nos tempos antigos e desde então, não são excessivamente formidáveis, inovadoras ou dignas de atenção. São tão vagarosas, constantes e mundanas como a própria vida. É nessa história da vida cotidiana, conduzida com alguma intencionalidade e coragem, que se vê Javé em relacionamento com Israel, com sua soberania exigente e promissora e sua fidelidade perdoadora e restauradora.

A conclusão a que chegamos é que *a prática diária disponível e visível, constituída e empreendida de forma humana, implementa as conexões definidoras entre Javé e Israel*. Se voltarmos ao painel de Michelangelo, fica evidente que, no curso normal das coisas, Javé nos céus e Israel na terra não se tocam. Javé-em-relacionamento, porém, não é Javé-em-relacionamento se não houver conexão real – a menos que se toquem. No testemunho de Israel sobre Javé, tudo depende de esse contato ser não apenas possível, mas efetivo, conhecido e confiado em Israel.

Afirma-se que a resolução prática, por Israel, desse problema de efetivar o contato impossível se faz a pedido de Javé e sob sua autoridade. Efetiva-se o contato impossível, visto que esses cinco modos de mediação (e outros que podiam também ser adicionados) são apresentados, assumidos, aceitos e representados em Israel como sinais efetivos da parte de Deus. Sinal efetivo significa um sinal que representa decisivamente aquilo que indica (a presença e o propósito de Javé).[16] Dessa forma, "isto" indica "aquilo". Atividades proféticas humanas indicam palavra. Atos sacerdotais indicam presença. Atos da realeza indicam o governo político de Javé.

---

[15] Quanto à importância desses gestos para a manutenção e sobrevivência de uma comunidade intencional, veja Jacob Neusner, *The Enchantments of Judaism: Rites of Transformation from Birth to Death* (Atlanta: Scholars, 1991).

[16] Isto é, eles são ações e pronunciamentos performativos.

Ditos de sabedoria indicam a ordem discernível da criação dada por Deus.

Falando de outra forma, esses modos de mediação têm uma força sacramental. Como afirma a liturgia eucarística da minha infância: "Temos que lidar aqui não apenas com esses sinais, mas com as realidades que esses sinais representam".[17] E a "realidade" que esses "sinais representam" é a realidade de Javé, que em incomensurabilidade e mutualidade lida com Israel. Não é possível dizer por que ou como esses sinais são eficazes. Lida sociologicamente, essa comunidade gera significância e a socializa entre seus membros. Lida teologicamente, esses são atos de generosidade de Javé, o qual não apenas deseja se relacionar, mas provê os meios confiáveis para isso.

Tem sido meu hábito afirmar que o "habitat natural" de Javé é o texto do Antigo Testamento, e que não há Javé fora desse texto. Agora pretendo ir além dessa reivindicação textual e retórica, afirmando que o habitat de Javé está *nessas práticas*. Quando Israel se engaja nessas práticas, Javé se conecta com Israel. Quando essas práticas enfraquecem, Javé mingua. Quando essas práticas cessam, Javé desaparece como uma memória histórica valiosa ou uma reivindicação metafísica remota. Mas a teologia do Antigo Testamento não lida com o esvanecer ou o cessar, mas com a prática que dá vida a Javé em Israel, e que dá vida a Israel em Javé.

---

[17] Essa fórmula da Igreja Evangélica e Reformada foi elaborada em um clima ecumênico para levar em conta não apenas as interpretações luterana e calvinista da Ceia, mas também a zuingliana. Considerando as batalhas em torno da Ceia, a fórmula é tão sagaz quanto é delicada.

## Capítulo Vinte

### 20. A Torá como mediadora

A Torá ocupa o lugar primário de autoridade, significância e influência na mediação do propósito, presença e poder de Javé para Israel. No contexto da teologia do Antigo Testamento, os cristãos têm muito a desaprender e reaprender sobre a Torá. Na trajetória interpretativa desde Paulo, por meio de AGOSTINHO e LUTERO, a Torá foi brutalmente reduzida a "lei", entendida em um regime de legalismo.[1] Como vou articular, a Torá tem em si um conteúdo bem mais dinâmico, aberto e elusivo do que se concebe na usual ideia gentílica do Ocidente sobre a lei judaica.

A Torá se desenvolveu de uma série de proclamações, pronunciamentos oraculares e mandamentos ocasionais para uma prática e literatura mais holística; ela retém algumas propriedades desses pronunciamentos iniciais, mas também assumiu vida própria. Não é nossa responsabilidade ou tarefa apropriada aqui rastrear a difícil e obscura rota do desenvolvimento da Torá. É suficiente, como parâmetro, insistir que, seja o que for que permanece desses pronunciamentos específicos na atual Torá completa, isso deve ser lido como parte de um todo maior, que influencia e remodela pronunciamentos concretos.[2]

**Moisés como doador da Torá**

Moisés é o agente histórico em Israel que está conectado de forma fundamental à autoridade, recepção e prática contínua da Torá. Embora existam questões histórico-críticas difíceis em relação à pessoa de Moisés, na articulação canônica da memória e fé de Israel a importância e a centralidade dele são claras e inequívocas. Confrontado e convocado por Javé em um encontro definidor (Êx 3,1-4,17),[3] Moisés é o privilegiado e encarregado no monte Sinai a permanecer face a face com Javé na inescrutabili-

---

[1] Veja KRISTER STENDAHL, "The Apostle Paul and the Introspective Conscience of the West", *Paul among Jews and Gentiles and Other Essays* (Filadélfia: Fortress, 1976), pp. 78-96.

[2] MAX KADUSHIN, *Worship and Ethics: A Study in Rabbinic Judaism* (Nova York: BLOCH, 1963), e *The Rabbinic Mind* (Nova York: BLOCH, 1972), mostra que se deve entender a Torá no judaísmo rabínico como orgânica, de forma que todas as partes representam o todo e pertencem a ele.

[3] Veja as pp. 738-740 [seção "A presença não mediada de Javé" no capítulo anterior] quanto a essa narrativa e sua autoridade definidora para Israel.

dade da montanha, para receber ali as tábuas da Torá, os materiais reunidos como revelação das intenções de Javé no Sinai. É impossível exagerar ou enfatizar demais o papel primordial de Moisés. Na articulação imaginativa de Israel sobre seu passado, houve um tempo e um lugar em que Moisés recebeu a Torá de Javé. Além disso, houve um tempo e um lugar em que ele proclamou a Torá para o Israel que ouvia. Moisés não é um conceito, uma ideia, uma teoria ou um símbolo. Ele é um agente concreto de recepção e transmissão, pelo qual as intenções e a presença de Javé são efetivamente mediadas em, para e por Israel.[4] O Israel a quem a Torá se dirige é, de fato, o Israel a quem Moisés se dirige; assim, é a pessoa histórica e identificável de Moisés que reúne e constitui Israel como parceiro peculiar de Javé. Podemos fazer seis observações sobre essa mediação mosaica da Torá de Javé a Israel.

**A autoridade inflexível de Moisés**. Essa Torá é a representação autorizada desse relacionamento entre Javé e Israel, um relacionamento que não tolera desvios. É Moisés que é plenamente aceito por Javé e plenamente reconhecido por Israel (Êx 20,19). Podemos crer que a pessoa de Moisés foi aceita por ambos os lados como o singular fundador do javismo, e que foram usadas medidas enérgicas e autoritárias para reagir a alternativas e desafios ao papel de Moisés, como nos casos de Arão (Êx 32), Arão e Miriã (Nm 12), e Coré, Datã e Abirão (Nm 16). Não se permite qualquer romantismo quanto à autoridade teológica de Moisés, pois tinha nela o poder político para subjugar todos os competidores. Podemos localizar na pessoa e ofício de Moisés um zelo pela liderança que tem o sabor de autoritarismo, e que é um precursor do autoritarismo que permeia o testemunho de Israel que agora é designado como patriarcalismo. Essa mesma intolerância quanto aos rivais gera, na tradição cristã, diversas reivindicações de infalibilidade e as sanções da Inquisição, e identifica prontamente como "heresia" tudo que se desvia da hegemonia interpretativa do momento. Há algo poderosamente inflexível na autoridade de Moisés, que se justifica pela reivindicação de que qualquer desafio à autoridade mosaica põe em perigo a possível existência de Israel.

**Qualidade transacional**. A Torá, como nos é apresentada no ensino e testemunho mosaico, é pactual e transacional de forma pervasiva. Ou

---

[4] Thomas B. Dozeman, *God on the Mountain: A Study of Redaction, Theology, and Canon in Exodus 19-24* (Atlanta: Scholars, 1989), narra cuidadosamente o papel relativo de Moisés e de outros personagens na narrativa do Sinai, de acordo com linhas diferentes da tradição.

seja, Moisés é o patrocinador e articulador por excelência da aliança que une Javé e Israel em uma mutualidade exclusiva, de forma que cada um se caracteriza por um compromisso profundo e definidor para com o outro, ao longo das vicissitudes de todas as circunstâncias.[5] Nessa prática transacional, percebe-se Javé como um Deus que está sempre em relacionamento, e caracteriza-se Israel como pertencendo de forma inalienável a esse relacionamento com Javé.

Exibe-se maravilhosamente essa qualidade transacional da vida de Israel e de Javé em dois textos extensos, embora se possam citar outros. Primeiro, em Êxodo 3,1-4,17, a convocação inicial de Moisés (3,10) introduz uma série de cinco trocas entre Moisés e Javé, apresentadas como protesto e reação. Desde o início, o javismo mosaico se caracteriza por uma capacidade de protesto vigoroso, e uma capacidade igualmente poderosa de reação de Javé que sobrepuja o protesto.[6] Segundo, Êxodo 32,1-34,28 oferece uma narrativa extensa na qual Israel se põe em extremo perigo ao se afastar das exigências intolerantes de Javé.[7] Israel e Javé "superam" a ameaça pela coragem e insistência de Moisés, que convence Javé e evoca sua fidelidade que está em perigo. Fica evidente, em ambas as transações, que o relacionamento de Moisés com Javé é dinâmico e polêmico e tem momentos incessantes de perigo, alienação e restauração. Tudo isso se aplica tanto à pessoa de Moisés quanto ao caráter de Javé.

**Convocação condicional à obediência.** A constituição de Torá-Israel se caracteriza, desde o início, por uma convocação à obediência, de uma natureza condicional. O primeiro pronunciamento de Javé a Moisés no Sinai culmina em um chamado radical à obediência:

> Agora, pois, se diligentemente ouvirdes a minha voz e guardardes a minha aliança, então, sereis a minha propriedade peculiar dentre todos os povos. (Êx 19,5)

---

[5] Quanto à "fórmula da aliança" de fidelidade mútua, veja RUDOLF SMEND, *Die Bundesformel* (ThStud 68; Zurique: EVZ, 1963). De forma mais geral, quanto à importância teológica da aliança no Antigo Testamento, veja ERNEST W. NICHOLSON, *God and His People: Covenant and Theology in the Old Testament* (Oxford: Clarendon, 1986).

[6] Quanto a esse aspecto do trabalho de Moisés diante de Javé, é importante notar o modo como ERNST BLOCH, *Atheism in Christianity: The Religion of the Exodus and the Kingdom* (Nova York: Herder and Herder, 1972), pp. 84-122, justapõe Moisés e Jó como elementos indispensáveis para uma fé séria.

[7] Quanto a essa narrativa, veja a análise cuidadosa de R. W. L. MOBERLY, *At the Mountain of God: Story and Theology in Exodus 32-34* (JSOTSup 22; Sheffield: JSOT, 1983).

Israel responde apropriadamente, mesmo antes dos mandamentos serem proclamados:

Tudo o que o Senhor falou faremos. (Êx 19,8)

Dois aspectos são dignos de nota na convocação de Javé no Sinai. Primeiro, tudo se governa por um "se". Esse relacionamento se caracteriza pela condicionalidade, a qual marca todo relacionamento primário como esse.[8] Israel é Israel por meio da obediência. Segundo, o verbo *ouvir* (*šm'*) é expresso com um infinitivo absoluto, dando-lhe força e intensidade adicionais. No entanto, esse verbo é reforçado por *guardar* (*šmr*), que não é um infinitivo absoluto. Fala-se a Israel para prepará-lo a aceitar um relacionamento de comando e obediência. Javé é o caminho normativo de Israel no mundo.

**Monoteísmo**. A mediação de Javé por Moisés, na Torá do Sinai, é monoteísta. Pode ser pertinente a noção de JAMES SANDERS sobre uma "tendência monoteizante", mas no que se refere ao pronunciamento de Moisés, isso não é uma tendência e sim uma premissa de tudo o que se segue.[9] O relacionamento será singular e exclusivo. Não haverá outros deuses, imagens, ídolos, alternativas, rivais ou competidores. Não se dá nenhuma flexibilidade a Israel nesse relacionamento. Javé – a única voz de autoridade, mediada por meio da voz de Moisés, o único mediador autorizado – falará e Israel responderá. O horizonte desse testemunho não inclui nenhuma categoria que aparecem em uma abordagem de história das religiões: não há henoteísmo, monoteísmo prático, resíduo de politeísmo ou desenvolvimentismo. É tudo Javé e apenas Javé. Essa singularidade se expressa, como vimos, no zelo de Javé, zelo como o de um marido traído (Ez 16,38-43).[10]

**Compromisso único com Israel**. A contraparte da reivindicação singular (monoteísta) sobre Javé é que ele não tem outro parceiro, mas está comprometido única e singularmente com Israel. Assim como há um só Deus, há um só povo; e esse povo não se caracteriza apenas pela presença

---

[8] Quanto à questão delicada e dialética da condicionalidade da aliança, veja as pp. 553-555 [seção "A obrigação pactual de Israel" no capítulo 14].

[9] JAMES A. SANDERS, "Adaptable for Life: The Nature and Function of Canon", *Magnalia Dei, the Mighty Acts of God: Essays on the Bible and Archaeology in Memory of G. ERNEST WRIGHT* (org. FRANK M. CROSS *et al.*; Garden City: Doubleday, 1976), pp. 531-560.

[10] Quanto a esse zelo, veja as pp. 400-4005 [seção "O zelo de Javé" no capítulo 7].

peculiar de Javé, mas pelo dom peculiar da Torá, que dá identidade a Israel:

> Pois que grande nação há que tenha deuses tão chegados a si como o Senhor, nosso Deus, todas as vezes que o invocamos? E que grande nação há que tenha estatutos e juízos tão justos como toda esta lei que eu hoje vos proponho? (Dt 4,7-8)

Assim, a reivindicação teológica proclamada sobre Javé serve para aumentar a autoridade legítima de Moisés e, por sua vez, serve para estabelecer e celebrar Israel como parceiro único de Javé, uma comunidade com identidade e vocação singulares no mundo:

> ...vós me sereis reino de sacerdotes e nação santa. (Êx 19,6)

Articula-se essa junção de "só Javé" e "só Israel" como uma reivindicação única em uma oração de Davi bem posterior:

> Portanto, grandíssimo és, ó Senhor Deus, porque não há semelhante a ti, e não há outro Deus além de ti, segundo tudo o que nós mesmos temos ouvido. Quem há como o teu povo, como Israel, gente única na terra, a quem tu, ó Deus, foste resgatar para ser teu povo? E para fazer a ti mesmo um nome e fazer a teu povo estas grandes e tremendas coisas, para a tua terra, diante do teu povo, que tu resgataste do Egito, desterrando as nações e seus deuses? Estabeleceste teu povo Israel por teu povo para sempre e tu, ó Senhor, te fizeste o seu Deus. (2Sm 7,22-24)

A Torá centra na incomparabilidade de Javé, que medeia a incomparabilidade de Israel.[11]

**Comando e instrução.** Como esclarece GUNNAR ÖSTBORN, a noção de Torá, em seu regime mosaico, tem tanto comando quanto instrução ou orientação.[12] A dimensão do comando, muito celebrada na interpretação cristã, é direta e explícita. Como foi articulado a Moisés e por ele, a tradição de comando visa submeter a vida de Israel ao governo de Javé. A vida de Israel deve se constituir em uma prática de submeter todas as áreas de sua existência ao governo de Javé; rejeitando assim a autoridade e reivindicação de qualquer outro deus ou qualquer outra lealdade. Essa dimensão da Torá é intransigente e completamente inflexível. Visto que Javé é soberano, não há nenhuma margem para manobras, deslizes ou negociação. Moisés, diretamente do pronunciamento do próprio Javé, medeia a Israel

---

[11] Quanto à incomparabilidade de Javé, veja as pp. 204-210 [última seção do capítulo 3], 292-297 [seção "Incomparabilidade" no capítulo 4], e 347 [subseção apropriada em "Tematização por meio de substantivos" no capítulo 6].

[12] GUNNAR ÖSTBORN, *Tōra in the Old Testament: A Semantic Study* (Lund: Hakan Ohlsson, 1945).

os modos pelos quais é possível pertencer a Javé e ser seu povo reconhecido e estimado no mundo.

Um segundo aspecto da Torá em geral passa despercebido na tradição cristã, que está determinada a reduzir a Torá à "lei". Esse segundo aspecto, que é igualmente constitutivo de Israel, é que Torá também significa orientação, instrução e cuidado – um processo de exploração e imaginação que não pode ser incluído no rótulo de obediência. Esse aspecto da Torá se evidencia no próprio termo *Torá*, pois o verbo *yarah* significa direcionar ou apontar, dar direções. O que é mais importante, isso também se evidencia no texto. Se a Torá como comando é uma convocação aos modos pelos quais se deve pertencer a Javé, então a Torá como orientação, instrução e cuidado ensina como se engajar em práticas que possibilitam ser Israel em um mundo inóspito. Enquanto a Torá como comando está focada na dimensão ética da existência, a Torá como orientação, instrução e cuidado se preocupa com o estético e o artístico, um domínio que se expressa como místico e sacramental. Ou seja, *a Torá se interessa tanto com o mistério inescrutável da presença quanto com a não-negociabilidade da obediência amistosa.*

Especificamente, essa dimensão sacramental da Torá – amplamente ignorada pelos estudos críticos ou interpretada sem consideração à sua natureza sacramental – se encontra naqueles textos em geral atribuídos à fonte P, os quais incluem provisões para o tabernáculo (Êx 25-31; 35-40), sacrifícios sacerdotais (Lv 1-8), ritual do Dia da Expiação (Lv 16) e disciplinas de santidade (Lv 17-26). É importante notar que as provisões para o tabernáculo e sacrifícios não são ações ordenadas a Israel; são direções para Moisés. Nesses mandamentos de Javé para Moisés, ele não recebe ordens a serem transmitidas a Israel.[13] São provisões que o próprio Moisés deve realizar e estabelecer, no início da vida de Israel com Javé. Ou seja, nessas tradições do Sinai, Moisés é o fundador de práticas institucionais, e essas instruções específicas são as "palavras de instituição" originais, pronunciadas e valorizadas como a garantia que torna esses "meios de presença" legítimos, confiáveis e plenos de autoridade.

Essas instruções oferecem um conjunto de práticas pelas quais Israel deve viver. Elas estão carregadas de significado sacramental, e na prática delas Israel se engaja em um "mundo alternativo" de "imaginação legí-

---

[13] GERHARD VON RAD, *Studies in Deuteronomy* (SBT 9; Londres: SCM, 1953), pp. 25-36, vê essa distinção em termos da crítica das formas.

tima", no qual se torna Israel na presença de Javé.[14] Assim, por exemplo, Moisés é autorizado a usar materiais de madeira de acácia e bronze, em diversos modos e arranjos, e transformá-los em um altar (Êx 27,1-8). Nesse ato, dá-se a Israel um meio confiável para a presença; a madeira de acácia se torna um meio para presença. Ou ainda, Moisés é autorizado a identificar um touro sem defeito e a usar os pedaços de seu corpo como oferta queimada a Javé, que se torna um meio de comunhão com Javé (Lv 1,3-9). O touro é um meio para comunhão. Não se diz porque ou como isto se torna eficaz; como ocorre com todos os atos sacramentais como esse, nenhuma explicação afinal é dada, nem é necessária. A autorização é tanto uma ordem para Moisés como uma promessa para Israel; esse se torna praticante daquilo que foi dado e ordenado por meio de Moisés. Nesse processo, Israel assume meios de comunhão que são inescrutáveis em poder e significado, nos quais a vida de Javé está presente em Israel. Moisés, o doador da Torá no monte Sinai, provê tanto os mandamentos de Javé, que Israel é capaz de obedecer (Dt 30,11-14), quanto as provisões dele, pelas quais Israel pode abrigar o Santo e gozar da presença divina. Tudo isso está na Torá de Moisés. E Israel é convidado a ser o Israel que a mediação mosaica o autoriza ser.

### A dinâmica interpretativa da Torá

É evidente que a Torá mediada por Moisés no monte Sinai não está fixa, fechada e estabelecida no final do trabalho dele. A Torá como mediação inclui uma dinâmica aberta e uma vitalidade contínua que vai além de Moisés, embora com a autoridade permanente dele. Somos levados a crer que ocorria alguma forma de assembleia ou convocação periódica em Israel, na qual a comunidade se reunia para ouvir novamente as convocações, promessas e exigências da Torá, e para reafirmar com juramento sua resolução de viver sob as exigências e dentro da imaginação que constitui essa Torá:

> Vós estais, hoje, todos perante o Senhor, vosso Deus: os cabeças de vossas tribos, vossos anciãos e os vossos oficiais, todos os homens de Israel, os vossos meninos, as vossas mulheres e o estrangeiro que está no meio do vosso arraial, desde o vosso rachador de lenha até ao vosso tirador de água, para que entres na aliança do Senhor, teu Deus, e no juramento que, hoje, o Senhor, teu Deus,

---

[14] Veja JACOB NEUSNER, *The Enchantments of Judaism: Rites of Transformation from Birth to Death* (Atlanta: Scholars, 1991), quanto ao poder gerativo de atos imaginativos para um mundo alternativo.

faz contigo; para que, hoje, te estabeleça por seu povo, e ele te seja por Deus, como te tem prometido, como jurou a teus pais, Abraão, Isaque e Jacó. (Dt 29,10-13)

Moisés e os anciãos de Israel deram ordem ao povo, dizendo: Guarda todos estes mandamentos que, hoje, te ordeno. ...Falou mais Moisés, juntamente com os sacerdotes levitas, a todo o Israel, dizendo: Guarda silêncio e ouve, ó Israel! Hoje, vieste a ser povo do Senhor, teu Deus. Portanto, obedecerás à voz do Senhor, teu Deus, e lhe cumprirás os mandamentos e os estatutos que hoje te ordeno. (Dt 27,1,9-10)

Ordenou-lhes Moisés, dizendo: Ao fim de cada sete anos, precisamente no ano da remissão, na Festa dos Tabernáculos, quando todo o Israel vier a comparecer perante o Senhor, teu Deus, no lugar que este escolher, lerás esta lei diante de todo o Israel. Ajuntai o povo, os homens, as mulheres, os meninos e o estrangeiro que está dentro da vossa cidade, para que ouçam, e aprendam, e temam o Senhor, vosso Deus, e cuidem de cumprir todas as palavras desta lei; para que seus filhos que não a souberem ouçam e aprendam a temer o Senhor, vosso Deus, todos os dias que viverdes sobre a terra à qual ides, passando o Jordão, para a possuir. (Dt 31,10-13)

A prática concreta da Torá não consiste simplesmente em ter um pergaminho de Moisés como uma lei estabelecida e fixa. Antes, a prática da Torá consiste em encontros regulares, determinados e públicos nos quais Israel se constitui e reconstitui, como uma comunidade identificável e consciente sob promessa e disciplina. Esses encontros se apresentam no texto como réplicas do Sinai, onde se Israel foi formado ao falar e ouvir; apenas agora a reconstituição se realiza em diferentes tempos, lugares e circunstâncias, e com diferentes personagens principais (cf. Dt 5,3). O propósito desses encontros (podemos crer que esses encontros resultaram na sinagoga e na casa de estudos e, por derivação, no "ministério da palavra e dos sacramentos" da tradição cristã) é o de ouvir novamente as promessas e exigências, e o de jurar de novo fidelidade a esse parceiro mediado da aliança. O propósito desse encontro centrado na Torá é permitir que a assembleia se torne Israel mais uma vez.

### *Liderança pós-mosaica: os levitas*

Quando Israel buscou continuar a função mosaica, sem a qual não seria esse povo em aliança, precisou identificar e autorizar líderes pós--Moisés. Essa prática é obscura historicamente. Mas, visto que aqui estou interessado nas práticas concretas evidenciadas no testemunho de Israel, arriscarei um palpite histórico. Alguns estudiosos propõem que os levitas são os candidatos principais para essa função mosaica. (Se não são os levitas, então algum agente similar parece indispensável para a "prática da Torá", na qual Israel se reconstitui regularmente.) As evidências de que os levitas são a continuação da função mosaica de proclamação da Torá são reunidas de textos que apenas insinuam e nunca afirmam. Podemos citar dois textos principais que sugerem essa proposta acadêmica. Em Êxodo 32,25-29, os levitas são consagrados como os militantes mais fiéis ao javismo inflexível de Moisés. Além disso, em Deuteronômio 33,8-11, confia-se aos levitas a "tua lei" (a Torá):

> De Levi disse:
> Dá, ó Deus, o teu Tumim e o teu Urim
> para o homem, teu fidedigno,
> que tu provaste em Massá,
> com quem contendeste nas águas de Meribá;
> aquele que disse a seu pai e a sua mãe:
> Nunca os vi;
> e não conheceu a seus irmãos
> e não estimou a seus filhos,
> pois guardou a tua palavra
> e observou a tua aliança.
> Ensinou os teus juízos a Jacó
> e a tua lei, a Israel;
> ofereceu incenso às tuas narinas
> e holocausto, sobre o teu altar.
> Abençoa o seu poder, ó Senhor,
> e aceita a obra das suas mãos,
> fere os lombos dos que se levantam contra ele e o aborrecem,
> para que nunca mais se levantem.

Embora os dados históricos não estejam claros, os levitas são candidatos formidáveis para esse papel em Israel. Na hipótese acadêmica, a proeminência dos levitas se baseia firmemente no estudo de Max Weber, que afirma:

> Os levitas eram os únicos campeões permanentes da crença em Javé e, por virtude de sua função socialmente importante, se sentiam como homens que sabiam quais ofensas trariam infortúnios e como deixar tudo bem novamente...
>
> Os sacerdotes levitas tinham a tarefa de ensinar a Torá ao povo, o que reivindicavam como sua responsabilidade legítima; isso servia ao mesmo propósito de manter a comunidade

livre de pecados para evitar a ira de Javé.¹⁵

FRANK M. CROSS oferece uma reconstrução especulativa da história do sacerdócio, atribuindo um papel principal aos levitas.¹⁶ E NORMAN GOTTWALD considera os levitas como um "núcleo revolucionário" que provê embasamento intelectual para a revolução social que é Israel:

O sacerdócio levítico, os portadores do javismo, constituem um quadro intelectual e organizacional de liderança que atravessa e penetra os diversos segmentos sociais autônomos, vinculando-os para ações fundamentadas no sentimento comum...

Positivamente, existia o apelo esmagador, demonstrado, militar e ideológico-cultual dos levitas no sentido de convencer a coalizão de que Javé, que havia derrotado o Egito no seu próprio terreno, era capaz de defender uma ordem anti-imperial e antifeudal ampliada em Canaã.¹⁷

Embora a reconstrução histórica de GOTTWALD seja bastante criticada, ela tem o mérito de vincular a prática da Torá à vida real e concreta de Israel no mundo, deixando claro que essa prática é uma iniciativa dinâmica, e não uma proposta ética intelectual remota.

### *Deuteronômio: o Sinai interpretado*

Independentemente do que se diga dos levitas historicamente, é crucial para a Torá como mediação considerar o livro de Deuteronômio, pois é a tradição do Deuteronômio que apresenta a noção mais completamente desenvolvida e consciente da Torá. A hipótese dominante sobre o Deuteronômio é que os levitas são os agentes responsáveis que continuam a obra mosaica da Torá.¹⁸ De fato, um dos propósitos do Deuteronômio é mostrar a Israel como continuar, de forma fiel e apaixonada, a ser o povo da Torá de Moisés quando esse não estiver mais presente para mediar e instruir. Considerando a resiliência da tradição do Deuteronômio, fica claro que Israel não precisa mais do próprio Moisés. Sem lidar com a confiabilidade histórica dessa reivindicação, é evidente que o Deuteronômio ocupa um

---

¹⁵ MAX WEBER, *Ancient Judaism* (Glencoe: Free, 1952), pp. 220, 240-241; cf. p. 263.

¹⁶ FRANK MOORE CROSS, *Canaanite Myth and Hebrew Epic* (Cambridge: Harvard University, 1973), pp. 195-215.

¹⁷ NORMAN K. GOTTWALD, *The Tribes of Yahweh: A Sociology of the Religion of Liberated Israel, 1250-1050 B.C.E.* (Maryknoll: Orbis Books, 1979 [publicado em português pela Paulus Editora), pp. 490, 496, cf. p. 688.

¹⁸ Esse ponto é instigado especialmente por GERHARD VON RAD. Veja a avaliação do papel dos levitas por NICHOLSON, *God and His People*.

lugar central na prática da Torá em Israel. A essência específica do livro de Deuteronômio como Torá proclamada (a "lei pregada" de GERHARD VON RAD) é enunciar a peculiaridade de Israel e encorajá-lo a praticar a ética distintiva que se centraliza na justiça javista.[19] Ou seja, Deuteronômio é uma prática interpretativa que busca rearticular as reivindicações do Sinai em uma nova circunstância. Quaisquer que sejam os agentes que falam em Deuteronômio, eles desejam "pronunciar novamente" Moisés para um novo tempo e lugar.

A apresentação do livro de Deuteronômio situa seu discurso nas planícies de Moabe, longe do Sinai, com foco nos problemas e possibilidades na terra da promessa (Dt 1,1-5). Por um lado, Deuteronômio reivindica a autoridade de Moisés. Por outro, não se situa no Sinai. Assim, o que se apresenta como Torá está distante do Sinai, como uma operação contínua. A Torá pode ser dada em um lugar diferente do Sinai, desde que contenha a autoridade de Moisés. De início, diz-se que o livro de Deuteronômio é uma exposição da Torá:

> Além do Jordão, na terra de Moabe, encarregou-se Moisés de explicar esta lei, dizendo... (Dt 1,5)[20]

Em 5,3, como uma introdução à reiteração do Decálogo, Moisés afirma:

> Não foi com nossos pais que fez o Senhor esta aliança, e sim conosco, todos os que, hoje, aqui estamos vivos.

Isto é, Deuteronômio não é o *Sinai repetido*. É o *Sinai interpretado*, extrapolado e esclarecido para manter as reivindicações do javismo mosaico do Sinai pertinentes a um novo tempo, lugar e circunstância. Na prática real do texto de Deuteronômio, os praticantes da Torá pós-Moisés estão autorizados a introduzir assuntos totalmente novos na Torá, como um modo de trazer esferas totalmente novas da vida para o horizonte do javismo.

Assim, o livro de Deuteronômio não introduz apenas *novo material* na Torá. Também introduz, exemplifica e autoriza novas *práticas inter-*

---

[19] VON RAD, *Studies in Deuteronomy*, p. 16, compreende a retórica particular de Deuteronômio como "lei pregada". Embora a intenção do material seja claramente a justiça, é justiça dentro de um horizonte patriarcal inconfesso e não criticado.

[20] O termo *explicar* é *b'r*. Quanto a esse termo, veja MOSHE WEINFELD, *Deuteronomy 1-11: A New Translation with Introduction and Commentary* (AB 5; Nova York: Doubleday, 1991), pp. 128-129; quanto à passagem de forma mais genérica, veja Zecharia Kallai, "Where Did Moses Speak (Deuteronomy I 1-5)?", *VT* 45 (1995), pp. 188-197.

*pretativas*, pelas quais se mostra que a Torá não é um conjunto fechado de ensino, mas um processo de interpretação que continua dinâmico em sua autoridade e pertinente em sua prática. É precisamente o livro (e a prática) de Deuteronômio que evita que a Torá mosaica do Sinai seja isolada, fixa e estabelecida. O processo dinâmico do livro de Deuteronômio elimina todo construcionismo estrito sobre a Torá, qualquer noção de que o texto só possa significar o que seu falante original disse e desejou, pois o Decálogo agora se mostra amplamente aberto para processamento contínuo.[21]

### *A série de grandes mediadores de Israel*

O livro e a tradição do Deuteronômio, talvez patrocinados e divulgados pelos levitas, proporcionam importante influência e força para tornar a Torá crucial e definidora da identidade de Israel. Podemos identificar uma série de grandes mediadores que, segundo o testemunho narrativo de Israel, desempenham a função de mantê-lo no contexto da Torá.[22] Sem dúvida, esses mediadores são apresentados em textos decisivamente modelados em círculos deuteronômicos, de forma que não podemos distinguir o que é "história". Mas, em termos da densidade cultural-linguística da autocompreensão de Israel, esses grandes líderes centrais são cruciais.

**Josué** (que é situado no Sinai com Moisés em Êx 24,13) é o sucessor de Moisés, que deve continuar a prática da mediação da Torá na terra após a morte dele. Assim, em uma grande convocação, Josué constrange Israel à Torá:

> Assim, naquele dia, fez Josué aliança com o povo e lha pôs por estatuto e direito em Siquém. (Js 24,25)

Além disso, conforme a tradição apresenta, Josué é designado exatamente para a Torá, para a grande obra de levar Israel às suas promessas:

> Tão-somente sê forte e mui corajoso para teres o cuidado de fazer segundo toda a lei que meu servo Moisés te ordenou; dela não te desvies, nem para a direita nem para a esquerda, para que sejas bem-sucedido por onde quer que

---

[21] Veja WALTER BRUEGGEMANN, *Finally Comes the Poet: Daring Speech for Proclamation* (Mineápolis: Fortress, 1989), pp. 79-110; e "The Commandments and Liberated, Liberating Bonding", *Interpretation and Obedience* (Mineápolis: Fortress, 1991), pp. 145-158.

[22] Veja HANS-JOACHIM KRAUS, *Die prophetische Verkündigung des Rechts in Israel* (Zollikon: EVZ, 1957); e JAMES MUILENBURG, "The 'Office' of the Prophet in Ancient Israel", *The Bible in Modern Scholarship* (org. J. P. HYATT; Nova York: Abingdon, 1965), pp. 74-97.

andares. Não cesses de falar deste Livro da Lei; antes, medita nele dia e noite, para que tenhas cuidado de fazer segundo tudo quanto nele está escrito; então, farás prosperar o teu caminho e serás bem-sucedido. (Js 1,7-8)

**Samuel**, de modo similar, em algo como uma linguagem deuteronômica, convoca Israel à obediência radical à Torá:

Se temerdes ao Senhor, e o servirdes, e lhe atenderdes à voz, e não lhe fordes rebeldes ao mandado, e seguirdes o Senhor, vosso Deus, tanto vós como o vosso rei que governa sobre vós, bem será. Se, porém, não derdes ouvidos à voz do Senhor, mas, antes, fordes rebeldes ao seu mandado, a mão do Senhor será contra vós outros, como o foi contra vossos pais. (1Sm 12,14-15)

**Josias**. Além do mais, segundo o relato dos deuteronomistas, não há dúvidas de que o rei Josias é o proclamador perfeito da Torá, que busca reordenar e reconstituir Israel nos fundamentos dela:

Ordenou o rei a Hilquias, o sacerdote, a Aicão, filho de Safã, a Acbor, filho de Micaías, a Safã, o escrivão, e a Asaías, servo do rei, dizendo: Ide e consultai o Senhor por mim, pelo povo e por todo o Judá, acerca das palavras deste livro que se achou; porque grande é o furor do Senhor que se acendeu contra nós, porquanto nossos pais não deram ouvidos às palavras deste livro, para fazerem segundo tudo quanto de nós está escrito. (2Rs 22,12-13)[23]

Nessas diversas articulações, a obediência à Torá se torna o único critério para vida ou morte, felicidade ou desgraça, de Israel. A tradição do Deuteronômio assume as insistências de Moisés e do Sinai e as torna mais abrangentes, intensas e decisivas. As boas novas são que, no processo interpretativo contínuo da Torá, Israel conhece a essência da obediência:

Pois esta palavra está mui perto de ti, na tua boca e no teu coração, para a cumprires. (Dt 30,14)

As más novas são que as exigências da Torá são inflexíveis. A desobediência levará Israel a "perecer" (1Sm 12,25).

**Os grandes profetas**. Em adição aos levitas e a esses mediadores ocasionais, os grandes profetas de Israel formam o terceiro grupo de praticantes da mediação da Torá. O fenômeno da profecia é rico, variado e amplamente assistemático. Os profetas derivam de muitas tradições. Na forma canônica do testemunho de Israel, porém, esse material discrepante

---

[23] Levamos em conta o relato do Deuteronomista sem fazer qualquer julgamento sobre a veracidade de tais questões. Fica evidente que o texto é formado artisticamente a partir da análise de Lyle Eslinger, "Josiah and the Torah Book: A Comparison of 2 Kgs 22:1-23:28 and 2 Chr 34:1-35:19", *HAR* 10 (1986), pp. 37-62.

foi basicamente ordenado ao redor de temas de juízo e esperança, que parecem derivar das reivindicações da Torá quanto a bênçãos e maldições.[24] Da forma que foi construída canonicamente, a sequência de profetas mostra que eles, com seu javismo intenso, convocam Israel e lhe explicam seu caminho para o desastre. Na perspectiva da Torá deuteronômica, é exatamente a desobediência à Torá que resulta na catástrofe de 587 a.C., a qual mergulha Israel na fissura do exílio. Na forma canônica, os profetas se baseiam na Torá e acentuam seu convite à vida e sua advertência sobre a morte.[25]

Mais especificamente, podemos mencionar dois profetas que parecem mais próximos das tradições deuteronômicas da Torá. HANS WALTER WOLFF propõe que a "casa espiritual" de Oseias – ou seja, a tradição que gerou sua fé – é o círculo de levitas e, assim, muito próxima das tradições do Deuteronômio.[26] Além disso, KARL GROSS mostra que as tradições de Oseias impactaram Jeremias de formas importantes.[27] Não podemos ter certeza absoluta sobre uma influência histórica direta. O que podemos dizer é que as tradições proféticas de Oseias e Jeremias, como as temos agora, articulam e medeiam a vontade e o propósito de Javé em categorias muito próximas às de Deuteronômio, que no Antigo Testamento se oferece como a trajetória normativa e definitiva da Torá após o Sinai. Assim como os supostos levitas e os grandes mediadores apresentados nas tradições deuteronômicas, esses profetas compreendem a vida e o destino de Israel em termos de categorias da Torá. VON RAD escreve: "Jeremias se baseia na tradição do Êxodo e do Sinai, e isso dá à sua pregação um fundamento bastante amplo".[28] Esses dois profetas, de uma maneira essencial, parecem citar o Decálogo (Os 4,2; Jr 7,9). E se, nesse caso, isso deva ser considerado

---

[24] Veja minha análise dos profetas em relação às "formas de vida" de Israel, no capítulo 22.

25 Essa é a reivindicação e intenção evidente do arranjo canônico da literatura. Uma premissa central da crítica histórica convencional é que a relação é outra. Veja W. ZIMMERLI, *The Law and the Prophets: A Study of the Meaning of the Old Testament* (Nova York: Harper Torchbooks, 1963).

[26] Veja HANS WALTER WOLFF, "Hoseas Geistige Heimat", *TLZ* 81 (1956), pp. 83-94.

[27] KARL GROSS, "Hoseas Einfluss auf Jeremias Anschuungen", *NKZ* 42 (1931), pp. 241-256, 327-343.

[28] GERHARD VON RAD, *Old Testament Theology* (São Francisco: Harper and Row, 1965), v. 2, p. 217.

como uma imposição do Deuteronomista (como pode bem ser), então isso apenas confirma o enorme poder e influência dessa tradição e processo interpretativo, em sua reivindicação de ser a voz autêntica e contínua de Moisés em Israel.

Essa tradição poderosa de obediência pactual – baseada em Moisés e proclamada pelos levitas, pelos círculos deuteronômicos, pelos grandes mediadores e pelos profetas sob influência dessa trajetória – produziu o "partido de só Javé", o qual é definidor para Israel no Antigo Testamento.[29] Embora essa reivindicação, como é diversamente enunciada, possa ocasionalmente ser considerada como inflexível e fortemente ideológica, é também essa tradição que, acima de tudo, provê a Israel e ao judaísmo emergente os recursos para sobrevivência e coerência em uma situação altamente contestada e inóspita.

### *O processo canônico: conciliação entre tradições deuteronômicas e sacerdotais*

Não devemos enfatizar apenas a dimensão ética da Torá, como os cristãos estão habituados a fazer, negligenciando a natureza sacramental dela. Ao longo do tempo, a essência e a função da Torá passaram a ser muito mais abrangentes do que "mandamentos", muito embora isto nunca tenha perdido sua enorme importância ética. Na crise dos séculos VII e VI da qual emergiu o judaísmo, a Torá, quer se constituísse de instruções sacerdotais específicas ou fosse primariamente codificação de mandamentos, se tornou uma literatura completa e abrangente com uma autoridade canônica ampla e profunda. Embora o modo pelo qual esse processo canônico ocorreu esteja perdido para nós, aproximadamente por volta da época do exílio ou logo depois, talvez por ordem dos persas, a Torá assumiu a forma do Pentateuco completo, os primeiros cinco livros do cânon.[30] Embora os Deuteronomistas possam ter estado peculiarmente envolvidos no processo de canonização, o Pentateuco completo não inclui apenas tradições deuteronômicas, mas também muitos materiais formados e transmitidos em círculos sacerdotais bem diferentes. Assim, a Torá completa é uma conciliação entre essas duas poderosas tradições interpretativas, que não podiam

Capítulo XX

---

[29] Veja MORTON SMITH, *Palestinian Parties and Politics That Shaped the Old Testament* (Nova York: Columbia University, 1971).

[30] Veja NORMAN WHYBRAY, *The Making of the Pentateuch: A Methodological Study* (JSOTSup 53; Sheffield: Sheffield Academic, 1987).

ser facilmente harmonizadas.³¹ Além disso, o processo canônico não resultou em triunfo para nenhuma tradição interpretativa, de forma que o primeiro cânon das Escrituras se caracteriza inteiramente pela conciliação.

Essa conciliação, que reúne em tensão as tradições interpretativas principais de Israel, assegura um foco central na autoridade mosaica e na revelação fundamental do Sinai. Outros materiais posteriores agora incluídos na Torá impedem que os "mandamentos de Moisés" gerem uma Torá que seja puramente comando. Especificamente, a Torá completa inclui uma grande narrativa lírica do mundo (Gn 1-11), memórias familiares valiosas (Gn 12-36,37-50), e a narrativa de Moisés (sobre o Êxodo e o deserto). Essas narrativas proporcionam um contexto para a revelação do Sinai. Os amplos blocos de material sacerdotal em Êxodo, Levítico e Números não são mandamentos como os que conhecemos em Deuteronômio, mas são provisões e disciplinas que possibilitam a presença de Javé em Israel e proporcionam meios para a comunhão mediada. Visto que a Torá em Êxodo, Levítico e Números é literatura e não atividade cultual, podemos cogitar a possibilidade de que a própria ponderação desses textos foi um ponto de acesso mediado à realidade de Javé. Assim, a Torá completa, eu sugiro, não é simplesmente um conjunto de mandamentos que determinam as condições da existência de Israel; é também um *campo rico e denso de imaginação no qual Israel está livre para receber alegremente sua vida como povo de Deus*. Ou seja, o texto se torna um meio sacramental para Israel, uma oferta cada vez mais importante, visto que Israel vive em um ambiente hostil e inóspito. O que Israel não consegue discernir no mundo de eventos lhe é dado no mundo artístico de seus textos sacramentais.

Além de sua dimensão ética, pois, é importante reconhecer que a Torá é o material do qual Israel continua a receber sua identidade peculiar, ao continuar a reter sua natureza javista singular, como apresentada nesse material. Assim, o estudo da Torá não visa simplesmente encontrar a vontade de Deus. Estudar a Torá é também uma experiência de imergir na singularidade de Israel, que é proporcional à singularidade de Javé.³²

---

³¹ Assim RAINER ALBERTZ, *A History of Israelite Religion in the Old Testament Period 2: From the Exile to the Maccabees* (OTL; Louisville: Westminster/John Knox, 1994), pp. 468, 481, e *passim*.

³² JAMES A. SANDERS, "Torah and Christ", *Int* 29 (1975), pp. 372-390, articula proveitosamente as compreensões paralelas da Torá e de Cristo nas formas de fé judaica e cristã. Assim, SANDERS sugere que Cristo, como a Torá, não é somente lei mas também comunhão.

## A função holística da Torá: quatro práticas

Quatro práticas da Torá proporcionam evidências dessa função holística mais ampla dela, que é tanto ética quanto sacramental.

**Lendo e ouvindo com interpretação.** O grande momento da "fundação do judaísmo" por Esdras gira em torno da leitura da Torá (Ne 8,1-12):

Esdras abriu o livro à vista de todo o povo, porque estava acima dele; abrindo-o ele, todo o povo se pôs em pé. Esdras bendisse ao Senhor, o grande Deus; e todo o povo respondeu: Amém! Amém! E, levantando as mãos; inclinaram-se e adoraram o Senhor, com o rosto em terra... e os levitas ensinavam o povo na Lei; e o povo estava no seu lugar. Leram no livro, na Lei de Deus, claramente, dando explicações, de maneira que entendessem o que se lia. (Ne 8,5-8)

Israel se constitui ao ler e ouvir a Torá com "explicações". A maioria dos estudiosos acredita que essa leitura foi de todo o Pentateuco, ou pelo menos das porções sacerdotais dele. A reação do Israel que ouvia (Ne 8,9-12) não manifesta simplesmente lei, mas uma afirmação na leitura que confirmou a legitimidade e a identidade desse povo. Esdras firmou a comunidade no campo imaginativo da Torá, e ali Israel se reconstituiu.

**O saltério e a identidade judaica avançada.** Estudos recentes do saltério sugerem que sua forma canônica se dispõe a impor sobre ele uma "piedade da Torá".[33] Isto é, os diversos Salmos de muitos gêneros diferentes certamente emergem de muitas fontes e em muitos contextos. A forma completa do saltério, contudo, mostra que a formação do arranjo canônico provê pistas sobre como lê-lo, incluindo a intenção de que alguns Salmos devem ser lidos de um modo diferente do seu propósito original.

Especificamente, visto que o saltério é um produto do judaísmo pós-exílico posterior, os Salmos do templo devem ser transpostos para servir a uma comunidade orientada pela Torá. Isso é alcançado especialmente pela localização dos Salmos da Torá (Sl 1; 19; 119) em pontos essenciais e em justaposição a Salmos reais que posteriormente passam a expressar a esperança messiânica.[34] Assim, no Salmo 1, quanto ao justo, "o seu prazer está na lei do Senhor, e na sua lei medita de dia e de noite" (Sl 1,2). Não há dúvida de que essa "meditação" na Torá tem um componente ético. Mas parece

---

[33] Veja JAMES L. MAYS, "The Place of Torah-Psalms in the Psalter", *JBL* 106 (1987), pp. 3-12.

[34] Dessa forma MAYS, *ibid.*, observa a justaposição padrão dos Salmos 1 e 2, 18 e 19, 118 e 119.

mais plausível que justo o que Israel faz é estabelecer sua meditação, de forma receptiva e imaginativa, sobre tudo que se apresenta na tradição da Torá; isso inclui os mandamentos, mas é muito mais do que isso. No Salmo 19,7-10, descobre-se que esse material, certamente focado naquilo que é ético, é gerativo, constitutivo e transformativo em seu poder em Israel. De fato, a Torá "restaura a alma" (19,7), a mesma obra restauradora atribuída a Javé no Salmo 23,3. Assim, devemos crer que ao considerar a Torá, os judeus são vivificados novamente em sua identidade peculiar. Eles recebem de volta seu eu verdadeiro em sua comunidade verdadeira, em aliança com seu Deus verdadeiro. Não é de surpreender que o israelita que medita nessa Torá pode exclamar: "Quanto amo a tua lei! É a minha meditação, todo o dia!" (Sl 119,97). Não é de surpreender que um judeu receptivo à Torá chegue a uma poderosa esperança (cf. Sl 119,74,81,114,116,147,166). O judeu que medita na Torá deseja obedecer, mas é uma obediência em um contexto de identidade confirmada, afirmada, assegurada e aumentada. Não há nada nessa piedade de abrasão, resistência ou peso.

**Torá e o ensino da sabedoria**. O ensino da sabedoria no Israel antigo ocorre em círculos bem diferentes daqueles da Torá mosaica, mas os estudiosos provavelmente são muito rígidos em compartimentalizar essas questões. É provável, como se evidencia em Jeremias 8,8, que os "sábios" fossem considerados como articuladores de instrução, orientação e cuidado similares a Torá. Podem-se fazer distinções entre a Torá e a sabedoria, mas não devemos insistir fortemente nelas.

Em todo caso, usualmente se pensa que a Torá não se tornou formalmente vinculada ou equacionada ao ensino da sabedoria até o fim do período do Antigo Testamento. Assim indica Eclesiástico 24, onde a sabedoria fala com sua própria voz e diz de si mesma:

> Tudo isto é o livro da aliança do Deus Altíssimo,
> a lei que Moisés nos ordenou,
> como herança para as congregações de Jacó.
> Como o Pisom, ela transborda com sabedoria,
> como o Tigre na época dos primeiros frutos.
> Como o Eufrates, ela inunda de entendimento,
> como o Jordão na época da colheita.
> Como o Nilo, ela distribui instrução,
> como o Giom na época da vindima.
> O primeiro homem não conheceu plenamente a sabedoria,
> nem o último a compreenderá a fundo.
> Pois seus pensamentos são mais abundantes que o mar,
> e seu conselho mais profundo que o grande abismo. (Eclesiástico 24,23-29)

Apenas tardiamente, nessa articulação doxológica abrangente, se equaciona a eloquência e expansividade da sabedoria com a Torá. Podemos crer que esse processo não foi abrupto, mas ocorreu ao longo de um extenso período, na medida em que os sábios se tornaram autoridades cruciais na comunidade. Nesse processo, considera-se a sabedoria como normativa e cheia de autoridade; não meramente uma casualidade. Contudo, no processo dessa equação emergente, algo decisivo ocorre tanto à Torá quanto à sabedoria. A Torá não é mais simplesmente a revelação do Sinai; ela agora se apresenta mais centralmente no domínio amplo e fantástico de toda a criação. Com isso a Torá não é menos israelita, mas agora abrange todos os dons e ofertas de vida que vem de Javé, os quais são sinalizados em todo lugar na vida do mundo e na experiência do judaísmo em um mundo gentio.[35] A Torá se torna, nesse desenvolvimento arriscado tardio, uma ponderação da vida orientada por Javé e um engajamento nela, a qual está disponível em todo lugar do mundo de Javé. Dessa forma, em Eclesiástico 24, a sabedoria é a comida que alimenta (vs. 19-22) e a água que sustenta (vs. 25-31). Ou seja, a Torá é o próprio dom da vida que vem de Javé e permeia o mundo. E Israel, em sua posição mosaica, é o povo que é convidado, em primeiro lugar, a "escolher a vida".

**Sião: internacionalização e escatologização**. Há evidências de que se passou a considerar a Torá como situada em Sião; assim foi associada com a elite governante do templo e da dinastia. HARTMUT GESE explora plenamente a singular transferência e redefinição da Torá, quando ela é movida para outro local.[36] Isto não deve nos surpreender, visto que, com o estabelecimento do templo de Salomão, Jerusalém se tornou o centro da reflexão teológica de Israel e um magneto que atrai para si todos os instrumentos teológicos e cultuais de Israel.[37] GESE fala da "Torá de Sião", o que nos lembra da vitalidade enorme da Torá, mesmo quando é atraída para uma nova matriz inóspita. Essa noção de Torá de Sião impede qualquer compromisso fundamentalista com o Sinai, pois o próprio Israel considera

---

[35] A Torá é aberta ao que se designa de teologia natural. Quanto a isso, veja JAMES BARR, *Biblical Faith and Natural Theology: The Gifford Lectures for 1991* (Oxford: Clarendon, 1993).

[36] HARTMUT GESE, *Essays on Biblical Theology* (Mineápolis: Augsburg, 1981), pp. 79-85.

[37] Quanto à importância de Jerusalém como um magneto para tradições e práticas cultuais, veja as pp. 845-847 [seção "Sião: a oferta de presença em Jerusalém" no capítulo 23].

a Torá como uma força móvel, que permanece continuamente viva e responsiva às suas circunstâncias em constante transformação.

Entre os textos que Gese cita está o Salmo 46,10:

> Aquietai-vos e sabei que eu sou Deus;
> sou exaltado entre as nações,
> sou exaltado na terra.

Gese sugere que "sabei que eu sou Deus" é uma aceitação da Torá em Sião, pois o conhecimento de Deus implica em uma aceitação íntima de quem Javé é e do que ele ordena. Em Isaías 25, Gese propõe, retrata-se Sião como a montanha e o lugar de mistério, proteção e encontro, do mesmo modo como o Sinai funcionou nas tradições de Moisés e Elias.[38] Mas é, sobretudo, o Salmo 50 que deixa claro que as expectativas, convocações, sanções e promessas da aliança agora se localizam em Sião:

> Desde Sião, excelência de formosura,
> resplandece Deus.
> Vem o nosso Deus e não guarda silêncio;
> perante ele arde um fogo devorador,
> ao seu redor esbraveja grande tormenta.
> Intima os céus lá em cima
> e a terra, para julgar o seu povo.
> Congregai os meus santos,
> os que comigo fizeram aliança por meio de sacrifícios.(Sl 50,2-5; cf. 81,9-10, que Gese não cita)

Dada a força política com que foi investida, Sião tem a capacidade de expandir as reivindicações da Torá, de uma forma que não podia acontecer no Sinai. Essa expansão das reivindicações da Torá acontece de dois modos. Primeiro, diferentemente do Sinai, Sião coloca Israel (e o seu Deus) no horizonte das nações.[39] Para Sião, a Torá assume um escopo internacional, e pode se imaginar que todas as nações se sujeitam à Torá de Javé. Essa é a grande visão da Torá para as nações:

> Irão muitas nações e dirão:
> Vinde, e subamos ao monte do Senhor
> e à casa do Deus de Jacó,
> para que nos ensine os seus caminhos,
> e andemos pelas suas veredas;

---

[38] Veja Gese, *Essays on Biblical Theology*, p. 83, sobre a "coberta" de Is 25,7.

[39] Veja Kadushin, *Worship and Ethics*, p. 29.

porque de Sião sairá a lei,
e a palavra do Senhor, de Jerusalém.
Ele julgará entre os povos
e corrigirá muitas nações;
estas converterão as suas espadas em relhas de arados
e suas lanças, em podadeiras;
uma nação não levantará a espada contra outra nação,
nem aprenderão mais a guerra. (Is 2,3-4; cf. Mq 4,1-4; Zc 8,20-23; Is 42,4)

Essa poesia imagina uma grande procissão internacional a Sião, não como lugar de Davi, mas como o local da Torá de Javé. As nações devem vir e, de forma voluntária, aceitar os modos da paz internacional e desaprender os modos da guerra.[40] A intenção de Javé, como expressa na Torá, é a pista e orientação para a paz mundial.

A segunda expansão da Torá em Sião sugerida por GESE é que se assume que a Torá não trata apenas de demandas e instruções presentes, mas também de promessas para o futuro. Ela é "escatologizada" como um modo pelo qual Israel pode ser diferente e confiante quanto ao futuro. Assim, em um oráculo da "nova aliança", promete-se:

Porque esta é a aliança que firmarei com a casa de Israel, depois daqueles dias, diz o Senhor: Na mente, lhes imprimirei as minhas leis, também no coração lhas inscreverei; eu serei o seu Deus, e eles serão o meu povo. (Jr 31,33; cf. Pv 6,20-22, que parece antecipar Dt 6,7-8 quanto ao mesmo tema)

Além disso, em Ezequiel 36, antecipa-se que se dará a Israel, em tempo futuro, uma nova capacidade e disposição para praticar a Torá que já lhe foi confiada:

Dar-vos-ei coração novo e porei dentro de vós espírito novo; tirarei de vós o coração de pedra e vos darei coração de carne. Porei dentro de vós o meu Espírito e farei que andeis nos meus estatutos, guardeis os meus juízos e os observeis. (Ez 36,26-27)

Essas duas expansões – a internacionalização e a escatologização – oferecem juntas a Torá como uma visão e uma possibilidade de um mundo pacífico e bem ordenado, no qual Israel pode ser uma alegre comunidade como povo abençoado de Javé. Assim, a Torá é bastante flexível, proven-

---

[40] NORMAN K. GOTTWALD, *All the Kingdoms of the Earth: Israelite Prophecy and International Relations in the Ancient Near East* (Nova York: Harper and Row, 1964), pp. 202-203, sugere que, como a guerra é "aprendida", assim aqui ela é desaprendida e se aprende a paz em seu lugar.

do um campo de imaginação em que se permite que Israel foque toda sua energia e lealdade em Javé e receba de Javé sua vida plena no mundo.

## A prática dinâmica da Torá

É evidente que a Torá, como prática interpretativa concreta em Israel, é amplamente dinâmica e flexível, e tem a capacidade de influenciar todos os aspectos da vida imaginativa de Israel. Os cristãos que procuram entender qual é a intenção da Torá precisarão ir além das caricaturas convencionais e polêmicas do legalismo, a fim de cogitar uma prática interpretativa que **(a)** seja inflexivelmente normativa e, contudo, amplamente aberta a adaptações; e **(b)** tenha como centro um soberano inflexível, mas com capacidade para atender de forma delicada aos detalhes da existência diária. Além disso, essa elasticidade convida e exige um trabalho interpretativo incessante e contínuo, que nunca alcança um fechamento, mas é sempre responsivo de uma forma que evita uma organização final.

Essa elasticidade, na tradição judaica, se articula na reivindicação de que ao lado da Torá escrita subsiste a Torá oral, uma prática viva e ainda em desenvolvimento de pronunciamentos interpretativos. A Torá oral é dada a Moisés no Sinai, mas não é conhecida nem está disponível até ser subsequentemente pronunciada por um proclamador autorizado da Torá, que no devido tempo é a tradição rabínica. Para compreender o Antigo Testamento, o expositor cristão não precisa investigar profundamente a Torá oral, mas no mínimo deve reconhecer que a interpretação judaica contínua não se prende rigorosamente à letra. Essas aberturas e recursos interpretativos permitem que a Torá escrita seja relida uma vez mais de modos incessantemente imaginativos.

## A interpretação na tradição cristã

Para os cristãos que são peritos nas usuais críticas de que o judaísmo é legalista, essa noção é realmente estranha. Pode ser proveitoso reconhecer os diversos dispositivos presentes na tradição cristã que levam às mesmas possibilidades interpretativas. Na polêmica do Concílio de Trento, concluiu-se que as Escrituras e a tradição são "duas fontes" da revelação. Naquela situação polêmica do século XVI, os cristãos da Reforma sentiram uma profunda obrigação de resistir a esse "comprometimento" do *sola Scriptura*. Todavia, qualquer reflexão prática séria indica que todas as comunidades interpretativas sérias, incluindo as Igrejas da Reforma, têm uma tradição de interpretação que tanto permite quanto evita algumas leituras; ou seja, uma tradição de compreensões e suposições ocultas e manifestas que não estão disponíveis aos de fora.

De um modo diferente, a tradição católica afirma um "sentido mais completo" (*sensus plenior*) do texto, além da "leitura simples", de forma que o texto tem significados além daqueles pretendidos pelo "autor" humano; são significados mais completos que continuam a trazer revelação e são cheios de autoridade, sob a orientação do Espírito.[41] Mais recentemente, sem as categorias escolásticas do *sensus plenior*, a assim designada "Nova Hermenêutica" percebe e justifica muitas releituras imaginativas do texto de uma maneira profundamente teórica.[42] Com menor complexidade teórica, DAVID TRACY entende bem que um "clássico" é um texto ao qual a comunidade volta repetidas vezes, para "mais" e "diferente".[43] A noção de TRACY sobre clássicos tem sido muito criticada porque é fundamental. Fica evidente, no entanto, que a releitura dos clássicos em qualquer comunidade de interpretação tende a seguir as "regras da gramática" operativa naquela comunidade.[44]

Se essas diversas noções de "duas fontes", *sensus plenior* e "Nova Hermenêutica" são muito misteriosas, podemos simplesmente indicar a prática central do protestantismo, na qual os textos assumem uma nova vitalidade no momento da pregação, que é um ato interpretativo de importância teológica.[45] De fato, essa noção de pregação não está muito distante do movimento liberado e liberador de Deuteronômio em transferir a Torá do Sinai para "as planícies de Moabe" e, subsequentemente, para Sião. Todas essas aberturas no processo interpretativo servem para transformar o "lá" em "aqui", e o "então" em "agora".[46] O próprio Antigo Testamento

CAPÍTULO
XX

---

[41] Essa declaração clássica é de RAYMOND E. BROWN, *The Sensus Plenior of Sacred Scripture: A Dissertation* (Baltimore: Pontifical Theological Faculty of St. Mary's University, 1955).

[42] Veja JAMES M. ROBINSON e JOHN B. COBB, Jr. (org.), *The New Hermeneutic* (NFT 2; Nova York: Harper and Row, 1964).

[43] DAVID TRACY, *The Analogical Imagination: Christian Theology and the Culture of Pluralism* (Nova York: Crossroad, 1981).

[44] Quanto a essas regras de gramática, veja GEORGE A. LINDBECK, *The Nature of Doctrine: Religion and Theology in a Postliberal Age* (Filadélfia: Westminster, 1984), pp. 94-95 e *passim*.

[45] Veja KARL BARTH, *Church Dogmatics* 1/1 (Edimburgo: T. & T. Clark, 1936), pp. 117-118, e toda a seção sobre testemunho e a iniciativa oral.

[46] O programa do Antigo Testamento para esse processo foi denominado de *Vergegenwärtigung*; quanto a isso, veja MARTIN NOTH, "The Re-presentation of the Old Testament Proclamation", *Old Testament Hermeneutics* (org. CLAUS WESTERMANN;

interpreta a Torá nesse modo progressivo.

### *Distorções do legalismo e da autoindulgência*

Ao mesmo tempo, não há dúvida de que a Torá, como uma prática interpretativa que situa o Deus soberano em meio à vida diária de Israel, está sujeita a distorções. Assim como a comunidade cristã em seu esforço de fidelidade, Israel luta no Antigo Testamento com as distorções gêmeas do legalismo e da autoindulgência em sua avaliação da Torá. É plausível que o caso mais característico de legalismo no Antigo Testamento se refira aos amigos de Jó. Digo "plausível" porque os amigos argumentam caracteristicamente com base na "pureza" e "sabedoria", sem referência explícita à Torá. Mas o argumento deles está saturado com as categorias de "justo" e "ímpio" e pensamentos de recompensas e punições, de forma que a Torá não está longe do horizonte deles de uma forma rigorosa. Com sua intensidade ética, Israel às vezes pode se tornar destrutivamente rígido quanto a mandamentos e exigências éticas. De fato, essa intensidade ética é intrínseca ao trabalho designado a Moisés nas tradições do Sinai. Além disso, essa rigidez é caracteristicamente uma mistura de paixão moral honesta e controle social inconfesso.

O que se deve reconhecer é que esse legalismo, quando ocorre, é um desvio da função e compreensão centrista da Torá. Isto não diminui em nada a intensidade e seriedade ética de Israel em seus melhores momentos, mas a intensidade ética de Israel não se baseia em autodepreciação ou autodestrutividade. De fato, no testemunho de Ezequiel Javé afirma, em um contexto de grande intensidade ética:

Portanto, eu vos julgarei, a cada um segundo os seus caminhos, ó casa de Israel, diz o Senhor Deus. Convertei-vos e desviai-vos de todas as vossas transgressões; e a iniquidade não vos servirá de tropeço. Lançai de vós todas as vossas transgressões com que transgredistes e criai em vós coração novo e espírito novo; pois, por que morreríeis, ó casa de Israel? Porque não tenho prazer na morte de ninguém, diz o Senhor Deus. Portanto, convertei-vos e vivei. (Ez 18,30-32)

Uma segunda distorção da Torá é menos reconhecida pelos intérpretes cristãos: que a interpretação da Torá tende a deixar sua verdade frouxa e concessiva. Jeremias desfere uma crítica substancial à liderança de Israel, incluindo aqueles que interpretam a Torá (nesse caso, os sábios):

---

Richmond: John Knox, 1963), pp. 76-88. Em categorias bem diferentes, veja GARRETT GREEN, *Imagining God: Theology and the Religious Imagination* (São Francisco: Harper and Row, 1989).

Como, pois, dizeis: Somos sábios,
e a lei do Senhor está conosco?
Pois, com efeito, a falsa pena dos escribas
a converteu em mentira. (Jr 8,8)

A Torá é distorcida, tornada falsa, ao se relaxar o seu rigor:

Curam superficialmente a ferida do meu povo,
dizendo: Paz, paz;
quando não há paz.
Serão envergonhados,
porque cometem abominação
sem sentir por isso vergonha;
nem sabem que coisa é envergonhar-se... (Jr 8,11-12a)

Além disso, essa recusa de dar um testemunho honesto às reivindicações de Javé sobre Israel tem consequências funestas, pois a falsidade sobre a Torá é intolerável:

Portanto, darei suas mulheres a outros,
e os seus campos, a novos possuidores;
porque, desde o menor deles até ao maior,
cada um se dá à ganância,
e tanto o profeta como o sacerdote
usam de falsidade...

Portanto, cairão com os que caem;
quando eu os castigar,
tropeçarão, diz o Senhor. (Jr 8,10,12b)

É irônico que os cristãos tendem a se preocupar excessivamente com o legalismo judaico, quando possivelmente a grande tentação da reflexão ética judaica, assim como o é para a cristã, são as concessões para tornar os problemas menos opressivos. Contudo, a Torá não é a imposição de um Deus arbitrário, insiste Israel. Antes, é um discernimento da realidade das coisas. Portanto, representar mal a realidade das coisas pelo comprometimento da Torá nunca será genuinamente útil, em nenhuma circunstância, mesmo se isso for mais atrativo que a realidade.

### *A prática da Torá como adoração*

A Torá realmente é uma prática ética intencional, e por isso é mandamento. Mas também, como mostra ÖSTBORN, é instrução, orientação e cuidado que convidam Israel a sondar, da maneira mais íntima e atenciosa, o que significa se relacionar com esse Deus inescrutável e depender dele.

Ou seja, a prática da Torá não é apenas estudo; também é adoração. É estar na presença daquele que vive em, com e sob esse texto autorizado, e que está presente no trabalho contínuo de imaginação a partir dele.[47]

Podemos intensificar essa reivindicação de dois modos. Primeiro, a prática da Torá, que inclui tanto estudo e reflexão quanto um viver intencional, é um modo de ser judeu. Isto é, a Torá é o campo de possibilidades no qual se vive plenamente o judaísmo, de forma a se alcançar sua verdadeira identidade. Segundo, quando alguém alcança sua verdadeira identidade pela prática da Torá, isso significa que a aceitação dela e a obediência a ela são formas de comunhão com o Deus a quem a Torá pertence. Dessa forma, supera-se realmente qualquer dualismo entre estudo e adoração nessa tradição. Assim, bane-se na alegria da Torá a tendência de separar adoração e estudo, obediência e interpretação, comunhão e submissão.

Pode parecer a alguns que interpretei a Torá de uma forma judaica que dificilmente serve a leitores cristãos. Procedi desse modo, primeiro, porque é importante que os leitores cristãos do Antigo Testamento superem os estereótipos quanto ao legalismo. Segundo, entender a prática da Torá como uma prática de obediência e imaginação que resulta em comunhão é um modo de pensar que não se aplica apenas à Torá; para os cristãos, esse é um modo de entender Cristo, que é tanto aquele que comanda quanto aquele que se oferece em proximidade.

A liberdade da Torá é uma liberdade em obediência.[48] Essa liberdade não é autonomia, pois em todo caso a autonomia é uma ilusão. É liberdade para viver com, para e na presença daquele cujo poder é visto na criação, cuja paixão é evidente no Êxodo, e cujas exigências são conhecidas no Sinai. Ao "meditar dia e noite na Torá", Israel tem boa compreensão de como Javé se relaciona com seus parceiros. É um relacionamento de amor:

> Amarás, pois, o Senhor, teu Deus, de todo o teu coração, de toda a tua alma e de toda a tua força. (Dt 6,5)

---

[47] Veja S. DEAN MCBRIDE, "The Yoke of the Kingdom: An Exposition of Deuteronomy 6,4-5", *Int* 27 (1973), pp. 273-306; e PATRICK D. MILLER, *Deuteronomy* (Interpretation; Louisville: John Knox, 1990), pp. 53-57. MCBRIDE e MILLER propõem que a Torá é um substituto para Javé, de forma que Javé está presente na Torá e se diz que ele está "perto" de Israel (cf. Dt 4,7-8; 30,11-14). A arca da aliança, que contém as tábuas da Torá, é um instrumento para a presença e proximidade de Javé.

[48] Quanto à dialética de liberdade e obediência na fé da Torá, veja WALTER BRUEGGEMANN, "Duty as Delight and Desire", *Journal for Preachers* 28:1 (1994), pp. 2-14.

> Não te vingarás, nem guardarás ira contra os filhos do teu povo; mas amarás o teu próximo como a ti mesmo. Eu sou o Senhor. (Lv 19,18)

Israel entendeu bem o vínculo entre esses dois mandamentos de amor:

> Se alguém disser: Amo a Deus, e odiar a seu irmão, é mentiroso; pois aquele que não ama a seu irmão, a quem vê, não pode amar a Deus, a quem não vê. Ora, temos, da parte dele, este mandamento: que aquele que ama a Deus ame também a seu irmão. (1Jo 4,20-21)

Capítulo

XX

## Capítulo Vinte e Um

### 21. O rei como mediador

Como o modo de mediação mais abrangente entre Javé e Israel, a Torá se refere a todas as esferas da vida. De fato, ela não faz nenhuma das distinções que fazemos entre as várias esferas da vida – pessoal e pública, civil e cultual. Toda a vida constitui uma arena indiferenciada na qual Israel pratica uma obediência alegre e imaginativa a Javé. A realeza, como um modo de mediação emergente tardiamente em Israel, de modo diferente da Torá, se refere especificamente à vida política pública na qual Israel pensa, do melhor modo que pode, sobre ordem, poder e justiça.[1]

Em sua reivindicação mais ampla, todas as questões públicas e políticas de poder se resolvem em Israel com a afirmação de que "Javé é rei".[2] Como alternativa à autoridade política opressiva e pretenciosa, representada desde cedo na imaginação de Israel pelo Faraó, Israel propõe ordenar sua vida pública sob o governo direto de Javé, em um tipo de teocracia, "o reino de Javé" (cf. Êx 19,6). Embora possa se debater quão cedo se evidencia a noção de "Javé como rei' em Israel, essa noção domina a sua retórica (cf. Jz 8,22-23; Is 6,1; 33,17-22; Sf 3,15; Zc 14,16-17; além dos diversos Salmos de entronização).

Mas Israel precisa viver no mundo real das possibilidades e ameaças políticas. Visto que as origens da vida de Israel como uma entidade histórica são extremamente obscuras, não podemos dizer com certeza o que tornou a "realeza de Javé" em uma formulação política viável, nem o que subsequentemente a tornou problemática. O cenário mais provável, oferecido no próprio testemunho de Israel, é que Israel começou, quer no Egito ou em Canaã, como uma alternativa para o poder estabelecido. Suas próprias necessidades e possibilidades políticas eram realmente modestas, e por isso não se exigia nenhuma autoridade fortemente estabelecida. Além disso, se Israel emergiu como um escape e uma alternativa à autoridade política opressiva e absolutista, é plausível que Israel não apenas não pre-

---

[1] Veja Lester L. Grabbe, *Priests, Prophets, Diviners, and Sages: A Socio-historical Study of Religious Specialists in Ancient Israel* (Valley Forge: Trinity, 1995), pp. 20-40; e Rodney R. Hutton, *Charisma and Authority in Israelite Society* (Mineápolis: Fortress, 1994), pp. 71-104.

[2] Quanto a Javé sob a rubrica de rei, veja as pp. 332-336 [seção "Javé como rei" no capítulo 6].

cisasse desse arranjo de poder, como também fosse ativamente resistente a qualquer sistema desse tipo. A autoapresentação de Israel é permeada de suspeitas quanto ao poder público, as quais de vez em quando tomam uma forma revolucionária ativa.

Contudo, do modo como Israel relata sua vida pública, a manutenção desse poder puro como governo *direto* de Javé dificilmente se sustenta. Como consequência, já bem cedo no testemunho de Israel, podemos perceber uma tendência ao poder político humano permanente (realeza). A resistência de Israel ao poder político estabelecido e sua suspeita dele logo entrou em conflito com as necessidades, exigências e esperanças da sua existência pública. Esse conflito entre a convicção teológica e as necessidades práticas acarreta o que deve ter sido uma longa e profunda batalha ideológica-interpretativa em Israel para determinar a natureza da comunidade e suas formas apropriadas de liderança.

### As exigências práticas da realeza

É evidente que a exigência da monarquia surgiu de realidades econômicas e sociopolíticas práticas. O ímpeto não é ideológico ou teológico, mas se refere à segurança militar e prosperidade econômica, como sempre acontece nas questões políticas. Podemos identificar três dimensões dessa exigência particular.

**Imitação das outras nações**. A razão dada para a monarquia (apresentada em uma polêmica contra ela) é que Israel desejava imitar as demais nações:

...constitui-nos, pois, agora, um rei sobre nós, para que nos governe, como o têm todas as nações... Não! Mas teremos um rei sobre nós. Para que sejamos também como todas as nações; o nosso rei poderá governar-nos, sair adiante de nós e fazer as nossas guerras. (1Sm 8,5.19-20)

Ou seja, Israel tinha vizinhos com uma vida política que parecia ser mais sólida. Além disso, Israel podia reconhecer que uma forma contínua de poder político gera coerência e políticas contínuas, o que contribui para a segurança e a prosperidade.[3]

**Reação a ameaças militares**. A perspectiva convencional oferecida no texto é que alguns em Israel desejavam a monarquia em reação a um perigo concreto, a séria ameaça militar dos filisteus. A dimensão militar da realeza está explícita na insistência de 1 Samuel 8,20.

---

[3] Veja Isaac Mendelssohn, "Samuel's Denunciation of Kingship in Light of the Akkadian Documents from Ugarit", *BASOR* 143 (Out 1956), pp. 17-22.

**Proteção de vantagens.** NORMAN GOTTWALD propõe, mais sutilmente, que o ímpeto pela monarquia veio daqueles que monopolizavam as riquezas e que queriam um governo central forte para proteger e legitimar suas consideráveis vantagens econômicas e políticas.[4]

Nessa última leitura, a necessidade de monarquia surgiu de uma *batalha interna* por vantagens na comunidade, e ofereceu-se o apelo à ameaça filisteia como uma *cobertura externa* para a busca de vantagens internas. (Essa não é a última vez que a "ameaça filisteia" foi usada como garantia para manipulação política interna.) Essa razão para a monarquia explica porque a questão da realeza humana se tornou uma intensa disputa ideológica interna em Israel. O apoio à monarquia não abrangia toda a comunidade, mas representava a voz de um grupo de interesse e a defesa de uma ideologia na comunidade, à qual outros resistiam. Qualquer uma dessas compreensões ou todas as três deixam claro que a emergência da monarquia ocorreu por razões bem práticas.

### Problemas interpretativos na monarquia

Essa exigência percebida criou problemas interpretativos importantes para se estabelecer a realeza humana; alguns inevitavelmente a percebem como um desafio ou golpe na realeza de Javé (assim 1Sm 8,7-8). A evidência textual sugere que essa disputa teológica se divide por motivos práticos, como se pode imaginar. Quem conseguia harmonizar as duas realezas, a divina e a humana, apoiava a monarquia e a achava fácil de ser legitimada; quem preferia os antigos arranjos de poder (e se beneficiava disso?) enfatizava o que considerava ser um desafio insustentável às reivindicações bem estabelecidas de Javé. Assim, a realeza como mediação se forja devido à percepção de uma necessidade prática e se estabelece por meio de uma séria disputa interpretativa.

A opinião pró-monarquia obviamente prevaleceu, e o testemunho de Israel está permeado de alusões a reivindicações reais-davídicas-messiânicas que são consideradas plenamente legítimas. De fato, é estranho que o testemunho sobre a disputa efetiva tenha sido preservado em declarações que claramente se opõem à monarquia. Assim, em Juízes 8, o sucesso político de Gideão como resgatador militar de Israel leva à experimentação política, a qual foi resolvida levando-se em consideração a realeza de Javé:

---

[4] NORMAN K. GOTTWALD, "The Participation of Free Agrarians in the Introduction of Monarchy to Ancient Israel: An Application of H. A. Landsberger's Framework for the Analysis of Peasant Movements", *Semeia* 37 (1986), pp. 77-106.

Porém Gideão lhes disse: Não dominarei sobre vós, nem tampouco meu filho dominará sobre vós; o Senhor vos dominará. (Jz 8,23; note que nos vs. 24-27 Gideão não resiste tão bem à tentação da vantagem econômica possibilitada pelo seu sucesso)

Apresenta-se a disputa principal quanto à legitimidade da monarquia em 1 Samuel 8, uma representação distintivamente antimonárquica.[5] A proposta da monarquia é feita por anciãos que consideram o antigo sistema de juízes disfuncional e corrupto (vs. 1-5). Narra-se esse capítulo central, contudo, da perspectiva da resistência à monarquia, na qual Samuel (o líder da antiga instituição de poder), Javé e o narrador concordam que a monarquia é inaceitável e, de fato, é um ato de rejeição a Javé (v. 7). Essa interpretação concorda com Juízes 8,22-23: a monarquia humana diminui o governo legítimo de Javé.

No final, talvez diante da influência irresistível de seus defensores, a narrativa desse capítulo faz concessão à monarquia. Samuel e Javé concordam em aceitá-la, de forma bem relutante. Todavia, a monarquia só é permitida depois que essa tradição teocrática da velha guarda proclama sua famosa e substancial advertência contra ela:

CAPÍTULO XXI

> Este será o direito do rei que houver de reinar sobre vós: ele tomará os vossos filhos e os empregará no serviço dos seus carros e como seus cavaleiros, para que corram adiante deles; e os porá uns por capitães de mil e capitães de cinqüenta; outros para lavrarem os seus campos e ceifarem as suas messes; e outros para fabricarem suas armas de guerra e o aparelhamento de seus carros. Tomará as vossas filhas para perfumistas, cozinheiras e padeiras. Tomará o melhor das vossas lavouras, e das vossas vinhas, e dos vossos olivais e o dará aos seus servidores. As vossas sementeiras e as vossas vinhas dizimará, para dar aos seus oficiais e aos seus servidores. Também tomará os vossos servos, e as vossas servas, e os vossos melhores jovens, e os vossos jumentos e os empregará no seu trabalho. Dizimará o vosso rebanho, e vós lhe sereis por servos. Então, naquele dia, clamareis por causa do vosso rei que houverdes escolhido; mas o Senhor não vos ouvirá naquele dia. (1Sm 8,11-18)

Essa tradição interpretativa, desconfiada de concentrações de poder, antecipa que o governo centralizado será explorador, usurpador e egoísta, em princípio. Podemos dizer que esse reconhecimento é fundamental para uma crítica bíblica do poder. É evidente, porém, que essa é apenas uma voz no testemunho, uma voz poderosa e cheia de autoridade, mas que não prevaleceu. No fim, a monarquia se estabeleceu. Como demonstra o teste-

---

[5] Quanto a esse texto, veja DENNIS J. MCCARTHY, "The Inauguration of Monarchy in Israel (A Form-Critical Study of 1 Samuel 8-12)", *Int* 17 (1973), pp. 401-412.

munho, na época da coroação de Davi o questionamento da monarquia já tinha se evaporado, os "liberais" tinham vencido. Após Davi a questão não era "Devemos ter um rei?", mas sim "Quem será o rei?" (1Rs 1,27).

No final das contas, Israel opta irreversivelmente pela monarquia como sua expressão central de poder.[6] SIGMUND MOWINCKEL, em seu estudo magistral da realeza, chega à conclusão:

Consequentemente, não há conflito no pensamento de Israel e do Antigo Testamento entre o governo régio de Javé e o do Messias, assim como idealmente não há conflito entre o governo régio de Javé e o de seu filho, o rei terreno ungido... Em nenhum lugar o poder e status dele [do rei humano] são tão enfatizados que cheguem a ameaçar o domínio exclusivo de Javé ou o monoteísmo do Antigo Testamento.[7]

**"Os dois reis"**

O parecer tranquilizador e incondicional de MOWINCKEL sobre a realeza pode estar correto, mas de certa maneira é um engano. O engano é que a linha de raciocínio de MOWINCKEL se refere apenas a questões teológicas teóricas. Nesse sentido, pode-se chegar a uma solução entre as reivindicações conflitantes dos "dois reis". Mas a monarquia humana em Israel nunca é simplesmente uma questão de interpretação teológica teórica. Como em qualquer outro lugar, a monarquia humana em Israel se refere à distribuição de poder, bens (terra) e acesso. Caso se compreenda Javé como o princípio crítico de distribuição igualitária (como é verdade até certo ponto nas tradições do Sinai), então deve-se suspeitar da monarquia humana, pois ela se tornou em Israel, como em qualquer outro lugar, uma máquina para preferências, privilégios, monopólio e autoindulgência. Em sua prática material, então, geralmente se considerava a monarquia como inimiga dos propósitos de Javé.[8]

Só se pode chegar à conclusão imparcial de MOWINCKEL mediante intenso trabalho interpretativo, o qual deve ter acontecido em Israel. Esse trabalho interpretativo consiste em julgar entre duas localizações ideológicas da realeza humana no governo de Javé. A partir de uma perspectiva,

CAPÍTULO XXI

---

[6] A noção de "irreversível" deve ser qualificada, pois após 587 a.C. Israel de fato voltou a um modo não monárquico de vida. Na ideologia do Israel monárquico, porém, incluindo o horizonte dos profetas, o movimento para a monarquia era considerado como irreversível, com raras exceções.

[7] SIGMUND MOWINCKEL, *He That Cometh* (Oxford: Blackwell, 1956), pp. 171-172.

[8] Apenas Os 8,4, entre os profetas, se opõe à monarquia por princípio.

o estabelecimento do rei davídico no governo de Javé se consuma pela articulação de uma "ideologia real"; ou seja, uma teoria de governo que se localiza em Jerusalém e assevera, em alto estilo litúrgico, que Javé tem um compromisso irreversível com a casa davídica. Assim, a dinastia de Davi se torna por princípio (e não por acidente histórico) uma parte inegociável da vida de Israel.[9] É provável que essa realização interpretativa tenha sido em parte emprestada do ambiente político-religioso de Israel.

### *A importância da realeza davídica*

No testemunho de Israel, oferece-se essa reivindicação teológica sobre o aspecto crucial da realeza davídica em dois lugares importantes. Ela é proclamada mais poderosamente na narrativa e oráculo de 2 Samuel 7, usualmente considerado como o eixo interpretativo do messianismo em Israel. Nesse texto, por meio do oráculo de Natã, Javé promete a Davi (e a seu filho) sua fidelidade contínua:

Quando teus dias se cumprirem e descansares com teus pais, então, farei levantar depois de ti o teu descendente, que procederá de ti, e estabelecerei o seu reino. Este edificará uma casa ao meu nome, e eu estabelecerei para sempre o trono do seu reino. Eu lhe serei por pai, e ele me será por filho; se vier a transgredir, castigá-lo-ei com varas de homens e com açoites de filhos de homens. Mas a minha misericórdia se não apartará dele, como a retirei de Saul, a quem tirei de diante de ti. Porém a tua casa e o teu reino serão firmados para sempre diante de ti; teu trono será estabelecido para sempre. (2Sm 7,12-16)

Essa é uma declaração extraordinária, um *novum* genuíno na fé de Israel. Em uma declaração abrangente, supera-se o "se" condicional da Torá mosaica (Êx 19,5-6), e Davi se torna instrumento e portador da graça incondicional de Javé em Israel. Pode-se considerar essa declaração como o ponto inicial da graça incondicional como parte da vida de Israel, e como

---

[9] As obras padrões quanto a essa questão acadêmica são HENRI FRANKFORT, *The Intellectual Adventure of Ancient Man: An Essay on Speculative Thought in the Ancient Near East* (Chicago: University of Chicago, 1972); IVAN ENGNELL, *Studies in Divine Kingship in the Ancient Near East* (Oxford: Blackwell, 1967); S. H. HOOKE, *Myth and Ritual: Essays in the Myth and Ritual of the Hebrews in Relation to the Culture Patterns of the Ancient East* (Londres: Oxford University, 1933); e HOOKE, *Myth, Ritual, and Kingship: Essays on the Theory and Practice of Kingship in the Ancient Near East* (Oxford: Clarendon, 1958). Foi FRANK MOORE CROSS, *Canaanite Myth and Hebrew Epic* (Cambridge: Harvard University, 1973), que primeiramente levou a sério esses estudos entre os estudiosos norte-americanos.

afirmação do messianismo pelo qual esse agente humano particular (e sua família) se torna essencial para o relacionamento de Javé com Israel. Reitera-se a promessa desse oráculo na primeira parte do Salmo 89:

> Conservar-lhe-ei para sempre a minha graça
> e, firme com ele, a minha aliança.
> Farei durar para sempre a sua descendência;
> e, o seu trono, como os dias do céu.
> Se os seus filhos desprezarem a minha lei
> e não andarem nos meus juízos,
> se violarem os meus preceitos
> e não guardarem os meus mandamentos,
> então, punirei com vara as suas transgressões
> e com açoites, a sua iniquidade.
> Mas jamais retirarei dele a minha bondade,
> nem desmentirei a minha fidelidade.
> Não violarei a minha aliança,
> nem modificarei o que os meus lábios proferiram.
> Uma vez jurei por minha santidade
> (e serei eu falso a Davi?):
> A sua posteridade durará para sempre,
> e o seu trono, como o sol perante mim.
> Ele será estabelecido para sempre como a lua
> e fiel como a testemunha no espaço. (Sl 89,28-37)

Essas declarações, celebradas liturgicamente, não estabelecem a monarquia como uma instituição histórica, mas sim como parte do modo pelo qual Javé se relaciona com Israel. Davi e sua dinastia são de fato um modo de mediação, portadores em Israel da fidelidade incondicional.

Enuncia-se essa forte reivindicação interpretativa, em segundo lugar, em uma série de Salmos reais, dos quais os mais proeminentes são o Salmo 2 e o 110.[10] Os textos que emergem das liturgias reais de Jerusalém reiteram a reivindicação do oráculo de 2 Samuel 7.[11] No Salmo 2, provavelmente ouvimos o pronunciamento de uma fórmula de entronização:

> Proclamarei o decreto do Senhor:
> Ele me disse: Tu és meu Filho,
> eu, hoje, te gerei.

---

[10] Quanto à realeza nos salmos, veja HANS-JOACHIM KRAUS, *Theology of the Psalms* (1986; Mineápolis: Fortress, 1992), pp. 107-123.

[11] Veja a ousada colagem desses textos em uma coerência litúrgica por Aubrey R. PELO, *Sacral Kingship in Ancient Israel* (Cardiff: University of Wales, 1955).

> Pede-me, e eu te darei as nações por herança
> e as extremidades da terra por tua possessão.
> Com vara de ferro as regerás
> e as despedaçarás como um vaso de oleiro. (Sl 2,7-9)

O oráculo reafirma o compromisso protetor de Javé à monarquia. "O Senhor" assegura ao "meu Senhor" (Davi):

> Assenta-te à minha direita,
> até que eu ponha os teus inimigos debaixo dos teus pés. (Sl 110,1)

A dinastia em Jerusalém deve funcionar com êxito militar (vs. 2-7), mas também com eficácia sacerdotal (v. 4) que garantirá o êxito e o bem-estar do povo (v. 3).

Sem dúvida, essa interpretação de Davi e de sua dinastia se baseia em interesses políticos poderosos, não apenas da família, mas daquele segmento da sociedade (a elite urbana) que se beneficia de um governo centralizado. A reivindicação da dinastia reflete interesses materiais inegáveis – ou seja, socioeconômicos. Nesse sentido, Davi é "verdadeiramente humano", como o credo posterior afirma de Jesus. Ao mesmo tempo, observamos que no decreto de coroação do Salmo 2,7, Javé o chama de "meu filho". Certamente esse é um nobre título político. A noção de rei como "filho de Deus" não se refere a nenhuma reivindicação ontológica ou status metafísico, mas é uma poderosa reivindicação política de legitimidade peculiar.[12] Mas essa trajetória interpretativa não é precisa em suas formulações. O que se reivindica é que, no rei davídico, Javé estabelece um compromisso novo e incondicional de proteger Israel e fazê-lo prosperar.

A dimensão ideológica dessa reivindicação é que, para receber essa paz e prosperidade, devem-se isentar de críticas o bem-estar, a prosperidade e a autoridade do rei; eles devem ser celebrados com lealdade exuberante. Essa reivindicação interpretativa sobre o que o rei significa altera radicalmente o modo como se compreende que Javé subsiste no meio de Israel.

### Esforços para subordinar as reivindicações reais à Torá

Um segundo esforço interpretativo bastante diferente em Israel, contudo, busca se adaptar a esse novo desenvolvimento institucional. Esse segundo esforço vive em considerável tensão com o primeiro. A "velha guarda" crê (ou reivindica crer, devido a seus interesses próprios) que a

---

[12] Talvez uma exceção importante seja o Sl 45,6, que parece tratar o rei como "elohim".

obediência à Torá é uma fonte adequada de paz e prosperidade, e que a realeza frustra esses fins, e não os servindo. Em resistência à interpretação da realeza como algo garantido incondicionalmente, esse segundo esforço interpretativo opera de modo vigilante para subordinar as reivindicações reais às exigências da Torá.

O que essa noção de realeza faz é frear o poder e a autoridade reais, e insistir que a realeza, como tudo mais em Israel, está sujeita à Torá. No fim, o rei é apenas mais um israelita, sujeito como todos os outros à obediência, que é a fonte primária de todo bem-estar no mundo. Ou seja, a insistência na Torá serve para desabsolutizar as reivindicações da realeza. O texto principal que articula essa insistência desabsolutizadora é Deuteronômio 17,14-20, o texto primário no Pentateuco que se refere à monarquia. Negativamente, o poder opressor da monarquia, antecipado em 1 Samuel 8,11-18, é limitado severamente nessa teoria de realeza:

> Porém este não multiplicará para si cavalos, nem fará voltar o povo ao Egito, para multiplicar cavalos; pois o Senhor vos disse: Nunca mais voltareis por este caminho. Tampouco para si multiplicará mulheres, para que o seu coração se não desvie; nem multiplicará muito para si prata ou ouro. (Dt 17,16-17)

Positivamente, a atividade primária do rei é estudar a Torá, para se submeter às demandas e condições da aliança mosaica (Dt 17,18-20).

Essa insistência intensamente deuteronomista, que vive em tensão com as altas reivindicações reais, é reiterada na ordenação inicial de Salomão como sucessor de Davi. Salomão pede dons para ser um rei sábio:

> Dá, pois, ao teu servo coração compreensivo para julgar a teu povo, para que prudentemente discirna entre o bem e o mal; pois quem poderia a este grande povo? (1Rs 3,9)

Visto que Salomão pede sabiamente a Javé, ele recebe todos os luxos da realeza:

> Já que pediste esta coisa e não pediste longevidade, nem riquezas, nem a morte de teus inimigos; mas pediste entendimento, para discernires o que é justo; eis que faço segundo as tuas palavras: dou-te coração sábio e inteligente, de maneira que antes de ti não houve teu igual, nem depois de ti o haverá. Também até o que me não pediste eu te dou, tanto riquezas como glória; que não haja teu igual entre os reis, por todos os teus dias. (1Rs 3,11-13)

Todas essas outras coisas – riquezas e honra – são adicionadas (cf. Mt 6,33). Mas não são as primeiras coisas no processo; não são as primeiras a serem pedidas ou concedidas. Antes de o texto terminar, reforça-se o "se" de Moisés:

Se andares nos meus caminhos e guardares os meus estatutos e os meus mandamentos, como andou Davi, teu pai, prolongarei os teus dias. (1Rs 3,14)

Assim, a tradição que freia o engrandecimento real aqui reposiciona a monarquia no contexto da Torá, e se recusa a cogitar a noção de uma instituição que possa superar ou transcender a obediência à Torá. Este "se" da insistência na Torá ocorre em diversos textos reais, todos sem dúvida derivados da tradição deuteronômica da Torá.

**(a)** Em 2 Samuel 11, Davi se conduz como se fosse um poder autônomo que está acima da lei. A narrativa afirma laconicamente: "Porém isto que Davi fizera foi mau aos olhos do Senhor" (v. 27b).[13] O que aqui é declarado de forma atenuada o é feito de forma intensificada no capítulo 12 pela acusação de Natã, baseada na Torá:

> Por que, pois, desprezaste a palavra do Senhor, fazendo o que era mau perante ele? A Urias, o heteu, feriste à espada; e a sua mulher tomaste por mulher, depois de o matar com a espada dos filhos de Amom. Agora, pois, não se apartará a espada jamais da tua casa, porquanto me desprezaste e tomaste a mulher de Urias, o heteu, para ser tua mulher. (2Sm 12,9-10)

Davi, em toda a sua glória, não é livre das antigas restrições pactuais da Torá. A narrativa subsequente continua a considerar esse incidente como crucial na vida de Davi (cf. 1Rs 15,5).

**(b)** Não é diferente com Salomão. Logo após o grande e glorioso estabelecimento do templo, a narrativa ríspida e desmancha-prazeres introduz a firme simetria da obediência à Torá como a condição da prosperidade real:

> Se andares perante mim como andou Davi, teu pai, com integridade de coração e com sinceridade, para fazeres segundo tudo o que te mandei e guardares os meus estatutos e os meus juízos, então, confirmarei o trono de teu reino sobre Israel para sempre, como falei acerca de Davi, teu pai, dizendo: Não te faltará sucessor sobre o trono de Israel. Porém, se vós e vossos filhos, de qualquer maneira, vos apartardes de mim e não guardardes os meus mandamentos e os

---

[13] Citação da ARA. Outras traduções são inadequadas quando dissolvem a tensão que certamente se deseja com o v. 25. Os dois textos são assim traduzidos na ARA: "Não pareça isto mau aos teus olhos" (v. 25); "Porém isto que Davi fizera foi mau aos olhos do Senhor" (v. 27). O texto hebraico dos dois versos é paralelo e isto deve ficar claro na tradução.

meus estatutos, que vos prescrevi, mas fordes, e servirdes a outros deuses, e os adorardes, então, eliminarei Israel da terra que lhe dei, e a esta casa, que santifiquei a meu nome, lançarei longe da minha presença; e Israel virá a ser provérbio e motejo entre todos os povos. (1Rs 9,4-8)

No final, Salomão é criticado de forma devastadora como um rei que agiu de forma autônoma:

Pelo que o Senhor se indignou contra Salomão, pois desviara o seu coração do Senhor, Deus de Israel, que duas vezes lhe aparecera. E acerca disso lhe tinha ordenado que não seguisse a outros deuses. Ele, porém, não guardou o que o Senhor lhe ordenara. Por isso, disse o Senhor a Salomão: Visto que assim procedeste e não guardaste a minha aliança, nem os meus estatutos que te mandei, tirarei de ti este reino e o darei a teu servo. (1Rs 11,9-11)

**(c)** No discurso de despedida de Samuel, ele emprega uma retórica que subordina o rei, como todo israelita, completamente à Torá:

Se temerdes ao Senhor, e o servirdes, e lhe atenderdes à voz, e não lhe fordes rebeldes ao mandado, e seguirdes o Senhor, vosso Deus, *tanto vós como o vosso rei* que governa sobre vós, bem será. Se, porém, não derdes ouvidos à voz do Senhor, mas, antes, fordes rebeldes ao seu mandado, a mão do Senhor será contra *vós outros*... Tão-somente, pois, temei ao Senhor e servi-o fielmente de todo o vosso coração; pois vede quão grandiosas coisas vos fez. Se, porém, perseverardes em fazer o mal, perecereis, *tanto vós como o vosso rei*. (1Sm 12,14-15,24-25)

A fórmula pungente "tanto vós como vosso rei" é um lembrete vigoroso de que, nessa perspectiva, o rei não é ninguém especial. O rei vive sob as mesmas demandas que todo o povo de Javé.

**(d)** O oráculo do Salmo 132,11-12 é estreitamente paralelo ao Salmo 89:

O Senhor jurou a Davi com firme juramento
e dele não se apartará:
Um rebento da tua carne
farei subir para o teu trono.
Se os teus filhos guardarem a minha aliança
e o testemunho que eu lhes ensinar,
também os seus filhos se assentarão
para sempre no teu trono.

Uma comparação desse texto com o Salmo 89,30-37, no entanto, indica uma drástica diferença. O "se" do Salmo 89,30-31 é importante, mas fica abaixo do "mas" do v. 33. A declaração se estrutura como aquela de 2 Samuel 7,14-15, que torna incondicional o discurso final. No Salmo 132, não há nada após o "se" do v. 12. Assim, o Salmo 132 foge da reivindicação absoluta de 2 Samuel 7 e Salmo 89 em direção à obediência.

A resolução da relação entre Javé e o rei, no final das contas, pode ser tão pacífica quando sugere o veredito de MOWINCKEL. Mas não se chega facilmente a essa resolução, se de fato ela é alcançada. De forma pervasiva, no testemunho de Israel, a condicionalidade da Torá e a incondicionalidade da ideologia real vivem em profunda tensão.[14] A meu ver, essa tensão em si é o dado que nos interessa para compreendermos esse modo de mediação teologicamente. É uma tensão que deve persistir, visto que o "verdadeiramente divino" agora está comprometido com o "verdadeiramente humano", o que significa que a promessa de Javé a Israel se incorpora em uma prática concreta e material. Portanto, nessa prática concreta material, vivem intimamente juntas elevadas reivindicações teológicas e custos e exigências específicas e experientes. O que transparece é que o "Altíssimo e Santo" delegou poder e autoridade a formas materiais, políticas, históricas e humanas. Declarando de forma mais sucinta, os propósitos de Javé agora são confiados a um agente humano. O trabalho de Javé deve ser feito pela família de Davi. O reino de Javé toma a forma da casa de Davi. E, ao se moldar como agente humano em forma humana, o que é uma intenção singular da parte de Javé se complica tanto pela forte ideologia de engrandecimento como pelo autosserviço desenfreado. Israel, porém, não pode ser exigente na escolha. Ao receber a realeza, vem com ela toda a intenção singular, a forte ideologia de engrandecimento e o autosserviço desenfreado. É assim que a presença de Javé se media, nessa forma, no mundo.

Essa mistura estranha e sem opção gera duas tentações. Por um lado, é possível, como a Igreja tende a fazer em sua inclinação cristológica, considerar as elevadas reivindicações líricas do oráculo e do Salmo real e "ignorar" as narrativas sórdidas, de forma que a realeza assuma um sabor um tanto docético. Por outro lado, dando espaço ao cinismo, pode-se enfatizar a propensão da monarquia ao autosserviço e desconsiderar toda a

---

[14] JON D. LEVENSON, *Sinai and Zion: An Entry into the Jewish Bible* (Mineápolis: Winston, 1985), articula habilmente a tensão, rejeitando qualquer conciliação do tipo e/ou. Veja sua análise de Gn 18 e 22 como dois lados da tensão: "The Dialectic of Covenantal Theonomy", *Creation and the Persistence of Evil: The Jewish Drama of Divine Omnipotence* (São Francisco: Harper and Row, 1988), pp. 140-156.

questão dinástica como uma invenção das elites urbanas, afastada do Deus de Israel. O testemunho de Israel, porém, se recusa a cair em uma dessas tentações de modo a negligenciar a ênfase contrária. Dessa forma, o testemunho de Israel reitera e confia nas elevadas reivindicações feitas sobre o rei, mas não faz nada para negar a realidade de autosserviço que distorce a monarquia como mediação de Javé.[15]

Se ultrapassarmos essa problemática, ficamos com o problema maior da Torá e da realeza. Aqui os cristãos fazem a característica manobra de apropriar à Cristologia as mais elevadas reivindicações da realeza (observe-se o uso dos Salmos 2 e 110) e atribuir ao judaísmo as exigências da Torá.[16] Essa divisão de recursos, porém, é uma conclusão insustentável. Ela tanto distorce o modo como a interpretação judaica mantém a Torá e o Messias em proveitosa tensão, como ignora o modo como essa mesma tensão continua a girar ao redor de Jesus. De fato, pode-se sugerir que o próprio compromisso de Jesus à fé da Torá é mais intenso do que a alta Cristologia da interpretação da Igreja consegue tolerar.

Nosso estudo até aqui sugere que, no surgimento desse modo de mediação, Israel lidou com questões da vida real, que por sua vez exigiram uma negociação interpretativa difícil e contínua. A realeza surge como um modo de relacionamento com Javé. A realeza é a estranha afirmação de Israel de que o relacionamento com Javé se concretiza por agência humana, a qual está profundamente sujeita à condicionalidade do processo histórico.

Sem negar as "imperfeições" de Davi (como em 2Sm 11-12), Salomão (como em 1Rs 11) e de sua estirpe, a realeza em Israel emerge como um grande dom de Deus, na interpretação de Jerusalém. A intimidade e congruência do rei com Javé indicam que é uma possibilidade humana a concretização efetiva do que Javé deseja para o mundo. Assim, a despeito de grandes ambiguidades e concessões, espera-se e celebra-se que o rei ordenará o mundo para Israel.

### A realeza e a Torá

Assim, deve-se entender a realeza como mediação como **(a)** congruente com a realeza de Javé; e **(b)** situada de alguma forma entre a alta ideologia real e as reservas e qualificações das tradições da Torá decor-

---

[15] Quanto a isso, a decisão do Cronista de silenciar sobre narrativas negativas parece ser um tipo de encobrimento congruente com toda a sua perspectiva.

[16] Veja KRAUS, *Theology of the Psalms*, pp. 177-203, quanto aos salmos reais no Novo Testamento.

rentes da aliança mosaica. No texto essas difíceis exigências são satisfeitas muito fracamente, com muitas dicas de que a resolução não é fácil, nem completa, nem aceita em todos os lugares. Apesar disso, podemos dizer que essas exigências para a realeza como mediação se satisfazem com a reivindicação predominante de que a realeza davídica visa o estabelecimento e a manutenção da justiça como sua obrigação primária para com Javé e a sociedade israelita. Além disso, essa justiça é uma justiça distributiva, congruente com a visão fundamental de Israel quanto à aliança, a qual pretende compartilhar bens, poder e acesso com todos os membros da comunidade, incluindo os pobres, impotentes e marginalizados. A articulação mais clara dessa noção de mediação se encontra no Salmo real 72:

> Concede ao rei, ó Deus, os teus juízos
> e a tua justiça, ao filho do rei.
> Julgue ele com justiça o teu povo
> e os teus aflitos, com equidade.
> Os montes trarão paz ao povo,
> também as colinas a trarão, com justiça.
> Julgue ele os aflitos do povo,
> salve os filhos dos necessitados
> e esmague ao opressor.
>
> Porque ele acode ao necessitado que clama
> e também ao aflito e ao desvalido.
> Ele tem piedade do fraco e do necessitado
> e salva a alma aos indigentes.
> Redime a sua alma da opressão e da violência,
> e precioso lhe é o sangue deles. (Sl 72,1-2,12-14; cf. Sl 101)

Esses notáveis mandatos ao rei, sem dúvida articulados em liturgias reais, têm como tema contraposto a prosperidade e o bem-estar do rei, expressos na linguagem mais hiperbólica da corte:

> Ele permanecerá enquanto existir o sol
> e enquanto durar a lua, através das gerações.
> Seja ele como chuva que desce sobre a campina ceifada,
> como aguaceiros que regam a terra.
> Floresça em seus dias o justo,
> e haja abundância de paz até que cesse de haver lua.
> Domine ele de mar a mar
> e desde o rio até aos confins da terra.
> Curvem-se diante dele os habitantes do deserto,

e os seus inimigos lambam o pó.
Paguem-lhe tributos os reis de Társis e das ilhas;
os reis de Sabá e de Sebá lhe ofereçam presentes.
E todos os reis se prostrem perante ele;
todas as nações o sirvam. (Sl 72,5-11; cf. vs. 15-17)

É evidente que essa ideologia vincula a prática real de justiça com o funcionamento apropriado da fertilidade, de forma que o rei, afinal, é responsável pelo funcionamento completo da criação.[17] Além disso, esse funcionamento completo depende da prática séria da justiça social.

A "justiça" é uma atribuição ideológica antiga dos reis, feita muito antes de Israel; pode-se concluir, pois, que esse discurso é apenas um jargão litúrgico ideológico. Adicionalmente, DAVID JOBLING argumenta que o Salmo 72 é uma ideologia bem sutil, mas intencional, para beneficiar a elite que pratica o Salmo na liturgia.[18] Essas reservas e qualificações sem dúvida têm seu lugar. Todavia, é importante que a ideologia real no Antigo Testamento se estabeleça em meio aos compromissos mosaicos. Portanto, é evidente que alguns, ao menos, levam a sério a retórica da justiça e esperam que o poder público não apenas recite slogans, mas que concretize essas práticas. Embora o trabalho efetivo dos reis possa ser infinitamente ambivalente quanto à justiça e à autoindulgência, a realeza – como apresentada na formulação javista – assume que o rei é um agente de juízo e justiça. Ou seja, o rei deve fazer o que Javé como rei se propõe a fazer. A insistência visionária da realeza é que o rei fiel media a soberania de Javé precisamente gerando a transformação do poder público em algo favorável ao bem-estar comunitário.

Essa insistência na natureza intensamente javista da monarquia (isto é, comprometida com a justiça) é proclamada de diversas formas nos profetas, os quais apelam para as tradições da aliança (veja, por exemplo, Mq 3,9-12), e é defendida especialmente nas tradições deuteronômicas. Especificamente, o Deuteronomista apresenta Josias como o rei modelo que praticou completamente os mandamentos da Torá:

> Fez ele o que era reto perante o Senhor, andou em todo o caminho de Davi, seu pai, e não se desviou nem para a direita nem para a esquerda. (2Rs 22,2)[19]

---

[17] Veja, por exemplo, 1Rs 18,5-6, quanto ao gerenciamento real da seca.

[18] DAVID JOBLING, "Deconstruction and the Political Analysis of Biblical Texts: A Jamesonian Reading of Psalm 72", *Semeia* 59 (1992), pp. 95-127.

[19] Essa descrição de Josias reflete a ideologia dos Deuteronomistas, de forma que

Apresenta-se Josias como totalmente responsivo às exigências da Torá (22,11). O relato de 2 Reis 22-23 retrata Josias primariamente como um reformador cultual que purgou elementos estranhos da prática da adoração de Israel. É provável que a "reforma" de Josias tenha sido designada primariamente como um ato de independência política. Todavia, é plausível concluir que essas concessões no culto às quais ele resistiu afrouxaram intensamente o javismo, gerando uma diminuição da paixão pela justiça. De modo inverso, a depuração dos acessórios estrangeiros na adoração provavelmente deve estar conectada à recuperação de uma ética de justiça pública.

Como não é fácil separar a realidade histórica da inclinação ideológica do Deuteronomista, não podemos ir além dessa conexão provável e intencional. Em todo caso, observamos que, na avaliação de Jeremias sobre os reis posteriores de Israel, o veredito poético do profeta sobre Josias é notável:

> Acaso, teu pai não comeu, e bebeu,
> e não exercitou o juízo e a justiça?
> Por isso, tudo lhe sucedeu bem.
> Julgou a causa do aflito e do necessitado;
> por isso, tudo lhe ia bem.
> Porventura, não é isso conhecer-me? – diz o Senhor. (Jr 22,15-16)

Essa é uma declaração notável, aparentemente se referindo a Josias, pai de Jeoaquim. Diz-se que Josias praticou o juízo e a justiça (os mesmos termos de Sl 72,1), e prosperou como consequência. Mas é o v. 16 que é mais surpreendente. Em seu pronunciamento, o profeta equaciona julgar a causa do aflito e do necessitado com o "conhecer" a Javé. Observe bem que essas linhas não dizem que julgar o aflito e o necessitado são a causa e que conhecer a Javé é a consequência; nem, inversamente, que julgar o aflito e o necessitado é a consequência e conhecer a Javé é a causa.[20] Antes, os dois atos são equacionados. Julgar a causa do aflito e do necessitado *é a essência* do conhecimento de Javé (cf. Os 6,6). Assim, quando o rei se envolve nessas práticas na administração do poder público, o conhecimento de Javé é realmente mediado na comunidade de Israel.

Essa mesma expectativa visionária do rei como mediação do gover-

---

Josias se torna modelo e símbolo de "como deveria ter sido", caso isso realmente não apresente Josias de forma realista.

[20] Quanto a esse texto, veja JOSÉ MIRANDA, *Marx and the Bible: A Critique of the Philosophy of Oppression* (Maryknoll: Orbis Books, 1974).

no de Javé se evidencia em dois oráculos bem conhecidos em Isaías, que talvez estejam relacionados a coroações reais. Em Isaías 9,2-7, a antecipação de uma grande vitória militar davídica (vs. 4-5) culmina em uma caracterização do governo davídico a ser praticado agora em monarquia bem estabelecida e segura:

> para que se aumente o seu governo,
> e venha paz sem fim
> sobre o trono de Davi e sobre o seu reino,
> para o estabelecer e o firmar
> mediante o juízo e a justiça,
> desde agora e para sempre.
> O zelo do Senhor dos Exércitos fará isto. (Is 9,7)

Utilizam-se as mesmas palavras-chave, "juízo e justiça", que responsabilizam o rei com a administração radical do poder público em prol de toda a comunidade (cf. 1Rs 10,9 para o mesmo par de palavras). Javé está presente, por meio do rei davídico, sempre que essas práticas de poder público se concretizam.

O mesmo mandato visionário se expressa em uma seção em prosa de Jeremias, certamente refletindo o compromisso deuteronômico da aliança, no qual o "se" da condicionalidade mosaica é proeminente:

> Ouve a palavra do Senhor, ó rei de Judá, que te assentas no trono de Davi, tu, os teus servos e o teu povo, que entrais por estas portas. Assim diz o Senhor: Executai o direito e a justiça e livrai o oprimido das mãos do opressor; não oprimais ao estrangeiro, nem ao órfão, nem à viúva; não façais violência, nem derrameis sangue inocente neste lugar. Porque, se, deveras, cumprirdes esta palavra, entrarão pelas portas desta casa os reis que se assentarão no trono de Davi, em carros e montados em cavalos, eles, os seus servos e o seu povo. Mas, se não derdes ouvidos a estas palavras, juro por mim mesmo, diz o Senhor, que esta casa se tornará em desolação. (Jr 22,2-5)

Aqui o mandato se torna ainda mais específico, referindo-se à justiça econômica e ao aspecto crucial do cuidado do estrangeiro, do órfão e da viúva. Essa tradição afirma que, por meio dessa agência humana, pode-se implementar e estabelecer a vontade soberana de Javé quanto ao bem-estar no mundo, com suas dimensões políticas e socioeconômicas concretas.

### A realeza e o exílio

Uma característica definidora da vida de Israel é que o sistema real não foi efetivo, afinal de contas, em sustentar a nação. Pois, no centro da autoconsciência de Israel está o desastre de 587 a.C., quando o rei, o templo e a cidade falharam. Tendo em vista essa realidade central devastadora, que Israel não pode nem quer negar, não nos surpreende que alguns em Israel atribuam a destruição de 587 à falha da monarquia em cumprir seu dever em termos de juízo e justiça.

Dois textos explicitam essa conexão. Mais uma vez a tradição de Jeremias, que é incessantemente negativa sobre a realeza, conecta a realeza ao exílio:

> Ai dos pastores que destroem e dispersam as ovelhas do meu pasto! – diz o Senhor. Portanto, assim diz o Senhor, o Deus de Israel, contra os pastores que apascentam o meu povo: Vós dispersastes as minhas ovelhas, e as afugentastes, e delas não cuidastes. (Jr 23,1-2)

São os reis que "dispersaram" as ovelhas, isto é, causaram o exílio. Uma declaração mais completa na mesma conexão ocorre em Ezequiel 34:

> Comeis a gordura, vestis-vos da lã e degolais o cevado; mas não apascentais as ovelhas. A fraca não fortalecestes, a doente não curastes, a quebrada não ligastes, a desgarrada não tornastes a trazer e a perdida não buscastes; mas dominais sobre elas com rigor e dureza. Assim, se espalharam, por não haver pastor, e se tornaram pasto para todas as feras do campo. As minhas ovelhas andam desgarradas por todos os montes e por todo elevado outeiro; as minhas ovelhas andam espalhadas por toda a terra, sem haver quem as procure ou quem as busque. (Ez 34,3-6)

A acusação contra a monarquia é severa, com a repetição sonora de "espalhar/desgarrar". De fato, no longo capítulo sobre reis em Jeremias, o poema se encerra com a antecipação do fim da monarquia (Jr 22,28-30).

A conexão feita nesse testemunho entre o fracasso real e o da nação nos é tão clara e familiar que é possível que não percebamos a enorme reivindicação teológica e ética feita quanto à realeza. Faz-se a reivindicação de que o poder público – político, econômico, militar – não pode sobreviver ou gerar prosperidade e segurança se não for administrado segundo as exigências da justiça, sendo essa compreendida como atenção ao bem-estar de todos os membros da comunidade. Em uma teoria alternativa de poder público, presente tanto no mundo antigo como no contemporâneo, o poder pode se sustentar por bem ou por mal, mesmo se visar engrandecimento sem fim e autoindulgência embrutecedora. Além disso, aqueles que chegam ao poder caracteristicamente se convencem (um pouco de cada vez) que seu próprio bem-estar é o fator chave para a manutenção do bem-estar, prosperidade e segurança gerais.

O desastre de 587 poderia ser explicado de uma maneira diferente desse critério de justiça da aliança. É, porém, impressionante que alguns em Israel continuem a defender essa explicação primária sobre o que evocou a crise. Esses que argumentam assim insistem que, quando os reis davídicos se desviam da vontade soberana de Javé quanto à justiça, o poder público fica inevitavelmente em perigo e, no fim, não pode mais se sustentar.

Em todo caso, o fracasso de 587 minimizou muito as reivindicações e destinos da monarquia davídica. A monarquia, segundo qualquer discernimento prático, havia fracassado. E, com esse fracasso, expressa-se assombro quanto ao juramento incondicional de Javé a Davi feito em 2 Samuel 7:

> Tu, porém, o repudiaste e o rejeitaste;
> e te indignaste com o teu ungido.
> Aborreceste a aliança com o teu servo;
> profanaste-lhe a coroa, arrojando-a para a terra.
> Arrasaste os seus muros todos;
> reduziste a ruínas as suas fortificações.
> Despojam-no todos os que passam pelo caminho;
> e os vizinhos o escarnecem.
> Exaltaste a destra dos seus adversários
> e deste regozijo a todos os seus inimigos.
> Também viraste o fio da sua espada
> e não o sustentaste na batalha.
> Fizeste cessar o seu esplendor
> e deitaste por terra o seu trono.
> Abreviaste os dias da sua mocidade
> e o cobriste de ignomínia.

> Que é feito, Senhor, das tuas benignidades de outrora,
> juradas a Davi por tua fidelidade?
> Lembra-te, Senhor, do opróbrio dos teus servos
> e de como trago no peito a injúria de muitos povos,
> com que, Senhor, os teus inimigos têm vilipendiado,
> sim, vilipendiado os passos do teu ungido. (Sl 89,38-45,49-51)

O Salmo 89 é um exemplo da alta reivindicação davídica (vs. 19-37). Mas agora, no mesmo Salmo, a instituição da monarquia fracassou e, com ela, a ideologia com que estava investida.

### A realeza e a esperança

O incrível poder da monarquia como mediação, e da visão por ela transmitida, se evidencia no fato de que a fissura histórica, inescapável para os intérpretes de Israel, não descontinuou o poder ideológico da instituição. SIGMUND MOWINCKEL argumenta que, à medida que os desenvolvimentos históricos foram se desdobrando e derrotando as reivindicações práticas da realeza, Israel conseguiu continuar, em sua vida litúrgica, a dimensão promissória do compromisso de Javé com Davi.[21] A promessa dinástica, enraizada em 2 Samuel 7 e analisada no Salmo 89, foi direcionada para o futuro, de forma que Israel passa a esperar a vinda do rei bom, fiel e efetivo, muito embora todos os candidatos presentes e conhecidos tenham falhado. A partir da prática política concreta surge a expectativa da vinda do Messias: um agente histórico que será ungido, comissionado e capacitado, a partir da casa davídica, para realizar o propósito davídico em uma época futura, para estabelecer o juízo e a justiça de Javé sobre a terra.

Os intérpretes não sabem explicar porque essa promessa, agora removida da realidade política e transmitida apenas nas esperanças ideológicas, visionárias e litúrgicas de Israel, continuou a ter um poder modelador para a vida e a imaginação do povo; mas é certo que o teve. Israel continua a esperar pelo rei que tornará visível na terra o governo de Javé. Essa esperança é bem atestada em Israel após o exílio. Provavelmente, a atestação melhor conhecida e usada seja a expectativa de Isaías sobre o "rebento de Jessé":

> não julgará segundo a vista dos seus olhos,
> nem repreenderá segundo o ouvir dos seus ouvidos;
> mas julgará com justiça os pobres
> e decidirá com equidade a favor dos mansos da terra;
> ferirá a terra com a vara de sua boca
> e com o sopro dos seus lábios matará o perverso.
> A justiça será o cinto dos seus lombos,
> e a fidelidade, o cinto dos seus rins. (Is 11,3b-5)

Esse rei do porvir efetivará o bem-estar reabilitador social e (consequentemente?) causará a reabilitação da terra:

> O lobo habitará com o cordeiro,
> e o leopardo se deitará junto ao cabrito;
> o bezerro, o leão novo e o animal cevado andarão juntos,
> e um pequenino os guiará.
> A vaca e a ursa pastarão juntas,
> e as suas crias juntas se deitarão;
> o leão comerá palha como o boi.

---

[21] SIGMUND MOWINCKEL, *Psalmenstudien 2: Das Thronbesteigungsfest Jahwas und der Ursprung der Eschatologie* (Oslo: Jacob Dybwad, 1922); e, de forma derivada, *He That Cometh*.

> A criança de peito brincará sobre a toca da áspide,
> e o já desmamado a mão na cova do basilisco.
> Não se fará mal nem dano algum
> em todo o meu santo monte,
> porque a terra se encherá do conhecimento do Senhor,
> como as águas cobrem o mar. (Is 11,6-9)

Jeremias, que não é grande defensor da monarquia, segue a censura de 23,1-2 com uma promessa de "pastores que as apascentem" (v. 4) e, depois, com uma expectativa de "juízo e justiça" davídicos:

Eis que vêm dias, diz o Senhor, em que levantarei a Davi um Renovo justo; e, rei que é, reinará, e agirá sabiamente, e executará o juízo e a justiça na terra. Nos seus dias, Judá será salvo, e Israel habitará seguro; será este o seu nome, com que será chamado: Senhor, Justiça Nossa. (Jr 23,5-7; cf. 33,14-16)

Ezequiel, que repudiou massivamente a realeza em 34,1-16, agora espera Davi:[22]

> Suscitarei para elas um só pastor, e ele as apascentará; o meu servo Davi é que as apascentará; ele lhes servirá de pastor. Eu, o Senhor, lhes serei por Deus, e o meu servo Davi será príncipe no meio delas; eu, o Senhor, o disse. (34,23-24)[23]

Além disso, essa esperança davídica, de um tipo bastante político, continua poderosa após o exílio:

> Naquele dia, diz o Senhor dos Exércitos, tomar-te-ei, ó Zorobabel, filho de Salatiel, servo meu, diz o Senhor, e te farei como um anel de selar, porque te escolhi, diz o Senhor dos Exércitos. (Ag 2,23)

> Alegra-te muito, ó filha de Sião;
> exulta, ó filha de Jerusalém:
> eis aí te vem o teu Rei,
> justo e salvador, humilde,
> montado em jumento,
> num jumentinho, cria de jumenta.

---

[22] É possível que os vs. 23-24 sejam uma adição ao texto, sob a pressão de defensores de uma monarquia restaurada. JON LEVENSON, *Theology of the Program of Restoration of Ezekiel 40-48* (HSM 10; Missoula: Scholars, 1976), pp. 87-91, considera esses versos como pertencentes à articulação original e, portanto, intrínsecos à nova realidade antecipada nessa tradição.

[23] Quanto ao "príncipe" (*nasî*), veja ibid., pp,. 37-107.

Destruirei os carros de Efraim
e os cavalos de Jerusalém,
e o arco de guerra será destruído.
Ele anunciará paz às nações;
o seu domínio se estenderá de mar a mar
e desde o Eufrates até às extremidades da terra. (Zc 9,9-10)[24]

Esse modo de mediação de Javé continua no judaísmo com enorme poder. Quatro aspectos dessa esperança são pertinentes sua continuação como uma mediação esperada de Javé para com Israel e o mundo:

**(a)** A possibilidade desse agente humano depende completamente da fidelidade de Javé à sua própria promessa. No final das contas, a esperança do Messias se baseia na capacidade de Javé de ser completamente fiel à sua própria promessa.

**(b)** O Messias é um agente humano. "Filho de Deus" (como no Sl 2,7) é um título real litúrgico, sem refletir qualquer conexão ontológica a Javé. Assim, o messianismo é uma esperança quanto ao trabalho humano no mundo. Esse modo de mediação é tanto uma afirmação de agentes humanos que "terão domínio" como da materialidade das intenções de Javé.[25] Javé intenciona algo para a terra.

**(c)** Espera-se que o Messias exerça poder político e influência pública, de forma a transformar e reabilitar a comunidade pública. Assim, o messianismo, no testemunho do Antigo Testamento, é encarregado do juízo e da justiça, da restauração das práticas comunitárias viáveis no mundo real.

**(d)** A prática de poder humano para a restauração comunitária é confiada aos descendentes dessa família humana em particular, os herdeiros de Davi. Esse é realmente "o escândalo da particularidade" como uma reivindicação inflexível. Mas,

---

[24] É difícil datar o modelo davídico de antecipação no corpus profético; portanto, é difícil avaliá-lo. Veja, por exemplo, Am 9,11-12, Os 3,5 e Mq 5,2-5. Desses textos, o de Miqueias tem a reivindicação mais aceita de ser genuíno em sua localização. Mas se devem emitir diferentes pareceres quanto a cada texto específico.

[25] Veja BREVARD S. CHILDS, *Biblical Theology in Crisis* (Filadélfia: Westminster, 1970), pp. 151-163, quanto ao Sl 8, no qual ele interpreta "domínio" em um sentido real e depois cristológico.

certamente, é assim que operam o poder real e a autoridade real. É digno de nota que, à medida que a linha davídica chega a seu fim histórico no 6° século a.C., o persa Ciro é designado como "seu ungido" (Is 45,1). PETER ACKROYD ousa propor que, no Isaías do exílio, as reivindicações davídicas são atribuídas aos persas.[26] De forma mais plausível, OTTO EISSFELDT lidera diversos estudiosos sugerindo que, em Isaías 55,3, o mandato davídico foi "democratizado" para incluir todo o Israel.[27] No caso de qualquer uma dessas novas atribuições da reivindicação de Davi, a particularidade da família de Jessé ainda permanece como uma reivindicação poderosa e resiliente que provê energia e identidade para a continuidade de Israel.

### *O messianismo em relação a Jesus*

De passagem, devemos notar dois textos e títulos particulares que, na interpretação cristã, frequentemente são vinculados a reivindicações messiânicas. Primeiro, a poesia de Isaías 52,13-53,12 resultou na figura do "Servo Sofredor", que desempenha um papel poderoso na interpretação cristã ao se fundir com as reivindicações reais.[28] É justo dizer, porém, que a noção de um rei como "servo sofredor" não desempenha papel algum no testemunho do Antigo Testamento em si. Fizeram-se tentativas de identificar a "humilhação ritual" do rei e de ler a fuga de Davi de Jerusalém, sob a ameaça de Absalão, como uma representação ritual de morte e restauração (2Sm 15-19).[29] Esses esforços não foram considerados convincentes e, em

---

[26] PETER ACKROYD, em um ensaio apresentado na *Society for Old Testament Study*, em 1987.

[27] Veja OTTO EISSFELDT, "The Promises of Grace to DAVID in Isaiah 55:1-5", *Israel's Prophetic Heritage* (org. BERNHARD W. ANDERSON e WALTER HARRELSON; Londres: SCM, 1962), pp. 196-207.

[28] Para uma análise mais antiga e padronizada desse problema, veja MORNA D. HOOKER, *Jesus and the Servant: The Influence of the Servant Concept of Deutero-Isaiah in the New Testament* (Londres: SPCK, 1959). Mais recentemente, veja Adela Yarbro COLLINS, "The Suffering Servant: Isaiah Chapter 53 as a Christian Text", *Hebrew Bible or Old Testament? Studying the Bible in Judaism and Christianity* (org. Roger Brooks e JOHN COLLINS; Notre Dame: University of Notre Dame, 1990), pp. 201-206.

[29] Quanto à humilhação real do rei, veja genericamente PELO, *Sacral Kingship*, pp. 103-104; e JOHN H. EATON, *Kingship and the Psalms* (SBT 32, 2ª série; Londres: SCM, 1976), pp. 109-11, 142-46.

todo caso, não exerçam qualquer influência discernível no testemunho do Antigo Testamento.

Segundo, a tradição cristã conecta a referência ao "Filho do Homem" em Daniel 7,13 à apresentação que Jesus faz de si mesmo como o Filho do Homem; portanto, ela se funde com a noção de Messias.[30] Essa referência ao "Filho do Homem" não desempenha papel algum no próprio Antigo Testamento, embora seja importante em textos apócrifos e cristãos subsequentes. A referência em Daniel é tardia e marginal no Antigo Testamento, e também não exerce nenhuma influência discernível em sua teologia.

Uma teologia do Antigo Testamento, no final das contas, não pode evitar um comentário sobre a utilização do tema do messianismo em relação a Jesus e à Cristologia emergente da Igreja. Não há dúvida de que a noção do rei como mediador se estende para o futuro como o Messias prometido e antecipado (ou seja, um agente humano ungido) que realizará a obra de juízo e justiça de Javé na terra. Todos os herdeiros desse texto (judeus, cristãos, muçulmanos) têm essa possibilidade promissória à sua disposição, mas a possibilidade se mantém aberta apenas pela ampla promessa de Javé. A comunidade que valorizou esse texto após o exílio sabia que devia esperar, mas não sabia com precisão *o que* esperar.

A época de Jesus – o primeiros século a.C. e o primeiro século d.C. – foi um tempo de grande necessidade e proporcional antecipação na vida judaica. À medida que os cristãos primitivos confrontavam a realidade devastadora da pessoa de Jesus, era inevitável (e não impróprio?) que se fizessem conexões entre essa expectativa poderosa e pervasiva e essa presença pessoal transformadora. O que mais poderiam fazer judeus que esperavam e antecipavam? Assim, podemos afirmar sobre essa recepção de Jesus como o Messias:

> **(a)** As conexões interpretativas entre a esperança messiânica e Jesus são feitas de maneira poderosa e imaginativa. O Novo Testamento está permeado pela determinação de mostrar Jesus como o cumprimento da promessa.
>
> **(b)** Muito na vida de Jesus o retrata como cumprindo o mandato do Messias esperado, embora não seja fácil julgar o que

---

[30] MOWINCKEL, *He That Cometh*, pp. 346-450, oferece uma análise completa dos dados. Veja também MORNA D. HOOKER, *The Son of Man in Mark: A Study of the Background of the Term "Son of Man" and Its Use in St. Mark's Gospel* (Londres: SPCK, 1967).

foi estilizado no testemunho do Novo Testamento para estabelecer esse encaixe.

**(c)** Há evidências lembrando que Jesus resistiu à designação davídica, ou a achou estranhamente apropriada ao seu trabalho e destino (veja Mc 12,35-37).

Em todo caso, faz-se a reivindicação de Jesus como Messias, e muitos a avaliam como convincente. Contudo, a conexão é toda feita necessariamente no lado final da ponte entre promessa e cumprimento. Como poderia ser de outra forma? Assim, a meu ver, a promessa de um Messias fica à disposição e aberta no testemunho de Israel. Reivindicar a promessa para Jesus é um trabalho interpretativo cristão. Além disso, é trabalho cristão reivindicar essa promessa de forma exclusiva – eliminando todos os demais candidatos a esse papel, que pode ter muitos ocupantes, e o anexar de forma singular e exclusiva a Jesus.[31] Parece-me que a teologia do Antigo Testamento pode reconhecer a conexão feita a Jesus; contudo, ao mesmo tempo, ela pode questionar a exclusividade dessa reivindicação, visto que está na natureza do testemunho do Antigo Testamento cogitar a existência de outros agentes historicamente designados a realizar a obra de juízo e justiça de Javé na terra.

Finalmente, podemos notar que o Novo Testamento ousa empregar a expressão "Filho de Deus" em relação a Jesus. Sugerimos que, no Salmo 2,7 e em 2 Samuel 7,14, o título é um termo político real. Em outro momento do processo interpretativo da comunidade cristã, algo entre o próprio Novo Testamento e os altos concílios ecumênicos da tradição católica, esse título político se transformou em uma conexão biológica e metafísica, resultando na fórmula do *homoousios*. Declaro a questão dessa forma, porque não fica claro para mim até que ponto o título já era usado dessa maneira no próprio Novo Testamento, embora seja claro que já tinha esse conteúdo na época dos credos. Esse desenvolvimento na teologia cristã, em todo caso, está além do escopo da teologia do Antigo Testamento. É importante notar: **(a)** que a transformação do título político real em uma reivindicação ontológica vai bem além do uso do próprio Antigo Testamento;[32] e **(b)** que é

---

[31] JON D. LEVENSON, *The Death and Resurrection of the Beloved Son: The Transformation of Child Sacrifice in Judaism and Christianity* (New Haven: Yale University, 1993), demonstra de formas poderosas a utilização judaica do tema do pai entregando o filho e considera a apropriação interpretativa do tema pela tradição cristã.

[32] De forma quase isolada entre os estudiosos, ENGNELL, *Studies in Divine Kingship*,

um desenvolvimento interpretativo que não é incongruente com a trajetória hiperbólica da qual deriva.

Mas então, essa é a natureza desse material no Antigo Testamento: ele convida a novos e ousados usos. A comunidade cristã aceitou o convite feito pelo texto, mas não pode monopolizá-lo nem seu convite a novos usos imaginativos. Penso que a apropriação cristã da promessa, embora reivindique ser autorizada, permanece ao lado de outros usos; nenhum deles pode derrotar ou negar os demais. Cada comunidade interpretativa que apela a essa visão poderosa compartilha da convicção de Israel – o qual a testemunha haja o que houver – de que Javé realmente designa agentes humanos particulares para realizar a obra de juízo e justiça na terra. Pode-se entender essa designação de agentes humanos por Javé, com plenitude de poder e fidelidade, realmente como uma designação tão sólida e enérgica que, de uma maneira extrema, se articula como uma conexão ontológica. É isto que ocorre na articulação clássica e extrema da reivindicação cristã quanto a Jesus.

Capítulo
XXI

---

defende a reivindicação de que a prática do Oriente Próximo vai na direção de uma afirmação ontológica do rei em relação aos deuses.

# Capítulo Vinte e Dois

## 22. O profeta como mediador

O fenômeno geral da profecia em Israel é bastante diverso em suas muitas manifestações.¹ Qualquer generalização sobre profecia provavelmente falhará em abranger todos os dados; contudo, nossa tarefa interpretativa exige necessariamente uma tentativa de generalização. Como modo de mediação, a profecia surge com a aparição inexplicável de indivíduos que reivindicam falar uma palavra de revelação de Javé; eles são aceitos por alguns como sendo de fato portadores dessa palavra de revelação. A profecia chega em seu ponto máximo quando esse núcleo de indivíduos e suas palavras (e ações) relembradas e transmitidas são estilizados em um corpo fixo de literatura e alcançam um status canônico. Em síntese, a profecia como mediação se refere tanto a *indivíduos* quanto a um *corpus literário*.

### Oradores estranhos e originais

O surgimento de indivíduos que falam com uma autoridade que vai além de sua própria é, de fato, um acontecimento estranho, inexplicável e original em Israel. Os pronunciamentos desses profetas que são relembrados por Israel proporcionam indícios suficientes para que os estudiosos consigam formar uma ideia acerca de pessoas historicamente situadas. Assim, imaginamos poder identificar as diversas tradições das quais eles emergem e os estilos, imagens e assuntos característicos de que tratam.² Ao mesmo tempo, devemos reconhecer que os dados confiáveis que temos sobre eles, além de hipóteses consensuais, são bem poucos. Só podemos ter certeza de que havia realmente indivíduos específicos e sem credenciais

---

¹ Veja Lester L. Grabbe, *Priests, Prophets, Diviners, and Sages: A Socio-historical Study of Religious Specialists in Ancient Israel* (Valley Forge: Trinity International, 1995), pp. 66-118; e Rodney R. Hutton, *Charisma and Authority in Israelite Society* (Mineápolis: Fortress, 1994), pp. 105-137.

² Gerhard von Rad, *Old Testament Theology 2* (São Francisco: Harper and Row, 1965), concede atenção primária à localização dos profetas em tradições e como praticantes de tradições contínuas. Uma abordagem um tanto diferente é seguida por Hans Walter Wolff em uma série de argumentos, na qual ele situa **(a)** Oseias entre os levitas, **(b)** Amós entre os sábios, e **(c)** Miqueias entre os camponeses rurais. Quanto ao "papel social" dos profetas, veja David L. Petersen, *The Roles of the Prophets* (JSOTSup 17; Sheffield: JSOT, 1981).

que fizeram pronunciamentos "fora do ordinário";³ reconhecia-se que eles tinham uma conexão peculiarmente íntima com Javé, o que os tornava em canais efetivos de comunicação entre Javé e Israel.⁴ Em sua função como canais, Israel os ouvia entregar o próprio pronunciamento de Javé; como intercessores, eles eram efetivos em apresentar as petições urgentes de Israel a Javé. Visto que são canais de comunicação, o interesse teológico está muito mais em seus pronunciamentos que em suas personalidades. Desses diversos indivíduos, podemos fazer as seguintes observações gerais.

*A convocação de Javé*

Os profetas falam porque são compelidos por uma força inexplicável que se entende ser a convocação de Javé. Há indícios de que esses diversos indivíduos são recipientes de experiências psíquicas estranhas, sendo visitados pelo "sobrenatural" de maneiras estranhas, como sonhos, visões e transes.⁵ JOHN BARTON chega até a usar o termo "místicos".⁶ Porém, qualquer que seja a explicação sugerida, como observa BARTON, eles são "figuras marginais, as quais não se consegue silenciar".⁷ Nesse sentido, eles exemplificam um tipo de abertura na sociedade israelita, sugerindo que a ordem administrativa não era tão rígida ou efetiva que conseguisse impedir a irrupção de opiniões não supervisionadas. Com o seu surgimento, considera-se que Javé está direta e palpavelmente presente em Israel.

*Tradição e experiência pessoal*

Esses indivíduos originais são estranhos e não podem ser explicados por nenhum antecedente. Nesse sentido, a antiga noção de "gênios solitá-

---

³ JOHN BARTON, *Oracles of God: Perceptions of Ancient Prophecy in Israel after the Exile* (Londres: Darton, Longman, and Todd, 1986), p. 102.

⁴ Veja especialmente THOMAS W. OVERHOLT, *Channels of Prophecy: The Social Dynamics of Prophetic Activity* (Mineápolis: Fortress, 1989); de forma mais abrangente, veja JOSEPH BLENKINSOPP, *Sage, Priest, Prophet: Religious and Intellectual Leadership in Ancient Israel* (Louisville: Westminster/John Knox, 1995), pp. 115-165. Infelizmente, BLENKINSOPP só considera a profecia pré-exílica; assim, ainda opera com as categorias gerais de JULIUS WELLHAUSEN. A abordagem histórica de BLENKINSOPP é complementada habilmente pela de BARTON, *Oracles of God*.

⁵ JOHANNES LINDBLOM, *Prophecy in Ancient Israel* (Oxford: Blackwell, 1963), provê um estudo clássico. Veja também ROBERT R. WILSON, *Prophecy and Society in Ancient Israel* (Filadélfia: Fortress, 1980).

⁶ BARTON, *Oracles of God*, p. 261.

⁷ Ibidem, p. 112.

rios" contém certa verdade.⁸ Entretanto, esses indivíduos não viviam em um vácuo sociopolítico, mas parecem emergir de, ser influenciados por, e refletir diferentes tradições teológicas e suas perspectivas sociais correlatas.⁹ Isto não significa que eles expressam explícita ou intencionalmente essas tradições e perspectivas. Antes, aprenderam ao longo do tempo a perceber e experimentar o mundo através de um prisma particular de memória e interpretação. Assim, como sugerimos, Oseias e Jeremias parecem ter sido educados nas tradições de aliança do Levítico e Deuteronômio.¹⁰ Já se sugeriu que Amós reflete o pensamento da sabedoria internacional.¹¹ Isaías certamente reflete a ideologia real da classe dominante de Sião; e Ezequiel, Ageu e Zacarias evidenciam uma educação no ambiente sacerdotal. O contexto institucional de Miqueias é menos claro, mas ele parece refletir as paixões e ressentimentos de uma comunidade camponesa.¹² Não se pode ser preciso acerca de tais questões, nem excessivamente confiante. Ainda assim, devem se manter em perspectiva as tradições de educação, porque nessa sociedade antiga as comunidades e seus membros têm memórias antigas e penetrantes e porque essas diversas tradições e memórias frequentemente se conflitam em seus detalhes, cada uma batalhando pelo papel de autoridade interpretativa final.

Para serem entendidos, os profetas exigem que reconheçamos tanto a prática comunitária particular (imersão em e influência de uma tradição

---

⁸ Ibidem, p. 272.

⁹ WILSON, *Prophecy and Society*, acentua a localização e o interesse sociais, visto que ele usa as categorias de "central" e "periférico" para identificar esses elementos.

¹⁰ Quanto à localização de Oseias e Jeremias nas tradições de Israel, veja os estudos de WOLFF e GROSS citados no capítulo 20, notas 26 e 27.

¹¹ HANS WALTER WOLFF, *Amos the Prophet: The Man and His Background* (Filadélfia: Fortress, 1973); SAMUEL TERRIEN, "Amos and Wisdom", *Israel's Prophetic Heritage* (org. BERNHARD W. ANDERSON e WALTER HARRELSON; Londres: SCM, 1962), pp. 108-115.

¹² HANS WALTER WOLFF, "Micah the Moreshite – The Prophet and His Background", *Israelite Wisdom: Theological and Literary Essays in Honor of SAMUEL TERRIEN* (org. JOHN G. GAMMIE et al.; Missoula: Scholars, 1978), pp. 77-84. Veja também GEORGE V. PIXLEY, "Micah – A Revolutionary", *The Bible and the Politics of Exegesis* (org. DAVID JOBLING et al.; Cleveland: Pilgrim, 1991), pp. 53-60; e ITUMELENG J. MOSALA, "A Materialist Reading of Micah", *The Bible and Liberation: Political and Social Hermeneutics* (org. NORMAN K. GOTTWALD e RICHARD A. HORSLEY; Maryknoll: Orbis Books, 1993), pp. 264-295.

e perspectiva) quanto a experiência pessoal original e inexplicável, a qual leva o indivíduo sem credenciais a reivindicar autoridade repentina e a correr sérios riscos ao afirmar essa autoridade. O modo como alguém balanceia ou julga tradição e experiência pessoal provavelmente reflete o clima e as pressuposições da sua cultura interpretativa. No século XIX, a ênfase estava na experiência pessoal, uma ênfase preservada em muito da interpretação homilética popular. No século XX, sob a influência de GERHARD VON RAD, refletida em estudos sociológicos e antropológicos, deu-se maior atenção à localização na comunidade.[13] Ambos os fatores sem dúvida estão presentes e são importantes, mas nenhum deles juntos ou separados pode adequadamente explicar ou justificar o surgimento desses oradores.

### *Respondendo a uma crise, evocando uma crise*

Esses oradores sem credenciais, mas cheios de autoridade, não proclamam verdades universais; eles falam concretamente a um tempo, lugar e circunstâncias particulares.[14] Eles caracteristicamente percebem seu tempo e local como uma circunstância de crise, um contexto em que os riscos são grandes e se devem tomar decisões de vida ou morte. Ou talvez seja melhor dizer que o surgimento e o pronunciamento dos profetas *evoca* uma circunstância de crise na qual previamente nenhuma tinha sido percebida. Ou seja, os profetas não apenas reagem à crise, mas por meio de seu pronunciamento repentino eles geram uma crise.

Especificamente, a emergência da mediação profética em Israel ocorre caracteristicamente na presença do poder real e em reação a ele. No período pré-exílico, os profetas regularmente têm encontros com reis, os quais são considerados como encarregados por Javé de grandes responsabilidades,[15] e que caracteristicamente têm falhado em sua implementação. Elias (1Rs 18,1.17; 21,17) e Micaías (1Rs 22,8) são justapostos

---

[13] Em seu estudo dos profetas, GERHARD VON RAD trabalha primariamente com tradições textuais e não considera dados sociológicos e arqueológicos, como por exemplo se faz na obra de WILSON, o qual dá atenção às dimensões materiais da localização social.

[14] Quanto a essas particularidades, veja KLAUS KOCH, *The Prophets* 1: *The Assyrian Age* (Filadélfia: Fortress, 1983); *The Prophets* 2: *The Babylonian and Persian Periods* (Filadélfia: Fortress, 1984); e JOSEPH BLENKINSOPP, *A History of Prophecy in Israel: From the Settlement in the Land to the Hellenistic Period* (Londres: SPCK, 1984).

[15] Quanto às responsabilidades dos reis, como consideradas na perspectiva javista, veja o capítulo 21.

a Acabe, no século IX. Isaías, no século VIII, lida por sua vez com Acaz (Is 7,3-17) e Ezequias (Is 37,1-7). Amós tem seu "encontro privado" com Amazias, sacerdote de Jeroboão (Am 7,10-17), e Jeremias precisa lidar com Zedequias (Jr 37-38). A situação é diferente nos períodos exílicos e pós-exílicos, quando não há mais rei em Israel. Porém, *mutatis mutandis*, esses profetas também precisam lidar com os modos dominantes de poder e as definições dominantes de realidade.

### *O poder da imaginação poética*

Embora os profetas estejam caracteristicamente imersos em crises públicas, eles não são primariamente agentes políticos em qualquer sentido direto e raramente encorajam uma política específica. Nem são ativistas sociais, contrariamente à opinião liberal popular. Eles são mais caracteristicamente "proclamadores" e, até que desenvolvimentos posteriores alterem seu modo de agir, eles geralmente falam com toda a evasão e o poder imaginativo da poesia. Seus pronunciamentos não são evidentes por si mesmos quanto à sua relevância, mas eles falam em imagens e metáforas que visam perturbar, desestabilizar e convidar a percepções alternativas da realidade. Em minha própria obra, dei atenção particular ao poder da imaginação na obra dos profetas; ao falar de imaginação, quero dizer a capacidade de construir, descrever e imaginar uma realidade fora dos retratos dominantes de realidade que são considerados como óbvios.[16]

O idioma poético e a qualidade elusiva da imaginação constituem, juntos, uma estratégia dos profetas para levar a comunidade ouvinte para fora da ideologia administrada, a qual frequentemente se identifica com a política e imaginação da realeza. Os profetas falam usando figuras chocantes e extremas porque desejam perturbar as construções "seguras" da realidade, as quais são patrocinadas e defendidas pelos formadores de opinião dominantes. Em seu pronunciamento de "expressões-limite" – ou seja, pronunciamentos que levam Israel ao limite de sua imaginação – os profetas caracteristicamente exibem sensibilidade aguda quanto a dois aspectos.[17]

**Intensa consciência de aflição.** Primeiro, os profetas estão intensamente conscientes da aflição, dor e disfunção presentes na comunidade

---

[16] WALTER BRUEGGEMANN, *The Prophetic Imagination* (Filadélfia: Fortress, 1978); e *Hopeful Imagination: Prophetic Voices in Exile* (Filadélfia: Fortress, 1986).

[17] Quanto a "expressões-limite", que se conectam a "experiências-limite", veja PAUL RICOEUR, "Biblical Hermeneutics", *Semeia* 4 (1975), pp. 75-106.

que eles entendem estar pronta para um desastre vindouro. Assim, Amós pronuncia um lamento funeral ao imaginar Israel em sua morte:

> Caiu a virgem de Israel,
> nunca mais tornará a levantar-se;
> estendida está na sua terra,
> e não há quem a levante. (Am 5,2)

Sofonias imagina um desastre que certamente virá:

> Aquele dia é dia de indignação,
> dia de angústia
> e dia de alvoroço e desolação,
> dia de escuridade e negrume,
> dia de nuvens e densas trevas,
> dia de trombeta e de rebate
> contra as cidades fortes
> e contra as torres altas. (Sf 1,15-16)

Jeremias ousa retratar Jerusalém como uma mulher vulnerável sendo atacada violentamente:

> Pois ouço uma voz, como de parturiente,
> uma angústia como da primípara em suas dores;
> a voz da filha de Sião, ofegante,
> que estende as mãos, dizendo:
> Ai de mim agora!
> Porque a minha alma desfalece por causa dos assassinos. (Jr 4,31)

Exceto por esses antigos proclamadores, é justo assumir que a sobrecarregada política de morte praticada pela monarquia não era percebida nos círculos convencionais e, quando reconhecida, era vigorosamente negada por aqueles que presidiam o *status quo* e se beneficiavam dele.

**Imagens de novas possibilidades**. Segundo, tal como esses poetas encontraram novos e chamativos modos de imaginar Israel na fissura da morte que haviam escolhido negar e desconsiderar, assim também havia poetas que, em atos extraordinários de coragem, falaram sobre possíveis futuros que convidavam Israel para além de suas diversas fissuras, quando o Israel dominante tinha chegado ao desespero.[18] Dessa forma, em uso impressionante de imagens, Ezequiel imagina o Israel exilado em um vale

---

[18] Von Rad, *Old Testament Theology*, v. 2, pp. 263-277, valoriza bastante a imaginação esperançosa dos profetas no exílio do século VI. Esses atos de esperança, que funcionam subversivamente, não se confinam ao exílio, contudo.

de ossos secos que será revivificado e reabilitado pelo sopro de Javé.

Então, me disse: Filho do homem, estes ossos são toda a casa de Israel. Eis que dizem: Os nossos ossos se secaram, e pereceu a nossa esperança; estamos de todo exterminados. Portanto, profetiza e dize-lhes: Assim diz o Senhor Deus: Eis que abrirei a vossa sepultura, e vos farei sair dela, ó povo meu, e vos trarei à terra de Israel. (Ez 37,11-12)

Zacarias, no que deve ter sido um contexto de desesperança, imagina a retomada do alegre ritual real:

> Alegra-te muito, ó filha de Sião;
> exulta, ó filha de Jerusalém:
> eis aí te vem o teu Rei,
> justo e salvador,
> humilde, montado em jumento,
> num jumentinho, cria de jumenta. (Zc 9,9)

Miqueias, após contemplar a derrota da cobiça de Israel (2,1-5), imagina uma nova possibilidade de uma linhagem régia de camponeses que prevalecerá até sobre a Assíria:

> E tu, Belém-Efrata,
> pequena demais para figurar
> como grupo de milhares de Judá,
> de ti me sairá o que há de reinar em Israel,
> e cujas origens são desde os tempos antigos,
> desde os dias da eternidade. ...
>
> Ele se manterá firme
> e apascentará o povo na força do Senhor,
> na majestade do nome do Senhor, seu Deus;
> e eles habitarão seguros,
> porque, agora, será ele engrandecido
> até aos confins da terra.
> Este será a nossa paz. (Mq 5,2.4-5)

Tanto nas imagens de mortalidade como nas metáforas de novas possibilidades, essas línguas eloquentes foram capazes de pronunciar algo além do lugar-comum de seus contemporâneos e convidar seus ouvintes a sair dos lugares-comuns dominantes para imaginar um cenário alternativo de suas vidas com Javé.

**O pronunciamento do próprio Javé.** Talvez os profetas sejam apenas praticantes talentosos e habilidosos de retórica. E isso é suficiente. Entretanto, em muitas ocasiões, eles reivindicam que é Javé quem lhes confia sua estranha retórica – talvez enraizada na tradição, mas certamente não com base naquilo que seus contemporâneos eram capazes de discernir. Assim, a poesia habilidosa que se recusa a se conformar às percepções dominantes é equacionada, na reivindicação do próprio profeta e de alguns de seus ouvintes, ao pronunciamento do próprio Javé. Essa poesia vívida e perturbadora é considerada como reveladora; por ela Israel recebe a "revelação" de uma dimensão de realidade que não estaria disponível de outra forma. Esse modo de mediação sugere uma convergência ou equação do pronunciamento humano sem as devidas credenciais com o pronunciamento do próprio Javé, a qual ridiculariza e dispersa a realidade social que Israel construiu para si mesmo ao remover Javé de seu centro. No entanto, Javé não será removido do centro de Israel! Um dos modos como Javé retorna ao centro de Israel e ali permanece é pelo pronunciamento dessas vozes estranhas, abrasivas e geralmente indesejáveis.

### Discurso pleno de autoridade

O testemunho de Israel não prove uma resposta clara à questão da autoridade e da confiabilidade desse modo de mediação.[19] Em princípio, os profetas não têm credenciais. Mas, visto que seus pronunciamentos caracteristicamente falam contra a cultura dominante, quer sobre a vitalidade da cultura dominante ou sobre seu desespero, é inevitável que sejam contestados e que busquem dar alguma justificativa para seus pronunciamentos. Ou seja, a revelação (como dada aos profetas, mas talvez toda revelação) é profundamente indesejável, pois ela invade uma vida bem ordenada sem referência séria a Javé. Temos apenas dicas e traços a respeito dessa justificativa de autoridade, mas podemos notar os seguintes aspectos.

#### *O conselho divino*

A rubrica dominante de autoridade é "o conselho divino".[20] É de im-

---

[19] Os critérios da "profecia verdadeira" são notoriamente elusivos. Para análises representativas, veja JAMES L. CRENSHAW, *Prophetic Conflict: Its Effect upon Israelite Religion* (BZAW 124; Berlim: ALFRED TÖPELMANN, 1971); e JAMES A. SANDERS, "Canonical Hermeneutics: True and False Prophecy", *From Sacred Story to Sacred Text: Canon as Paradigm* (Filadélfia: Fortress, 1987), pp. 87-105. GRABBE, em *Priests, Prophets, Diviners, Sages*, pp. 113-118, reconhece que as distinções cruciais feitas entre os profetas são de ordem teológica, inacessíveis à investigação social-científica.

[20] Veja o estudo meticuloso do tema por E. THEODORE MULLEN, *The Divine Council in Canaanite and Early Hebrew Literature* (Chico: Scholars, 1980); e PATRICK D. MILLER, "Cosmology and World Order in the Old Testament: The Divine Council as Cosmic-Political Symbol", *HBT* 9 (dezembro de 1987), pp. 53-78.

portância crucial que o profeta não pronunciasse suas próprias palavras a partir de sua própria imaginação. Declara-se que as palavras pronunciadas pelo profeta são realmente as palavras de Javé. Como um meio imaginativo de articular a autoridade profética, faz-se apelo geralmente nos profetas ao "conselho divino". Essa expressão se refere a um cenário poético (provavelmente tomado de forma literal) que apresenta Javé no céu presidindo sobre um governo que consiste dos seus assessores e mensageiros, os quais tomam decisões sobre a disposição de assuntos na terra.[21] Essa imagem tem o efeito de asseverar que há uma agência do governo de Deus que está completamente além do alcance de qualquer agente ou autoridade humana, e que toma decisões que são definitivas na terra. O efeito prático dessa reivindicação é negar ao poder terreno (reis) qualquer controle prático sobre seus próprios domínios, porque as decisões reais são feitas em outro lugar.

A apresentação mais detalhada e penetrante desse conselho divino se encontra em 1 Reis 22,19-23, relatada no testemunho de Micaías, o profeta. Nesse cenário, Micaías diz:

Vi o Senhor assentado no seu trono, e todo o exército do céu estava junto a ele, à sua direita e à sua esquerda. Perguntou o Senhor: Quem enganará a Acabe, para que suba e caia em Ramote-Gileade? Um dizia desta maneira, e outro, de outra. Então, saiu um espírito, e se apresentou diante do Senhor, e disse: Eu o enganarei. Perguntou-lhe o Senhor: Com quê? Respondeu ele: Sairei e serei espírito mentiroso na boca de todos os seus profetas. Disse o Senhor: Tu o enganarás e ainda prevalecerás; sai e faze-o assim. Eis que o Senhor pôs o espírito mentiroso na boca de todos estes teus profetas e o Senhor falou o que é mau contra ti. (1Rs 22,19-23)

A visão relatada por Micaías é que Javé, em consulta com o governo celestial, trama de forma muito ignóbil derrubar o governo de Acabe. Duas coisas ficam evidentes, em adição à consciência de que Javé pode agir desse modo tão sagaz e amoral. Primeiro, sugere-se que as decisões reais que afetam o governo de Samaria (e, por implicação, todos os governos) são feitas remotamente, fora do alcance do rei. O governo real da terra está nas mãos soberanas e sagazes de Javé. Segundo, o profeta compartilha o segredo das ações desse conselho, seja como observador, participante ou enviado.

---

[21] Como argumenta JON LEVENSON, *Creation and the Persistence of Evil: The Jewish Drama of Divine Omnipotence* (São Francisco: Harper and Row, 1988), há uma abertura ao politeísmo nessa imagem. Javé governa com o consentimento de outros deuses.

O profeta Jeremias apela ao seu próprio acesso ao conselho divino para estabelecer uma autoridade profética autêntica. Os profetas que têm acesso ao conselho falam palavras que procedem do governo de Deus; aqueles que não estão no conselho falam suas próprias palavras e, portanto, não têm qualquer reivindicação real de autoridade. Assim, o "conselho divino" é um estratagema para vincular Javé e a iniciativa humana, Javé e a declaração profética. Jeremias acusa seus oponentes, a quem ele repudia como falsos, porque eles não estiveram no conselho divino e inventam as coisas que atribuem a Javé:

> Porque quem esteve no conselho do Senhor,
> e viu, e ouviu a sua palavra?
> Quem esteve atento à sua palavra
> e a ela atendeu? ...
> Não mandei esses profetas;
> todavia, eles foram correndo;
> não lhes falei a eles;
> contudo, profetizaram.
> Mas, se tivessem estado no meu conselho,
> então, teriam feito ouvir as minhas palavras ao meu povo
> e o teriam feito voltar do seu mau caminho
> e da maldade das suas ações. (Jr 23,18,21-22)

Deriva-se a inferência positiva de que Jeremias, diferentemente de seus oponentes, esteve no conselho divino e, assim, fala uma palavra genuína de Javé.[22]

### A fórmula do mensageiro

Nessa imagem, o profeta se identifica como um mensageiro que fala uma palavra que não é sua. O profeta traz à terra (ao rei) as decisões estratégicas do governo celestial, de modo que os agentes terrenos possam implementar apropriadamente as decisões. Aqueles na terra (os reis), que recebem essas mensagens por meio dos profetas, não são convidados a compartilhar do processo de tomada de decisões, mas apenas a receber e aceitar as decisões que já foram tomadas.

O profeta usa uma fórmula para declarar que a mensagem não procede dele mesmo. Ela se expressa naquilo que os estudiosos denominam de fórmula do mensageiro, que pode aparecer variadamente como "ouçam a palavra do Senhor", "assim diz o Senhor" ou "disse o Senhor".[23]

---

22 Veja Crenshaw, *Prophetic Conflict*, p. 60.

[23] Quanto à fórmula do mensageiro, veja a análise crítica de W. Eugene March,

Essas fórmulas ocorrem em diferentes fraseados por todo o corpus profético. A fórmula pode ser parte do discurso profético primário, ou pode ser um dispositivo de enquadramento editorial. De qualquer forma, é uma reivindicação de que aqui, nesse momento de pronunciamento, mediou-se a pessoas específicas em Israel, e por meio delas, em momentos e lugares específicos, um veredito ou manifestação que surge além da produtividade humana.

*O chamado profético*

Além do apelo ao conselho divino e da utilização da fórmula do mensageiro, um terceiro modo dos profetas buscarem estabelecer autoridade transhistórica para si mesmos é pela articulação de um chamado profético. Em uma narrativa assim, o profeta visa narrar o encontro direto com Javé pelo qual o profeta foi convocado ao serviço como mensageiro dele. NORMAN HABEL explora os relatos bastante estilizados dos profetas e mostra que, independentemente do que tenha sido "experimentado" pelas pessoas proféticas, os relatos narrativos contêm elementos recorrentes.[24] Alguns dos chamados incluem resistência à iniciativa de Javé, como nos casos de Moisés (Êx 3,1-4,17), Gideão (Jz 6,11-24) e Jeremias (Jr 1,4-10). Outros, como Isaías 6,1-8, relatam disposição quanto ao recrutamento para o serviço de Javé. A narrativa de chamado caracteristicamente deseja assegurar que Javé detém a iniciativa quanto a qualquer atividade ou pronunciamento profético particular, e que às vezes os profetas são compelidos a falar, mesmo contra sua vontade. Embora seja impossível avaliar a iniciativa, a disposição ou a resistência como uma realidade experimentada, o padrão estilizado do chamado sugere que a narrativa já move a reivindicação da experiência para uma forma tradicional e institucionalizada.

*Contestações às reivindicações de autoridade*

Em todo caso, é evidente que o apelo ao conselho divino, a utilização da fórmula do mensageiro e as narrativas de chamado são todas tentativas de autorizar o discurso profético quando a autoridade não pode ser reivindicada de uma forma humana e institucional mais próxima. Não

---

"Prophecy", *Old Testament and Criticism* (org. JOHN H. HAYES; San Antonio: Trinity University, 1974), pp. 149-153, com atenção particular ao trabalho de LUDWIG KOEHLER e JOACHIM BEGRICH.

[24] NORMAN HABEL, "The Form and Significance of the Call Narratives", *ZAW* 36 (1965), pp. 297-323. Veja também ROBERT P. CARROLL, *From Chaos to Covenant: Uses of Prophecy in the Book of Jeremiah* (Londres: SCM, 1981), pp. 31-58.

conseguimos determinar a extensão até onde essas manobras são intrínsecas à experiência da pessoa profética e a extensão até onde essa é uma imposição tradicional sobre aquilo que pode ter sido um encontro livre, espontâneo e não domesticado.[25] JOHN BARTON sugere que essas marcas de autoridade profética podem não ser mais que "uma tática para exigir audiência".[26] Se é uma tática, não sabemos se ela procede do profeta ou do processo subsequente de tradicionalização.

O que fica claro é que a mediação profética reivindica uma autoridade que é impossível de ser verificada. Ou seja, todas essas reivindicações e usos são relatos de uma experiência bastante pessoal e subjetiva. Não se pode dar nenhuma evidência objetiva de que alguém esteve no conselho divino. Não se pode oferecer nenhum apoio objetivo a uma fórmula do mensageiro. Não é possível fazer qualquer verificação de uma experiência de chamado. Todas essas são formulações que buscam confirmar uma experiência oculta de transcendência.

Não surpreende, pois, que as elevadas reivindicações do profeta de ser um mediador autêntico de Javé nem sempre sejam aceitas, mas frequentemente sejam repudiadas ou contestadas por aqueles que resistem ao discurso e que desejam se manter sem perturbações dentro de certas construções benéficas da realidade. Em Oseias 9,7, o profeta é repudiado como "insensato" e "louco" (*mšug'*). Em Amós 7,12, Amós é rejeitado como um "profeta de aluguel". Explora-se a questão de profetas verdadeiros e falsos especialmente na tradição de Jeremias. Os falsos profetas são repudiados como mensageiros primariamente de "boas notícias", as quais não poderiam possivelmente proceder de Javé (6,14; 8,11). Em Jeremias 27-28, Jeremias entra em conflito profundo com Hananias, apresentado como um falso profeta (veja também Ez 13).[27]

Os estudiosos concordam que não há critérios objetivos para essa questão. No final das contas, o processo de canonização aceitou certos profetas como genuínos, muito embora esses profetas não fossem pron-

---

[25] O formato estilizado dos chamados proféticos talvez seja semelhante aos "chamados ao ministério" que são recitados regularmente diante de comitês eclesiásticos para exame de seminaristas. Cada relato assim é peculiar à pessoa, mas há uma reiteração notável de temas comuns.

[26] BARTON, *Oracles of God*, p. 272.

[27] Quanto a essa confrontação em particular, veja HENRI MOTTU, "Jeremiah vs. Hananiah: Ideology and Truth in Old Testament Prophecy", *The Bible and Liberation*, pp. 313-328.

tamente aceitos no contexto de seus pronunciamentos. Além disso, não devemos imaginar que uma decisão nesse processo de canonização é necessariamente inocente ou neutra. Sem dúvida, o processo de determinar quem fala palavras verdadeiras de Javé é decisivamente controlado pelas noções mais amplas, embora não desinteressadas, do que se constitui em javismo genuíno em qualquer momento particular de crise. O processo de canonização, que produziu e autenticou as vozes agora aceitas por Israel como "profetas verdadeiros", é em si certamente uma batalha ideológica, tanto para definir o javismo como para determinar quem o define.[28]

Há um tipo de congruência ao corpus inteiro dos profetas. Não obstante, não fica claro como se relacionam entre si **(a)** os pronunciamentos livres e originais das figuras proféticas, e **(b)** os padrões estilizados que geraram o cânon. Só podemos concluir que, no processo de discurso-imaginativo-se-torna-corpus-com-autoridade, Israel aceita que se disponibiliza aí uma revelação irrestrita do modo de Javé em Israel. Dizer que os profetas se recusam a ser silenciados é dizer que, no contexto, Javé não será removido do processo interpretativo de Israel. Essa elevada reivindicação teológica é trazida ao processo profético por esses poetas passionais, os quais não serão silenciados.

### *Palavras proféticas negligenciadas*

Os profetas proveem apenas bases tênues e altamente subjetivas para seus pronunciamentos perturbadores. Como o que dizem é geralmente polêmico e sua base de autoridade não é autoevidente, não é de surpreender que os profetas não obtenham grande sucesso. Amós, ficamos sabendo, é banido (Am 7,12). Isaías, de acordo com uma tradição posterior, foi executado brutalmente.[29] Jeremias, no final, é carregado para o Egito contra sua vontade (Jr 43,1-7). Os profetas caracteristicamente falam palavras baseadas na própria revelação de Javé, eles afirmam, a qual é contra a autoridade dominante. É por essa razão que o "chamado" de Isaías culmina em 6,9-10 com a certeza de que a palavra profética não será ouvida:

Capítulo XXII

---

[28] Veja Christopher R. Seitz, *Theology in Conflict: Reactions to the Exile in the Book of Jeremiah* (BZAW 176; Berlim: Walter de Gruyter, 1989), quanto às disputas mais amplas por trás dos conflitos pessoais, disputas que se refletem no livro de Jeremias.

[29] A tradição posterior de que Isaías teve um fim violento, sendo serrado em duas partes, se baseia em Hb 11,37, que pode se referir à tradição da ascensão de Isaías. Em todo caso, a tradição parece estar além do escopo da avaliação histórica normal e certamente não se pode lhe dar crédito.

> Ouvi, ouvi e não entendais;
> vede, vede, mas não percebais.
> Torna insensível o coração deste povo,
> endurece-lhe os ouvidos
> e fecha-lhe os olhos,
> para que não venha ele a ver com os olhos,
> a ouvir com os ouvidos
> e a entender com o coração,
> e se converta, e seja salvo. (Is 6,9-10)

A estrutura de poder de Israel foi capaz, caracteristicamente, de silenciar os profetas e prevenir um impacto sério da "palavra". O destino pessoal dos profetas talvez não tenha sido diferente da experiência característica dos poetas que foram silenciados por regimes totalitários, pois nenhum regime totalitário consegue tolerar a palavra contrária, produtiva e subversiva do poeta.

Assim, o destino característico dos profetas, articulado de forma estilizada, é serem mortos:[30]

> Ainda assim foram desobedientes e se revoltaram contra ti; viraram as costas à tua lei e mataram os teus profetas, que protestavam contra eles, para os fazerem voltar a ti; e cometeram grandes blasfêmias. (Ne 9,26)

> Por isso, também disse a sabedoria de Deus: Enviar-lhes-ei profetas e apóstolos, e a alguns deles matarão e a outros perseguirão, para que desta geração se peçam contas do sangue dos profetas, derramado desde a fundação do mundo. (Lc 11,49-50)

> Jerusalém, Jerusalém, que matas os profetas e apedrejas os que te foram enviados! (Lc 13,34; cf. Lc 6,22; Mt 23,31)[31]

Sem dúvida, esse é um comentário altamente estilizado, mas o quadro geral não nos surpreende. Como um fenômeno originalmente histórico, a profecia vive à margem da vida de Israel. E, contudo...alguns lembraram, preservaram, e valorizaram as palavras dos profetas. O estranho poder desses pronunciamentos, agora tornados em cânon, é que eles subsistem e ressoam na vida contínua de Israel e em suas comunidades derivadas. No

---

[30] Quanto a esse tema, veja ODIL H. STECK, *Israel und das gewaltsame Geschick der Propheten: Untersuchungen zur Überlieferung des deuteronomistischen Geschichtsbildes im Alten Testament, Spätjudentum und Urchristentum* (WMANT 23; Neukirchen-Vluyn: Neukirchener, 1967).

[31] Ibid., pp. 105-109 and *passim*.

fim, a profecia como mediação não é uma iniciativa pessoal-histórica, mas sim retórico-canônica. A essa dimensão do tópico nos voltaremos agora.

**O processo de canonização**

Não há dúvida que algo importante ocorreu com o discurso profético na forma que se disponibiliza a nós como Escrituras. No processo de canonização, a iniciativa profética foi transformada drasticamente. Se, no entanto, aceitarmos que o trabalho da profecia consiste em capacitar Israel, diante de outras opções interpretativas, a reconstruir e reinventar sua vida em relação a Javé, então podemos dizer que a forma canônica completa dos profetas continua a prover material e ímpeto para a reinvenção e reconstrução da vida com Javé.[32] Podemos seguir três caminhos de reflexão quanto ao processo de canonização, o qual reconfigurou a profecia e a desenvolveu de modo mais completo.

*Influência mosaica*

Já vimos que Moisés é o mediador por excelência de Israel. Portanto, é de se esperar que a profecia seja delineada em estreita relação a Moisés no processo de canonização. Os profetas, em suas idiossincrasias individuais, podem não ter nada em comum com Moisés; de fato, pode ser até que muito da tradição mosaica como a temos seja de data posterior aos profetas. Na forma presente do Antigo Testamento, contudo, a prioridade e a posição dominante de Moisés são indiscutíveis e incontestadas. Vimos que Deuteronômio 17,14-20 é uma provisão específica importante da Torá quanto à monarquia, que a coloca sob a proteção da expectativa mosaica. Agora, de modo paralelo, podemos ver que Deuteronômio 18,15-22 é a provisão específica mais importante da Torá quanto aos profetas.[33] O ponto crucial nessa provisão da Torá é que Javé irá gerar profetas "como eu", isto é, como Moisés: cada um deles fará em seu tempo e lugar aquilo que Moisés fez paradigmaticamente por Israel.

Na tradição do Deuteronômio, está bem presente a complicada questão de como diferenciar profetas verdadeiros e falsos. Nesse texto, o critério para um profeta verdadeiro está claro:

---

[32] Quanto a esse processo, veja JOHANNA W. H. VAN WIJK-BOS, *Reimagining God: The Case for Scriptural Diversity* (Louisville: Westminster/John Knox, 1995).

[33] Quanto à importância dessa passagem, veja WILSON, *Prophecy and Society*, pp. 157-166. Para seu contexto no livro de Deute-ronômio, veja NORBERT LOHFINK, "Distribution of the Functions of Power", *Great Themes from the Old Testament* (Edimburgo: T. & T. Clark, 1982), pp. 55-75.

> Sabe que, quando esse profeta falar em nome do Senhor, e a palavra dele se não cumprir, nem suceder, como profetizou, esta é palavra que o Senhor não disse; com soberba, a falou o tal profeta; não tenhas temor dele. (Dt 18,22)

Ou seja, um profeta verdadeiro será conhecido pela concretização do discurso profético. Um critério como esse é obviamente muito problemático, pois algumas palavras proféticas que estão no cânon são consideradas verdadeiras, mesmo se não implementadas em detalhes. Um critério alternativo para a profecia verdadeira se encontra em Deuteronômio 13,1-6:

> Quando profeta ou sonhador se levantar no meio de ti e te anunciar um sinal ou prodígio, e suceder o tal sinal ou prodígio de que te houver falado, e disser: Vamos após outros deuses, que não conheceste, e sirvamo-los, não ouvirás as palavras desse profeta ou sonhador; porquanto o Senhor, vosso Deus, vos prova, para saber se amais o Senhor, vosso Deus, de todo o vosso coração e de toda a vossa alma. Andareis após o Senhor, vosso Deus, e a ele temereis; guardareis os seus mandamentos, ouvireis a sua voz, a ele servireis e a ele vos achegareis. Esse profeta ou sonhador será morto, pois pregou rebeldia contra o Senhor, vosso Deus... para vos apartar do caminho que vos ordenou o Senhor, vosso Deus, para andardes nele. Assim, eliminarás o mal do meio de ti.

## Capítulo XXII

Essa declaração é notável porque desconsidera o critério do capítulo 18. Mesmo se a palavra do profeta se cumprir, isto não é prova de legitimidade. O que conta agora é o teor teológico. O primeiro mandamento de "somente Javé" é o teste do profeta verdadeiro. Esse é um critério muito mais útil teologicamente, mas deixa em aberto algumas questões difíceis de interpretação.

Em todo caso, na perspectiva da tradição do Deuteronômio, assume-se em Israel uma sequência de profetas (não em sucessão regular), cada um dos quais replica, em tempo e lugar específicos, a palavra constitutiva de Moisés. Essa sequência se estabelece em linhas gerais pela história deuteronomista que identifica uma procissão de profetas em meio à cronologia real e, de um modo diferente, no cânon profético dos três "profetas maiores" e dos "doze". Tanto a narrativa deuteronômica quanto o agrupamento canônico atestam a reivindicação de que esse modo de mediação é recorrente em Israel. Além disso, a cada vez que um profeta emerge nessa sequência, o pronunciamento de sua palavra contrária é novamente problemático e perturbador. Ou seja, Israel não aceita os profetas de modo mais fácil só porque tinha certa prática constante com a profecia.

Essa sequência, agora um tanto subjugada em um quadro de referência mosaico, assegura que cada um desses profetas faz o que Moisés fez, isto é, capacita Israel em um tempo e local específicos a ser o povo aliançado de Javé de forma completa e intencional. (Esse é um parecer canônico, que não está sob a disciplina da veracidade) Isso significa, positivamente, que Israel precisa lidar com a intenção soberana de Javé para sua vida. Negativamente, exige que Israel abdique e se arrependa de todas as suas lealdades vizinhas, que no fim são idólatras e somente levarão à morte. Os pronunciamentos ricos, selvagens e imaginativos dos profetas como personagens estranhos são canalizados em categorias mosaicas. Até que ponto esse direcionamento é uma domesticação ou distorção é algo digno de consideração. Porém, na maioria dos casos, o direcionamento parece ter sido feito por meio de colocação, arranjo e adições editoriais, não por modificação ou censura. Deve-se também avaliar os ganhos desse direcionamento do processo de canonização que possibilitaram a preservação e a transmissão dos pronunciamentos, de modo a disponibilizar continuamente antigos atos de mediação como opções potencialmente frescas.

### *Três gêneros típicos*

A análise da crítica das formas sobre os pronunciamentos proféticos é relativamente estável e conclusiva.[34] Embora os profetas, em seus diversos modos de inventividade, falem usando o que consideramos como muitos gêneros diferentes, há três gêneros que mais tipificam o discurso profético ao mediar Javé como soberano e fiel.

**Discurso de processo judicial**. CLAUS WESTERMANN mostra que os profetas dos séculos VII e VIII apelam especialmente ao discurso de processo judicial com variações sem fim. Esse tipo de discurso busca estabelecer o fracasso de Israel em guardar a aliança com Javé e busca antecipar o desastre iminente como punição justa pelo fracasso na fidelidade a Javé.[35] Sem dúvida, em alguns dos processos, apenas uma pessoa, classe de liderança ou dinastia está sob ameaça, e não a comunidade toda. Além disso, alguns oráculos proféticos se referem ao reino setentrional de Israel; apenas mais tarde foram redirecionados à classe dominante da Jerusalém meridional. Adicionalmente, fica também evidente que, após a queda de Jerusalém, os mesmos padrões de retórica podiam ser usados contra outras nações e outros deuses como antes tinham sido usados contra Israel.

Apesar de todas essas nuances e extrapolações imaginativas, todavia, o discurso de processo judicial serviu bem aos propósitos do javismo

---

34 Veja MARCH, "Prophecy", pp. 141-177.

35 CLAUS WESTERMANN, *Basic Forms of Prophetic Speech* (Londres: Lutterworth, 1967).

militante. Esse assegura que o reconhecimento do propósito soberano de Javé é a única condição para o bem-estar no mundo; inversamente, o fracasso de reconhecer essa soberania leva apenas a problemas, que no fim são estilizados como "a espada, a fome e a peste" (Jr 24,10; 21,9; 29,17; Ez 6,11; 2Cr 20,9).

Entre os exemplos mais claros do gênero, a partir dos quais há inúmeras variações, estão Oseias 4,1-3, Amós 4,1-3, Miqueias 3,9-12, Isaías 3,13-17; 5,1-7 (como uma canção de amor) e Jeremias 2,4-13. Podemos considerar em particular o uso exemplar em Miqueias 3,9-12:

> Ouvi, agora, isto, vós, cabeças de Jacó,
> e vós, chefes da casa de Israel,
> que abominais o juízo,
> e perverteis tudo o que é direito,
> e edificais a Sião com sangue
> e a Jerusalém, com perversidade.
> Os seus cabeças dão as sentenças por suborno,
> os seus sacerdotes ensinam por interesse,
> e os seus profetas adivinham por dinheiro;
> e ainda se encostam ao Senhor, dizendo:
> Não está o Senhor no meio de nós?
> Nenhum mal nos sobrevirá.
> Portanto, por causa de vós,
> Sião será lavrada como um campo,
> e Jerusalém se tornará em montões de ruínas,
> e o monte do templo, numa colina coberta de mato.

O oráculo fala contra a liderança por suas práticas exploradoras de injustiça e por sua atitude complacente para com Javé, que é considerado como indulgente para com Jerusalém. A ameaça do v. 12 é que a cidade de Jerusalém será reduzida a ruínas e abandonada. No uso canônico, esse discurso do século VIII é retomado no século VII como um modo de resgatar o profeta Jeremias. Cita-se o discurso de Miqueias como um precedente pelo qual os profetas têm permissão de falar, em nome de Javé, aquilo que de outra maneira é traição (Jr 26,17-19).

O formato de processo judicial assegura o desgaste e a alienação que ocorrem entre Javé e Israel; eles surgem do modo de vida recalcitrante de Israel e resultam em aflição e sofrimento para o Israel recalcitrante nas mãos de Javé. Assim, o formato de processo judicial, expresso com grande intensidade retórica, assegura que, para Israel, tudo está em risco nesse relacionamento. Os poetas são notavelmente habilidosos em eliminar do horizonte qualquer outra explicação sobre os problemas ou o bem-estar de Israel.

**Apelo por arrependimento**. Geralmente o discurso de juízo termina com uma sentença de morte que é final e não negociável. Nessas duras ocasiões, esse é o fim da questão. Entretanto, às vezes, a estratégia retórica profética não é a de anunciar o desastre como uma conclusão previamente determinada, mas sim a de advertir Israel que já é tarde em seu relacionamento disfuncional, mas não muito tarde. Nessa retórica, aceita-se que Israel ainda não ultrapassou o ponto sem volta com Javé. Israel pode voltar e se arrepender, aceitando novamente Javé, e assim evitando o desastre.[36] Esse apelo não é menos solene e severo que o discurso do processo judicial, mas dá uma chance a Israel para alterar seu rumo e voltar a seguir Javé em obediência dedicada. Esse discurso oferece esperança a Israel, mas é esperança que exige que Israel faça uma mudança drástica em sua conduta.

Entre esses apelos por arrependimento estão os seguintes:

> Semeai para vós outros em justiça,
> ceifai segundo a misericórdia;
> arai o campo de pousio;
> porque é tempo de buscar ao Senhor,
> até que ele venha,
> e chova a justiça sobre vós. (Os 10,12)

> Converte-te a teu Deus,
> guarda o amor e o juízo
> e no teu Deus espera sempre. (Os 12,6)

> Lavai-vos, purificai-vos,
> tirai a maldade de vossos atos
> de diante dos meus olhos;
> cessai de fazer o mal.
> Aprendei a fazer o bem;
> atendei à justiça,
> repreendei ao opressor;
> defendei o direito do órfão,
> pleiteai a causa das viúvas. (Is 1,16-17; cf. Am 5,4-6,14-15)

Capítulo XXII

Discute-se entre os estudiosos, no entanto, se essa forma de discurso é primária entre os profetas, ou se é completamente marginal ao material; e discute-se, de fato, se essas ocorrências são na maioria ajustes posteriores

---

[36] Quanto ao arrependimento como um tema da profecia pré-exílica, veja Thomas M. Raitt, *A Theology of Exile: Judgment/Deliverance in Jeremiah and Ezekiel* (Filadélfia: Fortress, 1977).

sob a influência da tendência deuteronomista à reforma (sobre isso veja 2Rs 17,13; Zc 1,4). JOCHEN VOLLMER argumenta bem diretamente que esse tipo de pronunciamento pertence ao discurso profético quanto à sua definição, enquanto HANS WALTER WOLFF defende o parecer de que os profetas são basicamente anunciadores de condenação.[37] Em um argumento sutil, A. VANLIER HUNTER sugere que, em algumas das coleções proféticas, os apelos por arrependimento (inegavelmente presentes no texto) são na realidade apelos antigos que falharam e foram rejeitados; assim, a função presente da forma é a de introdução estratégica ao juízo que agora é garantido e sem esperança de cancelamento.[38] Meu parecer pessoal é que as diversas evidências não podem ser forçadas em uma simples explicação. A capacidade retórica desses pronunciamentos é tão rica e variada quanto as circunstâncias exigiram, tendo em vista a vitalidade das possibilidades e exigências da aliança.

**Oráculos de promessa**. O terceiro pronunciamento característico dessa mediação de Javé no discurso profético é o oráculo de promessa, introduzido caracteristicamente pela fórmula "naquele dia" ou "Eis aí vem dias". Nessa forma de discurso, que ocorre em quase todas as coleções proféticas, o pronunciamento profético vai completamente além dos limites da aliança condicional de Moisés para declarar a resolução incondicionalmente positiva de Javé. Pode bem ser que essa convicção positiva sobre a resolução de Javé em realizar um bom futuro para Israel esteja enraizada na incondicionalidade da promessa davídica, mas de fato o conteúdo das promessas não está vinculado estreitamente às possibilidades davídicas. Assim, enquanto Isaías antecipa um novo rei davídico (Is 11,1-9; cf. Am 9,11-12), Jeremias antecipa uma nova aliança de perdão que é mosaica em seus termos (Jr 31,31-34) e Ezequiel antecipa um retorno para Judá que parece falar em categorias totalmente novas e básicas (Ez 37,1-14).

É amplamente reconhecido, e bem considerado por VON RAD, que as promessas tendem a se agrupar mais notavelmente em Jeremias

---

[37] JOCHEN VOLLMER, *Geschichtliche Rückblicke und Motive in der Prophetie des Amos, Hosea, und Jesaja* (BZAW 119; Berlim: Walter de Gruyter, 1971); HANS WALTER WOLFF, "Das Thema 'Umkehr' in der alttestamentlichen Prophetie", *ZTK* 48 (1951), pp. 129-148.

[38] A. VANLIER HUNTER, *Seek the Lord! A Study of the Meaning and Function of the Exhortations in Amos, Hosea, Isaiah, Micah, and Zephaniah* (Baltimore: St. Mary's University, 1982).

(especialmente nos capítulos 30-33), Ezequiel 33-48 e no Isaías do exílio.[39] Além disso, o exílio é a esfera na qual as promessas mais abrangentes e profundas são geradas e pronunciadas. Essas promessas também se encontram nos profetas mais antigos, embora considerável parte dos estudiosos entenda que esses oráculos, no todo, são provavelmente adições editoriais do período exílico. Seja como for que se decida essa questão, fica claro que as promessas caracteristicamente articulam a intenção de Javé de operar uma novidade radical na vida de Israel, que não pode de modo algum se derivar das circunstâncias presentes.[40] (O caso extremo da antecipação apocalíptica é completamente não derivável.) Adicionalmente, as antecipações específicas nessas promessas derivam muito de seu conteúdo a partir da memória nuclear antiga de Israel, de modo que Javé fará novamente o que já fez no passado: nova criação, nova aliança, nova monarquia, novo êxodo, nova distribuição de terras.[41] A essência das promessas se deriva de memórias antigas, mas o poder de gerar a realidade recém-prometida não se baseia no que é antigo, mas naquilo que é novo e vivo em Javé.

Se aceitarmos o parecer histórico-crítico de que as promessas surgem no exílio e como um antídoto a ele, pode ser que se devam considerar as promessas como reações pastorais ao desespero e desamparo da condição exílica. Isto me parece completamente plausível. Contudo, não é possível tomar esse ímpeto pastoral como uma base adequada para as promessas, se devem ser consideradas com seriedade teológica. Teologicamente, as promessas reivindicam mediar uma palavra que é diferente da palavra do profeta. Não apenas são promessas pronunciadas, mas são as promessas pronunciadas de Javé, assim reivindicam os profetas. As promessas anunciam a Israel a resolução soberana de Javé de governar a história em prol do bem-estar de Israel – na, por meio da e para além da fissura do exílio.

Capítulo XXII

---

[39] Von Rad, *Old Testament Theology*, v. 2, pp. 188-262.

[40] Israel é resiliente e intransigente quanto a esse ponto. Jürgen Moltmann, *Theology of Hope: On the Ground and the Implications of Christian Eschatology* (1967; Mineápolis: Fortress, 1993), mostra como essa insistência teimosa de Israel é fundamental para a fé bíblica.

[41] Paul D. Hanson, "Israelite Religion in the Early Postexilic Period", *Ancient Israelite Religion: Essays in Honor of Frank Moore Cross* (org. Patrick D. Miller et al.; Filadélfia: Fortress, 1987), pp. 485-508, demonstra o modo como a esperança exílica é uma rearticulação transposta das memórias antigas de Israel. O apelo fundamental de von Rad a Is 43,18-19 quanto à esperança profética é certamente uma pista para muitas partes do estudo derivado sobre o tema.

Nesses pronunciamentos, assim insistem os profetas, Israel recebe acesso à intenção de Javé de reiniciar, assim como os oráculos de processo judicial declaram a capacidade irrestrita dele de exterminar aquilo que não é congruente com seu governo.

### Temas recorrentes de juízo e esperança

Esses três modos de discurso – processo judicial, apelo por arrependimento e promessa – proveem o material a partir do qual Israel pode reinventar sua vida em categorias javistas. Se considerarmos o apelo por arrependimento como um adendo ao discurso de juízo, fica claro que os temas recorrentes dos profetas são juízo e esperança. De fato, RONALD CLEMENTS sugere que, no formato canônico, o discurso profético é administrado em um processo editorial ao redor desses dois temas.[42] Nesse processo um tanto redutivo, que já se evidencia no próprio texto, é claro que os oráculos de juízo e os de esperança se correlacionam completamente com os temas principais da fé mosaica, que vimos em suas raízes no testemunho de Êxodo 34,6-7.[43]

No esboço narrativo de Israel sobre sua vida com Javé, o juízo do processo judicial e a esperança promissória vem em sequência, divididas pela fissura do exílio. Assim, a esperança só pode vir após o juízo. Todavia, quando entendidos teologicamente, o juízo e a esperança não devem ser compreendidos sequencialmente, mas como expressões de aspectos gêmeos de Javé, o qual está presente a Israel em soberania fiel e em fidelidade soberana. A promessa não cancela o processo judicial, mas certamente abre para Israel ainda outra temporada em sua vida com Javé. É por isso que o entrelaçamento (editorial) do processo judicial e da promessa em um único corpus literário, em qualquer coleção profética em particular, é precisamente um entrelaçamento teológico, articulando aspectos do relacionamento de Javé com Israel.

### Períodos monárquico e exílico/pós-exílico

Os gêneros gêmeos de processo judicial e promessa podem ser correlacionados, de uma forma generalizada, com os dois grandes períodos da

---

[42] RONALD E. CLEMENTS, "Patterns in the Prophetic Canon", *Canon and Authority: Essays in Old Testament Religion and Theology* (org. GEORGE W. Coats e Burke O. Long; Filadélfia: Fortress, 1977), pp. 42-55. A mesma percepção ocorre no tratamento de BREVARD CHILDS sobre os profetas na "forma final do texto".

[43] Quanto à importância desse texto para a teologia do Antigo Testamento, veja as pp. 303-305 [seção "Êxodo 34,6-7", no capítulo 5].

vida de Israel com Javé (ou seja, após a narrativa fundacional do período mosaico): o período monárquico e o período exílico/pós-exílico. Surgem necessidades, crises e possibilidades bem diferentes para Israel diante de Javé nesses dois períodos.

**Período monárquico**. Nesse período, que vai da fundação ideológica de Davi e Salomão até o desastre de 587 a.C., Israel e Judá gozaram de considerável sucesso secular. Quando não gozavam desse sucesso e eram apenas peões nos jogos geopolíticos mais amplos, continuaram a imaginar e reivindicar para si um privilégio especial no mundo, um direito especial que mais cedo ou mais tarde seria desfrutado. Essa convicção, remotamente baseada nas memórias mosaicas, mas motivada mais diretamente pela ideologia da monarquia e do templo, gerou orgulho, autoindulgência e ilusão quanto ao lugar de Israel no mundo. Essas seduções convergiram para se considerar Javé como um Deus patrocinador que tinha, como função e inclinação primárias, a missão de garantir Israel no mundo. Ou seja, os propósitos de Javé se fundiram nas pretensões econômicas e políticas do Israel monárquico.

Nesse contexto de orgulho seguro de si, que podia se expressar em cada aspecto da política e da prática, tendia-se a se distorcer a realidade de Javé para longe de seus propósitos no mundo. Os profetas dos nono, oitavo e sétimo séculos, de modos variados, reafirmaram a realidade soberana de Javé, que não é um adendo ao autoengano de Israel. Em um conjunto de pronunciamentos específicos com uma rica diversidade de imagens e metáforas, os profetas oferecem um testemunho comum à reivindicação de que Javé ordenará toda a história pública de acordo com sua vontade por juízo, justiça e equidade, sem privilégios especiais para Israel. Assim, os profetas caracteristicamente resistem à excepcionalidade da fé na eleição. Diante da ampla soberania de Javé, Israel permanece chamado como qualquer outro povo. Nos pronunciamentos concisos a seguir, Amós apela à posição especial de Israel, e então a nulifica:

> De todas as famílias da terra,
> somente a vós outros vos escolhi;
> portanto, eu vos punirei
> por todas as vossas iniquidades. (Am 3,2)

> Não sois vós para mim, ó filhos de Israel,
> como os filhos dos etíopes? – diz o Senhor.
> Não fiz eu subir a Israel da terra do Egito,
> e de Caftor, os filisteus,
> e de Quir, os siros? (Am 9,7)

Jeremias, mais próximo temporalmente à fissura, trata das reivindicações do templo e da monarquia. Em Jeremias 7, o profeta ridiculariza as reivindicações do templo (v. 4) e insiste que a obediência à Torá é a condição de segurança (vs. 5-7). De modo similar, ao fazer um contraste entre o "malvado" Jeoaquim e o Josias obediente à Torá, Jeremias ridiculariza a monarquia como fonte de bem-estar:

> Ai daquele que edifica a sua casa com injustiça
> e os seus aposentos, sem direito!
> Que se vale do serviço do seu próximo, sem paga,
> e não lhe dá o salário;
> que diz: Edificarei para mim casa espaçosa
> e largos aposentos,
> e lhe abre janelas,
> e forra-a de cedros,
> e a pinta de vermelhão.
> Reinarás tu,
> só porque rivalizas com outro em cedro?
> Acaso, teu pai não comeu, e bebeu,
> e não exercitou o juízo e a justiça?
> Por isso, tudo lhe sucedeu bem. ...
>
> Mas os teus olhos e o teu coração
> não atentam senão para a tua ganância,
> e para derramar o sangue inocente,
> e para levar a efeito a violência e a extorsão. (Jr 22,13-15,17)

Ao assegurar o governo singular, inflexível e indômito de Javé, que não é dominado nem pelo rei, nem pelo templo, nem por qualquer outro veículo humano para gerar segurança para si, os profetas eliminam de Israel qualquer meio e possibilidade de bem-estar fora das reivindicações da Torá.

**Exílio e pós-exílio**. No exílio e após ele, contudo, tudo mudou. Agora Israel não tem meios sólidos de garantir sua segurança. Tudo isso agora foi nulificado. Se o orgulho foi a tentação do período monárquico, então desespero é a sedução principal no exílio. Israel pode imaginar que o governo triunfante e os deuses vitoriosos da Babilônia (ou até da Pérsia) prevaleceram e devem ser servidos. O contraponto negativo às reivindicações exageradas do império, inevitavelmente, é a perda de confiança em Javé, a dúvida quanto a Javé ter perdido seu poder (cf. Is 50,2; 59,1), a especulação de que Javé é volúvel e os esqueceu (Is 49,14). O desespero em Israel é a percepção crescente de que não há um Javé confiável a quem apelar;

portanto, cada um deve se governar pelas circunstâncias e se acomodar aos que as gerenciam. Tal como o processo judicial foi o meio preferido de retórico entre os profetas para ir contra o orgulho autônomo, assim a promessa é o pronunciamento escolhido dos profetas para ir contra o desespero imobilizador. No pronunciamento alternativo da promessa, o profeta enuncia a resolução de Javé de operar uma novidade em um contexto em que nenhuma novidade parece possível.

Baseado nas amplas categorias de juízo e esperança, sugiro um padrão aproximado para a retórica com quem os profetas medeiam Javé a Israel (cf. Anexo 2).

No esquema anexo que se reflete aproximadamente no formato canônico de diversos livros proféticos, Israel tematizou extensamente os pronunciamentos específicos de profetas específicos. Insisto, no entanto, que o processo de canonização não distorceu em essência o discurso original dos profetas, mas permaneceu fiel a ele e encontrou um modo estilizado de preservá-lo como uma mediação duradoura de Javé.

### A meta-história de Javé

Nesse processo interpretativo do discurso até o cânon, Israel apresenta uma meta-história javista. É característico de Israel que seus profetas não falam em reivindicações amplas e universais. Antes, como declara PAUL RICOEUR:

> O profeta... não "pensa" no sentido helênico da palavra; ele proclama, ameaça, ordena, geme, exulta. Seu "oráculo"...possui a amplitude e a profundidade da palavra primordial; esta constitui a situação dialógica no centro da qual irrompe o pecado.[44]

Não obstante, há uma ampla coerência no discurso do profeta. Assevera-se que em meio aos caprichos, pretensões e ilusões do processo público, Javé permanece no centro da vida de Israel e no centro de toda a criação. Os caprichos, pretensões e ilusões podem consistir em se considerar muito a sério, como foi o caso de Israel no período monárquico. Essas mesmas pretensões e ilusões nos períodos exílico e pós-exílico consistiram em levar os outros muito a sério. Quando se considera com seriedade extrema a própria situação ou a realidade dos outros, gerando respectivamente orgulho ou desespero, distorce-se a realidade de uma maneira que leva à morte. A meta-história anunciada nesses pronunciamentos estranhos

---

[44] PAUL RICOEUR, *The Symbolism of Evil* (Boston: Beacon, 1969), p. 53.

consiste na reivindicação de que a vida de Israel, em sua prosperidade, é no máximo uma certeza penúltima, sujeita à intenção justa de Javé.[45] De modo similar, a vida bem sucedida das outras nações e impérios, que parecem assegurados à perpetuidade, é no máximo uma reivindicação penúltima, sujeita à resolução fiel de Javé de fazer novas todas as coisas.

Os profetas que fizeram esses pronunciamentos provavelmente não tinham noção do extenso quadro em que seus pronunciamentos específicos seriam colocados. O processo canônico talvez seja uma reflexão editorial sobre esses pronunciamentos *ad hoc*, que só podem ser vistos como um todo no final. Podemos identificar três textos que, em meio ao exílio, apresentam a questão completa, anunciando tanto o juízo soberano de Javé quanto seu resgate gracioso:

> Assim diz o Senhor: Logo que se cumprirem para a Babilônia setenta anos, atentarei para vós outros e cumprirei para convosco a minha boa palavra, tornando a trazer-vos para este lugar. Eu é que sei que pensamentos tenho a vosso respeito, diz o Senhor; pensamentos de paz e não de mal, para vos dar o fim que desejais. Então, me invocareis, passareis a orar a mim, e eu vos ouvirei. Buscar-me-eis e me achareis quando me buscardes de todo o vosso coração. Serei achado de vós, diz o Senhor, e farei mudar a vossa sorte; congregar-vos-ei de todas as nações e de todos os lugares para onde vos lancei, diz o Senhor, e tornarei a trazer-vos ao lugar donde vos mandei para o exílio. (Jr 29,10-14)

> Eis que vêm dias, diz o Senhor, em que semearei a casa de Israel e a casa de Judá com a semente de homens e de animais. Como velei sobre eles, para arrancar, para derribar, para subverter, para destruir e para afligir, assim velarei sobre eles para edificar e para plantar, diz o Senhor. (Jr 31,27-28)

> Por breve momento te deixei,
> mas com grandes misericórdias torno a acolher-te;
> num ímpeto de indignação,
> escondi de ti a minha face por um momento;
> mas com misericórdia eterna
> me compadeço de ti,
> diz o Senhor, o teu Redentor. (Is 54,7-8)

Em cada momento de sua vida, em poder e em desespero, em segurança e no exílio, Israel deve se reconciliar com Javé.

Vistos dessa maneira, e desconsiderando esquisitices importantes, os profetas são "como Moisés" (Dt 18,15). São passionais em sua reivin-

---

[45] Quanto à noção de "meta-história", veja Koch, *The Prophets*, v. 1, pp. 144-56, 165-66, e *passim*; v. 2, pp. 71-80, 171-75, e *passim*.

dicação por Javé, e visam convocar e energizar Israel a ser Israel, o povo que se comprometeu com Javé, deriva dele e confia nele. Israel sempre tem motivos, assim imagina, para se afastar de Javé e deixar de ser Israel. Israel pode se afastar em orgulho e concluir:

A minha força e o poder do meu braço me adquiriram estas riquezas. (Dt 8,17)

Ou pode se afastar em desespero e concluir:

> Eu sou o homem que viu a aflição
> pela vara do furor de Deus.
> Ele me levou e me fez andar
> em trevas e não na luz.
> Deveras ele volveu contra mim a mão,
> de contínuo, todo o dia. ...
> Fez-me quebrar com pedrinhas de areia os meus dentes,
> cobriu-me de cinza.
> Afastou a paz de minha alma;
> esqueci-me do bem.
> Então, disse eu: já pereceu a minha glória,
> como também a minha esperança no Senhor. (Lm 3,1-3,16-18)

De fato, podemos crer que Israel, sem a irritante obra dos profetas que incessantemente o atacam, convocam, relembram e protegem, poderia ter deixado de ser Israel.

### Ética e escatologia

Se posso tentar um passo a mais na direção de uma tematização, sugiro que os profetas são defensores de uma *ética* javista (junto com o Deuteronomista) e praticantes de uma *escatologia* javista (que resulta na apocalíptica).[46] Esses termos, ética e escatologia, são obviamente formais e estranhos ao modo de falar de Israel. Mesmo assim eles proporcionam um foco para os comentários a seguir.

#### *A prática mosaica da justiça*

Há pouca dúvida de que os profetas que medeiam Javé a Israel o compreendem em termos de uma poderosa modelagem ética da realidade. De fato, a revolução mosaica, tal como lembrada no Pentateuco, propõe um relacionamento alternativo entre vizinhos ao Faraó, que inclui checagens importantes quanto à exploração predatória. Sem dúvida, a tradição

---

[46] Emprego os termos "ética e escatologia" de acordo com o uso de JOHN BARTON, *Oracles of God*, capítulos 5 a 7.

mosaica reflete práticas perturbadoras que são baseadas em diferenças de gênero sexual e tendenciosas quanto à classe social. Sem negar isso, também não há dúvida que a revolução mosaica, tal como lembrada em Israel, tem em seu centro a prática da justiça; ou seja, provisões para mutualidade e respeito entre vizinhos.

Na medida em que os profetas são "como Moisés" (o que é bastante, de fato, na interpretação canônica), eles mantêm essa ênfase ética.[47] Assim, já na narrativa davídica, diante do poder real abusivo, Natã apela à provisão do mandamento que Davi havia transgredido (2Sm 12,9-10). E, embora Aías fale com Salomão acerca dos falsos deuses (1Rs 11,33), o capítulo seguinte sugere que o fato de que "seu coração não era de todo fiel para com o Senhor, seu Deus" (11,4) se refere à sua política governamental abusiva quanto a impostos e trabalhos forçados (12,6-15). A conhecida narrativa da vinha de Nabote se refere a políticas reais injustas quanto à terra, as quais permitiram que a coroa se apropriasse de propriedades inalienáveis, segundo a antiga prática tribal. Além disso, a afronta se intensifica quando a prerrogativa real também acarreta um assassinato (1Rs 21,1-14).

Sem dúvida, todas essas narrativas agora se situam na narrativa deuteronomista. Mas a ênfase não parece ser diferente nos profetas posteriores, que continuamente afirmam que o juízo e a justiça são a chave para o bem-estar (cf. Am 5,7.24; 6,12; Os 6,6; Mq 6,8; Is 5,7; Jr 5,20-29; 7,5-7; 22,3.13-17; Hc 2,9-14). Mesmo nos textos proféticos bem posteriores, essas ênfases são reiteradas:

> Sendo, pois, o homem justo e fazendo juízo e justiça, não comendo carne sacrificada nos altos, nem levantando os olhos para os ídolos da casa de Israel, nem contaminando a mulher do seu próximo, nem se chegando à mulher na sua menstruação; não oprimindo a ninguém, tornando ao devedor a coisa penhorada, não roubando, dando o seu pão ao faminto e cobrindo ao nu com vestes; não dando o seu dinheiro à usura, não recebendo juros, desviando a sua mão da injustiça e fazendo verdadeiro juízo entre homem e homem; andando nos meus estatutos, guardando os meus juízos e procedendo retamente, o tal justo, certamente, viverá, diz o Senhor Deus. (Ez 18,5-9)

> Executai juízo verdadeiro, mostrai bondade e misericórdia, cada um a seu irmão; não oprimais a viúva, nem o órfão, nem o estrangeiro, nem o pobre, nem intente cada um, em seu coração, o mal contra o seu próximo. (Zc 7,9-10)

---

[47] WILSON, *Prophecy and Society*, pp. 157-166, considera a reivindicação de que os profetas são "como Moisés". Quanto ao foco ético dos profetas, veja BARTON, *Oracles of God*, pp. 154-178.

> Mantende o juízo e fazei justiça,
> porque a minha salvação está prestes a vir,
> e a minha justiça, prestes a manifestar-se. (Is 56,1)

Citei os versículos mais óbvios e conhecidos. Mas esses versículos são óbvios e conhecidos por um motivo. Eles formam o núcleo da ameaça profética (contra aqueles que falham em obedecer) e da possibilidade profética (da nova ordem que vem).

Quanto a essa ênfase profética, resta esclarecer sua urgência inflexível. Entendo que o núcleo dessa ênfase profética está em que todos os membros da comunidade – ricos e pobres, urbanos e rurais, sábios e tolos, poderosos e marginalizados – estão vinculados uns aos outros em uma iniciativa histórica e social comum. Cada membro, por conta de sua membresia na comunidade, tem direitos que não podem ser abolidos. Assim, "a viúva, o órfão e o estrangeiro" simbolizam aqueles mais vulneráveis, impotentes e marginalizados em uma sociedade patriarcal, os quais não têm recursos legais ou poder econômico. Eles têm direitos e devem receber sua quota.

O contraponto negativo dessa afirmação é que não há uma porta de escape ou tratamento excepcional para aqueles que são sábios, ricos, poderosos ou bem conectados. O destino deles está vinculado ao destino de toda a comunidade. Assim, a ética mosaica, tal como praticada pela mediação profética, é um viver em comunidade amplamente baseado em uma aliança, onde o juízo e a justiça garantem que o bem individual é um subproduto do bem-estar comunitário.

Em cada período do discurso profético, mas especialmente nos profetas situados no declínio da monarquia nos oitavo e sétimo séculos, essa reivindicação que a membresia comunitária tem sobre cada um dos membros, especialmente sobre os ricos e poderosos, se torna uma condição não negociável para um futuro viável. Não pode haver um futuro viável de bem-estar para a elite de Jerusalém, exceto na condição de bem-estar para toda a comunidade. Essa convicção é declarada caracteristicamente de forma negativa, como no discurso profético de processo judicial. Entretanto, não é difícil transpor a ameaça para uma possibilidade. Quando os fortes e poderosos mobilizam seus recursos e energia em prol dos fracos e vulneráveis, gera-se paz e prosperidade para todos. Os profetas declaram essa questão com especificidade javista. O argumento defendido, contudo, é que esse futuro, condicionado pela justiça, não é uma imposição arbitrária de um Deus irado, mas é uma condicionalidade encontrada na própria textura da criação. É, na realidade, como a vida funciona; não importa o quanto os fortes e poderosos se empenhem na ilusão de sua própria excepcionalidade. Na forma final do texto profético, oferece-se o fracasso da elite de Jerusalém como uma confirmação triste, mas que não pode ser negada, dessa afirmação de condicionalidade.

A mediação profética de Javé, enraizada profundamente na aliança, desfere um golpe profundo contra todo individualismo que assume que os dons particulares de Javé podem ser recebidos à custa da comunidade. A comunidade atendida por Javé se baseia em nada menos que sua convocação à membresia, uma convocação da qual não se pode escapar. Por esse motivo, os profetas se posicionam contra os reis que caracteristicamente imaginam ser exceções. Além disso, por esse motivo a fé profética em sua maior abrangência permanece oposta intransigentemente à ideologia do individualismo moderno que vem de DESCARTES e LOCKE, a qual resulta em brutalidade na presença da opulência. Essa incorreta excepcionalidade trará o fim do processo histórico, insistem os profetas. Na perspectiva do Antigo Testamento, a história real terminou em 587 a.C., como os profetas anteciparam. Em nossa própria época, certamente estamos testemunhando em uma escala muito mais ameaçadora o resultado inevitável da opulência e da brutalidade, enraizadas em uma ideologia de individualismo que considera o próximo como um impedimento. A ética profética ilumina amplamente a interrupção da possibilidade histórica.

### Uma tendência ousada em direção à escatologia

É improvável que os profetas teriam alcançado a forma canônica e continuado a ser gerativos se sua única ênfase fosse a ética e as consequências sinistras de uma ética dissipada. Ao lado dessa preocupação intensa com os encargos e demandas do presente, os profetas caracteristicamente antecipam o futuro de Javé; isto é, eles pensam escatologicamente e medeiam a Israel uma possibilidade imaginada que Javé deseja. Talvez se possa compreender essa tendência ousada em direção ao futuro fenomenologicamente em termos de visões e transes – percepções e experiências extracorpóreas. Contudo, tendo em vista nosso foco teológico, afirmamos com certeza que a abertura para o futuro se baseia em uma convicção da resolução infatigável de Javé de levar a criação, e tudo nela, a se conformar à sua intenção soberana para ela. Os profetas não são prognosticadores do futuro que operam com meios ou dados esotéricos.[48] Antes, são aqueles

---

[48] A sabedoria divinatória, que se inclina para o gnosticismo, ocorre no Antigo Testamento. Veja B. A. MASTIN, "Wisdom and Daniel", *Wisdom in Ancient Israel: Essays*

que atentam à resolução de Javé, a qual não será derrotada, mesmo pelo "fim da história" que resulta da ética fracassada. A escatologia é simplesmente a capacidade de Javé de se mover no, por meio do e além do fim da história para reiniciar os processos vivificadores da história.

Essa escatologia profética se articula em oráculos de promessa, nos quais esses mediadores se movem além dos construtos rígidos de bênção e maldição, atos e consequências, recompensa e punição, e expulsam o "se" mosaico do horizonte das possibilidades. Os oráculos de promessa são pronunciamentos originais sem antecedentes, certamente não enraizados nos dados ou circunstâncias à mão nem derivados deles, mas baseados na capacidade de Javé em desafiar as circunstâncias para operar novidades.

O pronunciamento real da promessa e da nova possibilidade, que não serão impedidas pelo fracasso ético, assume muitas formas. Assume tantas formas e imagens diferentes quanto as circunstâncias específicas exigem, e tantas nuances quanto é possível, tendo em vista os diversos círculos de tradição nos quais se localizam os profetas particulares.

Dessa forma, os pronunciamentos promissórios de Isaías, por exemplo, giram em torno das ferramentas da elite de Jerusalém, à qual Javé permanecerá fiel. As promessas de Isaías 9,2-7 e 11,1-9 são davídicas em essência, de modo que o futuro de Javé, tal como antecipado nessa tradição, é formatado monarquicamente; nele "um rei apropriado" fará o trabalho da monarquia para endireitar o mundo. E, em Isaías 2,2-4 e 4,2-6, o futuro é formatado pelo templo, de forma que Deus usará o templo como um local de reunião para instrução, proteção e bem-estar.

Jeremias, educado nas tradições da aliança mosaica, antecipa um futuro centrado na Torá de um modo bem diferente (Jr 31,31-34). As motivações para essa renovação completa de Israel, no entanto, não se encontram simplesmente na fidelidade teimosa de Javé, mas no amor e nos sentimentos feridos (31,20) e em profundo pesar pela perda (31,15), que faz Javé mudar da indignação para o cuidado profundo. Além disso, embora o Isaías do exílio atente às imagens dominantes da tradição de Isaías, pode-se perceber também que as metáforas de casamento, família e produção de anelo, sentimentos e amor são operativas no Isaías do exílio, como no amor maternal de 49,14-15 e na restauração conjugal de 54,4-8.

Capítulo XXII

---

*in Honour of J. A. Emerton* (org. John Day et al.; Cambridge: Cambridge University, 1995), pp. 161-169; de maneira mais abrangente, veja Grabbe, *Priests, Prophets, Diviners, Sages*, pp. 119-151. Penso, contudo, que a sabedoria divinatória é completamente marginal às reivindicações teológicas do Antigo Testamento.

As tradições que embasam Ezequiel são de outro tipo, enraizadas no templo e sua santidade rigorosa. Portanto, o acesso ao futuro não se dá pelos sentimentos ou mesmo pela fidelidade, mas sim pela santidade absoluta que satisfaz a honra de Javé. Essa honra, todavia, tem como sua contraparte inalienável o bem-estar de Israel, sem o qual Javé não é honrado. Assim, em Ezequiel 36,22-32 e 39,25-29, a santidade de Javé resulta na restauração de Israel e, subsequentemente, na restauração do templo (Ez 40-48).

Essas variações notáveis, refletindo grande flexibilidade e capacidade imaginativa, concordam no ponto principal de que Javé reivindicará um futuro para o bem de Israel e, de forma derivada, para o bem do mundo. Como Javé se recusa a ser governado pelas circunstâncias, assim os profetas insistem com Israel para que se recuse a sucumbir às circunstâncias, mesmo quando essas são geradas pelo seu fracasso ético.

Essa recusa em deixar que as circunstâncias determinem o futuro e em comprometer Javé se expressa de forma bela e conhecida em Habacuque 3,17-19; esse texto, por sua vez, reconhece o poder das circunstâncias e então apela a Javé acima das circunstâncias:

> Ainda que a figueira não floresça,
> nem haja fruto na vide;
> o produto da oliveira minta,
> e os campos não produzam mantimento;
> as ovelhas sejam arrebatadas do aprisco,
> e nos currais não haja gado,
> todavia, eu me alegro no Senhor,
> exulto no Deus da minha salvação.
> O Senhor Deus é a minha fortaleza,
> e faz os meus pés como os da corça,
> e me faz andar altaneiramente.

A antecipação dos profetas, enraizada na poderosa resolução de Javé, pode atentar ao mesmo tempo à abrangência maior da história e aos detalhes mais íntimos da vida de Israel, pois nada em Israel se omite da possibilidade garantida por Javé.

Duas declarações promissórias deixam a iniciativa profética aberta à novidade de Javé. Em Joel 2,28-29, o oráculo promete que o Espírito de Javé – a força que concede vida, ordena o caos, resiste ao exílio e supera a morte –estará vivo e ativo no mundo:

> E acontecerá, depois,
> que derramarei o meu Espírito sobre toda a carne;
> vossos filhos e vossas filhas profetizarão,

vossos velhos sonharão,
e vossos jovens terão visões;
até sobre os servos e sobre as servas
derramarei o meu Espírito naqueles dias.

E, em Malaquias 4,5-6, o cânon profético conclui se referindo a Elias, ao relembrar o profeta e arauto da novidade de Javé:

> Eis que eu vos enviarei o profeta Elias, antes que venha o grande e terrível Dia do Senhor; ele converterá o coração dos pais aos filhos e o coração dos filhos a seus pais, para que eu não venha e fira a terra com maldição.

Não se diz como essa figura relembrada se torna um agente antecipado. Elias, como prelúdio ao "grande e terrível dia", gerará transformações que servirão como defesa à severidade de Javé. Esses dois textos de Joel e Malaquias refletem uma abertura na mediação profética.

É evidente que o Novo Testamento, ao buscar dar testemunho de Jesus, encontra nesses textos (e em outros como esses) uma base para perceber a novidade prometida por Javé no tempo presente. Assim, Lucas, no início de seu relato sobre Jesus, reitera Malaquias:

> E irá adiante do Senhor no espírito e poder de Elias, para converter o coração dos pais aos filhos, converter os desobedientes à prudência dos justos e habilitar para o Senhor um povo preparado. (Lc 1,17)

Em seu segundo volume, Lucas apela para Joel (At 2,17-21). Esses usos dos textos proféticos não comprovam que esse momento cumpre as profecias do Antigo Testamento. Antes, atestam que as promessas proféticas continuam a ser gerativas e reveladoras, pois o formato da novidade prometida por Javé deve ser discernido e recebido sempre de novo.

Os temas de ética e escatologia servem bem para sumarizar a mediação profética de Javé, mas devemos cuidar para que não entremos em redução excessiva. No final das contas, os profetas, mesmo quando apresentados em uma forma canônica mais estilizada, não são mestres de ética nem oradores escatológicos. Eles são simplesmente veículos de pronunciamentos indômitos, anunciando o que a ordem presente considera ultrajante, obsceno, valorizado, louco – e, às vezes, verdadeiro. Esses pronunciamentos tratam do presente ético e do futuro prometido, mas seu encargo é de outro tipo. Eles mediam Javé, disponibilizando-o de forma palpável, como ameaça e como possibilidade. Eles exigem uma audiência. Em seus pronunciamentos memoráveis, os profetas usam imagens e metáforas tão ressonantes nos ouvidos de Israel que nunca mais se pensa ou se vive a vida sem se fazer referência ao "Selvagem" que mora no centro da vida de Israel, o qual em austeridade soberana dispensa Israel e com resolução impenetrável o reiniciará. Não é de surpreender que o centro anêmico, egoísta e covarde desejava regularmente eliminar esses pronunciamentos que mediavam distúrbios; deles Israel depende a cada momento, e deles recebe sempre de novo sua vida.

Capítulo
XXII

## Capítulo Vinte e Três

## O culto como mediador

O lugar e a atividade da adoração pública, o culto supervisionado por sacerdotes autorizados, desempenha um papel muitíssimo importante na fé e vida da comunidade do Antigo Testamento.[1] Além disso, o culto reivindica uma grande porção dos textos do Antigo Testamento. Assim, uma teologia do Antigo Testamento precisa lidar com o fato de que a comunidade que gera testemunho sobre Javé é, em princípio e na prática, uma comunidade de adoração. Muito do senso de Israel sobre quem é Javé surge e é gerado da adoração de um tipo regularizado e estilizado, e não pela história (significando eventos únicos ocasionais), como sustentam muitos estudiosos do Antigo Testamento no século XX. As tradições textuais referentes à adoração de Israel são ricas e diversas. Elas concordam, porém, em sua reivindicação primária de que o culto, em suas muitas formas e expressões, medeia a "presença real" de Javé. Na adoração, Israel está lidando com a pessoa, caráter, vontade, propósito e presença de Javé. Embora essa presença seja *mediada* pela prática ritual e sacramental, é a *presença real* de Javé que é mediada. Assim, esses textos sobre adoração buscam articular e disponibilizar presença real. Mais que isso, a prática concreta desses rituais e sacramentos formatam Israel como uma comunidade relacionada com Javé de forma intensa e definidora.

---

[1] Veja especialmente Joseph Blenkinsopp, *Sage, Priest, Prophet: Religious and Intellectual Leadership in Ancient Israel* (Louisville: Westminster/John Knox, 1995), pp. 66-114. Blenkinsopp se concentra corretamente nas considerações históricas sobre o sacerdócio posterior. Veja também Lester L. Grabbe, *Priests, Prophets, Diviners, and Sages: A Socio-historical Study of Religious Specialists in Ancient Israel* (Valley Forge: Trinity, 1995), pp. 41-65; e Rodney R. Hutton, *Charisma and Authority in Israelite Society* (Mineápolis: Fortress, 1994), pp. 138-171. Entre as análises mais úteis sobre o culto no Israel antigo, sua história e diversas funções, veja Gary A. Anderson, *Sacrifices and Offerings in Ancient Israel: Studies in Their Social and Political Implications* (HSS 41; Atlanta: Scholars, 1987); David P. Wright, *The Disposal of Impurity: Elimination Rites in the Bible and in Hittite and Mesopotamian Literature* (SBLDS 101; Atlanta: Scholars, 1987); Richard D. Nelson, *Raising Up a Faithful Priest: Community and Priesthood in Biblical Theology* (Louisville: Westminster/John Knox, 1993); Israel Knohl, *The Sanctuary of Silence: The Priestly Torah and the Holiness School* (Mineápolis: Fortress, 1995); Baruch Levine, *In the Presence of the Lord* (Leiden: E. J. Brill, 1974); e Jacob Milgrom, *Leviticus 1-16* (AB 3; Nova York: Doubleday, 1991).

## Problemas criados por estereótipos críticos e teológicos

Agora é convencional e popular falar desse modo de presença cultual como *shekinah*, um termo assumido programaticamente por Elizabeth Pelo e muito usado no pensamento feminista.[2] É importante notar que o termo é talmúdico e não ocorre no Antigo Testamento. Por essa razão, não se deve elaborar muito em cima desse termo. Não obstante, é útil notar que o substantivo feminino *shekinah* se deriva do verbo *škn*, usado no Antigo Testamento para caracterizar o modo de Javé estar presente em Israel. O verbo *škn*, traduzido como "residir" ou "habitar", se refere a estar realmente presente de uma forma contínua, mas não necessariamente permanente. Assim, é um termo útil para manter coesa a prontidão de Javé em estar disponível a Israel em tempos e lugares designados, enquanto ao mesmo tempo se reconhece sua liberdade e soberania sobre os lugares e tempos em que ele concordou em estar presente.[3] Essa dupla ênfase em compromisso e liberdade, que vimos de forma pervasiva quanto a Javé, é o que torna a articulação da presença cultual tão difícil e delicada na prática e testemunho textual de Israel.

### *Superacionismo cristão e aversão ao culto*

De início, devemos notar dois tipos correlatos de problemas que surgem ao se expor esse material. Primeiro, podemos observar tendências interpretativas que têm dominado a interpretação do Antigo Testamento, embora tenham permanecido amplamente escondidas e não reconhecidas. Esse problema, que não se supera facilmente, advém do fato de que os cristãos (principalmente protestantes) dominaram o que passou a se denominar de teologia do Antigo Testamento. Os cristãos abrigam uma profunda suposição de que a revelação de Jesus "superou" a prática do Antigo Testamento, com referência particular aos textos e práticas cultuais. Assim, a "revelação cristã" considera as tradições de adoração do Antigo Testamento como obsoletas, exceto quando são entendidas como "tipos" de Jesus. Essa atitude é especialmente evidente em Hebreus 7-10, onde se diz que

---

[2] Elizabeth A. Pelo, *She Who Is: The Mystery of God in a Feminist Theological Discourse* (Nova York: Crossroad, 1992).

[3] Veja Moody Smith, "Shekinah", *IDB* (Nashville: Abingdon, 1962), v. 4, p. 319. Veja especialmente Jo 1,14. Quanto ao místico uso judaico medieval do termo, veja Gershom Scholem, *Major Trends in Jewish Mysticism* (Nova York: Schocken Books, 1941), pp. 229-233. É só nesse estágio bem posterior que o termo passa a designar um aspecto explicitamente feminino da divindade.

Jesus é diferente dos outros "sumo sacerdotes" (7,27).⁴ Essa atitude cristã generalizada para com o Antigo Testamento se intensifica no protestantismo clássico, que tem uma aversão profunda ao culto, considerando a atividade cultual como algo primitivo, mágico e manipulativo; dessa forma, valoriza no Antigo Testamento apenas as tradições proféticas. Essa atitude protestante de desconsideração se evidencia especialmente no notório tópico de LUDWIG KOEHLER, sob o qual ele analisa o culto: "O expediente humano para sua própria redenção".⁵ A inclinação cristã ao superacionismo em geral e a aversão protestante ao culto em particular não são a mesma coisa, mas se reforçam mutuamente.

### As abordagens da história das religiões e de WELLHAUSEN

Essas tendências interpretativas que desconsideram os textos referentes à adoração de Israel têm como contraparte duas suposições que dominaram a erudição crítica; são suposições diferentes das inclinações hermenêuticas que acabei de mencionar, mas certamente estão relacionadas a elas. A primeira dessas suposições críticas surge da abordagem da história das religiões. Um estudo de outras comunidades religiosas no ambiente do Israel antigo, particularmente dos materiais ugaríticos, indica que Israel no Antigo Testamento assumiu e usou muito da prática e terminologia dos costumes cultuais de seus vizinhos não israelitas.⁶ Assim, não é difícil concluir que as práticas que parecem primitivas ao intérprete são de fato

---

⁴ Veja a útil análise de NELSON, *Raising Up a Faithful Priest*, pp. 141-154.

⁵ LUDWIG KOEHLER, *Old Testament Theology* (Londres: Lutterworth, 1957), pp. 181-198. Ao explicar esse parecer, KOEHLER escreve: "Não há nenhuma sugestão no Antigo Testamento de que os sacrifícios ou qualquer outra parte do culto tenham sido instituídos por Deus. Foi iniciado, continuado e realizado pelo homem; são obras, e não graça; um ato de autoajuda, não uma parte da salvação de Deus. De fato, o culto é um fragmento da vida étnica. Israel o tomou dos pagãos." (p. 181). NELSON, *Raising Up a Faithful Priest*, pp. 101-105, cita pareceres similares do mesmo período por WALTHER EICHRODT e OTTO PROCKSCH. Demonstrando como os estudiosos mudaram, NELSON escreve: "O sistema ritual, junto com o restante da Torá, foi revelado por um Deus gracioso para satisfazer necessidades humanas" (p. 199). E isso de um estudioso luterano!

⁶ Assim KOEHLER, *Old Testament Theology*, p. 181. Quanto à apropriação de sacrifícios do ambiente religioso de Israel, veja RENÉ DAUSSAUD, *Les Origines Cananéenes du sacrifice Israélite* (Paris: ERNEST Leroux, 1921); de forma mais genérica sobre o templo, veja G. ERNEST WRIGHT, *Biblical Archaeology* (Filadélfia: Westminster, 1962), pp. 121-146. O problema é que Israel parece ter assumido muitas outras coisas também, muito do que os cristãos (e especialmente os cristãos protestantes) valorizam; por exemplo, a profecia.

emprestadas e, portanto, "não israelitas de verdade". A estratégia comum é reconhecer que Israel tomou emprestado muitas coisas, mas insistir que aquilo que é valorizado é radicalmente transformado no empréstimo e é usado de modo diferente. Considera-se aquilo que foi tomado emprestado e não transformado como inferior e não israelita de verdade. Portanto, esses dados comparativos, dos quais temos extensas quantidades, ainda estão abertos a interpretações ponderadas, visto que o intérprete pega e escolhe o que valorizar ou não, o que considerar com seriedade teológica e o que desconsiderar como pagão e indigno.

A segunda suposição crítica é ainda mais pervasiva na erudição do Antigo Testamento; é tão pervasiva que não tenho certeza de como tratá-la. É o conceito comum da história da religião de Israel, usualmente vinculado ao nome de JULIUS WELLHAUSEN; ele concluiu que o material sacerdotal do Pentateuco – isto é, o extenso corpo de material cultual em Êxodo, Levítico e Números – representa um período bem posterior na prática religiosa de Israel.[7] É óbvio agora que esse parecer se baseia nas tendências interpretativas que mencionei – o superacionismo cristão e a aversão cultural protestante – de forma que o material é considerado não apenas como posterior, mas também como legalista, meticuloso e religiosamente inferior.

Esses dois fatores, que são as tendências interpretativas e suposições críticas que se correlacionam estreitamente, conspiraram para marginalizar os materiais de adoração do Antigo Testamento em deferência aos profetas e aos Salmos, de forma que Israel, como uma comunidade de adoração, não tem sido muito apreciada na teologia do Antigo Testamento. Se, contudo, seguirmos GARY ANDERSON, contando com a "descrição densa" de CLIFFORD GEERTZ e a "abordagem cultural-linguística" de GEORGE LINDBECK, então devemos considerar cuidadosamente as práticas de adoração de Israel, ou melhor, os textos em que Israel testifica sobre suas práticas de adoração.[8] Pois é na adoração, e não em atividades cerebrais sem contex-

---

[7] Exceções importantes a esse consenso erudito quanto à datação, que ainda podem prevalecer, são JACOB MILGROM, "On the Parameters, Date, and Provenance of P", *Leviticus 1-16*, pp. 13-35; MENAHEM HARAN, *Temples and Temple-Service in Ancient Israel: An Inquiry into the Character of Cult Phenomena and the Historical Setting of the Priestly School* (Oxford: Clarendon, 1978), pp. 146-148, e *passim*; HARAN, "Behind the Scenes of History: Determining the Date of the Priestly Sources", *JBL* 100 (1981), pp. 321-333; e ISRAEL KNOHL, *The Sanctuary of Silence: The Priestly Torah and the Holiness School* (Mineápolis: Fortress, 1995).

[8] Veja o capítulo 19, notas 11 e 12, quanto à importância da insistência de ANDERSON para minha análise.

to, que Israel concretizou sua identidade peculiar e sustentou sua estranha vida no mundo. A vida de adoração, no decorrer do tempo, assume uma lógica interna própria na comunidade praticante, uma lógica interna que não é acessível aos de fora e sobre a qual a comunidade não se dá ao trabalho de falar de forma muito clara ou precisa. Ou seja, ao menos até certo ponto, Israel não "fala" sobre sua adoração, mas adora. Fora da adoração real, temos traços e resíduos textuais. Nosso propósito aqui não é reiterar, uma vez mais, a "história do culto" ou determinar "o que aconteceu". Antes, é ver, se pudermos, o que foi mediado de Javé por meio dessas atividades cultuais ou por meio desses textos que indicam e lembram atos cultuais.[9]

Devo confessar, de início, que fui educado, como cristão protestante, na perspectiva limitante e de desconsideração mencionada acima. Além disso, fui educado dessa forma como um estudioso do Antigo Testamento, pois a erudição crítica tem tido pouco interesse na intenção teológica real da adoração de Israel. Portanto, eu proponho um modelo para se considerar esse material teologicamente, mas o faço com significativa modéstia, reconhecendo que estamos apenas no começo de reconsiderarmos a adoração séria de Israel como um dado teológico importante. Israel entendeu, como a Igreja ocidental que perdeu sua posição só agora está aprendendo de novo, que *é preciso haver linhas de defesa e manutenção importantes e intencionais para que uma identidade peculiar persevere*, e a adoração é o lugar mais provável no qual essa identidade deve ser guardada e mantida.[10] Sem essa adoração intencional, uma comunidade de identidade singular primeiramente será absorvida e domesticada, e depois se evaporará. Entendo que os materiais de adoração do Antigo Testamento são justamente práticas, propostas e atos de imaginação pelos quais Israel buscou manter sua singularidade como povo de Javé. Meus comentários se concentrarão primeiro no templo de Jerusalém, depois considerarei os modos como o templo continuou a ser focal para uma comunidade dispersa e sem acesso a ele.

Capítulo XXIII

---

[9] A bibliografia sobre culto no Israel antigo é extensiva, mas muito dela é repetição de uma perspectiva determinada. Para um sumário confiável dos dados, veja o livro mais antigo de H. H. Rowley, *Worship in Ancient Israel: Its Forms and Meaning* (Londres: SPCK, 1976); veja também a análise teologicamente mais sensível de Hans-Joachim Kraus, *Worship in Israel: A Cultic History of the Old Testament* (Oxford: Blackwell, 1966).

[10] Jacob Neusner, *The Enchantments of Judaism: Rites of Transformation from Birth to Death* (Atlanta: Scholars, 1991), argumenta sem erro que a adoração é um lugar primário e privilegiado para a imaginação gerativa.

### Sião: a oferta de presença de Jerusalém

O templo de Jerusalém, construído por Salomão e destruído em 587 a.C., dominou a imaginação litúrgica de Israel no alto período do seu poder monárquico.[11] O templo de Jerusalém serviu como um *magneto* que atraiu para si, abrangeu e se apropriou de todas as tradições litúrgicas antecedentes de Israel. Assim, a arca, a tenda, e qualquer coisa que continuou valorizada nas tradições de adoração mais heterodoxas de Israel veio a estar no templo. De fato, vimos que até a Torá mosaica, tão claramente enraizada no Sinai, na imaginação litúrgica de Israel está transferida para o templo de Jerusalém e este se apropriou dela.[12]

O templo de Jerusalém também é o *motor* que continua a movimentar e estruturar a imaginação litúrgica de Israel bem depois do próprio templo não estar mais disponível. Mesmo no exílio, a retenção da noção do templo de Jerusalém deu a Israel energia e produtividade em seu trabalho contínuo de manutenção de um sistema simbólico adequado. Não nego que havia operações litúrgicas não ligadas a Jerusalém no judaísmo emergente; contudo, para os propósitos da teologia do Antigo Testamento, o foco apropriado deve estar no templo de Jerusalém: por ele mesmo, como um magneto para os antecedentes, e como um motor para o trabalho subsequente de manter uma comunidade deslocada.

Ao prover para a imaginação litúrgica de Israel, o templo de Jerusalém conseguiu combinar, por meio da administração ousada de Davi e magistral de Salomão, as tradições de aliança mais valorizadas de Israel com uma abertura a e apropriação de tradições teológicas muito mais amplas e, aparentemente, não israelitas, talvez canaanitas. Usualmente se considera que essa combinação se reflete na nomeação de dois sacerdotes por Davi: Aimeleque, filho de Abiatar, e Zadoque (2Sm 8,17), que respectivamente representam essas tradições. Não desejo minimizar a importância das

---

[11] Em minha análise, não lidei separadamente com o Segundo Templo. Para os propósitos da interpretação teológica, o Segundo Templo, *mutatis mutandis*, assume as reivindicações do primeiro templo, com talvez dois ajustes importantes: **(a)** Sua antecipação vívida é muito mais intensa do que no primeiro templo, no qual a escatologia tende a ser "realizada"; e **(b)** O judaísmo do Segundo Templo se afastou da liturgia gerativa de tipo dramático em direção ao estudo (daí o surgimento da sinagoga). Mesmo o templo foi influenciado pelas inclinações dos escribas que se tornaram poderosas no período posterior do judaísmo bíblico.

[12] Veja meu apelo a Hartmut Gese quanto a essa reivindicação, nas pp. 767-772 [última parte da seção "A função holística da Torá", no capítulo 20].

tradições mosaicas estabelecidas em Sião, mas parece plausível concluir que as tradições religiosas mais poderosas de Jerusalém são as expansivas tradições da criação – talvez canaanitas, talvez já em Jerusalém antes de Davi, talvez mediadas por Zadoque, o sacerdote – que dão a Sião seu domínio na adoração de Israel.[13]

BEN OLLENBURGER analisa cuidadosamente esse material, e minha análise se baseia bastante em seu estudo.[14] As evidências para uma tradição teológico-litúrgica em Sião surgem especialmente nas "Canções de Sião" (Salmos 46; 48; 76; 84; 87; 122) e nos Salmos de entronização (Salmos 47; 93; 96-99). Fica claro a partir desses Salmos que a adoração em Jerusalém tem uma vida própria, em suas próprias categorias, e sem referência direta às tradições de Moisés.[15] Essa tradição independente de Moisés parece refletir a noção mais antiga de uma montanha sagrada que é a residência de Deus. Pode bem ser que Sião se apropriou de tradições mais antigas sobre uma montanha no norte:

> Grande é o Senhor e mui digno de ser louvado,
> na cidade do nosso Deus.
> Seu santo monte, belo e sobranceiro,
> é a alegria de toda a terra;
> o monte Sião, para os lados do Norte,
> a cidade do grande Rei.
> Nos palácios dela,
> Deus se faz conhecer como alto refúgio. (Sl 48,1-3)

Duas coisas ficam claras nessa afirmação litúrgica. Primeiro, Javé, o Deus de Sião, está realmente lá; esse é um lugar de residência divina.

---

[13] H. H. ROWLEY, "Zadok and Nehushtan", *JBL* 58 (1939), pp. 113-141; e "Melchizedek and Zadok (Gen 14 and Ps 110)", *Festschrift ALFRED Bertholet zum 80 Geburtstag* (org. WALTER BAUMGARTNER et al.; Tübingen; J. C. B. MOHR [PAUL SIEBECK], 1950), pp. 461-472. ROWLEY em particular defende um vínculo proposto entre Zadoque e o culto jebusita anterior a Davi. Uma hipótese assim ilumina bastante, mas não é necessária para o reconhecimento geral de que Israel permanece em importante continuidade com seu ambiente canaanita.

[14] BEN C. OLLENBURGER, *Zion, City of the Great King: A Theological Symbol of the Jerusalem Cult* (JSOTSup 41; Sheffield: Sheffield Academic, 1987).

[15] Veja ibidem para a referência à "montanha do norte" na pesquisa de OTTO EISSFELDT; veja também RICHARD CLIFFORD, *The Cosmic Mountain in Canaan and the Old Testament* (HSM 4; Cambridge: Harvard University, 1972), e a obra de OTTO EISSFELDT citada por OLLENBURGER.

Segundo, Javé está lá como rei.[16]

A noção de Javé como rei é aparentemente central para o templo de Jerusalém. A hipótese de Sigmund Mowinckel tem dominado a erudição; ele propôs que havia um festival anual no templo, um drama no qual Javé era coroado novamente a cada ano como rei da criação.[17] Esse festival (hipotético) se correlacionava com as estações do ano, de forma que a renovação da realeza de Javé se equiparava (causava?) à vinda das chuvas e da temporada fértil. A hipótese tem exercido bastante influência entre os estudiosos e já foi bastante contestada. Ollenburger analisa cuidadosamente as evidências e dá seu apoio à hipótese.[18] Meu próprio parecer, em concordância com o de Ollenburger, é que a hipótese tem mérito considerável, mas não é necessário assumir um festival assim para comentar sobre a importância teológica do que é afirmado nos Salmos.

De um modo ou de outro, é evidente que a liturgia de Jerusalém celebra a realeza de Javé. Há no templo de Jerusalém, presumivelmente de alguma forma regularizada, grande alegria na percepção de que Javé é um soberano que estabelece controle de governo, que enuncia políticas de justiça e bem-estar (*shalôm*), e que está "em residência" e disponível para quem vai até lá. A adoração no templo de Jerusalém é algo como um drama real; a entrada no "lugar de Javé" é algo como uma audiência real com um monarca que pode concretizar, em generosidade e misericórdia, o bem-estar de seus aderentes.

A realeza de Javé, vista e conhecida palpavelmente na mediação real da liturgia, tem o efeito de impor uma ordem vivificadora em todos os aspectos da vida de Israel e do mundo.

### *A permanente batalha entre criação e caos*

A realeza de Javé resolve a permanente batalha entre a ordem vivificadora da criação e a destrutividade incessante e oscilante do caos. Jon

---

[16] Quanto a Javé como rei, veja as pp. 332-336 [seção "Javé como rei" no capítulo 6].

[17] Sigmund Mowinckel, *Psalmenstudien 2: Das Thronbesteigungsfest Jahwas und der Ursprung der Eschatologie* (Amsterdã: P. Schippers, 1961).

[18] Ollenburger, *Zion*, p. 33. Veja Walter Brueggemann, *Israel's Praise: Doxology against Idolatry and Ideology* (Filadélfia: Fortress, 1988), quanto ao poder gerativo e constituinte do culto, o que está entre os pontos primários de Mowinckel. É importante reconhecer as resistências da erudição protestante (por exemplo, Ludwig Koehler) em sua recusa a estimular qualquer coisa na adoração como "representação", que se considera cheirar a "sacramentalismo católico".

LEVENSON mostra que, para Israel, o caos oscilante ainda está solto e indomado por Javé.[19] A metáfora dominante de Israel para essa ameaça do caos, que é tanto cósmica quanto intensamente existencial, são "as poderosas águas" que oscilam fora de controle, de forma que a vida de Israel e do mundo estão sob ameaça. Na liturgia da realeza de Javé, a adoração é o drama onde as águas são recuadas, derrotadas e contidas. Assim, no Salmo 24,2:

> Fundou-a ele sobre os mares
> e sobre as correntes a estabeleceu.

E, no Salmo 29,10, após uma impressionante demonstração do poder de Javé em uma tempestade, estabelece-se o seu sereno trono:

> O Senhor preside aos dilúvios;
> como rei, o Senhor presidirá para sempre.

Javé estabelece seu trono presidindo *aos dilúvios*. Ou seja, as águas são tão amansadas e obedientes a Javé nesse momento que aquilo que ameaçava gerar caos se torna um local adequado para o poder dele. No Salmo 46, caracteriza-se a incessante ameaça de caos:

> Portanto, não temeremos
> ainda que a terra se transtorne
> e os montes se abalem no seio dos mares;
> ainda que as águas tumultuem e espumejem
> e na sua fúria os montes se estremeçam. ...
> Bramam nações, reinos se abalam;
> ele faz ouvir a sua voz, e a terra se dissolve. (Sl 46,2-3.6)

Diante desses perigos e ameaças que colocam a criação em perigo, Javé fala e imediatamente todas as ameaças do caos se aquietam:

> Aquietai-vos e sabei que eu sou Deus;
> sou exaltado entre as nações,
> sou exaltado na terra. (Sl 46,10)

O imperativo "Aquietai-vos" não indica um ato piedoso e devocional de contemplação. Antes, é um decreto soberano contundente, um comando majestoso ao caos, que prontamente obedece (cf. Mc 4,39).

Podemos imaginar que o drama da "criação versus caos" era algo

---

[19] JON D. LEVENSON, *Creation and the Persistence of Evil: The Jewish Drama of Divine Omnipotence* (São Francisco: Harper and Row, 1988).

como um drama litúrgico, embora não o possamos reconstruir.²⁰ Em todo caso, o exercício por meio do qual Javé governa o caos é litúrgico. O drama completamente contido no templo, contudo, é um convite litúrgico aos participantes para deixarem o templo, confiantes de que o que ocorreu ali de forma intensa é verdade em qualquer lugar, além dos limites do templo. No encontro com o poder e autoridade de Javé, o caos bateu em retirada e o mundo se tornou seguro.²¹

### A realeza de Javé e a monarquia davídica

Tal como o cosmos está protegido de perigos pelo poder do Criador, assim a realeza de Javé no templo tem implicações importantes para a ordem política em Jerusalém. A monarquia davídica e a teologia de Sião sobre a realeza de Javé estão estreitamente vinculadas. OLLENBURGER se esforça para insistir que as duas tradições de rei e templo são bem distintas. Isso pode ser assim em termos da tradição fundamental do templo. Não há dúvidas, todavia, de que a realeza de Javé em Sião funciona como garantia para as reivindicações políticas da dinastia davídica. Faz parte da natureza de um templo no mundo antigo ter essa função.

Como nota OLLENBURGER, ao sair em batalha, o rei faz petições para receber ajuda e garantia de Sião:²²

> Do seu santuário te envie socorro
> e desde Sião te sustenha.
> Agora, sei que o Senhor salva o seu ungido;
> ele lhe responderá do seu santo céu
> com a vitoriosa força de sua destra.
> Uns confiam em carros, outros, em cavalos;
> nós, porém, nos gloriaremos em o nome do Senhor, nosso Deus.
> Eles se encurvam e caem;
> nós, porém, nos levantamos e nos mantemos de pé. (Sl 20,2.6-8)

Observe que o apelo é a Deus no "seu santuário" e no "seu santo

---

²⁰ Quanto à expressão, veja BERNHARD W. ANDERSON, *Creation versus Chaos: The Reinterpretation of Mythical Symbolism in the Bible* (Filadélfia: Fortress, 1987).

²¹ Quanto à reivindicação da realeza de Javé sobre o caos, tal como se refere à particularidade do exílio de Israel, veja a fórmula de entronização em Is 40,9-11; 52,7, e WALTER BRUEGGEMANN, "Kingship and Chaos: A Study in Tenth Century Theology", *CBQ* 33 (1971), pp. 317-332, e "Weariness, Exile, and Chaos (A Motif in Royal Theology)", *CBQ* 34 (1972), pp. 19-38.

²² OLLENBURGER, *ZION*, pp. 90-92.

céu". Essa ambiguidade se faz presente nessas tradições, que consideraremos posteriormente. Mas, primeiramente, declara-se que vem ajuda de Sião. No Salmo 2, de introdução, certamente colocado no início do saltério para defender a ideia davídica, o Deus que atenta a Sião também é aquele que articula e autoriza o rei davídico:

> Eu, porém, constituí o meu Rei sobre o meu santo monte Sião.
> Proclamarei o decreto do Senhor:
> Ele me disse: Tu és meu Filho,
> eu, hoje, te gerei.
> Pede-me, e eu te darei as nações por herança
> e as extremidades da terra por tua possessão. (Sl 2,6-8)

O Deus que decreta ordem à criação e derrota o caos é o mesmo Deus que provê proteção ao rei e Estado e assegura que a ordem política não seja perturbada por inimigos, os quais são uma asserção concreta do poder do caos em forma política.

Sem dúvida, o rei em Sião é uma garantia do rei davídico (assim Sl 89,19-37). E, sem dúvida, a instituição monárquica fez um bom uso ideológico da presença do Rei Divino no templo, como se o monarca humano fosse simplesmente uma extensão da realeza de Javé. Contudo, como vimos em Ezequiel 34, a realeza de Javé também desabsolutiza a realeza de Davi e faz com que o rei não seja a autoridade final, mas sim um agente penúltimo da autoridade de Javé, a qual o rei decididamente não pode usurpar. Esse relacionamento delicado significa que a autoridade do rei é provisória e sujeita à intenção mais ampla de Javé por juízo, justiça, verdade e equidade. Assim, os Salmos de entronização sugerem que o templo proporciona e concretiza uma extensa visão da boa e poderosa intenção de Javé, que funciona como uma *garantia* da ordem política de Israel, mas também como um *princípio crítico* quanto à monarquia.[23]

### A realeza de Javé no templo como consolo e garantia

A meu ver, é incontestável que o templo facilmente se alistou a razões de Estado. Tendo em vista o que sabemos sobre a construção e manutenção de templos por reis, e considerando a bela expressão de Amós

---

[23] OLLENBURGER, *ZION*, p. 158, articula o princípio crítico da realeza de Javé em Sião, mas na p. 159 ele reconhece o uso ideológico dessa realeza que viola o princípio crítico do sionismo. Esse princípio crítico da realeza de Javé, o qual desabsolutiza todas as demais reivindicações, certamente é eficaz quanto às nações. Veja Sl 96,10 e os oráculos contra as nações nas diversas coleções proféticas.

7,13, "o santuário do rei", podemos imaginar que o templo era um lugar importante para o rei e sua comitiva. Em todo caso, na prática o templo parece ter sido organizado conforme um princípio exclusivista, com gradações de santidade e zonas variadas de admissão à santidade; como todas as diferenciações assim, essas provavelmente beneficiavam alguns à custa de outros. Em princípio, no entanto, o templo não visava ser exclusivista. Pretendia ser a residência do "rei" de todos sobre seu domínio (cf. Is 56,7, sobre o Segundo Templo).[24] Esse princípio, podemos crer, era suficientemente convincente para fomentar a imaginação de todos os israelitas que apelavam ao Deus residente no templo.

Sugiro que, tal como a realeza de Javé defende a criação contra o caos e o bem-estar político contra suas ameaças, assim também a realeza de Javé no templo era uma fonte importante de consolo e garantia aos adoradores individuais, como se evidencia nos Salmos pessoais. Não sabemos quem usava esses Salmos; seu uso pode ter se limitado a um grupo pequeno e privilegiado. Em princípio, no entanto, eles convidam ao uso amplo e igualitário; assim, cito os Salmos pessoais como evidência de que o rei em Sião era uma fonte de bem-estar para adoradores individuais.

OLLENBURGER sugere que os pobres tinham uma confiança especial em Javé, que estava em Sião (compare Sl 9,11; 40,17; 86,1-2).[25] Além disso, Sião é um refúgio, assim como Javé é um refúgio (Sl 46,1,7,11). Assim, há uma identificação lírica entre Javé e sua cidade, que evidentemente é uma fortaleza visivelmente poderosa. Tal como o templo é uma fortaleza, assim se considera que Javé é uma fortaleza para aqueles que não têm outra defesa.

GERHARD VON RAD vai bem além e em mais detalhes do que OLLENBURGER. Ele declara como sua premissa que a "palavra de vida" de Javé está no culto:

A palavra da vida certamente não era apenas uma verdade fundamental, nem ainda primariamente uma questão de dogma, mas surgiu de uma decisão real em uma situação concreta; não pode haver dúvidas de

---

[24] Assim, mesmo se o templo era para a comunidade inteira, evidentemente nem todos tinham igual acesso, pois acesso é uma entrada privilegiada ao poder. A mesma realidade social se refere a qualquer lugar onde o poder tem forte presença, como a Casa Branca nos E.U.A. ou o Palácio de Buckingham. Esses lugares são "para todos" – mas não realmente.

[25] OLLENBURGER, *ZION*, p. 68. Nisto ele segue JOHN Gray, *The Biblical Doctrine of the Reign of God* (Edimburgo: T. & T. Clark, 1979).

que era comunicada a Israel por meio dos cultos.[26]

Quando von Rad cita Salmos em que "a palavra de vida" é recebida ou interpretada, a conexão com o templo é inconfundível:

> Uma coisa peço ao Senhor,
> e a buscarei:
> que eu possa morar na Casa do Senhor
> todos os dias da minha vida,
> para contemplar a beleza do Senhor
> e meditar no seu templo. (Sl 27,4)

> Bondade e misericórdia
> certamente me seguirão
> todos os dias da minha vida;
> e habitarei na Casa do Senhor
> para todo o sempre. (Sl 23,6)

> Bem-aventurado aquele a quem
> escolhes e aproximas de ti,
> para que assista nos teus átrios;
> ficaremos satisfeitos com
> a bondade de tua casa – o teu santo templo. (Sl 65,4; cf. 36,7-9; 63,2-5; 84,4)[27]

Fica claro que o templo é um lugar seguro, pois estar ali é estar na presença do rei e sob sua proteção.

### Vida versus morte no santuário

Em conformidade com Christoph Barth, von Rad indica que *o santuário é o lugar onde se luta pela vida e a morte*.[28] Essa percepção se torna

---

[26] Gerhard von Rad, "'Righteousness' and 'Life' in the Cultic Language of the Psalms", *The Problem of the Hexateuch and Other Essays* (Nova York: McGraw-Hill, 1966), p. 253. De modo bem diferente, Gary A. Anderson, *A Time to Mourn, a Time to Dance: The Expression of Grief and Joy in Israelite Religion* (University Park: Pennsylvania State University, 1991), propõe que atividades físicas comunitárias são realmente gerativas de realidade social.

[27] Von Rad, "'Righteousness' and 'Life'", pp. 256-266, percebe que essas orações refletem sobre a noção de uma "porção" de Javé (cf. Sl 16,5-11; 73,23-28; 142,5). A "porção", antes de se tornar uma noção espiritualizada, parecia se referir ao gozo sacerdotal do espaço do templo, como uma alternativa a possuir a terra como porção.

[28] Ibidem, pp. 255-259; e Christoph Barth, *Die Errettung vom Tode in den individuel-*

o foco do excelente estudo, de FREDERIK LINDSTRÖM, sobre os Salmos de lamento individual.²⁹ LINDSTRÖM mostra que o necessitado que faz petições nesses Salmos não está sofrendo por causa de culpa. LINDSTRÖM propõe um dualismo, de forma que o orador está enfrentando problemas porque Javé foi negligente ou se distraiu. Quando isso acontece, o poder da morte ocupa o espaço aberto e perturba o suplicante. Assim, a petição desses salmos é que Javé retorne ativamente ao santuário e expulse a ameaça de morte. O dualismo é cósmico, mas o foco do conflito entre Javé e o poder da morte está no templo.

LINDSTRÖM se refere com certo grau de detalhes aos Salmos 3, 57, 61 e 63.³⁰ Nesses salmos, LINDSTRÖM observa que o orador: **(a)** está sob profunda ameaça; **(b)** confia profundamente em Javé e antecipa um jubiloso bem-estar; e **(c)** refere-se à localização de Javé no templo. Quanto a esse último ponto, veja, por exemplo:

> Com a minha voz clamo ao Senhor,
> e ele do seu santo monte me responde. (Sl 3,4)

> Assista eu no teu tabernáculo, para sempre;
> no esconderijo das tuas asas, eu me abrigo. (Sl 61,4)

> Assim, eu te contemplo no santuário,
> para ver a tua força e a tua glória. (Sl 63,2)

LINDSTRÖM propõe que expressões como "refúgio", "torre forte" [Sl 61,3] e "esconderijo das tuas asas" aludem ao templo.

VON RAD levanta a questão se essas petições e esperanças devem ser "consideradas literalmente ou não".³¹ Certamente, a linguagem é caracteristicamente elusiva. CHRISTOPH BARTH tende a considerar a necessidade e o livramento literalmente. VON RAD sugere um misticismo que espiritualiza.³² LINDSTRÖM resiste ao misticismo de VON RAD e fala de "uma aflição

---

*len Klage- und Dankliedern des Alten Testaments* (Zollikon: Evangelischer, 1947), pp. 44-51.

²⁹ FREDRIK LINDSTRÖM, *Suffering and Sin: Interpretation of Illness in the Individual Complaint Psalms* (Estocolmo: Almqvist and Wiksell International, 1994).

³⁰ Ibidem, pp. 390-413.

³¹ VON RAD, "'Righteousness' and 'Life'", p. 255.

³² Ibidem, p. 259.

que só pode ser anulada pelo encontro com a *ḥsd* de Javé, a qual se torna visível no culto de adoração, mas que abrange toda a vida".³³

### O drama do templo: tão amplo quanto a vida

É provável que não saibamos o suficiente para classificar o assunto em categorias tão refinadas como esses estudiosos usam. Em todo caso, a linguagem litúrgica funciona de um modo sugestivo e genérico que não pode ser completamente encaixado e categorizado. Sem dúvida LINDSTRÖM está correto ao afirmar que o que ocorre no culto se vincula ao que acontece na vida, mas não é uma questão e/ou entre a "vida real" e a mística. É suficiente perceber que se conduz todo o "drama de reabilitação" no templo ou na direção dele; sabe-se que ali a presença poderosa e fiel de Javé é assaz intensa para derrotar tudo aquilo que diminui a vida.³⁴

RAINER ALBERTZ e ERHARD GERSTENBERGER propõem um ritual de reabilitação muito mais íntimo que pode ocorre na família ou no clã.³⁵ Porém, mesmo se essa proposta for aceita (e eu a acho persuasiva), não é possível dividir *Grosskult* e *Kleinkult*. Resta pouca dúvida de que o que se pratica localmente é autorizado e legitimado pelas categorias e práticas da liturgia mais ampla do santuário.

Assim, podemos propor, com referência particular aos Salmos, que o templo de Jerusalém é o local da atividade dramática pela qual se submete toda a vida – cósmica, política, pessoal – ao governo de Javé. Além disso, ao se submeter ao governo de Javé, a vida toda se torna completa e segura. É importante enfatizar toda a realização dramática, que parece evidente, mesmo não sendo possível precisar as ações empreendidas. A liturgia consiste em uma série de ações pelas quais Israel recebe em conjunto de Javé a garantia de uma vida ordenada. Essa iniciativa de dramatizar a vida sob Javé não ocorre simplesmente por meio de fraca verbalização, mas parece plena de ações e discursos – ações nas quais algo é "feito", algo

---

³³ LINDSTRÖM, *Suffering and Sin*, p. 411.

³⁴ Veja minha análise do "drama de reabilitação", nas pp. 593-646 [seção "Marcas características da humanidade aliançada" no capítulo 15] e 719-722 [seção "Padrões recorrentes nos parceiros", no capítulo 18].

³⁵ ERHARD S. GERSTENBERGER, *Der bittende Mensch: Bittritual und Klagelied des Einzelnen im Alten Testament* (WMANT 51; Neukirchen-Vluyn: Neukirchener, 1980); RAINER ALBERTZ, *Persönliche Frömmigkeit und Offizielle Religion: Religionsinterner Pluralismus in Israel und Babylon* (Calwer Theologische Monographieren 9; Stuttgart: Calwer, 1978).

sacramental. Ademais, se considerarmos o escopo completo de petições, lamentos, ações de graça e louvor, essa atividade se realiza com sinceridade, sem necessidade de negar ou ocultar falhas da parte de Javé. Imagino que o drama do templo é tão amplo, ousado e sincero quanto a própria vida. Não é de surpreender, pois, que a adoração no templo se realize com zelo e alegria.

De fato, o templo é o lugar onde Israel entra na zona completa de *shalôm* de Javé. Na prática, parece autoevidente que os fatores da aliança, mito e ideologia sempre estão em importante tensão. Em sua melhor forma, a atividade do templo sem dúvida serviu à totalidade do javismo. Assim, von Rad escreve: "Javé também criou no culto sacrificial uma instituição que propiciou a Israel um modo constante de relacionamento vivo com ele".[36] Kraus, seguindo von Rad, conclui: "O propósito é relacionar toda a vida à *berîth* [aliança], estabelecer a *berîth*".[37]

Visto que os adoradores não estão voltados apenas a um objetivo, sem dúvida esse javismo singular ficou comprometido regularmente. E visto que a vida não imita a arte, e a adoração não é mágica, o drama da liturgia nem sempre "funciona". Porém, deve ter gerado uma diferença enorme para se manter a vida, situação e cosmos das pessoas situados de forma completa e animada nesse drama com Javé. Aqui mediados estão recursos que defletem os poderes da morte. Esses recursos são dons dados com satisfação por Javé. De fato, os recursos de culto são os meios de Javé se doar a Israel.

### A autorização mosaica da presença

Ao testificar sobre sua vida com Javé, Israel teve uma importante existência antes da fundação do templo de Jerusalém (quanto a isso, veja 2Sm 24). Naquele período inicial de sua vida, assim Israel testifica, Javé lhe deu o amplo dom da mediação cultual.[38] Aqui eu me refiro ao material sacerdotal de Êxodo 25-31; 35-40; o livro de Levítico; e Números 1-10. Certamente, há importantes questões críticas quanto a esse material. É convencional datar esse material como exílico ou pós-exílico, embora Menahem Haran, Jacob Milgrom e Israel Knohl insistam em uma datação anterior. Mesmo se for datado mais tarde, o material certamente reflete

---

[36] Kraus, *Worship in Israel*, p. 123, cita von Rad sem a referência específica. Veja von Rad, *Old Testament Theology*, v. 1, p. 260.

[37] Kraus, *Worship in Israel*, pp. 122-123.

[38] Essa declaração, entre outras coisas, se opõe diretamente ao tipo de veredito apresentado por Koehler; veja a nota 5 acima.

práticas mais antigas. Na disposição canônica do material, contudo, ele ocorre antes da fundação do templo e, nesse sentido, tem funções teológico-canônicas importantes: **(a)** Ele baseia toda a prática sacrificial de Israel na autoridade de Moisés, o doador mais primário de "palavras de instituição" em Israel; **(b)** O material se apresenta como datado antes do templo, tornando a intenção de Javé quanto a um lugar de presença anterior à construção de Salomão, e dessa forma impedir qualquer autoridade real sobre o local; e **(c)** Provê um santuário móvel, dessa forma olhando além do local fixo do templo de Jerusalém, em antecipação da necessidade subsequente dos exilados, que precisam de um Deus que possa estar presente com eles.

Para nossos propósitos, não é proveitoso nos apegarmos muito estreitamente à datação histórico-crítica desse material. Nesse ponto estabelecemos um importante rompimento com o consenso convencional sobre a história da religião israelita; não por desafiarmos aquela construção histórica preferencial, mas por irmos além dela para levantar questões canônicas. As questões histórico-críticas são difíceis, em parte por causa dos problemas complexos e obscuros da literatura e da história; além disso, conclusões críticas podem no máximo receber apenas respostas especulativas. Todavia, de forma mais importante, fica claro que nesses textos estamos lidando com uma autorização fundamental que se situa antes, por trás e fora de alcance de qualquer prática histórica.

Teologicamente, esses textos são palavras de instituição, que para o fiel se situam além do alcance do exame crítico. Nosso propósito, pois, é perceber, o melhor que possamos, o que se considera estar sendo mediado nessas provisões. A resposta mais breve é que o próprio Javé está sendo mediado, graciosamente se tornando acessível e disponível a Israel nesses arranjos cultuais. Aquele que está sendo mediado é aquele que buscamos apresentar sob as rubricas de testemunho central e testemunho contrário. Nesses textos, Israel lida com o Deus que é soberanamente glorioso, santo e zeloso, mas que deseja um relacionamento que coloca a própria vida de Javé em risco no meio de Israel.[39] O culto se preocupa com nada menos e nada diferente dessa presença; portanto, podemos entender bem o cuidado extremo tomado com esses arranjos, tão extremo que as provisões podem nos parecer excessivamente meticulosas. Já no Sinai, autorizando esse culto, Javé prometera por meio de Moisés: "E me farão um santuário

Capítulo XXIII

---

[39] Veja as pp. 388-412 [seção "Uma resolução aproximada na justiça", no capítulo 7], quanto ao testemunho de Israel sobre Javé como glorioso, santo e zeloso, mas relacional. Assim, as "formas de vida" no culto *fazem* o que o testemunho de Israel *diz*.

(*miqdoš*), para que eu possa habitar (*škn*) no meio deles" (Êx 25,8). O que pode nos parecer meticuloso nesse material está no culto da "presença real". A vida do próprio Deus estará no meio de Israel. Aqui comentarei sobre cinco aspectos do culto primário, o qual é autorizado por Javé e visa possibilitar sua Presença.

### O grande cuidado ao se construir o tabernáculo

Nesse material, o projeto de Moisés é construir um tabernáculo, sob as ordens de Javé, feito de materiais caros, edificado com as melhores habilidades artísticas de Israel, e preenchido com mobília cuidadosamente designada e necessária para as atividades cultuais apropriadas. Tudo isso fica evidente nas instruções do Sinai (Êxodo 25-31). Porém, o que nos interessa aqui é o termo *tabernáculo* (*mškn*), derivado do verbo *škn*. Todo o projeto é realizado para que Javé possa "habitar" em realidade e liberdade, no meio de Israel.[40] Javé é um agente maravilhoso e exigente, cuja presença não é casual, trivial, incidental ou improvisada. Portanto, não se deve poupar nenhum esforço nem recurso. A promessa da presença é declarada de forma mais exagerada em uma conclusão provisória: "E habitarei (*škn*) no meio dos filhos de Israel e serei o seu Deus" (Êx 29,45). Pode até ser que as duas partes dessa sentença estejam apenas incidentalmente justapostas, mas talvez não. A declaração sugere que ser "seu Deus" equivale a estar disponível e acessível; essa é a única evidência importante dada aqui de ser "seu Deus". A presença é tudo.

O cuidado com essas provisões para a presença pode parecer estranho e extravagante, se não escandaloso, a alguém com tendências pouco ritualistas (da "baixa Igreja"). Talvez esse cuidado extremo possa ser entendido se pensarmos na esperada visita de um líder político importante. Para uma visita assim são feitas preparações elaboradas, proporcionais à dignidade e importância do visitante. Tudo deve ser redecorado, os gramados aparados, as flores alugadas, os saguões protegidos, pois não se deve permitir nada inconveniente ou fora de ordem que tire a atenção da "presença régia". Essa visão de um visitante régio pode ofender alguém com tendências democráticas extremas. Analogamente, essas preparações para a Presença de Javé podem ofender igualmente as sensibilidades religiosas

---

[40] O termo *habitar*, usado dessa forma, é um tema crucial no quarto Evangelho. Veja MOODY SMITH na nota 3 acima, quanto à "Shekinah" e, finalmente, à esperança articulada em Ap 21,3-4. Quanto ao termo nas tradições do Antigo Testamento acerca da presença, veja TRYGGVE N. D. METTINGER, *The Dethronement of Sabaoth: Studies in the Shem and Kabod Theologies* (Lund: CWK Gleerup, 1982), pp. 90-97.

que imaginam uma intimidade fácil com o que é santo. Contudo, tanto a inclinação democrática quanto a comunhão aconchegante estão além do horizonte dessa iniciativa mosaica. Aquele que é recebido aqui como santo é maravilhoso, intimidante e soberano, o qual não se fará presente de forma regular e "permanente" se os preparativos não forem proporcionais à sua pessoa.

É estranho que essa provisão extensa para o tabernáculo (e seu sacerdócio) seja concluída em Êxodo 31,12-17 com uma provisão para o sábado, que nada tem a ver com o tabernáculo ou qualquer tipo de espaço santo. Essa provisão para o sábado parece ser uma intrusão nas instruções de Javé a Moisés, o que pode refletir uma ênfase emergente no sábado como uma marca de Israel no momento em que esses textos estão sendo compostos. Ou a provisão para o sábado pode servir para completar os "sete discursos" que a precedem, de forma a equivaler aos sete dias da criação.[41] Também pode sugerir que, quando a Presença Santa é apropriadamente recebida, tudo é descanso na terra assim como no céu. Se é assim, então podemos sugerir que a adoração objetivada aqui é um mundo contrário à experiência vivida por Israel, que é perigosa e desordenada. O mundo contrário evidenciado no tabernáculo oferece o dom de uma criação bem ordenada, cheia de alegria e geradora de paz. (Veja Ezequiel 40-48 para uma noção de espaço cultual ainda mais "ordenada".) Não é de se estranhar que Israel tenha se esforçado tanto para "fazer do jeito certo"!

### *O papel dos sacerdotes*

É o próprio culto que medeia a Presença. Para isso são necessários sacerdotes. Os sacerdotes são um subconjunto do culto, os necessários legitimadores, realizadores e garantidores da santidade corretamente recebida. Minha impressão é a de que os próprios sacerdotes não medeiam, mas supervisionam e confirmam os atos visuais, materiais e físicos de adoração que fazem a mediação.

É evidente que, nesse documento fundacional, a preparação e ordenação dos sacerdotes que presidirão sobre o tabernáculo é uma tarefa decisiva e importante (Êx 28-29; Lv 8-10). Os sacerdotes, apropriadamente

---

[41] Quanto aos vínculos entre as provisões sacerdotais para culto e criação, veja JOSEPH BLENKINSOPP, *Prophecy and Canon: A Contribution to the Study of Jewish Origins* (Notre Dame: University of Notre Dame, 1977), pp. 54-69; PETER J. KEARNEY, "The P Redaction of Ex. 25-40", *ZAW* 89 (1977), pp. 375-387; e ROBERT B. COOTE e DAVID R. ORD, *In the Beginning: Creation and the Priestly History* (Mineápolis: Fortress, 1991).

trajados com vestimentas extravagantes, devem ser apropriadamente empossados nesse maravilhoso serviço, mas somente após terem sido "santificados" de forma completa e apropriada. Com a atividade ordenadora particular de Êxodo 29,20, o sacerdote parece ser um *completo* sacerdote, chegando até ao dedão do pé! Fica claro que os sacerdotes devem ser em si mesmos uma encarnação, concretização e representação da pureza e santidade do próprio Javé. Essa visão de sacerdócio, de fato, não é simplesmente funcional, mas sim orgânica. Em sua presença corporativa, os sacerdotes manifestam a disponibilidade do próprio Javé.

A hipótese dominante de Julius Wellhausen é a de que esse modelo sacerdotal de presença representa um desenvolvimento posterior, degenerado e hierárquico no judaísmo.[42] Talvez seja assim. No entanto, parece ser mais plausível, se nos libertarmos um dia do construto evolucionário de Wellhausen, sugerir que a iniciativa sacerdotal, congruente com a dignidade e solenidade de modelos régios da realidade, provavelmente representa uma sensibilidade religiosa presente e poderosa em todo lugar de Israel, e em cada momento. Pode até ser que esse sacerdócio tenha deslocado a monarquia e estabelecido uma enorme influência sacerdotal após o fim dela. Em bases litúrgicas e teológicas, contudo, devemos prestar atenção à prática de ordem, simetria, coerência e dignidade – tudo isso manifesta beleza garantida. Deve-se valorizar essa ordem ao ser contrastada com a vida desordenada, alienante e ameaçadora de Israel no mundo. Enquanto seja real a tentação a um dualismo que divide a "vida" da "adoração", é importante perceber que a adoração modela e concretiza um mundo alternativo de sanidade que impede Israel de sucumbir às insanidades sedutoras de um mundo que se enfurece contra a santidade de Javé, o Criador. O sacerdócio deve proteger e garantir a manutenção desse mundo alternativo, onde Israel pode "ver" Deus, e dessa forma se perceber de modo diferente no mundo.

### *O propiciatório*

Um aspecto particular do tabernáculo merece comentário. Êxodo 25,1-9, a introdução a essas provisões, se refere ao tabernáculo. No versículo 17, o texto de repente fala do *kapporeth*, que é traduzido como "propiciatório" na ARA:

---

[42] Esse parecer, mais bem apresentado por Wellhausen, é um lugar-comum da crítica histórica mais antiga. Esta exibe emoções (e tendências) que não somente são antissemitas mas também, de fato, anticatólicas, na medida em que o culto seja considerado em princípio como uma forma inferior de fé.

> Farás também um *propiciatório* de ouro puro; de dois côvados e meio será o seu comprimento, e a largura, de um côvado e meio. Farás dois querubins de ouro; de ouro batido os farás, nas duas extremidades do *propiciatório*; um querubim, na extremidade de uma parte, e o outro, na extremidade da outra parte; de uma só peça com o *propiciatório* fareis os querubins nas duas extremidades dele. Os querubins estenderão as asas por cima, cobrindo com elas o *propiciatório*; estarão eles de faces voltadas uma para a outra, olhando para o *propiciatório*. Porás o *propiciatório* em cima da arca; e dentro dela porás o Testemunho, que eu te darei. Ali, virei a ti e, de cima do *propiciatório*, do meio dos dois querubins que estão sobre a arca do Testemunho, falarei contigo acerca de tudo o que eu te ordenar para os filhos de Israel. (Êx 25,17-22)[43]

Tal como com outros objetos cultuais, nada se diz sobre função nesse texto de autorização. Podemos atentar primeiramente à própria palavra *kapporeth*. Ela deriva do verbo *kipper*, que significa "cobrir". Aqui se refere à "cobertura" de pecados, culpas e ofensas que alienam Israel de Javé. Moisés deve construir, dentro do tabernáculo, um instrumento pelo qual o pecado de Israel seja superado de forma regular e efetiva, tanto para possibilitar a presença de Javé em Israel quanto para possibilitar a comunhão entre Javé e Israel. Além da instrução para construir um instrumento desses, o uso primário do termo está em Levítico 16, referindo-se ao "Dia da Expiação" (*yôm kippur*), quando o sacerdote "faz propiciação" (*kipper*) por "toda a congregação de Israel" (v. 17).

A impressionante reivindicação desses textos, e do instrumento sobre o qual testemunham, é que *Javé concedeu a Israel um dispositivo confiável e autorizado pelo qual Israel pode ser restaurado a um relacionamento completo com ele*. É a mesma reivindicação que a Igreja primitiva faz quanto a Jesus, ou seja, que ele é a nova "propiciação" de Deus (Rm 3,25), por meio de quem toda alienação é superada. O Novo Testamento é inflexível quanto à superação desse instrumento de Moisés no Sinai. Mesmo a reivindicação feita quanto a Jesus, no entanto, se torna sem sentido a menos que os cristãos, tal como os judeus, se admirem completamente diante da generosidade de Javé em autorizar um aparato cultual desses e da audaz reação de Israel em construí-lo.

O "propiciatório", o lugar particular da boa vontade de Javé em re-

---

[43] A tradução de *kapporeth* é notoriamente difícil. Assim, a LXX traduz como *hilasterion* (quanto a isso, veja Rm 3,25), a Vulgata como *propitiatorium*, e Lutero, de forma memorável, *Gnadenstuhl*. As diversas traduções refletem a consciência de que a tradução aqui não se refere somente à integridade linguística, mas a questões teológicas excessivamente carregadas.

tomar o relacionamento com Israel, é um dom de Deus que contrasta decisivamente o mundo alienado "lá fora" com a possibilidade reconciliadora "aqui dentro". Essa oferta cultual, de fato, é um mundo alternativo de vida que contradiz e contrasta com a mortalidade; é um lugar onde a generosidade de Javé até agora se encontra sob duro desafio e grande resistência.

### *Práticas sacrificiais*

Embora o propiciatório no tabernáculo, utilizado no admirável evento de expiação, esteja no centro da imaginação litúrgica de Israel, fica claro em Levítico 1-7 que Javé, por meio de Moisés no Sinai, proveu outros instrumentos e caminhos regulares para a vida de Israel com ele. É comum se falar do "sistema sacrificial" de Israel dando à expressão uma conotação pejorativa, sugerindo uma reivindicação manipuladora de *ex opere operato*. Se desejarmos simplesmente desconsiderar essas intenções religiosas sérias, tal como se refletem nesses textos, podemos entender toda a questão de forma negativa. E isso tem sido feito com razoável frequência na exposição cristã.

A meu ver, faremos melhor ao prestar atenção aos detalhes dos sacrifícios autorizados por meio de Moisés. Esses sacrifícios constituem práticas pelas quais Israel pode interagir com Javé. Como todo relacionamento assim, esse pode existir em condições de bem-estar e mutualidade autêntica ou em condições de alienação e hostilidade. A ênfase excessiva em algumas tradições cristãs, especialmente nas tradições litúrgicas cristãs dominadas por um senso de pecado, tende a assumir que a adoração sempre começa em alienação e hostilidade que exige perdão logo de início. Mas o esboço de Israel sobre os sacrifícios disponíveis indica algo contrário.

Quando tudo está bem entre Javé e Israel, a ação apropriada para um relacionamento funcional de bem-estar e mutualidade autêntica se expressa em três tipos de ofertas: "holocaustos" (Lv 1; 6,8-13); "ofertas de manjares" (Lv 2; 6,14-23); e "ofertas pacíficas" (*šlmîm*) (Lv 3; 7,11-26).[44] Essas são ações pelas quais Israel traz ofertas e sacrifícios como gestos de compromisso, lealdade e gratidão. Ao trazê-los, Israel se envolve no que é considerado como bem-estar e mutualidade na presença de Javé. Essa atividade, em um local particular e bem ordenado como esse, é o que deixa Israel verdadeiramente "à vontade". Israel nessa atividade e nesse lugar pode se dedicar, sem embaraço ou decepção, completamente a esse relacionamento.

---

[44] A tradução específica da NRSV como "ofertas de bem-estar" me parece bastante feliz à luz da sua raiz em *shalôm*.

As ações apropriadas para esse relacionamento, quando marcado pela falha de Israel e sua consequente alienação e hostilidade, são "ofertas pelo pecado" (Lv 4,1-5,13; 6,24-30) e "ofertas pela culpa" (Lv 5,14-19; 7,1-10). Esses são gestos de arrependimento, pesar, reconhecimento e resolução de voltar a um relacionamento viável com Javé. Israel considera seriamente o pecado e a alienação, mas não é mórbido ou preocupado demais quanto a eles. Por causa da graciosa provisão dessas práticas por Javé, pode-se lidar com o pecado e a culpa; eles são tratados e superados. Podemos observar três aspectos dessas práticas de reconciliação.

**Reparações.** Primeiro, os gestos de sacrifício devem ser acompanhados ou precedidos por reparações (cf. Lv 6,1-6).[45] Uma afronta contra o próximo não pode ser superada por um ato ritual para com Javé, a menos que um gesto substancial também seja feito para com o próximo afrontado. Não há graça barata! Uso deliberadamente o termo *reparações*, como se usa atualmente em questões de política social. Embora as reparações em Levítico 6,1-6 se refiram ao convívio direto entre vizinhos, e não a amplas questões de política pública, a mesma consciência é apropriada quando essas questões agora surgem em uma sociedade urbana mais complexa. Os gestos de ofertas pelo pecado e pela culpa não são eficazes em si mesmos, a menos que uma séria restauração social ocorra ao mesmo tempo.

**Salmos penitenciais.** Segundo, é plausível que se deva considerar os Salmos penitenciais (Sl 6; 32; 38; 51; 130) em relação a essas ações conciliatórias. Não se pode comprovar esse ponto com certeza absoluta, mas é provável que o sacrifício proporcione o contexto social e institucional para esses atos de penitência. Esses Salmos sugerem que o perdão não exige apenas uma oferta material, mas também um reconhecimento audível de falha que impossibilita toda negação.[46] Palavras e ações caminham juntas. Esse vínculo ilumina a estranha justaposição do Salmo 51,17, que espiritualiza o sacrifício, e do Salmo 51,19, que trata o sacrifício de um modo congruente com o programa mosaico.

**Restauração efetiva do relacionamento.** Terceiro, a concretização desse sacrifício (junto com reparações e reconhecimento audível, podemos

---

[45] JACOB MILGROM, "The Priestly Doctrine of Repentance", *Studies in Cultic Theology and Terminology* (SJLA 36; Leiden: Brill, 1983), p. 58, explicitamente se refere a Mt 5,23-24 como um texto intimamente correlato.

[46] O Sl 32,3-5 é especialmente consciente da tentação de negar o pecado. Por isso, a oferta material não é adequada em si mesma, mas deve ser acompanhada por um reconhecimento audível.

assumir) é eficaz. Assim, o sacerdote está pronto a afirmar, sem reservas: "Você será perdoado" (Lv 5,13,18). Esses atos são instrumentos pelos quais se restaura um relacionamento crucial. As tradições protestantes, mais conscientes do pecado que da graça, tendem a considerar a restauração litúrgica como nem de longe tão séria quanto uma afronta cometida no "mundo real". Nessa perspectiva, embora o ritual possa ser realizado, o poder do pecado se prolonga. No entanto, esse texto sugere o contrário, pois Javé é gracioso.

O sistema sacrificial, portanto, está a serviço desse relacionamento ao qual Javé se devota. O relacionamento entre Javé e Israel não é intelectual-cognitivo, nem é exclusivamente ético. É concretamente material e dramático, e não deve ser incorporado como meio para se alcançar algo mais, e sim como o objetivo final. Moisés no Sinai autoriza essa incorporação e provê modos para a realização dramática do relacionamento. É algo definido.

### Ênfase no visual

O que impressiona repetidas vezes nessa exposição do tabernáculo, sacerdócio, propiciatório e sistema sacrificial é a qualidade material visual de tudo que é autorizado e proposto. Assim, de início, Javé ordena a Moisés: "Segundo tudo o que eu te mostrar para modelo (*tabnîth*) do tabernáculo e para modelo de todos os seus móveis, assim mesmo o fareis" (Êx 25,9). Moisés e os trabalhadores têm um modelo para seu trabalho. Além disso, a construção do tabernáculo exige materiais exóticos (Êx 25,3-7; 35,5-9) e profundas habilidades artísticas (Êx 35,30-36,7). O tabernáculo e todos os seus instrumentos para presença são projetados para apelar aos sentidos; em especial à sensibilidade visual.

Isso se equipara ao reconhecimento de que o tabernáculo evoca um senso de participação dramática, de forma que os verbos ativos de fazer, trazer e ofertar exigem que os israelitas estejam envolvidos de modo ativo e físico na prática da presença. Creio que o poder visual do santuário é abrangente e absorvente, de forma que se supera qualquer ressalva de incredulidade e o participante é capaz de se entregar completa e integralmente, sem reservas, a esse relacionamento. Os verbos ativos deixam claro que os participantes nesse ritual de relacionamento não podem ser observadores passivos, mas devem despender energia diante da assembleia como um ato de lealdade e reconhecimento.

Essa ênfase no visual talvez seja a base segundo a qual os piedosos no saltério imaginem que podem "contemplar a Deus" (Sl 11,7; 17,15;

36,9; 63,2). Pode ser que essa retórica se refira a uma experiência mística transcendente. Parece-me mais provável que a intenção aqui é de que semedeia a "visão de Deus" por meio da mobília da presença; assim, o que se vê é a mobília a partir da qual se extrapola a afirmação religiosa.⁴⁷ Em todo caso, essas distinções analíticas são irrelevantes para os participantes, pois a "visão de Deus" certamente é cultual e além disso; assim, nesse ato de presença Israel tem que lidar não apenas com sinais, mas com as realidades que esses sinais representam. A mobília do tabernáculo claramente não é a presença em si, mas constitui o contexto no qual aquele que é o Senhor do tabernáculo concorda em estar presente.

Fica evidente que, a partir do Sinai, Israel antecipa uma vida com Javé que é rica, completa e abrangente. Pode ser que se deva considerar essa antecipação da presença como a antecipação do templo de Salomão (cf. 1Rs 6,14-36). Mas a antecipação para a qual Moisés é convidado é mais que uma antecipação (canonicamente) ou um retrospecto (criticamente) do templo de Jerusalém. É uma declaração teológica que promete a disposição de Javé em estar com Israel em cada circunstância. Esse "estar com" não é meramente ético, cognitivo ou intelectual – como uma magra teologia protestante da palavra poderia conceber – mas é holística e requer o envolvimento completo da pessoa toda na comunidade reunida.

Uma adoração que é visual, ativa, dramática e abrangente é algo alegre para Israel, não um peso. No período do templo e da monarquia, essa adoração pode ter tido uma essência ideológica intensa e acrítica, de forma a reforçar a instituição política de Jerusalém. Tendo em vista o caráter precário da comunidade israelita, contudo, tanto no contexto monárquico quanto no exílico e pós-exílico, não se deve descartar essa iniciativa de culto como ideologia grosseira. Israel sempre está em risco devido à sua autocompreensão e compromisso javista, sempre tentado às concessões, sempre seduzido por alternativas, sempre pronto a duvidar de seu próprio testemunho. Creio que a rica dimensão artística desse aparato mosaico--aarônico foi projetada, canônica e narrativamente, para prover espaço e recursos pelos quais Israel pudesse, sem nenhum embaraço, concretizar sua excentricidade – uma excentricidade intensamente javista.⁴⁸

---

⁴⁷ Por isso é importante uma dimensão icônica na adoração do templo; veja METTINGER, *The Dethronement of Sabaoth*, pp. 19-37; e *No Graven Image: Israelite Aniconism in Its Ancient Near Eastern Context* (ConBOT 42; Stockholm: Almqvist and Wiksell International, 1995).

⁴⁸ Quanto à contribuição aarônica à plenitude do culto, veja Aelred Cody, *A History of*

Nos arredores do tabernáculo e do propiciatório, em sua prática de sacrifícios e ofertas, Israel não precisa prestar contas de si mesmo ou justificar sua existência ou atividades. Nesse momento, Israel pode ser inteiramente autêntico diante de Javé, sem negar seu bem-estar ou seu fracasso, sua agonia ou seu êxtase. Essa adoração é teatro e peça, é um ato de imaginação improdutiva pela qual a prática gera a realidade. É por esse motivo que o sistema sacerdotal parece pairar no ar, desconexo e absurdo. É precisamente essa sua intenção e função; por meio dele Israel pode se distanciar, por um tempo, das pressões do contexto concreto, dedicando-se somente a Javé. E se esse texto for posterior e pós-templo, como grande parte da opinião crítica defende, então o próprio texto permanece, sem templo, como um convite à imaginação de uma existência completamente alternativa, arraigada em fundamentos que nada esperam de seu ambiente e nada concedem a ele.

Ao fazer isso, é claro, Israel corre o risco de cair na irrelevância. Penso que se pode assumir esse risco para combater o risco maior de concessões e abandono de sua excentricidade javista. Para essa sensibilidade sacerdotal, uma vida alternativa e imaginada com Javé tem uma qualidade de realidade mais concreta do que qualquer coisa "lá fora". É por isso que a autorização para essa iniciativa de adoração não ocorre em meio ao talento artístico do templo ou na reconstrução pós-exílica, embora estivesse determinada. A autorização ocorre *na montanha*, antes da "existência histórica" de Israel, onde essa autorização tem privilégio e prioridade não reconhecidos em meio a pressões históricas. Como veremos a seguir, há tentações nessa reserva transcendental. Tanto profetas como reis buscaram reagir a essas tentações, nas quais esse voo de imaginação ousada e fiel se torna, de uma maneira muito fácil, uma chance para a autoindulgência.

### Duas trajetórias similares de Jerusalém

Tal como o padrão mosaico antecipou o que se tornaria o templo de Salomão, assim as tradições cultuais tardias recordam esse templo e continuam a obter força e sustento dele. O próprio templo, no período monárquico de grande bem-estar e segurança, contribuiu bastante para a concretização da Presença Real na prática do santuário. Nesse bem-estar impassível que a monarquia parecia assegurar, o pensamento acrítico podia afirmar inocentemente: "Javé está realmente aqui". Em contraste ao

---

*Old Testament Priesthood* (AnBib 35; Roma: Instituto Bíblico Pontifício, 1969), especialmente pp. 156-174; HARAN, *Temples and Temple-Service*, pp. 84-111; e NELSON, *Raising Up a Faithful Priest*, pp. 1-15.

seu estudo das noções exílicas da presença, TRYGGVE METTINGER sumariza as evidências de que o templo de Salomão praticava e reivindicava uma presença ilimitada de Javé. Isso fica evidente, por exemplo, no hino dedicatório de 1 Reis 8,12-13:

> O Senhor declarou que habitaria em trevas espessas.
> Na verdade, edifiquei uma casa para tua morada,
> lugar para a tua eterna habitação.[49]

Além disso, METTINGER propõe que é a apresentação visual dos querubins esculpidos que produz a fórmula de presença: "entronizado acima dos querubins" (1Sm 4,4; 2Sm 6,2 [1Cr 13,6]; 2Rs 19,15 [Is 37,16]; Sl 80,1; 99,1).[50] A efetiva iniciação dessa reivindicação no templo se encontra em 1 Reis 6,23-28:

> No Santo dos Santos, fez dois querubins de madeira de oliveira, cada um da altura de dez côvados. Cada asa de um querubim era de cinco côvados; dez côvados havia, pois, de uma a outra extremidade de suas asas. Assim, também era de dez côvados o outro querubim; ambos mediam o mesmo e eram da mesma forma. A altura de um querubim era de dez côvados; e assim a do outro. Pôs os querubins no mais interior da casa; os querubins estavam de asas estendidas, de maneira que a asa de um tocava numa parede, e a asa do outro tocava na outra parede; e as suas asas no meio da casa tocavam uma na outra. E cobriu de ouro os querubins.

O que nos interessa além do talento artístico, porém, é a teologia da Presença Real que é agregada à obra artística. O templo de Salomão, de fato, medei a a Presença Real de Javé de uma forma bastante palpável.

A destruição do templo em 587 a.C. criou uma crise enorme, tanto porque o templo e sua liturgia foram abandonados porque as pessoas deslocadas não tinham mais acesso àquilo que continuava em Jerusalém, o que quer que fosse.[51] Continuava-se a cuidar, lembrar e apreciar Jerusalém (cf. Sl 137,5-6). O poder litúrgico de Jerusalém na situação exílica, contudo, precisou ser radicalmente reformulado para satisfazer as novas necessidades. Precisou-se encontrar uma maneira de afirmar que Javé – conhecido como disponível no templo – estava disponível em outros lu-

---

[49] Veja METTINGER, *The Dethronement of Sabaoth*, pp. 29-32, e seu comentário sobre Sl 11,4, Jr 25,30, Jl 4,16 e Am 1,2.

[50] Ibidem, pp. 23-24.

[51] Aparentemente, alguma adoração continuou no lugar do templo destruído; veja Jr 41,5.

gares e era independente do templo, de forma que não foi uma vítima de sua destruição. Os estudiosos agora concluem que Israel encontrou duas maneiras de formular a "presença" que não podia mais estar categoricamente em Jerusalém.⁵² Ambos esses esforços, o da tradição sacerdotal e o da deuteronomista, continuam a apelar à importante tradição de presença do templo, mas o fazem de uma maneira que permite manobras interpretativas e litúrgicas.⁵³

### A teologia sacerdotal da glória

O ajuste sacerdotal às novas circunstâncias foi articular uma "teologia da glória".⁵⁴ A "glória" é um modo de falar sobre a presença poderosa, soberana e transcendente de Javé sem fazer uma reivindicação que seja simples, unidimensional ou grosseiramente material. Essa teologia se apresenta no material sacerdotal que já consideramos como "antecipação" mosaica. O trabalho mosaico de construção do tabernáculo – um templo móvel – se completa quando o tabernáculo é considerado um lugar adequado para a glória de Javé:

> Então, a nuvem cobriu a tenda da congregação, e a glória do Senhor encheu o tabernáculo. Moisés não podia entrar na tenda da congregação, porque a nuvem permanecia sobre ela, e a glória do Senhor enchia o tabernáculo. (Êx 40,34-35)

A mesma teologia da glória é estruturalmente crucial no livro de Ezequiel, uma obra concomitante à teologia sacerdotal.⁵⁵ Em Ezequiel

---

⁵² Tendo em vista essa clara polaridade, não é fácil posicionar o Cronista em relação às tradições deuteronomista e sacerdotal, embora ele pareça ter mais em comum com o Deuteronomista. Não me ocupei com o Cronista porque sua obra em geral segue as práticas mais prontamente discerníveis dessas duas tradições.

⁵³ GERHARD VON RAD, *Studies in Deuteronomy* (SBT 9; Londres: SCM, 1953), pp. 37-44, já determina essas categorias, o que tem guiado os estudos subsequentes. Ele expande sua análise delas em *Old Testament Theology*, v. 1, pp. 69-84. Veja também METTINGER, *The Dethronement of Sabaoth*, pp. 38-134.

⁵⁴ Veja minha análise da glória como um atributo de Javé nas pp. 388-412 [seção "Uma resolução aproximada na justiça", no capítulo 7]. Não é necessário vincular essa noção de glória cultual às conotações negativas que LUTERO atribuiu a uma "teologia da glória", pois foi qualificada e mitigada pela tradição de maneiras importantes. Contudo, ela tem sido tratada do mesmo modo negativo por alguns estudiosos zelosamente protestantes; por exemplo, LUDWIG KOEHLER.

⁵⁵ Veja METTINGER, *The Dethronement of Sabaoth*, pp. 97-111; e JON LEVENSON, *Theology*

8-10, caracteriza-se o templo de Jerusalém como um lugar de blasfêmia e idolatria ofensivas, onde Javé não pode permanecer em santidade. Como resultado, em Ezequiel 10,15-22, a "glória de Javé" deixa o templo para estar em meio aos exilados na Babilônia. Essa estratégia na tradição de Ezequiel parece tanto afirmar o abandono por Javé da Jerusalém fracassada quanto articular Javé como móvel e disposto a estar no exílio com os exilados. Após a devida purificação do templo, diz-se em Ezequiel 43,1-5 que a glória de Javé retorna ao templo. Com essa narrativa em duas partes, caracteriza-se o progresso da glória de Javé para fora de Jerusalém e de volta a ela. A tradição de Ezequiel valoriza o templo, mas também rompe o vínculo exclusivo entre Javé e o templo que caracterizava a alta teologia do templo. A glória de Javé, sua presença soberana, pode se instalar no templo, mas é mais do que o templo e diferente dele; de fato, pode ser vista e estar disponível em outros lugares diferentes do templo (cf. Êx 16,7,10).

### *A teologia deuteronomista do nome*

De modo paralelo, a tradição deuteronomista desenvolve uma teologia da presença: a "teologia do nome", que se ajusta à crise do templo.[56] É costume da tradição deuteronomista, tal como a tradição sacerdotal, atribuir grande valor ao templo, mas restringir o vínculo totalizante entre templo e Javé que estava em voga em tempos melhores. Faz esse movimento interpretativo ao afirmar que o "nome" de Javé (que em certo sentido é o próprio Javé) está lá, mas que Javé mesmo está em outro lugar, no céu, além dos arranjos ideológicos de Israel.

Já na cerimônia da dedicação do templo, imediatamente após a elevada reivindicação do hino de 1 Reis 8,12-13, os teólogos deuteronomistas nos fazem observar que a ideologia do templo reivindica demais:

> Mas, de fato, habitaria Deus na terra? Eis que os céus e até o céu dos céus não te podem conter, quanto menos esta casa que eu edifiquei. Atenta, pois, para a oração de teu servo e para a sua súplica, ó Senhor, meu Deus, para ouvires o clamor e a oração que faz, hoje, o teu servo diante de ti. Para que os teus olhos estejam abertos noite e dia sobre esta casa, sobre este lugar, do qual

---

*of the Program of Restoration of Ezekiel 40-48* (HSM 10; Missoula: Scholars, 1976).

[56] Veja Von Rad, *Studies in Deuteronomy*, pp. 37-44; Mettinger, *The Dethronement of Sabaoth*, pp. 38-79; S. Dean McBride, "The Deuteronomic Name Theology" (dissertação de Ph.D.; Harvard University, 1969); e Patrick D. Miller, *Deuteronomy* (Interpretation; Louisville: John Knox, 1990), pp. 129-133.

disseste: O meu nome estará ali; para ouvires a oração que o teu servo fizer neste lugar. Ouve, pois, a súplica do teu servo e do teu povo de Israel, quando orarem neste lugar; ouve no céu, lugar da tua habitação; ouve e perdoa. (1Rs 8,27-30)

Assim, **(a)** o nome de Javé está no templo, **(b)** Javé está no céu, mas **(c)** Javé no céu atenta constantemente ao templo. Portanto, orações dirigidas ao templo são ouvidas no céu e respondidas. Mesmo com essa qualificação, o templo ainda é um modo de mediação importante e indispensável.

É suficiente, para nossos propósitos, que a teologia sacerdotal de glória e a teologia deuteronomista de nome são estratégias imaginativas de presença e, podemos crer, bem sucedidas. Elas servem tanto para satisfazer as necessidades de exilados judeus fora de Jerusalém quanto para desprender Javé de um sistema falido de templo.

### *Tensão entre as estratégias sacerdotal e deuteronomista*

Podemos fazer mais duas observações a respeito dessas duas estratégias de presença para os exilados. Primeiro, essas duas estratégias, a sacerdotal e a deuteronomista, estão em importante tensão entre si. A trajetória sacerdotal é a que se pode denominar de "alta Igreja"; ela orienta em uma direção artística visual que está aberta e disposta a receber muitas expressões culturais. A trajetória deuteronomista, em contraste, é "baixa Igreja", dependendo primariamente de pronunciamentos; ela produz uma "teologia da palavra", como fica evidente nos "sermões" da história deuteronomista, e tende a uma direção separatista.

Embora um leitor do Antigo Testamento possa preferir uma dessas teologias exílicas de presença em vez da outra, é importante que *o processo de canonização manteve ambas, atribuindo ambas a Moisés, e se recusando a escolher entre elas.*[57] Esse meio-termo é um reconhecimento de que, no fim, a "presença" é problemática; qualquer solução única provavelmente é parcial e precisa de uma correção (ecumênica). A mediação através do culto, pois, exige um julgamento contínuo e renovado. Para que o estudante da teologia do Antigo Testamento possa continuar a extrapolar a partir dessa polaridade, sugiro três pares de noções que derivam dessas tradições:

---

[57] Veja RAINER ALBERTZ, *A History of Israelite Religion in the Old Testament Period 2: From the Exiles to the Maccabees* (Louisville: Westminster/John Knox, 1994), pp. 387-399 e *passim*.

| Teologia sacerdotal: | Teologia deuteronomista: |
|---|---|
| uma hermenêutica de restauração | uma hermenêutica de suspeita** |
| manifestação | proclamação*** |
| sacramento | palavra |

**As categorias vêm de PAUL RICOEUR, *Freud and Philosophy: An Essay on Interpretation* (New Haven: Yale University, 1970), e de outras obras dele; são retomadas especialmente por DAVID TRACY, *The Analogical Imagination: Christian Theology and the Culture of Pluralism* (Nova York: Crossroad, 1981), p. 190 nota 21, p. 373 e *passim*.

*** Quanto a esse par de termos, veja TRACY, *The Analogical Imagination*, pp. 376-404, onde ele segue RICOEUR.

Fica claro que o cristianismo não-ecumênico ou pré-ecumênico não foi bem sucedido em manter essa tensão produtiva e essencial, que é uma ênfase chave no cânon de Israel.

### *Relacionamento entre pessoa e lugar*

Segundo, o vínculo de Javé com o templo e a problemática de uma formulação adequada desse relacionamento são algo paralelo à problemática de uma articulação cristã adequada da relação de Jesus com Javé. Ou seja, na doutrina cristã da Trindade é fundamental articular tanto a "unidade" de Jesus com "o Pai" quanto a diferenciação entre os dois. Apenas a manutenção de ambas as afirmações possibilita a reivindicação do cristianismo universal quanto à salvação em Jesus.

*Mutatis mutandis*, é extremamente importante no testemunho de Israel articular com certa precisão o relacionamento entre Javé e o templo de Jerusalém. As reivindicações míticas presentes no templo, certamente baseadas na religião não-mosaica e pré-mosaica, articulam uma "alta" noção de presença, na qual o lugar do templo parece ser quase identificado com a presença pessoal de Javé. Ou seja, estar nesse lugar garante comunhão pessoal. Essa elevada reivindicação, sem dúvida energizada pelas necessidades ideológicas da monarquia, torna o dom salvífico de Javé presente de forma palpável e provê suficiente certeza religiosa para as reivindicações da elite governante. Essa presença palpável se expressa por meio do uso do verbo *yšb*, que reivindica muito mais do que o verbo *škn*, em termos de residência permanente (cf. 1Rs 8,12-13), e na reivindicação de "contemplar a Deus", que se assenta "entronizado acima dos querubins". Javé está realmente lá em completo esplendor!

Todavia, há um perigo em identificar completamente pessoa e lugar, pois nessa articulação grandemente reconfortante, a peculiar liberdade, fidelidade e soberania de Javé tendem a desaparecer dentro da construção sacerdotal. Além disso, fica evidente que Israel está plenamente consciente dessa problemática, pois é claramente anunciada em 1 Reis 8,27-30, imediatamente após a elevada reivindicação de 1 Reis 8,12-13. Há duas razões pelas quais Javé não deve ser completamente identificado com o templo.

A primeira razão é que a destruição do templo em 587 a.C. não podia ser entendida em Israel como implicando a subsequente destruição de Javé. Além disso, Javé precisa continuar presente aos exilados, os quais não têm acesso a Jerusalém e que exigem um Deus disponível de forma mais prática na diáspora. Porém, a razão fundamental para a recusa final dessa identificação entre pessoa e lugar não é pastoral e prática, mas sim teológica. Refere-se ao próprio caráter de Javé, como apresentado em outros lugares e de forma pervasiva no testemunho de Israel; é uma questão anunciada por Natã em sua resistência à intenção de Davi em construir um templo:

> Edificar-me-ás tu casa para minha habitação? Porque em casa nenhuma habitei desde o dia em que fiz subir os filhos de Israel do Egito até ao dia de hoje; mas tenho andado em tenda, em tabernáculo. Em todo lugar em que andei com todos os filhos de Israel, falei, acaso, alguma palavra com qualquer das suas tribos, a quem mandei apascentar o meu povo de Israel, dizendo: Por que não me edificais uma casa de cedro? (2Sm 7,5-7)

Javé é um Deus livre, nômade, que se movimenta; ele não será confinado ou domesticado por um templo, mesmo se as tradições do templo ocasionalmente tentem fazê-lo. De fato, o culto não oferece nada que seja essencial a Javé, o qual não tem necessidade da atenção de Israel:

> De tua casa não aceitarei novilhos,
> nem bodes, dos teus apriscos.
> Pois são meus todos os animais do bosque
> e as alimárias aos milhares sobre as montanhas.
> Conheço todas as aves dos montes,
> e são meus todos os animais que pululam no campo.
> Se eu tivesse fome, não to diria,
> pois o mundo é meu e quanto nele se contém.
> Acaso, como eu carne de touros?
> Ou bebo sangue de cabritos?
> Oferece a Deus sacrifício de ações de graças
> e cumpre os teus votos para com o Altíssimo;
> invoca-me no dia da angústia;
> eu te livrarei, e tu me glorificarás. (Sl 50,9-15)

O relacionamento entre Javé e Israel, quando se proclama a maravilhosa santidade de Javé, é de tal forma que esse é autossuficiente, enquanto Israel é necessitado e pode invocá-lo "no dia da angústia". O caráter soberano de Javé recusa qualquer atenuação dessa dinâmica ou qualquer tentação de inverter esse relacionamento. Esta realidade de Javé coloca uma restrição severa nas reivindicações cultuais que são exageradas ou praticadas acriticamente.

Assim, as tradições sacerdotais de Israel precisam continuar a se preocupar com e julgar a delicadeza da questão da presença cultual. Javé deve estar no templo, para que Israel encontre plenitude e segurança lá. Javé não deve estar preso ao templo, para que a verdadeira santidade de Javé seja plenamente reconhecida. O conjunto de testemunhos diferentes sobre esse ponto da "Presença Real" indica que Israel experimentou, praticou e articulou a Presença Real de muitas maneiras em diferentes circunstâncias. Reivindicar a presença de forma muito vinculada ao templo diminui o caráter autêntico de Javé, mas afirmar a presença de forma muito leve deixa Israel excessivamente exposto. Portanto, nenhuma articulação única e simples da presença é suficiente. O testemunho canônico de Israel provê amplas evidências tanto para o sacramentalismo "católico" quanto para o protesto "protestante" contra um sacramentalismo controlado e controlador.

### A presença como dom e problema

A reivindicação sobre Javé como Presença Real no templo é infinitamente problemática para Israel. Por um lado, Javé pode exercer liberdade e se ausentar do templo. Exibe-se a crise nos Salmos de lamento, em que Israel experimenta a ausência e o silêncio de Javé. Por outro lado, a liberdade soberana de Javé pode se contrair nas rotinas do templo, de forma que se perca o caráter autêntico de Javé nas práticas sacramentais do templo assumidas como óbvias. Esse é um problema sério para Israel, pois este não quer negar que o templo é o lugar da presença intensa de Javé, de onde Israel pode apropriadamente esperar socorro. Ao mesmo tempo, contudo, a exploração e domesticação de Javé evocam em Israel reformas e protestos que buscam reordenar o culto de maneiras congruentes com a intenção de Javé, como se apresenta no testemunho de Israel.

### *A reforma real do templo*

A reforma do templo é uma responsabilidade apropriada aos reis em Jerusalém, pois são os supervisores (assim como beneficiários) do templo. De fato, prestar atenção ao templo é um ato piedoso importante para o rei.⁵⁸ O relato da história real de Israel em Crônicas retrata, como peça central, o compromisso de Davi como fundador do templo (1Cr 21,18-26,32; 28,1-29,22) e de Salomão como seu grande construtor e benfeitor (2Cr 2-7).

As histórias reais apresentadas tanto pelo Deuteronomista quanto pelo Cronista relatam os esforços régios para reforma do templo, mas não podemos ter certeza sobre a confiabilidade histórica dos relatos. Mas podemos ter certeza que o testemunho teológico de Israel considera a reforma do templo como crucial ao javismo autêntico, e considera que os reis são responsáveis por ela. As narrativas relatam reformas modestas ou comprometidas feitas por Asa (1Rs 15,11-15), Josafá (1Rs 22,43,46), Azarias (2Rs 15,3-4) e Jotão (2Rs 15,34-35; 2Cr 27,2).

No entanto, é principalmente nos reinos de Ezequias (2Rs 18,3-4; 20,3; 2Cr 29-31) e Josias (2Rs 23,4-25; 2Cr 34,29-35,19) que a reforma parece ter sido extensa e séria. A reforma sob esses últimos dois reis pode ter tido uma motivação política poderosa como afirmação de independência do controle assírio, mas não é assim que se relata a questão nos testemunhos narrativos. No caso dos dois principais reis reformadores, a tarefa negativa é remover do templo aqueles sinais e símbolos que violam a lealdade exclusiva a Javé (cf. 2Rs 18,4-5). A tarefa positiva da reforma é instituir ou reintegrar as práticas que articulam e concretizam a lealdade única a Javé, com referência particular à Páscoa. Não é mais claro, a partir da nossa distância, por que se consideravam alguns símbolos e ações como a favor ou contra o javismo verdadeiro, mas não há dúvida de que a lógica interna da reforma era inequívoca.

A segunda realização importante dessas reformas reais é que elas parecem ter gerado uma notável literatura de testemunho. Essa literatura pode ter sido motivada ideologicamente por interesses reais, e talvez em certos momentos tenha funcionado como propaganda da monarquia. Tendo essa literatura se tornado cânon, mesmo assim ela permanece como testemunho permanente em Israel e para Israel de que a "adoração correta" é crucial. Assim, tanto na história deuteronomista como no Cronista, Ezequias e Josias recebem uma cobertura destacada (2Rs 18-20; 22,1-23;30; 2Cr 29-32; 34-35). Além disso, assume-se amplamente que alguma con-

---

⁵⁸ Quanto ao vínculo entre rei e templo na ideologia centrista, veja JOHN M. LUNDQUIST, "What Is a Temple? A Preliminary Typology", *The Quest for the Kingdom of God: Studies in Honor of GEORGE E. MENDENHALL* (org. H. B. HUFFMON *et al.*; Winona Lake: Eisenbrauns, 1983), pp. 205-219.

figuração do livro de Deuteronômio está vinculada à reforma de Josias. Adicionalmente, MENAHEM HARAN propõe que alguma configuração do material sacerdotal está vinculada à reforma de Ezequias, mas uma datação tão antiga do material vai contra o consenso erudito atual.[59] Em todo caso, a atenção à adoração correta, ao gerenciamento fiel dos símbolos públicos, é uma responsabilidade primária dos reis.

Fica claro que as reformas reais, talvez realizadas com motivos mistos, foram apenas marginalmente bem-sucedidas. De fato, pode ser que "reforma real" seja um tipo de oxímoro, pois os reis reformadores também dependiam da manutenção do sistema sacramental para legitimarem seu poder. Portanto, passamos das reformas reais para as polêmicas proféticas muito mais severas contra o culto.

### Polêmicas proféticas contra o culto

Em todo lugar fica evidente que os profetas que vieram a dominar o cânon articulam uma polêmica abrangente e penetrante contra o santuário. Entre os textos mais conhecidos e óbvios que anunciam essa polêmica estão os seguintes:

> De que me serve a mim a multidão de vossos sacrifícios?
> – diz o Senhor.
> Estou farto dos holocaustos de carneiros
> e da gordura de animais cevados
> e não me agrado do sangue de novilhos,
> nem de cordeiros, nem de bodes.
> Quando vindes para comparecer perante mim,
> quem vos requereu o só pisardes os meus átrios?
> Não continueis a trazer ofertas vãs;
> o incenso é para mim abominação,
> e também as Festas da Lua Nova, os sábados,
> e a convocação das congregações;
> não posso suportar iniquidade associada ao ajuntamento solene.
> As vossas Festas da Lua Nova e as vossas solenidades,
> a minha alma as aborrece;
> já me são pesadas;
> estou cansado de as sofrer.
> Pelo que, quando estendeis as mãos,
> escondo de vós os olhos;
> sim, quando multiplicais as vossas orações,
> não as ouço,
> porque as vossas mãos estão cheias de sangue. (Is 1,11-15)

---

[59] HARAN, "The Centralizations of the Cult", *Temples and Temple-Service*, pp. 132-148.

> Vinde a Betel e transgredi,
> a Gilgal, e multiplicai as transgressões;
> e, cada manhã, trazei os vossos sacrifícios
> e, de três em três dias, os vossos dízimos;
> e oferecei sacrifício de louvores do que é levedado,
> e apregoai ofertas voluntárias,
> e publicai-as,
> porque disso gostais, ó filhos de Israel,
> disse o Senhor Deus. (Am 4,4-5; cf. Os 6,6; Jr 7,4.8-11; Mq 6,6-8; Is 58,2-4)

Na crítica dos profetas, o culto se tornou um lugar de autoindulgência e saciedade. Javé se tornou uma função de uma iniciativa religiosa que é manipulativa e autogratificante, mas que abandonou completamente qualquer referência ao Deus soberano do testemunho central. Embora o culto fosse um instrumento autorizado para a prática extraordinária de comunhão com Javé, agora tinha se tornado um lugar onde se desconsidera e se perde quase totalmente a realidade de Javé, em seu caráter autêntico.

Os estudiosos despenderam bastante energia para identificar se esses pronunciamentos proféticos se opõem ao culto por princípio ou apenas quando ele é abusivo e nega a realidade de Javé.[60] Esse debate erudito do passado ocorreu em um contexto de extrema polêmica protestante contra a prática litúrgica; não é desse jeito que a questão da crítica do culto pode ser entendida agora. Em nossa compreensão atual, julga-se usualmente que os profetas estão preocupados com os abusos flagrantes no culto e não teriam considerado a noção de se abolir o culto.

O que parece ser importante nessas polêmicas proféticas é que o culto deve ser um testemunho e uma incorporação da prática de comunhão com Javé, no seu caráter autêntico como soberano e misericordioso. Não é mais aceitável simplesmente justapor "ética" e "culto", como poderia ter feito a crítica protestante mais básica, pois é evidente que, no mundo contemporâneo, assim como no mundo antigo, *uma prática regular e estilizada de simbolização é indispensável para a manutenção de uma prática ética intencional*. Adicionalmente, além de seu uso instrumental como suporte necessário para a intencionalidade ética, o culto é um lugar onde Israel pode de fato estar na presença do Santo.

Não há evidências de que os profetas se opusessem à adoração pública em si, quando essa adoração enfatizava a singularidade do verdadeiro

---

[60] A declaração mais extrema de repúdio, já citada, é a de Ludwig Koehler. Veja Am 5,25; Jr 7,22, para indícios de que alguns em Israel consideravam o sacrifício, em princípio, como uma aberração em Israel.

Deus de Israel. É evidente que, em sua adoração, que podemos considerar como "corretamente construída" segundo o próprio testemunho israelita, Israel lida com as grandes memórias de seu testemunho central; nele se considera o testemunho mais básico sobre o Deus de Israel com seriedade definidora para o presente. Esse testemunho central inclui tanto Javé como aquele que se insere na experiência pública de Israel de maneiras dramáticas, quanto Javé como aquele que sanciona e mantém a criação como lar vivificante para Israel.⁶¹ É bastante plausível que a polêmica profética seja uma insistência de que a adoração de Israel esteja envolvida, em cada momento, com esse Deus.

Capítulo

XXIII

---

⁶¹ Tanto WALTER HARRELSON, *From Fertility Cult to Worship* (Garden City: Doubleday, 1969), pp. 81-99, quanto ANDERSON, *Creation versus Chaos*, pp. 78-109, incluem criação e sua "prática" como aspectos aceitos e cruciais da adoração de Israel.

## Capítulo Vinte e Quatro

## O sábio como mediador

Talvez a questão mais importante a se considerar a respeito do "sábio" como mediador de Javé seja que o sábio se inclui de alguma forma ao lado da Torá, rei, profeta e culto.¹ Essa inclusão representa um desvio importante das categorias primárias da teologia do Antigo Testamento dominante no século XX; esse desvio se tornou possível especialmente pelos estudos das décadas de 60 e 70, que foram além do foco singular em atos históricos como dados do javismo de Israel.² Esses estudos, especialmente os realizados por GERHARD VON RAD, ROLAND MURPHY, JAMES CRENSHAW e NORMAN WHYBRAY, sugerem um tipo de reflexão e articulação teológicas no Israel antigo que é paralelo ou alternativo àquele dos atos históricos.³

---

¹ "Sábio" é um termo genérico cada vez mais usado para abranger mestres de sabedoria e escribas. Veja, por exemplo, LEO G. PERDUE e JOHN G. GAMMIE (orgs.), *The Sage in Israel and the Ancient Near East* (Winona Lake: Eisenbrauns, 1990); e JOSEPH BLENKINSOPP, *Sage, Priest, Prophet: Religious and Intellectual Leadership in Ancient Israel* (Louisville: Westminster/John Knox, 1995), pp. 9-65. Suponho que parte da razão do uso de "sage" em inglês seja evitar a expressão explicitamente masculina "wise man". Veja também RODNEY R. HUTTON, *Charisma and Authority in Israelite Society* (Mineápolis: Fortress, 1994), pp. 172-205; e LESTER L. GRABBE, *Priests, Prophets, Diviners, and Sages: A Socio-historical Study of Religious Specialists in Ancient Israel* (Valley Forge: Trinity, 1995), pp. 152-180.

² Quanto a essa mudança crucial nos estudos, influenciada especialmente por CLAUS WESTERMANN, veja WESTERMANN, "Creation and History in the Old Testament", *The Gospel and Human Destiny* (org. VILMOS VAJTA; Mineápolis: Augsburg, 1971), pp. 11-38, em reação a GERHARD VON RAD; e FRANK M. CROSS, *Canaanite Myth and Hebrew Epic: Essays in the History of the Religion of Israel* (Cambridge: Harvard University, 1973), em reação a G. ERNEST WRIGHT. Veja também LEO G. PERDUE, *The Collapse of History: Reconstructing Old Testament Theology* (OBT; Mineápolis: Fortress, 1994), pp. 113-150; e WALTER BRUEGGEMANN, "A Shifting Paradigm: From 'Mighty Deeds' to 'Horizon'", *The Papers of the Henry Luce III Fellows in Theology* (org. Gary Gilbert; Atlanta: Scholars, 1996), pp. 7-47; e "The Loss and Recovery of Creation in Old Testament Theology", *TToday* 53 (1996), pp. 177-190. Veja a nota 10 no capítulo 9 para obras nesse sentido.

³ De forma mais recente, veja o compêndio do importante trabalho de JAMES L. CRENSHAW, *Urgent Advice and Probing Questions: Collected Writings on Old Testament Wisdom* (Macon: Mercer University, 1995).

## O consenso acadêmico

O produto dessa pesquisa pode agora ser considerado como consensual entre os estudiosos, e se sumariza em seis pontos:

**(a)** A teologia sapiencial é uma teologia que reflete sobre a criação, suas exigências, ordens e dons.[4]

**(b)** Os dados para essa teologia se constituem na experiência de vida que não é, na maior parte, dominada por construtos ou categorias interpretativas impostas. Assim, os mestres de sabedoria permanecem próximos à qualidade enigmática da experiência.

**(c)** Compreende-se e percebe-se que a experiência tem confiabilidade, regularidade e coerência, de forma que se podem fazer observações generalizantes, as quais permanecem válidas diante da riqueza da experiência concreta.

**(d)** A confiabilidade, a regularidade e a coerência da experiência de vida têm uma dimensão ética inflexível, de forma que certos tipos de conduta produzem resultados benéficos e outros tipos de conduta possuem consequências negativas. O vínculo entre ação e consequência é intrínseco ao formato da realidade criada e não pode ser violado.[5]

**(e)** A valorização da experiência de vida como uma coerência entre exigências éticas e garantias éticas é considerada como um tipo de "teologia natural"; ou seja, é uma teologia que expõe ao discernimento sério algo das bases e caráter oculto de toda a realidade.[6] Assim, os mestres de sabedoria não depen-

---

[4] A declaração definidora é a de WALTHER ZIMMERLI: "A sabedoria pensa resolutamente dentro do contexto de uma teologia da criação", em "The Place and Limit of the Wisdom Framework of the Old Testament Theology", *SJT* 17 (1964), p. 148. Veja, de forma mais genérica, PERDUE e GAMMIE, *The Sage in Israel;* PERDUE, *The Collapse of History*; e JOHN DAY et al. (orgs.), *Wisdom in Ancient Israel: Essays in Honour of J. A. EMERTON* (Cambridge: Cambridge University, 1995).

[5] Encontra-se uma declaração clássica em KLAUS KOCH, "Gibt es ein Vergeltsdogma im Alten Testaments?", *ZTK* 52 (1955), pp. 1-42. Veja uma tradução em *Theodicy in the Old Testament* (org. JAMES L. CRENSHAW; Filadélfia: Fortress, 1983), pp. 57-87.

[6] Veja especialmente JAMES BARR, *Biblical Faith and Natural Theology: The Gifford Lectures for 1991* (Oxford: Clarendon, 1993).

dem, para suas percepções, dos pronunciamentos proféticos ou dos decretos do Sinai que reivindicam explicitamente ser reveladores; eles creem que aquilo que é "verdadeiro" se manifesta na experiência de vida, discernida de forma correta (e sábia).

**(f)** Como "teologia natural", esse depósito de reflexão constante é, de fato, revelador: revela e manifesta o Deus que cria, ordena e sustenta a realidade. Assim, a "teologia natural" como revelação realmente medeia Javé; considera-se que ele é o garantidor generoso e exigente de uma ordem de vida viável, na qual se pode confiar e depender, mas que não pode ser violada levianamente. Os mestres de sabedoria, na maior parte, não falam diretamente sobre Deus, mas fazem inferências e convidam a inferências sobre Deus a partir da experiência discernida teologicamente.

Nosso propósito aqui, contudo, não é o de explicar a teologia sapiencial, mas o de considerar a concretização da sabedoria na prática social e institucional regularizada.[7] Aqui estamos basicamente em uma área especulativa, visto que as evidências concretas são bem poucas.[8] Procedemos necessariamente por inferência e precisamos ser cautelosos para não reivindicar coisas demais. Assim, meus comentários aqui podem no máximo refletir o consenso geral e provisório dos estudiosos. Ao considerarmos os sábios como mediadores, o mais importante para nós é que havia de fato agentes reais de sabedoria que "falavam convincentemente" sobre essa teologia, os quais tinham ocasiões regulares e socialmente aceitas para esses pronunciamentos e eram reconhecidos como autoridade nesses pronunciamentos, se bem que essa era uma autoridade congruente com o estilo utilizado e a epistemologia defendida. Havia aqueles que revelavam Javé, por meio de pronunciamentos, como o ordenador confiável, generoso e exigente de um mundo-vida viável.

### Contexto e situação social da sabedoria

Tornou-se convencional entre os estudiosos sugerir três esferas plausíveis nas quais os sábios atuavam de modo contínuo para assegurar que

---

[7] Veja minha análise da teologia sapiencial como um elemento do testemunho contrário, nas pp. 447-448 [capítulo 9, na seção "O governo oculto de Javé"].

[8] Veja especialmente a prudência expressa por Stuart Weeks, *Early Israelite Wisdom* (Oxford: Clarendon, 1994).

Israel vivesse em um mundo de javismo, e não em outro mundo. O primeiro círculo social amplamente aceito para essa mediação é o clã ou a família.⁹

## *O papel da família*

Essa ênfase da instrução sapiencial é especialmente notada por ERHARD GERSTENBERGER e se reflete nos "ditos familiares" que ocorrem frequentemente nos livros de sabedoria do Antigo Testamento, especialmente em Provérbios.¹⁰ O mestre de sabedoria fala como um pai a um filho; consequentemente, "ouve, meu filho". Carole Fontaine defende corretamente que tanto as mães quanto os pais funcionam desse modo. A família ou clã, entre outras coisas, é um agente socializador decisivo, que constrói um mundo de limites e escolhas, de símbolos e imaginação, no qual a criança pode viver em segurança. Boa parte da socialização se dá por meio de imperativos diretos, mas uma parte é realizada, especialmente em uma sociedade popular, por ditos continuamente repetidos que criam vínculos, os quais se tornam pressuposições aceitas. As pressuposições dessa mediação, que proporcionam à criança uma estrutura de plausibilidade, se referem tanto à vitalidade da criação de Javé quanto às limitações severas contra o comportamento destrutivo.

GERSTENBERGER chega a sugerir que é a partir das expectativas e proibições do líder do clã que Israel recebe a forma imperativa "Não [farás]...", que subsequentemente é anunciada no Sinai pela boca de Javé. Esse imperativo é declarado primeiramente a uma criança na unidade familiar, advertindo-a com autoridade inquestionável sobre os perigos do comportamento inaceitável. GERSTENBERGER cita como exemplo básico as proibições aceitas pelos recabitas, um grupo religioso altamente disciplinado que seguia as disciplinas de "nosso pai":¹¹

Não beberemos vinho, porque Jonadabe, filho de Recabe, nosso pai, nos ordenou: Nunca jamais bebereis vinho, nem vós nem vossos filhos; não edificareis casa, não fareis sementeiras, não plantareis, nem possuireis vinha alguma; mas habitareis em tendas todos os vossos dias, para que

---

⁹ Veja ERHARD GERSTENBERGER, *Wesen und Herkunft des apodiktischen Rechts* (WMANT 20; Neukirchen-Vluyn: Neukirchener, 1965). Porém, note também a prudência de CAROLE R. FONTAINE, "The Sage in Family and Tribe", *The Sage in Israel*, pp. 155-164.

¹⁰ A ênfase no clã em geral como uma unidade crucial para a fé de Israel é defendida por ERHARD GERSTENBERGER e RAINER ALBERTZ; veja o capítulo 23.

¹¹ GERSTENBERGER, *Wesen und Herkunft*, pp. 110-117.

vivais muitos dias sobre a terra em que viveis peregrinando. Obedecemos, pois, à voz de Jonadabe, filho de Recabe, nosso pai, em tudo quanto nos ordenou; de maneira que não bebemos vinho em todos os nossos dias, nem nós, nem nossas mulheres, nem nossos filhos, nem nossas filhas; nem edificamos casas para nossa habitação; não temos vinha, nem campo, nem semente. Mas habitamos em tendas, e, assim, obedecemos, e tudo fizemos segundo nos ordenou Jonadabe, nosso pai. (Jr 35,6-10)

Assim, é possível aceitar a proposta de que a família, como socializadora em nível bem prático, inculca um horizonte javista em si mesma.

Esse trabalho de autoridade, instrução e cuidado paternal, certamente compreendido aqui como uma questão que abrange muitas gerações em uma família estendida, não é diferente daquilo que foi denominado, na antiquada terminologia religiosa, de "cuidado e admoestação do Senhor". Nessa socialização familiar, o "cuidado e admoestação" provavelmente se constitui em um conjunto misto de fé altamente javista, com uma grande porção de senso comum e alguns elementos de valores, esperanças, medos e tendências familiares.[12] Tudo isso junto constitui uma maneira pela qual a família prossegue intencionalmente a manter para a próxima geração um mundo-vida intacto, funcionando e pleno de autoridade.

Um dos termos que expressa essa iniciativa de cuidado, admoestação e socialização é *mûsar*.[13] Nesse sentido, podemos considerar dois ditos que refletem um compromisso com esse cuidado, admoestação e socialização:

O que retém a vara aborrece a seu filho,
mas o que o ama, cedo, o disciplina (*mûsar*). (Pv 13,24)

A estultícia está ligada ao coração da criança,
mas a vara da disciplina (*mûsar*) a afastará dela. (Pv 22,15; cf. 23,13)

---

[12] A expressão "cuidado e admoestação" me relembra a fórmula batismal da Igreja em que cresci. Embora o "cuidado e admoestação" visado naquela localização social fosse intencional e pleno de autoridade, ele não continha quase nada da coerção malévola e tom de estridência presentes no anseio por "valores familiares". Somos levados pelo texto a concluir que a mesma ausência de estridência coerciva é o caso característico no Israel antigo.

[13] Quanto ao termo, veja HANS-JOACHIM KRAUS, "Geschichte also Erziehung", *Probleme Biblischer Theologie* (org. Hans-Walter WOLFF; Munique: Chr. Kaiser, 1971), pp. 167-168. Veja JAMES L. CRENSHAW, "Education in Ancient Israel", *JBL* 104 (1985), pp. 601-615.

Não se deve entender a "vara da disciplina" (*mûsar*) aqui como um instrumento de abuso. Antes, é um instrumento de orientação e proteção, tal como se usa o termo *vara* no Salmo 23,4 para se referir à orientação e proteção que um pastor dá a suas ovelhas. Israel não se esquiva do cuidado de certo tipo, mas o aceita como responsabilidade primária. Esse cuidado, no modo da sabedoria, entretanto, não é caracteristicamente direto e coercivo; antes é convidativo e lúdico, tanto quanto os "ditos familiares" que fazem conexões, mas não forçam imperativos diretos ou conclusões. Esse cuidado e admoestação induzem o jovem ao mundo-vida da família, para compor de maneiras imaginativas esse mundo-vida a partir dos elementos oferecidos pela geração dos pais.

## *O papel da escola*

Uma segunda esfera de mediação sapiencial é a escola.[14] Evidências de escolas no Israel antigo são ambíguas e basicamente inferenciais. Não obstante, dadas as necessidades práticas e ideológicas da elite real urbana, é persuasivo supor que a sabedoria tenha prosperado sob o patrocínio real, talvez sob Salomão, mais provavelmente na época de Ezequias. Essas escolas, supomos (tal como muitos estudiosos o fazem), certamente eram para a classe privilegiada, que era educada para vocações no Estado e na economia. Na medida em que Israel deixou de ser uma sociedade segmentada e tribal e sua vida pública se tornou mais complexa, especializada e estratificada, a posse de habilidades de discurso e a capacidade de manipular símbolos devem ter sido altamente valorizadas. Não nos surpreenderia se essa instrução incluísse referência a etiqueta da corte, habilidades em discurso e práticas de prudência que pudessem promover o aluno aos olhos dos poderosos. De fato, o gerenciamento do poder deve ter sido importante.[15] O que mais nos importa é que esse cuidado nas escolas nunca foi totalmente secular, e certamente continua um ingrediente importante do

---

[14] Veja ANDRE LEMAIRE, "The Sage in School and in Temple", *The Sage in Israel*, pp. 165-181, e sua documentação completa. Note especialmente a obra de H. J. HERMISSON, que LEMAIRE cita na nota 6. Veja G. I. DAVIES, "Were There Schools in Ancient Israel?", *Wisdom in Ancient Israel: Essays in Honour of J. A. EMERTON*, pp. 199-211.

[15] Veja E. W. HEATON, *Solomon's New Men: The Emergence of Ancient Israel as a National State* (Londres: Thames and Hudson, 1974); e *The School Tradition of the Old Testament: The Bampton Lectures for 1994* (Oxford: Oxford University, 1994). GEORGE MENDENHALL (veja nota 21 adiante) também considera os sábios como participantes políticos. Contudo, ele os considera de forma bem mais negativa.

javismo considerado anteriormente.¹⁶ Assim, a coerência oculta do mundo como criação de Javé é uma verificação importante quanto ao poder político reduzido à manipulação técnica.

### A corte real

A corte real é o terceiro contexto no qual a sabedoria era praticada, com toda a probabilidade, como uma maneira de manter Javé disponível a Israel.¹⁷ Os reis de Israel tinham consultores e conselheiros capazes de trazer uma perspectiva mais ampla a questões políticas a serem decididas. Husai e Aitofel, na corte de Davi, são exemplos claros; além disso, as narrativas de José e Daniel demonstram que Israel tinha consciência dessa função real, mesmo quando isso se refere a cortes estrangeiras.¹⁸ NORMAN WHYBRAY sugere que havia uma tradição intelectual de pessoas cultas e habilidosas no Israel antigo, que atuavam de diversos modos em toda a sociedade para formatar o aprendizado e também para influenciar a formação e implementação de políticas públicas. Essa tradição de sabedoria com orientação pública inclui muitas pessoas reconhecidas como sábias. Segundo WHYBRAY, entretanto, elas não constituíam uma classe especial na sociedade.¹⁹ Na medida em que continuam a falar, pensar e interpretar o mundo segundo a teologia da criação javista notada anteriormente, elas podem ser consideradas como mediadores de Javé.

---

¹⁶ Isso vai contra as suposições de WILLIAM McKane em seu importante comentário, *Proverbs: A New Approach* (OTL; Londres: SCM, 1970), mas representa o que certamente é um consenso entre os estudiosos.

¹⁷ Veja WALTER BRUEGGEMANN, "The Social Significance of Solomon as a Patron of Wisdom", *The Sage in Israel*, pp. 117-132; e R. N. WHYBRAY, "The Sage in the Israelite Royal Court", *The Sage in Israel*, pp. 133-139.

¹⁸ O caso de Husai e Aitofel é o exemplo clássico do Antigo Testamento; veja WILLIAM McKane, "Old Wisdom and the Case of Ahithophel", *Prophets and Wise Men* (SBT 44; Naperville: Alec R. Allenson, 1965), pp. 13-62. Quanto aos sábios de Israel em cortes estrangeiras, veja W. LEE HUMPHREYS, "A Life-Style for Diaspora: A Study of the Tales of Esther and Daniel", *JBL* 92 (1973), pp. 211-223; e DANIEL L. SMITH, *The Religion of the Landless: The Social Context of the Babylonian Exile* (Bloomington: Meyer STONE, 1989). Tanto HUMPHREYS quanto SMITH não consideram primariamente as questões históricas, mas sim estratégias para circunstâncias históricas assumidas na forma literária.

¹⁹ Veja NORMAN WHYBRAY, *The Intellectual Tradition in the Old Testament* (BZAW 135: Berlim: de GRUYTER, 1974).

### *"Teólogos práticos"*

Pode-se considerar esses praticantes de sabedoria – na família, escola, corte real e vida pública – como "teólogos práticos" em dois sentidos. Primeiro, são práticos no sentido ordinário de usarem um grande senso comum. Eles percebiam como as coisas funcionavam e como se relacionavam de forma inalienável entre si. Segundo, estão envolvidos na "prática real"; ou seja, constantemente encaram novas experiências que devem não apenas ser integradas no depósito de conhecimentos, mas que devem permitir uma revisão desse depósito à luz dos novos dados. Isso significa que a palavra de cuidado e instrução deles ocorre geralmente "na correria". Assim, é importante reconhecer que Javé é mediado a Israel, não apenas em operações determinadas, visíveis, credenciadas e institucionais que são bem evidentes no testemunho de Israel, mas também de maneiras assistemáticas, nas quais as categorias da teologia da criação proporcionam bastante percepção e liberdade para a interpretação de Javé. De fato, a teologia prática é uma teologia "na correria", talvez cada vez mais importante em uma sociedade na qual as credenciais e os modos institucionais reconhecidos de mediação recebem cada vez menos atenção.

### Distorções disponíveis

Visto que o ensino da sabedoria como cuidado, instrução e interpretação é assistemático, "na correria", e envolvido na responsabilidade diária de lidar com a vida, deve-se esperar que a teologia sapiencial não seja coerente ou controlado de algum modo previsível. Isso significa, por sua vez, que o ensino da sabedoria pode ser facilmente distorcido, muito embora já tenhamos visto que os demais modos de mediação de Javé também estão sujeitos à perversão. Aqui sugerimos três tipos de distorção que são evidentes no texto.

### *Tradicionalismo estabelecido*

Na medida em que a reflexão da sabedoria é um ensino projetado para socializar e inculcar os jovens no contexto de uma comunidade estabelecida, é possível que a instrução sapiencial se estabeleça em um tipo de tradicionalismo que simplesmente reitera e repete, sem reflexão crítica nem atenção a novas experiências complicadas. Esse tradicionalismo estabelecido, que não representa nem o ensino sapiencial nem o javismo em sua melhor configuração, pode resultar de uma recusa preguiçosa em se pensar de forma nova. Mais provavelmente, essa inclinação reflete compromissos sociais reacionários que desejam resistir às mudanças, mesmo se a experiência emergente pareça exigi-las.

Podemos citar um exemplo proeminente no qual se desafia um provérbio antigo e bem repetido como não mais válido:

> Que tendes vós, vós que, acerca da terra de Israel, proferis este provérbio, dizendo: Os pais comeram uvas verdes, e os dentes dos filhos é que se embotaram? Tão certo como eu vivo, diz o Senhor Deus, jamais direis este provérbio em Israel. Eis que todas as almas são minhas; como a alma do pai, também a alma do filho é minha; a alma que pecar, essa morrerá. (Ez 18,2-4; cf. Jr 31,29-30)

O provérbio parece ser um dito tribal tradicional, o qual assegura a solidariedade da comunidade ao longo das gerações e afirma que decisões feitas por uma geração continuam a ter impacto importante nas próximas gerações. A crítica do provérbio em Jeremias e Ezequiel, no entanto, indica que o exílio solapou a verdade desse provérbio há tanto tempo confiável. Esses profetas exílicos desejam asseverar que a nova geração no exílio tem liberdade para novas ações e não está destinada a viver em paralisia gerada por decisões feitas previamente. Para estabelecer que o momento atual é uma esfera para novas ações e possibilidades, precisa-se derrotar o antigo provérbio; a sabedoria proverbial em que se confia há tanto tempo deve ser descartada.

Suspeito que a crise dessa sabedoria proverbial em que se confia há tanto tempo, que nunca é isenta de interesses e vantagens sociais, é uma característica de toda sociedade em rápida mudança e na qual as antigas suposições são expostas e colocadas em risco por novas experiências. De fato, pode-se sugerir que os grandes debates ativos agora na Igreja ocidental, sob o ataque de um secularismo sem precedentes, versam sobre experiências e a sabedoria dos antigos – essa tem uma relação próxima com a fé bíblica, mas em grande parte é uma sabedoria judiciosa aceita há muito tempo. Os debates não são, pelo menos até certo grau, sobre a verdade; são sobre manter intacto um mundo social conhecido e gerenciável.

Até certo ponto, o mundo dos sábios é um mundo de asserções estabelecidas. Contudo, até certo ponto, é ao mesmo tempo um mundo de disputas contínuas, visto que "o tempo torna o antigo bem em algo desconhecido". Certamente havia em Israel, no período exílico, proponentes contínuos e vigorosos do antigo provérbio citado em Jeremias 31,29 e Ezequiel 18,2; esses precisavam ser convencidos de que o exílio era o momento e o local para possibilidades radicalmente novas. A disputa entre a sabedoria e o tradicionalismo não admite uma resolução "de cima", mas apenas resoluções provisórias "de baixo", em experiências.

### Legalismo

O legalismo está ligado estreitamente ao tradicionalismo; nele os antigos vínculos entre ações e consequências se congelaram em um princípio absolutista. A expressão mais clara disso se encontra nos amigos de Jó, um retrato artístico daquilo que deve ter sido uma opinião poderosa da sabedoria piedosa. Nesse retrato, os amigos, sábios com tendências pastorais, são intransigentes em seu absolutismo piedoso, que é hostil à experiência de Jó.[20] Os amigos certamente são tradicionalistas; diante do protesto e da dor eles se recusam a considerar qualquer aprendizado novo a partir das novas experiências.

Sem dúvida, o epílogo em prosa do livro de Jó tem seus interesses (cf. 42,7-8). Apesar disso, o veredito dado é impressionante: os amigos provocaram a ira de Javé, "porque não dissestes de mim o que era reto" (42,8). O ensino sapiencial é um processo contínuo e em desenvolvimento. Portanto, interromper o processo recusando-se a considerar novas experiências não é "reto", pois não representa corretamente a Javé e sua realidade no mundo. É uma coisa reconhecer que o depósito inicial de sabedoria surge a partir da experiência; é outra coisa bem diferente, com o depósito da experiência firme em mãos, reconhecer uma nova verdade – uma nova revelação que procede de novas experiências. Os amigos de Jó não conseguiram.

### Oportunismo de sábios profissionais

O sábio profissional público enfrenta uma tentação bem diferente da responsabilidade ética da sabedoria tribal. Esses sábios, segundo nossa hipótese, transitam em esferas de enorme poder. Aqui a tentação mais provável é a de um tipo de oportunismo, que significa adaptar os conselhos aos seus próprios interesses, ou aos interesses dos seus empregadores mais poderosos. Em uma declaração polêmica, GEORGE MENDENHALL defende que os sábios no Israel antigo constituíam uma classe altamente habilidosa e privilegiada, a qual funcionava em termos da política pública e era estreitamente vinculada ao sistema educacional; "por meio dele as crianças da elite da sociedade eram treinadas nas habilidades necessárias que as capacitavam a competir na antiga hierarquia social determinada pelos antigos Estados e impérios".[21] Nesse papel de perícia especializada e conexões pri-

---

[20] Veja RAINER ALBERTZ, "The Sage and Pious Wisdom in the Book of Job: The Friends' Perspective", *The Sage in Israel*, pp. 243-261.

[21] GEORGE E. MENDENHALL, "The Shady Side of Wisdom: The Date and Purpose of

vilegiadas, os sábios podiam ser conselheiros com princípios que "falam a verdade aos poderosos". Contudo, sugere MENDENHALL que, geralmente os sábios se comprometiam com os "três grandes elementos da tradição sapiencial: o poder, a riqueza e a própria sabedoria".[22] MENDENHALL apela especialmente a Jeremias 9,23-24 como um exemplo primário dos valores adotados pela sabedoria calculista e dos valores alternativos encorajados pelo profeta, valores que estavam no horizonte da tradição da sabedoria, mas que eram facilmente abandonados nos casos concretos.

Referir-se a esses conselheiros que comprometem seus princípios em troca de ganhos como "sábios" é, no fim, irônico. Mas é essa ironia, vinculada ao julgamento infinitamente ambíguo do poder, que caracteriza de forma correta e consistente o papel desses "sábios". Essa matriz para os sábios prontamente lembra a formidável análise da política externa dos Estados Unidos por WALTER ISAACSON e EVAN THOMAS, *Wise Men: Six Friends and the World They Made*.[23] O estudo é uma análise de seis peritos em política externa norte-americana: DEAN ACHESON, CHARLES BOHLER, AVERELL HARRIMAN, GEORGE F. KENNAN, ROBERT LOVETTE e JOHN J. MCCLOY JR., especialistas privilegiados que dominaram e moldaram a política externa dos Estados Unidos durante a Guerra Fria. O estudo nos interessa – dado o sagaz título do livro – por causa dos interesses militares-industriais e de classe que passaram a equivaler aos interesses nacionais, uma equivalência que no final produziu a guerra do Vietnã, um beco sem saída. No final das contas, esses "sábios" foram enganados por sua perícia, e suas carreiras comuns culminaram em "Uma marcha de insensatez".[24] Escrevendo à parte sobre MCCLOY, KAI BIRD observa que esses "peritos" não conseguiram separar seus próprios interesses dos interesses da nação.[25] Encontra-se um

---

Genesis 3", *A Light unto My Path: Old Testament Studies in Honor of Jacob M. Myers* (org. HOWARD W. BREAM et al.; Filadélfia: Temple University, 1974), p. 321.

[22] Ibidem, p. 330.

[23] WALTER ISAACSON e EVAN THOMAS, *Wise Men: Six Friends and the World They Made* (Londres: Faber, 1986).

[24] Para a expressão, veja BARBARA W. TUCHMAN, *The MARCH of Folly: From Troy to Vietnam* (Londres: Joseph, 1984).

[25] KAI BIRD, *The Chairman: John J. McCloy, the Making of the American Establishment* (Nova York: Simon and Schuster, 1992), p. 663, conclui: "Como homens possuindo uma medida de compostura, MCCLOY e as demais figuras da instituição sempre reivindicaram que podiam se elevar acima dos interesses particulares que representavam e discernir o bem público mais amplo. No final das contas, essa reivindicação não

autoengano similar no mundo antigo, no qual os sábios eram recrutados para o serviço dos poderosos. Tendo em vista o caráter de Javé, essas ilusões quanto ao poder humano resultam em uma mediação dele que se torna, nessas ocasiões, uma distorção grosseira.

### A mediação na normalidade da vida

O ensino sapiencial podia, em contextos variados, incorrer em padrões de tradicionalismo, legalismo, oportunismo e, como exemplificado em Eclesiastes, talvez cinismo e fatalismo. Em tudo isso, no entanto, os sábios estavam envolvidos em atos singulares e regularmente de tempo presente da mediação de Javé a Israel. De fato, vimos que cada modo de mediação está sujeito a algum abuso e distorção; mas o abuso e a distorção não anulam o potencial positivo do ensino sapiencial, assim como não anulam qualquer das outras mediações que consideramos.

Como modo de mediação de Javé, os mestres de sabedoria são algo peculiarmente importante porque, diferentemente dos outros modos de mediação que mencionamos, vivem bem próximos da realidade concreta diária e dão a Israel um senso de que Javé está presente em, com e sob a experiência diária de vida. É de conhecimento geral que os mestres de sabedoria se afastaram das reivindicações "históricas" padrões do javismo e não trafegam nas tradições sacerdotais. São secularistas no Israel antigo, mas seus modos seculares de discernimento e discurso continuam a refletir sobre a realidade vivida como condutora de Javé no mundo.[26] Assim, o livro de Provérbios é uma reflexão contínua sobre a vida como a criação ordenada, coerente, eticamente confiável e insistente de Javé. Além disso, o poema de Jó continua a focar na experiência e se recusa a transcendê-la em troca de categorias interpretativas mais seguras.

Visto que os sábios focam na aspereza e na qualidade irresoluta da experiência (que tentam domar com sua retórica), seu modo de falar de Javé se refere às condições de equilíbrio e à ameaça incessante de desequilíbrio. LEO PERDUE observa sucintamente como a sabedoria é um julgamento incessante entre ordem e conflito, uma dialética que denominei em outro

---

se sustenta". Veja também ROBERT S. MCNAMARA e BRIAN VANDEMARK, *In Retrospect: The Tragedy and Lessons of Vietnam* (Nova York: Random, 1995). MCNAMARA era uma "criança prodígio", cuja capacidade técnica para o conhecimento não tinha raízes nem referências críticas. Mesmo no livro, não fica claro se ele conseguiu superar essa racionalidade de controle técnico.

[26] Essa dimensão "secular" é apenas relativamente assim. Seria mais preciso denominá-la de "terrena".

lugar como estabelecimento teódico e crise teódica.²⁷ No que se refere ao caráter de Javé, a inclinação primária é retratá-lo como o confiável garantidor da ordem.²⁸ Porém, Javé também se envolve no conflito e é considerado como participante do desastre. Em ambas as ênfases, considera-se Javé nessa mediação como vinculado intimamente à realidade vivida, de forma que uma experiência do mundo é realmente uma experiência de Javé.²⁹ Assim, no final, a sabedoria é a valorização profunda da experiência de vida como um dado teológico do qual não se pode desviar a atenção.

### Trajetórias derivadas da sabedoria

O ensino sapiencial se situa na vida real da comunidade de fé e insiste em refletir sobre a vida em relação a Javé. Contudo, também é verdade que, na emergência do judaísmo, o ensino sapiencial se transpõe radicalmente com a nova formatação da fé de Israel. Essa "sobrevida" da sabedoria no judaísmo – ou seja, após as formas dominantes de fé no Antigo Testamento – ocorre apenas às margens do Antigo Testamento e emerge amplamente fora do seu escopo. Apesar disso, o estudante da teologia bíblica deve atentar a essas questões, porque podemos percebê-las prefiguradas no próprio Antigo Testamento. Podemos identificar três aspectos do novo formato transposto do ensino sapiencial, na medida em que se torna uma força cada vez mais importante no judaísmo emergente.

#### *Convergência da Torá e da sabedoria*

No final do período do Antigo Testamento, o ensino sapiencial veio a se identificar com a Torá. Em geral se atribui o reconhecimento dessa convergência a Ben Sirac no século II a.C., mas o desenvolvimento em si é gradual e de longo termo. Podemos imaginar que, devido à importância da Torá para Israel e para o judaísmo emergente, a sabedoria iria se render a ela. Porém, também se pode argumentar que o impacto ocorreu na direção contrária, de forma que a Torá se torna cada vez mais uma iniciativa sapiencial.

De forma bem ampla, podemos dizer que, na medida em que os es-

---

²⁷ Leo G. Perdue, "Cosmology and the Social Order in the Wisdom Tradition", *The Sage in Israel*, pp. 457-478. Veja Walter Brueggemann, "Theodicy in a Social Dimension", *JSOT* 33 (1985), pp. 3-25.

²⁸ Veja Lennart Bostrom, *The God of the Sages: The Portrayal of God in the Book of Proverbs* (Estocolmo: Almqvist and Wiksell International, 1990).

²⁹ Gerhard von Rad, *Wisdom in Israel* (Nashville: Abingdon, 1972), pp. 74-96, 144-66.

cribas se tornaram mestres com autoridade cada vez maior, a convergência da Torá e da sabedoria resultou nas práticas interpretativas do judaísmo rabínico. Com isso, refiro-me particularmente ao processo contínuo, aberto e nunca completado de reflexão constante sobre as antigas tradições e interpretação delas à luz de novas experiências. MICHAEL FISHBANE reconhece nesse desenvolvimento "uma mudança profunda de sensibilidade religiosa: um aprofundamento da experiência religiosa *no e por meio do estudo da Torá*".[30] O judaísmo agora não considera o encontro direto como sua "experiência de Deus", como anteriormente se proclamava, mas o encontro com a tradição textual. Assim, FISHBANE conclui: "No caminho 'do escribalismo para o rabinismo', a exegese faz assim a reivindicação decisiva de que é o próprio instrumento de redenção...por meio da Torá pode-se herdar Deus".[31]

O judaísmo se torna um processo interpretativo, e a verdade – verdade sobre Deus e o mundo – é continuamente mediada por meio do desafio polêmico de diferentes interpretações da tradição na qual Deus está presente. Assim como os antigos sábios disputavam a interpretação da *experiência*, agora a disputa é caracteristicamente em interpretar a *tradição*, pois nesse processo de conflitos está em questão o formato da fé e, no final das contas, o formato de Javé.

Essa questão dos sábios estabelecerem modos rabínicos de ensino é importante para os leitores cristãos do Antigo Testamento, em pelo menos dois aspectos. Primeiro, é na matriz da polêmica interpretação rabínica que emerge o movimento cristão. Pode-se detectar, por exemplo, que no debate de Jesus com os fariseus e herodianos (Mc 12,13), saduceus (12,18) e escribas (12,28), apresenta-se o próprio Jesus como um participante integral nas disputas interpretativas que constituíam o judaísmo.[32] Nesse sentido, o movimento cristão primitivo está presente no judaísmo como um dos possíveis judaísmos disponível. De modo similar, a referência a "Gamaliel,

---

[30] MICHAEL FISHBANE, "From Scribalism to Rabbinism: Perspectives on the Emergence of Classical Judaism", *The Sage in Israel*, p. 447.

[31] Ibidem, pp. 451, 456.

[32] Quanto a uma abordagem temática ao assunto, veja FERNANDO BELO, *A Materialist Reading of the Gospel of Mark* (Maryknoll: Orbis Books, 1981). Para o molde rabínico de grande parte da articulação formadora do cristianismo primitivo, veja W. D. DAVIES, *Christian Origins and Judaism* (Londres: Darton, Longman, and Todd, 1962); e *Paul and Rabbinic Judaism: Some Rabbinic Elements in Pauline Theology* (Londres: SPCK, 1970).

mestre da lei" (At 5,34) e o vínculo proposto entre Paulo e Gamaliel (At 22,3) sugerem que Paulo e seu polêmico uso da Torá o revelam também envolvido no tipo de disputas que constituíam o judaísmo. Assim, as tradições dos escribas, derivadas dos antigos sábios, mostram o cristianismo chegando à sua identidade peculiar do mesmo modo pelo qual a autoridade rabínica o fez: por meio de interpretações polêmicas da tradição.

Segundo, já se gerou muito prejuízo no cristianismo pelo mal uso do ditado paulino: "a letra mata, mas o espírito vivifica" (2Co 3,6).[33] Essa simples formulação favorece considerar os judeus como literalistas meticulosos, enquanto os cristãos estariam emancipados de toda atenção à tradição textual. Contudo, tanto em princípio quanto na prática, nada pode estar mais distante da realidade. Se é para ser algo, o movimento cristão é uma reflexão interpretativa contínua sobre a tradição que tem um formato identificável e uma angularidade intransigente. Isso é autoevidente nas tradições da Reforma da Igreja, que estão comprometidas com a *sola Scriptura*.[34]

É o mesmo, *mutatis mutandis*, no catolicismo, no qual se devem considerar duas questões. Primeiro, há a questão da autoridade magistral para interpretar a tradição, uma questão também presente nas tradições protestantes, porém de forma menos formal e institucional. Segundo, há a eterna questão sobre a abertura da tradição e a finalidade da formulação. Os intérpretes privilegiados – aqueles que possuem autoridade interpretativa hegemônica – preferem a "fé que uma vez por todas foi entregue aos santos" (Jd 3). Um exame mais detalhado, porém, indica uma notável flexibilidade na tradição textual e uma ampla capacidade de adaptação, mesmo entre aqueles que prezam a estabilidade.

Assim, a formulação de Paulo em 2 Coríntios 3,6 teve duas consequências infelizes em seu uso subsequente. Proporcionou uma base para se polemizar e caricaturar o judaísmo; e enganou a Igreja, de forma que o real poder interpretativo na vida da Igreja em geral é desconhecido e, se desconhecido, então certamente sem críticas. A convergência da Torá e da sabedoria prescreveu para as iniciativas judaica e cristã, esses dois "povos do livro", o trabalho inescapável, definitivo e incessante da exegese e a

---

[33] Quanto à densidade dessa declaração em 2Co 3,6, veja RICHARD B. HAYS, *Echoes of Scripture in the Letters of Paul* (New Haven: Yale University, 1993), pp. 122-153.

[34] O ponto é enfatizado por GERHARD EBELING, "The Significance of the Critical Historical Method for Church and Theology in Protestantism", *Word and Faith* (Londres: SCM, 1963), pp. 17-61.

interface inevitável entre tradição e experiência. Esse trabalho de interpretação, crucial e gerador de identidade, significa que esse processo nunca termina, que é necessariamente conflitivo, e que a interpretação permanece tão instável quanto a própria vida. Os mestres da sabedoria podem retratar o encontro com Javé com um tom de finalização. Todavia, sabe-se entre esses intérpretes que o trabalho precisa ser todo feito de novo amanhã.

### A sabedoria e o processo de canonização

Visto que os escribas se tornaram mestres e intérpretes, e visto que no judaísmo as tradições de adoração se tornaram as tradições de estudo, não nos surpreende que as tradições sapienciais de interpretação tenham operado na iniciativa canônica de Israel. Canonicamente, é convencional situar a sabedoria na terceira seção do Antigo Testamento, entre os Escritos. Contudo, Gerald Sheppard, em um estudo detalhado do Sirácida e de Baruque, mostra que os textos posteriores têm uma notável capacidade de reutilizar materiais mais antigos, incluindo os da Torá, reformando-os de modos sapienciais.[35] Como consequência, a influência da sabedoria não se confina à última parte do cânon, mas parece reivindicar materiais mais antigos para sua perspectiva, dessa forma tornando sapienciais os materiais canônicos mais antigos. Essa iniciativa é importante, pois o que a reinterpretação sapiencial da antiga tradição alcança é uma literatura com autoridade que não se volta para dentro de uma comunidade religiosa defensiva, mas se volta para fora para prover uma perspectiva para a reinterpretação de todas as experiências. Uma transformação sapiencial das tradições canônicas, incluindo as da Torá, significa que o judaísmo fala sabedoria ao mundo. É uma sabedoria que ao mesmo tempo é inflexivelmente javista, intensamente ética e intransigente em sua insistência de que o mundo é criação de Javé. É significativo que Sheppard conclua seu estudo com um comentário sobre Eclesiastes 12,13-14, que ele considera ser um adendo sapiencial no processo da canonização:

---

[35] GERALD T. SHEPPARD, *Wisdom as a Hermeneutical Construct: A Study in the Sapientializing of the Old Testament* (BZAW 151; Berlim: Walter de Gruyter, 1980). De forma mais geral, veja RONALD E. CLEMENTS, *Wisdom in Theology* (Grand Rapids: Eerdmans, 1992), pp. 151-179. CLEMENTS, *Wisdom for a Changing World: Wisdom in Old Testament Theology* (Berkeley: Bibal, 1990), p. 35, comenta: "A sabedoria reinventou e revigorou as ideias e a linguagem do culto para suprir as necessidades das comunidades dispersas de judeus vivendo no exílio...". Veja também DONN F. MORGAN, *Between Text and Community: The "Writings" in Canonical Interpretation* (Mineápolis: Fortress, 1990); e, mais recentemente, CLEMENTS, "Wisdom and Old Testament Theology", *Wisdom in Ancient Israel*, pp. 269-286.

> Teme a Deus e guarda os seus mandamentos; porque isto é o dever de todo homem. Porque Deus há de trazer a juízo todas as obras, até as que estão escondidas, quer sejam boas, quer sejam más.

Sheppard comenta sobre as tradições tardias de Sirácida e Baruque: "Eles reconheceram o quão completamente a descrição bíblica de justiça foi tanto aprofundada quanto complicada pelo chamado a 'temer a Deus e obedecer aos seus mandamentos'".[36] Sheppard comenta sobre o epílogo a Qoheleth [Eclesiastes]:

> O epílogo provê um raro vislumbre da formulação abrangente e consciente quanto ao cânon no que se refere à função teológica da sabedoria bíblica. Quando se clarifica assim a suposta coerência ideológica dos livros de sabedoria, torna-se ainda mais óbvia e convincente a complementariedade entre a função canônica dos livros bíblicos de sabedoria e a função de certas redações "sapiencializadoras" internas à Bíblia.[37]

### *O surgimento da tradição apocalíptica*

Com uma influência singular, GERHARD VON RAD propôs que a tradição apocalíptica é um desenvolvimento tardio do ensino sapiencial: "O escritor apocalíptico é um sábio".[38] Um ponto primário da célebre proposta de VON RAD é que os textos apocalípticos insistem em que os tempos estão determinados e os resultados da história mundial estão todos preparados, de um modo que reflete os mestres da sabedoria em sua noção de "tempo determinado" (Ec 3,1-8). Assim, VON RAD conclui:

> Pode-se reconhecer a soberania total de Deus sobre a história por sua determinação precisa, e sua divisão em períodos ajuda o observador a reconhecer seu próprio lugar na história, a saber, no final da primeira era do mundo e imediatamente antes do raiar da nova...É de significância absolutamente central para os escritores apocalípticos o olhar voltado para o fim do curso presente de eventos, para um julgamento e o raiar de um tempo de salvação, ou seja, sua orientação completamente escatoló-

---

[36] Sheppard, *Wisdom as a Hermeneutical Construct*, p. 160.

[37] Ibidem, pp. 128-129.

[38] VON RAD, *Wisdom in Israel*, p. 277. Veja sua análise da tradição apocalíptica em *ibidem*, pp. 263-283; *Old Testament Theology* (2 v.; São Francisco: Harper and Row, 1962, 1965), v. 1, pp. 407-408; v. 2, pp. 301-308.

gica.³⁹

O vínculo de VON RAD entre a sabedoria e a tradição apocalíptica já foi bastante contestado, pois muitos estudiosos preferem conectar a tradição apocalíptica à profecia.⁴⁰

A meu ver, a questão dos antecedentes da tradição apocalíptica, seja sabedoria ou profecia, não pode ser solucionada. A tradição apocalíptica, ao emergir tardiamente no Antigo Testamento, é uma síntese de muitas tradições que não estão compartimentalizadas de modo ordenado; ela é mais do que a soma de todas elas, é um *novum* genuíno. O que podemos reter da percepção de VON RAD, sem aceitarmos sua proposta totalmente, é que a sabedoria entende que Javé tem uma vontade resoluta e um propósito oculto que não podem ser derrotados na operação de excentricidades históricas. Ou seja, o propósito oculto de Javé, intrínseco aos processos de criação (*logos*; *sofia*), não pode e não será derrotado. A tradição apocalíptica é a asserção categórica da soberania sábia e resoluta de Javé e da sua sabedoria. Em seu apelo ao Criador soberano, o ensino sapiencial provê material para a formação de uma articulação apocalíptica da fé.

Na medida em que o cristianismo é filho da tradição apocalíptica, podemos considerar a teologia paulina da cruz como uma declaração sapiencial-apocalíptica:⁴¹ "Porque a loucura de Deus é mais sábia do que os homens; e a fraqueza de Deus é mais forte do que os homens" (1Co 1,25). A fraqueza de Deus desafia a força humana. A loucura de Deus desafia a sabedoria humana. A força e a sabedoria do mundo, quando opostas a Deus, são inconsequentes. Essa afirmação, profundamente radicalizada na teologia paulina da cruz, é congruente com o ensino sapiencial mais elementar na família e na escola. Deus é Deus! É estupidez profunda pensar ou viver de forma contrária. Os mestres, antigos e novos, advertem os israelitas a não serem tolos, pois esses caminham para a morte:

> Porque o que me acha acha a vida
> e alcança favor do Senhor.
> Mas o que peca contra mim violenta a própria alma.

---

³⁹ VON RAD, *Wisdom in Israel*, pp. 274, 278.

⁴⁰ Veja PAUL D. HANSON, *The Dawn of Apocalyptic: The Historical and Sociological Roots of Jewish Apocalyptic Eschatology* (Filadélfia: Fortress, 1979); e, especialmente, Peter von der Osten-Sacken, *Die Apokalyptik in ihren Verhaltnis zu Prophetie und Weisheit* (Theologische Existenz Heute; Munique: Chr. Kaiser, 1969).

⁴¹ ERNST KÄSEMANN, "On the Subject of Primitive Christian Apocalyptic", *New Testament Questions Today* (Londres: SCM, 1969), p. 137.

> Todos os que me aborrecem amam a morte. (Pv 8,35-36)

> Mas Deus lhe disse: Louco, esta noite te pedirão a tua alma; e o que tens preparado, para quem será? Assim é o que entesoura para si mesmo e não é rico para com Deus. (Lc 12,20-21)[42]

Esses três desenvolvimentos da sabedoria – convergência com a Torá, influência nos processos de canonização e surgimento da tradição apocalíptica – ficam à margem do Antigo Testamento. Não são temas centrais ou interesses da teologia do Antigo Testamento. Contudo, realmente confirmam a vitalidade e influência permanentes da tradição sapiencial na vida e na fé de Israel.

Capítulo

XXIV

---

[42] É razoável sugerir que essa parábola tem, em seu pano de fundo, consciência da narrativa de 1Sm 25, em que o personagem principal é um homem denominado "tolo" (*nabal*).

## Capítulo Vinte e Cinco

## 25. Modos de mediação e vida com Javé

Cada um dos modos acima nomeados de mediação de Javé a Israel é bem distinto. Além disso, cada um desses modos, até onde podemos determinar, tem uma rica história e assume uma pluralidade de formas e expressões ao longo do tempo. Portanto, qualquer resumo tende a ser algo reducionista. Não obstante, sugiro cinco conclusões gerais.

**Os dons de Javé a Israel**

Cada um desses modos de mediação, segundo o testemunho de Israel, é *intitulado como um dom de Javé a Israel*. Esses modos não são mecanismos humanos pelos quais Javé pode ser mobilizado, manipulado ou coagido a cumprir uma agenda determinada.[1]

**1.** A Torá é manifestamente entregue por Javé a Moisés no Sinai. O encontro no Sinai é a tentativa mais extrema de Israel de situar a autorrevelação de Javé como algo além da invenção e administração humanas. As leis do Sinai são os mandamentos de Javé; não são de modo algum lei real ou oficial. Além disso, o judaísmo assegurou a dinâmica contínua da Torá por meio da Torá oral, também entregue a Moisés no Sinai.

**2.** A monarquia é autorizada por Javé, de forma que o rei em Israel é o agente humano ungido para cumprir a vontade de Javé na terra. Sem dúvida, na tradição deuteronômica (Dt 17,14-20; 1Sm 8,22), Javé concede relutantemente o dom da monarquia e com restrições pactuais explícitas. No culto de Jerusalém, em contraste, celebra-se a monarquia, aparentemente sem essas reservas quanto à intenção de Javé.

**3.** Os profetas são autorizados por Moisés para serem "como eu", pois Javé "suscitará um profeta do meio de ti" (Dt 18,15-22). Além disso, as figuras proféticas individuais confirmam a influência de Javé sobre suas vidas, recrutando-os para

---

[1] Essa conclusão discorda de Ludwig Koehler (veja a nota 5 do capítulo 23). De fato, seria difícil saber que tipo de declaração convenceria Koehler de que as provisões para a adoração em Israel vêm realmente de Javé, uma vez que as declarações no texto de Israel não são suficientes para isso.

anunciar uma mensagem que não era deles.

**4.** O culto e seus diversos sacerdócios supervisores são autorizados diretamente por Javé no Sinai.

**5.** A questão dos sábios não é tão simples e direta como nos demais casos. É convencional entre os estudiosos afirmar que os mestres de sabedoria são simplesmente aqueles considerados talentosos em discernimento. Talvez de forma consistente com a epistemologia dos sábios, esse talento surge nos processos da experiência e, certamente, não por meio de qualquer modo institucional reconhecível. Assim, em todo caso, considera-se esse modo de mediação como tendo um tipo diferente de autorização e legitimação.

Podemos notar três usos, contudo, nos quais se reconhece que a sabedoria é concedida por Javé. Todas as três instâncias são reais e, certamente, são bastante excepcionais, de forma que não devemos generalizar a partir delas. Porém, são dignas de nota, pois a partir delas talvez possamos extrapolar de forma bem ampla sobre a sabedoria com dom procedente de Javé.

**(a)** O Faraó reconhece a sagacidade especial de José e faz um reconhecimento teológico de sua fonte: "Visto que Deus te fez saber tudo isto, ninguém há tão ajuizado e sábio como tu" (Gn 41,39).

**(b)** Salomão, tradicionalmente o rei sábio, ora por um "coração compreensivo" (1Rs 3,9), e sua oração é atendida:

> Eis que faço segundo as tuas palavras: dou-te coração sábio e inteligente, de maneira que antes de ti não houve teu igual, nem depois de ti o haverá. Também até o que me não pediste eu te dou, tanto riquezas como glória; que não haja teu igual entre os reis, por todos os teus dias. (1Rs 3,12-13)

**(c)** Daniel, que convive regularmente com o ambiente perigoso da corte babilônica, é reconhecido como favorecido especialmente por Javé:

> Então, Daniel foi para casa e fez saber o caso a Hananias, Misael e Azarias, seus companheiros, para que pedissem misericórdia ao Deus do céu sobre este mistério, a fim de que Daniel e seus companheiros não perecessem com o resto dos sábios da Babilônia. Então, foi revelado o mistério a Daniel numa visão de noite; Daniel bendisse o Deus do céu. (Dn 2,17-19)

No poema que se segue (vs. 20-23), usa-se o verbo *dar* (*yhb*) com Javé como o sujeito e a sabedoria como o tópico; os verbos *revelar* (*gl'*) e *saber* (*yd'*) indicam que a sabedoria de Daniel procede de Deus (veja também Dn 4,9; 5,11,14). Esses casos talvez sejam tão extraordinários que são de tipo diferente dos sábios da família, escola e corte. Contudo, esses usos confirmam a consciência de que o verdadeiro discernimento não é simples perspicácia humana ou senso comum, mas é um favorecimento ou capacitação especial de Javé. E assim deve ter sido em todo contexto social de Israel.

É importante a reivindicação de que essas mediações são desejadas e autorizadas por Javé, porque elas evidenciam que Javé deseja se relacionar com Israel e, por derivação, com todos os seus parceiros. Compreendidas como práticas instituídas pelo javismo, esses modos concretos de mediação confirmam que a conexão com Javé vem da parte dele, e por ordem dele.

**Circunstâncias da vida real**

Esses modos diversos de mediação estão *situados em meio a circunstâncias da vida real*, definidas e planejadas para tratar de questões reais e para posicionar Israel do "lado javista" nas questões em debate na época.

1. A Torá visa guardar Israel da idolatria; ou seja, contra o discernimento errado e a prática errada de Deus, a desconsideração da santidade divina, e a distorção da identidade singular de Israel que se baseia na santidade de Javé. A idolatria, no entanto, não é uma ideia religiosa vazia. Na prática, a idolatria (ódio do Deus verdadeiro) se concretiza em opressão (ódio do próximo). Assim, a Torá vincula Israel a Javé de modo singular nas duas práticas de amar a Deus e amar ao próximo. Sem a Torá, Israel desapareceria e a vida seria entregue, sem protesto, aos modos de vida embrutecedores e opressivos conhecidos em outros lugares, baseados na adoração de deuses discernidos de forma errada.

2. Autoriza-se a monarquia em Israel a praticar a Torá (cf. Dt 17,14-20), o que deve assegurar em Israel um modo aliançado de existência comunitária. Quando a monarquia se caracteriza pelos propósitos de Javé, o engrandecimento próprio e o consumismo são desacelerados (Dt 17,16-17) e o juízo e a retidão

de Javé podem se tornar práticas sociais concretas (Sl 72,1-4,12-14). Quando os reis se afastam de sua vocação javista verdadeira, contudo, a monarquia pode usar o poder de forma exploradora e abusiva (cf. Jr 22,13-14; Ez 34,1-6). A existência e a efetividade da monarquia, extrapolada no messianismo, se refere ao uso correto do poder público em benefício de todos os membros da comunidade.

**3.** Os profetas surgem em Israel quando os modos aliançados de existência estão em perigo. O trabalho dos profetas é insistir que toda a vida de Israel deve ser vivida em relação e reação à vontade e aos propósitos de Javé, e enunciar as consequências de uma vida vivida sem considerar esse relacionamento definidor. Assim, os profetas devem convidar a um "movimento de retorno" em Israel (cf. Ez 3,16-21; 33,7-9), uma conversão do orgulho para a confiança, do desespero para a esperança, ou de um caráter abusivo para uma vizinhança aliançada. Sem esse convite e aviso profético, Israel não tem chance de conversão, mas certamente morrerá (cf. Ez 18,30-32).

**4.** Desenvolve-se o culto em Israel como um lugar onde o povo é assegurado da presença de Javé, onde se pode receber perdão e reconciliação e gozar uma vida de comunhão genuína com Javé. Nesse lugar, Israel pode proclamar suas necessidades, asseverar suas queixas, pronunciar suas doxologias. Nesse lugar autorizado, Israel pode sem restrições e sem extravagâncias apropriadas se deleitar em ser o povo de Javé. Mas, sem o culto, a comunhão se torna impossível para a comunidade. Israel estaria destinado, assim, a viver uma vida de alienação, com pecados não perdoados, necessidades não articuladas, e louvores não pronunciados. Sem um local para essas expressões características de lealdade, Israel cessaria de estar vinculado a Javé e, por sua vez, deixaria de ser Israel.

**5.** Os mestres da sabedoria, os escribas e os sábios servem para disponibilizar a Israel um senso de ordem alegre e delicada e de coerência contínua que pertence à textura da criação de Javé. Essa ordem e coerência podem ser afirmadas de modo grandioso, mas são os mestres de sabedoria que prestam atenção ao talento, à generosidade e à qualidade exigente da vida nas experiências concretas. Sem essa articulação e reflexão constantes, a textura discernida na criação de Javé poderia desaparecer da vista e a vida poderia regredir a uma prática de operações discretas e técnicas, o que diminuiria a alegria, significância e bem-estar da vida humana compartilhada.

O propósito concreto dessas mediações, pois, é disponibilizar as qualidades peculiares da vida com Javé e proteger contra distorções dessa vida (cf. Anexo 3).

Quanto às tabulações, algubs reducionistas sugerem que essas mediações são questões de vida ou morte para Israel. Essas mediações não são "boas ideias" ou simples religiosidade. Elas fazem uma diferença decisiva para a possibilidade de Israel, pois Israel é um povo real no mundo e deve usar os meios que Javé lhes deu para o sustento e manutenção de sua singularidade no mundo.

**Iniciativas humanas sujeitas à perversão**

Embora esses modos de mediação sejam autorizados e legitimados por Javé, na prática são *iniciativas humanas concretas*. E, por serem iniciativas que dependem da coragem, paixão e fidelidade humana, estão *sujeitas a profunda perversão*.

**1.** A Torá pode realmente assumir uma intensidade ideológica, de forma a arriscar o caráter de Israel em sua insistência legalista. É plausível que as medidas extremas da reforma de Esdras se aproximem desse perigo. Os amigos de Jó – certamente uma caricatura teatral – vão na direção de um legalismo que exige a negação ideológica da experiência de vida.

**2.** Temos amplas evidências de reinados que culminam em desastre por causa do engrandecimento próprio e do fracasso em cumprir as obrigações públicas apropriadas. Além disso, segundo a denúncia profética, quando os reis repudiam seu mandato javista, eles provocam um imenso sofrimento para si mesmos e para todo o reino.

**3.** Segundo o testemunho de Israel, a profecia se torna fraudulenta quando os profetas não falam a verdadeira palavra de Javé, mas sim alguma outra palavra (Jr 23,21). Especialmente nas polêmicas de Jeremias e Ezequiel, essa palavra inventada pelo próprio profeta se caracteriza como uma defesa ideológica do status quo. É uma palavra que cura superficialmente

(Jr 6,14; 8,11), que ameniza e compromete as exigências soberanas de Javé. Esses profetas que "têm visões falsas e que adivinham mentiras" (Ez 13,9) enganam com promessas fraudulentas de paz e prosperidade (Ez 13,10). Ou seja, esses profetas mentirosos prometem o dom de Javé sem suas exigências; dessa forma, surgem pessoas que "se tornaram poderosos e enriqueceram. Engordam, tornam-se nédios" (Jr 5,27-28).

**4.** A perversão do culto, que conhecemos a partir da polêmica profética (cf. Is 1,11-15; Am 4,4-5), é que ele pode se tornar um fim em si mesmo e uma prática de autoindulgência manipuladora (Is 58,1-4). Nessa prática, a adoração não serve mais a Javé. Esse culto engana e promete o que não pode entregar: uma comunhão íntima com Javé. Ele substitui a submissão confiante por uma manipulação autocentrada.

**5.** A sabedoria é a prática do discernimento, na qual se considera a vida como evidência da exigência e do dom de Javé. Porém, a sabedoria pode ser distorcida, de forma que se torna um cálculo de interesses e vantagens, e Javé desaparece como um princípio decisivo. A sabedoria é distorcida quando consegue tornar convincentes as práticas da loucura, o senso equivocado de autonomia e de que se é a medida da própria vida (cf. Sl 10; 14). Ao invés de sabedoria como norma dos propósitos de Javé, passa-se a ser sábio aos próprios olhos; ou seja, uma vida autorreferente (cf. Pv 12,15; 21,2; Is 5,21). Dois casos extremos dessa autonomia que gera autoengano, talvez ambos diretamente influenciados por uma falsa confiança no senso de autonomia de Israel, ocorrem em Deuteronômio 8,17 e na fácil aceitação de Davi da morte por motivos egoístas (2Sm 11,25-27).

Assim, a distorção pode resultar em:

**(a)** A Torá como intensidade ideológica, assumindo a forma de um legalismo;

**(b)** A monarquia como engrandecimento próprio justificável;

**(c)** A profecia como paz fácil sem Javé como referência decisiva;

**(d)** O culto como autoindulgência;

**(e)** A sabedoria como autonomia que gera autoengano.

Coloca-se em perigo a vida de Israel com Javé nessas diversas perversões potenciais, as quais podem ser intencionais e sistêmicas, mas também podem surgir devido à negligência e falta de intencionalidade. O que coloca a vida de Israel em perigo não são as ideias erradas, mas as práticas erradas – práticas que falham em mediar Javé de uma maneira que estimule e convoque Israel ao seu verdadeiro caráter.

**A disponibilização de Javé**

Cada um desses modos de mediação *disponibiliza* Javé a Israel. Esse é o seu propósito. A forma como se medeia Javé em cada modo é específica ao caráter do próprio modo de mediação.

**1.** A Torá oferece a Israel o Santo, aquele que vimos anteriormente em Êxodo 34,6-7, o soberano que não aceita ser ridicularizado, mas que é gracioso e misericordioso, e anela por Israel.

**2.** A monarquia oferece a Israel o Javé que "ama a justiça" (Sl 99,4; Is 61,8).

**3.** A profecia oferece a Israel um Deus que vela sobre seu povo, um Deus que promete:

> Como velei sobre eles, para arrancar, para derribar, para subverter, para destruir e para afligir, assim velarei sobre eles para edificar e para plantar. (Jr 31,28)

É a profecia, em especial, que leva Israel à fissura da morte e o tira dali para a novidade.

**4.** O culto oferece a Israel o Javé que participa completamente do seu drama de restauração:

> ...quem perdoa todas as tuas iniquidades;
> quem sara todas as tuas enfermidades;
> quem da cova redime a tua vida
> e te coroa de graça e misericórdia;
> quem farta de bens a tua velhice . (Sl 103,3-5)

No culto, Javé encontra Israel em seu bem-estar e o ajuda de forma restauradora quando está com problemas.

**5.** A sabedoria oferece a Israel o Javé que forma o mundo como um lar alegre e confiável:

> O Senhor com sabedoria fundou a terra,
> com inteligência estabeleceu os céus.
> Pelo seu conhecimento os abismos se rompem,
> e as nuvens destilam orvalho. (Pv 3,19-20)

Ao articular esse sumário, estou ciente que alcancei um alto nível de tematização e, consequentemente, um alto nível de reducionismo. De fato, nesse nível de tematização e reducionismo, as funções que sugiro para cada um dos modos de mediação podem ser intercambiáveis, de forma que todos esses modos concretizam todas essas ofertas. Ouso sumarizar cada ponto específico para cada modo particular de mediação apenas porque me dei ao trabalho de expor o material detalhado que precede e antecipa esse sumário. Ou seja, não quero que meu sumário seja considerado à parte da minha exposição mais detalhada.

Nesse sentido, o que mais desejo insistir é que, nessas concretizações sociais concretas e reais, é Javé quem é mediado, em toda a sua densidade. De fato, vou além afirmando que, se não fosse por esses modos de mediação, o Javé conhecido no testemunho de Israel não estaria disponível ao povo. Quando as mediações se distorcem, o Javé oferecido na mediação é distorcido na mesma proporção. Javé não é alguma ideia universal que flutua acima de Israel, antes é uma prática concreta na vida encarnada de Israel. Por essa razão tudo depende de uma mediação fiel, contínua e intencional.

### A prática comunitária encarnada

Essas mediações são *práticas comunitárias concretas* conduzidas por agentes humanos. Assim, volto à insistência de GARY ANDERSON na prática. Israel é experimentado em Javé e, consequentemente, em sua vida como Israel. Desejo expor essa noção de prática encarnada de duas maneiras. Primeiro, essas mediações ocorrem em encontros que são estilizados e reconhecíveis comunitariamente ao longo do tempo. Isso fica mais evidente em três desses modos. A Torá como prática consiste em uma grande assembleia ou, subsequentemente, no estudo da sinagoga. A monarquia é amplamente cheia de aparatos, nos quais as práticas do poder legítimo se fazem visíveis e se mantém sob o escrutínio público. E o culto é obviamente uma performance, em um calendário combinado, em um lugar santo. De forma menos proeminente, a fórmula do mensageiro e o encontro entre profeta e audiência sugerem que essa confrontação era frequente o suficiente para que se reconhecessem padrões de recorrência de troca. Além disso, esforcei-me para mostrar o contexto institucional provável da sabedoria, até mesmo quando esses contextos institucionais são tão modestos e íntimos como o de uma mãe e sua criança, em que ambas as partes assumem seus papéis combinados para a instrução da sabedoria. Devo insistir que essas mediações têm uma força institucional e os participantes dessas interações estão cientes e desejosos de aceitar seus diversos papéis; aqui o agente mediador é credenciado e a audiência ouvinte acolhe mais ou menos o que lhe é dado, talvez voluntariamente, talvez com relutância ou até com resistência.

O caráter institucional da mediação significa que Israel não é acidental nem surge por acaso. É uma presença permanente na história ao longo do tempo. Portanto, requer e necessita de disciplinas combinadas, sem as quais essa força na história cessaria de existir.

**A mediação como discurso institucional**

Faço a transição do meu primeiro ponto acerca da prática institucional para um drama de discurso e gestos referindo-me a uma observação de WESLEY KORT. Seguindo MICHEL FOUCAULT, KORT observa: "As instituições são discursos estabelecidos ou encarnados... Quanto mais poderosa e significativa se torna uma instituição, mais difícil pode ser articular o discurso que ela incorpora".[2] Desejo agora focar na mediação como "discurso institucional" ou "discurso estabelecido".[3] Ao considerarmos esses cinco modos de mediação, e ao perguntarmos o que aconteceu nesses encontros socialmente estruturados em que Javé é disponibilizado, a resposta é *discurso e gestos*.[4] Israel permaneceu firme ao longo do tempo por causa de sua prontidão disciplinada de se reunir periodicamente para reinventar o que é ser Israel.[5]

---

[2] WESLEY KORT, *Bound to Differ: The Dynamics of Theological Discourses* (University Park: Pennsylvania State University, 1992), p. 19. O comentário de KORT é digno de ser conectado ao meu título para a Parte IV: "O testemunho concreto de Israel". No final das contas, a fé e o testemunho de Israel devem se reduzir às práticas de uma comunidade real, para terem alguma importância. Não é viável considerar a fé do Antigo Testamento como uma série de "boas ideias", ou "ideias" de qualquer tipo.

[3] Veja ibidem, p. 18.

[4] SAMUEL TERRIEN, *The Elusive Presence: Toward a New Biblical Theology* (Nova York: Harper and Row, 1978), é quem vai mais longe em restaurar o olhar a um lugar legítimo na fé de Israel, a qual é dominada pelo ouvir. Quanto à prioridade fenomenológica do ouvir, seja como prioridade válida ou viés interpretativo, veja ERWIN W. STRAUSS, "Aethesiology and Hallucinations", *Existence: A New Dimension in Psychiatry and Psychology* (org. Rollo May et al.; Nova York: Basic Books, 1958), pp. 139-169.

[5] Veja JACOB NEUSNER, *The Enchantments of Judaism: Rites of Transformation from*

Fica evidente que a Torá, a monarquia e o culto se referem a encontros regularizados, embora a monarquia certamente tivesse crises ocasionais (como as guerras) em adição aos festivais. Os encontros da Torá eram realmente específicos:

> Três vezes no ano, todo varão entre ti aparecerá perante o Senhor, teu Deus, no lugar que escolher, na Festa dos Pães Asmos, e na Festa das Semanas, e na Festa dos Tabernáculos; porém não aparecerá de mãos vazias perante o Senhor. (Dt 16,16; cf. Êx 23,14-15)

Adicionalmente, as confrontações de profetas e de sábios certamente eram mais eventuais. Mesmo assim, todas são mais ou menos estilizadas. O que acontece em cada um desses modos é *discurso e gestos*:

**(a)** A Torá é interpretação falada (Ne 5,5-8);

**(b)** A monarquia é basicamente afirmação e celebração litúrgica;

**(c)** A profecia é pronunciamento e discurso encenado;[6]

**(d)** O culto está mais próximo da ação, mas ações são declarações;

**(e)** O ensino da sabedoria é um discurso interpretativo.[7]

O caráter dessas mediações como ocasiões para discurso e gestos talvez seja uma observação direta e simples, mas isso não é notado com frequência suficiente. Como uma comunidade Israel tem acesso a Javé, porque é como comunidade que regularmente, de maneiras disciplinadas (e também de maneiras assistemáticas), se reúne para receber uma palavra, para ouvir, responder e concretizar um mundo em voz alta, construído com Javé em seu centro.

Discursos autorizados têm importância decisiva para essa comuni-

---

*Birth to Death* (Atlanta: Scholars, 1991), pp. 211-216.

[6] Quanto ao elemento encenado nos profetas, ainda se pode fazer referência a GEORG FOHRER, "Die Gattung der Berichte über symbolische Handlungen der Propheten", *ZAW* 64 (1952), pp. 101-120.

[7] Ou seja, visa os ouvintes e, por isso, deve ser persuasivo. Veja JAMES L. CRENSHAW, "Wisdom and Authority: Sapiential Rhetoric and Its Warrants", *Congress Volume, Vienna, 1980* (VTSup 32; Leiden: E. J. Brill, 1981), pp. 10-29.

dade. Quando não há um discurso autorizado, Javé não está prontamente disponível. Quando se distorcem discurso e ação, Javé é distorcido. Quando Israel se recusa a ouvir ou olhar, Israel é diminuído e Javé desaparece. Assim, o autodiscernimento de Israel está incessantemente em risco nessa atividade interpretativa, institucional, lírica e testemunhal.

Essa qualidade da mediação parece importante em nossas circunstâncias atuais de interpretação por dois motivos. Primeiro, essa percepção sobre a prática do discurso e dos gestos tem implicações enormes para a prática eclesiástica contemporânea. A comunidade de fé gerada por esses textos é extremamente frágil e vulnerável. Por um lado, essa qualidade e caráter da mediação requer uma comunidade sob disciplinas de pronta atenção. Por outro lado, essa comunidade requer agentes autorizados e reconhecidos de discurso e gestos, os quais aplicam cuidado, atenção e intenção a pronunciamentos e gestos que disponibilizam Javé com força institucional concreta. Assim, a prática é urgente, especialmente agora na Igreja ocidental desestabilizada. Por um tempo muito longo, sob a égide constantiniana, podia-se assumir que Javé era uma figura estabelecida, sempre presente. As comunidades desestabilizadas, contudo, há tempo sabem que Javé não está "sempre presente", mas está presente em, com e sob as concretizações disciplinadas de pronunciamentos e gestos.

Segundo, esse caráter da mediação como discurso e gestos concretos, a meu ver, é particularmente urgente em um contexto tecnológico assediado pela "humilhação da palavra".[8] A indústria midiática e seu apelo vazio e bem subsidiado quase esvaziaram o discurso de seu poder testemunhal. Além disso, a meu ver, a crítica histórica de tipo positivista no estudo das Escrituras conspirou para essa futilidade, visto que o intérprete erudito – o crítico educado – pode falar sobre qualquer coisa, exceto sobre o Ator teológico no texto e as reivindicações feitas por esse agente teológico. Não sei se estão disponíveis agora a coragem e imaginação necessárias para sustentar o pronunciamento extravagante, contra a razão e custoso que mediará Javé de modos concretos. Parece-me que essa é a questão que essa comunidade enfrenta desde sua origem.[9] Agora esse é um desafio peculiarmente forte.

---

[8] Veja minhas citações de Jacques Ellul e Neil Postman no capítulo 27.

[9] Quanto ao problema entre gerações indicado em Dt 6,4-5, veja Michael Fishbane, "Deuteronomy 6,20-25: Teaching and Transmission", *Text and Texture: Close Readings of Selected Biblical Texts* (Nova York: Schocken Books, 1979), pp. 79-83.

### Discurso performativo

Concluo essa exposição com a sugestão de Dale Patrick e Allen Scult, os quais reconheceram que a retórica essencial e séria, do tipo que temos considerado, é de fato um discurso performativo.[10] Ou seja, muito da retórica do Antigo Testamento, apresentada em encontros disciplinados, é discurso performativo, no qual o pronunciamento concretiza aquilo que diz. O que se "concretiza" nesses pronunciamentos e gestos é Israel como uma comunidade que vê, ouve e responde, é o mundo de dom e exigência na criação de Javé. De fato, o que se concretiza nesses pronunciamentos e gestos é Javé, soberano e fiel, incomensurável e mútuo.

Um bom lugar para encerrar nossa exposição desse tema é a abrangente questão de Paulo:

> Como, porém, invocarão aquele em quem não creram? E como crerão naquele de quem nada ouviram? E como ouvirão, se não há quem pregue? E como pregarão, se não forem enviados? (Rm 10,14-15)

Como isso é verdade! Transponho a questão de Paulo: como Israel pode "ter" Javé se ele não for mediado de forma adequada e fiel? Imagino que há em Israel (e no seu tribunal implícito) um silêncio estupefato e ofegante quando se completa seu testemunho, quando seus oradores e atores credenciados terminam sua mediação. Há tanto para se decidir acerca desse testemunho, há tanto que subverte essa versão da realidade, tanto a ser aceito...talvez tanto a ser abandonado. Esse peculiar decidir, subverter, aceitar e abandonar ocorre aonde e sempre que o testemunho de Israel é fielmente encarnado.

---

[10] Dale Patrick e Allen Scult, *Rhetoric and Biblical Interpretation* (JSOTSup 82; Sheffield: Almond, 1990).

# Parte V

## Perspectivas para a interpretação teológica

## Capítulo Vinte e Seis

### 26. A interpretação em um contexto pluralista

Falta considerarmos o que pode acontecer na teologia do Antigo Testamento, antecipando onde a interpretação teológica fará a próxima virada e que formato ela poderá assumir. Não posso prognosticar com certeza, nem com muita segurança, mas ofereço alguns comentários que são complementares ao retrospecto que ofereci nos capítulos 1 e 2.

**Desestabilização: da interpretação hegemônica para o pluralismo**

O grande fato no contexto emergente de interpretação teológica do Antigo Testamento é *a desestabilização de nossos modos usuais de interpretação e a desestabilização paralela dos meios institucionais dessa interpretação*. Ou seja, a desestabilização se refere tanto a fatores epistemológicos quanto a fatores sociopolíticos, pois como Karl Marx entendeu bem claramente, o conhecimento e o poder estão intimamente vinculados ("as ideias da classe dominante se tornam as ideias dominantes"). Essa desestabilização é algo extremamente importante para a teologia do Antigo Testamento, muito embora as suposições consolidadas da erudição dominante não sejam particularmente notadas, criticadas ou valorizadas; afinal, estabelecer-se como dominante implica em não se perceber isso nem imaginar que poderia não ser assim.

São de dois tipos essas suposições consolidadas que dominaram por longo tempo a interpretação teológica do Antigo Testamento. Por um lado, a teologia do Antigo Testamento, como uma iniciativa cristã, podia assumir que lidava com as convicções sociais, religiosas e morais normativas do Ocidente. Podia, portanto, prontamente considerar um fluxo direto até o Novo Testamento, pois o Ocidente dominante era cristão. Além disso, podia assumir que estudava o texto geralmente considerado como normativo do Ocidente, o qual trazia consigo interpretações mais ou menos normativas.[1]

Por outro lado, a teologia do Antigo Testamento, em suas formas centristas, tem sido basicamente uma matéria acadêmica, modelada em universidades alemãs, levemente alterada nas grandes universidades dos Estados Unidos, e ensinada nos seminários teológicos dos Estados Unidos por aqueles educados nessa tradição universitária. Essa configuração

---

[1] Quanto a essa função e natureza do texto bíblico, veja Northrop Frye, *The Great Code: The Bible and Literature* (Londres: Routledge and Kegan Paul, 1982).

acadêmica assegurou que a teologia do Antigo Testamento – em suas suposições epistemológicas, que ainda são muito poderosas – fosse uma iniciativa iluminista a partir do século XVIII em diante, na qual o cético cartesiano e o conhecedor KANTiano prevaleceriam sobre o texto. Essas suposições epistemológicas, no século XIX, estavam comprometidas com **(a)** o historicismo que podia determinar "o que aconteceu", pois não poderia haver sentido além de "o que aconteceu"; **(b)** o evolucionismo, de forma que o desenvolvimento religioso ocorrera em uma linha direta de progresso unilateral do primitivo ao sofisticado; e **(c)** o racionalismo, que sentia necessidade de explicar muitas das contradições que violavam a "lógica" ou que faziam reivindicações que transcendiam um mundo naturalista e acessível via ciência.

Os modos dominantes da erudição consistiam em um entendimento bastante constrangedor, mas compartilhado por muitos, de que era possível sustentar reivindicações teológicas de tipo idealista e triunfalista em meio ao escrutínio crítico. Esse é uma concessão talvez inevitável em um mundo moderno no qual os modos de conhecimento iluministas declararam guerra à tradição teológica, mas no qual a Bíblia como assunto acadêmico não se rendia completamente a esses modos de conhecimento, nem as instituições hermenêuticas a uma abordagem puramente cética – isso de forma igual tanto na universidade quanto na Igreja.[2]

Meu propósito aqui não é atacar ou difamar essa fase da erudição, pois naquilo que se refere à interpretação do Antigo Testamento, não houve nada sinistro nessa iniciativa.[3] Antes, meu parecer é que a interpretação do Antigo Testamento, e de forma mais geral a interpretação teológica,

---

[2] Podemos citar G. ERNEST WRIGHT como uma figura-modelo nos Estados Unidos que aceitou e praticou com grande eficiência esse entendimento constrangedor compartilhado por muitos. Ele foi um historiador crítico vigoroso, mas conseguiu direcionar sua pesquisa para a afirmação teológica. Quanto a esse entendimento constrangedor na erudição norte-americana, veja LEO G. PERDUE, *The Collapse of History: Reconstructing Old Testament Theology* (OBT; Mineápolis: Fortress, 1994), pp. 19-44.

[3] Mais recentemente, a crítica que mantinha sob controle o ceticismo mais determinado fez concessões, em alguns lugares, a uma crítica que é cética de forma militante e confessada. Assim, em seu recente estudo, DAVID PENCHANSKY, *The Politics of Biblical Theology: A Postmodern Reading* (StABH 10; Macon: Mercer University, 1995), p. 5, pode falar de estudiosos mais jovens que "odeiam" as perspectivas mais antigas que atuavam com suposições teológicas. A fonte e o poder desse ódio ainda precisam ser explorados, mas provavelmente isso tem muito a ver com algo que transcende as questões críticas e acadêmicas.

não pode escapar do contexto epistemológico e político em que opera; nossos antecessores não podiam fazê-lo tanto como nós. É relativamente fácil criticar a iniciativa.[4] Porém, esse não é meu propósito, pois tudo que podemos fazer agora depende daquela era de estudos. Antes, meu propósito é reconhecer que ela estava, como toda interpretação séria, vinculada intensamente ao seu contexto; nesse caso, o contexto do historicismo positivista.[5]

Essa aliança entre a Cristandade triunfalista e o positivismo crítico produziu um padrão de interpretação hegemônica.[6] Como poderia ser diferente? É esse padrão hegemônico de interpretação que agora precisa ser observado e que agora está em grande perigo. A hegemonia assumiu a verdade normativa cristã como ensinada pela Igreja, cerceada e mantida respeitável intelectualmente pela crítica que também é hegemônica – ou seja, um projeto centrista edificado sobre suposições consensuais. Essa prática hegemônica significa que, com possíveis ajustes, há uma prática central e consensual; o fato de que é empreendida quase exclusivamente por homens brancos ocidentais é tanto uma causa como uma consequência de seu domínio. Além disso, há um monopólio de interpretação: apenas alguns poucos o fazem com algum efeito ou influência visível, e todos sabem quem são eles. Essa elite social, como todas as elites, se manteve por limitar acesso e membresia através da aliança entre a autoridade da Igreja e os critérios acadêmicos. Imagino que essa iniciativa hegemônica se manteve por tanto tempo assim porque o mundo que ela produziu "funcionava", e os dissidentes podiam facilmente ser contidos ou silenciados. Começa-se a perceber os "mestres da suspeita" no período do historicismo positivista, mas somente agora a dissidência e a variação se tornaram suficientemente profundas e amplas para desafiar a hegemonia de forma séria e efetiva.[7]

---

[4] Veja a avaliação generosa, mas crítica, de PERDUE, *The Collapse of History*, e a rejeição mais agressiva da iniciativa por PENCHANSKY, *The Politics of Biblical Theology*. A diferença entre as perspectivas de PERDUE e PENCHANSKY em tom e esboço é digna de nota. A meu ver, PERDUE leva em conta o contexto dessa erudição mais antiga, uma questão que parece interessar muito pouco a PENCHANSKY.

[5] Veja PERDUE, *The Collapse of History*, pp. 3-68.

[6] JON LEVENSON, *The Hebrew Bible, the Old Testament, and Historical Criticism: Jews and Christians in Biblical Studies* (Louisville: Westminster/John Knox, 1993), principalmente nos capítulos 4 e 5, faz uma crítica vigorosa tanto à apropriação cristã da Bíblia Hebraica quanto ao efeito entorpecente da crítica positivista.

[7] A noção de "mestres da suspeita" procede de PAUL RICOEUR, *Freud and Philosophy:*

Dificilmente se pode contestar a desestabilização da Igreja triunfalista no Ocidente. Em lugar de uma autoridade consensual, temos dentro da Igreja um pluralismo impressionante, equiparado fora da Igreja por reivindicações religiosas vigorosas e conflitantes e por uma profunda secularização da cultura. Especificamente, é evidente que a classe dominante iluminista, com a qual a Igreja em sua predominância tinha se aliado, está igualmente desestabilizada.[8] Como consequência, mesmo nas universidades, a confiança na racionalidade positivista é bastante desafiada, tanto nas ciências exatas como nas humanas. O que se classifica sob o termo genérico *pós-moderno* indica o colapso de qualquer consenso amplo sobre o que sabemos ou sobre como sabemos o que sabemos. A meu ver, isso significa que nenhuma instituição hermenêutica, seja eclesiástica ou acadêmica, pode ainda defender um modo hegemônico de interpretação; assim, será difícil alcançarmos um consenso magistral ou até um de amplas bases quanto a um padrão de interpretação. De fato, a interpretação não está mais segura nas mãos de intérpretes autorizados e credenciados; estamos diante de um pluralismo notável.

Dessa forma, proponho uma *mudança contextual da interpretação hegemônica* (ainda refletida no meio do século XX por WALTHER EICHRODT e GERHARD VON RAD, e mais recentemente por BREVARD CHILDS) *para um contexto hermenêutico pluralista* (refletido nos próprios textos, nos intérpretes bíblicos e na cultura como um todo).

### Pluralidade de testemunhos no texto

Agora temos condições de reconhecer, discordando de qualquer hipótese de um desenvolvimento unilateral da religião de Israel ou de sua "fala

---

*An Essay in Interpretation* (New Haven: Yale University, 1970), pp. 32-36 e *passim*, fazendo referência a FREUD, MARX e NIETZSCHE.

[8] Talvez tenham sido os eventos ao redor do escândalo de Watergate e da Guerra do Vietnã que prejudicaram mortalmente a legitimidade das instituições iluministas. Qualquer pessoa que se lembra da Guerra do Vietnã com algum senso crítico recordará da arrogância de HENRY KISSINGER e MCGEORGE BUNDY, principais figuras da universidade, reivindicando monopólio de conhecimento sobre a guerra. Veja DAVID HALBERSTAM, *The Best and the Brightest* (Nova York: Fawcett Books, 1992), e veja o reconhecimento tardio e triste de ROBERT S. MCNAMARA e BRIAN VANDEMARK, *In Retrospect: The Tragedy and Lessons of Vietnam* (Nova York: Random, 1995). A crise de confiança ao redor desses eventos dificilmente pode ser exagerada em sua importância para o novo contexto norte-americano, no qual se deve agora fazer a interpretação bíblica.

sobre Deus", que os próprios textos apresentam uma pluralidade de testemunhos sobre Deus e a vida de Israel com ele.[9] Esse pluralismo talvez seja mais claro quando se considera a rica matriz de reações literário-teológicas à crise do exílio. Nenhuma reação era adequada sozinha, nenhuma articulação de Javé no exílio era suficiente em si.[10] Além disso, fica claro que os diversos testemunhos sobre Javé, em qualquer momento particular da vida de Israel, em geral entram em profunda disputa entre si, discordando completamente sobre a "verdade" de Javé. As diversas instâncias de testemunho no livro de Jó são evidências dessa disputa. De modo similar, CHRISTOPHER SEITZ mostra como o conflito hermenêutico modela o livro de Jeremias.[11]

No fim, fica claro que "a forma final do texto", em seu processo de canonização, não se caracteriza por uma vitória hegemônica completa para qualquer trajetória interpretativa. Como mostra RAINER ALBERTZ, o processo de canonização é de acomodação e concessões.[12] A decisão de manter as tradições sacerdotal e deuteronomista em tensão, aceitando e reconhecendo ambas como verdade, é uma evidência formidável de pluralismo. A teologia do Antigo Testamento precisa viver com essa prática pluralista de disputa e acordo, de forma que os textos não sejam arranjados em qualquer padrão único ou unilateral. É o processo de disputa e acordo em si que constitui o modo de testemunho teológico de Israel. (GERHARD VON RAD percebeu claramente esse pluralismo, mas não indicou o processo constitutivo de disputa e acordo refletido no pluralismo como definidor para a fé de Israel.)

### *Disputa e acordo na interpretação*

Nosso novo contexto emergente de interpretação teológica evidencia que o pluralismo de disputa e acordo encontrado no texto se equipara

---

[9] Veja especialmente RAINER ALBERTZ, *A History of Israelite Religion in the Old Testament* (2v.; OTL; Louisville: Westminster/John Knox, 1994).

[10] Adicionalmente a ALBERTZ, *A History of Israelite Religion in the Old Testament*, v. 2, veja também RALPH W. KLEIN, *Israel in Exile: A Theological Interpretation* (OBT; Filadélfia: Fortress, 1979). Em português: *Israel no exílio*, Academia Cristã/ Paulus. A inadequação de qualquer articulação singular de fé fica bem clara na justaposição canônica das tradições sacerdotal e deuteronomista.

[11] CHRISTOPHER R. SEITZ, *Theology in Conflict: Reactions to the Exile in the Book of Jeremiah* (BZAW 176; Berlim: Walter de Gruyter, 1989).

[12] ALBERTZ, *A History of Israelite Religion in the Old Testament*, v. 2, pp. 468, 481 e *passim*.

a um pluralismo de disputa e acordo dentro da iniciativa contínua de interpretação. Já consideramos os pontos de vista que denominei de intérpretes centristas e marginais. Essas categorias podem ser muito simplistas e reducionistas, mas facilitam a compreensão.

Com a proliferação de métodos hermenêuticos e com as vozes interpretativas se pronunciando como nunca antes, a partir de uma extensa faixa de contextos sociais, eclesiásticos, políticos e econômicos, a teologia do Antigo Testamento agora é um processo ativo de disputa que termina, de tempos em tempos, em alguns acordos, acomodações e soluções aceitas, embora todos provisórios. Visto que as diversas interpretações em contextos variados – motivadas por diferentes esperanças, medos e mágoas – fazem questões completamente distintas, é claro que não há um "cânon dentro do cânon" que seja amplamente aceito, pois esse conceito é uma função da interpretação hegemônica. Como consequência, agora podemos perceber que toda interpretação é determinada em grande parte por seu contexto e interesses.[13]

Essa admissão, agora quase um lugar-comum, é recente e não estava disponível às interpretações anteriores. Na interpretação consolidada e hegemônica, era possível imaginar (talvez de forma inocente) que as questões feitas aos textos e os métodos hermenêuticos fossem óbvios, determinados e intrínsecos ao texto. Agora não mais! A iniciativa eclesiástica e acadêmica de interpretação, como o processo testemunhal do próprio Israel, é pluralista e envolve disputa e acordo. É importante reconhecer que, nessa polêmica empreitada interpretativa, cada gesto de interpretação é provisório e ainda deve ser novamente julgado. Assim, não adianta reivindicar uma fundamentação em elevada moral, ou alta crítica, ou ortodoxia, ou solenidade de voz, ou indignação contra ideologias, porque todas essas perspectivas tendem a ser aceitas apenas em contextos privilegiados.

---

[13] PENCHANSKY, *The Politics of Biblical Theology*, deixa isso claro de um modo sucinto. O que ele não deixa claro são os interesses que influenciam as perspectivas pós-modernas. Suspeito que essas perspectivas, em revolta e ressentimento contra o autoritarismo teológico, constituem uma cobiça inconsciente pela autonomia cartesiana. A meu ver, essa aceitação acrítica da autonomia é tão custosa quanto a alternativa do autoritarismo.
O tempo dirá se é possível haver um modo de interpretação que não tenda ao autoritarismo nem à autonomia. CARL E. BRAATEN e ROBERT W. JENSON (orgs.), *Reclaiming the Bible for the Church* (Grand Rapids: Eerdmans, 1995), me parecem corretos em sua advertência contra a interpretação autônoma. Porém, sua insistência penetrante em uma "interpretação canônica" soa profundamente autoritária para mim.

A oferta teológica de qualquer voz hermenêutica específica, em qualquer contexto interpretativo determinado, deve progredir através de um processo polêmico e sem regras claras de interação, ultrapassando a mera disposição de entrar seriamente na disputa.[14] Sem dúvida, há alguns acordos elementares no processo hermenêutico (assim como havia nos processos de testemunho do Israel antigo) que permitem que a permuta continue. Porém, esses acordos elementares quase sempre são rudimentares. Assim que são explicados, eles ficam à sombra de defesas mais concretas, o que revigora a disputa pela qual Israel sempre chega a Javé de uma forma nova.

### *Relatos pós-modernos da realidade*

Com o ocaso da Cristandade ocidental e o paralelo ocaso do antigo consenso epistemológico, é evidente que, além do Antigo Testamento e do seu correlato mundo de interpretação, estão à solta no mundo outros relatos bem diferentes e sérios da realidade. A teologia do Antigo Testamento (ou teologia bíblica ou teologia cristã) não pode mais imaginar que enuncia uma visão consensual da realidade. Essa nova situação intelectual, amplamente apelidada de "pós-moderna", é explicada por JEAN-FRANÇOIS LYOTARD como uma situação na qual não há confiança nas metanarrativas.[15] Nesse sistema de referência, o Antigo Testamento articula uma metanarrativa que, por causa do seu personagem central Javé, se distingue acentuadamente de todas as demais metanarrativas.[16] Além disso, nesse importante aspecto, há uma afinidade entre os diversos modos de interpretação teológica do Antigo Testamento.

---

[14] Por processo polêmico não quero significar, como os aderentes do pós-modernismo em geral parecem sugerir, que cada um fica "na sua". Se a questão em jogo é séria, então ela deve ser disputada. Em questões sérias, nenhum partidário se contenta simplesmente em tolerar outras opiniões ao seu lado sem contestá-las. O processo pluralista polêmico requer, a meu ver, uma disposição de se permanecer envolvido e uma habilidade de ouvir assim como de falar.

[15] JEAN-FRANÇOIS LYOTARD, *The Postmodern Condition: A Report on Knowledge* (Mineápolis: University of Minnesota, 1984).

[16] Não tenho certeza se devo falar que o Antigo Testamento provê uma metanarrativa, ou que ele provê os materiais a partir dos quais se pode construir uma metanarrativa. Estou mais propenso à última alternativa. Contudo, discordando de todas as outras metanarrativas, todas as metanarrativas possíveis de serem construídas a partir dos materiais do Antigo Testamento se inclinam a ter uma notável semelhança familiar. Prefiro deixar a questão em aberto, visto que não afeta meu argumento aqui. Falarei simplesmente de metanarrativas por uma questão de conveniência, mas reconhecendo minha incerteza, a qual não minimizo pelo meu uso abreviado.

A meu ver, no entanto, não devemos aceitar tão prontamente o veredito de Lyotard sobre a perda de confiança nas metanarrativas. Prefiro pensar que nossa situação é de conflito e competição entre metanarrativas profundamente defendidas, as quais são raramente enunciadas e se evidenciam apenas em fragmentos. Por exemplo, raramente se explica por completo a metanarrativa do Israel antigo no uso corrente, mas antes ela se apresenta em fragmentos nas leituras do lecionário e na preocupação acadêmica com os detalhes do texto. Do mesmo modo, raramente articula-se como um todo a metanarrativa dominante do consumismo militar, mas ela se exibe em fragmentos como os comerciais da televisão. Tal como as leituras bíblicas do lecionário apelam a uma metanarrativa mais ampla e oculta do Israel antigo, assim os comerciais da televisão apelam a uma metanarrativa mais ampla e (deliberadamente?) oculta de exploração do consumidor.

O importante para nossa consideração é que a metanarrativa do Antigo Testamento (ou da Bíblia ou da Igreja) não mais desfruta qualquer privilégio hegemônico. Ela deve se inserir em um contexto pluralista de interpretação, a fim de ver que tipos de disputa e acordo são possíveis.

Esses três pluralismos, que deslocam três hegemonias consagradas, não me parecem estar em questão. Não estou defendendo esses deslocamentos, mas apenas insistindo que são poderosamente operativos e que constituem o contexto no qual a teologia do Antigo Testamento deve ser conduzida agora e o será no futuro próximo. A perda de hegemonia por parte da Cristandade ocidental e por parte da racionalidade iluminista são irresistíveis, a meu ver. Não se deve perder tempo desejando o contrário. O importante, para o futuro da teologia do Antigo Testamento, é como podemos avaliar essa mudança de um ambiente hegemônico para um pluralista.

É tentador – certamente para esse homem branco e ocidental – considerar o novo pluralismo como perda e ameaça, e desejar circunstâncias mais ordenadas de privilégios inconfessos. A meu ver, contudo, devemos resistir a essa tentação. Pode até ser que nosso contexto pluralista de disputa e acordo seja de liberação para aqueles que concordam com o testemunho da Bíblia. Afinal, em um contexto assim, o trabalho interpretativo não precisa carregar o peso de toda a elite socioeconômica, política, moral e militar. É possível que se deva considerar o testemunho de Israel, mesmo em nossa época, não como a metanarrativa dominante que deve dar ordem e coerência a todo o horizonte de realidade social, mas sim como *um protesto subversivo* e como *um ato alternativo de visão* que convida à crítica e transformação.

## A teologia do Antigo Testamento em relação ao pluralismo

Tendo em vista esse novo contexto no qual as reivindicações políticas e epistemológicas de hegemonia parecem inapropriadas, surge a questão mais ampla: ainda será possível fazer uma teologia do Antigo Testamento no futuro? A resposta imediata é sim, pois pessoas como eu continuarão a fazê-lo e não serão impedidas. Porém, precisamos considerar a questão mais cuidadosamente e em relação aos três pluralismos que identificamos.

### *A metáfora do testemunho*

Na obra oferecida aqui, tentei moldar uma abordagem que honra precisamente a natureza variada dos próprios textos. A marca dessa abordagem é a metáfora dominante de *testemunho*. Não compete a mim decidir se essa tentativa foi bem-sucedida. Mesmo assim, desejo fazer algumas observações a respeito dessa obra, as quais eu creio serem importantes para qualquer obra futura sobre a teologia do Antigo Testamento.

Propus que a teologia do Antigo Testamento se concentre no discurso de Israel sobre Deus. A justificativa para essa proposta é que no Antigo Testamento temos discursos, e nada mais.[17] Minha abordagem assume que o discurso constitui a realidade, que as palavras contam, que os praticantes de Javé são realmente *homo rhetoricus*.[18] Javé vive em, com e sob esse discurso; no fim, ele depende do testemunho de Israel para um ponto de acesso no mundo. Essa, é claro, é uma declaração abrangente, uma da qual talvez eu me arrependa antes de concluir.

Contudo, o ponto de me concentrar nos discursos é que desejo distinguir a teologia do Antigo Testamento de duas tentações que caracteristicamente importunam a interpretação do texto. Por um lado, o Antigo Testamento no mundo moderno é incessantemente perturbado por e tentado à historicidade; ou seja, a "o que aconteceu".[19] Mesmo GERHARD VON

---

[17] No Antigo Testamento, é claro, o discurso se tornou escrito. Não minimizo a importância da diferença entre discurso e escrito; quanto a isso, veja WALTER J. ONG, *Orality and Literacy: The Technologizing of the Word* (Londres: Methuen, 1982); e WERNER H. KELBER, *The Oral and the Written Gospel: The Hermeneutics of Speaking and Writing in the Synoptic Tradition, Mark, Paul, and Q* (Filadélfia: Fortress, 1983). No entanto, a distinção não é importante para o argumento aqui. Assim, uso "discurso" para abranger todo o processo de discurso-que-se-torna-texto.

[18] Quanto ao "homem retórico", veja RICHARD A. LANHAM, *The Motives of Eloquence: Literary Rhetoric in the Renaissance* (New Haven: Yale University, 1976), pp. 1-8 e *passim*.

[19] Veja YOSEF HAYIM YERUSHALMI, *Zakhor: Jewish History and Jewish Memory* (Seattle:

Rad, com toda a sua ousadia, não escapou da armadilha modernista da história. A meu ver, os modos iluministas de história não têm quase nada a ver com o senso de Israel sobre Javé. O que "aconteceu" (o que quer que isso signifique) se baseia em testemunhos e tradições que não se sujeitarão a nenhuma outra autoridade.[20] Por outro lado, a teologia do Antigo Testamento é incessantemente seduzida pela antiga cobiça helenista pelo Ser, por estabelecer referências ontológicas por trás do texto.[21] Assim, por exemplo, Brevard Childs busca "o Real". Talvez esse raciocínio seja inevitável, tendo em vista nossa herança filosófica helenista. No que se refere a Israel, a verdade da questão é que se alguém crê no testemunho está próximo da realidade. E se não crê, não se está próximo da realidade, pois o Real é de fato pronunciado.

Uma interpretação como essa não satisfará o historicismo modernista

---

University of Washington, 1982), quanto à distinção crucial entre história (como entendida cientificamente) e memória; e Perdue, *The Collapse of History*, quanto aos problemas da história positivista.

[20] Como um modo dominante para a teologia séria, a "história" é um beco sem saída; isso é deixado claro por Van Austin Harvey, *The Historian and the Believer: The Morality of Historical Knowledge and Christian Belief* (Londres: SCM, 1967), muito embora ele chegue a conclusões bem diferentes das que sugiro aqui. É importante, por exemplo, que em 1Co 15 Paulo fala da fé se tornar "vã" (v. 17) se a ressurreição não ocorreu. Mas sua base está em testemunhos explícitos (vs. 5-8) e em nenhum outro modo de certeza ou evidência. A certeza surge no processo de testemunho, e não na recuperação "objetiva" de dados.

[21] A meu ver, naquilo que se refere a Israel, estabelece-se o "ser" em e por meio do discurso, e não por trás dele. Não é minha intenção ser anti-ontológico. Antes, é insistir que, seja o que for que seja reivindicado para a ontologia, na perspectiva do discurso de Israel isso só pode ser reivindicado em e por meio de pronunciamentos de testemunho. Isto é, uma vez que o testemunho de Israel seja aceito como verdadeiro – quando se crê naquilo que ele reivindica – tem-se ontologia, tem-se a realidade de Javé. Mas ter a realidade de Deus à parte do testemunho de Israel certamente é gerar algum Deus diferente do Javé de Israel. Minha impressão é que a importância dos discursos para a realidade aqui não é diferente da reivindicação dos sofistas da Grécia antiga; cf. capítulo 3, nota 6. Isso vai contra a tradição platônica que reivindica se abster da retórica pelo "ser", mas que de fato só faz essa reivindicação como um modo de praticar políticas bem conservadoras, e evitar desafios que só podem ser feitos pela retórica. Resisto à reivindicação de "o real" para o Deus da Bíblia à parte da retórica do testemunho, porque essa reivindicação me parece previsivelmente resultar em servir a políticas conservadoras, se não reacionárias. Veja a análise polêmica da questão por José Miranda, *Being and the Messiah: The Message of St. John* (Maryknoll: Orbis Books, 1973).

nem os que são voltados para a filosofia. Minha impressão é que satisfazer qualquer um desses lados exige que desistamos do modo venturoso e arriscado pelo qual Israel afirma sua fé e do modo igualmente venturoso e arriscado pelo qual Javé vive no mundo. Pode bem ser que eu não tenha dado uma nuance correta a essas questões por me faltar conhecimento sobre as apropriadas disciplinas adjuntas. Contudo, não tenho dúvida que a teologia do Antigo Testamento no futuro deve realizar seu trabalho confiando na escassa evidência dos pronunciamentos.

A metáfora do testemunho é particularmente adequada à qualidade polêmica da interpretação do Antigo Testamento. Em qualquer julgamento sério em tribunal, o testemunho é contestado por outros testemunhos conflitantes. Em qualquer julgamento sério, nenhum testemunho incontestado pode esperar ganhar o dia facilmente. Assim, contra qualquer interpretação unilateral da vida de Javé, ou contra qualquer retrato sistemático dele, desejo insistir que ele é, no horizonte e pronunciamento de Israel, inevitavelmente polêmico e disjuntivo.

O testemunho sobre Javé está profundamente em disputa com outras metanarrativas disponíveis no mundo contemporâneo, assim como estava em profunda disputa com os antigos sistemas imperiais e antigas alternativas religiosas. Seguindo FERNANDO BELO, pode-se ver Javé como a força de uma tradição de ordem e pureza (aliada com sociologias de equilíbrio) e como a força de uma tradição de cancelamento de dívidas (aliada com sociologias de conflito e revolução).²² Há textos suficientes a respeito de Javé para defender cada uma dessas perspectivas.

Ao usar as rubricas de "testemunho central" e "testemunho contrário", indiquei o fato inegável de que no próprio testemunho de Israel no texto, as "boas reivindicações" feitas sobre Javé como sustentador e transformador são contrabalançadas e enfraquecidas pelas evidências em contrário. Em muitas ocasiões em seu testemunho canônico, Israel afirma que o sustentador nem sempre é confiável e que o transformador às vezes é ineficaz. Em muitos textos, mas de modo exemplar em Êxodo 34,6-7, vimos que, se o texto for considerado como "testemunho do real", a base da disputa não se encontra simplesmente no pluralismo indisciplinado atual ou na antiga polêmica de Israel, mas na própria natureza de Javé.²³

Capítulo XXVI

---

²² FERNANDO BELO, *A Materialist Reading of the Gospel of Mark* (Maryknoll: Orbis Books, 1981). Veja também WALTER BRUEGGEMANN, "Trajectories in Old Testament Literature and the Sociology of Ancient Israel", *JBL* 98 (1979), pp. 161-185.

²³ Quanto à abertura e risco intrínsecos a esse texto, veja JAMES L. CRENSHAW, "Who

Tenho insistido que essa qualidade polêmica é definidora para Israel e para Javé. A disputa não pode ser solucionada em última instância, mas apenas provisoriamente. Nesse sentido, creio que a teologia do Antigo Testamento é uma opção vigorosa no momento da quebra da hegemonia cristã no Ocidente, pois a fé de Israel e o seu Deus se recusam precisamente ao tipo de acomodação que torna uma hegemonia possível.

A metáfora do testemunho não é apenas verbal, mas se incorpora como uma forma de vida. Na minha consideração dos modos comunitários, estruturais e institucionais pelos quais Israel conduz seu testemunho, falamos de uma comunidade encarnada que busca vivenciar seu testemunho e, consequentemente, concretizar a prática de Javé. É evidente de muitas maneiras que fracassou o antigo dualismo cartesiano que permite que a fé seja uma atividade racional e intelectual. De fato, Javé, em suas autorrevelações contraditórias, é um fracasso segundo essas normas em todo caso. A Igreja hegemônica ocidental, com seu triste registro quanto à economia e à sexualidade, tem uma longa tradição de negação do corpo em sua fé. Sem dúvida, existiram e continuam existindo protestos vigorosos contra esse dualismo, mas eles não têm prevalecido. E a teologia do Antigo Testamento, em seu "idealismo", mui frequentemente colabora com esse dualismo que gera negação.[24]

Portanto, tenho insistido que o javismo no Israel antigo é uma questão de práxis comunitária.[25] Podemos esperar, com o pluralismo emergente e uma hegemonia em colapso, que a prática séria, intencional e disciplinada de Javé passe a assumir muitas formas, algumas locais e outras mais amplas, algumas eclesiásticas e outras fora da Igreja. A teologia do Antigo Testamento, quando for necessário, talvez seja concreta e suficientemente encarnada para autorizar essas práticas diante das metanarrativas dominantes que resistem a essa encarnação radical.

---

Knows What YHWH Will Do? The Character of God in the Book of Joel", *Fortunate the Eyes That See: Essays in Honor of DAVID NOEL FREEDMAN* (org. ASTRID B. BECK et al.; Grand Rapids: Eerdmans, 1995), pp. 185-916.

[24] Para uma crítica cuidadosa dessas perspectivas idealistas nos estudos do Antigo Testamento, veja NORMAN K. GOTTWALD, *The Tribes of Yahweh: A Sociology of the Religion of Liberated Israel, 1250-1050 B.C.E.* (Maryknoll: Orbis Books, 1979), pp. 592-607. Quanto à materialidade da fé bíblica, veja a ousada extrapolação de SALLIE MCFAGUE, *The Body of God: An Ecological Theology* (Mineápolis: Fortress, 1993).

[25] Quanto à fé do Antigo Testamento como práxis, veja GOTTWALD, *The Tribes of Yahweh*, pp. 700-709 e *passim*.

Assim, quer eu entenda corretamente essas nuances ou não, antecipo que a teologia do Antigo Testamento, em suas tentativas de honrar a pluralidade do texto, precisará lidar com

* a importância do discurso como o modo da realidade de Javé,
* a qualidade polêmica da verdade, e
* a forma vívida e encarnada das comunidades de testemunho.

Proponho que essas marcas são congruentes com nossa situação interpretativa no Ocidente e apresentam um contraste importante com as antigas formas hegemônicas de teologia do Antigo Testamento.

### *Teologia do Antigo Testamento: impossível ou importuna?*

Uma poderosa opinião contemporânea defende que a teologia do Antigo Testamento é tanto uma impossibilidade quanto uma aberração na iniciativa mais ampla dos estudos bíblicos. A noção de que a teologia do Antigo Testamento é *impossível* procede da percepção acima de que seu próprio texto é profundamente pluralista; assim, considera-se qualquer noção de teologia do Antigo Testamento, por definição, como reducionista e, portanto, tratando sem muita consideração a rica diversidade do texto. A noção acadêmica de que a teologia do Antigo Testamento é *um projeto importuno e ignóbil em princípio* procede de um conceito bem diferente, embora correlacionado. Enquanto a noção de impossibilidade se deriva do senso de que a interpretação teológica é inerentemente reducionista ao classificar tópicos em um sistema ordenado, a noção de interpretação teológica como uma aberração importuna, a meu ver, se deriva do senso de que a interpretação teológica é inerentemente autoritária, refletindo experiências ou impressões de uma autoridade hermenêutica eclesiástica que era coerciva em suas exigências. De fato, existe uma longa história de interpretação teológica prejudicial que é tanto reducionista quanto coerciva.

Nos dias passados da crítica histórica unificada, os estudiosos em geral pareciam tolerar uma discrepância entre conclusões críticas e suposições teológicas, uma discrepância oculta pela linguagem evasiva (especialmente sobre "história") e raramente desmascarada. Assim, tinha-se o estranho resultado de estudos críticos rigorosos que ostensivamente geravam uma interpretação teológica das mais inocentes. É uma marca curiosa e, em minha opinião, infeliz dos estudos atuais que muitos estudiosos superaram a crítica histórica em seus moldes mais antigos, mas se dedicam a estudos retóricos e literários que são céticos, se não resistentes, quanto à interpretação teológica. Esses estudos recentes em geral se caracterizam por observações perceptivas de tipo artístico e estético sobre as estratégias do texto, de modo que se dá atenção a tudo exceto ao "testemunho" *sobre Javé* que é oferecido no texto.[26]

Tenho a impressão de que essa resistência às reivindicações teológicas sobre a natureza de Javé como o Deus sobre o qual Israel testemunha não se baseia em nada referente ao testemunho em si. Antes, baseia-se em antigas mágoas de reducionismo e coerção, mágoas que são mantidas ocultas ou são negadas em nome do distanciamento científico. Adicionalmente, tenho a impressão de que essa aversão à interpretação teológica ocorre especialmente entre estudiosos católicos que sofreram às mãos de um magistério impositivo e insistente e entre estudiosos com educação em contexto protestante, na qual o controle social coercivo foi confundido com o Deus oferecido no testemunho de Israel.

Não faço juízo negativo sobre os estudos que evitam a interpretação teológica devido a experiências opressivas no passado, nas mãos de comunidades interpretativas eclesiásticas, embora penso que esses estudiosos prestariam melhor serviço se compartilhassem essa realidade pessoal modeladora em suas obras. O maior problema, a meu ver, é que esses estudiosos tendem a considerar a racionalidade iluminista com certa inocência simplista, como se essa perspectiva não estivesse carregada de ideologia nem fosse, em última instância, tão reducionista e coerciva quanto qualquer interpretação eclesiástica pode ser.[27]

Minha esperança é que eu tenha modelado uma maneira responsável de se fazer interpretação teológica no Antigo Testamento que seja uma alternativa genuína a esses modos estereotípicos que ofendem e magoam tão profundamente. Minha expectativa é que a interpretação do Antigo Testamento que é viável em nossa nova situação interpretativa não precise nem ouse ser reducionista. É por isso que eu me concentrei no testemunho polêmico que se recusa a um fechamento. De modo similar, a interpretação teológica do Antigo Testamento, a meu ver, não precisa nem deve ousar

---

[26] Veja o protesto de JACK MILES, *God: A Biography* (Nova York: Knopf, 1995), contra os estudos positivistas iluministas que pode falar de tudo, exceto Javé.

[27] Assim, HANS-GEORG GADAMER, *Truth and Method* (Nova York: Seabury, 1975), em português: *Verdade e método*, Vozes. pp. 239-240, pode falar do "preconceito iluminista contra o próprio preconceito".

ser coerciva, porque não visa uma conclusão consensual. Antes, visa uma conversação contínua e polêmica sobre a natureza de Javé.

Para os estudiosos do Antigo Testamento que, por seus próprios motivos, resistem ao que consideram ser interpretação teológica, é um grande problema imaginar que a natureza de Deus subsiste "fora do texto", ou seja, que tem essência metafísica. Porém, essa objeção em princípio impõe um dualismo de texto/não-texto que o testemunho passional nunca considera. Assim, eu me contento em manter a interpretação teológica dentro do texto – abstendo-me de reivindicações quer históricas ou ontológicas extrínsecas ao texto – mas levando o texto a sério como testemunho e deixando-o ter voz ao lado de outros testemunhos, incluindo o testemunho da racionalidade iluminista que, com igual força, afirma e exclui. Tenho esperança de que, se a consideração da fala sobre Deus por Israel puder ser separada da administração hegemônica que tem monopolizado amplamente essa fala sobre Deus, então os estudiosos do Antigo Testamento também poderão ser livres para considerar esse testemunho fora da racionalidade hegemônica do Iluminismo. A meu ver, estamos em um momento na teologia do Antigo Testamento em que é possível reconsiderarmos as categorias em que classificamos o discurso testemunhal de Israel em sua força, à parte de qualquer imposição autoritária, quer eclesiástica ou acadêmica, confessional ou racionalista.

### *A metanarrativa do consumismo militar*

É dentro do nosso contexto social mais amplo do Ocidente que devemos considerar a viabilidade da teologia do Antigo Testamento, onde outra metanarrativa é mais poderosa e convincente. Já sugeri uma correção à noção de LYOTARD de não se confiar nas metanarrativas, indicando em seu lugar metanarrativas conflitantes que exercem enorme poder, mesmo se mantidas peculiarmente ocultas. O pluralismo na esfera pública não significa "vale tudo". Essa noção de liberdade irrestrita é em si uma função do consumismo militar. Na realidade, em qualquer circunstância particular, pública ou pessoal, não temos uma miríade de opções ilimitadas, mas apenas umas poucas escolhas, cada uma delas situada em uma metanarrativa (em geral não reconhecida).[28]

---

[28] ALASDAIR MACINTYRE, *Whose Justice? Which Rationality?* (Notre Dame: University of Notre Dame, 1988), e *Three Rival Versions of Moral Enquiry: Encyclopedia, Genealogy, and Tradition* (Notre Dame: University of Notre Dame, 1990), sugere que há três opções fundamentais.

A meu ver, a metanarrativa dominante da sociedade ocidental e, portanto, a alternativa primária à interpretação javista da realidade por Israel, é o consumismo militar. Minha análise aqui se baseará nessa premissa. (Em outros contextos sociais, pode-se focalizar em alguma outra alternativa primária à interpretação javista da realidade por Israel.) Por "consumismo militar", refiro-me a uma interpretação do mundo na qual as pessoas são consideradas como as unidades primárias de sentido e referência e os indivíduos, em liberdade irrestrita, estão autorizados (por si mesmos) a buscar bem-estar, segurança e felicidade como bem lhes convier.

Essa metanarrativa, em seu componente de "consumismo", tem a convicção de que o bem-estar, a segurança e a felicidade resultam de obter, ter, usar e consumir, atividades que podem ser realizadas sem restrição ou limite, mesmo à custa de outros. Essa interpretação da realidade tem seu componente "militar" na convicção de que é apropriado ter desigualdade no que é necessário para se desfrutar bem-estar, segurança e felicidade, e que o uso de força, coerção ou violência, seja para obter ou manter essa desproporção, é completamente congruente com essa noção de felicidade.

Além disso, essa interpretação da realidade exerce um efeito totalizante entre nós, por sua disponibilidade tecnológica e por sua capacidade de controlar a imaginação pública por meio da mídia. Essa metanarrativa é tão sólida e convincente que basicamente define as opções possíveis e imagináveis, reunindo uma enorme liberdade de certo tipo com uma estreita conformidade, a qual impossibilita qualquer desafio sério à distribuição desproporcional atual de poder, bens e acesso.

Nessas pinceladas gerais, posso ter caricaturado a metanarrativa dominante; essa não é minha intenção. Creio que esse é um retrato aproximado da nossa verdadeira situação ideológica. Muitos "usuários" e intérpretes do Antigo Testamento, ademais, acham inteiramente possível tomar fragmentos do testemunho de Israel no texto e acomodá-los às reivindicações principais da metanarrativa de consumismo militar; desse modo, removem esses fragmentos de seu próprio habitat no testemunho de Israel e, portanto, os distorcem totalmente.

É nesse contexto ideológico que fazemos nossa questão: a teologia do Antigo Testamento é possível no contexto social mais amplo do Ocidente, onde outra metanarrativa é mais poderosa e convincente? Em outras palavras, o mundo pode ser imaginado de maneira constante segundo o testemunho de Israel, visto que o poder imaginativo do consumismo militar é tão irresistível? A resposta a essa questão não é óbvia e, certamente, uma resposta positiva não é fácil. Se a teologia do Antigo Testamento – ou seja, a interpretação do mundo tendo Javé como centro, que é característica de Israel – deve ser crível ao autorizar uma vida alternativa no mundo, então sugiro que uma comunidade interpretativa e interpretadora deve atentar às questões que permanecem entre essa interpretação da realidade e as reivindicações do consumismo militar.

O testemunho de Israel convida "o tribunal" a um mundo de *santidade não domesticada*, marcada por descomunal soberania e inexplicável fidelidade, mas oferecida por meios que são disjuntivos e perturbadores. Uma oferta assim testifica contra a visão hegemônica do consumismo militar, o qual imagina que o mundo pode ser obtido, explicado, dominado e controlado, e o qual faz com que seja conveniente ter uma causa comum com a divindade domesticada do cristianismo burguês. Israel convida à residência em um mundo assediado por ambiguidade e desestabilização, baseadas na vida do Personagem central.

O testemunho de Israel convida "o tribunal" a um mundo de *generosidade originária*, na qual os dons são concedidos inexplicavelmente, bem "mais do que tudo quanto pedimos ou pensamos" (Ef 3,20). Uma oferta assim testifica contra a inclinação à reclamação do consumismo militar, o qual conclui que não foi concedido nenhum dom, que não há generosidade, que tudo é *quid pro quo*, e que se deve ter recursos autossuficientes para se obter mais. Israel convida à residência em um mundo saturado por uma inexplicável generosidade, baseada apenas na vida do Personagem central.

O testemunho de Israel convida "o tribunal" a um mundo de *possibilidades inexauríveis*, no qual as promessas são infinitamente concretizadas, transcendendo todas as circunstâncias visíveis, e no qual estão sendo pronunciadas novas ondas de promessa que permitem esperança passional, transcendendo todas as opções de explicação. Uma oferta assim fala contra o mundo fechado do consumismo militar, o qual imagina que não há mais promessas a serem mantidas e que não há mais palavras a serem pronunciadas, e assim chega a um desespero autodestrutivo e destruidor do mundo. Israel convida à residência em um mundo inundado de promessas cheias de significados que fascinam em seu cumprimento, e que sustentam na longa temporada seca entre esses cumprimentos; promessas e possibilidades baseadas apenas na resolução do Personagem central.

O testemunho de Israel convida "o tribunal" a um mundo de *interação aberta*, uma troca aliançada que continuamente redistribui o poder entre os fortes e os fracos, e que até atrai intervenções exigentes e insistentes contra Javé. Uma oferta assim de uma vívida existência aliançada testifica contra o mundo fixo e predeterminado do consumismo militar, no qual os pobres só se tornam mais pobres, e os ricos se tornam mais ricos, e juntos os ricos e os pobres acabam em uma paralisia de orgulho, desespero e morte fútil. Israel convida à residência em um mundo que é genuinamente aberto para dar e receber, para a troca completa de valores em verdade e confiança, uma abertura baseada na vida do Personagem central, que às vezes pode estar no lado receptor e geralmente no lado doador.

O testemunho de Israel convida "o tribunal" a um mundo de *convivência genuína*, na qual os membros de uma comunidade compartilham sem medo e praticam uma justiça que assegura o bem-estar para todos os membros da comunidade. Um convite assim à comunidade testifica contra o egoísmo duro e definidor do consumismo militar, no qual cada pessoa próxima é reduzida a uma mercadoria usável, e esse processo no fim esvazia até o indivíduo de toda possibilidade humana. Israel convida à residência em um mundo de cuidado e compartilhar, no qual os membros sabem que algo vale mais do que as ofertas superficiais de bem-estar, segurança e felicidade que não têm nenhuma profundidade humana.

Em esboço aproximado, o testemunho de Israel resulta em um mundo oposto tão profundamente ao consumismo militar quanto a cada outra metanarrativa alternativa que não tem as marcas do Personagem central. Não é óbvio que um mundo marcado por santidade não domesticada, generosidade originária, possibilidades inexauríveis, interação aberta e convivência genuína seja mais convincente do que as demais metanarrativas, pois a principal alternativa entre nós realmente faz algumas promessas superficiais que consegue manter. Apenas na presença da metanarrativa mais rica e densa do javismo se pode observar a inadequação da metanarrativa dominante. Quando a metanarrativa do javismo não é anunciada de modo completo e corajoso, a metanarrativa dominante parece ser a única disponível. Creio que essa incapacidade de ou recusa em anunciar a metanarrativa possibilitada pelo testemunho de Israel tem, em não pequena escala, permitido que a metanarrativa do consumismo militar domine por *default*.

A tarefa da teologia do Antigo Testamento, situada na extensa esfera de alternativas conflitantes, é a de evidenciar as maneiras pelas quais uma metanarrativa contrária pode ter autoridade. Não há nada inerente ou especialmente reducionista ou coercivo nessa alternativa produzida pelo testemunho de Israel. Israel pronuncia essa interpretação da realidade para si mesmo, para seus jovens e para os estrangeiros, pois crê que essas questões são tão sérias quanto a morte e a vida. É possível, aqui e ali, de maneiras singulares e locais, que essa interpretação da realidade assuma autoridade. É isso, afinal, que está em jogo na teologia do Antigo Testamento.

## Capítulo Vinte e Sete

### 27. O poder constitutivo do testemunho de Israel

Em minha análise, investi bastante na reivindicação de que o testemunho de Israel é fundamentalmente constituído por *pronunciamentos concretos*, que são geradores de realidade social. Essa é uma importante reivindicação; contudo, creio que não interessa apenas à exposição que ofereci. É igualmente importante, a meu ver, para o futuro da teologia do Antigo Testamento de modo mais genérico, na medida em que a desestabilização deixa a interpretação bíblica sem muitos dos seus costumeiros apoios institucionais e sociopolíticos. Sugiro que os pronunciamentos concretos são mais elementares à aceitação e explicação de Javé por Israel do que as duas costumeiras reivindicações da história e da ontologia.

Quanto à história, sugiro que a questão sobre o que "aconteceu" agora está irremediavelmente entrelaçada com o historicismo positivista, o qual caracteristicamente visa remover aquilo que é estranho ou escandaloso (e normativo) em pronunciamentos-que-se-tornaram-textos. A utilização da pesquisa histórica como uma instância do ceticismo teológico me parece evidente na moda atual de datar tudo tardiamente no Antigo Testamento. Assim: "É tardio, portanto realmente não aconteceu, portanto dificilmente pode ter autoridade". Inclinações desse tipo parecem estar operando na "Terceira Busca" do "Seminário de Jesus".[1]

De modo oposto, em uma reação contra esse historicismo que desacredita, outros estão fazendo um esforço positivo para ir além do texto para alcançar o "realmente real" – o Deus que está fora e além do texto, de maneira que o texto direciona para além de si.[2] Segue-se essa iniciativa,

---

[1] Quanto ao "Seminário de Jesus", veja o excelente fórum oferecido em *TToday* 52 (1995), pp. 1-97, especialmente Marcus J. Borg, "The Historian, the Christian, and Jesus", pp. 6-16, e Howard Clark Kee, "A Century of Quests for the Culturally Compatible Jesus", 17-28. Veja também Luke Timothy Pelo, *The Real Jesus* (São Francisco: Harper, 1996).

[2] Veja Brevard S. Childs, *Biblical Theology of the Old and New Testaments: Theological Reflection on the Christian Bible* (Mineápolis: Fortress, 1993), p. 20 e *passim*; e, mais recentemente, veja Childs, "On Reclaiming the Bible for Christian Theology", *Reclaiming the Bible for the Church* (org. Carl E. Braaten e Robert W. Jenson; Grand Rapids: Eerdmans, 1995), pp. 1-17. Karl Barth, *Church Dogmatics* 1/1 (Edimburgo: T. & T. Clark, 1975), foca na palavra como testemunho de uma maneira congruente com o que estou sugerindo. Porém, Barth não podia, afinal, deixar a pa-

creio, na convicção de que os pronunciamentos-que-se-tornaram-textos não são adequados, de maneira que o pronunciamento dito suficientemente alto e em letras maiúsculas se torna metafísica.

Ambas essas tentações de desejar mais (ou menos no caso do historicismo desdenhoso) do que o texto me parecem iniciativas sem esperança que, certamente, a teologia do Antigo Testamento deve evitar. Sem dúvida, comparados ao presunçoso reconstrucionismo histórico e às reivindicações metafísicas convencionais, os pronunciamentos-que-se-tornaram--textos parecem ser uma base fraca para a vida no mundo. Entretanto, a meu ver, no mundo antigo do discurso de Israel, eles eram suficientes para o israelita mais complacente.[3] Além disso, em nosso próprio tempo e espaço, proponho que devemos considerar cuidadosamente se a interpretação teológica pode confiar o suficiente nos pronunciamentos para receber o Deus oferecido no texto, pois afinal a "história" ou a "ontologia", como pontos iniciais para a interpretação teológica, apelarão para os pronunciamentos-que-se-tornaram-textos como seu ponto central.[4] Sugiro que o que devemos examinar não é como Israel podia depender de um recurso tão pobre, mas sim por que esses pronunciamentos agora nos parecem tão suspeitos e frágeis.

Ao fazer essa reivindicação, eu me refiro ao discurso característico de Israel, o qual por muito tempo e em muitas circunstâncias tem uma cadência reconhecível. Não me refiro a nenhuma tentativa de localizar pronunciamentos "originais" ou primitivos, mas apenas pronunciamentos confiáveis e recorrentes, que são a essência da teologia do Antigo Testamento. Esses pronunciamentos reconhecíveis e peculiares é tal que, para seus partidários, apenas umas poucas palavras precisam ser ouvidas para completá-los; se algumas palavras não podem ser ouvidas, elas podem ser suplementadas por aqueles que conhecem como esses pronunciamentos operam. A capacidade de se identificar esse pronunciamento não é diferente de ouvir sua própria língua na rua em um local onde normalmente se

---

lavra como pronunciamento (proclamação) se afastar de uma noção tripla da palavra (Jesus, a Bíblia, a proclamação), o que para ele, no fim, é mais "ser" que discurso.

[3] Minha impressão é que aqueles que "cederam", que acharam convincente esse mundo pronunciado, o fizeram não por causa de uma disposição religiosa prévia, mas por causa do desespero gerado por sua situação sociopolítica na vida real. Ou seja, o pronunciamento "gerou sentido" quanto às situações sem sentido da mortalidade.

[4] Veja WALTER BRUEGGEMANN, *Biblical Perspectives on Evangelism: Living in a Three-Storied Universe* (Nashville: Abingdon, 1993), pp. 94-128.

fala outra língua. Basta apenas ouvir por acaso algumas palavras para se reconhecer o padrão discursivo da língua nativa e considerar sua fala como um momento acolhedor e que faz sentido. Após se reconhecer a familiaridade do pronunciamento, é possível então também reconhecer e apreciar as variações e desvios daquilo que é conhecido, que podemos assumir que ocorrem intencionalmente. Em um nível importante, a fé consiste em uma disposição de viver no mundo desse pronunciamento e aceitar seu discurso como um testemunho confiável.

Esse discurso – falado regularmente, a tempo e fora de tempo – recruta pessoas para essa comunidade e essa fé (ou seja, sua interpretação da realidade; cf. Dt 6,4-9; Sl 78,5-8) por uma *pedagogia de saturação*. Esse discurso é convocação, exigência, garantia e convite para se pertencer a essa comunidade de pronunciamento e ao mundo proclamado por ela, o qual inclui o Deus que subsiste no centro desse mundo. Os partidários de Javé, no Antigo Testamento, são aqueles que aceitam esse testemunho característico como uma articulação válida da realidade, de acordo com a qual estão preparados para agir.

No contexto dessa comunidade que recruta, instrui, disciplina e admoesta seus membros e candidatos a membresia, esses pronunciamentos são de fato constitutivos da realidade. Israel regularmente disponibiliza um mundo particular por meio de suas palavras. Além disso, seu discurso polêmico ao mesmo tempo visa anular os mundos que considera falsos, não confiáveis e letais.

Ao fazer essa reivindicação, é importante reconhecer que não há, fora do discurso, nenhum mundo objetivamente oferecido que se estabelece como o critério da realidade, por meio do qual se pode testar para ver se Israel é "realista".[5] Em sua insistência iconoclasta, Israel defende que esses mundos considerados como óbvios ao longo do tempo são, de fato, apenas outros mundos proclamados – proclamados por tanto tempo e de forma tão verossímil e autorizada que parecem ser óbvios. Assim, o testemunho de Israel sobre um mundo centrado em Javé visa desacreditar e anular todos os demais mundos propostos que não estão centrados em Javé. Esse testemunho assumido persistentemente por Israel não é neutro

---

[5] Refiro-me à tentação do fundacionalismo. Embora a interpretação teológica mais inclinada à filosofia possa ser a favor do fundacionalismo, não vejo nenhuma abertura para isso nas reivindicações centrais do Antigo Testamento em si. A grande força do testemunho do Antigo Testamento sobre Javé (assim como seu grande problema) é que o pronunciamento sobre Javé não é mensurado pela realidade histórica ou ontológica anterior.

ou descritivo, mas sim uma defesa pervasiva e completamente partidária. Além disso, essa defesa partidária é gerativa e constitutiva de um novo mundo, sempre que os "recrutas" se alistam nesse mundo de discurso. Ao se alistarem, esses recrutas e membros também se afastam de outros mundos baseados em outros pronunciamentos normativos (cf. Js 24,23).

Esse mundo peculiar de discurso, centrado em Javé, tem uma qualidade de constância ao longo do tempo; é essa constância que constitui o material da teologia do Antigo Testamento. Duas características dessa constância estão em profunda tensão. Por um lado, a constância javista do testemunho de Israel está profundamente carregada de peso ideológico. Isso é especialmente evidente no partido "somente Javé" associado às tradições deuteronomistas, uma postura intolerante a variações e desvios.[6] Esse partido fornece um mundo retórico que não só é insistentemente javista, mas também tende a ser profundamente patriarcal e capaz de sancionar violência contra todos os desvios de sua ideologia.

Por outro lado, tendo reconhecido sua preferência ideológica, também devemos reconhecer que a constância javista tem uma qualidade contínua de ser elusiva. Assim, o Javé autoritário também se revela ser o Javé que está além de domesticação e aprisionamento.[7] Essa qualidade elusiva parece ser quase inerente à noção do discurso testemunhal de Israel, o qual se caracteriza por ambiguidade provocadora, expressa em metáforas que não podem ser reduzidas a um sentido preciso. No fim, essa qualidade elusiva desconstrói o rigor ideológico que observamos, de maneira que, quando Javé é retratado por meio de uma ideologia selvagem, geralmente se notam indícios contrários.

Essa qualidade de constância, tanto como *ideológica* quanto como *elusiva*, é um rico convite interpretativo. Suponho que, no fim, devemos fazer um importante julgamento quanto a quem tem a última palavra: a

---

[6] Quanto ao partido "somente Javé", veja MORTON SMITH, *Palestinian Parties and Politics that Shaped the Old Testament* (Nova York: Columbia University, 1971); e MARTIN ROSE, *Der Ausschliesschlich-keitsanspruch Jahwes; Deuteronomische Schultheologie und die Volksfrommigkeit in der Späten Konigszeit* (BWANT 6; Stuttgart: W. Kohlhammer, 1975).

[7] Em um estudo sobre Miqueias, meu aluno TIMOTHY K. BEAL, "System and Speaking Subject in the Hebrew Bible: Reading for Divine Abjection", *Biblical Interpretation* 2 (1994), pp. 171-189, mostra como a crítica ideológica de JULIA KRISTEVA, de fato, não entende a intenção do texto, o qual permite considerável instabilidade a Javé, certamente mais do que é aceita pelas duras críticas ideológicas do texto.

ideologia ou o caráter elusivo.⁸ Em minha própria leitura, entendo que não se permite que, em última instância, nenhuma declaração ideológica sobre Javé prevaleça; sempre são enfraquecidas pelo caráter elusivo. Todavia, outros leitores, talvez feridos por uma interpretação autoritária – algo que não passei – descobrirão que a ideologia sempre vence no final sobre o caráter elusivo. Ou pode ser simplesmente que essa questão do caráter ideológico e elusivo seja a própria marca da constância que pertence a Javé, o qual é incessantemente responsivo e disponível e, ao mesmo tempo, intransigentemente soberano. Essa questão não resolvida, e talvez não resolvível, é exatamente o que é tão convincente e enlouquecedor na teologia do Antigo Testamento.

A constância e a produtividade desse discurso característico de Israel têm uma profunda densidade, a qual só está disponível aos seus praticantes comprometidos. Essa densidade significa que o testemunho javista de Israel está profundamente codificado, de maneira que dentro de um pronunciamento sempre há alusão e referência a outros pronunciamentos.⁹ A densidade não é simplesmente moral ou cognitiva, mas tem um aspecto prático e material que se refere à vida institucional e pública de Israel. Como resultado, quem ouve esses pronunciamentos buscando mantê-los separados de suas radicais contrapartes socioeconômicas os ouve de forma errônea. Portanto, ouvir com seriedade esses pronunciamentos implica em práticas encarnadas das disciplinas e liberdades que emergem deles – e a maior delas é o amor ao próximo.

A confiança elementar de Israel nos pronunciamentos geralmente é mal vista no mundo. Talvez seja essa estranha qualidade de discurso, quase ideológica, caracteristicamente elusiva, que marca a estranheza israelita no mundo, uma estranheza à qual se deve resistir para se obter o controle do

Capítulo XXVII

---

⁸ Quem considera o texto como ideológico provavelmente tende ao ceticismo, quem o considera elusivo se move em uma direção fideísta. Contudo, o fideísmo também está aberto ao reducionismo, tanto quanto o ceticismo. Não há "respostas no final do livro". Insisto apenas que as propensões céticas-enquanto-ideológicas não tem privilégios na interpretação. Suspeito que a polêmica entre o ceticismo e o fideísmo é mal direcionada, pois a verdadeira questão é entre o reducionismo ideológico e a abertura ao caráter elusivo. Não é difícil alinhar o fideísmo e ceticismo juntos quanto às questões do reducionismo e caráter elusivo.

⁹ O estudo básico sobre intertextualidade é o de MICHAEL FISHBANE, *Biblical Interpretation in Ancient Israel* (Oxford: Clarendon, 1985). Veja minha análise anterior sobre a perspectiva intertextual, nas pp. 78-80 [seção "Intertextualidade" do capítulo 2].

mundo.¹⁰ Aqui se pode fazer um apelo útil à expressão de JACQUES ELLUL: "a humilhação da palavra".¹¹ Já em 1967, no livro *The Technological Society*, ELLUL considera o poder desumanizador da tecnologia moderna.¹² Seu livro avança a análise ao insistir que a imagem manipulada desalojou o discurso no mundo moderno, a serviço do controle tecnológico.¹³

Não é meu propósito aqui analisar ou avaliar a tese de ELLUL sobre a palavra. Antes, sugiro que a teologia em geral – e, em particular, a teologia do Antigo Testamento – tem participado na "humilhação da palavra", ou pelo menos tem sido seduzida por ela, de maneira que há um profundo anelo por algo mais (ou algo diferente) que o próprio discurso, seja histórico ou ontológico. Meu argumento é uma insistência de que o discurso é tudo o que temos – discurso como testemunho – e de que ele é suficiente, tal como era para a comunidade de Israel.

Esse reconhecimento, de que o discurso é tudo o que temos e é suficiente, assegura que o conhecimento de Deus por Israel é infinitamente elusivo, sob contestação, e em disputa. Com isso, Israel recusa o tipo de certeza que se pode ter no positivismo histórico ou no teológico. Portanto, proponho que os leitores teológicos sérios do Antigo Testamento ou são partidários e praticantes do mundo revelado nesse discurso, ou são candidatos e recrutas potenciais a esse mundo proclamado. Aqueles que são partidários estão incessantemente sob contestação, pois esse mundo deve ser vivido na presença de outros mundos, também oferecidos em discurso. É por causa da contestação aos partidários ser incessante que o discurso de Israel inclui um testemunho contrário. De modo similar, os candidatos e

---

¹⁰ Quanto à estranheza e à superação da estranheza sob a pressão do universalismo, veja JOHN MURRAY CUDDIHY, *The Ordeal of Civility: FREUD, MARX, and LEVI-STRAUSS and the Jewish Struggle with Modernity* (Nova York: Basic Books, 1974). CUDDIHY propõe que os "deslizes freudianos" são um fenômeno peculiarmente judaico em que se manifesta o caráter judaico suprimido. Quanto a essa noção, sugiro que a Bíblia está cheia desses "deslizes", alguns na boca de Javé.

¹¹ JACQUES ELLUL, *The Humiliation of the Word* (Grand Rapids: Eerdmans, 1988).

¹² ELLUL, *The Technological Society* (Nova York: ALFRED A. Knopf, 1965).

¹³ Veja também NEIL POSTMAN, *Amusing Ourselves to Death: Public Discourse in the Age of Show Business* (Nova York: Penguin Books, 1985); e *Conscientious Objections: Stirring Up Trouble about Language, Technology, and Education* (Londres: Heinemann, 1988); veja também o estudo mais fundamental de EUGEN ROSENSTOCK-HUESSY, *Speech and Reality* (Norwich: Argo Books, 1970), que comenta sobre a "patologia do discurso" na vida moderna.

recrutas potenciais a esse mundo proclamado ainda não se decidiram quanto à confiabilidade desse discurso, e realmente têm à sua disposição discursos e mundos alternativos – ou seja, metanarrativas alternativas. Esse discurso de Israel não é ditatorial. Não impõe sua vontade. Pode apenas proclamar sua convocação e convite, e aguardar uma decisão que se refaz continuamente. Quando se toma uma decisão afirmativa, um mundo real de essência ontológica emerge.

Capítulo

XXVII

## Capítulo Vinte e Oito

### 28. Algumas questões gerais

No futuro próximo, a teologia do Antigo Testamento **(a)** viverá em um mundo pluralista sem privilégios hegemônicos; e **(b)** dependerá de um discurso. Após ter situado nosso trabalho futuro na teologia do Antigo Testamento dessa maneira, que está em contraste profundo com o longo período iluminista da erudição, desejo retornar brevemente a quatro questões gerais que assinalei como interesses elementares permanentes para nosso trabalho contínuo.[1] Aqui faço essas questões em um mundo que é pluralista e dependente de discursos.

**A teologia do Antigo Testamento em relação à crítica histórica**

Sem dúvida, BREVARD CHILDS está correto em sua alegação de que o relacionamento entre a teologia do Antigo Testamento e a crítica histórica é de importância crucial para qualquer avanço da teologia do Antigo Testamento.[2] Igualmente, não há dúvida de que a crítica histórica, interpretada de modo amplo, é crucial para uma teologia bíblica responsável, especialmente para as versões reformadas dela, como insiste GERHARD EBELING.[3] Não se pode desfazer a longa e complexa história que manteve a crítica e a exposição teológica juntas e em tensão. Além disso, não se pode desejar que um expositor contemporâneo abandone as restrições e recursos intelectuais de seu tempo e lugar. Assim, considero um truísmo que a interpretação teológica do Antigo Testamento deve estar seriamente envolvida com a crítica, e que qualquer estudante sério da teologia do Antigo Testamento não pode se refugiar em um fideísmo "seguro" por temer os resultados da investigação crítica.

---

[1] Quanto a essas quatro questões gerais, veja as pp. 157-158 [seção "Interface entre leituras conflitantes", no capítulo 2].

[2] BREVARD S. CHILDS, "Critical Reflections on JAMES BARR's Understanding of the Literal and the Allegorical", *JSOT* 46 (1990), pp. 3-9, e novamente em "On Reclaiming the Bible for Christian Theology", *Reclaiming the Bible for the Church* (org. CARL E. BRAATEN e ROBERT W. JENSON; Grand Rapids: Eerdmans, 1995), pp. 1-17.

[3] GERHARD EBELING, "The Significance of the Critical Historical Method for Church and Theology in Protestantism", *Word and Faith* (Londres: SCM, 1963), pp. 17-61. Veja CHILDS, *Biblical Theology of the Old and New Testaments: Theological Reflection on the Christian Bible* (Mineápolis: Fortress, 1993), pp. 6-9, para seu comentário sobre a ênfase de EBELING.

Porém, a insistência de EBELING, a meu ver, não lida com as questões reais que precisam ser tratadas agora. EBELING se preocupa em insistir que a fé cristã tem raízes históricas reais no que "aconteceu", e ele usa o termo *histórico* nesse sentido. De fato, entretanto, o termo *histórico* em referência a "o que aconteceu" não é de jeito nenhum como o termo passou a ser usado na "crítica histórica" em muito dos estudos do Antigo Testamento. Embora eu concorde com o argumento geral de EBELING, insisto que o que é apropriado como crítica em relação à teologia do Antigo Testamento deve ser mensurado por dois critérios: **(a)** uma abordagem que seja congruente com o material do próprio texto; e **(b)** uma abordagem que seja congruente com o ambiente intelectual na qual a exposição deve ser feita.

Estou propenso a concluir que o enorme aparato da alta crítica histórica, que alcançou seu zênite no século XIX e continuou seu domínio por boa parte do século XX, não é, em um primeiro momento, de relevância primária para a exposição teológica no fim do século XX. Com essa conclusão, não pretendo fazer qualquer apelo a um fideísmo anti-intelectual; antes, apelo a uma crítica que seja congruente nos dois modos sugeridos. Ao chegar a essa conclusão, apenas reflito o que na prática já ocorre no momento presente no caso de bom número de estudiosos responsáveis, a saber, que os estudiosos já transcenderam as categorias críticas que representavam a crítica histórica.[4]

A meu ver, a crítica histórica (com isso me refiro a toda a iniciativa iluminista que veio a ser associada com JULIUS WELLHAUSEN e que agora parece ressurgir como um neo-Wellhausianismo) estava comprometida com um programa cartesiano que era hostil (na realidade, se não na intenção) às principais reivindicações teológicas do texto. Ou seja, a crítica histórica não se restringiu à consideração do local histórico específico do texto (que parece ser o interesse de EBELING), mas trabalhou com suposições naturalistas, de maneira que tudo podia e devia ser explicado, sem referência a qualquer reivindicação teológica. O resultado é uma "história da religião" que não apenas resiste à metanarrativa teológica, mas resiste a qualquer noção de Javé como um agente na vida de Israel.

---

[4] Quanto à "nova crítica", deve-se fazer referência específica às críticas sociológica, literária, retórica e canônica. Dessas, a sociológica ainda é a que está ligada mais de perto à antiga crítica histórica. BREVARD CHILDS insiste que a crítica canônica não é apenas mais um método, mas de fato é uma perspectiva teológica. Veja a análise das "opções" correntes em STEVEN L. MCKENZIE e STEPHEN R. HAYNES, *To Each Its Own Meaning: An Introduction to Biblical Criticisms and Their Application* (Louisville: Westminster/John Knox, 1993).

Reconheço plenamente que reivindicar "Javé como agente" é bastante problemático.⁵ Entretanto, é problemático apenas quando a interpretação é conduzida de acordo com as suposições da racionalidade iluminista que, por princípio, resiste a toda reivindicação teológica. Em sua rejeição do fideísmo, a crítica caiu no ceticismo, de maneira que, nas palavras de JACK MILES, pode-se falar de tudo exceto Javé. É evidente que uma crítica cética assim é indispensável quando se pensa no fundamentalismo acrítico da "primeira ingenuidade".⁶ Esse trabalho, nas bases da racionalidade iluminista, foi e continua a ser bem feito na maioria das escolas teológicas norte-americanas.

O problema é que esse positivismo iluminista não está mais conectado a nenhuma disciplina crítica. A emergência da reflexão hermenêutica é agora uma dimensão principal de qualquer tarefa crítica; o próprio EBELING define a crítica dessa forma: "Tudo depende do método histórico-crítico ser liberto dessa redução errada a mera ferramenta técnica e ser compreendido de tal maneira a incluir em si todo o processo hermenêutico".⁷ Assim, o que se requer em um novo clima intelectual antipositivista é uma crítica que não seja em nada positivista, mas que esteja aberta à densidade dos processos sociais e retóricos que geram uma realidade social além do nosso "realismo".⁸

Sugiro que, em um novo acordo ainda a se concretizar entre a crítica e a interpretação, três considerações são pertinentes:

CAPÍTULO XXVIII

1. Precisa-se investir uma grande energia para se discernir o que se deve reter da crítica histórica mais antiga e como isso deve ser usado. Há muitas coisas na história da literatura, e talvez na história da religião, que ainda precisam ser valorizadas, muito embora quase todas as antigas opiniões "consensuais" estejam agora sob pesado ataque. O desafio ao se reter co-

---

⁵ Referir-se a "Javé como agente" reintroduz toda a polêmica questão de um "Deus que age". Para uma análise da questão, veja THOMAS F. TRACY, *God, Action, and Embodiment* (Grand Rapids: Eerdmans, 1984).

⁶ A expressão é de PAUL RICOEUR. Veja MARK I. WALLACE, *The Second Naiveté: BARTH, RICOEUR, and the New Yale Theology* (Macon: Mercer University, 1990).

⁷ EBELING, "The Significance of the Critical Historical Method", p. 50.

⁸ Pode-se fazer referência aqui a RICHARD R. NIEBUHR, *Resurrection and Historical Reason: A Study of Theological Method* (Nova York: Charles Scribner's Sons, 1957), e W. B. GALLIE, "The Historical Understanding", *History and Theory* (org. GEORGE H. Nadel; Middletown: Wesleyan University, 1977), pp. 149-202.

nhecimento da crítica histórica mais antiga é fazê-lo sem um apego oculto ao ceticismo teológico que parece acompanhar incessantemente essa crítica, mas que não é uma parte necessária de uma perspectiva crítica. Pode haver lugar para ceticismo, mas ele deve ser explícito, assim como suas bases, e não trazido de forma sub-reptícia ao longo do julgamento crítico.

**2.** Há muitas coisas nos métodos emergentes – sociológico (incluindo a nova arqueologia) e retórico – que podem ser valorizadas, pois esses métodos levam em conta tanto a densidade dos processos sociais codificados no texto quanto o poder gerativo e constitutivo do discurso textual. A meu ver, esses métodos em geral satisfazem a expectativa da noção de EBELING sobre a crítica, mas em princípio estão realmente comprometidos com a racionalidade cética.

**3.** Desde que a crítica histórica dominou completamente a erudição no século XIX, assumiu-se, quase sem questionamento, que a crítica é a figura principal que toma a iniciativa no processo acadêmico e que a interpretação teológica deve seguir as categorias estabelecidas pela crítica. Certamente, em um período de alto positivismo, é inevitável que o relacionamento seja assim.

Com a emergência de uma dimensão hermenêutica na crítica que superou o positivismo absoluto, esse relacionamento amplamente assumido deve ser reexaminado e reordenado.[9] Por exemplo, uma ênfase na qualidade polêmica da retórica teológica de Israel pode levar a uma crítica de documentos que resista à fragmentação iluminista, a qual busca dissolver todas as estranhas tensões e abrasões no texto. De fato, após passarmos do positivismo para uma consideração da densidade do texto, podemos observar métodos emergentes que se dispõem a levar em conta a dimensão teológica que vai na direção de uma "segunda ingenuidade".

A questão real no relacionamento entre a interpretação e a crítica é estar consciente de que fideísmo e ceticismo são tentações gêmeas, e que a

---

[9] Acima de tudo, veja HANS-GEORG GADAMER, *Truth and Method* (Nova York: Seabury, 1975). Note especialmente sua ênfase na linguagem, pp. 345-491. Tal como GADAMER busca refutar as reivindicações do positivismo sobre o conhecimento, assim também MARTIN BUBER, em sua articulação dialógica da realidade, busca subverter as reivindicações do cartesianismo sobre o ser.

crítica é um esforço de raciocínio de uma maneira que não permita o fideísmo nem exija o ceticismo. Em muitos estudos "científicos" do Antigo Testamento, geralmente se assume que o ceticismo é muito mais respeitável intelectualmente do que o fideísmo. Com o ocaso do positivismo, pode-se reconsiderar essa pressuposição comum, embora implícita. O ceticismo, frequentemente anunciado como hostilidade às reivindicações teológicas, não é de fato um elemento óbvio na investigação intelectual responsável.[10] Além disso, o que se passa por objetividade neutra no estudo do Antigo Testamento em geral é uma hostilidade pessoal tenuemente velada contra a autoridade religiosa, a qual é desalojada da tarefa interpretativa como se essa hostilidade fosse uma virtude intelectual. Sem dúvida, um fideísmo opressivo e um ceticismo hostil se evocam e se alimentam infinitamente. Podemos estar agora em um momento no qual se expõe o fideísmo reducionista como inadequado e se considera o positivismo cético como igualmente inadequado; é um momento no qual uma crítica genuinamente reflexiva pode lidar com a densidade e profundidade do texto, que não está disponível nem ao fideísmo nem ao ceticismo.

**A teologia do Antigo Testamento em relação ao Novo Testamento e à teologia da Igreja**

Capítulo XXVIII

A teologia do Antigo Testamento tem sido caracteristicamente uma iniciativa cristã, pois é uma tendência cristã, diferentemente da judaica, pensar em amplas categorias teológicas sistemáticas.[11] E, visto que as categorias recorrentes da teologia do Antigo Testamento foram determinadas e praticadas por intérpretes cristãos, não é de surpreender que essa teologia tenha sido elaborada na suposição de que o Antigo Testamento se orienta de forma integral e exclusiva para o Novo Testamento. Além disso, como a interpretação tem se baseado nessa suposição, é completamente compreensível que a teologia do Antigo Testamento tenha se tornado uma grande contribuinte para o superacionismo, no qual as reivindicações religiosas

---

[10] Veja a crítica poderosa do ceticismo liberal após ter ocupado o centro da atividade acadêmica nos Estados Uanidos: GEORGE Marsden, *The Soul of the American University: From Protestant Establishment to Established Non-Belief* (Oxford: Oxford University, 1994). Para uma postura bem diferente quanto ao assunto, veja Martin E. Marty, "Committing the Study of Religion in Public", *JAAR* 57 (1989), pp. 1-22.

[11] Veja JON D. LEVENSON, "Why Jews Are Not Interested in Biblical Theology", *The Hebrew Bible, the Old Testament, and Historical Criticism: Jews and Christians in Biblical Studies* (Louisville: Westminster/John Knox, 1993), pp. 33-61; e CHILDS, *Biblical Theology of the Old and New Testaments*, pp. 25-26, quanto à "teologia judaica".

judaicas são sobrepujadas pelo triunfo das reivindicações cristãs. Esse tipo de pensamento se evidencia na famosa declaração de RUDOLF BULTMANN de que o Antigo Testamento é "uma história de fracassos" e, mais recentemente, na afirmação de BREVARD CHILDS de que os dois Testamentos "dão testemunho de Jesus Cristo".[12] Essa maneira de apresentar o Antigo Testamento opera como se a comunidade do judaísmo fosse apenas temporária, que existiu até o Novo Testamento e depois encolheu até a inexistência e insignificância.[13]

Deveria estar evidente ao leitor a essa altura que eu não endosso essa visão, mas entendo a relação entre o Antigo e o Novo Testamento de modo bem diferente. Desde que a Igreja rejeitou as ideias de Marcião no século II, tem sido impossível na teologia cristã dissolver o Antigo Testamento no Novo. A Igreja, em uma decisão programática, manteve o Antigo Testamento como Escritura porque ele afirma algo definidor para o cristianismo, que não é afirmado em nenhum outro lugar e que os cristãos não ousam perder.

Ao longo do tempo, diversas tentativas foram feitas para se identificar o relacionamento entre o Antigo e o Novo Testamento na teologia cristã, especialmente sob as rubricas de promessa-cumprimento, lei-evangelho, história da salvação e tipologia.[14] Cada uma dessas rubricas oferece algo importante. Contudo, é igualmente claro que nenhuma dessas rubricas nem todas em conjunto capturam o que é decisivo no Antigo Testamento

---

[12] RUDOLF BULTMANN, "The Significance of the Old Testament for the Christian Faith", *The Old Testament and Christian Faith* (org. BERNHARD W. ANDERSON; Londres: SCM, 1964), pp. 8-35; CHILDS, *Biblical Theology of the Old and New Testaments*, p. 78 e *passim*. Para duas perspectivas judaicas, veja LEVENSON, "Why Jews Are Not Interested in Biblical Theology", e M. H. GOSHEN-GOTTSTEIN, "Tanakh Theology: The Religion of the Old Testament and the Place of Jewish Biblical Theology", *Ancient Israelite Religion: Essays in Honor of FRANK MOORE CROSS* (org. PATRICK D. MILLER Jr. et al.; Filadélfia: Fortress, 1989), pp. 617-644.

[13] O Antigo Testamento desaparece, em sua maior parte, quando CHILDS busca fazer "teologia bíblica" sob a égide das reivindicações cristológicas. ROLF RENDTORFF, *Canon and Theology* (OBT; Mineápolis: Fortress, 1993), sugere bem seriamente um reconhecimento da realidade judaica ao se considerar a tarefa da teologia do Antigo Testamento. Pode-se fazer proveitosa referência ao título da mais recente coletânea comemorativa de RENDTORFF, *Die Hebräische Bibel und ihre zweifache Nachgeschichte* (org. ERHARD BLUM et al.; Neukirchen-Vluyn: Neukirchener, 1990).

[14] Para uma análise mais antiga, porém proveitosa, dessas questões, veja A. H. J. GUNNEWEG, *Understanding the Old Testament* (OTL; Londres: SCM, 1978).

para o Novo Testamento e para a fé cristã. Não é fácil ou óbvio identificar o que deve ser retido do Antigo Testamento para a verdade do cristianismo. Todavia, certamente em algum sentido é o "escândalo da particularidade", pelo qual o Criador dos céus e da terra habitou com a comunidade israelita e se revelou nos modos estranhos e concretos do judaísmo.[15] As marcas judaicas de caráter elusivo, materialidade e concretude, que pertencem ao próprio caráter de Javé, são o que o cristianismo marcionita sempre deseja destruir. O propósito da teologia cristã do Antigo Testamento, creio, é o de prestar atenção particular a esses aspectos do testemunho do Antigo Testamento, que são os mais problemáticos para o cristianismo helenizado iluminista.

### Manobras em direção ao Novo Testamento

É comum se fazer uma interpretação teológica do Antigo Testamento em dois estágios: primeiro interpretando-o "em seus próprios termos" e, então, em segundo lugar e de forma bem distinta, interpretando-o com referência ao Novo Testamento. Esse procedimento é evidente na segunda parte do livro de BREVARD CHILDS, *Biblical Theology of the Old and New Testaments*, na qual o Antigo Testamento é envelopado nas reivindicações do Novo Testamento e quase desaparece.[16] Tendo em vista as reivindicações exclusivas do Novo Testamento em seu foco cristológico, talvez isso seja o melhor que pode ser feito. Todavia, qualquer interpretação séria do Antigo Testamento deve se sentir constrangida com esse procedimento, exatamente porque é bem claro que ele não aponta de forma óbvia, limpa ou direta para Jesus ou para o Novo Testamento.

Como um intérprete cristão, penso que faríamos melhor em reconhecer o status independente do texto do Antigo Testamento e, depois, avançar para o Novo Testamento em algo similar às seguintes manobras:

1. Deve-se reconhecer que o Antigo Testamento é poderosamente polifônico em seu testemunho, tanto em suas reivindicações essenciais quanto em seus modos de articulação carac-

---

[15] Paul M. VAN BUREN, *Discerning the Way: A Theology of the Jewish-Christian Reality - 1: Discerning the Way* (São Francisco: Harper and Row, 1987), articula bem a ampla semelhança teológica entre judeus e cristãos.

[16] CHILDS, *Biblical Theology of the Old and New Testaments*, primeira parte nas pp. 95-207, segunda parte nas pp. 349-716. Na apresentação de CHILDS, não fica claro como as duas exposições devem se relacionar entre si, portanto o problema é simplesmente preterido.

teristicamente elusivos. Nada nas reivindicações teológicas do Antigo Testamento é óbvio ou unidimensional. Elas permanecem notavelmente abertas.

**2.** A abertura polifônica do Antigo Testamento, em essência e em modos de articulação, insiste em uma interpretação. Está na natureza exigir, em cada nova circunstância de leitura, um ato interpretativo que aproxima o texto das circunstâncias e horizonte da comunidade interpretativa. Além disso, a qualidade elusiva do texto evoca uma interpretação que seja livre, expansiva e bastante imaginativa. Assim, insisto que a interpretação expansiva e imaginativa não é um abuso ilícito do texto. Antes, é uma atividade permitida pelo texto e na qual ele insiste.[17] Essa é uma consciência sobre o texto que tem sido resistida vigorosamente pela crítica histórica positivista. Ademais, ao identificar essa qualidade no texto, pretendo negar a consagrada distinção entre "significou" e "significa", como se houvesse um "significou" recuperável precedente a todos os "meios" imaginativos de interpretação.[18] Desde o início, o leitor está completamente envolvido em dar formato ao caráter elusivo do texto. A crítica histórica é, de fato, apenas um desses procedimentos que formatam o texto polifônico elusivo em maneiras congruentes com suas circunstâncias, que nesse caso são circunstâncias de racionalidade positivista.

**3.** Com o reconhecimento de que o texto é polifônico e elusivo e de que ele insiste em interpretação imaginativa, é então crível e apropriado dizer que a Igreja primitiva, mesmerizada pela pessoa de Jesus, descobriu ser inevitável aproximar esse texto polifônico e elusivo de suas próprias circunstâncias; próximo de sua experiência, sua memória, e seu senso contínuo da presença transformadora de Jesus. Assim, como um cristão

---

[17] Essa interpretação expansiva se evidencia no próprio texto bíblico, como mostra MICHAEL FISHBANE, *Biblical Interpretation in Ancient Israel* (Oxford: Clarendon, 1985). Veja, por exemplo, Jr 3,1 como uma reorganização teológica de Dt 24,1-4.

[18] Quanto à distinção, veja a declaração bem conhecida de KRISTER STENDAHL, "Biblical Theology, Contemporary", *IDB* (1962), v. 1, pp. 418-432; veja também a resposta crítica a STENDAHL por BEN C. OLLENBURGER, "What KRISTER STENDAHL 'Meant' – A Normative Critique of 'Descriptive Biblical Theology'", *HBT* 8 (jun. 1986), pp. 61-98.

confessante, creio que a interpretação imaginativa do Antigo Testamento na direção de Jesus é um ato crível e um que afirmo plenamente.

Para o propósito da teologia do Antigo Testamento, no entanto, é importante insistir, tanto teológica quanto historicamente, que as conexões entre os dois Testamentos são feitas, como certamente o devem ser, a partir do lado do Novo Testamento, e não do lado do Antigo Testamento. Assim, é completamente apropriado afirmar em um ato de interpretação imaginativa e ousada, como o Novo Testamento frequentemente faz, "Cumpriram-se as Escrituras". Essa afirmação só pode ser feita a partir do lado do cumprimento, não do lado do Antigo Testamento.

**4.** Esse reconhecimento tem implicações importantes para limitar a tarefa da teologia do Antigo Testamento. Sugere-se em alguns contextos que um intérprete cristão só pode escrever uma "teologia bíblica", significando uma teologia de ambos os Testamentos, pois o Antigo Testamento não está disponível, exceto na presença do Novo. BREVARD CHILDS apresenta um exemplo formidável dessa iniciativa. Mas se o texto do Antigo Testamento é tão polifônico e elusivo quanto eu o considero, então esse procedimento é inerentemente reducionista, pois reduz o testemunho elusivo e polifônico do Antigo Testamento a uma singular interpretação exclusivista, a saber a interpretação cristológica-neotestamentária; dessa forma, viola a qualidade da abertura gerativa que marca o texto do Antigo Testamento. Assim, minha resistência a um modelo fechado de Antigo-Novo Testamento não é apenas prática, porque não sei suficiente para fazê-lo; é também uma resistência por princípio.

Contra esse vínculo exclusivista, proponho uma alternativa: que a tarefa da teologia do Antigo Testamento, como uma iniciativa cristã, é articular, explicar, mobilizar e tornar acessível e disponível o testemunho do Antigo Testamento em todo o seu poder polifônico, elusivo e imaginativo, e oferecê-lo à Igreja para seu trabalho contínuo de interpretação na direção de Jesus. Ou seja, a teologia do Antigo Testamento, a meu ver, deve preparar o material e respeitar plenamente as conexões interpretativas feitas no Novo Testamento e na Igreja subsequente; mas não deve elaborar essas conexões, exatamente porque elas não são encontradas no testemunho do

Israel antigo, mas sim no trabalho subsequente de interpretação imaginativa que jaz além do texto do Antigo Testamento. Isso é mais do que uma divisão de trabalho. É uma consciência tanto do *limite* do próprio texto quanto do seu *poder gerativo* para evocar e autorizar interpretações que estão além do escopo ou intenção do testemunho textual em si.

A interpretação imaginativa cristã do Antigo Testamento vai bem além do que qualquer coisa encontrada no texto. O Antigo Testamento tolera de forma vulnerável e voluntária esse uso, para o qual parece se apresentar. As transposições mais óbvias feitas a partir do Antigo Testamento pela típica imaginação cristã incluem:

* A transposição de "messias" para "o Messias";

* A identificação da Igreja como "o Israel de Deus";

* A apropriação eucarística da aliança como "a nova aliança";

* Os desafios antagônicos à "lei" por meio de uma antítese entre lei e graça;

* A "encarnação" da palavra ou espírito ou sabedoria na pessoa de Jesus.

O texto do Antigo Testamento evidentemente permite essas interpretações (mas não as exige), ou elas não teriam surgido. A teologia do Antigo Testamento, como uma iniciativa cristã, parece-me, deve resistir a ambas: **(a)** a reivindicação insustentável de que essas mutações de sentido são de alguma forma *pretendidas* pelo Antigo Testamento ou insinuadas nele; e **(b)** a noção racionalista e histórico-crítica de que o Antigo Testamento *impossibilita* esses movimentos interpretativos, pois essa noção de impedimento deixa de reconhecer a intencionalidade polifônica, elusiva e gerativa do texto.

O reconhecimento de uma interpretação imaginativa permitida, mas não exigida, pode nos livrar – nós cristãos – de um processo hermenêutico de dois estágios, no qual o segundo parece violar o primeiro, ou de uma antítese entre os modos de interpretação histórico-crítico e confessional-teológico. É melhor simplesmente reconhecer que esses materiais são deliberadamente evocativos, e o que eles evocam em uma prática interpretativa sempre traz o testemunho antigo para a contemporaneidade. O texto se recusa a ficar no passado. Para a Igreja, essa contemporaneidade está caracteristicamente interessada em Jesus como agente histórico, ou como indubitável e permanente poder, presença e autoridade na Igreja.

## A teologia do Antigo Testamento em relação à tradição e comunidade judaica

Esse tema é a contraparte do ponto que acabamos de expressar. Ou seja, insisti que uma interpretação teológica cristã do Antigo Testamento é legítima, mas não pode ser exclusivista, como se o Antigo Testamento apontasse de forma direta e singular para o Novo Testamento. Aqui insisto que, se a Igreja não tem monopólio interpretativo sobre o Antigo Testamento, então ela deve reconhecer a legitimidade de outras comunidades interpretativas, das quais a principal e primária é a comunidade judaica.

A teologia do Antigo Testamento, como uma iniciativa cristã, ocorre na plena consciência de que o judaísmo continua, ao longo dos séculos e gerações de história cristã, a ser uma comunidade de fé funcional e vibrante que não se encolheu, apesar do desprezo cristão. Essa comunidade do judaísmo não é dominada pelo legalismo, apesar do estereótipo cristão. Não foi erradicada pela história brutal do antissemitismo sancionado pelos cristãos. Além disso, não deve ser equacionada com as formas simplistas do sionismo político.

Penso que é impossível exagerar a significância do judaísmo religioso para a teologia contemporânea do Antigo Testamento, porque aquele deixa inconfundivelmente claro que esse texto, embora interpretado nos modos de ensino rabínico e talmúdico, continua a fomentar e convocar uma séria comunidade de fé que não é a Igreja e é paralela a ela. Além disso, não há dúvida de que a maravilha do poder de Deus e a majestade de sua misericórdia são evidentes nessa comunidade. Essa realidade concreta e visível poderia nos levar, cristãos, a baixarmos nossas vozes na proclamação de exclusividade, pois ela torna abundantemente evidente que a fé cristã não tem a atenção exclusiva do Deus da Bíblia. Além de abaixar a voz, esse reconhecimento do judaísmo poderia sugerir que o sério envolvimento teológico-litúrgico com comunidades reais de prática judaica é uma dimensão apropriada para uma interpretação fiel, mesmo com a consciência de quão extraordinariamente difícil é esse envolvimento.

A interpretação teológica do texto não é um empreendimento cerebral e sem contexto. É conduzido por pessoas reais que estão localizadas concretamente no processo histórico. Ou seja, a teologia do Antigo Testamento, no início do século XXI, não é apenas uma atividade preocupada com um texto antigo, embora também o seja. Ela está preocupada com um texto antigo em uma circunstância particular. Indiquei que foi legítimo para a interpretação cristã no primeiro século (e assim tem sido desde então) aproximar o texto do Antigo Testamento de suas circunstâncias, a saber, de sua vida com Jesus. Foi legítimo, afirmo como um cristão confessante, porque o texto permite essa interpretação evocativa de sua qualidade polivalente. *Mutatis mutandis*, para nós cristãos no início do século XXI, é legítimo e necessário aproximar o texto do Antigo Testamento de nossas circunstâncias, que é o que cada comunidade interpretativa inevitavelmente faz, com ou sem consciência disso.[19]

Se devemos interpretar o Antigo Testamento em nossas circunstâncias, é claro que a fé judaica e uma comunidade real judaica devem estar no horizonte dos cristãos. Mais especificamente, a teologia do Antigo Testamento como iniciativa cristã deve ser feita à luz (ou trevas!) do Holocausto e da brutalidade impensável produzida contra a comunidade judaica em uma sociedade com raízes cristãs.[20] Não me esquivo em reconhecer que nossa situação hermenêutica particular após o Holocausto impõe sobre nós exigências interpretativas importantes, mesmo se a atenção ao caráter judaico não fosse essencial ao próprio texto.[21]

A interpretação cristã do Antigo Testamento e seu superacionismo característico estão bem distantes do Holocausto. Todavia, o pensamento por trás e ao redor do superacionismo, do qual a teologia cristã do Antigo Testamento tem sido um aspecto, está de fato conectado ao Holocausto. Portanto, essa teologia cristã, ao final do século XX, deve fazer ajustes importantes e generosos em nossas reivindicações convencionais e acríticas sobre o Antigo Testamento. Isto é, o que é exigido teologicamente *pelo texto* em si é reforçado positivamente *pelas circunstâncias históricas* e suas demandas permanentes.

Se a apropriação cristã do Antigo Testamento na direção de Jesus é um ato de reivindicar a tradição elusiva para as circunstâncias referentes

---

[19] É isso que a crítica histórica fez no século XIX em nome da objetividade, ao aceitar o desenvolvimentismo no contexto de grandes tarefas culturais desenvolvimentistas.

[20] Quanto à importância do Holocausto para o futuro de ambas as teologias, judaica e cristã, veja especialmente EMIL FACKENHEIM, *To Mend the World: Foundations of Post--Holocaust Thought* (2ª ed.; Nova York: Schocken Books, 1989); e *The Jewish Bible after the Holocaust: A Rereading* (Bloomington: Indiana University, 1990).

[21] O Holocausto é único, mesmo quando reconhecemos que ele serve paradigmaticamente para chamar atenção a outros abusos programáticos dos vulneráveis. Assim, meus comentários sobre a questão do caráter judaico na teologia do Antigo Testamento estão intrinsecamente conectados aos meus comentários sobre a justiça na teologia do Antigo Testamento. O Holocausto é a traição quintessencial da justiça; é por isso que ele continua a evocar uma reação teológica tão rica e problemática.

a Jesus, podemos reconhecer que outras apropriações imaginativas dessa tradição elusiva são igualmente legítimas e adequadas. Ainda precisamos decidir como a exclusividade cristológica deve ser articulada, de maneira que não seja uma base ideológica para a rejeição de uma comunidade parceira de interpretação.[22] Assim, nossa afirmação mais passional sobre Jesus como "chave" de toda a realidade deve permitir outras "chaves" encontradas aqui por outras comunidades hermenêuticas sérias. E, obviamente, isso não se aplica a nenhuma outra de modo tão direto quanto ao judaísmo.

Dessa maneira, os cristãos podem dizer do Antigo Testamento: "é nosso", mas também devem dizer: "não é somente nosso". Isso significa reconhecer que as interpretações imaginativas judaicas do texto do Antigo Testamento são, na perspectiva cristã, uma atividade teológica legítima. Mais que isso, a interpretação imaginativa judaica do texto é uma atividade teológica legítima à qual os cristãos devem prestar atenção. Não tenho dúvida de que o superacionismo cristão, tendo sido reforçado pelos modos clássicos do pensamento helenista, tornou quase impossível que os cristãos atentem às riquezas do judaísmo. Uma vez que reconheçamos que é legítima uma imaginação e interpretação teológica diferente da nossa, podemos levá-la em conta seriamente. Não imagino que a atenção a essa interpretação alternativa primária do texto levará a uma subversão abrupta de reivindicações cristãs distintivas. Mas também não imagino que essa atenção deixará de influenciar as reivindicações cristãs; certamente as influenciará em seus aspectos destrutivos e apavorantes, mas talvez também no exclusivismo de boa-fé, baseado em um texto que permanece tão elusivo quanto seu Sujeito e que resiste inexoravelmente a fechamentos.

Capítulo XXVIII

### A teologia do Antigo Testamento e o problema da justiça

Seja o que for que alguém pense dos antecedentes históricos de Israel e dos antecedentes religiosos do javismo (e há abundância de ambos), é claro que em algo como "a revolução mosaica" Javé irrompeu na história mundial como um *novum* teológico. Essa revolução mosaica tem conotações políticas, econômicas, morais e étnicas, mas sua força principal, sugiro, consiste em estabelecer a justiça como o foco central da vida de Javé no mundo e da vida de Israel com Javé.

---

[22] Entre teólogos cristãos, Jürgen Moltmann, *The Way of Jesus Christ: Christology in Messianic Dimensions* (1990; Mineápolis: Fortress, 1993), em português: O caminho de Jesus Cristo, Academia Cristã, 2011, tem prestado particular atenção precisamente a essa questão.

## Capítulo XXVIII

A revolução mosaica, que é o foco principal do Pentateuco (que, por sua vez, é o ponto de referência principal da tradição subsequente de Israel), tem duas ênfases pontuais: como evento e como instituição. O evento que forma o centro da imaginação litúrgica de Israel é o êxodo. O êxodo, como foi estilizado nos textos litúrgicos de Israel, visa a glorificação de Javé (cf. Êx 14,4.17). Porém, essa glorificação de Javé só era possível por meio da emancipação dos escravos hebreus da opressão do cativeiro egípcio (Êx 14,14.25; veja também Ez 36,22-32; 39,25-29). Desde o início, sabe-se que Javé é um Deus comprometido com o estabelecimento de justiça sociopolítica concreta em um mundo de poder substancial organizado contra ela.

Naquele evento, como nos é oferecido no testemunho central de Israel, a profunda determinação de Javé em reordenar o poder social se anuncia no imperativo inicial feito ao Faraó: "Deixa ir o meu povo" (Êx 5,1). Por trás dessa determinação, que é implementada então inexoravelmente na narrativa das pragas, está o sofrimento audível dos escravos (Êx 2,23), que se torna o poder propulsor da história alternativa de Javé (Êx 2,23-25; 3,7-10). É o sofrimento audível que põe em marcha a determinação inflexível de Javé de transformar o arranjo dos poderes terrenos.

A segunda ênfase da revolução mosaica é a proclamação no Sinai dos mandamentos de Javé, os quais buscam oferecer uma forma estável e institucional para as possibilidades sociais engendradas no êxodo. Assim, os mandamentos apelam à tendência iconoclasta de Javé (Êx 20,4-7) e, a partir dessa tendência, enunciam uma possibilidade social alternativa no mundo.

É justo dizer que, devido à sua exposição subsequente ao longo do tempo, o evento do êxodo e a estrutura do Sinai realmente testemunham sobre a opção preferencial de Javé pelos pobres, fracos e marginalizados.[23] Ou, dito de outra maneira, Javé é aqui conhecido como um agente e defensor resiliente e implacável da justiça, o que implica em reordenação completa dos arranjos de poder na terra.

No contexto do testemunho completo de Israel, é difícil exagerar a importância central da revolução mosaica e do compromisso de Javé (e de Israel) com a justiça para o restante desse testemunho. Se considerarmos

---

[23] O evento do êxodo e a estrutura do Sinai são, é claro, particular e peculiarmente judaicos. São, ao mesmo tempo, paradigmáticos para cada comunidade humana marginalizada. Veja JON LEVENSON, "Exodus and Liberation", *The Hebrew Bible, the Old Testament, and Historical Criticism*, pp. 127-159; e WALTER BRUEGGEMANN, "Pharaoh as Vassal: A Study of a Political Metaphor", *CBQ* 57 (1995), pp. 27-51.

um por um os textos proféticos, sálmicos, sapienciais e apocalípticos, parece evidente que Israel, em todo lugar e sem exaustão, se preocupa com a agenda da justiça que está baseada no caráter e na determinação de Javé. Além disso, essa justiça baseada em Javé deve ser representada e implementada concretamente na prática humana.

É importante reconhecermos com alguma precisão a qualidade e intenção da justiça javista mosaica, pois ela é facilmente mal compreendida, dado o uso fácil e descuidado do termo *justiça*. A intenção da justiça mosaica é redistribuir os bens sociais e o poder social; assim, é uma justiça distributiva.[24] Essa justiça reconhece que os bens sociais e o poder social são distribuídos de forma desigual e destrutiva no mundo de Israel (e, por derivação, em qualquer contexto social); e que o bem-estar da comunidade requer que aqueles que têm muito abram mão, até certo grau, do poder e dos bens sociais, pelo bem daqueles que não têm o suficiente.

Esse princípio bastante radical é constitutivo para o Israel revolucionário e para Javé, como fica evidente em diversas tradições.[25] Podemos citar três casos específicos que testemunham sobre essa intenção distributiva.

**1.** Em Êxodo (3,21-22; 11,2; 12,35-36), os israelitas são encorajados por Moisés a tomar "joias de prata e joias de ouro" dos egípcios ao deixarem a escravidão. Essa ação relembrada talvez não seja nada mais do que um confisco ressentido dos "que têm" pelos "que nada têm"; contudo, o fato de isso ocupar um lugar tão proeminente nos textos narrativos sugere que isso constitui algo como um princípio de redistribuição. Além disso, David Daube propôs que esse ato se relaciona com a "lei da remissão" em Deuteronômio 15,1-11, pela qual se permite que o servo liberto tenha viabilidade econômica.[26]

Capítulo XXVIII

---

[24] A apresentação mais articulada da justiça distributiva no Antigo Testamento que eu conheço é a de José Miranda, *Marx and the Bible: A Critique of the Philosophy of Oppression* (Maryknoll: Orbis Books, 1974), pp. 77-108 e *passim*. Veja também Rolf P. Knierim, *The Task of Old Testament Theology* (Grand Rapids: Eerdmans, 1995), pp. 86-122, e Moshe Weinfeld, *Social Justice in Ancient Israel and in the Ancient Near East* (Mineápolis: Fortress, 1995).

25 Norman Gottwald foi vigorosamente criticado por seu uso do termo *igualitário* em referência à revolução do Sinai. Mais recentemente, ele expressou seu senso da dimensão revolucionária do sistema mosaico pelo uso do termo *comunitário*; *The Hebrew Bible in Its Social World and Ours* (Atlanta: Scholars, 1993), pp. XXV-XXVII.

[26] David Daube, *The Exodus Pattern in the Bible* (Londres: Faber and Faber, 1963),

**2.** A narrativa do maná, um sinal da generosidade protetora de Javé para com Israel, é um modelo de gerenciamento alternativo de suprimentos alimentícios. Quando o maná é dado e juntado, relata-se: "...não sobejava ao que colhera muito, nem faltava ao que colhera pouco, pois colheram cada um quanto podia comer" (Êx 16,18; cf. 2Co 8,15). Essa declaração sem dúvida visa ser um modelo de como uma comunidade deve mobilizar seus recursos para o benefício de todos.

**3.** O corpus legal de Deuteronômio se preocupa com "viúvas, órfãos e estrangeiros", aqueles que não têm recursos nem influência social para obter recursos.[27] A revolução mosaica, interpretada de modo amplo, pretende que os poderosos tenham a obrigação de praticar uma justiça distributiva.

A razão pela qual devemos prestar muita atenção à essência da justiça distributiva é que o termo *justiça*, que em muitos textos de Israel requer reparações, em nossa sociedade significa, de modo mais convencional, justiça retributiva: dar às pessoas o que merecem justamente com base em seu desempenho; ou seja, um sistema de recompensas e punições, que não se baseia na obrigação comunitária ou na generosidade da comunidade. Sem dúvida, a prática de justiça retributiva está presente no Antigo Testamento, assim como no ambiente religioso do mundo antigo.[28] Além disso, não há dúvida de que o termo *justiça*, tal como usado no mundo contemporâneo, usualmente se refere à justiça retributiva, como no zelo predominante por "lei e ordem".

Tanto a justiça *distributiva* quanto a *retributiva* podem encontrar justificativa no texto de Israel. Parece inequívoco, no entanto, que nos textos centrais de Israel relacionados à revolução mosaica, o javismo é uma prática de justiça *distributiva*. Se é esse o caso, os intérpretes do Antigo Testa-

---

pp. 55-61. Quanto a esse texto, vejá também Jeffries M. Hamilton, *Social Justice and Deuteronomy: The Case of Deuteronomy 15* (SBLDS; Atlanta: Scholars, 1992).

[27] MOSHE WEINFELD, "Humanism", *Deuteronomy and the Deuteronomic School* (Oxford: Clarendon, 1972), pp. 282-297, se refere a essa agenda no livro de Deuteronômio como "humanista".

[28] Veja Êx 21,23; Dt 19,21. De forma mais geral, o livro de Provérbios tende nessa direção. Veja NORMAN WHYBRAY, *Wealth and Poverty in the Book of Proverbs* (JSOTSup 99; Sheffield: Sheffield Academic, 1990); e J. DAVID PLEINS, "Poverty in the Social World of the Wise", *JSOT* 37 (1987), pp. 61-78.

mento devem sempre ser precisos em sua articulação, ou certamente serão mal compreendidos em termos de uma justiça que é menos custosa e exigente para com aqueles que têm poder e bens de forma desproporcional.[29]

É importante não romantizar o compromisso do javismo com a justiça distributiva, muito embora isso esteja no centro do testemunho de Israel sobre Javé. No Antigo Testamento, nem todos em todo lugar são entusiastas quanto à justiça distributiva. Se levada a sério (como na prática do Jubileu), essa justiça inerentemente desestabiliza o status quo, pois a redistribuição significa colocar em perigo os interesses estabelecidos. Assim, não nos surpreende que os benfeitores do status quo – aqueles que têm vantagens com os atuais arranjos políticos, econômicos e legais – creiam que a manutenção da "ordem" – ou seja, da presente ordem – seja uma função primária de Javé. É provável que esse interesse social se reflita nas tradições sapienciais de Provérbios que parecem encorajar generosidade, mas não mudanças estruturais ou uma redistribuição séria.[30] E parece plausível considerar as conhecidas censuras dos antigos profetas contra a autoindulgência como sendo antagônicas às tradições monárquicas, as quais parecem justificar a acumulação de valores excedentes. A sociedade israelita, como todas as sociedades, ficou profundamente perturbada pela tensão permanente entre "aqueles que têm" e "aqueles que não têm", os quais respectivamente se tornaram advogados (em nome de Javé) do equilíbrio social e da transformação social.

Um estudo da teologia do Antigo Testamento deve reconhecer, com realismo social, que ambos os defensores da justiça distributiva e da ordem estão presentes e têm voz ativa na comunidade, e ambos reivindicam o apoio de Javé em seu testemunho teológico. No mínimo, é importante reconhecer e explicar essa tensão. A meu ver, entretanto, pode-se ir além e insistir que, embora ambos os tipos de defesa testemunhem sobre Javé, há pouca dúvida de que os partidários da justiça distributiva ocupam o espaço central no testemunho teológico de Israel, de maneira que, no javismo canônico, a justiça distributiva é de fato uma insistência primária.

Tendo reconhecido que tanto a justiça quanto a ordem estão presentes como reivindicações teológicas no texto, podemos sugerir que, em

---

[29] Veja MIRANDA, *Marx and the Bible*, sobre Jr 22,15-16 para uma declaração mais radical quanto ao assunto.

[30] Veja ROBERT GORDIS, "The Social Background of Wisdom Literature", *Poets, Prophets, and Sages: Essays in Biblical Interpretation* (Bloomington: Indiana University, 1971), pp. 160-197.

linhas gerais, há um compromisso universal no testemunho de Israel sobre a justiça como agenda primária de Javé. Esse é um julgamento um tanto reducionista ou tematizado da minha parte. É importante fazê-lo, contudo, para se observar que, quando a tradição israelita é justaposta às grandes tradições clássicas da filosofia grega, percebe-se a justiça claramente como uma preocupação javista judaica, enquanto os gregos se concentram incessantemente na ordem.[31] De fato, nada na tradição grega se aproxima da paixão javista pela justiça distributiva, o que antecipa que a ordem social atual se situa sob crítica e risco, no interesse de uma ordem justa prometida e que virá, a qual beneficia todos os membros da comunidade. Assim, apelos à ordem nos textos reais e sapienciais de Israel não devem ser exagerados, pois, quando contrastada com a dos gregos, a tradição israelita é tão singular quanto insistente nesse ponto.

Assim, há algo revolucionário, transformador e subversivo no testemunho de Israel.[32] Sem dúvida, como indica NORMAN GOTTWALD, muito dessa tendência tem orientação sociológica.[33] Porém, como GOTTWALD também reconhece, o que é sociológico tem uma contraparte teológica, e Israel não se esquiva, no fim, de situar a base de sua paixão pela justiça revolucionária no caráter de Javé.[34]

Tendo dito que a justiça, para Israel, se baseia no próprio caráter de Javé, podemos continuar e observar uma nota peculiar no candor de Israel quanto a Javé. Em suas narrativas e hinos celebrando a justiça de Javé, diz-se que ele "ama a justiça" (cf. Sl 99,4; Is 61,8).[35] Isso não se discute, e Israel certamente conta com isso. Mas Israel é realista e cândido acerca de sua situação de vida; sabe mui bem que a vida não é tão justa como poderia ser se a

---

[31] NORTHROP FRYE, *The Critical Path: An Essay on the Social Context of Literary Criticism* (Bloomington: Indiana University, 1971), pp. 334-355, comenta sobre o contraste entre um "mito de preocupação" geral e um "mito de liberdade" mais concreto que tem suas raízes na Bíblia.

[32] Quanto à potencialidade revolucionária do testemunho de Israel, veja MICHAEL WALZER, *Exodus and Revolution* (Nova York: Basic Books, 1986).

[33] GOTTWALD, *The Tribes of Yahweh: A Sociology of the Religion of Liberated Israel, 1250-1050 B.C.E.* (Londres: SCM, 1980), pp. 608-618.

[34] Ibid., pp. 618-621. Veja JAMES L. MAYS, "Justice: Perspectives from the Prophetic Tradition", *Int* 37 (1983), pp. 5-17.

[35] Quanto à piedade peculiar dos pobres, veja NORBERT LOHFINK, *Lobgesange der Armen: Studien zum Magnifikat, den Hodajot von Qumran und einigen späten Psalmen* (Stuttgart: Katholisches Bibelwerk, 1990).

vontade soberana e passional de Javé por justiça se concretizasse. É esse realismo e candor que evocam em Israel o que veio a ser chamado de teodiceia.

Todavia, devemos ser bem claros sobre o que esse tema implica para Israel. Na tradição filosófica da teodiceia desde Gottfried Wilhelm Leibniz, a teodiceia tem sido entendida como uma iniciativa explanatória: para "justificar os caminhos de Deus ao homem". Em Israel, no entanto, o que se denomina teodiceia não é explanação, mas protesto.[36] Admitindo que o mundo é injusto, Israel não tem interesse algum em justificar um mundo injusto buscando desculpas para Javé, ou protegendo-o das críticas de ter fracassado em endireitar o mundo. Antes, Israel caracteristicamente se apresenta, em textos "teódicos", como o grande defensor e patrocinador da justiça, a qual Javé renegou. Assim, nos textos mais óbvios de Jeremias 12,1-3 e Jó 21,7, Israel expressa sua irritação com Javé. Além disso, nos salmos de lamento e no poema maior de Jó, Javé está sob ataque por realmente não praticar a justiça à qual está ostensivamente comprometido por juramento de aliança.[37]

Em sua aflição mais profunda, pois, Israel faz distinção entre Javé e a realidade da justiça. Embora possamos esperar que Javé seja a instância final e a justiça seja a penúltima, as questões estão invertidas em alguns dos pronunciamentos mais desesperados de Israel. A justiça é defendida como instância final e, como agente de justiça, Javé é criticado pelo fracasso dela. Ou seja, Israel está ciente de que há mais em Javé do que justiça: há santidade e irascibilidade sincera e imprevisível. Às vezes Israel manifesta temor e respeito diante dessa desconcertante instância final de Javé. Em seus textos de protesto, entretanto, Israel não tem tempo para ou interesse nessa qualidade selvagem e insensível de Javé. Nesses textos, Israel parece valorizar mais a justiça do que Javé. Isso não é por Israel ser legalista, ou preferir um conjunto de princípios a um agente vivo. Pelo contrário, é porque Israel está comprometido irredutivelmente com o bem-estar material e concreto, e nem o próprio caráter de Javé fará Israel desistir de sua paixão pelo bem-estar na terra. Assim, Javé nos céus deve "adaptar-se ao programa" de *shalôm* na terra!

Essa curiosa inversão é proclamada de forma singular e fantástica por JACQUES DERRIDA. DERRIDA é conhecido primariamente como o pai da desconstrução, um programa em que nada é finalmente absoluto o sufi-

---

[36] Quanto à teodiceia, veja a coleção de ensaios em JAMES L. CRENSHAW (org.), *Theodicy in the Old Testament* (IRT 4; Filadélfia: Fortress, 1983).

[37] De maneira mais radical, Jó 9,15-22.

ciente para escapar da crítica. É claro, contudo, que a desconstrução de DERRIDA é, de fato, uma forma de iconoclastia judaica.³⁸ É por isso que DERRIDA, diante de sua paixão por desconstrução, pode afinal escrever sobre "a indesconstrutibilidade da justiça".³⁹ Não se trata apenas de palavreado difícil (especialmente no caso de DERRIDA), é um palavreado difícil caracteristicamente judaico. Nessa expressão, DERRIDA está apelando ao centro da revolução mosaica, àquilo que é final e normativamente o caso com Javé. No testemunho do Antigo Testamento há, certamente, muitas concessões a essa reivindicação em favor dos interesses sociais estabelecidos. Ao mesmo tempo, não há dúvida de que nenhuma dessas concessões ou constrangimentos afeta a reivindicação principal feita sobre Javé e o futuro da terra.⁴⁰ Na tradição de Jó (e de DERRIDA), sugiro, exige-se justiça de Javé; se ele não pode endossar essa paixão terrena, então as reivindicações do céu precisam ser desconstruídas.

Os intérpretes teológicos do Antigo Testamento de hoje devem, a meu ver, prestar atenção especial a essa reivindicação irredutível de justiça, a qual é, nas partes mais abrasivas do testemunho, uma convocação exigente, até para Javé. Essa paixão por justiça é um desafio revolucionário e subversivo para judeus e cristãos, e para cada metanarrativa alternativa. Especificamente, sugiro, o testemunho de Israel sobre Javé é hoje um desafio profundo à metanarrativa dominante do consumismo tecnológico militar. A reivindicação de que a ideologia capitalista derrotou irrevogavelmente todos os rivais, uma reivindicação abertamente articulada por FRANCIS FUKUYAMA, é o contexto no qual se deve desenvolver agora a teologia do Antigo Testamento.⁴¹

---

³⁸ Veja minha análise dos vínculos entre desconstrução e iconoclastia judaica nas pp. 443-446 [seção "Desconstrução: lendo nos limites", no capítulo 8].

³⁹ JACQUES DERRIDA, "Force of Law: The 'Mythical Foundation of Authority'", *Cardozo Law Review* 11 (1990), pp. 919-1045. Não tive acesso ao artigo de DERRIDA, mas faço referência a ele a partir da citação de JOHN D. CAPUTO, *Demythologizing HEIDEGGER* (Bloomington: Indiana University, 1993), p. 193.

⁴⁰ Refiro-me à prontidão do testemunho de Israel em proceder de forma acrítica em suas pressuposições patriarcais. Não tenho desejo algum de negar que o texto está comprometido de forma pervasiva com essas pressuposições. Antes de descartar o texto por esse motivo, contudo, conto com a tendência característica de Israel de elaborar um sério e penetrante protesto e convocação a Javé (e seu texto) para renovada prestação de contas.

⁴¹ FRANCIS FUKUYAMA, *The End of History and the Last Man* (Nova York: Free, 1992).

A derrota aparente da ideologia marxista e a incrível concentração de poder nas economias de mercado dos Estados Unidos e do Japão indicam uma reordenação drástica dos relacionamentos sociais no século XXI. Denominei o poder propulsor dessa nova riqueza econômica de "consumismo tecnológico militar". Eu não faço questão do palavreado escolhido, mas com ele quero significar que: **(a)** o consumismo é a convicção de que a unidade de sentido social é o indivíduo isolado cuja identidade própria consiste em consumo; **(b)** esse consumo desenfreado requer uma desproporção de riquezas e privilégios, que devem ser defendidos por meios militares (por exemplo, a política de imigração); e **(c)** essa defesa dos privilégios é pronta e simplesmente justificada por uma mentalidade tecnológica unidimensional, que em princípio desconsidera todas as questões humanas. Resta pouca dúvida sobre o poder pragmático dessa ideologia, como quer que ela seja denominada ou estilizada em detalhes.

Essa ideologia é realmente totalizadora, de maneira que influencia e, até certo grau, restringe todos os aspectos da vida de cada um de nós. É evidente que essa ideologia totalizadora tem enorme poder. É igualmente evidente, penso, que essa ideologia é letal no fim, de maneira que nos rouba de nossa humanidade na medida em que, ao mesmo tempo, rouba nosso ambiente de criação de uma chance de viver. Não desejo exagerar o argumento em termos teatrais, embora me pareça quase impossível exagerá-lo.

Embora os comentários acima possam parecer estranhos em uma teologia do Antigo Testamento, eu não divergi do meu tópico. O testemunho de Israel, com seu compromisso irredutível e inflexível com a justiça, permanece sendo a alternativa primária à ideologia letal do consumismo tecnológico militar. De diversas maneiras, em uma variedade infinita de pronunciamentos textuais, o testemunho de Israel indica que a paixão de Javé por justiça, sua paixão pelo bem-estar da comunidade humana, e a paixão pelo *shalôm* da terra se recusarão a entrar em acordo com o poder da morte, não importa sua forma pública específica ou sua aparência ideológica.[42]

É possível transpor o testemunho de Israel sobre Javé de maneira que não se perceba a questão com as metanarrativas alternativas, ou de

---

[42] Quanto ao poder agressivo da morte, na medida em que ameaça o mundo-vida oferecido por Javé, veja JON LEVENSON, *Creation and the Persistence of Evil: The Jewish Drama of Divine Omnipotence* (São Francisco: Harper and Row, 1988); e FREDRIK LINDSTRÖM, *Suffering and Sin: Interpretations of Illness in the Individual Complaint Psalms* (Stockholm: Almqvist and Wiksell International, 1994).

maneira que Javé fique tão anêmico que não haja conflito. A transposição desse testemunho para um texto inócuo pode ocorrer de muitas maneiras, tais como o efeito distanciador do estudo crítico, que reconhece tudo exceto as reivindicações principais, ou a teologia escolástica, que transforma o testemunho elusivo em um sistema fechado, ou o que denomino de "liberalismo horizontal", no qual a agência de Javé se evapora em uma ideologia social.

Para que a teologia do Antigo Testamento seja digna de ser desenvolvida no tempo futuro, requer-se que ela se concentre nas reivindicações teológicas primárias. O foco nessas reivindicações principais não será uma mera exploração teológica interessante, mas sim uma batalha de vida ou morte pelo futuro do mundo. Afinal de contas, a articulação desse testemunho por Israel não foi inócua. Buscava convencer o "tribunal" de que essa interpretação da realidade é verdadeira e contra as alternativas falsas. Esse trabalho de convencimento não terminou. Tal como em qualquer tribunal em que a pena de morte é uma opção,[43] o testemunho verdadeiro se torna uma questão de vida ou morte.

Capítulo

XXVIII

---

[43] Uso o termo *pena de morte* para me referir não apenas literalmente à sua prática, mas também metaforicamente à "execução" de toda a criação.

## Capítulo Vinte e Nove

### 29. Em busca do verdadeiro discurso

Eu propus que, no futuro, a teologia do Antigo Testamento será uma reflexão sobre o discurso revelador de Israel que se situa em um contexto pluralista e, portanto, inevitavelmente polêmico. Minha percepção é que uma comunidade hermenêutica que se envolve em um empreendimento sério de teologia do Antigo Testamento será uma comunidade que atente a um discurso revelador em um contexto pluralista que é inevitavelmente polêmico. Com isso quero dizer que a teologia do Antigo Testamento não é simplesmente uma *análise* isolada de uma prática antiga de discurso, mas é *um envolvimento com* essas práticas de discurso, a fim de julgar o que é ou não "discurso verdadeiro", ou seja, discurso sobre a verdade.

Segue-se que envolver-se numa disputa assim sobre discurso verdadeiro tanto evoca quanto requer certo tipo de comunidade – uma comunidade com uma prática discursiva intencional própria. Deve haver um lugar e um grupo de pessoas, em períodos específicos, ao longo do tempo e no tempo devido, que se envolvem nessa prática. Portanto, uma comunidade que se dedica à teologia do Antigo Testamento deve ter um determinado estilo de vida, uma vida que é preparada para reconhecer as raízes, a riqueza e a densidade da prática com a qual se envolve.

Ao insistir que a teologia do Antigo Testamento requer um determinado estilo de vida, estou aceitando, afinal, que ela é uma iniciativa que pertence propriamente a uma comunidade eclesiástica; essa é uma comunidade que não tem vergonha de assumir um compromisso que, no linguajar da "racionalidade objetiva", pode ser categorizado como parcial ou ideológico. (Não pretendo fazer nenhuma suposição de que essa comunidade eclesiástica deva ter forma oficial, tradicional, reconhecida e institucional, mas apenas que deve ser intencional quanto a uma vida perigosa na presença do Deus revelado nesse testemunho.)

Sugiro que reconheçamos, mais abertamente do que tem sido o caso, *uma divisão entre as comunidades hermenêuticas acadêmicas e eclesiásticas*. A academia, por razões históricas de autocompreensão, está comprometida no mundo atual a uma racionalidade que impede a densidade de compromisso e paixão que creio pertencerem necessariamente a uma teologia séria do Antigo Testamento.[1] Com essa declaração, não estou admi-

---

[1] Sem dúvida, há exceções importantes a essa declaração; por exemplo, o grande

tindo que a academia seja "objetiva" ou "neutra" ou "científica", pois seus compromissos são tão visíveis, insistentes e exclusivistas quanto aqueles de qualquer comunidade eclesiástica. Todavia, são bem diferentes e, portanto, na prática de sua racionalidade, a academia provavelmente nunca transcenderá seriamente a "história da religião". Por mim, creio que é um empreendimento aceitável, legítimo e necessário.

O outro lado da questão é reconhecer que esse empreendimento, dada sua postura epistemológica, provavelmente nunca se envolverá com as reivindicações teológicas sérias do texto com uma intensidade proporcional à intensidade delas. Esse envolvimento completo exigiria uma comunidade hermenêutica que seja tão desenfreada (nem controlada por disciplina, nem cega e incapacitada, dependendo da noção que se tem) como o é a academia, mas que seja livre para aceitar a verdade do testemunho oferecida aqui. Essa divisão de trabalho requer, a meu ver, que ambas as iniciativas, acadêmica e eclesiástica, sejam reconhecidas como legítimas, que ambas estejam envolvidas em algo importante e indispensável para a compreensão plena, e que ambas as comunidades prestem atenção ao trabalho da outra. Ou seja, a teologia do Antigo Testamento, tal como é conduzida nas comunidades eclesiásticas, não é a princípio uma iniciativa de segunda mão ou segunda categoria, mas pode ser um empreendimento intelectual e moral sério que não está escravizado ao esforço cartesiano de pensar sem o corpo. Meu parecer é que a comunidade acadêmica (da qual alegremente faço parte), exceto pelos casos mais extremos e irresponsáveis, pode respeitar e levar a sério essa exposição eclesiástica, quando é bem feita e congruente com a prática atual da comunidade. Recusar-se a aprender dessa sabedoria eclesiástica porque não é suficientemente "científica" me parece irresponsável e obscurantista.

Essa interpretação teológica eclesiástica, no entanto, deve ser feita de modo responsável, usando o melhor conhecimento disponível e envolvendo-se em práticas proporcionais à sua interpretação. Ou seja, no fim, uma interpretação teológica que se envolve com as reivindicações

---

grupo de expositores alemães que se originaram na Igreja Confessante e que produziram os penetrantes comentários na série *Biblischer Kommentar*. Falo da situação epistemológica característica da academia nos Estados Unidos. Veja a análise de ROBERT A. SEGAL, *Explaining and Interpreting Religion: Essays on the Issues* (Toronto Studies in Religion 16; Nova York: Peter Lang, 1992). O apelo de SEGAL à distinção entre explicação e interpretação é revelador quanto às suas pressuposições. Observe que na p. 122, ele fala do "medo" que os "religiosos" têm das explicações científicas sociais sobre a religião. Isso me parece um discernimento peculiarmente em causa própria.

teológicas do texto deve aceitar o testemunho em toda sua estranheza, e deve se envolver na prática do testemunho central e do testemunho contrário, em prática e obediência, em protesto e lamento, com toda a sua vida. A expressão "envolver-se na prática" significa para mim não apenas ouvir o texto, mas viver intencionalmente em resposta a esse mundo proposto. Aqui eu reitero brevemente dois tipos de argumento que já apresentei, dessa vez visando sua implementação prática na vida contemporânea.

**Quatro questões permanentes**

As comunidades eclesiásticas de interpretação que prestam atenção seriamente a esse texto podem se concentrar intencionalmente no que identifiquei como quatro questões permanentes que são intrínsecas à teologia do Antigo Testamento:[2]

1. Atenção a uma forma de *crítica* do texto que seja congruente com nossa circunstância intelectual de pluralismo, e que lide com a densidade e caráter elusivo do texto.

2. Mobilização consciente do texto do Antigo Testamento *em direção ao Novo Testamento*, mas com plena percepção de que o texto assim interpretado é aberto, polifônico, elusivo e imaginativo, transcendendo qualquer interpretação única, incluindo a da Igreja.

3. Atenção à *comunidade judaica* como parceira leitora, ouvinte e praticante desse texto, de maneira que a comunidade que os cristãos demonizaram por muito tempo se torne em comunidade narradora da verdade à qual se presta atenção.

4. Consciência de que no núcleo desse mundo interpretado se situa uma reivindicação de *justiça distributiva* que é concreta, material, revolucionária, subversiva e inflexível.

**O estilo de vida da comunidade de interpretação**

A prática concreta como "estilo de vida" pode se guiar e se basear naquilo que denominei como o "estilo de vida" que esse testemunho necessariamente assume na prática do Israel antigo.[3] Assim, uma comunida-

---

[2] Para minha análise dessas quatro questões, veja as pp. 158-165 [seção "Quatro questões insistentes" no capítulo 2] e o capítulo 28.

[3] Para minha análise dos cinco elementos do "estilo de vida" de Israel ao qual aludi,

de eclesiástica de interpretação pode:

**1.** Habitar na tradição da *Torá*, aceitando as narrativas e mandamentos de purificação e cancelamento de dívida como as fontes principais de fundamentação para a imaginação obediente.

**2.** Envolver-se, segundo o estilo da *agência monárquica*, na prática de poder para o bem-estar, uma prática de poder que sempre é uma tentação e sempre está sob crítica.

**3.** Abrigar as perturbadoras *vozes proféticas*, que se referem aos custos e dores do processo histórico, e às possibilidades que jorram em meio aos custos e dores.

**4.** Praticar, segundo o estilo das *tradições sacerdotais*, a presença de Javé, que abrange a carga sacramental de toda a vida.

**5.** Conhecer, aceitando as *tradições sapienciais*, a cotidianidade da vida em toda sua densidade disputada e esperançosa.

Essa comunidade, quando procede com intencionalidade, aproxima o texto e seu testemunho de sua própria vida. Porém, também movimenta sua própria vida sob as garantias e exigências de um texto que continua em sua alteridade estranha, inescrutável e inegociável.

### A linguagem da fé de Israel

Sirvo-me de uma expressão recente de CHRISTOPHER BOLLAS, o qual, em sua reflexão sobre a teoria da personalidade, transpõe o id de FREUD – a dimensão mais elementar do eu – para "linguagem".[4] BOLLAS sugere que saúde, bem-estar e maturidade dependem de se identificar, aceitar e praticar a linguagem peculiar e distinta da vida com a qual cada um nasce. *Mutatis mutandis*, sugiro que a teologia responsável do Antigo Testamento em uma comunidade eclesiástica hermenêutica é uma interpretação feita em uma linguagem que seja congruente com o contexto de vida da comunidade, mas que seja derivada, baseada e autorizada pela linguagem do testemunho do texto. Em meio a toda sua variação ao longo do tempo

---

veja os capítulos 20 a 24.

[4] CHRISTOPHER BOLLAS, *Being a Character: Psychoanalysis and Self Experience* (Londres: Routledge, 1993), pp. 17, 64-65, 70-71. BOLLAS considera o processo psíquico como uma desconstrução e, depois, construção de uma nova "forma de existência".

e em diferentes circunstâncias, há uma linguagem reconhecível no testemunho de Israel, especialmente na medida em que alguns textos assumem grandes liberdades com ela.⁵ Essa linguagem é aquela que identificamos no testemunho central, tornada mais completa e rica pelo testemunho contrário que é evocado em resposta contra o testemunho central e seu poder. A combinação do testemunho central e do testemunho contrário constitui a linguagem da fé de Israel. Portanto, é essa linguagem que pode ser praticada em uma comunidade eclesiástica de interpretação.

Nas comunidades eclesiásticas contemporâneas de interpretação teológica, pode-se recuperar essa antiga linguagem quando a comunidade aceita que sua própria cadência e dialeto se derivam dessa linguagem. Ou seja, essa comunidade de interpretação transcende o dilema cartesiano – agora consciente das grandes suspeitas de Freud e Marx, totalmente presentes nas grandes rupturas de Auschwitz e Hiroshima – alcançando uma esperançosa "segunda ingenuidade"; no fim, está convencida de que nenhuma cadência de discurso, dialeto de comunicação, ou linguagem de discernimento próprio é tão poderoso, convincente, libertador ou transformador como esse, segundo o qual se pode falar e viver sem impedimentos em um mundo cheio de ameaças.⁶

No final das contas, meu apelo às comunidades eclesiásticas, e especialmente aos seus líderes e pastores, é que haja um sério e renovado envolvimento com essa linguagem, que é o *Muttersprach* [língua materna] da Igreja (assim como da sinagoga).⁷ Minha impressão é que a Igreja ocidental tem sido extremamente tentada a falar na linguagem dos outros,

---

⁵ Os casos extremos são Cantares de Salomão e Eclesiastes. A canonização e os processos hermenêuticos sem dúvida aproximaram esses textos da órbita do testemunho mais característico de Israel, de maneira que, na localização e forma canônica, pode-se talvez ouvir ecos de cadências israelitas padrões. Admito que isso requer certo esforço para ouvir, mas é isso que Israel caracteristicamente realiza, embora não se deva exagerar o impulso para um consenso.

⁶ Quanto à ruptura do Holocausto e seu impacto no trabalho teológico, veja as citações de Emil Fackenheim no capítulo 28, nota 20; e Richard L. Rubenstein, *After Auschwitz: History, Theology, and Contemporary Judaism* (2ª ed.; Baltimore: Johns Hopkins University, 1992). Quanto à segunda ingenuidade, veja o capítulo 2, nota 81.

⁷ Pode-se fazer proveitosa referência a John Murray Cuddihy, *The Ordeal of Civility: Freud, Marx, Levi-Strauss and the Jewish Struggle with Modernity* (Nova York: Basic Books, 1974), pois foi a modernidade que obrigou os judeus a silenciar sua Muttersprach. Veja Cynthia Ozick, "Toward a New Yiddish", *Art and Ardor: Essays* (Nova York: Alfred A. Knopf, 1983), pp. 151-177.

exceto a sua própria. Os liberais, envergonhados pela alteridade da linguagem bíblica, mantêm controle da questão por meio de um discurso racionalista que, no fim, afirma que "Deus não tem outras mãos, só as nossas", resultando em incômodas autocongratulações. Os conservadores, temerosos de um discurso não domesticado, insistem em reduzir o testemunho bíblico a categorias fixas do escolasticismo que congelam a verdade.[8] Em ambos os tipos de discurso, desaparece o Incomensurável e Mútuo. Nem o racionalismo liberal nem o conservadorismo escolástico produzirão qualquer energia ou liberdade para a obediência séria e contínua ou para a confiança elementar esperançosa. A teologia do Antigo Testamento, em um contexto eclesiástico, é uma atividade para recuperação de uma linguagem de discurso e de vida que seja congruente com o conteúdo da fé de Israel. Quando essa linguagem é empregada e praticada, podem surgir aberturas no mundo paralisado da contemporaneidade, aberturas para se visitar de novo o testemunho central e para se pronunciar novamente o testemunho contrário.

### Reconhecer Javé demanda uma reorganização de tudo o mais

Concluo essa exposição com duas referências à importância do testemunho na vida e na identidade de Israel, o povo desse texto. O testemunho de Israel sobre Javé é sempre de dois tipos, um visa reordenar *a vida interna* da comunidade de uma maneira fiel a Javé, outro visa convidar *o mundo que transcende* essa comunidade a reordenar sua vida em relação a Javé. Ambas as iniciativas estão absortas na admissão de que reconhecer Javé no centro da vida (a vida de Israel ou a do mundo) demanda uma reorganização de tudo o mais. Ambos os textos que citarei defendem uma interpretação particular da realidade, mas estão decididamente conscientes de que interpretações alternativas e conflitantes da realidade estão disponíveis e podem ser escolhidas. O reconhecimento de uma alternativa viável ao mundo de Javé aumenta o senso de urgência no texto.

O primeiro texto, em Josué 24, tem importante peculiar nos estudos recentes. Nesse texto, Josué, sucessor de Moisés, reúne as tradições da Torá (vs. 2-13) e convida a assembleia a tomar uma decisão a favor ou contra o Deus dessa recitação – e, consequentemente, a favor ou contra

---

[8] Fica evidente que, em minha própria prática de uma perspectiva linguístico-cultural, minha oposição é contra perspectivas e abordagens que GEORGE A. LINDBECK, *The Nature of Doctrine: Religion and Theology in a Postliberal Age* (Londres: SPCK, 1984), denomina, respectivamente, de "expressivo-experienciais" e "proposicionais".

os deuses alternativos "dalém do Eufrates e no Egito" (vs. 14-15).⁹ O encontro em Siquém é de sério julgamento, até mesmo perigoso, a fim de decidir a verdade entre deuses concorrentes, baseando-se em testemunhos conflitantes. De início, a assembleia está preparada para servir a Javé, para testificar da verdade e confiabilidade da história de Javé (vs. 16-18). Contudo, Josué, como partidário leal do sistema mosaico rigoroso, não torna fácil a aceitação de Javé, pois ele é um Deus duro, exigente e inflexível:

> Não podereis servir ao Senhor, porquanto é Deus santo, Deus zeloso, que não perdoará a vossa transgressão nem os vossos pecados. Se deixardes o Senhor e servirdes a deuses estranhos, então, se voltará, e vos fará mal, e vos consumirá, depois de vos ter feito bem. (Js 24,19-20)

A comunidade não se dissuade diante da advertência de Josué e persiste em sua resolução de aceitar Javé (v. 21). Após ter testado a resolução deles, Josué lhes responde com uma advertência dura e pesada:

> Sois testemunhas contra vós mesmos de que escolhestes o Senhor para o servir. E disseram: Nós o somos. (v. 22)

Cito esse diálogo como evidência de que o papel de Israel como testemunha é pesado. Israel faz um juramento solene e o substancia da maneira mais solene possível. Israel foi advertido e está plenamente ciente acerca das exigências de uma vida com Javé. O seu primeiro testemunho é o de que está comprometido com Javé de forma voluntária e consciente, sem reservas. Além disso, esse ato de testemunho requer uma purificação de todas as lealdades concorrentes e uma resolução de obediência (v. 23). O testemunho não é uma fala fácil; antes, é uma decisão elementar de reordenar a vida da comunidade com um conjunto inteiramente diferente de riscos e possibilidades. Essa comunidade, posta em movimento naquele dia em Siquém por Josué, continua aonde quer que se tome essa decisão de lealdade. A decisão de Israel em ser leal a Javé ocorre na presença e consciência de lealdades alternativas, aqui vigorosa e intencionalmente rejeitadas.

O segundo texto que eu cito é Isaías 43,8-13. Esse texto é tão polêmico quanto o de Josué 24, apenas em uma esfera diferente. O texto de Josué 24 se refere à reordenação interna da vida de Israel diante de alter-

---

9 Quanto a esse texto e sua prática, veja WALTER BRUEGGEMANN, *Biblical Perspectives on Evangelism: Living in a Three Storied Universe* (Nashville: Abingdon, 1993), pp. 48-70.

nativas religiosas concorrentes. Em Isaías 43, o escopo da questão é maior, pois agora a disputa se refere a Javé contra os deuses da Babilônia e a uma decisão sobre a verdade do governo mundial. Esse texto em Isaías 43 se articula em um modo de defesa, e foi corretamente reconhecido por CLAUS WESTERMANN como um "discurso de tribunal".[10]

O assunto da disputa se refere ao "verdadeiro Deus", quer seja Javé ou os deuses do império. O argumento sobre o "verdadeiro Deus", contudo, depende da eficácia das testemunhas concorrentes. CLAUS WESTERMANN comenta:

> A figura que ele usa, a de um processo judicial, visa sugerir que o presente momento na história é o momento para a decisão final sobre as reivindicações de divindade entre o Deus de Israel, de um lado, e *todos* os deuses de todas as nações, do outro...Nesse processo judicial, as evidências sob consideração consistem de fatos objetivos, que ambos os lados devem aceitar. Portanto, se os deuses realmente produzirem essas evidências, então o outro lado – ou seja, Javé e Israel – também deve ouvi-las e admitir que são verdadeiras. Que coisa ousada a dizer! Tudo arriscado em uma só jogada! ...Isso, no entanto, requer testemunhas para afirmá-lo, isto é, aqueles que confessam a divindade do deus em questão.[11]

O oráculo de Isaías 43,8-9 começa com um convite derrisório da parte de Javé às testemunhas dos deuses alternativos, testemunhas que são consideradas cegas, surdas e ineficazes.[12] Ou seja, a qualidade alegadamente patética dos deuses se expressa, nesse cenário imaginativo, em termos da incapacidade das testemunhas:

> Traze o povo que, ainda que tem olhos, é cego
> e surdo, ainda que tem ouvidos.
> Todas as nações, congreguem-se;

---

[10] CLAUS WESTERMANN, *Isaiah 40-66: A Commentary* (OTL; Filadélfia: Westminster, 1969), pp. 120-126. Na p. 119, WESTERMANN fala de "discurso de tribunal".

[11] Ibidem, pp. 121-122.

[12] Concordando com o consenso erudito, WESTERMANN considera as testemunhas cegas e surdas como sendo de Javé. Contra essa perspectiva, eu as considero como sendo testemunhas dos demais deuses disfuncionais. A questão, contudo, não é importante para meu argumento.

e, povos, reúnam-se;
quem dentre eles pode anunciar isto
e fazer-nos ouvir as predições antigas? (Is 43,8-9)

O poema muda abruptamente de direção com "Vós" no começo do v. 10, agora se dirigindo a Israel. Nessa fala a Israel, entrelaçam-se dois assuntos habilmente. Um é a insistência repetida em Javé como o único Deus, o qual criou e formou e salvou, além do qual não há outro deus, nenhum deus estranho. O segundo é a declaração reiterada: "Vós sois as minhas testemunhas", as quais devem testificar dessas reivindicações líricas singulares:

> Vós sois as minhas testemunhas, diz o Senhor,
> o meu servo a quem escolhi;
> para que o saibais, e me creiais,
> e entendais que sou eu mesmo,
> e que antes de mim deus nenhum se formou,
> e depois de mim nenhum haverá.
> Eu, eu sou o Senhor,
> e fora de mim não há salvador.
> Eu anunciei salvação, realizei-a e a fiz ouvir;
> deus estranho não houve entre vós,
> pois vós sois as minhas testemunhas,
> diz o Senhor; eu sou Deus.
> Ainda antes que houvesse dia, eu era;
> e nenhum há que possa livrar alguém das minhas mãos;
> agindo eu, quem o impedirá? (vs. 10-13)

Javé tomou a iniciativa de escolher as testemunhas de maneira que elas possam conhecer e crer nele; assim, porque conhecem e creem, elas podem e devem testificar.

O que nos interessa é a conexão íntima entre o papel de testemunhas e as reivindicações teológicas singulares de Javé. Fica claro que, no drama do tribunal, a reivindicação de Javé depende da palavra das testemunhas.

Em Isaías 44,8, a mesma conexão se evidencia.[13] "Não há outra Rocha" e "Vós sois as minhas testemunhas". O poema claramente não faz um apelo metafísico, mas depende da eficácia dramática da reivindicação representada e substanciada no tribunal. É inevitável reconhecer a importância das testemunhas para o futuro do mundo, seja como o mundo

---

[13] Veja, negativamente, Is 44,9 quanto às testemunhas fracassadas dos deuses fracassados.

de Javé ou de algum outro deus. De fato, faz-se um esforço para se desacreditar outras testemunhas (41,24b; 44,9), como um meio de desacreditar as reivindicações do deus que elas proclamam. A dramática localização de Israel no tribunal procede com um reconhecimento de que "o que é" (*realidade*) se deriva efetivamente de "o que é dito" (*testemunho*). O testemunho dirige a realidade e tanto possibilita quanto torna inevitável uma decisão por certo tipo de realidade.

Os dois cenários de Josué 24 e Isaías 43 são, *mutatis mutandis*, paradigmáticos em cada geração e circunstância para aqueles que se envolvem na fala sobre Deus modelada aqui. As testemunhas que são acreditadas – acerca de Javé ou dos deuses "dalém do Eufrates e no Egito" – determinarão o formato interno da comunidade. As testemunhas que são acreditadas – acerca de Javé ou dos deuses do império – determinarão o formato do mundo. O testemunho a esse Deus particular e peculiar, proclamado de maneira que é tão estranha quanto o Deus do qual se dá testemunho, é caracteristicamente oferecido de uma posição de vulnerabilidade. No entanto, essa vulnerabilidade não é evidência contra sua veracidade. O testemunho não é reducionista nem coercivo. É oferecido em toda sua densidade e caráter elusivo e, então, as testemunhas aguardam a decisão do tribunal, enquanto outros testemunhos são prestados por outras testemunhas a favor de outros deuses. A espera é longa e desconcertante, porque as testemunhas a favor dos outros deuses às vezes são formidáveis. E o júri só chega à conclusão vagarosamente, pouco a pouco.

# ANEXOS

*Anexo 1:*
Taxonomia do relacionamento de Javé com as quatro superpotências

|  | Mandato | Rebelião autônoma | Desmantelamento | Reabilitação |
|---|---|---|---|---|
| **Egito** | Gn 47,7-10 (todo Êx 5-15) | Êx 5,2<br>Ez 29,3 (todo Ez 29-32) | Êx 15,4-10<br>Is 19,23-25* | Ez 32,31? |
| **Assíria** | Is 10,5-6<br>Is 37,26-27 | Is 10,7-14<br>Is 37,29ª | Is 10,15-19<br>Is 37,29b | Is 19,23-25<br>Jonas |
| **Babilônia** | Jr 25,9; 27,6<br>Is 47,6a<br>Dn 4,19-22 | Is 47,6b-8<br>Is 14,13-14<br>Dn 3,4-6; 4,29-30 | Is 47,9,11<br>Is 14,15<br>Dn 3,23-27, 31-33 | Dn 4,34-37 |
| **Pérsia** | Is 44,24-28; 45,1-7 |  |  |  |

* É evidente que essa reabilitação não está à mão, mas é antecipada.

*Anexo 2:*
Padrão aproximado para a retórica com quem os profetas medeiam Javé a Israel

| Gênero | Circunstância | Declaração javista |
|---|---|---|
| Processo judicial | Orgulho da monarquia | Javé governará o Israel recalcitrante |
| Promessa | Desespero do exílio | Javé prevalecerá sobre as circunstâncias com generosidade |

*Anexo 3:*
Qualidades peculiares da vida com Javé

|  | **Dom** | **Negativos negados** |
|---|---|---|
| **Torá** | Identidade baseada na santidade | Idolatria que tende à opressão |
| **Rei** | Juízo e justiça | Exploração e abuso |
| **Profeta** | Conversão aliançada | Morte |
| **Culto** | Comunhão genuína | Alienação |
| **Sabedoria** | Ordem alegre e coerência contínua | Vida como técnica |

# ÍNDICE DOS DOS TEXTOS BÍBLICOS

## Antigo Testamento

**Gênesis:** 1 (222) (224); 1-2 (602) (691); 1,1 (222); 1,2 (223) (400) (708); 1,1-2 (222) (230) (697); 1,1-11 (64); 1,3 (217) (237) (241); 1,12 (237); 1,12-50 (64); 1,26 (599); 1,27-28 (595); 1,28 (607) (649) (692); 1,31 (223) (348) (455); 1-11 (766); 1-24 (548); 2 (222); 2,1-4 (697); 2,2-3 (223); 2,4 (697); 2,7 (593) (597); 2,7-8 (348); 2,7,19 (381); 2,8 (353); 2,15 (607); 2,15-17 (599); 2,19 (348); 3,8 (741); 3,14-19 (654); 3,16 (716); 3-11 (569) (654); 4,11-12 (654); 5,1 (596); 6,5 (483); 6.5-13 (544); 6,5-7,24 (703) (710); 6,6 (250); 6,7 (483); 6,11-13 (703); 6-7 (706); 7,21-23 (704); 7,23 (710); 8,1 (710) (711); 8,21 (484); 8,22 (452) (601) (711); 9,1-7 (649); 9,1,18-28 (649); 9,6 (596); 9,7-18 (312); 9,8 (648); 9,8-17 (598-649); 9,11 (650-651); 9,16 (421); 9,17 (483); 9,25 (654); 10,1-32 (649); 11,1-9 (649) 9652); 11,10-29 (649); 11,29 (650); 11,30 (648) (650); 12,1-3 (244) (654); 12,1 (554); 12,1-3 (548) (651) (741); 12,3 (569) (572); 12,6 (507); 12,10 (662); 12,12 (255); 12,36 (548); 12,41 (250); 12-36 (654-655) (694); 12-50 (233) (245); 12,36 (48) (63); 13,3 (250); 14,8 (250); 14,19,22 (215); 15,1-6 (241) (741); 15,6 (614); 15,7 (254); 15,12-16 (741); 16,13 (48); 17,1 (554) (567); 17,7,13,19 (421); 18 (741); 18,1-15 (241); 18,16 (377); 18,17-19 (711); 18,18 (570); 18-19 (330); 18,20-21 (378); 18,22-32 (742); 18,23-25 (378); 18,25 (330) (344); 18,25-33 (378); 19 (379) (706); 19,17 (711); 19,24-25 (378) (704); 19,26 (711); 19,29 (377) (711); 20,1-17 (50); 20,18-21 (742); 21,1-7 (241); 22 (287) (472) (645); 22,1-2 (741); 22,1-14 (241); 22,2 (743); 22,8 (472); 22,14 (472); 22,16-18 (238); 22,17 (240); 22,18 (570); 25,9 (655); 25,21 (242); 26,3-5 (241); 27,1-40 (242); 28,13-15 (242); 28,14 (570); 32,11-14 (742); 33,7-11 (742); 38,8 (551); 34,10-16 (50); 35,29 (655); 41,25-36 (570); 41,33 (611); 41,33-39 (456); 41,39 (898); 41,53 (662); 47 (571); 47,7-10 (570) (662) (679); 47,13-21 (269); 47,13-26 (570); 48,13-14-20 (242); 50,20 (475)

**Êxodo:** 1,6-7 (190); 1,22 (663-664); 1-15 (701); 2,23 (685) (950); 2,23-24 (269); 2,23-25 (377) (484) (529) (725) (950); 2,24 (245); 3,1-4,17 (751); 3,1-6 (742); 3,7 (296); 3,7-9 (484); 3,7-10 (484) (548) (950); 3,7,16 (245); 3,8 (251) (253); 3,10 (259) (485) (490) (743); 3,12 (485); 3,17 (253); 3,21-22 (951); 4,1-9 (485); 4,22 (253) (341) (356) (508); 5,1 (950); 5,10-11 (261); 5,23 (251); 6,3-8 (245); 6,6 (251); 7,14-25 (664); 8,10 (207); 9,14 (207); 9,23-25 (704); 9,26 (711); 10,21-23 (704); 10,23 (711); 11,2 (951); 11,5 (253) (341); 11,6 (685); 11,7 (711); 12,12 (253) (257); 12,23 (685); 12,26-27 (254); 12,29 (341); 12,29-30 (704); 12,29-32 (570) (663); 12,35-36 (951); 13,8-9,14-15 (254); 13,15 (252); 13,17,21 (287); 14,4 (390); 14,4,17 (418) (950); 14,13 (252); 14,17-18 (390); 14,25,30 (338); 14,30 (252); 15 (206) (207); 15,1-18 (297) (337); 15,2 (252); 15,2-6 (382); 15,3 (377); 15,4-9 (205); 15,11 (205) (394); 15,11-12 (205) (371); 15,13 (251) (287); 15,13-17 (205) (371); 15,17 (353); 15,18 (334) (345); 15,21 (68); 15,25 (286); 15,26 (350) (351) (584); 16 (287); 16,7,10 (392); 16,8 (287); 16,18 (952); 16,38-43 (754); 17,1-7 (471); 17,3 (253); 17,7 (431); 17,8-16 (491) (654); 18,9 (251); 19-20 (265); 19,1 (260); 19,5 (262) (753); 19,5-6 (568) (784); 19,6 (572) (755) (779); 19,8 (261) (262) (754); 19,9-25 (739); 19,16 -25 (262); 20,1 (262); 20,1-17

(50) (262) (548) (739); 20,2-7 (264); 20,3 (371); 20,4-6 (117); 20,4-7 (950); 20,5 (401); 20,8-11 (264) (268); 20,12-17 (264); 20,18 (262); 20,19 (752); 20,19-21 (266) (740) (744); 21,1 (266); 21,2-11 (268); 21,7-11 (269); 21,20-21 (266); 22,5 (266); 22,16 (480); 23,14-15 (906); 23,19 (266); 23,23-33 (507); 24,3-7 (265) (557) (561); 24,9-11 (562) (740); 24,9-18 (739-740); 24,10-11 (562); 24,11 (566); 24,13 (762); 24,16-17 (392); 25,1-9 (858); 25,3-7 (562) (862); 25,17-22 (859); 25-31 (562) (756) (854) (856); 27,1-8 (757); 28-29 (857); 29,20 (858); 29,45 (856); 31,12-17 (697) (857); 32 (306) (318) (752-753); 32,4,8 (253); 32,10 (304); 32,10-11 (305); 32,11-14 (304); 32,19 (305); 32,25-29 (759); 33,1 (245) (253); 33,8-11 (759); 33,12-16 (304); 33,18 (304); 33,23 (204); 35,35 (563); 34 (306); 34,6 (208) (304) (307) (344) (710); 34,6-7 (256) (303) (304) (305) (307) (308) (309) (310) (313) (315) (317-318) (373) (374) (377) (404) (417) (545) (585) (668) (826) (903); 34,7 (344) (374) (417) (604); 34,8-9 (318) (319); 34,10 (304) (318); 34,11 (260); 34,11-26 (266); 34,14 (401); 34,17-22 (329); 35,5-9 (862); 35,30-35 (455); 35,31 (563); 35-40 (562) (756) (854); 39,32 (697); 40,33 (697); 40,34-35 (391) (866); 40,34-38 (563)

**Levítico:** 1 (860); 1,3-9 (757); 1-7 (860); 1-8 (756); 2-3 (860); 4,1-5,13 (861); 5,13,18 (862); 5,14-19 (861); 6,1-6 (861); 6,24-30 (861); 6,8-13 (860); 6,14-23 (860); 7,1-10 (861); 7,11-26 (860); 8-10 (857); 9,6-23 (392); 11 (396); 11,44 (274); 11,44-45 (297) (564) (565); 16 (274) (756); 17-26 (756); 19,2 (297) (564); 19,2-4 (565) (572); 10,17-19 (606); 19,18 (777); 20,7,26 (297); 20,26 (564); 21,8 (297); 25 (269-270); 25,1,15 (272); 25,25 (251); 25,42 (261);

26 (279) (497) (707); 26,3-13 (728); 26,4-5 (616); 26,16,23-25,28 (705); 28,1-14 (728)

**Números:** 1,22-24 (194); 1-10 (854); 6,24-26 (657) (696); 10,10 (260); 11,10-17 (742); 11,11-14 (288); 11,12 (356) (357) (382) (385); 12 (752); 14 (308-309) (417-418); 14,4 (286); 14,13 (253); 14,13-19 (406); 14,18 (309) (373) (374); 14,18-24 (374); 14,19 (373) (417); 14,20 (374); 14,21,23 (374); 16 (752); 18,15 (830); 24,6 (353); 25 (194); 25,11 (401); 27,23 (260)

**Deuteronômio:** 1,1-5 (266) (761); 1,8 (245); 1,13-15 (611); 1,30 (338); 1,30-31 (343); 3,22 (338); 4 (420); 4,6 (611); 4,7-8 (755); 4,12 (562); 4,24 (401); 4,29-31 (575); 4,37 (550); 4,38 (653); 5,3 (266) (758); 5,6-21 (266); 5,9 (401); 5,12-15 (264) (265) (268); 6,4 (557); 6,4-5 (415); 6,409 (931); 6,5 (556) (776); 6,7-8 (771); 6,10 (245); 6,18 (238); 6,23 (238) (239); 6,20-24 (63); 6,21 (175); 6,21,23 (254); 7,1-4 (653); 7,6-7 (550); 7,6-8 (551); 7,7 (551); 7,7-8 (510); 7,8 (252) (549) 7,13 (549); 7,22 (653); 8,2-3 (285); 8,10 (287); 8,2-16 (286); 8,17 (831) (902); 8,20 (653); 10,12 (606); 10,12-22 (211) (414); 10,14,17 (335); 10,15 (335) (510) (551) (552); 10,17 (344); 10,17-18 (558); 10,17-18 (606); 10,18 (335); 10,19 (572); 11,16 (480); 11,23 (653); 12,29-30 (653); 12-25 (261) (266); 13,1-6 (820); 13,4 (556); 14,2 (550); 14,29 (558); 15,1-11 (268) (951); 15,15 (252); 16,3,6 (250); 16,11,14 (558); 16,16 (906); 16,19-20 (269); 17,14-20 (787) (897) (899); 17-18 (267); 18,15-22 (819-820) (897); 19,6,12 (251); 20,14 (492); 21,11 (551); 22,9-11 (274); 23,1 (487); 23,1-7 (488); 23,2-7 (487); 23,2-8 (654) (685); 23,5 (549); 23,15-16 (269); 23,19-20 (269); 24,1 (409); 24,1-4 (313) (486); 24,7 (269); 24,10-

13 (269); 24,14-15 (269); 24,17-18,21-22 (269); 24,18 (252); 24,19-21 (558); 25,1-3 (269); 25,17-19 (491) (654); 26,5 (175); 26,5-9 (63) (68); 26,12-15 (558); 27,1,9-10 (758); 27,15-26 (50); 28 (279) (497); 28,60 (350); 29,10-13 (757-758); 29,13 (245); 29,20; (401); 30 (491); 30,11-14 (757); 30,14 (763); 30,15-20 (279) (731); 30,19-20 (491); 30,23-15 (492); 31,10-13 (50) (758); 32,1-43 (590); 32,6 (215) (341); 32,7-9 (341); 32,9 (683); 32,10-14 (341); 32.15-18 (341); 32,16,21 (401); 32,18 (216) (356); 32,21 (403); 32,29 (350); 32,39 (473) (474) (702); 33,2 (739); 33,26 (207); 34 (295) (296)

**Josué:** 1,3-4 (194); 1,7-8 (763); 1,8-11 (194); 4,22-23 (254); 5,12 (287); 6,11-24 (815); 7,11,20-21 (559); 21, 43-45 (245) (295); 24 (964-965) (968); 24,1-13 (63); 24,2 (175); 24,19-20 (401); 24,23 (932); 24,25 (762)

**Juízes:** 2,1-5,20-23 (507); 3,1-6 (507); 5 (194); 5,4 (739); 5,10-11 (193) (195) (197); 5,13,18 (51); 6,8 (253); 6,13 (253); 8 (781-782); 8,22-23 (779); 14,15 (480); 16,1-13 (489); 16,5 (480)

**1 Samuel:** 1,7-15 (118); 2,1-10 (206); 2,2 (207); 2,6-7 (473) (474); 4,1 (254); 4,4 (865); 4,7-8 (254); 6,6 (254); 6,20 (397); 7,1 (254); 8,5,19-20 (780); 8,7 (490); 8,7-8 (781); 8,8 (253); 8,9 (491); 8,20 (780); 8,22 (491) (897); 10,9-13 (741); 10,18 (253); 12,7 (193) (195) (197); 12,14-15 (763) (789); 12,25 (763); 13,24 (492); 15 (491) (492); 15,18-21 (493) (654); 15,24 (493); 16,1 (472) (493); 16,1-13 (490); 17, 37 (251); 18,10 (493); 19,18-24 (741); 21 (494); 28,17 (492); 30,19-20 (493)

**2 Samuel:** 3 (168); 6,2 (865); 7 (784-785) (790) (797-798); 7,5-7 (870); 7,14 (803); 7,15 (494); 7,15-16 (246); 7,22 (207); 7,22-23 (51) (207); 7,22-24 (755); 8,6,14 (51); 8,17 (844); 11 (168) (788); 11,1 (485) (486); 11,25-27 (902); 11-12 (791); 12 (788); 12,9-10 (832); 12,13 (493); 12,13-14 (492-493); 12,26-31 (485); 15-18 (469); 15-19 (801); 17,14 (469); 23,5 (421); 24 (494) (495) (854); 24,1 (470)

**1 Reis:** 1,27 (783); 3,9 (611) (787) (898); 3,11-13 (787); 3,12-13 (898); 3,14 (788); 6,14-38 (563) (863); 6,23-28 (865); 8 (298); 8,11 (392) (563); 8,12-13 (218) (865) (867) (869-870); 8,23 (207); 8,27-30 (868) (870); 8,33-34 (575); 8,33-53 (497); 8,46-53 (208); 9,4-8 (789); 10,9 (795); 11 (791); 11,9-11 (789); 11,33 (832); 14,22 (401); 15,5 (788); 15,11-15 (872); 18,1,17 (808); 19,5-18 (742); 19,15-16 (743); 21,1-14 (832); 21,17 (808); 22 (493); 22,19-23 (813); 22,8 (808); 22,20-22 (482)

**2 Reis:** 15,3-4 (872); 15.34-35 (872); 17,7-41 (573); 17,13 (824); 18,3-4 (872); 18,4-5 (872); 18,31-35 (112); 18-19 (666); 18-20 (872); 19,15 (865); 20,3 (872); 21,13 (384); 22,1-23 (872); 22,2 (793); 22,12-13 (763); 22,20-22 (481); 22-23 (794); 23,4-25 (872); 30 (872)

**1 Crônicas:** 13,6 (865); 16,29 (564); 21 (495) (701); 21,1 (470); 21,18-26 (872); 28,1-29 (872)

**2 Crônicas:** 2,7 (872); 7,1-3 (392); 7,14 (350); 20,9 (822); 20,21 (564); 27,2 (872); 29-32 (872); 30,20 (350); 34,29-35 (872); 34-35 (872); 36,23 (535) (677)

**Esdras:** 1,2-4 (677); 6,3-5 (677); 6,14 (677)

**Neemias:** 5 (271) (587); 5,5-8 (906); 8 (281); 8,1-12 (767); 8,5-8 (767); 8,9 (587); 8,9-12 (767); 9,26 (818); 9,31 (731); 10-13 (587)

**Jó:** 1-2 (481) (643) (701); 1,8 (567); 1,21 (645); 1,38-41 (182); 2,9 (567); 3 (513); 3,1 (643); 3-37 (517); 3,14-15 (522); 3,27 (515); 5,18 (473); 9,15-22 (515-516); 9,21-22 (518); 9,22 (524);

12,7 (522); 21,7 (513) (514) (517) (518) (955); 26,13 (216); 27,5 (567); 28 (460) (516); 28,25 (469); 28,28 (517) (526); 29-31 (513); 31 (567) (600) (608-609) 610); 31,27 (480); 31,9 (480); 32-37 (515); 38,1-42 (517); 38,8-11,25-33 (703); 38,41 (471); 38-41 (228)(522) (523); 40,15-24 (518) (703); 41,1-34 (518) (703); 42,1-6 (518); 42,6 (643); 42,7-8 (886); 42,7-17 (518) (579) (643)

**Salmos:** 1 (280) (281) (511) (586) (767); 1,2 (587) (767); 2 (651-652) (785-786) (791) (849); 2,5 (378); 2,7 (803); 3,4 (852); 5,2 (336); 5,7-9 (501); 5,8 (288); 6 (861); 6,2 (350); 6,2-5 (501); 6,3 (429); 7 (190); 7,6 (338); 7,7-8,11 (329); 7,11,17 (192); 7,17 (189); 8,4-8 (601); 8,5-8 (595); 8,6-8 (607); 9,1-2 (189); 9,4,8 (192); 9,8 (192) (376); 9,8,18 (329); 9,9 (192) (377); 9,11 (850); 9,12 (192); 9,18 (192); 10 (902); 10,1 (430); 10,4 (200); 10,11 (200); 10,13 (200); 10,15 (338); 10,16,18 (336); 11,7 (565) (862); 13,1-2 (429); 13,3 (620); 14 (200) (902); 14,1 (199); 17,15 (566) (862); 19 (280) (586) (767); 19,1 (227) (393); 19,1-4 (693); 19,7-10 (768); 20,2,6-8 (848); 22 (191) (532) (605); 22,1 (422) (430); 22,3 (397); 22,10 (343); 22,11,19-20 (620); 22,27 (192); 23 (359) (382) (634); 23,2-5 (288); 23,4 (289) (882); 23,6 (851); 24,1-2 (693); 24,2 (847); 24,7-10 (391); 24,8,10 (337); 25,2-3 (614); 25,5,21 (630); 25,21 (503) (568); 26,1-3 (615); 26,1,11-12 (568); 26,2 (288); 26,11 (503); 27,4 (284) (556) (851); 27,10 (343); 27,11 (288); 28,1 (618); 28,1-2 (620); 28,7 (615); 29 (391); 29,2 (564); 29,10 (847); 29,10-11 (333); 30,2 (350); 30,3 (618); 30,6 (176) (421) (729); 30,8 (176); 30,8-10 (724); 30,11-12 (729); 31,3 (288); 31,14 (615); 32 (861); 32,3-5 (351); 32,10 (615); 32,38 (503); 33 (224); 33,4-5 (224); 33,4-5,8 (224); 33,6 (217); 33,6-9 (214) (224); 33,7 (215); 33,10 (224); 33,16-17 (224); 33,18 (224); 33,20-22 (225); 35 (206) (500-501); 35,4-7 (206); 35,7-9 (206); 35,10 (206); 35,17 (430); 35,18 (206); 36,5-12 (501); 36,7-9 (851); 36,9 (863); 38 (861); 38,3-8 (351); 39,1-2 (505); 39,5,9-11 (502); 39,7 (630); 40 (725); 40,1-3 (725); 40,2 (618); 40,11 (503); 40,17 (476) (850); 41,4 (350); 42,3 (431); 43,2 (430); 44,11,22 (360); 44,23-24 (430); 46 (845) (847); 46,7 (739); 46,10 (770); 47 (651); 48 (845); 48,1-3 (845); 48,2 (563); 50 (770); 50,9-15 (870); 51 (503) (861); 51,11 (400); 51,17 (861); 53,1 (199); 53,4 (200); 53,6 (200); 54,6-7 (189); 55,23 (615); 56,3 (503); 56,4,11 (615); 56,10-11 (627); 56,13 (192); 57,8-10 (627); 59,16-17 9627); 60,1-3 (502); 60,2 (350); 61,2 (288); 61,3 (852); 61,4 (852); 61,19 (861); 62,3 (430); 63,2 (566) (852) (863); 63,2-5 (851); 65,4 (851); 65,9 (471); 65,12-13 (227); 66,7 (192); 66,13-16 (190); 66,20 (192); 67 (657); 67,4 (662); 68,5 (376); 68,8 (739); 68,17 (297); 69 (504); 69,3,6 (630); 71,5 (630); 71,17,19 (204); 71,20 (253); 72 (560) (792-793); 72,1 (794); 72,1-2,4 (560); 72,1-4,12-14 (900); 72,2,7,10 (331); 73 (632-633); 73,9-12 (112); 73,25 (284) (556); 74 (576) (699); 74,1 (360); 74,1,10-11 (432); 74,1-11 (430); 74,10 (430); 75,3 (469); 76 (845); 77,13-14 (205); 77,20 (287); 78,5-8 (931); 78,12 (254); 78,14,52-53 (287); 78,20 (471); 78,42 (252); 78,58 (401); 79,5 (401) (430); 79,5,10 (432); 79,10 (431); 79,13 (360); 80,1 (359) (865); 80,4 (430); 82 (209); 82,3-4 (210); 82,7 (210); 84 (845); 85,10-11 (634); 85,10-13 (313-314); 86,1-2 (850); 86,5-13 (208); 86,5,15 (308); 86,8 (207) (208); 86,8-10 (208); 86,9 (660); 86,9-

10 (371) (656) (657); 86,14-16 (500); 86,15 (208); 86,20-21 (309); 87 (845); 87,4 (663); 88 (527-528); 88,1-2,9,13 (506); 88,2-4 (329); 88,6 (618); 88,6-7,16-18 (502); 88,14 (430); 89 (218) (785) (790) (797-798); 89,3-37 (218); 89,6-9 (205); 89,19-37 (849); 89,28 (421); 89,30-37 (790); 89,35 (395); 89,35-37 (246); 89,38-45,49-51 (797); 89,46 (430) (432) (494); 90,2 (216); 93 (651); 94,2-3,5-6,20 (331); 94,3 (430); 95,5 (348); 95,7 (360); 96 (648) (657-658); 96,9 (564); 96,10 (333) (344) (540) (647) (650) (660); 96,10-13 (328) (675); 96,11-12 (227); 96-99 (651); 97,8 (651); 99,1 (865); 99,4 (328) (903) (954); 99,4-6 (297); 99,6-7 (651); 100,1 (176); 100,1-2 (627); 100,3 (360); 101 (792); 103 (343) (344) (640-642); 103,1 (297); 103,3-5 (585) (903); 103,9-14 (342) (585); 103,14 (343) (349) (596);104 (225) (599-600); 104, 1-23 (226) (456); 104,10-13 (452); 104,14-23 (693); 104,23 (458); 104,24 (459); 104,24-35 (226); 104,24-25 (456-457); 104,25-26 (703); 104,27-28 (287) (452) (473) (601); 104,29-30 (596); 104,35 (227); 105,3 (297); 105,26-36 (254); 106,1-48 (590); 106,7-9 (254); 106,8 (252); 106,10 (251); 106,34 (260); 107,6 (725); 107,17-22 (350); 107,25 (260); 110 (785-786) (791); 111,1 (191); 111,1-2 (190); 111,3 (192); 111,4 (192); 111,7 (192); 111,8 (192); 112 (610); 112,5,9 (610); 113,5 (206); 113,7-9 (293); 115 (204) (414) (415); 115,2 (431); 115,3 (203); 115,4-7 (202); 115,12-13 (203); 115,15 (203); 115, 14 (203); 117 (315) (656); 117,1-2 (628); 119 (280) (586) (588) (767-768); 119,1-2,50,52,97 (587); 119,9 (397); 119,43-48 (294); 122 (845); 126 (192); 127 (694); 127,3-5 (694); 128 (694); 128,3 (694); 128,5-6 (695); 130 (861); 130,5 (630); 131,1-2 (616); 132 (790); 132,11-12 (789); 134,8-9 (307); 136 (301-302) (306) (322); 136,5 (459); 136,10-15 (254); 137 (575); 137,5-6 (865); 139,7 (630); 139,21 (668); 139,24 (288); 143 (415); 143,10 (288); 143 (413-414); 145 (438) (599-600); 145,1 (335) (376); 145,9 (508); 145,14 (377); 145,14-17 (336); 145,9-13 (601); 145,15-16 (287) (452) (473) (601); 145,17 (376); 145,21 (397); 146 (225); 146,1-2 (628); 146,5 (630); 148,3-4 (227); 150,1-6 (628)

**Provérbios:** 1,7 (526); 1,10 (480); 1,20 (459); 1,33 (616); 3,7 (526); 3,7-8 (517); 3,19-20 (459) (904); 6,20-22 (771); 7,4 (459); 8 (460-461) (463); 8,1 (459); 8,22-31 (464); 8,30-31 (455); 8,32-36 (464); 8,35-36 (895); 9,1 (459); 9,1-3 (524); 10,1,4,6 (451); 10,3 (451); 10,8 (611); 11,1 (451); 11,2 (467); 11,17 (467); 12,15 (902); 13,24 (881); 14,31 (559); 15,8 (603); 16,1 (468); 16,1-2,9 (516); 16,2 (468); 16,1-2 (467); 16,9 (467) (468); 17,5 (225) (559); 19,14 (467) (468); 19,14,20,24 (516); 19,21 (467) (468); 20,24 (467) (468); 21,2 (902); 21,30-31 (467) (468) (516); 21,31 (376); 22,15 (881); 23,13 (881)

**Eclesiastes:** 1,13 (523); 2,24-25 (523); 2,26 (522); 3,1-8 (893); 3,12 (523); 3,17 (522); 3,19-21 (524); 5,2 (523); 5,6 (522); 5,18-20 (523); 6,2 (523); 7,13 (523); 7,26 (522); 8,13-14 (522); 8,15 (523); 8,17 (523); 9,7 (523) (525); 11 (522); 11,5 (524); 12,8 (524); 12,13 (526); 12,13-14 (892-893); 12,14 (522)

**Cântico dos Cânticos:** 3,1-4 (458)

**Eclesiástico:** 24,23-29 (768-769)

**Isaías:** 1,9-10 (704); 1,11-15 (873) (902); 1,16-17 (823); 1,17 (558); 1,21-27 (384); 2,2-4 (247) (835); 2,2-5 (658); 2,3-4 (771); 2,4 (662); 2,17 (671); 3,9 (704); 3,13-17 (822); 4,2-6 (835); 5,1-2 (381) (386); 5,1-7 (354) (356) (822); 5,5-7 (385); 5,7 (280) (832); 5,8-10

(560); 5,13 (498); 5,21 (902); 6,1 (779); 6,1-8 (815); 6,3-5 (296); 6,9-10 (818); 7 (203); 7,3-17 (809); 7,9 (614); 9,2-7 (795) (835); 10,5 (669) (675); 10,5-6 (679); 10,5-19 (507) (665) (667) (671); 10,6 (665) (672); 10,13 (459); 10,18-19 (666); 11,1-5 (247); 11,1-9 (631) (824) (835); 11,3-5 (798); 11,6-9 (247) (634) (716) (799); 12,2 (615); 13-14 (670); 13-23 (331) (659); 14,24-27 (473) (474); 19 (682); 19,1 (739); 19,5-10 (664); 19,23-25 (665) (668) (681-682) (685); 25 (770); 25,6-8 (700); 26,19 (249) (636-637); 28,17 (384); 29,16 (348); 29,19 (396); 30,11-15 (396); 31,1 (296); 33,17-22 (779); 35,1-2,5-7 (294); 35,1-7 (393-394); 36,10 (666); 36,18-20 (667); 37,1-7 (809); 37,16 (215) (865); 37,17,23 (660); 37,22-29 (507); 37,26-27 (679); 37,26-29 (667); 40,1-11 (182); 40,2 (580) (585); 40,5 (390) (393); 40,9-11 (343); 40,10 (337); 40,10-11 (325); 40,11 (289) (359); 40,12 (469); 40,12-13 (220); 40,25-26 (703); 40,28-31 (219); 40-55 (571); 41,1-5, 21-29 (220); 41,14,16,20 (396); 41, 21-29 (292) (390); 41,23-24 (201); 42 (717-718); 42,4 (771); 42,5-6 (213); 42,6-7 (571); 42,8 (390) (404); 42,13 (402); 42,14 (717); 43 (966-968); 43,1 (220) ; 43,1,7,21,24 (348); 43,3-4 (550); 43,5-6 (583); 43,5-7 (220); 43,6 (356); 43,8 (246); 43,8-13 (220) (965); 43,15 (220) (336) (396); 43,18-19 (69); 44 (204); 44,1 (551); 44,2 (220); 44,7 (205); 44,8 (967); 44,9-20 (203); 44,24 (203); 44,24-28 (676); 44,28 (358); 45 (203) (204); 45,1 (248) (684) (801); 45,1-7 (676); 45,7 (473) (702); 45,9 (348) (381); 45,9-10 (348); 45,9,11 (348); 45,9-13 (684); 45,11 (396); 45,12-13 (219); 45,15 (447); 45,18 (215) (348); 45,18-19 (292) (714) (717); 45,21-25 (415-416); 46,1-4 (390); 46,3 (357) (358); 47 (420) (507); 47,4 (396); 47,6 (345) (419) (660); 47,6-9 (671); 47,7-8,10 (200); 48,11 (390); 48,14 (550) (584); 48,17 (396); 49,6 (571-572); 49,14 (357) (383) (385) (421) (433) (476) (828); 49,15 (358) (382) (433); 49,14-15 (362) (717); 49,15-16 (357) (410); 50,2 (434) (828); 51 (699-700); 51,2 (246); 51,9 (216); 51,10 (216); 52,7 (344); 52,10 (337); 53,5 (352); 53,6 (360); 54,5 (396); 54,7 (583); 54,7-8 (311) (407) (421) (422) (434) (582) (715) (830); 54,8 (510); 54,9-10 (312) (314) (704); 54,10 (421); 55 (476); 55,3 (421) (801); 55,5 (396); 55,7 (584); 55,8-9 (475); 55,12-13 (578); 55,13 (363) (632); 56 (276) (488); 56,1 (833)56,3-6 (685); 56,3-8 (488); 57,7 (685) (850); 57,15 (399-400); 57,18-19 (350); 58,1-4 (902); 58,2-4 (874); 58,6 (393); 58,6-8 (608); 58,8 (404); 59,1 (434) (828); 60,21 (355); 60-62 (714); 61,1-2 (293); 61,2 (271); 61,3 (355); 61,8 (328) (903) (954); 62,1 (717); 62,3-5 (714) (717); 62,4 (718); 63,7 (358); 63,9 (357); 63,10-11 (400); 63,15 (342) (343); 63,16 (246) (343); 64,7-8 (348); 64,7-12 (382); 64,8 (343); 64,8-9 (349); 64,12 (342); 65,17-25 (249) (588) (634) (715) (717); 65,23 (632); 66,12-13 (289); 66,13 (357) (382) (410); 66,20 (393)

**Jeremias:** 1,4-10 (815); 2,4-13 (822); 2,21 (354); 3,1 (313) (486); 3,1-3 (396); 3,12 (409); 3,19 (343) (508); 3,19-20 (341-342) (351); 3,22 (351) (409); 4,2 (280); 4,23-26 (708) (712) (714); 4,31 (810); 5,12 (201) (202) (525); 5,20-29 (832); 5,27-28 (902); 6,14 (351) (901); 6,23 (670) (672); 7 (828); 7,5-7 (832); 7,6 (558); 7,9 (280) (764); 8,8 (768) (775); 8,11 (351) (901); 8,11-12 (775); 8,22 (351) (383); 9,1-3 (351); 9,23-24 (611) (887); 10,1-16 (203) (204) (208) (221); 10,6 (223); 10,12 (237) (459); 10,16 (222) (683); 11,4 (247) (405);

11,7 (253); 12,1-3 (955); 12,1-4 (512) (513); 14,4-6 (706); 18,1-11 (348); 18,3-6 (381) (384); 18,4 (349) (386); 19,1-13 (348); 19,11 (349) (382) (384) (386) (579); 20,7 (479); 20,7-18 (480); 20,14-18 (513); 21,5 (338); 21,9 (822); 22,2-5 (795); 22,13 (558); 22,13-15,17 (828); 22,13-14 (900); 22,15-16 (280) (794); 22,28-30 (796); 23,1 (359); 23,1-2 (796) (799); 23,3 (583); 23,5-7 (799); 23,14 (704); 23,18,21-22 (814); 23,21 (901); 24,6 (355); 24,7 (405); 24,10 (822); 25,6 (675); 25,9 (669) (679) (684); 26,17-19 (822); 27,6 (669) (675) (679) (684); 29 (476); 29,5-7 (574); 29,10-14 (830); 29,11 (475); 29,14 (583); 29,17 (822); 30 (582); 30,12 (362); 30,12-13 (385) (409) (581); 30,12-15 (383); 30,12-17 (351); 30,17 (350) (362) (382) (383) (409); 30,22 (247) (405); 30-33 (824-825); 31,3 (550) (584); 31,4-6,23,28 (382); 31,8 (583); 31,9 (356); 31,10 (359) (383) (385) (578) (583); 31,15 (343); 31,20 (342) (410); 31, 27-30 (247) (830); 31,28 (345) (419) (03); 31,29-30 (885); 31,31-34 (824) (835); 31,33 (247) (405) (771); 31,34 (584); 32,38 (247) (405); 33,8 (584); 33,14-16 (799); 34 (271); 34,1-16 (799); 35,6-10 (881); 36,3 (584); 37-38 (809); 40,9 (669) (672) (674); 42,10 (345); 42,10-12 (674); 42,11-12 (419) (669) (672); 43,1-7 (817); 46-51 (331) (659); 49,18 (704); 49,19 (205) (684); 50,2-42 (670); 50,5 (421); 50,6 (359); 50,40 (704); 50,41-42 (675); 50,44 (205); 50-51 (345) (669); 51,9 (386); 51,9-10 (352); 51,15 (459)

**Lamentações:** 2,5 (338); 3,1-3,16-18 (831); 3,18 (311); 3,21-24 (311); 3,18-24 (312) (314); 5,19-22 (576); 5,20 (357) (433); 5,20-22 (407) (421)

**Ezequiel:** 3,16-21 (900); 6,11 (822); 9-10 (392); 10,15-22 (867); 11,20 (247) (405); 13 (816); 13,9-10(902); 14,11 (247) (405); 14,14,20 (645-646) (711); 16 (509) (582); 16,1-63 (590); 16,32,38,42-43 (510); 16,38 (404); 16,42-43 (410); 16,46-51 (704); 16,58-60 (582); 16,63 (584); 18,2-4 (885); 18,5-9 (832); 18,30-32 (774) (900); 20 (509); 20,5 (551); 20,41,44 (411) (418); 22,26 (395); 23 (509); 23,25-30 (510); 23,45-49 (410); 25-32 (331) (659); 29,3 (664); 32,31 (680) (683); 33,7-9 (900); 33,24 (246); 33-48 (825); 34 (609) (610) (849); 34,1-6 (900); 34,1-10 (362); 34,3-6 (359) (796); 34,3-4 (604); 34,3-5 (560); 34,4,14-16 (607); 34,7-19 (359); 34,11,16 (362) (383); 34,13-16 (359); 34,14-16 (307); 34,25,28 (616); 36 (771); 36,5-6 (402); 36,22-23 (275); 36,22-32 (398-399) (403) (411) (418) (836) (950); 36,24 (583); 36,28 (247) (405); 37,1-14 (636) (824); 37,11-12 (811); 37,12-14 (578); 37,21 (583); 37,23,27 (247) (406); 37,24 (358); 37,26 (421); 39,7 (398); 39,25-27 (399); 39, 25-28 (404); 39,25-29 (403) (411) (418) (836) (950); 40,1-42,20 (564); 40-48 (857); 43,1-5 (867); 43,5 (564); 43-44 (292)

**Daniel:** 2,17-19 (898); 2,20-23 (899); 3 (672-673); 3,16-18 (617); 4 (334) (507) (673-674); 4,8-9,18 (400); 4,9 (899); 4,19-22 (679); 4,24 (345); 4,32 (680); 4,34-35 (684); 4,35 (345) (473) (474); 5,11 (400) (899); 6,26-27 (678); 7,9 (588); 7,13 (802); 12, 2 (249) (637)

**Oseias:** 2,2-23 (312) (481) (590) (712-713); 2,10-13 (406) (408); 2,14 (482); 2,14,19-20 (408); 2,16 (714); 2,19-20 (313) (314); 2,21-23 (634); 2,23 (247); 3,1 (549); 4,1-3 (285) (331) (707-708); 4,1-13 (822); 4,2 (764); 4,3 (498); 4,12 (280); 6,1 (350); 6,6 (280) (794) (832) (874); 7,11 (665); 9,7 (816); 9,10 (354) (386); 10,12 (280) (823); 11,1 (257) (341) (549); 11,1-9 (343) (379); 11,4-7 (345) (356) (408-409); 11,8-9 (342)

(409) (704); 11,9 (396); 12,6 (280) (823); 13,14 (721); 14,3 (376) (561); 14,4 (550)

**Joel:** 2,18 (401); 2,28-29 (836)

**Amós:** 1-2 (331) (659) (662); 1,2 (739); 1,3 (332) (507); 1,13 (332) (660); 2,1 (661); 2,3 (507); 2,7 (398); 2,8 (332); 3,2 (827); 4 (222) (707); 4,4-5 (874) (902); 4,6-11 (497) (707); 4,11 (251); 4,13 (221) (223); 5,2 (810); 5,4-6,14-15 (823); 5,7,24(280) (832); 5,8-9 (222); 6,7 (498); 6,12 (280) (832); 7,7-9 (384); 7,10-17 (809); 7,12 (816-817); 7,13 (849-850); 9,5-6 (222); 9,7 (255) (680) (685) (827); 9,8 (438); 9,11-12 (824); 9,11-15 (247) 9,13 (634); 9,15 (355)

**Jonas:** 3,5-10 (668); 4,2 (310)

**Miqueias:** 1,3 (739); 2,1-2 (560); 2,5 (498); 3,9-12 (793) (822); 3,12 (498); 4,1-4 (658) (771); 4,1-5 (247); 5,2,4-5 (811); 6,3-5 (194) (195) (197); 6,6-8 (874); 6,8 (606) (832); 7 (207); 7,18-20 (207) (208); 7,20 (246)

**Naum:** 1 (380); 1-2 (375); 1,2 (402); 1,2-3 (309) (310) (373); 1,3 (317); 1,6-8 (379); 1,11 (668); 2,9-10 (379); 3,5-7 (379)

**Habacuc:** 2,9-14 (832); 3,3 (739); 3,17-19 (836); 3,18-19 (247);

**Sofonias:** 1,2-3 (706); 1,12 (201) (201) (525); 1,15-16 (810); 1,18 (401); 2 (659); 3,4 (668); 3,8 (402); 3,15 (779); 3,20 (583)

**Ageu:** 2,11-13 (274); 2,12-13 (395); 2,23 (799)

**Zacarias:** 1,4 (824); 1,14 (402); 7,10 (558); 8,2 (402); 8,20-23 (771); 9,9 (811); 9,9-10 (588) (800); 9,14 (249); 14,16-17 (779)

**Malaquias:** 2,10 (341); 2,17 (201); 4,5 (534); 4,5-6 (837)

## Novo Testamento

**Mateus:** 2,13-15 (257); 3,8-10 (356); 5,17-20 (282); 6,11-12 (635); 6,11,25-31 (473); 6,25-33 (458); 6,33 (787); 21,33-41 (356); 21,41 (356); 23,31 (818); 25,31-46 (608); 27,34,48 (505)

**Marcos:** 1,34 (353); 4,39 (847); 6,30-44 (289); 12,13 (890); 12,18 (890); 12,28 (890); 12,35-37 (803); 15,36 (505); 23,36 (505); 27, 39-44 (532)

**Lucas:** 1,17 (837); 1,46-55 (206); 2,32 (571); 7,22 (257) (353); 9,11 (353); 9,31 (257); 10,23-24 (153); 11,49-50 (818); 12,20-21 (895); 13,34 (818); 15,3-7 (360)

**João:** 1,14 (306) (394); 1,1-18 (461-462); 2,17 (505); 3,16 (511); 6,22 (818); 10,3 (360); 15,6 (356); 15,25 (505); 16,55 (532); 17,11 (167); 19,29 (505)

**Atos dos Apóstolos:** 1,20 (505); 2,17-21 (837); 5,34 (891); 22,3 (891)

**Romanos:** 3,25 (276) (859); 9,21 (349); 10,14-15 (747) (908); 10,19 (403); 11,33-36 (462)

**1 Coríntios:** 1,18-25 (463); 1,25 (894); 2,8 (394); 6,12 (591) 10,23 (591)

**Coríntios:** 3,6 (891); 8,15 (952)

**Gálatas:** 3,8 (246) (554); 6,15-16 (591)

**Efésios:** 1, 8-9 (463); 3,9-10 (463); 3,20 (927)

**Colossenses:** 2,2-3 (463)

**Hebreus:** 7-10 (276) (840); 7,27 (841); 11 (246)

**2 Pedro:** 2,5 (711)

**1 João:** 4,20-21 (777)

**Judas:** 3 (891)

**Apocalipse:** 22,2 (353) 22,20 (535)

# ÍNDICE DE AUTORES

## A

Acheson, D.: 887
Ackroyd, P.: 122, 384, 421, 801
Agostinho: 283, 284, 633, 751
Albertz, R.: 14, 74, 106, 107, 117, 220, 336, 365, 586, 766, 853, 868, 880, 886, 915
Albrektson, B.: 474
Albright, W. F.: 47, 51, 52, 53, 54, 55, 56, 80, 85, 121, 214
Alexander, T.: 17
Alt, A.: 47, 48, 49, 50, 51, 53, 54, 55, 56, 62, 63, 80, 85, 121, 240, 405, 626
Alter, R.: 96, 97
Anderson, B.: 37, 71, 176, 235, 236, 242, 255, 299, 483, 549, 573, 575, 600, 637, 650, 654, 696, 701, 710, 714, 715, 746, 801, 807, 839, 842, 848, 851, 875, 904, 942
Anselmo: 42
Arafat, Y.: 259

## B

Bacon, F.: 28, 30
Baltzer, K.: 405, 552, 553
Barr, J.: 80, 81, 82, 83, 85, 86, 105, 142, 149, 150, 151, 152, 162, 183, 228, 232, 235, 451, 553, 595, 596, 599, 693, 769, 878, 937
Barth, K.: 25, 40, 41, 42, 43, 44, 45, 46, 54, 55, 56, 57, 61, 62, 71, 72, 73, 74, 77, 78, 85, 98, 99, 137, 143, 164, 178, 228, 231, 235, 236, 321, 472, 501, 594, 623, 644, 700, 701, 773, 851, 852, 929, 939
Barton, J.: 81, 227, 661, 806, 816, 831, 832
Bauman, Z.: 689
Belo, F.: 119, 267, 275, 276, 278, 565, 890, 921
Berger, P.: 125, 511
Bird, K.: 369, 595, 887
Blenkinsopp, J.: 298, 697, 747, 806, 808, 839, 857, 877
Blumenthal, D.: 136, 140, 423, 441, 442, 444, 502, 531
Bohler, C.: 887
Bollas, C.: 962
Bonhoeffer, D.: 457
Brunner, E.: 60
Bryant, D.: 112, 113, 127, 181
Buber, M.: 60, 299, 333, 447, 534, 547, 568, 632, 940
Bultmann, R.: 85, 128, 176, 242, 299, 942
Buren, P. V.: 145, 166, 943

## C

Calvino, J.: 24, 335, 458, 513, 566
Chaney, M.: 88, 560
Chemnitz, M.: 26
Childs, B.: 23, 27, 39, 74, 77, 80, 81, 83, 86, 105, 109, 135, 141, 142, 143, 144, 145, 146, 147, 148, 149, 150, 151, 152, 153, 161, 162, 164, 165, 263, 666, 800, 826, 914, 920, 929, 937, 938, 941, 942, 943, 945
Chopp, R.: 9
Clements, R.: 247, 554, 826, 892
Clines, D. J. A.: 49, 96, 106, 313, 481, 556, 590, 643, 651
Coleridge, M.: 140, 154
Copérnico: 30
Cuddihy, J. M.: 439, 934, 963

## D

Daube, D.: 951
Derrida, J.: 133, 442, 443, 444, 445, 955, 956
Descartes, R.: 28, 30, 31, 42, 84, 196, 283, 834
Donner, H.: 488, 553, 654, 685
Dostoievsky, F.: 37, 100
Durkheim, E.: 87, 89

## E

Ebeling, G.: 891, 937, 938, 939, 940

Eichrodt, W.: 13, 14, 47, 56, 57, 58, 59, 60, 61, 62, 63, 65, 66, 72, 73, 74, 75, 76, 77, 80, 85, 103, 144, 146, 152, 223, 397, 405, 553, 593, 598, 841, 914
Ellul, J.: 259, 729, 907, 934
Erikson, E.: 277, 613, 615

**F**

Fackenheim, E.: 263, 353, 423, 442, 446, 520, 547, 569, 948, 963
Farrer, A.: 186, 485
Feuerbach, L.: 42, 44
Fishbane, M.: 126, 146, 147, 303, 486, 696, 890, 907, 933, 944
Flacius, M.: 26
Foley, T.: 11
Foucault, M.: 183, 184, 366, 905
Frei, H.: 21, 22, 82, 137
Fretheim, T.: 152, 156, 162, 184, 227, 284, 483, 494, 663, 701, 704
Freud, S.: 37, 100, 243, 283, 439, 440, 445, 623, 624, 869, 913, 914, 934, 962, 963
Frick, F.: 88
Fukuyama, F.: 85, 689, 956

**G**

Gabler, J. P.: 37, 83
Gadamer, H. G.: 39, 43, 924, 940
Galileu: 30, 163
Gaudino, R.: 11
Gerstenberger, E.: 432, 450, 451, 499, 526, 528, 575, 618, 619, 623, 626, 630, 853, 880
Gese, H.: 397, 658, 769, 770, 771, 844
Gilkey, L.: 79, 186, 237, 691
Gottwald, N.: 15, 87, 88, 89, 90, 91, 92, 94, 95, 100, 118, 155, 157, 209, 331, 389, 476, 561, 622, 659, 760, 771, 781, 807, 922, 951, 954
Green, G.: 111, 112, 113, 181, 774
Gross, K.: 764, 807

Gunkel, H.: 85, 93, 94, 332
Gunn, D. M.: 96, 298, 489

**H**

Habel, N.: 244, 643, 815
Handelman, S.: 130, 168, 169, 439, 440
Hanson, K. C.: 10, 87, 91, 152, 249, 416, 417, 585, 586, 825, 894
Haran, M.: 842, 854, 864, 873
Harrelson, W.: 234, 255, 263, 452, 464, 573, 661, 692, 696, 801, 807, 875
Harriman, A.: 887
Hartman, G.: 437
Hauerwas, S.: 79, 110, 137
Havel, V.: 123, 259
Hazard, P.: 30, 32, 105
Hegel, G. W. F.: 30, 33, 36, 84, 366
Heidegger, M.: 133, 177, 443, 444, 956
Heschel, A.: 260, 351, 408, 547, 594, 603, 604
Hitler, A.: 668
Hjelm, N.: 10
Holler, J.: 10

**I**

Isaacson, W.: 887

**J**

Jenkins, G. P.: 16
João Paulo II: 170
Jobling, D.: 157, 445, 560, 622, 793, 807
Johnson, M.: 10, 17
Johnston, D.: 687, 688

**K**

Kant, I.: 30, 32, 196, 283, 518, 594
Kaufman, G.: 79, 113, 186, 202, 365
Kaufmann, Y.: 136, 691, 699, 700
Kearney, R.: 112, 697, 857
Kennan, G. F.: 887
Kennedy, P.: 199, 687, 688

Kierkegaard, S.: 100, 567, 645
Knierim, R.: 37, 61, 232, 236, 306, 471, 542, 693, 696, 951
Koch, K.: 93, 453, 454, 466, 660, 696, 808, 830, 878
Koehler, K.: 815, 841, 846, 854, 866, 874, 897
Kort, W.: 905
Kugel, J.: 28, 131, 438, 745
Kutsch, E.: 283, 553

**L**

Lanham, R.: 109, 919
Levenson, J.: 105, 135, 146, 147, 148, 149, 151, 152, 156, 158, 165, 216, 226, 230, 252, 281, 315, 397, 435, 508, 553, 564, 645, 652, 663, 691, 692, 699, 700, 701, 703, 709, 790, 799, 803, 813, 847, 866, 913, 941, 942, 950, 957
Levinas, E.: 60, 443, 593, 594, 599, 602, 603, 604
Lifton, R. J.: 363, 364
Linafelt, T.: 17, 437, 518
Lindbeck, G.: 127, 137, 138, 139, 727, 746, 773, 842, 964
Lindström, F.: 230, 431, 474, 499, 503, 619, 702, 852, 853, 957
Locke, J.: 28, 31, 42, 283, 834
Long, B.: 52, 53, 247, 826
Lovette, R.: 887
Lutero, M.: 22, 23, 24, 25, 26, 27, 28, 38, 47, 262, 283, 366, 414, 446, 447, 751, 859, 866
Luther King, M.: 259
Lyotard, J. F.: 140, 726, 917, 918, 925

**M**

MacIntyre, A.: 104, 111, 925
Mandela, N.: 259
Mandolfo, C.: 9
Mannheim, K.: 91
Marx, K.: 88, 90, 92, 100, 138, 439, 558, 794, 911, 914, 934, 951, 953, 963
McCloy, J. J.: 887
McFague, S.: 115, 116, 237, 323, 324, 365, 922
Meeks, M. D.: 16, 176, 268, 591, 727
Mendenhall, G.: 53, 54, 87, 88, 263, 330, 333, 346, 377, 380, 404, 405, 507, 552, 872, 882, 886, 887
Mettinger, T.: 184, 563, 577, 856, 863, 865, 866, 867
Miles, J.: 284, 317, 519, 633, 924, 939
Milgrom, J.: 839, 842, 854, 861
Miller, P. D.: 17, 51, 52, 61, 110, 117, 147, 185, 189, 191, 205, 210, 243, 258, 264, 265, 268, 281, 327, 336, 337, 424, 453, 505, 528, 541, 587, 618, 620, 621, 622, 626, 633, 649, 652, 655, 696, 776, 812, 825, 867, 942
Moltmann, J.: 49, 59, 61, 237, 240, 422, 423, 446, 532, 533, 544, 626, 629, 630, 825, 949
Mosala, I.: 156, 157, 807
Mowinckel, S.: 228, 332, 333, 697, 783, 790, 798, 802, 846
Muilenburg, J.: 16, 94, 95, 96, 97, 99, 100, 116, 153, 180, 255, 744, 762

**N**

Nicholson, E.: 50, 405, 552, 553, 753, 760
Nietzsche, F. W.: 37, 100, 136, 446, 914
Noth, M.: 47, 48, 49, 50, 52, 53, 55, 62, 63, 80, 85, 262, 290, 678, 744, 773

**O**

O'Day, G. R.: 16, 177
Ollenburger, B.: 37, 120, 298, 333, 336, 563, 845, 846, 848, 849, 850, 944
Orlinsky, H.: 571, 572
Östborn, G.: 755, 775
Otto, R.: 261, 518, 585, 625, 801, 841, 845

## P

Pelo, E.: 47, 116, 241, 321, 370, 411, 459, 464, 477, 487, 493, 534, 596, 616, 649, 671, 702, 785, 789, 801, 840, 873, 904, 929, 955

Perdue, L.: 67, 69, 83, 86, 103, 450, 511, 611, 877, 878, 888, 889, 912, 913, 920

Perlitt, L.: 405, 447, 553

Pixley, G.: 154, 155, 156, 157, 807

Placher, W.: 127, 132, 138

Preuss, H. D.: 69, 232, 449

## R

Rast, H.: 10

Rendtorff, R.: 151, 152, 165, 220, 554, 664, 942

Ricoeur, P.: 24, 90, 97, 98, 99, 104, 115, 143, 168, 179, 198, 277, 323, 361, 362, 363, 364, 451, 557, 606, 644, 701, 809, 829, 869, 913, 939

Rubenstein, R.: 276, 277, 278, 441, 547, 689, 963

## S

Sampson, C.: 687, 688

Sanders, J.: 116, 118, 155, 283, 296, 324, 465, 555, 754, 766, 812

Schechter, S.: 170

Schleiermacher, F.: 134, 531

Schmid, H. H.: 61, 69, 70, 71, 234, 235, 451, 453, 600, 607, 695, 696, 726

Scholder, K.: 31

Seitz, C.: 666, 669, 817, 915

Sieboldt, R.: 10

Simpson, T.: 11, 17

Smith, D.: 124, 178, 184, 384, 389, 556, 573, 677, 765, 840, 856, 883, 932

Snaith, N.: 571, 572

Sobrino, J.: 39

Soulen, K.: 39

Steiner, G.: 139, 424, 444, 533, 534

Stendahl, K.: 283, 595, 751, 944

Sternberg, M.: 97, 168

## T

Terrien, S.: 57, 157, 175, 347, 447, 455, 456, 561, 745, 807, 905

Thomas, E.: 48, 52, 80, 87, 121, 159, 186, 200, 639, 752, 806, 823, 887, 939

Tillich, P.: 79, 128, 446, 518

Tracy, D.: 82, 134, 137, 138, 139, 186, 557, 563, 744, 773, 869, 939

Trible, P.: 95, 115, 153, 154, 155, 156, 304, 305, 358, 595

Turretin, F.: 26

## V

von Balthasar, H. U.: 59, 113, 732

von Rad, G.: 13, 14, 47, 49, 50, 51, 53, 55, 62, 63, 64, 65, 66, 67, 68, 69, 70, 71, 72, 73, 74, 75, 76, 77, 78, 79, 80, 81, 82, 83, 85, 86, 103, 109, 141, 146, 151, 152, 175, 181, 183, 185, 186, 200, 213, 227, 231, 232, 233, 235, 236, 240, 243, 271, 281, 290, 295, 301, 304, 327, 336, 448, 449, 450, 453, 456, 460, 461, 467, 468, 469, 527, 569, 573, 578, 595, 612, 614, 626, 654, 720, 756, 760, 761, 764, 805, 808, 824, 825, 850, 851, 853, 854, 866, 877, 889, 893, 894, 914, 915, 920

## W

Walesa, L.: 259

Walzer, M.: 139, 259, 954

Webb, S.: 41

Weber, M.: 87, 89, 125, 759, 760

Weinfeld, M.: 239, 268, 553, 761, 951, 952

Wellhausen, J.: 36, 40, 47, 83, 84, 93, 147, 165, 806, 841, 842, 858, 938

West, M. 10, 283, 443, 751

Westermann, C.: 70, 71, 137, 179, 185, 190, 228, 233, 234, 241, 242, 279, 301, 322, 330, 348, 432, 452, 455, 457, 464, 497, 498, 499, 501, 505, 506, 513, 554, 573, 595, 618, 619, 626, 627, 635, 654, 692, 695, 696, 744, 773, 821, 877, 966

Wilder, A.: 109, 111
Willians, R.: 107
Wilson, R.: 87, 91, 280, 649, 744, 806, 807, 808, 819, 832
Wink, W.: 38, 86, 158, 257, 340
Wolff, H. W.: 157, 243, 447, 569, 570, 574, 575, 596, 618, 631, 654, 764, 805, 807, 824, 881
Wright, G. E.: 52, 53, 55, 63, 66, 67, 68, 72, 80, 82, 109, 141, 185, 186, 232, 327, 328, 340, 345, 362, 365, 449, 450, 465, 573, 590, 754, 839, 841, 877, 912

Impressão e acabamento
**Centro Paulus de
Produção**